**Die Bonus-Seite**

Ihr Vorteil als Käufer dieses Buches

Auf der Bonus-Webseite zu diesem Buch finden Sie zusätzliche Informationen und Services. Dazu gehört auch ein kostenloser **Testzugang** zur Online-Fassung Ihres Buches. Und der besondere Vorteil: Wenn Sie Ihr **Online-Buch** auch weiterhin nutzen wollen, erhalten Sie den vollen Zugang zum **Vorzugspreis**.

So nutzen Sie Ihren Vorteil

Halten Sie den unten abgedruckten Zugangscode bereit und gehen Sie auf **www.galileodesign.de**. Dort finden Sie den Kasten **Die Bonus-Seite für Buchkäufer**. Klicken Sie auf **Zur Bonus-Seite / Buch registrieren**, und geben Sie Ihren **Zugangs- code** ein. Schon stehen Ihnen die Bonus-Angebote zur Verfügung.

Ihr persönlicher
Zugangscode

sng6-txrz-bqhe-m4vp

Jürgen Wolf

Adobe Photoshop Elements 9

Das umfassende Handbuch

Galileo Press

Liebe Leserin, lieber Leser,

aus den zahlreichen Rückmeldungen zu den beiden Vorauflagen dieses Buchs weiß ich, dass sich viele Leser über die neunte Version von Photoshop Elements besonders freuen werden. Denn Adobe hat dem »kleinen Bruder« von Photoshop endlich die Ebenenmasken-Funktion mitgegeben. Damit steht individuellen und handwerklich überzeugenden Fotocollagen und Montagen nichts mehr im Wege. Natürlich zeigt Jürgen Wolf in vielen neuen Workshops, was Sie aus dieser Funktion herausholen können.

Aber auch alle, die Ihre Digitalfotos ganz klassisch bearbeiten möchten, kommen auf ihre Kosten: In zwölf ausführlichen Teilen zeigt Ihnen Jürgen Wolf, wie Sie mit Photoshop Elements 9 das Beste aus Ihren Bildern herausholen können: Belichtungs- und Farbkorrektur, Schwarzweiß, Retusche, RAW und Panoramen sind nur einige der Themen, die im Buch behandelt werden.

Besonders gefallen haben mir die Schritt-für-Schritt-Anleitungen, in denen Sie das Gelernte in die Praxis umsetzen können. Das benötigte Beispielmaterial finden Sie natürlich auf der beigelegten Buch-DVD. Aber nicht nur deswegen sollten Sie die DVD unbedingt in Ihren Computer einlegen, denn wir haben dort noch mehr Highlights für Sie zusammengestellt: Sie finden 30-Tage-Testversionen der Software für Windows und Mac, Plug-ins, die den Funktionsumfang von Photoshop Elements 9 erweitern sowie über 1 Stunde Video-Lektionen, die Ihnen die Möglichkeit geben, Ihre Software live in Aktion zu erleben und einem erfahrenen Trainer bei der Arbeit über die Schulter zu schauen.

Nun bleibt mir noch, Ihnen viel Spaß beim Entdecken von Photoshop Elements 9 zu wünschen. Sollten Sie Anregungen, Fragen oder Kritik zum Buch haben, so freue ich mich über Ihre Nachricht.

Katharina Geißler
Lektorat Galileo Design
katharina.geissler@galileo-press.de

www.galileodesign.de
Galileo Press · Rheinwerkallee 4 · 53227 Bonn

Auf einen Blick

Teil I Der Editor 33

Teil II Der Organizer 145

Teil III Bildkorrektur 219

Teil IV Farbe, Farbveränderungen und
        Schwarzweiß 279

Teil V Schärfen und Weichzeichnen 355

Teil VI Freistellen und Ausrichten 383

Teil VII Auswahlen 441

Teil VIII Ebenen 477

Teil IX RAW und (H)DRI 573

Teil X Reparieren und Retuschieren 617

Teil XI Mit Text arbeiten 665

Teil XII Präsentieren und Weitergeben 701

Anhang 773

Inhalt

Vorwort 25

Teil I: Der Editor

1 Die Arbeitsoberfläche des Editors 35

1.1 Die Oberfläche im Schnellüberblick 36

1.2 Die Menüleiste 37

1.3 Die Werkzeugpalette im Überblick 41

1.4 Die einzelnen Werkzeuge und
ihre Funktion 43

    1.4.1 Mess- und Navigationswerkzeuge 43

    1.4.2 Auswahlwerkzeuge 44

    1.4.3 Textwerkzeuge 44

    1.4.4 Freistellungswerkzeuge 44

    1.4.5 Retuschierwerkzeuge 45

    1.4.6 Mal- und Zeichenwerkzeuge 46

    1.4.7 Formwerkzeuge 46

    1.4.8 Vordergrund- und Hintergrundfarbe 47

1.5 Die Optionsleiste 48

1.6 Die Bedienfelder 49

1.7 Aufgabenbedienfelder 57

    1.7.1 Aufgabenbedienfeld zum Bearbeiten 57

    1.7.2 Aufgabenbedienfeld »Erstellen« 58

    1.7.3 Aufgabenbedienfeld »Weitergabe« 58

1.8 Die Titelleiste 58

1.9 Die Statusleiste 59

1.10 Der Projektbereich 60

1.11 Werte eingeben 62

    1.11.1 Buttons (Schaltflächen) 62

    1.11.2 Dropdown-Listen 62

    1.11.3 Schieberegler 62

    1.11.4 Doppelpfeil 63

    1.11.5 Texteingabefeld 63

    1.11.6 Checkboxen 63

2 Bilder öffnen und speichern 65

2.1 Bilddateien im Editor öffnen 65

2.2 Bildschirmfoto erstellen 67

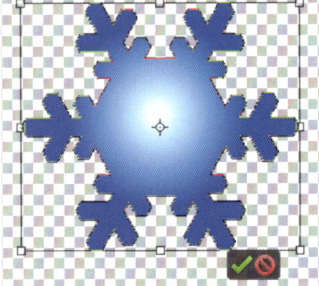

2.3	Neues Bild anlegen	68
2.4	Dateien speichern	69
	2.4.1 Der Speichern-Dialog	69
	2.4.2 Speichern bestimmter Datenformate	71
	2.4.3 Wichtige Hinweise zum Speichern	71

3	**Exaktes Arbeiten auf der Arbeitsoberfläche**	**73**
3.1	Abbildungsgröße und Bildausschnitt	73
3.2	Zoom – die Bildansicht verändern	74
	3.2.1 Das Zoom-Werkzeug	74
3.3	Das Hand-Werkzeug	76
3.4	Das Navigator-Bedienfeld	78
3.5	Das Dokumentfenster	80
	3.5.1 Schwebende Fenster im Editor verwenden	80
	3.5.2 Geöffnete Dokumentfenster anordnen	84
	3.5.3 Die Farbe der Arbeitsoberfläche ändern	85
3.6	Bilder vergleichen	86
3.7	Informationen zum Bild – das Informationen-Bedienfeld	87
3.8	Hilfsmittel zum Ausrichten und Messen	89
	3.8.1 Lineal	89
	3.8.2 Winkel und Strecken ermitteln	90
	3.8.3 Raster verwenden und einstellen	91
	3.8.4 Exaktes Ausrichten mit Hilfslinien	92

4	**Arbeitsschritte rückgängig machen**	**97**
4.1	Rückgängig per Tastatur und Menü	97
4.2	Das Rückgängig-Protokoll verwenden	98

5	**Grundlagen der Bildbearbeitung**	**101**
5.1	Pixel- und Vektorgrafiken	101
	5.1.1 Pixelgrafik – Punkt für Punkt	101
	5.1.2 Vektorgrafik – die mathematische Grafik	102
5.2	Bildgröße und Auflösung	103
	5.2.1 Absolute Auflösung	103
	5.2.2 Relative Auflösung	103
5.3	Farben – Farbtiefe und Bildmodus	108
	5.3.1 Farbmodelle	108
	5.3.2 Farbtiefe	110
	5.3.3 Bildmodus in Photoshop Elements	110
5.4	Datenkompression	115
5.5	Wichtige Dateiformate für Bilder	117

6 Schnelle Bildkorrekturen im Editor 119

6.1 Die Arbeitsoberfläche der schnellen
Bildkorrektur 119

    6.1.1 Werkzeuge der Schnellkorrektur 120

    6.1.2 Ansichten der Schnellkorrektur 121

    6.1.3 Der Bedienfeldbereich der
Schnellkorrektur 123

6.2 Die Schnellkorrekturen 124

    6.2.1 Beleuchtung korrigieren 125

    6.2.2 Farbe und Farbbalance korrigieren 127

    6.2.3 Unschärfe korrigieren 129

    6.2.4 Alles zusammen – die intelligente
Korrektur 129

    6.2.5 Vorschaufunktion in der
Schnellkorrekturen 130

    6.2.6 Rote Augen korrigieren 131

    6.2.7 Bilder drehen und freistellen 134

    6.2.8 Bildbereiche korrigieren 136

6.3 Der Assistent 138

Teil II: Der Organizer

7 Die Arbeitsoberfläche des Organizers 147

7.1 Den Organizer starten 147

7.2 Die Oberfläche des Organizers im Schnellüberblick 148

    7.2.1 Die Menüleiste 149

    7.2.2 Miniaturgröße und Ansicht im Medien-
browser anpassen 151

    7.2.3 Das Aufgabenbedienfeld 153

    7.2.4 Die Statusleiste 155

    7.2.5 Vom Organizer zum Editor 156

8 Fotos laden und anzeigen 157

8.1 Dateien und Ordner importieren 157

    8.1.1 Ordner überwachen (nur Windows) 160

    8.1.2 Bilder löschen 161

    8.1.3 Fehlende Dateien 162

8.2 Import von Kamera oder Kartenleser 163

8.3 Import vom Scanner 166

8.4 Datenträger durchsuchen 169

8.5 Import aus iPhoto 169

8.6 Kataloge verwalten 170

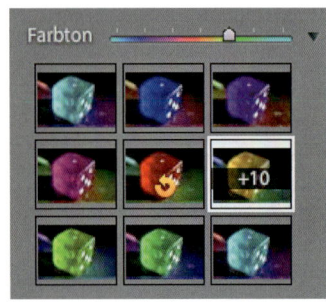

8.7	Datumsansicht im Medienbrowser	175
	8.7.1 Tagesanmerkungen hinzufügen	176
	8.7.2 Ereignisse hinzufügen	176
8.8	Fotos drehen	177
8.9	Versionssätze und Fotostapel	177
	8.9.1 Stapel erzeugen	179
	8.9.2 Versionssatz erzeugen	180
	8.9.3 Stapel und Versionssatz sortieren, aufheben und entfernen	180
	8.9.4 Fotostapel und Versionssatz kombinieren	181
8.10	Die Vollbildansicht – Diashow und Überprüfungsmodus	182
	8.10.1 Steuerung der Vollbildansicht	182
	8.10.2 Vollbildansicht-Optionen	183
	8.10.3 Die Vergleichsansicht	185
	8.10.4 Aktionsmenü	186
	8.10.5 Tastenkürzel für die Vollbildansicht	187

9	**Fotos sortieren und kennzeichnen**	**189**
9.1	Bilder bewerten	189
9.2	Neue Alben erstellen	190
	9.2.1 Smart-Alben erstellen	195
9.3	Stichwort-Tags verwenden	198
	9.3.1 Nach Stichwort-Tags suchen	203
	9.3.2 Stichwort-Tags importieren und exportieren	203
	9.3.3 Nach Personen (Gesichtern) suchen – die Personenerkennung	204
	9.3.4 Stichwort-Tag-Wolke anzeigen	207
9.4	Smart-Tags (Intelligente Tags)	208
9.5	Sortieroptionen für Alben, Kategorien und Stichwort-Tags	210
9.6	Bildeigenschaften und Metadaten	213
9.7	Bilder suchen	214

Teil III: Bildkorrektur

10	**Grundlegendes zur Bildkorrektur**	**221**
10.1	Kann man alles reparieren, was kaputt ist?	221
10.2	Die Korrektur planen	222

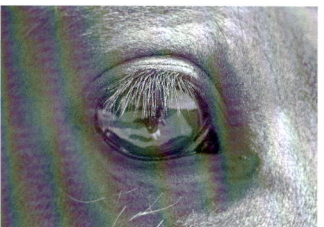

10.3 Der richtige Bildmodus 222
10.4 Flexibel arbeiten mit Einstellungsebenen 222

11 Tiefen und Lichter korrigieren 227

11.1 Das Histogramm 227
11.2 Histogramme richtig analysieren 229
    11.2.1 Histogramm dunkler Bilder 230
    11.2.2 Histogramm heller Bilder 230
    11.2.3 Histogramm kontrastarmer Bilder 231
    11.2.4 Ein ausbalanciertes Histogramm 232
    11.2.5 Das ideale Histogramm 232
11.3 Die Tonwertkorrektur 233
    11.3.1 Das Tonwertkorrektur-Werkzeug 233
    11.3.2 Tonwertspreizung vornehmen 234
11.4 Die Tonwertkorrektur in der Praxis 235
    11.4.1 Flaue Bilder korrigieren 235
    11.4.2 Zu dunkle und zu helle Bilder 238
    11.4.3 Farbstich entfernen 239
    11.4.4 Bilder ohne Schwarz oder Weiß 243
    11.4.5 Tonwertkorrektur bei Graustufenbildern 243
    11.4.6 Tonwertumfang reduzieren 243
11.5 Auto-Tonwertkorrektur 244
11.6 Farbkurven anpassen 245
11.7 Detailarbeit: Werkzeuge zum Nachbelichten und
    Abwedeln 246
    11.7.1 Unter- oder überbelichtete Bilder retten 249
11.8 Tiefen und Lichter mit dem Assistent 254

12 Farbkorrektur 255

12.1 Farbwerte messen 255
12.2 Farbe anpassen mit Farbvariationen 258
    12.2.1 Farbstichkorrektur mit Farbvariationen 258
    12.2.2 Bilder mit Farbvariationen verfremden 260
12.3 Farbstich mit einem Mausklick entfernen 261
12.4 Farbton und Sättigung anpassen 262
12.5 Farben ersetzen 266
12.6 Hauttöne anpassen 269
12.7 Automatische Farbkorrektur 271
12.8 Farbkorrektur mit dem Assistent 271

13 Helligkeit und Kontrast korrigieren 273

13.1 Der Dialog »Helligkeit/Kontrast« 273
    13.1.1 Nachteile 274

13.1.2 Auto-Kontrast 275

13.1.3 Helligkeit und Kontrast mit der
Tonwertkorrektur 275

13.1.4 Farbvariationen und Farbkurven 276

13.2 Der Dialog »Tiefen/Lichter« 276

Teil IV: Farbe, Farbveränderungen und Schwarzweiß

14 **Mit Farben malen** 281

14.1 Farben einstellen 281

14.1.1 Farbwahlbereich: Vorder- und
Hintergrundfarbe 281

14.1.2 Der Farbwähler 282

14.1.3 Das Farbfelder-Bedienfeld 284

14.1.4 Farbe mit der Pipette auswählen 287

14.2 Die Malwerkzeuge 289

14.2.1 Das Pinsel-Werkzeug 289

14.2.2 Impressionisten-Pinsel 291

14.2.3 Farbe-ersetzen-Werkzeug 292

14.2.4 Der Buntstift 294

14.2.5 Das Radiergummi-Werkzeug 294

14.2.6 Der Hintergrund-Radiergummi 295

14.2.7 Magischer Radiergummi 297

14.2.8 Die Smartpinsel-Werkzeuge 298

14.2.9 Detail-Smartpinsel-Werkzeug 304

14.3 Pinsel- und Werkzeugspitzen 305

14.3.1 Einstellen über die Werkzeugoptionen 306

14.3.2 Darstellung der Pinselspitzen am
Bildschirm 307

14.3.3 Pinselspitzen verwalten 307

14.3.4 Eigene Pinselspitze aus Bildbereichen
erstellen 310

14.4 Flächen füllen 314

14.4.1 Das Füllwerkzeug 314

14.4.2 Ebene füllen 315

14.4.3 Auswahl füllen 316

14.4.4 Kontur füllen 316

14.4.5 Muster erstellen und verwalten 317

14.4.6 Das Verlaufswerkzeug 318

15 **Schwarzweißbilder** 327

15.1 Was bedeutet eigentlich »Schwarzweiß«? 327

15.2	Schwarzweißbilder erstellen	328
	15.2.1 Farben teilweise entfernen: Color Key	329
	15.2.2 In Schwarzweiß konvertieren	332
	15.2.3 Camera Raw	334
	15.2.4 Schwarzweißbilder einfärben	334
	15.2.5 Schwarzweiße Bitmaps erzeugen	336
	15.2.6 Schwellenwert	340
	15.2.7 Schwarzweiß mit dem Assistent	341

16 Farbverfremdung 343

16.1	Bilder tonen	343
	16.1.1 Bilder färben mit »Farbton/Sättigung«	344
	16.1.2 Fotofilter einsetzen	344
	16.1.3 Tonen über die Tonwertkorrektur	345
16.2	Bilder mit Verlaufsfarben tonen	346
16.3	Tontrennung	347
16.4	Umkehren	348
16.5	Photomerge-Stil-Übereinstimmung	348
16.6	Farbverfremdung mit dem Assistent	354

Teil V: Schärfen und Weichzeichnen

17 Bilder schärfen 357

17.1	Was ist Schärfe, und wie entsteht sie?	357
17.2	… und wie macht Photoshop Elements das?	357
17.3	Fehler beim Schärfen	358
17.4	Unscharf maskieren	359
	17.4.1 Detaillierte Bilder mit guter Schärfe	360
	17.4.2 Bilder mit geringer Schärfe	361
	17.4.3 Bilder mit schwachem Kontrast	361
17.5	Schärfe einstellen	362
17.6	Schärfe-Tricks für Profis	364
	17.6.1 Schärfen mit Hochpass	364
	17.6.2 Partielle Schärfung	366
	17.6.3 Schärfen im Lab-Modus	369
	17.6.4 Tonwertkorrektur	372
17.7	Scharfzeichner-Werkzeug	373

18 Bilder weichzeichnen 375

| 18.1 | Automatische Weichzeichner | 375 |
| 18.2 | Gaußscher Weichzeichner | 375 |

18.3	Selektiver Weichzeichner	....	378
18.4	Bewegungsunschärfe	....	379
18.5	Radialer Weichzeichner	....	379
18.6	Matter machen	....	381
18.7	Weichzeichner-Werkzeug und Wischfinger	....	382

Teil VI: Freistellen und Ausrichten

19	**Freistellen**	....	**385**
19.1	Hintergrund-Radiergummi – der schnelle Weg	....	385
19.2	Motive freistellen mit der Magischen Extrahierung	....	389
19.3	Bilder zuschneiden	....	394
	19.3.1 Das Freistellungswerkzeug	....	394
	19.3.2 Bildausschnitt mit Zahlenwerten definieren	....	394
	19.3.3 Bildausschnitte mit der Maus definieren	....	395
	19.3.4 Bilder zuschneiden mit dem Assistent	....	397
19.4	Hintergründe strecken: Das Neu-zusammensetzen-Werkzeug	....	398

20	**Bildgröße und Auflösung**	....	**405**
20.1	Der Bildgröße-Dialog	....	405
	20.1.1 Pixelmaße ändern	....	405
	20.1.2 Dokumentgröße ändern	....	406
20.2	Bildfläche erweitern	....	409
20.3	Skalieren von Elementen	....	411

21	**Bilder ausrichten**	....	**415**
21.1	Bilder gerade ausrichten	....	415
21.2	Automatisch gerade ausrichten	....	418
21.3	Weitere Möglichkeiten zum geraden Ausrichten	....	418
21.4	Perspektive korrigieren	....	419
	21.4.1 Kameraverzerrung korrigieren	....	419
	21.4.2 Bild durch Verzerren korrigieren	....	424
21.5	Photomerge	....	427
	21.5.1 Panoramabilder erstellen	....	427
	21.5.2 Photomerge-Gesichter	....	433
	21.5.3 Photomerge-Gruppenbild	....	436
	21.5.4 Photomerge-Szenenbereinigung	....	439

Teil VII: Auswahlen

22 Einfache Auswahlen erstellen 443

22.1 Auswahlwerkzeuge im Überblick 443
22.2 Auswahlrechteck und -ellipse 444
    22.2.1 Werkzeugoptionen 445
    22.2.2 Die Werkzeuge im Einsatz 446
22.3 Auswahlbefehle im Menü 447
22.4 Auswahlen kombinieren 448
22.5 Auswahloptionen 450
    22.5.1 Weiche Kante 450
    22.5.2 Glätten 451
    22.5.3 Kante verbessern 451
    22.5.4 Auswahl verändern 453
    22.5.5 »Auswahl vergrößern« und »Ähnliches
         auswählen« 454
    22.5.6 Auswahl transformieren 454
22.6 Auswahlen verwalten 455
    22.6.1 Auswahl speichern 455
    22.6.2 Auswahl laden 455
    22.6.3 Auswahl löschen 456

23 Komplexe Auswahlen erstellen 457

23.1 Die Lasso-Werkzeuge 457
    23.1.1 Das einfache Lasso 457
    23.1.2 Das Magnetische Lasso 458
    23.1.3 Das Polygon-Lasso 462
23.2 Der Zauberstab 463
23.3 Das Schnellauswahl-Werkzeug 467
23.4 Der Auswahlpinsel 469

24 Wichtige Arbeitstechniken 473

24.1 Auswahllinie verschieben 473
24.2 Auswahlinhalt verschieben 474
24.3 Auswahlinhalt löschen 474
24.4 Auswahl duplizieren 475
24.5 Auf neuer Ebene weiterarbeiten 476

Teil VIII: Ebenen

25 Ebenen in Photoshop Elements 479

25.1 Transparenz und Deckkraft 480
    25.1.1 Ebenentransparenz 480

25.1.2 Ebenendeckkraft 481
25.2 Typen von Ebenen 481
    25.2.1 Hintergrundebenen 481
    25.2.2 Bildebenen 483
    25.2.3 Einstellungsebenen 483
    25.2.4 Textebenen 483
    25.2.5 Formebenen 484

26 Das Ebenen-Bedienfeld 485
26.1 Ebenen auswählen 486
    26.1.1 Aktuell bearbeitete Ebene 486
    26.1.2 Ebene auswählen 487
    26.1.3 Mehrere Ebenen auswählen 488
    26.1.4 Sichtbarkeit der Ebenen 488
26.2 Ebenen anlegen 489
    26.2.1 Neue Ebene durch Duplizieren 490
    26.2.2 Neue Ebene durch Einkopieren 490
    26.2.3 Ebenen löschen 491
    26.2.4 Ebenen schützen 492
26.3 Ebeneninhalte verschieben 493
26.4 Ebenen verwalten 493
    26.4.1 Ebenen benennen 493
    26.4.2 Ebenen verknüpfen 494
    26.4.3 Ebenen anordnen 494
    26.4.4 Miniaturansicht ändern 495
    26.4.5 Ebenen reduzieren 495
    26.4.6 Bilder mit Ebenen speichern 497
26.5 Auswahlen aus Ebenenpixeln erstellen 498
26.6 Einfache Fotomontagen mit Ebenen 498

27 Mit Ebenen arbeiten 509
27.1 Ebenen transformieren 509
    27.1.1 Frei transformieren 509
    27.1.2 Ebenen verzerren 512
27.2 Ebenen ausrichten und verteilen 513
    27.2.1 Mehrere Ebenen untereinander ausrichten 513
    27.2.2 Ebenen verteilen 514
27.3 Schnittmasken 518
    27.3.1 Schnittmasken erzeugen 519
    27.3.2 Anwendungsgebiet 519

28	**Füllmethoden von Ebenen**		521
28.1	Füllmethoden im Überblick		523
28.2	Füllmethoden für Mal- und Retusche-Werkzeuge		531
28.3	Praxisbeispiele		532
	28.3.1	Bilder über Füllmethode aufhellen oder abdunkeln	532
	28.3.2	Weiße oder schwarze Hintergründe beseitigen ohne Freistellen	534
29	**Ebenenmasken**		535
29.1	Funktionsprinzip von Ebenenmasken		536
	29.1.1	Graustufenmaske und Alphakanal	538
	29.1.2	Maskieren und Demaskieren	538
	29.1.3	Ebenenmaske bearbeiten	539
29.2	Befehle und Funktionen		540
	29.2.1	Eine neue Ebenenmaske anlegen	540
	29.2.2	Ebenenmaske anwenden	542
	29.2.3	Ebenenmaske löschen	542
	29.2.4	Darstellungsmodi von Ebenenmasken	543
	29.2.5	Verbindung von Ebene und Ebenenmaske	545
	29.2.6	Auswahlen und Ebenenmasken	546
29.3	Fotocollagen und -montagen: Ebenenmasken in der Praxis		549
	29.3.1	Bildelemente verschiedener Bilder kombinieren	549
	29.3.2	Bildelemente entfernen	552
	29.3.3	Kreative Rahmen und Effekte	556
	29.3.4	Text-Bild-Kombinationen	559
	29.3.5	Schwarzweiß und Farbe in Kombination	562
	29.3.6	Bilder kombinieren – mit sanften Übergängen	564
	29.3.7	Einfache Fotocollagen ohne Ebenenmasken	566

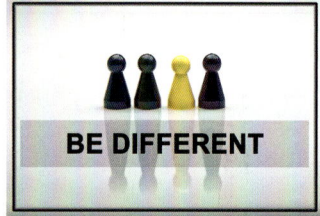

Teil IX: RAW und (H)DRI

30	**RAW – das digitale Negativ**		575
30.1	Das RAW-Format		575
	30.1.1	Vorteile von RAW gegenüber JPEG	576
	30.1.2	Weitere Vorteile des RAW-Formats	577

30.1.3 Nachteile des RAW-Formats 577

30.1.4 Verschiedene RAW-Formate 578

30.2 RAW-Dateien importieren 579

30.3 Das Camera-Raw-Plugin 579

30.3.1 Bilder in Camera Raw öffnen 580

30.3.2 Werkzeuge für die Ansicht 582

30.3.3 Das Histogramm 583

30.3.4 Dateiausgabe-Option (Farbtiefe) 584

30.3.5 Verwenden von bisherigen Bildeinstellungen 584

30.3.6 Camera-Raw-Voreinstellungen 585

30.3.7 Grundeinstellungen – Bildkorrekturen 586

30.3.8 Schärfen und Rauschreduzierung 590

30.3.9 Kamerakalibrierung 591

30.3.10 Werkzeuge zur Retusche und Reparatur ... 592

30.3.11 Bild speichern oder im Editor öffnen 593

30.3.12 Workshops zu Camera Raw 596

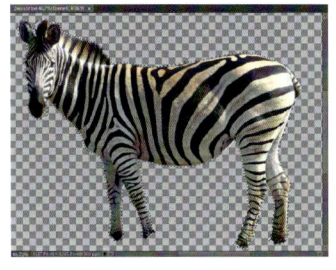

31 DRI-Technik 605

31.1 Was ist DRI? 605

31.2 Bilder für DRI erstellen 606

31.3 DRI in der Praxis 608

31.4 Photomerge-Belichtung 613

Teil X: Reparieren und Retuschieren

32 Hinweise zur Retusche 619

33 Bildstörungen 621

33.1 Rauschen entfernen – die Automatik 622

33.2 Staub und Kratzer 622

33.3 Rauschen reduzieren 623

33.4 Helligkeit interpolieren 624

33.5 Rauschen hinzufügen 624

33.6 Matter machen 625

34 Retuschewerkzeuge 627

34.1 Retusche mit dem Kopierstempel 627

34.2 Musterstempel 635

34.3 Retusche mit dem Reparatur-Pinsel 636

34.4 Bereichsreparatur-Pinsel 643

34.4.1	Porträtretusche mit dem Bereichsreparatur-Pinsel	643
34.4.2	Inhaltssensitive Retusche	653
34.5	Verflüssigen-Filter	655

35	**Eingescannte Bilder nachbearbeiten**	657
35.1	Bilder einscannen	657
35.1.1	Bildqualität des Scans verbessern	660
35.1.2	Mehrere Scans aufteilen	663

Teil XI: Mit Text arbeiten

36	**Grundlagen zur Texterstellung**	667
36.1	Einzeiliger Text (Punkttext)	667
36.2	Mehrzeiliger Text (Absatztext)	668
36.3	Text editieren	671
36.3.1	Text gestalten	671
36.3.2	Teile eines Textes bearbeiten	676
36.3.3	Textmaskierungswerkzeug	678
36.3.4	Textebene in eine Ebene umwandeln	679

37	**Ebenenstile und -effekte**	681
37.1	Vordefinierte Ebenenstile	682
37.2	Benutzerdefinierte Ebenenstile	684

38	**Praktische Typografietechniken**	689
38.1	Text-Bild-Effekte	689
38.2	Text auf Formen bringen	694
38.2.1	Text auf Pfaden mit Photoshop Elements?	695
38.2.2	Text verkrümmen	695
38.2.3	Text im Kreis schreiben	696

Teil XII: Präsentieren und Weitergeben

39	**Bilder für das Internet**	703
39.1	Bildgröße anpassen	704
39.2	Bilder für das Web speichern	705
39.3	Für Web speichern – Die All-in-one-Lösung	707
39.4	Animierte Bilder	709
39.5	Online-Album erstellen	714

39.6 Fotos per E-Mail verschicken 720
    39.6.1 Voreinstellungen für den E-Mail-Versand ... 721
    39.6.2 Bilder als PDF-Diashow versenden 724
39.7 Import/Export von PDF-Dokumenten 725
    39.7.1 PDF-Dokument importieren 725
    39.7.2 PDF-Dokument speichern 727
39.8 Der IPTC-Standard 728

40 Drucken 729

40.1 Auflösung überprüfen 729
40.2 Die Druckerbefehle 731
    40.2.1 Drucken aus dem Editor 731
    40.2.2 Drucken aus dem Organizer 735
    40.2.3 Ein Bild mehrmals auf eine Seite drucken:
           Bildpaket 735
    40.2.4 Mehrere Bilder drucken 736
    40.2.5 Kontaktabzug 738
40.3 Visitenkarten erstellen 739
40.4 Etiketten und Hüllen für CDs und DVDs 743
    40.4.1 CD-/DVD-Etiketten erstellen 743
    40.4.2 CD-/DVD-Hüllen erstellen 748
40.5 Einen Bildband erstellen 748
40.6 Noch mehr Möglichkeiten zur Weitergabe 755
    40.6.1 Post- und Grußkarten erstellen 755
    40.6.2 Fotokalender erstellen 755
    40.6.3 Fotocollage zusammenstellen 756
    40.6.4 CD/DVD brennen 757
40.7 Bilderrahmen erstellen 757
    40.7.1 Bilderrahmen von Photoshop Elements
           verwenden 757
    40.7.2 Eigene Bilderrahmen entwerfen 760

41 Präsentation am Bildschirm 763

41.1 Diashow erstellen (nur Windows) 763
41.2 Daumenkino erstellen (nur Windows) 771

Anhang

A Voreinstellungen im Überblick 775

A.1 Voreinstellungen im Editor 775
    A.1.1 Allgemein 775
    A.1.2 Dateien speichern 777
    A.1.3 Leistung 779

	A.1.4	Anzeige & Cursor	780
	A.1.5	Transparenz	781
	A.1.6	Einheiten & Lineale	781
	A.1.7	Hilfslinien & Raster	782
	A.1.8	Zusatzmodule	783
	A.1.9	Text	783
	A.1.10	Alle Einstellungen zurücksetzen	784
A.2		Voreinstellungen im Organizer	784
	A.2.1	Allgemein	784
	A.2.2	Dateien	785
	A.2.3	Bearbeiten	787
	A.2.4	Kamera oder Kartenleser	787
	A.2.5	Scanner (nur Windows)	789
	A.2.6	Datumsansicht	790
	A.2.7	Stichwort-Tags und Alben	790
	A.2.8	Weitergeben	790
	A.2.9	Adobe Partner-Services	791
	A.2.10	Medienanalyse	792
	A.2.11	Standardeinstellung wiederherstellen	792
A.3		Verzeichnisse für Plug-ins, Pinsel & Co.	793
B		**Farbmanagement und Farbprofile**	**795**
B.1		ICC-Farbprofile – Vermittler zwischen den Geräten	796
B.2		Farbmanagement mit Photoshop Elements	800
	B.2.1	Farbmanagement einrichten	800
	B.2.2	Konvertieren des Farbprofils	802
C		**Zusatzmodule und Plug-ins**	**803**
D		**Tastenkürzel im Editor**	**809**
D.1		Windows- und Mac-Tastatur	809
D.2		Werkzeuge (alphabetisch)	809
D.3		Datei	811
D.4		Drucken	812
D.5		Bearbeiten	812
D.6		Bildkorrekturen	812
D.7		Transformieren	813
D.8		Schwarzweiß	814
D.9		Auswahlen	814
D.10		Bildlauf	815
D.11		Ebenen	816
D.12		Ebenenmasken	818

D.13 Ebenenfüllmethoden 818
D.14 Fenster (Editor) 819
D.15 Filter 820
D.16 Farben auswählen 820
D.17 Malen und Malwerkzeuge 821
D.18 Text 821
D.19 Zoom 822
D.20 Weitere nützliche Tastenkombinationen 823

E   Tastenkürzel im Organizer 825

E.1   Datei 825
E.2   Fotos bearbeiten 825
E.3   Bildkorrektur 826
E.4   Navigieren im Medienbrowser 826
E.5   Fotos anzeigen 827
E.6   Fotos suchen 827

F   Die DVD zum Buch 829

F.1   Ordner: content/fotos 829
F.2   Ordner: content/software 829
F.3   Ordner: content/plugin 830
F.4   Ordner: Video-Lektionen 830
F.5   Ordner: Zusatzmaterial 831

Index 833

Workshops

Schnelle Bildkorrekturen im Editor

▶ Beleuchtung korrigieren 125
▶ Farben korrigieren 127
▶ Rote Augen entfernen 131
▶ Augen bei Tieren korrigieren 132
▶ Bildausschnitt freistellen 134
▶ Einzelne Bildteile einfärben 136
▶ Ein Bild aus dem Rahmen fallen lassen 141

Fotos laden und anzeigen

▶ Fotos von der Kamera oder vom Kartenleser laden 164

Fotos sortieren und kennzeichnen

▶ Ein neues Album erstellen 190
▶ Smart-Album erzeugen 195
▶ Stichwort-Tags und neue Unterkategorien verwenden   198
▶ Neue Stichwort-Kategorie erstellen 201

Grundlegendes zur Bildkorrektur

▶ Einstellungsebenen zur Bildkorrektur verwenden 223

Tiefen und Lichter korrigieren

▶ Kontrast verbessern 235
▶ Bild aufhellen 238
▶ Farbstich entfernen 240
▶ Einzelne Bildpartien aufhellen 247
▶ Überbelichtung ausgleichen 249
▶ Unterbelichtung aufhellen 252

Farbkorrektur

▶ Farbmischung bestimmen 256
▶ Grobe Korrektur eines Farbstichs mit Farbvariationen   258
▶ Farben im Farbumfang verschieben 263
▶ Farbe auswechseln 266
▶ Wärmere Hautfarbe erstellen 269

Helligkeit und Kontrast korrigieren

▶ Beleuchtung korrigieren 276

Mit Farben malen

▶ Hintergrund-Radiergummi verwenden 296
▶ Bildkorrektur mit dem Smartpinsel 300
▶ Eine Pinselspitze aus einem Bildbereich erstellen 310
▶ Bildschutz mit Wasserzeichen 312
▶ Eigene Verläufe erstellen 321

Schwarzweißbilder

▶ Ausgewählte Farben erhalten 329
▶ Bilder in Schwarzweiß konvertieren 332
▶ Ein Schwarzweißbild nachkolorieren 335
▶ Perfekte Bitmaps erzeugen 337

Farbverfremdung

▶ Photomerge-Stil-Übereinstimmung verwenden 349

Bilder schärfen

▶ Schärfen mit Hochpass 365
▶ Einzelne Bildbereiche schärfen 367
▶ Schärfen im Lab-Modus 369

Bilder weichzeichnen

▶ Schärfentiefe reduzieren 376

Freistellen

▶ Freistellen mit dem Hintergrund-Radiergummi 386
▶ Freistellen von schwierigen Motiven 389
▶ Bild optimal zuschneiden 395
▶ Bild neu zusammensetzen 399

Bildgröße und Auflösung

▶ Bilder strecken 407
▶ Eine Auswahl skalieren 412

Bilder ausrichten

▶ Perspektive korrigieren 421
▶ Vignettierung beseitigen 423
▶ Perspektive durch Verzerren anpassen 425
▶ Ein Panorama erstellen 428
▶ Augen austauschen 433
▶ Gruppenbilder optimieren 436

Komplexe Auswahlen erstellen

▶ Den Zauberstab verwenden 464

Das Ebenen-Bedienfeld

▶ Objekt in anderes Bild einmontieren 499
▶ Himmel austauschen 505

Mit Ebenen arbeiten

▶ Ebenen ausrichten und verteilen 514

Füllmethoden von Ebenen

▶ Dunkle Bilder per Füllmethode aufhellen 533

Ebenenmasken

▶ Doppelgänger erzeugen 549
▶ Ebenenmaske und Ebeneninhalt getrennt
  voneinander bewegen 553
▶ Ein individueller Bilderrahmen mit Ebenenmasken 557
▶ Text aus Bild erstellen 559
▶ Bild halb in Farbe und halb
  in Schwarzweiß 562
▶ Bildkomposition mit dem
  Verlaufswerkzeug 564
▶ Eine einfache Fotocollage 566

RAW – das digitale Negativ

▶ Bildbearbeitung mit Camera Raw
  durchführen 596
▶ Mehrere RAW-Bilder auf einmal konvertieren
  (Stapelverarbeitung) 600
▶ Mehrere RAW-Dateien auf einmal mit Camera Raw
  bearbeiten 602

DRI-Technik

▶ Manuelle DRI-Montage 608
▶ Automatische DRI-Montage 614

Retuschewerkzeuge

▶ Bildmotiv mit dem Kopierstempel klonen 629
▶ Unerwünschte Bildteile mit dem Kopierstempel
  entfernen 632

▶ Unerwünschte Objekte mit dem Reparatur-Pinsel
aus dem Bild entfernen 638
▶ Hautunreinheiten auf Porträts korrigieren 641
▶ Fältchen entfernen 644
▶ Retusche rund um die Augen 645
▶ Digitales Make-up 649

Eingescannte Bilder nachbearbeiten

▶ Bild einscannen und ausrichten 658
▶ Scannerschwächen ausgleichen 660

Ebenenstile und -effekte

▶ Ebeneneffekt verändern 685

Praktische Typografietechniken

▶ Schrift mit einem Bild füllen 689
▶ Text in ein Foto montieren 692
▶ Einen kreisrunden Text mit Photoshop-CS5-Vorlage
verwenden 697

Bilder für das Internet

▶ Bilder für das Web speichern 707
▶ GIF-Animation erstellen 710
▶ Eine eigene Webseite mit
Fotogalerie erstellen 715
▶ Fotos per E-Mail versenden 721

Drucken

▶ Visitenkarten erstellen 739
▶ Visitenkarten drucken (Windows) 741
▶ CD-/DVD-Etiketten erstellen 744
▶ Einen Bildband erstellen 749

Präsentation am Bildschirm

▶ Diashow erstellen (nur Windows) 763
▶ Ein Daumenkino erstellen (nur Windows) 772

Zusatzmodule und Plug-ins

▶ Modul »Gradationskurve« ohne Installationsroutine
installieren 803

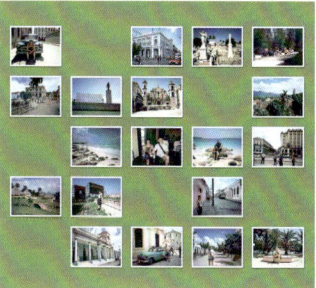

Video-Lektionen auf der Buch-DVD

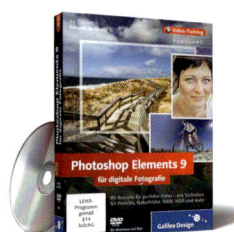

Auf der Buch-DVD finden Sie folgende Video-Lektionen, die dem Video-Training »Photoshop Elements 9 für digitale Fotografie« von Eduard de Kruijf (ISBN 978-3-8362-1701-9) entnommen wurden und auf die Inhalte des Buchs abgestimmt sind. Im Buch wird an den entsprechenden Stellen auf die passende Video-Lektion hingewiesen.

Kapitel 1: Fotos editieren wie ein Profi

1.1 Brillanz für flaue Bilder (03:11 Min.)

1.2 Über- und Unterbelichtung (06:51 Min.)

1.3 Auf den Punkt schärfen (09:21 Min.)

1.4 Farbstich und Weißabgleich (05:58 Min.)

Kapitel 2: Digitale Fotomontagen

2.1 Eine erste Fotomontage (07:16 Min.)

2.2 Ebenen für Fortgeschrittene (11:38 Min.)

Kapitel 3: Eindrucksvolle Naturbilder

3.1 Traumhaft blauer Himmel (04:28 Min.)

3.2 Perfekte Sonnenuntergänge (08:05 Min.)

3.3 Panoramabilder erstellen (09:54 Min.)

Vorwort

Bevor Sie mit der Lektüre des Buches beginnen, geben Sie mir noch ein paar Zeilen für einige Hinweise zum Buch und ein paar persönliche Worte.

Ziel des Buches

Wie Sie aus dem Titel »**Adobe Photoshop Elements 9 – Das umfassende Handbuch**« schon herauslesen können, möchte dieses Buch Ihr unverzichtbarer Begleiter bei der Arbeit mit Photoshop Elements werden. Gewöhnlich gibt es für diesen Zweck zwei Sorten von Büchern. Entweder finden Sie Werke, die nur Workshops enthalten und absolute Einsteiger deshalb meistens außen vor lassen. Die andere Sorte liefert häufig lediglich eine Einführung zur Software, wobei allerdings die Praxis und fortgeschrittene Themen oftmals zu kurz kommen.

Dieses Buch versucht einen Spagat zwischen beiden Buchsorten: Zum werden alle Werkzeuge und Funktionen der Software ausführlich beschrieben, zum anderen wird die praktische Anwendung dieser Funktionen in Schritt-für-Schritt-Anleitungen genau erläutert. Selbstverständlich blicke ich hierbei auch über den Tellerrand und behandle viele unverzichtbare Themen rund um die Bildbearbeitung. Anfänger finden so einen einfachen Einstieg in alle Bereiche der Software, und fortgeschrittenere Leser können in diesem Buch immer wieder Themen nachschlagen und sicher auch das das eine oder andere dazulernen.

Kompatibel mit den Vorgängerversionen?

Einige Worte noch zur Vorgängerversion der Software: Sie können dieses Buch auch ohne Weiteres in Verbindung mit Photoshop Elements 8 verwenden. Neu ist in der Version 9 die Option

INHALTSSENSITIV beim Bereichsreparatur-Pinsel, die durchaus als neues Werkzeug durchgehen könnte. Ebenfalls neu hinzugekommen ist eine Photomerge-Funktion mit PHOTOMERGE-STIL-ÜBEREINSTIMMUNG. Als beste Neuerung der neunten Version darf man wohl die Ebenenmasken sehen. Adobe hat sich endlich entschlossen, dem kleinen Bruder ebenfalls dieses tolle Feature zu spendieren. Bisher war es immer nur über Trickserei möglich, Ebenenmasken zu verwenden.

Ansonsten finden Sie viele kleinere Verbesserungen vor, die zur besseren Bedienung der Software beitragen. Funktionen, die neu in der neunten Version für Photoshop Elements hinzugekommen sind, werden in der Marginalspalte mit dem Icon gekennzeichnet, das Sie hier neben diesem Textabschnitt sehen. Bitte beachten Sie auch, dass in diesem Buch nur die Differenzen zwischen den Versionen 8 und 9 von Photoshop Elements berücksichtigt werden.

Photoshop Elements 7 | Für diejenigen Leser, die mit der Version 7 von Photoshop Elements zu diesem Buch gekommen sind, sollen noch kurz die Differenzen gegenüber der Version 8 ergänzt werden. Vor den eben erwähnten Neuerungen der Version 9 kamen zur Version 8 das NEU-ZUSAMMENSETZEN-WERKZEUG sowie die Photomerge-Funktion BELICHTUNG hinzu. Auch die Hilfslinien wurden mit der achten Version hinzugefügt. Ansonsten gibt es auch hier verschiedene kleinere Verbesserungen bei der Bedienung der Software. Für versierte Anwender spricht rein funktionell nichts gegen eine Verwendung der Version 7 mit diesem Buch. Allerdings sollte Ihnen klar sein, dass neben den eben erwähnten Neuerungen auch die Bedienoberfläche etwas anders aufgebaut ist und Sie das eine oder andere Bedienelement an einer anderen Stelle oder unter einem anderen Namen finden. Daher kann ich für die Verwendung der Photoshop-Elements-Version 7 das Buch nur beschränkt weiterempfehlen.

Photoshop Elements für Mac OS X

Neu seit der achten Version von Photoshop Elements ist auch, dass die Mac-Version gleichzeitig mit der Windows-Version erscheint. Natürlich wurde im Buch auch die Mac-Version berücksichtigt. Daher wurden die Tastenkürzel für beide Plattformen abgedruckt. Wir haben uns für die Version entschieden, wo vor einem Schrägstrich die Windows-Taste und hinter dem Schrägstrich die Mac-Taste genannt wird. Steht im Buch beispielsweise die Tastenkombination ⌃Strg⌄/⌘+⎣0⎦, müssen Sie für Windows die Tasten ⌃Strg⌄+⎣0⎦ und für Mac ⌘+⎣0⎦ gleichzeitig drücken.

Ebenfalls neu in Version 9 von Photoshop Elements ist, dass jetzt für das Verwalten und Importieren von Bildern wie bei der Windows-Version der **Organizer** verwendet wird. In der Vorgängerversion wurde hierfür ja noch **Adobe Bridge CS4** verwendet. Sollten Sie (noch) die Vorgängerversion von Elements für den Mac besitzen, finden Sie auf der Buch-DVD ein zusätzliches Kapitel im PDF-Format mit Hinweisen, wie Sie Bilder mit Adobe Bridge CS4 verwalten. Ansonsten unterscheidet sich die Mac-Version kaum von der Windows-Version. Wenn es Unterschiede gibt, finden Sie einen speziellen Mac-Hinweis neben dem Text in der Marginalie, wie Sie ihn auch hier neben dem Absatz sehen.

X Sehen Sie dieses Symbol neben dem Text in der Marginalie, wird beschrieben, wodurch sich die Mac-Version von der Windows-Version unterscheidet.

Durcharbeiten des Buches

Sie müssen das Buch nicht streng Kapitel für Kapitel durcharbeiten. Es wurde vielmehr so konzipiert, dass Sie sich jederzeit »quer« in ein Kapitel einlesen können. Ich habe mich dabei nach Möglichkeit bemüht, nicht auf spätere Kapitel oder Teile vorzugreifen. Immer ließ sich das aber nicht einhalten. Ein Schlüssel-Teil, auf den an mehreren Stellen vorgegriffen wird, ist beispielsweise Teil 8 zum Thema »Ebenen«.

Gliederung

Im ersten Teil erfahren Sie alles, was Sie im Umgang mit dem **Editor** von Photoshop Elements wissen müssen. Sie lesen, wie Sie mit Dateien umgehen, und lernen die Steuerelemente der Arbeitsoberfläche kennen. Vor allem wenn Sie zum ersten Mal mit einem Bildbearbeitungsprogramm oder mit Photoshop Elements arbeiten, sollten Sie sich mit diesem Kapitel einen ersten Überblick über die Software verschaffen.

Im zweiten Teil wird der **Organizer** beschrieben. Der Organizer ist ein eigenständiger Teil von Photoshop Elements. Mit ihm können Sie Ihre Fotos organisieren, suchen oder weitergeben oder, einfach gesagt, verwalten. Gerade wenn Sie sehr viele Fotos auf der Festplatte haben, hilft Ihnen der Organizer enorm dabei, den Überblick zu bewahren.

Der dritte Teil ist dem wichtigen Thema der **Bildkorrektur** gewidmet. Hier lernen Sie die klassischen Vorgehensweisen und Werkzeuge für Bildkorrekturen kennen.

Der vierte Teil behandelt alles, was irgendwie mit **Farbe** oder genauer: mit der Veränderung oder Manipulation von Pixeln zu tun hat. Neben der Verwendung der klassischen Malwerkzeuge gehören hierzu auch das Füll- und das Verlaufswerkzeug. Auch die Smartpinsel-Werkzeuge werden hier vorgestellt. Abgeschlossen wird dieser Teil mit den Themen **Schwarzweiß** und **Farbverfremdung**.

Wie Sie Ihre Bilder nachträglich **schärfen** oder **weichzeichnen**, wie Sie diese Funktionen sinnvoll einsetzen und was Sie hierbei beachten müssen, erfahren Sie im fünften Teil.

Teil sechs zeigt Ihnen, wie Sie ein nicht ganz im optimalen Blickwinkel fotografiertes Foto ins richtige Licht rücken. Behandelt werden Themen wie das **Zuschneiden** und **Ausrichten** von Bildern sowie das **Seitenverhältnis**. Auch das **Skalieren** und die **Veränderung der Perspektive** gehören dazu. Darüber hinaus lernen Sie einige Möglichkeiten kennen, ein Objekt aus seinen umgebenden Pixeln herauszulösen (**Freistellen**). Auch die Photomerge-Funktion zum automatischen Erstellen eines **Panoramabildes** aus mehreren Einzelfotos behandle ich in diesem Teil.

Das wichtige Thema der **Auswahlen** steht im Mittelpunkt des siebten Teils. Photoshop Elements stellt Ihnen allein für die Auswahlen acht verschiedene Werkzeuge sowie ein eigenes Menü zur Verfügung.

Das zentrale Thema im Buch dürften die **Ebenen** im achten Teil sein, ohne die viele Bildkorrekturen, -optimierungen und Montagen gar nicht machbar wären. Auch die neu hinzugekommenen **Ebenenmasken** werden hier behandelt.

Besonders für Freunde der digitalen Fotografie dürfte der neunte Teil sehr interessant werden. Hier lernen Sie das **Camera-Raw-Plugin** von Adobe kennen, mit dem Sie Ihre RAW-Fotos »entwickeln« können. Einsteiger erfahren natürlich auch alles zum RAW-Format und zu seiner Verwendung. Da Photoshop Elements das HDR-Format nicht unterstützt, stelle ich in diesem Teil mit der **DRI-Technik** die mögliche Alternative vor.

Teil zehn geht auf die **Reparatur von Bildstörungen** (Kratzer, Rauschen, Staub etc.) ein sowie auf das (Weg-)**Retuschieren** von unerwünschten Bildteilen. Da solche Bildstörungen häufig Nebenerscheinungen eines Scan-Vorgangs sind, wird auch beschrieben, wie Sie **Scannerschwächen** ausgleichen können.

Teil elf ist ganz der Typografie gewidmet. Hier werden das **Textwerkzeug** und natürlich auch die **Texteffekte** ausführlich behandelt.

Wie Sie Ihre **Bilder für das Web** »zubereiten« und auch sonst bestens **präsentieren** oder **weitergeben**, erfahren Sie im zwölften Teil. Photoshop Elements eröffnet hier dem Anwender wirklich eine gewaltige Fülle an Möglichkeiten – Sie werden beim Ausprobieren dieser Möglichkeiten viel Spaß haben (versprochen!).

Im Anhang werden die Voreinstellungen von Photoshop Elements beschrieben. Außerdem erhalten Sie einen ersten Einblick in das Thema Farbmanagement. Wem das nicht genügt, der erfährt hier auch noch, wie er Photoshop Elements um weitere Filter und **Zusatzmodule** (oder auch Plug-ins) erweitert.

Schritt für Schritt

Viele Themen, Werkzeuge oder Dialoge werden im Buch in Schritt-für-Schritt-Anleitungen beschrieben, die jeweils besonders gekennzeichnet sind. Diese Anleitungen dokumentieren praktisch jeden Mausklick und Tastendruck und sind vielfach mit passenden Bildern und Screenshots illustriert. Im Buch erkennen Sie diese Anleitungen an einer roten Überschrift, die immer mit den Wörtern »Schritt für Schritt« beginnt.

Beachten Sie allerdings, dass sich diese Schritt-für-Schritt-Anleitungen im Buch immer nur auf den Anwendungsfall des Beispielbildes beziehen. Um die Anleitung auf Ihre eigenen Bilder anzuwenden, werden Sie in der Regel andere Werte verwenden müssen, da jedes Bild anders ist. Ich rate Ihnen aber auf jeden Fall dazu, diese Beispiele selbst zu testen, um sich so mehr Praxiserfahrung anzueignen. Mithilfe dieser Kenntnisse werden Sie bald immer eigenständiger mit Photoshop Elements arbeiten und eigene Lösungen für neue Anwendungsfälle entwickeln.

Bilder für die Praxis

Viele der Bilder im Buch finden Sie auch auf der Buch-DVD. Diese Dateien helfen Ihnen dabei, die Schritt-für-Schritt-Anleitungen nachzuvollziehen oder einfach selbst einen Versuch zu den beschriebenen Funktionen zu starten. Bilder, die auf der Buch-DVD enthalten sind, werden in der Marginalspalte mit einem DVD-Icon und dem entsprechenden Dateinamen gekennzeichnet.

Neben diesem Icon in der Marginalspalte wird der Name der Bilddatei angegeben, die Sie auf der Buch-DVD finden.

Fragen zum Buch

Sollten Sie Fragen, Anregungen oder Hinweise zum Buch haben, so können Sie mich gerne über den Verlag kontaktieren. Ich bin stets bemüht, Ihnen bei Problemen mit dem Buch zu helfen.

Photoshop Elements und/oder Photoshop CS5

Schüler und Studenten

Sind Sie Schüler oder Student, haben Sie die Möglichkeit, das große Photoshop CS5 für ca. 200–250 Euro zu erwerben.

Adobe ist mit dem Programm Adobe Photoshop alleiniger Marktführer in der professionellen Bildbearbeitung. Allerdings hat das Programm auch einen stolzen Preis (es kostet ca. 1.400 Euro).

Um auch den Markt der Heimanwender zu erobern, hat Adobe 2001 eine hierfür speziell entwickelte Version mit dem erweiterten Namen **Elements** auf den Markt gebracht (auch das »kleine Photoshop« genannt). Hierbei handelt es sich um eine im Funktionsumfang reduzierte, für Heimanwender aber vollkommen ausreichende Version von Adobe Photoshop.

Entfernt wurden lediglich Funktionen, die für den ungeübten Anwender als zu komplex erschienen und die für den Hausgebrauch der digitalen Bildbearbeitung nicht benötigt werden. Hinzugefügt wurden dafür viele automatische Funktionen, die dem Anwender etwa in Form eines Assistenten die Arbeit erleichtern.

So dauerte es nicht sehr lange, bis auch das kleine Photoshop zum Marktführer in diesem Segment wurde. Wenn Sie nicht die Katze im Sack kaufen wollen, können Sie vor der Anschaffung der Software auch die 30-Tage-Testversion von der Buch-DVD zum Arbeiten verwenden. Zusammenfassend lässt sich sagen, dass Adobe Photoshop Elements für den Heimanwender hinsichtlich Funktionsumfang, Geschwindigkeit und Handhabung keine Wünsche offenlässt. Aber überzeugen Sie sich selbst.

Was Adobe Photoshop Elements alles kann, erfahren Sie in diesem Buch. Was allerdings für den professionellen Gebrauch und im Unterschied zum großen Adobe Photoshop fehlt, soll hier in Stichpunkten schnell aufgelistet werden. Natürlich beschränke ich mich dabei auf die wesentlichen Punkte:

▶ **CMYK-Modus:** Der CMYK-Modus wird für die Druckvorstufe benötigt. Gemeint ist hier nicht das Drucken von Fotos auf dem heimischen Drucker, sondern professionelle Druckverfahren, wie sie zum Beispiel beim vorliegenden Buch zum Einsatz kamen.

▶ **16-Bit-Farbtiefe pro Kanal:** Die Bildbearbeitung mit 16 Bit Farbtiefe pro Kanal ist in Photoshop Elements nicht zu 100 % möglich. Viele Funktionen und Filter funktionieren nur mit 8 Bit Farbtiefe pro Kanal. Funktionen oder Filter, die nicht mit 16 Bit Farbtiefe pro Kanal zurechtkommen, sind ausgegraut (nicht wählbar). Die RAW-Bildentwicklung (mit dem Camera-Raw-Plugin) wird allerdings komplett mit dieser Farbtiefe unterstützt.

- ▶ **Aktionen:** Mit Aktionen können verschiedene Befehlsfolgen mitgeschnitten, gespeichert und so auf andere Bilder wieder angewendet werden. In der Textverarbeitung kennt man diese Aktionen auch als »Makros«. In Photoshop Elements ist es leider nicht möglich, eigene Aktionen für die automatische Bildbearbeitung aufzuzeichnen.

- ▶ **Pfade:** Pfade werden normalerweise mit dem Pfad-Werkzeug zum Anlegen verlustfreier, skalierbarer Bildelemente – sogenannter Formen – verwendet. Die Rede ist hierbei von Vektorelementen. Photoshop Elements verfügt leider nicht über solch ein Pfadwerkzeug, bietet aber als Ersatz die Formwerkzeuge zum Einfügen vorgegebener Formen an.

- ▶ **Messwerkzeuge:** Zwar bietet die Informationen-Palette einige Informationen zu den RGB-Farbwerten oder zu den X-/Y-Koordinaten, aber ein echtes Linealwerkzeug, etwa zum Messen von Winkeln oder Punktabständen, lässt Photoshop Elements immer noch vermissen. Diese Funktion würde ich mir in einer der nächsten Photoshop-Elements-Versionen wünschen.

- ▶ **HDR:** Leider enthält Photoshop Elements auch noch keine (automatische) Funktion, um HDR-Fotos zusammenzufügen. Zwar bietet Photoshop Elements mit PHOTOMERGE-BELICHTUNG eine DRI-Technik an, mit der Sie ein sogenanntes *Exposure Blending* durchführen können, aber für echtes HDR müsste Photoshop Elements 16 Bit pro Farbkanal unterstützen.

Danke

Niemand schreibt ein Buch ohne die Hilfe anderer Menschen. Daher möchte ich hier alle erwähnen, die maßgeblich zum Gelingen des Buches beigetragen haben.

Zunächst muss ich natürlich meiner Familie danken, die mir in den letzten Monaten den Rücken freigehalten hat, sodass ich mich zu 100 % auf das Buch konzentrieren konnte.

Ebenso möchte ich mich beim Verlag bedanken, der mir dieses Buch überhaupt ermöglicht hat. Ganz besonders danke ich meiner Lektorin Katharina Geißler, die mir ein angenehmes Arbeiten ermöglicht und stets mit Rat und Tat zur Seite gestanden hat.

Ein besonderer Dank geht auch an die vielen Fotografen und Bilderdatenbanken, die mir ihre Fotos großzügig zur Verfügung gestellt haben. Zwar werden die Quellen auch jeweils bei den einzelnen Bildern angegeben, dennoch möchte ich die Beiträger auch an dieser Stelle gerne noch einmal namentlich erwähnen:

- ▶ Martin Conrad (*http://www.ipernity.com/home/nochjemand*)
- ▶ Ingo Jung (*http://www.digital-express-labor.de/*)
- ▶ Clarissa Schwarz (*http://www.clarissa-schwarz.ch/* und *http://sockstar-monster.com/*)
- ▶ Stefan und Traudel Lubahn (*http://slubahn.dnsalias.net/ traudel/index.html* und *http://www.litteldog.de/*)
- ▶ Hanspeter Bolliger, Brigitte Bolliger und Janine Grab-Bolliger (*http://www.pixelio.de/*)
- ▶ Berny J. Sackl (*http://www.ipernity.com/home/45114*)
- ▶ Marcus Kamp (*http://www.marcuskamp.com*) und seine Models Anja, Bela und Sooraya
- ▶ Marco Barnebeck (*http://www.pixelio.de/*)
- ▶ dieblen.de (Mannheim; *http://www.dieblen.de/*)
- ▶ Wolfgang Pfriemer (Bangkok; *http://www.ipernity.com/ home/wolfgang-pfriemer*)
- ▶ www.bergfoto.ch (Simon & Daniela Oberli; *http://www.bergfoto.ch/*)

Nun bleibt mir nur noch, Ihnen recht viel Spaß mit diesem Buch und mit Adobe Photoshop Elements zu wünschen.

Jürgen Wolf

Teil I
Der Editor

1 Die Arbeitsoberfläche des Editors

Dieses Kapitel macht Sie mit der Arbeitsoberfläche des Editors vertraut und erläutert den grundlegenden Umgang mit den einzelnen Bedienelementen.

Wenn Sie zum ersten Mal mit Photoshop Elements arbeiten, wird Ihnen die Arbeitsumgebung zunächst recht umfangreich und komplex erscheinen. Die Oberfläche der Software ist aber relativ leicht zu erfassen. Bereits nach kurzer Einarbeitungszeit werden Sie die wichtigsten Funktionen sicher handhaben.

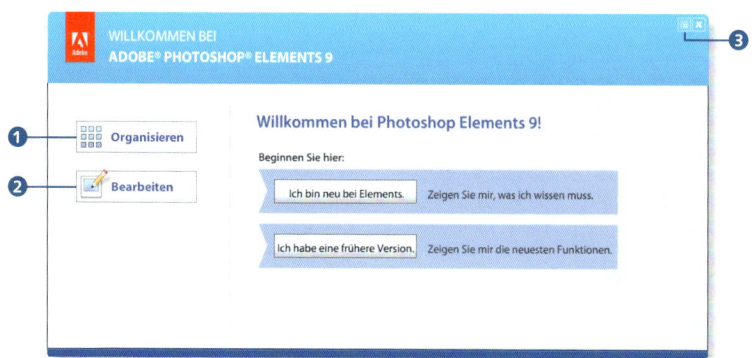

◀ **Abbildung 1.1**
Der Startbildschirm

Im Startbildschirm müssen Sie sich zunächst entscheiden, was Sie tun möchten. Wollen Sie Ihre Fotos organisieren und verwalten, so klicken Sie auf den Button Organisieren ❶. Um den Editor zu starten, drücken Sie den Button Bearbeiten ❷. Da in diesem Kapitel der Editor beschrieben wird, betätigen Sie bitte den Button Bearbeiten ❷. Das Organisieren der Fotos mit dem Organizer wird in Teil 2 (ab Kapitel 7) des Buches behandelt.

Den Start können Sie übrigens auch beeinflussen, indem Sie auf dem Startbildschirm den kleinen Button ❸ rechts oben neben dem Schließen-Button anklicken. Hier können Sie neben der Standardeinstellung, in der nur der Startbildschirm angezeigt wird, auch auswählen, dass hinter dem Startbildschirm gleich der Organizer oder der Editor gestartet werden soll.

Zwischen Anwendungen wechseln

Haben Sie sich eingangs für den Editor entschieden, so müssen Sie nicht zum Startbildschirm zurückkehren, um etwa in den Organizer zu wechseln. Alle Arbeitsbereiche können Sie jederzeit auch aus anderen Arbeitsbereichen heraus öffnen.

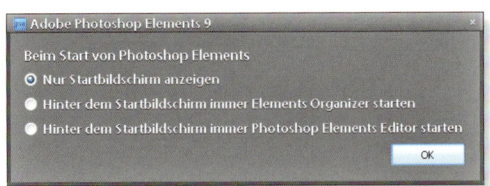

Abbildung 1.2 ▶
Startverhalten ändern

1.1 Die Oberfläche im Schnellüberblick

Die Oberfläche des Editors gliedert sich in vier grundlegende
Gruppen von Bedienelementen:

▶ die **Menüleiste** ❷ oberhalb des Fensters, die ausklappbare
Menüs enthält (beim Mac finden Sie die Menüleiste natürlich
Mac-typisch als weiße Leiste, die oben quer über dem Bild-
schirm verläuft)

▶ die **Optionsleiste** ❸ unterhalb der Menüleiste, die sich über
die gesamte Breite des Fensters erstreckt

▶ die **Werkzeugpalette** ❺ auf der linken Seite unterhalb der
Optionsleiste

Abbildung 1.3 ▼
Die Standardansicht des Editors
mit den wichtigsten Elementen

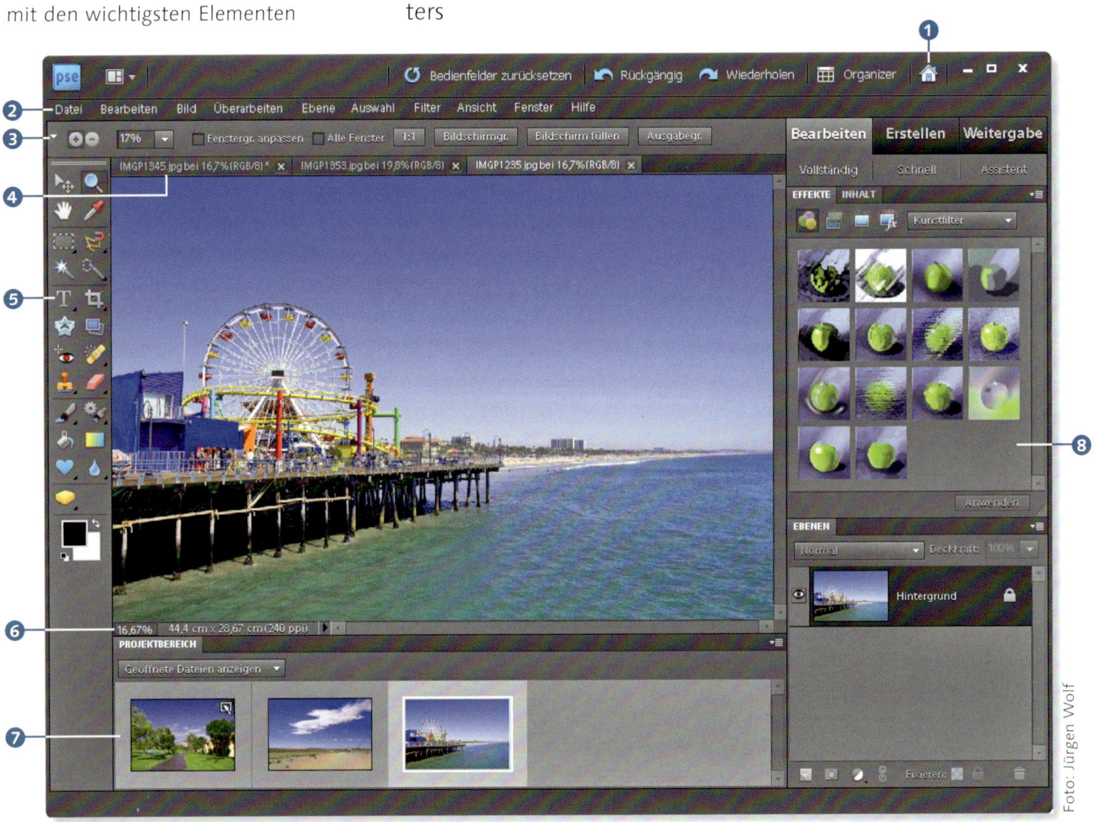

▶ die **Bedienfelder** ❽ auf der rechten Seite des Programmfensters

Neben diesen Standardbedienelementen finden Sie bei einem oder mehreren geöffneten Bildern zusätzlich eine Titelleiste ❹ und eine Statusleiste ❻ vor. Ganz unten im Programmfenster sehen Sie außerdem einen Projektbereich ❼, den Sie einblenden können, um Miniaturen der geöffneten Bilder anzuzeigen. Ein Klick auf das Haus-Symbol ❶ bringt Sie wieder zurück zum Startbildschirm.

Startbildschirm aktivieren

Statt des Haus-Symbols ❶ können Sie den Startbildschirm auch über das Menü FENSTER • START-BILDSCHIRM (de)aktivieren.

1.2 Die Menüleiste

Die Menüs in Photoshop Elements sind den Menüs vieler bekannter Programme ähnlich, die Bedienung wird Ihnen daher kaum Schwierigkeiten bereiten. Anwendbare Funktionen sind in weißer Schrift dargestellt; Elemente in grauer Schrift sind nicht anwählbar. Bei vielen Menüeinträgen finden Sie zudem Tastenkürzel, mit denen Sie die Funktion über die Tastatur aufrufen. Anstatt sich zum Öffnen einer Datei also durch das DATEI-Menü zu hangeln, können Sie auch schnell die Tastenkombination [Strg]/[⌘]+[O] nutzen.

Funktionen aktivieren

Um ausgegraute Funktionen dennoch auszuprobieren, öffnen Sie einfach ein Bild. Verwenden Sie hierbei am besten ein Bild von der Buch-DVD – so können Sie auch nichts »kaputtmachen«.

| Datei | Bearbeiten | Bild | Überarbeiten | Ebene | Auswahl | Filter | Ansicht | Fenster | Hilfe |

Gerade Umsteiger von Windows zu Mac OS X suchen bei den aktiven Programmen zunächst etwas verwundert nach der Menüleiste. Bei Mac OS X ist die Menüleiste nicht im Programmfenster selbst zu finden, sondern wird ganz oben auf dem Bildschirm in einer weißen Leiste ❿ mit den Menübefehlen zum aktuell aktiven Programm angezeigt. Den Namen des aktuell aktiven Programms finden Sie hierbei neben dem Apfel-Logo ❾.

▲ **Abbildung 1.4**
Die Menüleiste von Photoshop Elements

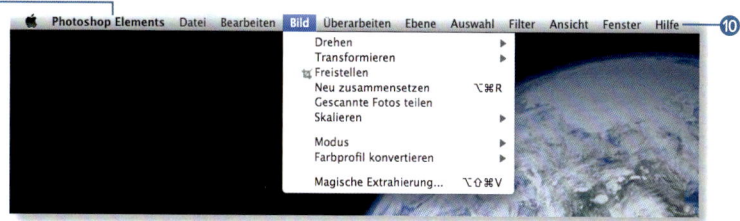

◄ **Abbildung 1.5**
Die Menüleiste von Photoshop Elements unter Mac OS X

Das Menü »Datei« | Auch im Menü DATEI wird Ihnen vieles von anderen Programmen her bekannt vorkommen, zum Beispiel das Öffnen, Speichern und Drucken von Dateien. In diesem Menü finden Sie alle Befehle für die Verwaltung und Steuerung von Dateien. Auch den Import und Export von Dateien rufen Sie über das Menü DATEI auf.

Weitere Befehle

Im Menü DATEI finden Sie auch Automatisierungsbefehle und Befehle für den Wechsel zu anderen Programmelementen, zum Beispiel zum Organizer, mit dem Sie Fotos verwalten können.

Das Menü »Bearbeiten« | Im Menü BEARBEITEN finden Sie neben den üblichen Standardfunktionen wie Rückgängigmachen und Wiederholen von Arbeitsschritten, Ausschneiden, Kopieren, Einfügen und Löschen von Auswahlen oder Ebenen auch verschiedene Arbeitshilfen. Hierzu gehören etwa das Füllen einer Auswahl oder Kontur, das Leeren des Rückgängig-Protokolls oder der Zwischenablage sowie das Hinzufügen von Seiten. Außerdem enthält es Befehle zu Werkzeugkomponenten, zur Definition eigener Pinsel und Muster sowie verschiedene Grundeinstellungen zum Programm.

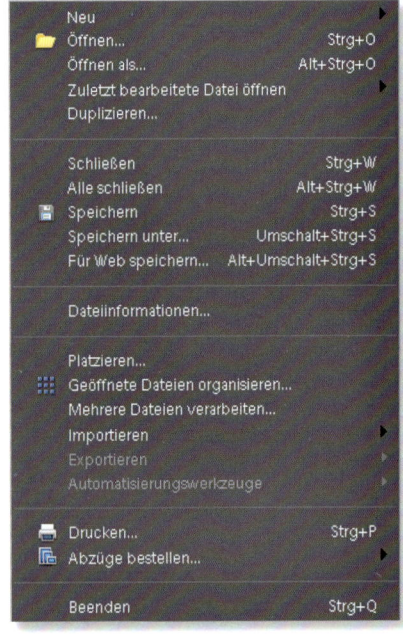

▲ **Abbildung 1.6**
Das Menü DATEI

▲ **Abbildung 1.7**
Das Menü BEARBEITEN

Magische Extrahierung
Ebenfalls im Menü BILD befindet sich die MAGISCHE EXTRAHIERUNG, ein mächtiges Werkzeug, mit dem Sie Motive aus einem Bild freistellen.

Das Menü »Bild« | Das Menü BILD enthält Funktionen, um ein Bild nach festen oder beliebigen Werten zu drehen, zu spiegeln, seine Form oder Größe zu ändern. Neben dem Werkzeug FREISTELLEN finden Sie hier eine Funktion zur Aufteilung eingescannter Bilder. Darüber hinaus können Sie über dieses Menü den Bildmodus ändern und die Farbprofilkonvertierung durchführen.

Das Menü »Überarbeiten« | Die Funktionen im Menü ÜBERARBEITEN setzen Sie in der digitalen Bildbearbeitung häufig zum Korrigieren eines Bildes ein. Neben den vielen automatischen Korrekturfunktionen finden Sie hier auch Funktionen zum manuellen Anpassen von Beleuchtung und Farbe. Auch das

Nachschärfen und die Schwarzweißkonvertierung rufen Sie über dieses Menü auf.

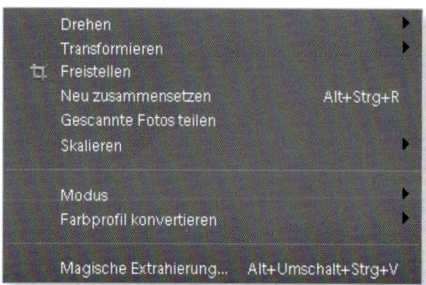

▲ **Abbildung 1.8**
Das Menü BILD

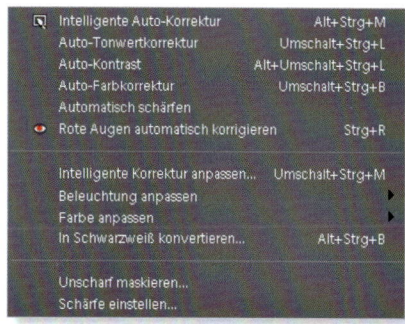

▲ **Abbildung 1.9**
Das Menü ÜBERARBEITEN

Das Menü »Ebene« | Ein sehr wichtiges Arbeitsmittel für die Gestaltung von Fotomontagen mit Photoshop Elements sind die Ebenen. Entsprechend umfangreich ist auch das Menü EBENE mit Funktionen ausgestattet. Auch die neu eingeführten Funktionen zur Ebenenmaske sind unter diesem Menü enthalten.

Das Menü »Auswahl« | Die Funktionen im Menü AUSWAHL sind ebenso wichtig wie die im Menü EBENE. Im AUSWAHL-Menü finden Sie viele Ergänzungen zu den Auswahlwerkzeugen der Werkzeugpalette. Darüber hinaus können Sie Auswahlen ändern und speichern.

Ebenenkonzept

Im Menü AUSWAHL finden Sie auch einige Auswahlbefehle für Ebenen. Die beiden Menüs EBENE und AUSWAHL werden Sie daher oft in Kombination anwenden.

Zum Weiterlesen
Auf die Ebenen geht ausführlich Teil 8 des Buches ein.

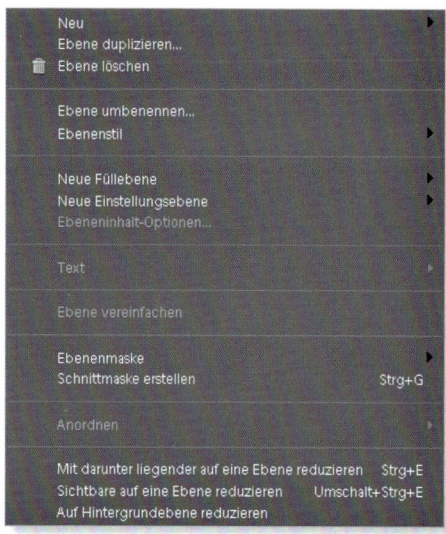

▲ **Abbildung 1.10**
Das Menü EBENE

▲ **Abbildung 1.11**
Das Menü AUSWAHL

Das Menü »Filter« | Das Menü FILTER enthält zahlreiche Filter zur Durchführung von Korrekturen; auch Filter für Stileffekte und kreative Zwecke finden Sie hier. In der Regel erreichen Sie hier auch die Plug-ins, mit denen Sie Photoshop Elements 9 jederzeit erweitern können.

Das Menü »Ansicht« | Im Menü ANSICHT finden Sie vorwiegend Funktionen, die sich auf die Darstellung des aktuellen Bildes beziehen. Auch verschiedene Helfer wie Lineale, Hilfslinien oder Raster sind hier versammelt.

Das Menü »Fenster« | Das Menü FENSTER bietet Befehle, mit denen Sie das Aussehen des Editors festlegen können (etwa welche Bedienfelder eingeblendet werden sollen).

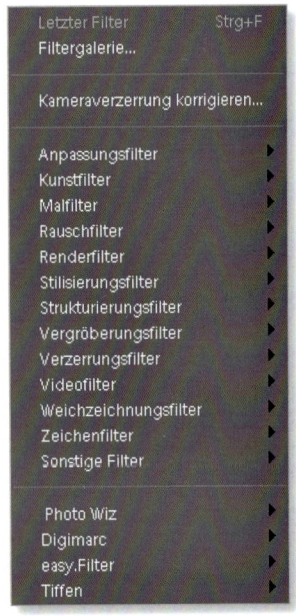

▲ **Abbildung 1.12**
Das Menü FILTER

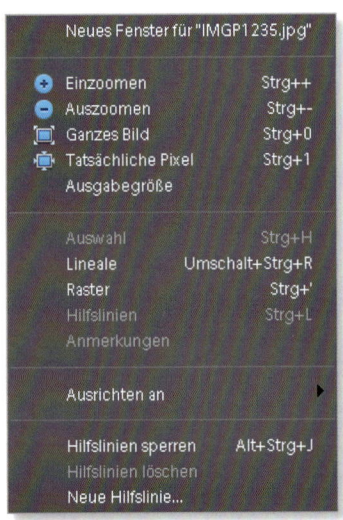

▲ **Abbildung 1.13**
Das Menü ANSICHT

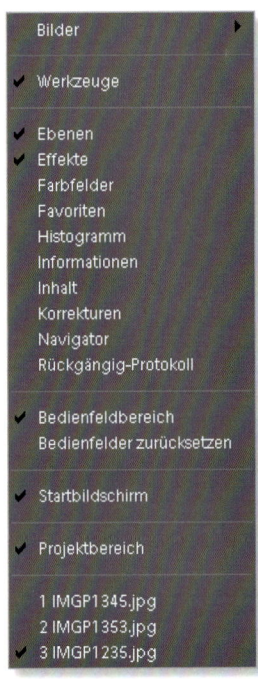

▲ **Abbildung 1.14**
Das Menü FENSTER

Das Menü »Hilfe« | Sollten Sie einmal nicht mehr weiterwissen, so können Sie im letzten Menüpunkt die Photoshop-Elements-Hilfe aufrufen. Schneller geht dies mit der Taste [F1] (Windows) bzw. mit [⌘]+[?] (Mac). Auch Updates und Support-Hilfen finden Sie über dieses Menü.

◄ **Abbildung 1.15**
Das Menü HILFE

1.3 Die Werkzeugpalette im Überblick

In der Werkzeugpalette des Editors (häufig auch »Toolbox« oder »Werkzeugleiste« genannt) stehen Ihnen verschiedene Werkzeuge zur Bearbeitung Ihrer Bilder zur Verfügung. Angezeigt wird die Werkzeugpalette standardmäßig auf der linken Seite des Programmfensters. Sie können die Werkzeugpalette aber einfach durch Ziehen verschieben.

Die Werkzeugpalette ab- und andocken | Im Editor können Sie die Werkzeugpalette durch Ziehen der Griffleiste ❶ am oberen Rand verschieben. Man spricht hierbei auch vom Abdocken der Werkzeugpalette. Selbstverständlich können Sie die Werkzeugpalette jederzeit wieder andocken, indem Sie sie abermals durch das Ziehen der Griffleiste am oberen Rand ganz zur linken Seite schieben. Durch das Anklicken der doppelten kleinen Dreiecke ❷ im abgedockten Zustand werden die Werkzeuge in einer Spalte angezeigt. Klicken Sie die Dreiecke erneut an, werden die Werkzeuge wieder nebeneinander in zwei Spalten angeordnet. Das ist durchaus sinnvoll, weil auf vielen tragbaren Geräten mit einem 15"-Bildschirm nicht alle Werkzeuge in einer Spalte angezeigt werden können. Im abgedockten Zustand können Sie außerdem die Werkzeugpalette rechts oben über das kleine Icon ❸ schließen. Falls Sie die Werkzeugpalette aus Versehen geschlossen haben, können Sie sie jederzeit wieder über das Menü FENSTER • WERKZEUGE anzeigen lassen.

QuickInfo | Um sich Informationen zu einem beliebigen Werkzeug in der Werkzeugpalette anzeigen zu lassen, verweilen Sie einfach mit dem Cursor über der Schaltfläche ❹ des Werkzeugs. Es erscheint dann ein kurzer Werkzeugtipp (»QuickInfo«).

▲ **Abbildung 1.16**
Die »abgedockte« und frei schwebende Werkzeugpalette

Hilfe anzeigen

Wenn Sie in der QuickInfo auf den Namen des Werkzeugs klicken, wird die entsprechende Hilfeseite automatisch angezeigt (setzt gewöhnlich eine aktive Internetverbindung voraus).

▲ **Abbildung 1.17**
Klicken Sie auf dem Namen des Werkzeugs in der QuickInfo, wird eine Hilfeseite zum Werkzeug angezeigt.

Abbildung 1.18 ▶
Wenn der Cursor über einem Werkzeug steht, werden Name und Tastenkürzel des Werkzeugs angezeigt.

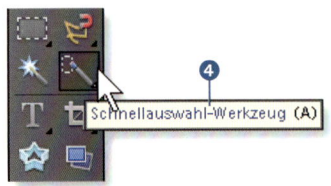

Zum Weiterlesen
Mehr zur Statusleiste finden Sie in Abschnitt 1.9, »Die Statusleiste«.

Statusleiste | Die Statusleiste an der unteren Bildschirmkante können Sie ähnlich wie die QuickInfo verwenden, um Informationen zu einem Werkzeug zu erhalten. Klicken Sie hierzu den schwarzen Pfeil ❺ an, und aktivieren Sie die Einstellung AKTUELLES WERKZEUG.

Abbildung 1.19 ▶
Auch die Statusleiste gibt Auskunft zum aktuell verwendeten Werkzeug, wenn die Option AKTUELLES WERKZEUG aktiv ist.

Werkzeug verwenden | Um ein Werkzeug zu verwenden, müssen Sie es in der Werkzeugpalette mit einem Klick auf die entsprechende Schaltfläche auswählen. Das ausgewählte Werkzeug ist dann in der Werkzeugpalette markiert. Übrigens ist immer irgendein Werkzeug aktiv! Es gibt also nicht die Möglichkeit, das Werkzeug einmal »beiseitezulegen«.

Ausgeblendetes Werkzeug verwenden | Einige Werkzeuge in der Werkzeugpalette haben noch untergeordnete Zusatzwerkzeuge, die nicht unmittelbar angezeigt werden. Ein kleines Dreieck rechts unten an der Schaltfläche des Werkzeuges zeigt an, dass dieses Werkzeug über mindestens ein weiteres Werkzeug verfügt. Halten Sie die Maustaste auf dem Werkzeug in der Werkzeugpalette gedrückt, so werden die ausgeblendeten Werkzeuge in einem Untermenü zur Auswahl angezeigt.

Tastenkürzel
Eine Übersicht zu den einzelnen Tastenkürzeln und deren zugehörigem Werkzeug finden Sie in der Tabelle 1.1.

Werkzeuge per Tastenkürzel verwenden | Die Werkzeuge in der Werkzeugleiste lassen sich auch per Tastenkürzel verwenden. Welches Tastenkürzel für welches Werkzeug steht, erfahren Sie über die QuickInfo. Drücken Sie zum Beispiel die Taste Z, dann wird das Zoom-Werkzeug 🔍 zur Verwendung ausgewählt. Werkzeuge, die wiederum ausgeblendete Werkzeuge enthalten, wählen Sie durch erneutes Drücken des Tastenkürzels aus. Drücken Sie zum Beispiel einmal die Taste E, so haben Sie den Radiergummi 🖊 ausgewählt. Drücken Sie die Taste E zweimal, so ist der Hintergrund-Radiergummi ✂ ausgewählt, bei dreimaligem Drücken der Magische Radiergummi ✨.

◄ **Abbildung 1.20**
Viele Schaltflächen in der Werkzeugleiste enthalten mehrere Werkzeuge.

1.4 Die einzelnen Werkzeuge und ihre Funktion

Die einzelnen Werkzeuge in der Werkzeugleiste lassen sich grob in sieben Gruppen einordnen. Diese Gruppen werden im Folgenden kurz vorgestellt.

1.4.1 Mess- und Navigationswerkzeuge

Die erste Gruppe mit vier Werkzeugen bietet nützliche Helfer für alltägliche Aufgaben. Es handelt sich um Werkzeuge zur Änderung der Bildansicht, zum Verschieben einer Auswahl, Ebene oder des ganzen Fotos sowie um ein Pipetten-Werkzeug.

❻ **Verschieben-Werkzeug**: Mit diesem Werkzeug verschieben Sie eine Auswahl im Bild oder eine ganze Ebene.

❼ **Zoom-Werkzeug**: Mithilfe dieses Werkzeuges vergrößern oder verkleinern Sie die Ansicht des Bildes. Dabei wird die Ansicht auf dem angeklickten Punkt zentriert. Dieses Werkzeug wirkt sich nur auf die Ansicht des Bildes aus.

❽ **Hand-Werkzeug**: Mit der Hand verschieben Sie die Bildansicht im Dokumentfenster. Auf diese Weise behalten Sie auch bei sehr großen Bildern die Übersicht. Wie beim Zoom-Werkzeug wirkt sich das Verschieben mit dem Hand-Werkzeug nur auf die Ansicht des Bildes aus, nicht auf das Bild selbst.

❾ **Pipette**: Mit diesem Werkzeug können Sie einen oder mehrere Farbtöne aus dem Bild ermitteln und als Vordergrund- oder Hintergrundfarbe festlegen.

▲ **Abbildung 1.21**
Mess- und Navigationswerkzeuge, die sich als unverzichtbare Helfer im Alltag erweisen

Hand funktioniert nicht?

Die Hand funktioniert erst, wenn Sie zuvor mindestens einmal mit der Lupe in das Bild geklickt haben und ein vergrößerter Ausschnitt des Bildes angezeigt wird.

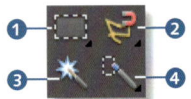

▲ Abbildung 1.22
Die Auswahlwerkzeuge zählen
zu den wichtigsten Arbeitswerk-
zeugen.

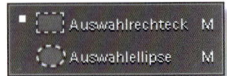

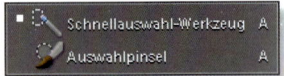

1.4.2 Auswahlwerkzeuge

Die Auswahl von Bildbereichen ist bei der Bearbeitung von zen-
traler Bedeutung, daher gibt es für diesen Zweck einen eigenen
Menüpunkt. Zur Gruppe der Auswahlwerkzeuge gehören das
Auswahlrechteck und die Auswahlellipse sowie das Lasso, der
Zauberstab und verschiedene Schnellauswahlwerkzeuge. Mit die-
sen Werkzeugen können Sie Bildbereiche auswählen und diese
Bereiche anschließend unabhängig vom übrigen Bild bearbeiten.

❶ **Auswahlrechteck** und **Auswahlellipse**: Das Auswahlrechteck
dient zur Auswahl von rechteckigen Bildbereichen. Analog
dazu erstellt die Auswahlellipse Auswahlen elliptischer Bildbereiche. Wählen Sie die beiden Werkzeuge entweder aus
dem Aufklappmenü in der Werkzeugpalette aus oder per
Tastatur, indem Sie Ⓜ so oft drücken, bis das gewünschte
Werkzeug aktiviert ist.

❷ **Lasso-Werkzeuge**: In dieser Untergruppe stehen Ihnen drei
Varianten zur Verfügung: das einfache Lasso, das Magnetische
Lasso und das Polygon-Lasso.

❸ **Zauberstab**: Mit dem Zauberstab wählen Sie einen Farbbereich im Bild aus.

❹ **Schnellauswahl-Werkzeug** und **Auswahlpinsel**: Das Schnellauswahl-Werkzeug erleichtert Ihnen das gezielte Auswählen
einzelner Bildbereiche. Auch der Auswahlpinsel ermöglicht
ein schnelles Auswählen und Freistellen von Bildbereichen.

1.4.3 Textwerkzeuge

Das Textwerkzeug mit den ausgeblendeten Unterwerkzeugen
bietet vielfältige Möglichkeiten sowohl zur horizontalen als auch
zur vertikalen Eingabe von Text ins Bild.

Abbildung 1.23 ▶
Verschiedene Textwerkzeuge

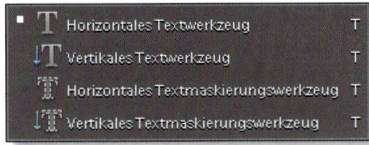

1.4.4 Freistellungswerkzeuge

Die Gruppe der Freistellungswerkzeuge umfasst drei Werkzeuge.
Neben dem klassischen Freistellungswerkzeug gibt es den Ausstecher, mit dem Sie ein Bild anhand einer vordefinierten Form
freistellen können, sowie ein Werkzeug zum Gerade-Ausrichten.

❺ **Freistellungswerkzeug**: Mit diesem Werkzeug schneiden Sie
die Ränder von einem ausgewählten rechteckigen Bildbereich
ab. Mit dem **Neu-zusammensetzen-Werkzeug** können Sie

▲ Abbildung 1.24
Die Gruppe der Freistellungswerkzeuge

die Größe eines Bildes ändern, ohne das oder die eigentlichen Motive zu verlieren.

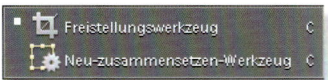

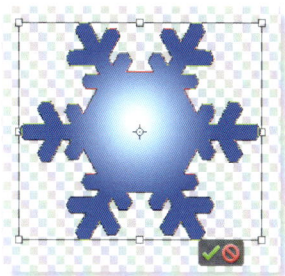

▲ **Abbildung 1.25**
Der Ausstecher in Aktion

⑥ Ausstecher: Auch mit diesem Werkzeug schneiden Sie ausgewählte Bildbereiche weg. Anstelle eines rechteckigen Bereichs wird herbei eine vordefinierte Form (wie Herz, Schmetterling etc.) ausgeschnitten.

⑦ Gerade-ausrichten-Werkzeug: Mit diesem Werkzeug richten Sie ein Bild gerade aus, wenn die Perspektive nicht stimmt.

1.4.5 Retuschierwerkzeuge

Die Retuschierwerkzeuge bilden die größte Gruppe in der Werkzeugleiste. Sie werden sowohl zum Reparieren als auch zum Retuschieren von Bildern verwendet. Theoretisch könnte man diese Werkzeuge auch einer Gruppe namens »Bildpixel verändern« zuordnen; dieser Gruppe würden dann aber auch die Mal- und Zeichenwerkzeuge angehören. Zugunsten einer feineren Differenzierung stelle ich die Retuschierwerkzeuge daher im Folgenden gesondert vor.

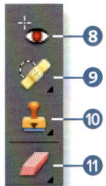

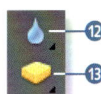

▲ **Abbildung 1.26**
Die Werkzeuge zum Reparieren und Retuschieren von Bildern

⑧ Rote-Augen-entfernen-Werkzeug: Dieses Werkzeug ist eher ein automatisches Retuschewerkzeug und dient zur Entfernung des Rote-Augen-Effekts.

⑨ Bereichsreparatur-Pinsel und **Reparatur-Pinsel**: Ebenso wie das Rote-Augen-entfernen-Werkzeug sind auch diese beiden Werkzeuge eher automatisch-intelligente Retuschewerkzeuge. Mit ihrer Hilfe können Sie – wie auch mit den Stempeln – die unterschiedlichsten Schönheitsfehler (zum Beispiel Verfärbungen oder Verschmutzungen) reparieren.

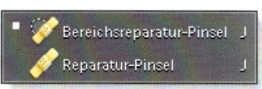

⑩ Kopierstempel und **Musterstempel**: Der Kopierstempel wird häufig für Bildreparaturen oder Verfremdungseffekte eingesetzt. Der Musterstempel kommt hingegen in der Retuschepraxis eher selten zum Einsatz.

⑪ Radiergummi: Wie mit einem echten Radiergummi löschen Sie mit dem Radiergummi-Werkzeug Bildbereiche. Als Varianten stehen Ihnen der Hintergrund-Radiergummi zur Verfügung sowie der Magische Radiergummi zum Entfernen von Pixeln aus einem Bild.

⑫ Weichzeichner, **Scharfzeichner**, **Wischfinger**: Mit diesen Werkzeugen können Sie gezielt den Schärfegrad ausgewählter Bildbereiche verändern.

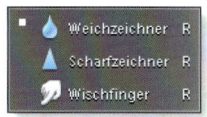

⑬ **Schwamm, Abwedler, Nachbelichter**: Diese Werkzeuge werden hauptsächlich verwendet, um die Helligkeit und Sättigung von Bildbereichen anzupassen. Aber auch bei der Retusche und bei Fotomontagen kommen diese Werkzeuge häufig zum Einsatz.

1.4.6 Mal- und Zeichenwerkzeuge

Einige Werkzeuge dieser Gruppe könnte man auch zu den Retuschierwerkzeugen zählen. Beiden Werkzeuggruppen ist gemeinsam, dass sie die Bildpixel verändern.

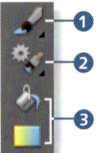

❶ Die eigentlichen Malwerkzeuge sind der **Pinsel** und der **Buntstift**. Beide Werkzeuge lassen sich auch zum Zeichnen mit einem Grafiktablett verwenden. Die anderen beiden Malwerkzeuge, der **Impressionisten-Pinsel** und das **Farbe-ersetzen-Werkzeug**, werden eher zur Retusche oder für kreative Zwecke verwendet.

❷ **Smartpinsel-Werkzeug** und **Detail-Smartpinsel-Werkzeug**: Neu seit der Version 7 von Photoshop Elements sind die Smartpinsel, mit denen Sie Tonwerteffekte und Farbkorrekturen auf bestimmte Bildbereiche in einem Foto anwenden.

❸ **Füllwerkzeug** und **Verlaufswerkzeug**: Um große Flächen einzufärben, verwenden Sie am besten das Füllwerkzeug 🖱 (für einfarbige Flächen) oder das Verlaufswerkzeug ▨ (für Farbverläufe).

▲ **Abbildung 1.27**
Verschiedene Mal- und Zeichenwerkzeuge

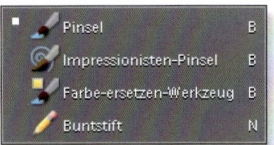

Pixel und Vektoren

Die Unterschiede zwischen Pixel- und Vektorobjekten erläutert Abschnitt 5.1, »Pixel- und Vektorgrafiken«.

1.4.7 Formwerkzeuge

Es stehen sieben Formwerkzeuge zur Verfügung, mit denen Sie vordefinierte oder eigene Vektorformen erstellen oder anwenden können. Der Vorteil dieser Vektorformen ist, dass sie ein Vergrößern oder Verkleinern der Bilder ohne Qualitätsverlust ermöglichen. Möglich ist dies, weil Vektorformen nicht über Pixel definiert werden.

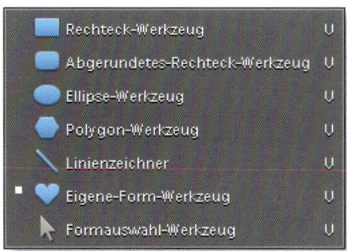

▲ **Abbildung 1.28**
Photoshop Elements bietet zahlreiche Formwerkzeuge.

1.4.8 Vordergrund- und Hintergrundfarbe

Ebenfalls in der Werkzeugleiste finden Sie die Farbauswahlfelder, mit denen Sie die aktuellen Arbeitsfarben sowie die Vordergrund- und Hintergrundfarbe einstellen. Beispielsweise verwenden die Pinsel-Werkzeuge oder das Füllwerkzeug stets die aktuelle Vordergrundfarbe zum Malen. Das Verlaufswerkzeug hingegen benutzt sowohl die Vordergrund- ❺ als auch die Hintergrundfarbe ❼. Tauschen können Sie Vordergrund- und Hintergrundfarbe über das kleine Pfeil-Symbol ❻. Wollen Sie die Standardfarben Schwarz und Weiß wiederherstellen, so klicken Sie einfach auf das kleine Schwarzweiß-Symbol ❹ links oben.

Schneller gelingt das Wiederherstellen und das Tauschen übrigens über die Tastenkürzel D und X: Mit D stellen Sie die Standardfarben Schwarz und Weiß ein, X tauscht Vorder- und Hintergrundfarbe aus.

Welche Tastenkürzel Photoshop Elements Ihnen außerdem für die Werkzeuge zur Verfügung stellt, können Sie Tabelle 1.1 entnehmen.

▲ **Abbildung 1.29**
Vorder- und Hintergrundfarbe einstellen

▼ **Tabelle 1.1**
Werkzeuge und ihre Tastenkürzel

Werkzeug	Symbol	Tastenkürzel	Werkzeug	Symbol	Tastenkürzel
Verschieben-Werkzeug		V	Horizontales Textwerkzeug	T	T
Zoom-Werkzeug		Z	Vertikales Textwerkzeug	T	T
Hand-Werkzeug		H	Horizontales Textmaskierungswerkzeug		T
Pipette		I	Vertikales Textmaskierungswerkzeug		T
Auswahlrechteck		M	Freistellungswerkzeug		C
Auswahlellipse		M	Neu-zusammensetzen-Werkzeug		C
Lasso		L	Ausstecher		Q
Magnetisches Lasso		L	Gerade-ausrichten-Werkzeug		P
Polygon-Lasso		L	Rote-Augen-entfernen-Werkzeug		Y
Zauberstab		W	Bereichsreparatur-Pinsel		J
Schnellauswahl-Werkzeug		A	Reparatur-Pinsel		J
Auswahlpinsel		A	Kopierstempel		S

Werkzeug	Symbol	Tastenkürzel	Werkzeug	Symbol	Tastenkürzel
Musterstempel		S	Abgerundetes-Rechteck-Werkzeug		U
Radiergummi		E	Ellipse-Werkzeug		U
Hintergrund-Radiergummi		E	Polygon-Werkzeug		U
Magischer Radiergummi		E	Linienzeichner		U
Pinsel		B	Eigene-Form-Werkzeug		U
Impressionisten-Pinsel		B	Formauswahl-Werkzeug		U
Farbe-ersetzen-Werkzeug		B	Weichzeichner		R
Buntstift		N	Scharfzeichner		R
Smartpinsel-Werkzeug		F	Wischfinger		R
Detail-Smartpinsel-Werkzeug		F	Schwamm		O
Füllwerkzeug		K	Abwedler		O
Verlaufswerkzeug		G	Nachbelichter		O
Rechteck-Werkzeug		U			

◀▲ **Tabelle 1.1**
Werkzeuge und ihre Tastenkürzel (Forts.)

1.5 Die Optionsleiste

In der Optionsleiste (häufig auch als »Steuerelementbedienfeld« bezeichnet) werden alle vorhandenen Optionen von einem aus- gewählten Werkzeug der Werkzeugpalette angezeigt. Hier kön- nen Sie die Verwendung und Wirkung des Werkzeuges anpassen. Die Optionsleiste befindet sich direkt unter der Menüleiste.

Sobald Sie ein Werkzeug wechseln, ändert sich auch die Gestalt der Optionsleiste. Die darin angebotenen Optionen (bzw. Steuerelemente) sind immer abhängig von dem jeweils ausge- wählten Werkzeug.

Abbildung 1.30 ▼
Die Optionen für das Verlaufs- werkzeug mit verschiedenen Einstellmöglichkeiten

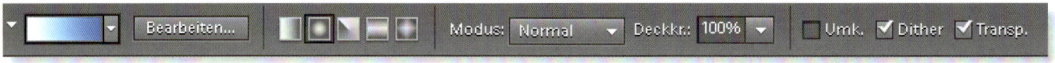

1.6 Die Bedienfelder

Die Bedienfelder in Photoshop Elements sind ein sehr nützliches Kontroll- und Steuerelement. Anstatt unzählige Funktionen in vielen kleinen Unterfenstern anzuzeigen, wurden viele Funktionen in einem Bedienfeldbereich geordnet.

Neben dem Editor stehen die Bedienfelder in ähnlicher Weise auch im Organizer zur Verfügung. Bedienfelder lassen sich im Arbeitsbereich auf unterschiedliche Weise anordnen.

Bedienfeldbereich skalieren | Wollen Sie den horizontalen Bereich zwischen zwei Bedienfeldern verschieben, so finden Sie zwischen den einzelnen Bedienfeldern einen schmalen Steg mit einer dunklen Fläche ❷, wo Sie den Bereich mit gedrückter Maustaste verschieben können. Hierbei verändert sich der Mauscursor in einen horizontalen Doppelpfeil. Die Bedienfeldbreite hingegen lässt sich seit der neunten Version nicht mehr in horizontaler Richtung verändern und hat jetzt immer eine fixe Breite. In der Vorgängerversion war dies noch möglich.

Optionsleiste: Werte verstellt

Sobald Sie Optionen für ein Werkzeug eingestellt haben, bleiben diese so lange wirksam, bis Sie die Werte erneut verändern. Alternativ klicken Sie ganz links in der Optionsleiste auf das kleine Dreieck ❶ und setzen das oder die Werkzeuge zurück.

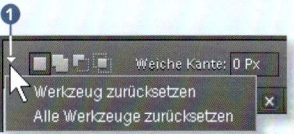

▲ **Abbildung 1.31**
Werkzeug zurücksetzen

◀ **Abbildung 1.32**
Der Bedienfeldbereich mit vielen interessanten Funktionen

Bedienfeld aus der Gruppe lösen | Um ein Bedienfeld aus dem Bedienfeldbereich zu lösen und in ein eigenständiges Fenster umzuwandeln, müssen Sie lediglich das Register ❸ mit gedrückter Maustaste ziehen und an einer freien Arbeitsfläche des Editors fallen lassen.

◀ **Abbildung 1.33**
Hier wird das Bedienfeld EBENEN aus dem Bedienfeldbereich mit gedrückter Maustaste auf die Arbeitsfläche des Editors gezogen.

Chaos erzeugen

Falls Sie auf Ihrem Bildschirm das Chaos lieben und gern mit vielen einzelnen Elementen operieren, so lösen Sie einfach die gewünschten Funktionen aus dem Bedienfeld und lassen sie auf dem Bildschirm »liegen«. Ordnung stellen Sie anschließend wieder her, indem Sie FENSTER • BEDIENFELDER ZURÜCKSETZEN wählen oder auf die gleichnamige Schaltfläche ❹ am rechten oberen Fensterrand klicken.

▲ **Abbildung 1.34**
Schaltfläche zum Zurücksetzen der Bedienfelder

Bedienfeldbereich ausblenden

Um gelöste Bedienfelder, den Bedienfeldbereich, den Projektbereich, die Werkzeugpalette und die Optionsleiste auszublenden, drücken Sie einfach die ⇥-Taste. Erneutes Drücken der ⇥-Taste blendet alles wieder ein.

Bedienfelder sortieren

Ähnlich können Sie auch die Anordnung der Bedienfelder im Bedienfeldbereich verändern. Anstatt das Bedienfeld auf die Arbeitsfläche oder wieder zurück in den Bedienfeldbereich zu ziehen, ziehen Sie hierbei das Bedienfeld einfach an den gewünschten Punkt über oder unter einem Bedienfeld im Bedienfeldbereich. Wo das Bedienfeld genau eingefügt wird, erkennen Sie immer an der blauen Linie oder einem blauen Rahmen.

Bedienfelder vs. Paletten

Wenn Sie eine der Vor-Vorgängerversionen (also noch vor der achten Version) von Photoshop Elements kennen, dürften Ihnen der »Bedienfeldbereich« noch unter dem Namen »Palettenbereich« bekannt sein. Mit der achten Version hat Adobe diesen Bereich in »Bedienfeldbereich« umbenannt. Ansonsten hat sich in der Funktionalität nichts geändert. Nur die Bedienung dieses Bereiches wurde in der achten Version verbessert.

Bedienfeld zurück in den Bedienfeldbereich | Ähnlich einfach wie das Loslösen eines Bedienfeldes vom Bedienfeldbereich funktioniert auch das Wieder-Andocken. Fassen Sie hierzu das Bedienfeld am Register ➊, und lassen Sie es hinter oder vor einem anderen Bedienfeld im Bedienfeldbereich fallen. Wo und ob das Bedienfeld im Bedienfeldbereich eingefügt wird, wenn Sie die linke Maustaste wieder loslassen, erkennen Sie anhand einer horizontalen blauen Linie ➋.

Abbildung 1.35 ▶
Das losgelöste Bedienfeld wird mittels Drag & Drop zurück in den Bedienfeldbereich gezogen.

Losgelöste Bedienfelder können über das kleine x ➌ in der rechten oberen Ecke des Bedienfeldfensters geschlossen werden. Allerdings sind sie dann komplett von der Arbeitsoberfläche verschwunden und lassen sich nur über das Menü FENSTER wieder einblenden.

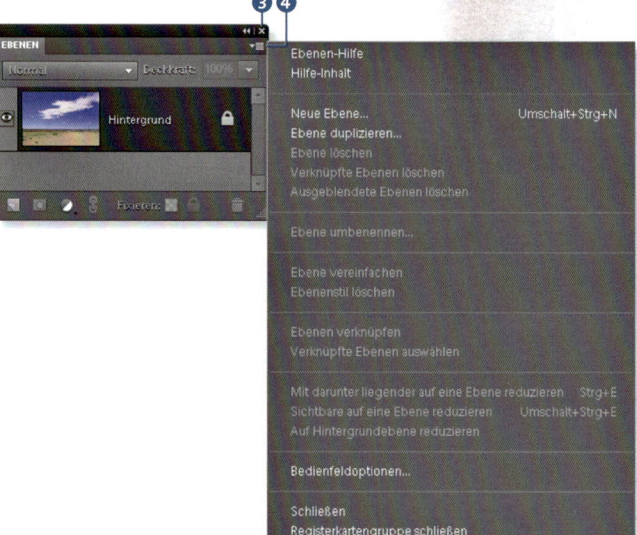

Abbildung 1.36 ▶
Jedes Bedienfeld besitzt ein erweitertes Menü; hier sehen Sie das des Ebenen-Bedienfelds.

Erweitertes Menü für Bedienfelder | Jedes Bedienfeld besitzt ein erweitertes Menü, das Sie über das kleine Symbol rechts oben im Registerbereich ❹ aufrufen. Der Inhalt und Umfang des erweiterten Menüs unterscheidet sich von den einzelnen Bedienfeldern ein wenig.

Anwendungsrahmen und Anwendungsleiste

Neben den hier im Anschluss vorgestellten Elementen im Menü FENSTER bietet die Mac-Version die Elemente ANWENDUNGSRAHMEN und ANWENDUNGSLEISTE, mit denen Sie die erwähnten Bereiche ein- und ausblenden können.

Wenn das Häkchen vor ANWENDUNGSRAHMEN deaktiviert wurde, fehlt auf der Oberfläche des Editors der komplette Anwendungsrahmen, was den mittleren grauen Bereich und die Schaltflächen zum Minimieren, Maximieren und Schließen einschließt – oder einfacher: Der Anwendungsrahmen schließt alle Komponenten des Arbeitsbereichs in einem einzigen Fenster zusammen. Stattdessen sehen Sie hier jetzt den Mac-Desktop ❷ im Hintergrund. Da Sie hierbei die einzelnen Elemente auf dem Bildschirm an- und abdocken können, stehen Ihnen alle Elemente von Photoshop Elements flexibel und frei schwebend auf dem Bildschirm zur Verfügung.

Nur wenn Sie den ANWENDUNGSRAHMEN deaktiviert haben, steht die Option ANWENDUNGSLEISTE im Menü FENSTER zur Verfügung, mit der Sie die ANWENDUNGSLEISTE ganz oben ❶ ebenfalls deaktivieren können.

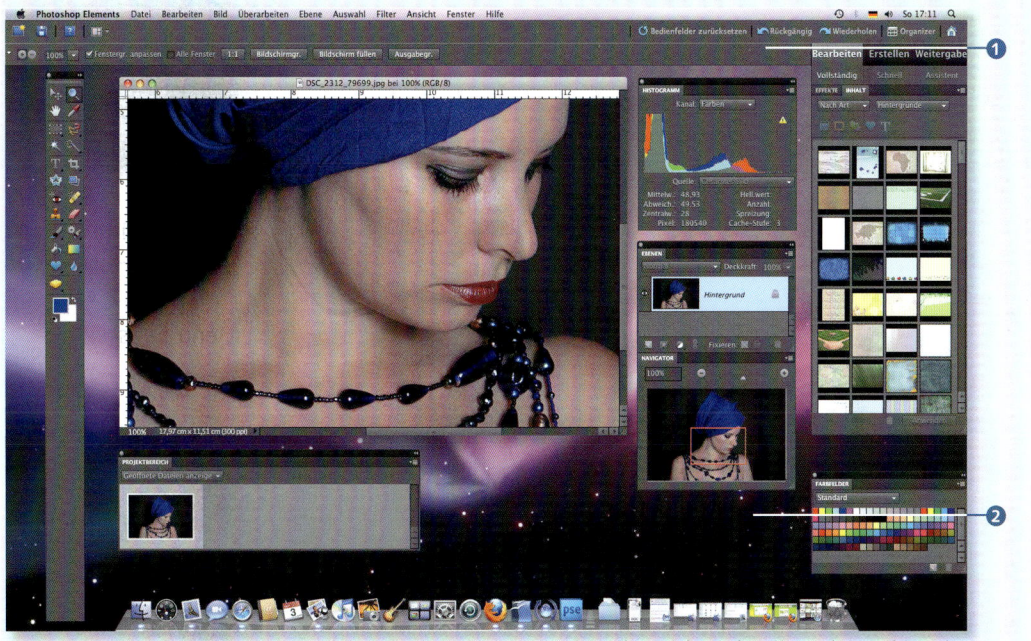

Foto: Clarissa Schwarz, http://www.clarissa-schwarz.ch

▲ **Abbildung 1.37**
Hier wurde der Anwendungsrahmen deaktiviert.

Bedienfeld über das Menü »Fenster« aufrufen | Über das Menü FENSTER können Sie alle verfügbaren Bedienfelder ein- und wieder ausblenden. Einträge, die dort mit einem Häkchen versehen sind, stehen Ihnen aktuell als Bedienfeld oder im Bedienfeldbereich zur Verfügung.

Sollen die Bedienfelder beim Starten des Editors immer an ihrer
Standardposition geöffnet werden, so müssen Sie bei BEARBEITEN
· VOREINSTELLUNGEN · ALLGEMEIN (bzw. am Mac PHOTOSHOP ELE-
MENTS · VOREINSTELLUNGEN · ALLGEMEIN) die Option BEDIENFELD-
POSITION SPEICHERN deaktivieren.

Der zweite Eintrag im Menü FENSTER lautet WERKZEUGE. Mit
diesem Menüpunkt blenden Sie die Werkzeugpalette ein oder
aus. Es folgen die eigentlichen Bedienfelder für den Bedienfeldbereich, die Sie ebenfalls ein- und ausblenden können.

▲ Abbildung 1.39
Über das Bedienfeld EFFEKTE
können Sie mehrere Effekte und
Filter anwenden.

▲ Abbildung 1.40
Das Bedienfeld EBENEN benutzen
Sie für die Verwaltung von Ebenen
in einem Bild.

▲ Abbildung 1.41
Das Bedienfeld FARBFELDER bietet
eine schnelle Farbauswahl von
mehreren vordefinierten Farbta-
feln. Die so ausgewählte Farbe
wird dann als Vordergrundfarbe
gesetzt.

▲ Abbildung 1.42
Im Bedienfeld FAVORITEN können Sie Ihre bevorzugten Effekte und Inhalte hinzufügen. Verwenden Sie etwa einen bestimmten Effekt (aus dem Bedienfeld EFFEKTE) besonders häufig, so können Sie diesen per Drag & Drop in das Bedienfeld FAVORITEN ziehen.

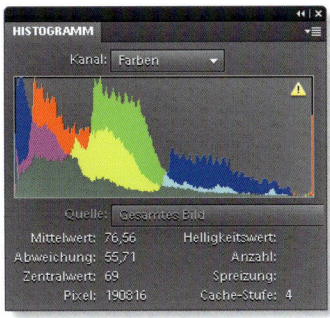

▲ Abbildung 1.43
Mit dem Bedienfeld HISTOGRAMM (Tonwertkurve) zeigen Sie wichtige Informationen zur Helligkeitsverteilung der Farbwerte zu einem Bild an.

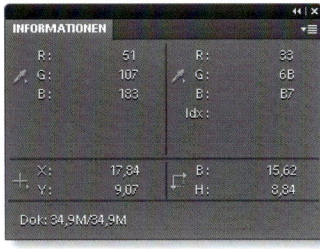

▲ Abbildung 1.44
Das Bedienfeld INFORMATIONEN enthält die aktuelle X/Y-Position des Mauszeigers und die RGB-Werte der entsprechenden Position – einmal als dezimaler und einmal als hexadezimaler Wert. Wurde eine Auswahl getroffen, so werden Breite (B) und Höhe (H) dieser Auswahl angezeigt.

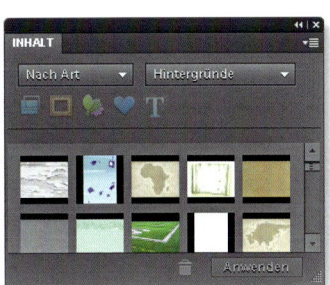

▲ Abbildung 1.45
Im Bedienfeld INHALT finden Sie verschiedene Hintergründe, Rahmen, Grafiken, Formen, besondere Texte und Themen, die Sie zur kreativen Gestaltung Ihrer Bilder verwenden können.

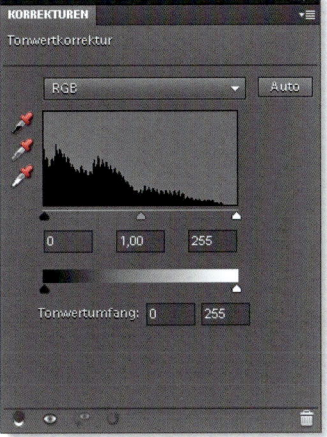

▲ Abbildung 1.46
Seit der Version 8 von Photoshop Elements dabei ist das Bedienfeld KORREKTUREN. Über dieses Bedienfeld können Sie die vorhandenen Einstellungsebenen komfortabel verändern oder neue Korrekturen (in Form von Einstellungsebenen) zum Bild hinzufügen. Was es mit den Einstellungsebenen auf sich hat, erfahren Sie in Abschnitt 10.4.

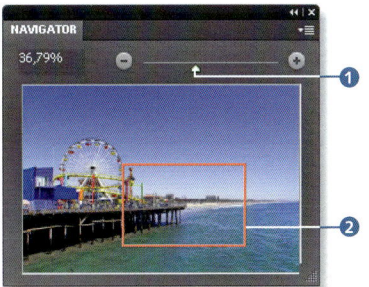

▲ Abbildung 1.47
Der NAVIGATOR zeigt das aktuell geöffnete Bild an und markiert mit einem roten Rahmen den aktuell angezeigten Bildausschnitt. Die Anwendung des Navigator-Bedienfeldes für das Zoomen ist weitaus komfortabler als das Standard-Zoom-Werkzeug selbst. Sie brauchen nur den roten Rahmen ❷ an die gewünschte Position zu ziehen und mit dem Schieberegler ❶ hinein- oder herauszuzoomen.

Abbildung 1.48 ▶

In dem Bedienfeld RÜCKGÄNGIG-PROTOKOLL werden in einer Liste die Arbeitsschritte protokolliert. Anhand der Liste können Sie jeden Ihrer Arbeitsschritte durch Anklicken wieder rückgängig machen.

Fenster · Startbildschirm

Mit STARTBILDSCHIRM blenden Sie den Bildschirm mit der Auswahl zu den Programmteilen ein und aus, die Sie zu Gesicht bekommen, wenn Sie Photoshop Elements starten.

Projektbereich = Bedienfeld?

Der Projektbereich wird im gleichnamigen Abschnitt 1.10 gesondert behandelt.

Nach den Bedienfeldern im Menü FENSTER finden Sie weiter unten zwei Punkte, die sich auf den Bedienfeldbereich beziehen: Mit BEDIENFELDBEREICH blenden Sie den Bedienfeldbereich ein- und aus. Der nächste Menüeintrag, BEDIENFELDER ZURÜCKSETZEN, setzt den Bedienfeldbereich auf den Zustand der Erstinstallation zurück.

Der letzte echte Eintrag im Menü FENSTER lautet Projektbereich. Damit blenden Sie den Projektbereich am unteren Bildrand ein und aus. In diesem Bereich werden Ihnen alle geöffneten Bilder mit kleinen Vorschaubildern angezeigt.

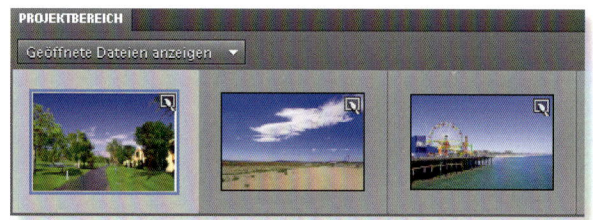

Abbildung 1.49 ▶

Der Projektbereich

Bedienfeld minimieren | Vielleicht legen Sie gerne möglichst viele Bedienfelder in den Bedienfeldbereich, um alles gleich griffbereit zu haben. Allerdings entsteht so nach kurzer Zeit ein ziemlicher Platzmangel. Für diesen Fall bietet jedes Bedienfeld im Bedienfeldbereich eine Funktion zum Minimieren an. Doppelklicken Sie hierzu einfach mit dem Mauscursor auf dem Schriftzug des Registers ❶ mit der Bezeichnung des Bedienfeldes. Dadurch wird das Bedienfeld minimiert bzw. nach erneutem Anklicken wieder maximiert.

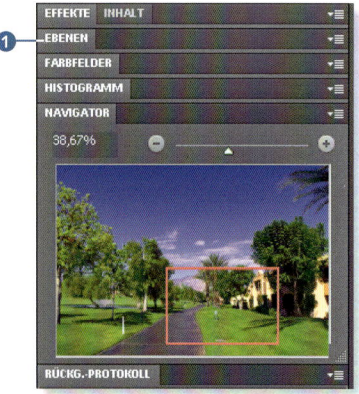

▲ **Abbildung 1.50**

Minimierte und maximierte Bedienfelder im Bedienfeldbereich

Bedienfelder in Registerkartengruppen gruppieren | Eine feine Sache ist es auch, die einzelnen Bedienfelder als Register nebeneinander zu gruppieren. Gerade bei abgedockten Bedienfeldern lassen sich somit viele Bedienfelder auf kleinstem Raum unterbringen. So haben Sie noch mehr Platz auf dem Bildschirm und trotzdem einen schnellen Zugriff auf alle Funktionen der einzelnen Bedienfelder.

Sie müssen dazu lediglich das gewünschte Bedienfeld am Register mit gedrückt gehaltener Maustaste neben dem Register eines anderen Bedienfeldes fallen lassen. Dass Sie an der richtigen Position sind, erkennen Sie daran, dass der entsprechende Bereich mit einem blauen Rahmen ❷ umrandet wird.

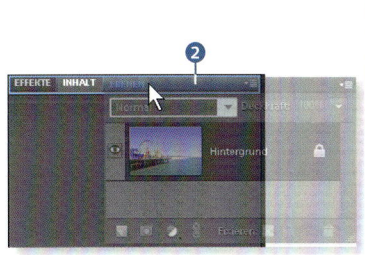

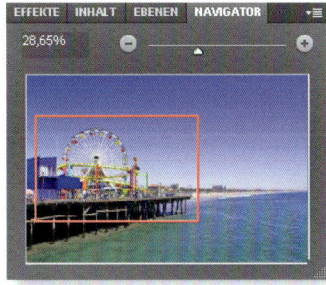

▲ **Abbildung 1.51**
Bedienfelder lassen sich auch per Drag & Drop in Register gruppieren.

▲ **Abbildung 1.52**
Mehrere Bedienfelder zu einer Registerkartengruppe zusammengefügt

Sie können auch die einzelnen Bedienfelder innerhalb der Registergruppe anordnen, indem Sie einen Register ❸ mit gedrückt gehaltener Maustaste verschieben und hinter oder vor dem Register an der gewünschten Stelle fallen lassen ❹.

Das Andocken einzelner Bedienfelder funktioniert auch nebeneinander. Anstatt also ein Bedienfeld im Bedienfeldbereich oberhalb oder unterhalb eines anderen Bedienfeldes anzudocken, können Sie losgelöste Bedienfelder auch rechts oder links aneinander andocken. Hierbei wird dann eine vertikale blaue Linie angezeigt.

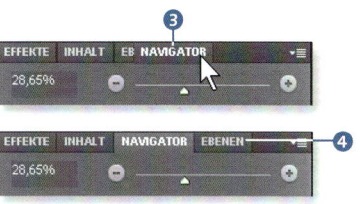

▲ **Abbildung 1.53**
Auch innerhalb der Registergruppe können Sie die einzelnen Register per Drag & Drop anordnen.

◄ **Abbildung 1.54**
Da das Andocken auch nebeneinander möglich ist, lassen sich so durchaus mehrere abgedockte Bedienfelder mit Registerkartengruppen zusammendocken.

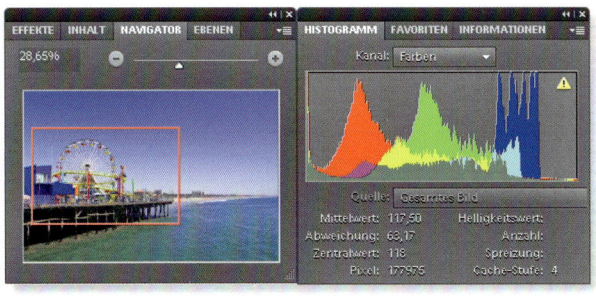

▲ **Abbildung 1.55**
Da sich die Bedienfelder trotzdem noch minimieren lassen, haben Sie so auf kleinstem Bereich einen schnellen Zugriff auf die einzelnen Bedienfelder.

Die Bedienfelder in Symbole zu verkleinern, funktioniert bei Photoshop Elements 9 nur noch mit abgedockten Bedienfeldern. In der Version 8 war dies auch noch mit Bedienfeldern möglich, die innerhalb des Hauptfensters angedockt waren.

Bedienfelder zu Symbolen verkleinern | Eine weitere Möglichkeit, sich mehr Platz und Übersicht auf dem Editor zu verschaffen, ist es, die Bedienfelder oder ganze Bedienfeldbereiche zu Symbolen zu verkleinern. Dies funktioniert nur im abgedockten Zustand. Auch sonst funktioniert mit den Symbolen alles recht ähnlich, wie dies zuvor bei den Bedienfeldern beschrieben wurde.

Hierzu klicken Sie einfach am oberen Rand des Bedienfeldes oder Bedienfeldbereichs die kleinen Doppeldreiecke ❶ an. Andersherum funktioniert dies natürlich genauso. Klicken Sie erneut auf die kleinen Doppeldreiecke ❷, die jetzt in die andere Richtung zeigen, um die Symbole wieder zu Bedienfeldern zu erweitern.

Abbildung 1.56 ▶
Über die kleinen Doppeldreiecke verkleinern Sie die Bedienfelder zu Symbolen.

Abbildung 1.57 ▶▶
Erneutes Anklicken der Doppeldreiecke macht aus den Symbolen wieder Bedienfelder.

Für noch mehr Platz auf dem Bildschirm können Sie auch den Projektbereich per Drag & Drop bei den Symbolen andocken.

Wenn Sie die Bedienfeldelemente jetzt als Symbole verwenden, können Sie durchaus den Bedienfeldbereich über FENSTER • BEDIENFELDBEREICH deaktivieren und sich über den neu gewonnenen Platz auf dem Bildschirm freuen.

Um jetzt eines der Bedienfelder zu verwenden, klicken Sie einfach das entsprechende Symbol ❹ an. Das Bedienfeld wird so lange angezeigt, bis Sie das Symbol erneut anklicken oder auf das kleine Doppeldreieck ❸ am oberen Rand des Bedienfeldes klicken.

Notausgang
Falls Sie den Überblick über die Benutzeroberfläche verloren haben, können Sie jederzeit mit FENSTER • BEDIENFELDER ZURÜCKSETZEN wieder den Ursprungszustand herstellen.

Abbildung 1.58 ▶
Durch das Anklicken des entsprechenden Symbols können Sie das Bedienfeld jederzeit ein- und ausblenden.

Ein paar Worte noch zum Schluss zu den Bedienfeldern: Adobe Photoshop Elements 9 hat beachtlich viel bezüglich der Benutzerschnittstelle anzubieten. Der Anwender hat hierbei die Qual der Wahl, sich seine Benutzeroberfläche per Drag & Drop zusammenzuklicken. Besonders sinnvoll ist dies aber, weil es viele verschiedene Bildschirmgrößen gibt und nicht immer genügend Platz vorhanden ist.

1.7 Aufgabenbedienfelder

Sicherlich sind Ihnen im Bedienfeldbereich bereits die Register BEARBEITEN, ERSTELLEN und WEITERGABE aufgefallen. Bei diesen Registern handelt es sich um die sogenannten Aufgabenbedienfelder.

1.7.1 Aufgabenbedienfeld zum Bearbeiten

Das Aufgabenbedienfeld BEARBEITEN ist standardmäßig mit dem Modus VOLLSTÄNDIG ausgewählt. Durch das Anklicken der Schaltflächen SCHNELL oder ASSISTENT können Sie den Bearbeitungsmodus allerdings auch wechseln.

Aufgabenbedienfeld »Vollständig« | VOLLSTÄNDIG steht hierbei für die volle Ansicht und den Zugriff auf alle Funktionen des Editors, also auf die Werkzeugpalette und den Bedienfeldbereich mit den an- und abdockbaren Bedienfeldern.

Aufgabenbedienfeld »Schnell« | Wenn Sie das Aufgabenbedienfeld SCHNELL auswählen, haben Sie nur Zugriff auf eine begrenzte Auswahl von Werkzeugen; auch die Bedienfelder aus dem Menü FENSTER stehen hier nicht mehr zur Verfügung. Stattdessen finden Sie im Bedienfeldbereich Funktionen für die Schnellkorrektur von Bildern: Beleuchtung, Farbe, Schärfen und einige allgemeine Korrekturen.

Zum Weiterlesen

Die Aufgabenbedienfelder ERSTELLEN und WEITERGABE finden Sie auch im Organizer mit denselben Funktionalitäten wieder. In Abschnitt 7.2.3, »Das Aufgabenbedienfeld«, finden Sie daher nochmals eine kurze Beschreibung zu diesen Aufgabenbedienfeldern. Richtig verwenden werden Sie das Erstellen und Weitergeben (oder besser: das Präsentieren) von Fotos in Teil 12.

◄ **Abbildung 1.59**
Die Aufgabenbedienfelder BEARBEITEN, ERSTELLEN und WEITERGABE

pse Die Modi von BEARBEITEN waren in der Vorgängerversion noch an derselben Stelle über eine kleine Dropdown-Liste mit den Modi VOLL, SCHNELL und ASSISTENT auswählbar.

Schnellkorrektur

Die Schnellkorrekturen werden am Ende dieses Teils in Kapitel 6, »Schnelle Bildkorrekturen im Editor«, ausführlich behandelt.

Aufgabenbedienfeld »Assistent« | Wählen Sie hingegen das Aufgabenbedienfeld ASSISTENT aus, haben Sie noch weniger Werkzeuge in der Werkzeugleiste. Anstelle der Schnellkorrekturen hilft Ihnen ein Assistent bei der Korrektur der Fotos. Hierbei finden Sie im Bedienfeldbereich eindeutige Kategorien wie GRUNDLEGENDE FOTOBEARBEITUNGEN mit klaren Zielvorgaben wie FOTO FREISTELLEN oder FOTO SCHÄRFEN. Wählen Sie die gewünschte Korrektur aus, so erhalten Sie präzise Anweisungen, wie Sie Ihr Ziel erreichen. Der Assistent ist daher gerade für Anfänger ideal, die noch nie mit einem Bildbearbeitungsprogramm gearbeitet haben.

1.7.2 Aufgabenbedienfeld »Erstellen«

Wie der Name ERSTELLEN dieser Hauptkategorie schon andeutet, geht es hierbei mehr um kreative Dinge wie das Erstellen eines Bildbandes, einer Fotocollage, eines Fotokalenders, Hüllen für CD/DVD, Etiketten für CD/DVD etc.

1.7.3 Aufgabenbedienfeld »Weitergabe«

Mit dem letzten Aufgabenbedienfeld, WEITERGABE, können Sie ein Bild als E-Mail-Anhang versenden, Bilder auf CD/DVD brennen sowie eine PDF-Diashow oder ein Online-Album erstellen.

1.8 Die Titelleiste

Speicherort

Um den Speicherort der Datei zu ermitteln, fahren Sie einfach mit dem Mauszeiger über die Titelleiste. Neben dem Speicherort werden hierbei auch sämtliche anderen Informationen einer Titelleiste angezeigt. Nützlich ist dies zum Beispiel bei kleinen Bildern, bei denen nicht alle Informationen der Titelleiste angezeigt werden, weil das Fenster zu klein ist.

Die Titelleiste enthält viele Informationen zum Bild auf engstem Raum. Zunächst finden Sie hier den Dateinamen ❶ (hier »Blume«). Hinter dem Dateinamen sehen Sie, in welchem Dateiformat ❷ das Bild vorliegt (hier JPG). Der nächste Eintrag ist die Zoomstufe ❸ (hier 20 %). Links unten im Bild sehen Sie diese Information noch einmal.

Sofern das Bild mehr als nur eine Ebene hat, sehen Sie als ersten Wert in der Klammer den Namen der Bildebene ❹. Dieser Name ist bei mehreren vorhandenen Ebenen sehr wichtig, damit Sie nicht versehentlich die falsche Ebene bearbeiten. Ebenfalls zwischen den Klammern steht der Modus ❺ (hier RGB), der den Farbraum von Bilddateien beschreibt. Ganz am Ende sehen Sie noch, wie viele Bit pro Farbkanal ❻ verwendet werden (hier 8), um die Bildinformationen zu speichern. Mit einem 8-Bit-RGB können über 16 Millionen Farben gespeichert werden. Befindet sich am Ende dieser Angaben noch ein Sternchen ❼, so bedeutet dies, dass es bei diesem Bild noch ungespeicherte Änderungen gibt.

Foto: Brigitte Bolliger

◄ **Abbildung 1.60**
Die Titelleiste zeigt viele wichtige Daten auf einen Blick.

1.9 Die Statusleiste

Auch in der Statusleiste am unteren Fensterrand des Bildschirms erhalten Sie viele nützliche Informationen. Was in der Statusleiste angezeigt werden soll, können Sie durch das Anklicken des kleinen schwarzen Dreiecks ❽ und durch Auswählen der in der Liste enthaltenen Informationen einstellen.

◄ **Abbildung 1.61**
Durch Anklicken des kleinen schwarzen Dreiecks entscheiden Sie, was in der Statusleiste angezeigt werden soll.

In der folgenden Tabelle finden Sie die möglichen Informationen, die Sie zur Anzeige in der Statusleiste auswählen können, und deren Bedeutung.

◄ **Tabelle 1.2**
Informationen, die in der Statusleiste angezeigt werden können.

Information	Bedeutung
DOKUMENTGRÖSSEN	Die Dokumentgröße zeigt an, wie groß (in KB bzw. MB) die Datenmenge des Bildes ist. Der Wert links vom Schrägstrich steht für die Bildgröße der aktuellen Ebene, und der Wert rechts enthält die Bildgröße mit allen vorhandenen Ebenen.

Tabelle 1.2 ▶
Informationen, die in der Status-
leiste angezeigt werden können.
(Forts.)

Information	Bedeutung
DOKUMENTPROFIL	Zeigt an, welches Farbprofil in das Bild einge-bettet ist.
DOKUMENTMASSE	Zeigt die Bildgröße (Höhe und Breite) und die Bildauflösung (ppi) an.
ARBEITSDATEI-GRÖSSEN	Dieser Wert bezieht sich auf die Auslastung von Photoshop Elements auf dem Arbeitsspeicher (RAM) Ihres Rechners. Auf der linken Seite des Schrägstrichs wird angezeigt, wie viel Arbeitsspeicher alle geöffneten Bilder verwenden. Auf der rechten Seite wird der gesamte Arbeitsspeicher angezeigt, der für das Arbeiten mit Bildern zur Verfügung steht.
EFFIZIENZ	Dieser Wert sollte in der Regel auf 100 % stehen. Er bezieht sich auf die tatsächliche Rechenleistung, die Photoshop Elements für das Ausführen eines Vorgangs verwendet. Wenn der Wert bei Ihnen dauerhaft unter 100 % ist, kann es sein, dass Sie zu wenig Arbeitsspeicher zur Verfügung haben. Dies wirkt sich auf die Performance aus: Photoshop Elements wird merklich langsamer.
TIMING	Zeigt an, wie lange Photoshop Elements zum Ausführen des letzten Befehls gebraucht hat.
AKTUELLES WERKZEUG	Zeigt immer das aktive Werkzeug aus der Werkzeugleiste an.

1.10 Der Projektbereich

Ganz unten im Programmfenster finden Sie den Projektbereich, in dem Miniaturen der geöffneten Bilder angezeigt werden. Das Ein- und Ausblenden können Sie über einen Doppelklick auf den Registernamen ❶ veranlassen.

Das Bild, das gerade aktiv ist, also bearbeitet wird, ist mit einem weißen Rahmen und hellerem Hintergrund ❻ versehen. Zusätzlich finden Sie ein Pulldown-Menü ❷ im Projektbereich. Darüber entscheiden Sie, ob hier die aktuell geöffneten Bilder des Editors oder ausgewählte Bilder vom Organizer angezeigt werden sollen. Zusätzlich können Sie hierüber Bilder aus Alben auswählen, wenn Sie welche im Organizer erstellt haben (siehe Abschnitt 9.2, »Neue Alben erstellen«).

Bilder, bei denen rechts oben ein kleiner Miniaturpinsel ❸ zu sehen ist, enthalten Änderungen, die noch nicht gespeichert wurden. Ganz rechts über das Bedienfeldmenü ❹ erreichen Sie diverse Aktionen, die Sie sonst über das Bedienfeldbereich mit

Weitere Befehle
Mit einem rechten Mausklick auf eines der Bilder im Projektbereich öffnen Sie ein weiteres Kontext-menü, in dem Sie für das aktive oder ausgewählte Bilder beispiels-weise Dateiinformationen aufru-fen, ein Bild duplizieren oder dre-hen, den Dateinamen einblenden oder ein oder mehrere Bild(er) schließen oder minimieren kön-nen.

den Registern Erstellen und Weitergabe veranlassen würden. Um mehrere Bilder mit einer Aktion zu verwenden, halten Sie beim Auswählen im Projektbereich einfach die Strg/⌘- oder die ⇧-Taste gedrückt. Die ausgewählten Bilder werden dann mit einem blauen Rahmen ❺ angezeigt.

◀ **Abbildung 1.62**
Der Projektbereich

Projektbereich gleich Bedienfeld? | Bei den Bedienfeldern wurde bereits kurz erwähnt, dass Sie den Projektbereich wie ein normales Bedienfeld behandeln können. Alles, was Sie in Abschnitt 1.6, »Die Bedienfelder«, zu den Bedienfeldern gelesen haben, können Sie auch auf den Projektbereich anwenden. Sie können den Projektbereich somit beliebig an- und abdocken, in Registerkarten gruppieren, in ein Symbol verkleinern oder zum Bedienfeldbereich hinzufügen. Da ich sehr viel mit dem Laptop unterwegs bin, kommt mir dieser flexible Projektbereich sehr entgegen, weil ich so auf den häufig etwas kleineren (da mobileren) Laptop-Bildschirmen (15") mehr Platz für das eigentliche Bild habe.

▲ **Abbildung 1.63**
Den Projektbereich zum Bedienfeldbereich hinzugefügt ...

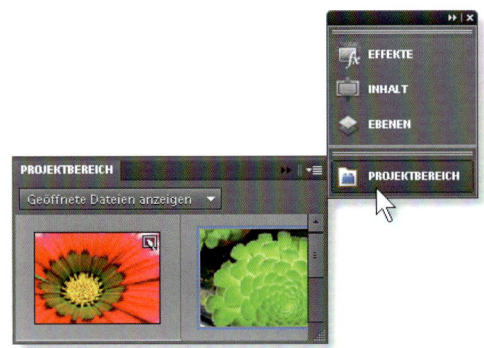

▲ **Abbildung 1.64**
... oder hier in einer abgedockten Symbolleiste mit Bedienfeldern

1.11 Werte eingeben

Werte per Tastatur ändern

Wenn die Zahlen markiert sind, können Sie den Wert auch alternativ mit den Tasten ⬆ erhöhen oder mit ⬇ verringern. Dies ist besonders hilfreich, wenn ein geänderter Parameter sich live in einer Vorschau auswirkt und Sie den Blick auf das Bild gerichtet halten wollen, um den Effekt genau zu beobachten.

Wenn Sie sich ein wenig mit dem Editor vertraut gemacht haben, werden Ihnen sicherlich die vielen Steuerelemente von Photoshop Elements aufgefallen sein, mit denen Sie die Werte auf verschiedene Weisen einstellen und verändern können. Die Funktion und Bedienung der meisten Steuerelemente erklären sich zwar von selbst, dennoch möchte ich Ihnen im Folgenden einen kurzen Überblick über die vorhandenen Steuerelemente verschaffen und ihre grundlegende Bedienung beschreiben.

1.11.1 Buttons (Schaltflächen)

Die einfachsten Steuerelemente von Photoshop Elements sind die Buttons (Schaltflächen) zum Anklicken. Sie sind fast überall in Photoshop Elements anzutreffen.

Beim Anklicken der meisten Buttons sehen Sie sofort eine Reaktion: Ein Dialogfenster öffnet sich, die Anzeige wird geändert etc. Es gibt aber auch eine andere Sorte von Buttons, die Sie anklicken und die dann niedergedrückt bleiben, bis Sie sie erneut anklicken. Solche Buttons werden auch als »Toggle Buttons« bezeichnet.

Das bekannteste Beispiel für solche Buttons sind sicher die Schaltflächen in Word oder anderen Texteditoren, mit denen Sie festlegen, ob ein Text fett, kursiv oder unterstrichen gesetzt wird. Solche Buttons treffen Sie auch in Photoshop Elements beim Textwerkzeug **T** an.

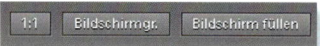

▲ **Abbildung 1.65**
Solche Buttons treffen Sie fast überall in Photoshop Elements an.

▲ **Abbildung 1.66**
»Toggle Buttons« funktionieren wie Checkboxen – in diesem Beispiel beim Textwerkzeug.

1.11.2 Dropdown-Listen

Dropdown-Listen gibt es in verschiedenen Formen: kurz, lang oder mit kleinen Icons als Vorschaubildern. Um ein Element aus der Liste auszuwählen, wählen Sie in der Regel die Liste aus und klicken den entsprechenden Listeneintrag darin an.

▲ **Abbildung 1.67**
Eine einfache Dropdown-Liste

1.11.3 Schieberegler

Um einen Schieberegler anzuzeigen, klicken Sie auf das kleine weiße Dreieck ❶. Es erscheint der Schieberegler, den Sie mit gedrückter linker Maustaste verschieben können.

Abbildung 1.68 ▶
Ein weiteres gängiges Steuerelement in Photoshop Elements: der Schieberegler

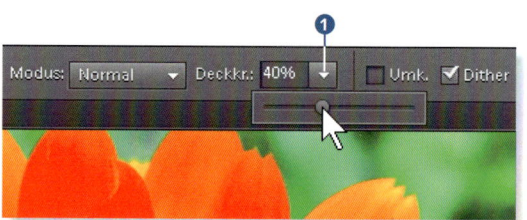

1.11.4   Doppelpfeil

Eine Alternative zum Schieberegler ist der Doppelpfeil mit Zei-
gefinger. Diesen können Sie verwenden, wenn Sie mit dem Cursor über den Titel eines Schiebereglers fahren und die Maustaste
gedrückt halten. Um den Wert zu verändern, bewegen Sie die
Maus nun nach links oder rechts.

▲ **Abbildung 1.69**
Der Doppelpfeil mit Zeigerfinger
steht bei vielen Schiebereglern
alternativ zur Verfügung.

1.11.5   Texteingabefeld

Alternativ bieten viele Schieberegler auch die Möglichkeit, den
Wert über das Textfeld manuell per Tastatur einzugeben. Hierzu
klicken Sie einfach in das Textfeld, und es erscheint der Eingabe-
Cursor für die manuelle Eingabe.

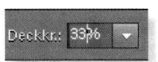

▲ **Abbildung 1.70**
Eingabe von Werten über die
Tastatur

1.11.6   Checkboxen

Häufig sind auch Checkboxen vorhanden, die Sie mit einem einfachen Mausklick aktivieren oder deaktivieren.

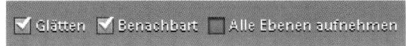

◄ **Abbildung 1.71**
Checkboxen, mit denen Sie verschiedene Optionen aktivieren
oder deaktivieren

2 Bilder öffnen und speichern

Sie haben sich nun bereits ein wenig mit der Arbeitsoberfläche des Editors vertraut gemacht und können sich an die ersten Arbeitsschritte wagen. Zwar werden Sie auf den nächsten Seiten noch mehr zur Benutzeroberfläche von Photoshop Elements erfahren, gleichzeitig steigen wir dabei aber schon in die Praxis ein. Damit Sie im Folgenden alle Schritte auch nachvollziehen können, sollten Sie nun ein Bild im Editor öffnen.

2.1 Bilddateien im Editor öffnen

Ich gehe davon aus, dass sich bereits ein paar Fotos auf Ihrem Rechner befinden. Falls Sie noch keine Bilder auf Ihrem Rechner haben oder nicht wissen, wie Sie Bilder von der Kamera auf den Rechner bekommen, sollten Sie sich zuerst Teil 2, »Der Organizer«, ansehen. Dort werden die Verwaltung und Archivierung von Bildern im Detail besprochen. Alternativ können Sie aber auch ein Bild von der Buch-DVD öffnen, zum Beispiel die Datei »3CardPoker.jpg«.

Um ein Bild zu öffnen, wählen Sie im Menü DATEI • ÖFFNEN aus, oder nutzen Sie die Tastenkombination Strg/⌘+O. Es öffnet sich ein neues Fenster mit dem Titel ÖFFNEN. Alternativ führen Sie auf der leeren Arbeitsoberfläche einen Doppelklick aus, um den Dialog anzuzeigen. Am Mac geht das natürlich nur, wenn Sie den Anwendungsrahmen eingeblendet haben. Im Grunde handelt es sich hier um eine normale Dialogbox zum Öffnen von Dateien, wie Sie sie aus anderen Programmen kennen. Mit dieser Dialogbox können Sie auf Laufwerken und in Verzeichnissen Ihres Rechners nach Bildern suchen.

Wenn Sie mit dem Mauszeiger über einem Bild stehen, werden weitere Informationen ❷ und unten ein Vorschaubild ❺ angezeigt. Sie öffnen ein Bild einfach per Doppelklick oder durch Anklicken der Schaltfläche ÖFFNEN. Befinden sich in einem

3CardPoker.jpg

Mehrere Dateien öffnen

Wollen Sie mehrere Dateien aus demselben Verzeichnis öffnen, so halten Sie einfach Strg/⌘ gedrückt, während Sie die gewünschten Bilder mit der linken Maustaste auswählen.

Bilder aus dem Web öffnen

Wenn Sie Bilder aus dem Web öffnen wollen und die Webadresse dazu haben, können Sie diese in DATEINAME ❸ eingeben oder einfügen, und das Bild wird im Editor geöffnet. Eine Adresse zum Bild ermitteln Sie zum Beispiel im Webbrowser über einen Rechtsklick und über EIGENSCHAFTEN im Kontextmenü.

X Natürlich sieht der Dialog zum Öffnen von Bildern bei der Mac-Version eben Mac-üblich anders aus. Aber das Prinzip und die Anwendung bleiben auch hier dieselben.

Verzeichnis extrem viele Dateien verschiedener Formate, so können Sie sie über die Dropdown-Liste DATEITYP ❹ filtern. Zu erwähnen ist noch das kleine Symbol FAVORITEN ❶ rechts oben, mit dem Sie häufig besuchte Verzeichnisse zu einer Favoriten-Liste hinzufügen können. Sie können dann über die gleiche Schaltfläche wieder schnell auf das Verzeichnis zugreifen. Im Übrigen handelt es sich um einen typischen Datei-öffnen-Dialog, der nicht weiter erläutert werden muss.

Abbildung 2.1 ▶
Die Dialogbox zum Öffnen von Bildern

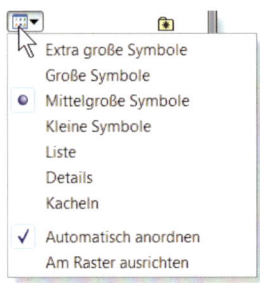

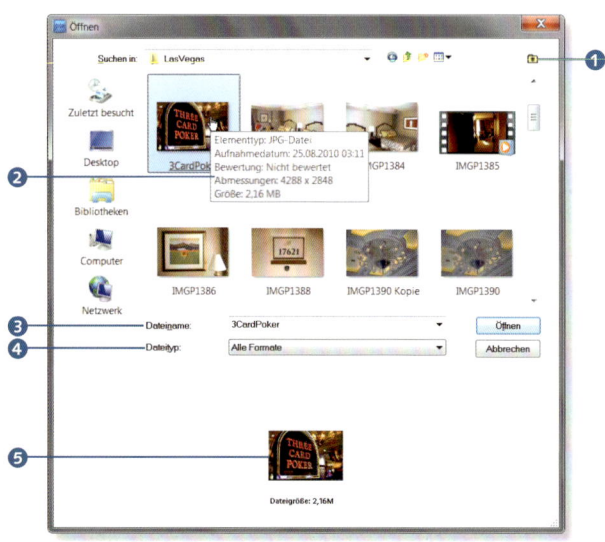

▲ **Abbildung 2.2**
Verschiedene Ansichtsoptionen für die gelisteten Dateien beim ÖFFNEN-Dialog

Nach dem Öffnen des Bildes wird dieses jetzt im Dokumentfenster angezeigt. Das geöffnete Bild bzw. die Bilder finden Sie jetzt auch im Projektbereich ganz unten wieder.

Abbildung 2.3 ▶
Bilddatei nach dem Öffnen

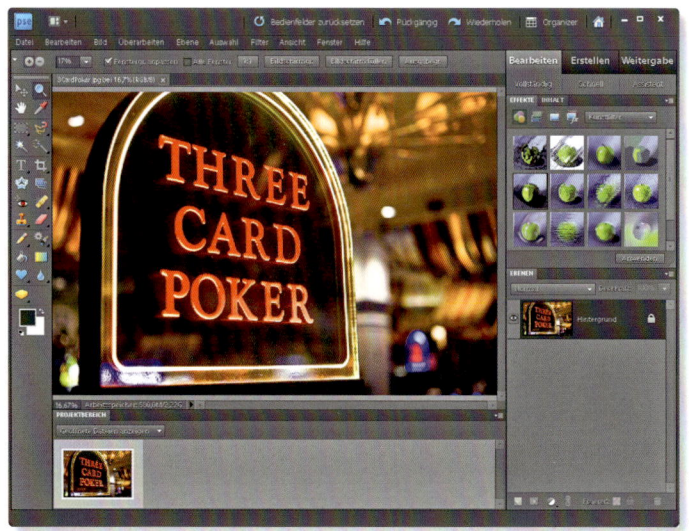

Geöffnete Bilder anordnen
Wie Sie mehrere gleichzeitig geöffnete Bilder und die Darstellung der Fenster steuern, erfahren Sie in Abschnitt 3.5, »Das Dokumentfenster«.

Bilder über Drag & Drop öffnen | Es gibt eine weitere Möglichkeit, ein Bild mit Photoshop Elements zu öffnen: Ziehen Sie einfach ein Bild oder eine Grafik aus einem anderen Programm (Webbrowser, Explorer, anderes Bildbearbeitungsprogramm etc.) mit gedrückter Maustaste in Photoshop Elements, oder lassen Sie es, sofern minimiert, über der Taskleiste fallen (klassisches Drag & Drop).

»Öffnen als« | Der zuvor gezeigte Weg über DATEI • ÖFFNEN (oder über `Strg`/`⌘`+`O`) ist das übliche Vorgehen, um ein Bild in den Editor zu laden. Alternativ stehen die Menüpfade DATEI • ÖFFNEN ALS und DATEI • ZULETZT BEARBEITETE DATEI ÖFFNEN zur Verfügung.

Mit DATEI • ÖFFNEN ALS (oder mit der Tastenkombination `Strg`+`Alt`+`O`) können Sie ein Bild öffnen, dessen Dateiformat unbekannt und unlesbar zu sein scheint, bei dem Sie aber den Verdacht haben, dass sich hinter dieser Datei ein Bildformat verbirgt. Bei der Mac-Version steht ÖFFNEN ALS nicht zur Verfügung. Die Tastenkombination führt hier lediglich zum ÖFFNEN-Dialog.

Zuletzt bearbeitete Datei | Über DATEI • ZULETZT BEARBEITETE DATEI ÖFFNEN wird ein Untermenü geöffnet, in dem Sie aus einer Liste der letzten zehn geöffneten Bilder auswählen können. Das zuletzt bearbeitete Bild befindet sich ganz oben. Die Anzahl der angezeigten Dateien können Sie über BEARBEITEN • VOREINSTELLUNGEN • DATEIEN SPEICHERN (am Mac PHOTOSHOP ELEMENTS • VOREINSTELLUNGEN • DATEIEN SPEICHERN) ändern.

2.2   Bildschirmfoto erstellen

Leider enthält Photoshop Elements keine direkte Funktion, um ein Bildschirmfoto bzw. einen Screenshot zu erstellen. Aber die beiden Betriebssysteme stellen diese Funktion zum Glück schon bereit.

Bildschirmfoto unter Windows | Unter Windows steht hierfür die Tastenkombination `Strg`+`Druck` für den kompletten Bildschirm und `Alt`+`Druck` für das aktive Fenster zur Verfügung. Bei einigen Laptops müssen Sie hierbei zusätzlich die `Fn`-Taste betätigen.

Wenn Sie diese Tastenkombination ausführen, wird der aktuelle Bildschirmzustand (Screenshot) in der Zwischenablage gespeichert. Ein so erstelltes Bildschirmfoto können Sie jetzt mit

X Bei der Mac-Version ist dieses Drag & Drop aus dem Webbrowser (hier Safari) etwas anders implementiert. Hierbei können Sie entweder die Grafik per Drag & Drop auf das Icon im Dock fallen lassen, um ein neues Bild zu öffnen, oder Sie lassen es auf ein geöffnetes Bild fallen, sodass eine neue Ebene dafür angelegt wird.

Wozu »Öffnen als«?
Diese Funktion mag Ihnen seltsam erscheinen, sie aber hat durchaus ihren Sinn. So kann es beim Datentausch zwischen Mac- und Windows-Rechnern zu Fehlern kommen, weil ältere Mac-Programme die für Windows wichtigen Formatkürzel im Dateinamen nicht mit übertragen.

```
1 Tropfen.tif
2 Muschel.jpg
3 Lilie.jpg
4 Koppel.jpg
5 Kanu_Weltcup.jpg
6 Hochspannung.jpg
7 Handy.jpg
8 Frosch.jpg
9 Augustus.jpg
10 AugsburgRathaus.jpg
```

▲ **Abbildung 2.4**
Die zehn zuletzt geöffneten Dateien sind bereit zum erneuten Öffnen.

Bilder in der Zwischenablage

Sie können jedes Bild anzeigen lassen, das sich in der Zwischenablage befindet. Wenn Sie zum Beispiel im Webbrowser einen Rechtsklick über einer Grafik machen und KOPIEREN wählen, so können Sie das Bild ebenfalls aus der Zwischenablage in Photoshop Elements öffnen.

jedem Grafikprogramm verwenden. Bei Photoshop Elements können Sie dieses Bild aus der Zwischenablage über das Menü DATEI • NEU • BILD AUS ZWISCHENABLAGE öffnen bzw. neu anlegen.

Bildschirmfoto am Mac | Unter einem Mac-System fotografieren Sie den gesamten Bildschirm mit ⌘+⇧+3 und einen benutzerdefinierter Bereich mit ⌘+⇧+4. Betätigen Sie außerdem nach der Tastenkombination ⌘+⇧+4 die Leertaste, erscheint ein Fotoapparat auf dem Bildschirm, mit dem Sie bestimmte Elemente fotografieren können, über denen Sie mit der Maus stehen. Diese Elemente werden eingefärbt. Standardmäßig werden die so erstellten Bildschirmfotos auf dem Schreibtisch abgespeichert, von wo Sie sie per Drag & Drop auf Photoshop Elements fallen lassen und bearbeiten können.

2.3 Neues Bild anlegen

Selbstverständlich können Sie mit Photoshop Elements auch eine neue leere Datei anlegen. Möglich wird dies über das Menü DATEI • NEU • LEERE DATEI oder mit der Tastenkombination Strg/ ⌘+N. Anschließend öffnet sich eine Dialogbox.

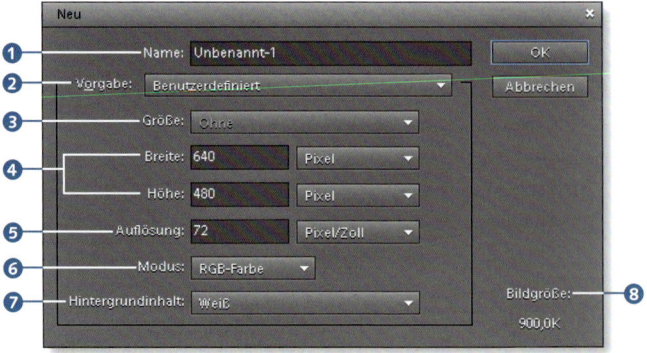

In der Dialogbox können Sie jetzt die Eigenschaften für die neu anzulegende Bilddatei angeben. Die Datei benennen Sie im Textfeld NAME ❶. Beachten Sie allerdings, dass trotz der Vergabe eines Namens die Datei nicht automatisch gespeichert wird. Unter VORGABE ❷ haben Sie mehrere Möglichkeiten, die Bildgröße anzugeben. Hier können Sie zwischen verschiedenen Vorgaben wie DIN-Formaten, US-Formaten etc. wählen, deren genauere Angabe Sie dann über GRÖSSE ❸ (zum Beispiel DIN A4, DIN A5 usw.) festlegen können. Das ist recht praktisch, weil man ja nicht alle DIN- und andere Standardmaße im Kopf hat.

Natürlich können Sie die Werte auch manuell über Breite und Höhe ❹ eingeben. Achten Sie darauf, dass Sie dahinter die richtige Maßeinheit gesetzt haben. Auch die Auflösung ❺ können Sie von Hand eingeben. Bei Modus ❻ stellen Sie den Farbmodus ein, den Sie verwenden wollen. Am Ende legen Sie noch den Hintergrundinhalt ❼ fest, mit dem die Ebene gefüllt werden soll. Sie können hierbei wählen zwischen Weiss, Transparenz und Hintergrundfarbe. Die Hintergrundfarbe bezieht sich auf die Einstellungen in der Werkzeugleiste. Auf der rechten unteren Seite wird unter Bildgrösse ❽ außerdem auch gleich berechnet, wie viel Platz der Datenumfang des neu zu erstellenden Bildes benötigt.

Zum Weiterlesen: Auflösung & Modus

Worum es sich bei der Auflösung oder beim Modus handelt und welche Maßeinheiten Sie wofür einstellen sollten, erfahren Sie in Kapitel 5, »Grundlagen der Bildbearbeitung«.

2.4 Dateien speichern

Wenn Sie ein Bild fertig bearbeitet haben, wollen Sie es sicher auch speichern. Hier gilt: Speichern Sie lieber einmal zu oft als einmal zu wenig. Photoshop Elements bietet Ihnen zum Speichern zwei Kommandos an: den Befehl Datei • Speichern (oder ⌷Strg⌷/⌘+S) und den Befehl Datei • Speichern unter (oder ⌷Strg⌷/⌘+⇧+S).

Mit dem Befehl Speichern (oder ⌷Strg⌷/⌘+S) werden Änderungen der aktuellen Bilddatei gespeichert. Beachten Sie hierbei, dass die alte Bildversion ohne Rückfrage einfach überschrieben wird.

Mit Speichern unter (oder ⌷Strg⌷/⌘+⇧+S) hingegen wird ein umfangreicher Speichern-Dialog aufgerufen, in dem Sie verschiedene Optionen festlegen können und vor allem die Möglichkeit haben, das Bild unter einem neuen Namen abzuspeichern.

Für Web speichern

Einen weiteren Befehl finden Sie mit Datei • Für Web speichern. Auf diesen Befehl werde ich noch gesondert in Abschnitt 39.3, »Für Web speichern – die All-in-one-Lösung«, eingehen.

2.4.1 Der Speichern-Dialog

Wenn Sie den Befehl Datei • Speichern unter (oder ⌷Strg⌷/⌘+⇧+S) auswählen oder eine Datei zum ersten Mal speichern, erscheint der Speichern-Dialog aus Abbildung 2.6. Dort stehen Ihnen viele Speicheroptionen zur Verfügung, die ich im Folgenden erläutern möchte.

Bei Dateiname ❾ geben Sie den Namen der zu speichernden Datei an. Die Endung wird automatisch anhand des gewählten Formats ❿ bestimmt.

Im Bereich Organisieren ⓫ können Sie zwei Häkchen setzen. Zum einen können Sie In Elements Organizer aufnehmen aktivieren, wodurch die neu gespeicherte Datei automatisch in den

Der Speichern-Dialog der Mac-Version sieht optisch natürlich etwas anders aus, ist aber – bis auf das Fehlen der beiden Optionen Miniatur und Kleinbuchstaben-Erweiterung – funktionell völlig identisch mit der Windows-Version. In der Vorgängerversion von Elements fehlte außerdem der Bereich Organisieren, weil hier ja Adobe Bridge CS4 statt des Organizers zum Einsatz kam.

Mehr zum Organizer
Dem Verwalten und Archivieren
von Bildern mit dem Organizer
widmet sich der zweite Teil dieses
Buchs, »Der Organizer«.

Katalog des Organizers aufgenommen wird. Mit der Option MIT
ORIGINAL IM VERSIONSSATZ SPEICHERN hingegen speichern Sie bei
einer mehrfach bearbeiteten Datei jeweils eine Version. Mehrere
Versionen werden so zu einem Versionssatz zusammengefasst,
der zum Beispiel im Organizer als Bilderstapel angezeigt wird. Ist
diese Option ausgegraut, so wurde das Bild zum ersten Mal bearbeitet und gespeichert.

Abbildung 2.6 ▶
Die Dialogbox zum Speichern von
Bildern

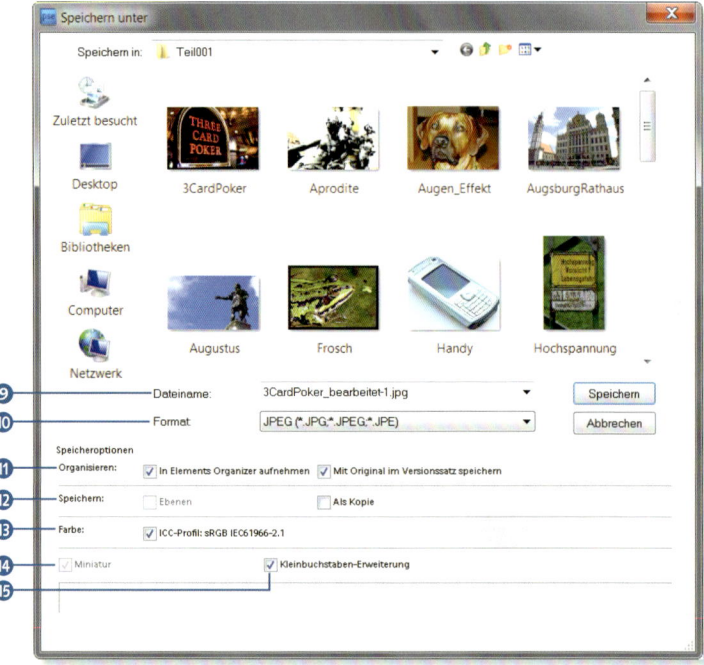

Mehr zu den Ebenen
Alles Wichtige zu den Ebenen finden Sie ab Teil 8 in diesem Buch.

Im nächsten Bereich SPEICHERN ⑫ finden Sie ebenfalls wieder
zwei Optionen, die Sie aktivieren oder deaktivieren können. Die
Option EBENEN können Sie verwenden, wenn Sie ein Bild speichern, in dem Sie Ebenen angelegt haben. Ist diese Option ausgegraut, hat das Bild keine Ebenen. Ist diese Option bei mehreren
Ebenen gesetzt, so werden alle Ebenen vereint. Entfernen Sie das
Häkchen, so wird nur die Hintergrundebene gespeichert. In den
meisten Fällen werden Sie das Häkchen sicher stehen lassen.

Duplizieren

Alternativ können Sie eine Kopie
auch über DATEI • DUPLIZIEREN
erstellen. Dabei wird der aktuelle Stand der Datei dupliziert.
Allerdings müssen Sie diese Kopie anschließend trotzdem noch
über den Menüpfad DATEI • SPEI-
CHERN UNTER unter einem anderen Namen speichern.

Sehr nützlich ist auch die Option ALS KOPIE. Sie lässt sich hervorragend einsetzen, wenn Sie am aktuellen Bild weiterarbeiten
wollen und nur schnell eine (Sicherungs-)Kopie des aktuellen
Zustandes des Bildes abspeichern wollen. Gewöhnlich wird zwischen dem Dateinamen und der Dateiendung (Format) der Text
»Kopie« gesetzt. Sie können somit ungehindert am Original weiterarbeiten und haben immer noch eine Kopie des Originals auf
der Festplatte, die Sie jederzeit in den Editor laden können.

Im Bereich FARBE ⑬ finden Sie ein einziges Kontrollkästchen, mit dem Sie das ICC-Farbprofil, das mit dem Bild verbunden ist, mitspeichern können. Mehr zu diesem Thema lesen Sie in Anhang B des Buches.

Am Ende finden Sie noch zwei unsortierte Optionen: Mit MINIATUR ⑭ (nur Windows) werden Miniatur-Voransichten von Bildern eingebettet. Ob die Option überhaupt vorhanden ist, hängt auch vom gewählten Format ab. Im Grunde lässt sich die Option ohnehin nicht verändern. Die letzte Option ist KLEINBUCHSTABEN-ERWEITERUNG ⑮ (nur Windows). Mit dieser Option werden bei der Dateinamenserweiterung des Dateiformats Kleinbuchstaben (zum Beispiel ».jpg« anstatt ».JPG«) verwendet.

2.4.2 Speichern bestimmter Datenformate

Wenn Sie im Speichern-Dialog das Format gewählt haben, in dem die Datei gespeichert werden soll, erscheint (abhängig vom Format) meistens noch ein weiteres Dialogfenster, in dem Sie zusätzliche Optionen für das Speichern des Formates einstellen können. Zumeist handelt es sich dabei um Werte, mit denen Sie die Qualität und/oder Dateigröße beeinflussen, in der die Bilddatei gespeichert werden soll.

Dateiformate im Überblick
Die wichtigsten Dateiformate werden Ihnen in Abschnitt 5.5 noch einmal etwas genauer vorgestellt.

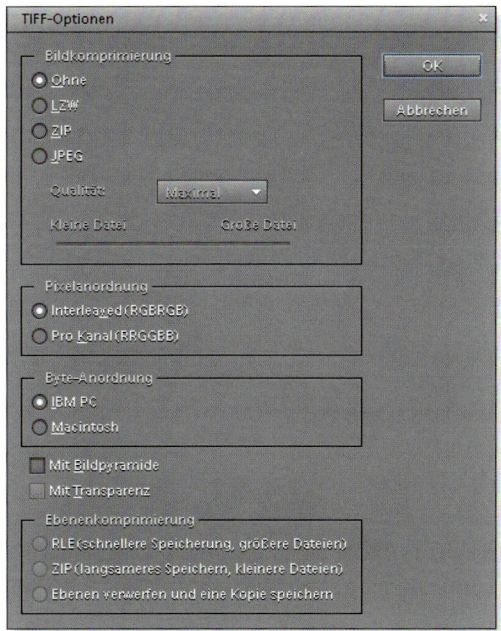

◀ **Abbildung 2.7**
Weitere Einstellungen für Bilddateien im TIFF-Format

2.4.3 Wichtige Hinweise zum Speichern

Wenn Sie ein Bild speichern wollen, sollten Sie folgende Punkte beherzigen, um keine bösen Überraschungen zu erleben:

- **Nie mit dem Original arbeiten**: Wenn Sie ein Bild öffnen, sollten Sie von Anfang an mit einer Kopie und nicht mit dem Original arbeiten. Zwar können Sie mit DATEI • SPEICHERN UNTER vermeiden, dass Sie das Original überschreiben, aber schnell drückt man gedankenlos auf DATEI • SPEICHERN oder verwendet die Tastenkombination ⌈Strg⌉/⌘+⌈S⌉. Solange Sie das Bild nicht geschlossen haben, können Sie notfalls die zuletzt gemachten Schritte noch mit ⌈Strg⌉/⌘+⌈Z⌉ rückgängig machen und das Bild gegebenenfalls wiederherstellen. Sicherer ist es aber, das Bild gleich zu Beginn unter einem neuen Namen abzuspeichern.
- **Bild duplizieren und schließen**: Damit Sie nicht mit dem Original arbeiten müssen, sollten Sie über DATEI • DUPLIZIEREN oder über einen Rechtsklick auf der Miniaturvorschau im PROJEKTBEREICH das Original duplizieren. Anschließend arbeiten Sie nur noch mit der Kopie und können das Original schließen. Der Vorteil dieser Vorgehensweise ist auch, dass mit DATEI • SPEICHERN derselbe Dialog erscheint wie mit DATEI • SPEICHERN UNTER, wenn Sie eine Datei zum ersten Mal in einem neuen Format speichern.

Tabelle 2.1 gibt Ihnen noch einmal einen Überblick über die wichtigsten Tastenkürzel für das Öffnen und Speichern von Dateien.

Vorhaben	Windows	Mac
Datei öffnen	⌈Strg⌉+⌈O⌉	⌘+⌈O⌉
Öffnen als (nur Windows)	⌈Strg⌉+⌈Alt⌉+⌈O⌉	–
Datei anlegen	⌈Strg⌉+⌈N⌉	⌘+⌈N⌉
Datei schließen	⌈Strg⌉+⌈W⌉	⌘+⌈W⌉
Alle Dateien schließen	⌈Strg⌉+⌈Alt⌉+⌈W⌉	⌘+⌈Alt⌉+⌈W⌉
Datei speichern	⌈Strg⌉+⌈S⌉	⌘+⌈S⌉
Datei speichern unter	⌈Strg⌉+⌈⇧⌉+⌈S⌉	⌘+⌈⇧⌉+⌈S⌉
Für Web speichern	⌈Strg⌉+⌈⇧⌉+⌈Alt⌉+⌈S⌉	⌘+⌈⇧⌉+⌈Alt⌉+⌈S⌉

Tabelle 2.1 ▶
Tastaturbefehle für die Arbeit mit Dateien

3 Exaktes Arbeiten auf der Arbeitsoberfläche

In diesem Kapitel zeige ich Ihnen, wie Ihnen viele kleine, aber unverzichtbare Helfer die Bildbearbeitung erleichtern.

3.1 Abbildungsgröße und Bildausschnitt

In welcher Abbildungsgröße (»Zoomstufe«) das Bild angezeigt wird, können Sie der Titel- bzw. Statusleiste entnehmen. Eine Zoomstufe von 25 % bedeutet hierbei nicht, dass das Bild verkleinert wurde, sondern bezieht sich lediglich auf die Darstellung des Bildes auf dem Bildschirm. Diese Angabe ist unabhängig von der Pixelgröße, in der das Bild tatsächlich vorliegt.

Pixelgrundlagen

Mehr rund um das Thema Pixel und Monitor-Darstellung finden Sie ab Kapitel 5, »Grundlagen der Bildbearbeitung«.

Foto: Martin Conrad

▲ **Abbildung 3.1**
1:1-Ansicht (100 %)

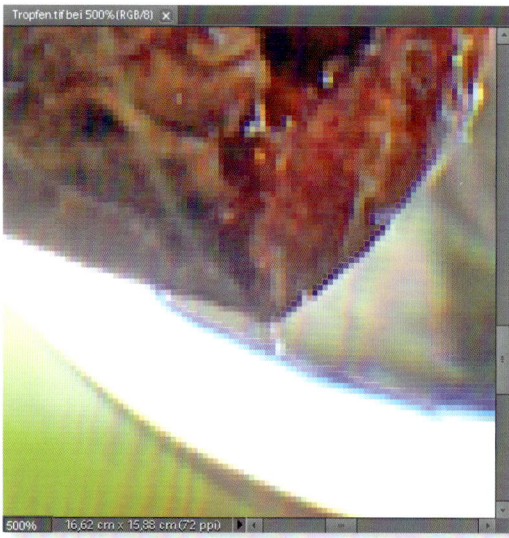

▲ **Abbildung 3.2**
Ansicht auf 500 % vergrößert. Im Bild werden schon die einzelnen Pixel des Tropfens sichtbar.

Das Prinzip des Zoomens ist leicht zu erklären: Bilder werden auf dem Monitor in Pixeln (Bildpunkten) dargestellt. Die Bilder selbst sind ebenfalls aus Pixeln aufgebaut. Ein Monitor, der auf eine Auflösung von 1.280 × 720 Pixeln eingestellt ist, kann somit 1.280 Pixel in der Breite und 720 Pixel in der Höhe darstellen. Bilder, die mit einer 10,2-Megapixel-Kamera gemacht wurden, haben eine Abmessung von 3.872 × 2.592 Pixeln. Folglich kann ein solches Bild auf einem Monitor mit 1.280 × 720 nicht im Originalzustand angezeigt werden.

3.2 Zoom – die Bildansicht verändern

Erscheint Ihnen das Vergrößern und Verkleinern der Bildansicht als wenig spektakulär, so wird doch das Zoom-Werkzeug Ihr wichtigstes und am häufigsten eingesetztes Werkzeug sein. Denn oft müssen Sie bei der Bildbearbeitung einen Teil des Bildes stark vergrößern, oder Sie brauchen wieder eine Vollbildansicht von 100 %.

3.2.1 Das Zoom-Werkzeug

Das Standardwerkzeug für das Vergrößern und Verkleinern einer Bildansicht ist das Zoom-Werkzeug 🔍 (Tastenkürzel: ⊡) aus der Werkzeugpalette. Wenn Sie mit dem Zoom-Werkzeug über das Bild fahren, so erscheint der Cursor als Lupe mit einem Plus- oder einem Minus-Symbol – je nachdem, welche Option Sie ausgewählt haben. Bei maximaler Vergrößerung (3.200 %) wird in der Lupe kein Zeichen mehr angezeigt.

Optionen des Zoom-Werkzeugs | Hinein- und herauszoomen können Sie mit einem einfachen Mausklick innerhalb des Bildes. Durch mehrfaches Klicken ändern Sie die Zoomstufe schrittweise. Ob herein- oder herausgezoomt wird, stellen Sie in der Optionsleiste des Zoom-Werkzeuges über das Plus- bzw. das Minus-Symbol ❶ ein.

▲ **Abbildung 3.3**
Die Optionen des Zoom-Werkzeugs

Auf der linken Seite bei den Optionen des Zoom-Werkzeugs finden Sie ein Texteingabefeld ❷, in dem Sie die Prozenteingabe von Hand oder, wenn das Eingabefeld aktiviert wurde, mit den Tasten ⬆ und ⬇ ändern können. Es folgen die Checkboxen Fenstergr. anpassen ❸ und Alle Fenster ❹. Aktivieren Sie

FENSTERGR. ANPASSEN (»Fenstergr.« = Fenstergröße), so wächst oder schrumpft das Bildfenster mit, wenn Sie in das Bild hinein- bzw. aus dem Bild herauszoomen. Mit ALLE FENSTER werden beim Zoomen alle geöffneten Bilder vergrößert bzw. verkleinert.

Mit dem Button 1:1 ❺ stellen Sie die Originalgröße der Bilder auf Vollansicht (100%-Ansicht) ein. Mit dem Button BILDSCHIRMGR. (kurz für »Bildschirmgröße«) ❻ wird die maximal mögliche Ansicht des Bildes verwendet, sodass das Bild nicht kleiner als nötig ist und Sie es komplett auf dem Bildschirm sehen können. Die Zoomstufe hängt hierbei von der Bild- und der Monitorgröße ab. Mit dem Button BILDSCHIRM FÜLLEN ❼ füllt das Bild mit der größtmöglichen Zoomstufe auf dem vorhandenen Platz den Bildschirm in der Breite aus. Es kann also sein, dass Sie das Bild in der Höhe nicht komplett sehen. Die Zoomstufe hängt ebenfalls von der Bild- und der Monitorgröße wie auch vom vorhandenen Bedienfeldbereich und Projektbereich ab. Mit dem letzten Button, AUSGABEGR. (kurz für »Ausgabegröße«) ❽, wird das Fenster auf die Druckgröße gezoomt.

Bilder im Blick behalten | Gerade beim Hineinzoomen in ein Bild verliert man leicht den Überblick. Um dies zu vermeiden, haben Sie drei Möglichkeiten:

▶ Klicken Sie direkt auf den Bildbereich, den Sie vergrößern wollen. Wollen Sie zum Beispiel ein Objekt vergrößern, so klicken Sie gezielt mittig direkt darauf. Bei der vergrößerten Ansicht erscheint dieses Objekt dann ebenfalls mittig. Damit ersparen Sie sich unnötiges Scrollen.

▶ Ziehen Sie bei aktivem Zoom-Werkzeug mit gedrückter Maustaste einen Rahmen genau um den Bereich, den Sie vergrößern wollen. Anschließend erscheint dieser Bereich in gewünschter Zoomgröße auf dem Bildschirm.

▶ Klicken Sie bei aktivem Zoom-Werkzeug mit der rechten Maustaste ins Bild, und die meisten Optionen aus der Optionsleiste erscheinen als Kontextmenü.

▶ Mein persönlicher Favorit ist das Hinein- und Herauszoomen mit dem Mausrad aus jedem Werkzeug heraus. Vorausgesetzt, ihre Maus hat ein solches Rad, können Sie diese Option über das Menü BEARBEITEN/PHOTOSHOP ELEMENTS • VOREINSTELLUNGEN • ALLGEMEIN aktivieren, wenn Sie ein Häkchen vor MIT BILDLAUFRAD ZOOMEN setzen.

Tastenkürzel | Sie können die Bildansicht mit der Maus recht komfortabel ändern, dennoch verwende ich persönlich lieber die Tastenkürzel [Strg]/[⌘]+[+] zum stufenweisen Vergrößern und

Umschalten zwischen Hinein- und Herauszoomen
Alternativ und ohne den Umweg über die Werkzeugoptionsleiste wechseln Sie zwischen dem Hinein- und Herauszoomen mit dem Zoom-Werkzeug, indem Sie beim Klicken ins Bild zusätzlich [Alt] gedrückt halten.

 Der Button BILDSCHIRM FÜLLEN ❼ wurde in Version 8 von Photoshop Elements noch mit BILDSCHIRM AUSF. bezeichnet.

▲ **Abbildung 3.4**
Die meisten der Funktionen aus der Optionsleiste lassen sich auch über ein Kontextmenü per rechtem Mausklick im Bild anwählen.

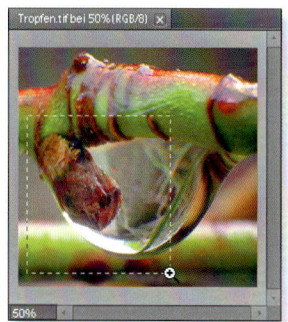

▲ **Abbildung 3.5**
Sobald Sie die Maustaste loslassen, wird der Bereich in der gestrichelten Linie vergrößert.

Schnell auf 100 %

Auch die Originalbildgröße mit der Ansicht 100 % (1 : 1) können Sie schnell mit Strg/⌘+1 oder Strg/⌘+Alt+0 einstellen.

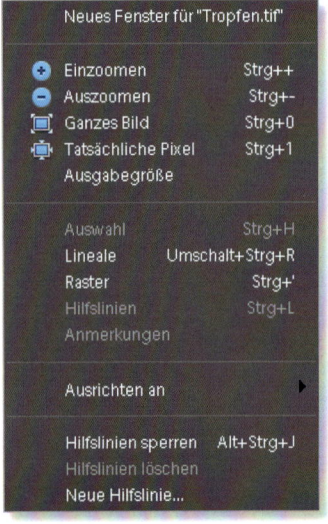

▲ **Abbildung 3.6**
Das Menü ANSICHT ist weniger für das Zoomen im alltäglichen Gebrauch geeignet, aber sehr hilfreich zum Nachschlagen der Tastenkürzel.

Tabelle 3.1 ▶
Tastenkürzel für Zoom-Befehle

Strg/⌘+- zum stufenweisen Verkleinern. Der Vorteil dieser Methode ist, dass Sie nicht eigens das Zoom-Werkzeug aktivieren müssen und die Tastenkürzel jederzeit verwenden können.

Auch mit dem Tastenkürzel Strg/⌘+Leertaste können Sie jederzeit die Vergrößerungslupe und mit Strg/⌘+Alt+Leertaste die Verkleinerungslupe aufrufen. Im Gegensatz zu den zuvor beschriebenen Tastenkürzeln Strg/⌘++ und Strg/⌘+- müssen Sie hierbei allerdings zusätzlich in das Bild klicken, um das Hinein- bzw. Herauszoomen auszulösen.

Mit Strg/⌘+0 stellen Sie dagegen eine Bildschirmgröße ein, mit der Sie das gesamte Bild überblicken, ohne dass das Bild unnötig verkleinert wird.

Abschließend liste ich noch einmal alle wichtigen Tastaturkürzel für das Zoomen auf.

Beschreibung	Windows	Mac
Zoom-Werkzeug aufrufen	Z	Z
wenn das Zoom-Werkzeug aktiv ist, die gegenteilige Zoomaktion verwenden	Alt	Alt
Bildansicht vergrößern	Strg++	⌘++
Bildansicht verkleinern	Strg+-	⌘+-
maximale auf dem Monitor darstellbare Bildgröße	Strg+0	⌘+0
Bildansicht auf 100 %	Strg+Alt+0 oder Strg+1	⌘+Alt+0 oder ⌘+1
Zoom-Werkzeug zum Vergrößern kurzfristig aus anderen Werkzeugen aufrufen	Strg+Leertaste	⌘+Leertaste
Zoom-Werkzeug zum Verkleinern kurzfristig aus anderen Werkzeugen aufrufen	Strg+Alt+Leertaste	⌘+Alt+Leertaste

3.3 Das Hand-Werkzeug

Wenn Sie das Zoom-Werkzeug verwenden, werden Sie meistens auch auf das Hand-Werkzeug (Tastenkürzel: H) als Hilfsmittel zurückgreifen. Denn beim Festlegen der Größe eines Bildausschnittes haben Sie nicht immer den gewünschten Bildausschnitt exakt vor sich.

Das Hand-Werkzeug kommt immer dann zum Einsatz, wenn das Bild größer als das Dokumentfenster ist. Alternativ können Sie natürlich auch die Bildlaufleisten verwenden, was aber weniger komfortabel ist.

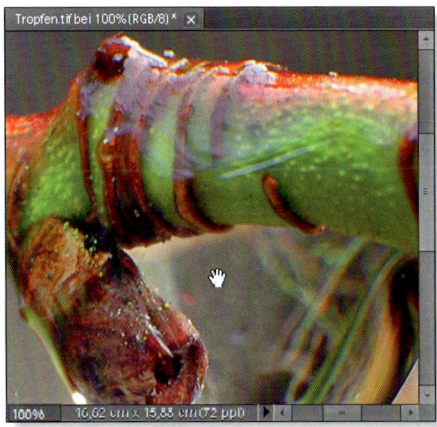

◄ **Abbildung 3.7**
Das Hand-Werkzeug ist leicht zu bedienen: Halten Sie einfach im Bild die Maustaste gedrückt, und bewegen Sie die Maus in die gewünschte Richtung.

Optionen des Hand-Werkzeugs | Die Optionen des Hand-Werkzeugs entsprechen im Wesentlichen denen des Zoom-Werkzeugs; hinzu kommt die Option BILDLAUF IN ALLEN FENSTERN DURCHFÜHREN ❶. Wenn Sie diese Checkbox aktivieren, wird bei mehreren geöffneten Bildern der Bildlauf vom aktuellen Bild auch bei allen anderen Bildern durchgeführt. Dies ist beispielsweise nützlich, wenn Sie zwei sehr ähnliche Bilder geöffnet haben und zwei Stellen in diesen Bildern vergleichen wollen.

▼ **Abbildung 3.8**
Die Optionen des Hand-Werkzeugs

Mit dem Button TATSÄCHL. PIXEL ❷ (kurz für »Tatsächliche«) stellen Sie die Originalgröße der Bilder auf Vollansicht (100%-Ansicht) ein. Warum der Button hier nicht wie beim Zoom-Werkzeug »1:1« benannt wurde, bleibt ein Rätsel. Mit dem Button BILDSCHIRMGR. (kurz für »Bildschirmgröße«) ❸ wird die maximale Größe des Bildes verwendet, in der dieses noch vollständig auf dem Bildschirm angezeigt werden kann. Die jeweilige Prozentzahl hängt hierbei von der Bild- und der Monitorgröße ab. Mit dem Button BILDSCHIRM FÜLLEN ❹ füllt das Bild mit der größtmöglichen Zoomstufe den vorhandenen Platz des Bildschirms in der Breite aus. Auch hier kann es also sein, dass Sie das Bild in der Höhe nicht komplett sehen. Die Zoomstufe hängt sowohl von der Bild- und der Monitorgröße als auch vom vorhandenen Bedienfeldbereich und PROJEKTBEREICH ab. Mit dem letzten Button, AUSGABEGR.

Druckgröße
Auf das Thema »Druckgröße« gehe ich gesondert ein im Zusammenhang mit den Grundlagen der Bildbearbeitung in Abschnitt 5.2, »Bildgröße und Auflösung«.

(kurz für »Ausgabegröße«) **5**, wird das Fenster auf die Druckgröße gezoomt. Die meisten dieser Optionen erreichen Sie auch über das Kontextmenü, wenn Sie mit dem aktiven Hand-Werkzeug mit der rechten Maustaste über dem Bild klicken.

Tastenkürzel | Außerdem gibt es eine Reihe von Tastenkürzeln, mit denen Sie die Bildansicht nach Belieben verschieben können. Die Bedeutung aller Tastenkürzel zum Bildlauf erläutert Tabelle 3.2.

Viele Bilder geöffnet

Wenn Sie mehrere Bilder gleichzeitig geöffnet haben und hierbei die Zoomstufe und Bildposition gleichzeitig anpassen wollen, finden Sie zu diesem Zweck unter FENSTER • BILDER verschiedene Befehle. Diese Befehle können Sie in Abschnitt 3.5, »Das Dokumentfenster«, nachschlagen.

Bedeutung	Windows	Mac
Hand-Werkzeug aufrufen	`H`	`H`
Hand-Werkzeug kurzfristig aus anderen Werkzeugen aufrufen	`Leertaste`	`Leertaste`
Bildausschnitt hochschieben	`Bild↑`	`↕`
Bildausschnitt herunterschieben	`Bild↓`	`↕`
Bildausschnitt langsam hochschieben	`⇧`+`Bild↑`	`⇧`+`↕`
Bildausschnitt schnell herunterschieben	`⇧`+`Bild↓`	`⇧`+`↕`
Bildausschnitt nach links verschieben	`Strg`+`Bild↑`	`⌘`+`↕`
Bildausschnitt nach rechts verschieben	`Strg`+`Bild↓`	`⌘`+`↕`
Bildausschnitt langsam nach links verschieben	`Strg`+`⇧`+`Bild↑`	`⌘`+`⇧`+`↕`
Bildausschnitt langsam nach rechts verschieben	`Strg`+`⇧`+`Bild↓`	`⌘`+`⇧`+`↕`

Tabelle 3.2 ▶

Tastenkürzel zum Bildlauf und ihre Bedeutung

Auf Mac-Tastaturen ohne erweiterten Nummernblock müssen Sie diese Tasten mit der `fn`-Taste und der `↑`- bzw. `↓`-Taste simulieren. Lautet der Befehl beispielsweise `⇧`+`↕`, müssen Sie bei einer solchen Mac-Tastatur `fn`+`⇧`+`↑` betätigen.

3.4 Das Navigator-Bedienfeld

Das Navigator-Bedienfeld finden Sie im Menü FENSTER • NAVIGATOR. Es bietet eine hervorragende Alternative oder Ergänzung zum Zoom-Werkzeug und zum Hand-Werkzeug. Welches Werkzeug Sie lieber verwenden, ist letztlich natürlich Geschmackssache.

Navigator-Bedienfeld

Wie Sie das Navigator-Bedienfeld zum Bedienfeldbereich hinzufügen, haben Sie in Abschnitt 1.6 unter »Bedienfeld zurück in den Bedienfeldbereich« erfahren.

Im Navigator-Bedienfeld erkennen Sie gleich an dem markierten Bereich im roten Balken, welcher Bildausschnitt aktuell im Dokumentfenster angezeigt wird. Dies ist besonders bei stark hineingezoomten Bildausschnitten hilfreich.

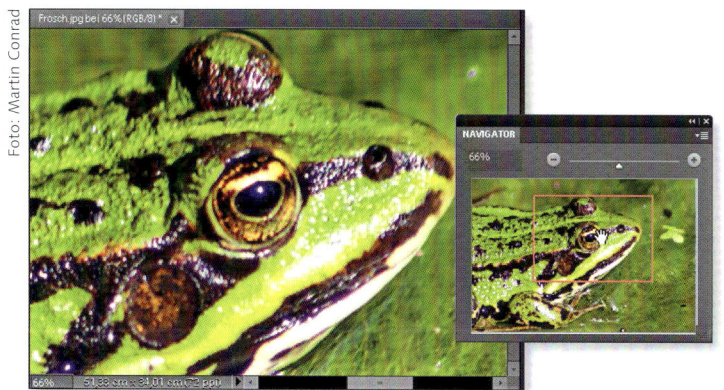

◄ **Abbildung 3.9**
Das Navigator-Bedienfeld zeigt,
welchen Bildausschnitt Sie im
Dokumentfenster sehen.

Anwendung des Navigator-Bedienfelds | Das Navigator-Bedienfeld eignet sich also sehr gut, um die Zoomstufe und den Bildausschnitt festzulegen. Den Bildmaßstab können Sie über den Schieberegler ❸ mit gedrückter Maustaste stufenlos verstellen. Alternativ klicken Sie auf das Plus- oder das Minus-Symbol, um den Bildausschnitt stufenweise zu vergrößern bzw. zu verkleinern. Klicken Sie in das Navigationsfenster und halten dabei gleichzeitig $\boxed{\text{Strg}}$/$\boxed{\text{⌘}}$ gedrückt, so wird der angeklickte Bereich auf die maximale Zoomstufe (3.200 %) vergrößert.

Alternativ tippen Sie den Wert der Zoomstufe im Editierfeld links oben ❶ ein oder verändern ihn mit $\boxed{↑}$ oder $\boxed{↓}$. Zuletzt müssen Sie den Vorgang noch mit $\boxed{↵}$ bestätigen.

Den roten Navigationsrahmen ❷ verschieben Sie, indem Sie die Maustaste innerhalb dieses Bereichs gedrückt halten. Gleichzeitig verschieben Sie damit natürlich auch den Bildausschnitt im Dokumentfenster. Wenn Sie beim Verschieben $\boxed{⇧}$ gedrückt halten, so können Sie den Bildausschnitt genau senkrecht bzw. waagerecht verschieben. Klicken Sie auf eine beliebige Stelle im Navigationsfenster, so wird der Rahmen mit dem Bildausschnitt dorthin versetzt.

Roter Rahmen

Die Farbe des Rahmens können Sie im erweiterten Bedienfeldmenü über den Befehl BEDIENFELDOPTIONEN ❹ ändern.

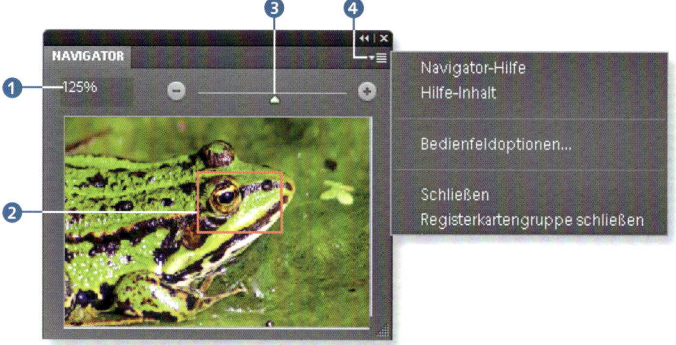

◄ **Abbildung 3.10**
Es gibt viele Möglichkeiten, den Bildausschnitt im Dokumentfenster schnell und komfortabel zu verändern.

3.5 Das Dokumentfenster

Wenn Sie ein Bild in Photoshop Elements 9 laden, ist das Dokumentfenster standardmäßig fest in einer Registerkarte (auch als *Tabulator* bekannt) angebracht. Haben Sie mehrere Bilder gleichzeitig geöffnet, werden alle Dateien als Registerkarten gruppiert. Um bei mehreren geöffneten Dateien ein Bild zu aktivieren, brauchen Sie nur das entsprechende Register ❶ anzuklicken. Das aktive Bild erkennen Sie an der weißen Schrift in der entsprechenden Registerkarte. Über das kleine x ❷ im Register schließen Sie die Datei. Befinden sich noch nicht gespeicherte Informationen im Bild, erscheint eine Nachfrage, ob Sie diese Änderungen vor dem Schließen noch speichern wollen (siehe Abbildung 3.19).

Abbildung 3.11 ▶
Standardmäßig gruppiert Photoshop Elements 9 die einzelnen Bilder in Registerkarten

Cool_red.jpg

3.5.1 Schwebende Fenster im Editor verwenden

Wenn Sie mit der Art der Fensterverwaltung von Photoshop Elements 9 zufrieden sind, wo die Dokumente über Registerkarten verwaltet werden, können Sie diesen Abschnitt überspringen. Sollten Sie allerdings lieber ein schwebendes Dokumentfenster (auch »fliegendes« Fenster genannt) im Editor verwenden, dann wird hier beschrieben, wie Sie dies realisieren und wie Sie die Fenster hierbei verwalten.

Zwar sind über die Registerkarten die Dokumentfenster immer ordentlich aufgeräumt, sodass Sie nie den Überblick bei vielen geöffneten Bildern verlieren. Allerdings hat die Methode mit den schwebenden Fenstern durchaus auch ihre Vorteile. So ist es beispielsweise nur mit einem schwebenden Dokumentfenster möglich, ein Bild über den kompletten Bildschirm zu verwenden. Auch das Drag & Drop von Auswahlen oder Ebenen von einem Dokument zum anderen lässt sich mit frei schwebenden Fenstern erheblich komfortabler durchführen.

Um überhaupt schwebende Dokumentfenster verwenden zu können, müssen Sie diese Option über BEARBEITEN/PHOTOSHOP ELEMENTS • VOREINSTELLUNGEN • ALLGEMEIN (oder Strg/⌘+K) aktivieren, indem Sie ein Häkchen vor SCHWEBENDE DOKUMENTE IM EDITORMODUS ZULASSEN ❸ setzen und den Dialog mit OK bestätigen.

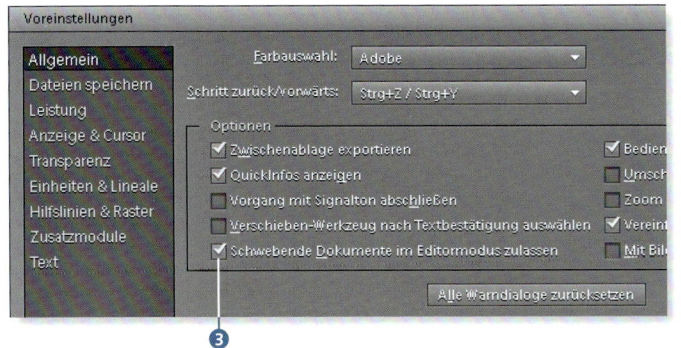

◀ **Abbildung 3.12**
Per Standard sind schwebende
Dokumentfenster zunächst deak-
tiviert und müssen über die VOR-
EINSTELLUNGEN erst aktiviert
werden.

Aus Registerkarten ein »fliegendes« Fenster machen | Um aus
Registerkarten nun ein »fliegendes« Fenster zu machen, stehen
Ihnen mehrere Möglichkeiten zur Verfügung. Der manuelle Weg
funktioniert ähnlich wie schon beim Abdocken von Bedienfeldern: Sie ziehen einfach das Register, das Sie aus der Gruppe
entfernen wollen, mit gedrückt gehaltener Maustaste auf der
Registertitelleiste ❹ heraus und lassen es irgendwo außerhalb
der Registerkarten fallen, und schon haben Sie ein schwebendes
Dokumentfenster.

Registerkarte herauslösen

Das aktive Fenster in der Registerkartengruppe können Sie
auch schnell über das Menü
FENSTER • BILDER • SCHWEBENDES
FENSTER herauslösen.

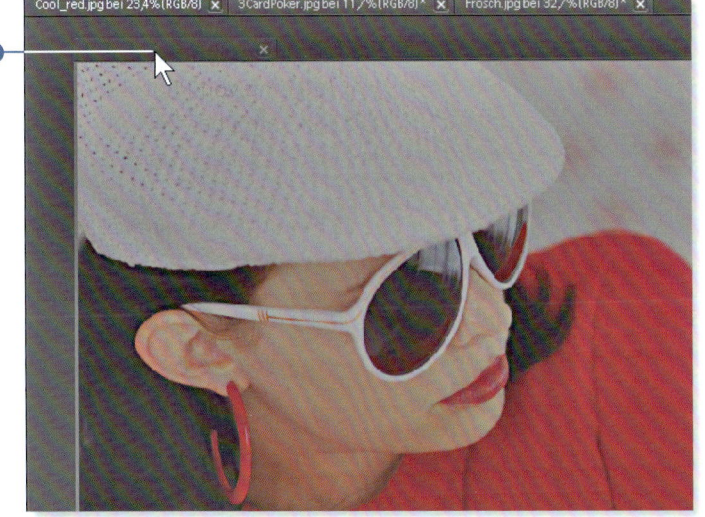

◀ **Abbildung 3.13**
Registerkarte aus der Gruppe
herauslösen

Wollen Sie hingegen alle Bilder einer Registerkartengruppe herauslösen und als schwebendes Dokumentfenster anzeigen lassen,
verwenden Sie den Menüeintrag FENSTER • BILDER • NUR SCHWE-
BENDE FENSTER oder die Schaltfläche ANORDNEN • NUR SCHWE-
BENDES FENSTER ❺.

Das schwebende Dokumentfenster mit dem Bild entspricht
einem typischen Fenster, wie Sie es von anderen Programmen
bereits kennen dürften.

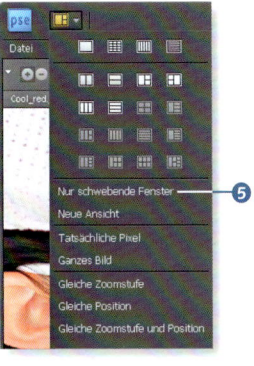

▲ **Abbildung 3.14**
Noch flexibler, um Bilder unter
anderem zu Registerkarten zu
gruppieren, ist die Schaltfläche
ANORDNEN.

Bei der Mac-Version hat das Dokumentfenster selbstverständlich die Mac-üblichen Buttons zum Minimieren, Maximieren und Schließen auf der linken oberen Seite.

Abbildung 3.15 ▶
Das schwebende Dokumentfenster nach dem Abdocken aus den Registern

Foto: Clarissa Schwarz, http://www.clarissa-schwarz.ch

Rechts oben im Dokumentfenster finden Sie die üblichen Schaltflächen zum Minimieren, Maximieren und Schließen des Fensters.

 In der Vorgängerversion wurde das Minimieren des Bildfensters unter Windows noch über die Taskleiste realisiert, was man in der neuen Version gleich wieder verworfen hat. *Back to the roots* werden die Bilder, wie schon vor der Version 8, wieder in den Projektbereich minimiert, von wo sie wieder maximiert werden können.

Dokumentfenster minimieren | Wenn Sie beim Dokumentfenster auf die Schaltfläche Minimieren ❶ klicken, so verschwindet das Fenster unten in den Projektbereich. Doppelklicken Sie ein minimiertes Bild im Projektbereich, wird das Bild wieder im Zustand vor dem Minimieren angezeigt.

Bei der Mac-Version hingegen verschwindet das Dokumentfenster rechts vom Trennstrich des Docks, wo es allerdings gleich in einer Miniaturvorschau ins Auge sticht. Klicken Sie auf das Icon im Dock, wird das Dokumentfenster wieder im Editor angezeigt. Aber auch hier funktioniert dass Wiederherstellen des Bildes über einen Doppelklick auf das minimierte Bild im Projektbereich.

Abbildung 3.16 ▶
Beim Mac stellen Sie das minimierte Bild über den Projektbereich oder über das Dock wieder her.

Dokumentfenster maximieren | Eine Alternative zum normalen oder minimierten Bildmodus ist der maximierte Bildmodus, den Sie über den kleinen Button rechts ❷ oben im Dokumentfenster einstellen. Das maximierte Bild ist hierbei in der Tat maximiert und füllt den kompletten Bildschirm aus. Das Dokumentfenster legt sich damit quasi auch über die Anwendung. Hierbei steht Ihnen somit die komplette Größe des Bildschirmes für die Bearbeitung zur Verfügung. Wiederherstellen können Sie das Dokumentfenster wieder, wenn Sie erneut auf die Schalfläche klicken. Alternativ maximieren Sie das Dokumentfenster oder stellen es wieder her, wenn Sie auf seiner Titelleiste doppelklicken. Wollen Sie die Größe des Dokumentfensters hingegen manuell verändern, verwenden Sie die Seitenränder oder das kleine Dreieck rechts unten horizontal oder vertikal. Der Cursor wird hierbei zu einem Doppelpfeil in der entsprechenden Richtung.

▲ **Abbildung 3.17**
Minimierte Bilder werden im Projektbereich abgelegt, wo sie auch wiederhergestellt werden können.

Dokumentfenster schließen | Um ein Fenster zu schließen, klicken Sie einfach auf das kleine x rechts oben ❸. Im Falle nicht gespeicherter Änderungen erhalten Sie einen Hinweis mit der Frage, ob Sie die Datei nicht vor dem Schließen noch speichern wollen: Wählen Sie JA, um Änderungen zu speichern, und NEIN, wenn Sie die Änderungen nicht speichern wollen. Wählen Sie ABBRECHEN, um die Datei weder zu schließen noch zu speichern, sondern zur Bearbeitung in Photoshop Elements zurückzukehren.

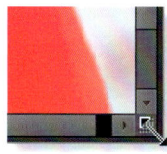

▲ **Abbildung 3.18**
Größe des Dokumentfensters manuell ändern

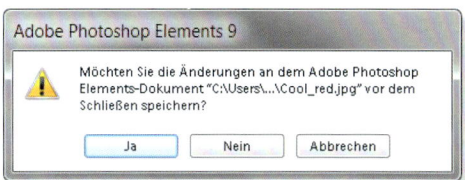

◄ **Abbildung 3.19**
Beim Schließen der Bilddatei wurden nicht gespeicherte Änderungen gefunden.

Dokumentfenster in Registerkarten zusammenlegen | Selbst wenn Sie die Einstellung mit dem schwebenden Dokumentfenster aktiviert haben, können Sie jederzeit die einzelnen Fenster wieder in Registerkarten gruppieren. Das Gruppieren und Wieder-Andocken von schwebenden Fenstern funktioniert im Grunde wie schon bei den Bedienfeldern, dem Projektbereich und der Werkzeugpalette.

Manuell gehen Sie hierbei wie folgt vor: Ziehen Sie das Dokumentfenster mit gedrückt gehaltener Maustaste auf der Titelleiste ❹ an den oberen Rand unterhalb der Optionsleiste, und lassen Sie das Fenster fallen. Anhand eines blauen Rahmens ❺ erkennen Sie den Bereich, wo das Dokumentfenster als Registerkarte gruppiert wird.

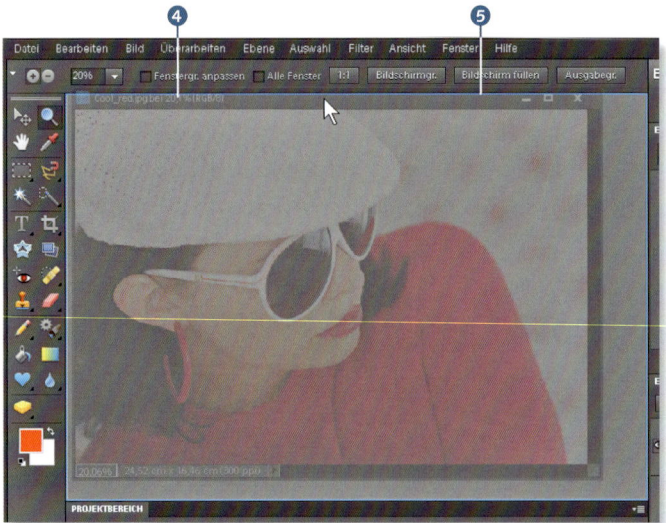

Abbildung 3.20 ▶
Das Dokumentfenster wird zu einer Registerkarte.

Weitere Fenster können Sie jetzt ebenfalls zur Registerkarte hinzufügen, indem Sie das entsprechende Dokumentfenster mit gedrückt gehaltener Maustaste an der Titelleiste auf der Registerkartenleiste ❻ fallen lassen.

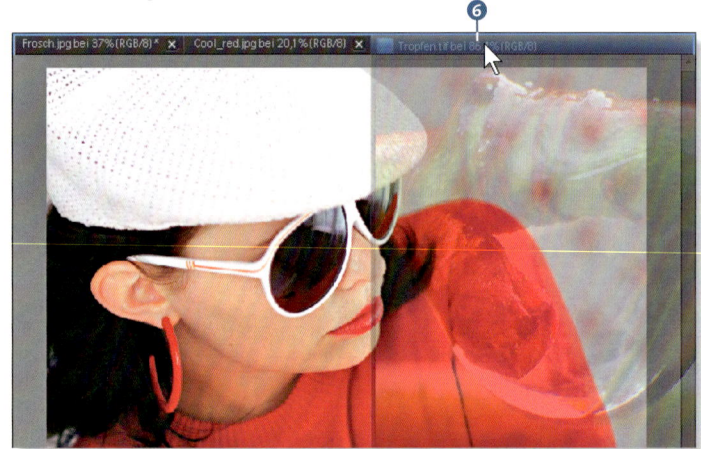

Abbildung 3.21 ▶
Mehrere Dokumentfenster wurden hier zu einer Registerkartengruppe zusammengelegt.

Wesentlich schneller als das manuelle Gruppieren von Registerkarten aus Dokumentfenster geht es mit der Funktion im Menü FENSTER • BILDER • ALLE IN REGISTERKARTEN ZUSAMMENLEGEN.

3.5.2 Geöffnete Dokumentfenster anordnen

Wenn Sie mehrere Bilder gleichzeitig geöffnet haben und die Darstellung der Bilder im Fenster steuern wollen, finden Sie im Menü FENSTER • BILDER einige Kommandos, deren Bedeutung in Tabelle 3.3 erläutert wird.

Bezeichnung	Bedeutung
NEBENEINANDER	Sind mehrere Bilder geöffnet, so werden sie neben- und untereinander angezeigt.
ÜBERLAPPEND	Wenn mehrere Bilder geöffnet sind, werden sie versetzt übereinandergestapelt angezeigt. Diese Funktion steht nicht zur Verfügung, wenn die Fenster in Registerkarten zusammengelegt sind.
SCHWEBENDES FENSTER	Ist das aktive Fenster in einer Gruppe von Registerkarten, wird es daraus herausgelöst (abgedockt) und steht als gewöhnliches frei schwebendes Fenster zur Verfügung.
NUR SCHWEBENDE FENSTER	Alle Fenster, die in einer Registerkartengruppe versammelt wurden, werden aufgelöst und stehen als gewöhnliche frei schwebende Fenster zur Verfügung.
ALLE IN REGISTERKARTEN ZUSAMMENLEGEN	Alle frei schwebenden Dokumentfenster (auch minimierte) werden in eine Gruppe von Registerkarten gruppiert.
NEUES FENSTER	Damit öffnen Sie dasselbe Bild nochmals in einem neuen Fenster. Beachten Sie, dass es sich dabei nicht um eine Kopie handelt. Jede Arbeit in einem der Fenster wirkt sich auch auf das andere aus. Sinnvoll ist diese Funktion, um die Arbeiten an einem Bild auf unterschiedlichen Zoomstufen zu überwachen.
GLEICHE ZOOMSTUFE	Alle geöffneten Bilder werden auf die gleiche Ansichtsgröße (Zoomstufe) gebracht.
GLEICHE POSITION	Alle Bilder mit gleicher Ansichtsgröße (nach Pixeln) werden mittig zentriert dargestellt.

◀ **Tabelle 3.3**
Funktionen unter FENSTER • BILDER und ihre Bedeutung

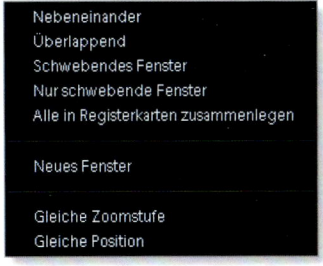

▲ **Abbildung 3.22**
Funktionen unter FENSTER • BILDER

3.5.3 Die Farbe der Arbeitsoberfläche ändern

Wenn Sie mit maximiertem Dokumentfenster arbeiten oder das Dokumentfenster größer als die eingestellte Ansicht des Bildes ist, ist die Arbeitsflächen-Farbe standardmäßig grau. Nicht immer aber eignet sich diese Hintergrundfarbe, um die Bilder beurteilen zu können. Bewährte Farben sind neben Grau auch Schwarz und Weiß. Bunte Farben eignen sich, wenn ein Bild mit einer bestimmten Hintergrundfarbe getestet werden soll. Über einen rechten Mausklick auf der Farbe der Arbeitsfläche öffnet sich ein Kontextmenü, in dem Sie die Arbeitsflächenfarbe festlegen können. Neben GRAU und SCHWARZ können Sie hierbei auch BENUTZERDEFINIERT auswählen. BENUTZERDEFINIERT ist hierbei immer die Farbe, die Sie zuletzt mit EIGENE FARBE AUSWÄHLEN über einen FARBWÄHLER gewählt haben.

Zum Weiterlesen
Mehr zum FARBWÄHLER, der auch zum Festlegen von Vordergrund- und Hintergrundfarbe verwendet wird, erfahren Sie in Abschnitt 14.1.2.

Das Gleiche funktioniert übrigens auch mit dem Füllwerkzeug und dem Farbfeld VORDERGRUNDFARBE EINSTELLEN ❷ in der Werkzeugpalette. Klicken Sie hierbei mit dem Füllwerkzeug und gehaltener ⇧-Taste irgendwo auf die Arbeitsfläche ❶, und die Arbeitsfläche hat dieselbe Farbe wie die eingestellte Vordergrundfarbe.

Abbildung 3.24 ▶
Die Arbeitsflächenfarbe wurde mithilfe des Füllwerkzeugs eingefärbt.

3.6 Bilder vergleichen

School_Door.jpg

Beim Bearbeiten von Bildern benötigt man häufig zwei verschiedene Ansichten eines Bildes. Möglich ist dies über das Menü ANSICHT • NEUES FENSTER FÜR [DOKUMENTENNAME]. Dieselbe Funktion erreichen Sie auch über das Menü FENSTER • BILDER • NEUES FENSTER. Beachten Sie aber, dass es sich hierbei nicht um zwei verschiedene Bilder handelt, sondern nur um zwei Ansichten desselben Bildes. Änderungen, die Sie in einem Fenster durchführen, werden somit auch im anderen Fenster angezeigt und durchgeführt.

Foto: Jürgen Wolf

Möchten Sie statt mit einem zweiten Dokumentfenster desselben Bildes lieber mit einer unabhängigen Kopie arbeiten, so können Sie ein Bild über das Menü DATEI • DUPLIZIEREN kopieren. Photoshop Elements fragt Sie dann zunächst nach einem Namen für das Duplikat und erzeugt anschließend ein neues Dokumentfenster mit einer exakten Kopie des aktuellen Zustands.

▲ Abbildung 3.25
Dasselbe Bild In zwei verschiedenen Dokumentfenstern für einen besseren Überblick

3.7 Informationen zum Bild – das Informationen-Bedienfeld

Das Informationen-Bedienfeld habe ich bereits in Abschnitt 1.6 unter »Bedienfeld über das Menü ›Fenster‹ aufrufen« kurz angesprochen. Ein- und ausblenden können Sie dieses Bedienfeld über das Menü FENSTER • INFORMATIONEN oder mit der Taste [F8]. Wie der Name schon vermuten lässt, zeigt das Bedienfeld eine Menge interessanter Informationen zur aktuellen Bilddatei an. Neben Koordinaten, Farbwerten und der Größe von Auswahlen lassen sich weitere Statusinformationen einblenden.

Ideale Ansicht
Um dasselbe Fenster in zwei verschiedenen Dokumentfenstern zu betrachten, aktivieren Sie entweder schwebende Dokumentfenster (siehe Abschnitt 3.5.1, »Schwebende Fenster im Editor verwenden«) oder wählen über die ANORDNEN-Schaltfläche (siehe Abbildung 3.14) eine entsprechende Ansicht aus.

◀ Abbildung 3.26
Was auf dem Informationen-Bedienfeld angezeigt wird, hängt ab vom jeweils aktiven Werkzeug, von der Position des Mauszeigers und von den anderen eingestellten Bedienfeldoptionen.

Optionen | Über das Menü ❸ erreichen Sie die Bedienfeld-optionen ❹ des Informationen-Bedienfeldes. Hier können Sie die verschiedenen Farbmodelle und Maßeinheiten festlegen, die angezeigt werden sollen.

Für die Farbwertanzeige des aktuellen Farbsystems bietet das Informationen-Bedienfeld die beiden Anzeigen Erste Farb-werteanzeige ❺ und Zweite Farbwertanzeige ❻. Hierbei werden jeweils das Farbsystem bzw. die Bildmodi Graustufen, RGB-Farbe, Webfarbe und HSB-Farbe angeboten. Das Farbsystem CMYK gibt es bei Photoshop Elements nicht; dieses Farbsystem bleibt dem großen Photoshop vorbehalten.

Des Weiteren können Sie bei den Bedienfeldoptionen unter Zeigerkoordinaten ❼ die Maßeinheit angeben, in der die Werte für eine Auswahl oder für den Koordinatenpunkt angezeigt werden sollen. Zur Verfügung stehen: Pixel, Zoll, Zentimeter, Millimeter, Punkt, Pica und Prozent.

Was darüber hinaus im unteren Teil des Informationen-Bedienfeldes angezeigt werden soll, bestimmen Sie bei den Sta-tusinformationen ❽. Es können dieselben Statusinformatio-nen angezeigt werden wie in der Statusleiste von Bildern (siehe Abschnitt 1.9, »Die Statusleiste«).

Farbsystem

Mehr zum Farbsystem sowie zu den Bildmodi und ihrer jewei-ligen Bedeutung in der Bildbear-beitung erfahren Sie in Kapitel 5, »Grundlagen der Bildbearbei-tung«.

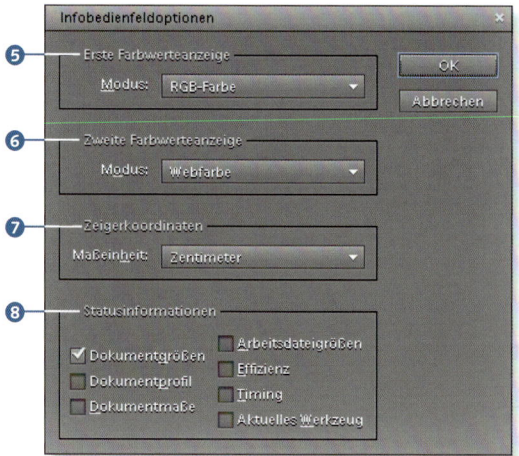

▲ Abbildung 3.27
Die Bedienfeldoptionen des Informationen-Bedienfeldes

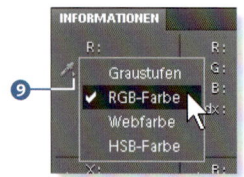

▲ Abbildung 3.28
Mit einem Klick auf das kleine Dreieck-Symbol lassen sich die Optionen ebenfalls ändern.

Einen schnelleren Zugriff auf einige Optionen des Informationen-Bedienfeldes erhalten Sie auf direktem Weg über die kleinen Dreieck-Schaltflächen ❾ auf dem Bedienfeld.

Wenn Sie mit dem Verlaufswerkzeug ▣ arbeiten, können Sie über das Informationen-Bedienfeld unter anderem den Winkel ❿ des Verlaufs kontrollieren.

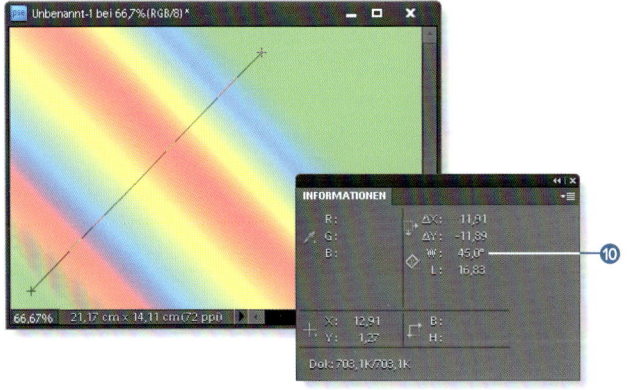

◀ **Abbildung 3.29**
Die Farbverläufe können mit dem Informationen-Bedienfeld winkelgenau durchgeführt werden.

3.8 Hilfsmittel zum Ausrichten und Messen

Gerade beim Ausrichten von Bildern, Ebenen und Text können Sie sich nicht allein auf Ihr Gefühl und Augenmaß verlassen. Für genaueres Ausrichten und Messen stehen einige Hilfsmittel zur Verfügung, die ich im Folgenden kurz vorstellen möchte.

HighwayNo1.jpg

3.8.1 Lineal

Das Lineal eignet sich hervorragend, um beim Platzieren von Elementen (wie beispielsweise Ebenen) auf dem Bild und bei den verschiedenen Zoomstufen den Überblick zu behalten. Um das Lineal am linken und oberen Bildrand anzuzeigen, nutzen Sie das Tastenkürzel ⌷Strg⌷/⌘+⌷⇧⌷+⌷R⌷ oder den Menüpunkt ANSICHT • LINEAL.

Wenn Sie nun mit dem Cursor über das Bild fahren, zeigen Ihnen kleine Linien ❶ und ❷ in den Linealen die aktuelle Position des Mauszeigers an.

▲ **Abbildung 3.30**
Die Mausposition wird angezeigt.

Foto: Jürgen Wolf

◀ **Abbildung 3.31**
Horizontales und vertikales Lineal

Abbildung 3.32 ▶
Einstellen der Maßeinheiten mit dem Lineal

Die Maßeinheit des Lineals können Sie jederzeit schnell und einfach über einen rechten Mausklick im Lineal ändern. Alternativ passen Sie die Maßeinheiten durch einen Doppelklick auf dem Lineal oder über das Menü BEARBEITEN • VOREINSTELLUNGEN • EINHEITEN & LINEALE (bzw. am Mac PHOTOSHOP ELEMENTS • VOREINSTELLUNGEN • EINHEITEN & LINEALE) an.

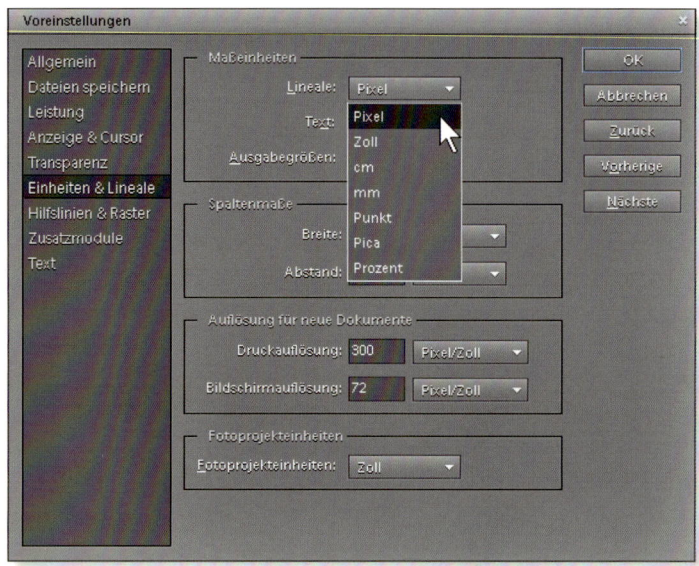

Wozu Ursprungspunkt ändern?
Den Ursprungspunkt des Lineals zu verändern ist sinnvoll, wenn Sie ein Bild möglichst exakt freistellen wollen.

Ursprungspunkt des Lineals ändern | Der Ursprungspunkt (auch Nullpunkt genannt) des Lineals befindet sich oben links. Sie verändern diesen Punkt, indem Sie ihn aus der linken oberen Ecke mit gedrückter Maustaste aus dem Schnittpunkt der Lineale ❶ herausziehen ❷.

Abbildung 3.33 ▶
Der Ursprungspunkt wird verändert.

Abbildung 3.34 ▶▶
Die neuen Ursprungspunkte wurden gesetzt.

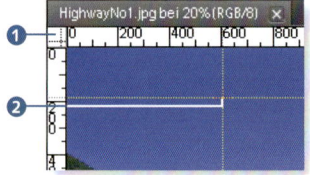
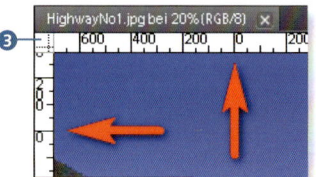

Um den Ursprungspunkt wieder zurückzusetzen, genügt ein Doppelklick auf den linken oberen Lineal-Schnittpunkt ❸.

3.8.2 Winkel und Strecken ermitteln

Uhr_und_Zahnrad.jpg

Leider gibt es in Photoshop Elements keine Linealwerkzeuge wie beim großen Bruder Photoshop. Müssen Sie dennoch Winkel oder Strecken messen, so können Sie ein wenig tricksen, indem

Sie das Informationen-Bedienfeld ([F8] (nur Windows) oder FENSTER • INFORMATIONEN) nutzen.

Verwenden Sie zum Messen von Winkeln und Strecken zum Beispiel das Verlaufswerkzeug  [G], und stellen Sie bei den Werkzeugoptionen die Deckkraft (DECKKR.) auf den niedrigsten Wert (1 %).

Wählen Sie eine Anfangsposition ❹ im Bild, und halten Sie die linke Maustaste gedrückt. Ziehen Sie nun mit gedrückter Maustaste den Cursor an den Punkt, von dem aus Sie den Winkel und/oder die Strecke ausmessen wollen (die Endposition ❺). Im Informationen-Bedienfeld werden sodann der aktuelle Winkel ❼ und die zurückgelegte Strecke ❻ angezeigt.

Anschließend müssen Sie den Vorgang des Verlaufswerkzeugs mit [Strg]/[⌘]+[Z] wieder rückgängig machen. Auch wenn Sie nichts erkennen können (da die Deckkraft auf nur 1 % stand), wurde das Werkzeug ausgeführt.

▲ **Abbildung 3.35**
Deckkraft einstellen

Gerade-ausrichten-Werkzeug
Alternativ messen Sie Winkel und Strecken mit dem Gerade-ausrichten-Werkzeug ausmessen und machen anschließend den Vorgang mit [Strg]/[⌘]+[Z] wieder rückgängig.

Foto: Marko Barnebeck

◀ **Abbildung 3.36**
Über das Verlaufswerkzeug wird der Winkel und/oder die Länge gemessen (hier wurde die Linie zur Verdeutlichung rot eingefärbt).

Der beschriebene Weg mag ein wenig umständlich erscheinen, ist aber die einzige Möglichkeit zum Messen von Winkeln und Strecken in Photoshop Elements. Vielleicht erbarmt sich ja Adobe eines Tages und spendiert auch dem kleinen Bruder vom großen Photoshop das Linealwerkzeug.

3.8.3   Raster verwenden und einstellen

Das Rastergitter aktivieren und deaktivieren Sie über ANSICHT • RASTER. Die im Menü eingeblendete Tastenkombination [Strg]+ ['] scheint ein Bug zu sein und kann natürlich nicht verwendet werden. Bestimmt wird dieser Fehler mit einem der nächsten Updates behoben. Das Raster brauchen Sie in der Regel nur

Informationen-Bedienfeld

Das Informationen-Bedienfeld wurde bereits in Abschnitt 3.7, »Informationen zum Bild – das Informationen-Bedienfeld«, beschrieben.

AugsburgRathaus.jpg

dann, wenn Sie bei der Bildbearbeitung eine Waagerechte und/oder Senkrechte im Bild benötigen und keine Hilfslinien erstellen wollen. Bei der Speicherung oder Ausgabe auf einem Drucker sind diese Raster selbstverständlich nicht zu sehen.

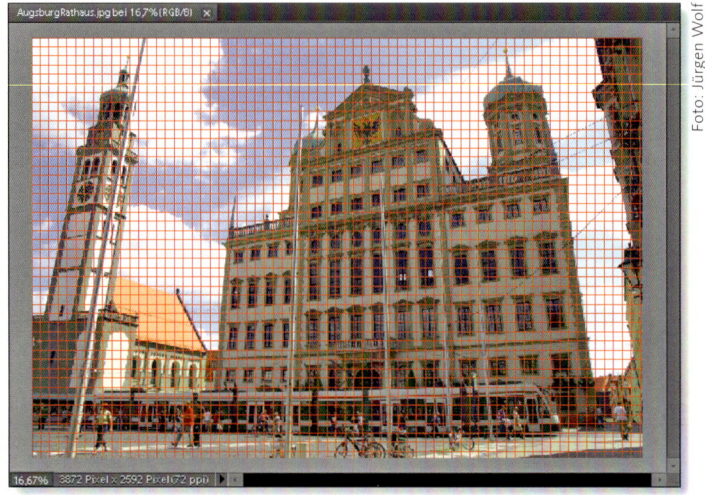

Foto: Jürgen Wolf

Abbildung 3.37 ▶
Das eingeblendete Raster hilft Ihnen bei Bildern, bei deren Bearbeitung Sie eine Senkrechte oder Waagerechte benötigen.

Maschenweite, Linienart und Farbe des Rastergitters passen Sie über BEARBEITEN/PHOTOSHOP ELEMENTS • VOREINSTELLUNGEN • HILFSLINIEN & RASTER an.

Abbildung 3.38 ▶
Hier stellen Sie FARBE und ART der Linien sowie den ABSTAND des Rastergitters ein.

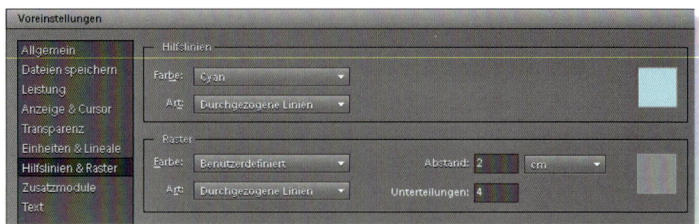

Ausrichten an Raster (de)aktivieren | Wenn im Menü ANSICHT • AUSRICHTEN AN ein Häkchen vor RASTER steht, sind die Rasterlinien leicht magnetisch. Das bedeutet, Bild- oder Textelemente, Auswahlen und Ebenenkanten bleiben am Rastergitter »kleben«. Sie (de)aktivieren dies eben über das Menü ANSICHT • AUSRICHTEN AN • RASTER. Unter Windows können Sie bei aktivem Ausrichten am Raster auch die [Strg]-Taste vorübergehend gedrückt halten, während Sie ein Bild- oder Textelement verschieben; dann ist der »magnetische« Effekt ebenfalls vorübergehend abgeschaltet.

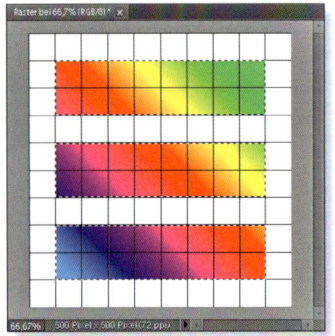

▲ Abbildung 3.39
Dank »magnetischem« Raster ist es ein Kinderspiel, solch exakte Auswahlen oder Muster zu erstellen.

3.8.4 Exaktes Ausrichten mit Hilfslinien
Hilfslinien können Sie selbst beliebig im Bild positionieren. Sie eignen sich hervorragend als Ausrichtungshilfe für Bild- und

Textelemente. Bei der Ausgabe des Bildes wie beispielsweise beim Drucken oder Abspeichern bleiben diese Linien unsichtbar.

 Hilfslinien.psd

◄ **Abbildung 3.40**
Der Text, oder hier die Textebene, wurde mithilfe von magnetischen Hilfslinien im Bild positioniert.

Hilfslinien manuell erstellen | Am einfachsten und schnellsten erstellen Sie eine Hilfslinie über das Lineal. Voraussetzung ist also, dass Sie die Lineale über ANSICHT • LINEALE oder `Strg`/ `⌘`+`⇧`+`R` eingeschaltet haben. Jetzt ziehen Sie mit gedrückt gehaltener Maustaste direkt auf dem horizontalen oder vertikalen Lineal eine Hilfslinie auf das Bild ziehen und lassen diese an der gewünschten Position fallen.

Sie können auch aus dem horizontalen Lineal eine vertikale und aus dem vertikalen Lineal eine horizontale Hilfslinie herausziehen, indem Sie `Alt` gedrückt halten, während Sie ein Hilfslinie aus dem Lineal herausziehen.

Farbe der Hilfslinien ändern

Standardmäßig ist CYAN als Farbe für die Hilfslinien eingestellt. Ändern können Sie diese Farbe über BEARBEITEN/PHOTOSHOP ELEMENTS • VOREINSTELLUNGEN • HILFSLINIEN & RASTER (siehe Abbildung 3.38). Selbiges erreichen Sie auch, wenn Sie eine Hilfslinie doppelt anklicken.

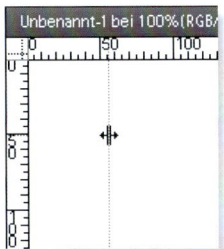

▲ **Abbildung 3.41**
Hier wird gerade eine vertikale Hilfslinie erstellt.

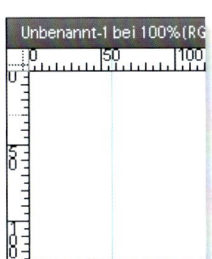

▲ **Abbildung 3.42**
Die fertige vertikale Hilfslinie

Hilfslinien exakt einrasten

Standardmäßig bleiben Hilfslinien exakt an der Position stehen, wo Sie sie »fallen gelassen« haben. Beim Ausrichten von Elementen ist dies nicht immer optimal. Alternativ können Sie daher die Hilfslinien an den Linealaufteilungen einrasten lassen, indem Sie während des Ziehens der Hilfslinien die `⇧`-Taste gedrückt halten.

Hilfslinien exakt positionieren | Um eine Hilfslinie exakt pixelgenau zu positionieren, können Sie das Informationen-Bedienfeld über FENSTER • INFORMATIONEN verwenden, solange Sie die

Maustaste gedrückt halten. Die vertikale und horizontale Position der Hilfslinie lesen Sie an den Werten X bzw. Y ❶ des Informationen-Bedienfeldes ab.

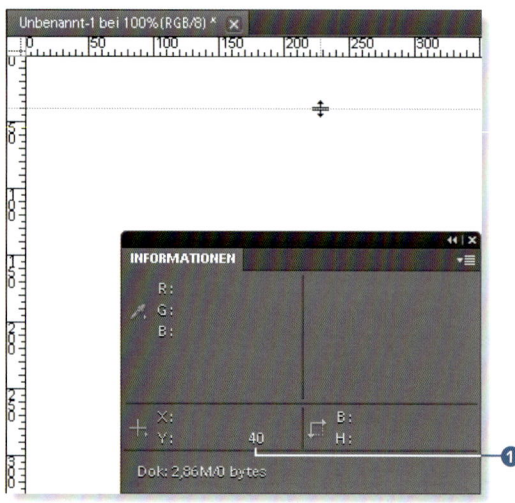

Eine weitere Möglichkeit, Hilfslinien exakt zu positionieren, ist der Dialog NEUE HILFSLINIE, den Sie über ANSICHT • NEUE HILFS-LINIE aufrufen und in dem Sie die AUSRICHTUNG ❷ und POSITION ❸ pixelgenau eingeben können.

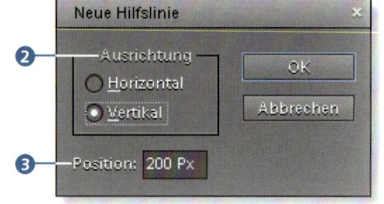

▲ **Abbildung 3.44**
Ebenfalls sehr gut für eine exakte Ausrichtung der Hilfslinien geeignet: der Dialog NEUE HILFSLINIE

Ausrichtung umkehren

Wollen Sie die Ausrichtung einer bereits vorhandenen Hilfslinie ändern, müssen Sie nur während des Verschiebens die [Alt]-Taste drücken und die Maustaste loslassen. Aus einer vertikalen wird auf diese Weise eine horizontale Hilfslinie und umgekehrt.

Hilfslinien ein- und ausblenden | Ein- und ausblenden können Sie die Hilfslinien jederzeit über das Menü ANSICHT • HILFSLINIEN. Die im Menü angegebene Tastenkombination [Strg]/[⌘]+[L] ist wohl ein Bug, weil diese Tastenkombination die Tonwertkorrektur aufruft. Hoffentlich ist dieser Fehler mit einem der nächsten Updates behoben.

Hilfslinien verschieben | Einmal erstellte Hilfslinien können Sie jederzeit nachträglich verschieben. Mit dem Verschieben-Werkzeug ⊕ (Tastenkürzel: [V]) können Sie ohne Probleme eine Hilfslinie anfassen und mit gedrückt gehaltener Maustaste bewegen.

Ist das Verschieben-Werkzeug hingegen nicht aktiv, müssen Sie nicht extra zu diesem Werkzeug wechseln. Es reicht völlig aus, wenn Sie die [Strg]/[⌘]-Taste gedrückt halten. Dadurch wird das Verschieben-Werkzeug kurzzeitig aktiv, und Sie können die Hilfslinien wie gewohnt mit gedrückt gehaltener Maustaste verschieben.

Hilfslinien sperren | Um ein unbeabsichtigtes Verschieben von Hilfslinien zu vermeiden, können Sie diese über das Menü

Ansicht • Hilfslinien sperren (oder die Tastenkombination
⌈Strg⌉/⌈⌘⌉+⌈Alt⌉+⌈J⌉) fixieren und wieder freigeben.

Hilfslinien löschen | Einzelne Hilfslinien löschen Sie, indem Sie
sie einfach aus dem Dokumentfenster herausziehen. Alle Hilfslinien in einem Dokumentfenster hingegen entfernen Sie über das
Menü Ansicht • Hilfslinien löschen.

Ausrichten an Hilfslinien (de)aktivieren | Wie auch Raster kön-
nen Hilfslinien magnetisch sein, wodurch beispielsweise Bild-
oder Textelemente, Auswahlen und Ebenenkanten an den Hilfslinien kleben bleiben. Sie (de)aktivieren das Ausrichten über das
Menü Ansicht • Ausrichten an • Hilfslinien. Alternativ halten
Sie bei aktiven Ausrichten an den Hilfslinien die ⌈Strg⌉-Taste vorübergehend gedrückt, während Sie ein Bild- oder Textelement
verschieben; dann ist der »magnetische« Effekt ebenfalls vorü-
bergehen abgeschaltet. Am Mac gibt es leider kein Tastenkürzel
für diese Funktion.

Hilfslinien im Bild speichern
Zwar können Sie die Hilfslinien
selbst nie im Bild abspeichern,
aber wenn Sie die Position der
Hilfslinien sichern wollen, um beispielsweise zu einem anderen
Zeitpunkt an dem Bild weiterzuarbeiten, sollten Sie das Bild im
Adobe-eigenen PSD-Format
sichern.

4 Arbeitsschritte rückgängig machen

Sie glauben, Fotografen und Photoshop-Profis (oder der Autor) öffnen »schnell mal« ein Bild in Photoshop Elements, korrigieren und bearbeiten es und sind dann gleich fertig? Eher nicht. In der digitalen Bildbearbeitung gibt es keine Patentrezepte zur perfekten Nachbearbeitung eines Bildes, folglich wird sehr viel experimentiert und ausprobiert. Nicht immer sehen die Ergebnisse auf Anhieb gut aus, weshalb das Rückgängigmachen von Arbeitsschritten wohl das am häufigsten eingesetzte Kommando ist.

4.1 Rückgängig per Tastatur und Menü

In den meisten Fällen werden Sie zum schnellen Rückgängigmachen von Arbeitsschritten mit den Tastatur- und Menübefehlen auskommen. Um den zuletzt durchgeführten Arbeitsschritt rückgängig zu machen, nutzen Sie entweder die Tastenkombination [Strg]/[⌘]+[Z] oder den Menüpunkt BEARBEITEN • RÜCKGÄNGIG.

Beachten Sie allerdings, dass nach dem Schließen eines Bildes keine Möglichkeit mehr besteht, zuvor vorgenommene Arbeitsschritte rückgängig zu machen. Anders verhält es sich, wenn Sie eine Bilddatei gespeichert haben, ohne sie zu schließen. Hier steht das Rückgängigmachen nach wie vor zur Verfügung.

Schritte wiederherstellen | Möchten Sie den zuletzt rückgängig gemachten Schritt wiederherstellen oder wiederholen, verwenden Sie [Strg]/[⌘]+[Y] oder BEARBEITEN • WIEDERHOLEN.

> **Was ist ein »Arbeitsschritt«?**
>
> Wenn Sie ein Kommando ausführen oder ein Werkzeug verwenden, so gilt jeder dieser Vorgänge als Arbeitsschritt. Malen Sie zum Beispiel mit dem Pinsel eine Linie auf das Bild, so ist dies ein Arbeitsschritt. Beachten Sie, dass ein Absetzen während des Zeichnens den Arbeitsschritt beendet. Wenn Sie nach dem Absetzen erneut den Pinsel zum Zeichnen verwenden, so ist dies schon ein zweiter Arbeitsschritt. Um also beide Pinselstriche wieder zu entfernen, müssen Sie den Arbeitsschritt zweimal rückgängig machen. Wollen Sie mehr als einen Arbeitsschritt rückgängig machen, sollten Sie das Rückgängig-Protokoll verwenden (siehe Abschnitt 4.2, »Das Rückgängig-Protokoll verwenden«).

◄ **Abbildung 4.1**
Die Befehle zum Rückgängigmachen ❶ und Wiederholen ❷ von Arbeitsschritten finden Sie auch am oberen Rand des Editorfensters als Schaltflächen.

Die Tastenkombination [Strg]/[⌘]+[⇧]+[A] zum Wiederherstellen der zuletzt gespeicherten Bildversion wurde neu in Photoshop Elements 9 eingeführt.

Zuletzt gespeicherte Version | Um zur zuletzt gespeicherten Version eines Bildes zurückzukehren, wählen Sie den Menüpunkt BEARBEITEN • ZURÜCK ZUR LETZTEN VERSION oder benutzen die Tastenkombination [Strg]/[⌘]+[⇧]+[A]. Dieser Arbeitsschritt wird ebenfalls dem Rückgängig-Protokoll hinzugefügt, sodass Sie auch diesen Befehl jederzeit wieder rückgängig machen können.

Maximale Anzahl | Die Anzahl der Arbeitsschritte, die Sie bei Photoshop Elements rückgängig machen können, passen Sie über das Menü BEARBEITEN/PHOTOSHOP ELEMENTS • VOREINSTELLUNGEN • LEISTUNG über die PROTOKOLLOBJEKTE ❶ an. Standardmäßig sind hier fünfzig Schritte vorgegeben; Arbeitsschritte, die weiter zurückliegen, werden aus dem Speicher gelöscht und können nicht mehr rückgängig gemacht werden. Dieser Wert lässt sich aber auch bis auf 1.000 Schritte erhöhen. Änderungen des Wertes sind allerdings erst nach einem Neustart von Photoshop Elements 9 gültig. Beachten Sie jedoch, dass ein sehr hoher Wert zu Lasten des Arbeitsspeichers geht.

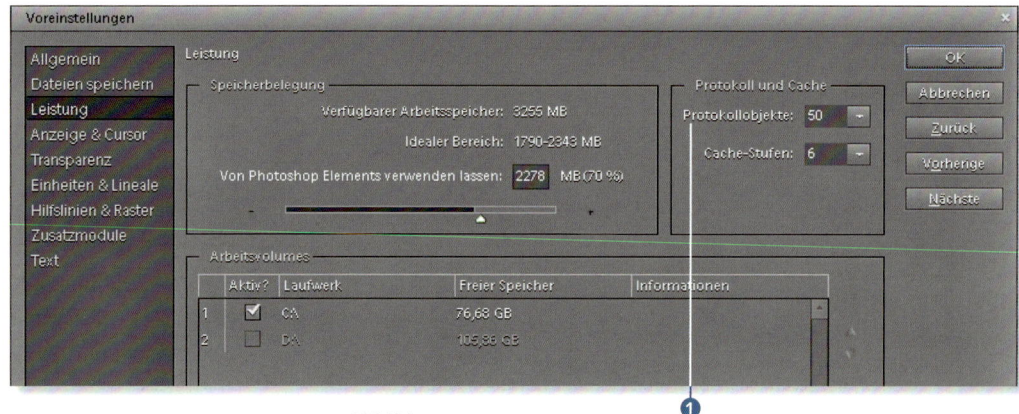

▲ **Abbildung 4.2**
Mit PROTOKOLLOBJEKTE ❶ stellen Sie ein, wie viele Schritte rückgängig gemacht werden können.

4.2 Das Rückgängig-Protokoll verwenden

Eine etwas übersichtlichere Aufzeichnung der durchgeführten Arbeitsschritte finden Sie mit dem Bedienfeld RÜCKGÄNGIG-PROTOKOLL. Sie rufen es mit dem Befehl FENSTER • RÜCKGÄNGIG-PROTOKOLL auf. Der Vorteil gegenüber den Menü- und Tastaturbefehlen liegt ganz klar im besseren Bedienkomfort. Sie können hiermit nämlich zu einem gewünschten Arbeitsschritt zurückgehen und dabei andere Arbeitsschritte einfach überspringen.

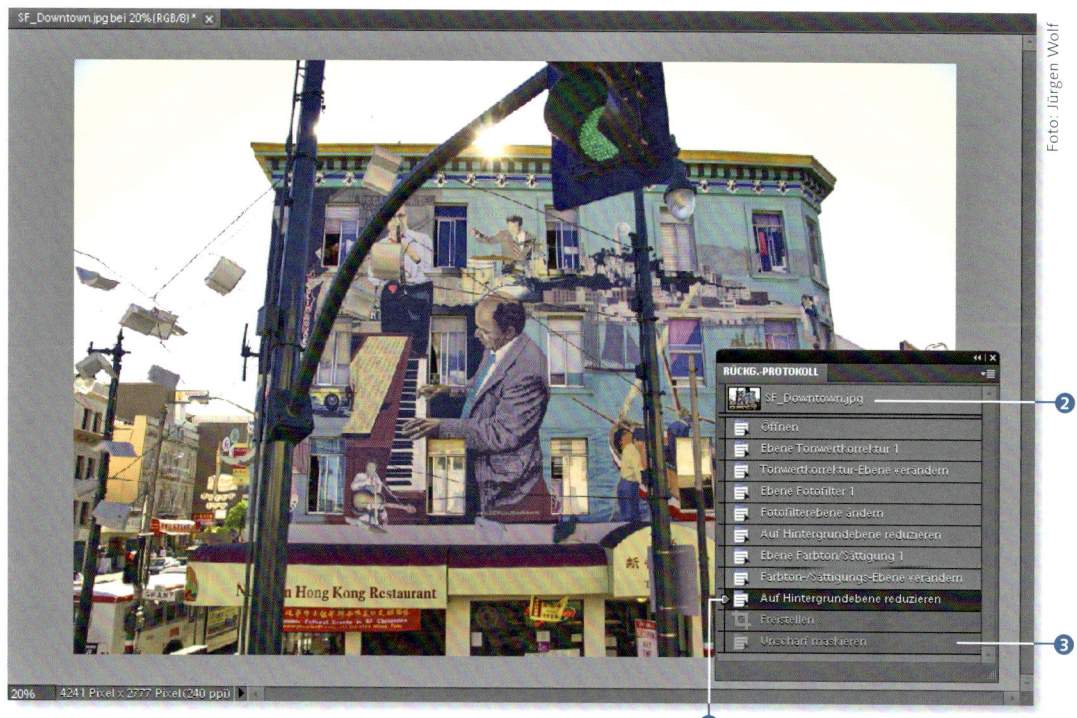

Foto: Jürgen Wolf

Ganz oben im Rückgängig-Protokoll-Bedienfeld sehen Sie das Bild und den Namen der Datei ❷ (hier »SF_Downtown.jpg«), auf die sich das Protokoll bezieht. Der zuletzt ausgeführte Arbeitsschritt steht immer ganz unten ❸ und der früheste Arbeitsschritt an erster Stelle.

▲ **Abbildung 4.3**
Das Rückgängig-Protokoll listet die an einem Bild vorgenommenen Arbeitsschritte auf.

Zu einem früheren Bildzustand zurückkehren | Um zu einem früheren Bildstatus zurückzukehren, klicken Sie einfach auf den Namen des Bildstatus, den Sie wiederherstellen wollen. Alternativ schieben Sie den kleinen Regler ❹ auf der linken Seite am Bedienfeld nach oben oder unten.

Das Rückgängig-Protokoll leeren | Wenn der Arbeitsspeicher knapp wird und die Befehle immer länger für die Ausführung benötigen, können Sie das Rückgängig-Protokoll auch leeren. Hierzu steht Ihnen der Befehl BEARBEITEN • ENTLEEREN • RÜCK-GÄNGIG-PROTOKOLL zur Verfügung.

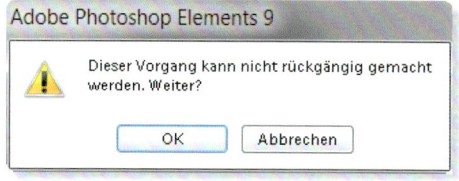

◄ **Abbildung 4.4**
Das Löschen des Rückgängig-Protokolls kann nicht mehr rückgängig gemacht werden.

Dasselbe erreichen Sie über das erweiterte Bedienfeldmenü des Rückgängig-Protokolls mit dem Befehl PROTOKOLL DER RÜCKGÄNGIG GEMACHTEN AKTIONEN LÖSCHEN oder mit einem Rechtsklick auf einen Arbeitsschritt.

Wollen Sie hingegen nur alle Arbeitsschritte ab einem bestimmten Schritt entfernen, so wählen Sie zuerst den entsprechenden Arbeitsschritt und führen dann über das Bedienfeldmenü oder einen Rechtsklick auf den Schritt im Protokoll den Befehl LÖSCHEN aus. Der aktuelle Arbeitsschritt und alle folgenden werden dann gelöscht.

Einstellungen bei Dialogboxen rückgängig machen (nur Windows) | Auch bei den Einstellungen in Dialogboxen, die Sie in diesem Buch noch häufig verwenden werden, können Sie meistens mit Strg+Z den letzten Schritt zurücknehmen. Allerdings gilt dies nur, solange die Dialogbox noch geöffnet ist, und betrifft auch nur die letzte Änderung.

Dialogboxen zurücksetzen | Wenn Sie hingegen in einem Dialog die Alt-Taste drücken, so wird die Schaltfläche ABBRECHEN ❶ zur Beendigung des Dialogs in eine ZURÜCK-Schaltfläche verwandelt. Klicken Sie nun bei gedrückter Alt-Taste auf die Schaltfläche ZURÜCK ❷, so werden alle Einstellungen des Dialogs wieder in den Urzustand versetzt. Dadurch ersparen Sie sich ein Neustarten des Dialogs.

Abbildung 4.5 ▶
Einen Dialog verlassen Sie in der Regel mit dem Button ABBRECHEN.

Abbildung 4.6 ▶
Durch Drücken der Alt-Taste wird aus der Schaltfläche ABBRECHEN ein ZURÜCK(setzen)-Button.

5 Grundlagen der Bildbearbeitung

Die Grundlagen der Bildbearbeitung sind nicht nur für Einsteiger, sondern auch für die etwas fortgeschritteneren Leser von Interesse. Sie bilden die Voraussetzung für eine professionelle und erfolgreiche Arbeit mit Photoshop Elements. Zur Belohnung für diesen eher theoretischen Buchteil dürfen Sie im nächsten Kapitel mit der Schnellkorrektur Ihrer Bilder anfangen.

Hinweis
Sie können dieses Kapitel auch immer wieder zum Nachschlagen nutzen, wenn Ihnen Begriffe unklar sind oder Sie das Gefühl haben, dass Ihnen wichtige Hintergründe fehlen. Hier werden Sie auf jeden Fall fündig.

5.1 Pixel- und Vektorgrafiken

Bei der Darstellung von Bildinformationen unterscheidet man grundsätzlich zwischen zwei Konzepten: den Pixelgrafiken und den Vektorgrafiken.

5.1.1 Pixelgrafik – Punkt für Punkt

Die Pixelgrafik ist zugleich das Konzept, das Sie zur digitalen Bildbearbeitung mit Photoshop Elements verwenden. Die Pixelgrafik wird häufig auch als »Rastergrafik«, »Bitmap« oder »Pixmap« bezeichnet. Bei der Pixelgrafik werden die Bildinformationen in einzelne quadratische Bildpunkte mit einer Farbfläche aufgeteilt. Je näher Sie in ein Pixelbild hineinzoomen, desto besser können Sie die einzelnen Pixel erkennen.

Scanner und Kamera

Alle Bilder, die mit einer Digitalkamera aufgenommen oder mit einem Scanner eingescannt wurden, sind automatisch Pixelbilder.

◄ **Abbildung 5.1**
Der Bildausschnitt rechts oben zeigt eine starke Vergrößerung des Auges. Dabei werden die einzelnen Pixel des Bildes sichtbar.

Foto: Jürgen Wolf

5.1.2   Vektorgrafik – die mathematische Grafik

Vektorgrafiken verwenden im Gegensatz zu Pixelgrafiken keine Pixelraster, sondern das Bild wird mit mathematischen Funktionen beschrieben. Um einen Kreis zu zeichnen, benötigen Sie beispielsweise einen Mittelpunkt, einen Radius, die Linienstärke und gegebenenfalls eine Farbe. Der Vorteil hierbei ist, dass sich eine solche Grafik fast beliebig skalieren lässt ohne erkennbaren Qualitätsverlust. Außerdem sind Vektorgrafiken sehr sparsam im Speicherverbrauch.

Abbildung 5.2 ▶
Eine durch Kurven definierte Vektorgrafik

Allerdings sind Vektorgrafiken eher für die Darstellung von geometrischen Primitiven geeignet (Diagramme, Logos etc.). Auf fotorealistische Darstellungen und feine Farbabstufungen müssen Sie bei Vektorgrafiken verzichten.

Vektor
Pixel

Abbildung 5.3 ▶
Beide Texte wurden größer skaliert. Beim Text »Vektor« handelt es sich um eine Vektorgrafik, beim Text »Pixel« um eine Pixelgrafik.

Auch mit Photoshop Elements können Sie Vektorgrafiken (zum Beispiel mit der Endung »*.EPS«) öffnen, bearbeiten und wieder abspeichern. Allerdings funktioniert dies nur mit Einschränkungen. Die Vektorgrafiken, die Sie mit Photoshop Elements öffnen, werden zuvor **gerastert**. Das bedeutet: Aus der Vektorgrafik wird eine Bitmap. Das Gleiche gilt auch für das Abspeichern von Bilddateien als Vektorgrafik. Zwar lässt sich die Datei als Vektorgrafik abspeichern, wenn Sie diese Grafik dann aber in einem Vektorprogramm öffnen, lässt sich die Vektorgrafik nicht mehr beliebig skalieren, ohne dass sie »verpixelt« wird.

5.2   Bildgröße und Auflösung

Digitale Bilder aus der Kamera oder dem Scanner bestehen aus vielen farbigen Quadraten (bzw. Bildpunkten), den sogenannten Pixeln. Die Menge dieser Pixel bestimmt auch die Auflösung Ihrer Bilder. Dabei müssen Sie zwischen absoluter und relativer Auflösung unterscheiden.

5.2.1   Absolute Auflösung

Die absolute Auflösung kann entweder mit der Gesamtzahl der Pixel oder der Anzahl von Pixeln pro Spalte (vertikal) und Zeile (horizontal) angegeben werden. In der Werbung heben die Hersteller von Digitalkameras meistens die **Gesamtzahl** der Pixel hervor. Die Angabe der absoluten Auflösung über die **Anzahl der vertikalen und horizontalen Pixel** ist eher bei Grafikkarten oder Bildschirmen gängig.

Wenn eine Digitalkamera Bilder mit zwölf Megapixeln aufnehmen kann, lässt sich aber immer noch nicht sagen, wie viele vertikale und horizontale Pixel das Bild enthält. Der Wert hängt vom Auflösungsformat des Kameraherstellers ab. So macht die eine Kamera Aufnahmen in 3:2-Auflösung und eine andere Kamera in 4:3-Auflösung. In diesem Beispiel (bei zwölf Megapixeln) ergibt sich bei einer 3:2-Auflösung eine absolute Auflösung von 4.256 × 2.848 Pixeln und bei der 4:3-Auflösung eine absolute Auflösung von 4.048 × 3.040 Pixeln.

5.2.2   Relative Auflösung

Die relative Auflösung beschreibt die tatsächliche Dichte der Pixel eines Bildes. Damit ist die Anzahl der Pixel für eine bestimmte Längeneinheit (hier Inch/Zoll) gemeint. Bezeichnet wird diese Auflösung mit ppi (Pixel per Inch) oder dpi (Dots per Inch).

Die Angabe ppi wird gewöhnlich als Auflösung von Bilddateien verwendet. Die Einheit dpi bezeichnet die Auflösung von Ein- und Ausgabegeräten wie Scannern, Monitoren, digitalen Kameras oder Druckern. Allerdings werden heutzutage die beiden Begriffe (ppi und dpi) nicht mehr so sorgfältig unterschieden; der Begriff dpi wird in der Regel für beides verwendet.

Auflösung in Photoshop Elements | Wenn Sie ein Bild öffnen, können Sie die relative Auflösung über das Menü BILD • SKALIEREN • BILDGRÖSSE oder Strg/⌘+Alt+I in dem sich öffnenden Dialog anzeigen lassen und gegebenenfalls auch ändern.

Die Angaben für die absolute Auflösung werden im Rahmen PIXELMASSE ❶ angezeigt. Die Werte für die relative Auflösung

---

Wie viel Pixel verwenden?

Viele Digitalkameras bieten die Möglichkeit, festzulegen, mit welcher Auflösung die Bilder aufgenommen werden sollen. Wenn Sie die Bilder nachträglich bearbeiten wollen, sollten Sie immer die höchstmögliche Auflösung verwenden.

Inch oder Zoll?

Inch ist der englische Begriff für die internationale Einheit Zoll. Ein Zoll misst exakt 25,4 mm (= 2,54 cm).

---

lpi bzw. lpcm

Manchmal finden Sie noch den Begriff lpi (Lines per Inch) oder lpcm (Lines per Centimeter). Diese Maßeinheit findet vorwiegend Anwendung beim professionellen Druck.

finden Sie im Bereich DOKUMENTGRÖSSE ❷. Von Interesse ist hier der Wert AUFLÖSUNG ❸.

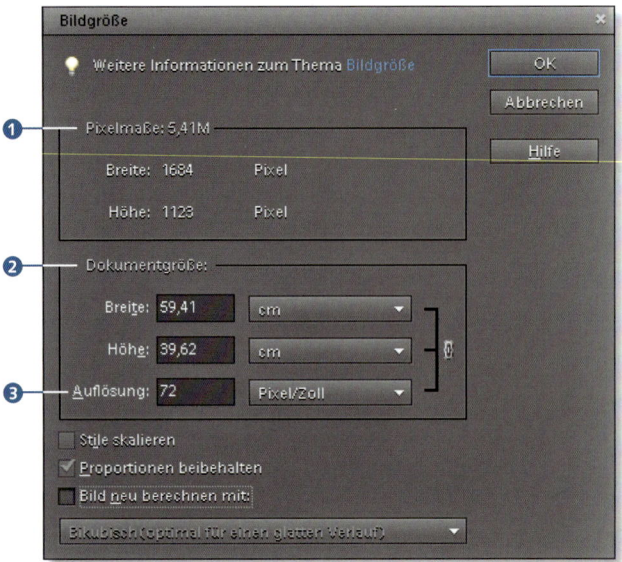

Das in Abbildung 5.4 untersuchte Bild hat also eine (relative) Auflösung von 72 ppi (Pixel pro Zoll). Das heißt, auf einer Strecke von 2,54 cm sind 72 Pixel untergebracht. Diese Auflösung ist typisch für Bilder, die nur auf dem Monitor betrachtet werden müssen. Für den Druck wäre diese Auflösung zu gering.

Auflösung für den Druck | Beim Druck ist die Auflösung besonders wichtig. Je mehr Pixel pro Inch/Zoll vorhanden sind, desto feiner und höher aufgelöst sind die einzelnen Bildpunkte beim Druck, und desto größer können Sie Ihre Bilder in hoher Qualität ausdrucken.

Wichtig sind hierbei auch die Werte für die Pixelmaße (Höhe und Breite). Um ein Bild mit einer hohen Auflösung zu drucken, muss auch die Pixelanzahl des Bildes groß genug sein. Zwar können Sie auch ein Bild mit 300 × 200 Pixeln in sehr hoher Auflösung drucken, dann aber nur in Briefmarkengröße. Ein Bild muss also für den Druck nicht nur über eine hohe Auflösung verfügen, sondern auch über eine entsprechend hohe Anzahl von Pixeln in Höhe und Breite.

Bei den drei folgenden Fotos wurde dasselbe Bild mit den Pixelmaßen 1.684 × 1.123 verwendet, lediglich die Auflösung des Bildes wurde jeweils verändert. Damit Sie das im Buch besser erkennen können, habe ich die Größe des Dokumentfensters immer gleich gelassen.

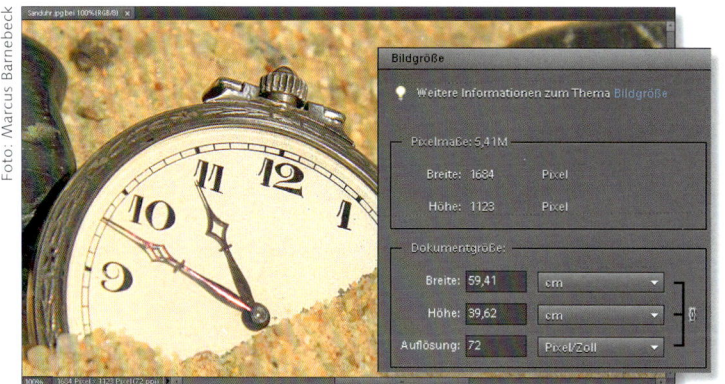

Foto: Marcus Barnebeck

◀ **Abbildung 5.5**
In dieser Abbildung hat das Bild eine Auflösung von 72 ppi. Das Bild ist in der Ansicht der Druckerauflösung so groß, dass nur ein Ausschnitt dargestellt werden kann.

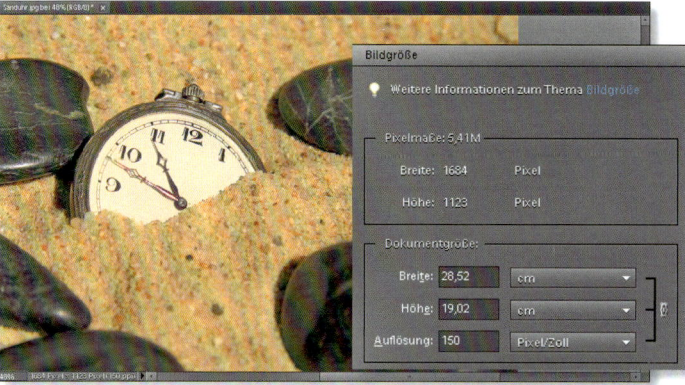

◀ **Abbildung 5.6**
Hier sehen Sie dasselbe Bild, diesmal mit den Dokumentenmaßen 28,52 × 19,02 cm. Die Auflösung wurde auf 150 ppi erhöht.

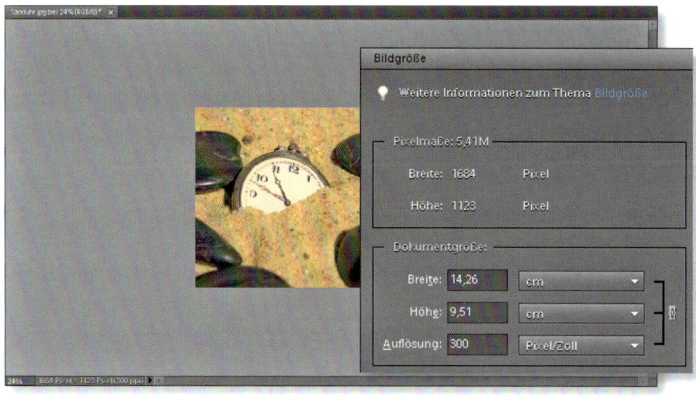

◀ **Abbildung 5.7**
Dieses Bild wurde an die für den Druck typische Auflösung von 300 ppi angepasst. Das Pixelmaß liegt allerdings nach wie vor bei 1.684 × 1.128 Pixel.

Wollen Sie ein Bild für den Druck vorbereiten, so sollten Sie die **Auflösung auf 300 ppi** (Pixel pro Inch/Zoll) einstellen. Dies mag Ihnen zunächst etwas unlogisch vorkommen. Warum sollten Sie, wenn Sie mit 72 ppi ein Bild riesig ausdrucken können, ein Bild verkleinern, indem Sie es auf 300 ppi setzen?

Der Grund für dieses Vorgehen liegt im Druckverfahren des Vierfarbdrucks, das im professionellen Druck eingesetzt wird. Hierbei können nur die Farben Cyan, Magenta, Gelb und

Vierfarbdruck

Mehr zum Thema Vierfarbdruck (CMYK) erfahren Sie in Abschnitt 5.3.1, »Farbmodelle«.

Schwarz verwendet werden. Mit diesen vier Farben muss das gesamte Farbspektrum abgebildet werden. Während zum Beispiel ein Monitor jede Farbe in diesem sichtbaren Farbspektrum annehmen kann, müssen beim Vierfarbdruck Farb- und Helligkeitsabstufungen simuliert werden. Für diese Simulation werden Fotos in Rasterpunkte zerlegt. Da es bei der Erstellung der Rasterpunkte zu Informationsverlusten kommt, erfordert dieses Druckverfahren mehr Informationen, die in Form einer Erhöhung der Auflösung auf 300 ppi erreicht werden.

Auflösung für den Tintenstrahldrucker | Bein Drucken mit einem Tintenstrahldrucker sind die Punkte jeweils gleich groß, und es gibt kein feststehendes Rastergitter wie bei Druckermaschinen. Bei dieser Technik können mit einem Drucker die Bilder mit einer niedrigeren Auflösung sehr detailliert ausgedruckt werden, sodass für Tintenstrahldrucker eine **Auflösung von 150 ppi** ausreichen sollte.

200 ppi für den Fotodruck?
Immer seltener werden 200 ppi für den Fotodruck verwendet.

Auflösung für den Fotodruck | Auch für den Fotodruck bei vielen Bilderdiensten wird häufig eine **Auflösung von 300 ppi** empfohlen. Die folgende Tabelle gibt Ihnen einen Überblick über die Pixelmaße (Höhe und Breite) für die verschiedenen Formate (3:4; 2:3), die Sie mindestens benötigen, um beim Fotodruck eine sehr gute Qualität zu erzielen.

Tabelle 5.1 ▶
Größe des Abzugs, erforderliche Dateigröße und Kameraauflösung für 3:4-Formate

Größe des Abzugs beim 3:4-Format (cm)	Erforderliches Pixelmaß (Pixel)	Kameraauflösung (Megapixel)
10 × 13	1.181 × 1.535	0,76
13 × 17	1.535 × 2.008	1,29
20 × 27	2.362 × 3.189	3,15
30 × 40	3.543 × 4.724	7,01

Tabelle 5.2 ▶
Größe des Abzugs, erforderliche Dateigröße und Kameraauflösung für 2:3-Formate

Größe des Abzugs beim 2:3-Format (cm)	Erforderliches Pixelmaß (Pixel)	Kameraauflösung (Megapixel)
9 × 13	1.063 × 1.535	0,68
10 × 15	1.181 × 1.772	0,88
13 × 18	1.535 × 2.126	1,37
20 × 30	2.362 × 3.543	3,50
30 × 45	3.543 × 5315	7,88
40 × 60	4.724 × 7.087	14,01

Eine Ausbelichtung von 300 dpi stellt natürlich bei den Anbietern häufig das Maximum dar. Mittlerweile bieten auch viele Anbieter eine Ausbelichtung von 250, 200 und/oder 150 dpi an. Das variiert von Anbieter zu Anbieter. Bei einer niedrigeren Ausbelichtung sind natürlich die Pixelzahlen auch geringer. Um wirklich sicherzugehen, sollten Sie sich ohnehin vorher beim Anbieter informieren.

Auflösung für den Bildschirm und für das Web | Die Angaben der relativen Auflösung für die Druckerei, für den Drucker oder den Fotodruck gelten nicht für den Bildschirm- oder Webeinsatz.

 Eragon_72.jpg, Eragon_150.jpg und Eragon_300.jpg.

In Abbildung 5.8 sehen Sie dreimal dasselbe Bild mit den Pixelmaßen 500 × 335, jeweils in den Auflösungen 72 ppi, 150 ppi und 300 ppi. Um diese Bilder in Photoshop Elements zu öffnen und in der Ausgabegröße für den Drucker anzusehen, wählen Sie den Befehl ANSICHT • AUSGABEGRÖSSE für das jeweilige Bild aus.

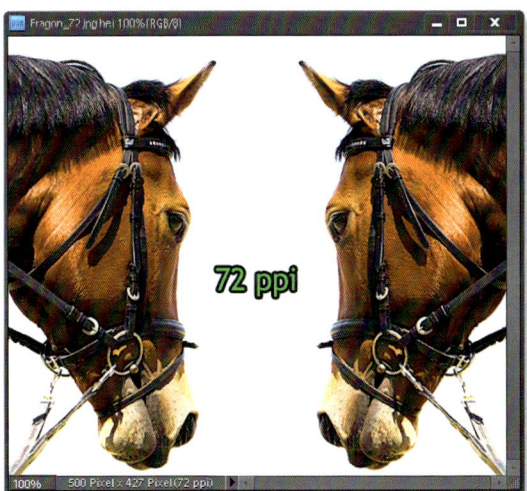
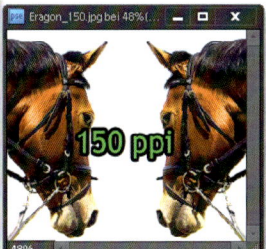
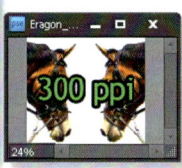

Foto: Jürgen Wolf

Öffnen Sie die drei Bilder nun testweise nacheinander im Webbrowser: Alle drei Bilder werden gleich groß dargestellt, weshalb ich an dieser Stelle auch auf Bildschirmfotos verzichte. Bilder auf dem Computerbildschirm werden, im Gegensatz zum Druck, immer in der Relation zu anderen auf dem Bildschirm angezeigten Elementen dargestellt. Da hierbei die üblichen Systemvorgaben den Pixelangaben unterworfen sind, reichen für Bilder auf dem Bilderschirm und für das Web die Pixelangaben aus.

Folglich gibt es keine verbindlichen Standards für die Auflösung von Bildern, die auf einem Bildschirm oder im Web dargestellt werden. Ein Großteil der Bilder im Web hat allerdings eine Auflösung von 72 ppi, weil diese Bilder weniger Speicherplatz benötigen als Bilder mit einer Auflösung von 300 ppi. Da

▲ **Abbildung 5.8**
Die Ansicht für das Druckformat der Bilder erreichen Sie über den Befehl ANSICHT • AUSGABEGRÖSSE.

Der 72-ppi-Mythos
Einen sehr interessanten Artikel
dazu finden Sie auf der Webseite
http://praegnanz.de/essays/72dpi.

Ladezeiten im Internet nach wie vor eine wichtige Rolle spielen,
empfiehlt sich eine **Auflösung von 72 ppi bis 96 ppi**.

5.3 Farben – Farbtiefe und Bildmodus

Farben sind physikalisch gesehen keine Eigenschaften von Objekten, sondern subjektive Sinnesempfindungen. Dass Sie Gras als
»grün« sehen, liegt nur an dem Abbild (Farbreiz), das Ihr Gehirn
Ihrem Bewusstsein signalisiert. Wissenschaftlich ist noch nicht
umfassend geklärt, wie unser Gehirn die Wahrnehmung von Farben verarbeitet. Zweifellos aber zählen Farben zu den wichtigsten Ausdrucksmitteln in der Fotografie.

5.3.1 Farbmodelle

RGB versus CMYK
Der Farbraum des RGB-Farb-
modells umfasst wesentlich mehr
Farben als das CMYK-Farbmodell.

Um Farben spezifizieren und beschreiben zu können, teilt man
sie in Farbmodelle ein. Jedes dieser Farbmodelle beschreibt dabei
einen Bereich von Farbwerten, der von einem Ein- oder Ausgabegerät unter bestimmten Voraussetzungen erkannt oder dargestellt werden kann. Solche Geräte sind digitale Kameras, Scanner,
Bildschirme oder Drucker – aber auch der menschliche Sehsinn
kann als ein »Eingabegerät« aufgefasst werden.

Insgesamt gibt es mehr als vierzig solcher Farbmodelle. Nicht
jedes Modell ist für jedes Anwendungsgebiet geeignet. Im Folgenden stelle ich Ihnen die beiden wichtigsten Farbmodelle im
Kontext der Grafik- und Bildbearbeitung vor: das **RGB-Farbmodell** und das **CMYK-Farbmodell**.

RGB-Farbmodell | Das RGB-Farbmodell ist wohl das bekannteste
und am häufigsten eingesetzte Farbmodell. Es wird vor allem bei
Digitalkameras, Monitoren, TV und Scannern verwendet – also
überall dort, wo Geräte mit Licht arbeiten. Das RGB-Modell
beschreibt Farben als Bestandteil des Lichtes innerhalb eines
Spektrums. Dieses Spektrum wird gebildet aus den Primärfar-
ben **R**ot, **G**rün und **B**lau. Die maximale Summe aller drei Farben ergibt Weiß. Schwarz resultiert immer dann, wenn gar keine
Farbe ausgegeben wird.

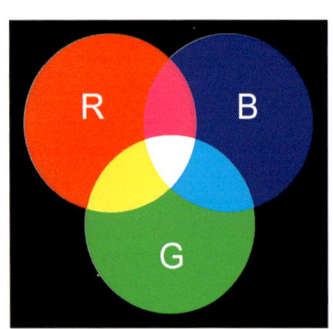

▲ **Abbildung 5.9**
Das RGB-Farbmodell

Jedes Pixel in einem RGB-Farbmodell besteht somit aus den
drei Kanälen Rot, Grün und Blau. Jeder dieser Kanäle kann den
Wert 0 bis 255 haben. Haben alle drei Kanäle den Wert 0 (Rot =
0; Grün = 0; Blau = 0), so ergibt dies die Farbe Schwarz. Haben
hingegen alle drei Kanäle den Wert 255, so entspricht dies der
Farbe Weiß. Ein neutrales Grau entsteht, wenn alle drei Farben
den Wert 128 haben.

Das System stellt Ihnen folglich 16,7 Millionen Farben (256 × 256 × 256) zur Verfügung. Tabelle 5.3 listet einige typische Farbmischungen des RGB-Farbmodells auf.

Farbe	Rot-Wert	Grün-Wert	Blau-Wert
Rot	255	0	0
Grün	0	255	0
Blau	0	0	255
Cyan	0	255	255
Magenta	255	0	255
Gelb	255	255	0
Schwarz	0	0	0
Weiß	255	255	255
Grau	128	128	128

◄ **Tabelle 5.3**
Verschiedene Werte im RGB-Farbmodell und die entsprechenden Farben

CMYK-Farbmodell | Die Abkürzung CMYK steht für **C**yan (Türkis), **M**agenta (Fuchsinrot), **Y**ellow (Gelb) und **K**ey (Schlüsselfarbe Schwarz). Dieses Farbmodell kommt primär bei Druckverfahren zum Einsatz (genauer: beim Vierfarbendruck). Key wird in der Druckindustrie auch als »Tiefe« bezeichnet. Das Modell ist für die subtraktive Farbmischung optimiert, wie sie auch in Druckern verwendet wird.

Auch bei vielen Farbdruckern finden Sie die drei Farben Cyan, Magenta und Yellow vor. Darüber hinaus nutzt ein Drucker schwarze Tinte, da ein Anteil von jeweils 255 der Farben Cyan, Magenta und Yellow auf dem Papier nicht tatsächlich Schwarz ergibt, sondern ein dunkles Braun. Die zusätzliche Verwendung schwarzer Tinte ist auch ökonomischer, da sonst aus den teuren Farben ein Schwarz in schlechter Qualität erzeugt werden müsste.

Gewöhnlich muss ein Bild vor dem Druck vom RGB-Modus in den CMYK-Modus konvertiert werden. Bei dieser Konvertierung gehen Bildinformationen verloren, und das Bild wirkt häufig auch nicht mehr so hell und klar wie zuvor. Daher sollten Sie das Bild immer erst vollständig im RGB-Modus bearbeiten, ehe Sie es dann in den CMYK-Modus konvertieren.

In der Praxis sind die Druckertreiber für Tintenstrahldrucker dafür optimiert, RGB-Bilder zu verarbeiten und in CMYK umzuwandeln. Dies erscheint zunächst widersprüchlich, ist aber aus Kostengründen sinnvoll, weil die schwarze Farbe nicht aus den teureren Farben gemischt werden muss.

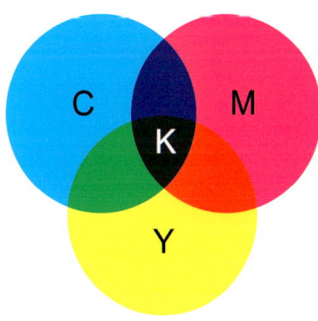

▲ **Abbildung 5.10**
Das CMYK-Farbmodell

CMYK und Photoshop Elements

Das CMYK-Farbmodell wird von Photoshop Elements nicht direkt unterstützt und ist dem großen Photoshop vorbehalten. Da dieses Modell aber in der professionellen Bildbearbeitung sehr wichtig ist, soll es dennoch hier erwähnt werden.

5.3.2 Farbtiefe

Sie haben bereits erfahren, dass ein Bild aus vielen einzelnen Pixeln (Bildpunkten) besteht. Bei einem 300 × 200 Pixel großen Bild ergeben sich insgesamt 60.000 einzelne Pixel. Jedem dieser Pixel kann eine eigene Farbe zugewiesen werden.

In diesem Zusammenhang kommt der Begriff **Farbtiefe** ins Spiel. Als Farbtiefe beschreibt man die Datenmenge eines Bildes; gemessen wird die Farbtiefe somit in der Einheit Bit. Bei einem reinen Schwarzweißbild (nicht Graustufenbild), in dem nur noch reines Schwarz und reines Weiß vorhanden sind, würde demnach ein einziges Bit für die Farbtiefe ausreichen. Für die Farben Schwarz und Weiß sind zwei Zustände nötig, die mit einem Bit (0 oder 1) dargestellt werden können.

16 Bit Farbtiefe

Leider unterstützt Photoshop Elements nur eine Farbtiefe bis zu 8 Bit je Kanal. Die einzige Ausnahme bildet hier die RAW-Bearbeitung. Photoshop hingegen unterstützt Bilder mit bis zu 16 Bit pro Farbkanal.

In der Praxis werden die Bilder allerdings meistens mit einer höheren Informationsdichte gespeichert. Standardmäßig verwendet man 8 Bit für jeden Kanal. Bei einem Graustufenbild bedeutete dies insgesamt 256 verschiedene Graustufen ($2^8 = 256$). Bei einem Bildmodus mit mehreren Kanälen wie dem RGB-Bildmodus, wo drei Kanäle (3 Kanäle × 8 Bit = 24 Bit) zur Verfügung stehen, sind dies schon 16,7 Millionen Farben ($2^{24} = 16.777.216$).

▲ Abbildung 5.11
Die Gummibärchen wurden mit 1 Bit Farbtiefe gespeichert.

▲ Abbildung 5.12
Gummibärchen als 8-Bit-Graustufenbild

Foto: dieblen.de

▲ Abbildung 5.13
Die Gummibärchen mit allen drei RGB-Kanälen in voller 24-Bit-Farbtiefe

5.3.3 Bildmodus in Photoshop Elements

Nicht nur in Photoshop Elements werden Farben, die von einer Datei dargestellt werden, durch einen Bildmodus festgelegt. Bilder können jederzeit von einem Modus in einen anderen konvertiert werden.

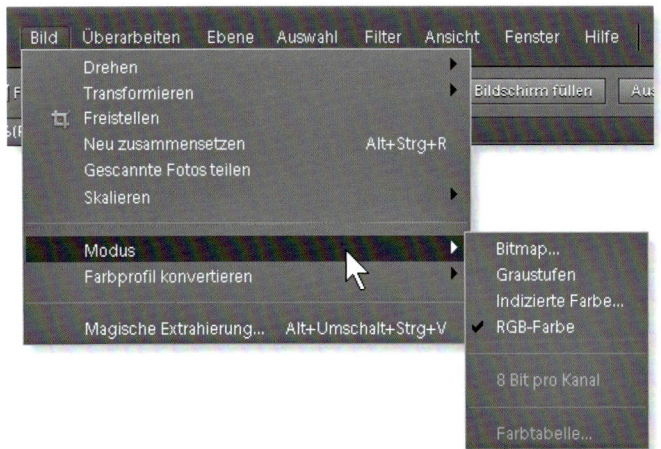

◄ **Abbildung 5.14**
Über BILD • MODUS finden Sie alle in Photoshop Elements verfügbaren Modi.

◄ **Abbildung 5.15**
Beim Erzeugen einer neuen Datei können Sie auch festlegen, in welchem Modus die neue Datei erstellt werden soll.

Ausgegraute Funktionen
Sind im Menü viele Funktionen ausgegraut und stehen für die Bildbearbeitung nicht zur Verfügung, so sollten Sie den Bildmodus über BILD • MODUS überprüfen – nur für den RGB-Modus stehen alle Bildbearbeitungsfunktionen bereit.

Bildmodus: RGB – der Bildbearbeitungsstandard | Photoshop Elements arbeitet standardmäßig mit dem RGB-Farbmodell.

Mit dem RGB-Modus werden Sie am wenigsten Probleme bei der Bildbearbeitung haben. Beim Import von Bildern über einen Scanner oder eine Kamera und in anderer Bildbearbeitungssoftware wird ebenfalls der RGB-Modus verwendet. Wenn Sie den RGB-Modus nutzen, ersparen Sie sich eine Modusänderung, unter der auch die Qualität der Bilder leiden kann. Dasselbe gilt für Bilder im Web. Viele Browser können gar keinen anderen Bildmodus als RGB wiedergeben.

Wenn Sie ein wenig Gefühl für das »Mischen« von RGB-Farben bekommen wollen, rufen Sie einfach per Klick auf das Icon VORDERGRUNDFARBE EINSTELLEN in der Werkzeugpalette den Dialog aus Abbildung 5.16 auf. Dort können Sie mit den Werten R ❶, G ❷ und B ❸ herumexperimentieren und Werte von 0 bis 255 eintragen.

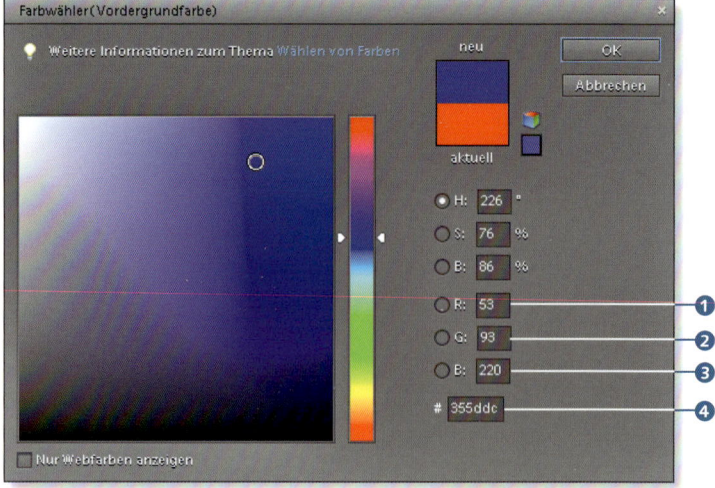

Abbildung 5.16 ▶
Eine neue Farbe festlegen

Abbildung 5.17 ▶
Dieses Bild wurde im RGB-Modus gespeichert.

Foto: Hanspeter Bolliger

Bildmodus: Indizierte Farben | Beim Bildmodus INDIZIERTE FARBE erhält jedes Pixel anstelle eines Werts der RGB-Farbkanäle lediglich einen Index auf einen Wert einer Farbpalette. Diese Farbpalette wird dann im Anschluss mit im Bild gespeichert. Somit handelt es sich bei diesem Modus nicht um einen Bildmodus im eigentlichen Sinne.

Bei diesem Modus erhält jedes Pixel eine Nummer. Zu dieser Nummer wird dann in einer Tabelle die zugehörige Farbe hinterlegt. Es steht ein Kanal mit 256 Farben (also 8 Bit Farbtiefe) zur Verfügung. Hierbei lässt sich natürlich viel Speicherplatz sparen. Eingesetzt werden indizierte Farben im Webbereich bei Grafikformaten wie GIF oder PNG. Für die Bildbearbeitung ist diese radikale Farbreduzierung eher ungeeignet.

◀ **Abbildung 5.18**
Die Fliege auf der Blume im Einsatz mit indizierten Farben. Der Speicherplatz wurde hiermit um das Fünffache reduziert.

Wenn Sie ein Bild in den Modus INDIZIERTE FARBE umwandeln (BILD • MODUS • INDIZIERTE FARBE), erscheint ein Dialog mit den verschiedenen Einstellmöglichkeiten. Je nach Einstellung fallen die Ergebnisse recht unterschiedlich aus.

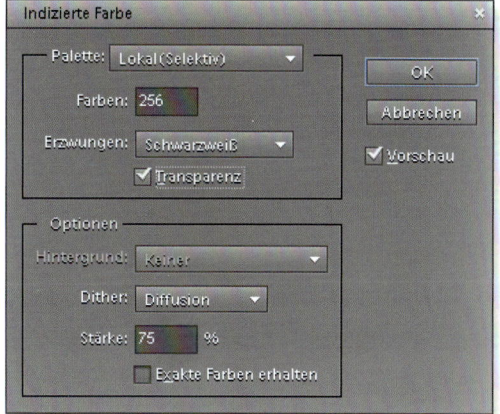

◀ **Abbildung 5.19**
Einstellmöglichkeiten, um aus einem Bild ein Bild mit indizierten Farben zu machen

Bildmodus: Graustufen | Ähnlich wie bei INDIZIERTE FARBE wird auch beim GRAUSTUFEN-Bildmodus das Bild in einem Kanal mit 8 Bit Farbtiefe gespeichert. Es ergeben sich maximal 256 Graustufen, vom hellsten Weiß (0) bis zum tiefsten Schwarz (255). In der Regel reichen diese 256 Graustufen vollkommen aus, um eine gute Darstellung zu erzielen.

Genau genommen wird beim GRAUSTUFEN-Bildmodus die Helligkeit der Graustufen von 0 % (für Weiß) bis 100 % (für Schwarz) beschrieben. Allerdings findet man bis heute noch wie bei den RGB-Farben die Angaben 0 (für Weiß) bis 255 (für Schwarz).

Schwarzweißbilder auf die Schnelle
Wenn Sie nun glauben, mit diesem Modus ließen sich tolle Schwarzweißbilder erstellen, so liegen Sie nicht ganz falsch. Dennoch ist der Moduswechsel die schlechteste Wahl, um Schwarzweißbilder zu generieren. Wie Sie bessere Ergebnisse erzielen, erfahren in Kapitel 15.

Abbildung 5.20 ▶
Die Fliege auf der Blume in einem Graustufenbild mit 256 Tonwerten

Bildmodus: Bitmap | Im Bildmodus Bitmap steht Ihnen nur noch ein einziges Bit an Farbtiefe pro Pixel zur Verfügung. Somit kann ein Pixel nur noch Schwarz oder Weiß enthalten. Dass das Bild anschließend trotzdem wie ein grobes Bild in Graustufen aussieht, liegt an dem Rastermuster, das durch die Umwandlung entsteht. Wenn Sie ganz nah in eine Bitmap zoomen, werden Sie das reine Schwarzweißraster erkennen.

▲ **Abbildung 5.21**
Die Fliege auf der Blume wurde in den Bitmap-Modus konvertiert. Durch das Rastermuster entsteht der Eindruck eines Graustufenbildes.

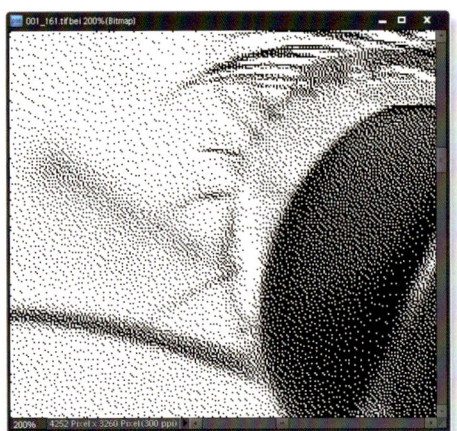

▲ **Abbildung 5.22**
Wenn Sie das Bild ganz nah heranzoomen, erkennen Sie das Raster.

Den Bildmodus ändern | Den Bildmodus können Sie jederzeit über die Menübefehle Bild • Modus ändern. Beachten Sie allerdings, dass Sie bei einer Modusänderung auch die Farbwerte unwiderruflich ändern und diese bei einer Rückkonvertierung nicht wiederherstellen können.

Arbeiten Sie aus diesem Grund zunächst niemals mit dem Originalbild. Die Kopie des Bildes sollten Sie wiederum zuerst im Originalmodus bearbeiten. Im Idealfall (und in der Regel) liegt Ihnen das Bild im RGB-Modus vor. Nur in diesem Modus haben Sie Zugriff auf alle Bildbearbeitungsfunktionen von Photoshop Elements.

CMYK – der Modus für den professionellen Druck | Neben den von Photoshop Elements unterstützten Farbmodellen gibt es eine Reihe weiterer Modelle, darunter den für den Druck wichtigen CMYK-Modus.

Wenn Sie Bilder für den professionellen Druck benötigen, werden Sie also um Photoshop nicht herumkommen. Hier wird der CMYK-Modus im vollen Umfang unterstützt.

5.4 Datenkompression

Im Zusammenhang mit bestimmten Bildformaten ist häufig von der Datenkompression die Rede. Diese Datenkompression ist nicht mit dem Dateiformat zu verwechseln. Vielmehr handelt es sich um ein Verfahren zu Reduzierung des Speicherbedarfs von Daten. Drei mögliche Arten der Speicherung werden bei der Datenkompression unterschieden:

▶ **Unkomprimierte Speicherung**: Bei der unkomprimierten Speicherung werden Bilder Pixel für Pixel auf die Festplatte geschrieben. Im RGB-Modus bei 300 ppi ergibt dies bis zu 3 Bytes pro Pixel. Hochgerechnet auf ein Bild mit 3.543 × 3.150 Pixeln haben Sie so schnell einen Speicherumfang von 33 Megabytes.

▶ **Verlustfreie Kompression**: Wenn die kodierten Daten nach der Kodierung exakt denen des Originals entsprechen, spricht man von einer verlustfreien Kompression. Dieses Verfahren eignet sich besonders für flächige Bilder mit geringen Farbabstufungen. Fotos hingegen können kaum oder nicht so stark reduziert werden, da sie aus einer Vielzahl von Farben bestehen. Häufige Verfahren zur verlustfreien Kompression sind **RLE**, **ZIP** und **LZW**. Bei diesen Kompressionsverfahren handelt es sich um mathematische Verfahren, sogenannte Algorithmen. So verwenden die Formate GIF und TIFF eine LZW-Kompression von Bilddaten, obwohl es sich hierbei um unterschiedliche Formate handelt. Bei TIFF haben Sie neben

Datenmenge reduzieren

Die Reduzierung der Datenmenge wird erreicht, indem eine günstigere Repräsentation ermittelt wird, die die gleichen Informationen in kürzerer Form darstellt. Diese Arbeit übernimmt ein Kodierer. Der komplette Vorgang wird als Kompression oder Kodierung bezeichnet.

Kompression in der Theorie

Die Kompression lässt sich anhand der Zeichenfolge »aaabbb« erklären. Im RLE-Verfahren wird aus dieser Zeichenfolge »a3b3«. Das erste Zeichen steht für den Buchstaben, gefolgt von der Anzahl seiner Wiederholungen. Ähnlich funktionieren einige Algorithmen, die nach sich wiederholenden Bildinhalten suchen und diese Ähnlichkeiten im Bild speichern.

den ZIP- und JPEG-Kompressionsverfahren zusätzlich die Möglichkeit, ohne Bildkomprimierung zu speichern.

Abbildung 5.23 ▸
Das Bild auf der linken Seite wurde ohne Komprimierung im TIFF-Format gespeichert und benötigt satte 19 MB Speicherplatz. Das rechte Bild hingegen wurde ebenfalls im TIFF-Format gespeichert, allerdings mit der verlustfreien LZW-Komprimierung. Es verbraucht bei konstanter Qualität nur noch 6 MB Speicherplatz.

Foto: Martin Conrad

▸ **Verlustbehaftete Kompression**: Von einer verlustbehafteten Kompression spricht man, wenn Daten nicht mehr fehlerfrei rekonstruiert werden können. Das beste Beispiel hierfür ist das **JPEG-Verfahren**. Bei diesem Verfahren werden Bilder in 8 × 8 Pixel große Farbblöcke zerlegt. Die Farben der Pixel werden dabei so verändert, dass möglichst viele gleiche 8-mal-8-Pixelblöcke im Bild entstehen. Hierbei können Sie auch die Kompressionsrate erhöhen, um die Datei zu verkleinern – dabei verschlechtert sich allerdings zugleich die Bildqualität. Das JPEG-Verfahren ist eher für Fotos geeignet und weniger für Grafiken mit scharfen Kanten oder für flächige Grafiken mit wenig Farbe. Die Kompression von Fotos wird allerdings mit einigen Nachteilen erkauft: Je stärker die Kompression, desto eher kommt es zu Kompressionsartefakten im Bild. Kompressionsartefakte sind Signalstörungen wie unscharfe Kanten, Unschärfe, Kästchenmusterbilder (Verblockung) oder Farbverfälschung.

Abbildung 5.24 ▸
Besonders bei Bildern mit weichen Farbübergängen fallen die Artefakte bei übertriebener Kompression stark auf, wie hier, zur Demonstration, mit den Sonnenstrahlen zu sehen.

Foto: Martin Conrad

5.5 Wichtige Dateiformate für Bilder

Photoshop Elements bietet Ihnen eine Vielzahl von Dateiformaten zum Speichern Ihrer Bilder an. In der Praxis benötigen Sie allerdings höchstens eine Handvoll dieser Formate. Die gängigen Formate und ihre Einsatzgebiete möchte ich Ihnen auf den folgenden Seiten kurz vorstellen.

PSD – das hauseigene Format | Das hauseigene Format PSD (für **P**hoto**s**hop **D**okument) ist ein reines Arbeitsformat und eher ungeeignet für die Weitergabe von Dateien. Um eine PSD-Datei an andere Programme weiterzugeben oder ins Web zu stellen, können Sie sie jederzeit in einem anderen Format abspeichern. Der Austausch mit anderen Adobe-Produkten wie zum Beispiel Photoshop funktioniert dagegen problemlos.

Neben den Bildinformationen werden beim PSD-Format auch sämtliche Photoshop-Elements-Funktionen wie Ebenen, Auswahlen etc. mitgespeichert. Zur Speicherung all dieser Bildinformationen wird bei diesem Format keinerlei Kompression durchgeführt. Daher benötigen PSD-Dateien auch sehr viel Speicherplatz.

TIFF – das Profiformat | Das Format TIFF (**T**agged **I**mage **F**ile **F**ormat, manchmal auch TIF) kann mit fast allen Bildbearbeitungsprogrammen und Programmen verwendet werden, die den Import von Grafiken unterstützen. Auch für die Druckvorstufe ist TIFF das ideale Format. Die Bilder und Bildschirmfotos in diesem Buch wurden alle im TIFF-Format gespeichert. Sehr praktisch ist es, dass TIFF auch Ebenen mit abspeichert. Außerdem werden alle Transparenzen eines Bildes bei einer Farbtiefe von 24 Bit bewahrt.

Beim Abspeichern können Sie TIFF wahlweise komprimiert oder unkomprimiert sichern. Beim Komprimieren haben Sie die Wahl zwischen den verlustfreien Kompressionsverfahren LZW und ZIP sowie der verlustbehafteten JPEG-Komprimierung.

JPEG – der Profi für Bilder im Web | Das Format JPEG (**J**oint **P**hotographic **E**xperts **G**roup, manchmal auch JPG) ist ideal, um Bilder ins Web zu stellen, da es von allen Webbrowsern wiedergegeben werden kann. Bilder mit gleichmäßigen, großen Farbflächen und scharfen Kanten werden wegen des Kompressionsverfahrens jedoch eher unsauber dargestellt. Mit 16,7 Millionen Farben deckt JPEG dafür aber die gesamte Farbpalette des menschlichen Auges ab.

Probleme mit Photoshop-Elements-TIFF-Dateien

Manche Anwendungen haben Probleme, Photoshop-Elements-TIFF-Dateien mit ZIP- oder JPEG-Kompressionen zu lesen. Sofern Sie also die Daten weitergeben wollen, sollten Sie entweder das LZW-Verfahren verwenden oder auf Kompression verzichten.

JPEG als Arbeitsformat?

Wenn Sie JPEG als Arbeitsformat verwenden, verschlechtert sich die Qualität des Bildes mit jedem Speichern, da JPEG immer eine verlustbehaftete Datenkompression verwendet. Daher empfiehlt es sich, ein JPEG-Bild zuerst im PSD-Format zu speichern und es erst nach dem Abschluss der Bearbeitung wieder als JPEG abzuspeichern.

Beachten Sie, dass JPEG eigentlich den Algorithmus bezeichnet, mit dem die Grafik verlustbehaftet komprimiert wird. Die entsprechenden Dateiendungen lauten meistens ».jpeg«, ».jpg« oder auch ».jpe«. Beim Speichern von Bildern im JPEG-Format gehen alle anderen Funktionen (zum Beispiel Ebenen) verloren. Die Kompression können Sie bei diesem Format unterschiedlich einstellen. Je stärker die Kompression, desto geringer ist der Speicherverbrauch, aber desto schlechter ist auch die Bildqualität. Bei zu starker Kompression entstehen Kompressionsartefakte.

GIF – der Profi fürs Web | Das Format GIF (**G**raphics **I**nterchange **F**ormat) ist der Klassiker für Werbebanner, Buttons, Logos, animierte Grafiken und Grafiktexte im Web. GIF hat den Vorteil, dass die Dateien sehr klein sind, was die Übertragungszeiten im Web kurz hält. GIF-Bilder verwenden maximal 256 Farben, die in einer Farbtabelle (wie bei Indizierte Farbe) abgelegt sind. Allerdings müssen nicht alle 256 Farben verwendet werden. Beim Speichern haben Sie die Möglichkeit, die Anzahl der Farben zu reduzieren. Eine Farbe kann bei GIF auch transparent gespeichert werden.

Aufgrund der geringen Farbtiefe von 256 Farben ist GIF für Fotos ungeeignet. Als Kompressionsverfahren verwendet GIF immer den LZW-Algorithmus.

PNG – die bessere Alternative für das Web | PNG (**P**ortable **N**etwork **G**raphics) ist ein alternatives verlustfreies Grafikformat für GIF und JPEG. In diesem Format versuchte man, die positiven Eigenschaften von GIF und JPEG zu vereinen. PNG wurde ursprünglich entwickelt, weil bis 2004 das GIF-Format noch mit Patentforderungen belastet war. Neben unterschiedlichen Farbtiefen (256 oder 16,78 Millionen Farben) unterstützt PNG auch Transparenz per Alphakanal. Außerdem ist PNG weniger komplex als TIFF. Auch beim Speichern können Sie hier die Kompression einstellen. PNG ist somit ein ideales Grafikformat für das Web.

Animationen

GIF wird häufig für sehr kleine Animationen im Web verwendet. Dabei werden mehrere Einzelbilder in einem GIF gespeichert. Der Webbrowser oder ein Bildbearbeitungsprogramm zeigt diese Einzelbilder dann zeitverzögert nacheinander an. Auf diese Weise werden, ähnlich wie bei einem Daumenkino, kleine »Filme« abgespielt. Sie können eine Animation entweder einmal abspielen oder in einer Endlosschleife wiederholen.

Animiertes PNG?

Mit PNG selbst sind derzeit noch keine Animationen wie mit GIF möglich. Ein animiertes PNG ermöglichen aber die MNG- und APNG-Formate. Diese Grafikformate fanden bisher aber wenig Beachtung.

6 Schnelle Bildkorrekturen im Editor

Gerade als Einsteiger wird man häufig von Funktionalitäten einer neuen Software geradezu erschlagen. Aus diesem Grund haben die Entwickler von Photoshop Elements mit der Schnellkorrektur einen Modus speziell für Einsteiger in das Programm eingebaut. In diesem Modus lassen sich die gängigen Korrekturen in der digitalen Bildbearbeitung häufig mit einem einzigen Mausklick durchführen.

Automatisch versus manuell

Mit wachsender Erfahrung werden Sie immer seltener den Schnellkorrektur-Modus verwenden. Im Vollständig-Modus erzielen Sie aufgrund einer höherwertigen Korrektur ebenso gute oder bessere Ergebnisse.

6.1 Die Arbeitsoberfläche der schnellen Bildkorrektur

Öffnen Sie die Arbeitsoberfläche für die Schnellkorrektur, indem Sie beim Aufgabenbedienfeld BEARBEITEN die Schaltfläche SCHNELL ❺ auswählen. Sofort ändert sich auch die Arbeitsoberfläche des Editors. In der Werkzeugpalette ❷ stehen Ihnen jetzt nur noch acht Werkzeuge (fünf aus dem VOLLSTÄNDIG-Modus bekannte und drei neue) zur Verfügung:

 Bird.jpg

- ▶ das Zoom-Werkzeug 🔍
- ▶ das Hand-Werkzeug ✋
- ▶ das Schnellauswahl-Werkzeug 🖌
- ▶ das Freistellungswerkzeug 🔲
- ▶ das Rote-Augen-entfernen-Werkzeug 👁
- ▶ ein Werkzeug zum Zähnebleichen ✏
- ▶ ein Werkzeug, um einen düsteren Himmel blau zu färben 🖼
- ▶ ein Schwarzweiß-Werkzeug 🖼

Die Funktion und Bedienung der Werkzeuge bleiben unverändert. Auch im Menü ❶ sind jetzt viele Funktionen ausgegraut; sie stehen im Schnellkorrektur-Modus nicht zur Verfügung.

Im Bedienfeldbereich ❻ finden Sie jetzt neue Schieberegler, mit deren Hilfe Sie Farb- und Beleuchtungskorrekturen am Bild vornehmen können. Zwischen dem Dokumentfenster und

Zurück zur Vollansicht

Ein Klick auf die Schaltfläche VOLLSTÄNDIG ❹ bringt Sie zurück zum ursprünglichen Modus des Editors.

Abbildung 6.1 ▼
Durch einen Klick auf die Schaltfläche SCHNELL ❺ verändert sich
auch die Arbeitsoberfläche des
Editors.

dem Projektbereich sehen Sie einen weiteren neuen Bereich ❸, das sogenannte Flyout-Menü. Hier können Sie die Ansicht der Schnellkorrektur einstellen. Mit dem (Not-)Schalter ZURÜCK ❼ können Sie außerdem sofort den Ursprungszustand des Bildes nach vielen gemachten Änderungen im SCHNELL-Modus wieder-herstellen.

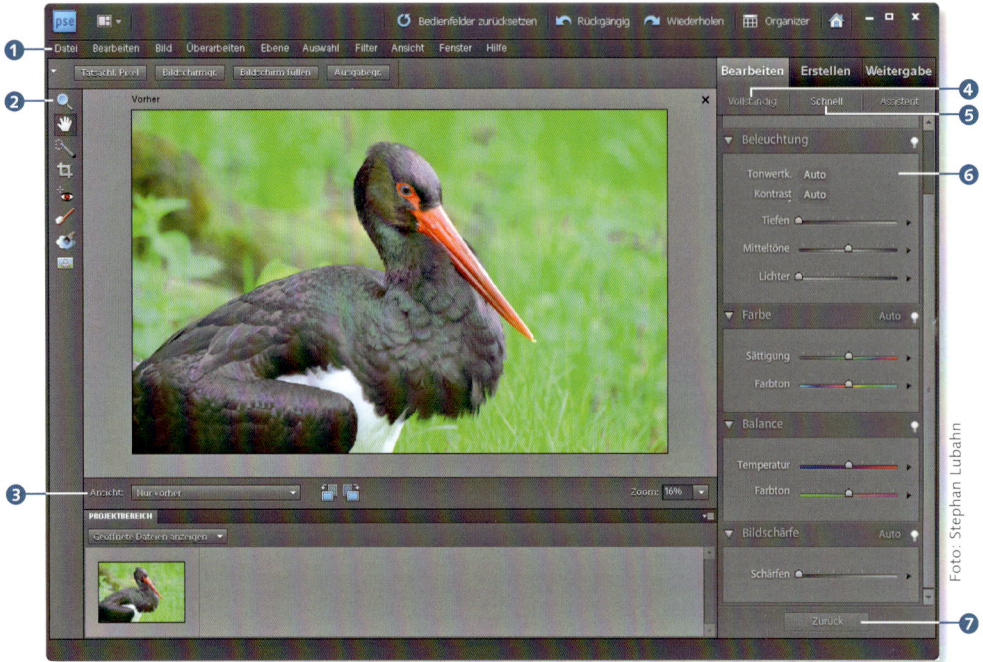

Foto: Stephan Lubahn

▲ **Abbildung 6.2**
Die Werkzeugpalette der Schnellkorrektur

Weitere Details
Das Schnellauswahl-Werkzeug
und den Auswahlpinsel behandle
ich noch ausführlicher in den Abschnitten 23.3 und 23.4.

6.1.1 Werkzeuge der Schnellkorrektur

In der Schnellkorrektur stehen Ihnen, wie gesagt, nicht sämtliche Werkzeuge des Editors im VOLLSTÄNDIG-Modus zur Verfügung. Das **Zoom-Werkzeug** (Tastenkürzel: Z) und das **Hand-Werk-zeug** (Tastenkürzel: H) funktionieren hier genauso wie in den Abschnitten 3.2.1 und 3.3 beschrieben.

Zur reduzierten Auswahl gehört das **Schnellauswahl-Werk-zeug** inklusive dem ausgeblendeten **Auswahlpinsel** (Tas-tenkürzel für beide: A). Wenn Sie mit dem Schnellauswahl-Werkzeug einen bestimmten Bereich einzeichnen, so sucht Photoshop Elements nach angrenzenden Kanten, die dann als Auswahl verwendet werden. Der Auswahlpinsel hingegen wird für die schnelle Auswahl und Freistellung von Bildbereichen benutzt.

Auch das **Freistellungswerkzeug** (Tastenkürzel: C) steht Ihnen bei der Schnellkorrektur zur Verfügung. Mit diesem Werk-zeug ziehen Sie per Drag & Drop einen Rahmen im Bild und schneiden mit ⏎ oder mit dem grünen Häkchen unter dem Rahmen diese Auswahl aus. Den praktischen Umgang mit diesem Werkzeug können Sie in Abschnitt 6.2.7, »Bilder drehen und freistellen«, in einem Workshop ausprobieren. Zur Entfernen des unerwünschten Rote-Augen-Effekts steht das **Rote-Augen-entfernen-Werkzeug** 👁 (Tastenkürzel: Ⓨ) zur Verfügung.

Die letzten drei Werkzeuge zum Bleichen von Zähnen 🖌, zum Blauermachen von düsterem oder flauem Himmel 🔵 und zum Umfärben in schwarzweiße Bildbereiche mit hohem Kontrast 🔳 sind im Grunde nur spezielle Versionen des Smartpinsel-Werkzeugs 🖌 (Tastenkürzel Ⓕ), das in der Werkzeugpalette des Editors in der Vollansicht zur Verfügung steht. Die Anwendung dieser Werkzeuge ist relativ einfach: Malen Sie einfach die Bereiche, die Sie bearbeiten wollen, mit gedrückter Maustaste aus (ziehen Sie also mit gedrückter Maustaste darüber). Ähnlich wie beim Schnellauswahl-Werkzeug 🖌 finden Sie hierzu in der Optionsleiste entsprechende Schaltflächen, um der Auswahl Bildbereiche hinzuzufügen oder Bereiche aus ihr zu entfernen. Für weitere Informationen empfehle ich Ihnen die Abschnitte 14.2.8 und 14.2.9 zum Smartpinsel-Werkzeug. Dieses Werkzeug ist empfehlenswerter als die Schnellkorrektur-Versionen.

6.1.2 Ansichten der Schnellkorrektur

Zwischen dem Dokumentfenster und dem Projektbereich finden Sie das sogenannte Flyout-Menü. In diesem Menü können Sie den Ansichtsmodus für das Bild aus einen von vier vorhandenen Ansichten wählen.

Mit der Standardeinstellung NUR NACHHER sehen Sie die Auswirkungen der Schnellkorrektur sofort. Dabei verändert sich das Bild im Dokumentfenster, sobald Sie einen Wert der Schnellkorrektur ändern.

Mehr Details dazu …
Dem Thema »Freistellen und Ausrichten« widmet sich Teil 6 in aller Ausführlichkeit.

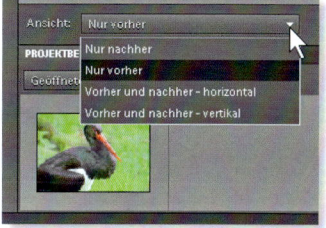

▲ **Abbildung 6.3**
Auswählen der Ansicht im Schnellkorrektur-Modus

◄ **Abbildung 6.4**
Mit der Einstellung NUR NACHHER werden die Veränderungen unmittelbar im Bild angezeigt.

Eine zweite Möglichkeit zur Ansicht ist die Einstellung NUR VORHER. Hierbei werden die in der Schnellkorrektur vorgenommenen Änderungen nicht am Bildschirm angezeigt. Sinnvoll ist diese Einstellung also nur im Wechsel mit der Einstellung NUR NACHHER.

Abbildung 6.5 ▶
Bei der Ansicht NUR VORHER werden keinerlei Änderungen angezeigt.

Mit der Einstellung VORHER UND NACHHER – HORIZONTAL vergleichen Sie beide Bilder nebeneinander. Auf der linken Seite ist das Originalbild zu sehen und auf der rechten Seite das Bild mit den Änderungen der Schnellkorrektur. Diese Ansicht ist besonders für Bilder im Hochformat geeignet.

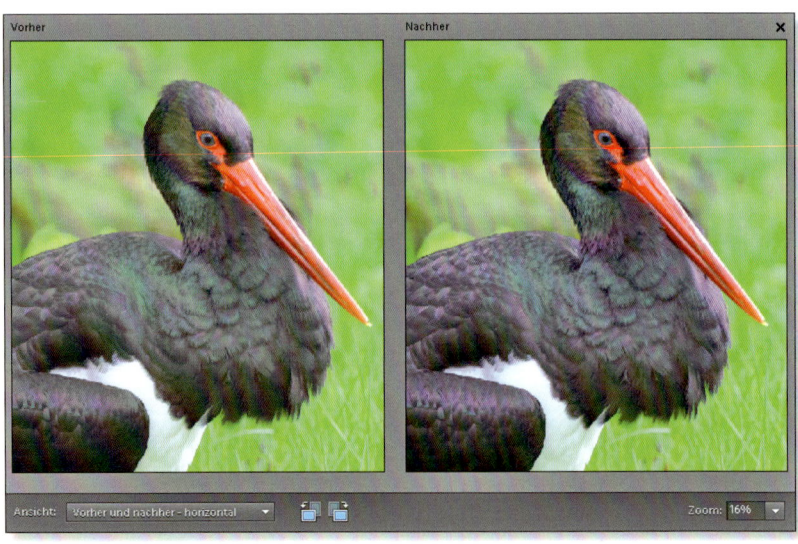

Abbildung 6.6 ▶
Die Vorher-nachher-Bilder direkt nebeneinander

Schließlich gibt es als vierte Möglichkeit die Ansicht VORHER UND NACHHER – VERTIKAL. Diese Einstellung ist ideal für den Vergleich breitformatiger Bilder. Das Originalbild wird dabei oben angezeigt und das Bild mit den Korrekturen darunter.

◄ **Abbildung 6.7**
Bei VORHER UND NACHHER – VERTI-
KAL werden die Bilder zum Ver-
gleich übereinander platziert.

Darstellungsgröße und Bildausschnitt verändern | Die Darstel-
lungsgröße können Sie auch hier mit dem Zoom- oder dem Hand-
Werkzeug ändern. Eine Veränderung der Darstellungsgröße mit
dem Zoom-Werkzeug 🔍 oder ein Verschieben des Bildbereichs
mit dem Hand-Werkzeug ✋ bezieht sich sowohl auf die Vorher-
als auch auf die Nachher-Ansicht. Es wird also sowohl im Vor-
her- als auch im Nachher-Bild praktischerweise immer derselbe
Bildausschnitt angezeigt.

Zoomen mit Flyout-Menü
Alternativ finden Sie auch im Flyout-Menü zwischen dem Dokumentfenster und dem Projektbereich einen Schieberegler ❶,
um in das Vorher- und Nachher-
Bild hinein- oder aus ihm herauszuzoomen.

◄ **Abbildung 6.8**
Eine Änderung der Darstellungs-
größe oder ein Verschieben des
Bildbereichs bezieht sich gleicher-
maßen auf die Vorher- und die
Nachher-Ansicht.

pse Neu seit der Version 8 ist
bei den Schiebereglern
der Schnellkorrektur ein
Wertbereich (von 0 bis 100 bzw.
−100 bis +100; −180 bis +180 bei
Farbton und 0 bis 500 beim
Scharfzeichnen). In der 9er-Ver-
sion von Photoshop Elements
werden diese Werte aber jetzt
nicht mehr an der rechten Seite
angezeigt, sondern während der
Veränderung des Schiebereglers
direkt darüber.

6.1.3 Der Bedienfeldbereich der Schnellkorrektur

Die eigentliche Schnellkorrektur im Bild führen Sie rechts im
Bedienfeld aus. Veränderungen an den Schiebereglern wirken
sich unmittelbar auf das Bild aus. Um ein Gefühl für den Umgang
mit den Reglern zu bekommen, empfiehlt es sich, ein Bild zu

▲ Abbildung 6.10
Die verschiedenen Schnellkorrekturen im Bedienfeldbereich mit den Schiebereglern im Überblick.

Bild wiederherstellen
Sobald Sie die erste Änderung bestätigt haben, steht Ihnen auch die ZURÜCK-Schaltfläche ❸ rechts unten im SCHNELL-Bedienfeldbereich zur Verfügung. Über diese Schaltfläche können Sie das Bild in den Zustand vor der Schnellkorrektur zurückversetzen.

laden und ein wenig mit den Reglern zu experimentieren. Dabei werden Sie schnell feststellen, dass drastische Änderungen der Werte das Bild in aller Regel verschlechtern.

Die Optionen sind im Grunde einfach zu bedienen: Entweder betätigen Sie die Schaltfläche AUTO ❶, oder Sie bewegen mit gedrückter Maustaste einen der Schieberegler ❷ in die gewünschte Richtung. Die Aktionen werden in der Ansicht sofort ausgeführt. Beachten Sie aber, dass Sie alle Änderungen noch bestätigen müssen, auch wenn sie in der Nachher-Ansicht bereits angezeigt werden.

Bestätigen können Sie die Aktionen mit dem Häkchen ❹. Wollen Sie hingegen die zuletzt durchgeführte Änderung verwerfen oder die Bearbeitung abbrechen, klicken Sie auf das kleine X-Symbol daneben ❺. Wenn Sie Hilfe zur Schnellkorrektur benötigen, klicken Sie einfach auf die Glühbirne ❻. Die entsprechende Hilfedatei wird dann im Webbrowser angezeigt.

◄ Abbildung 6.9
Änderungen müssen bestätigt oder verworfen werden.

Bitte beachten Sie, dass Änderungen auch dann automatisch bestätigt und angewendet werden, wenn Sie zu einem anderen Steuerelement wechseln. Haben Sie zum Beispiel Änderungen bei der BELEUCHTUNG vorgenommen und korrigieren anschließend die FARBE, so gelten die Korrekturen von BELEUCHTUNG als bestätigt.

Glücklicherweise stehen Ihnen auch hierbei wieder die Rückgängig-Funktionen zur Verfügung – entweder mit der Tastenkombination ⌨Strg/⌘+Z, über das Menü BEARBEITEN • RÜCKGÄNGIG oder im Rückgängig-Protokoll. Umgekehrt können Sie den zuletzt rückgängig gemachten Schritt mit ⌨Strg/⌘+Y oder BEARBEITEN • WIEDERHOLEN wiederherstellen.

6.2 Die Schnellkorrekturen

Nach so viel Theorie haben Sie sicher Appetit auf die Praxis bekommen. Dieser Teil des Kapitels bietet daher einige Workshops, die Ihnen die Arbeit mit Schnellkorrekturen veranschaulichen.

6.2.1 Beleuchtung korrigieren

Stellen, die im Bild zu hell oder zu dunkel geraten sind, korrigieren Sie mit der Funktion BELEUCHTUNG. Sie können hierbei entweder den Automatikmodus mit den Schaltflächen AUTO nutzen oder eine manuelle (und bessere) Korrektur mit den Schiebereglern vornehmen.

Mit TONWERTK. (für »Tonwertkorrektur«) und KONTRAST passen Sie den Gesamtkontrast des Bildes an. Als Kontrast bezeichnet man die Differenz zwischen hellen und dunklen Bereichen im Bild. Im Idealfall liegen die hellsten Pixel in Weiß und die dunkelsten Pixel in Schwarz vor. Bei der Korrektur versucht Photoshop Elements daher stets, die hellsten Pixel zu Weiß und die dunkelsten Pixel zu Schwarz zu verarbeiten. Hierbei kann es allerdings auch zu Farbveränderungen kommen.

Bessere Ergebnisse als mit den AUTO-Schaltflächen erreichen Sie von Hand mit den Schiebereglern TIEFEN, MITTELTÖNE und LICHTER.

Mithilfe des Schiebereglers TIEFEN hellen Sie die dunkelsten Töne im Bild (ausgenommen Schwarz) auf, indem Sie den Regler mit gedrückter Maustaste nach rechts ziehen. Analog bewirkt der Regler LICHTER eine Abdunklung der hellsten Töne (ausgenommen Weiß) im Bild.

Um die Farbtöne in der Mitte zwischen Schwarz und Weiß zu korrigieren, steht der Schieberegler MITTELTÖNE zur Verfügung. Auch diese Einstellung lässt die Töne Schwarz und Weiß unangetastet.

In der Vorgängerversion lauten die Bezeichnungen für TIEFEN, MITTELTÖNE und LICHTER noch TIEFEN AUFHELLEN, MITTELTONKONTRAST und LICHTER ABDUNKELN.

▲ **Abbildung 6.11**
Tiefen, Lichter und Mitteltöne sind die Spezialität der Schnellkorrektur BELEUCHTUNG.

Schritt für Schritt: Beleuchtung korrigieren

Das folgende Bild »Rialtobridge.jpg« ist ein wenig zu dunkel geraten, weil ich keine Zeit hatte, die Belichtungszeit einzustellen, und im Automatikmodus fotografiert habe. Der eingebaute Blitz hätte hier auch nicht viel geholfen. Daher ist gerade in den dunklen Bereichen recht wenig zu sehen, und das Bild wirkt insgesamt flau. Dennoch enthält das Bild die nötigen Informationen, um die Beleuchtung in diesen Bereichen zu korrigieren. Die richtigen Bildwerte wollen wir mit der Schnellkorrektur offenbaren.

 Rialtobridge.jpg

1 Tiefen aufhellen

Ziehen Sie im Bereich BELEUCHTUNG den Regler TIEFEN ❼ bis zum Wert 40. Nun erscheint das Bild schon wesentlich heller. Sollten Sie im Bild jetzt noch zu helle Bereiche vorfinden, ziehen Sie den Regler LICHTER ❽ nach rechts, um diese Bereiche abzudunkeln. In diesem Bild war das nicht nötig.

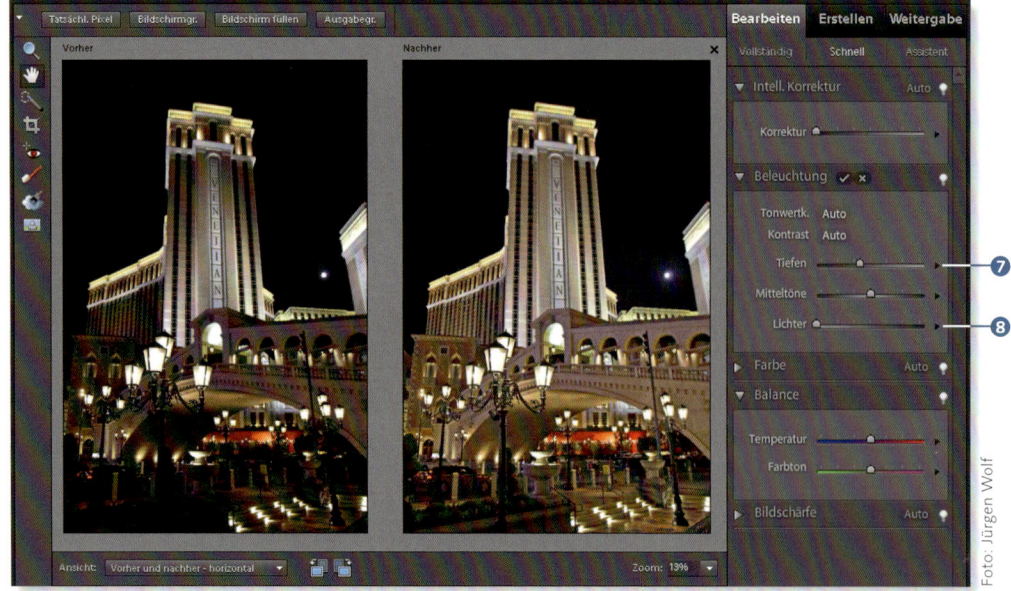

Foto: Jürgen Wolf

▲ **Abbildung 6.12**
Die dunklen Töne wurden aufgehellt.

2 | Kontrast verbessern

Da das Bild jetzt ein wenig flau wirkt, heben Sie den Kontrast leicht an. Dies lässt sich hier mit dem Schieberegler Mitteltöne ❾ realisieren. Im Beispiel habe ich diesen Wert um 20 erhöht.

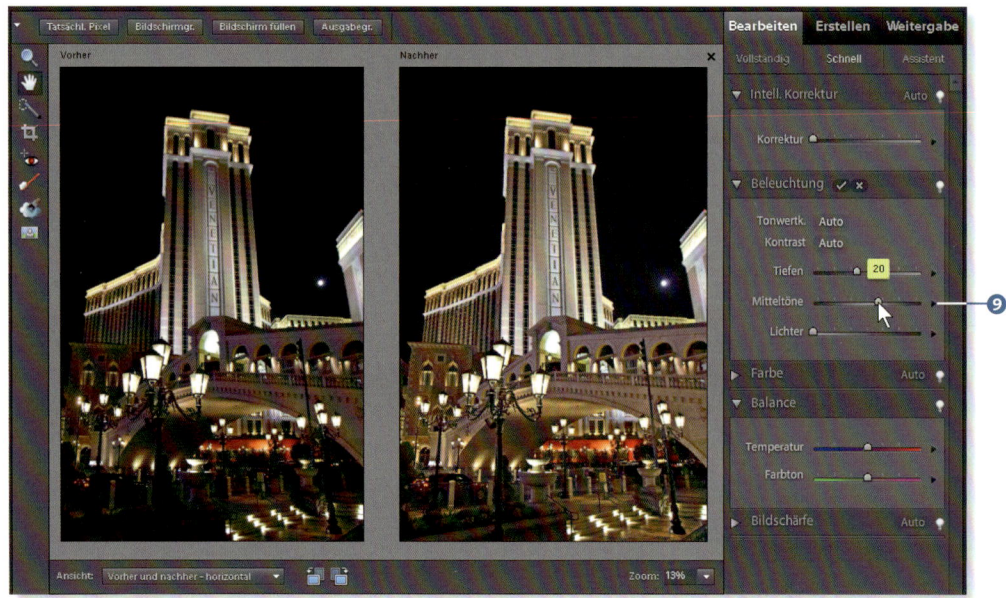

▲ **Abbildung 6.13**
Der Kontrast wurde erhöht.

3 **Änderung bestätigen**

Zuletzt müssen Sie den Vorgang mit dem Häkchen ❿ bestätigen. Die korrigierte Version des Bildes können Sie dann unter einem anderen Namen abspeichern.

6.2.2 Farbe und Farbbalance korrigieren

Wenn Ihr Bild zu viel oder zu wenig Farbe aufweist, zu kühl wirkt oder einen Farbstich hat, dann nutzen Sie die Regler unterhalb von FARBE und BALANCE im Bedienfeldbereich. Auch hier haben Sie die Möglichkeit, die Farbkorrekturen mit der AUTO-Schaltfläche schnell durchführen zu lassen. Alternativ verwenden Sie für feinere Korrekturen die Schieberegler.

Wenn Sie für das Bild mehr oder weniger Leuchtkraft benötigen, nutzen Sie den Regler SÄTTIGUNG. Bei einer Verschiebung nach links entziehen Sie dem Bild immer mehr Farben, bis das Bild nur noch in Graustufen wiedergegeben wird. Mehr Farbsättigung erzielen Sie, wenn Sie den Regler nach rechts schieben.

Mit dem Schieberegler FARBTON im Bedienfeld FARBE können Sie Farben ganz verändern; dieser Regler »verschiebt« gleichsam die Farbkanäle. Mit dem Schieberegler TEMPERATUR verändern Sie die Farbtemperatur. Bewegen Sie den Regler nach rechts, so erhöhen Sie den Rotwert, wodurch die Farbgebung des Bildes insgesamt wärmer erscheint. Eine kühlere Farbtemperatur erzielen Sie, indem Sie den Regler nach links in den Blauanteil verschieben.

Ein Feintuning der Temperatur bewirkt der Schieberegler FARBTON im Bedienfeld BALANCE im Grün- und Magenta-Anteil. Um etwa die kälteren Farben noch kühler zu machen, fügen Sie dem Bild mehr Grün hinzu (Regler nach links). Magenta (Regler nach rechts) bewirkt eine noch wärmere Farbgebung. Alternativ können Sie die beiden Schieberegler für kühlere bzw. wärmere Farben auch verwenden, um einen Farbstich auszugleichen.

Schritt für Schritt: Farben korrigieren

Im Bild »Bird2.jpg« sind die Farben ein wenig flau geraten, und auch die Farbtemperatur wirkt etwas kühl. Wir wollen das Bild mithilfe der Schnellkorrektur von FARBE und BALANCE verbessern.

1 **Sättigung erhöhen**

Um dem Bild etwas mehr Leuchtkraft zu geben, schieben Sie den Regler SÄTTIGUNG ❶ im Bereich FARBE ein wenig nach rechts, bis Sie mit der Leuchtkraft zufrieden sind. Übertreiben Sie es allerdings nicht damit. Im Beispiel habe ich den Wert auf 50 erhöht.

▲ **Abbildung 6.14**
Änderungen bestätigen – und fertig ist die Schnellkorrektur der Beleuchtung. ■

Graustufenbild

Wenn Sie dem Bild über die SÄTTIGUNG die Farbe entziehen, bleibt es dennoch eine RGB-Bild, dem Sie Farbe (etwa einen farbigen Text) wieder hinzufügen könnten. Ein echtes Graustufenbild erzeugen Sie dagegen über BILD • MODUS • GRAUSTUFEN.

Farbveränderungen

Die Korrektur oder Manipulation von Farben bedarf gesteigerter Sensibilität und Umsicht. Häufig werden nämlich bei der Änderung von Farben auch einzelne Farbwerte verändert, die Sie eigentlich gar nicht verändern wollten. Denken Sie daher daran: Nichts verdirbt ein Bild schneller als eine unbedachte Farbkorrektur.

 Bird2.jpg

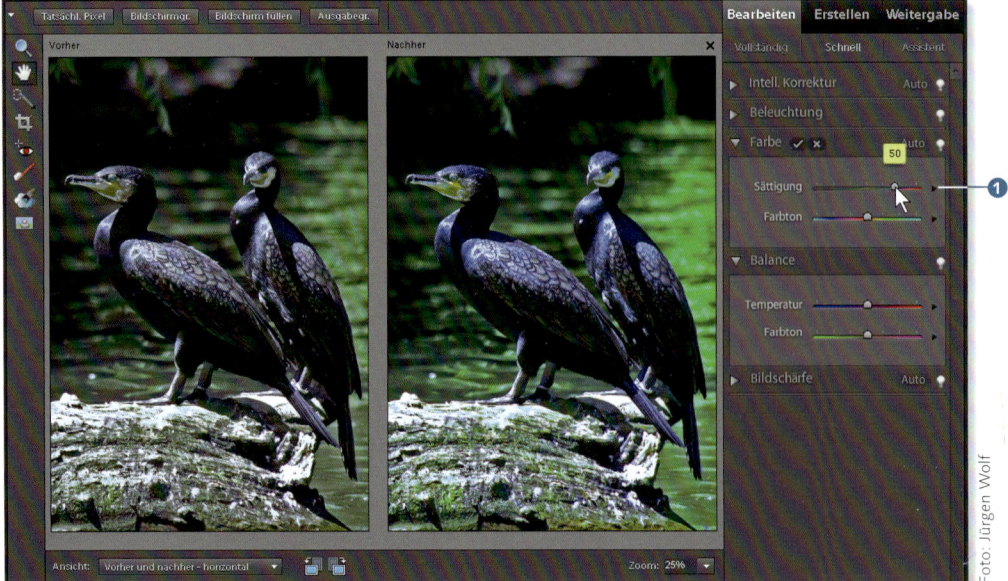

Abbildung 6.15 ▲
Eine erhöhte Sättigung sorgt
für mehr Leuchtkraft.

Abbildung 6.16 ▼
Eine wärmere Farbtemperatur
für das Bild

2   **Farbtemperatur erhöhen**

Die Vögel auf dem Bild wirken immer noch etwas kühl. Schieben
Sie daher für eine etwas wärmere Farbe den Regler bei BALANCE
für TEMPERATUR ❷ und eventuell FARBTON ❸ leicht nach rechts.
Im Beispiel habe ich nur den Wert von TEMPERATUR auf 56 erhöht.
Zuletzt brauchen Sie nur noch den Vorgang mit dem Häkchen zu
bestätigen und das Bild zu speichern.

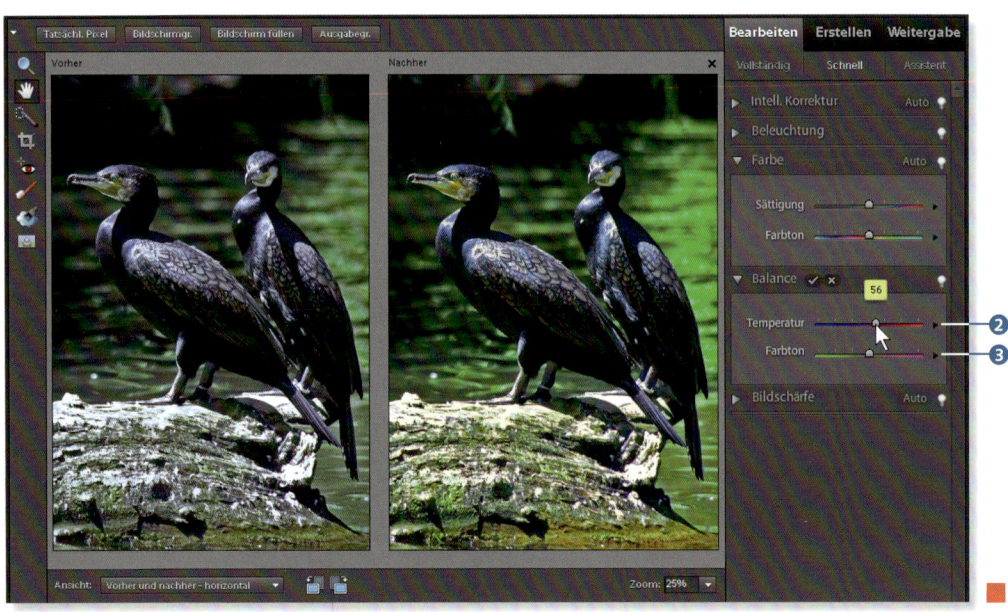

6.2.3 Unschärfe korrigieren

Wirkt ein Bild etwas zu weich, etwa weil der Autofokus der Kamera versagt hat, können Sie solche Bereiche unter BILD-SCHÄRFE entweder mit der Schalfläche AUTO automatisch oder manuell mit dem Schieberegler SCHÄRFEN verbessern. Je mehr Sie den Schieberegler nach rechts schieben, desto stärker wird das Bild nachgeschärft.

Zum Weiterlesen

Das Thema Schärfen ist ebenfalls ein Schlüsselthema in der digitalen Bildbearbeitung. Ich werde daher in Kapitel 17, »Bilder schärfen«, noch ausführlicher darauf eingehen.

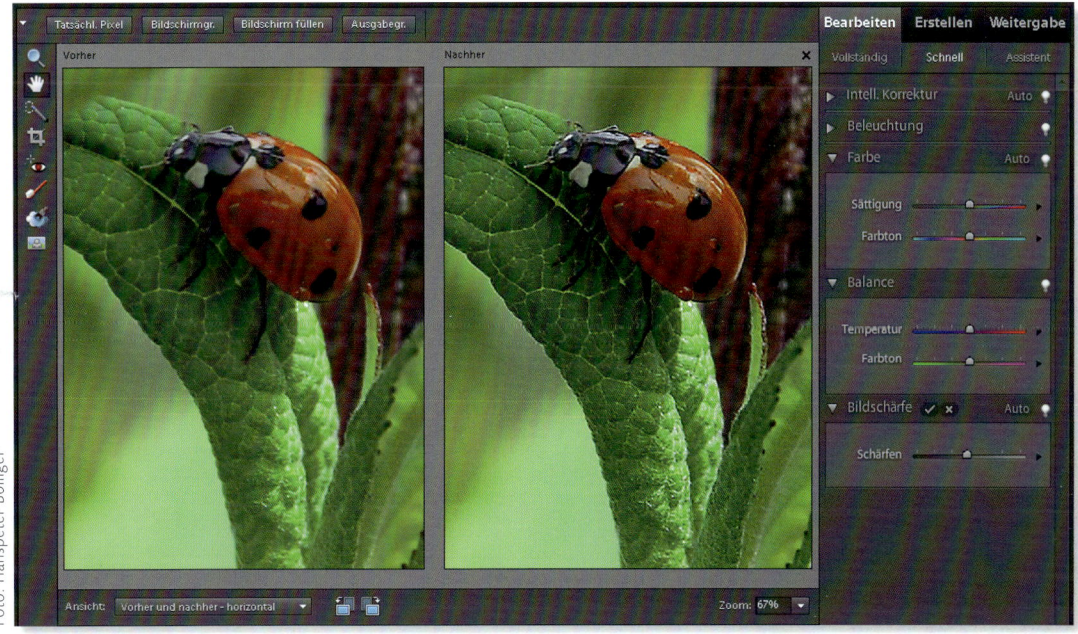

Foto: Hanspeter Bolliger

▲ **Abbildung 6.17**
Unschärfe schnell korrigiert

 Gluecksbringer.jpg

6.2.4 Alles zusammen – die intelligente Korrektur

Im Bereich INTELL. KORREKTUR der Schnellkorrektur finden Sie eine Korrekturform, die alle soeben beschriebenen Korrekturen wie Beleuchtung, Farbe und Schärfe automatisch vornimmt. Mit einem Klick auf die Schaltfläche AUTO ④ korrigiert Photoshop Elements das Bild selbsttätig. Die Stärke der automatischen Korrektur können Sie dabei mit dem Schieberegler KORREKTUR ⑤ einstellen.

Volle Automatik

Die intelligente Schnellkorrektur eignet sich nur bedingt für Korrekturarbeiten. Hierbei übernimmt Photoshop Elements für Sie sämtliche Berechnungen. Das mag auf den ersten Blick praktisch erscheinen, dennoch ist eine gute Korrektur hier eher eine Frage des Zufalls. Bei Bildern, die nur sehr wenig Korrektur benötigen, können Sie ja einmal einen Versuch wagen.

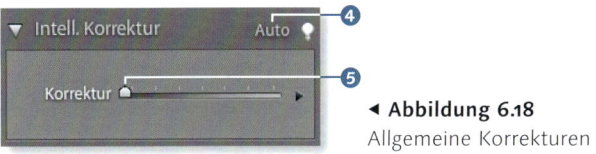

◄ **Abbildung 6.18**
Allgemeine Korrekturen

Candy.jpg

6.2.5 Vorschaufunktion in der Schnellkorrekturen

Bei allen Schiebereglern der Schnellkorrekturen finden Sie jeweils auf der rechten Seite des Reglers ein kleines Dreieck ❶. Klicken Sie es an, um unmittelbar darunter eine Vorschau mit mehreren Miniaturen (es sind immer neun) des aktuellen Bildes einzublenden, die Sie und durch erneutes Anklicken wieder ausblenden.

Abbildung 6.19 ▶
Hier wurden die Miniaturvorschauen unter dem Regler FARBTON eingeblendet.

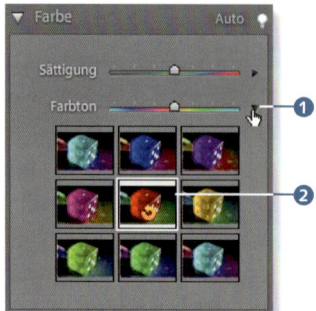

Wenn Sie jetzt z. B. mit der Maus über einem der Vorschaubilder stehen ❷ bleiben und in der ANSICHT ❸ eine der Nachher-Funktion aktiviert haben, können Sie sehen, wie das Bild mit dieser Vorschau aussehen würde. Am Schieberegler ❻ darüber erkennen Sie, bei welcher Position dieses Ergebnis erzeugt würde. Wollen Sie Ernst machen und eine Einstellung eines Vorschaubildes verwenden, brauchen Sie dieses nur anzuklicken.

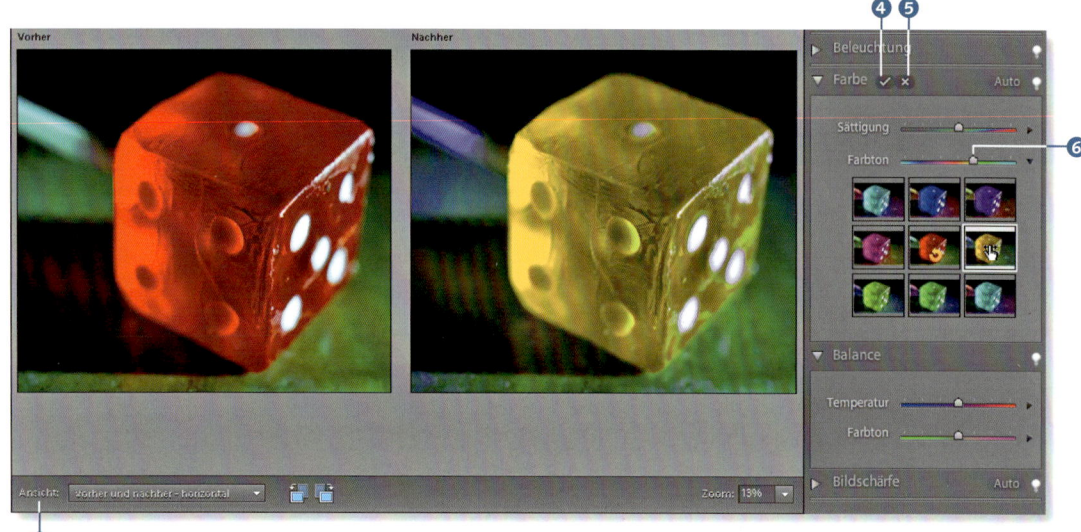

▲ **Abbildung 6.20**
Auch wenn Sie in der Vorschaufunktion der Schnellkorrektur eine Auswahl getroffen haben, müssen Sie diese Einstellung noch mit dem Häkchen ❹ bestätigen oder mit dem X-Symbol ❺ wieder rückgängig machen.

Wollen Sie das Ganze noch etwas feiner einstellen, können Sie entweder über den Schieberegler darüber feinjustieren, oder Sie halten die linke Maustaste über das entsprechende Vorschaubild gedrückt und bewegen die Maus nach links oder nach rechts, um den Wert der Vorschau (und gleichzeitig auch des Schiebereglers) zu reduzieren bzw. zu erhöhen.

6.2.6 Rote Augen korrigieren

Auf vielen Fotos findet sich der unerwünschte Rote-Augen-Effekt, der sich bei Aufnahmen mit Blitzlicht einstellen kann. Den Rote-Augen-Effekt können Sie auch mit der Schnellkorrektur von Photoshop Elements entfernen. Der folgende Workshop zeigt, wie Sie rote Augen in Ihren Bildern korrigieren.

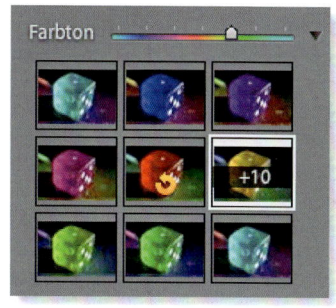

▲ **Abbildung 6.21**
Hier wird der Wert in der Miniaturvorschau um +10 erhöht.

Schritt für Schritt: Rote Augen entfernen

Am Beispiel des Bildes »rote_Augen.jpg« lernen Sie zwei Möglichkeiten kennen, rote Augen zu korrigieren.

rote_Augen.jpg

1   Rote Augen automatisch entfernen lassen

Am einfachsten korrigieren Sie den Rote-Augen-Effekt mit der Automatik über das Menü ÜBERARBEITEN • ROTE AUGEN AUTOMATISCH KORRIGIEREN oder mit der Tastenkombination [Strg]/[⌘]+[R]. Photoshop Elements sucht jetzt im Bild nach den roten Augen und versucht, sie automatisch zu korrigieren. Manchmal funktioniert diese Methode ganz gut, aber in unserem Bild hat dies kaum einen Effekt. Machen Sie die automatische Korrektur daher mit [Strg]/[⌘]+[Z] wieder rückgängig.

2   Werkzeug verwenden

Alternativ (und dies ist meistens die bessere Lösung) nutzen Sie das Rote-Augen-entfernen-Werkzeug . Aktivieren Sie das Werkzeug in der Werkzeugpalette oder über die Taste [Y]. Die Standardeinstellungen der Werkzeugoptionen (PUPILLENGRÖSSE und VERDUNKELUNGSBETRAG) können Sie jeweils bei 50 % belassen.

Ziehen Sie nun mit gedrückter Maustaste in der Nachher-Ansicht einen Rahmen ❼ um ein Auge. Beachten Sie hierbei, dass Sie auf der Vorher-Ansicht keinerlei Änderungen machen können. Sobald Sie nach dem Ziehen des Rahmens die Maustaste loslassen, sollte das rote Auge korrigiert sein. Falls die roten Augen nicht beim ersten Mal korrigiert sind, wiederholen Sie den Vorgang noch ein paarmal.

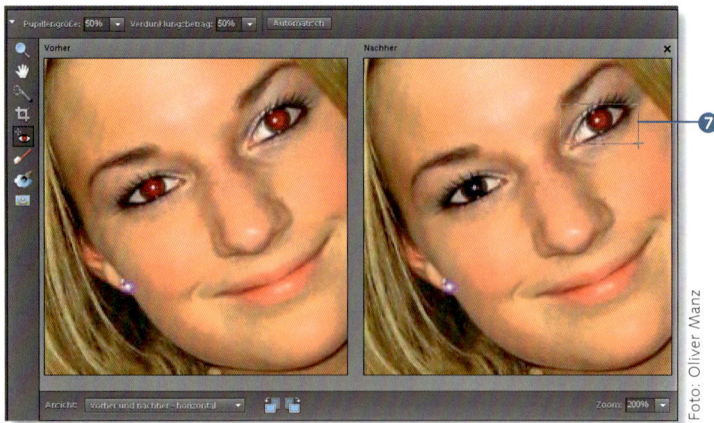

Abbildung 6.22 ►
Mit dem Rote-Augen-entfernen-Werkzeug einen Rahmen um das Auge ziehen

3 Ein-Klick-Lösung

Das Rote-Augen-entfernen-Werkzeug 🔴 bietet noch eine zweite Möglichkeit, um rote Augen zu entfernen. Klicken Sie hierzu einfach in den roten Bereich des Auges.

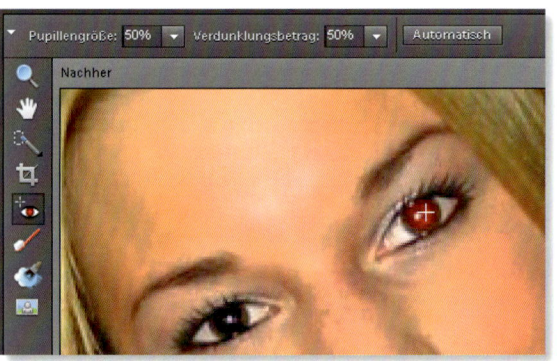

Abbildung 6.23 ►
Häufig reicht ein Klick auf das rote Auge zur Korrektur aus.

Exkurs: Wenn die Rote-Augen-Automatik nichts bewirkt | Bei Tierfotografien mit Blitzlicht sind die Ergebnisse der Rote-Augen-Automatik meist unbefriedigend. Die Augenfarbe der Tiere wird hierbei häufig gelblich, grünlich oder leicht bläulich wiedergegeben. In diesem Fall müssen Sie im Editor (im VOLLSTÄNDIG-Modus, nicht mehr im SCHNELL-Modus) manuell eingreifen. Eine solche Retusche soll im Folgenden zur Übung durchgeführt werden.

Schritt für Schritt: Augen bei Tieren korrigieren

1 Bereich mit Zauberstab auswählen

Wählen Sie in der Werkzeugpalette des Editors den Zauberstab ✦ aus, oder drücken Sie die Taste W. Stellen Sie in der Werkzeugoption die TOLERANZ ❶ auf den Wert 100. Klicken Sie jetzt

Augen_Effekt.jpg

mit dem Zauberstab in einem hellen Bereich im Auge. Halten Sie ⌂ gedrückt, und klicken Sie bei gehaltener ⌂-Taste auch auf das andere Auge. Beide Augen sollten nun ausgewählt sein.

◀ **Abbildung 6.24**
Die verblitzten Augen mit dem Zauberstab auswählen

2   Auswahl erweitern

Damit auch der Rand der Pupille komplett erfasst wird, sollten Sie die Auswahl um einige Pixel erweitern. Klicken Sie hierzu auf das Menü AUSWAHL • AUSWAHL VERÄNDERN • ERWEITERN, und geben Sie in der folgenden Dialogbox den Wert »3« ein. Bestätigen Sie die Eingabe mit OK.

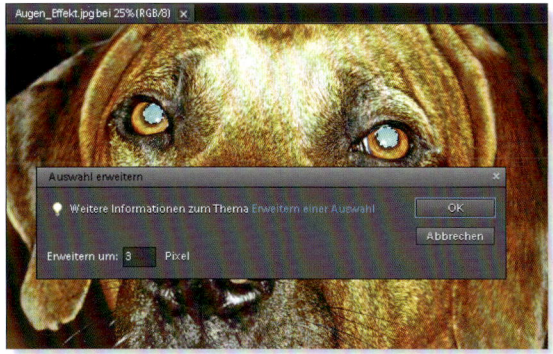

◀ **Abbildung 6.25**
Auswahl um einen nicht erfassten Bereich der Pupillen erweitern

3   Auswahl abdunkeln

Als letzten Schritt dunkeln Sie die ausgewählten Pupillen ab. Klicken Sie hierzu auf das Menüelement ÜBERARBEITEN • FARBE ANPASSEN • FARBTON/SÄTTIGUNG ANPASSEN, oder nutzen Sie die Tastenkombination Strg/⌘+U. Reduzieren Sie im folgenden Dialog die HELLIGKEIT ❷ auf den Wert –86 (die genaue Einstellung ist auch Geschmackssache), und bestätigen Sie mit OK. Die Auswahl können Sie mit Strg/⌘+D wieder aufheben.

Abbildung 6.26 ▶
Abdunkeln der Helligkeit der
Augen

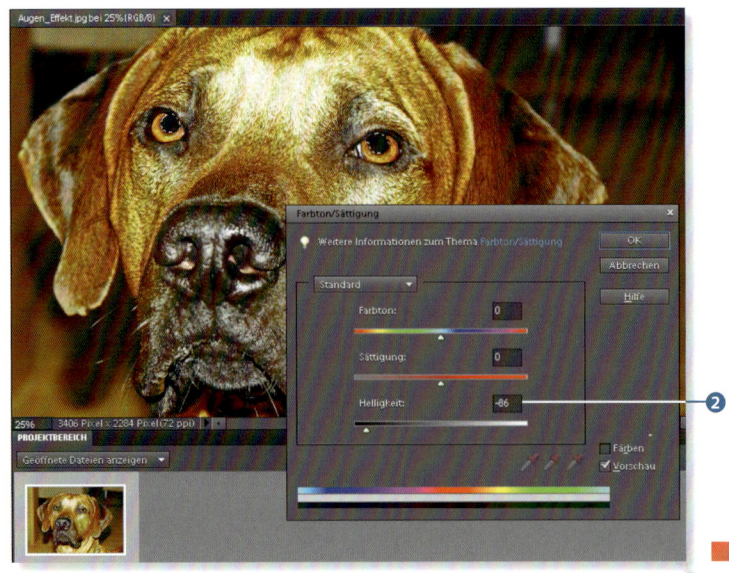

6.2.7 Bilder drehen und freistellen

Kamera und Querformat
Viele Kameras bieten Bilder, die
im Hochformat aufgenommen
wurden, nur querformatig an. Daher finden Sie bei der Schnellkorrektur auch eine Option zum Drehen der Bilder.

Zur Schnellkorrektur gehört natürlich auch das Drehen der Bilder
um 90°. Hierzu finden Sie im Schnellkorrektur-Modus im Flyout-
Menü, wo Sie auch die Ansicht einstellen, zwei Schaltflächen, mit
denen Sie das Bild um 90° nach links ❸ und um 90° nach rechts
❹ drehen können. Beachten Sie, dass Sie mit dieser Funktion
das Bild selbst um 90° drehen und nicht dessen Ansicht – selbst
wenn sich der Einstellmodus für die Ansicht unmittelbar daneben
befindet.

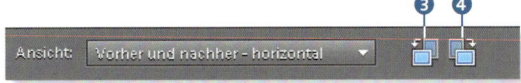

Abbildung 6.27 ▶
Bilder um 90° nach links oder
nach rechts drehen

Gerade bei Sportaufnahmen oder Aufnahmen von Objekten in
Bewegung haben Sie selten auf Anhieb den richten Bildausschnitt.
Dies ist aber noch lange kein Grund, ein Bild zu verwerfen. Sie
können sich in einem solchen Fall mit dem Freistellungswerkzeug
behelfen. Der folgende Workshop zeigt Ihnen Schritt für Schritt,
wie Sie dabei vorgehen.

Schritt für Schritt: Bildausschnitt freistellen

Kanu_Weltcup.jpg

Das folgende Bild »Kanu_Weltcup.jpg« ist zwar gelungen, zeigt
aber doch recht wenig vom Hauptmotiv. Im Folgenden will ich
Ihnen zeigen, wie Sie dem Bild mehr Nähe geben.

1 **Freistellungsrahmen auswählen**

Wählen Sie im Schnellkorrektur-Modus das Freistellungswerkzeug ▣ in der Werkzeugpalette aus, oder drücken Sie die Taste [C]. Verwenden Sie unter den Werkzeugoptionen bei SEITENVERHÄLTNIS **5** FOTOVERHÄLTNIS VERWENDEN. Wählen Sie nun im Bild der Nachher-Ansicht die linke obere Ecke **6** des neuen Bildausschnitts aus, und halten Sie die Maustaste gedrückt. Ziehen Sie mit der gedrückten Maustaste den Rahmen nach rechts unten **7**, bis Sie den gewünschten Bildausschnitt ausgewählt haben.

▼ **Abbildung 6.28**
Auswahl eines Bildausschnitts, der freigestellt werden soll

Foto: Jürgen Wolf

2 **Rahmen anpassen und bestätigen**

Haben Sie die Maustaste losgelassen, so erscheint ein Rahmen mit einem grünen Häkchen **9** und einem Stopp-Symbol **8**. Wenn Ihnen der ausgewählte Bildausschnitt noch nicht gefällt, können Sie ihn mit den Anfassern vergrößern oder verkleinern. Mit gedrückter Maustaste innerhalb der Auswahl verschieben Sie diese. Sind Sie zufrieden, klicken Sie das Häkchen an oder bestätigen mit [↵]. Um den Vorgang abzubrechen, klicken Sie auf das Stopp-Symbol, oder drücken Sie [Esc].

◄ **Abbildung 6.29**
Rahmen anpassen und bestätigen

3 Neuen Bildausschnitt abspeichern

Abbildung 6.30 ▼
Das Ergebnis kann sich sehen
lassen: Jetzt sind wir näher am
Geschehen dran.

Wenn Sie mit dem Ergebnis zufrieden sind, können Sie die Datei abspeichern – am besten unter einem anderen Namen als das Original, um dieses nicht durch versehentliches Überschreiben zu verlieren.

6.2.8 Bildbereiche korrigieren

Zum Schluss möchte ich Ihnen noch zeigen, wie Sie mit dem Schnellauswahl-Werkzeug einen bestimmten Bildbereich auswählen und korrigieren oder manipulieren.

Schritt für Schritt: Einzelne Bildteile einfärben

Rot_Gruen.jpg

In diesem Workshop werden wir beim Bild »Rot_Gruen.jpg« den Apfel umfärben, ohne dass die Änderung als Manipulation zu erkennen ist.

1 Konturen finden

Aktivieren Sie das Schnellauswahl-Werkzeug ❶, und malen Sie mit gedrückter Maustaste auf dem roten Apfel der Nachher-Ansicht. Photoshop Elements versucht nun selbstständig, die zusammengehörenden Konturen zu finden. Anhand der Auswahlkante ❸ können Sie feststellen, welche Konturen gefunden wurden. Sie können die Maustaste jederzeit loslassen und das Werkzeug neu ansetzen. Solange bei den Werkzeugoptionen das Auswahlwerkzeug mit dem Plus-Symbol ❷ aktiviert ist, werden neu angesetzte Auswahlen zur aktuellen Auswahl hinzugefügt. Je feiner die Bereiche werden, desto näher können Sie in das Bild hineinzoomen und bei Bedarf Klick für Klick weitere Auswahlen hinzufügen.

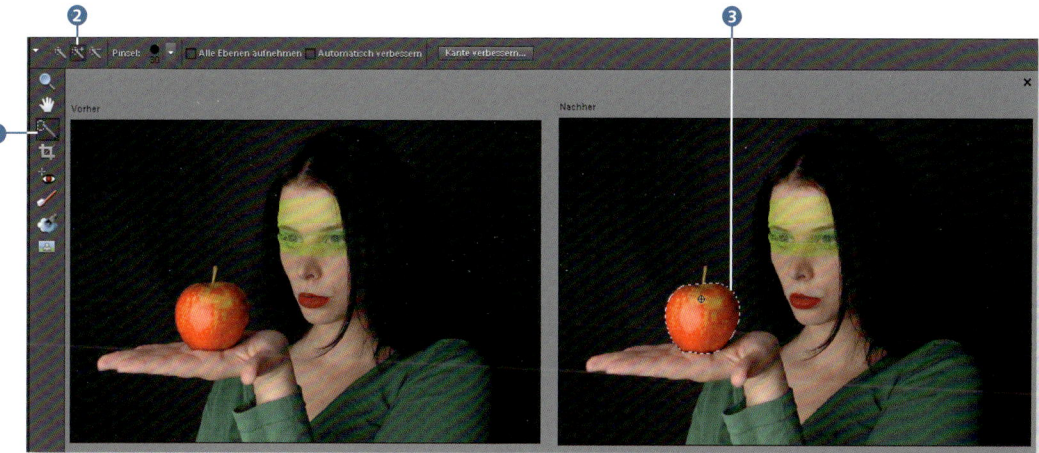

Foto: Clarissa Schwarz, http://www.clarissa-schwarz.ch

2   Auswahl korrigieren

Sollten Sie mehr als nötig mit dem Schnellauswahl-Werkzeug markiert haben, so wählen Sie einfach bei den Werkzeugoptionen das Schnellauswahl-Werkzeug-Symbol mit dem Minus-Zeichen ❹ (VON AUSWAHL ABZIEHEN) aus und übermalen den Bereich, der von der aktuellen Auswahl entfernt werden soll ❺. Umgekehrt können Sie natürlich jederzeit wieder zu viel entfernte Bereiche mit dem Schnellauswahl-Werkzeug-Symbol über das Plus-Zeichen zur Auswahl hinzufügen.

▲ **Abbildung 6.31**
Konturen des roten Apfels mit dem Schnellauswahl-Werkzeug finden

◀ **Abbildung 6.32**
VON AUSWAHL ABZIEHEN. Hier wurde der Stil des Apfels von der Auswahl entfernt. Zuvor wurde natürlich die Größe der Pinselspitze verkleinert.

3   Ausgewählten Bereich bearbeiten

Den ausgewählten Bereich können Sie nun nach Belieben bearbeiten. Im Beispiel habe ich im Bereich FARBE den Schieberegler für FARBTON ❽ leicht nach rechts (+75) auf die grüne Farbe gezogen und die SÄTTIGUNG ❼ ein wenig reduziert (genauer auf den Wert: −65). Bestätigen Sie den Vorgang mit dem grünen Häkchen ❻. Heben Sie die Auswahl mit ⌷Strg⌷/⌷⌘⌷+⌷D⌷ auf, und speichern Sie das Bild.

▲ **Abbildung 6.33**
Den ausgewählten Bildbereich bearbeiten ■

6.3   Der Assistent

Handy.jpg

Neben dem VOLLSTÄNDIG-Modus und dem SCHNELL-Modus gibt es den Modus ASSISTENT, den Sie über die entsprechende Schaltfläche ❶ im Aufgabenbedienfeld BEARBEITEN aktivieren.

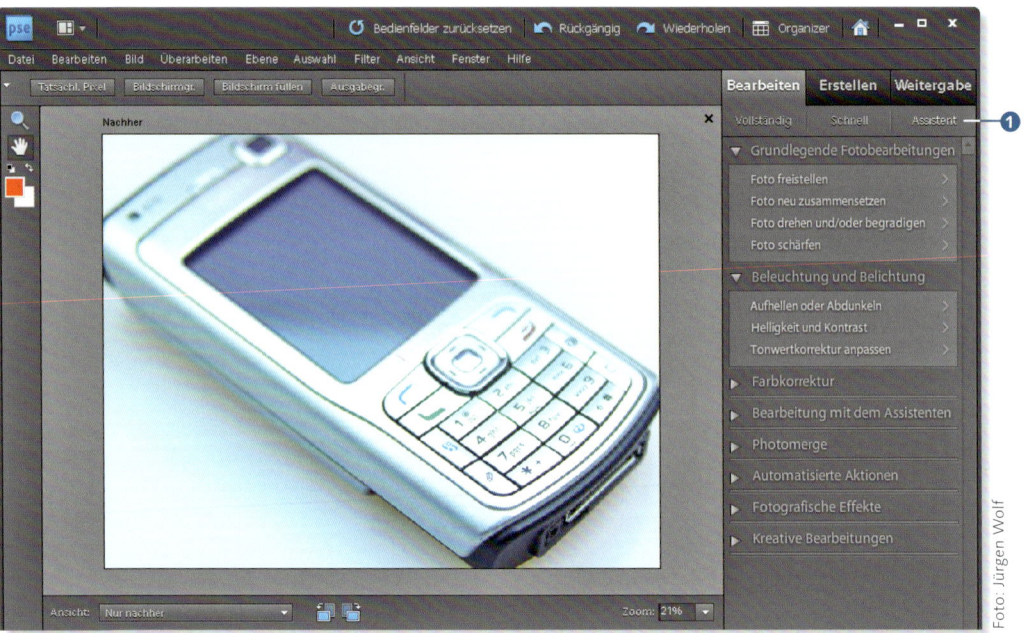

Abbildung 6.34 ▲
Für absolute Einsteiger –
der Modus ASSISTENT

Dieser Modus ist noch eine Spur einfacher gehalten als der Schnellkorrektur-Modus. Er tritt bei der Bearbeitung direkt in Dialog mit dem Anwender. Dies hat den Vorteil, dass der Anwender eine genaue Erklärung erhält, was er mit der jeweils ausgewählten Aktion bewirkt.

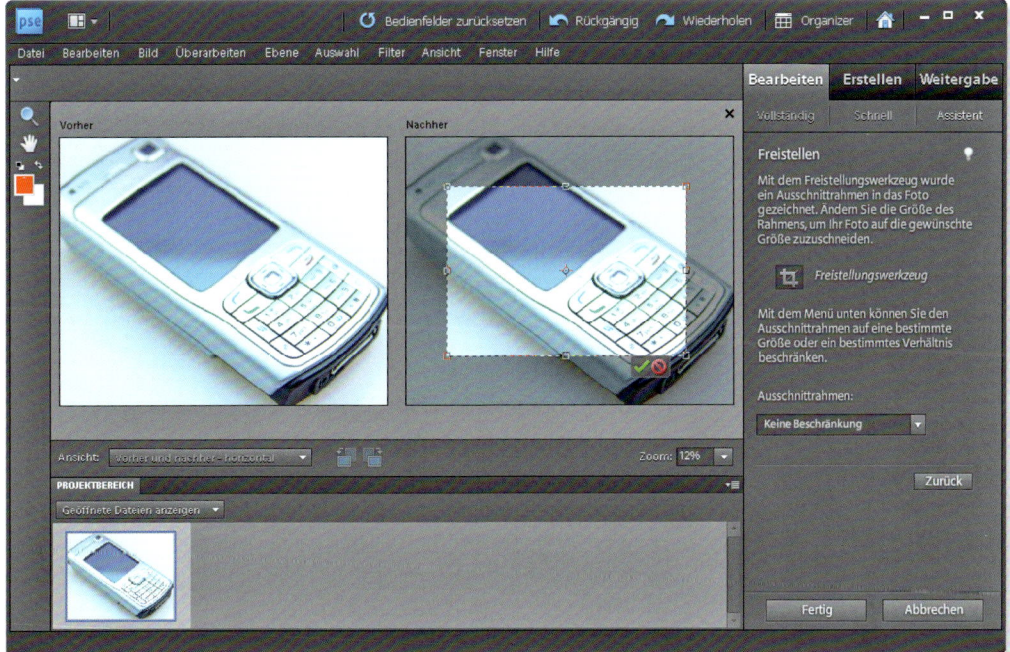

▲ **Abbildung 6.35**
Das Freistellungswerkzeug beim
Assistenten mit genauer Instruktion

Im vorliegenden Buch werde ich den Assistenten und die einzelnen Funktionen nicht viel näher behandeln. Er ist eigens so konzipiert, dass sich seine Anwendung selbst erklärt. Im Grunde sind die Funktionen des Assistenten ohnehin eine Vereinfachung der manuellen Bildbearbeitung. Die besseren Ergebnisse erzielen Sie meistens mit der manuellen Bildbearbeitung – ihre Möglichkeiten werden Sie im Laufe dieses Buches im Detail kennenlernen.

Trotzdem bietet der Assistent interessante spezielle Funktionen, die sich nicht mit ein paar Mausklicks im VOLLSTÄNDIG-Modus des Editors erstellen lassen. Daher soll hier kurz auf einige dieser Funktionen eingegangen werden. Hier finden Sie vielleicht die eine oder andere Überraschung wieder.

Action Player | Im Bereich AUTOMATISIERTE AKTIONEN finden Sie den ACTION PLAYER. Mithilfe dieser Funktion können einen Aktionssatz ausführen, der im VOLLSTÄNDIG-Modus erheblich mehr Aufwand benötigen würde. Das Prinzip des Players ist einfach: Im ersten Schritt wählen Sie den Aktionssatz ❸ in der Dropdown-Liste aus. Im zweiten Schritt legen Sie dann die auszuführende Aktion ❹ in der zweiten Dropdown-Liste fest. Klicken Sie auf AKTION AUSFÜHREN ❺, um das Ergebnis in der Vorher-nachher-Ansicht ❷ zu betrachten. Hierbei können Sie beliebig viele und beliebig oft weitere Aktionen ausführen. Mit einem Klick auf die Schaltfläche FERTIG gelangen Sie zurück zum ASSISTENT-Modus.

Probieren geht über …

Gerade weil der ACTION PLAYER tolle automatisierte Aktionen anbietet und auch mehrfach ausgeführt werden kann, empfehle ich Ihnen, damit zu experimentieren. Interessant dürfte auch für den einen oder anderen die auszuführende Aktion SOFORT-SCHNAPPSCHUSS im Aktionssatz SPEZIALEFFEKTE sein, mit der Sie eine Art Polaroid-Foto erstellen. Allerdings müssen Sie hierzu das Bild gegebenenfalls entsprechend zuschneiden. Für eine automatisierte Aktion also noch nicht ganz optimal.

KapArkona.jpg

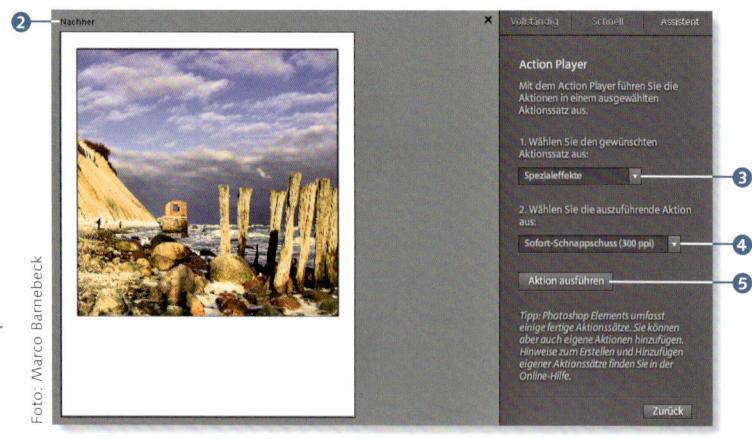

Foto: Marco Barnebeck

Abbildung 6.36 ▶
Der ACTION PLAYER in Aktion, hier bei der Erstellung eines Polaroid-Fotos (SOFORT-SCHNAPPSCHUSS (300 PPI))

Lomo-Effekt | Sehr nützliche und zum Teil aufwändige Effekte finden Sie beim Assistent unter KREATIVE BEARBEITUNGEN.

Mit dem LOMO-EFFEKT können Sie einen Fotostil wie mit einer alten russischen Schnappschusskamera, der Kompaktkamera *Leningradskoye Optiko Mechanicheskoye Obyedinenie* (kurz LOMO), erstellen. Bei einem solchen Effekt werden die Bilder meistens unscharf, kontrastreich und die Ränder dunkel (Vignettierung). Mittlerweile hat sich die Lomografie als Kunstform entwickelt.

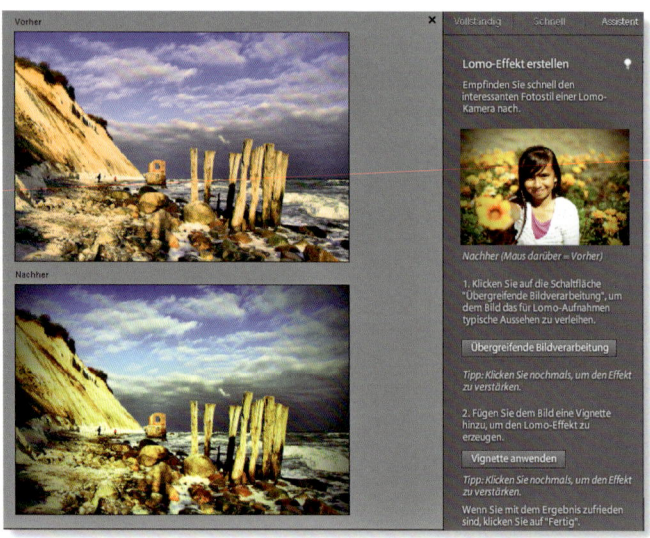

Abbildung 6.37 ▶
Ein Klassiker der kreativen Bildbearbeitung: der Lomo-Effekt

Einen besonders tollen Effekt können Sie mit OUT-OF-BOUNDS erzielen. Damit fällt quasi ein Bildobjekt aus dem Bildrahmen heraus. Der Effekt ist sehr beliebt und lässt sich natürlich auch im VOLLSTÄNDIG-Modus erreichen. Allerdings mit viel mehr Aufwand als mit den Funktionen von OUT-OF-BOUNDS im Assistent.

Schritt für Schritt: Ein Bild aus dem Rahmen fallen lassen

 Esel.jpg

1 »Out-of-Bounds« aufrufen

Laden Sie zunächst das gewünschte Bild mit DATEI • ÖFFNEN in den Editor. Sofern noch nicht geschehen, rufen Sie jetzt im Aufgabenbedienfeld den ASSISTENT ❻ auf, und wählen Sie in der Rubrik KREATIVE BEARBEITUNGEN ❼ die Option OUT-OF-BOUNDS ❽ aus.

2 Rahmen hinzufügen

Klicken Sie jetzt auf die Schaltfläche RAHMEN HINZUFÜGEN ❾, und bewegen Sie den Rahmen ⓫ an die gewünschte Position. Über die vier Eckpunkte und den Mittelpunkt passen Sie die Größe des Rahmens an. Achten Sie dabei darauf, dass Teile des Hauptobjekts etwas außerhalb des Rahmens liegen. Mit Strg/⌘+⇧+Alt können Sie die Perspektive des Rahmens an den Eck- und Mittelpunkten verzerren. Klicken Sie auf das grüne Häkchen ❿, wenn Sie mit dem Rahmen zufrieden sind.

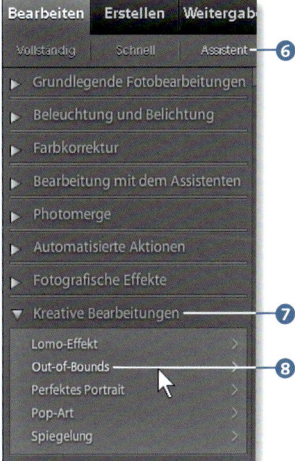

▲ **Abbildung 6.38**
OUT-OF-BOUNDS im Assistent aufrufen

▲ **Abbildung 6.39**
Rahmen zum Bild hinzufügen und gegebenenfalls die Perspektive anpassen

Foto: Hanspeter Bolliger

3 Rahmendicke anpassen

Im nächsten Schritt können Sie – erneut über die vier Eck- und Mittelpunkt – die Rahmenstärke anpassen, indem Sie diese Punkte nach außen hin verschieben. Sind auch mit dieser Einstellung zufrieden, klicken Sie wieder auf das grüne Häkchen ❶.

Abbildung 6.40 ▶
Rahmenstärke einstellen

4   Objekt auswählen

Verwenden Sie jetzt das Schnellauswahl-Werkzeug ❺, und wählen Sie damit den Bereich aus, der Teil des Bildes außerhalb des Rahmens sein soll. Für eine bessere Auswahl sollten Sie tiefer in das Bild zoomen. Zu viel Ausgewähltes können Sie bei den Werkzeugoptionen über das Minus-Symbol ❸ wieder entfernen und mit dem Plus-Symbol ❷ wieder hinzufügen. Die Pinselstärke können Sie jederzeit bei PINSEL ❹ einstellen. Sind Sie mit der Auswahl zufrieden, klicken Sie die Schaltfläche OUT-OF-BOUNDS-Effekt ERSTELLEN ❻ an.

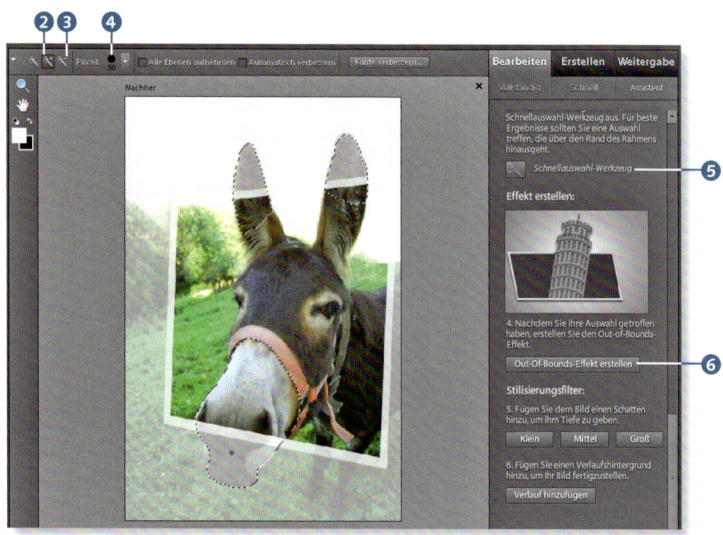

Abbildung 6.41 ▶
Mit der Auswahl bestimmen Sie, was über den Bilderrahmen herausragen soll.

5 **Stil anpassen**

Am Ende können Sie noch über den drei Schaltflächen ❼ einen unterschiedlich starken Schatten um den Rahmen und das herausragende Bildobjekt legen. Wollen Sie den Hintergrund mit einem bestimmen Farbverlauf versehen, verwenden Sie dafür die letzte Schaltfläche, Verlauf hinzufügen ❽. Mit Fertig ❾ kommen Sie zurück zum Assistent-Modus. Das Bild wird übrigens in mehreren Ebenen gespeichert. Dies werden Sie spätestens feststellen, wenn Sie zum Vollständig-Modus zurückkehren. Mit Ebene • Auf Hintergrundebene reduzieren können Sie alle Ebenen auf eine reduzieren. Mehr zu den Ebenen erfahren Sie ohnehin in Teil 8 des Buches, wo die Ebenen behandelt werden.

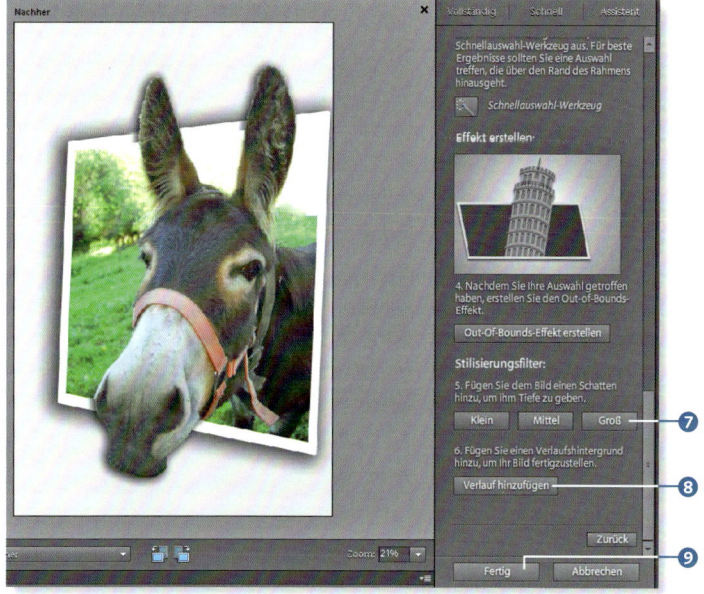

◀ **Abbildung 6.42**
Fertig ist der Out-of-Bounds-Effekt mit wenigen Schritten

Perfektes Porträt | Ebenfalls einen interessanten Zusammenschnitt für eine einfache Porträt-Retusche finden Sie beim Assistent unter Kreative Bearbeitungen mit Perfektes Porträt. Allerdings erzielen Sie hierbei mit der manuellen Version, die im Buch ab Abschnitt 34.4.1 beschrieben wird, meistens noch bessere Ergebnisse. An sich ist das Gesamtpaket nicht schlecht, aber der Bereichsreparatur-Pinsel bietet keine sichtbaren Einstellungen, um die Pinselspitze zu vergrößern oder zu verkleinern. Dies muss umständlich über die Tasten ⇧+⧉ bzw. ⧉ gemacht werden, was für eine Assistent-Funktion nicht sehr praktisch ist.

FishermansWharf.jpg

Pop-Art und Spiegelung | Mit POP-ART erstellen Sie eine Art Warhol-Effekt mit einem Bild, und mit SPIEGELUNG erzielen Sie eine Art Boden- oder Wasserspiegelung von einem Bild.

Abbildung 6.43 ▶
Schnell erstellt in vier Schritten: der Pop-Art-Effekt

Abbildung 6.44 ▶
Für kreative Zwecke ebenfalls sehr nützlich: eine Spiegelung eines Bildes

Photomerge | Immer beliebiger und umfangreicher werden die Photomerge-Funktionen, die Sie im Editor im VOLLSTÄNDIG- und im SCHNELL-Modus oder über dem Organizer auch über das Menü DATEI • NEU erreichen. Die einzelnen Photomerge-Funktionen werden selbstverständlich im Buch bei den passenden Kapiteln behandelt.

Teil II
Der Organizer

7 Die Arbeitsoberfläche des Organizers

Urlaube, Geburtstage, Hochzeiten, Feste, Naturaufnahmen, Porträts – wer leidenschaftlich gerne fotografiert, hat schnell einige Tausend Bilder zusammen. Um hier die Übersicht zu bewahren, muss man seine Bilder entweder sehr sorgfältig und mühsam von Hand sortieren, oder aber man verwendet ein Bildverwaltungsprogramm, das einem viel Arbeit abnimmt und das Leben leichter macht. Zum Glück liefert Adobe mit dem Organizer eine solche Software gleich mit. Mit ihm können Sie Ihre Fotos (und andere Mediendateien) organisieren, suchen und weitergeben.

 Endlich auch angekommen auf dem Mac ist der Organizer in der neuen Version. In der Vorgänger-Version wurde ja noch Adobe Bridge CS4 zur Verwaltung der Bilder verwendet. Sollten Sie noch im Besitz der Vorgängerversion für den Mac sein, finden Sie auf der Buch-DVD im Ordner ZUSATZMATERIAL ein Kapitel zu Adobe Bridge CS4 für den Mac.

7.1 Den Organizer starten

Wenn Sie Photoshop Elements starten, erscheint der Startbildschirm. Um von hier aus den Organizer zu starten, wählen Sie ORGANISIEREN ❶ aus.

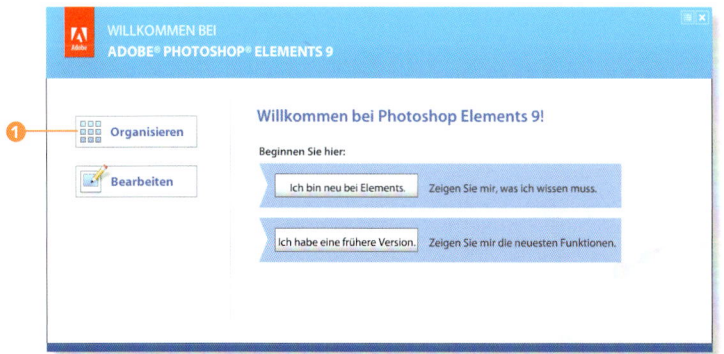

Bilderverwaltung

Der Organizer dient in erster Linie dazu, Bilder in Verzeichnissen nach einem Motiv und/oder Erstelldatum verschiedenen virtuellen Alben bzw. Katalogen zuzuordnen. Auch bei der Suche und beim Drucken von Bildern erleichtert der Organizer Ihnen das Leben erheblich. Für die Verzeichnisverwaltung der Bilder auf dem Rechner sind Sie allerdings weiterhin selbst verantwortlich.

◄ **Abbildung 7.1**
Mit ORGANISIEREN starten Sie den Organizer.

Alternativ rufen Sie den Organizer aus dem Editor über die Schaltfläche ORGANIZER ❷ oben rechts auf. Hierbei öffnet sich der Organizer als neues Fenster, und Sie können den Editor und den Organizer als eigenständige Anwendungen abwechselnd benutzen.

▲ **Abbildung 7.2**
Den Organizer über den Editor aufrufen

Beim ersten Start des Organizers | Beim ersten Start des Organi-
zers erscheint ein Dialog, der Ihnen bei der Ersteinrichtung hilft,
alle auf dem Rechner befindlichen Dateien in den Organizer aufzunehmen. Ich empfehle Ihnen, in diesem Dialog zunächst auf
NEIN zu klicken, da wir das Aufnehmen von Dateien in den Organizer im Folgenden manuell durchführen wollen, damit Sie sich
besser mit der Software vertraut machen.

Sollten Sie eine **Vorgängerversion** von Photoshop Elements
auf dem Rechner installiert haben, bietet Ihnen der Organizer
unter Windows beim Start auch an, den bestehenden Katalog in
die neue Version zu importieren. Auch dieses Importieren können
Sie nachträglich über DATEI • KATALOG oder $\boxed{\text{Strg}}$/$\boxed{\text{⌘}}$+$\boxed{\text{⇧}}$+$\boxed{\text{C}}$
erledigen.

7.2 Die Oberfläche des Organizers im Schnellüberblick

Die Oberfläche des Organizers ist ähnlich aufgebaut wie die des
Editors. Das ist recht praktisch, denn es verkürzt die Einarbeitungszeit erheblich.

**Vorhandene Bilder im
Medienbrowser**
Wenn Sie den Organizer gestartet haben, finden Sie vielleicht bereits ein paar Bilder im
Medienbrowser. Es dürfte sich
hierbei um Bilder handeln, die
Sie in Teil 1 bearbeitet und auf
dem Rechner gespeichert haben. Vielleicht haben Sie auch
zwischenzeitlich Fotos von der
Kamera mit dem Foto-Down-
loader auf den PC kopiert.

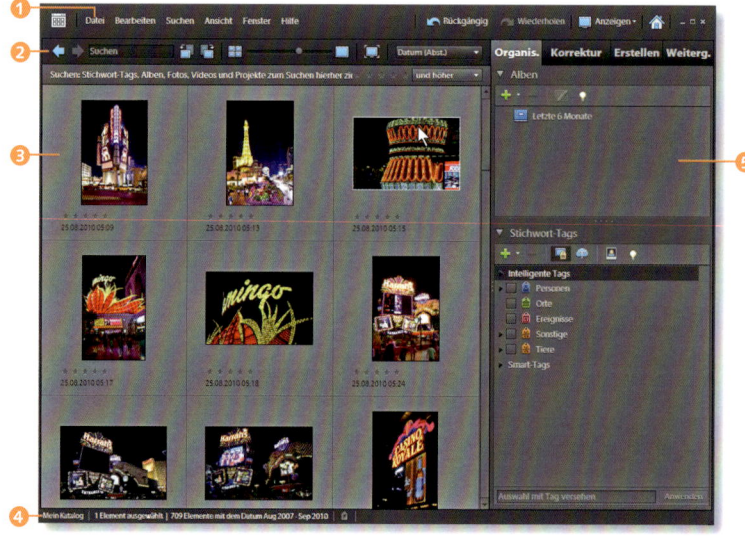

Abbildung 7.3 ▶
Die Organizer-Oberfläche für die
Verwaltung von Fotos

Oberhalb des Fensters finden Sie eine typische Menüleiste ❶
mit ausklappbaren Menüs und den darin enthaltenen Funktionen. Darunter befindet sich eine Leiste ❷, in der Sie unter anderem die Darstellung der Bilder im Medienbrowser ❸ einstellen
können. Das Aufgabenbedienfeld ❺ auf der rechten Seite bietet
unter ORGANISIEREN, KORREKTUR, ERSTELLEN und WEITERGABE

viele interessante Funktionen. Ganz unten im Bildschirmfenster sehen Sie noch eine Statusleiste ❹.

7.2.1 Die Menüleiste

Die Bedienung der Menüs wird Ihnen vom Editor (und auch von vielen anderen Programmen) her bekannt sein. Menüfunktionen, die Sie verwenden können, erscheinen in weißer Schrift; deaktivierte Funktionen sind ausgegraut und lassen sich nicht anwählen. Viele Funktionen können Sie auch über Tastenkürzel ausführen. So laden Sie mit der Tastenkombination [Strg]/[⌘]+[G] schnell Fotos von der Kamera, anstatt sich durch das Menü DATEI • FOTOS UND VIDEOS LADEN • AUS KAMERA ODER KARTENLESER zu hangeln.

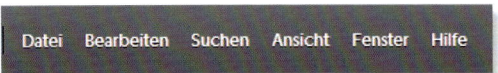

◀ Abbildung 7.4
Die Menüleiste des Organizers

Menü »Datei« | Im Menü DATEI finden Sie alle Befehle zur Verwaltung und Steuerung von Dateien. Hierbei handelt es sich um Befehle zum Importieren und Laden von Fotos. Auch der Katalogmanager lässt sich hier aufrufen – sowie das Sichern und das Wiederherstellen eines Katalogs. Neben dem Laden und Importieren von Dateien führen Sie über dieses Menü auch Speicherfunktionen wie das Schreiben von Dateien auf eine CD/DVD oder einen Wechseldatenträger aus. Auch die üblichen Dateiverwaltungsfunktionen wie Duplizieren, Umbenennen, Exportieren oder Verschieben finden Sie hier wieder. Den Druck von Bildern können Sie ebenfalls über dieses Menü starten.

◀ Abbildung 7.5
Das Menü DATEI

Menü »Bearbeiten« | Auch im Organizer bietet das Menü BEARBEITEN ein umfangreiches und vielfältiges Repertoire an Funk-

Funktionen aktivieren

Viele ausgegraute Funktionen werden erst aktiviert, wenn Sie ein Foto im Medienbrowser markiert haben. Dies gilt besonders für viele der Funktionen im Menü BEARBEITEN.

tionen. Neben Standardfunktionen finden Sie hier auch einfache Korrekturfunktionen und Funktionen für die Verwaltung und Kennzeichnung einzelner Bilder. Auch verschiedene Grundeinstellungen zum Programm lassen sich über dieses Menü aufrufen und ändern.

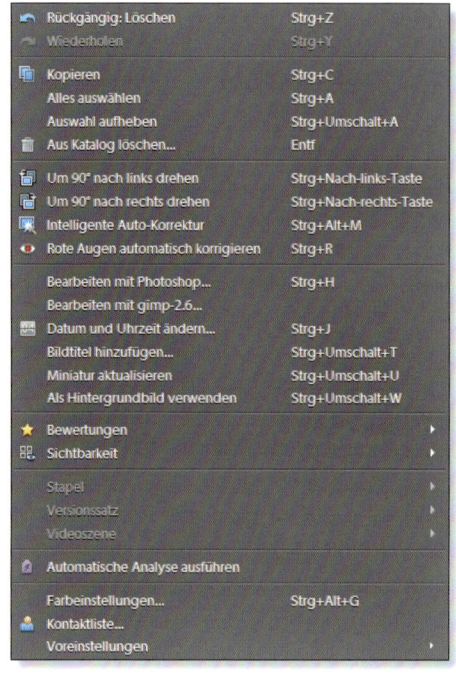

Abbildung 7.6 ▶
Das Menü BEARBEITEN

Menü »Suchen« | Sehr nützlich und mächtig sind die Funktionen im Menü SUCHEN. Die vielen möglichen Suchkriterien sind bei der Verwaltung von Bildern äußerst hilfreich. Auch ein Bearbeitungsverlauf ist in diesem Menü enthalten. Anhand dieses Verlaufs können Sie beispielsweise ermitteln, wann Sie welche Bilder von welchem Medium importiert haben.

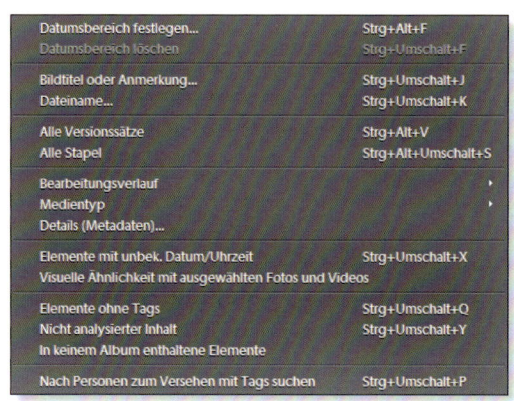

Abbildung 7.7 ▶
Das Menü SUCHEN

Menü »Ansicht« | Im Menü ANSICHT legen Sie fest, welche Bilder und Medientypen wie im Medienbrowser angezeigt werden.

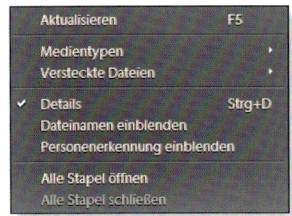

◄ **Abbildung 7.8**
Das Menü ANSICHT

Menü »Fenster« | In dem kurzen Menü FENSTER können Sie das Aussehen des Organizers festlegen und das Aufgabenbedienfeld ein- und ausblenden.

◄ **Abbildung 7.9**
Das Menü FENSTER

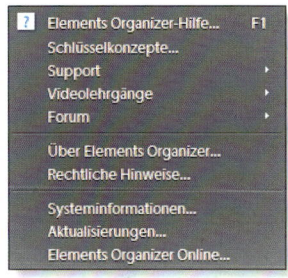

▲ **Abbildung 7.10**
Das Menü HILFE

Menü »Hilfe« | Wenn Sie einmal nicht mehr weiterwissen, können Sie im letzten Menüpunkt die Hilfe aufrufen. Schneller geht dies mit der Taste ⌨F1⌨. Die Hilfe wird dann in einem eigenen Fenster angezeigt. Auch Aktualisierungen und Supports finden Sie über dieses Menü.

7.2.2 Miniaturgröße und Ansicht im Medienbrowser anpassen

In der Ansichtsleiste direkt unterhalb der Menüleiste finden Sie einen Schieberegler ❷, mit dem Sie die Miniaturgröße der Bilder im Medienbrowser anpassen können. Wenn Sie den Regler ganz nach links schieben oder die Schaltfläche ❶ ganz links betätigen, so werden die Bilder in minimaler Größe dargestellt. Je weiter Sie den Schieberegler nach rechts bewegen, desto größer wird das Bild im Medienbrowser angezeigt. Steht der Schieberegler ganz rechts oder wurde die Schaltfläche ❸ ganz rechts angeklickt, so wird ein einziges Bild in voller Größe im Medienbrowser angezeigt.

Mit der nächsten Schaltfläche ❹ zeigen Sie ein Bild in der Vollbildansicht an. Darauf wird genauer in Abschnitt 8.10, »Die Vollbildansicht«, eingegangen. Ob die Bilder im Medienbrowser nach Datum aufsteigend oder absteigend sortiert angezeigt werden sollen, stellen Sie im Dropdown-Feld ❺ neben dem Schieberegler ein.

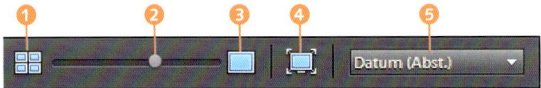

Dateinamen anzeigen
Wollen Sie den Dateinamen im Medienbrowser anzeigen, so aktivieren Sie im Menü ANSICHT • DATEINAMEN EINBLENDEN. Um die Bilder außerdem mit einem Raster (wie in einer Tabelle) sauber voneinander zu trennen, wählen Sie im Menü ANSICHT • RASTERLINIEN EINBLENDEN.

Schneller maximieren

Anstatt den Schieberegler oder die Schaltflächen rechts und links zum Minimieren und Maximieren zu verwenden, können Sie auch einen Doppelklick auf dem entsprechenden Bild im Medienbrowser ausführen.

◄ **Abbildung 7.11**
Die Ansicht im Medienbrowser einstellen

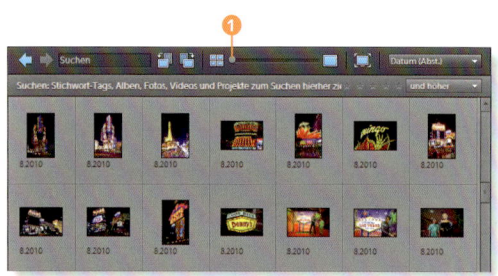

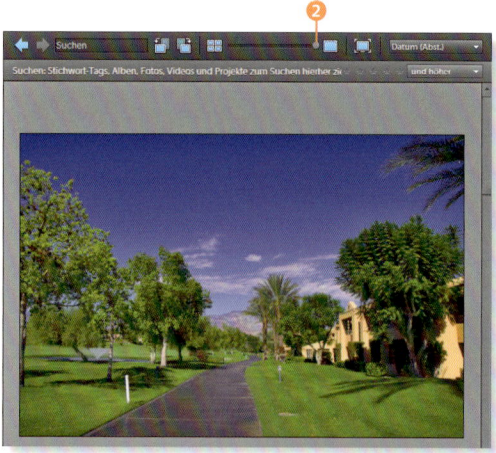

▲ **Abbildung 7.12**
Die minimale Miniaturansicht im Medienbrowser:
Der Schieberegler ❶ wurde ganz nach links gezogen.

▲ **Abbildung 7.13**
Die maximale Miniaturansicht im Medienbrowser:
Der Schieberegler ❷ wurde ganz nach rechts gezogen.

Bewertungssterne

Mit dem Bewertungssystem habe ich zum Beispiel schnell und unkompliziert die Bilder für dieses Buch ausgewählt. Anstatt Bild für Bild zu durchsuchen, bewerte ich die Bilder sofort und erspare mir viel Zeit bei der Auswahl der besten Fotos. Eine ausführliche Darstellung des Bewertungssterne-Filters im Organizer finden Sie in Abschnitt 9.1, »Bilder bewerten«.

Unterhalb der Ansichtsleiste finden Sie außerdem einen Bewertungssterne-Filter. Hier können Sie sich gezielt Bilder anzeigen lassen, die Sie zuvor mit einer bestimmten Anzahl von Sternen bewertet haben. Geben Sie für die Auswahl die gewünschte Bewertung per Klick auf den entsprechenden Stern an ❹, und wählen Sie im Dropdown-Feld ❺ das engere Filterkriterium aus. Um anschließend wieder alle Bilder anzuzeigen, klicken Sie auf die Schaltfläche ALLES EINBLENDEN ❸.

Abbildung 7.14 ▶
Bilder anhand der Bewertungssterne filtern

Erweiterte Ansichten im Medienbrowser aktivieren Sie über die Schaltfläche ANZEIGEN ❼. Hierbei können Sie sich auch die Dateipfade mit anzeigen lassen. Um zur vorherigen oder nächsten Ansicht im Medienbrowser zurückzukehren, nutzen Sie die Navigationsschaltflächen mit den Pfeilen ❻ in der Ansichtsleiste.

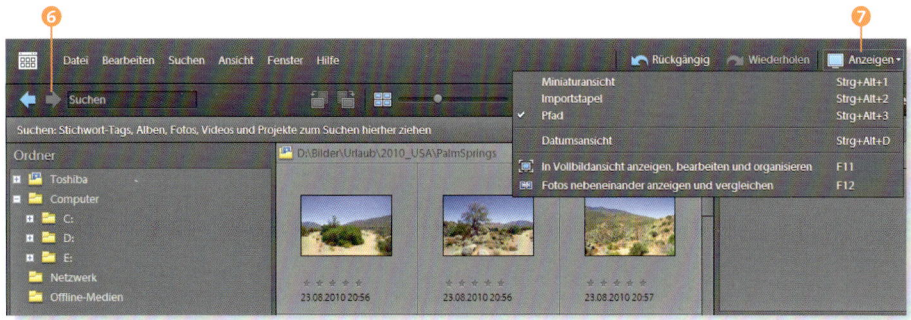

▲ **Abbildung 7.15**
Erweiterte Ansichten über die Schaltfläche Anzeigen ❼

7.2.3 Das Aufgabenbedienfeld

Beim Organizer werden die Bedienfelder, wie schon beim Editor, in mehreren Gruppen im Aufgabenbedienfeld gruppiert. Hier sind dies Organisieren, Korrektur, Erstellen und Weitergabe.

Aufgabenbedienfeld »Organisieren« | Standardmäßig finden Sie hier zunächst nur die zwei Bereiche Alben ❽ und Stichwort-Tags ❾. Die beiden Bedienfelder Alben und Stichwort-Tags sind fester Bestandteil des Bedienfelds Organisieren.

Wer möchte, lässt sich über Fenster • Eigenschaften oder Alt+↵ noch ein weiteres Bedienfeld Eigenschaften ⑫ einblenden. Über einen Klick auf ein kleines T ⑬ können Sie dieses Feld aus dem Aufgabenbedienfeld herauslösen bzw. darin eingliedern.

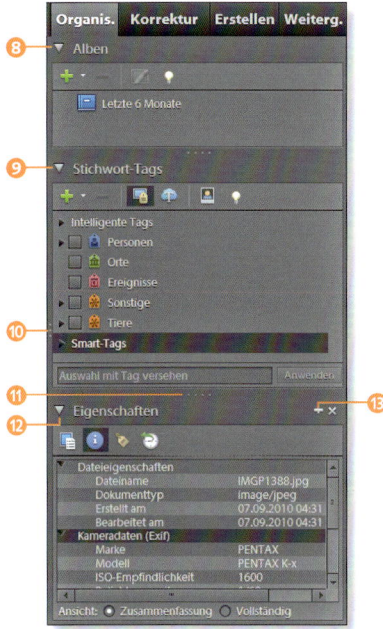

◄ **Abbildung 7.16**
Das Aufgabenbedienfeld Organis. (kurz für »Organisieren«) des Organizers

Aufgabenbedienfeld »Korrektur« | Neben dem Standardmodus ORGANISIEREN zur Verwaltung der Bilder findet sich hier auch ein KORREKTUR-Modus. Dieser bietet viele Automatikfunktionen, um ein Bild (das im Medienbrowser markiert wurde) schnell mit einem Klick zu korrigieren. Einige dieser Korrekturen finden Sie auch im Menü BEARBEITEN.

In der Praxis sind diese schnellen automatischen Korrekturen nur bedingt zu gebrauchen; sie eignen sich höchstens für Bilder mit minimalem Korrekturbedarf. Machen Sie ruhig einmal die Probe – in aller Regel werden Sie bei Korrekturen mit dem Editor bessere Ergebnisse erzielen. Einzig über die Schaltfläche FREISTELLEN ❷ rufen Sie einen echten Dialog auf, der Ihnen beim Freistellen und Drehen von Bildern hilft.

Immerhin finden Sie im KORREKTUR-Modus auch gleich die Schaltflächen, um ein oder mehrere markierte Bilder im VOLLSTÄNDIG-Modus (FOTOS BEARBEITEN) ❸ des Editors zu starten. Die Schaltfläche VIDEOS BEARBEITEN ❹ ist nur dann sinnvoll, wenn Sie Premiere Elements von Adobe installiert haben. Alternativ können Sie den VOLLSTÄNDIG-, SCHNELL- oder ASSISTENT-Modus auch über das Dropdown-Menü ❶ aufrufen. Wollen Sie hingegen ein Bild mit einer anderen Anwendung öffnen, finden Sie unter WEITERE OPTIONEN ❺ die Option FOTOS MIT EXTERNEM EDITOR BEARBEITEN, woraufhin Sie einen Dialog erhalten, wo Sie den Pfad zu einem externen Editor angeben können.

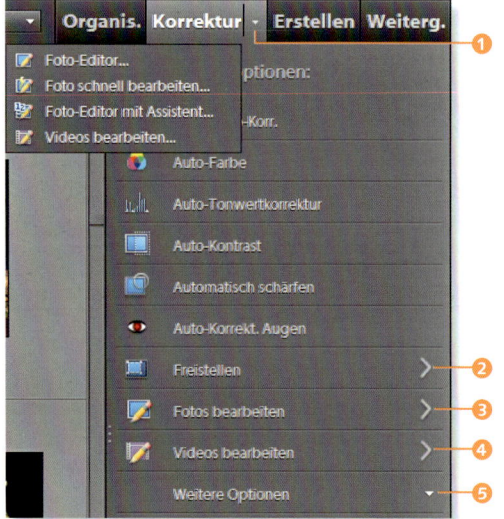

Abbildung 7.17 ▶
Das Aufgabenbedienfeld KORREKTUR im Organizer

Zum Weiterlesen
Auf das Erstellen und Weitergeben von Fotos (besser: das Präsentieren) werde ich in Teil 12 dieses Buches eingehen. Dort behandle ich auch die Funktionen von ERSTELLEN und WEITERGABE.

Aufgabenbedienfeld »Erstellen« | In der Gruppe ERSTELLEN im Aufgabenbedienfeld können auswählen, ob Sie einen Bildband, eine Fotocollage oder eine Diashow erstellen möchten. Viele der Schaltflächen dieser Gruppe finden Sie im Editor unter demselben Aufgabenbedienfeld wieder.

Aufgabenbedienfeld »Weitergabe« | Ähnlich wie das Aufgabenbedienfeld ERSTELLEN bietet die nächste Bedienfeldgruppe, WEITERGABE, weitere Schaltflächen zur Weitergabe von Bildern. Zu diesen Funktionen zählen ein Online-Album, E-Mail-Anhänge und Foto-Mail.

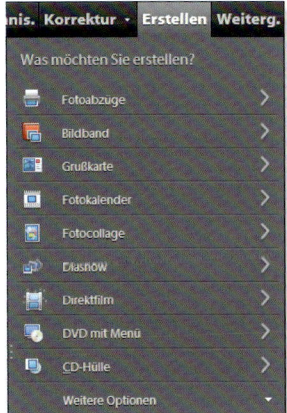

▲ **Abbildung 7.18**
Die Schaltflächen der Gruppe ERSTELLEN

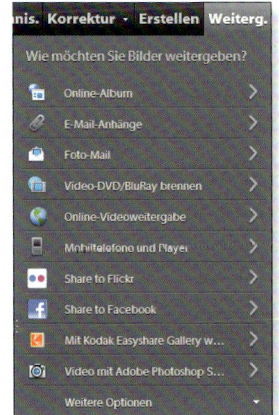

▲ **Abbildung 7.19**
Die Schaltflächen der Bedienfeldgruppe WEITERGABE

7.2.4 Die Statusleiste

Die Statusleiste zeigt lediglich die Anzahl der ausgewählten und der vorhandenen Elemente im Medienbrowser an. Zuerst wird der Name des Katalogs ❻ angegeben, ausgewählte Elemente werden daneben ❼ dargestellt. Schließlich finden Sie in der Statusleiste die Gesamtzahl der Elemente ❽ im anzeigten Katalog. Wenn Sie außerdem einen bestimmten Suchfilter nach Stichwort-Tags, Alben oder Ähnlichem verwenden, wird auch noch ausgegeben, wie viele Elemente des Katalogs nicht angezeigt werden. Das kleine Etiketten-Symbol am Ende ❾ informiert Sie darüber, ob die automatische Analyse aktiviert oder deaktiviert (in der Abbildung der Fall) ist.

▲ **Abbildung 7.20**
Die Statusleiste

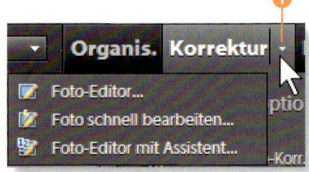

▲ Abbildung 7.21
Vom Organizer zum Editor

Abbildung 7.22 ▶
Das Bild wird gerade im Editor bearbeitet.

7.2.5 Vom Organizer zum Editor

Ihr zentraler Arbeitsablauf sollte künftig so aussehen, dass Sie Ihre Bilder im Organizer verwalten und betrachten und sie bei Bedarf von dort zur Korrektur in den Editor laden. Am schnellsten laden Sie ein Bild in den Editor, indem Sie es markieren und die Tastenkombination $\boxed{\text{Strg}}$/$\boxed{\text{⌘}}$+$\boxed{\text{I}}$ betätigen. Alternativ finden Sie neben der Schaltfläche des Aufgabenbedienfelds KORREKTUR die Dropdown-Liste ❶, um den Editor zu starten. Sie können das markierte Bild mit dem Editor entweder im Schnellkorrektur-Modus, zur vollständigen Bearbeitung oder aber mit dem Assistenten öffnen.

Wenn Sie ein Bild vom Organizer in den Editor zur Bearbeitung geladen haben, steht das Bild im Organizer nicht zur Verfügung. Angezeigt wird dies im Organizer durch ein entsprechendes Schloss-Symbol und durch den Hinweis IN BEARBEITUNG.

8 Fotos laden und anzeigen

Ihre erste Aktion bei Ihrer Arbeit mit dem Organizer wird in aller Regel der Import von Bildern sein. Welche Möglichkeiten Ihnen dabei offenstehen und was Sie beachten müssen, zeigt Ihnen dieses Kapitel.

Was Sie unbedingt vorher noch wissen müssen | Organisiert und verwaltet werden die Bilder vom Organizer mit einem sogenannten **Katalog**. Sobald Sie den Organizer starten, wird ein Katalog angezeigt. Standardmäßig ist dies der Katalog »Mein Katalog« (oder »My Catalog«). Welcher Katalog im Augenblick bei Ihnen geöffnet ist, erkennen Sie in der Statusleiste links unten (siehe Abschnitt 7.2.4, »Die Statusleiste«). Importierte und geladene Bilder werden somit immer dem aktuell geöffneten Katalog zugewiesen. Sie können selbstverständlich mehrere Kataloge anlegen, wenn z. B. mehrere Anwender an dem Rechner arbeiten. Auf das Thema Kataloge wird allerdings noch explizit in Abschnitt 8.6, »Kataloge verwalten«, eingegangen.

8.1 Dateien und Ordner importieren

Sicherlich tummeln sich Hunderte oder gar Tausende von Bildern auf Ihrer Festplatte. Um diese Dateien mit dem Organizer zu erfassen und zum Katalog hinzuzufügen, wählen Sie DATEI • FOTOS UND VIDEOS LADEN • AUS DATEIEN UND ORDNERN. Noch schneller geht der Import mit der Tastenkombination ⌷Strg⌷/ ⌘ + ⇧ + G .

Keine Bilder auf dem Rechner

Sollten sich noch keine Bilder auf Ihrem Rechner befinden, so können Sie die Bilder von der Buch-DVD auf den Rechner kopieren. Theoretisch könnten Sie auf das Kopieren auch verzichten und die Fotos direkt von der DVD in den Organizer aufnehmen. Der Nachteil wäre allerdings, dass Sie immer die DVD ins Laufwerk einlegen müssten, um mit den Fotos zu arbeiten.

▼ **Abbildung 8.1**
Dateien und Ordner laden, die sich auf dem Rechner befinden

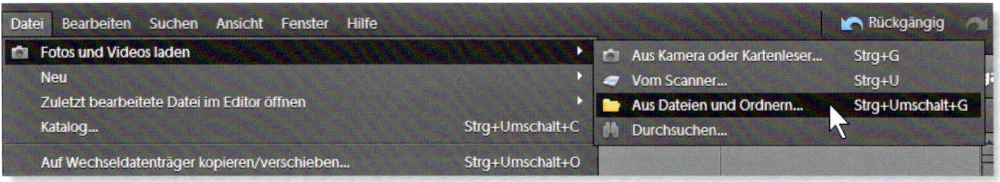

TIPP

Mit der Tastenkombination
Strg/⌘+A markieren Sie
schnell alle Dateien oder Verzeichnisse auf einmal.

In dem sich nun öffnenden Dateidialog wählen Sie den oder die Ordner mit den Fotos aus, die Sie in die Bilderdatenbank des Organizers importieren wollen. Natürlich können Sie auch nur ein einzelnes Bild importieren. Markieren Sie das Bild im entsprechenden Verzeichnis, und importieren Sie es per Doppelklick oder mit der Schaltfläche MEDIEN LADEN ⑥.

Mehrere Bilder im selben Verzeichnis markieren Sie mit gehaltener Strg/⌘-Taste. Liegen die Bilder alle nebeneinander, so markieren Sie das erste, halten Sie ⇧ gedrückt, und wählen Sie anschließend das letzte Bild aus. Klicken Sie dann auf MEDIEN LADEN. Der Import von ganzen Ordnern funktioniert analog.

Offline-Dateien importieren

Um sogenannte Offline-Dateien (zum Beispiel Dateien von einer CD oder DVD) zu importieren, ohne die Dateien auf die Festplatte zu kopieren, markieren Sie die gewünschten Bilder, deaktivieren Sie die Checkbox DATEIEN BEIM IMPORT KOPIEREN ④, und aktivieren Sie VORSCHAUBILDER ERSTELLEN ⑤. Bei der Bearbeitung dieser Bilder muss der externe Datenträger im Laufwerk verbleiben.

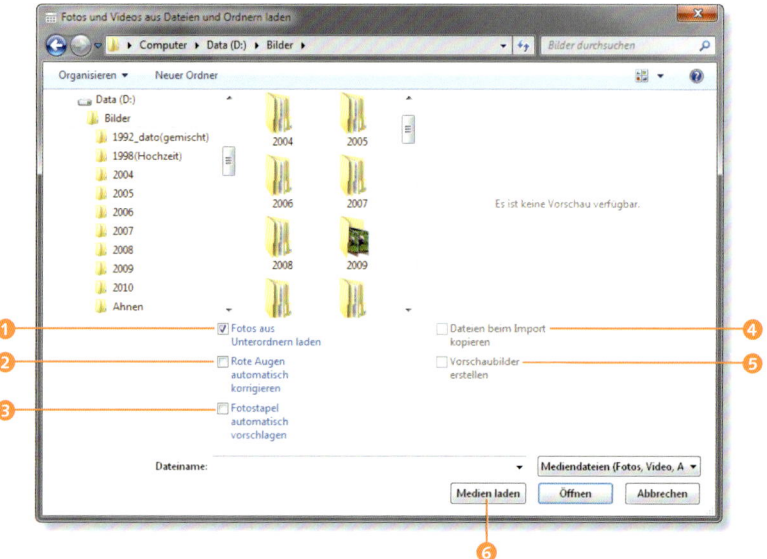

Abbildung 8.2 ▶
Der Dateidialog zum Importieren von Dateien und Ordnern

Fotostapel

Wenn Sie FOTOSTAPEL AUTOMA-
TISCH VORSCHLAGEN ③ aktivieren
(nur unter Windows), sucht
Photoshop Elements selbstständig nach Gemeinsamkeiten von
Bildern und schlägt die Verwendung einer Stapelung vor. Mehr
dazu erfahren Sie in Abschnitt
8.9, »Versionssätze und Fotostapel«.

Häufig enthalten Ordner noch Unterordner mit weiteren Bildern. Um auch Bilder in Unterordnern mitzuladen, lassen Sie die Checkbox FOTOS AUS UNTERORDNERN LADEN ① aktiviert. Auch eine automatische Rote-Augen-Korrektur beim Import von Bildern finden Sie als Checkbox ② vor. Ob Sie diese Automatik anwenden wollen, müssen Sie selbst entscheiden.

Nachdem Sie auf die Schaltfläche MEDIEN LADEN geklickt haben, sehen Sie während des Ladevorgangs einen Fortschrittsbalken, den Sie mit der STOPP-Schaltfläche ⑦ anhalten können. Die Dauer des Ladevorgangs hängt natürlich von der Anzahl der vorhandenen Elemente ab.

Sollten beim Import Probleme mit den geladenen Fotos aufgetreten sein, so wird dies in einer weiteren Dialogbox angezeigt. In der Regel handelt es sich um Meldungen, dass sich eine Datei bereits im Katalog befindet.

◀ **Abbildung 8.3**
Der Fortschrittsbalken während
des Ladens von Fotos

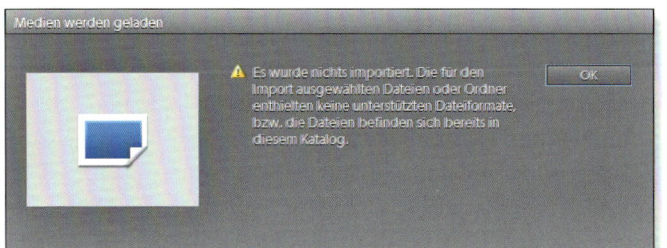

◀ **Abbildung 8.4**
Der Organizer gibt an, warum Bilder nicht geladen werden
konnten.

Wcnn ein Import von Dateien abgeschlossen wurde, werden
zunächst immer nur die neu hinzugekommenen Bilder angezeigt.
Um alle Bilder im Organizer zu sehen, klicken Sie im Medienbrowser auf die Schaltfläche ALLES EINBLENDEN ⑧.

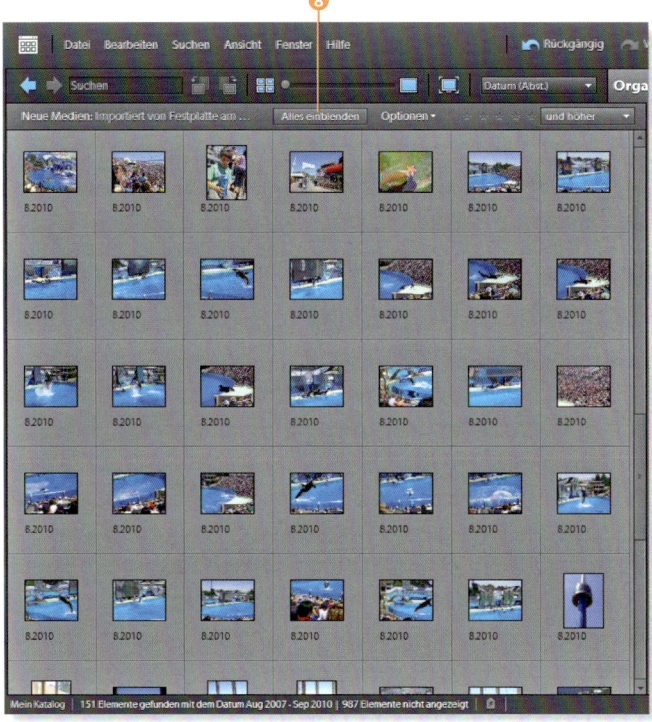

Beim ersten Import
Beim ersten Import werden alle
Bilder sofort angezeigt. Ein Klick
auf die Schaltfläche ALLES EIN-
BLENDEN entfällt dann also.

▲ **Abbildung 8.5**
Der Medienbrowser nach dem Import der Dateien

Einzelne Ordner in der Pfadansicht importieren | Wenn Sie über die Schaltfläche ANZEIGEN ❹ die Option PFAD aktiviert haben (lässt sich auch mit Strg/⌘+Alt+3 einschalten), finden Sie auf der linken Seite ❶ einen hierarchischen Ordnerbrowser, über den Sie sich durch die Verzeichnisse (und Laufwerke) des Betriebssystems hangeln können. Wollen Sie hierbei einen bestimmten Ordner in den Organizer importieren, klicken Sie diesen einfach mit der rechten Maustaste an und wählen im Kontextmenü IN ORGANIZER IMPORTIEREN aus. Sind in einem Ordner bereits Bilder in dem Katalog importiert worden, so erkennen Sie dies, wenn sich beim Ordnersymbol ein kleines Bildchen ❷ befindet. Ordner, aus denen noch kein Bild importiert wurde, werden einfach als leerer Ordner ❸ angezeigt. Bei bereits importierten Ordnern wird der genaue Pfad über der Miniaturvorschau angezeigt ❻. Daneben finden Sie außerdem auch gleich eine Schaltfläche ❺, um aus dem importierten Ordner ein Album zu erstellen. Mehr zu den Alben erfahren Sie in Abschnitt 9.2, »Neue Alben erstellen«.

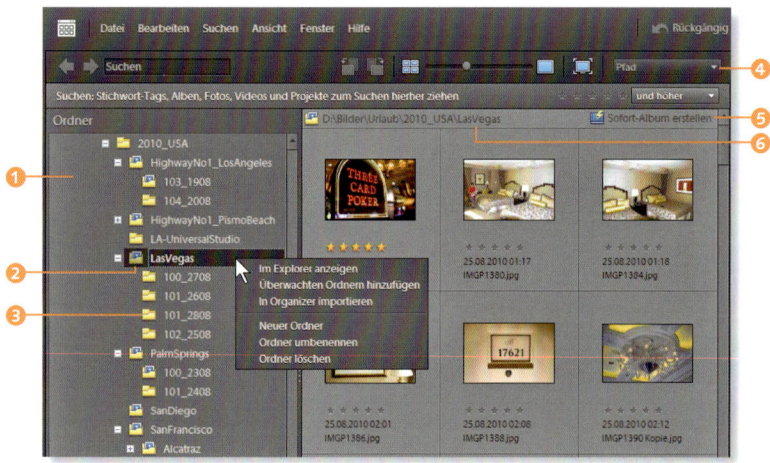

▲ **Abbildung 8.6**
Ordner können auch über die Pfadansicht importiert werden.

8.1.1 Ordner überwachen (nur Windows)

Um künftig nicht bei jedem neuen Bild einen Import zu starten, können Sie einzelne Ordner überwachen und den Bildbestand im Organizer so ständig aktuell halten. Standardmäßig wird hierbei der Bilderordner des Betriebssystems überwacht. Diese Einstellung können Sie über das Menü DATEI • ORDNER ÜBERWACHEN modifizieren.

Sobald Sie ein Bild in einen der überwachten und aufgelisteten Ordner ❽ kopieren, teilt der Organizer mit, dass neue Dateien gefunden wurden, und fragt Sie, ob Sie diese Datei(en)

Das Überwachen von Ordnern ist nur mit Windows möglich. Die Mac-Version bietet diese Möglichkeit im Augenblick noch nicht.

zum Medienbrowser hinzufügen wollen. Möchten Sie nicht bei jedem Foto benachrichtigt werden, wählen Sie statt der Radioschaltfläche Benachrichtigen ❾ die Radioschaltfläche Dateien automatisch dem Organizer hinzufügen ❿ aus. Über Hinzufügen ⓫ können Sie weitere Ordner bestimmen, die Sie vom Organizer überwachen lassen wollen. Um einen Ordner aus der Liste zu löschen, markieren Sie ihn; die zuvor ausgegraute Schaltfläche Entfernen ⓬ lässt sich sodann anklicken.

Eigene Bilder

Auch wenn die Checkbox Ordner und deren Unterordner auf neue Dateien überwachen ❼ aktiviert ist, kann der Organizer bei sehr vielen Unterordnern und Bildern einige Probleme mit der alleinigen Überwachung des Standard-Bilderordners bekommen. Daher ist es manchmal sinnvoll, auch die Unterordner zur Liste der überwachten Ordner hinzuzufügen.

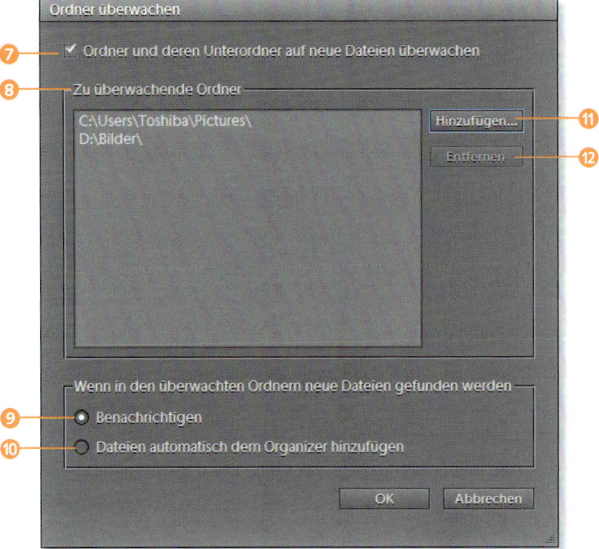

◀ **Abbildung 8.7**
Ordner überwachen

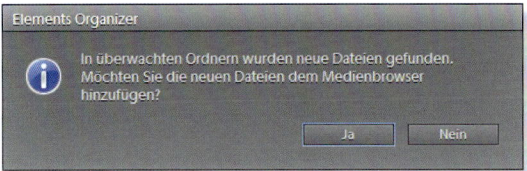

◀ **Abbildung 8.8**
Neue Dateien wurden einem der überwachten Ordner hinzugefügt.

Auch in der Pfad-Ansicht mit dem Ordnerbrowser (lässt sich bspw. mit Strg/⌘+Alt+3 aktivieren) können Sie über einen rechten Mausklick mit dem Befehl Überwachten Ordnern hinzufügen einen Ordner zu dieser Überwachungsliste hinzufügen. In der Ordneransicht erkennen Sie einen solchen Ordner an einem zusätzlichen kleinen Fernglas ⓭ in der Miniatur des Ordners.

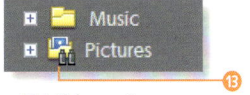

▲ **Abbildung 8.9**
Ein überwachter Ordner in der Pfad-Ansicht

8.1.2 Bilder löschen

Um ein Bild aus dem Katalog zu löschen, führen Sie einen Rechtsklick auf die Datei aus und wählen im Kontextmenü den Eintrag Aus Katalog löschen. Wurden mehrere Bilder markiert, lautet der Eintrag Ausgewählte Elemente aus Katalog löschen.

Mehrere Elemente markieren

Mehrere zusammenliegende Elemente können Sie mit gehaltener ⇧-Taste markieren; nicht zusammenliegende Elemente markieren Sie mit Strg/⌘.

Alternativ führen Sie diesen Vorgang über das Menü BEARBEITEN • AUS KATALOG LÖSCHEN aus (bei mehreren Bildern entsprechend: AUSGEWÄHLTE ELEMENTE AUS KATALOG LÖSCHEN). Noch schneller geht das Löschen mit der Taste [Entf]/[←].

Im folgenden Dialog können Sie festlegen, ob Sie das Bild oder die Bilder nur aus dem Katalog des Organizers oder komplett von der Festplatte löschen wollen. Für die vollständige Löschung vom Organizer und von der Festplatte setzen Sie ein Häkchen in der Checkbox AUSGEWÄHLTE ELEMENTE AUCH VON DER FESTPLATTE LÖSCHEN ❶. Aktivieren Sie diese Checkbox nicht, so bleibt die Datei auf der Festplatte an Ort und Stelle und wird nur aus dem Katalog des Organizers gelöscht.

Abbildung 8.10 ▶
Entscheiden Sie, ob das Bild auch von der Festplatte gelöscht werden soll.

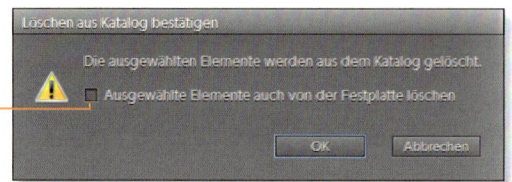

▲ **Abbildung 8.11**
Zum Bild gibt es keine passende Verknüpfung mehr.

8.1.3 Fehlende Dateien

Im Laufe der Zeit wird Ihre Fotosammlung immer umfangreicher werden – da kann es vorkommen, dass Sie ein Bild in den Ordnern Ihres Betriebssystems unabhängig vom Organizer verschieben oder löschen. Solche verschobenen oder gelöschten Bilder werden dann im Medienbrowser mit einem Fragezeichen ❷ angezeigt.

In diesem Fall können Sie versuchen, durch einen Doppelklick auf das Bild die fehlende Datei von Photoshop Elements suchen zu lassen. Die Suche wird automatisch gestartet und beginnt zunächst in den Verzeichnissen, in denen Bilder üblicherweise abgelegt sind. Danach erst wird die Suche auf die gesamte Festplatte ausgeweitet.

Manuell suchen

Falls Sie wissen, wo sich die fehlende Datei befindet, können Sie beim Dialog zur Suche auf die Schaltfläche DURCHSUCHEN ❸ klicken und den Pfad der verschobenen Datei manuell angeben.

Abbildung 8.12 ▶
Suche nach einer fehlenden Datei

Sollte die automatische Suche fehlschlagen, werden Sie aufgefordert, die Datei manuell zu suchen. Falls Sie die Datei nicht mehr finden, können Sie den Eintrag hier komplett aus dem Katalog löschen ❹.

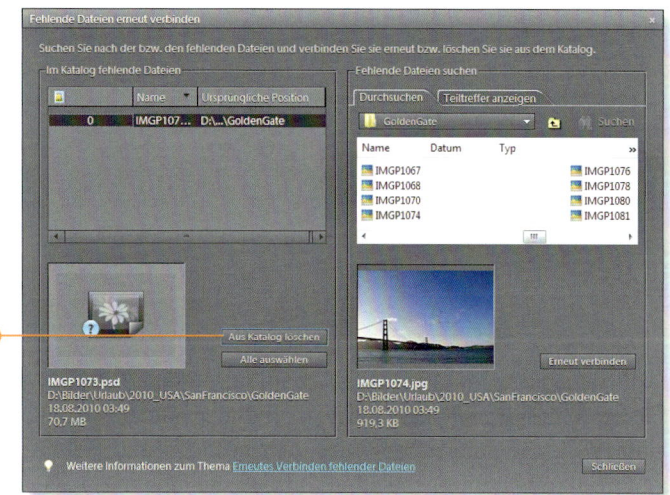

◄ **Abbildung 8.13**
Mit der manuellen Suche können
Sie gezielt zum Speicherort der
Datei navigieren.

8.2 Import von Kamera oder Kartenleser

Standardmäßig startet der Foto-Downloader von Photoshop Elements, sobald Sie eine Digitalkamera oder einen Kartenleser am System anschließen.

Sollte der Foto-Downloader nicht angezeigt werden oder möchten Sie die Einstellungen anpassen, so finden Sie die entsprechenden Optionen über den Menüpunkt BEARBEITEN/ADOBE ELEMENTS 9 ORGANIZER • VOREINSTELLUNGEN • KAMERA ODER KARTENLESER.

Wie der Foto-Downloader gestartet werden soll, stellen Sie mit einem Doppelklick auf dem Eintrag **5** in der Liste von PROFILNAME und LADEOPTION ein. Ebenso können Sie alle anderen Voreinstellungen Ihren Bedürfnissen entsprechend anpassen.

Foto-Downloader manuell starten

Sollte das angeschlossene Gerät trotz der Einstellung in BEARBEITEN/ADOBE ELEMENTS 9 ORGANIZER • VOREINSTELLUNGEN • KAMERA ODER KARTENLESER nicht erkannt werden, können Sie den Foto-Downloader immer noch von Hand aus dem Organizer über das Menü DATEI • FOTOS UND VIDEOS LADEN • AUS KAMERA UND KARTENLESER oder mit der Tastenkombination [Strg]/[⌘]+[G] aufrufen.

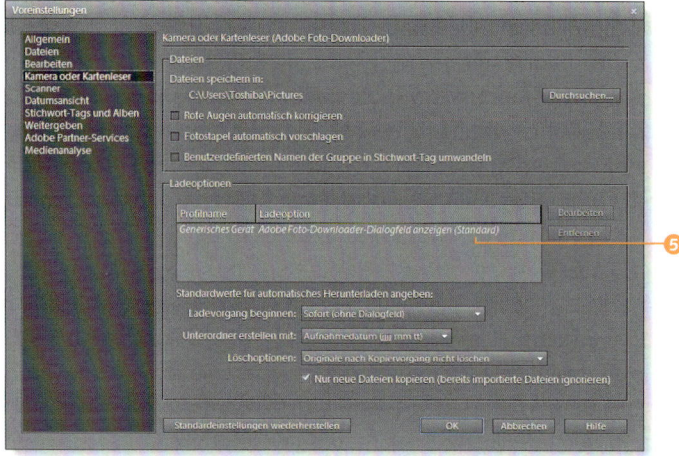

◄ **Abbildung 8.14**
Die Voreinstellungen für den
Adobe-Foto-Downloader

Standarddialog abbrechen

Abhängig von der Konfiguration des Rechners öffnet sich möglicherweise auch der Standarddialog von Windows oder Mac OS X zum Übertragen von Dateien. Diesen Dialog können Sie mit ABBRECHEN beenden.

Um die Bilder von der Digitalkamera auf dem Rechner in den Katalog des Organizers zu importieren, müssen Sie lediglich den Rechner mit der Kamera oder dem Kartenleser verbinden. Die Digitalkamera muss dem PC allerdings bekannt sein. Gewöhnlich installiert sich der Treiber selbstständig, nachdem Sie die Kamera zum ersten Mal am USB-Port des Rechners angeschlossen haben.

1 Ansicht anpassen

Wenn Sie die Kamera oder den Kartenleser angeschlossen haben, wird das Standard-Dialogfeld des Foto-Downloaders angezeigt. Hierbei müssen Sie zunächst entscheiden, ob Ihnen diese Ansicht ausreicht oder ob Sie weitere Optionen benötigen. Für zusätzliche Optionen klicken Sie auf die Schaltfläche ERWEITERTES DIALOGFELD ❷. Dauerhafte Einstellungen nehmen Sie über den Menüeintrag BEARBEITEN/ADOBE ELEMENTS 9 ORGANIZER • VOREINSTELLUNGEN • KAMERA ODER KARTENLESER vor. Falls das entsprechende Gerät nicht gefunden wurde, wählen Sie es über die Dropdown-Liste FOTOS LADEN AUS ❶ aus.

Abbildung 8.15 ▶
Standardansicht des Foto-Downloaders

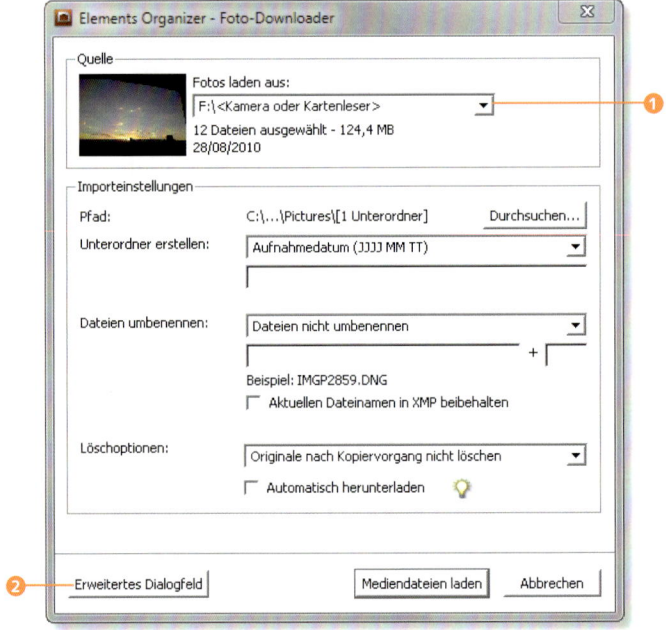

2 Bilder auswählen

Standardmäßig werden alle Bilder auf der Speicherkarte importiert. Um nur einzelne Bilder zu importieren, klicken Sie im Fenster auf die Schaltfläche ALLE DEAKTIVIEREN ⓫ und kreuzen dann die Checkboxen ⑫ unter den Bildern an, die Sie importieren wollen. Alternativ können Sie natürlich auch ALLE AKTIVIEREN ⑩ (Standardeinstellung) belassen und dann die Bilder, die Sie nicht importieren wollen, durch Deaktivieren der entsprechenden Checkboxen abwählen.

▼ **Abbildung 8.16**
Die vielfältigen Importoptionen des Foto-Downloaders

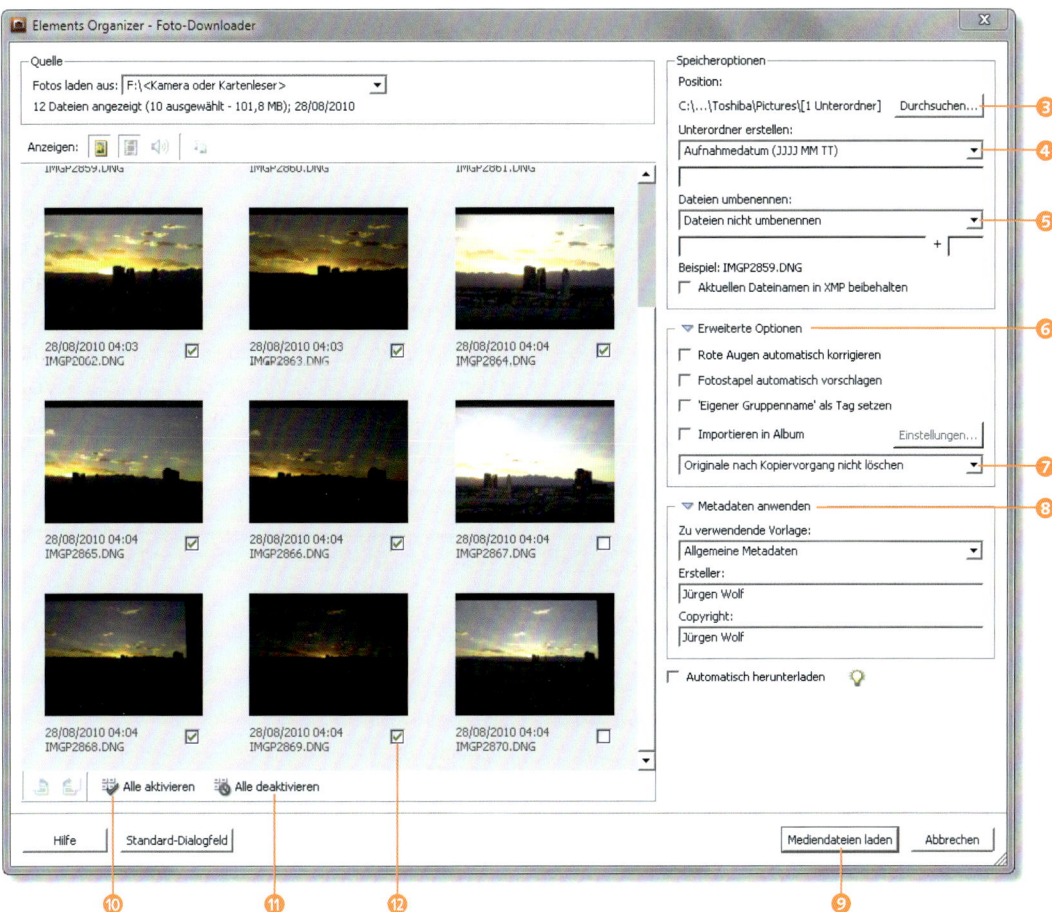

3 Speicheroptionen festlegen

Legen Sie als Nächstes unter den SPEICHEROPTIONEN Speicherort und Namen der Dateien fest. Bestimmen Sie zunächst, in welchem Verzeichnis ❸ Sie die Bilder speichern wollen. Vergeben Sie dann den Namen des Unterordners ❹, in den die Dateien kopiert werden. Hierbei können Sie auch einen eigenen Namen verwenden oder gar kein Unterverzeichnis anlegen. Zu empfehlen ist die Einstellung AUFNAHMEDATUM (JJJJ MM TT) = Jahr + Monat + Tag – so können Sie Ihr Ordnerverzeichnis leicht chronologisch sortieren. Passen Sie gegebenenfalls noch die Namen der einzelnen Dateien an ❺.

4 | Erweiterte Optionen festlegen

Unter ERWEITERTE OPTIONEN ❻ können Sie den Rote-Augen-Effekt beim Import automatisch korrigieren lassen. Wichtiger aber ist Dropdown-Liste ❼, in der Sie entscheiden, was mit den Dateien auf der Speicherkarte nach dem Import geschehen soll: Sie können die Daten entweder auf der Speicherkarte belassen oder dort nach dem Import löschen.

Metadaten

Was es mit den Metadaten auf sich hat, erfahren Sie in Abschnitt 9.6, »Bildeigenschaften und Metadaten«.

5 | Metadaten anwenden

Mit METADATEN ANWENDEN ❽ stellen Sie ein, ob Sie beim Import die allgemeinen Metadaten verwenden wollen oder nicht. Optional fügen Sie noch den Autor und die Copyright-Informationen hinzu.

6 | Fotos laden

Haben Sie alle Einstellungen für den Import vorgenommen, klicken Sie zuletzt auf die Schaltfläche MEDIENDATEIEN LADEN ❾.

Abbildung 8.17 ▸
Die Bilder werden importiert.

Abbildung 8.18 ▸
Nach dem Import werden die Bilder auch gleich in den Katalog aufgenommen.

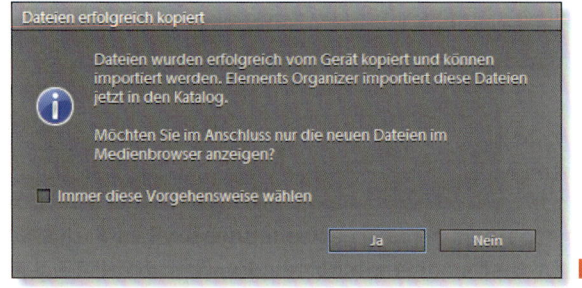

Qualität und Auflösung

Die Qualität hat hier nichts mit der Auflösung (dpi) zu tun, die Sie für den Scan wählen können. Die Qualität bezieht sich nur auf die Komprimierung des Datenformats, in dem die JPEG-Datei gespeichert werden soll.

8.3 Import vom Scanner

Um im Organizer ein Bild vom Scanner zu importieren, wählen Sie DATEI • FOTOS UND VIDEOS LADEN • VOM SCANNER aus, oder betätigen Sie die Tastenkombination [Strg]/[⌘]+[U]. Es erscheint ein Dialog, in dem Sie den Scanner ❶, den Speicherort ❷, das Datenformat ❸ und die Qualität ❺ einstellen können.

Die Qualitätseinstellung steht allerdings nur im JPEG-Format zur Verfügung. Zusätzlich besteht die Möglichkeit, rote Augen automatisch zu korrigieren ❹.

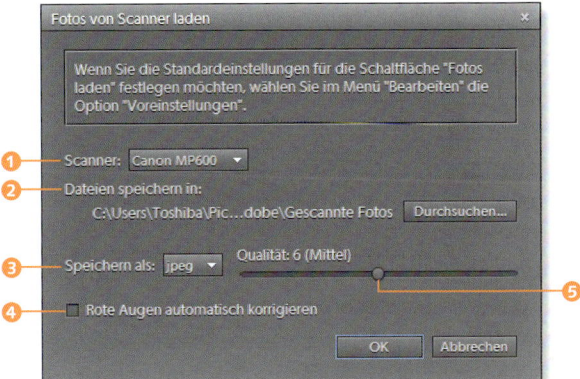

◄ **Abbildung 8.19**
Eine Verbindung zum Scanner herstellen

Erst wenn Sie den Dialog mit OK bestätigt haben, erscheint das eigentliche Scan-Programm. Hier können Sie unter anderem die Auflösung einstellen. Nach dem Scannen wird das Bild zum Katalog hinzugefügt und im Medienbrowser angezeigt.

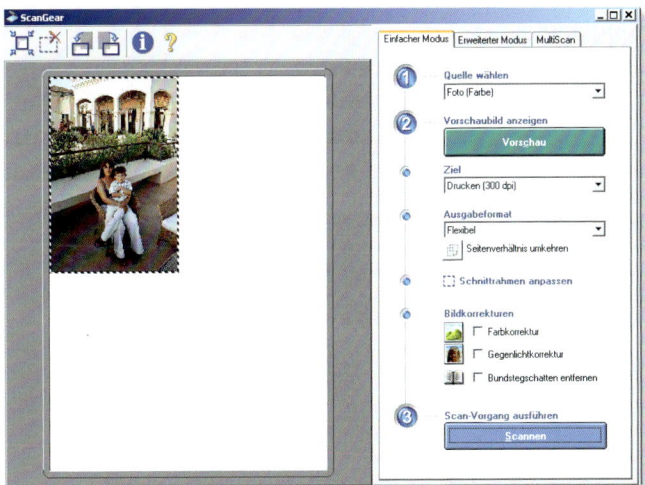

Scannen im Editor
Alternativ können Sie ein Bild auch aus dem Editor über DATEI • IMPORTIEREN • [SCANNERNAME] importieren. Hierbei wird allerdings sofort das Scan-Programm aufgerufen.

Zum Weiterlesen
Vielleicht möchten Sie gerne Ihre Kisten mit analogen Fotos digital archivieren? Leider ist die Qualität eingescannter Bilder häufig nicht optimal. In Kapitel 35, »Eingescannte Bilder nachbearbeiten«, finden Sie hierzu eine umfassende Beschreibung und lernen in einem Workshop, wie Sie Ihre eingescannten Bilder auf Vordermann bringen.

◄ **Abbildung 8.20**
Fenster des Scan-Programms

WIA, TWAIN und Co. | Wenn Hardware ins Spiel kommt, ist der Vorgang beim Einscannen von Rechner zu Rechner unterschiedlich. Die Standard-Scan-Oberfläche von Windows ist WIA (Windows Imaging Architecture), die gewöhnlich von Windows gestartet wird. Haben Sie hingegen einen Scanner, der TWAIN (Technology Without an Interesting Name) unterstützt, wird die Benutzeroberfläche des Herstellers geladen. Die TWAIN-Schnittstelle gibt es natürlich auch für den Mac.

Intel- und PowerPC-Inkompatibilitäten | Auch bei vielen Intel-basierten Mac-Systemen kommt es vor, dass kein Scanner bei Elements vorhanden ist. Der häufigste Grund hierfür ist, dass der Scanner-Treiber für PowerPC-Prozessoren geschrieben wurde. Da aber Photoshop Elements eine Software ist, die nativ auf einem Mac mit Intel-Prozessor und PowerPC-Prozessor läuft, kann Elements nicht mit Software oder Treibern kommunizieren, die für PowerPC-Prozessoren erstellt wurden. Um das Problem zu beheben, können Sie eine der drei Lösungen verwenden:

▸ Laden Sie den neuesten universellen Treiber für Ihren Scanner von der Webseite des Herstellers herunter, und installieren Sie den Treiber für den Scanner. Elements sollte natürlich während der Installation nicht ausgeführt werden.

▸ Führen Sie Photoshop Elements in Rosetta aus. Rosetta ist eine Emulationssoftware für Intel-basierten Rechner, mit der Sie Software ausführen können, die für PowerPC-Prozessoren geschrieben und übersetzt wurde. Gewöhnlich liegt Rosetta der Mac OS X-Installations-DVD dabei und muss nur noch nachinstalliert werden. Mehr Informationen dazu finden Sie unter *www.apple.com/de/rosetta*.

▸ Verwenden Sie eine andere Software, um Ihre Bilder einzuscannen. Eine sehr gute (aber kommerzielle) Software wäre das Programm »VueScan« (Webseite: *www.hamrick.com*).

Die richtige Auflösung | In welcher Auflösung Sie die Bilder einscannen, hängt zunächst von den technischen Möglichkeiten Ihres Scanners und vom Verwendungszweck ab. Die technischen Möglichkeiten werden als optische maximale Auflösung angegeben. Viele Gerätehersteller werben mit dem Wert der interpolierten Auflösung – diese entspricht aber nicht der tatsächlichen optischen Auflösung. Finden Sie zum Beispiel Angaben wie »600 × 300 dpi«, so bezieht sich der niedrigere Wert (hier also 300 dpi) auf die Scan-Auflösung.

Wenn Sie sich diesbezüglich noch nicht entschieden haben, wofür Sie die Bilder verwenden möchten, sollten Sie stets die maximale optische Auflösung Ihres Scanners verwenden. Als **Standardwert** für den Druck hat sich eine Auflösung von 300 dpi herausgebildet.

Wenn Sie allerdings vorhaben, das Bild zu vergrößern, benötigen Sie eine weitaus höhere Auflösung. Für eine Ausgabe in doppelter Größe müssen Sie auch die Scan-Auflösung verdoppeln – insofern stößt man bei Vergrößerungen schnell an die Grenzen des Machbaren.

Bett oder Brett?

Ein häufiger (Rechtschreib-)Fehler ist der »Flach**brett**scanner«, der eigentlich »Flach**bett**scanner« heißen müsste.

Der richtige Modus | Farbbilder sollten Sie grundsätzlich im RGB-Modus einscannen. Bei Bildern ohne Farbe können Sie für das Bild den Graustufenmodus verwenden, bei Strichzeichnungen oder reinem Text den Schwarzweißmodus. In der Praxis liest man allerdings auch reine Schwarzweißzeichnungen oder Text im Graustufenmodus ein, da die Qualität in diesem Modus besser ist (die Dateigröße aber zugleich auch umfangreicher).

RGB-Modus

Nur im RGB-Modus stehen Ihnen alle Funktionen von Photoshop Elements zur Verfügung.

8.4 Datenträger durchsuchen

Sollten Sie einmal nicht mehr genau wissen, wo Sie Ihre Bilder abgelegt haben, so finden Sie über das Menü DATEI • FOTOS UND VIDEOS LADEN • DURCHSUCHEN eine manuelle Suche mit einigen Suchoptionen. Die Optionen im Dialog sind weitgehend selbsterklärend.

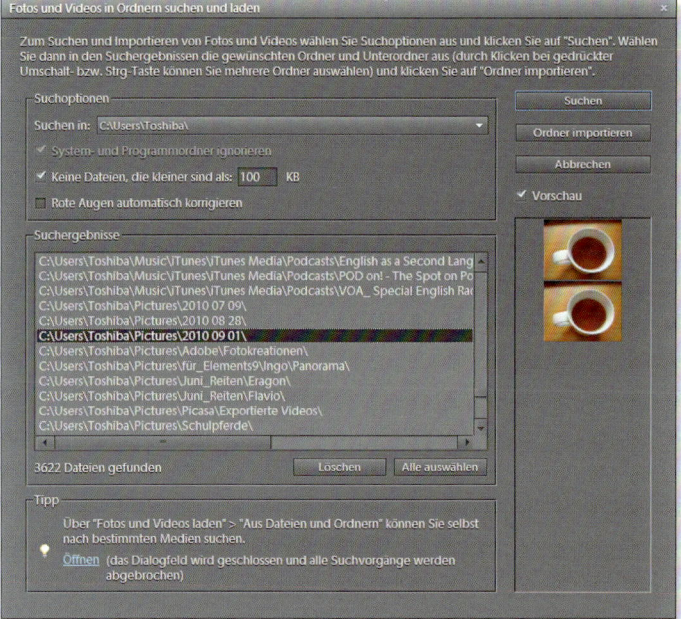

◄ **Abbildung 8.21**
Manuell nach Fotos und Ordnern suchen

8.5 Import aus iPhoto

Gerade für die Mac-Anhänger dürfte es eine erfreuliche Nachricht sein, dass Sie mit dem Organizer auch gleich die liebgewonnenen iPhoto-Alben über DATEI • FOTOS UND VIDEOS LADEN • AUS IPHOTO importieren können. Die importierten Alben werden im Organizer ebenfalls als Alben implementiert. Aus diesem Grund

iPhoto und/oder Organizer

Die aus iPhoto importierten Alben sind natürlich nach dem Import nicht mehr mit iPhoto verknüpft. Einfach ausgedrückt: Beide Alben wissen nichts voneinander. Änderungen im Organizer haben keine Auswirkung auf das Album in iPhoto. Umgekehrt gilt dasselbe. Wenn Sie also nicht alles doppelt machen wollen, sollten Sie sich für eines der beiden Programme zur Verwaltung Ihrer Bilder entscheiden.

sollten Sie sich zuvor, bevor Sie wirklich in Erwägung ziehen, Ihre iPhoto-Alben zu importieren, mit Abschnitt 9.2, »Neue Alben erstellen«, befassen. Neben den Alben lassen sich auch die Ereignisse von iPhoto als Alben importieren.

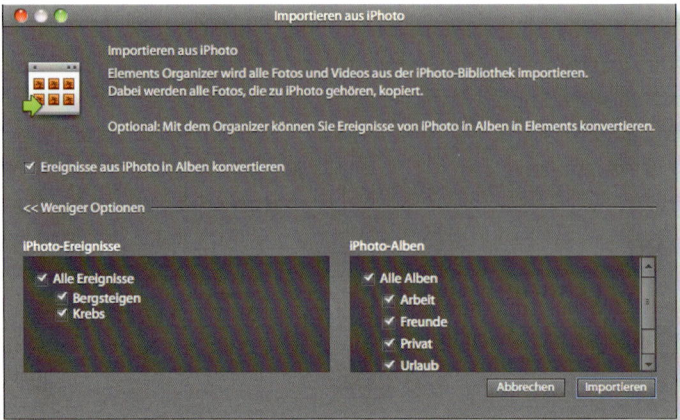

Abbildung 8.22 ▶
Gleich in der ersten Mac-Version des Organizers können Sie die iPhoto-Alben importieren.

8.6 Kataloge verwalten

Der Organizer verwendet einen Katalog, um Bilder und andere Medien zu verwalten. Den Namen des aktuell verwendeten Katalog sehen Sie links unten in der Statusleiste. Genau genommen handelt es sich bei diesem Katalog im Organizer um eine echte Datenbank.

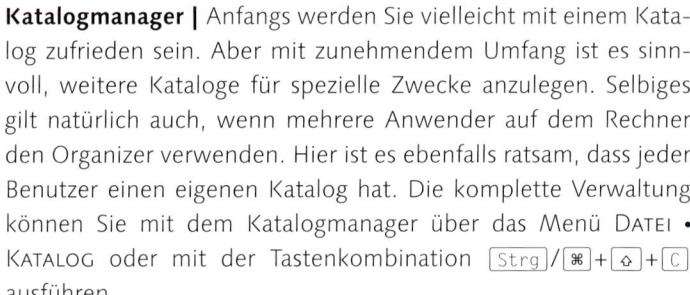

▲ **Abbildung 8.23**
Name des Katalogs in der Statusleiste (hier »Mein Katalog«)

Katalogmanager | Anfangs werden Sie vielleicht mit einem Katalog zufrieden sein. Aber mit zunehmendem Umfang ist es sinnvoll, weitere Kataloge für spezielle Zwecke anzulegen. Selbiges gilt natürlich auch, wenn mehrere Anwender auf dem Rechner den Organizer verwenden. Hier ist es ebenfalls ratsam, dass jeder Benutzer einen eigenen Katalog hat. Die komplette Verwaltung können Sie mit dem Katalogmanager über das Menü DATEI • KATALOG oder mit der Tastenkombination [Strg]/[⌘]+[⇧]+[C] ausführen.

Einen neuen Katalog richten Sie über die Schaltfläche NEU ❹ ein. Im anschließenden Dialog können Sie den Namen dafür vergeben. Haben Sie eine Vorgängerversion von Photoshop Elements und auch hier schon einen Katalog erstellt, können Sie diesen mit der Schaltfläche KONVERTIEREN ❺ für die neue Version zubereiten. Einen anderen Namen für den Katalog können Sie über die Schaltfläche UMBENENNEN vergeben. Mit VERSCHIEBEN ändern Sie den Speicherort für den Katalog. Hier wählen Sie entweder einen Pfad, der für alle Benutzer zugänglich ist (Standardeinstellung), einen Pfad, der nur für den aktuellen Benutzer erreichbar ist, oder eben einen benutzerdefinierten Pfad.

Da es sich beim Katalog des Organizer um eine echte Datenbank handelt, können hier auch datenbanktypische Inkonsistenzen auftreten, wenn beispielsweise Dateien umbenannt, gelöscht oder verschoben wurden. Hierbei können immer Reste von den alten Daten in der Datenbank erhalten bleiben. Solche »toten« Verknüpfungen können über längere Zeit den Betrieb des Organizers erheblich verlangsamen. Für solche Zwecke steht die Schaltfläche REPARIEREN zur Verfügung, mit der Sie solche Probleme überprüfen und bei Bedarf reparieren lassen. Ähnliches bewirkt die Schaltfläche OPTIMIEREN, mit der Sie den Katalog und den Miniatur-Cache neu sortieren und somit optimieren. Dies können Sie sich ähnlich wie beim Defragmentieren der Festplatte vorstellen.

Der aktuell aktive Katalog wird in der Liste von Katalogen mit dem Text [AKTUELL] ❸ versehen. Wollen Sie den Katalog wechseln, brauchen Sie nur den entsprechenden Katalog in der Liste auszuwählen und auf die Schaltfläche ÖFFNEN ❻ zu klicken.

Katalog manuell suchen

Wird Ihr Katalog nicht in der Liste aufgeführt, suchen Sie gegebenenfalls manuell danach, indem Sie die Radioschaltfläche BENUTZERDEFINIERTER PFAD ❶ auswählen und den Pfad mit der Schaltfläche DURCHSUCHEN ❷ vorgeben. Die Dateiendung für die Katalogdateien der Version 9 von Photoshop Elements lautet übrigens »*.pse9db«. Bei der Vorgängerversion lautete diese Endung logischerweise »*.pse8db« (und bei Elements 7: »*.pse7db«). Natürlich können Sie hierfür auch die Suche Ihres Betriebssystems verwenden.

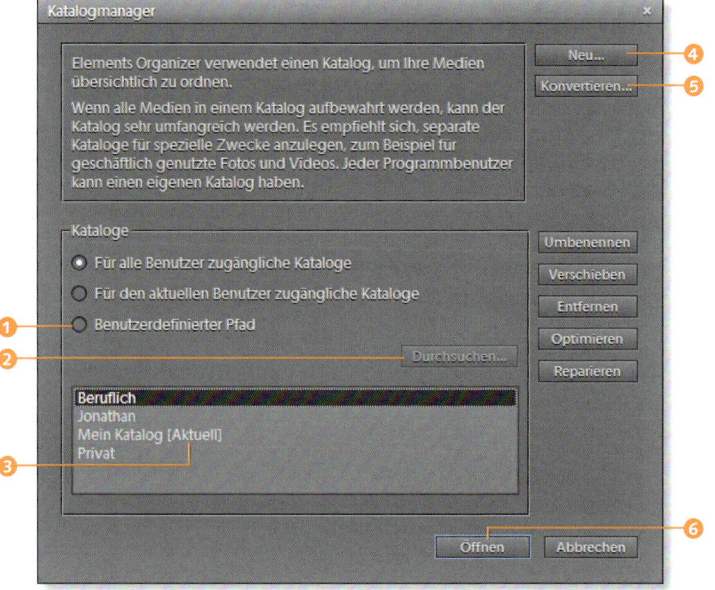

◄ **Abbildung 8.24**
Der Katalogmanager zum Verwalten von Katalogen

Katalogbestand sichern | Hat sich Ihr Organizer-Bestand ein wenig gefüllt, so empfiehlt es sich, den kompletten Katalogbestand des Organizers zu sichern. Wenn nämlich Ihre Festplatte einmal kaputtgeht, Sie sich einen anderen Rechner zulegen, Ihr Laptop gestohlen wird oder Sie aus Versehen ganze Verzeichnisse

Regelmäßiges Backup
Wie oft Sie Backups durchführen, entscheiden Sie letztlich selbst. Wenn Sie aber viel fotografieren, sollten Sie auf jeden Fall regelmäßige Sicherungen erstellen, zum Beispiel einmal pro Woche oder pro Monat, gegebenenfalls auch deutlich öfter.

löschen, sind ohne Sicherungskopie all Ihre Bilder, die Sie vielleicht jahrelang gesammelt haben, verloren.

Sie rufen das Sichern des Katalogs über den Menüpunkt DATEI • KATALOG AUF CD, DVD ODER FESTPLATTE SICHERN oder mit der Tastenkombination [Strg]/[⌘]+[B] auf. Hierbei überprüft Photoshop Elements zunächst, ob der Katalog noch auf dem neuesten Stand ist. Fehlen Dateien, können Sie vor dem Backup noch danach suchen. Klicken Sie im folgenden Dialog auf ERNEUT VERBINDEN, um nach den fehlenden Dateien zu suchen, oder auf WEITER, um diese Suche zu überspringen.

Abbildung 8.25 ▶
Ist der Katalog nicht vollständig, können Sie die fehlenden Bilder vor dem Backup erneut verknüpfen.

> **Fehlende Dateien vor Backup prüfen**
>
> ℹ Mediendateien wurden seit dem Import in den Katalog verschoben. Diese Dateien werden von Elements Organizer nicht erkannt; es kann kein Backup dafür erstellt werden. Damit alle Dateien gefunden werden, wählen Sie "Erneut verbinden", bevor Sie mit dem Backup fortfahren.
>
> [Erneut verbinden] [Weiter] [Abbrechen]

Anschließend folgt der eigentliche Dialog, den Sie aufgerufen haben. Hier haben Sie die Wahl zwischen einem KOMPLETTEN BACKUP ❶ und einem INKREMENTELLEN BACKUP ❷. Beim ersten Sichern Ihrer Dateien führen Sie ein komplettes Backup durch. Künftig können Sie dann mit dem inkrementellen Backup nur die neuen und geänderten Dateien sichern. Ein inkrementelles Backup lässt sich nur durchführen, wenn bereits ein komplettes Backup erstellt wurde.

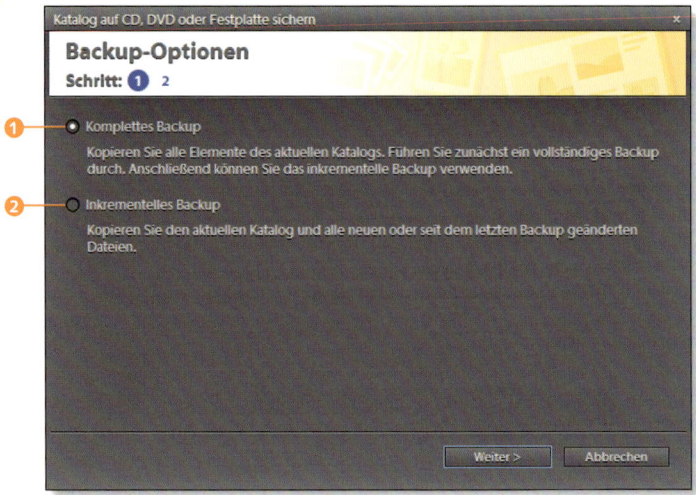

Abbildung 8.26 ▶
Photoshop Elements kann komplett oder inkrementell sichern.

Anschließend wird die Gesamtgröße der Medien berechnet, ehe Sie im nächsten Dialog das Ziellaufwerk ❸ wählen, auf dem Sie das Backup sichern wollen. Beachten Sie hierbei aber Folgendes: Wenn Sie nur das Ziellaufwerk beim BACKUP-PFAD ❹ angeben (zum Beispiel bei einer externen Festplatte), werden alle Bilder in das Wurzelverzeichnis des Speichermediums gesichert. Deshalb empfiehlt es sich, ein Verzeichnis über die Schaltfläche DURCHSUCHEN ❻ auszuwählen oder neu anzulegen.

Beim inkrementellen Backup müssen Sie in VORHERIGE BACKUP-DATEI ❺ den Pfad zur Datei »Backup.tly« über die Schaltfläche DURCHSUCHEN ❼ daneben auswählen. Diese Datei befindet sich im selben Verzeichnis, in dem Sie das komplette Backup durchgeführt haben; sie wird für den Vergleich mit dem aktuellen Katalog benötigt.

Backup auf externen Medien

Führen Sie regelmäßig ein Backup auf einem externen Speichermedium durch. Zwar sichern Sie sich auch mit einem Backup auf derselben Festplatte wie der Katalog gegen ungewollte Änderungen der Bilder ab und können Bilder schnell wiederherstellen. Ist aber der Rechner (zum Beispiel die Festplatte) plötzlich defekt, so ist guter Rat meist teuer. Eine gute Backup-Strategie ist das Sichern von Daten auf mehreren Medien. So erstelle ich neben der regelmäßigen Sicherung auf dem Rechner noch eine zusätzliche Sicherung auf einer externen Festplatte (oder USB-Stick) sowie regelmäßige Komplett-Backups auf Medien wie CD oder DVD.

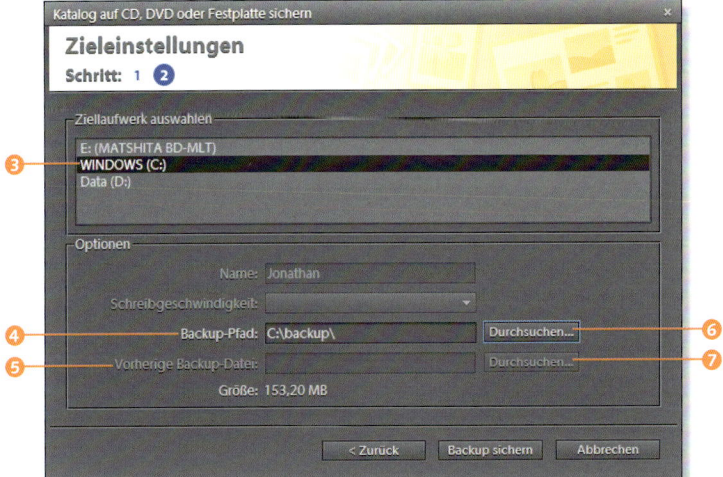

◄ **Abbildung 8.27**
Zielangaben für das Backup

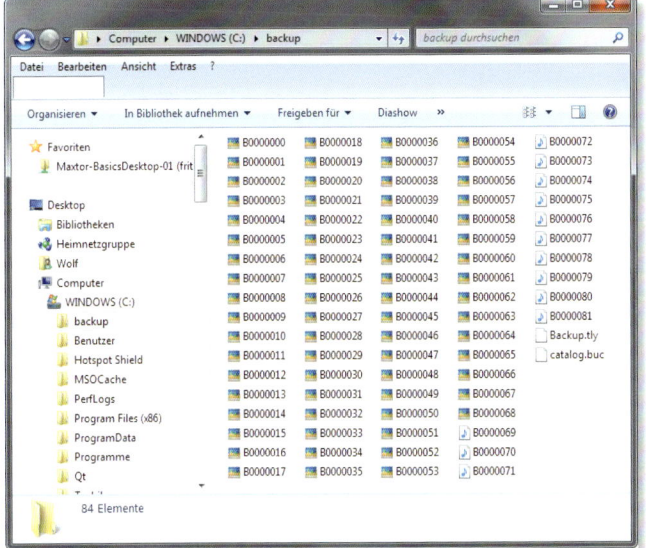

◄ **Abbildung 8.28**
Hier der Ordner mit den gesicherten Daten, wie er gewöhnlich aussieht. Gesichert werden alle Bilder und andere Mediadateien. Besonders wichtig für die spätere Wiederherstellung sind die Dateien »Backup.tly« und »catalog.buc«, wo sich alle Informationen zu den Alben, Stichwort-Tags usw. befinden.

Einen gesicherten Katalog wiederherstellen | Einen gesicherten Katalog können Sie über DATEI • KATALOG VON CD, DVD ODER FESTPLATTE WIEDERHERSTELLEN wieder laden. Zunächst müssen Sie im Rahmen WIEDERHERSTELLEN VON ➊ auswählen, ob Sie den Katalog von einer CD/DVD oder Festplatte wiederherstellen wollen. Bei letzterem müssen Sie noch den Pfad zur ».tly«-Datei angeben. Mithilfe dieser Datei findet der Organizer die anderen Dateien von selbst.

Im zweiten Rahmen, DATEIEN UND KATALOG WIEDERHERSTELLEN IN ➋, stellen Sie ein, wie Sie die Dateien und den Katalog wiederherstellen wollen. Hierbei können Sie entweder das ursprüngliche Verzeichnis oder ein neues Verzeichnis angeben. Bei Letzterem müssen Sie natürlich wieder den Pfad zum Verzeichnis angeben.

Mit einem Klick auf WIEDERHERSTELLEN ➌ wird der Katalog mit allen Alben, Stichwort-Tags und natürlich Bewertungen wiederhergestellt.

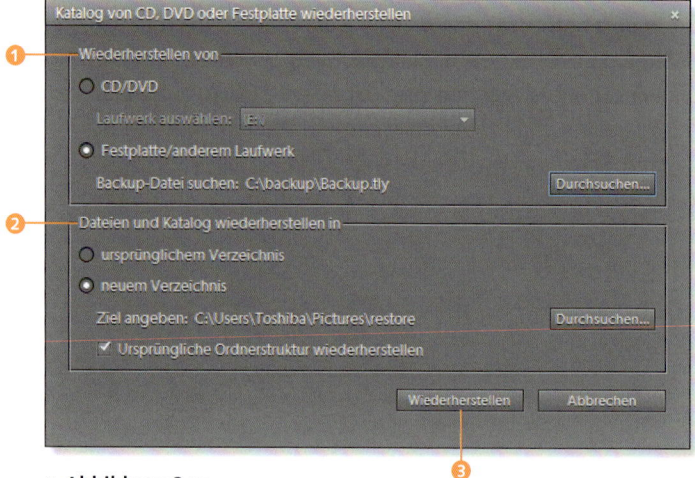

▲ Abbildung 8.29
Der Dialog, um einen gesicherten Katalog wiederherzustellen

Einen Katalog löschen | Einen Katalog können Sie jederzeit über DATEI • KATALOG entfernen, in dem Sie ihn im Katalogmanager (siehe Abbildung 8.24) auswählen und auf die Schaltfläche ENTFERNEN klicken. Und keine Sorge, hierbei werden keine Bilder von der Festplatte gelöscht, sondern nur die Verweise auf die Bilder mitsamt den Alben, Stichwort-Tags, Bewertungen usw. Einzige Bedingung beim Löschen eines Katalogs ist, dass dieser nicht geöffnet ist (zu erkennen an dem Schriftzug: [AKTUELL]).

8.7 Datumsansicht im Medienbrowser

Standardmäßig wird beim Start des Organizers der Medienbrowser mit den Miniaturen der Bilder angezeigt. Der Medienbrowser bietet neben der üblichen Miniaturansicht einzelner Bilder aber auch eine Datumsansicht an. In diese Ansicht schalten Sie mit ANZEIGEN • DATUMSANSICHT (oben rechts) oder über die Tastenkombination ⌘Strg/⌘+Alt+D um.

Zurück zum Medienbrowser

Um von der Datumsansicht zurück in den Medienbrowser zu gelangen, können Sie wieder die Schaltfläche rechts über ANZEIGEN • MEDIENBROWSER oder ⌘Strg/⌘+Alt+O betätigen.

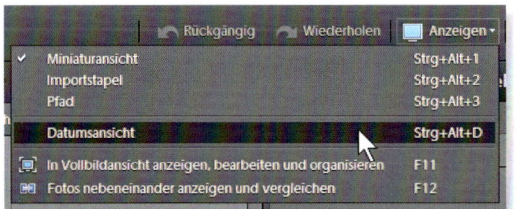

◄ **Abbildung 8.30**
Zur Datumsansicht umschalten

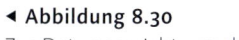

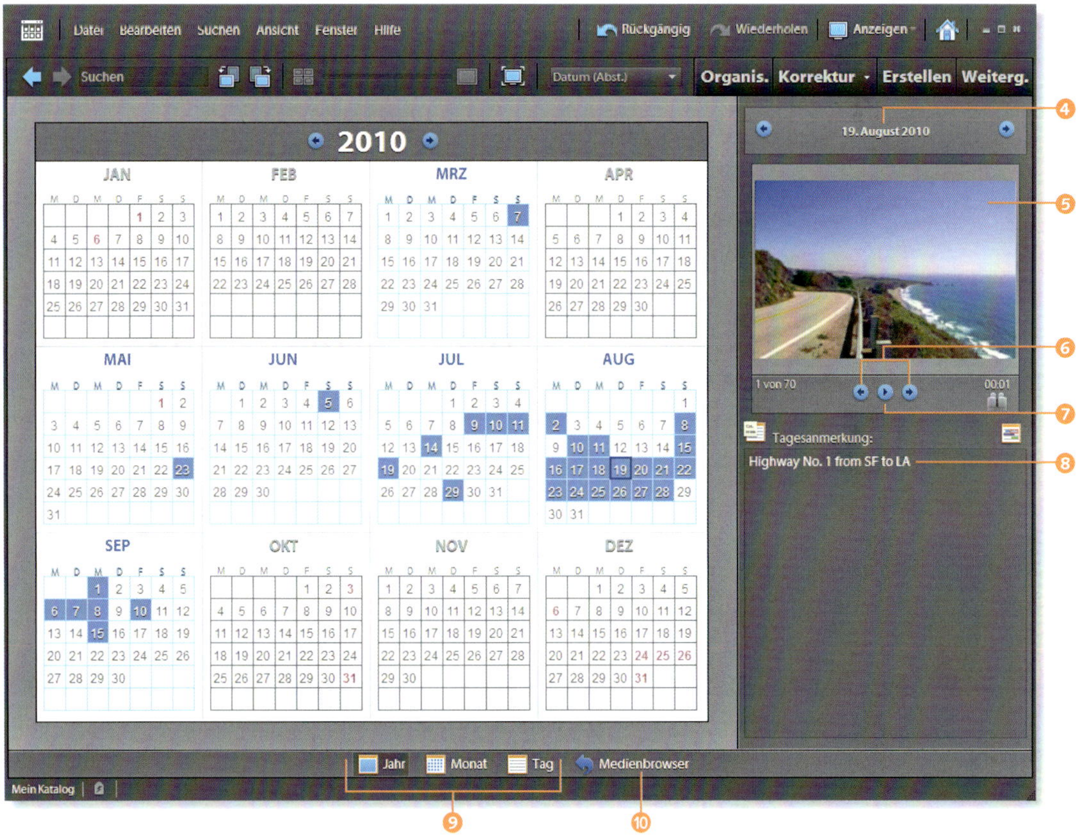

▲ **Abbildung 8.31**
Datumsansicht (Jahr)

In der Datumsansicht finden Sie jetzt anstelle der Miniaturvorschauen der Bilder einen Kalender. Ob der Kalender in der Jahres-, Monats- oder Tagesansicht angezeigt wird, können Sie mit den kleinen Schaltflächen ❾ unterhalb des Kalenders einstellen.

▲ **Abbildung 8.32**
Das Icon weist auf eine Tagesanmerkung hin.

Ereignis hinzufügen
Alternativ können Sie auch ein Ereignis hinzufügen, indem Sie in der Datumsansicht mit der rechten Maustaste auf den entsprechenden Tag klicken und EREIGNIS HINZUFÜGEN wählen.

Hier finden Sie auch eine Schaltfläche für die Rückkehr zum Medienbrowser ❿.

Bei Einträgen, die blau (in der Jahresansicht) oder mit einem Bild (in der Monatsansicht) hinterlegt sind, wurden Bilder erstellt oder importiert. Feiertage werden rosa hinterlegt. Um herauszufinden, was an diesem Datum hinterlegt wurde, klicken Sie einfach den entsprechenden Tag an. Auf der rechten Seite werden dann das ausgewählte Datum (gegebenenfalls auch mit dem Ereignis des Tages) ❹ und eine Bildvorschau ❺ angezeigt. Mit den Pfeiltasten ❻ navigieren Sie durch die einzelnen Bilder des Tages oder lassen die Bilder mit der Taste dazwischen ❼ als Diashow laufen. Gegebenenfalls finden Sie darunter auch eine Tagesanmerkung ❽, sofern Sie eine solche verfasst haben. Das Hinzufügen von Anmerkungen möchte ich Ihnen im Folgenden erläutern.

8.7.1 Tagesanmerkungen hinzufügen

Häufig will man in der Datumsansicht auch festhalten, um was für Aufnahmen es sich bei den Bildern von diesem Tag handelt. Hierzu markieren Sie einfach den entsprechenden Tag und nutzen das Texteingabefeld ❽ unter der Tagesanmerkung. Um das Speichern des eingegebenen Textes müssen Sie sich nicht kümmern. Ein kleines Icon ⓫ zeigt an, ob für einen Tag eine Bemerkung existiert.

8.7.2 Ereignisse hinzufügen

Zusätzlich zu einer Tagesanmerkung können Sie ein Ereignis hinzufügen. Klicken Sie hierzu die entsprechende Schaltfläche ❷ an, und geben Sie im folgenden Dialog den Namen des Ereignisses ❶ ein. Hier können Sie zum Beispiel auch ein WIEDERKEHRENDES EREIGNIS (Geburtstag, Hochzeitstag etc.) angeben, das dann jedes Jahr angezeigt wird.

Abbildung 8.33 ▶
Tagesanmerkungen und Ereignisse zum Tag hinzufügen (Monatsansicht)

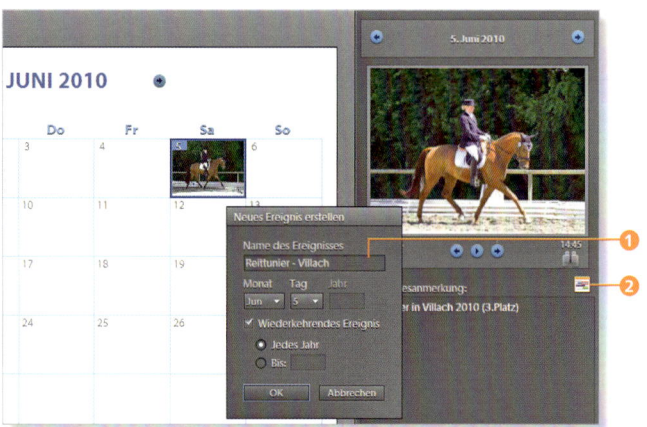

Ereignisse werden in der Datumsansicht in hellem Blau angezeigt. Außerdem wird der Name des Ereignisses ❸ in der Monatsansicht angegeben. Wollen Sie ein Ereignis bearbeiten oder löschen, so klicken Sie den Tag des Ereignisses mit der rechten Maustaste an und wählen die jeweilige Aktion im Kontextmenü aus.

Auch über das Menü BEARBEITEN/ADOBE ELEMENTS 9 ORGANIZER • VOREINSTELLUNGEN • DATUMSANSICHT können Sie Ereignisse neu anlegen, bearbeiten oder löschen.

▲ **Abbildung 8.34**
Kontextmenü eines Tages mit Ereignis

8.8 Fotos drehen

Wollen Sie Bilder nach links oder rechts drehen, so können Sie die entsprechenden Icons in der Ansichtsleiste über dem Medienbrowser verwenden. Entsprechend dem Symbol werden hierbei markierte Bilder um 90° nach links oder nach rechts gedreht. Alternativ führen Sie diese Drehung mit der Tastenkombination `Strg`/`⌘`+`←` oder `Strg`/`⌘`+`→` durch.

Beim Drehen von JPEG-Dateien sollten Sie allerdings beachten, dass die Dateien neu komprimiert werden müssen, was einen Qualitätsverlust bedeutet. Photoshop Elements weist Sie auf diesen Verlust hin und bietet an, eine Kopie zu erstellen und nur diese Kopie zu drehen, sodass das Original unangetastet bleibt. Bei Bildern im TIFF-, PSD- oder RAW-Format werden diese Drehungen ohne Qualitätsverluste durchgeführt.

▲ **Abbildung 8.35**
Bilder drehen

8.9 Versionssätze und Fotostapel

Häufig erstellt man aus dem Originalbild oder der Rohdatei mehrere nachbearbeitete Versionen eines Bildes. Selbst wenn Sie die Kopie eines Bildes, wie im Abschnitt zuvor, nur um 90° in eine Richtung drehen, erzeugen Sie eine weitere Version des Bildes. Um diese verschiedenen Versionsstände zu handhaben und übersichtlich im Organizer anzuzeigen, bietet Photoshop Elements zwei Möglichkeiten an: Versionen eines Bildes können in einem **Versionssatz** gespeichert werden, oder Sie legen die verschiedenen Versionen manuell zu einem **Fotostapel** zusammen.

Versionssätze können nur bei der Speicherung von Bildern über den Editor und der entsprechenden Option oder über die Schnellkorrektur im Organizer angelegt werden. Wie der Name schon beschreibt, erstellen Sie hier mehrere unterschiedliche Versionen von ein und demselben Bild.

Finger weg vom Original
Auch hier gilt: Das Original sollten Sie beim Überarbeiten stets unangetastet lassen. Nur so ergibt der Versionssatz auch Sinn. Sie behalten immer ein Ursprungsbild, aus dem Sie neue Versionen generieren können.

Fotostapel hingegen werden dafür verwendet, um mehrere (auch unterschiedliche) Fotos zu sortieren und zusammenzufassen. So könnten Sie beispielsweise ähnliche Bilder oder eine ganze Aufnahmeserie des gleichen Motivs zu einem Stapel zusammenfassen. Im Gegensatz zu Versionssätzen können Fotostapel im Organizer jederzeit manuell über den Medienbrowser erstellt werden.

Zwischen einem Versionssatz und einem Stapel besteht übrigens im Medienbrowser kaum ein Unterschied. Beide unterscheiden sich im Prinzip nur in der Art ihrer Erzeugung.

Stellen Sie sich den Stapel und den Versionssatz wie ein Kartenspiel vor, in dem eine Karte über der anderen liegt – nur dass hier bei einem Versionssatz mehrere zu einem Originalbild gehörende Versionen geschichtet werden und bei einem Fotostapel eben beliebige Bilder übereinandergelegt werden. Der Vorteil dieser Sortierung liegt auf der Hand: Bei einer umfangreichen Bildersammlung bleibt zusammen, was zusammengehört, und Sie können im Organizer besser Ordnung halten.

Fotostapel im Medienbrowser | Sie erkennen einen solchen Stapel im Medienbrowser an dem Stapelsymbol ❶ auf der rechten oberen Seite und der passenden Bezeichnung FOTOSTAPEL ❸. Um die einzelnen Bilder des Stapels anzuzeigen, finden Sie auf der rechten Seite eine kleine Schaltfläche ❷, mit der Sie den Stapel öffnen und wieder schließen können. Alternativ klicken Sie einen Stapel mit der rechten Maustaste an und wählen im Kontextmenü STAPEL • FOTOS IM STAPEL ANZEIGEN bzw. STAPEL • FOTOS IM STAPEL SCHLIESSEN aus (denselben Pfad finden Sie auch im Menü BEARBEITEN). Noch schneller öffnen Sie einen Stapel mit der Tastenkombination [Strg]/[⌘]+[Alt]+[R] und schließen ihn mit [Strg]/[⌘]+[Alt]+[⇧]+[R] wieder (zuvor müssen Sie den gewünschten Stapel markieren).

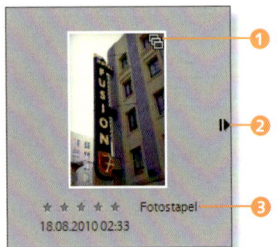

▲ **Abbildung 8.36**
Ein geschlossener Stapel mit einer Serie von zusammenhängenden Bildern

▲ **Abbildung 8.37**
Ein geöffneter Stapel mit mehreren zusammengehörenden Bildern

Versionssatz im Medienbrowser | Ähnlich ist dies mit einem Versionssatz im Medienbrowser, nur dass hier das Stapelsymbol ❹ etwas anders aussieht und einen kleinen Pinsel enthält und die Bezeichnung Versionssatz ❻ zu lesen ist. Ansonsten finden Sie auch hier auf der rechten Seite eine kleine Schaltfläche ❺, um den Stapel des Versionssatz zu öffnen und wieder zu schließen. Alternativ können Sie auch hier den Versionssatz mit einem rechten Mausklick über das Kontextmenü mit Versionssatz • Elemente im Versionssatz anzeigen und Versionssatz • Elemente im Versionssatz schliessen öffnen und wieder schließen. Dasselbe erreichen Sie auch über das Menü Bearbeiten oder mit den Tastenkombinationen Strg/⌘+Alt+E zum Öffnen und Strg/⌘+⇧+Alt+E zum Schließen eines Versionssatzes.

▲ **Abbildung 8.38**
Ein geschlossener Versionssatz mit mehreren Versionen eines Bildes

▲ **Abbildung 8.39**
Ein geöffneter Versionssatz mit allen Versionen des Bildes (hier ausgehend von einem RAW-Bild) im Überblick

8.9.1 Stapel erzeugen

Um mehrere Bilder zu einem Stapel zusammenzufassen, markieren Sie sie einfach im Medienbrowser. Wählen Sie hierbei die das erste und das letzte Bild mit gehaltener ⇧-Taste, wenn die Bilder nebeneinanderliegen, und nutzen Sie Strg/⌘ zum Markieren einzelner Bilder. Klicken Sie nun mit der rechten Maustaste auf eines der markierten Bilder, und wählen Sie im Kontextmenü Stapel • Ausgewählte Fotos stapeln aus. Dasselbe erreichen Sie auch über den Menüeintrag Bearbeiten • Stapel • Ausgewählte Fotos stapeln. Schneller noch geht es mit der Tastenkombination Strg/⌘+Alt+S.

Fotostapel automatisch vorschlagen | Neben diesem Befehl finden Sie noch den Befehl Stapel • Fotostapel automatisch vorschlagen, der ebenfalls im Menü Bearbeiten oder mit der Tastenkombination Strg/⌘+Alt+K ausgeführt werden kann. Bei diesem Befehl sucht der Organizer nach strukturellen Gemeinsamkeiten in den Bildern und packt Stapel auf der Grundlage dieser Ähnlichkeiten. Im folgenden Dialog entscheiden Sie

Unterschiedliche Bilder

Theoretisch könnten Sie natürlich auch mehrere unterschiedliche Bilderreihen aufeinanderstapeln – auch wenn dies nicht im Sinne des Erfinders ist.

Alle Versionssätze und Stapel anzeigen

Um alle vorhandenen Stapel und Versionssätze im Medienbrowser anzeigen zu lassen, wählen Sie im Menü Suchen • Alle Versionssätze beziehungsweise Suchen • Alle Stapel. Oder Sie nutzen die Tastenkombinationen Strg/⌘+Alt+V (für Versionssätze) und Strg/⌘+Alt+⇧+S (für Stapel).

dann, ob Sie der vom Organizer vorgeschlagenen Stapelzusammenstellung zustimmen oder noch einige Änderungen vornehmen möchten.

8.9.2 Versionssatz erzeugen

Speichern-Dialog
Der Dialog zum Speichern wurde bereits in Abschnitt 2.4, »Dateien speichern«, beschrieben.

Alternativ können Sie Bilder über den Editor beim Abspeichern einem Versionssatz hinzufügen. Wenn Sie zum Beispiel beim Speichern ein Bild nachbearbeitet haben, wählen Sie im Speichern-Dialog die Option MIT ORIGINAL IM VERSIONSSATZ SPEICHERN ❶. Das überarbeitete Bild wird dann zusammen mit dem Originalbild in einen Stapel (oder genauer Versionssatz) gepackt. Diese Option ist standardmäßig aktiviert, was auch sinnvoll ist. Auf diese Weise können Sie sicher sein, niemals versehentlich das Original zu überschreiben.

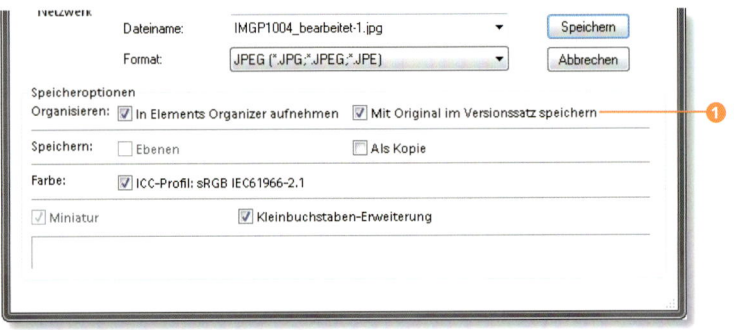

Abbildung 8.40 ▶
Beim Speichern-Dialog von Bildern im Editor können Sie einen Versionssatz anlegen.

Wenn Sie außerdem die Funktionen im Aufgabenbedienfeld KORREKTUR des Organizers verwenden, werden die (meist automatischen) Korrekturen niemals auf dem Original ausgeführt, sondern immer auf eine Kopie des Bildes, das dann als neues Bild zum Versionssatz-Stapel hinzugefügt wird.

8.9.3 Stapel und Versionssatz sortieren, aufheben und entfernen

Möchten Sie ein ganz bestimmtes, besonders repräsentatives Bild oben auf den Stapel legen, so öffnen Sie den Stapel, markieren das gewünschte Bild und klicken es mit der rechten Maustaste an. Wählen Sie dann im Kontextmenü (oder im Menü BEARBEITEN) den Punkt STAPEL • ALS ERSTES FOTO FESTLEGEN. Denselben Befehl gibt es für Versionssätze über einen rechten Mausklick (oder das Menü BEARBEITEN) mit VERSIONSSATZ • ALS ERSTES ELEMENT FESTLEGEN.

Analog hierzu können Sie auch einzelne Bilder über das Kontextmenü (oder das Menü BEARBEITEN) unter STAPEL • FOTO AUS STAPEL ENTFERNEN aus dem Stapel oder bei einem Versionssatz

über VERSIONSSATZ • ELEMENT(E) AUS EINEM VERSIONSSATZ ENT-
FERNEN löschen. Das Bild wird hierbei natürlich nicht gelöscht im
eigentlichen Sinne, sondern nur aus dem Fotostapel bzw. Versionssatz entfernt und wieder als allein stehendes Bild im Katalog
angezeigt.

Um einen Stapel aufzuheben und wieder in Einzelbilder zu
zerlegen, markieren Sie entweder eines der Bilder im Stapel oder
den kompletten Stapel mit der rechten Maustaste, und wählen
Sie im Kontextmenü (oder im Menü BEARBEITEN) den Punkt STA-
PEL • FOTOSTAPEL AUFHEBEN aus. Dasselbe gibt es auch bei den
Versionssätzen, wo Sie mit der rechten Maustaste im Kontext-
menü (oder im Menü BEARBEITEN) VERSIONSSATZ • VERSIONSSATZ
IN EINZELNE ELEMENTE KONVERTIEREN auswählen.

8.9.4   Fotostapel und Versionssatz kombinieren

Es spricht übrigens auch nichts dagegen, mehrere Versionssätze
in einem Fotostapel zusammenzufassen. Im Grunde brauchen Sie
hierbei nur die Versionssätze zu markieren und einen Fotostapel
zu erzeugen. Solche Fotostapel mit Versionssätzen erkennen Sie
dann daran, dass in der Miniaturvorschau beide Symbole ❷ (für
einen Fotostapel und Versionssatz) rechts oben zu sehen sind.
Die einzelnen Versionen werden dann wie gewöhnlich dargestellt, nur wird ein Versionssatz zusätzlich zwischen gestrichelten
Linien ❸ eingeschlossen. Beachten Sie hierbei allerdings, dass bei
extremem Mischen von Fotostapeln und Versionssätzen schnell
die Übersicht verloren geht.

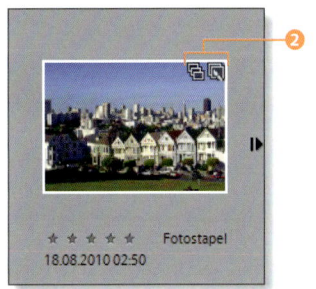

◄ **Abbildung 8.41**
Ein geschlossener Fotostapel, der
mindestens einen Versionssatz
enthält

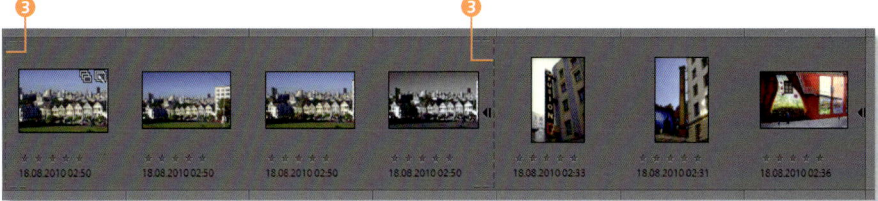

▲ **Abbildung 8.42**
Ein geöffneter Fotostapel mit einem Versionssatz

8.10 Die Vollbildansicht – Diashow und Überprüfungsmodus

Vollbildansicht über Medienbrowser aktivieren

Auch über den Medienbrowser können Sie die Vollbildansicht aktivieren, indem Sie ein Bild mit der rechten Maustaste anklicken und im Kontextmenü FOTOS IN VOLLBILDANSICHT ANZEIGEN auswählen.

Wie bei einem Programm zur Verwaltung von Bildern zu erwarten, bietet der Organizer auch eine Vollbildansicht an, in der Sie sich Ihre Bilder in einer einfachen **Diashow** anzeigen lassen können. Häufig reicht aber auch eine Betrachtung der Bilder in der Miniaturvorschau nicht aus, um die Qualität des Bildes zu prüfen – auch hierfür ist die Vollbildansicht geeignet. Um zur Vollbildansicht zu wechseln, klicken Sie rechts oben auf ANZEIGEN und wählen IN VOLLBILDANSICHT ANZEIGEN, BEARBEITEN UND ORGANISIEREN aus (alternativ drücken Sie F11 oder beim Mac ⌘+F11).

Abbildung 8.43 ▶
In die Vollbildansicht wechseln

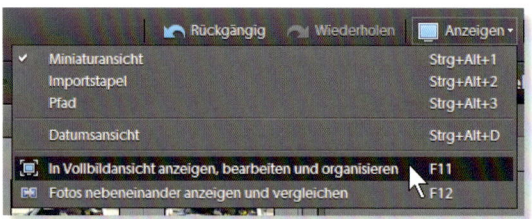

8.10.1 Steuerung der Vollbildansicht

Sobald Sie in der Vollbildansicht den Mauszeiger bewegen, erscheint unterhalb der Ansicht eine Steuerelementleiste, sodass Sie die Vollbildansicht komfortabel mit der Maus steuern können. Für fast alle dieser Steuerelemente existieren Tastenkürzel. Die wichtigsten finden Sie in Abschnitt 8.10.5 in Tabelle 8.1.

Links oben befindet sich eine Titelleiste mit dem Namen SCHNELL BEARBEITEN ❶, die horizontal ausfährt, wenn Sie mit der Maus darüberfahren. Hier sehen Sie alle Fotokorrekturoptionen, die Sie schon aus dem Aufgabenbedienfeld KORREKTUR (siehe Abschnitt 7.2.3) des Organizers kennen. Auch die Bewertungen der Bilder mit den Sternen können Sie hier vornehmen.

Links unten finden Sie außerdem eine Titelleiste SCHNELL ORGANISIEREN ❷, die ebenfalls horizontal ausfährt, wenn Sie mit der Maus darüberfahren. Hiermit könnten Sie gleich die Bilder beim Betrachten organisieren. Mehr dazu erfahren Sie in Kapitel 9, »Fotos sortieren und kennzeichnen«.

Die Bedienung der Steuerleiste ist auch schnell erklärt. Mit der Schaltfläche FILMSTREIFEN EIN/AUS ❸ blenden Sie einen Filmstreifen auf der rechten Seite ein und wieder aus. Die nächsten beiden Schaltflächen, SCHNELL-BEARBEITEN-BEDIENFELD EIN/AUS ❹ und SCHNELL-ORGANISIEREN-BEDIENFELD EIN/AUS ❺, blenden beide Bedienfeldleisten ❶ und ❷ auf der linken Seite komplett

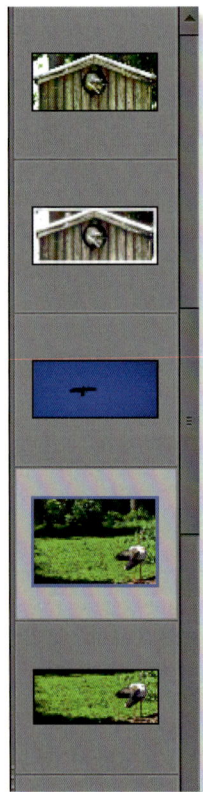

▲ **Abbildung 8.44**
Der Filmstreifen in der Vollbildansicht zum Navigieren durch die Bilderflut

aus und wieder ein. Mit den nächsten drei Schaltflächen ❻ können Sie das vorherige Medium (was meistens Fotos sein dürften) betrachten, eine Diashow abspielen oder das nächste Medium ansehen. Die Einstellungen für die Vollbildansicht und Diashow erreichen Sie über die folgende Schaltfläche EINSTELLUNGSDIALOGFELD ÖFFNEN ❼ (siehe Abschnitt 8.10.2, »Vollbildansicht-Optionen«). Die ÜBERGÄNGE für die Diashow stellen Sie mit der nächsten Schaltfläche ❽ ein. Die EIGENSCHAFTEN für das Bild zeigen Sie mit der vorletzten Schaltfläche ❾ in einem transparenten Fenster an. Über die letzte Schaltfläche ❿ beenden Sie die Vollbildansicht wieder und wechseln zurück zum Organizer.

▲ Abbildung 8.45
Die Oberfläche der Vollbildansicht mit der Steuerelementleiste, dem Schnell-organisieren-Element und dem Schnell-bearbeiten-Element

Klicken Sie auf das kleine Dreieck ⓫ am Ende der Steuerleiste, werden die restlichen Steuerelemente angezeigt. Hierbei handelt es sich um Steuerelemente für die Vergleichsansicht (siehe Abschnitt 8.10.3, »Die Vergleichsansicht«).

8.10.2 Vollbildansicht-Optionen

In der Vollbildansicht zeigen Sie über die Schaltfläche EINSTELLUNGSDIALOGFELD ÖFFNEN den VOLLBILDANSICHT-OPTIONEN-Dialog an. Hier können Sie verschiedene Einstellungen für die Darstellung in der Vollbildansicht vornehmen.

Abbildung 8.46 ▶

Hier legen Sie die Optionen für
die Vollbildansicht fest.

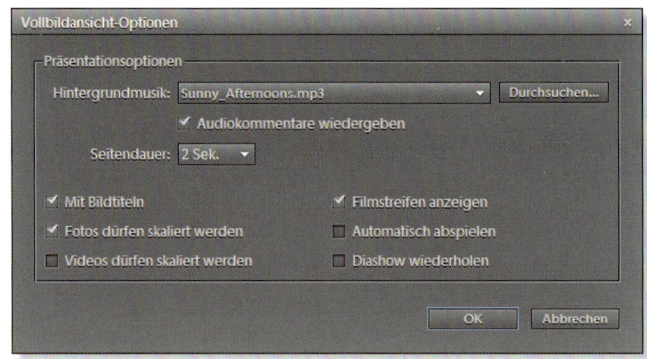

Allgemeine Einstellungen | Über HINTERGRUNDMUSIK können Sie eine Audiodatei während einer Diashow laufen lassen. Entweder wählen Sie eines der vordefinierten Musikstücke in der Drop-down-Liste aus, oder Sie suchen mit DURCHSUCHEN nach anderer Musik. Falls Sie für Bilder Audiokommentare hinterlegt haben, können Sie diese durch Aktivieren der Checkbox AUDIOKOMMEN-TARE WIEDERGEBEN abspielen lassen.

Wie lange (in Sekunden) ein Bild bei der Diashow angezeigt werden soll, geben Sie mit SEITENDAUER an. Haben Sie ein Bild mit einem Bildtitel versehen, können Sie diese Titel mit der Option MIT BILDTITELN anzeigen lassen. Bei kleinen, niedrigauf-gelösten Bildern (Bildern, die kleiner als die Anzeigegröße des Bildschirms sind) sollten Sie die Option FOTOS DÜRFEN SKALIERT WERDEN deaktivieren, damit diese Bilder nicht durch das Hoch-skalieren als tetrisartige Klötzchen dargestellt werden. Dasselbe können Sie für Videos mit der Option VIDEOS DÜRFEN SKALIERT WERDEN einstellen. Wenn Sie auf der rechten Seite die Bilder nacheinander wie bei einem Filmstreifen sehen wollen, aktivie-ren Sie die Option FILMSTREIFEN ANZEIGEN.

Einstellungen für die Diashow | Die letzten beiden Optionen auf der rechten Seite beziehen sich nur auf die Diashow, die Sie über die Vollbildansicht starten können. Soll die Diashow beim Aktivieren der Vollbildansicht unverzüglich gestartet werden, so kreuzen Sie die Option AUTOMATISCH ABSPIELEN an. Andernfalls müssen Sie die Diashow von Hand starten. Wenn Sie die letzte Option, DIASHOW WIEDERHOLEN, aktivieren, beginnt die Diashow nach dem Abspielen aller Bilder wieder von vorn. Aktivieren Sie diese Option nicht, endet die Diashow, wenn alle Bilder ange-zeigt wurden.

Wenn Sie mit dem Dialog zu den VOLLBILDANSICHT-OPTIONEN fertig sind, wird das erste Bild im aktiven Album oder das mar-kierte Bild im Medienbrowser in der Vollbildansicht angezeigt.

8.10.3 Die Vergleichsansicht

Die Vergleichsansicht öffnen Sie entweder in der Vollbildansicht über die entsprechende Schaltfläche ❶ in der Steuerelementleiste oder mit F12 (beim Mac: ⌘ + F12) aus der Vollbildansicht oder direkt aus dem Organizer. Um zwei Bilder miteinander zu vergleichen, sollten Sie sie im Medienbrowser markieren und dann F12 bzw. ⌘ + F12 drücken. Drücken Sie einfach nur das Tastenkürzel, so wird das gerade aktive Bild (oder das erste Bild im Album, falls kein Bild aktiv ist) mit dem nächsten Bild verglichen.

▼ **Abbildung 8.47**
Vergleichsansicht zweier Bilder

Fotos: Jürgen Wolf

Die Vergleichsansicht entspricht in Anzeige und Funktionalität weitgehend der Vollbildansicht – mit dem Unterschied, dass hier zwei Bilder nebeneinander oder untereinander (je nach Einstellung) gezeigt werden. Das aktive Bild ist immer durch einen blauen Rahmen gekennzeichnet. Dieses Bild können Sie über die verschiedenen Steuerbedienelemente bearbeiten, die Sie in der Vollbildansicht kennengelernt haben.

Um mehrere Bilder aus einem Album miteinander zu vergleichen, markieren Sie im Medienbrowser nur ein einziges Bild und rufen dann die Vergleichsansicht auf. Sie öffnet sich dann zunächst mit dem markierten Bild sowie dem folgenden Bild. Jetzt können Sie sich mittels Strg / ⌘ + F den Filmstreifen anzeigen lassen und die Bilder, die Sie miteinander vergleichen wollen, per Mausklick aus dem Filmstreifen auswählen. Ein blauer Rahmen kennzeichnet dabei sowohl in der Vergleichsansicht als auch im

Bildervergleich über das Menü aufrufen
Alternativ rufen Sie die Vergleichsansicht über die Schaltfläche ANZEIGEN • FOTOS NEBENEINANDER ANZEIGEN UND VERGLEICHEN rechts oben im Organizer auf.

Abbildung 8.48 ▼
Über den Filmstreifen lassen sich
mehrere Bilder miteinander
vergleichen.

Filmstreifen, welches Bild Sie austauschen können. So können Sie
beispielsweise das Bild links oder oben stehen lassen und nur das
Bild auf der rechten oder unteren Seite austauschen.

Foto: Jürgen Wolf

8.10.4 Aktionsmenü

Im Aktionsmenü können Sie diverse Aktionen durchführen. Rufen
Sie das Menü per Rechtsklick in der Vollbildansicht auf. Sie könn-
ten nun beispielsweise das gerade angezeigte Bild mit Stichwort-
Tags versehen oder es in ein bestimmtes Album aufnehmen. Den
Dialog für die VOLLBILDANSICHT-OPTIONEN erreichen Sie ebenfalls
über das Aktionsmenü.

Abbildung 8.49 ▼
Das Aktionsmenü für die Vollbildansicht lässt sich über die Steuerelementleiste oder mit einem
Rechtsklick aufrufen.

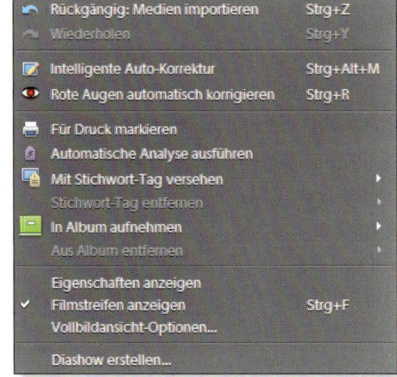

8.10.5 Tastenkürzel für die Vollbildansicht

Zum Schluss noch eine Auflistung der Tastenkürzel für die Vollbildansicht.

Vorhaben	Windows	Mac
vorheriges Foto	`←`	`←`
Diashow abspielen	`Leertaste`	`Leertaste`
nächstes Foto	`→`	`→`
Vollbildansicht beenden	`Esc`	`Esc`
um 90° nach links drehen	`Strg`+`←`	`⌘`+`←`
um 90° nach rechts drehen	`Strg`+`→`	`⌘`+`→`
löschen	`Entf`	`←`
Aktionsmenü aufrufen	rechte Maustaste	rechte Maustaste
Vollbildansicht	`F11`	`⌘`+`F11`
Vergleichsansicht (auswählbar: nebeneinander oder untereinander)	`F12`	`⌘`+`F12`
Fenstergröße	`Strg`+`0`	`⌘`+`0`
tatsächliche Pixel	`Strg`+`Alt`+`0`	`⌘`+`Alt`+`0`
auszoomen	`Strg`+`-`	`⌘`+`-`
einzoomen	`Strg`+`+`	`⌘`+`+`
Bewertung für das Bild vergeben	`1`, `2`, `3`, `4` oder `5`	`1`, `2`, `3`, `4` oder `5`
Filmstreifen anzeigen	`Strg`+`F`	`⌘`+`F`
vorheriges Bild im Filmstreifen	`↑`	`↑`
nächstes Bild im Filmstreifen	`↓`	`↓`

◄ **Tabelle 8.1**
Steuerung der Vollbildansicht

9 Fotos sortieren und kennzeichnen

Als Möglichkeiten zum Ordnen von Fotos haben Sie bereits den Stapel und den Versionssatz sowie die Verwendung der Datumsansicht kennengelernt. Die Vergabe von Bewertungssternen wurde bislang nur kurz erwähnt; sie soll im Folgenden genauer erläutert werden.

9.1 Bilder bewerten

Der Bewertungssterne-Filter hilft Ihnen beim schnellen Wiederfinden besonders gelungener Fotos, Videoclips oder Audioclips. Damit Sie die Bilder nach Bewertungssternen filtern können, müssen Sie diese Bewertungen natürlich zunächst zuweisen. Vergeben Sie einfach beim Betrachten Ihrer Bilder im Medienbrowser die gewünschte Anzahl von Sternen (1–5 Sterne). Um die Bewertungssterne im Medienbrowser anzuzeigen und zu vergeben, müssen Sie die Option Ansicht • Details im Menü (auch mit ⌨Strg/⌘+⌨D) aktivieren.

> **Bewertung per Tastatur**
>
> Die Bewertung der Bilder können Sie auch mit der Tastatur durchführen. Markieren Sie hierzu ein Bild im Medienbrowser, und vergeben Sie mit den Tasten ⌨1, ⌨2, ⌨3, ⌨4 oder ⌨5 die Anzahl der Sterne.

Um nun die Bilder nach Ihren Einstufungen zu filtern, müssen Sie nur im Medienbrowser rechts oben ❷ die Anzahl der Sterne bestimmen, nach der gefiltert werden soll. Über das

▲ **Abbildung 9.1**
Mithilfe der Bewertungssterne finden Sie besonders schöne Bilder schnell wieder.

Abbildung 9.2 ▼
Der Bewertungssterne-Filter im
Einsatz

Einstufungsmenü daneben ❶ können Sie außerdem Bilder aus-
filtern, deren Bewertung höher, niedriger oder gleich dem angegebenen Filter ist.

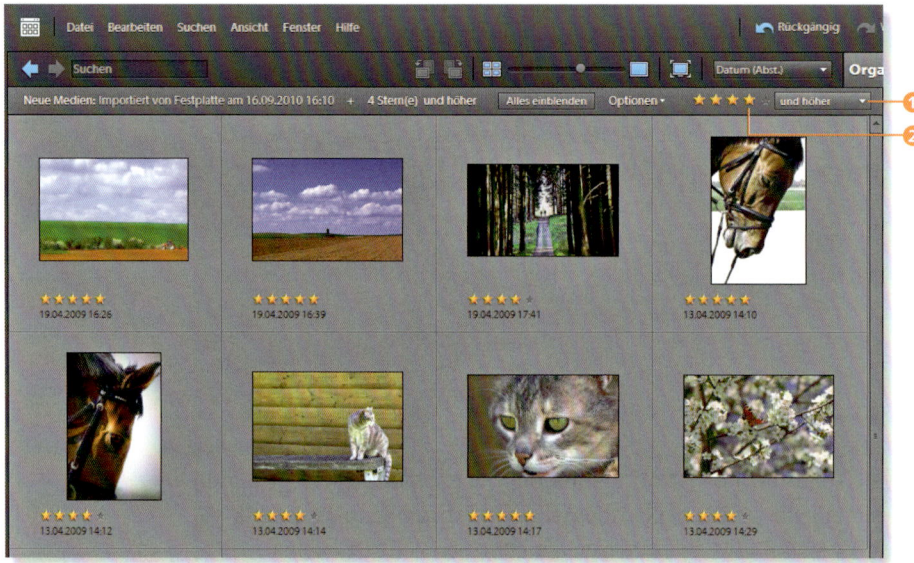

Das Bewertungssystem hat mir zum Beispiel sehr gut geholfen,
Bilder für das Buch auszuwählen. Anstatt Bild für Bild zu durch-
suchen, bewerte ich die Bilder sofort und spare so viel Zeit beim
Auswählen guter Fotos.

Die bislang vorgestellten Methoden eignen sich allerdings
weniger zum Sortieren und Verwalten von sehr umfangreichen
Fotobeständen. Alben und Smart-Alben bieten da weit mehr
Möglichkeiten.

9.2   Neue Alben erstellen

Mit Alben ordnen Sie die Bilder thematisch und strukturieren
so Ihren Medienbrowser klarer. Sie können zum Beispiel eigene
Kategorien für Landschaftsaufnahmen, Porträts oder Sportfotos
erstellen.

Schritt für Schritt: Ein neues Album erstellen

1   **Albumkategorie erstellen**

Den Bereich ALBEN sehen Sie erst, wenn Sie den Aufgabenbe-
reich ORGANISIEREN ❸ aktiviert haben. Klicken Sie im Bereich

Alben auf der Festplatte?

Bitte beachten Sie, dass das
Einsortieren der Bilder in Alben
nichts mit dem Ablageort in
Verzeichnissen zu tun hat. Die
Albumstruktur, die Sie im Organizer erstellen, ist also völlig unabhängig von der Ordnerstruktur
auf Ihrer Festplatte.

ALBEN auf das grüne Plus-Symbol ❹, und wählen Sie hierbei zunächst NEUE ALBUMKATEGORIE ❺ aus. Geben Sie im folgenden Dialog für die Albumkategorie einen beliebigen Namen ❻ ein (hier: »Urlaub«), und bestätigen Sie die Eingabe mit OK. Eine übergeordnete Albumkategorie wurde noch nicht angelegt.

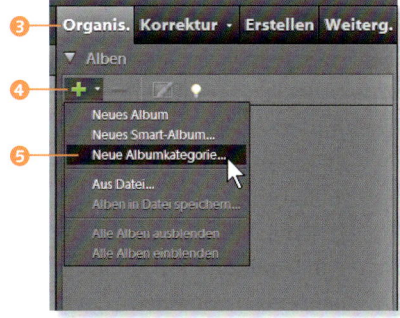

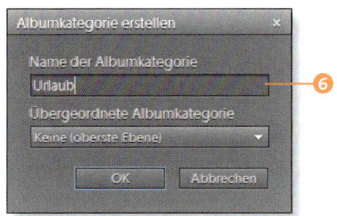

▲ **Abbildung 9.3**
Eine neue Albumkategorie anlegen

▲ **Abbildung 9.4**
Vergeben Sie einen aussagekräftigen Namen.

2 Neues Album erstellen

Klicken Sie nun wieder im Bereich ALBEN auf das grüne Plus-Symbol, und wählen Sie aus der Liste den Eintrag NEUES ALBUM aus. Das Album wird jetzt als Untergruppe (bzw. als Unterordner) für die soeben erstellte Albumkategorie (im Beispiel URLAUB) verwendet. Wählen Sie daher im Dialog in der Liste ALBUMKATEGORIE ❼ die entsprechende übergeordnete Kategorie aus (hier URLAUB). Vergeben Sie jetzt noch einen Namen ❽ für das Album (hier ist es zum Beispiel der Urlaubsort CUBA).

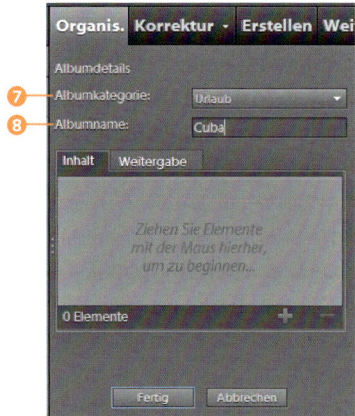

◄ **Abbildung 9.5**
In der Albumkategorie wird nun ein neues Album angelegt.

3 Bilder zuordnen

Integrieren Sie nun alle passenden Bilder in das neue Album (CUBA). Markieren Sie zu diesem Zweck im Medienbrowser die

Bilder, die Sie zum Album hinzufügen wollen, sodass sie mit einem helleren Hintergrund hinterlegt sind. Anschließend ziehen Sie die Bilder entweder mit gedrückter Maustaste in das Feld INHALT ❷ (Drag & Drop), oder Sie klicken auf das grüne Plus-Symbol ❸. Mit dem Minus-Symbol daneben ❹ können Sie Bilder entfernen, die versehentlich in das Album geraten sind. Natürlich müssen Sie hierzu die entsprechenden Bilder auch vorher markieren.

Diesen Vorgang können Sie immer wiederholen, wenn Sie weitere zum Album passende Bilder finden. Klicken Sie auf die Schaltfläche FERTIG ❺, wenn Sie alle Bilder zum Album hinzugefügt haben. Über das Register WEITERGABE ❶ könnten Sie aus den Bildern gleich ein Online-Album erzeugen.

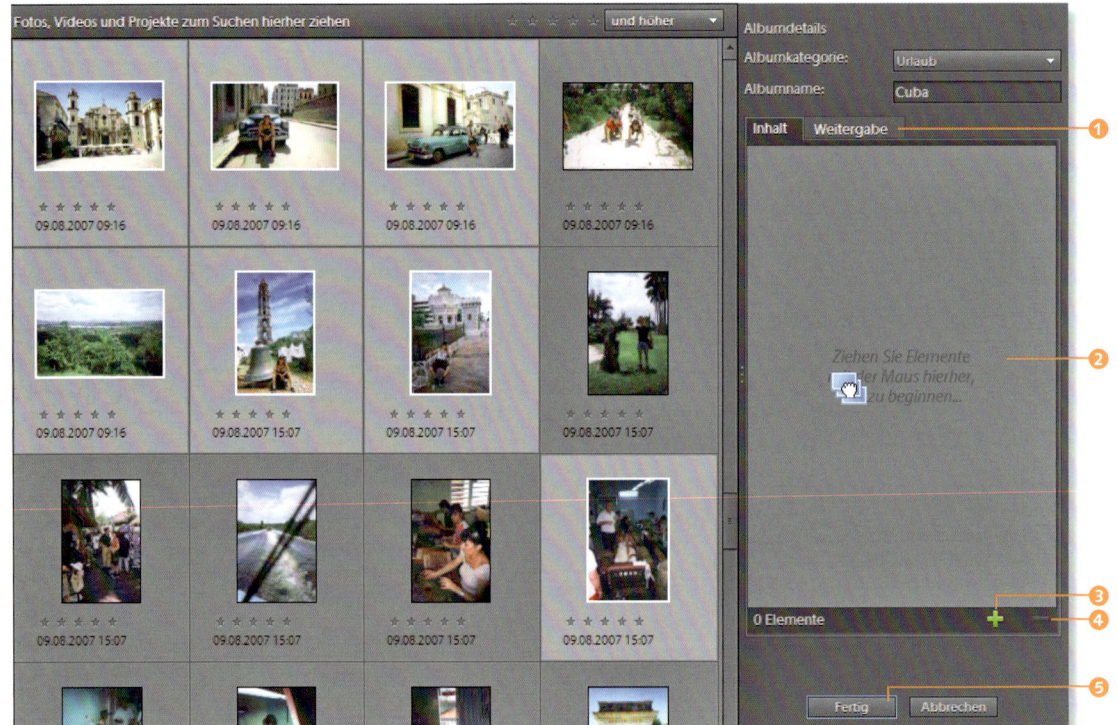

▲ **Abbildung 9.6**
Passende Bilder per Drag & Drop vom Medienbrowser ins Album ziehen

Künftig zeigt nun ein kleines Symbol rechts unten beim Bild an, dass sich dieses Bild in einem Album befindet. Fahren Sie mit dem Cursor über das Symbol, so wird auch angezeigt, in welchem Album das Bild liegt. Unter ALBEN finden Sie jetzt auch das neu erstellte Album CUBA. Mit einem Klick auf dieses Album können Sie sich alle enthaltenen Bilder im Medienbrowser anzeigen lassen.

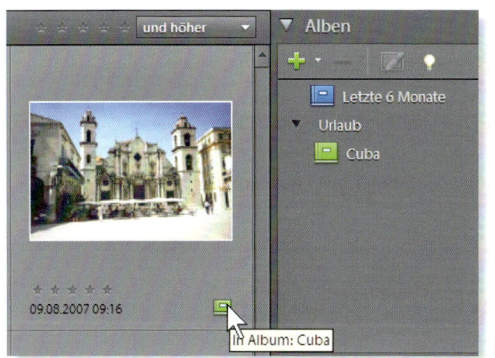

◄ **Abbildung 9.7**
Das Icon rechts unten am Bild
zeigt an, dass sich das Bild in
einem Album befindet und wie
das Album heißt.

Durch Albumkategorien navigieren | Um ein Album in einer
Albumkategorie auszuwählen, müssen Sie zunächst die Album-
kategorie expandieren, damit die einzelnen Alben darin angezeigt
werden. Ein Klick auf das kleine Dreieck ❼ links genügt hierzu.
Mit einem erneuten Klick verstecken Sie das Album wieder in der
Gruppe – genau wie bei der Ordnerhierarchie im Dateisystem.
Klicken Sie auf ein Album, um es anzusehen. Das gerade aktive
Album erscheint etwas dunkler hinterlegt ❽.

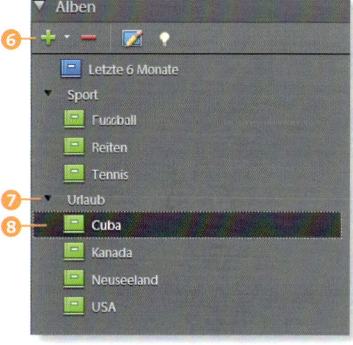

Alternativ können Sie auch durch einen Rechtsklick auf die
grüne Plus-Schaltfläche ❻ oder über die Menüpunkte ALLE ALBEN
EINBLENDEN und ALLE ALBEN AUSBLENDEN sämtliche Albumkategorien mit einem Klick öffnen und schließen.

Die Anzahl der Elemente in einem Album wird in der Statusleiste angezeigt.

▲ **Abbildung 9.8**
So sortieren Sie Ihre Bilder
übersichtlich.

▲ **Abbildung 9.9**
Anzahl der Elemente im Album – hier: 7

Bilder aus Alben entfernen | Leicht passiert es, dass man bei
einer umfangreichen Markierungsaktion ein Bild versehentlich in
das falsche Album schiebt. Da sich Fotos aber in zwei oder mehr
Alben gleichzeitig befinden dürfen, ist dies kein Problem. Markieren Sie das Bild einfach noch einmal, und ziehen Sie es mit
gedrückter Maustaste nun in das gewünschte Album.

Das Bild ist nun in beiden Alben vorhanden. Um es aus dem
falschen Album wieder zu entfernen, genügt ein einfacher Rechtsklick auf das kleine Albumsymbol ⓫ in der Miniaturvorschau des
Bildes im Medienbrowser. Im Kontextmenü werden alle Alben
angezeigt, in die das Foto einsortiert ist. Nun können Sie das Bild
aus dem falschen Album löschen.

Ein Bild in mehreren Alben
Ein Bild kann durchaus in mehreren Alben vorkommen. So möchte
man manchmal ein Album in verschiedene Themen gliedern, um
die Bilder noch schneller zu finden. Zu diesem Zweck könnten
Sie weitere Alben in der Arbeits-
gruppe erstellen (hier zum Beispiel URLAUB), und diese wieder
in Themen wie Landschaft, Histo-
risches, Menschen etc. aufteilen.

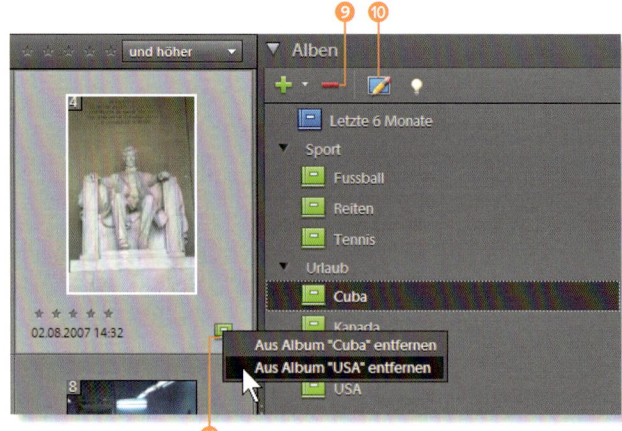

Abbildung 9.10 ▶
Abraham Lincoln war sicherlich
nicht in Cuba.

Alben und Albumkategorien löschen oder bearbeiten | Genauso
einfach, wie Sie Albumkategorien und Alben erstellen, können Sie
diese auch wieder entfernen. Am schnellsten geht dies, indem Sie
das Album oder die Albumkategorie mit der rechten Maustaste
anklicken und im Kontextmenü ALBUM "[ALBUMNAME]" LÖSCHEN
bzw. ALBUMKATEGORIE "[KATEGORIENAME]" LÖSCHEN auswählen.
Alternativ können Sie natürlich auch die Albumkategorie oder
das Album auswählen und die Schaltfläche mit dem roten Minus-
Symbol ❾ anklicken.

Wie das Löschen funktioniert auch das nachträgliche Bearbeiten von Alben oder Albumkategorien: Führen Sie einen Rechtsklick auf dem gewünschten Album (oder der Albumkategorie)
aus, und wählen Sie im Kontextmenü ALBUM "[ALBUMNAME]"
BEARBEITEN bzw. ALBUMKATEGORIE "[GRUPPENNAME]" BEARBEITEN
aus.

Die Schaltfläche mit dem Stift-Symbol ❿ bietet Ihnen weitere
Möglichkeiten zur nachträglichen Bearbeitung von Alben und
Albumkategorien.

Albumkategorien importieren und exportieren | Vielleicht besit-
zen Sie eine Vorgängerversion von Photoshop Elements und
möchten bereits angelegte Albumkategorien in einer neuen Version oder auf einem anderen Rechner verwenden? In diesem Fall
können Sie ganze Albumkategorien in eine XML-Datei exportieren. Klicken Sie einfach auf die grüne Plus-Schaltfläche ❶, und
wählen Sie ALBEN IN DATEI SPEICHERN ❸ aus.

Umgekehrt können Sie auch bereits exportierte Albumkategorien wieder importieren. Klicken Sie hierzu auf die grüne Plus-
Schaltfläche, wählen Sie AUS DATEI ❷ aus, und selektieren Sie
dann die exportierte XML-Datei mit den Daten zu den Albumkategorien.

XML

XML ist die Abkürzung für
Extensible Markup Language
(englisch für »erweiterbare Aus-
zeichnungssprache«). Es handelt
sich dabei um eine Auszeich-
nungssprache zur Darstellung
hierarchisch strukturierter Daten
in Form von Textdateien. XML
wird zum Beispiel für den Aus-
tausch von Daten zwischen verschiedenen Computersystemen
und -programmen eingesetzt,
speziell auch über das Internet.
Ein solches XML-Dokument
besteht in der Regel aus reinen
ASCII-Textzeichen. Es enthält
keine Binärdaten und ist somit
für jedermann mit einem Texteditor les- und editierbar.

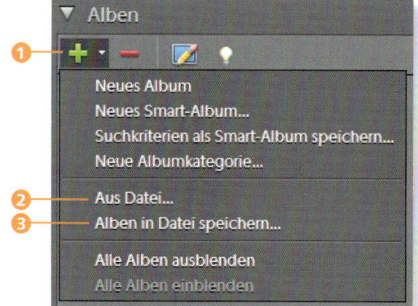

◄ **Abbildung 9.11**
Auch das Importieren und Exportieren von Albumkategorien als XML-Datei ist möglich.

9.2.1 Smart-Alben erstellen

Sicherlich ist Ihnen schon im Aufgabenbedienfeld unter Alben der Eintrag Letzte 6 Monate ❹ aufgefallen. Wenn Sie diesen Ordner anklicken, werden die importierten Bilder angezeigt, deren Aufnahme- bzw. Scan-Datum bis zu sechs Monate zurückliegt. Bei diesem Eintrag handelt es sich ein sogenanntes Smart-Album. Was zunächst relativ unspektakulär erscheint, hat es in sich. Der folgende Workshop zeigt Ihnen, wie Sie Smart-Alben anlegen und welchen Sinn und Zweck sie haben.

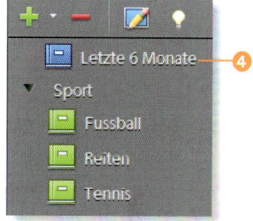

▲ **Abbildung 9.12**
Smart-Alben werden blau gekennzeichnet.

Schritt für Schritt: Smart-Album erzeugen

1 Name für Smart-Album

Um ein neues Smart-Album zu erzeugen, müssen Sie zunächst wieder auf das grüne Plus-Symbol klicken. Wählen Sie Neues Smart-Album aus. Geben Sie jetzt den Namen des Smart-Albums in das entsprechende Textfeld ❺ ein. Im Beispiel wurde der Name »Rohformat (RAW)« gewählt, um zu verdeutlichen, dass dieses Album sämtliche RAW-Dateien enthält.

2 Suchkriterien festlegen (1)

Im nächsten Schritt legen Sie Ihre Suchkriterien fest. Über die Radio-Buttons entscheiden Sie zunächst, ob Sie eine UND-Suche oder eine ODER-Suche durchführen wollen. Mit der Option Beliebiges der folgenden Suchkriterien [ODER] ❻ geben Sie an, dass nur eines der folgenden Suchkriterien zutreffen muss. Mit der anderen Option, Alle der folgenden Suchkriterien [UND] ❼, müssen sämtliche aufgeführten Kriterien zutreffen, um ein Bild zum Smart-Album hinzuzufügen. Wenn Sie nur ein einziges Suchkriterium anlegen, sollten Sie die erste Option auswählen.

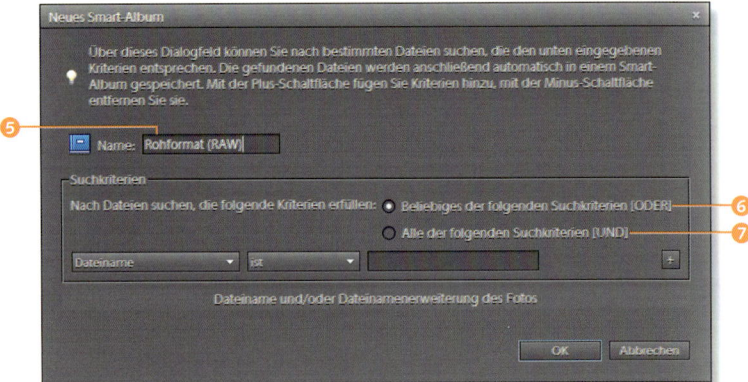

Abbildung 9.13 ▶
Wählen Sie einen aussagekräftigen Namen.

3 Suchkriterien festlegen (2)

In der ersten Dropdown-Liste ❽ bestimmen Sie, wonach Sie genau suchen wollen. Wie Sie sehen, bietet die Liste eine Vielzahl von Suchkriterien. Ich habe hier zunächst DATEIFORMAT ausgewählt, da ich nach RAW-Dateien suchen will. Die Dropdown-Liste in der Mitte verschwindet jetzt. In der rechten Dropdown-Liste ❿ wählen Sie nun das Dateiformat aus, das zum neuen Smart-Album hinzugefügt werden soll. Im Beispiel wurde hierfür CAMERA RAW verwendet. Natürlich könnten Sie hier auch nur JPEG oder andere Formate wählen, falls Sie keine RAW-Formate auf dem Rechner haben.

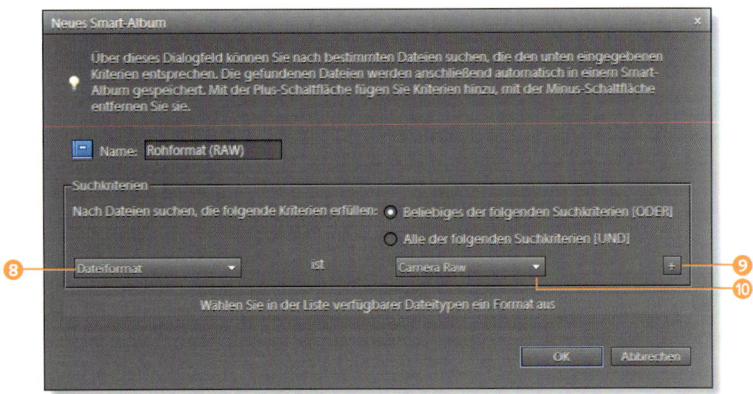

Abbildung 9.14 ▶
Das erste Suchkriterium steht fest.

4 Weitere Suchkriterien festlegen

Über die kleine Plus-Schaltfläche ❾ hinter dem zuletzt festgelegten Suchkriterium könnten Sie ein weiteres Suchkriterium hinzufügen. Im Beispiel habe ich zusätzlich die KAMERAMARKE gewählt, die den Namen PENTAX enthalten muss (daher die Option ENTHÄLT).

Stellen Sie diese Suche nun als UND-Suche ⓫ ein, damit nach allen Dateien gesucht wird, deren Datenformat »Camera Raw« ist **und** die mit einer Pentax-Kamera erstellt wurden. Bei einer

ODER-Suche würden alle Dateien im RAW-Format gefunden sowie alle Bilder, die mit einer Pentax-Kamera gemacht wurden – also auch JPEG-Dateien, wenn sie mit einer Pentax erstellt wurden. Gehen Sie daher umsichtig bei der Definition der Suchkriterien vor. Sie können über die Plus-Schaltfläche weitere Suchkriterien hinzufügen oder Kriterien über die Minus-Schaltfläche **12** wieder entfernen. Wenn Sie fertig sind, bestätigen Sie mit OK.

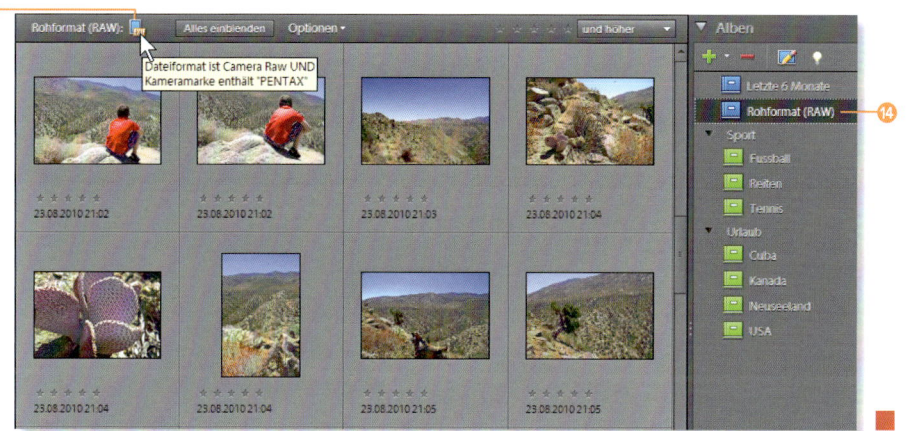

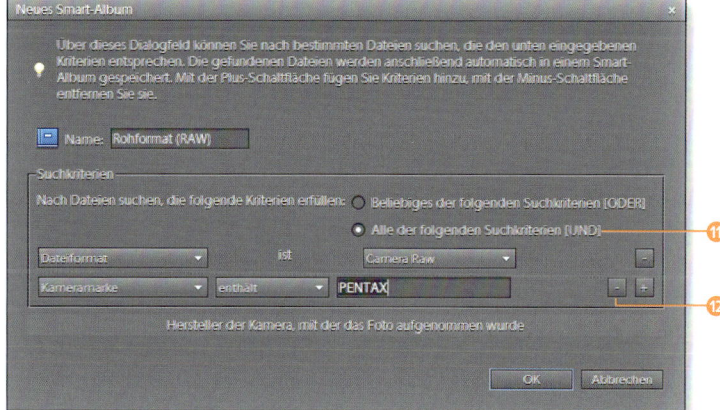

Fehlerquelle
Eine typische Fehlerquelle ist das Ignorieren oder die Verwechslung der Kriterien UND/ODER. Sobald Sie mehr als ein Suchkriterium verwenden, macht es einen gewichtigen Unterschied, ob Sie »die Bilder UND die Bilder« oder »die Bilder ODER die Bilder« anzeigen lassen. Sollten also unerwartet viele oder wenige Bilder im Medienbrowser aufgelistet werden, stellen Sie sicher, dass Ihnen hier kein Fehler unterlaufen ist.

◄ **Abbildung 9.15**
Das zweite Suchkriterium schränkt die Suche weiter ein.

5 **Ergebnis überprüfen**

Jetzt sollten Sie im Aufgabenbedienfeld ALBEN ein neues Smart-Album namens ROHFORMAT (RAW) **14** vorfinden. Klicken Sie dieses Smart-Album an, so werden alle Bilder im Rohformat angezeigt, die mit einer Pentax-Kamera aufgenommen wurden.

Falls Sie sich nicht mehr sicher sind, nach welchen Suchkriterien Sie das Smart-Album erstellt haben, so finden Sie die Angabe der aktiven Suchkriterien auf der linken oberen Medienbrowser-Seite. Bei mehreren Suchkriterien fahren Sie einfach mit dem Cursor über das kleine Symbol **13**, um mehr zu erfahren.

▼ **Abbildung 9.16**
Ein Klick genügt, und schon werden nur noch die Bilder angezeigt, die die Kriterien des Smart-Albums erfüllen.

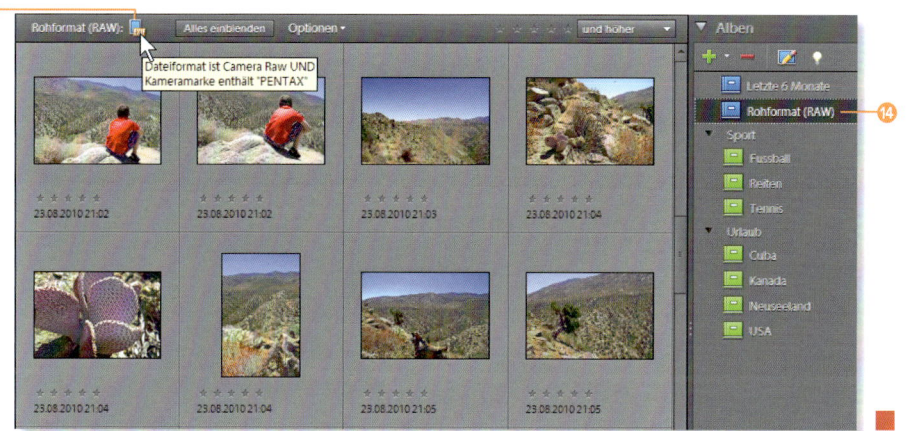

Der Clou an den Smart-Alben ist, dass auch künftig nachträglich importierte Bilder in diesen Alben sortiert werden. Wenn Sie wie im Beispiel ein Smart-Album für Bilder im RAW-Format angelegt haben, werden künftig importierte Bilder im RAW-Format automatisch in diesem Smart-Album aufgelistet, ohne dass Sie etwas tun müssen.

Smart-Album löschen | Ein Smart-Album können Sie jederzeit löschen, indem Sie es markieren und das Mülltonnen-Symbol im Arbeitsbedienfeld ALBEN auswählen. Alternativ führen Sie einen Rechtsklick auf dem Album aus und wählen im Kontextmenü ALBUM "[ALBUMNAME]" LÖSCHEN.

9.3 Stichwort-Tags verwenden

Wie Sie Bilder in Stapel und Alben einteilen, wissen Sie bereits. Photoshop Elements bietet Ihnen aber noch eine weitere Möglichkeit zum Sortieren Ihrer Bilder: die sogenannten Stichwort-Tags, die Ihnen im Aufgabenbedienfeld TAGS zur Verfügung stehen. Ein »Tag« ist einfach ein kleines virtuelles Schildchen, das Sie an jedem Bild anbringen können. Sie können einem Bild auch mehrere solcher Tags zuordnen.

Abbildung 9.17 ▶
Photoshop Elements bietet bereits vordefinierte Tags an.

Schritt für Schritt: Stichwort-Tags und neue Unter-kategorien verwenden

1 **Bilder aussuchen**
Wählen Sie zunächst das Album mit den Bildern aus, denen Sie Stichwort-Tags hinzufügen wollen. Markieren Sie dann im Medienbrowser die Bilder, denen Sie zum Beispiel das Tag ORTE anhängen wollen. Gehen Sie auf das grüne Schildchen des Tags ORTE,

und halten Sie die linke Maustaste gedrückt. Ziehen Sie nun das Schildchen auf eines der markierten Bilder, und lassen Sie die Maustaste los. Wenn Sie einzelne Bilder mit einem Tag versehen wollen, können Sie auf das vorherige Markieren verzichten. Sie finden nun im Medienbrowser unter dem Bild ein Schildchen **1**, das das Stichwort-Tag zum Bild anzeigt, wenn Sie mit dem Cursor darauf verweilen.

▼ **Abbildung 9.18**
Per Drag & Drop wird das Tag ORTE den markierten Bildern zugewiesen.

◄ **Abbildung 9.19**
Das Icon **1** weist darauf hin, dass ein Tag zugewiesen wurde.

2 **Neue Unterkategorie erstellen**

Das Stichwort-Tag ORTE allein ist bei einem großen Fundus an Bildern vielleicht etwas spärlich und schränkt die Suche nicht genug ein. Wir legen daher eine neue Unterkategorie zu ORTE an. Klicken Sie hierzu in den STICHWORT-TAGS mit der rechten Maustaste auf ORTE, und wählen Sie im Kontextmenü NEUE UNTERKATEGORIE IN KATEGORIE "ORTE" ERSTELLEN aus. Das Gleiche erreichen Sie auch hier wieder mit dem grünen Plus-Symbol über NEUE UNTERKATEGORIE.

Geben Sie im folgenden Dialog den Namen **2** der Unterkategorie (hier zum Beispiel »Washington«) ein, und stellen Sie sicher, dass als übergeordnete Kategorie in der Dropdown-Liste die Kategorie ORTE **3** ausgewählt ist. Bestätigen Sie mit OK.

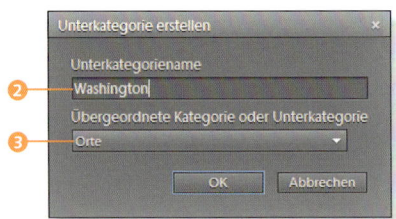

Abbildung 9.20 ▶
Die Unterkategorie wird erstellt.

3 Unterkategorie zuweisen

Wiederholen Sie nun Arbeitsschritt 1, wobei Sie diesmal die neu erstellte Unterkategorie Washington auf die entsprechenden Bilder ziehen.

Wem die Stichwort-Tags Orte und Washington immer noch nicht ausreichen, der kann gerne eine weitere Unterkategorie unter Washington, wie im Arbeitsschritt 2 beschrieben, erstellen. Im Beispiel wurden noch die nachgeordneten Unterkategorien Capitol, The Mall und White House erstellt und analog zu Arbeitsschritt 1 den Bildern hinzugefügt. Wenn Sie nun mit dem Cursor im Medienbrowser unter dem Bild auf dem gelben Schildchen verweilen, werden sämtliche zu diesem Bild erstellten Tags angezeigt.

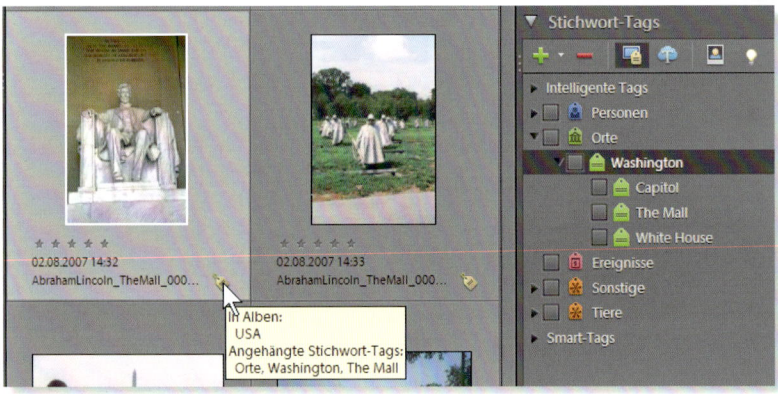

Abbildung 9.21 ▶
Per Drag & Drop weisen
Sie die Unterkategorie zu.

Selbstverständlich können Sie einem Bild weitere Stichwort-Tags oder Unterkategorien hinzufügen. ■

Mehr als ein Schildchen vorhanden | Sobald ein Bild mehr als ein Stichwort-Tag und/oder Album besitzt und bei einer verkleinerten Miniaturvorschau der einzelnen Bilder der Platz nicht mehr ausreicht, wird aus den farbigen Schildchen ❹ der Stichwort-Tags ein allgemeines Schildchen ❺. Wollen Sie wissen, was sich alles hinter diesem Schildchen verbirgt, brauchen Sie nur mit dem Mauszeiger darüber zu verweilen oder das Bild in einer vergrößerten Miniaturvorschau zu betrachten.

▲ **Abbildung 9.22**
Das Bild ist mit nur einem
Stichwort-Tag versehen …

▲ **Abbildung 9.23**
… jetzt ist ein weiteres Stichwort-
Tag hinzugekommen, oder das Bild
wurde einem Album hinzugefügt.

▲ **Abbildung 9.24**
Hier wurde die Miniaturvorschau
vergrößert, wodurch die einzelnen
Schildchen wieder zum Vorschein
kommen.

Neue Stichwort-Kategorie | Reichen Ihnen die vorhandenen
Kategorien nicht aus, so können Sie selbstverständlich auch neue
Kategorien anlegen.

Schritt für Schritt: Neue Stichwort-Kategorie erstellen

1 Neue Kategorie erstellen

Um eine neue Kategorie zu erstellen, klicken Sie auf das grüne
Plus-Symbol ❻, und wählen Sie NEUE KATEGORIE ❼ aus. Geben
Sie im nun folgenden Dialog den gewünschten Kategorienamen
ins Textfeld ein ❾ (hier »Tiere«). Darunter können Sie ein Symbol
❿ für die Kategorie aussuchen. Optional weisen Sie dem Schildchen auch eine Farbe ❽ zu. Bestätigen Sie den Dialog mit OK.

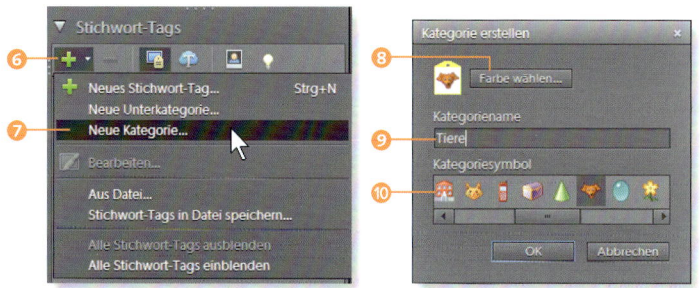

◀◀ **Abbildung 9.25**
Eine neue Kategorie anlegen

◀ **Abbildung 9.26**
Hier legen Sie Name, Symbol und
Farbe der neuen Kategorie fest.

2 Optional: Weitere Unterkategorien erstellen

Nun legen Sie gegebenenfalls, wie bereits bei der Schritt-für-
Schritt-Anleitung »Stichwort-Tags und neue Unterkategorien
verwenden« beschrieben, neue Unterkategorien an. Im Beispiel

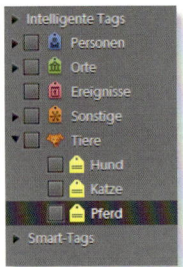

▲ Abbildung 9.27
Die neue Kategorie TIERE mit weiteren neuen Unterkategorien

Abbildung 9.28 ▶
Neue Stichwort-Tags für die Fotos werden vergeben.

Neues Stichwort-Tag
Schneller erstellen Sie ein neues Stichwort-Tag mit der Tastenkombination `Strg`/`⌘`+`N`.

Abbildung 9.29 ▶
Wer möchte, unterscheidet innerhalb der (Unter-)Kategorien noch feiner und legt eigene Stichwort-Tags an.

wurden zusätzlich die Unterkategorien HUND, KATZE und PFERD eingefügt.

3 **Bilder mit neuer Kategorie etikettieren**

Das Etikettieren der Fotos können Sie nun analog zur Schritt-für-Schritt-Anleitung »Stichwort-Tags und neue Unterkategorien verwenden« vornehmen: Markieren Sie einfach Bilder, und weisen Sie diesen Bildern per Drag & Drop die Tags zu.

Neue Stichwort-Tags erstellen | Wenn Sie das grüne Plus-Symbol bei den STICHWORT-TAGS anklicken, ist der Eintrag NEUES STICHWORT-TAG vielleicht ein wenig verwirrend. Schließlich haben Sie bereits mit den neuen Kategorien und Unterkategorien zahlreiche Stichwort-Tags angelegt. Fassen Sie diesen Befehl aber einfach als eine weitere Art von Unterkategorie auf. Im Gegensatz zur »normalen« Unterkategorie können Sie hier sogar noch eine eigene Miniaturvorschau über die Schaltfläche SYMBOL BEARBEITEN ❶ hinzufügen. Als Miniaturvorschau dient eines der Fotos, denen das Stichwort-Tag zugewiesen wurde. Wer möchte, kann hier sogar noch eine ANMERKUNG ❷ ergänzen.

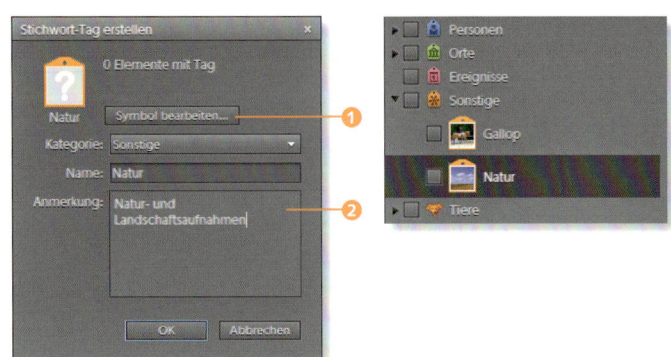

Unterkategorie und Stichwort-Tags umwandeln | Vorhandene Unterkategorien können jederzeit in Stichwort-Tags umgewandelt werden und umgekehrt. Klicken Sie hierzu einfach die Unterkategorie oder das Stichwort-Tag mit der rechten Maustaste an, und wählen Sie im Kontextmenü den Menüpunkt Unterkategorie "[Kategoriename]" in Stichwort-Tag ändern bzw. Stichwort-Tag "[Stichwort-Name] in Unterkategorie ändern" aus.

9.3.1 Nach Stichwort-Tags suchen

Die Möglichkeiten zur Vergabe von Stichwort-Tags sind beinahe unbegrenzt – übertreiben Sie es aber nicht. Ihre Bildsuche wird umso erfolgreicher sein, je überlegter Sie bei der Vergabe von Tags vorgehen.

Um nach Bildern mit einem bestimmten Tag zu suchen, klicken Sie einfach auf das Kästchen ❸ links neben dem jeweiligen Tag. Bei aktivierter Suche enthält das Kästchen ein kleines Fernglas.

Tags erleichtern Ihnen die Suche in einem großen Bilderfundus ungemein. Mit der folgenden Suche konnte ich schon einmal großen Eindruck machen: Aus einer Masse von Bildern ermittelte ich ganz gezielt ein Bild, das meine Ehefrau ❹ mit meinem Freund Karl ❺ im Klostergasthaus ❻ auf dem Geburtstag meiner Mama ❽ zeigt.

Beeindruckend, nicht wahr? Aber Vorsicht: Wenn Sie ein Stichwort-Tag markieren, das Unter-Tags enthält, werden automatisch alle Unter-Tags markiert. Würde ich zum Beispiel das Unter-Tag Geburtstag ❼ unter Ereignisse markieren, so würde die Suche nach einem Bild mit meiner Ehefrau und meinen Freund Karl im Klostergasthaus auf alle vorhandenen Geburtstage ausgeweitet.

Abbildung 9.30 ▲
Mit dieser Kategorisierung finden Sie immer das richtige Bild.

◀ **Abbildung 9.31**
Hier ❾ wird die Suche nach den Stichwort-Tags aufgelistet.

9.3.2 Stichwort-Tags importieren und exportieren

Wie schon bei den Albumkategorien können Sie auch die Stichwort-Tags importieren und exportieren. So habe ich beispielsweise einen Import von Stichwort-Tags, die ich in Photoshop Elements 8 exportiert habe, erfolgreich mit Photoshop Elements 9 auf einem anderen Rechner durchgeführt. Auch hierbei werden Import und Export von einer XML-Datei übernommen.

Um Stichwort-Tags zu importieren oder zu exportieren, klicken Sie auf die grüne Plus-Schaltfläche in Stichwort-Tags, und wählen Sie im Kontextmenü den Punkt Aus Datei für den Import oder Stichwort-Tags in Datei speichern für den Export der Tags.

▲ **Abbildung 9.32**
Auch Tags können importiert und exportiert werden.

9.3.3 Nach Personen (Gesichtern) suchen – die Personenerkennung

Suchen im Menü
Alternativ rufen Sie diese Funktion über SUCHEN • NACH PERSONEN ZUM VERSEHEN MIT TAGS SUCHEN (Strg/⌘+⇧+P) auf.

Sicherlich ist Ihnen schon das Personen-Symbol ❶ in der Leiste der STICHWORT-TAGS aufgefallen. Mit dieser Funktion können Sie gezielt nach Personen (genauer gesagt: nach Gesichtern) suchen und diese einem Gesichter-Tag zuweisen.

Abbildung 9.33 ▶
Das Personen-Tag

Markieren Sie im Medienbrowser das oder die Bilder, oder aktivieren Sie ein Album, Smart-Album, Stichwort-Tags etc., bei denen Sie eine Personenerkennung durchführen wollen, und klicken Sie auf das Personen-Symbol. Gesucht wird immer nach allen im Medienbrowser angezeigten bzw. markierten Bildern. Der Vorgang kann abhängig von der Bilderanzahl etwas dauern. Hierbei ist es natürlich möglich, dass auch Statuen und andere Dinge als Gesichter erkannt werden – alles in allem funktioniert die Gesichtserkennung aber recht gut.

Jetzt erscheint das Dialogfenster PERSONENERKENNUNG – PERSONEN BESCHRIFTEN, wo Sie die einzelnen gefundenen Gesichter beschriften können, indem Sie auf den Schriftzug WER IST DAS? ❷ klicken und den entsprechenden Namen vergeben.

Gesicht bei den Tags anzeigen

Wollen Sie die Gesichter auch bei den Etiketten innerhalb der STICHWORT-TAGS anzeigen lassen, müssen Sie hierfür ein neues Stichwort-Tag anlegen bzw. bei WER IST DAS? eingeben. Bei Kategorien und Unterkategorien funktionieren zwar die Suche nach Gesichtern und das Versehen mit Tags genauso, hier gibt es aber keine Miniaturvorschau wie bei den Stichwort-Tags.

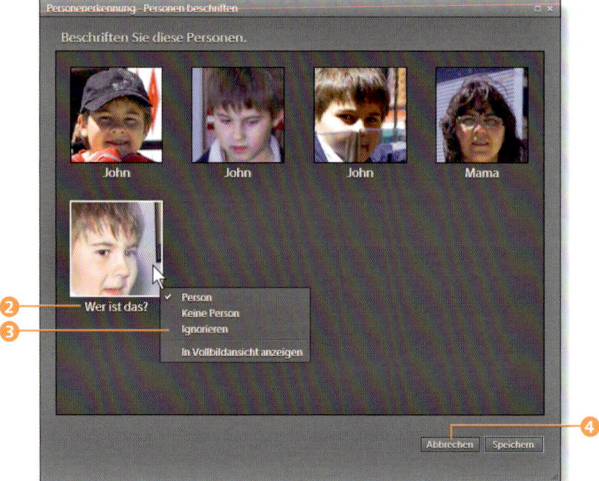

Abbildung 9.34 ▶
Gefundene Gesichter beschriften

Ist eine Gesichtserkennung fehlgeschlagen, können Sie die Miniaturvorschau mit der rechten Maustaste anklicken und im

Kontextmenü ❸ auswählen, ob es sich hierbei um eine Person handelt oder nicht oder ob Sie dies vorerst IGNORIEREN wollen. Alternativ lassen Sie über dieses Kontextmenü auch mit IN VOLLBILDANSICHT ANZEIGEN das komplette Bild zum gefundenen Gesicht anzeigen. Mit der Schaltfläche SPEICHERN ❹ können Sie neu eingegebenen Namen speichern.

Unbekannte Personen oder Dinge, die eigentlich keinen Personen sind, können Sie auch mit dem kleinen x ❺ des eckigen Rahmens entfernen, wenn Sie mit einer Maus darüber stehen. Bilder, bei denen Sie KEINE PERSON oder IGNORIEREN ausgewählt haben, erkennen Sie am Stopp-Symbol auf der rechten unteren Seite ❻.

Personengruppen bestätigen | Sobald Sie die Personenerkennung einmal ausgeführt haben, lernt die Software recht schnell, bereits erkannte Gesichter einer Gruppe zuzuordnen. Hat der Organizer bereits erkannte Personen gefunden, erscheint der Dialog PERSONENERKENNUNG – PERSONENGRUPPEN BESTÄTIGEN. Im Dialog finden Sie auf der linken Seite jeweils die Person ❼, die der Software bereits bekannt ist, gefolgt von kleineren Bildern auf der rechten Seite ❽, wo die Software vermutet, dass es sich um dieselbe Person handelt. Sind Sie hier mit dem Ergebnis zufrieden, brauchen Sie nur noch auf SPEICHERN zu klicken. Ansonsten können Sie auch hier wieder über einen rechten Mausklick auf dem Bild die bereits bekannten Befehle ausführen oder darauf hinweisen, dass es sich nicht um die Person handelt. In dem Fall erscheint anschließend ein weiterer Dialog, der sich mit dieser Person »beschäftigt«.

▲ **Abbildung 9.35**
Über das kleine x ❺ können Sie denselben Befehl ausführen wie über das Kontextmenü mit KEINE PERSON.

▲ **Abbildung 9.36**
Die Person auf diesem Bild ist uns unbekannt, und daher ignorieren wir sie, wie Sie am entsprechenden Symbol ❻ erkennen.

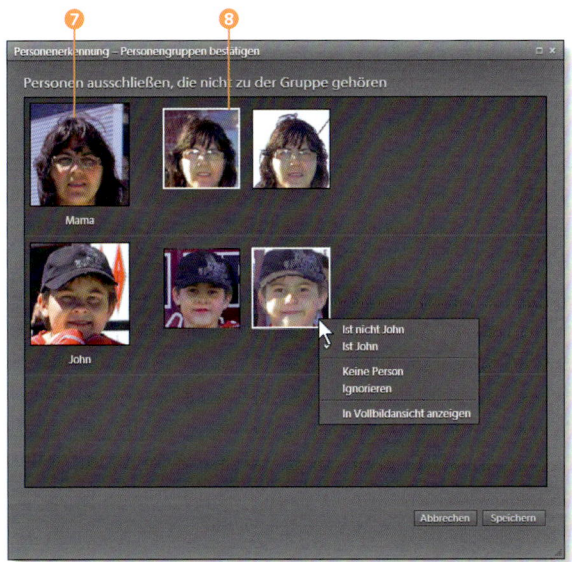

pse Im Gegensatz zur Vorgängerversion des Organizers arbeitet die Personenerkennung jetzt erstaunlich sicher. Ganz besonders verblüffend ist die Sicherheit, mit der die Software bereits identifizierte Personen erkennt. In der Vorgängerversion mussten viele Personen noch manuell hinzugefügt werden.

◄ **Abbildung 9.37**
Die Gesichtserkennung ist ziemlich intelligent und kann recht zuverlässig bereits bekannte Gesichter einer Gruppe zuordnen.

Weitere Personen | So schnell gibt der Organizer nicht auf und meldet sich auch bei Bildern, wo der Algorithmus sich nicht ganz sicher ist, ob es sich um ein Gesicht handelte. Daher sind diese Vorschaubilder zunächst gleich als »Keine Person« markiert. Wollen Sie dies ändern, klicken Sie die Vorschau mit der Person an und vergeben im nächsten Dialog einen Namen für diese.

Abbildung 9.38 ▶
Wo sich die Gesichtserkennung nicht ganz sicher ist, fragt sie nochmals nach. Durch Anklicken können Sie auch diese Bilder hinzufügen und nachträglich noch beschriften.

Abbildung 9.39 ▶
Am Ende bekommen Sie eine Bestätigung, wenn alle ausgewählten Bilder beschriftet wurden.

Automatische Analyse für Personenerkennung | Wenn Sie im Medienbrowser Bilder in der Maximalansicht ❷ betrachten, werden Sie gewöhnlich feststellen, dass fast alle Bilder mit Personen über einen entsprechenden weißen WER IST DAS?-Rahmen verfügen, den Sie auch gleich über den Medienbrowser durch das Anklicken von WER IST DAS? ❶ benennen oder über das kleine x-Symbol ❸ ignorieren können.

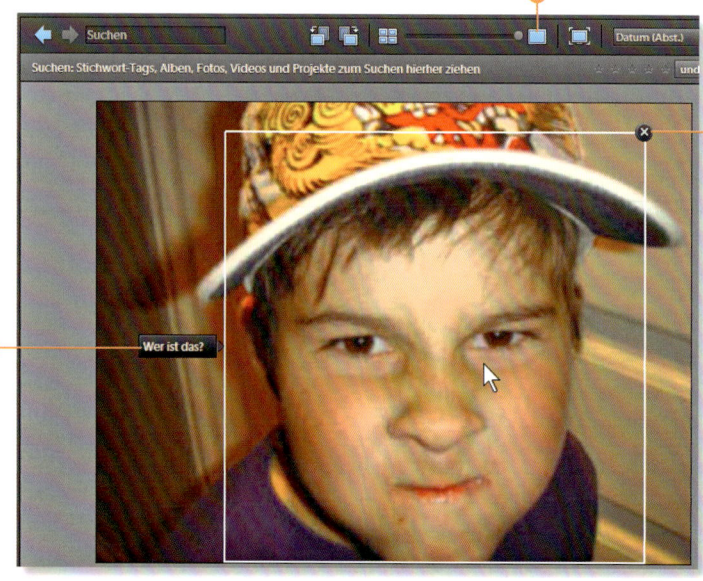

Abbildung 9.40 ▶
In der Maximalansicht des Medienbrowsers können Sie, falls die Automatik eine Person (bzw. ein Gesicht) erkannt hat, ebenfalls einen Namen vergeben.

Voraussetzung für die automatische Personenerkennung ist die Option FOTOS FÜR PERSONEN AUTOMATISCH ANALYSIEREN ❹, die Sie über BEARBEITEN/ADOBE ELEMENTS 9 ORGANIZER • VOREIN-STELLUNGEN • MEDIENANALYSE (de-)aktivieren.

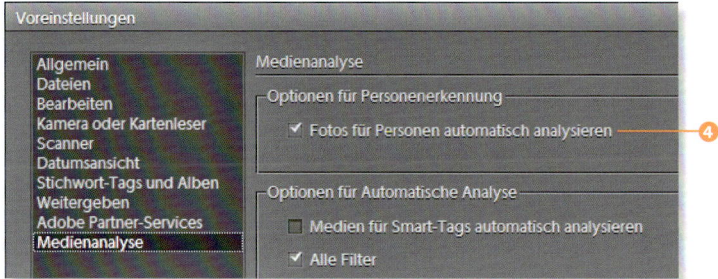

▲ Abbildung 9.41
Per Standardeinstellung ist die Personenerkennung aktiviert.

Person manuell hinzufügen | Sollte die Personenerkennung ein-mal versagen und kein Gesicht auf dem Bild erkennen, obwohl hier eines vorhanden ist, können Sie in der Maximalansicht des Medienbrowsers mit der Schaltfläche FEHLENDE PERSONEN HIN-ZUFÜGEN ❺ einen eigenen Rahmen zum Bild hinzufügen und zur entsprechenden Person ziehen. Die Größe der Rahmen können Sie an den Ecken verändern.

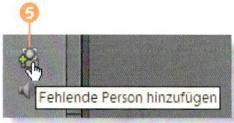

▲ Abbildung 9.42
Zu guter Letzt können Sie auch selbst Hand anlegen, wenn die Personenerkennung fehlschlägt.

Personenerkennung und die Stichwort-Tags | Immer wenn Sie auf den Text WER IST DAS? klicken und den entsprechenden Namen eingeben, wird dieser automatisch als Stichwort-Tag ver-geben. Die Person erscheint dann auch gleich als Unterkategorie bei den STICHWORT-TAGS unter PERSONEN.

9.3.4 Stichwort-Tag-Wolke anzeigen

Ein weiteres Symbol in der Leiste von STICHWORT-TAGS finden Sie mit STICHWORT-TAG-WOLKE ANZEIGEN ❻. Mit dieser Option lassen Sie eine Liste aller vorhandenen Stichwort-Tags in alphabetischer Reihenfolge anzeigen. Klicken Sie auf eines dieser Stichwort-Tags in der Liste ❼, werden die dazugehörenden Fotos im Medien-browser angezeigt, denen dieser Tag zugewiesen wurde. Je mehr Mediendaten mit einem bestimmten Stichwort-Tag versehen sind, umso größer wird die Schrift dieses Tags angezeigt. Es ist außerdem möglich, per Drag & Drop einzelne (oder mehrere) ausgewählte Stichwort-Tags aus der Liste auf ein Bild zu ziehen und fallen zu lassen, um dieses Bild so mit einem oder mehreren bestimmten Stichwort-Tag zu versehen.

▲ Abbildung 9.43
Damit die gesamte Personener-kennung auch Sinn ergibt, finden Sie die bezeichneten Personen bei den STICHWORT-TAGS unterhalb von PERSONEN mit einem kleinen Miniaturbild angezeigt.

Smart-Tags
Smart-Tags werden nicht in der Liste bei der Stichwort-Tag-Wolke mit angezeigt.

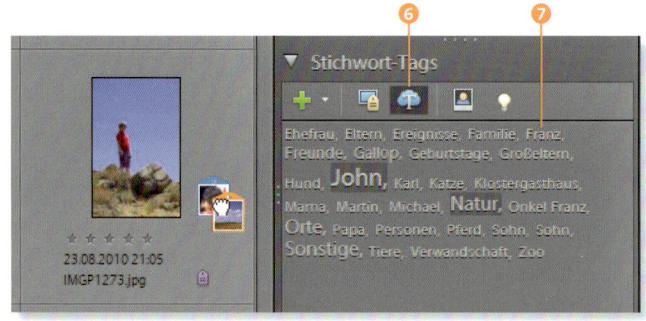

9.4 Smart-Tags (Intelligente Tags)

Smart-Tags geben Ihnen die Möglichkeit, Ihr Bildmaterial nach der Qualität zu filtern und so das am besten geeignete Bildmaterial zu bestimmen und ungeeignetes Material (beispielsweise zu hell, zu dunkel oder verwackelt) auszusortieren. Diese intelligente Inhaltsanalyse können Sie in verschiedenen Bereichen des Organizers durchführen. Sie finden die Smart-Tags im Aufgabenbedienfeld ORGANISIEREN bei den STICHWORT-TAGS.

Um diese Funktion zu nutzen, müssen Sie lediglich das entsprechende Bildmaterial auswählen und im Menü BEARBEITEN • AUTOMATISCHE ANALYSE AUSFÜHREN aufrufen. Dasselbe erreichen Sie auch über das Kontextmenü, wenn Sie das oder die Bilder markiert haben. Wenn Sie den Vorgang gestartet haben, müssen Sie sich, abhängig von der Anzahl der Bilder, ein wenig gedulden, bis die Bilder analysiert wurden.

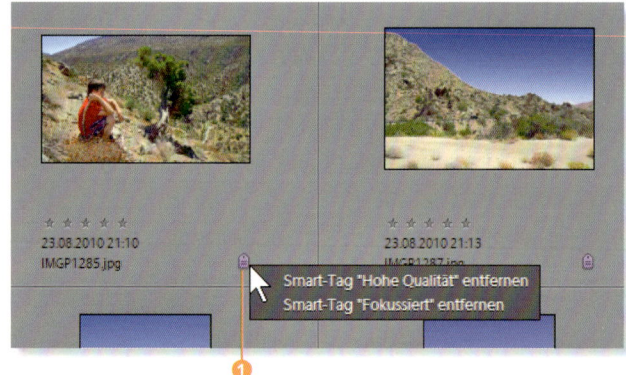

Um falsch zugewiesene Smart-Tags wieder zu entfernen, klicken Sie wie gehabt mit der rechten Maustaste auf das Etikett ❶ und löschen das entsprechende Tag.

Auch wenn sie nicht immer zuverlässig arbeiten, sind die Smart-Tags keine schlechte Sache an sich. Sie können sie genauso manuell verwenden, wie Sie dies bereits mit den Stichwort-Tags in Abschnitt 9.3, »Stichwort-Tags verwenden«, getan haben. Allerdings müssen Sie die Qualitäts- und Inhaltskategorie des Bildes selbst bestimmen, indem Sie entsprechende Smart-Tags per Drag & Drop auf das Bild ziehen und fallen lassen. Bei einigen Kategorien, wie beispielsweise GESICHTER, können Sie zudem aus weiteren Unterkategorien wählen.

Intelligente oder Smart-Tags?

In der Vorgänger-Version wurde dieses Tag noch als »Intelligentes Tag« bezeichnet. In der Windows-Version wurden wohl irrtümlicherweise beide Bezeichnungen behalten. Die Mac-Version verwendet hier nur noch »Smart-Tags«, und die automatische Analysefunktion speichert ihre Daten ebenfalls darin. Daher sollten Sie den Eintrag INTELLIGENTE TAGS in der Windows-Version ignorieren, falls dieser nicht bereits in einem der Updates verschwunden ist.

▲ **Abbildung 9.47**
Manuelle Vergabe von Smart-Tags. Hier wurden drei Smart-Tags markiert und dem Bild per Drag & Drop zugewiesen.

Achtung bei Automatischer Analyse | An dieser Stelle will ich ein paar Zeilen zur Option MEDIEN FÜR SMART-TAGS AUTOMATISCH ANALYSIEREN ❷ verlieren, die Sie über das Menü BEARBEITEN/ ADOBE ELEMENTS 9 ORGANIZER • VOREINSTELLUNGEN • MEDIEN-ANALYSE (de-)aktivieren können. Wenn Sie diese Option aktivieren, sollten Sie auf jeden Fall ganz unten noch ANALYSE NUR AUS-FÜHREN WENN SYSTEM IM LEERLAUF ❸ aktivieren. Im Allgemeinen würde ich Ihnen aber eine solche automatische Analyse nur über Nacht empfehlen, wenn Sie den Rechner nicht benötigen. Der Rechenaufwand der Auto-Analyse für die Smart-Tags ist gewaltig. Natürlich hängt das auch vom Umfang der Medien ab, die analysiert werden sollen.

Hilfe, der Organizer reagiert kaum noch!

Sollten Sie das Gefühl haben, dass der Organizer oder der Rechner total langsam geworden ist, liegt dies meistens daran, dass im Hintergrund die automatische Analyse läuft. Abhilfe können Sie hier schaffen, indem Sie das Häkchen ❷ entfernen und die Analyse künftig manuell durchführen. Der Organizer ist nämlich im Grunde ein flottes Programm, mit dem die heutigen Rechner keine Probleme mehr haben sollten. Bei mir ist diese Option daher immer deaktiviert.

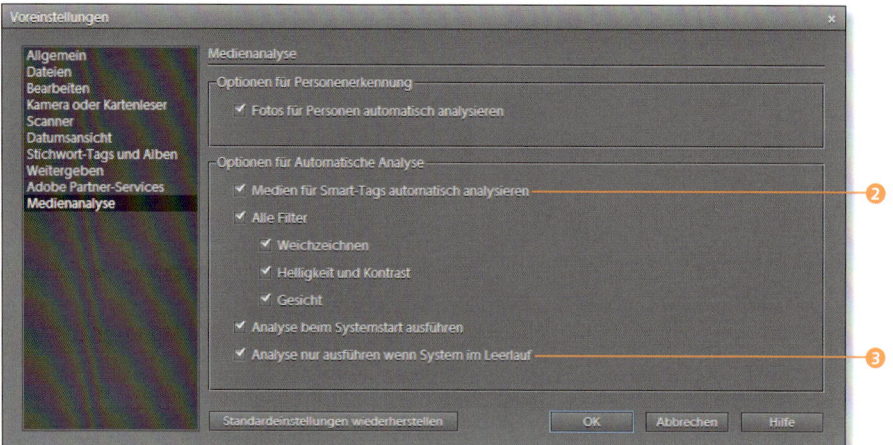

Abbildung 9.48 ▲
Medien für die Smart-Tags können auch automatisch im Hintergrund analysiert werden.

Smart- und Stichwort-Tags schneller vergeben | Noch schneller vergeben Sie sowohl Smart-Tags als auch Stichwort-Tags über das Textfeld ❹. Hierzu müssen Sie lediglich das oder die Bilder im Medienbrowser markieren und aus der Dropdown-Liste ein entsprechendes Tag auswählen. Hier werden alle vorhandenen Tags aufgelistet, auch Ihre selbsterstellten. Wenn Sie aus der Liste ein Tag ausgewählt haben, klicken Sie auf die dann aktive Schaltfläche ANWENDEN ❺. Über das kleine rote x ❻ neben dem Tag können Sie ein Tag auch aus der Liste und somit komplett vom Organizer löschen. Geben Sie hingegen ein neues Tag ein, das sich noch nicht in der Liste befindet, wird dieses als Unterkategorie zum Stichwort-Tag SONSTIGE hinzugefügt.

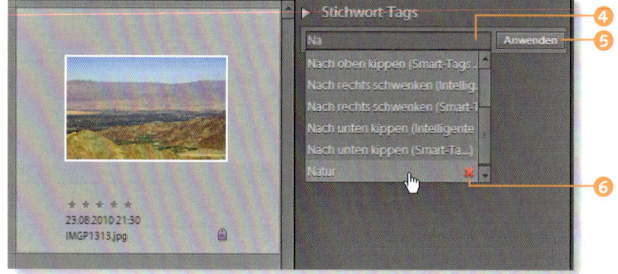

Abbildung 9.49 ▶
Über das Textfeld ❹ versehen Sie noch schneller Ihre Bilder mit Tags.

9.5 Sortieroptionen für Alben, Kategorien und Stichwort-Tags

Auch die Alben, Kategorien und Stichwort-Tags lassen sich MANUELL oder ALPHABETISCH sortieren. Die entsprechenden Optionen dazu finden Sie über das Menü BEARBEITEN/ADOBE ELEMENTS 9 ORGANIZER • VOREINSTELLUNGEN • STICHWORT-TAGS UND ALBEN.

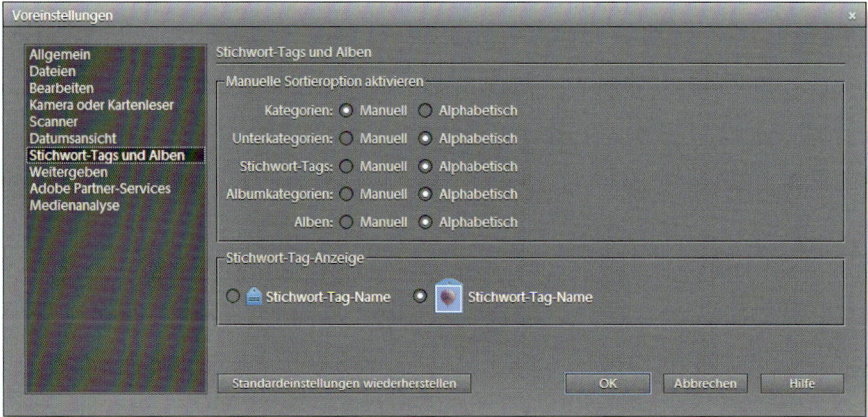

▲ Abbildung 9.50
Hier legen Sie fest, wie sich Alben, Kategorien oder Stichwort-Tags
sortieren lassen.

Alben manuell sortieren | Das manuelle Sortieren von Alben
funktioniert im Grunde recht einfach. Alben innerhalb einer Kategorie können Sie einfach per Drag & Drop sortieren. In Abbildung
9.51 wurde beispielsweise das Album Japan hinter das Album
Cuba gezogen. Wo das Album einsortiert wird, wenn Sie es fallen
lassen, erkennen Sie anhand der Linie ❼ hinter einem Album.

Wollen Sie hingegen ein Album einer bestimmten Kategorie in
eine andere Kategorie einsortieren, müssen Sie das Album zuerst
auf die entsprechende Kategorie ziehen und fallen lassen, ehe Sie
es wiederum innerhalb der Albumkategorie sortieren können. In
Abbildung 9.52 wurde beispielsweise das Album Reiten aus der
Kategorie Sport in die Kategorie Urlaub gezogen. Die Kategorie
wird dabei grau ❽ hervorgehoben. Erst anschließend könnten Sie
das Album Reiten in die Kategorie Urlaub einsortieren.

Abbildung 9.51 ▲
Manuelles Einsortieren von Alben
innerhalb einer Kategorie

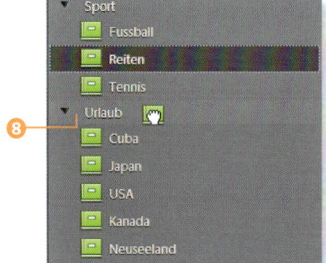

◄ Abbildung 9.52
Manuelles Sortieren von Alben
außerhalb einer Kategorie

Stichwort-Tags manuell sortieren | Das manuelle Sortieren von
Stichwort-Tags funktioniert zwar recht ähnlich, aber gerade wenn
Sie ein Tag innerhalb einer Kategorie sortieren, erzeugen Sie
schnell aus Versehen eine weitere ungewollte Unterkategorie.

In Abbildung 9.53 wurde das Stichwort-Tag SOHN innerhalb der Kategorie GEBURTSTAG unterhalb des Stichwort-Tags PAPA eingefügt. An der Linie ❶ erkennen Sie auch hier wieder, hinter welchem Stichwort-Tag das manuell sortierte Tag eingefügt wird, wenn es fallen gelassen wird.

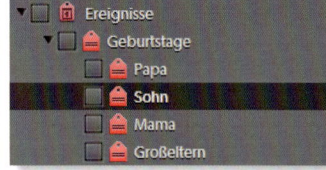

Ziehen Sie hingegen ein Stichwort-Tag auf ein anderes Stichwort-Tag, sodass dieses grau ❷ markiert ist, dann erstellen Sie aus dem Tag, das Sie verschieben wollen, ein Unter-Stichwort-Tag des grau markierten Tags. Im Beispiel wurde das Stichwort-Tag SOHN auf das Stichwort-Tag PAPA gezogen und fallen gelassen, sodass das Stichwort-Tag SOHN jetzt eine Unterkategorie vom Stichwort-Tag PAPA ist.

Natürlich können Sie jederzeit ein Stichwort-Tag aus einer Unterkategorie wieder in eine übergeordnete Kategorie einsortieren. Hierzu ziehen Sie einfach das Stichwort-Tag auf die gewünschte Kategorie. Auch dabei wird die entsprechende Kategorie wieder grau ❸ hervorgehoben. In Abbildung 9.55 wurde das Stichwort-Tag SOHN aus der Unterkategorie PAPA wieder in die übergeordnete Kategorie GEBURTSTAG einsortiert. Natürlich können Sie ein Stichwort-Tag auch in eine ganz andere Kategorie (beispielsweise ORTE) einsortieren.

9.6 Bildeigenschaften und Metadaten

Um mehr Informationen zu einem Bild zu erhalten, markieren Sie einfach das gewünschte Bild im Medienbrowser und wählen über einen Rechtsklick im Kontextmenü EIGENSCHAFEN aus. Alternativ nutzen Sie die Tastenkombination ⟨Alt⟩+⟨↵⟩.

Ist die Schaltfläche ❹ aktiviert, so werden die allgemeinen Eigenschaften angezeigt. Zu diesen gehört z. B. ein BILDTITEL, den Sie für die Datei vergeben können. Sinnvoll kann ein solcher Titel für die interne Suche nach Bildern im Organizer sein.

Aufgabenbedienfeld
Sie können das Fenster für die Eigenschaften auch über FENSTER • EIGENSCHAFTEN anzeigen lassen. Wenn Sie außerdem auf das kleine T ❽ klicken, können Sie das Fenster auch am Aufgabenbedienfeld andocken.

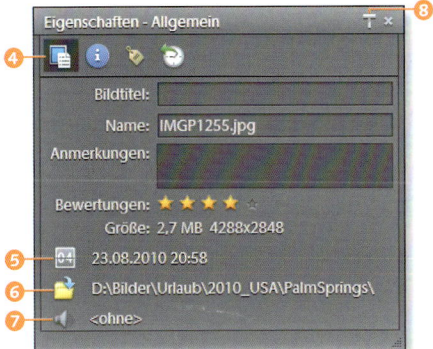

◀ **Abbildung 9.56**
Bildeigenschaften

Im nächsten Textfeld finden Sie den NAMEN der Datei, den Sie hier auch gleich ändern können. In BEWERTUNGEN sehen Sie die aktuelle Sterne-Bewertung des Bildes. Wenn Sie das Bild noch nicht bewertet haben, können Sie dies hier nachholen. Nach der Bewertung gibt Photoshop Elements neben GRÖSSE die Dateigröße in Kilobyte (KB) oder Megabyte (MB) sowie die Abmessung des Bildes in Pixeln (Höhe × Breite) an.

Wollen Sie das Datum und die Uhrzeit ändern, klicken Sie auf das kleine Symbol ❺ neben dem Datum und der Uhrzeit. Dieser Schritt kann sinnvoll sein, wenn Sie Bilder eingescannt haben, sich aber noch an das genaue Aufnahmedatum der gescannten Bilder erinnern können (oder wenn bei der Kamera ein falsches Datum eingestellt war). Darunter wird der Dateipfad des Bildes angezeigt. Um das Verzeichnis gleich zu öffnen, klicken Sie auf das Ordnersymbol ❻. Schließlich können Sie über das kleine Lautsprechersymbol ❼ noch einen Audiokommentar zum Bild einsprechen und abspeichern (sofern Sie ein Mikrofon besitzen).

Metadaten anzeigen | Für eine Ansicht der vielen Metadaten (und allgemeinen Dateieigenschaften) zu einem Bild klicken Sie einfach auf die Schaltfläche ❾. Wie viele und welche Daten sich hier befinden, hängt zunächst vom Modell der Kamera ab.

Dateiendung
Beim Umbenennen der Bilddatei brauchen Sie nicht auf die Dateiendung zu achten. Diese wird am Schluss automatisch vom Organizer wieder angefügt.

Metadaten
Metadaten sind allgemeine Daten, die Informationen über andere Daten enthalten. Metadaten zu Fotos geben etwa Informationen über den Ort der Aufnahme (GPS), die Kameradaten und -einstellungen während der Aufnahme (Exif), Informationen zu den Rohdateien (Camera Raw) und gegebenenfalls auch zum Bearbeitungsverlauf.

Um sich nur die Exif-Kameradaten anzeigen zu lassen, klicken Sie auf die Schaltfläche Zusammenfassung ⑫ im unteren Teil des Eigenschaften-Fensters. Über die Radioschaltfläche Vollständig ⑬ erhalten Sie wieder alle Daten.

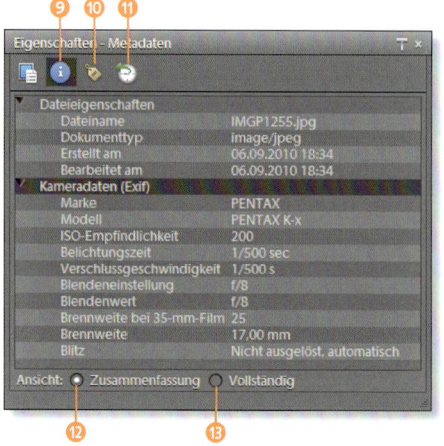

Abbildung 9.57 ▶
Die Metadaten liefern vielfältige Informationen zu einem Foto.

Mit der Schaltfläche neben den Metadaten mit den gelben Schildchen ⑩ können Sie sich, sofern vergeben, die Stichwort-Tags zu einem Bild ansehen. Und mit der letzten Schaltfläche ⑪ erhalten Sie Informationen zum Verlauf des Bildes, etwa über den Zeitpunkt des Imports oder die letzte Änderung.

9.7 Bilder suchen

Je größer Ihr Fotoarchiv wird, desto mehr werden Sie die vielen verschiedenen Suchfunktionen im Organizer schätzen lernen. Für die Suche nach Fotos bietet der Organizer über das Menü Suchen sehr viele Möglichkeiten.

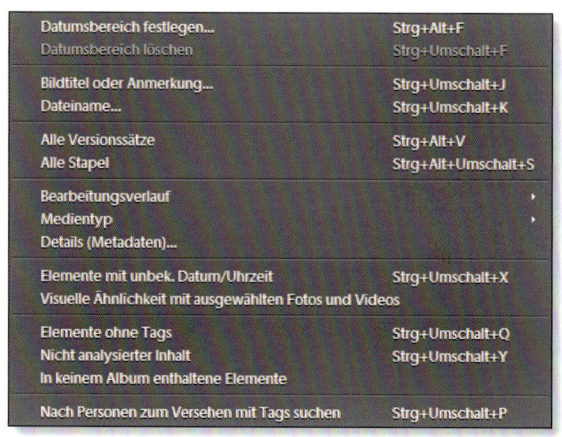

Abbildung 9.58 ▶
Das Menü Suchen bietet vielfältige Suchmöglichkeiten.

Datumsbereich | Mit SUCHEN • DATUMSBEREICH FESTLEGEN (oder mit $\boxed{\text{Strg}}$/$\boxed{\text{⌘}}$+$\boxed{\text{Alt}}$+$\boxed{\text{F}}$) suchen Sie nach Bildern, die innerhalb eines bestimmten Zeitraums aufgenommen wurden. Aufheben können Sie diesen Datumsbereich wieder mit SUCHEN • DATUMS-BEREICH LÖSCHEN (oder mit $\boxed{\text{Strg}}$/$\boxed{\text{⌘}}$+$\boxed{\text{⇧}}$+$\boxed{\text{F}}$).

◀ **Abbildung 9.59**
Bilder innerhalb eines Datumsbereichs im Medienbrowser anzeigen (hier vom 1. Januar 2010 bis zum 31. Oktober 2010)

Bildtitel oder Anmerkung | Wenn Sie für Ihre Bilder Bildtitel oder Anmerkungen vergeben haben, können Sie mit SUCHEN • BILDTITEL ODER ANMERKUNG (oder $\boxed{\text{Strg}}$/$\boxed{\text{⌘}}$+$\boxed{\text{⇧}}$+$\boxed{\text{J}}$) nach diesen Bildern suchen. Dabei entscheiden Sie im Dialog über die Radio-Buttons, ob nur am Anfang von Bildtiteln und Anmerkungen nach einem entsprechenden Wort gesucht werden oder ob sich die Suche auf den kompletten Bildtitel und den Text der Anmerkungen beziehen soll.

Bildtitel und Anmerkung
Wollen Sie für ein Bild schnell einen Titel und eine Anmerkung vergeben? Gehen Sie zum Menü FENSTER • EIGENSCHAFTEN, oder nutzen Sie die Tastenkombination $\boxed{\text{Alt}}$+$\boxed{\text{↵}}$, und wählen Sie das erste Icon ALLGEMEIN links oben aus.

◀ **Abbildung 9.60**
Nach Bildtiteln und/oder Anmerkungen suchen

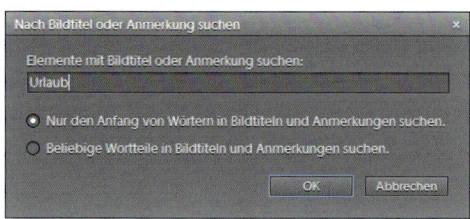

Platzhalter in der Suche

Wenn Sie sich schon ein wenig mit der Suche auskennen, dann kennen Sie sicherlich Platzhalter wie das Sternchen (*). Dieses Zeichen steht für beliebig viele unbekannte Zeichen. Mit einem Suchbegriff wie »M*n« könnten Sie also Dateinamen wie »Malen« und »München« ermitteln. Leider werden diese Platzhalter vom Organizer noch nicht unterstützt.

Dateiname | Wollen Sie hingegen nur eine einfache Suche nach einem Dateinamen durchführen, führen Sie SUCHEN • DATEINAME (oder $\boxed{\text{Strg}}$/$\boxed{\text{⌘}}$+$\boxed{\text{⇧}}$+$\boxed{\text{K}}$) aus. Für die Suche können Sie natürlich auch Teile eines Wortes wie zum Beispiel »aus« verwenden – es würden dann Dateinamen wie »Maus«, »Haus«, »Brause« usw. gefunden.

◀ **Abbildung 9.61**
Die einfache Suche nach Dateinamen

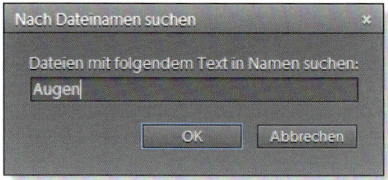

Versionssätze oder Fotostapel | Die nächsten beiden Suchmöglichkeiten, SUCHEN • ALLE VERSIONSSÄTZE (oder $\boxed{\text{Strg}}$/$\boxed{\text{⌘}}$+$\boxed{\text{Alt}}$+$\boxed{\text{V}}$) und SUCHEN • ALLE STAPEL (oder $\boxed{\text{Strg}}$/$\boxed{\text{⌘}}$+$\boxed{\text{Alt}}$+

Versionssätze und Stapel
Mehr zu den Versionssätzen und Stapeln finden Sie in Abschnitt 8.9.

⌦+Ⓢ), werden ohne einen weiteren Dialog gestartet und zeigen alle vorhandenen Versionssätze bzw. Stapel im Medienbrowser an.

Bearbeitungsverlauf | Interessant ist auch die Suche mit SUCHEN • BEARBEITUNGSVERLAUF. Dabei handelt es sich um eine Suche in einem gespeicherten Verlauf. Mehrere solcher Verläufe stehen Ihnen zur Verfügung. Sie könnten zum Beispiel nach Bildern suchen, die an einem bestimmten Tag importiert oder per E-Mail versendet wurden.

Medientyp | In ähnlicher Weise finden Sie mit SUCHEN • MEDIENTYP (oder ⒜lt+①bis ⒜lt+⑥) gezielt verschiedene Medientypen (Fotos, Videos, Audiodateien, Projekte, PDF-Dateien und Elemente mit Audiokommentaren).

Metadaten | Den Befehl SUCHEN • DETAILS (METADATEN) haben Sie in ähnlicher Form bereits bei den Smart-Alben kennengelernt. Hier gehen Sie allerdings den umgekehrten Weg: Aus den gewählten Suchkriterien wird gleich ein Smart-Album erstellt, vorausgesetzt, die Option ❶ ist aktiviert und Sie haben einen Namen ❷ für das Album angegeben.

Abbildung 9.62 ▼
Mächtige Suche (nach Metadaten)

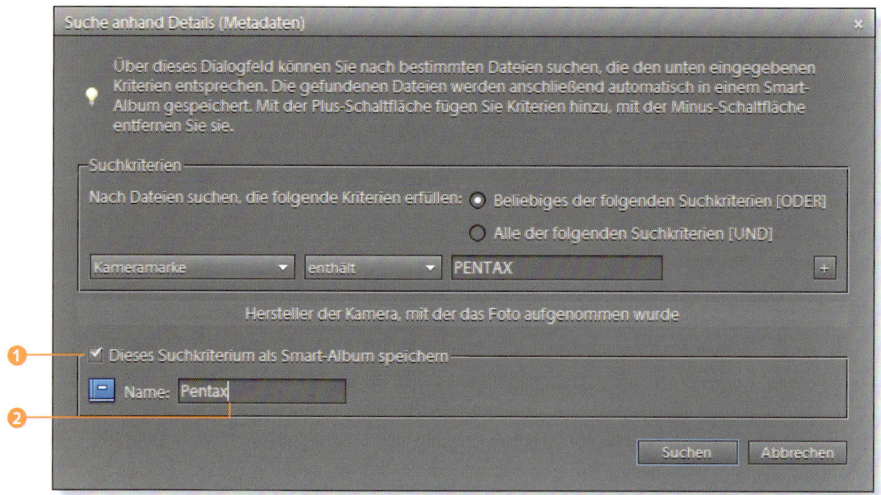

Weitere Optionen | Wenn Ihr Archiv Bilder ohne bekanntes Datum enthält, können Sie diese mit der dialoglosen Suche finden. Wählen Sie hierzu den Menüpunkt SUCHEN • ELEMENTE MIT UNBEK. DATUM/UHRZEIT oder alternativ die Tastenkombination Ⓢtrg/⌘+⌦+Ⓧ. Um Bilder zu finden, die einer bestimmten Vorlage ähnlich sind, verwenden Sie die Suche über den

Menüpfad SUCHEN • VISUELLE ÄHNLICHKEIT MIT AUSGEWÄHLTEN FOTOS. Markieren Sie das Vorbild Ihrer Suche im Medienbrowser, und starten Sie die Suche. Im Medienbrowser werden dann Bilder mit einem Prozentwert aufgelistet, der die visuelle Übereinstimmung des gefundenen Bildes mit dem markierten Bild angibt.

Mit SUCHEN • ELEMENTE OHNE TAGS (oder ⌷Strg⌷/⌘+⌷⇧⌷+⌷Q⌷) lassen Sie im Medienbrowser alle Bilder auflisten, die Sie noch nicht mit einem Stichwort-Tag versehen haben. Die Suche über SUCHEN • NICHT ANALYSIERTER INHALT (oder ⌷Strg⌷/⌘+⌷⇧⌷+⌷Y⌷) hingegen listet alle Fotos im Medienbrowser auf, die nicht automatisch analysiert wurden – genauer, die *nicht* zu den Smart-Tags (siehe Abschnitt 9.4) gehören.

Ähnlich funktioniert auch die Suchfunktion SUCHEN • IN KEINEM ALBUM ENTHALTENE ELEMENTE. Hierbei werden alle Bilder aufgelistet, die keinem Album zugeordnet wurden.

Den letzten Eintrag, SUCHEN • NACH PERSONEN ZUM VERSEHEN MIT TAGS SUCHEN, haben Sie bereits in Abschnitt 9.3.3, »Nach Personen (Gesichtern) suchen«, kennengelernt.

Sehr nützlich ist auch die Allround-Suchfunktion ❸ über dem Medienbrowser neben den Navigationspfeilen. Die Suche schließt fast alle Suchkriterien ein, die Sie über das Menü SUCHEN einzeln aufrufen können.

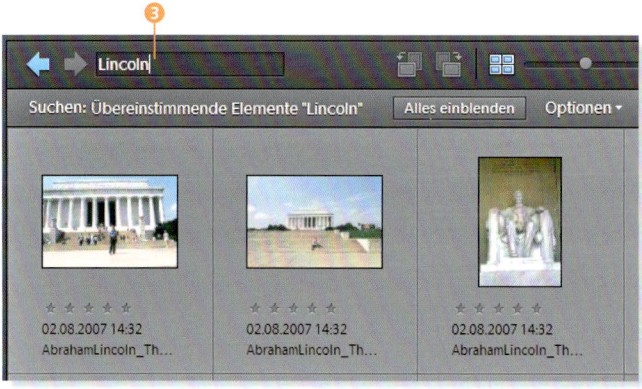

◄ **Abbildung 9.63**
Die Allround-Suchfunktion für alle Fälle

Teil III
Bildkorrekturen

10 Grundlegendes zur Bildkorrektur

Zu einem gewissen Grad ist die Korrektur eines Bildes sicherlich Erfahrungssache, dennoch lässt sich eine gute Bildkorrektur nicht einfach nach Gefühl durchführen. Man muss schon einige Regeln einhalten. Um Ihnen einen kleinen Leitfaden an die Hand zu geben, stelle ich Ihnen in diesem Kapitel einige Grundlagen der Bildkorrektur vor. Zu diesen Grundlagen zählen auch häufig wiederkehrende Korrekturen wie das Anpassen der Tiefen und Lichter, die Korrektur von Farben oder die Einstellung der richtigen Helligkeit und des Kontrastes. Selbstverständlich erfahren Sie auch, welchen »Hebel« Sie in Bewegung setzen müssen, um die jeweils richtige Korrektur durchzuführen.

Vorgehensweise für eine gute Korrektur | Sicher haben auch Sie schon Ihre Erfahrungen mit verschiedenen Korrekturexperimenten gemacht – vielleicht mit teilweise eher schlechten als rechten Ergebnissen. Manchmal ist ein gutes Ergebnis auch ein Produkt des Zufalls. Gerade Einsteiger sind schnell frustriert, wenn sich die hohen Erwartungen an die Bildkorrektur nicht erfüllen. Die manuelle Bildkorrektur erfordert einiges Hintergrundwissen – aber deshalb haben Sie sich ja für dieses Buch entschieden. Auf den folgenden Seiten möchte ich Ihnen zunächst einige Grundregeln mit auf den Weg geben, deren Befolgung Ihnen viel Frust und Zeit erspart.

10.1 Kann man alles reparieren, was kaputt ist?

Die Überschrift soll darauf aufmerksam machen, dass auch die Möglichkeiten der digitalen Bildbearbeitung nicht grenzenlos sind. Ist ein Foto wirklich ganz misslungen, sollten Sie eine Korrektur überdenken. Details wie Helligkeit, Farbstiche oder schwache Kontraste lassen sich gewöhnlich jederzeit korrigieren. Sind

---

Korrekturmodus

Wenngleich Photoshop Elements über verschiedene Korrekturmodi verfügt, widmet sich dieser Buchteil ausschließlich der manuellen Korrektur im VOLLSTÄNDIG-Modus des Editors. Sie ist für Bildkorrekturen stets die beste Lösung und liefert optimale Ergebnisse. Die Schnellkorrekturlösungen wurden bereits in Kapitel 6, »Schnelle Bildkorrekturen im Editor«, behandelt.

TIPP: das RAW-Format

Wenn Sie Bilder mit einer digitalen Kamera im RAW-Format aufnehmen, können Sie fast jedes Bild noch nachträglich korrigieren. Mehr dazu finden Sie in Kapitel 6, »Schnelle Bildkorrekturen im Editor«.

aber bestimmte Informationen nicht mehr im Bild enthalten, so kann man diese nicht einfach wieder »hineinzaubern«. Dies gilt häufig auch für nachträglich digitalisierte, zum Beispiel eingescannte Bilder.

10.2 Die Korrektur planen

Versuchen Sie bereits beim Betrachten des Bildes, ein wenig zu planen, wie Sie das Bild verbessern könnten. Ist die Aufnahme zu dunkel? Fehlt es an Kontrast? Ist der Bildausschnitt nicht optimal? Mangelt es an Farbe? Meistens sind es nur ein oder zwei, höchstens aber drei Dinge, die korrigiert werden müssen. Wohlgemerkt: Die Rede ist von einer normalen Retusche und nicht von einer Bildmanipulation. Doch selbst für eine Bildmanipulation müssen Sie das Bild zuerst korrigieren.

Gerade Einsteiger sind häufig der Meinung, dass jedes Bild korrigiert werden muss. Dem ist aber nicht so. Es gibt durchaus Aufnahmen, die keiner Korrektur bedürfen und die man mit einer Korrektur nur verschlechtert. Fragen Sie sich bei jedem Bild also immer zuerst, ob Sie es unbedingt einer Korrektur unterziehen müssen.

10.3 Der richtige Bildmodus

Die Bildkorrekturen sollten Sie standardmäßig im RGB-Bildmodus durchführen. Zum einen kommen die Bilder von der Digitalkamera und auch vom Scanner meist im RGB-Modus, und zum anderen stehen Ihnen nur in diesem Modus alle Funktionen von Photoshop Elements zur Verfügung. Außerdem ersparen Sie sich in diesem Modus eine lästige und mit potentiellen Qualitätseinbußen verbundene Umwandlung.

10.4 Flexibel arbeiten mit Einstellungsebenen

Zwar werden die Ebenen erst in Teil 8 des Buches beschrieben, dennoch gehören die Einstellungsebenen in das vorliegende Kapitel der Bildkorrektur. Mit den Einstellungsebenen können Sie Korrekturen an einem Bild durchführen, ohne die Pixel des eigentlichen Bildes zu verändern.

Der wesentliche Vorteil von Einstellungsebenen liegt darin, dass das Originalbild nicht verändert wird. Sie können jederzeit eine Einstellungsebene ausblenden, löschen oder erneut aufrufen und verändern, wenn die Korrektur nicht den gewünschten Effekt erbringt.

Schritt für Schritt: Einstellungsebenen zur Bildkorrektur verwenden

Am Beispiel des Bildes »FashionShow.jpg« möchte ich Ihnen den Umgang mit den Einstellungsebenen genauer erläutern. Laden Sie daher das Bild von der Buch-DVD in den Editor. Die Korrektur ist hier zunächst noch Nebensache.

FashionShow.jpg

◀ **Abbildung 10.1**
Das Ausgangsbild für die Korrektur

Foto: Jürgen Wolf

1 **Ebenen-Bedienfeld aufrufen**

Für die Einstellungsebenen benötigen Sie das Bedienfeld EBENEN. Sollte dieses Bedienfeld nicht angezeigt werden, so rufen Sie es über das Menü FENSTER • EBENEN auf. Die Einstellungsebenen finden Sie im Ebenen-Bedienfeld über das dritte Icon ❶ von links. Wenn Sie dieses Icon anklicken, öffnet sich ein Untermenü.

2 **Einstellungsebene für die Korrektur auswählen**

Wählen Sie in diesem Untermenü die benötigte Korrektur in Form einer Einstellungsebene aus. In diesem Beispiel wurde TONWERTKORREKTUR ❷ ausgewählt.

3 **Einstellungsebene anlegen**

Wenn Sie die Einstellungsebene TONWERTKORREKTUR ausgewählt haben, finden Sie im Ebenen-Bedienfeld eine neue Einstellungsebene (hier mit dem Namen TONWERTKORREKTUR 1) vor. Standardmäßig wird bei dem Ebenentitel der Name des entsprechenden Korrekturwerkzeuges angezeigt. Zusätzlich wird das

Abbildung 10.2 ▲
Verschiedene Einstellungsebenen

Ebenenmaske

Was es mit der Maske in der
Ebene auf sich hat und was Sie
damit machen können, erfahren
Sie in Kapitel 29, »Ebenenmasken«, des Buches.

Abbildung 10.3 ▶

Photoshop Elements legt eine
Einstellungsebene TONWERT-
KORREKTUR 1 an …

Abbildung 10.4 ▶▶

… und öffnet zugleich das ent-
sprechende Dialogfenster für die
Korrekturen im gleichnamigen
Bedienfeld.

Korrekturen-Bedienfeld geöffnet, das die entsprechenden Einstellungsmöglichkeiten präsentiert.

In der neuen Einstellungsebene finden Sie zwei Miniaturen
vor: ein Symbol ❶ für das jeweils ausgewählte Korrekturwerk-
zeug und eine leere Maske ❷, die Einstellungsebenen übrigens
standardmäßig immer besitzen.

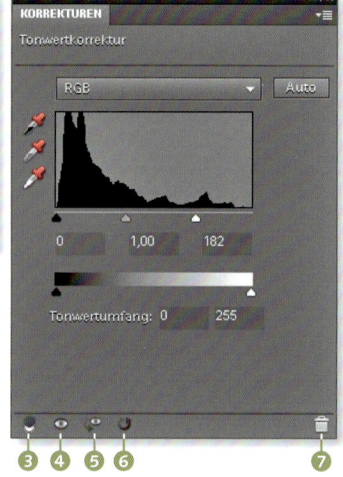

4   Korrektur durchführen

Über das zur Einstellungsebene gehörende Bedienfeld KORREK-
TUREN können Sie nun die Bildkorrektur – in diesem Fall eine
Tonwertkorrektur – durchführen.

Im Bedienfeld KORREKTUREN finden Sie zu jeder Einstellungsebene kleine Schaltflächen. Aktivieren Sie die erste Schaltfläche
❸, wirkt sich die Korrektur der Einstellungsebene nur auf die
unmittelbar darunterliegende Ebene im Stapel aus. Standardmäßig im deaktivierten Zustand wirkt sich die Einstellungsebene auf
alle darunterliegenden Ebenen aus. Mit dem Augen-Symbol ❹
daneben blenden Sie die im Bild sichtbaren Korrekturen ein und
aus. Mit dem nächsten Symbol ❺ zeigen Sie bei gedrückt gehaltener Maustaste den vorherigen Status des Bildes. Das Symbol
❻ daneben setzt die Korrekturen wieder auf den Standardwert
zurück. Über das Mülleimer-Symbol ❼ auf der rechten Seite
löschen Sie die Einstellungsebene.

5   Der Vorher-Nachher-Vergleich

Einen direkten Vorher-Nachher-Vergleich können Sie jederzeit
über das Augen-Symbol im Korrekturen-Bedienfeld ❹ ein- und
wieder ausblenden. Die gleiche Wirkung erzielen Sie auch im
Ebenen-Bedienfeld, indem Sie auch hier auf das Augen-Symbol ❿ in der entsprechenden Einstellungsebene klicken. Ist das

Augen-Symbol an der vorgesehenen Stelle nicht zu sehen ⑪, so wurde die Einstellungsebene ausgeblendet und lässt sich mit einem Klick auf dieser Position wieder einblenden.

Bei der Verwendung mehrerer Einstellungsebenen können Sie durch abwechselndes Ein- und Ausblenden die Korrekturen miteinander vergleichen. Sie können hierbei mehrere gleiche Einstellungsebenen mit denselben oder verschiedenen Werkzeugen testen.

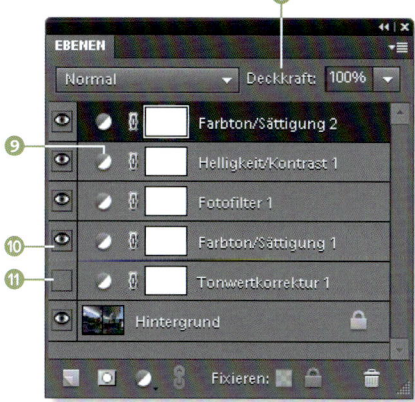

◀ **Abbildung 10.6**
Mehrere Einstellungsebenen im Einsatz

6 Einstellungsebene nachkorrigieren

Das Besondere an den Einstellungsebenen ist, dass Sie die Werte jederzeit nachjustieren können. Hierzu müssen Sie nur auf das entsprechende Werkzeugkorrektur-Symbol ⑨ im Ebenen-Bedienfeld doppelklicken, und die entsprechenden Einstellungsmöglichkeiten werden im Korrekturen-Bedienfeld mit den bisher gemachten Einstellungen erneut angezeigt. Wird das Korrekturen-Bedienfeld bereits angezeigt, so reicht es aus, wenn Sie nur die entsprechende Einstellungsebene auswählen. Das Korrekturen-Bedienfeld lässt sich auch über FENSTER • KORREKTUREN aufrufen.

7 Einstellungsebene löschen

Wollen Sie eine Einstellungsebene löschen, so klicken Sie diese Ebene mit der rechten Maustaste an und wählen im Kontextmenü EBENE LÖSCHEN aus. Alternativ entfernen Sie eine im Ebenen-Bedienfeld ausgewählte Einstellungsebene mit dem Mülleimer-Symbol ⑦ im Korrekturen-Bedienfeld.

8 Namen der Einstellungsebenen ändern

Häufig testet man mehrere Einstellungsebenen mit demselben Werkzeug, aber mit unterschiedlichen Werten. Um hier nicht den Überblick zu verlieren, sollten Sie die Namen der

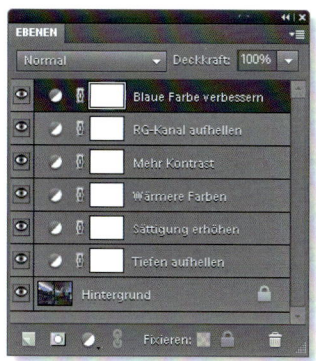

▲ **Abbildung 10.7**
Einstellungsebenen mit aussagekräftigen Namen versehen

Einstellungsebenen per Doppelklick ändern (oder mit einem rechten Mausklick im Kontextmenü über EBENE UMBENENNEN).

9 Bild speichern

Am Ende können Sie das Bild mitsamt den Einstellungsebenen speichern. Abhängig vom Format werden die einzelnen Ebenen im Bild mitgespeichert oder nicht.

Wollen Sie stattdessen das Bild mitsamt den Einstellungsebenen auf eine Ebene reduzieren (natürlich zusammen mit den gemachten Änderungen), müssen Sie nur mit der rechten Maustaste auf eine der Ebenen klicken und im Kontextmenü SICHTBARE AUF EINE EBENE REDUZIEREN (oder über die Tastenkombination $\boxed{\text{Strg}}$/$\boxed{\mathcal{H}}$+$\boxed{\triangle}$+$\boxed{E}$) oder gleich AUF HINTERGRUNDEBENE REDUZIEREN auswählen. Den gleichen Punkt finden Sie auch im Menü EBENE.

Abbildung 10.8 ▶
Für das fertige Bild alle Ebenen auf eine reduzieren

▲ **Abbildung 10.9**
Das Bild hat nach der Korrektur mehr Kontrast, ist heller und hat auch kräftigere Farben, ohne übersättigt zu wirken. Der eigentliche Korrekturvorgang wurde Ihnen bei diesem Beispiel noch vorenthalten – er soll auf den nächsten Seiten dargestellt werden. ■

11 Tiefen und Lichter korrigieren

Die erste Korrekturarbeit an einem Pixelbild sollte immer an den Lichtern und Tiefen vorgenommen werden. Das Hauptaugenmerk richtet sich dabei auf die hellsten und dunkelsten Bereiche oder Pixel im Bild.

Die **Lichter** sind dabei die hellsten Bereiche oder Pixel im Bild, als **Tiefen** bezeichnet man die dunkelsten. **Mitteltöne** nennt man die Pixel im mittleren Tonwertbereich des Bildes, also zwischen den Lichtern und Tiefen.

Angestrebt wird hierbei, dass die hellsten Bereiche im Bild tatsächlich weiß und die dunkelsten Bereich auch schwarz sind. Ist dies nicht der Fall, sollten Sie Weißpunkt und Schwarzpunkt im Bild durch eine Korrektur festlegen.

Bitte beachten Sie, dass bei der Anpassung der Tonwerte eines Bildes an die hellsten Lichter und dunkelsten Tiefen auch die Mitteltöne verändert werden. Teilweise verbessert eine Tonwertkorrektur auch die Kontraste oder behebt einen Farbstich. Häufig erweist sich die Tonwertkorrektur daher als die einzige durchzuführende Korrektur.

11.1 Das Histogramm

Um die Tonwertverteilung eines Bildes zu prüfen, wird ein sogenanntes Histogramm verwendet. Ein Histogramm lassen Sie bei Photoshop Elements entweder über das Bedienfeld FENSTER • HISTOGRAMM oder als Teil des Werkzeugs zur TONWERTKORREKTUR (ÜBERARBEITEN • BELEUCHTUNG ANPASSEN • TONWERTKORREKTUR) anzeigen.

Die Balken im Histogramm | Die Balken ❷ im Histogramm bilden die Tonwerte aller im Bild vorhandenen Pixel ab. Ganz links finden Sie die schwarzen Pixel mit dem Tonwert 0 (im RGB-Modus). Dazwischen liegen die Mitteltöne, die von links nach rechts von

Perfektes Foto?
Sofern Sie nicht in einem Studio fotografieren, werden Sie wohl relativ selten ein perfekt belichtetes Foto machen. Meistens ist immer ein Objekt im Vordergrund zu dunkel oder der Hintergrund zu hell.

Tonwert spreizen
Bei einer Tonwertkorrektur werden keine neuen Tonwerte hinzugefügt, sondern die bestehenden Tonwerte nur verschoben oder gestreckt. Man spricht hier auch von der sogenannten Tonwertspreizung.

Histogramm in der Kamera
Das Histogramm ist nicht nur ein Teil von Photoshop Elements. Viele andere Bildbearbeitungsprogramme bieten für die Überprüfung der Tonwertverteilung ebenfalls das Histogramm an. Selbst in Digitalkameras können Sie sich das Histogramm eines Bildes anzeigen lassen und dabei auch gleich überprüfen.

den dunklen zu den hellen Tönen hin verlaufen. Auf der rechten Seite des Balkens sehen Sie die hellsten Töne, die weißen Pixel mit dem Tonwert 255 (im RGB-Modus ❶).

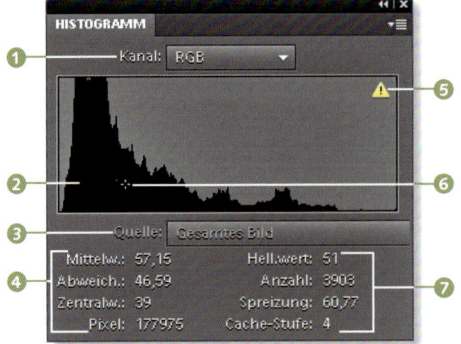

Abbildung 11.1 ▶
Das Histogramm-Bedienfeld

Die Höhe des Balkens zeigt an, wie häufig der Tonwert im Bild vorhanden ist. Je häufiger ein Tonwert im Bild vorkommt, desto höher ist der Balken. Umgekehrt gilt: Je niedriger der Balken ist, desto geringer ist der Tonwert im Bild vorhanden. Die Tonwertverteilung gilt normalerweise für das gesamte Bild. Einzelne Farbkanäle können Sie sich über die Dropdown-Liste neben KANAL ❶ anzeigen lassen. Häufig ist hier statt des Kanals RGB der Kanal FARBEN eingestellt. Ich empfehle, hier immer den RGB-Kanal (Rot, Grün und Blau) anzeigen zu lassen, weil die Übersicht hiermit besser ist.

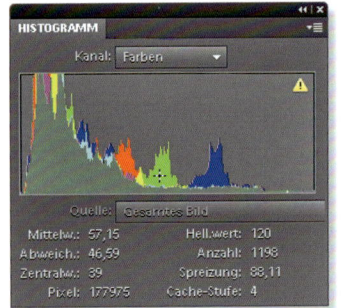

▲ **Abbildung 11.2**
Dasselbe Histogramm nochmals, nur wurde hier FARBEN beim KANAL eingestellt.

Aktualisierung | Ein kleines Dreieck mit Ausrufezeichen ❺, das oben rechts im Balken-Histogramm erscheint, zeigt an, dass das Bild verändert wurde und das Histogramm noch die unveränderte Version des Bildes anzeigt. Um die Änderung auch im Histogramm anzuzeigen, klicken Sie einfach dieses kleine Dreieck mit dem Ausrufezeichen an.

Quelle | Enthält das Bild mehrere Ebenen, so können Sie über die Dropdown-Liste QUELLE ❸ eine Ebene oder auch das komplette Bild auswählen, dessen Tonwerte Sie betrachten wollen.

Statistik zum Histogramm | Unterhalb der Quelle finden Sie auf der linken Seite einige Statistiken ❹ zum Histogramm. Mit dem MITTELWERT wird die durchschnittliche Helligkeit des Bildes (zwischen 0 und 255) angegeben. Liegt der Wert unter 128, so erscheint das Bild dunkler; liegt er darüber, erscheint es heller. Der Wert in ABWEICHUNG gibt an, wie stark die Helligkeitswerte variieren. Wie hell oder wie dunkel der mittlere Farbwert eines Bildes ist, stellt der ZENTRALWERT dar. Unter PIXEL wird die Gesamtzahl der Pixel angezeigt, die das Histogramm bilden.

Helligkeitswert (Tonwertangaben) | Fahren Sie mit der Maus auf eine Stelle des Histogramm-Balkens, bekommen Sie einige Angaben ❼ zu dieser Stelle ❻. Hierbei erhalten Sie den genauen HELLIGKEITSWERT (Tonwert), die Angabe, wie viele Pixel (ANZAHL) es mit diesem Wert gibt, und die Anzahl noch dunklerer Tonwerte (SPREIZUNG). Den Wert CACHE-STUFE können Sie ignorieren, da sich er nicht auf das Bild selbst bezieht.

Live-Histogramm | Wenn Sie die Tonwerte zum Beispiel mit ÜBERARBEITEN • BELEUCHTUNG ANPASSEN • TONWERTKORREKTUR ändern, können Sie im Histogramm-Bedienfeld (FENSTER • HISTOGRAMM) die Änderung live im Histogramm verfolgen. Die hellgrauen Balken zeigen den aktuellen Wert an und die schwarzen Balken die tatsächliche Auswirkung der durchgeführten Tonwertänderung.

11.2　Histogramme richtig analysieren

Sie wissen nun, dass ein Tonwert der Helligkeitswert eines Pixels in einem Farbkanal ist. Im Normalfall, bei einem RGB-Bild mit 8 Bit Farbtiefe, liegt dieser Wert zwischen 0 (keine Helligkeit vorhanden; Schwarz) und 255 (maximale Helligkeit; Weiß).

▲ **Abbildung 11.4**
Diese Grafik ...

Zur Demonstration betrachten wir eine einfache Grafik – ein Rechteck mit schwarzen ❽, weißen ❾ und grauen ❿ Tonwerten – und das zugehörige Histogramm. Das Histogramm in Abbildung 11.5 zeigt drei Balken. Der erste Balken ⓫ links mit dem Helligkeitswert 0 repräsentiert die schwarzen und dunkelsten Pixel

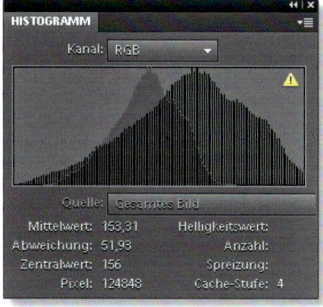

▲ **Abbildung 11.3**
Die Änderungen der Tonwerte können Sie im Histogramm-Bedienfeld live verfolgen.

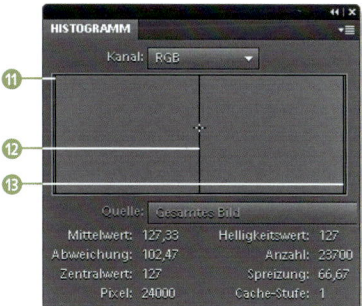

▲ **Abbildung 11.5**
... hat nur drei Tonwerte.

im Bild, die **Tiefen**. Der zweite Balken ⑫ in der Mitte mit dem Helligkeitswert 127 steht für die grauen Pixel (**Mitteltöne**), und der dritte Balken rechts ⑬ mit dem Helligkeitswert 255 zeigt die hellsten und weißen Pixel an (die **Lichter**).

Zugegeben, die obige Grafik hat wenig mit der digitalen Fotografie zu tun. Sie verdeutlicht aber recht anschaulich, wie sich die Werte im Histogramm zusammensetzen.

11.2.1 Histogramm dunkler Bilder

Die Balken zu der Abbildung »Voegel.jpg« türmen sich sehr stark am linken Rand der dunklen Tonwerte (und darüber hinaus). Der hohe Berg auf der linken Seite kommt von dem vielen Schwarz und den dunklen Farben im Bild. Durch die starken Verluste in den Tiefen lässt sich daher kaum noch etwas aus dem Bild herausholen. Man kann zwar versuchen, die Tiefen ein wenig aufzuhellen, riskiert dabei aber, das Bild stark zu verrauschen. Der schwarze Hintergrund im Bild hat sich durch eine hohe Brennweite (300 mm) bei weit geöffneter Blende (f6,7) ergeben.

Abbildung 11.6 ▼
Die hohen Zeichnungsverluste in den Tiefen des Bildes lassen sich kaum mehr beheben.

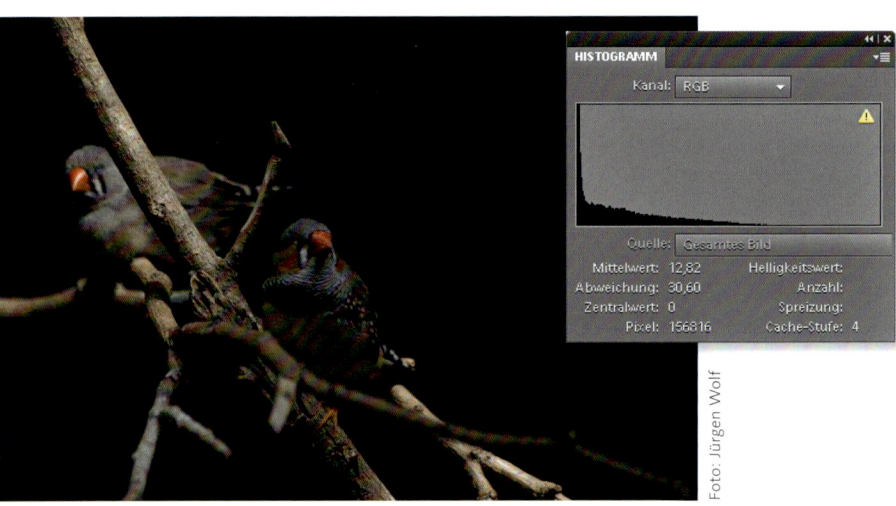

Foto: Jürgen Wolf

11.2.2 Histogramm heller Bilder

Ein Beispiel für das andere Extrem eines Bildes mit zu hellen Tonwerten zeigt die Abbildung »Rote_Rosen.jpg«. Hier türmen sich die hellen Tonwerte im Histogramm weit über den rechten Rand hinaus. Die hohen Balken im rechten Bereich ergeben sich aus dem weißen und stark überbelichteten Hintergrund. Daher muss man hier mit **Zeichnungsverlusten** im Lichterbereich rechnen. Auch hier ist eine Reparatur der zu hellen Bereiche kaum noch möglich, da die nötigen Bildinformationen (genauer: die Tonwertabstufungen) fehlen.

Zu Ihrer Information: Im Bildhintergrund befindet sich ein Gebäude, das durch die Überbelichtung (eine weit geöffnete Blende und eine hohe Brennweite) »verschluckt« wurde.

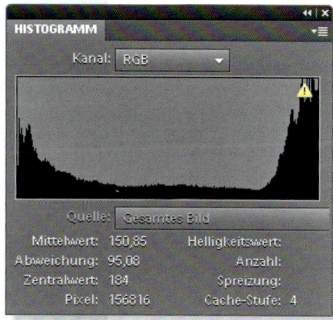

◄ **Abbildung 11.7**
Leider weist das Bild starke Zeichnungsverluste im hellen Bereich auf.

11.2.3 Histogramm kontrastarmer Bilder

Ist das Histogramm eher zu schmal bzw. befinden sich die hellsten Lichter und dunkelsten Tiefen vorwiegend in der Mitte des Histogramms, so hat das Bild häufig nur wenige Kontraste. Meistens entsteht hierbei der Eindruck eines Grauschleiers, der über dem Bild liegt. Kontrastarme Bilder, wie das aus Abbildung 11.8, lassen sich häufig mit ein oder zwei Arbeitsschritten korrigieren. Wie Sie das anstellen, erfahren Sie in Abschnitt 11.4.1, »Flaue Bilder korrigieren«.

 Blatt.jpg

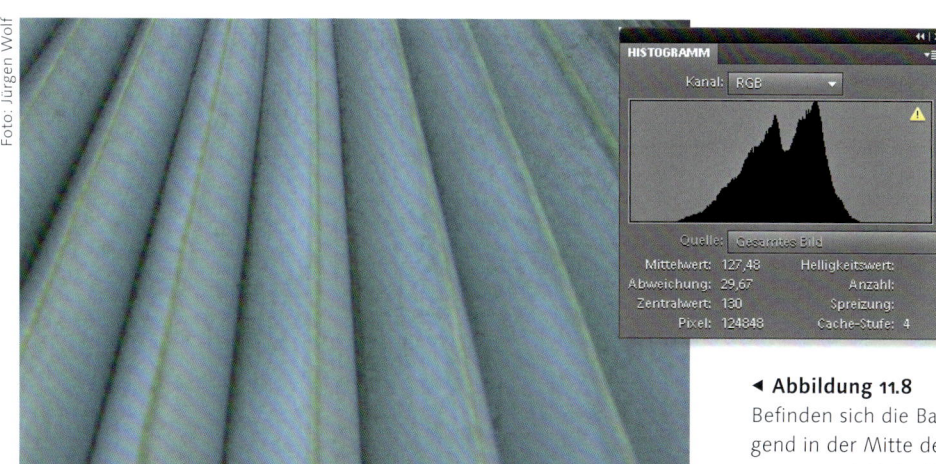

◄ **Abbildung 11.8**
Befinden sich die Balken vorwiegend in der Mitte des Histogramms, wirkt das Bild häufig flau und kontrastarm, wie hinter einem Nebelschleier.

Elefantenherde.jpg

11.2.4 Ein ausbalanciertes Histogramm

Das Histogramm der Abbildung »Elefantenherde.jpg« weist eine gleichmäßige Helligkeitsverteilung und keine auffälligen Spitzen in den Tiefen oder Lichtern auf. Vielmehr sind viele Helligkeiten mit ähnlichem Anteil vorhanden. Histogramme von Bildern mit gleichmäßiger Helligkeitsverteilung haben in der Regel keine auffälligen Berge.

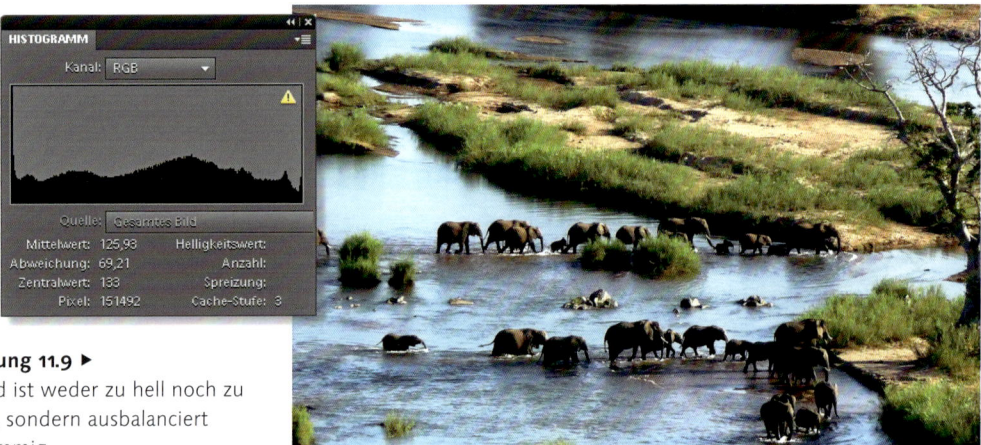

Abbildung 11.9 ▶
Das Bild ist weder zu hell noch zu dunkel, sondern ausbalanciert und stimmig.

Foto: Janine Grab-Bolliger

11.2.5 Das ideale Histogramm

Pavian.jpg

Bei einem idealen Histogramm mit mittlerer Helligkeit und durchschnittlichem Kontrastumfang verteilen sich die Balken glockenförmig von der Mitte aus und an den Rändern auslaufend. Wenn die Histogramm-Balken nicht die gesamte Breite des Diagramms einnehmen, wirkt das Bild meistens flau und kontrastarm.

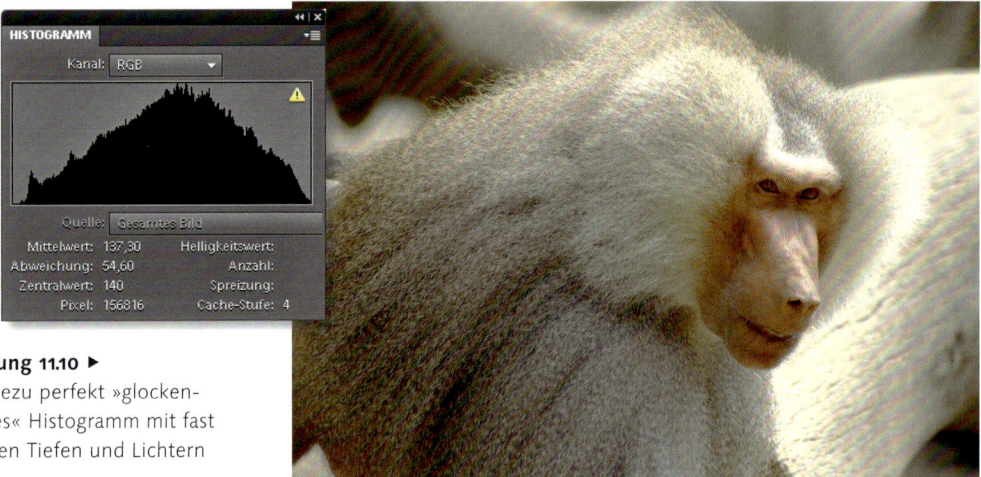

Abbildung 11.10 ▶
Ein nahezu perfekt »glockenförmiges« Histogramm mit fast perfekten Tiefen und Lichtern im Bild.

Foto: Jürgen Wolf

Zusammenfassend könnte man das Histogramm eines idealen Fotos wie folgt charakterisieren:

▶ Die Hügel des Histogramms laufen sanft an den Rändern aus.
▶ Die gesamte Breite des Histogramms wird verwendet.
▶ Die »Hügelkette« des Histogramms weist keine Lücken auf.

Belichtungstipp zum Fotografieren | Zunächst sollten Sie bei der Erstellung des Fotos, falls technisch möglich, darauf achten, dass Sie die Bilder eher unterbelichtet aufnehmen. Bei überbelichteten Fotos haben Sie den Nachteil, dass an den überbelichteten Stellen keinerlei Informationen (alles ist weiß) mehr vorhanden sind. Ohne die relevanten Bildinformationen ist leider auch keine Korrektur möglich. Etwas zu dunkel geratene Stellen im Bild können Sie hingegen ohne großen Aufwand nachbessern (besonders wenn Sie im Rohformat fotografieren; siehe Kapitel 30, »RAW – das digitale Negativ«).

11.3 Die Tonwertkorrektur

Mit Photoshop Elements können Sie selbstverständlich nicht nur Tonwerte überprüfen, sondern diese auch selbst anpassen. Hierzu rufen Sie das entsprechende Werkzeug über Überarbeiten • Beleuchtung anpassen • Tonwertkorrektur oder mit der Tastenkombination ⌨Strg/⌘+L auf.
Im Idealfall leistet eine Tonwertkorrektur drei Dinge:

▶ Sie entfernt Farbstiche.
▶ Sie macht die Farben kräftiger.
▶ Sie verbessert den Kontrast.

11.3.1 Das Tonwertkorrektur-Werkzeug
Im Mittelpunkt des Dialoges zur Tonwertkorrektur steht ebenfalls das Histogramm. Rund um das Histogramm finden Sie die verschiedenen Bedienelemente zur Korrektur der Tonwerte.

Kanal auswählen | Mit der Dropdown-Liste Kanal ❶ geben Sie an, ob Sie die Tonwertkorrektur für alle drei (RGB-)Kanäle oder für jeden Kanal einzeln durchführen wollen. Am einfachsten ist es zwar, mit RGB (oder mit Alt+2) alle Tonwerte im gesamten Bild auf einmal zu korrigieren, aber exakter geht dies mit den einzelnen Kanälen Rot (oder Alt+3), Grün (oder Alt+4) oder Blau (oder Alt+5). Gerade wenn das Bild einen Farbstich hat, kommen Sie nicht darum herum, den Tonwert eines einzelnen Farbkanals zu korrigieren.

Einstellungsebene

Besser ist es, Sie verwenden für die Tonwertkorrektur eine Einstellungsebene, wie in Abschnitt 10.4, »Flexibel arbeiten mit Einstellungsebenen«, beschrieben. Zwar wird die Tonwertkorrektur bei den Einstellungsebenen im Korrekturen-Bedienfeld ausgeführt, das sich von dem Dialog Tonwertkorrektur optisch leicht unterscheidet, aber das Prinzip und die Anwendung bleiben gleich.

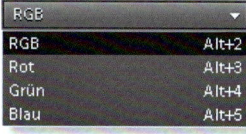

▲ **Abbildung 11.11**
Farbkanal auswählen, der korrigiert werden soll

Abbildung 11.12 ▶

Eines der am häufigsten verwendeten Werkzeuge ist die TON-WERTKORREKTUR. Hier als Dialog ...

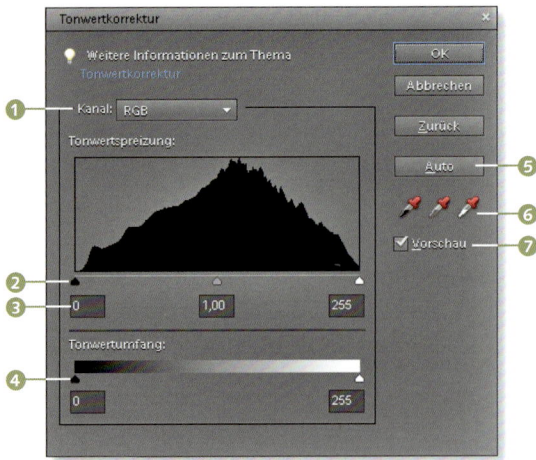

Abbildung 11.13 ▶

... und hier als Einstellungsebene im Korrekturen-Bedienfeld.

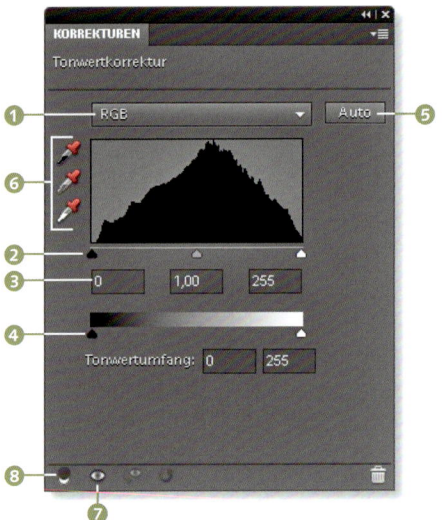

11.3.2 Tonwertspreizung vornehmen

Unterhalb des Histogramms finden Sie drei kleine Pfeile ❷, mit deren Hilfe Sie hauptsächlich die Tonwertkorrektur vornehmen. Jeder dieser Regler lässt sich mit gedrückter Maustaste verschieben. Der schwarze Regler auf der linken Seite verändert die Tiefen (den Schwarzpunkt) und der weiße Regler rechts die Lichter (den Weißpunkt). Mit dem grauen Regler in der Mitte passen Sie die Helligkeit des Bildes an. Unterhalb der Tonwertspreizungsregler in den Zahlenfeldern ❸ wird dann der entsprechende Tonwert angezeigt, den Sie mit dem Regler eingestellt haben. Alternativ geben Sie die Werte per Tastatur in die Zahlenfelder ein.

Tonwertumfang (Grauskala) | Mit den Reglern bei TONWERT-UMFANG ❹ reduzieren Sie – der Name sagt es – den Umfang der Tonwerte.

Auto(-Tonwertkorrektur) | Die Schaltfläche Auto ❺ entspricht dem Menübefehl Überarbeiten • Auto-Tonwertkorrektur (oder der Tastenkombination ⟨⇧⟩+⟨Strg⟩/⟨⌘⟩+⟨L⟩). Mit diesem Kommando lassen Sie die Tonwertkorrektur automatisch von Photoshop Elements durchführen.

Pipetten | Mit den Pipetten ❻ im Dialog können Sie den Schwarz-, Grau- und Weißpunkt selbst bestimmen, indem Sie ihn im Bild direkt anklicken. Es ist allerdings relativ schwierig, diese Punkte bei Bildern mit vielen Megapixeln zu finden.

11.4 Die Tonwertkorrektur in der Praxis

Nach so viel Theorie möchte ich Ihnen den sinnvollen Einsatz der Tonwertkorrektur an einigen typischen Beispielen vorführen.

11.4.1 Flaue Bilder korrigieren

Erscheint ein Bild flau und kontrastarm, so hat es entweder nur wenige verschiedene Tonwerte, oder reines Schwarz und Weiß fehlen. Im Histogramm erkennen Sie diesen Mangel meistens an einem Hügel, dessen Ausläufer links und rechts nur dünn oder gar nicht belegt sind.

Foto: Jürgen Wolf

▶ **Video-Training**
Wie flaue Bilder brillanter werden, zeigt auf Lektion 1.1 auf der Buch-DVD.

◀ **Abbildung 11.14**
Ein flaues und kontrastarmes Bild

Schritt für Schritt: Kontrast verbessern

1 **Einstellungsebene anlegen oder Werkzeug aufrufen**
Legen Sie zunächst wieder eine Einstellungsebene an (siehe Abschnitt 10.4, »Flexibel arbeiten mit Einstellungsebenen«). Alternativ können Sie auch direkt das Werkzeug zur Tonwert-

Angel_Island.jpg

KORREKTUR verwenden (über ⟨Strg⟩/⟨⌘⟩+⟨L⟩), allerdings müssen Sie dann auf den Komfort der Einstellungsebenen verzichten.

Abbildung 11.15 ▶
Erstellen Sie eine Einstellungsebene TONWERTKORREKTUR.

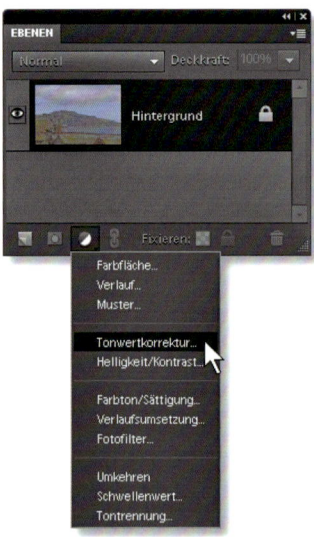

2   Kontrast anpassen

Wie im Histogramm deutlich zu erkennen, fehlen im Bild sowohl schwarze als auch weiße Tonwerte, denn es befinden sich links und rechts keine Balken. Dieser Mangel lässt das Bild flau erscheinen. Dies ändern Sie, indem Sie schwarze und weiße Tonwerte hinzufügen. Ziehen Sie hierzu den Schwarzpunktregler ❶ nach rechts bis zum Anfang des steilen Berges. Im Beispiel ist dies ungefähr der Wert 46.

Ziehen Sie als Nächstes den Weißpunktregler ❷ nach links bis zum Anfang des steilen Berges (entspricht im Beispiel dem Wert 196). Alle Tonwerte von 196 bis 254 werden nun weiß.

Abbildung 11.16 ▶
Mit den beiden Reglern bestimmen Sie den neuen Schwarz- und den neuen Weißpunkt im Bild.

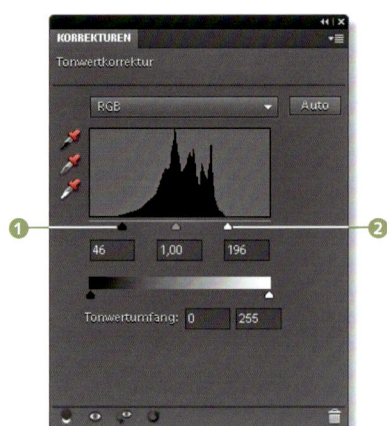

3 **Bild auf Hintergrundebene reduzieren**

Zum Schluss brauchen Sie nur noch die Einstellungsebene im Ebenen-Bedienfeld mit der rechten Maustaste anzuklicken und im Kontextmenü Auf Hintergrundebene reduzieren auszuwählen. Jetzt können Sie das verbesserte Bild abspeichern. Fertig.

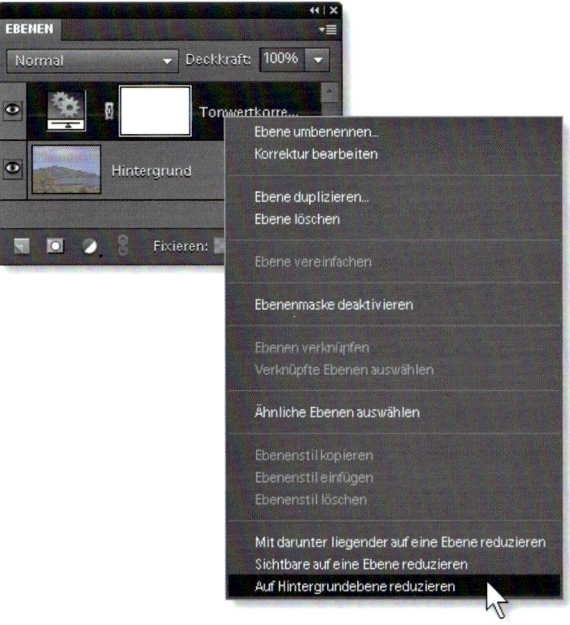

◄ **Abbildung 11.17**
Einstellungsebene und Hintergrundebene auf eine Ebene reduzieren

4 **Nach der Korrektur**

Das korrigierte Bild hat nun deutlich mehr Kontraste und ist nicht mehr so flau.

▼ **Abbildung 11.18**
Nach der Korrektur sieht das Bild erheblich kontrastreicher und nicht mehr so flau aus.

5 **Durchlöchertes Histogramm**

Sicherlich fallen Ihnen während der Überarbeitung mit der Tonwertkorrektur im Histogramm-Bedienfeld die Lücken auf. Die Ursache hierfür ist, dass Sie durch die Korrektur die Tonwerte auseinandergezogen haben. Solange die Lücken nicht sehr groß sind oder die Anzahl der Pixel gering ist, ist das kein Problem.

Abbildung 11.19 ▶
Das Histogramm zeigt nach der Tonwertkorrektur eine sogenannte Tonwertspreizung.

11.4.2 Zu dunkle und zu helle Bilder

Auch zum Aufhellen oder Abdunkeln von Bildern ist die Tonwertkorrektur hervorragend geeignet. Hierfür wird bei der Tonwertkorrektur der der sogenannte **Gammaregler** verwendet: der mittlere, graue Regler. Wenn Sie diesen Regler nach links ziehen, wird das Bild abgedunkelt; ziehen Sie ihn nach rechts, so wird das Bild aufgehellt. Das folgende Beispiel soll dies anhand eines etwas zu dunkel geratenen Bildes demonstrieren.

Abbildung 11.20 ▶
Einmal im Leben am Grand Canyon – und dann ist das Wetter total schlecht, und leider wurde das Bild zudem aufgrund falscher Kameraeinstellungen viel zu dunkel.

Foto: Jürgen Wolf

GrandCanyon.jpg

Schritt für Schritt: Bild aufhellen

1 **Einstellungsebene anlegen oder Werkzeug aufrufen**
Legen Sie zunächst wieder eine Einstellungsebene an, oder verwenden Sie das Werkzeug zur TONWERTKORREKTUR (mit Strg/ ⌘ + L).

2 Bild aufhellen

Um das Bild aufzuhellen, ziehen Sie den mittleren Schieberegler ❶ mit gedrückter Maustaste nach links, bis der Wert etwa bei 1,70 liegt. Bestätigen Sie den Dialog mit OK.

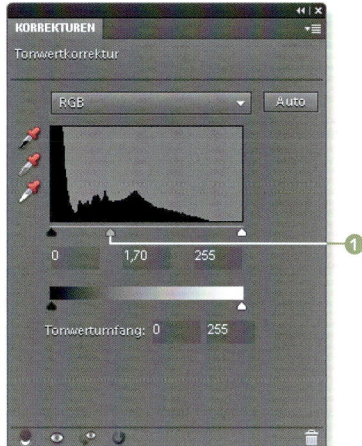

◀ **Abbildung 11.21**
Der mittlere Regler verschiebt die Mitteltöne des Bildes.

3 Nach der Korrektur

Das Aufhellen und Abdunkeln erledigen Sie im Grunde mit einem Handgriff. Berücksichtigen Sie aber, dass für beide Korrekturen genügend Informationen, d. h. Pixel, im Bild zur Verfügung stehen müssen, sonst bewirkt Ihre Korrektur höchstens ein verstärktes Bildrauschen.

▼ **Abbildung 11.22**
Mehr als ein Handgriff war für das Aufhellen nicht nötig.

11.4.3 Farbstich entfernen

Mit der Tonwertkorrektur haben Sie auch ein hervorragendes Mittel zur Hand, um Farbstiche zu korrigieren.

Das folgende Bild enthält einen deutlich erkennbaren Blaustich, der durch einen falschen Weißabgleich der Digitalkamera entstanden ist.

◉ **Video-Training**

Mehr zum Thema »Farbstich« erfahren Sie in Lektion 1.4.

Abbildung 11.23 ▶
Eine Aufnahme mit einem
Blaustich

Blaustich.jpg

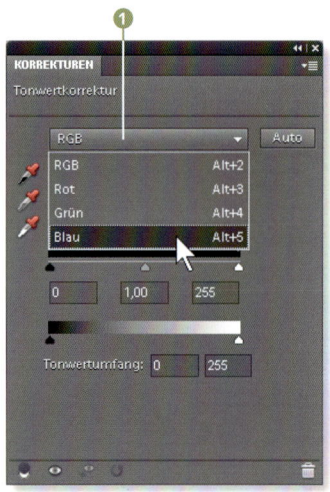

▲ **Abbildung 11.24**
Bearbeiten Sie den blauen Kanal.

Schritt für Schritt: Farbstich entfernen

1 Einstellungsebene anlegen oder Werkzeug aufrufen

Legen Sie zunächst wieder eine Einstellungsebene an, oder verwenden Sie das Werkzeug zur TONWERTKORREKTUR (Tastenkürzel [Strg]/[⌘]+[L]).

2 Kanal zur Korrektur aufrufen

Wählen Sie nun den Bildkanal im Dialog aus. Das Beispielbild weist einen Blaustich auf; rufen Sie also zunächst den Kanal BLAU ❶ auf (alternativ mit [Alt]+[5]).

3 Farbwert messen

Nicht immer ist es so eindeutig wie hier festzustellen, was für einen Farbstich das Bild hat. Um also herauszufinden, wie es um die Farbverteilung in Ihrem Bild bestellt ist, können Sie das Pipette-Werkzeug ✔ [I] sowie das Informationen-Bedienfeld (FENSTER • INFORMATIONEN) nutzen.

Suchen Sie im Bild eine Stelle, die eigentlich grau sein müsste, und führen Sie die Pipette (ohne zu klicken) über diese Stelle. Im Informationen-Bedienfeld lesen Sie nun in den RGB-Farbinformationen die Farbverteilung ab. Im Beispiel ist an diesen Stellen stets der blaue Farbkanal ❸ dominierend und der rote Kanal ❷ meistens zu schwach. Ein neutrales Grau würde sich dagegen aus R = 127, G = 127 und B = 127 zusammensetzen. Die Schwierigkeit ist eigentlich nur, den idealen Graupunkt zu finden. In der Praxis werden Sie hierbei selten ein exaktes Grau vorfinden, wo alle drei Kanäle (Rot, Grün und Blau) den Wert 127 besitzen. In der Regel sind allerdings solch genaue Werte selten nötig.

◀ **Abbildung 11.25**
Die RGB-Farbwerte im Informationen-Bedienfeld geben genau Auskunft über den Farbstich im Bild.

4   Blauen Farbstich entfernen

Ziehen Sie nun den mittleren, grauen Regler ❹ nach rechts auf den Wert 0,55, um die Intensität des Blaukanals zu reduzieren.

Mit dem Pipette-Werkzeug ![Pipette] und dem Informationen-Bedienfeld können Sie nun einen Vorher-Nachher-Vergleich ❻ der RGB-Farbkanäle betrachten. Der Wert vor dem Strich entspricht dabei dem Wert vor der Tonwertkorrektur, der Wert hinter dem Schrägstrich zeigt das Ergebnis, wenn Sie die Tonwertkorrektur mit der Schaltfläche OK abschließen würden. Die Intensität des Blaus wurde erheblich reduziert. Allerdings fällt im Informationen-Bedienfeld auch auf, dass der Rotkanal ❺ immer noch zu schwach ausgeprägt ist.

Farbwerte messen

Es bedarf schon einer gewissen Erfahrung, gepaart mit Fingerspitzengefühl, um den Farbwert zu messen und zu verstehen. Genau genommen messen Sie mit dieser Methode die Graubalance im Bild. Detailliertere Ausführungen hierzu finden Sie in Abschnitt 12.1, »Farbwerte messen«. Ich empfehle Ihnen auf jeden Fall, sich intensiver damit zu befassen. Es gibt übrigens auch Möglichkeiten, den Farbstich mit einem Klick zu entfernen (siehe Abschnitt 12.3), aber genauer wird es immer, wenn Sie es manuell machen. Als Nebeneffekt lernen Sie außerdem das Werkzeug zur Tonwertkorrektur besser kennen.

◀ **Abbildung 11.26**
Die blauen Farbwerte im Bild wurden reduziert, wie der blaue Farbwert (B) im Informationen-Bedienfeld im Vorher-Nachher-Vergleich anzeigt.

5   Intensität des Rotkanals verstärken

Wählen Sie nun den Kanal Rot ❼ in der Dropdown-Liste (oder betätigen Sie [Alt]+[3]), und ziehen Sie hierbei den mittleren, grauen Regler ❽ nach links auf den Wert 1,15. Reduzieren Sie jetzt die Einstellungsebene auf eine Hintergrundebene, oder, wenn Sie den Dialog TONWERTKORREKTUR verwendet haben, bestätigen Sie diesen mit der Schaltfläche OK.

Abbildung 11.27 ▶
Erst die Erhöhung der Rottöne im Bild entfernt den Farbstich vollständig.

6 Bild auf Hintergrundebene reduzieren

Wenn Sie eine Einstellungsebene für die Korrektur verwendet haben, brauchen Sie zum Schluss nur noch die Einstellungsebene(n) im Ebenen-Bedienfeld mit der rechten Maustaste anzuklicken und im Kontextmenü AUF HINTERGRUND-EBENE REDUZIEREN auszuwählen. Jetzt können Sie das verbesserte Bild abspeichern.

7 Vergleich nach der Korrektur

Der Farbstich wurde mit der Korrektur erfolgreich behoben, und der blaue Schleier ist vom Bild verschwunden.

▼ **Abbildung 11.28**
Das Bild im Vorher-Nachher-Vergleich

11.4.4 Bilder ohne Schwarz oder Weiß

Zwar ist das Histogramm eine sehr wichtige Hilfe bei der Bildkorrektur, aber hierbei gibt es auch immer wieder Ausnahmen.
Nicht immer führt das Ziehen eines Reglers an den Anfang des
Histogramm-Hügels zum Erfolg. Ein typisches Beispiel sind Aufnahmen wie Sonnenuntergänge, die meist kein richtiges Weiß
enthalten. Schneeaufnahmen fehlt umgekehrt oft das Schwarz.
Bei solchen Motiven sollten Sie sich mit extremeren Tonwertkor-
rekturen zurückhalten. Meistens genügt es schon, wenn Sie mit
dem mittleren Schieberegler (Gammaregler) das Bild insgesamt
ein wenig aufhellen oder abdunkeln.

Video-Training

Wie Sie Fotos von Sonnenunter-
gängen verschönern, zeigt Lektion
3.2 auf der Buch-DVD.

11.4.5 Tonwertkorrektur bei Graustufenbildern

Die Tonwertkorrektur bei Graustufenbildern funktioniert im Prinzip ebenso wie auf den letzten Seiten beschrieben – mit einer
entscheidenden Ausnahme: Während Sie bei einem RGB-Bild
auf jeden der drei Kanäle einzeln zugreifen können, ist dies beim
Graustufenbild nicht mehr möglich; hier steht Ihnen nur noch
ein Kanal, der Graustufenkanal, zur Verfügung. Graustufenbilder
reagieren deshalb auch sehr viel schneller und empfindlicher als
RGB-Bilder auf eine Anpassung des Tonwertes.

Eye.jpg

▼ Abbildung 11.29
Graustufenbilder haben zwar nur
einen Kanal, davon abgesehen
aber werden sie wie RGB-Bilder
bearbeitet.

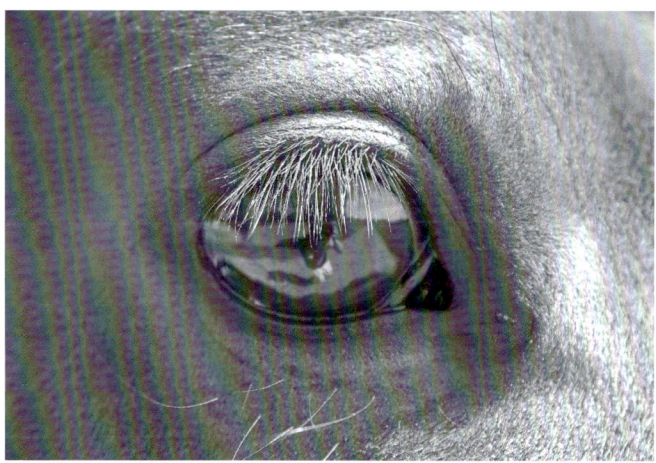

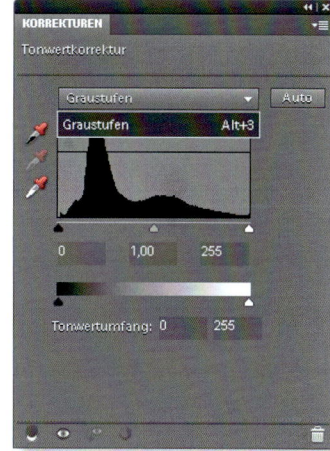

11.4.6 Tonwertumfang reduzieren

Vielleicht fragen Sie sich, wozu Sie den TONWERTUMFANG ❶ bei
der Tonwertkorrektur benötigen. Schließlich können Sie doch mit
der Tonwertkorrektur einen guten Kontrastumfang und eine feine
Verteilung der hellen und dunklen Bildbereiche erzielen.

Das stimmt zwar im Prinzip, allerdings spiegeln sich diese Verbesserungen nicht immer im **Druck** wider. Hier kann es aus technischen Gründen passieren, dass die hellsten oder dunkelsten

Pixel nicht auf dem Papier wiedergegeben werden. Wo zum Beispiel auf dem Bildschirm noch eine feine helle Struktur zu erkennen war, wird auf dem Papier plötzlich nur noch eine weiße, leere Fläche ausgegeben.

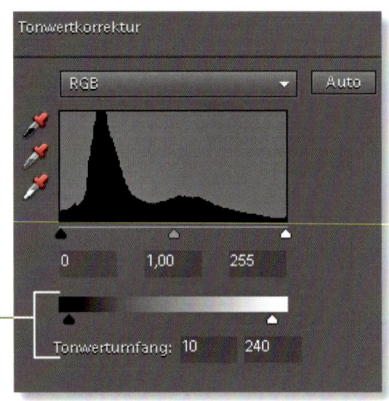

▲ **Abbildung 11.30**
Die Begrenzung des Tonwertumfangs wird hauptsächlich im Druck benötigt und lässt sich mit den Schiebereglern oder mit der Zahleneingabe durchführen.

Wie stark der Tonwertumfang hierbei begrenzt werden muss, hängt zum einen vom Druckverfahren und zum anderen vom verwendeten Papier ab. Je schlechter also Druckverfahren und Papier sind, desto stärker muss der Tonwertumfang nachbearbeitet werden. Leider hat dieses Einschränken des Tonumfangs auch die Nebenwirkung, dass das Bild an Kontrast verliert und weniger brillant erscheint.

11.5　Auto-Tonwertkorrektur

Automatik versus manuell
Das Resultat der automatischen Tonwertkorrektur ist relativ unvorhersehbar und selten befriedigend. Verwenden Sie die Auto-Tonwertkorrektur daher – wie alle Automatikfunktionen – nur ausnahmsweise.

Die AUTO-TONWERTKORREKTUR lässt sich ausführen über ÜBERARBEITEN • AUTO-TONWERTKORREKTUR (oder mit der Tastenkombination Strg/⌘+⇧+L). Die Ausführung der Automatik funktioniert im Prinzip wie bei einer Tonwertkorrektur von Hand, wo die Schieberegler, Kanal für Kanal, an den Anfang der Histogramm-Hügel gezogen werden. Der Nachteil dieser Automatik ist, dass sie gnadenlos auch spezifische Bildeigenschaften neutralisiert und korrigiert, die man vielleicht lieber erhalten würde. Unter Umständen können Sie diese Automatik aber verwenden, wenn das Bild bereits über einen gleichmäßigen Tonwertumfang verfügt.

11.6 Farbkurven anpassen

Im Menü unter ÜBERARBEITEN • FARBE ANPASSEN • FARBKURVEN ANPASSEN finden Sie einen weiteren Dialog, der sich für die schnelle Korrektur von Tiefen, Mitteltönen und Lichtern eignet. Rätselhaft bleibt, warum dieser Dialog bei den Farben abgelegt wurde, da sich hiermit eigentlich keinerlei Farbveränderungen durchführen lassen.

Wenn Sie ein Bild mit dem Dialog anpassen wollen, klicken Sie zunächst auf STIL AUSWÄHLEN ❷. Ist das Bild zum Beispiel zu dunkel, wählen Sie einfach TIEFEN AUFHELLEN aus. Häufig sind hierbei allerdings die Ergebnisse eher unbefriedigend und nur als Vorauswahl zu gebrauchen, die Sie mit den Schiebereglern ❸ noch von Hand nachjustieren müssen. Schieben Sie zum Beispiel den Regler TIEFEN ANPASSEN nach rechts, so werden die Tiefen im Bild weiter aufgehellt und dunkle Bildbereiche aufgehellt. Diese Änderung wirkt sich auch auf das Diagramm ❹ daneben aus. Der Tiefenpunkt wandert hier nach oben.

Im Beispiel wurde durch diese Maßnahmen das Federkleid des Vogels heller und strahlender.

Gradationskurve

Auch wenn der Dialog eine Art Gradationskurve zeigt, so ist diese Anzeige leider nur visueller Natur. Eine echte Gradationskurve bietet Photoshop Elements leider nicht an. Allerdings lässt sich eine solche als Zusatzmodul nachinstallieren, wie in Anhang C, »Zusatzmodule«, beschrieben wird.

 Taube.jpg

▼ **Abbildung 11.31**
Auch über den Dialog FARBKURVEN ANPASSEN können Sie die Belichtung im Bild korrigieren.

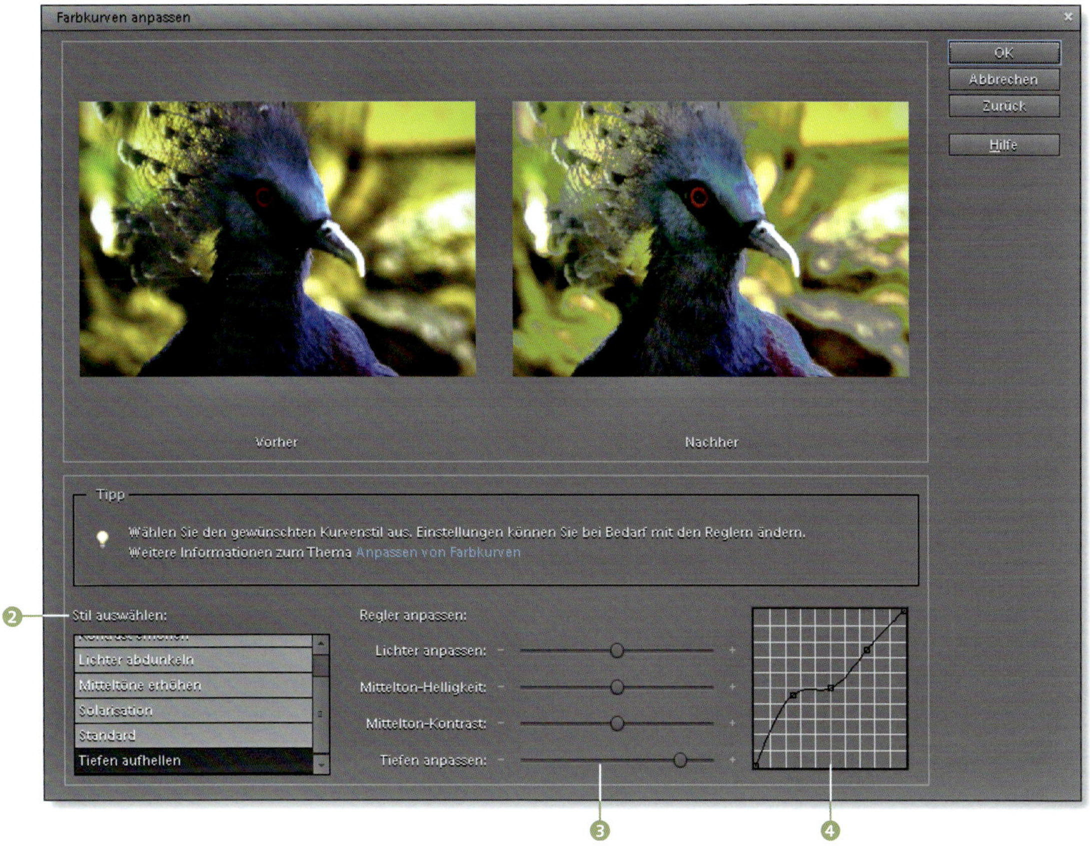

Praktisch ist hierbei auch die Vorher-Nachher-Ansicht im Dialog. Leider lässt sich diese Ansicht nicht näher heranzoomen – was in der Praxis fast immer erforderlich ist. So ist kaum zu erkennen, ob das Bild zu stark aufgehellt oder abgedunkelt wurde. Dies offenbart sich erst, nachdem Sie die Änderung schon mit OK bestätigt haben. Oft werden dann unerwünschte Details im Bild sichtbar, etwa das Bildrauschen in unserem Beispiel. **Tipp:** Da sich die einzelnen Funktionen visuell sofort auf das Bild auswirken, können Sie das Dokumentfenster als 1:1-Vorschaufenster verwenden. Allerdings setzt dies auch voraus, dass der Dialog FARBKURVEN ANPASSEN das Dokumentfenster nicht überdeckt.

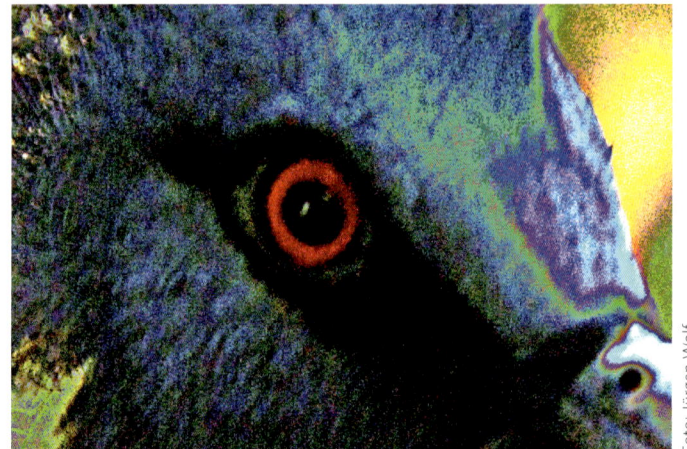

Foto: Jürgen Wolf

Abbildung 11.32 ▶
Die Mängel der Farbkurvenanpassung werden leider erst nach der Korrektur in der 1:1-Ansicht sichtbar: Das Bild ist total verrauscht.

11.7 Detailarbeit: Werkzeuge zum Nachbelichten und Abwedeln

Achtung, Retusche!
Diese Werkzeuge müssen Sie mit Bedacht einsetzen, weil sie, wie ein Pinsel, direkt auf der Bildebene eingreifen – es werden also die Pixel des Bildes geändert. Einmal auf diese Weise geänderte Pixel lassen sich kaum wiederherstellen. Verwenden Sie diese Werkzeuge daher nur für Detailanpassungen oder -retuschen.

Um einzelne Bildteile aufzuhellen oder abzudunkeln, finden Sie in der Werkzeugleiste den Abwedler 🔍 und den Nachbelichter ⬤ sowie den Schwamm 🔶, mit dem Sie die Farbsättigung einzelner Bildpartien ändern können. Alle Werkzeuge erreichen Sie auch mit dem Tastenkürzel ⓞ.

Abwedler und Nachbelichter werden gerne in ihrer Funktion verwechselt: Der **Nachbelichter** hellt nämlich das Bild nicht auf, wie man annehmen könnte, sondern er **verdunkelt** es. Zur Aufhellung von Bildbereichen verwenden Sie den Abwedler. Es gilt also:

▶ Nachbelichter ⬤ – Bildbereiche abdunkeln
▶ Abwedler 🔍 – Bildbereiche aufhellen
▶ Schwamm 🔶 – Sättigung von Bildbereichen verändern

Optionen für Nachbelichter und Abwedler | Die Werkzeugein-
stellungen für den Nachbelichter und für den Abwedler sind
identisch und schnell erklärt.

◀ **Abbildung 11.33**
Die Werkzeugoptionen für den
Abwedler und den Nachbelichter
sind identisch.

Auf der linken Seite in der Dropdown-Liste ❶ stellen Sie die
Form der Werkzeugspitze ein. Über den Schieberegler Grösse
❷ regulieren Sie die Größe der Werkzeugspitze. Die Wirkung des
Werkzeuges bestimmen Sie über die Dropdown-Liste Bereich
❸. Hierbei legen Sie fest, ob Sie die hellsten (Lichter), die dunkelsten (Tiefen) oder die mittleren (Mitteltöne) Helligkeitswerte
des Bildes verändern wollen. Mit dem Schieberegler Belichtung
❹ hingegen stellen Sie ein, wie stark das Werkzeug wirken soll.
Häufig wirken hierbei schon Werte von 10 bis 20 % recht gut. Bei
höheren Werten wirken die Übergänge schnell zu hart.

Schritt für Schritt: Einzelne Bildpartien aufhellen

Im folgenden Bild sind die Sträucher auf der rechten Seite zu
dunkel geraten. Eine allgemeine Aufhellung des Bildes beispielsweise mit einer Tonwertkorrektur entfällt hier, weil sonst
die Wolken im Himmel zu hell und teilweise komplett ins Weiß
verschwinden würden. In diesem Fall ist eine partielle Korrektur
besser geeignet.

OldBuilding.jpg

Foto: Jürgen Wolf

◀ **Abbildung 11.34**
Die Bäume im Vordergrund sind
zu dunkel.

1 Abwedler-Werkzeug einstellen

Wählen Sie den Abwedler 🔍 aus. Belassen Sie die Form der Pinselspitze wie in der Voreinstellung, und stellen Sie eine GRÖSSE von 350 Px ein. Wählen Sie für den BEREICH die MITTELTÖNE aus. Die BELICHTUNG können Sie in diesem Beispiel auf dem relativ hohen Wert von 50 % belassen.

Abbildung 11.35 ▶
Abwedler-Optionen einstellen

2 Bereiche abdunkeln

Zoomen (zum Beispiel mit [Strg]/[⌘]+[+]) Sie nun etwas näher in das Bild, um vorwiegend die dunklen Bereiche der Sträucher zu erfassen. Umfahren Sie mit gedrückter Maustaste die Bereiche mit dem Werkzeug ❶. Nun sollten die Details deutlich sichtbarer werden.

Wollen Sie den Bereich noch eine Spur mehr aufhellen, sollten Sie die Pinselgröße etwas reduzieren und vor allem die BELICHTUNG auf circa 10 % verringern, damit der Übergang nicht zu hart wird. Je öfter Sie aufhellen, desto feiner und genauer müssen Sie arbeiten.

Abbildung 11.36 ▼
Malen Sie zum Aufhellen über die dunklen Felsen. Wollen Sie ein zweites Mal aufhellen, reduzieren Sie zunächst die Belichtungsstärke.

3 Nach der Korrektur

Die Korrektur mit dem Abwedler-Werkzeug bringt noch einige Details mehr zum Vorschein. Allerdings sollten Sie hierbei wirklich sehr behutsam vorgehen, um die dunklen Bildbereiche nicht zu stark zu verrauschen und unerwünschte Artefakte zu vermeiden.

Was hier für den Abwedler zum Aufhellen von zu hellen Bildbereichen gilt, lässt sich analog auch mit dem Nachbelichter  bei zu hellen Bildbereichen durchführen. Natürlich dürfen Sie von den Werkzeugen keine Wunder erwarten. Wo es keine Details mehr gibt, lässt sich auch nichts mehr hervorzuzaubern.

▼ **Abbildung 11.37**
Die Details der Sträucher sind jetzt besser zu sehen. Außerdem wirkt das Bild nun nicht mehr allzu düster.

Optionen für den Schwamm | Das Schwamm-Werkzeug bietet etwas andere Optionen als der Nachbelichter und der Abwedler. Neben den bekannten Einstellungen wie Form und GRÖSSE des Pinsels finden Sie hier auch die Einstellung MODUS. Damit legen Sie fest, ob Sie bei Teilen im Bild die Farbsättigung erhöhen oder reduzieren wollen. Mit der Option FLUSS geben Sie an, wie schnell die Pixel aufgetragen werden sollen. Je kleiner dieser Wert ist, desto schwächer ist die Wirkung.

Mehrmaliges Anwenden

Denken Sie daran: Wenn Sie mit gedrückter Maustaste mehrmals über dieselbe Stelle im Bild fahren, so bearbeiten Sie die Pixel an dieser Stelle gleich mehrfach mit dem Schwamm-Werkzeug. Für den Nachbelichter und den Abwedler gilt dasselbe.

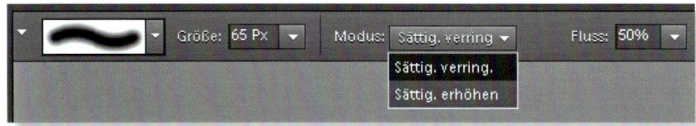

◀ **Abbildung 11.38**
Die Werkzeugeinstellungen des Schwamm-Werkzeugs

11.7.1 Unter- oder überbelichtete Bilder retten

Zwei Problemfälle, die in keinem Bildbearbeitungsbuch fehlen dürfen, sind unterbelichtete und überbelichtete Fotos. Diese kommen leider häufiger vor, als einem lieb ist. Im Folgenden zeige ich Ihnen für beide Fälle einen Lösungsweg auf.

Schritt für Schritt: Überbelichtung ausgleichen

Die Belichtungsautomatik einer Kamera strebt immer dieselbe Zielhelligkeit bei Bildern an. Dies ist grundsätzlich sinnvoll, aber nicht bei jedem Bild erwünscht. Bei dem folgenden Bild etwa

Sunset.jpg

kommt die stimmungsvolle Abenddämmerung, die zum Zeitpunkt der Aufnahme herrschte, aufgrund einer zu starken Belichtung nicht richtig zur Geltung.

Abbildung 11.39 ▶
Falsche Lichtstimmung durch
Belichtungsautomatik – dieses
Bild wurde ein wenig über-
belichtet.

1 Tonwertkorrektur aufrufen

Legen Sie zunächst wieder eine Einstellungsebene für eine TON-WERTKORREKTUR an. Wie immer können Sie auch hier direkt das Werkzeug zur TONWERTKORREKTUR (Tastenkürzel Strg/⌘+L) verwenden.

2 Mitteltöne abdunkeln und Lichter begrenzen

Ziehen Sie nun den schwarzen Schieberegler ❶ etwa auf den Wert 20 des Histogramms, damit die dunklen Werte im Bild auch wirklich schwarz werden. Schieben Sie anschließend den grauen Regler ❷ nach rechts, bis auch die mittleren Tonwerte zur Dämmerung passen. Im Beispiel wurde der Regler auf den Wert 0,90 gezogen.

Strukturen erhalten

Wenn Sie in einem Bild die dunklen Töne (in diesem Fall Schwarz) hervorheben wollen, achten Sie darauf, dass die Strukturen des Bildes an den dunklen Stellen nicht »absaufen«, also nicht ganz im Dunklen verschwinden.

Wenn die hellen Bereiche vom Himmel immer noch zu stark leuchten, reduzieren Sie auch den TONWERTUMFANG im Lichterbereich über den weißen Anfasser ❸ auf den Wert 240. Bestätigen Sie den Dialog mit OK.

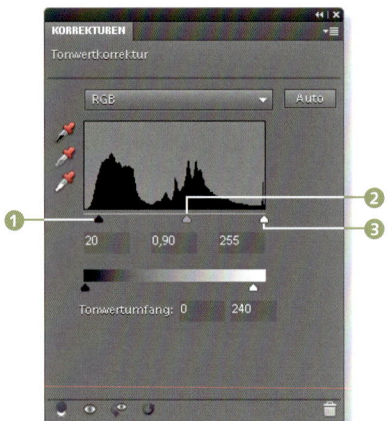

Abbildung 11.40 ▶
TONWERTUMFANG reduzieren (hier
als Einstellungsebene im
Korrekturen-Bedienfeld)

3 Sättigung erhöhen

Damit die Lichtstimmung nach Sonnenuntergang auf dem Bild nicht so farblos wirkt, sollten Sie die Farbsättigung ein wenig erhöhen. Verwenden Sie hierzu eine weitere Einstellungsebene FARBTON/SÄTTIGUNG oder den entsprechenden Dialog über ÜBERARBEITEN • FARBE ANPASSEN • FARBTON/SÄTTIGUNG ANPASSEN (erreichbar über ⌈Strg⌋/⌈⌘⌋+⌈U⌋). Stellen Sie den Schieberegler zur SÄTTIGUNG ❹ auf den Wert +20.

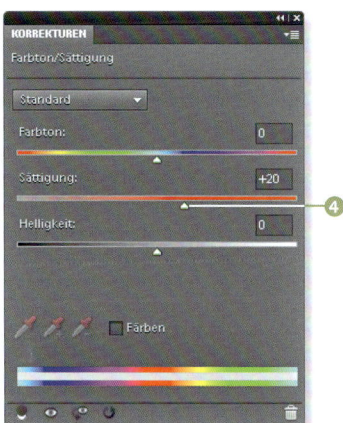

◄ **Abbildung 11.41**
Über den Regler SÄTTIGUNG intensivieren Sie die Farben im Bild (hier wurde wieder die Einstellungsebene statt des Dialogs verwendet).

4 Bild auf Hintergrundebene reduzieren

Falls Sie Einstellungsebenen für die Korrektur verwendet haben, brauchen Sie zum Schluss nur noch die Einstellungsebene(n) im Ebenen-Bedienfeld mit der rechten Maustaste anzuklicken und im Kontextmenü AUF HINTERGRUNDEBENE REDUZIEREN auszuwählen. Jetzt können Sie das verbesserte Bild abspeichern.

5 Nach der Korrektur

Nach der Korrektur vermittelt das Bild die richtige Dämmerungsstimmung. Auch die Kontraste wurden durch die Bearbeitung wesentlich verbessert.

▼ **Abbildung 11.42**
Nach dem Ausgleichen der Überbelichtung wirkt das Bild lebhaft und stimmig.

CityHall_SF.jpg

Schritt für Schritt: Unterbelichtung aufhellen

Auch die Unterbelichtung ist ein häufiges Problem beim Fotografieren. Fotografieren Sie zum Beispiel gegen die Sonne, kann Ihnen die Belichtungsautomatik auch hier einen Strich durch die Rechnung machen und das Bild zu dunkel aufnehmen, weil die Sonne so hell war.

Abbildung 11.43 ▶
Die Sonne hat die Belichtungsautomatik der Kamera irritiert.

Foto: Jürgen Wolf

1 Tonwertkorrektur aufrufen

Legen Sie zunächst wieder eine Einstellungsebene für eine TONWERTKORREKTUR an, oder nutzen Sie das Werkzeug zur TONWERTKORREKTUR (zum Beispiel mit ⌈Strg⌉/⌈⌘⌉+⌈L⌉).

2 Mitteltöne aufhellen

Ziehen Sie nun den mittleren, grauen Schieberegler ❶ so weit nach links, bis Ihnen die Gesamthelligkeit des Bildes gefällt. Im Beispiel wurde der Wert auf 1,40 gesetzt – aber seien Sie vorsichtig: Bei zu starkem Aufhellen besteht die Gefahr von Bildrauschen.

Abbildung 11.44 ▶
Über den mittleren Regler erhöhen Sie die Gesamthelligkeit des Bildes.

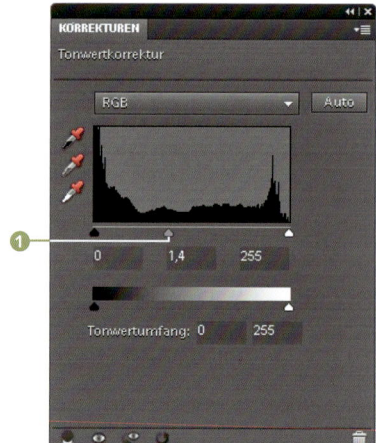

3 | Sättigung erhöhen

Damit das Bild farbiger wirkt und die tolle Stimmung auch vermittelt, sollten Sie die Farbsättigung leicht erhöhen. Verwenden Sie hierzu eine weitere Einstellungsebene FARBTON/SÄTTIGUNG, oder wählen Sie den entsprechenden Dialog über ÜBERARBEITEN • FARBE ANPASSEN • FARBTON/SÄTTIGUNG ANPASSEN ([Strg]/[⌘]+[U]). Stellen Sie den Schieberegler der SÄTTIGUNG ❷ auf den Wert +20.

▶ Video-Training

Auch Lektion 1.2 auf der Buch-DVD zeigt, wie Sie mit Über- und Unterbelichtung umgehen.

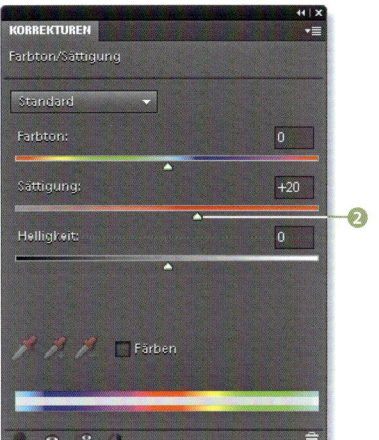

◀ **Abbildung 11.45**
Auch in diesem Bild muss nach der TONWERTKORREKTUR die Sättigung erhöht werden.

4 | Bild auf Hintergrundebene reduzieren

Falls Sie Einstellungsebenen für die Korrektur verwendet haben, brauchen Sie zum Schluss nur noch die Einstellungsebene(n) im Ebenen-Bedienfeld mit der rechten Maustaste anzuklicken und im Kontextmenü AUF HINTERGRUNDEBENE REDUZIEREN auszuwählen. Jetzt können Sie das verbesserte Bild abspeichern.

5 | Nach der Korrektur

Nach der Korrektur hat das Bild mehr Farbe und wirkt deutlich stimmiger. Durch die Aufhellung sind auch noch einige Details besser sichtbar geworden.

▼ **Abbildung 11.46**
Die Belichtung wurde korrigiert und die Farbsättigung erhöht.

11.8 Tiefen und Lichter mit dem Assistent

Im ASSISTENT-Modus aus dem Aufgabenbedienfeld BEARBEI-TEN finden Sie in der Kategorie BELEUCHTUNG UND BELICHTUNG drei Funktionen, die den Funktionen im Menü ÜBERARBEITEN • BELEUCHTUNG ANPASSEN entsprechen. Nur dass hierbei der Anwender mit Beschreibungen an die Hand genommen wird – praktisch für absolute Einsteiger in die digitale Bildbearbeitung.

Abbildung 11.47 ►
Erscheint Ihnen der manuelle Weg zum Aufhellen, Abdunkeln oder zur Tonwertkorrektur zu komplex, können Sie es auch mit dem Assistenten versuchen, der Ihnen hier Schritt für Schritt hilft.

12 Farbkorrektur

Neben der Korrektur der Beleuchtung gehört die Farbkorrektur zu den grundlegenden Schritten der Bildbearbeitung. Unerwünschte Farbstiche sind dabei die häufigste Fehlerquelle bei den Farben. Ein solcher Farbstich kann zum Beispiel bei Aufnahmen unter Kunstlicht entstehen. Aber auch Digitalkameras oder Scanner produzieren manchmal Bilder mit einer Farbabweichung.

Im letzten Kapitel haben Sie bereits gelernt, wie Sie mit der Tonwertkorrektur einen solchen Farbstich beheben (siehe Abschnitt 11.4.3, »Farbstich entfernen«). Meistens reicht dieses Vorgehen auch aus. Für die schwierigeren Fälle zeige ich Ihnen im Folgenden einige weitere Möglichkeiten, Probleme mit ungenauen Farbmischungen zu beheben.

Photoshop Elements stellt Ihnen für die Farbkorrektur zahlreiche Werkzeuge zur Verfügung. Viele dieser Werkzeuge, die in diesem Abschnitt behandelt werden, haben allerdings weniger mit der Farbkorrektur zu tun als mit der Kategorie der Bild- und Pixelmanipulationen bzw. -verfremdungen.

12.1 Farbwerte messen

Einen Farbstich in einem vielfarbigen Bild zu erkennen, fällt selbst geübten Betrachtern oft schwer. Ein zusätzliches Problem ist, dass ein Bild auf jedem Monitor und auf jedem Rechner anders aussieht.

Ein guter Indikator für die richtige Farbmischung eines Bildes sind die Grautöne. Gerade im RGB-Modus eines Bildes entsteht ein neutrales Grau, wenn die drei Farbkanäle Rot, Grün und Blau ungefähr gleich sind. Wenn in einem Bild die **Graubalance** stimmt, dann sollten auch die anderen Farben keinen Farbstich aufweisen.

Farbkorrektur

Der Begriff »Farbkorrektur« bezeichnet normalerweise die Behebung von Farbstichen und nicht, wie oft irrtümlich angenommen, die Änderung der Farbsättigung eines Bildes.

Keine Gradationskurve

Photoshop Elements bietet, wie schon erwähnt, keine Gradationskurve an. Die Gradationskurve ist ein ähnliches Werkzeug wie die Tonwertkorrektur, nur noch eine Spur mächtiger. Für Einsteiger sieht die Gradationskurve zunächst recht abschreckend aus. Vielleicht wurde sie deshalb nicht ins kleine Photoshop Elements aufgenommen. In Anhang C, »Zusatzmodule«, finden Sie eine Anleitung, wie Sie eine Gradationskurve als Zusatzmodul nachinstallieren können.

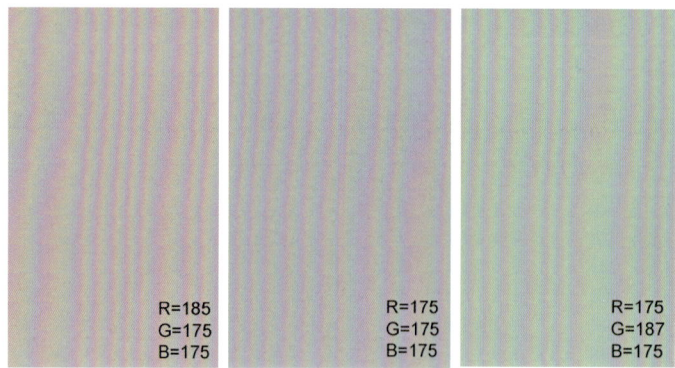

R=185
G=175
B=175

R=175
G=175
B=175

R=175
G=187
B=175

Vielleicht fragen Sie sich nun, ob Sie diese Graubalance nicht auch auf andere Farben anwenden können. Betrachten Sie in diesem Fall einmal die Abbildung mit den grünen Farben, und versuchen Sie zu entscheiden, welcher Grünton zu viel Blau und welcher zu viel Rot enthält. Die Beurteilung wird noch schwieriger, wenn weitere Farben hinzukommen, und ist zuletzt nur noch Geschmacksache.

Abbildung 12.2 ▶
Während man bei den Grautönen schnell sieht, wo zu viel Blau oder Rot vorhanden ist, ist dies bei Farben, wie hier bei den grünen Flächen, nicht mehr so einfach zu erkennen.

 Cop.jpg

Schritt für Schritt: Farbmischung bestimmen

 **Pipette einstellen**

Verwenden Sie das Pipette-Werkzeug aus der Werkzeugpalette. Schneller geht es mit dem Tastenkürzel $\boxed{I}$. In der Werkzeugoptionsleiste können Sie bestimmen, wie groß der Bereich sein soll, aus dem Sie die Farbe auswählen wollen. Die Standardeinstellung, hier 1 PIXEL, ist nicht für unsere Zwecke geeignet, da es zwischen den einzelnen Pixeln immer noch zu Farbabweichungen kommen kann. Wählen Sie daher einen höheren AUFNAHMEBEREICH aus. Da Photoshop Elements leider nur drei verschiedene

Aufnahmebereiche bietet, entscheiden Sie sich für den größten Bereich, 5 × 5 Pixel Durchschnitt.

▲ **Abbildung 12.3**
Die Werkzeugoptionsleiste der Pipette

2 Informationen-Bedienfeld aufrufen

Um den durchschnittlichen Wert, der mit der Pipette aufgenommen wird, ordentlich ablesen zu können, rufen Sie nun das Informationen-Bedienfeld über Fenster • Informationen (oder F8) auf.

3 Grauton messen

Das folgende Bild hat einen eindeutigen Farbstich. Da Sie hier mit Sicherheit sagen können, dass die Straße grau ist, haben Sie einen neutralen Grauton für die Messung der Graubalance gefunden.

Bewegen Sie den Mauszeiger mit der Pipette auf einen bestimmten Bereich im Bild der Straße, dessen Grauton Sie messen wollen. Im Informationen-Bedienfeld werden jeweils die Werte angezeigt, auf die der Cursor weist.

Der gemessene Grauwert im Informationen-Bedienfeld zeigt eindeutig, dass der Grauwert nicht ausgeglichen ist. Immer ist hier der Rotwert ❶ der höchste. Das Bild hat eindeutig einen Rotstich, daher müssen Sie dem Bild Rot entziehen.

Foto: Jürgen Wolf

▲ **Abbildung 12.4**
Das Bild hat einen Farbstich – welchen, wollen wir nun ermitteln.

Farbstich über Tonwertkorrektur entfernen

Wie Sie den Farbstich über die einzelnen RGB-Kanäle mit der Tonwertkorrektur entfernen, wurde bereits in Abschnitt 11.4.3, »Farbstich entfernen«, näher erläutert. Auf den folgenden Seiten zeige ich Ihnen aber auch noch andere Wege auf.

◄ **Abbildung 12.5**
Grautonwerte im Informationen-Bedienfeld auslesen

Graubalance bei Bildern ohne neutralen Punkt | Leider ist es nicht immer ganz einfach, in einem Bild einen neutralen Grauton für die Graubalance zu finden. Wenn es keinen neutralen Grauton gibt, ist viel Fingerspitzengefühl und auch Erfahrung gefordert, um den richtigen Messpunkt im Bild zu finden. Häufig können Sie aber schon mit dem bloßen Auge den Farbstich erkennen. Häufig gelingt dies nicht auf Anhieb. Auf jeden Fall aber sollten Sie die Graubalance in einem Bild nach Möglichkeit überprüfen.

12.2 Farbe anpassen mit Farbvariationen

Ein interessantes Werkzeug zur Nachbearbeitung der Farben finden Sie unter ÜBERARBEITEN • FARBE ANPASSEN • FARBVARIATIONEN. Dieses Werkzeug können Sie für die schnelle und unkomplizierte Korrektur des Kontrasts, der Sättigung und der Farbbalance (also auch eines Farbstichs) verwenden – außerdem für eine gezielte Verfremdung von bestehenden Farben.

12.2.1 Farbstichkorrektur mit Farbvariationen

Grundsätzlich bietet das Farbvariationen-Werkzeug auch die Korrektur von Tiefen, Mitten, Lichtern und Farbsättigung an. Allerdings arbeitet das Werkzeug nicht besonders genau. Sie sollten daher vorwiegend die mittleren Farbwerte zur Bearbeitung verwenden, da es hierbei nicht so sehr auf eine exakte Korrektur ankommt.

Schritt für Schritt: Grobe Korrektur eines Farbstichs mit Farbvariationen

Für diesen Workshop verwenden wir erneut das Bild mit dem amerikanischen Sicherheitsmann aus dem vorherigen Abschnitt. Unsere Messungen mit der Farbpipette haben ergeben, dass das Foto einen Grünstich hat.

1 **Farbvariationen aufrufen**

Öffnen Sie den Dialog für die Korrektur über ÜBERARBEITEN • FARBE ANPASSEN • FARBVARIATIONEN. Auf den beiden Bildern im oberen Bereich finden Sie einen Vorher-Nachher-Vergleich. Probieren Sie ruhig ein wenig herum – eine Änderung wird erst dann aktiv, wenn Sie sie mit OK bestätigen. Das Nachher-Bild können Sie jederzeit über die Schaltfläche BILD ZURÜCKSETZEN **5** in den Ausgangszustand bringen. Die zuletzt erstellte Variation versetzen Sie hingegen mit der Schaltfläche RÜCKGÄNGIG **3** in den vorherigen Zustand zurück oder führen sie mit WIEDERHOLEN **4** erneut aus.

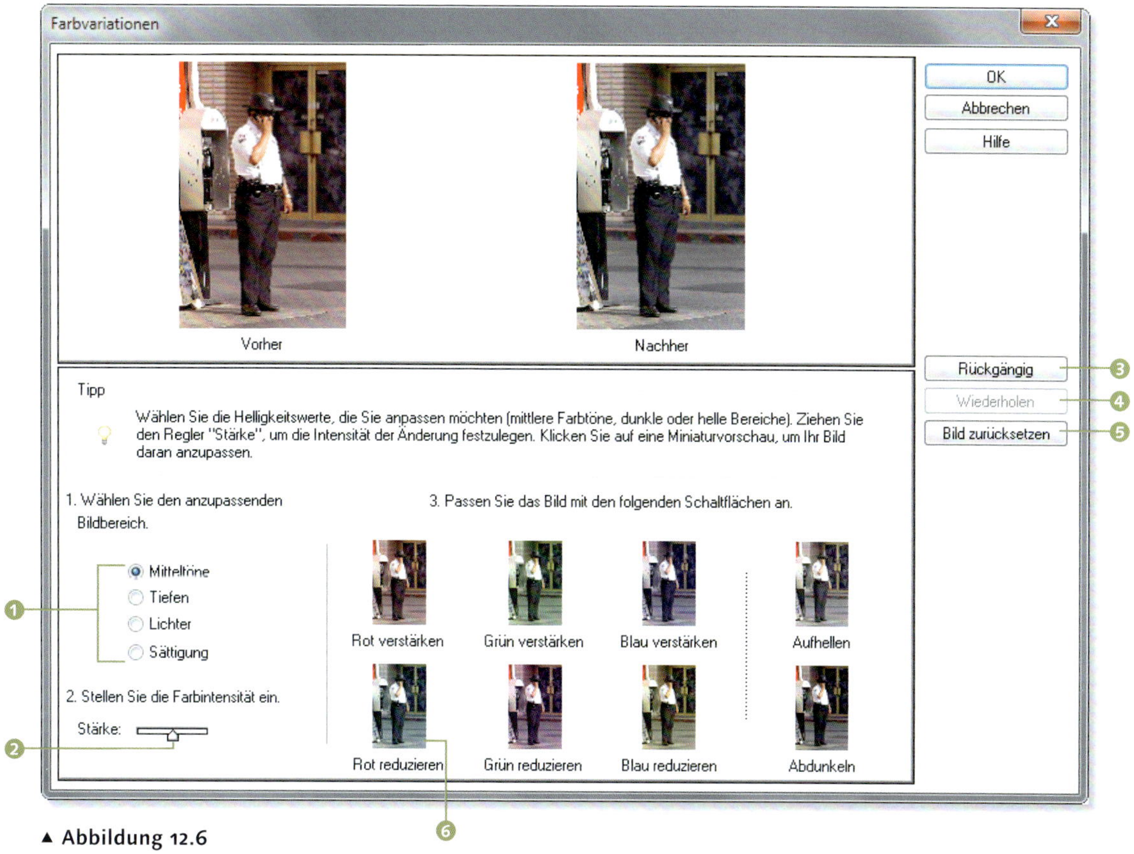

Farbvariationen

Vorher   Nachher

OK
Abbrechen
Hilfe

Rückgängig ❸
Wiederholen ❹
Bild zurücksetzen ❺

Tipp

💡 Wählen Sie die Helligkeitswerte, die Sie anpassen möchten (mittlere Farbtöne, dunkle oder helle Bereiche). Ziehen Sie den Regler "Stärke", um die Intensität der Änderung festzulegen. Klicken Sie auf eine Miniaturvorschau, um Ihr Bild daran anzupassen.

1. Wählen Sie den anzupassenden Bildbereich.

❶
- ⦿ Mitteltöne
- ○ Tiefen
- ○ Lichter
- ○ Sättigung

2. Stellen Sie die Farbintensität ein.

Stärke: ❷

3. Passen Sie das Bild mit den folgenden Schaltflächen an.

Rot verstärken   Grün verstärken   Blau verstärken   Aufhellen

Rot reduzieren   Grün reduzieren   Blau reduzieren   Abdunkeln

❻

▲ **Abbildung 12.6**
Mit den Farbvariationen können Sie einen Farbstich ausgleichen.

2   Bildbereich und Intensität bestimmen

Bei den Radioschaltflächen in BILDBEREICH ❶ wählen Sie aus, ob Sie die MITTELTÖNE, die TIEFEN, die LICHTER oder die SÄTTIGUNG bearbeiten wollen. In unserem Beispiel sollten Sie die MITTEL-TÖNE auswählen. Darunter (mit dem Schieberegler neben STÄRKE ❷) stellen Sie ein, wie intensiv die Änderung ausgeführt werden soll. Wie sich welche Funktion auswirkt, erkennen Sie gleich in den Miniaturen rechts daneben, die jeweils eine Vorschau zeigen.

3   Grün reduzieren

Da das Bild einen Rotstich hat, klicken Sie auf das untere Mini-aturbild ROT ❻, und bestätigen Sie den Dialog mit OK. Messen Sie erneut den Grauton, wie in Abschnitt 12.1, »Farbwert mes-sen«, beschrieben, und wiederholen Sie den Dialog zur Farbvari-ation. Hierbei können Sie jederzeit die Intensität über den Regler STÄRKE ❷ reduzieren. Zugegeben, diese Art der Farbstichkorrek-tur ist etwas ungewöhnlich, aber man gelangt immerhin ohne vertiefte Kenntnisse Schritt für Schritt ans Ziel.

▲ **Abbildung 12.7**
Die Graubalance kann sich nach einigen Korrekturvorgängen mit den Farbvariationen sehen lassen.

Abbildung 12.8 ▶
Das Bild im
Vorher-Nachher-
Vergleich

12.2.2 Bilder mit Farbvariationen verfremden

Die Farbvariationen eignen sich nicht nur für die Korrektur von Farben, sondern lassen sich auch herrlich zur Farbverfremdung von Fotos einsetzen. Beim folgenden bekannten Bild wurden mit dem FARBVARIATIONEN-Dialog vorwiegend die blaue Farbe und die Sättigung der Mitteltöne reduziert. Das verstärkte die Gelbtöne und hellte den kompletten Bildbereich auf. Es entsteht der Eindruck eines gealterten, leicht vergilbten Fotos.

Abbildung 12.9 ▶
Farben mit Farbvariationen verfremden – hier entstand ein
»gealtertes« Foto.

12.3 Farbstich mit einem Mausklick entfernen

Photoshop Elements wäre nicht so erfolgreich und für seine Einfachheit bekannt, wenn es nicht auch eine Ein-Klick-Lösung zum Entfernen eines Farbstiches gäbe. Rufen Sie hierzu einfach den entsprechenden Dialog über ÜBERARBEITEN • FARBE ANPASSEN • FARBSTICH ENTFERNEN auf.

Alternative zur Tonwertkorrektur?

Natürlich ist auch diese Methode zur Behebung eines Farbfehlers nicht so präzise wie die Arbeit mit der TONWERTKORREKTUR.

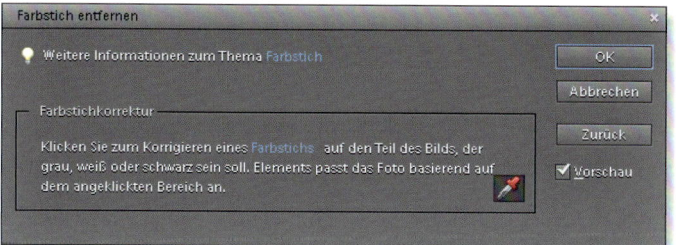

◄ **Abbildung 12.10**
Farbstich mit einem Mausklick korrigieren

Das Prinzip ist relativ einfach: Nachdem Sie den Dialog aufgerufen haben, klicken Sie mit der Pipette einen Teil im Bild an, der grau, weiß oder schwarz sein sollte. Bei vielen Bildern ist dies nicht so einfach zu ermitteln, weshalb Sie vielleicht mehrere Versuche benötigen. Die Korrektur des Farbstichs können Sie jederzeit mit der Schaltfläche ZURÜCK wieder aufheben.

 Eragon.jpg

Foto: Jürgen Wolf

▲ **Abbildung 12.11**
Das Bild links hat einen Blaustich. Im mittleren Bild wurde dieser mit der Ein-Klick-Lösung auf eine weiße Fläche behoben. Zum Vergleich finden Sie im rechten Bild die Lösung, wo die Graubalance (siehe Abschnitt 12.1, »Farbwerte messen«) gemessen und der Farbstich mit der Tonwertkorrektur (siehe Abschnitt 11.4.3, »Farbstich entfernen«) behoben wurde. Die manuelle Lösung liefert also wieder das bessere Ergebnis.

12.4 Farbton und Sättigung anpassen

Der Dialog FARBTON/SÄTTIGUNG, den Sie über ÜBERARBEITEN • FARBE ANPASSEN • FARBTON/SÄTTIGUNG ANPASSEN oder mit der Tastenkombination [Strg]/[⌘]+[U] aufrufen, ermöglicht Ihnen ein Verschieben der Farbtöne innerhalb eines Farbspektrums sowie Anpassungen der Sättigung und der Helligkeit.

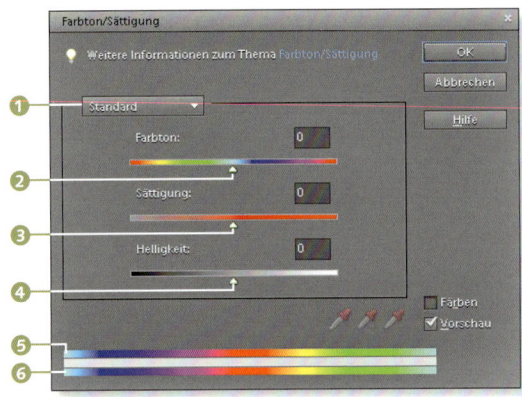

▲ Abbildung 12.12
Der Dialog FARBTON/SÄTTIGUNG ist ein interessantes Werkzeug, um die Farben im Bild zu verändern oder zu verfremden.

▲ Abbildung 12.13
Das Gleiche gibt es natürlich auch als Einstellungsebene im Korrekturen-Bedienfeld.

Ausgegrenzte Pixel

Schwarze und weiße Pixel bleiben von einer Farbverschiebung mit dem Regler FARBTON ❷ unberührt.

▲ Abbildung 12.14
Einschränken der Bearbeitung auf bestimmte Farbtöne

Das Verschieben der Farbtöne über den Schieberegler FARBTON ❷ basiert auf den drei Grundlagen Farbton (**H**ue), Sättigung (**S**aturation) und Helligkeit (**B**rightness), kurz dem **HSB**-Farbkreis. Das Verschieben der Farben im Spektrum wird dabei unten im Dialog angezeigt. Der obere Farbumfang ❺ ist hierbei der Standardspektralbereich. Der untere Farbumfang ❻ wird verschoben, sobald Sie den Schieberegler FARBTON nach links oder rechts bewegen.

Mit dem Schieberegler SÄTTIGUNG ❸ verstärken oder reduzieren Sie die Farbkraft. Mit dem Regler HELLIGKEIT ❹ fügen Sie einem Bild mehr Weiß oder mehr Schwarz hinzu – je nach Richtung der Verschiebung.

Über die Dropdown-Liste ❶ können Sie neben dem gesamten Bild (STANDARD) auch einzelne Bild- oder Farbbereiche verändern. Wählen Sie zum Beispiel in der Liste GELBTÖNE aus, so wirken sich anschließend alle Veränderungen mit dem Dialog nur auf diesen Farbbereich aus. Natürlich lässt es sich hierbei nicht ganz vermeiden, dass auch andere Farbbereiche mit verändert werden. Grüntöne haben zum Beispiel auch einen Anteil Gelb und werden somit ebenfalls geändert.

Schritt für Schritt: Farben im Farbumfang verschieben

Im folgenden Bild soll eine Farbverschiebung im Himmel erfolgen.

 UthaiThani.jpg

1 Farbton/Sättigung aufrufen

Legen Sie zunächst eine Einstellungsebene für FARBTON/SÄTTIGUNG wie in Abschnitt 10.4 beschrieben an, oder verwenden Sie das Werkzeug für Farbton/Sättigung (Tastenkürzel ⌷Strg⌷/ ⌘+⌷U⌷).

2 Farbton Cyan verschieben

Wählen Sie in der Dropdown-Liste ❼ die CYANTÖNE aus. Schieben Sie den Regler FARBTON ❽ ganz nach rechts auf den Wert +180. Der Himmel sollte nun violett erscheinen. Da die Farbe zu satt ist, ziehen Sie den Regler für die SÄTTIGUNG ❾ ganz nach links auf −100.

3 Farbton Blau verschieben

Wählen Sie dann die BLAUTÖNE ❿ aus. Schieben Sie hier den Regler von FARBTON ⓫ nach rechts auf den Wert +125. Der Himmel sollte nun rötlich sein. Damit die Farbe leuchtender wird, ziehen Sie den Regler für die SÄTTIGUNG ⓬ nach rechts auf +30.

Foto: Wolfgang Pfriemer (Bangkok)

▲ **Abbildung 12.15**
Die Ausgangsdatei

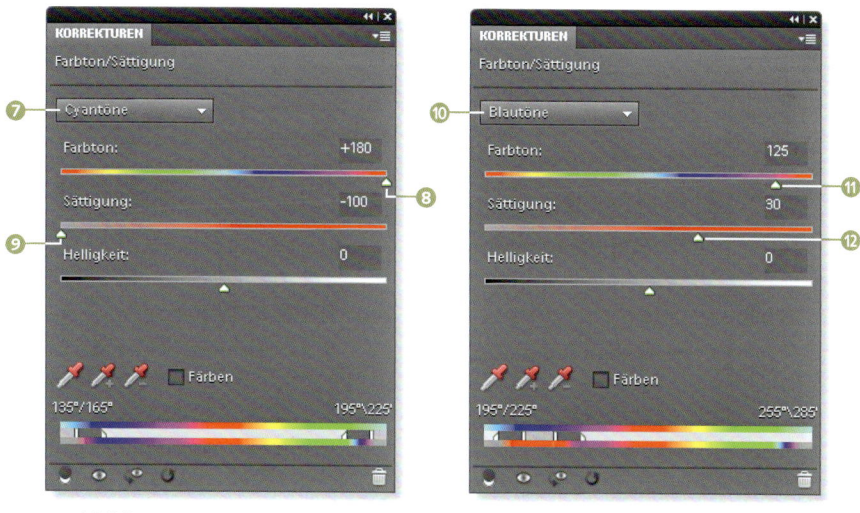

▲ **Abbildung 12.16**
Den Farbton Cyan ...

▲ **Abbildung 12.17**
... und den Farbton Blau verschieben

Wenn Sie hierfür (wie im Beispiel) eine Einstellungsebene verwendet haben, müssen Sie nur noch die Ebenen auf die Hintergrundebene reduzieren oder beim Dialog auf die Schaltfläche OK drücken.

Auf diese Weise können Sie viele Bildverfremdungen vornehmen und beispielsweise die Augen- oder Haarfarbe einer Person verändern.

Abbildung 12.18 ▶
Eine einfache Bildverfremdung einzelner Farben über Farbton/ Sättigung

Police.jpg

Einstellungsbereich der Farbton-/Sättigungsregler ändern |
Nicht immer gelingt das Verschieben von Farbtönen so gut wie in unserem Workshop, denn oft werden einfach nicht alle Farbtöne erfasst.

Abbildung 12.19 ▶
Bei diesem Bild wurde versucht, alle Grüntöne zu verschieben. Viele Grüntöne wurden hierbei allerdings nicht erfasst, und auch andere Stellen im Bild zeigen nicht das gewünschte Ergebnis.

Foto: Berny J. Sackl

Wenn bei einem Bild nicht alle (oder vielleicht auch zu viele) Farbtöne erfasst werden, müssen Sie manuell nachhelfen. Wählen Sie hierzu den Einstellungsbereich der Farbton-/Sättigungsregler unterhalb des Dialogs Farbton/Sättigung. Wichtig ist, dass Sie zuvor einen der Farbkanäle im Dropdown-Menü ausgewählt haben. Der Einstellungsbereich gliedert sich in vier Teile.

Über die beiden weißen Dreiecke ❶ stellen Sie die Farbabnahme ohne Auswirkungen auf den Farbbereich ein. Mit den beiden grauen Mittelteilen ❸ können Sie den gesamten Schieberegler verstellen, um einen anderen Farbbereich auszuwählen – ohne Auswirkungen auf die Farbabnahme.

Farbleiste verschieben

Um die komplette Farbleiste des Einstellungsreglers zu verschieben, halten Sie die `Strg`/ `⌘`-Taste gedrückt. Dies hat keine Auswirkungen auf das Bild, sondern verschafft Ihnen lediglich einen besseren Überblick, falls die Regler an die Seitenränder oder darüber hinaus »rutschen«.

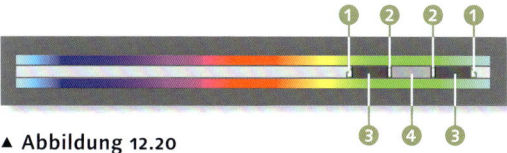

▲ **Abbildung 12.20**
Der Einstellungsregler von FARBTON/SÄTTIGUNG

Mit den vertikalen weißen Leisten ❷ ändern Sie den Bereich der Farbkomponenten. Je größer dieser Bereich ist, desto geringer ist die Farbabnahme. Mit dem grauen Mittelteil ❹ können Sie den ganzen Regler verschieben, um einen anderen Farbbereich auszuwählen.

Wenn Sie diese Einstellungsregler so verschieben, dass sie in einen anderen Farbbereich fallen, wird dies mit einem anderen Namen im Dropdown-Menü ❺ angezeigt. Fallen zum Beispiel GRÜNTÖNE beim Verschieben der Regler in den gelben Bereich, so ändert sich der Name zu GELBTÖNE 2. Hiermit können Sie bis zu sechs Varianten eines Farbereichs konvertieren.

Breite des Farbbereichs
Standardmäßig hat beim Auswählen eines Farbtons der Farbbereich eine Breite von 30° und nimmt auch an beiden Seiten um 30° ab. Diesen Wert können Sie direkt über den Einstellungsreglern ❻ ablesen.

◀ Abbildung 12.21
Hier wurden die Einstellungsregler von GRÜNTÖNE so verschoben, dass diese in den gelben Farbbereich gefallen sind, wodurch sich der Name in GELBTÖNE 2 geändert hat.

Wem das Verschieben mit den Reglern zu komplex ist, der kann den Farbbereich auch mit der Pipette auswählen, die sich ebenfalls in dem Dialog befindet. Wollen Sie zum Beispiel weitere Grüntöne zum Farbbereich hinzufügen, wählen Sie die Pipette mit dem Plus-Symbol ❽ aus und klicken im Bild auf die verbliebenen Grüntöne, die zum Farbbereich hinzugefügt werden sollen. Sie können jederzeit wieder ins Bild klicken, um verschiedene

Grüntöne hinzuzufügen. Dementsprechend ändern sich nun auch die Einstellungsregler. Umgekehrt können Sie natürlich auch bestimmte Farbtöne mit der Pipette und dem Minus-Symbol ❼ entfernen, wenn Sie mehr als nötig aufgenommen haben.

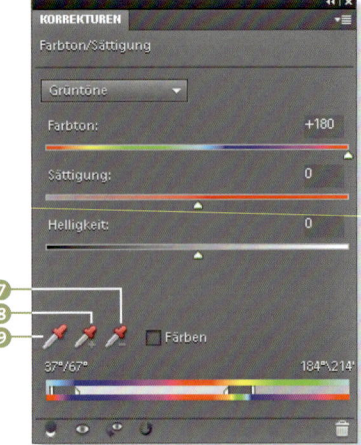

Abbildung 12.22 ▶
Erst nachdem der Farbbereich mit den Einstellungsreglern (hier mit der Pipette) geändert wurde, werden auch alle Grüntöne umgefärbt. Hierbei mussten im Farbbereich auch einige Cyantöne aufgenommen werden.

12.5 Farben ersetzen

Wem der Dialog FARBTON/SÄTTIGUNG zum Verfremden oder Ersetzen von Farben nicht ausreicht, der sollte sich den Dialog FARBE ERSETZEN ansehen, der unter ÜBERARBEITEN • FARBE ANPASSEN • FARBE ERSETZEN zu finden ist. Die folgende Schritt-für-Schritt-Anleitung bringt Ihnen diesen Dialog etwas näher.

 hups.jpg

Schritt für Schritt: Farbe auswechseln
Bei dem folgenden lustigen Bild wollen wir die grüne Farbe durch eine andere Farbe austauschen, ohne dass die Manipulation auffällt.

Foto: Ingo Jung, www.digital-express-labor.de

Abbildung 12.23 ▶
Die grüne Farbe soll ausgetauscht werden.

1 Dialog »Farbe ersetzen« aufrufen

Wenn Sie das Bild »hups.jpg« in den Editor geladen haben, rufen Sie den Dialog über ÜBERARBEITEN • FARBE ANPASSEN • FARBE ERSETZEN auf. In der Mitte des Dialogs finden Sie eine schwarze Maskenansicht ❿. Sollte hier das komplette farbige Bild angezeigt werden, befindet sich die Miniaturvorschau im Modus BILD. Schalten Sie den Modus über die Schaltfläche auf AUSWAHL ⓫.

2 Die zu verändernde Farbe auswählen

Aktivieren Sie nun die linke Pipette ⓭, und wählen Sie damit im Bild ⓬ die Farbe aus, die Sie verändern wollen (hier: die grüne Farbe). Es ändert sich sodann die Maskenansicht ⓮ im Dialog. Die weißen Stellen in der Maskenansicht stehen für die Pixel, die für eine Farbveränderung ausgewählt sind; die schwarzen Pixel bleiben unangetastet.

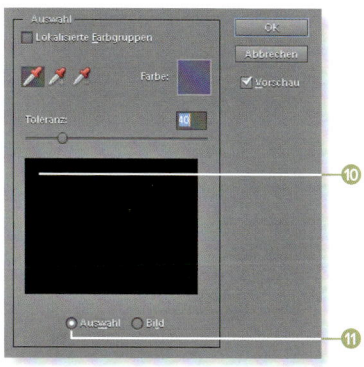

Abbildung 12.24 ▲
Farbe ersetzen

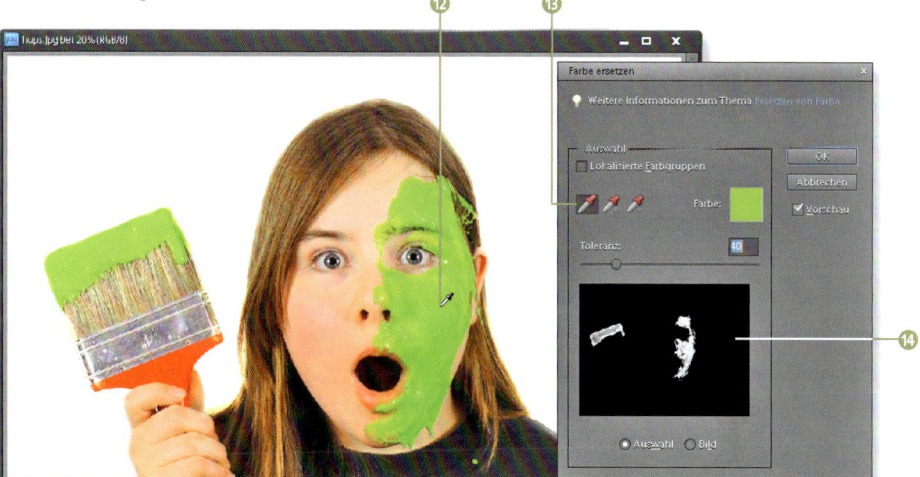

▲ **Abbildung 12.25**
In der Maskenansicht zeigen weiße Bereiche die aufgenommenen Stellen im Bild an.

3 Toleranz einstellen

Über den Schieberegler TOLERANZ ⓱ stellen Sie die Toleranz zum Auswählen der Pixel ein. Je höher dieser Toleranzwert ist, desto mehr Pixel werden ausgewählt.

Meist ist es deshalb besser, zum Hinzufügen weiterer Farben die Pipette ⓯ zu verwenden. Klicken Sie mit der Pipette in das Bild, um weitere Farbbereiche in die Auswahl aufzunehmen.

Haben Sie versehentlich Farben eingefangen, die Sie gar nicht auswählen wollten, so entfernen Sie diese mit der Pipette ganz rechts ⓰. Zum Schluss sollten Sie nochmals ein Feintuning mit dem Schieberegler TOLERANZ versuchen.

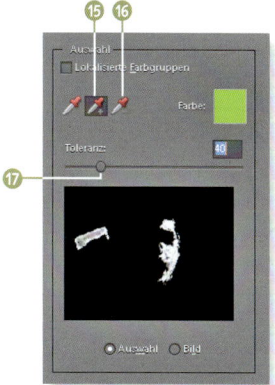

Abbildung 12.26 ▲
Verfeinern Sie die Auswahl mithilfe der Pipetten und des Toleranzwerts.

Rückgängig machen

Den letzten Schritt in der Maskenansicht können Sie mit [Strg]/ [⌘]+[Z] rückgängig machen. Mit gedrückter [Alt]-Taste verwandeln Sie die Schaltfläche ABBRECHEN in einen ZURÜCK-Button, mit dem Sie die Maskenansicht komplett zurücksetzen können.

4 Farbe ersetzen

Wenn die Farbe im Bild wie gewünscht aufgenommen wurde, können Sie die Farben ersetzen. Im Beispiel wurde der Schieberegler FARBTON zur Verfremdung auf den Wert −150 gesetzt. Damit die neue Farbe im Bild jetzt nicht zu knallig und somit unecht wirkt, wurde die SÄTTIGUNG auf −79 reduziert. Zum Schluss wurde vorsichtig die TOLERANZ nochmals angepasst, damit die Manipulation nicht auffällt. Bestätigen Sie den Dialog mit OK.

Abbildung 12.27 ▲▶
Nach einem Durchgang mit dem Dialog FARBE ERSETZEN kann sich das Ergebnis schon sehen lassen.

Wenn Sie mit dem Ergebnis noch nicht ganz zufrieden sind, können Sie jederzeit erneut den Dialog FARBE ERSETZEN für die Problembereiche verwenden. Häufig sind hierzu mehrere Arbeitsdurchgänge nötig.

12.6 Hauttöne anpassen

Hauttöne werden auf Fotografien häufig nicht ganz natürlich wiedergegeben. Zwar werden die Kameras diesbezüglich immer »schlauer« und korrigieren solche Fehler zunehmend schon beim Ablichten, trotzdem kommt es bei Aufnahmen bei Kunstlicht oder mit Blitzlicht noch häufig vor, dass die Hautfarbe nicht richtig dargestellt wird. Auch hierzu bietet Ihnen Photoshop Elements die passende Funktion an, die Sie über ÜBERARBEITEN • FARBE ANPASSEN • FARBE FÜR HAUTTON ANPASSEN aufrufen.

Hautbräunung ohne Solarium
Das Werkzeug zum Anpassen der Hauttöne wird auch gerne verwendet, um einen blassen Teint auf dem Foto ein wenig »nachzubräunen«.

Schritt für Schritt: Wärmere Hautfarbe erstellen
Die folgende Schritt-für-Schritt-Anleitung führt vor, wie Sie einen blassen Teint bei der Bildbearbeitung ein wenig bräunen.

Black.jpg

Foto: Clarissa Schwarz, www.clarissa-schwarz.ch/

◄ **Abbildung 12.28**
Der Hautfarbe soll mehr Teint verliehen werden.

1 Hautbereich auswählen
Rufen Sie zunächst den Dialog über das Menü ÜBERARBEITEN • FARBE ANPASSEN • FARBE FÜR HAUTTON ANPASSEN auf. Klicken Sie im Bild mit der zum Dialog gehörenden Pipette ❶ auf den Hautbereich, den Sie verändern wollen. Hierbei sollte sich der Teint bereits ein wenig verändern. Außerdem erscheinen bei den Farbbalken im Dialog die Schieberegler für BRÄUNUNG ❷, RÖTUNG ❸ und TEMPERATUR ❹.

Neuen Hautbereich auswählen
Sind Sie mit dem Ergebnis der ersten Auswahl nicht zufrieden, wählen Sie mit einem Klick auf die Schaltfläche ZURÜCK ❺ nochmals einen neuen Hautbereich aus.

Abbildung 12.29 ▶
Nach einem Klick ins Bild erscheinen im Dialogfenster die benötigten Schieberegler.

Umgebungslicht ändern

Mit dem Schieberegler TEMPERATUR im Rahmen UMGEBUNGSLICHT sorgen Sie im Bild insgesamt für wärmere (Rot) oder kältere (Blau) Farben. Da dieser Regler am empfindlichsten (vor allem auch auf dem Hintergrund) reagiert, sollten Sie ihn möglichst sparsam und vorsichtig verwenden.

2   Hautfarbe anpassen

In diesem Fall hat sich durch das Anklicken der Haut im Bild der Teint schon ein wenig verbessert. Mit den neu hinzugekommenen Schiebereglern können Sie das Ganze aber noch etwas feiner nachjustieren. So hat sich zwar der Teint insgesamt verbessert, aber die Hautfarbe wirkt noch etwas unwirklich. Schieben Sie daher den Regler für RÖTUNG ❼ ganz nach rechts. Bei Bildern, wo die Person rötliche Haut hat, schieben diesen Regler logischerweise nach links, um Hautrötungen zu entfernen. Schließlich wollen wir die Haut noch ein wenig nachbräunen. Ziehen Sie hierzu den Regler BRÄUNUNG ❻ nach rechts, bis Sie mit dem Ergebnis zufrieden sind. Bestätigen Sie den Dialog dann mit OK.

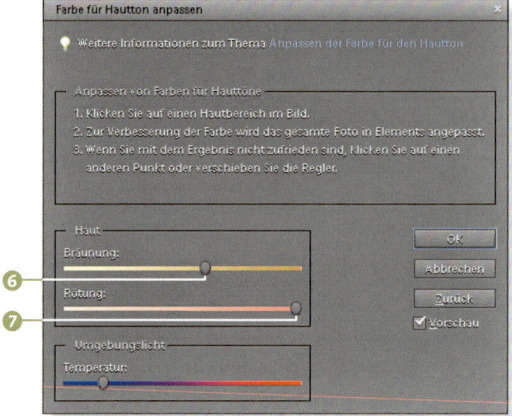

Abbildung 12.30 ▶
Gehen Sie beim Justieren der Schieberegler behutsam vor.

3 **Nach der Korrektur**

Der Teint erscheint nun wesentlich wärmer als zuvor. Allerdings wird auch der eingangs erwähnte Nachteil des Werkzeugs erkennbar: Außer dem Teint hat sich leider auch die gesamte Farbtönung des Bildes leicht geändert, was nicht immer erwünscht ist.

▼ **Abbildung 12.31**
Das Bild im Vorher-Nachher-Vergleich

Auch diese Funktion ist also eher gröberer Natur, da sie nicht punktuell die Hautfarbe, sondern das gesamte Bild verändert, einschließlich des Hintergrunds. Auch bei fast weißer Haut richten Sie mit dieser Funktion kaum etwas aus – etwa, wenn Sie bei einer Aufnahme den Blitz direkt auf die Person gerichtet haben. Für eine detailliertere Anpassung speziell der Hauttöne müssen Sie daher auf Ebenen zurückgreifen.

Hauttöne mit Ebenen verbessern

Wie Sie der Haut einen besseren Teint verleihen, ohne zugleich andere Bildbereiche zu verändern, erfahren Sie in Abschnitt 34.4.1, »Porträtretusche mit dem Bereichsreparatur-Pinsel«.

12.7 Automatische Farbkorrektur

Die automatische Farbkorrektur korrigiert Kontrast und Farbe. Aufgerufen wird sie über den Menüpunkt ÜBERARBEITEN • AUTO-FARBKORREKTUR (oder mit [Strg]/[⌘]+[⇧]+[B]). Auch hier sind die Resultate sehr heterogen und reichen von perfekt bis unbrauchbar. Einen Versuch mit dieser Automatik können Sie allemal starten, bevor Sie eine Tonwertkorrektur manuell durchführen.

12.8 Farbkorrektur mit dem Assistent

Im ASSISTENT-Modus aus dem Aufgabenbedienfeld BEARBEITEN finden Sie in der Kategorie FARBKORREKTUR drei Funktionen, die

▲ **Abbildung 12.32**
Auch zur Farbkorrektur bietet der Assistent einige Schritt-für-Schritt-Lösungen an, wenn es mal schneller gehen muss.

den Funktionen im Menü ÜBERARBEITEN • FARBE ANPASSEN entsprechen. Natürlich auch hier wieder mit dem Unterschied, dass hierbei der Anwender wieder mit einfachen Beschreibungen an die Hand genommen wird.

13 Helligkeit und Kontrast korrigieren

Veränderungen von Helligkeit und Kontrast nimmt man in der Bildbearbeitung in aller Regel nach den Farbkorrekturen vor, da sich bei farblich ausgeglichenen Bildern Helligkeit und Kontrast leichter einstellen lassen.

13.1 Der Dialog »Helligkeit/Kontrast«

Am schnellsten und einfachsten korrigieren Sie Helligkeit und Kontrast mit dem gleichnamigen Dialog, den Sie über den Menüeintrag Überarbeiten • Beleuchtung anpassen • Helligkeit/Kontrast aufrufen.

Einstellungsebene

Alternativ zu diesem Dialog können Sie für diese Korrektur auch eine Einstellungsebene verwenden (siehe Abschnitt 10.4, »Flexibel arbeiten mit Einstellungsebenen«). Die Regler im Korrekturen-Bedienfeld unterscheiden sich zwar optisch etwas vom Dialog Helligkeit/Kontrast, aber das Prinzip und die Anwendung bleiben gleich.

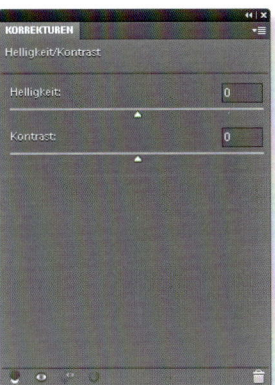

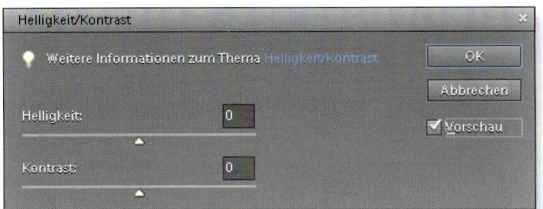

▲ **Abbildung 13.1**
Die einfachste Möglichkeit, Helligkeit und Kontraste eines Bildes zu korrigieren. Hier mit dem Dialogfenster ...

▲ **Abbildung 13.2**
... oder hier als Einstellungsebene im Korrekturen-Bedienfeld.

Helligkeit | Mit dem Regler Helligkeit beeinflussen Sie die Helligkeit des Bildes. Diese wird erhöht, wenn Sie den Regler nach rechts schieben, und reduziert, wenn Sie ihn nach links schieben. Im Detail, also im Histogramm, werden beim Verschieben des Reglers nach rechts die hellen Bereiche im Bild zusammengeschoben ❷ und die restlichen Tonwerte gespreizt ❶.

Umgekehrt werden beim Abdunkeln des Bildes die tiefen Bereiche zusammengeschoben ❸ und die hellen Bereiche gespreizt ❹.

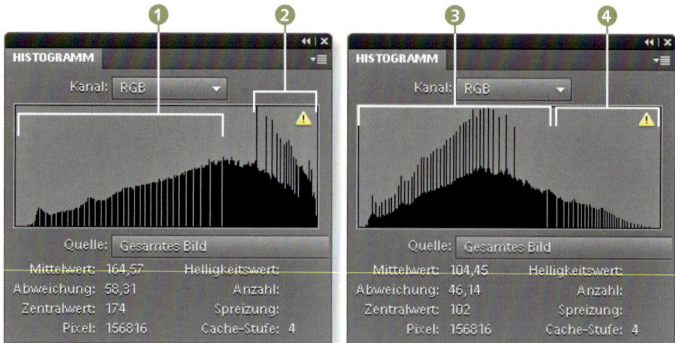

Abbildung 13.3 ▶
Auswirkung der Aufhellung im Histogramm

Abbildung 13.4 ▶▶
Auswirkung der Abdunkelung im Histogramm

Kontrast | Schieben Sie den Regler KONTRAST nach rechts, so erhöhen Sie den Kontrast. Im Histogramm findet hier eine Tonwertspreizung, ausgehend von den Mitteltönen ❻, statt. Die Tiefen ❺ und Lichter ❼ werden hierbei zusammengeschoben.

Schieben Sie hingegen den Tonwertregler nach links, so wird der Kontrast reduziert, und die Tonwertspreizung spielt sich vorwiegend in den Tiefen ❽ und Lichtern ❿ des Histogramms ab. Hierbei werden die Mitteltöne zusammengeschoben ❾.

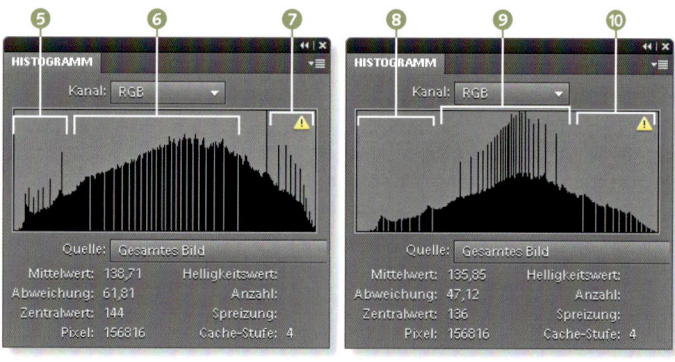

▲ **Abbildung 13.5**
Auswirkung der Kontrasterhöhung im Histogramm

▲ **Abbildung 13.6**
Auswirkung der Kontrastverringerung im Histogramm

13.1.1 Nachteile

Der Nachteil dieser schnellen Anpassung von Helligkeit und Kontrast liegt darin, dass Pixel für Pixel eines Bildes bearbeitet und keine Rücksicht auf den Tonwertverlauf des Bildes genommen wird. Erhöhen Sie zum Beispiel bei einem Bild die HELLIG-

KEIT um den Wert +30, werden alle RGB-Farbwerte um diesen Wert erhöht. Besonders problematisch ist dies bei sehr hellen Grauwerten wie 225 (R = 225, G = 225, B = 225). Hierbei würden alle Grauwerte auf den Wert 255 erhöht und somit in reines Weiß verändert. Gegensteuern können Sie hier meistens durch ein gleichzeitiges Erhöhen der Kontraste.

In der Praxis sollten Sie daher nur auf den Dialog HELLIGKEIT/KONTRAST zurückgreifen, wenn Sie die Tonwertkorrektur des Bildes bereits durchgeführt haben oder der Tonwert optimal ist und Sie das Bild lediglich noch aufhellen oder die Kontraste verbessern wollen.

 Wasser.jpg

Foto: Hanspeter Bolliger

▲ **Abbildung 13.7**
Ein extremes Negativbeispiel dafür, was passiert, wenn man bei einem Bild mit vielen Grauwerten die Helligkeit unüberlegt erhöht. Das Grau im rechten, bearbeiteten Bild wurde zu Weiß verändert, sodass teilweise auch Bildteile regelrecht überstrahlt bzw. »aufgefressen« wurden.

13.1.2 Auto-Kontrast

Die Funktion AUTO-KONTRAST versucht, den Kontrast des Bildes wie bei einer Tonwertkorrektur im RGB-Kanal automatisch zu optimieren. Dadurch bleibt auf jeden Fall die Farbstimmung des Bildes erhalten. Allerdings hat dies auch den Nachteil, dass Farbstiche nicht korrigiert werden. Die Automatik erreichen Sie unter ÜBERARBEITEN • AUTO-KONTRAST (oder mit dem Tastenkürzel Alt+⇧+Strg/⌘+L).

13.1.3 Helligkeit und Kontrast mit der Tonwertkorrektur

Die beste Möglichkeit zur Korrektur von Helligkeit und Kontrast bietet in Photoshop Elements nach wie vor die TONWERTKORREKTUR (ÜBERARBEITUNGEN • BELEUCHTUNG ANPASSEN • TONWERTKORREKTUR oder Strg/⌘+L oder als Einstellungsebene). Noch eine Spur feiner ließe sich die Tonwertkorrektur mit einer Gradationskurve einstellen – leider ist eine solche in Photoshop

Elements nicht von Haus aus integriert. In Anhang C, »Zusatz-module«, erfahren Sie allerdings, wie Sie eine Gradationskurve für Photoshop Elements installieren können.

13.1.4 Farbvariationen und Farbkurven

Auch über die Farbvariationen (ÜBERARBEITEN • FARBE ANPASSEN • FARBVARIATIONEN) und die Farbkurven (ÜBERARBEITEN • FARBE ANPASSEN • FARBKURVEN ANPASSEN) können Sie Korrekturen an der Helligkeit und/oder am Kontrast durchführen. Die Dialoge wurden bereits in den Abschnitten 12.2 und 11.6 näher beschrieben.

13.2 Der Dialog »Tiefen/Lichter«

Ein äußerst effektiver Korrekturdialog in Photoshop Elements ist TIEFEN/LICHTER. Mit seiner Hilfe korrigieren Sie in kürzester Zeit Bilder mit über- oder unterbelichteten Partien. Auch zu dunkle Bildpartien lassen sich mit diesem Dialog sehr gut reparieren.

Durchgang.jpg

Schritt für Schritt: Beleuchtung korrigieren

Als einfaches Beispiel dient folgendes Bild, das vor einem Durchgang aufgenommen wurde, wo Licht und Schatten sich treffen. Bei diesem Bild sind die Tiefen relativ dunkel und einige Bereiche wiederum von der Sonne total überstrahlt.

Foto: Jürgen Wolf

▲ **Abbildung 13.8**
Die Tiefen sind im Bild zu dunkel und die hellsten Bereiche zu hell geraten. Trotzdem sind im Bild noch genügend notwendige Informationen vorhanden.

1 Dunkle Bildbereiche aufhellen

Öffnen Sie zuerst den Dialog über das Menü ÜBERARBEITEN •
BELEUCHTUNG ANPASSEN • TIEFEN/LICHTER. Standardmäßig befindet sich gleich nach dem Aufrufen des Dialogs der Wert des
Schiebereglers TIEFEN AUFHELLEN ❶ auf 25 %, weshalb Sie auch
sofort eine Veränderung des Vorschaubildes sehen. In vielen Fällen (und so auch in diesem) ist dieser Wert bereits zu hoch, weshalb Sie ihn reduzieren müssen. Im Beispiel wurde dieser Wert
auf 15 % gesetzt. Um stets einen Vergleich zwischen Vorher- und
Nachher-Bild zu haben, können Sie das Häkchen vor VORSCHAU
❹ deaktivieren und anschließend wieder aktivieren.

Mittelton-Kontrast

Mit dem Schieberegler MITTEL-
TON-KONTRAST ❸ verändern Sie
einzelne Pixel, die nicht richtig
dunkel oder hell sind. Den Regler
sollten Sie allerdings nur dann
einsetzen, wenn das Bild durch
die TIEFEN/LICHTER-Veränderung
zu flau geworden ist.

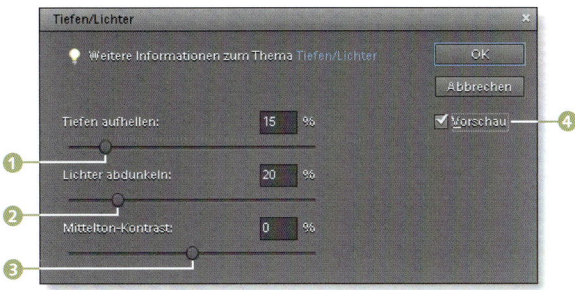

◄ **Abbildung 13.9**
Tiefen aufhellen

2 Helle Bildbereiche abdunkeln

Sofern im Bild auch helle Bereiche vorhanden sind, sollten Sie
auch diese ein wenig abdunkeln. Im Beispiel werden am oberen
Torbogen die Strukturen vom Tageslicht stark überstrahlt. Ziel ist
es, diese Leuchtkraft etwas abzuschwächen. Ziehen Sie hierzu
den Schieberegler von LICHTER ABDUNKELN ❷ auf den Wert 20 %.

3 Nach der Korrektur

Nach der Korrektur wirkt das Bild wieder viel stimmiger und aus-
geglichener. Die sehr hellen Höhen und dunklen Tiefen sind verschwunden.

▼ **Abbildung 13.10**
Vor der Korrektur (links) und nach
der Korrektur (rechts) mit dem
TIEFEN/LICHTER-Dialog

Teil IV
Farbe, Farbveränderungen und Schwarzweiß

14 Mit Farben malen

Dieser Buchteil behandelt die Einstellung, Bearbeitung und Manipulation von Farben bei der Bildbearbeitung, kurz alle Funktionen, mit denen Sie die Farbe der einzelnen Pixel ändern oder löschen. Hierzu zählen die Standard-Malwerkzeuge (das Pinsel-Werkzeug, der Buntstift, das Radiergummi-Werkzeug und dessen Optionen) ebenso wie das Füllwerkzeug und das Verlaufswerkzeug. Auch das Erstellen von klassischen Schwarzweißbildern wird vorgestellt. Eine Darstellung zur Farbverfremdung von Bildern rundet diesen Buchteil ab.

14.1 Farben einstellen

Um die benötigten Farben einzustellen, bietet Ihnen Photoshop Elements mehrere Möglichkeiten, die Sie auf den folgenden Seiten näher kennenlernen werden.

14.1.1 Farbwahlbereich: Vorder- und Hintergrundfarbe

Die einfachste und schnellste Möglichkeit, die Farbe für ein Werkzeug festzulegen, bietet der Farbwahlbereich in der Werkzeugleiste.

Standardmäßig ist für die Vordergrundfarbe ❷ Schwarz und für die Hintergrundfarbe ❹ Weiß eingestellt. Sollten Sie diese Farben verändert haben, so können Sie sie jederzeit mit der kleinen Schaltfläche ❶ links oben wiederherstellen. Alternativ nutzen Sie dafür das Tastenkürzel D (Abkürzung für »**D**efault Colors«, auf Deutsch: »Standardfarben«). Mit der anderen kleinen Schaltfläche ❸ oben rechts tauschen Sie Vorder- und Hintergrundfarbe. Schneller geht dies mit dem Tastenkürzel X (für »E**x**change Colors«, auf Deutsch: »Farben austauschen«).

Wirkungsbereich von Vorder- und Hintergrundfarbe | Die Vordergrundfarbe ist meistens die Malfarbe, die mit dem Pinsel-

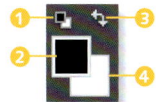

▲ **Abbildung 14.1**
Diesen Farbwahlbereich finden Sie ganz unten in der Werkzeugleiste.

Werkzeug 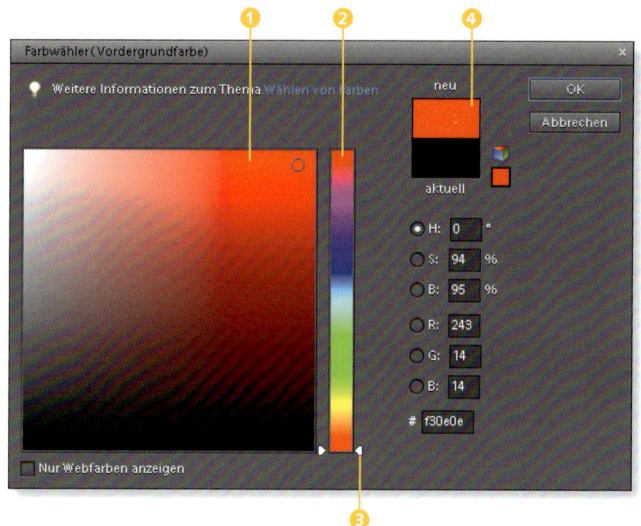, dem Buntstift und dem Füllwerkzeug verwendet wird. Vorder- und Hintergrundfarbe hingegen werden vom Verlaufswerkzeug berücksichtigt. Beim Radiergummi spielt die Hintergrundfarbe die Hauptrolle. Außerdem benutzen einige Filter und Effekte die eingestellte Vorder- und/oder Hintergrundfarbe.

Tabelle 14.1 ▶
Tastenkürzel für den Farbwahlbereich in der Werkzeugleiste

Vorhaben	Tasten
Standardfarben Weiß und Schwarz für Vorder- und Hintergrund einstellen	D
Vorder- und Hintergrundfarbe tauschen	X

14.1.2 Der Farbwähler

Um die Vorder- oder Hintergrundfarbe einzustellen, klicken Sie auf den gewünschten Farbwahlbereich in der Werkzeugleiste. Es öffnet sich ein FARBWÄHLER, den Sie auch aus einigen anderen Werkzeugen oder Filtern aufrufen können.

Falscher Farbwähler

Sollten Sie einen anderen Farbwähler als den abgebildeten
sehen, so haben Sie den Farbwähler des Betriebssystems
eingestellt. Es empfiehlt sich,
den FARBWÄHLER von Adobe zu
verwenden. Führen Sie hierzu
die Tastenkombination Strg /
⌘+ K aus, und wählen Sie im
folgenden Dialogfenster in der
Dropdown-Liste FARBAUSWAHL
statt WINDOWS (bzw. APPLE beim
Mac) die Einstellung ADOBE aus.

Abbildung 14.2 ▶
Der FARBWÄHLER von Photoshop
Elements

Farbe mit dem Farbwähler auswählen | Der FARBWÄHLER von Photoshop Elements bietet Ihnen mit HSB, RGB und der BinHex-Farbaufzeichnung drei verschiedene Möglichkeiten zur Einstellung der Farbe.

Äußerst praktisch ist die Auswahl mit dem **HSB**-System. Die Abkürzung steht für **H**ue (Farbton), **S**aturation (Sättigung) und **B**rightness (Helligkeit). Je nachdem, welche der drei Optionen H, S oder B Sie hier auswählen, ändert sich das Aussehen des schmalen Farbbalkens ➋ daneben. Durch das Verstellen des Schiebereglers ➌ im Farbbalken ändern Sie die Farbe. Im Falle des HSB-Farbsystems wird hierbei die Helligkeit, die Sättigung

Sättigung

Bei der Sättigung wird der Grauanteil einer Farbe erhöht oder
reduziert. Erhöhen Sie die Sättigung, so sinkt der Grauanteil der
Farbe, bei reduzierter Sättigung
steigt er.

oder der Farbton (je nach zuvor ausgewählter Option) geändert. Im Farbfeld ❶ werden nun die Farben der ausgewählten Option angezeigt und können durch einen Klick geändert werden. Die Anzeige des Farbfeldes variiert ein wenig je nach gewählter Option:

- ▶ **Haben Sie die Option H (Farbton) ausgewählt**, so können Sie über den Farbbalken den Farbton bestimmen und anschließend über das große Farbfeld links Helligkeit und Sättigung des Tons anpassen.
- ▶ **Haben Sie die Option S (Sättigung) gewählt**, so können Sie über den Farbbalken die Sättigung einstellen und im Farbfeld aus verschiedenen Varianten Farbton und Helligkeit einstellen.

Werte von Hand eingeben
Wenngleich im Buch meist die Rede von Schiebereglern und Mausklicks ist, so können Sie die Werte immer auch über die Tastatur in die Zahlenfelder eingeben.

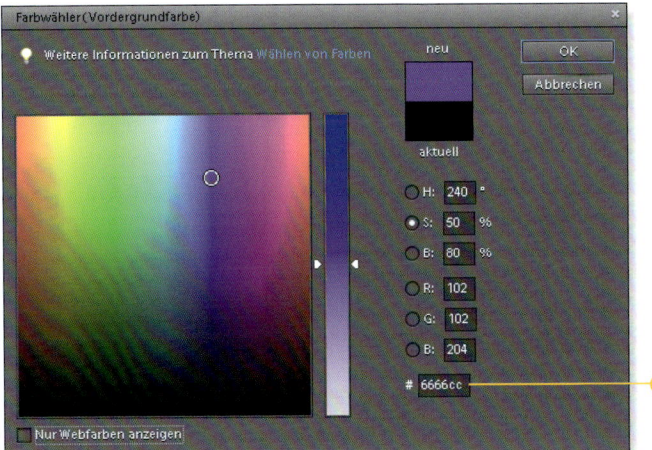

◀ **Abbildung 14.3**
Bei der ausgewählten Option S finden Sie im Farbfeld eine Variation aus Farbton und Helligkeit.

- ▶ **Haben Sie hingegen die Option B (Helligkeit) gewählt**, so können Sie im Farbbalken die Farbe heller oder dunkler einstellen und im Farbfeld eine Sättigung sowie einen Farbton festlegen.

In dem kleinen Farbmusterfeld ❹ werden der ursprüngliche Farbton (unten) und die neu gewählte Farbe (oben) übereinander angezeigt. Wenn Sie das untere (ursprüngliche) Farbmuster anklicken, wird die Farbe auf die letzte Einstellung zurückgesetzt. Sind Sie mit der Auswahl Ihrer Farbe fertig, so bestätigen Sie mit OK, und die ausgewählte Farbe wird im Farbwahlbereich der Werkzeugleiste als neue Vorder- bzw. Hintergrundfarbe angezeigt.

Alternativ zum HSB-Farbsystem können Sie hierbei auch das klassische RGB-Farbsystem mit den Radioschaltflächen R, G und B verwenden. Oder Sie geben die Farbkennzeichnung – wie im Webdesign üblich – in der hexadezimalen Schreibweise ein ❺ oder wählen sie über das Farbfeld aus.

Websichere Farben | Sicherlich ist Ihnen im Dialog des FARB-WÄHLERS auch die Checkbox NUR WEBFARBEN ANZEIGEN ② aufgefallen. Wenn Sie diese Checkbox anklicken, wird die Farbauswahl im Farbfeld stark eingeschränkt, da nur noch Farben eingeblendet werden, die als »websicher« gelten. Allerdings gilt diese Farbpalette mittlerweile als überholt und veraltet. Als »websicher« galten nämlich früher Farben, die auch auf Systemen mit nur 8 Bit Farbtiefe (insgesamt, wohlgemerkt) dargestellt werden konnten. Da heute jeder Billigrechner größere Farbtiefen darstellen kann, ist diese Option nur noch bedingt von Interesse.

Abbildung 14.4 ▶
Mit NUR WEBFARBEN ANZEIGEN schränken Sie die Farbwahl stark ein.

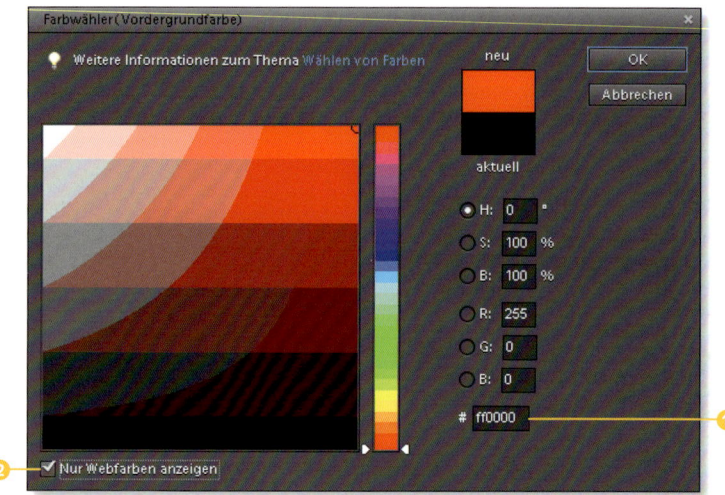

Auch die kleinen Symbole, die häufig neben dem Farbmusterfeld eingeblendet werden, beziehen sich auf die »Websicherheit« von Farben. Wird zum Beispiel ein kleiner Würfel ③ daneben angezeigt, so ist dies eine Warnung, dass die aktuell gewählte Farbe nicht websicher ist. Mit dem kleinen farbigen Symbol ④ darunter wählen Sie durch Anklicken automatisch eine websichere Farbe aus, die der aktuell gewählten Farbe recht ähnlich ist.

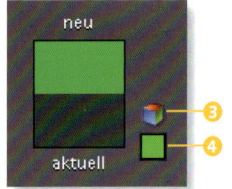

▲ **Abbildung 14.5**
Unterstützung bei der Wahl websicherer Farben

14.1.3 Das Farbfelder-Bedienfeld

Das Farbfelder-Bedienfeld unter FENSTER • FARBFELDER bietet eine weitere Möglichkeit für den Zugriff auf Farben. Zwar können Sie hier keine Farben einstellen wie mit dem FARBWÄHLER, dafür aber **Farben abspeichern**, die Sie bereits eingestellt haben. Die gespeicherten Farben können Sie dann als Vorder- und Hintergrundfarbe laden. Praktisch ist dieses Bedienfeld auf jeden Fall, da man mit ihm eine einmal erstellte Farbe bequem abspeichern und wieder laden kann, ohne jedes Mal umständlich mit dem FARBWÄHLER zu hantieren.

Weitere Farbfelder

Über die Dropdown-Liste ⑤ können Sie neben den Standard-Farbfeldern auch aus einer Menge anderer vordefinierter Farbfelder wählen.

Farbe für Vorder- und Hintergrund auswählen | Wollen Sie eine neue Farbe als Vordergrundfarbe mit dem Bedienfeld FARBFELDER auswählen, so klicken Sie einfach das gewünschte Farbfeld an. Wenn Sie mit dem Cursor kurz auf dem Feld verweilen, wird auch die Farbbezeichnung eingeblendet. Um die ausgewählte Farbe als Hintergrundfarbe einzustellen, gehen Sie wie bei der Vordergrundfarbe vor, halten jedoch beim Anklicken der gewählten Farbe zusätzlich die Taste Strg/⌘ gedrückt.

▲ **Abbildung 14.6**
Das Bedienfeld FARBFELDER in der Standardansicht

Neue Farben hinzufügen | Sie können jederzeit neue Farben zum aktuellen Farbfeld hinzufügen. Hierzu müssen Sie nur die Vordergrundfarbe im Farbwahlbereich der Werkzeugpalette einstellen. Fahren Sie anschließend mit dem Cursor über eine freie Fläche auf dem Bedienfeld FARBFELDER, wobei sich der Mauszeiger in ein Fülleimer-Symbol ❻ verwandelt, und drücken Sie nun die Maustaste. Alternativ können Sie auch über das Bedienfeldmenü mit dem Befchl NEUES FARBFELD die aktuelle Vordergrundfarbe zum Farbfelder-Bedienfeld hinzufügen.

Anschließend werden Sie im folgenden Dialog noch aufgefordert, einen Namen für die neue Farbe einzugeben.

◄ **Abbildung 14.7**
Neue Farbe hinzufügen …

◄ **Abbildung 14.8**
… und einen passenden Namen vergeben

Farben löschen | Zum Löschen einer Farbe aus dem Farbfeld müssen Sie sich mit dem Cursor auf dem entsprechenden Farbfeld befinden und die Taste Alt gedrückt halten, wodurch aus dem Cursor ein Scheren-Symbol ❼ wird. Nun brauchen Sie nur noch die Maustaste zu drücken, und die Farbe wird gelöscht. Alternativ ziehen Sie eine ausgewählte Farbe per Drag & Drop auf das Mülleimer-Symbol ❽.

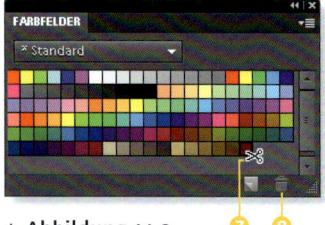

▲ **Abbildung 14.9** ❼ ❽
Eine Farbe aus dem Farbfeld löschen

Farbfelder verwalten mit dem Vorgaben-Manager | Um mehrere Farben auf einmal zu löschen, öffnen Sie den VORGABEN-MANAGER.

Gehen Sie hierzu über das Bedienfeldmenü auf VORGABEN-MANAGER oder über BEARBEITEN • VORGABEN-MANAGER, und wählen Sie in der Dropdown-Liste VORGABE ❶ FARBFELDER aus. Alternativ betätigen Sie die Tastenkombination [Strg]/[⌘]+[2]. Jetzt können Sie zum Beispiel mehrere zusammenliegende Farben mit [⇧] oder auseinanderliegende Farben mit [Strg]/[⌘] markieren und über die Schaltfläche LÖSCHEN ❷ entfernen.

▲ **Abbildung 14.10**
Mit dem VORGABEN-MANAGER lassen sich die Farbfelder einfach verwalten.

Auch andere Verwaltungsaufgaben wie das Laden, Speichern und Umbenennen von Farbfeldern sind über den VORGABEN-MANAGER möglich.

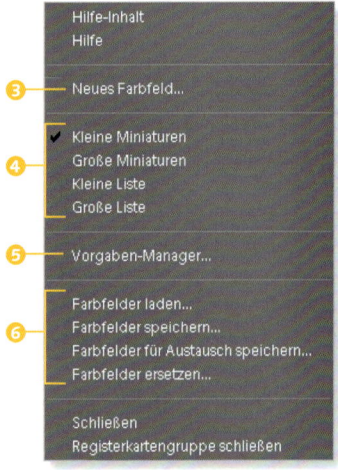

▲ **Abbildung 14.11**
Das Bedienfeldmenü der FARBFELDER

Bedienfeldmenü des Farbfelder-Bedienfeldes | Die Verwaltung der Farbfelder können Sie auch über das Bedienfeldmenü durchführen. Auch hier können Sie neue Farbfelder anlegen ❸, die Ansichtsoptionen festlegen ❹ und den VORGABEN-MANAGER aufrufen ❺. Weitere Befehle ❻ stehen mit den darunter befindlichen Einträgen zur Verfügung. Über FARBFELDER LADEN fügen Sie weitere Farbfelder zu den bereits angezeigten hinzu; FARBFELDER SPEICHERN sichert aktuelle Farbfelder. Mit FARBFELDER FÜR AUSTAUSCH SPEICHERN legen Sie Farbfelder im ASE-Format ab. Dies ist recht nützlich, wenn Sie die Farbfelder beispielsweise mit Adobe InDesign oder Adobe Illustrator verwenden wollen. Um aktuelle Farbfelder durch andere zu ersetzen, wählen Sie den Punkt FARBFELDER ERSETZEN aus.

Speichern und Laden von Farbfeldern | Leider ist das Speichern der Farbfelder ein wenig verwirrend und umständlich gestaltet. Verändern Sie zunächst das Standard-Farbfeld, indem Sie zum Beispiel eine Farbe hinzufügen oder löschen. Nun finden Sie in der Dropdown-Liste ein Sternchen (*) neben STANDARD. Damit wird angezeigt, dass es in dem Farbfeld Änderungen gibt, die noch nicht gespeichert wurden. Um das Farbfeld bzw. das veränderte Farbbedienfeld zu speichern, gehen Sie auf das Bedienfeldmenü zum Befehl FARBFELDER SPEICHERN. In der folgenden Dialogbox sichern Sie das neue Farbfeld mit der Endung ».aco« in einem Benutzerverzeichnis unter dem gewünschten Namen.

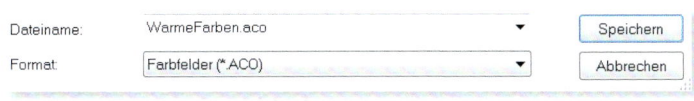

▲ Abbildung 14.12
Speichern eines Farbfeldes

Wollen Sie nun dieses Farbfeld zu einem beliebigen Zeitpunkt wieder in das Farbfelder-Bedienfeld laden, können Sie dies zwar über das Bedienfeldmenü mit dem Befehl FARBFELDER LADEN erledigen, dadurch werden allerdings die geladenen Farbfelder zum aktuellen Farbfeld hinzugefügt. Um nur die von Ihnen erzeugten und abgespeicherten Farben zu laden und anzuzeigen, wählen Sie im Bedienfeldmenü den Punkt FARBFELDER ERSETZEN aus.

Für eine umfangreichere Verwaltung der Farben würde ich Ihnen auch hier wieder empfehlen, den VORGABEN-MANAGER zu verwenden. Beachten Sie, dass Sie auch im VORGABEN-MANAGER zuvor ERWEITERT • FARBFELDER ERSETZEN aufrufen müssen, um exklusiv die von Ihnen erstellten Farbfelder im VORGABEN-MANAGER anzuzeigen und zu bearbeiten.

▲ Abbildung 14.13
Benutzerdefinierte Farbfelder laden

◄ Tabelle 14.2
Tastenbefehle für die Arbeit mit dem Farbfelder-Bedienfeld

Vorhaben	Windows	Mac
neues Farbfeld aus der Vordergrundfarbe erstellen und am Ende des Bedienfeldes hinzufügen	an das Ende (leerer Bereich) des Bedienfeldes klicken	an das Ende (leerer Bereich) des Bedienfeldes klicken
Farbe als Vordergrundfarbe einstellen	Farbfeld anklicken	Farbfeld anklicken
Farbe als Hintergrundfarbe einstellen	Strg + Farbfeld anklicken	⌘ + Farbfeld anklicken
Farbe aus dem Farbfeld löschen	Alt + Farbfeld anklicken	Alt + Farbfeld anklicken

14.1.4 Farbe mit der Pipette auswählen

Die Pipette [I] 🖌 wird bevorzugt zur Auswahl von im Bild vorhandenen Farben eingesetzt. Gerade bei Retuschen ist dieses Werkzeug unverzichtbar, um zum Beispiel einen gleichmäßigen Farbton für die Haut zu finden.

Bedienung der Pipette | Die Anwendung der Pipette ist denkbar einfach: Sie klicken lediglich eine Stelle im Bild an, und die Farbe an dieser Stelle wird als Vordergrundfarbe im Farbwahlbereich der Werkzeugpalette verwendet. Wollen Sie die ausgewählte Farbe als Hintergrundfarbe festlegen, so halten Sie beim Anklicken der Farbe zusätzlich die Taste ⌧Alt⌧ gedrückt.

Zoomen für genauere Messungen

Um die Messung der Pipette möglichst genau durchzuführen, werden Sie häufig etwas tiefer in das Bild zoomen müssen.

Werkzeugoptionen | Die Pipette hat mit dem Aufnahmebereich lediglich eine Werkzeugoption. Standardmäßig ist dieser Wert auf 1 Pixel eingestellt. Um eine durchschnittliche Farbmessung durchzuführen, können Sie einen höheren Wert verwenden. Wählen Sie zum Beispiel 5 × 5 Pixel Durchschnitt aus, so wird ein durchschnittlicher Farbwert zurückgegeben, der aus einem 5 × 5 Pixel großen Bereich der angeklickten Stelle im Bild berechnet wird. Natürlich wird auch der Durchschnittswert bei einem größeren Aufnahmebereich als Vordergrundfarbe bzw. mit gehaltener ⌧Alt⌧-Taste als Hintergrundfarbe verwendet. Nützlich ist ein größerer Aufnahmebereich beim Messen von Farbwerten, um zum Beispiel die richtige Farbmischung oder die Graubalance zu überprüfen (siehe Abschnitt 12.1, »Farbwerte messen«).

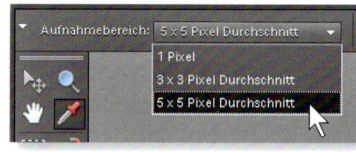

▲ **Abbildung 14.14**
Der Aufnahmebereich der Pipette

Fehlerquelle Aufnahmebereich | Die Option Aufnahmebereich der Pipette birgt eine versteckte Fehlerquelle: Beachten Sie hier, dass es mehrere Dialoge gibt, die Pipetten zum Abgleich in den Dialogfeldern integriert haben (zum Beispiel Farbton/Sättigung, Tonwertkorrektur). Alle Dialoge und sonstige Werkzeuge, die eine Pipette verwenden, benutzen den eingestellten Aufnahmebereich des Pipette-Werkzeuges. Aufnahmebereiche von 1 Pixel oder 5 × 5 Pixel Durchschnitt liefern hierbei in der Regel unterschiedliche Werte von derselben Position, was vielleicht nicht immer beabsichtigt ist.

Um dieser Falle zu entgehen, sollten Sie nach jeder Verwendung des Pipette-Werkzeuges den Aufnahmebereich auf 1 Pixel zurücksetzen – allerdings vergisst man dies gerne. Klicken Sie daher besser bei aktiver Pipette mit der rechten Maustaste ins Bild. In dem sich öffnenden Kontextmenü können Sie so aus fast allen Dialogen die Pipette kontrollieren oder ändern.

Foto: Hanspeter Bolliger

▲ **Abbildung 14.15**
Klicken Sie mit der rechten Maustaste bei einer aktiven Pipette ins Bild, um den Aufnahmebereich zu verändern oder zu überprüfen.

Vorhaben	Tasten
Pipette aufrufen	$\boxed{\text{I}}$
Farbe als Vordergrundfarbe setzen	ins Bild klicken
Farbe als Hintergrundfarbe setzen	$\boxed{\text{Alt}}$ + ins Bild klicken
schnell vom Malwerkzeug zum Pipette-Werkzeug wechseln und die aufgenommene Farbe als Vordergrundfarbe setzen	beliebiges Malwerkzeug + $\boxed{\text{Alt}}$ + ins Bild klicken

◄ **Tabelle 14.3**
Tastenbefehle für das
Pipette-Werkzeug

14.2 Die Malwerkzeuge

Das Pinsel-Werkzeug und der Buntstift sind die Standard-Malwerkzeuge schlechthin. Viele andere Werkzeuge, die Sie noch kennenlernen werden, arbeiten nach ähnlichem Prinzip und verfügen über ähnliche Einstellmöglichkeiten und Werkzeugspitzen wie diese beiden Werkzeuge.

Zwar behandelt dieser Abschnitt »nur« Malwerkzeuge, aber gerade weil sich viele andere Werkzeuge recht ähnlich verwenden und bedienen lassen, möchte ich Ihnen unbedingt empfehlen, sich diesen Abschnitt und insbesondere die **Verwendung des Pinsel-Werkzeugs** etwas genauer durchzulesen und auch auszuprobieren. Speziell bei der Retusche von Bildern werden Sie es noch sehr häufig mit diesem Werkzeug zu tun bekommen.

Das Gegenstück zu Pinsel-Werkzeug und Buntstift ist der Radiergummi , mit dem Sie nicht nur die mit Pinsel-Werkzeug und Buntstift aufgetragene Farbe löschen können, sondern auch Bildpixel im Allgemeinen.

Grafiktablett
Wenn sich das Malen mit der Maus etwas holprig anfühlt und Sie gerne detaillierte Illustrationen erstellen wollen, dann sollten Sie sich vielleicht über die Anschaffung eines Grafiktabletts Gedanken machen. Nach kurzer Eingewöhnungszeit lassen sich mit dem Tablett wesentlich präzisere und schnellere Ergebnisse erzielen.

14.2.1 Das Pinsel-Werkzeug

Mit dem Pinsel-Werkzeug $\boxed{\text{B}}$ zeichnen Sie Striche auf ein Bild oder in ein leeres Dokument. Diese Striche haben wahlweise weiche oder harte Kanten. Als Farbe wird automatisch die im Farbwahlbereich der Werkzeugleiste eingestellte Vordergrundfarbe verwendet.

Verwendung des Pinsel-Werkzeugs | Der Umgang mit dem Pinsel-Werkzeug ist leicht. Für eine einfache **Freihandzeichnung** müssen Sie nur mit der Pinselspitze (dem Cursor) über das Bild oder Dokument fahren und die Stelle anklicken, auf der Sie mit dem Zeichnen beginnen wollen. Bewegen Sie nun zum Zeichnen den Cursor mit gedrückter Maustaste über das Bild. Sobald Sie die Maustaste loslassen, wird der Zeichenvorgang (oder auch ein Arbeitsschritt) beendet.

Zum Zeichnen von **geraden Linien** benötigen Sie die ⬚-Taste. Klicken Sie zunächst auf den gewünschten Anfangspunkt der Linie. Sobald Sie die Maustaste loslassen, sehen Sie den Startpunkt der Linie. Wählen Sie nun die Position des Endpunktes aus, und klicken Sie diesen an, während Sie gleichzeitig ⬚ gedrückt halten. Jetzt haben Sie eine gerade Linie gezeichnet. Analog dazu erstellen Sie eine **Verbindung** von dem zuletzt gezeichneten Punkt zu einem weiteren Punkt, indem Sie eine dritte Position anklicken und dabei die ⬚-Taste gedrückt halten.

Um eine **vertikale** oder **horizontale Linie** zu zeichnen, wählen Sie wiederum zunächst einen Startpunkt im Bild aus. Halten Sie nun die ⬚-Taste und die Maustaste gedrückt. Wenn Sie den Pinsel nach oben oder nach unten bewegen, wird eine vertikale Linie gezeichnet (auch wenn Sie mit dem Pinsel etwas »aus der Spur« geraten). Eine horizontale Linie zeichnen Sie, wenn Sie die Maus nach links oder rechts bewegen. Erscheint die horizontale bzw. vertikale Linie wie gewünscht, sollten Sie zuerst die Maustaste loslassen und dann erst die ⬚-Taste, um ein »Vermalen« aus der Spur zu vermeiden. Probieren Sie es einfach aus, dann wissen Sie, was ich meine.

▲ **Abbildung 14.16**
Eine einfache Freihandzeichnung mit gedrückter Maustaste

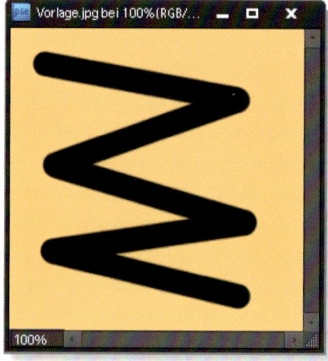

▲ **Abbildung 14.17**
Das Zeichnen von geraden Linien mit einer Verbindung wird mit ⬚ realisiert.

▲ **Abbildung 14.18**
Drücken Sie gleichzeitig die Maustaste und ⬚, zeichnen Sie horizontale und vertikale Linien.

Werkzeugspitze schneller auswählen

Die Flyout-Menüs der Werkzeugoptionen zum Auswählen einer Werkzeugspitze können Sie sich auch schneller über einen Rechtsklick im Bild bzw. Dokument anzeigen lassen.

Werkzeugoptionen | Die voreingestellte Spitze des Pinsel-Werkzeugs ändern Sie über das Flyout-Menü ❶ der Werkzeugoptionen. Hier können Sie sich auch die verschiedenen PINSEL ❸ nach Kategorien auflisten lassen. Weiche Werkzeugspitzen sorgen im Unterschied zu harten Spitzen für verblassende Konturen. Über GRÖSSE ❷ stellen Sie die Stärke der Werkzeugspitze ein. Dabei wird die ausgewählte Werkzeugspitze über das Flyout-Menü vergrößert oder verkleinert.

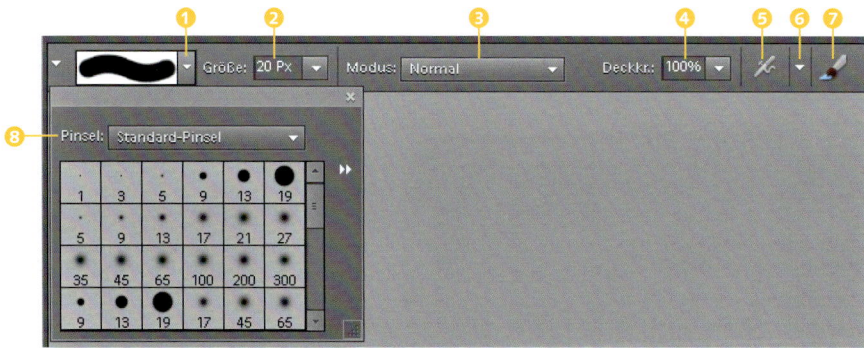

Mit MODUS ❸ bestimmen Sie, wie die aufgetragenen Pixel mit den darunterliegenden Pixeln verrechnet werden sollen. Die Modi und deren Bezeichnungen entsprechen denen der Ebenen-Füllmethoden. Eine Beschreibung der Modi finden Sie in Kapitel 28, »Füllmethoden von Ebenen«.

Mit der Deckkraft (hier DECKKR.) ❹ regulieren Sie die Deck-kraft bzw. Transparenz der aufgetragenen Pixel. Der kleine Schalter daneben ❺ ist das **Airbrush**-Werkzeug, das Sie per Mausklick ein- und ausschalten können. Mit dieser Option erzeugen Sie weiche Farbübergänge. Während bei den anderen Malwerkzeugen nur dann Farbe aus der Werkzeugspitze kommt, wenn Sie den Cursor bei gedrückter Maustaste bewegen, versprüht das Airbrush-Werkzeug seine Farbe auch beim Stillhalten der Maus. Bei längerem Verweilen auf einem Punkt mit gedrückter Maustaste bildet sich so ein immer dickerer »Fleck« – wie aus einer Spraydose.

Mit dem kleinen Dreieck ❻ daneben öffnen Sie ein Unter-menü mit weiteren Optionen für ein druckempfindliches Grafik-tablett. Klicken Sie das Pinsel-Symbol ❼ daneben an, so öffnet sich ein weiteres Untermenü, mit dem Sie weitere Grafiktablett-Optionen einstellen können, zum Beispiel ob der Druck des Zei-chenstifts auf das Grafiktablett Auswirkung auf die Größe, Deck-kraft, Streuung oder Rundheit des Pinselstrichs haben soll.

Für das Beispiel in Abbildung 14.20 wurden alle Pinselstri-che mit einem Durchmesser von 40 Pixeln gezeichnet. Die erste Linie wurde mit einem harten und die zweite mit einem weichen Pinsel erstellt. Die letzte Linie wurde wieder mit einem harten Pinsel, aber mit reduzierter Deckkraft (50 %) gemalt.

14.2.2 Impressionisten-Pinsel

Der Impressionisten-Pinsel ⌞B⌟ 🖌 ist eher ein Kreativwerkzeug und befindet sich im selben Fach wie das Pinsel-Werkzeug.

Dieses Werkzeug arbeitet allerdings etwas anders als der normale Pinsel, denn es verändert die Farben und Details eines

▲ **Abbildung 14.19**
Die Werkzeugoptionen für das Pinsel-Werkzeug

Darstellung der Werkzeugspitze ändern
Die Darstellung der Werkzeug-spitzen von Malwerkzeugen kön-nen Sie jederzeit über BEARBEI-TEN/ PHOTOSHOP ELEMENTS • VOREINSTELLUNGEN • ANZEIGE & CURSOR im Bereich MALWERK-ZEUGE verändern.

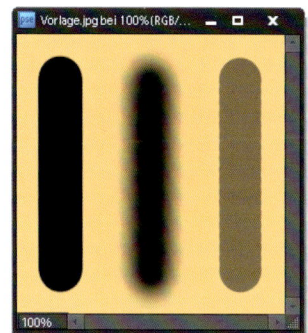

▲ **Abbildung 14.20**
Unterschiedliche Pinseleinstel-lungen

Experimentieren Sie
Interessante Effekte lassen sich durch Experimentieren mit den verschiedenen Stil-, Größen- und Toleranzoptionen erzielen. Hier können Sie verschiedene Kunst-stile simulieren.

geöffneten Bildes. Fahren Sie mit diesem Werkzeug über das Bild, sieht es anschließend aus, als wäre es mit Pinselstrichen oder Pinseltupfern gemalt worden – eben in impressionistischer Manier.

Foto: Hanspeter Bolliger

Abbildung 14.21 ▶
Der Landschaftsaufnahme wurde mit dem Impressionisten-Pinsel bearbeitet.

14.2.3 Farbe-ersetzen-Werkzeug

Auch das Farbe-ersetzen-Werkzeug B 🔳 finden Sie im Fach der Pinsel-Werkzeuge. Dieses Werkzeug ist eine Mischung aus Retusche- und Kreativwerkzeug. Es ersetzt gezielt Farbe aus einem Bild durch die festgelegte Vordergrundfarbe im Farbwahlbereich. Dabei werden auch Kanten im Bild erkannt, sodass andere Bereiche nicht versehentlich umgefärbt werden.

Bedienung | Die Anwendung ist einfach: Klicken Sie im Bild auf die Farbe, die Sie ersetzten wollen, und ziehen Sie anschließend die Pinselspitze über das Bild, um die Zielfarbe durch die im Farbwahlbereich gesetzte Vordergrundfarbe zu ersetzen.

Beim Beispiel in Abbildung 14.22 wurde lediglich die Pinselspitze vergrößert. Ansonsten wurden die Standardeinstellungen (MODUS: FARBE; GRENZEN: AUFEINANDER FOLGEND und TOLERANZ: 30 %) verwendet.

Sieben.jpg

Foto: Jürgen Wolf

Abbildung 14.22 ▶
Das Farbe-ersetzen-Werkzeug ersetzt hier die Farbe der roten Ziffer Sieben durch einen grünen Ton.

Werkzeugoptionen | Bei den Werkzeugoptionen des Farbe-ersetzen-Werkzeugs wählen Sie im Menü Pinsel ❶ zunächst einen Pinsel aus und stellen ihn genauer ein. Um die Farbe tatsächlich zu ersetzen, stellen Sie unter Modus ❷ Farbe ein. Neben der Möglichkeit, die Farbe zu ersetzen, finden Sie hier auch die Optionen Sättigung, Luminanz und Farbton.

▼ **Abbildung 14.23**
Die Optionen des
Farbe-ersetzen-Werkzeugs

Unter dem Punkt Grenzen ❸ wählen Sie zwischen den Optionen Aufeinander folgend und Nicht auffinander folgend:

▶ Mit Nicht aufeinander folgend wird die aufgenommene Farbe in allen Bereichen des Bildes ersetzt, über die der Mauszeiger fährt.

▶ Die Option Aufeinander folgend ersetzt nur die Farben, die unmittelbar neben der Farbe unter dem Mauszeiger liegen.

Abbildung 14.24 demonstriert den Unterschied zwischen Aufeinander folgend und Nicht aufeinander folgend in der Werkzeugoption Grenzen. Beim oberen Bild wurde der Wert Aufeinander folgend verwendet, wodurch nur die Farben ersetzt wurden, die neben den Farben unterhalb des Mauszeigers – dem Hotspot – liegen. Der andersfarbige Bereich, im oberen Beispiel rund um die rote Sieben, verhindert, dass auch die andere Sieben mit eingefärbt wird, obwohl der Pinsel teilweise darüber ❻ steht.

Wollen Sie, dass alle Bereiche einer bestimmten Farbe unterhalb des Pinsels mit einer anderen Farbe ersetzt werden, so setzen Sie die Option von Grenzen auf Nicht aufeinander folgend, wie im unteren Bild ❼ geschehen. Im Beispiel wird hier nun auch die andere Sieben eingefärbt, wenn sich der Pinsel darüber befindet.

Mit Toleranz ❹ geben Sie an, wie ähnlich sich die Farben sein sollen, die ersetzt werden. Je niedriger der Wert, desto ähnlicher muss die zu ersetzende Farbe sein. Mit der Option Glätten ❺ können Sie dafür sorgen, dass der zu korrigierende Bereich glatte Kanten erhält.

▲ **Abbildung 14.24**
Oben wurde Aufeinander folgend, unten Nicht aufeinander folgend gewählt.

14.2.4 Der Buntstift

Die Erläuterungen zum Pinsel-Werkzeug gelten größtenteils auch für den Buntstift N . Auch bei diesem Werkzeug stehen harte und weiche Werkzeugspitzen zur Verfügung. Im Unterschied zum Pinsel kann der Buntstift aber keine weichen Kanten erzeugen. Wenn Sie also für den Buntstift eine Werkzeugspitze mit weichen Kanten wählen, so wird eine Linie mit unsauberen Kanten erzeugt, ähnlich wie auch mit einem realen Buntstift.

▲ Abbildung 14.25
Striche, die mit einem Buntstift mit weichen Kanten, aber ohne weiche Übergänge gezeichnet wurden

Werkzeugoptionen | Auch die Werkzeugoptionen des Buntstifts entsprechen weitgehend denen des Pinsel-Werkzeugs. Eine Ausnahme bildet AUTOMATISCH LÖSCHEN ❶. Ist diese Option aktiviert, können Sie mit der eingestellten Hintergrundfarbe im Farbwahlbereich die Vordergrundfarbe übermalen.

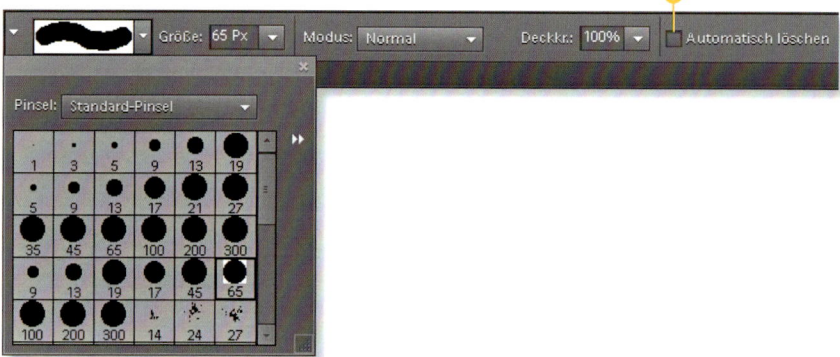

Abbildung 14.26 ▲
Die Werkzeugoptionen des Buntstifts entsprechen größtenteils denen des Pinsels.

Einsatzgebiet | Meist wird der Buntstift bei Bildern im Bitmap-Modus verwendet, wo nur schwarze und weiße Farbe zum Einsatz kommt. Auch wenn Sie bei einer Arbeit unbedingt scharfe und harte Linien benötigen, sollten Sie den Buntstift dem Pinsel-Werkzeug vorziehen, weil beim Pinsel-Werkzeug auch bei den »harten« Werkzeugspitzen die Kanten ein wenig geglättet werden.

14.2.5 Das Radiergummi-Werkzeug

Das Gegenstück zum Pinsel-Werkzeug und Buntstift ist natürlich der Radiergummi E , mit dem Sie Pixel entfernen.

Verwendung des Radiergummis | Der Einsatz des Radiergummi-Werkzeugs erklärt sich eigentlich von selbst: Wählen Sie den Radiergummi aus, stellen Sie die gewünschten Optionen ein, setzen Sie den Cursor auf das Bild, und beginnen Sie mit gedrückter Maustaste zu radieren. Auch beim Radieren können Sie durch Halten der ⇧-Taste gerade Linien löschen, wie dies bereits beim Zeichnen von Linien mit dem Pinsel-Werkzeug in Abschnitt

14.2.1 beschrieben wurde. Beachten Sie allerdings, dass Sie beim Löschen von Pixeln diese unwiderruflich aus dem Bild entfernen.

Werkzeugoptionen | Auch die Werkzeugoptionen entsprechen zum Teil denen des Pinsel-Werkzeugs und des Buntstifts. Einzig beim MODUS ❷ finden Sie hier mit PINSEL, BUNTSTIFT und QUADRAT etwas Neues: Hier stellen Sie ein, ob sich die Werkzeugspitze beim Radieren wie ein Pinsel-Werkzeug oder wie ein Buntstift verhalten soll. Der Buntstift erzeugt, wie erwähnt, härtere Kanten als das Pinsel-Werkzeug. Die Einstellung QUADRAT stellt eine quadratische Werkzeugspitze ein. Diese benötigen Sie etwa, wenn Sie in einer hohen Zoomstufe pixelgenau radieren müssen. In diesem Modus werden dann die anderen Werkzeugspitzen nicht mehr zur Auswahl angeboten.

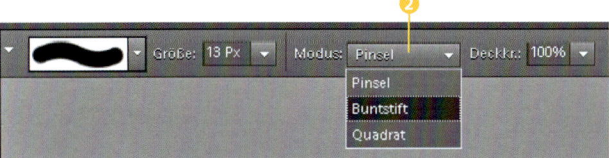

◄ **Abbildung 14.27**
Die Werkzeugoptionen des Radiergummis

14.2.6 Der Hintergrund-Radiergummi

Mit dem Hintergrund-Radiergummi [E] 🖌 werden die Pixel nicht gelöscht, sondern beim Radieren in transparente Pixel umgewandelt. Mit diesem Werkzeug können Sie daher recht problemlos störende Objekte und/oder Pixel vom Hintergrund entfernen. Das Fadenkreuz im Kreis der Pinselspitze wird dabei als Hotspot bezeichnet. Wenn Sie den Hintergrund-Radiergummi im Bild mit gedrückter Maustaste ziehen, werden alle Pixel innerhalb des Kreises mit einem ähnlichen Farbwert wie das Pixel unter dem Hotspot gelöscht. Bei richtiger Anwendung bleiben auch die Kanten des Vordergrundobjektes erhalten, während Sie die Hintergrundpixel löschen.

◄ **Abbildung 14.28**
Werkzeugoptionen des Hintergrund-Radiergummis

Werkzeugoptionen | Mit der Pinselvorgabe-Auswahl ❸ legen Sie Größe, Durchmesser, Kantenschärfe und Malabstand für die Werkzeugspitze fest. Unter GRENZEN ❹ wählen Sie AUFEINANDER FOLGEND, um nur die benachbarten Bereiche zu löschen, die die Hotspot-Farbe enthalten. Mit NICHT AUFEINANDER FOLGEND werden alle Pixel innerhalb des Kreises gelöscht, die der

Hotspot-Farbe ähnlich sind. Mit dem Wert TOLERANZ ❺ geben Sie an, wie ähnlich der Farbwert eines Pixels sein sollte, um vom Hintergrund-Radiergummi berücksichtigt zu werden. Je niedriger der Wert, desto ähnlicher muss die Hotspot-Farbe sein, um gelöscht zu werden.

Schritt für Schritt: Hintergrund-Radiergummi verwenden

1 **Hintergrund-Radiergummi einstellen**

Wählen Sie den Hintergrund-Radiergummi in der Werkzeugpalette 🖌 (zum Beispiel mit ⌴E⌴) aus. Legen Sie als Nächstes die Optionen für das Werkzeug fest. Im Beispiel wurde eine größere Werkzeugspitze mit 100 Pixeln verwendet. Die GRENZEN wurden auf NICHT AUFEINANDER FOLGEND gestellt, und die TOLERANZ wurde auf 50 % belassen.

2 **Hintergrund löschen**

Führen Sie nun den Cursor auf den Bildbereich, den Sie entfernen wollen. Drücken Sie dann die Maustaste, und ziehen Sie die Werkzeugspitze über den zu löschenden Bildbereich ❶. Achten Sie genau darauf, mit dem Hotspot des Werkzeugs nicht über den Bildbereich hinauszufahren, den Sie löschen wollen.

Am Ende finden Sie einen transparenten Hintergrund an der gelöschten Stelle, wo Sie zum Beispiel über eine weitere Ebene einen neuen Himmel einfügen können. Alles über Ebenen erfahren Sie im achten Teil des Buchs. Wie Sie den Himmel austauschen können, wird in einem Workshop in Abschnitt 26.6 beschrieben.

WatSriChum.jpg

Foto: Wolfgang Pfriemer (Bangkok)

Abbildung 14.29 ▶
Dank des Hotspots werden nur ähnliche Pixel innerhalb der Werkzeugspitze gelöscht, auch wenn die komplette Spitze darüber hinausgeht.

14.2.7 Magischer Radiergummi

Das Magischer-Radiergummi-Werkzeug ⟨E⟩ 🖌 ist eine Mischung aus Zauberstab und Radiergummi. Der Magische Radiergummi findet und löscht alle Pixel eines bestimmten Farbbereiches. Wenn Sie hierbei mit einer Ebene mit fixierter Transparenz (siehe Abschnitt 26.2.4, »Ebenen schützen«) arbeiten, nehmen die gelöschten Pixel die Hintergrundfarbe aus dem Farbwahlbereich der Werkzeugpalette an. Ansonsten werden die gelöschten Pixel durchsichtig (transparent).

Werkzeugoptionen | Für den Magischen Radiergummi stehen Ihnen mehrere Optionen zur Verfügung. Zunächst können Sie mit der TOLERANZ ❷ den zu löschenden Farbbereich festlegen. Es werden jene Bildteile gelöscht, deren Farbwertbereich dem ausgewählten Pixel ähnlich ist. Je niedriger dieser Wert hierbei ist, desto ähnlicher muss der Farbwert des Pixels sein.

Damit die Kanten des gelöschten Bereiches natürlicher wirken, können Sie die Checkbox GLÄTTEN ❸ aktivieren. Wenn Sie die Checkbox AUFEINANDER FOLGEND ❹ ankreuzen, werden nur die Pixel gelöscht, die direkt an das ausgewählte Pixel angrenzen. Deaktivieren Sie diese Option, so werden alle identischen oder ähnlichen Pixel (abhängig von der Toleranz) im Bild entfernt.

▼ **Abbildung 14.30**
Die Werkzeugoptionen des Magischen Radiergummis

Wenn Sie die Option ALLE EBENEN AUFNEHMEN ❺ aktivieren, so werden alle Farben zum Löschen aus allen sichtbaren Ebenen verwendet. Wenn Sie nur die Farben aus der aktiven Ebene löschen wollen, lassen Sie diese Option deaktiviert. Mit der DECKKRAFT ❻ legen Sie die Stärke des Radierens fest. Bei 100 % werden beim Radieren der Ebene die Pixel vollkommen transparent und beim Radieren mit fixierter Transparenz durch die Hintergrundfarbe ersetzt. Wenn Sie die DECKKRAFT reduzieren, tritt dieser Effekt nur teilweise ein.

Verwendung des Magischen Radiergummis | Die Verwendung des Werkzeugs ist ganz einfach: Nachdem Sie die Optionen des Werkzeuges eingestellt und gegebenenfalls die entsprechende Ebene im Ebenen-Bedienfeld ausgewählt haben, markieren Sie im Bildbereich mit der Maus den Teil, den Sie entfernen wollen, und klicken diesen an. Je nach Einstellung der Werkzeugoptionen werden nun Pixel im Bildbereich gelöscht.

Nacharbeit
Auch wenn das Magischer-Radiergummi-Werkzeug sehr gut arbeitet, kommen Sie doch häufig um ein wenig Nacharbeit mit dem Hintergrund-Radiergummi oder dem Radiergummi nicht herum.

 Blume.jpg

Abbildung 14.31 ▶
Hier wurde der Hintergrund mit
dem Magischen Radiergummi
entfernt.

Die Radiergummis einsetzen | Wann Sie den Magischen Radier-
gummi 💥 einsetzen sollten und wann eher den Hintergrund-
Radiergummi 💥, hängt vom Motiv ab. Bei einfachen Motiven
mit einfarbigen großen Flächen ist der Magische Radiergummi
besser geeignet. Für etwas detailliertere Arbeiten bietet sich der
Hintergrund-Radiergummi an. Um einzelne Pixel zu bearbeiten,
ist der normale Radiergummi 🪄 die beste Wahl.

14.2.8 Die Smartpinsel-Werkzeuge

Eine spezielle Art von Pinselwerkzeugen von Photoshop Elements
sind die Werkzeuge Smartpinsel ⌴F⌴ 🖌 und Detail-Smartpinsel
⌴F⌴ 🖌. Bevorzugt lassen sich diese Werkzeuge für Tonwerteffekte
und Farbkorrekturen verwenden. Aber auch für kreative Arbeiten
eignen sich diese Pinsel.

Die Effekte beider Werkzeuge werden über Einstellungsebenen realisiert, wodurch das Originalbild bzw. die Bildebene
unangetastet bleibt. Im Prinzip funktionieren diese Werkzeuge
wie eine Kombination aus Schnellauswahl-Werkzeug 🖌 (siehe
Abschnitt 23.3) und Einstellungsebenen, wo Sie aus einer Palette
von vordefinierten Korrekturen und Effekten auswählen können.

Gerade für Einsteiger sind diese Werkzeuge ideale Hilfsmittel,
da sie schwierigere Dinge wie Auswahlen, Ebenen und Ebenenmasken im Hintergrund von Photoshop Elements automatisch für
Sie erstellen.

Werkzeugoptionen | In der Popup-Palette ❺ können Sie sich
eine Liste der vorhandenen Smartpinsel anzeigen lassen. Standardmäßig werden hierbei zunächst nur Korrekturen FÜR ALLE
ZWECKE aufgelistet, aber die Dropdown-Liste ❻ zeigt Ihnen nach
Themen sortiert auch andere vordefinierte Korrekturen an. Über

Pᴵɴsᴇʟ ❷ stellen Sie den Pinsel ein (siehe Abschnitt 14.3 unter »Schnellauswahl-Werkzeug-Pinsel einstellen«).

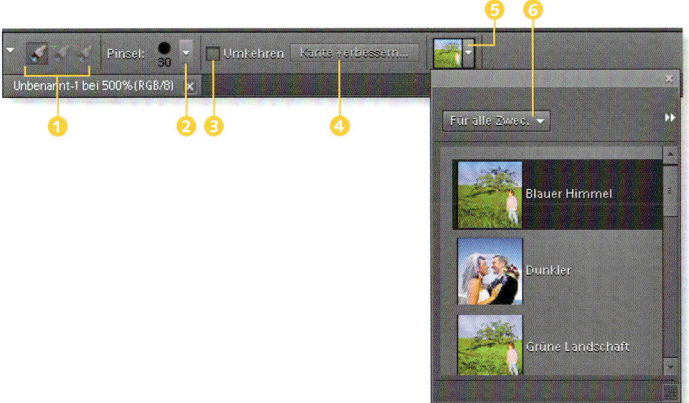

◄ **Abbildung 14.32**
Optionen des
Smartpinsel-Werkzeugs

Mit der Checkbox Uᴍᴋᴇʜʀᴇɴ ❸ kehren Sie die Auswahl um: Was nicht ausgewählt war, ist nun ausgewählt, und was zuvor ausgewählt war, ist nun nicht mehr ausgewählt. Dies entspricht dem Kommando Aᴜsᴡᴀʜʟ • Aᴜsᴡᴀʜʟ ᴜᴍᴋᴇʜʀᴇɴ (oder [⇧]+[Strg]/[⌘]+[I]). Mit der Schaltfläche Kᴀɴᴛᴇ ᴠᴇʀʙᴇssᴇʀɴ ❹ können Sie über einen Dialog die Kanten der Auswahl verbessern.

Die drei kleinen Pinsel ❶ sind ebenfalls schnell erklärt. Um eine neue Auswahl für Korrekturen auf dem Bild festzulegen, sollten Sie den Pinsel 🖌 für Nᴇᴜᴇ Aᴜsᴡᴀʜʟ auswählen. Wollen Sie einer bereits vorhandenen Auswahl weitere Bereiche hinzufügen, so aktivieren Sie den Pinsel 🖌 (Dᴇʀ Aᴜsᴡᴀʜʟ ʜɪɴᴢᴜғüɢᴇɴ). Sollen hingegen Teile einer bereits vorhandenen Auswahl entfernt werden, verwenden Sie den Pinsel 🖌 (Vᴏɴ Aᴜsᴡᴀʜʟ ᴀʙᴢɪᴇʜᴇɴ).

Zum Weiterlesen
Mehr zu den Auswahlbefehlen können Sie in Abschnitt 22.3, »Auswahlbefehle im Menü«, und zum Dialog Kᴀɴᴛᴇ ᴠᴇʀʙᴇssᴇʀɴ in Abschnitt 22.5.3 nachlesen.

Die Smartpinsel im Einsatz | Die Verwendung des Smartpinsel-Werkzeugs ist kinderleicht. Den praktischen Einsatz erläutert der folgende Workshop.

◄ **Abbildung 14.33**
Ein schönes Foto, aus dem man mit dem Smartpinsel-Werkzeug noch einiges mehr herausholen kann

Schritt für Schritt: Bildkorrektur mit dem Smartpinsel

1 Korrektur auswählen

Öffnen Sie das Bild »AyersRock.jpg« im Editor, und wählen Sie das Smartpinsel-Werkzeug [F] 🔧 aus der Werkzeugpalette aus. Verwenden Sie im Korrekturen-Bedienfeld BLAUER HIMMEL ②, und stellen Sie die Größe des Pinsels ① auf 100 Pixel.

AyersRock.jpg

Abbildung 14.34 ▶
Zunächst soll der Himmel blauer werden.

2 Korrektur ins Bild malen

Malen Sie die Korrektur im Bild auf dem Himmel mit gedrückt gehaltener Maustaste auf. Die Korrektur wird als eigene Einstellungsebene ⑤ vorgenommen. Haben Sie zu viel ausgewählt, können Sie dies jederzeit mit dem Pinsel 🔧 wieder von der Auswahl abziehen; ebenso können Sie weitere Bereiche hinzufügen 🔧.

Abbildung 14.35 ▶
Photoshop Elements erstellt automatisch eine Einstellungsebene, und Sie können sofort losmalen.

Die Pinsel aus der Werkzeugoptionsleiste finden Sie auch im Bild ③ zur Auswahl wieder. Des Weiteren sehen Sie nun einen

Farbpunkt ❹ im Bild. Dieser Farbpunkt dient als Referenz für die Korrektur. Erstellen Sie eine weitere Korrektur, wird ein weiterer Farbpunkt angelegt.

3 Korrekturvorgaben ändern

Im Beispiel strahlt der Himmel zwar nun erheblich blauer, aber irgendwie passt das Kontrastspiel zwischen dem blauen Himmel und den Wolken nicht. Daher versuchen wir es einmal mit einer anderen Korrekturvorgabe. Wählen Sie hierzu die entsprechende Einstellungsebene im Ebenen-Bedienfeld aus, oder klicken Sie den entsprechenden Farbpunkt ❹ an, um die Ebene zu aktivieren. Die Ebene ist aktiv, wenn Sie die Ameisenlinien um die Auswahl sehen. Wählen Sie jetzt im Popup-Menü WOL-KENKONTRAST ❼ aus. Sie finden diese Korrekturvorgabe über die Dropdown-Liste ❻ unter NATUR. Sie müssen übrigens die Auswahl nicht mehr neu pinseln, sondern können die Auswahl von BLAUER HIMMEL verwenden.

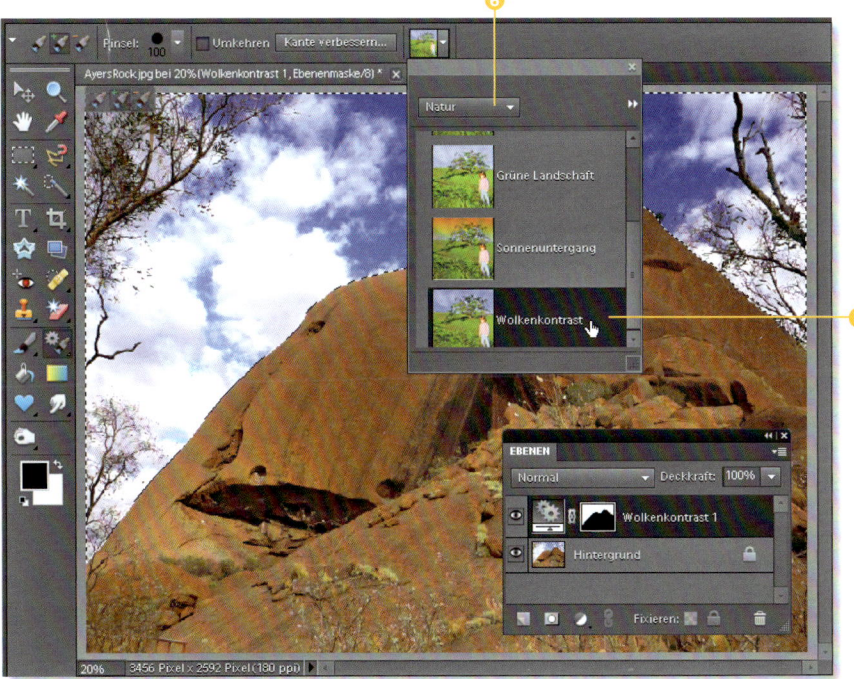

▲ **Abbildung 14.36**
Wolkenkontrast hinzufügen

4 Weitere Korrekturvorgabe für das Bild vorbereiten

Nun soll noch eine zweite Korrekturvorgabe im Bild verwendet werden. Wählen Sie hierzu zunächst in der Werkzeugoptionsleiste den Pinsel 🖌 ❽ für eine neue Auswahl. Verwenden Sie aus der Gruppe BELEUCHTUNG ❾ die Korrekturvorgabe HOHER KONTRAST ❿.

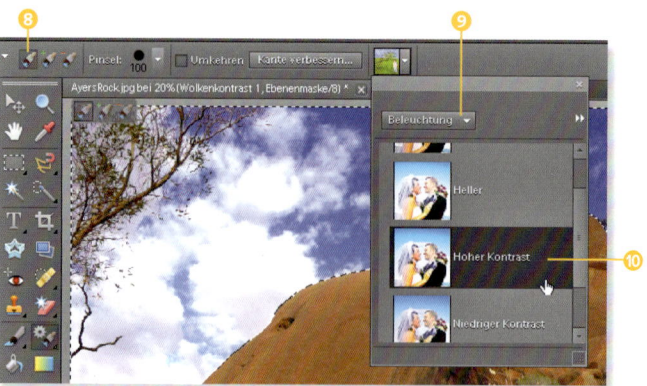

Abbildung 14.37 ▶
Kontrast erhöhen

5 **Weitere Korrektur ins Bild malen**

Malen Sie, wie schon beim Himmel, eine weitere Korrektur auf den Felsen im Bild. Auch hier gilt: Haben Sie zu viel gemalt, so ziehen Sie diesen Bereich mit 🖌 wieder von der Auswahl ab. Dasselbe gilt für das Hinzufügen von Bildbereichen mit 🖌. Nun sollten Sie im Ebenen-Bedienfeld eine weitere Einstellungsebene ⑫ vorfinden und im Bild einen zweiten Farbpunkt ⑪.

Abbildung 14.38 ▶
Für die beiden Korrekturen
WOLKENKONTRAST und HOHER
KONTRAST wurde je eine Einstellungsebene angelegt.

Farbpunkte nicht sichtbar

Die Farbpunkte sind nur dann sichtbar und anwählbar, wenn Sie eines der Smartpinsel-Werkzeuge aktiviert haben. Von anderen Werkzeugen aus können Sie die Korrektureinstellungen nur über einen Doppelklick auf die Ebenenminiatur ändern.

6 **Korrektureinstellungen ändern (1)**

Im nächsten Schritt wollen wir nun die Korrektureinstellungen der Einstellungsebene (nicht zu verwechseln mit den Korrekturvorgaben!) des rötlichen Felsens ändern. Hierzu stehen Ihnen drei Möglichkeiten zur Verfügung:

▶ Klicken Sie doppelt auf die Ebenenminiatur ⑫ der Einstellungsebene im Ebenen-Bedienfeld.

▶ Einfacher noch geht es mit einem Doppelklick auf den Farbpunkt oder indem Sie diesen mit der rechten Maustaste anklicken und im Kontextmenü den Punkt KORREKTUREINSTELLUN-
GEN ÄNDERN auswählen.

▶ Ähnlich können Sie auch eine mit dem Smartpinsel erstellte
Korrektur **löschen**, indem Sie entweder die entsprechende
Einstellungsebene im Ebenen-Bedienfeld löschen oder per
Rechtsklick auf den Farbpunkt KORREKTUR LÖSCHEN wählen.

▲ **Abbildung 14.39**
Korrekturen verwerfen

7 Korrektureinstellungen ändern (2)

Je nachdem, welche Korrekturvorgabe verwendet wurde,
erscheint nun der zur Einstellungsebene gehörende Dialog im
Korrekturen-Bedienfeld. Im Beispiel wurde die Kontrastanhebung mit dem Dialog HELLIGKEIT/KONTRAST realisiert. Da durch
die Kontrastanhebung der rötliche Felsen ein wenig zu stark verdunkelt wurde, soll im Dialog die HELLIGKEIT ⓬ auf 20 erhöht
werden. Jetzt sollten die Felsen nicht mehr so dunkel sein.

▲ **Abbildung 14.40**
Die Arbeit des Smartpinsels können Sie nachträglich justieren.

8 Ebenen reduzieren

Wenn Sie mit dem Ergebnis schließlich zufrieden sind, können
Sie alle Ebenen auf eine reduzieren. Klicken Sie hierzu eine der
Ebenen im Ebenen-Bedienfeld mit der rechten Maustaste an,
wählen Sie im Kontextmenü AUF HINTERGRUNDEBENE REDUZIE-
REN aus, und speichern Sie das Bild anschließend ab.

◀ **Abbildung 14.41**
Wer will, reduziert die Ebenen
nach getaner Arbeit.

9 Analyse

Vergleichen Sie zuletzt die Vorher- und die Nachher-Ansicht
miteinander, so sind die Resultate mit dem Werkzeug in der Tat
beeindruckend – gerade in Anbetracht des geringen Aufwandes.

Abbildung 14.42 ▲
Links das Bild im Originalzustand,
rechts nach der Überarbeitung mit
dem Smartpinsel

Smartpinsel-Werkzeug für Porträts | Nicht nur für Landschafts-
aufnahmen oder kreative Effekte eignen sich die Smartpinsel-
Werkzeuge. Auch für Porträts bieten die Werkzeuge einige sehr
gute Korrekturvorlagen. Experimentieren Sie am besten ein wenig
mit dem Werkzeug und den verschiedenen Vorlagen herum.

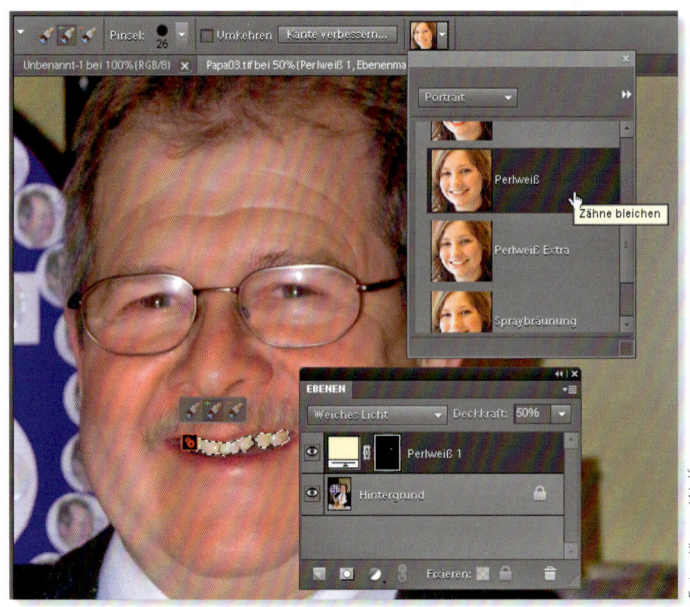

Abbildung 14.43 ▶
Auch bei Porträts können die
Smartpinsel-Werkzeuge punkten.
In der Abbildung wurde die Kor-
rekturvorlage zum Aufhellen der
Zähne (PERLWEISS) verwendet.

Foto: Jürgen Wolf

14.2.9 Detail-Smartpinsel-Werkzeug

Das Detail-Smartpinsel-Werkzeug F ⚙ unterscheidet sich in
den Werkzeugoptionen vom einfachen Smartpinsel auf den ersten Blick nur dadurch, dass Sie hier unter voreingestellten Pinselspitzen ❶ wählen können. Alle übrigen Werkzeugoptionen sind
gleich ⚙.

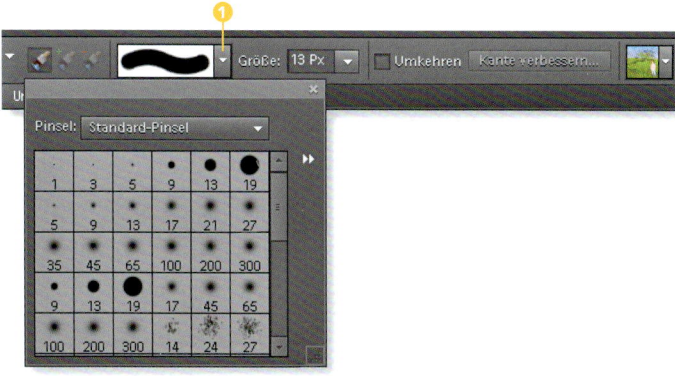

◄ **Abbildung 14.44**
Wählen Sie eine der voreingestellten Pinselspitzen.

Bedienung des Detail-Smartpinsels | Erst bei der Verwendung des Detail-Smartpinsels wird der Unterschied zum Smartpinsel-Werkzeug deutlich. Während das Smartpinsel-Werkzeug noch wie das Schnellauswahl-Werkzeug [A] 🔧 funktioniert, arbeitet das Detail-Smartpinsel-Werkzeug wie das Pinsel-Werkzeug 🖌.

Somit ist das Detail-Smartpinsel-Werkzeug eher für Bilder oder Bildbereiche geeignet, die sich zur Korrektur oder Veränderung nicht so einfach wie beim Smartpinsel-Werkzeug mit einer Auswahl erfassen lassen. Auch für detailliertere Nacharbeiten zum Smartpinsel-Werkzeug eignet sich das Werkzeug bestens (daher auch sein Name).

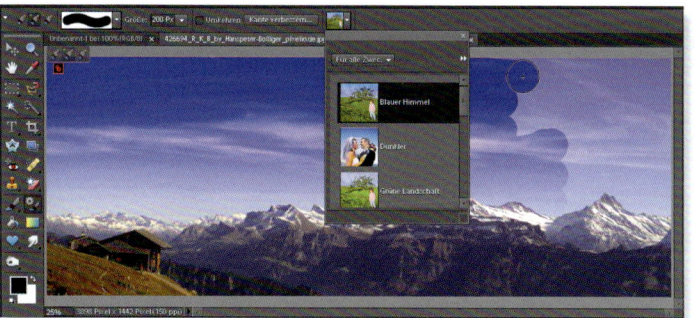

Foto: Hanspeter Bolliger

▲ **Abbildung 14.45**
Das Detail-Smartpinsel-Werkzeug im Einsatz

14.3 Pinsel- und Werkzeugspitzen

Die Werkzeugspitzen werden neben den typischen Malwerkzeugen wie Pinsel-Werkzeug 🖌, Buntstift 🖊 oder Radiergummi 🩹 auch bei Werkzeugen für Illustrationen und Retuschen von Photoshop Elements verwendet. Die Anwendung und Wirkung der Werkzeugspitzen ist bei allen Werkzeugen recht ähnlich.

Pinsel-Werkzeug versus Werkzeugspitze »Pinsel«
Vielleicht verwirrt es Sie ein wenig, dass mit »Pinsel« hier immer wieder die Werkzeugspitze gemeint ist und nicht das gleichnamige Werkzeug. Das Werkzeug zum Malen wird im Buch stets als »Pinsel-Werkzeug« bezeichnet, während die einfache Bezeichnung »Pinsel« sich auf eine Werkzeugspitze bezieht (manchmal auch »Pinselspitze«), die auch in Verbindung mit anderen Werkzeugen in Photoshop Elements verwendet wird.

14.3.1 Einstellen über die Werkzeugoptionen

Zum schnellen Einstellen der Werkzeugspitze verfügen die entsprechenden Werkzeuge in der Optionsleiste über ein Flyout-Menü. Grundsätzlich finden Sie bei fast allen Werkzeugen, die einen Pinsel als Werkzeugspitze haben, daneben gleich die Option GRÖSSE ❷, um den Durchmesser des Pinsels einzustellen. Des Weiteren können Sie bei fast allen Werkzeugen, die einen Pinsel verwenden, über die Dropdown-Liste PINSEL ❶ andere Kategorien von Pinseln auflisten lassen. Die Pinsel-Varianten können Sie übrigens auch anzeigen, indem Sie mit aktivem Werkzeug mit der rechten Maustaste ins Bild klicken.

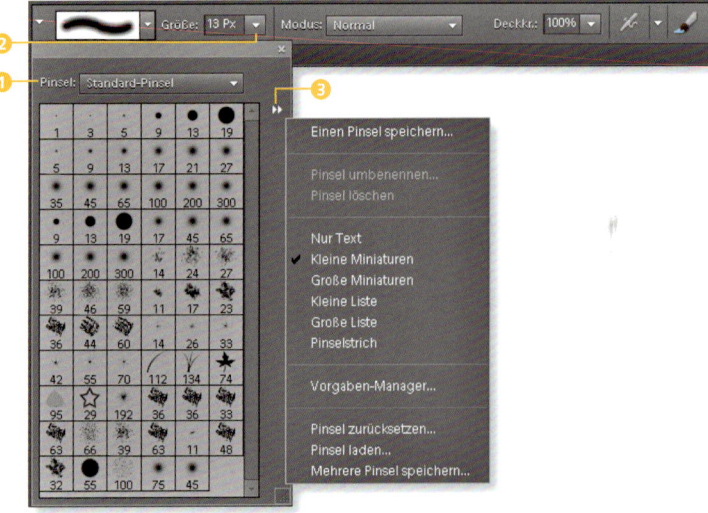

Abbildung 14.46 ▶
Die Varianten des Pinsel-Werkzeugs werden als KLEINE MINIATUREN angezeigt. Andere Ansichten erreichen Sie über das Seitenmenü ❸.

Malabstand:
Gepunktete Linien

Der MALABSTAND legt fest, in welchen Abständen ein Werkzeug Pinselpunkte setzt. Je niedriger dieser Wert ist, desto eher entsteht beim Malen mit der Maus eine durchgezogene Linie. Erhöhen Sie den Wert, können Sie gepunktete Linien zeichnen.

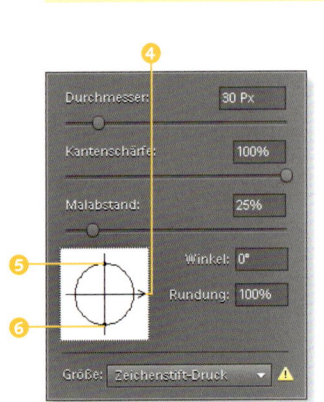

▲ **Abbildung 14.47**
Erweiterte Einstellungen für den Retuschenpinsel des Schnellauswahl-Werkzeugs

Schnellauswahl-Werkzeug-Pinsel einstellen | Das Schnellauswahl-Werkzeug Ⓐ ▨ weicht etwas von den anderen Werkzeugen ab. Es bietet erweiterte Einstellmöglichkeiten für den Pinsel, dafür aber keine Liste mit Pinselspitzen. Hier können Sie neben dem DURCHMESSER und der KANTENSCHÄRFE auch die Form (RUNDUNG), die Neigung (WINKEL) oder den Abstand (MALABSTAND) festlegen. Die Dropdown-Liste GRÖSSE ist vor allem für Besitzer von Grafiktabletts interessant – alle anderen können diesen Wert auf AUS setzen.

Die Werte geben Sie entweder über die Tastatur ein oder verändern sie durch Bewegen des Schiebereglers. WINKEL und RUNDUNG für die Pinselform lassen sich neben der Zahleneingabe per Maus neigen und verformen. An der Pfeilspitze ❹ können Sie den Winkel drehen und an den beiden Punkten ❺ und ❻ die Rundung verformen.

14.3.2 Darstellung der Pinselspitzen am Bildschirm

In der Regel ist die Darstellung der Werkzeugspitzen optimal eingestellt. Wer hier aber eine andere Werkzeugspitze benutzen möchte, der findet im Bereich MALWERKZEUGE die entsprechenden Optionen unter BEARBEITEN/PHOTOSHOP ELEMENTS • VOREINSTELLUNGEN • ANZEIGE & CURSOR (oder Strg/⌘+K und dann ANZEIGE & CURSOR). Gelegentlich verwende ich zum Beispiel gerne das Fadenkreuz, weil ich hiermit die Wirkung des Werkzeuges zum Rand hin genauer erkennen kann.

Fadenkreuz auf die Schnelle

Wenn Sie die ⬙-Taste arretieren, wird bei den Malwerkzeugen immer die Ansicht FADENKREUZ angezeigt.

▼ **Abbildung 14.48**
Hier ändern Sie die Darstellung der Pinselspitzen.

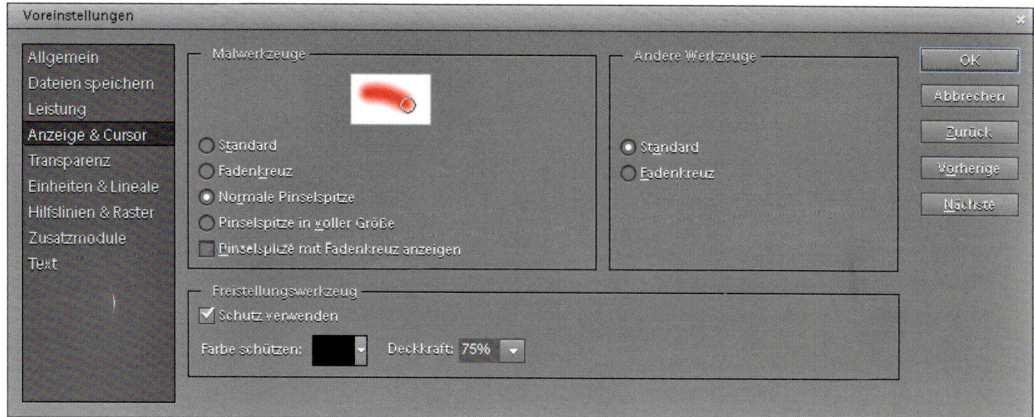

14.3.3 Pinselspitzen verwalten

Photoshop Elements bietet von Haus eine ganze Menge von Pinselspitzen an. Sie haben bereits erfahren, dass Sie weitere Pinselspitzen über die Dropdown-Liste PINSEL beim Flyout-Menü laden können.

Nicht alle vorhandenen Werkzeugspitzen stehen sofort zur Verwendung in der Liste bereit. Auf diese Weise bleibt die Liste übersichtlich. Sämtliche Werkzeugspitzen werden daher in Bibliotheken organisiert. Die Bibliotheken verwalten Sie über das Seitenmenü oder über den VORGABEN-MANAGER.

Fremde oder eigene Pinselspitzen laden | Sie können jederzeit weitere Bibliotheken mit Pinselspitzen laden, die nicht offizieller Teil von Photoshop Elements sind. Das Internet bietet kostenlose und kommerzielle Pinsel (englisch: *brushes*) in großer Zahl – eine gute Adresse ist zum Beispiel *http://www.brusheezy.com/*.

Um externe Bibliotheken nachzuladen, finden Sie bei der Auswahl der Pinsel über das erweiterte Menü einen Eintrag PINSEL LADEN ❽.

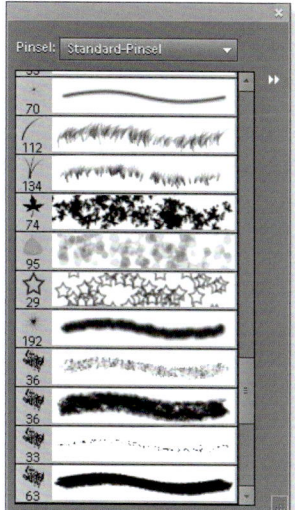

▲ **Abbildung 14.49**
Eine kleine Auswahl vorgefertigter Pinsel. Hier wurde die Ansicht auf PINSELSTRICH ❼ geändert.

Auch für Photoshop

Schön ist auch, dass Sie die Pinselspitzen des großen Photoshop auch beim kleinen Photoshop Elements verwenden können.

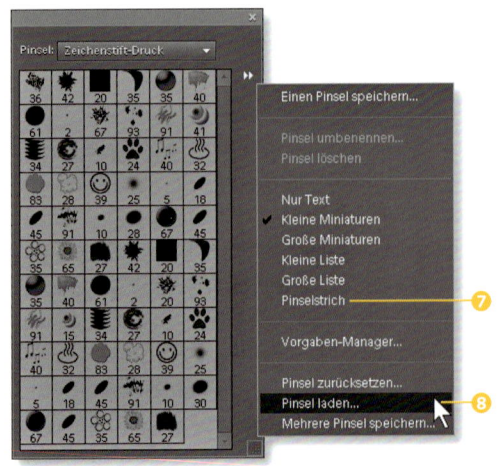

Abbildung 14.50 ▸
Weitere Werkzeugspitzen nachladen

Pinsel zurücksetzen

Im Seitenmenü finden Sie über dem Eintrag PINSEL LADEN noch den Eintrag PINSEL ZURÜCKSETZEN, um die Liste der Pinsel wieder auf den »Werkszustand« zurückzusetzen.

Wenn Sie PINSEL LADEN ausgewählt haben, ruft Photoshop Elements standardmäßig den LADEN-Dialog mit dem Ordner des Anwenders auf, wo die Werkzeugspitzen-Bibliotheken gespeichert werden. Sie können aber auch mithilfe des Dialogs in einem beliebigen Ordner des Systems eine Pinselbibliothek mit der Endung ».abr« (für »Adobe-Brushes«) laden.

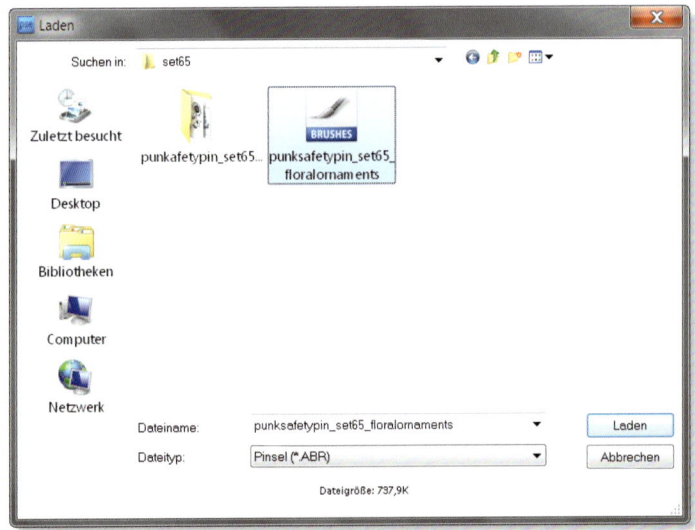

Abbildung 14.51 ▸
Der Dialog zum Laden einer Werkzeugspitzenbibliothek

Standardverzeichnisse für die Pinsel | Wenn neue Werkzeugspitzen-Bibliotheken automatisch beim Programmstart von Photoshop Elements über die Dropdown-Liste bei der Auswahl der Pinselspitzen aufgelistet werden sollen, so speichern Sie diese Bibliotheken im Standardverzeichnis. Bei Windows ist das Benutzerverzeichnis zu finden unter: [LAUFWERK]:\ USERS\<BENUTZERNAME>\APPDATA\ROAMING\ADOBE\PHOTOSHOP

ELEMENTS\9.0\PRESETS\BRUSHES. Beim Mac lautet der Pfad zum Benutzerverzeichnis: /USERS/<BENUTZER>/LIBRARY/APPLICATION SUPPORT/ADOBE/ADOBE PHOTOSHOP ELEMENTS 9/PRESETS/BRUSHES.

Alternativ können Sie die Pinsel auch im Programmverzeichnis ablegen. Bei Windows lautet dieses: [LAUFWERK]:\PROGRAMME\ADOBE\PHOTOSHOP ELEMENTS 9 \PRESETS\BRUSHES. Beim Mac ist der Pfad: PROGRAMME/PHOTOSHOP ELEMENTS 9/PRESETS/BRUSHES.

Pinsel speichern | Ebenfalls über das erweiterte Seitenmenü bei der Auswahl der Werkzeugspitze finden Sie die Befehle EINEN PINSEL SPEICHERN und MEHRERE PINSEL SPEICHERN. Mit dem Kommando EINEN PINSEL SPEICHERN legen Sie einen Pinsel unter einem neuen Pinselnamen in der Bibliothek ab. Mit MEHRERE PINSEL SPEICHERN hingegen sichern Sie die aktuelle Liste unter einem neuen Namen. Dies ist dann sinnvoll, wenn Sie die Pinsel der Liste verändert haben und diese Änderungen später wiederverwenden wollen. Speichern Sie diese Änderungen außerdem im Standardverzeichnis für die Pinsel, so stehen Ihnen diese Werkzeugspitzen beim nächsten Programmstart über die Dropdown-Liste PINSEL zur Verfügung.

Pinsel umbenennen oder löschen | Den Pinselnamen können Sie ebenfalls über das Seitenmenü mit dem Kommando PINSEL UMBENENNEN ändern. Mit dem Menüpunkt PINSEL LÖSCHEN entfernen Sie einen Pinsel aus einer Liste.

Vorgaben-Manager | Mit dem VORGABEN-MANAGER können Sie die Werkzeugspitzen recht komfortabel verwalten. Den VORGABEN-MANAGER rufen Sie entweder über das Seitenmenü auf oder über BEARBEITEN • VORGABEN-MANAGER mit PINSEL als VORGABE ① in der Dropdown-Liste.

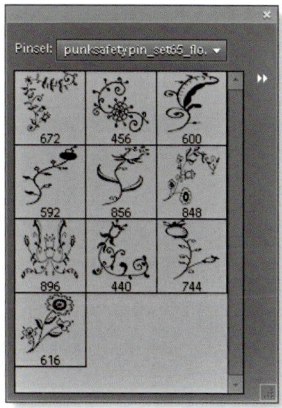

▲ **Abbildung 14.52**
Hier wurde eine Bibliothek mit schönen Ornamenten von der Webseite *http://www.brusheezy.com/* geladen.

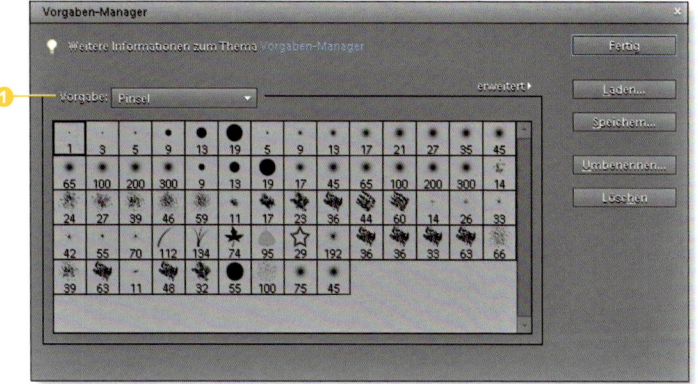

◄ **Abbildung 14.53**
Über den VORGABEN-MANAGER können Sie auch die Pinselreihenfolge per Drag & Drop einstellen.

14.3.4 Eigene Pinselspitze aus Bildbereichen erstellen

Mithilfe von Auswahlwerkzeugen können Sie aus bestimmten Teilen des Bildes (oder auch aus dem gesamten Bild) eine Werkzeugspitze definieren. So legen Sie auf einfachem Weg sehr interessante Strukturen als Werkzeugspitzen fest. Im Folgenden gebe ich Ihnen zwei Schritt-für-Schritt-Anleitungen dazu, wie Sie eine neue Pinselspitze aus einem Bildbereich und eine Werkzeugspitze als Wasserzeichen zum Bildschutz erstellen können.

Schritt für Schritt: Eine Pinselspitze aus einem Bildbereich erstellen

Schmetterling.jpg

In diesem Workshop soll aus dem Bild »Schmetterling.jpg« eine Werkzeugspitze erstellt werden. Beachten Sie: Wenn Sie aus einem Bildbereich eine Werkzeugspitze machen wollen, so ist es nicht möglich, Farben aus dem Bildbereich in die Vorlage aufzunehmen. Gemalt wird die Werkzeugspitze immer mit der aktuell eingestellten Vordergrundfarbe im Farbwahlbereich der Werkzeugpalette.

1 Bildbereich auswählen

Verwenden Sie das Auswahlrechteck-Werkzeug [M] ▦, und erstellen Sie eine Auswahl um den gewünschten Bildbereich. Der Auswahlbereich für einen Pinsel darf maximal 2.500 × 2.500 Pixel messen. Verwenden Sie notfalls das Informationen-Bedienfeld.

Abbildung 14.54 ▲
Wählen Sie den Schmetterling mit einer rechteckigen Auswahl aus.

Foto: Brigitte Bolliger

2 Pinsel erstellen

Wählen Sie den Menübefehl BEARBEITEN • PINSEL AUS AUSWAHL DEFINIEREN aus. Im folgenden Dialog müssen Sie nur noch einen Namen für den Pinsel vergeben.

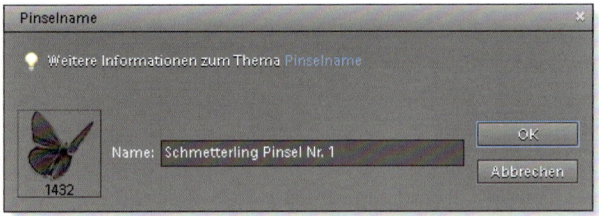

Abbildung 14.55 ▶
Vergeben Sie einen möglichst aussagekräftigen Namen.

3 Pinsel verwenden

Der neue Pinsel taucht nun auch als Werkzeugspitze (zum Beispiel beim Pinsel-Werkzeug) auf ❶ und kann auch wie eine solche verwendet werden.

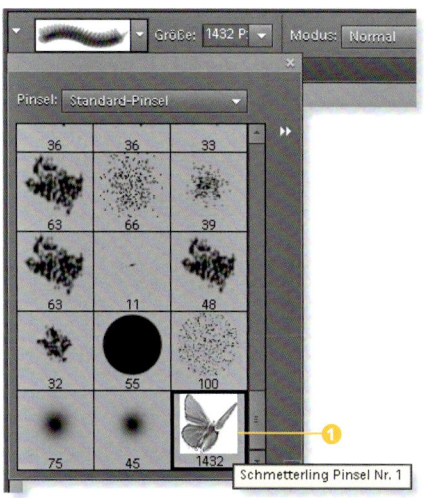

◀▲ **Abbildung 14.56**
Der Pinsel steht sofort zur
Verfügung. ■

Pinselvorgaben aus Bildbereich bearbeiten | Damit die Pinsel-
vorlage auch gut gelingt, müssen Sie sie meistens etwas nachbearbeiten. Im Beispiel habe ich es Ihnen recht einfach gemacht,
weil der Hintergrund komplett weiß war und auch die Kontraste
und die Helligkeit stimmten. Folgende Punkte sind zu beachten,
wenn Sie einen Pinsel aus einem Bildbereich erstellen wollen:

▶ **Weißer Hintergrund:** Damit brauchbare Konturen um den
Pinsel zu erkennen sind, ist ein weißer Hintergrund unabding-
bar. Um diese Voraussetzung zu erfüllen, haben Sie mehrere
Möglichkeiten. Nutzen Sie eine TONWERTKORREKTUR oder bei
schwierigeren Fällen eine Einstellungsebene mit SCHWELLEN-
WERT. Alternativ konvertieren Sie das komplette Bild in den
BITMAP-Modus (BILD • MODUS • BITMAP). Und natürlich steht
Ihnen die Möglichkeit zur Verfügung, zuvor ein Objekt freizustellen (beispielsweise mit dem Zauberstab (siehe Abschnitt
23.2, »Der Zauberstab«) und dann in einen weißen Hintergrund zu setzen, wie es im Beispielsbild auch gemacht wurde.
Allerdings sind hierfür auch Kenntnisse zu den Ebenen nötig
(siehe Teil 8).

▶ **Kontrast und Helligkeit:** Häufig müssen Sie auch den Kontrast des Bildbereiches extrem erhöhen und das Pinselelement
stark abdunkeln. Es hängt natürlich davon ab, wie und wozu
Sie die Pinselspitze verwenden wollen. Wenn Sie allerdings
nur schwach gefärbte Bildelemente als Pinsel aufnehmen,
werden diese auch beim Auftragen als Werkzeugspitze nur
sehr schwach sichtbar sein, wie dies im Beispielbild auch der
Fall war.

Hintergrund prüfen
Um zu überprüfen, ob der Hintergrund rein weiß ist, verwenden
Sie die Pipette ⌶ mit dem Informationen-Bedienfeld. Stellen
Sie sicher, dass die RGB-Werte
hierbei auch wirklich alle 255
betragen.

▶ **Bildgröße:** Wenn die Bildelemente zu groß sind, um als Pinsel (2.500 × 2.500 Pixel) durchzugehen, sollten Sie das Bild duplizieren und verkleinern.

Schritt für Schritt: Bildschutz mit Wasserzeichen

Besonders nützlich ist ein Pinsel, den Sie als Wasserzeichen zum Bildschutz vor Datenklau aus dem Internet verwenden können. Im folgenden Workshop soll ein solches transparentes Wasserzeichen erstellt werden.

1 Text setzen

Textwerkzeug

Mehr zum Textwerkzeug und zu seiner Verwendung finden Sie in Teil 11, »Mit Text arbeiten«.

Erstellen Sie ein neues Bild mit Strg/⌘+N mit einer Größe von 800 × 400 Pixeln und weißem Hintergrund. Wählen Sie das Horizontale Textwerkzeug T **T** aus, und stellen Sie in den Werkzeugoptionen die gewünschte Schrift ein, im Beispiel: Arial ❶, Black ❷, 110 Pt ❸.

Klicken Sie mit der Maus in das leere Bild, und geben Sie den gewünschten Text ein. Wenn Sie einen längeren Text schreiben wollen, markieren Sie einfach mit gedrückter Maustaste den Text oder einzelne Buchstaben, und verändern Sie die Größe ❸ des Textes. Sind Sie mit dem Text zufrieden, klicken Sie das grüne Häkchen ❹ zur Bestätigung an. Nun verwenden Sie das Verschieben-Werkzeug V ✛, um die Position des Textes ein wenig auszurichten.

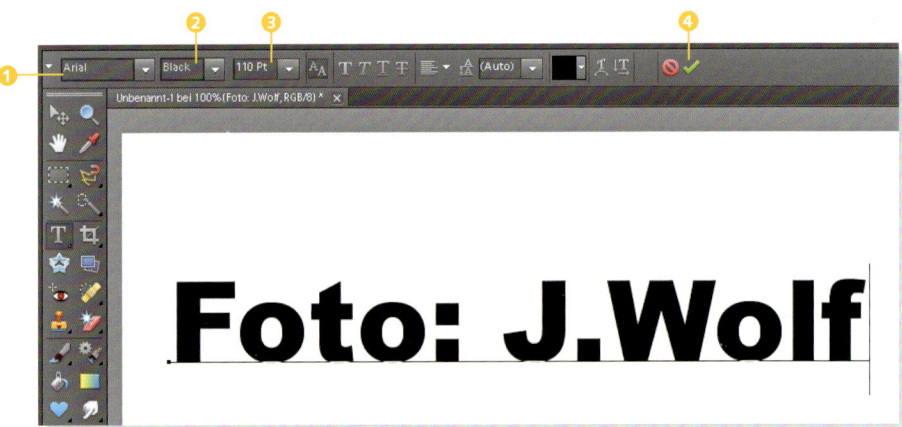

Abbildung 14.57 ▲
Geben Sie einen Text für Ihr Wasserzeichen ein.

2 Schrift gestalten

Dieser Schritt ist optional. Wenn Sie wollen, verzieren Sie die Schrift noch mit anderen Stilen oder Effekten. Wie genau dies funktioniert, erfahren Sie ausführlich in Teil 11 des Buches, wo sich alles um das Textwerkzeug und dessen Verwendung dreht.

Im Beispiel habe ich hier eine Textverkrümmung ⑤ und einen
Schatten über Kontur-Stil ⑥ hinzugefügt.

3 Pinsel definieren

Gehen Sie wieder in das Menü BEARBEITEN • PINSEL DEFINIEREN,
und geben Sie für den neuen Pinsel einen Namen ein. Bestätigen
Sie Ihre Eingaben mit OK.

4 Pinsel verwenden

Laden Sie ein Bild in Photoshop Elements, und verwenden Sie
das Pinsel-Werkzeug B 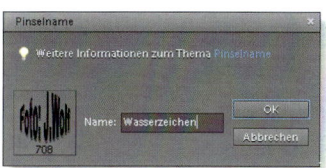. Wählen Sie den neuen Pinsel im
Flyout-Menü aus, und stellen Sie die GRÖSSE des Pinsels ein.
Reduzieren Sie die DECKKRAFT auf 30 %. Mit einem Klick in das
Bild bringen Sie nun das neue Wasserzeichen an.

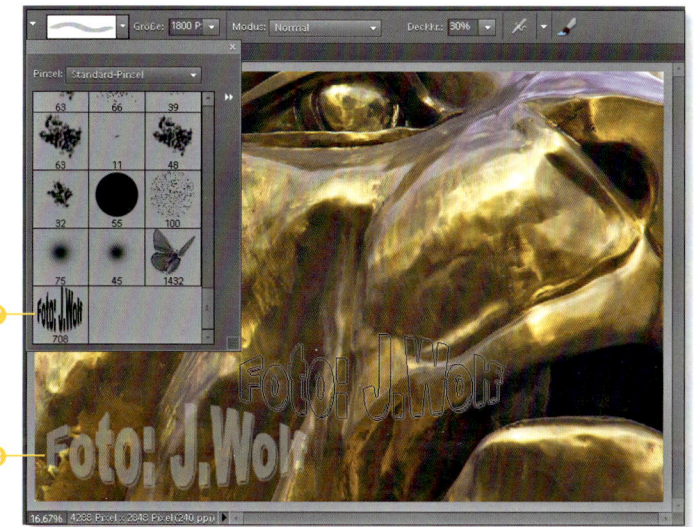

▲ Abbildung 14.58
Wer es gerne etwas ausgefallener
hat, der kann seinen Text auch
noch etwas gestalten.

▲ Abbildung 14.59
Der Pinsel wird gespeichert.

◄ Abbildung 14.60
Links unten wurde das Wasserzeichen ⑧ mit dem neuen Pinsel ⑦
eingefügt.

14.4 Flächen füllen

Flächen füllen mit Einstellungsebene

Alternativ zum Füll- und zum Verlaufswerkzeug, mit denen Sie Flächen einfärben, können Sie auch eine Einstellungsebene mit VOLLTONFARBE, VERLAUF oder MUSTER anlegen und verwenden. Mehr zu den Einstellungsebenen erfahren Sie in Abschnitt 10.4.

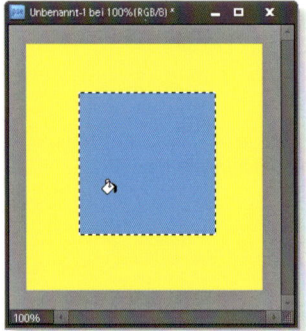

▲ **Abbildung 14.61**
Das ausgewählte Viereck wurde hier mithilfe des Füllwerkzeugs kaltblau eingefärbt.

▼ **Abbildung 14.62**
Die Werkzeugoptionen des Füllwerkzeugs

Um größere Bildflächen mit Farbe zu füllen, stehen Ihnen komfortablere Alternativen zu den Pinsel-Werkzeugen zur Verfügung. Hierbei haben Sie die Wahl, eine Fläche mit einer Farbe, mit Farbverläufen oder mit Mustern zu füllen. Gerade Farbverläufe spielen als Hilfsmittel der Bildgestaltung eine wichtige Rolle. Solche Flächenfüllungen werden vorwiegend bei Auswahlen und Ebenen eingesetzt.

14.4.1 Das Füllwerkzeug

Zum Füllen transparenter oder gefärbter Flächen wie Ebenen oder Auswahlen mit einer neuen Farbe steht Ihnen das Füllwerkzeug K 🦢 zur Verfügung. Am besten funktioniert es bei einfarbigen Flächen ohne ein bestimmtes Muster. Hat das Bild hingegen verschiedenfarbige Konturen, funktioniert es nur bedingt.

Bedienung | Die Anwendung ist denkbar einfach: Klicken Sie bei ausgewähltem Füllwerkzeug auf die Bildoberfläche oder in eine ausgewählte Fläche. Der angeklickte Bereich wird sodann standardmäßig mit der aktuellen Vordergrundfarbe gefüllt.

Werkzeugoptionen des Füllwerkzeugs | Wie bereits erwähnt, verwendet das Füllwerkzeug standardmäßig die eingestellte Vordergrundfarbe. Wenn Sie jedoch die Option MUSTER ❶ aktivieren, können Sie die Fläche mit einem Muster füllen, das Sie dann aus einer Liste im Flyout-Menü ❷ auswählen können. Die Auswahl und Verwaltung der Muster funktioniert ebenso wie bei den Pinseln. Unter MODUS ❸ stellen Sie die Füllmethode ein, also wie die aufgetragenen Pixel mit den darunterliegenden Pixeln verrechnet werden sollen. Mit der DECKKRAFT ❹ regulieren Sie die Transparenz der aufzutragenden Farbe.

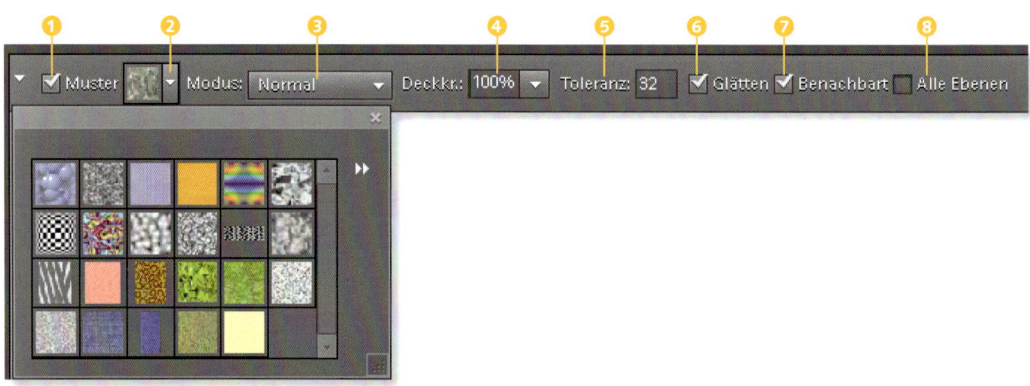

Die Option TOLERANZ ❺ zeigt an, dass das Füllwerkzeug nicht einfach nur füllt, sondern auch die Farbwerte von Pixeln berücksichtigt. Der mögliche Wertebereich beträgt 0–255. Je höher Sie diesen Wert setzen, desto mehr Farbwertbereiche werden berücksichtigt und mit der eingestellten Farbe oder dem eingestellten Muster gefüllt.

Haben Sie die Option GLÄTTEN ❻ aktiviert, werden die Kanten der Farbfüllung geglättet, damit diese natürlicher wirken. Die Option BENACHBART ❼ legt fest, ob an der angeklickten Stelle nur die im Bild nebeneinanderliegenden Pixel mit ähnlichem Farbbereich (abhängig von der Toleranz) eingefärbt werden. Mit der Option ALLE EBENEN ❽ entscheiden Sie, ob diese Farbdaten zum Füllen auf alle sichtbaren Ebenen angewendet werden sollen.

14.4.2 Ebene füllen

Das Füllen von Flächen muss nicht zwangsläufig mit dem Füllwerkzeug oder einem sonstigem Pinselwerkzeug durchgeführt werden. Sie können auch eine Füllebene nutzen. Das entsprechende Kommando finden Sie im Menü unter BEARBEITEN • EBENE FÜLLEN. Bei der Verwendung einer Füllebene können Sie auch die Eigenschaften der Füllung ändern und die Maske der Füllebene so bearbeiten, dass der Verlauf nur auf einen Teil des Bildes beschränkt wird.

Die Anwendung ist einfach: Legen Sie zuerst im Editor die Vordergrund- oder Hintergrundfarbe fest, und wählen Sie dann den Bereich oder bei mehreren Ebenen die Ebene aus, den bzw. die Sie füllen wollen. Gehen Sie nun auf BEARBEITEN • EBENE FÜLLEN, und stellen Sie die gewünschten Optionen ein, ehe Sie den Dialog mit OK bestätigen und das Kommando ausführen.

Komplett füllen

Setzen Sie die TOLERANZ auf den maximalen Wert 255, so wird die komplette Ebene bzw. Auswahl gefüllt.

Füllmethoden (Modus)

Die Modi der Füllmethoden (MODUS) entsprechen denen der Ebenen-Füllmethoden und werden auch ebenso bezeichnet. Eine genauere Beschreibung der Modi finden Sie in Kapitel 28, »Füllmethoden von Ebenen«.

Pipette zur Farbauswahl

Zur Farbauswahl ist bei diesem Dialog auch die Pipette aktiv. Mit ihr können Sie eine Farbe zum Füllen aus einem Bild oder den Farbfeldern auswählen. Auch die Option AUFNAHMEBEREICH der Pipette können Sie in der Werkzeug-Optionsleiste einstellen.

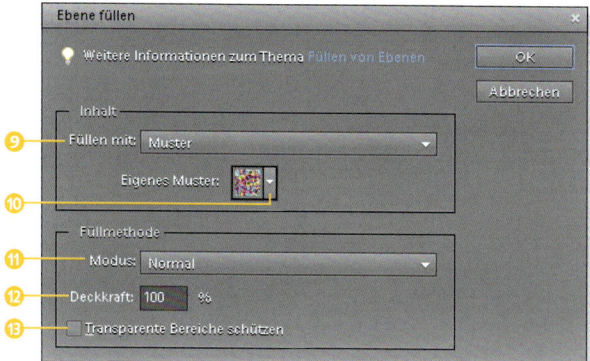

▲ **Abbildung 14.63**
Eine Ebene füllen …

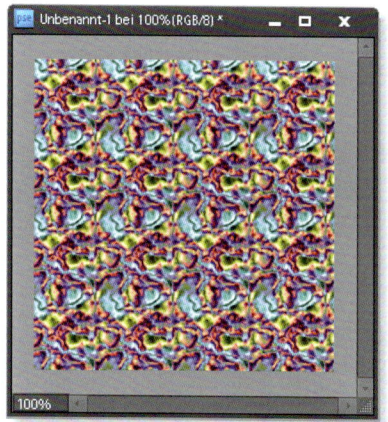

▲ **Abbildung 14.64**
… und was dabei herauskommt

Mit welchem Inhalt Sie die Fläche füllen, wählen Sie in der Drop-down-Liste FÜLLEN MIT ❾ aus. Neben den Vordergrund- und Hintergrundfarben können Sie hierbei auch benutzerdefinierte Farben, Schwarz, Weiß, Grau sowie Muster auswählen. Wenn Sie ein Muster verwenden wollen, wählen Sie es darunter über das Flyout-Menü neben EIGENES MUSTER ❿ aus.

Wenn Sie den Inhalt zum Füllen festgelegt haben, können Sie die Füllmethode einstellen: Mit dem MODUS ⓫ geben Sie an, wie die Farbpixel, die Sie verwenden wollen, mit den vorhandenen Pixeln im Bild gemischt werden. Bei DECKKRAFT ⓬ legen Sie die Transparenz der zu verwendenden Farbe fest. Wenn Sie die Option TRANSPARENTE BEREICHE SCHÜTZEN ⓭ aktivieren, werden nur die deckenden Pixel gefüllt.

14.4.3 Auswahl füllen

Zum Nachlesen

Dem Thema »Auswahlen« widmet sich der siebte Teil des Buches.

Das Füllen einer Auswahl funktioniert analog zum Füllen von Ebenen. Wenn Sie im Bild eine Auswahl vornehmen, finden Sie im Menü nun den Punkt BEARBEITEN • AUSWAHL FÜLLEN vor. Es wird sogar derselbe Dialog wie beim Füllen von Ebenen angezeigt.

Abbildung 14.65 ▶
Das Füllen einer Auswahl mit
BEARBEITEN • AUSWAHL FÜLLEN

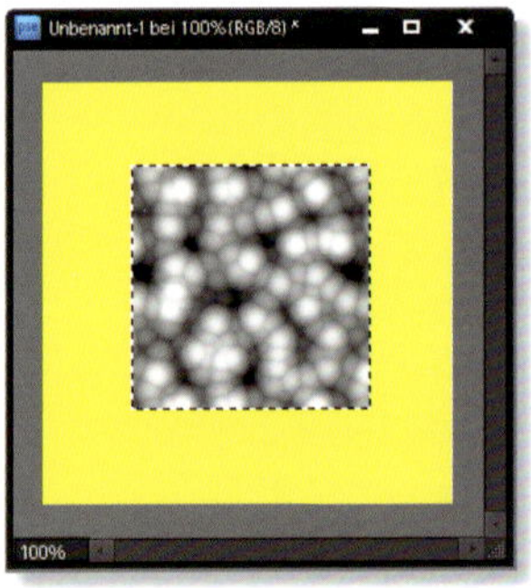

14.4.4 Kontur füllen

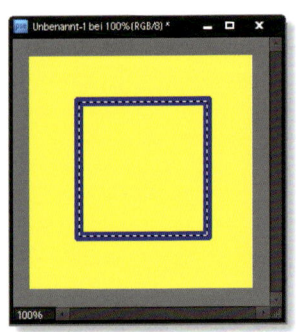

▲ **Abbildung 14.66**
Die Kontur der Auswahl wurde gefüllt.

Wenn Sie im Bild eine Auswahl gemacht haben, finden Sie im Menü auch den Befehl BEARBEITEN • KONTUR FÜLLEN. Mit diesem ziehen Sie eine farbige Kontur bzw. einen Rahmen um eine Auswahl oder den Inhalt einer Ebene. Unter BREITE geben Sie die Breite der Kontur an, mit FARBE entsprechend deren Farbe. Über POSITION legen Sie fest, ob die Kontur innerhalb, außerhalb oder mittig zur Auswahl- bzw. Ebenenbegrenzung positioniert werden soll. Wie die Farbe mit den vorhandenen Pixeln vermischt wird, bestimmen Sie mit MODUS. Für eine etwas transparente Kontur reduzieren Sie die DECKKRAFT; die Checkbox TRANSPARENTE BEREICHE SCHÜTZEN ist nur vorhanden, wenn die Ebene auch solche Bereiche enthält.

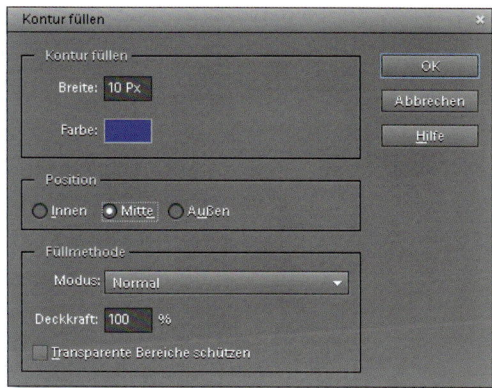

14.4.5 Muster erstellen und verwalten

Sie wissen bereits, dass Sie mit dem Füllwerkzeug auch Muster auf ein Bild oder eine Auswahl aufbringen können. Auch hierbei ist es möglich, eigene Muster zu erstellen und in einer Bibliothek zu speichern, um sie später wiederzuverwenden.

Zur Verwaltung von Musterbibliotheken können Sie auch hier wieder den VORGABEN-MANAGER (BEARBEITEN • VORGABEN-MANAGER) oder das Flyout-Menü verwenden. Außerdem finden Sie unzählige fertige Muster im Internet. Selbstverständlich können Sie auch die Muster vom großen Photoshop verwenden. Die Dateiendung von Mustern lautet »*.pat« (für englisch: *pattern* = Muster). Eine gute Webseite mit vielen Mustern (und auch Pinseln, Texturen etc.) finden Sie unter *http://alice-grafixx.de*.

Muster mit dem Musterstempel
Nicht nur das Füllwerkzeug eignet sich zum Auftragen von Mustern – Sie können Muster auch mit dem Musterstempel S auftragen.

Standardverzeichnis für Muster
Wollen Sie, dass neue Musterbibliotheken automatisch beim Programmstart von Photoshop Elements über die Dropdown-Liste bei der Auswahl der Muster aufgelistet werden, müssen Sie darauf achten, dass Sie diese Bibliothek im Standardverzeichnis ablegen. In meinem Fall ist dies zum Beispiel das Benutzer-Verzeichnis C:\USERS\<BENUTZER-NAME>\APPDATA\ROAMING\ ADOBE\PHOTOSHOP ELEMENTS\9.0\ PRESETS\PATTERN (bzw. beim **Mac**: /USERS/<BENUTZER>/LIBRARY/ APPLICATION SUPPORT/ADOBE/ ADOBE PHOTOSHOP ELEMENTS 9/ PRESETS/PATTERN). Alternativ legen Sie die Pinsel im Programmverzeichnis ab unter C:\PROGRAMME\ ADOBE\PHOTOSHOP ELEMENTS 9\ PRESETS\PATTERN. (bzw. beim **Mac**: PROGRAMME/ADOBE PHOTOSHOP ELEMENTS 9/PRESETS/PATTERN).

◀ Abbildung 14.68
Flyout-Menü mit einer Liste weiterer Muster

Eigene Muster erstellen | Sie können auch eigene Muster zur Auswahlliste hinzufügen. Allerdings sind die Mittel zur Herstellung komplexerer Muster mit Photoshop Elements ein wenig beschränkt. Nur das große Photoshop bietet für diesen Zweck einen zusätzlichen Mustergenerator, der bei Bedarf nachinstalliert werden kann. Mit ihm verläuft das Füllen mit selbsterstellten Mustern nahtlos und ohne Fugen.

Einfachere Muster wie Streifen- oder Schachbrettmuster lassen sich allerdings ohne größeren Aufwand erstellen.

Um ein eigenes Muster zu erstellen, wählen Sie einfach einen geeigneten Bildausschnitt mit dem Auswahlrechteck oder ein komplettes Bild aus (beispielsweise mit Strg/⌘+A). Rufen Sie anschließend im Menü BEARBEITEN • MUSTER AUS AUSWAHL DEFINIEREN oder BEARBEITEN • MUSTER FESTLEGEN auf, je nachdem, was bei Ihnen angezeigt wird. Vergeben Sie zuletzt noch einen Namen für das neue Muster – und fertig.

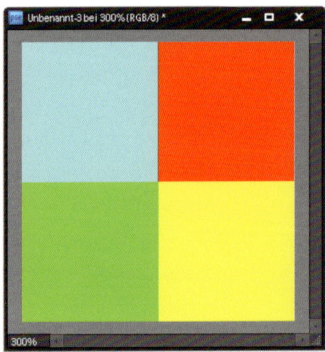 

▲ **Abbildung 14.69**
Grundlage für ein einfaches Schachbrettmuster

▲ **Abbildung 14.70**
Das fertige Schachbrett nach der Verwendung mit dem Füllwerkzeug

14.4.6 Das Verlaufswerkzeug

Um einen bestimmten Bereich mit einem Verlauf zu füllen, steht Ihnen das Verlaufswerkzeug G zur Verfügung. Verläufe werden in der Praxis recht häufig bei fortgeschrittenen Techniken oder kreativen Arbeiten verwendet.

Bedienung des Verlaufswerkzeugs | Um einen bestimmten Bereich mit einem Verlauf zu füllen, klicken Sie beim Anfangspunkt ❶ ins Bild, und ziehen Sie mit gedrückter Maustaste eine Linie in die Richtung des gewünschten Verlaufs. Der Verlauf endet an der Position, an der Sie die Maustaste wieder loslassen ❷ (Endpunkt). Die beiden Punkte legen fest, wie der Verlauf aussieht.

Genau genommen entscheiden diese beiden Punkte nur die Richtung des Verlaufs und wie weich dieser gerät. Je länger die gezogene Linie wird, desto weicher wird der Farbverlauf. Der Farbverlauf selbst erstreckt sich immer über die ganze Bildfläche. Um die Ausbreitung des Verlaufs zu beschränken, müssen Sie zuvor eine Auswahl (zum Beispiel mit dem Auswahlrechteck) anlegen.

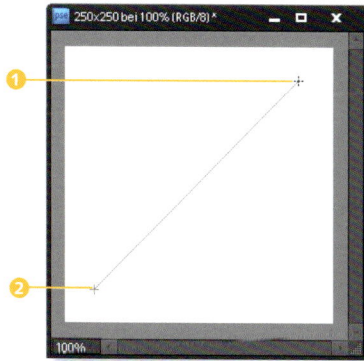

▲ **Abbildung 14.71**
Mit dem Anfangs- und dem Endpunkt legen Sie die Richtung des Verlaufs fest und wie weich dieser gerät.

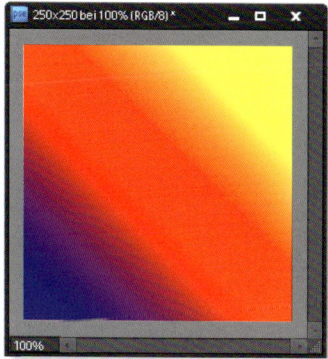

▲ **Abbildung 14.72**
Ein Verlauf über die gesamte Bildfläche

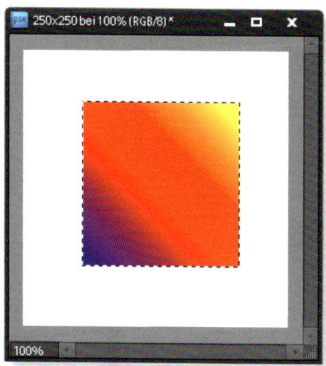

▲ **Abbildung 14.73**
Ein eingeschränkter Verlauf innerhalb einer Auswahl

Werkzeugoptionen | Zunächst wählen Sie in der Auswahlliste für Verläufe ❸ eine Verlaufsfüllung aus. Standardmäßig wird die von Ihnen eingestellte Vordergrund- und Hintergrundfarbe angezeigt, gefolgt von mehreren fertigen Verläufen. Mit einem Klick auf das kleine Dreieck ⓫ öffnen Sie das Seitenmenü, wo Sie, ähnlich wie bereits bei den Werkzeugspitzen oder Farbpaletten, weitere Verlaufsbibliotheken verwalten können. Sie können in diesem Menü auch eigene Bibliotheken speichern und laden. Verläufe können Sie natürlich auch mithilfe des Vorgaben-Managers (BEARBEITEN • VORGABEN-MANAGER) verwalten. Über die Schaltfläche BEARBEITEN ❹ können Sie Verläufe nachbearbeiten und eigene Verläufe erstellen.

▼ **Abbildung 14.74**
Die Optionsleiste des Verlaufswerkzeugs

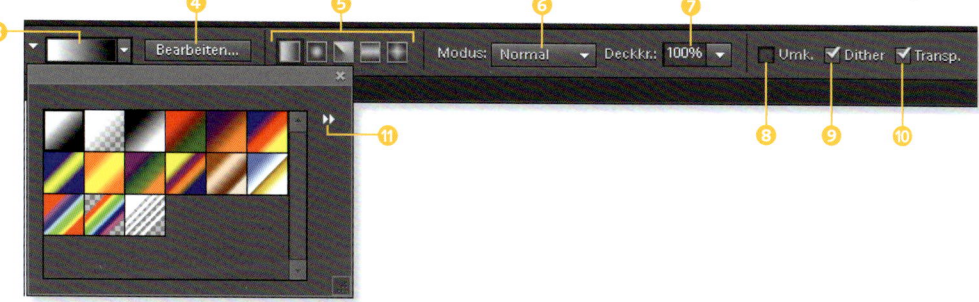

Mit den nächsten fünf Schaltflächen **5** stellen Sie den Verlaufstyp ein. Folgende Verlaufstypen stehen Ihnen hierbei zur Verfügung:

▶ **Linearer Verlauf** ⬚: Die Farbstufung verläuft in einer geraden Linie vom Anfangs- zum Endpunkt.

▶ **Radialverlauf** ⬚: Hier verläuft die Farbstufung vom Anfangs- bis zum Endpunkt in einem kreisförmigen Muster.

▶ **Verlaufswinkel** ⬚: Die Farbabstufung verläuft gegen den Uhrzeigesinn um den Anfangspunkt herum.

▶ **Reflektierter Verlauf** ⬚: Der Übergang erfolgt als symmetrischer linearer Verlauf auf beiden Seiten des Startpunkts.

▶ **Rauteverlauf** ⬚: Der Übergang verläuft vom Startpunkt aus in einem Rautenmuster nach außen. Den Endpunkt stellt eine Ecke in der Raute dar.

Füllmethoden (Modus)

Eine ausführliche Beschreibung der Modi finden Sie in Kapitel 28, »Füllmethoden von Ebenen«.

Mit dem MODUS **6** geben Sie an, wie sich der Verlauf mit den vorhandenen Pixeln im Bild mischen soll. Die DECKKRAFT **7** legt die Transparenz des Verlaufs fest. Je niedriger dieser Wert ist, desto besser können Sie erkennen, welche Pixel sich unter dem Verlauf befinden. Mit der Option UMKEHREN **8** vertauschen Sie die Reihenfolge der Verlaufsfarben in der Verlaufsfüllung. DITHER **9** erstellt eine Füllung (auch Dither-Muster genannt) mit weicherer Abstufung und weniger deutlichen Streifen. Dies kann zum Beispiel nötig sein, wenn ein Webbrowser Verläufe nicht richtig darstellen kann. Wenn Sie einen Verlauf verwenden wollen, der Transparenz enthält, und dies auch darstellen wollen, dann müssen Sie die Option TRANSPARENZ **10** aktivieren.

Eigene Verläufe erstellen | Photoshop Elements bietet bereits sehr viele Verläufe an; die diversen Optionen steigern diese Vielfalt noch. Auch über das Web (zum Beispiel unter *http://alice-grafixx.de*) können Sie sich vielfältige Verläufe herunterladen und in die Bibliothek integrieren – entweder über den VORGABEN-MANAGER (BEARBEITEN • VORGABEN-MANAGER) oder über das Seitenmenü, wo Sie den Verlauf auswählen. Auch hier sind wieder die Verläufe, die für das große Photoshop erstellt wurden, mit dem kleinen Photoshop Elements kompatibel. Die Endung für Verläufe lautet »*.grd«* (*Gradient* = Verlauf).

Noch interessanter und reizvoller jedoch ist das Erstellen eigener Verläufe. Im Prinzip stellen Sie keine ganz neuen Verläufe her, sondern verändern nur vorhandene Verläufe und speichern diese unter einem neuen Namen.

Den entsprechenden Dialog zum Bearbeiten von Verläufen starten Sie entweder mit einem Doppelklick auf den Bereich **12**

▲ **Abbildung 14.75**
Dialog zum Bearbeiten von Verläufen öffnen

in der Optionsleiste des Verlaufswerkzeugs, wo Sie die Verläufe auflisten können, oder über die Schaltfläche BEARBEITEN ⓭ daneben.

Schritt für Schritt: Eigene Verläufe erstellen

1 Verlauf auswählen

Suchen Sie sich zunächst einen Verlauf aus, den Sie als Grundlage für den neuen Verlauf verwenden wollen. Der Verlauf, den Sie in der Liste angeklickt haben ❷, wird im Balken ❸ angezeigt. Wenn Sie bei den aktuellen Vorgaben nicht fündig werden, öffnen Sie über ERWEITERT ❶ das bekannte Seitenmenü zum Verwalten der Bibliotheken.

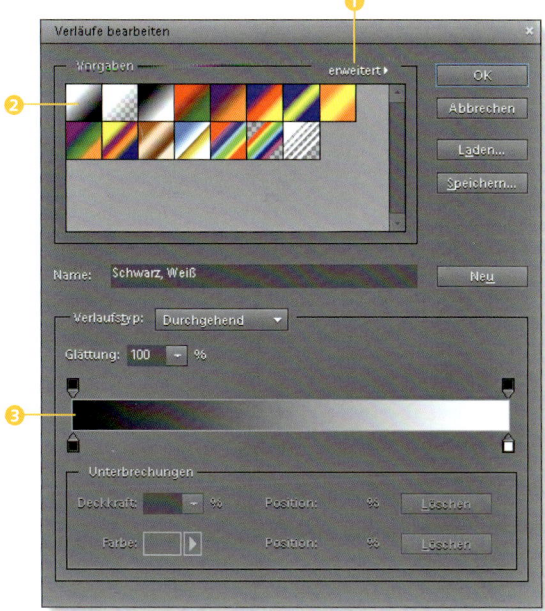

Standardverzeichnis für Verläufe
Sollen neue Verläufe automatisch beim Programmstart von Photoshop Elements über das Seitenmenü bei der Auswahl der Verläufe aufgelistet werden, so müssen Sie diese Bibliothek im Standardverzeichnis ablegen. In meinem Fall ist dies zum Beispiel das Benutzer-Verzeichnis C:\<BENUTZERVERZEICHNIS>\APPDATA\ROAMING\ADOBE\PHOTOSHOP ELEMENTS\9.0\PRESETS\GRADIENTS (beim **Mac**: /USERS/<BENUTZER>/LIBRARY/APPLICATION SUPPORT/ADOBE/ADOBE PHOTOSHOP ELEMENTS 9/PRESETS/GRADIENTS). Alternativ legen Sie die Verläufe ins Programmverzeichnis unter C:\PROGRAMME\ADOBE\PHOTOSHOP ELEMENTS 9\PRESETS\GRADIENTS ablegen (beim **Mac**: PROGRAMME/PHOTOSHOP ELEMENTS 9/PRESETS/GRADIENTS).

◀ **Abbildung 14.76**
Wählen Sie einen vordefinierten Farbverlauf als Basis für Ihren eigenen Verlauf.

2 Neue Farbe hinzufügen

Als VERLAUFSTYP ❹ belassen Sie DURCHGEHEND, und für sanfte Übergänge sollten Sie die GLÄTTUNG ❺ auf 100 % belassen. Um nun eine neue Farbe, genauer: eine **Farbunterbrechung**, hinzuzufügen, klicken Sie im unteren Bereich des Farbbalkens (der Mauszeiger wird hierbei zum Hand-Symbol ❻). Gegebenenfalls fügen Sie noch mehrere neue Farbunterbrechungen hinzu. Jetzt finden Sie einen neuen Farbunterbrechungsregler unterhalb des Balkens ❼. Doppelklicken Sie diesen Farbunterbrechungsregler, und Sie können über den FARBWÄHLER die Farbe neu definieren.

Natürlich können Sie so auch die bereits vorhandenen Farben der Farbunterbrechungsregler ändern.

▲ **Abbildung 14.77**
Ein Klick auf eine der Farbunterbrechungen ❼ öffnet den FARBWÄHLER.

3 Position der Farbe festlegen

Durch das Verstellen des neuen Farbunterbrechungsreglers ❼ können Sie außerdem die Position der Farbe ändern. Alternativ geben Sie diesen Wert im Textfeld POSITION ❽ von Hand ein.

Abbildung 14.78 ▶
Durch das Ziehen der Farbunterbrechungen regeln Sie die Position der Farben.

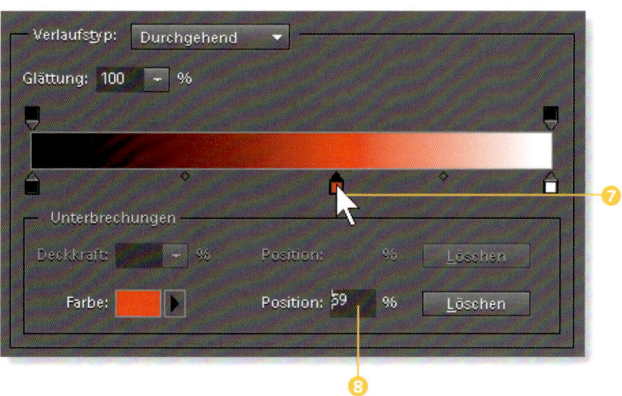

4 Verlaufsübergänge verändern

Mit den kleinen Rauten-Symbolen ❾ ändern Sie die Verlaufsübergänge zwischen zwei Farbunterbrechungsreglern. Sie legen gleichsam fest, wo die Mitte zwischen den beiden Übergängen liegen soll. Auch diesen Wert können Sie entweder über das Ziehen des Rauten-Symbols oder durch die manuelle Zahleneingabe im Feld POSITION ❿ verändern.

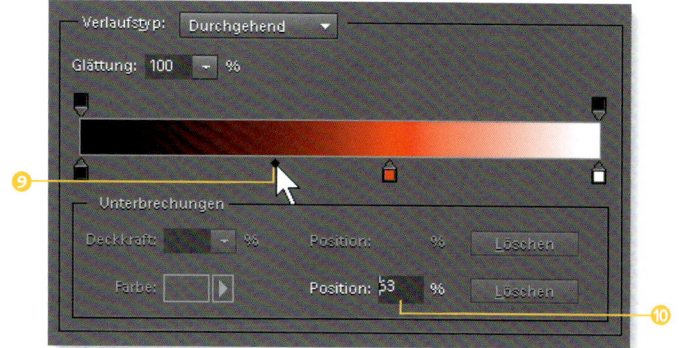

◄ **Abbildung 14.79**
Verlaufsübergänge zwischen zwei
Farbunterbrechungsreglern
ändern

5   **Transparenz einstellen**

Analog erstellen Sie oberhalb des Balkens durch Anklicken des
Bereichs ⓫ eine **Deckkraftunterbrechung** für die Transparenz.
Auch hierbei wird ein Regler für die Deckkraftunterbrechung ⓬
angelegt. Über Deckkraft ⓭ stellen Sie hier den Grad der Transparenz ein. Ebenfalls analog zur Farbunterbrechung finden Sie
hier die Rauten-Symbole, mit deren Hilfe Sie den Mittelpunkt
zwischen zwei Deckkraftunterbrechungen festlegen.

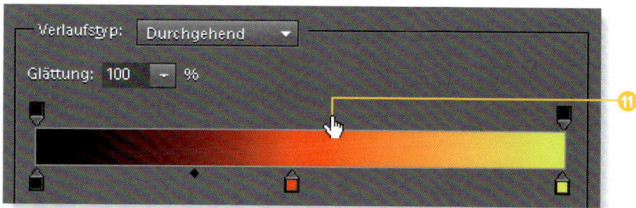

◄ **Abbildung 14.80**
Bereiche des Verlaufs können
auch transparent sein.

6   **Verlauf speichern**

Um den Verlauf zu speichern, sollten Sie zuvor noch einen eindeutigen Namen ⓰ vergeben. Bei einem Klick auf die Schaltfläche Neu ⓱ erscheint der neue Verlauf in der Vorlagen-Übersicht
⓯. Um die Verläufe dauerhaft zu sichern, empfiehlt es sich, sie

über die Schaltfläche SPEICHERN in einer eigenen Bibliothek zu abzulegen.

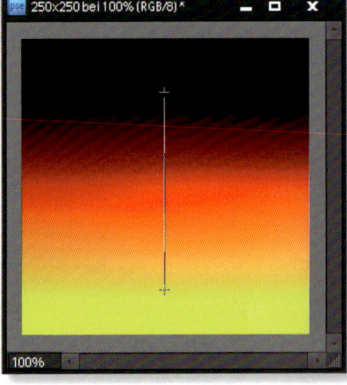

▲ **Abbildung 14.81**
Der neue Verlauf erscheint in der Vorlagen-Übersicht ⑮.

▲ **Abbildung 14.82**
Der neue Farbverlauf im Einsatz ■

Verläufe mit fester Vordergrund- und Hintergrundfarbe | Beim Verlaufswerkzeug unterscheidet man zwischen absoluten Farbdefinitionen und Farben, die abhängig von der aktuell eingestellten Vordergrund- und Hintergrundfarbe des Farbwahlbereiches definiert sind.

Bei absoluten Farbdefinitionen wird die Farbe im Regler angezeigt ❶. Regler, die von der Vordergrund- und Hintergrundfarbe abhängen, werden mit einem Karomuster versehen ❷.

Abbildung 14.83 ▶
Abhängige Farbdefinitionen in eine benutzerdefinierte Farbe umwandeln

Wollen Sie zum Beispiel eine von der Vordergrundfarbe abhängige Farbe in einen absoluten Farbwert umwandeln, so klicken Sie einfach auf den entsprechenden Regler im unteren Balken und dann auf den kleinen Pfeil ❸ bei FARBE. Hier wählen Sie die BENUTZERDEFINIERTE FARBE aus. Umgekehrt können Sie so auch absolute Farbwerte wieder in vom Vordergrund und/oder Hintergrund abhängige Farbdefinitionen umwandeln.

Verläufe mit Störungen (Rauschverläufe) | Interessante Ergebnisse erzielen Sie auch mit dem VERLAUFSTYP ❹ RAUSCHEN (auch als **Rauschverlauf** bezeichnet). Mit KANTENUNSCHÄRFE ❺ stellen Sie die Striche des Verlaufes ein. Je niedriger der Wert, desto weicher werden die Verläufe. Als FARBMODELL ❻ wählen Sie RGB oder HSB. Mit der Option FARBEN BESCHRÄNKEN ❼ reduzieren Sie die Sättigung von zu kräftigen Farben. Die Option TRANSPARENZ HINZUFÜGEN ❽ spricht für sich selbst. Mit der Schaltfläche ZUFALLSPARAMETER ❾ erzeugen Sie einen neuen Verlauf, der aus zufälligen Werten ermittelt wird.

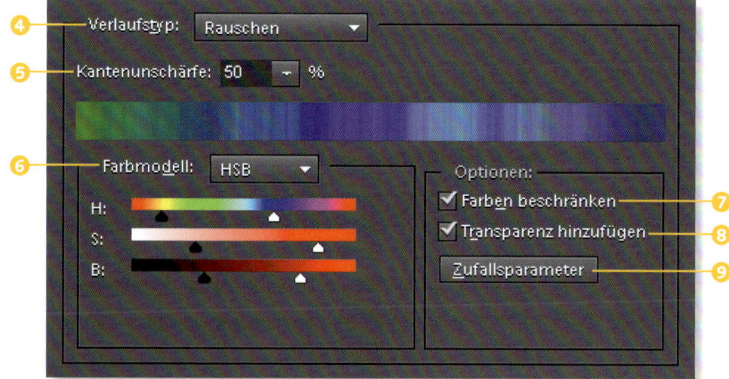

◄ **Abbildung 14.84**
Erstellen von Rauschverläufen

◄ **Abbildung 14.85**
Der Rauschverlauf im Einsatz

15 Schwarzweißbilder

Schwarzweißbilder liegen im Trend – selbstverständlich lernen Sie in diesem Buch alles, was Sie wissen müssen, um schöne Schwarzweißfotos zu erstellen.

15.1 Was bedeutet eigentlich »Schwarzweiß«?

Der Begriff »Schwarzweißbilder« ist eigentlich nicht ganz zutreffend. Da die so bezeichneten Bilder nicht nur schwarz und weiß sind, wäre die Bezeichnung »Graustufenbilder« korrekter – aber im allgemeinen Sprachgebrauch hat sich nun einmal die »Schwarzweißfotografie« durchgesetzt.

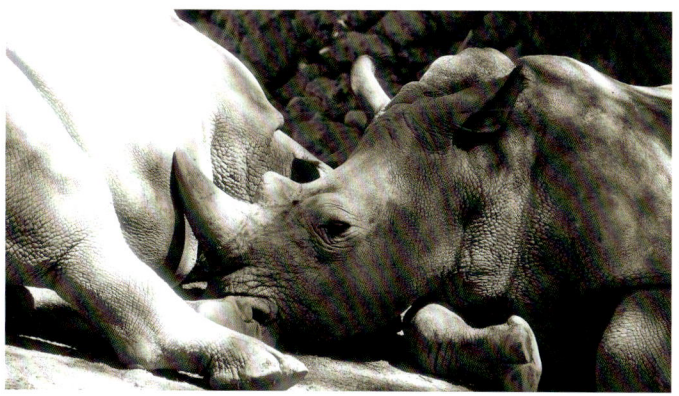

Foto: Jürgen Wolf

◄ **Abbildung 15.1**
Schwarzweißbilder sind nicht nur schwarz und weiß – sie enthalten in der Regel auch mehrere Grautöne.

Schwarzweißbilder aus der Kamera | Viele Digitalkameras bieten die Möglichkeit an, Bilder gleich im Schwarzweißmodus zu fotografieren, sodass Sie sich die nachträgliche Schwarzweißkonvertierung sparen können. Wenn Sie Aufnahmen gleich im Schwarzweißmodus machen, verschenken Sie jedoch viel Gestaltungsfreiheit, weshalb ich eher davon abraten möchte.

Digitale Bilder werden von den Kamerasensoren zunächst mit einer einzigen Belichtung als Schwarzweißfotos (oder genauer: als Graustufenfotos) aufgenommen. Die Farbe entsteht erst, indem jedes Pixel im Chip der Kamera eine winzige Folie aufgedampft wird, was wieder einem Farbauszug der drei Grundfarben Rot, Grün und Blau entspricht. 50 % der Pixel sind hierbei grün, und die anderen 50 % verteilen sich auf die Farben Rot und Blau. Dies entspricht ungefähr den menschlichen Sehgewohnheiten. Die noch fehlenden Informationen werden von der Software auf der Kamera berechnet. Genau genommen werden so die Digitalbilder in der Kamera aus drei unterschiedlichen Graustufenbildern erstellt.

Foto: Martin Conrad

▲ **Abbildung 15.2**
Links sehen Sie die drei Graustufenbilder mit dem roten, grünen und blauen Kanal und rechts das Endergebnis, das Sie nach dem Fotografieren zu Gesicht bekommen.

15.2   Schwarzweißbilder erstellen

Photoshop Elements bietet einige Möglichkeiten an, Bilder in Schwarzweiß bzw. in Graustufen umzuwandeln. Manche Möglichkeiten eignen sich besser, andere schlechter. Warum dies so ist und wie Sie die Methoden einsetzen, erfahren Sie auf den folgenden Seiten.

Gleichwertiges Gegenstück
Denselben Effekt wie mit der Funktion FARBE ENTFERNEN erzielen Sie, wenn Sie im Dialogfeld FARBTON/SÄTTIGUNG die Option SÄTTIGUNG auf –100 setzen.

Bilder entfärben | Die einfachste und schnellste Methode, ein Farbbild in ein Schwarzweißbild zu konvertieren, bietet der Befehl ÜBERARBEITEN • FARBE ANPASSEN • FARBE ENTFERNEN (Tastenkürzel: ⇧+Strg/⌘+U). Bei dieser Funktion bleibt auch die Gesamthelligkeit des Bildes weitgehend konstant. Die Funktion FARBE ENTFERNEN können Sie auch nur auf einen ausgewählten Bildbereich anwenden.

Diese Methode der Bildentfärbung bietet jedoch keine weiteren Einstellmöglichkeiten. Gegenüber dem GRAUSTUFEN-Modus hat sie allerdings den Vorteil, dass die Aufnahme im RGB-Modus vorliegt und somit nach Wunsch wieder in ein Farbbild verwandelt werden kann.

Bild in Graustufen-Modus konvertieren | Eine weitere Möglichkeit zur Schwarzweißkonvertierung von Farbbildern ist die Umwandlung des RGB-Modus in GRAUSTUFEN (BILD • MODUS • GRAUSTUFEN). Nach dieser Umwandlung besteht keine Möglichkeit mehr, Farbe zum Bild hinzufügen, weil mit dem GRAUSTUFEN-Modus alle nötigen Farbinformationen verworfen werden. Auch viele Funktionen lassen sich im GRAUSTUFEN-Modus nicht mehr verwenden (sind ausgegraut). Das einzige Argument für die Umwandlung eines Bildes in den GRAUSTUFEN-Modus ist der Speicherplatz. Ein Bild im GRAUSTUFEN-Modus benötigt erheblich weniger Speicherplatz als ein herkömmliches RGB-Bild.

Bild-Modi

Weitere Informationen zu den Bild-Modi wie dem GRAUSTUFEN- oder dem RGB-Modus finden Sie in Abschnitt 5.3, »Farben – Farbtiefe und Bildmodus«.

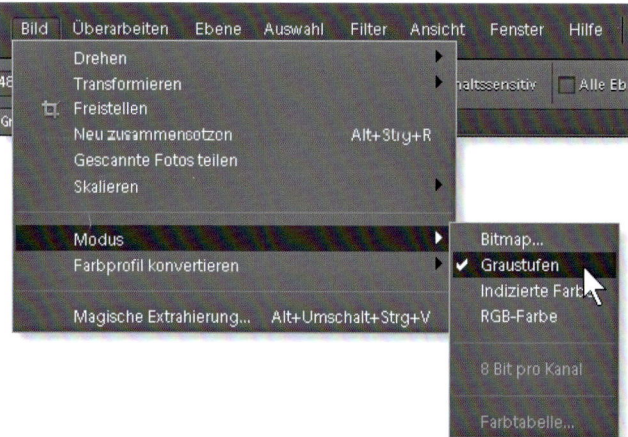

◄ **Abbildung 15.3**
Die schlechteste Möglichkeit der Schwarzweißkonvertierung ist das Ändern des RGB-Modus in den GRAUSTUFEN-Modus.

15.2.1 Farben teilweise entfernen: Color Key

Mit dem Dialog oder der Einstellungsebene FARBTON/SÄTTIGUNG können Sie die Farbsättigung eines Bildes teilweise entfernen, indem Sie den Schieberegler SÄTTIGUNG nach links ziehen. Zwar arbeitet der Dialog im Prinzip wie die Funktion FARBE ENTFERNEN, aber Sie haben hierbei zusätzlich die Option, gezielt die Sättigung einzelner Farben zu reduzieren.

 Tagpfauenauge.jpg

Schritt für Schritt: Ausgewählte Farben erhalten

An dem Bild »Tagpfauenauge.jpg« will ich Ihnen demonstrieren, wie Sie einzelne Farben in einem Bild in Schwarzweiß umwandeln und gleichzeitig andere erhalten.

1 **Einstellungsebene anlegen oder den Dialog aufrufen**
Legen Sie zunächst eine Einstellungsebene für FARBTON/SÄTTIGUNG an (siehe Abschnitt 10.4), oder verwenden Sie den entsprechenden Dialog (zum Beispiel über `Strg`/`⌘`+`U`).

▲ **Abbildung 15.4**
In diesem Bild sollen nur die Farben des Schmetterlings erhalten bleiben.

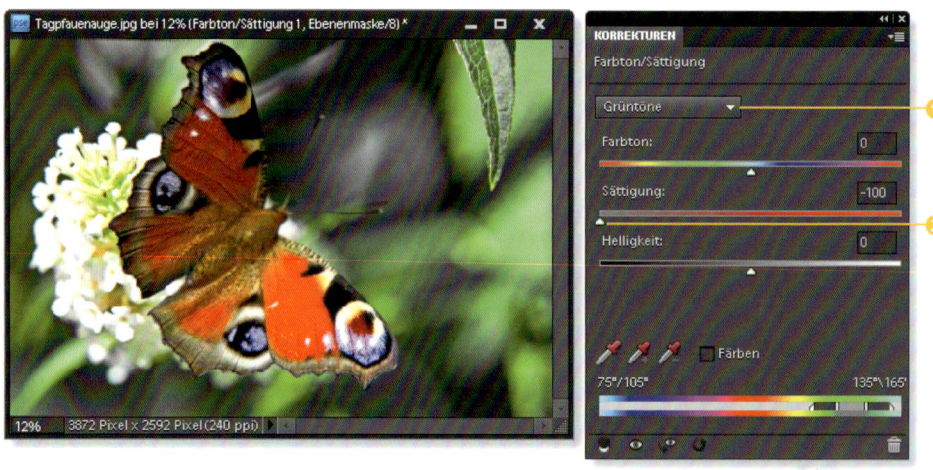

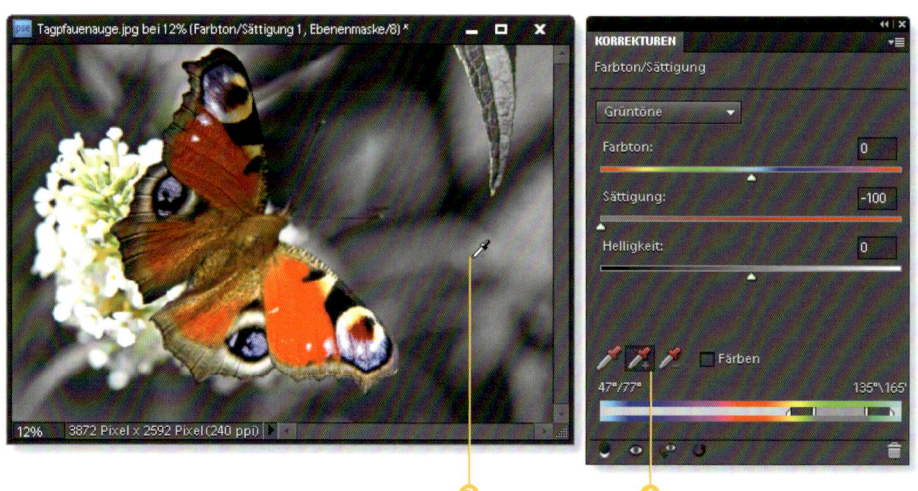

Abbildung 15.5 ▼
Leider wurden hier nicht alle
Grüntöne entsättigt.

2 **Sättigung selektierter Farben entfernen**

Wählen Sie im Dialog FARBTON/SÄTTIGUNG über die Dropdown-Liste **❶** die GRÜNTÖNE aus, und ziehen Sie den Schieberegler für die SÄTTIGUNG **❷** ganz nach links auf den Wert –100.

3 **Feintuning**

Vermutlich werden beim Auswählen eines bestimmten Farbtones nicht gleich alle gewünschten Bereiche entsättigt. Hier greifen Sie gleich manuell ein, indem Sie den Grüntonbereich erweitern. Wählen Sie hierzu im Dialog bzw. in der Einstellungsebene die Pipette mit dem Plus-Symbol **❹**, und klicken Sie damit im Bild auf den grünen Bereich **❸**, der noch entsättigt werden soll. Da Sie den Regler SÄTTIGUNG bei den Grüntönen auf –100 gestellt haben, wird der entsprechende Farbereich sofort entsättigt. Wiederholen Sie den Schritt gegebenenfalls öfter, bis Sie mit dem Ergebnis zufrieden sind.

Abbildung 15.6 ▼
Nachdem der Bereich der Grüntöne erweitert wurde, sieht das Ergebnis schon etwas besser aus.

Nach dem Entfernen von Farbe

Nach dem Entfernen aller grünen Farbtöne sollte das Bild mit Ausnahme des Schmetterlings in Schwarzweiß angezeigt werden. Natürlich funktioniert das Entfernen einzelner Farben nicht immer so harmonisch wie in diesem Beispiel, wo die farblichen Unterschiede der einzelnen Objekte so deutlich sind. Verfahren Sie bei Bedarf analog mit den anderen Farbtönen in der Dropdown-Liste. Wenn Sie eine Einstellungsebene verwendet haben, reduzieren Sie die beiden Ebenen zu einer Hintergrundebene.

◄ **Abbildung 15.7**
Durch ein selektives Entfernen einzelner Farben können Sie den Fokus des Bildes noch mehr betonen.

Schwarzweiß mit Smartpinsel malen | Wenn Sie bei einem Bild einzelne Bereiche einfach nur Schwarzweiß anmalen wollen, können Sie auch den Smartpinsel ⟨F⟩ 🖌 und Detail-Smartpinsel ⟨F⟩ 🖌 dazu verwenden. Die Werkzeuge bieten hierbei verschiedene Schwarzweißfunktionen ➎ an, die Sie einfach nur noch auf das Bild aufpinseln.

Zum Weiterlesen
Die Verwendung der beiden Werkzeuge wurde in Abschnitt 14.2.8, »Die Smartpinsel-Werkzeuge«, beschrieben.

◄ **Abbildung 15.8**
Einzelne Bildbereiche schwarzweiß einfärben mit den Smartpinsel-Werkzeugen

Foto: Jürgen Wolf

15.2.2 In Schwarzweiß konvertieren

Die wohl optimale und vielseitigste Möglichkeit, ein Bild mit Photoshop Elements in ein Schwarzweißbild zu konvertieren, dürfte der Befehl IN SCHWARZWEISS KONVERTIEREN sein. Den Dialog dazu rufen Sie über das Menü ÜBERARBEITEN • IN SCHWARZWEISS KONVERTIEREN oder mit dem Tastenkürzel [Strg]/[⌘]+[Alt]+[B] auf.

Schritt für Schritt: Bilder in Schwarzweiß konvertieren

1 **Bild laden und Dialog öffnen**

hidden_beauty.jpg

Laden Sie zuerst das Bild »hidden_beauty.jpg« in den Editor, und öffnen Sie anschließend den Dialog ÜBERARBEITEN • IN SCHWARZWEISS KONVERTIEREN (oder [Strg]/[⌘]+[Alt]+[B]).

2 **Stil auswählen**

Abbildung 15.9 ▼
Entscheiden Sie sich zunächst für einen geeigneten Stil.

Wählen Sie bei den Stilen ❷ eine Option aus, die etwa dem Inhalt Ihres Bildes entspricht. Finden Sie keinen passenden Eintrag, können Sie die Stile auch durchprobieren und in der Vorher-Nachher-Ansicht ❶ entscheiden, welcher Schwarzweißstil Ihnen am besten gefällt. Im Beispiel habe ich den Stil INFRAROTEFFEKT ausgewählt, weil dies die Dame dramatischer in Szene setzt.

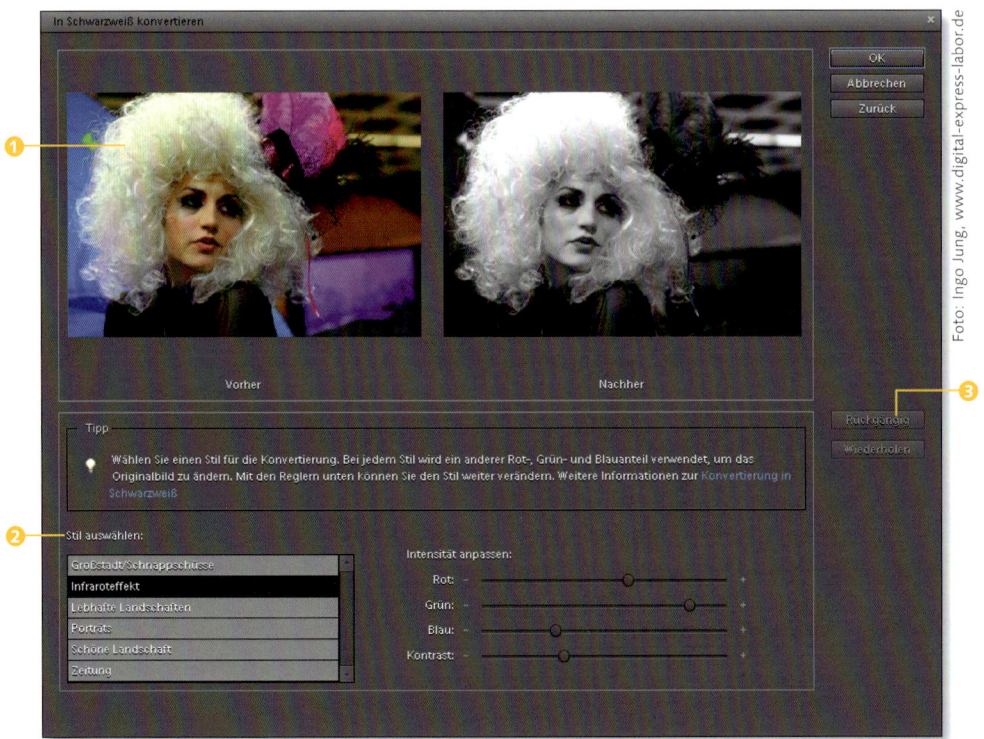

3   Kanäle bearbeiten

Verändern Sie bei Bedarf die Schieberegler von ROT, GRÜN und BLAU, um die Intensität anzupassen. Auf diese Weise färben Sie natürlich nicht die Bilder ein, sondern fügen nur dem Schwarzweißbild mehr oder weniger Daten aus dem ursprünglichen Kanal hinzu.

▶ Bei Porträts hat es sich bewährt, den Rot-Kanal anzuheben (nach rechts ziehen, um das Gesicht zu betonen).

▶ In Landschaften können Sie immer mehr GRÜN hinzufügen, um Bildbereiche aufzuhellen. Geben Sie aber acht, dass das Bild dabei nicht zu hell wird.

Wenn eine Einstellung nicht das gewünschte Ergebnis bringt, können Sie jederzeit die Schaltfläche RÜCKGÄNGIG ❸ anklicken. Im Beispiel wurden keine Änderungen mehr vorgenommen.

4   Kontrast anpassen

Zum Schluss passen Sie bei Bedarf noch den KONTRAST über den gleichnamigen Schieberegler an. Im Beispiel habe ich den KONTRAST nur geringfügig erhöht, weil das Bild schon recht kontrastreich war. Klicken Sie auf OK, um das Bild zu konvertieren.

Die Unterschiede nach der Schwarzweißkonvertierung (linkes Bild) sind in puncto Kontrastanhebung im Vergleich zu FARBE ENTFERNEN (rechtes Bild) eindeutig.

▼ **Abbildung 15.10**
Die Schwarzweißumwandlung wurde beim linken Bild mit dem Dialog IN SCHWARZWEISS KONVERTIEREN durchgeführt, beim rechten Bild wurde FARBE ENTFERNEN verwendet.

Eigene Vorgaben für die Schwarzweißkonvertierung | Sie können für IN SCHWARZWEISS KONVERTIEREN auch eigene Vorgaben definieren. Hierzu finden Sie im Programmverzeichnis von Photoshop Elements (unter Windows: C:\PROGRAMME\ADOBE\PHOTOSHOP ELEMENTS 9\REQUIRED) eine Textdatei namens »bwconvert. txt«, die Sie mit einem beliebigen Texteditor öffnen können.

Backup erstellen
Machen Sie zur Sicherheit eine Kopie der Datei »bwconvert.txt«, um diese bei Bedarf wiederherstellen zu können.

Beim Mac müssen Sie hier zunächst zum Ordner PROGRAMME/ ADOBE PHOTOSHOP ELEMENTS navigieren, über dem Icon ADOBE PHOTOSHOP ELEMENTS mit der rechten Maustaste klicken und PAKETINHALT ANZEIGEN auswählen. Jetzt brauchen Sie nur weiter zum Ordner CONTENTS/REQUIRED zu navigieren, und Sie finden auch hier die Textdatei »bwconvert.txt« vor.

Abbildung 15.11 ▶
Die Textdatei »bwconvert.txt« mit den Vorgaben für die Schwarzweißkonvertierung. Hier wurde in der letzten Zeile eine neue benutzerdefinierte Vorgabe mit dem Namen »MeinEffekt« hinzugefügt.

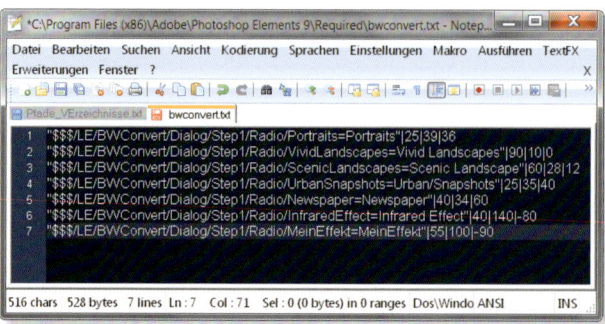

Hier können Sie am Ende eine neue Zeile mit neuen Vorgaben hinzufügen. Halten Sie dabei die Namenskonventionen der bereits vorhandenen Vorgaben ein. Speichern Sie diese Datei wieder unter demselben Namen und im selben Verzeichnis. Beim nächsten Aufruf von ÜBERARBEITEN • IN SCHWARZWEISS KONVERTIEREN wird die neue benutzerdefinierte Vorgabe bei den Stilen ❶ mit aufgelistet.

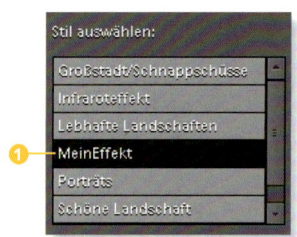

▲ **Abbildung 15.12**
IN SCHWARZWEISS KONVERTIEREN mit neuen benutzerdefinierten Vorgaben

15.2.3 Camera Raw
Zu guter Letzt bietet Ihnen Photoshop Elements auch noch die Möglichkeit, ein Schwarzweißbild mit dem Dialog CAMERA RAW direkt aus dem Rohbild zu erstellen.

Mehr zum Rohformat (RAW) und zur Arbeit mit diesem Format erfahren Sie in Kapitel 30.

15.2.4 Schwarzweißbilder einfärben
Wenn Sie Schwarzweißbilder einfärben wollen, kommen Sie nicht um die klassischen Malwerkzeuge herum. Wichtig hierbei ist es, dass Sie gegebenenfalls das Bild vorher in den RGB-Modus umwandeln. Auch Farbverläufe lassen sich sehr gut zum Kolorieren verwenden.

In der Praxis werden Sie allerdings beim Kolorieren von Schwarzweißbildern mit vielen Details mehrere Ebenen oder Masken verwenden müssen. Im Folgenden gebe ich ein einfaches Beispiel, wie Sie Bildbereiche in einem Schwarzweißbild von Hand kolorieren können. Mit dieser Technik lassen sich oft interessante Effekte erzielen.

Schritt für Schritt: Ein Schwarzweißbild nachkolorieren

1 Farbe-ersetzen-Pinsel verwenden

Öffnen Sie das Bild »Lackieren.jpg« im Editor, und wählen Sie zunächst das Farbe-ersetzen-Werkzeug Ⓑ 🖌 aus. Verwenden Sie eine ausreichende Pinselgröße von ca. 280 Pixeln. Stellen Sie die TOLERANZ auf den Wert 10% ein. Wählen Sie eine Vordergrundfarbe zum Malen im Bild aus. Im Beispiel habe ich dazu einen Gelbton verwendet. Färben Sie nun mit dem Farbe-ersetzen-Werkzeug den Lack des Autos ein. Für die Details sollten Sie näher in das Bild zoomen.

Lackieren.jpg

Farbe-ersetzen-Pinsel
Das Farbe-ersetzen-Werkzeug wird in Abschnitt 14.2.3 genauer beschrieben.

2 Sättigung reduzieren

Manchmal wirkt eine Farbe nach dem Auftragen zu knallig. Legen Sie daher eine Einstellungsebene für FARBTON/SÄTTIGUNG an (siehe Abschnitt 10.4), oder verwenden Sie den Dialog FARBTON/SÄTTIGUNG (zum Beispiel mit [Strg]/[⌘]+[U]). Wählen Sie nun in der Dropdown-Liste ❶ die GELBTÖNE aus. Reduzieren Sie hierbei die SÄTTIGUNG ❸ auf –20 und die HELLIGKEIT ❹ auf –25. Wenn Sie wollen, verändern Sie auch noch den FARBTON ❷, um zu sehen, wie andere Lackierungsfarben aussehen würden.

Wenn Sie eine Einstellungsebene verwendet haben, reduzieren Sie diese auf eine Hintergrundebene, oder bestätigen Sie den Dialog mit OK, wenn Sie den gewöhnlichen Dialog FARBTON/SÄTTIGUNG verwendet haben.

▲ **Abbildung 15.13**
Mit dem Farbe-ersetzen-Werkzeug wird das Bild koloriert.

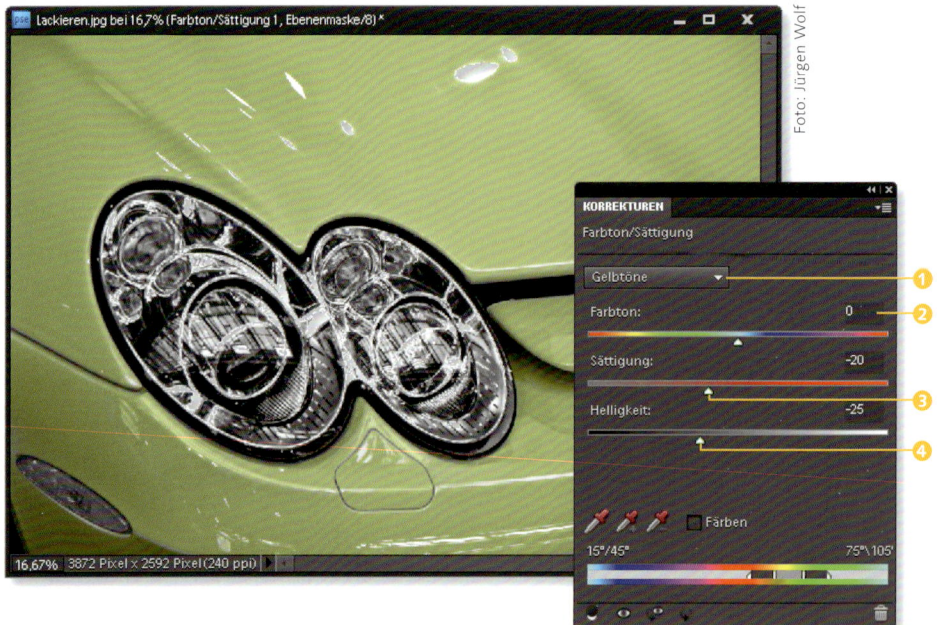

Abbildung 15.14 ▲
So fügt sich die Koloration harmonisch ins Bild ein.

Abbildung 15.15 ▼
Ausgangsbild (links) und Ergebnis (rechts)

3   Nach dem Kolorieren

Auch wenn das Kolorieren nicht ganz exakt durchgeführt wird, fällt die nachträglich aufgetragene Farbe bei normaler Betrachtung kaum als Manipulation auf. Das liegt an unserer Farbwahrnehmung, die eine viel schlechtere Auflösung hat als die Helligkeitswahrnehmung.

15.2.5   Schwarzweiße Bitmaps erzeugen

Um aus einfachen eingescannten Strichzeichnungen brauchbare Bitmaps zu erzeugen, sind einige Arbeitsschritte mehr nötig als nur die Konvertierung des Bildes in den BITMAP-Modus. In der Regel erzeugt man aus einfachen Strichzeichnungen Bitmaps, um die so aufbereitete Schwarzweißvorlage auf einem Laserdrucker mit höchster Auflösung auszugeben oder um Logos zu erstellen.

Bitmaps

Zur Erinnerung: Bitmaps sind Bilder mit 1 Bit Farbtiefe. Ein Pixel kann also entweder nur schwarz oder nur weiß sein.

Häufig ist aber bei einem eingescannten Bild das Weiß nicht hundertprozentig weiß (jeder RGB-Kanal müsste den Wert 255 haben) und das Schwarz nicht vollkommen schwarz.

Schritt für Schritt: Perfekte Bitmaps erzeugen

1 Tonwertkorrektur

Verwenden Sie das Werkzeug zur TONWERTKORREKTUR mit Strg/⌘+L. Schieben Sie den schwarzen Schieberegler ❺ nach rechts auf den Wert 70, bis die Tiefen intensiv schwarz erscheinen. Den weißen Schieberegler ❻ stellen Sie auf den Wert 200. Das Weiß im Bild wird dabei deutlich reiner. Ziel der TONWERTKORREKTUR ist es, dem Bild möglichst viele Graustufen zu entziehen. Bestätigen Sie den Vorgang mit OK.

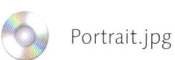 Portrait.jpg

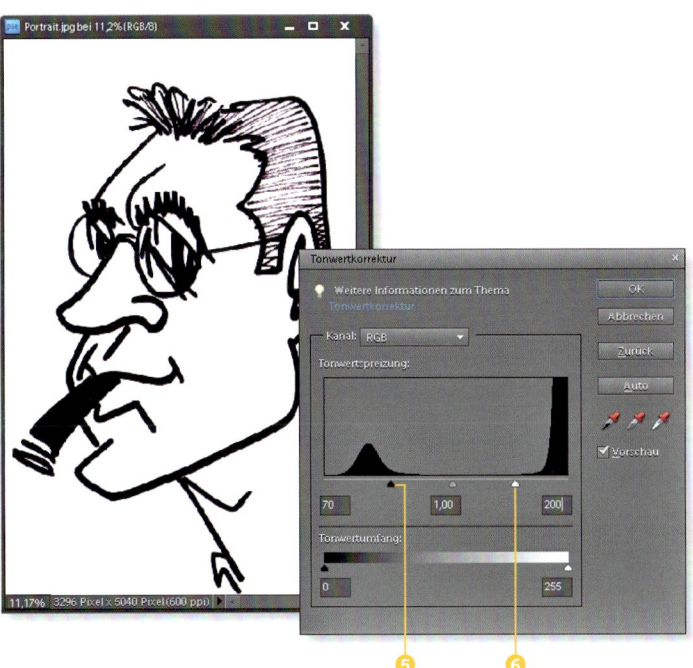

◄ **Abbildung 15.16**
Durch diese TONWERTKORREKTUR entziehen Sie dem Bild viele Graustufen.

2 Kanten schärfen

Schärfen Sie anschließend die Kanten der Striche, und verstärken Sie die Trennung der hellen und dunklen Bildbereiche. Beides können Sie mit dem Dialog ÜBERARBEITEN • UNSCHARF MASKIEREN durchführen. Stellen Sie hierbei den Wert des Schieberegler STÄRKE auf 500 %, den RADIUS auf 250 Pixel und den SCHWELLENWERT auf 0. Bestätigen Sie dann den Dialog mit OK.

Scharfzeichnen

Dem Thema Scharfzeichnen ist ein ganzes Kapitel gewidmet (siehe Kapitel 17, »Bilder schärfen«).

3 Schwellenwert wählen

Die endgültige Grenze bei den Graustufen, zwischen Schwarz
und Weiß, setzen Sie mit dem SCHWELLENWERT. Rufen Sie den
Filter über das Menü FILTER • ANPASSUNGSFILTER • SCHWELLEN-
WERT auf. Je weiter Sie nun diesen SCHWELLENWERT mit dem weißen Schieberegler ❶ nach links schieben, umso mehr fallen die
schwarzen Pixel weg. Ziehen Sie hingegen den Schieberegler zu
stark nach rechts, kommen viele unerwünschte schwarze Pixel im
Bild zum Vorschein. Im Beispiel wurde der Wert 150 eingestellt
und mit OK bestätigt.

Abbildung 15.18 ▶
Die schwarzen und weißen Pixel
können Sie mit dem SCHWELLEN-
WERT kontrollieren.

4 **In Bitmap konvertieren**

Zum Schluss konvertieren Sie das Bild über BILD • MODUS • BIT-MAP in eine Bitmap. Sofern das Bild noch im RGB-Modus vorliegt, wird es nun zunächst in ein Graustufenbild konvertiert. Sie können dann noch die AUFLÖSUNG und METHODE auswählen, wie das Bild in eine Bitmap konvertiert werden soll. Die AUFLÖSUNG belassen Sie am besten wie voreingestellt. Mit der METHODE haben Sie hierbei keinen Einfluss mehr auf das Gesamtbild. Bestätigen Sie den Dialog mit OK.

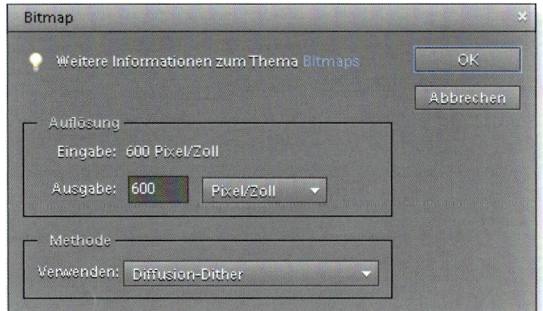

◄ **Abbildung 15.19**
Bestätigen Sie den Dialog mit OK.

Anstatt das Bild zuletzt in eine Bitmap zu konvertieren, können Sie es auch wie ein Comic-Bild mit den Mal- und Füllwerkzeugen kolorieren.

▲ **Abbildung 15.20**
Ausgangsbild (links) und Ergebnis nach der Bitmap-Konvertierung (Mitte). Bei der Version ganz rechts wurde auf die Bitmap-Konvertierung verzichtet und das Bild koloriert.

15.2.6 Schwellenwert

Den Schwellenwert haben Sie bereits im letzten Abschnitt verwendet. Er eignet sich sehr gut für kreative Arbeiten, bei denen Sie ein Farb- oder Graustufenbild in reines Schwarz und Weiß umwandeln. Da sich der Schwellenwert verändern lässt, können Sie selbst festlegen, ab welchem Wert (0 bis 255) ein Pixel zu Weiß oder zu Schwarz konvertiert wird.

Aufrufen können Sie den Schwellenwert über das Menü Filter • Anpassungsfilter • Schwellenwert. Auch als Einstellungsebene ist der Schwellenwert vorhanden. Mit dem Schwellenwert werden alle Pixel im Bild, die heller als dieser Wert sind, in Weiß umgewandelt. Alle Pixel, die dunkler als der Schwellenwert sind, werden zu Schwarz.

Schwarz- und Weißpunkt ermitteln | Mithilfe des Schwellenwerts können Sie auch sehr gut die hellsten und dunkelsten Bildbereiche in einem Bild bestimmen. Schieben Sie hierzu einfach den Schieberegler des Schwellenwerts in Richtung des Bereichs, den Sie ermitteln wollen. Wenn Sie sich diese Stellen merken und den Dialog abbrechen, können Sie anschließend mit den Pipetten der Tonwertkorrektur gezielt den Schwarz- und Weißpunkt des Bildes bestimmen.

Foto: Jürgen Wolf

Abbildung 15.21 ▶
Den Schwellenwert können Sie für die Bestimmung der hellsten und dunkelsten Bildbereiche verwenden.

15.2.7 Schwarzweiß mit dem Assistent

Im ASSISTENT-Modus des Aufgabenbedienfeldes BEARBEITEN finden Sie unter der Kategorie FOTOGRAFISCHE EFFEKTE eine Funktion ALTMODISCHES FOTO. Zwar ist diese Funktion auch wieder
nur ein Zusammenschnitt von verschiedenen Funktionen aus
dem VOLLSTÄNDIG-Modus, aber aufgrund der komfortablen
Anwendung sollte diese Funktion nicht unerwähnt bleiben.

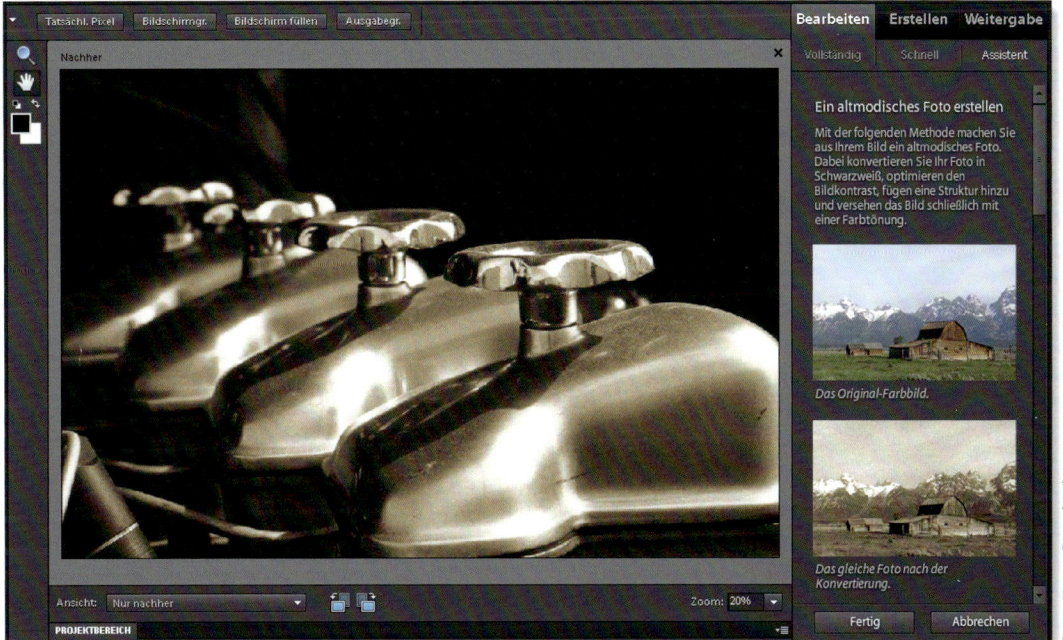

Foto: Marco Barnebeck

▲ **Abbildung 15.22**
Alles bekannte Funktionen in ALTMODISCHES FOTO, aber da es unter
einem »Dach« versammelt ist, sehr komfortabel.

16 Farbverfremdung

Farbverfremdung ist ein beliebtes Mittel, einem Bild den letzten Schliff zu geben. Gerne werden Farbverfremdungen bei Schwarzweißbildern benutzt; sie sind aber nicht auf diese Verwendung beschränkt. Da Farbverfremdungen so beliebt sind, kann man sie bei Photoshop Elements gleich mehrfach aufrufen. So sind fast alle Farbverfremdungen als Filter sowohl über das Menü FILTER • ANPASSUNGSFILTER als auch als Einstellungsebenen einsetzbar. In der Regel würde ich Ihnen zu Einstellungsebenen raten, da Sie mit diesen zusätzlich den MODUS (Füllmethode der Ebene) und die DECKKRAFT einstellen können.

16.1 Bilder tonen

Durch Tonen verpassen Sie Bildern einen bestimmten Look. So wirken zum Beispiel Bilder, die mit Sepiabraun getönt wurden, wie Fotografien aus alten Zeiten. Für einen modernen Look bietet sich eher eine Blautonung an.

Foto: Berny J. Sackl

▲ **Abbildung 16.1**
Die Sepiatonung verleiht dem Bild ein nostalgisches Flair.

Foto: Jürgen Wolf

▲ **Abbildung 16.2**
Zu technischen oder modernen Motiven passt eher eine blaue Tonung.

16.1.1 Bilder färben mit »Farbton/Sättigung«

Die wohl beliebteste Möglichkeit zum Tonen von Bildern ist der bereits bekannte Dialog FARBTON/SÄTTIGUNG. Den Dialog rufen Sie entweder über ÜBERARBEITEN • FARBE ANPASSEN • FARBTON/SÄTTIGUNG ANPASSEN (oder [Strg]/[⌘]+[U]) auf oder legen ihn als Einstellungsebene an.

Um mit dem Dialog FARBTON/SÄTTIGUNG zu arbeiten, aktivieren Sie rechts unten die Option FÄRBEN ❶. Nun stellen Sie mit dem Schieberegler FARBTON die gewünschte Färbung ein. Die anderen beiden Regler haben auch hier die bereits bekannte Funktionalität. Mit SÄTTIGUNG steigern oder reduzieren Sie die Farbsättigung. Mit HELLIGKEIT färben Sie das Bild heller oder dunkler.

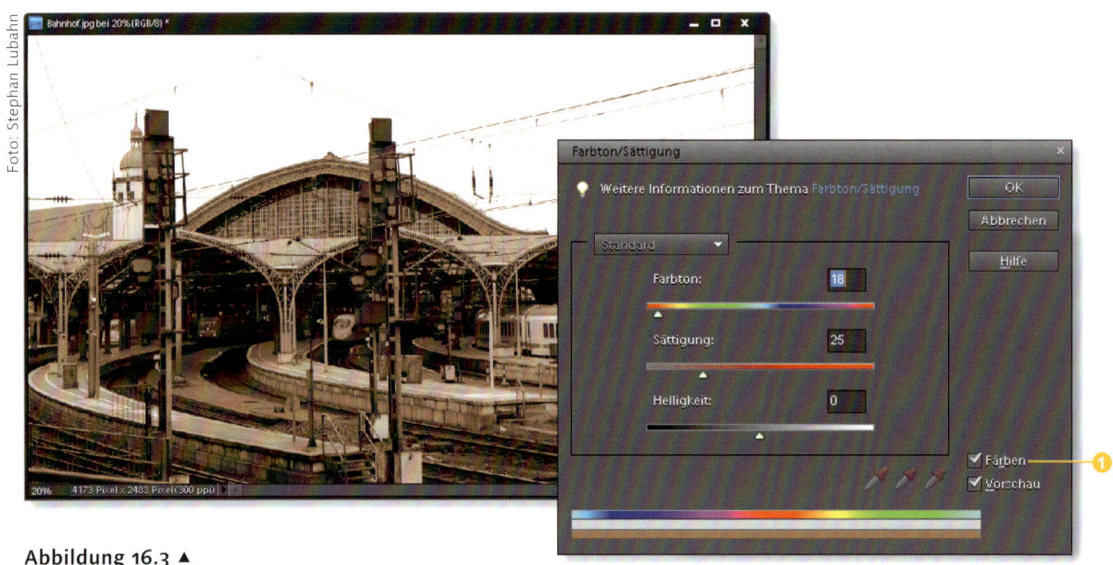

Abbildung 16.3 ▲
Zum Einfärben von Graustufenbildern müssen Sie auf jeden Fall die Option FÄRBEN aktivieren.

16.1.2 Fotofilter einsetzen

Ebenfalls sehr komfortabel zum Tonen von Bildern ist der Dialog FOTOFILTER, den Sie entweder über das Menü FILTER • ANPASSUNGSFILTER • FOTOFILTER aufrufen oder als Einstellungsebene verwenden. Auch dieser Dialog ist einfach zu handhaben: Die gewünschte Farbe zum Tonen wählen Sie entweder mit der Option FILTER ❷ aus den vordefinierten Farben über die Dropdown-Liste oder manuell mit dem FARBWÄHLER über der Option FARBE ❸. Wie stark die Tonung aufgetragen werden soll, geben Sie mit DICHTE ❹ an. Je höher der Wert, desto stärker wird die Farbtonung. Wollen Sie die ursprüngliche Helligkeit erhalten, lassen Sie die Option LUMINANZ ERHALTEN ❺ aktiviert.

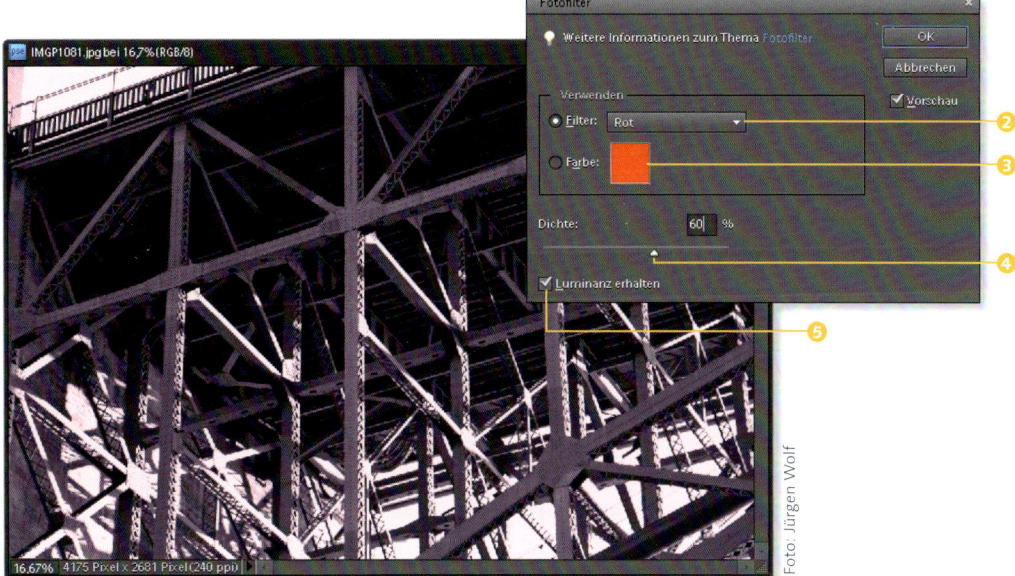

Foto: Jürgen Wolf

Neben dem Tonen von Schwarzweißbildern werden die Fotofilter auch gerne eingesetzt, um die Stimmung, Tageszeit oder Temperatur von Bildern zu verändern. Damit kann ein verregneter Tag plötzlich warm wirken oder ein warmes Bild auf einmal kalt.

▲ **Abbildung 16.4**
Der Filter bietet einige vordefinierte Farben an, die Sie auch in der Farbpalette wiederfinden.

Foto: Stephan Lubahn

◄ **Abbildung 16.5**
Viermal dasselbe Bild mit verschiedenen FOTOFILTERN und somit verschiedenen Stimmungen. Links oben wurde WARMFILTER (81) verwendet. Rechts daneben kam der KALTFILTER (LBB) zum Einsatz. Links unter wurde ORANGE benutzt, und rechts daneben finden Sie das Original.

16.1.3 Tonen über die Tonwertkorrektur

Eine etwas ungewöhnlichere, aber ebenfalls sehr gute Möglichkeit zum Tonen von Bildern ist die TONWERTKORREKTUR, die Sie über das Menü ÜBERARBEITEN • BELEUCHTUNG ANPASSEN • TONWERTKORREKTUR aufrufen (oder mit der Tastenkombination [Strg]/[⌘]+[L]). Alternativ können Sie auch eine Einstellungsebene mit TONWERTKORREKTUR verwenden.

Abbildung 16.6 ▼
Auch die TONWERTKORREKTUR ist sehr gut zum Tonen von Bildern geeignet, weil sich hiermit alle Bildbereiche gleichmäßig entsprechend ihrer Helligkeit einfärben lassen.

Wählen Sie hierzu im Dialog zur TONWERTKORREKTUR unter KANAL ❶ einen Farbkanal zur Bearbeitung aus (im Beispiel ist es der blaue Farbkanal). Nun stellen Sie mit dem mittleren Schieberegler ❷ die gewünschte Farbe ein. Um die Farben zu mischen, wiederholen Sie diesen Vorgang einfach mit einem anderen Farbkanal.

16.2 Bilder mit Verlaufsfarben tonen

Abbildung 16.7 ▲
VERLAUFSUMSETZUNG als Einstellungsebene

Anstelle von einfachen Farben können Sie auch einen Verlauf zum Tonen nutzen. Hierzu bietet Photoshop Elements den Dialog VERLAUFSUMSETZUNG über den Menüpunkt FILTER • ANPASSUNGSFILTER • VERLAUFSUMSETZUNG an. Alternativ legen Sie hierfür eine Einstellungsebene über das Ebenen-Bedienfeld an.

Die Farbe, die sich hierbei links im Balken der VERLAUFSUMSETZUNG befindet, ersetzt die Tonwerte, die auch links im Histogramm angezeigt werden (also die dunkleren Farben). Die Farben rechts werden folglich durch jene Farben ersetzt, die sich rechts im Histogramm befinden (also die helleren Farben). Der Übergang der Verlaufsumsetzung wird somit von links nach rechts durch den Verlauf des Histogramms ersetzt.

Mit einem Klick auf das kleine Dreieck ❸ auf der rechten Seite des Balkens öffnen Sie ein Menü, in dem Sie weitere Verläufe auswählen können. Wenn Sie auf den Verlauf klicken, können Sie ihn nachträglich bearbeiten.

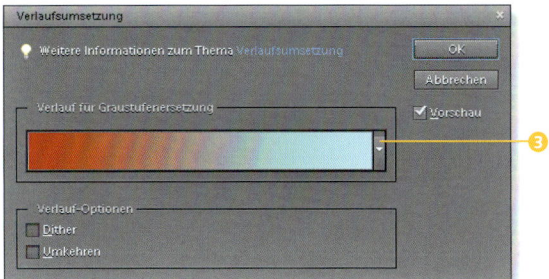

◄ **Abbildung 16.8**
Der Dialog zur
VERLAUFSUMSETZUNG

Verläufe bearbeiten

Wie Sie Verläufe bearbeiten und
nachträglich ändern, wurde in
Abschnitt 14.4.6 unter »Eigene
Verläufe erstellen« beschrieben.

Mit der Option DITHER fügen Sie ein Störungsmuster in den Verlauf ein. Mit UMKEHREN kehren Sie den Verlauf um und erzeugen so eine Art »Negativ« vom üblichen Verlauf.

Foto: Jürgen Wolf

▲ **Abbildung 16.9**
Links das Originalbild, in der Mitte eine normale VERLAUFSUMSETZUNG
und rechts der Negativeffekt mit der Option UMKEHREN

16.3 Tontrennung

Eine andere Art der Tonung zur künstlerischen Gestaltung ist die Tontrennung als Vorstufe zum Hoch- oder Siebdruck. Die TONTRENNUNG rufen Sie über das Menü FILTER • ANPASSUNGSFILTER • TONTRENNUNG auf. Alternativ steht Ihnen hierzu auch eine Einstellungsebene zur Verfügung.

Eine solche Tontrennung wird durchgeführt, indem die Anzahl der Tonwertstufen bzw. Helligkeitswerte in allen Kanälen des Bildes reduziert wird. Die Anzahl der Stufen geben Sie im entsprechenden Dialog an. Die Anzahl der noch vorhandenen Farben ergibt sich dann aus der Anzahl der Stufen multipliziert mit den drei Kanälen (Rot, Grün, Blau). Im Beispiel in Abbildung 16.10 wurden vier Stufen verwendet. In unserem RGB-Bild ergibt dies nach der TONTRENNUNG insgesamt zwölf Farben (4 × 3).

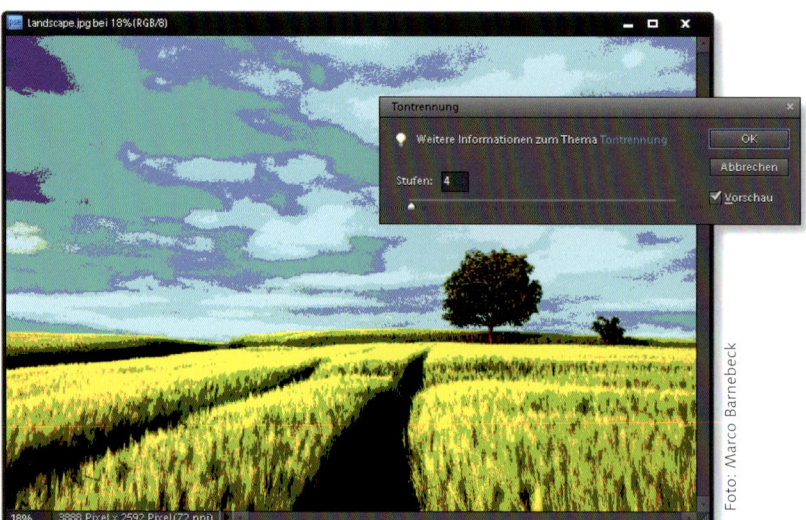

Abbildung 16.10 ►
Immer bestens geeignet für Spezialeffekte wie eine Siebdruck-Simulation ist die TONTRENNUNG.

16.4 Umkehren

Mit dem Menüpunkt UMKEHREN erzeugen Sie eine invertierte Bildansicht, die an ein Negativ erinnert. Rufen Sie diese Funktion über das Menü FILTER • ANPASSUNGSFILTER • UMKEHREN (oder `Strg`/`⌘`+`I`) auf, oder legen Sie auch hier wieder eine Einstellungsebene an.

Abbildung 16.11 ►
Ein invertiertes Bild

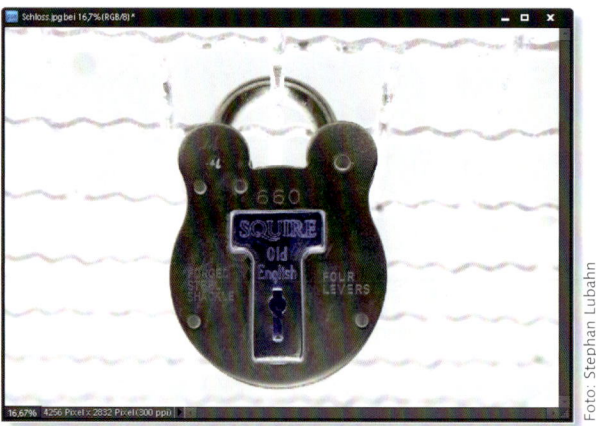

16.5 Photomerge-Stil-Übereinstimmung

pse Die Photomerge-Funktion PHOTOMERGE-STIL-ÜBEREINSTIMMUNG wurde neu in Elements 9 implementiert.

Ein interessantes Freestyle-Werkzeug für kreative Zwecke wurde mit PHOTOMERGE-STIL-ÜBEREINSTIMMUNG eingeführt. Aufrufen können Sie dieses Werkzeug sowohl aus dem Editor als auch aus

dem Organizer über DATEI • NEU. Ebenso lässt sich das Werkzeug über den ASSISTENT des Aufgabenbedienfeldes BEARBEITEN
aktivieren. Neben der Möglichkeit, ein Bild mit dem Stil eines
anderen Bildes anzupassen, eignet sich das Werkzeug auch hervorragend, um Schwarzweißbilder zu erstellen. Um die einzelnen
Funktionen des Werkzeuges näher kennenzulernen, finden Sie
hierzu eine Schritt-für-Schritt-Anleitung.

Schritt für Schritt: Photomerge-Stil-Übereinstimmung verwenden

1 **Bild öffnen**

Öffnen Sie zunächst das Bild, das einen neuen Look bekommen
soll. Im Beispiel soll das Bild »Tree.jpg« verwendet werden.

 Tree.jpg

2 **Photomerge-Stil-Übereinstimmung aufrufen**

Rufen Sie DATEI • NEU • PHOTOMERGE-STIL-ÜBEREINSTIMMUNG auf.
Jetzt finden Sie das Bild in der Funktion PHOTOMERGE-STIL-ÜBER-
EINSTIMMUNG auf der rechten Seite ❶ wieder. Sollten Sie mehrere
Bilder geöffnet haben und das gewünschte Bild nicht angezeigt
werden, können Sie jederzeit den Reiter PROJEKTBEREICH ❷ ankli-
cken und darin das gewünschte Bild doppelklicken, das für die
Stil-Übereinstimmung auf der Nachher-Seite ❶ verwendet wer-
den soll.

▼ **Abbildung 16.12**
Das Bild wurde in PHOTOMERGE-
STIL-ÜBEREINSTIMMUNG geladen.

Foto: Marco Barnebeck

Bild zur Stil-Übereinstimmung auswählen

Im Reiter Stilbereich ❸ wählen Sie aus den vordefinierten Stil-
bildern ❹ ein Bild aus, das Sie zur Stil-Übereinstimmung für das
eben geladene Bild verwenden wollen. Entweder doppelklicken Sie auf das entsprechende Stilbild, oder Sie ziehen es mit
gedrückt gehaltener Maustaste auf die linke Seite und lassen es
über Stilbild hierher ziehen ❶ fallen. Hierbei können Sie jederzeit ein anderes Bild zur Stil-Übereinstimmung verwenden, wenn
Ihnen das Ergebnis nicht zusagt. Sobald Sie ein Bild zur Stil-Übereinstimmung ausgewählt haben, ändert sich auch das Ziel-Bild
auf der rechten Seite ❷ entsprechend.

Abbildung 16.13 ▼
Wählen Sie ein Stilbild aus, mit
dem Sie das geladene Bild verändern wollen.

4   **Stil-Übereinstimmung anpassen**

Wenn Sie ein Bild zur Stil-Übereinstimmung ausgewählt haben,
finden Sie auf der rechten Seite einige Einstellungen, um diesen
Stil anzupassen. Wie kräftig Sie die Stil-Übereinstimmung vom
Quell-Bild auf das Ziel-Bild anwenden wollen, geben Sie mit dem
Regler Intensität des Stils ❻ an (was letztendlich die Deckkraft
der Ebene darstellt). Die Schärfe des Stils stellen Sie mit dem
Regler Stil-Klarheit ❼ ein. Ziehen Sie hier den Regler nach
links, wird der Stil eher weich angewendet, und ziehen Sie den
Regler nach rechts, erscheint der Stil etwas härter, was aber ein
Bildrauschen hervorrufen kann. Mit dem dritten Regler Details
verbessern ❽ lässt sich der Kontrast des Stils verstärken (Reg-
ler nach rechts) oder abschwächen (Regler nach links). Über die
Dropdownliste Ansicht ❺ schalten Sie zu einer Vorher-Nachher-
Ansicht um.

5 Stil radieren oder aufmalen

Mit den beiden Malwerkzeugen Stil-Radiergummi ⑩ und Stil-Malwerkzeug ⑪ können Sie jederzeit im Ziel-Bild ⑬ bei einzelnen Bildbereichen den Stil wegradieren und wieder hinzumalen. Damit die Kanten mit den Malwerkzeugen nicht so auffallen, können Sie diese mit dem Regler KONTURKANTEN WEICHZEICHNEN ⑫ einstellen. Je weiter Sie den Regler nach rechts ziehen, umso mehr wird die Verwendung des Stil-Radiergummi oder Stil-Malwerkzeug weichgezeichnet. Die Pinselstärke, den MODUS und die DECKKRAFT können Sie wie bei einem gewöhnlichen Malwerkzeug über die Werkzeugoptionsleiste ⑨ einstellen. Intern wird hierfür eine Ebenenmaske (siehe Kapitel 29) verwendet.

▲ **Abbildung 16.14**
Einstellungen der Stil-Übereinstimmung vornehmen und in der Vorher-Nachher-Ansicht vergleichen

▼ **Abbildung 16.15**
Mit den Malwerkzeugen können Sie zusätzlich Bildbereiche der Stilübertragung entfernen oder wieder auftragen.

6 Tonwerte übertragen

Wollen Sie die Farben vom Stilbild in das Ziel-Bild übertragen, müssen Sie ein Häkchen vor TONWERTE ÜBERTRAGEN ⑭ setzen, womit Sie in der Regel eine Farbverfremdung im Bild erzielen.

Sind Sie mit der Stil-Übereinstimmung zufrieden, brauchen Sie nur noch auf die Schaltfläche FERTIG ⓯ zu klicken.

Abbildung 16.16 ▲
Eine Farbverfremdung erreichen Sie, wenn Sie die Tonwerte vom Stilbild über die entsprechende Option ⓮ übertragen.

7 **Auf eine Ebene reduzieren**

Am Ende wird die so erstellte Stil-Übereinstimmung als neue Ebene (gegebenenfalls mit einer Ebenenmaske) über die Originalebene gelegt. Wie Sie mit Ebenen umgehen, erfahren Sie in Teil 8 des Buches. In diesem Fall können Sie im Ebenen-Bedienfeld mit der rechten Maustaste klicken und AUF HINTERGRUND-EBENE REDUZIEREN auswählen, um ein »fertiges« Bild ohne mehrere Ebenen daraus zu machen.

Abbildung 16.17 ▶
Die Stil-Übereinstimmung wird als neue Ebene (hier mit einer Ebenenmaske) eingefügt.

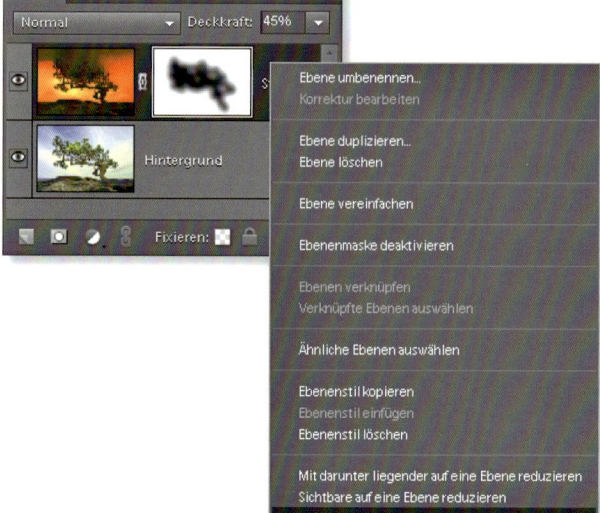

8   Bild für Stil-Übereinstimmung laden

Reichen Ihnen die vordefinierten Bilder nicht aus, können Sie über das Plus-Symbol ⑯ im STILBEREICH eigene Stil-Bilder von der Festplatte oder vom Organizer laden. Dabei können Sie ein beliebiges Foto, Grafik oder nur ein Bild mit einem Farbverlauf verwenden. Hierbei lässt sich häufig durch Herumprobieren mit anderen Bildern und den verschiedensten Einstellungen ein ziemlich verblüffender Effekt erstellen. Ebenso können Sie natürlich jederzeit über den PROJEKTBEREICH ein anderes Bild als Ziel-Bild auswählen. Des Weiteren können Sie natürlich auch Bilder mit mehreren Ebenen mit Stil-Übereinstimmung verwenden.

▲ **Abbildung 16.18**
Hier wurden weitere verschiedene Stilbilder hinzugefügt. ■

In den folgenden Abbildungen finden Sie neben dem Original zwei von unendlich vielen möglichen Beispielen, die mit der PHOTOMERGE-STIL-ÜBEREINSTIMMUNG erstellt wurden.

16.6 Farbverfremdung mit dem Assistent

Auch der ASSISTENT im Aufgabenbedienfeld BEARBEITEN bietet ein paar interessante Möglichkeiten an, die Farben von Bildern zu verändern. Ohne hier allerdings ins Detail zu gehen, kann ich Ihnen empfehlen, sich einmal beim ACTION PLAYER die SPEZIAL-EFFEKTE anzusehen. Ebenfalls tolle Effekte erzielen Sie mit EFFEKT "GESÄTTIGTER DIAFILM" in der Kategorie FOTOGRAFISCHE EFFEKTE und LOMO-EFFEKT in der Kategorie KREATIVE BILDBEARBEITUNGEN.

Teil V
Schärfen und Weichzeichnen

17 Bilder schärfen

Durch Nachschärfen geben Sie vielen Bildern den letzten Schliff. Darüber hinaus können Sie das Nachschärfen auch bei Bildern einsetzen, die skaliert wurden, oder bei Unschärfen, die beim Einscannen entstanden sind.

17.1 Was ist Schärfe, und wie entsteht sie?

Kameraseitig ist die Schärfe eines Bildes abhängig vom Objektiv, vom Bildsensor und vom Prozessor. Je leistungsfähiger diese Komponenten sind und je besser sie harmonieren, desto bessere Ergebnisse werden Sie erzielen. In der Kamera selbst wird die Schärfe vom Prozessor vor dem Abspeichern des Bildes durch eine Kantenkorrektur und Kontrastanhebung durchgeführt. Zwar kann dieses Nachschärfen bei teureren Digitalkameras abgeschaltet werden, aber bedenken Sie immer, dass ein Nachschärfen am PC nicht dasselbe ist wie das Schärfen der Kamera!

Der Schärfeeindruck beim Betrachten eines Bildes hängt im hohen Maße vom **Kontrast** ab. Je höher die Helligkeitsunterschiede bei feinen Details und Strukturen sind, desto schärfer wirkt das Bild für das Auge. Daher können Sie mit einer einfachen Kontrastanhebung mehr Details ans Licht bringen, die zuvor nicht wahrnehmbar waren.

▶ **Video-Training**

Auch Lektion 1.3 auf der Buch-DVD beschäftigt sich mit dem Thema »Schärfen«.

17.2 … und wie macht Photoshop Elements das?

Ein häufiges Missverständnis ist die Vorstellung, dass mit dem Nachschärfen von Bildern Motivdetails hinzugefügt werden. Dies ist nicht der Fall, denn nicht im Bild vorhandene Informationen lassen sich auch durch das Scharfzeichnen nicht herbeizaubern.

Insofern ist das nachträgliche Scharfzeichnen am PC nicht mit dem Scharfstellen eines Kameraobjektivs zu vergleichen.

Das Scharfzeichnen von digitalen Fotos ist eine reine Rechenoperation des PCs, bei der benachbarte Pixel miteinander verglichen werden. Wo Pixel mit unterschiedlicher Helligkeit zusammenliegen, erhöht der Schärfefilter den **Kontrast** zwischen den Pixeln – darin liegt sein Geheimnis.

17.3 Fehler beim Schärfen

Raupe.jpg

Wenn Sie es mit dem Schärfen übertreiben, kann sich die Qualität des Bildes allerdings auch verschlechtern. Bei überschärften Bildern werden schnell unerwünschte Artefakte mit auffälligem Bildrauschen sichtbar oder ein weißer Saum um die Kontrastgrenzen (»Halo-Effekt«). Dies führt möglicherweise sogar zur falschen Darstellung von Farben, wie auch in den Bildern in Abbildung 17.1 zu sehen ist: Das Bild links oben ist ungeschärft; das Bild rechts oben wurde normal geschärft; das Bild links unten ist überschärft, wodurch unerwünschte Artefakte sichtbar werden; das Bild rechts unten wurde extrem überschärft, was den unerwünschten weißen Saum (Halo) und falsche Farben hervorruft.

Abbildung 17.1 ▼
Verschiedene Schärfestufen im Vergleich

Foto: Brigitte Bolliger

Beim Vergleich dieser Bilder erkennen Sie, dass das nachträgliche Schärfen eine ziemlich anspruchsvolle Arbeit ist. Häufig wird ein

Bild überschärft, ohne dass dies gleich auffällt: Die Schärfe lässt sich nämlich erst deutlich beurteilen, wenn die Ansicht des Bildes auf 100 %, 1 : 1 oder TATSÄCHLICHE PIXEL eingestellt wurde. Stellen Sie daher beim Nachschärfen die Ansicht auf 1 : 1 oder auf TATSÄCHLICHE PIXEL ein. Glücklicherweise bieten viele Schärfefilter eine 100%-Vorschau ❶ an.

17.4 Unscharf maskieren

Der Filter UNSCHARF MASKIEREN (auch häufig USM genannt) ist immer noch die klassische und beliebteste Methode, ein Bild nachzuschärfen. Der Name stammt noch aus analogen Zeiten, als man ein unscharfes Negativ über das Original legte, um den Kontrast zu erhöhen.

Sie rufen den Schärfefilter über das Menü ÜBERARBEITEN • UNSCHARF MASKIEREN auf. Es öffnet sich der Dialog mit drei Faktoren und einem Vorschaubild.

▲ **Abbildung 17.2**
Um die Schärfe am Bildschirm beurteilen zu können, sollten Sie bei der Ansicht der Schärfefilter immer mindestens 100 % verwenden.

◄ **Abbildung 17.3**
Der Dialog UNSCHARF MASKIEREN und seine Einstellungsmöglichkeiten

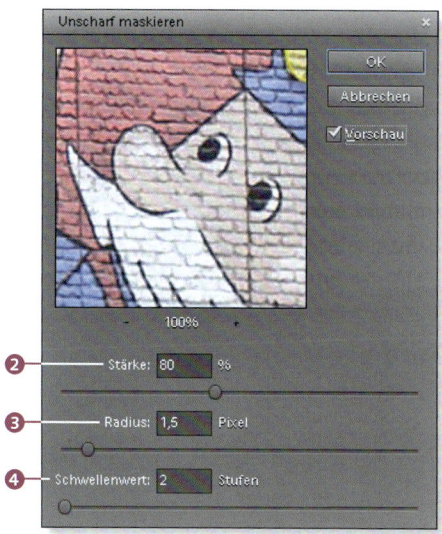

Mit dem ersten Parameter, STÄRKE ❷ (1–500 %), regeln Sie, wie stark der Kontrast zu den benachbarten Pixeln erhöht werden soll, also wie stark nachgeschärft werden soll. In der Praxis dürften Sie mit Werten zwischen 80 % und 200 % akzeptable Ergebnisse erzielen. Wenn Sie höhere Werte verwenden, müssen Sie den RADIUS ❸ auf einen Wert unter 1 absenken.

Mit dem RADIUS stellen Sie ein, wie viele Pixel (0,1–250) im Umfeld des zu schärfenden Bereichs bei der Kontrasterhöhung berücksichtigt werden sollen. In der Praxis genügt hier ein Wert

Mehrfach schärfen

In der Praxis hat es sich bewährt, ein Bild mehrfach mit niedrigen Einstellungswerten nachzuschärfen. Hierbei ist das Risiko geringer, ein Bild durch Überschärfen zu verderben.

von 1–5 Pixeln; höhere Werte machen häufig das Bild kaputt. Mit dem letzten Wert, SCHWELLENWERT ❹ (0–255), geben Sie an, wie viel Helligkeitsunterschied zwischen den Pixeln bestehen muss, damit der Kontrast erhöht wird. Aber Achtung: Je niedriger dieser Wert ist, umso stärker wird geschärft. Erhöhen Sie den Wert, nimmt der Grad der Schärfung ab. Somit werden Bildfehler wie Bildrauschen und Körnungen verringert, die bei zu starkem Schärfen verstärkt werden.

Welche Schärfe wofür? | Die jeweils beste Schärfeeinstellung hängt von verschiedenen Faktoren ab: von der Art des Motivs (Landschaftsaufnahme oder Porträt) ebenso wie vom Zustand des Bildes (sind Körnungen oder Bildrauschen vorhanden, Staub von Scanner usw.). Auch die Bildauflösung spielt eine entscheidende Rolle: Je niedriger das Bild aufgelöst ist, desto geringer sollten Sie auch den RADIUS einstellen. Im Folgenden gebe ich Ihnen einige grundsätzliche Anhaltspunkte zur Orientierung. In aller Regel müssen Sie jedoch individuelle Lösungen finden.

17.4.1 Detaillierte Bilder mit guter Schärfe

Beeren.jpg

Bildern mit sehr vielen Details und guter Schärfe geben Sie den letzten Schliff, indem Sie die STÄRKE etwas erhöhen (100–200), einen kleinen RADIUS wählen (weniger als 1) und einen mittleren SCHWELLENWERT. Diese Werte eignen sich auch sehr gut für nachträglich digitalisierte Bilder.

Foto: Brigitte Bolliger

▲ **Abbildung 17.4**
Ein detailreiches Bild mit guter Schärfe

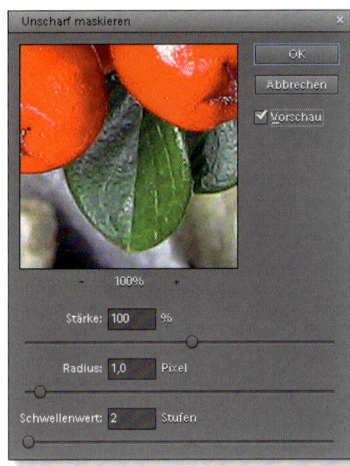

▲ **Abbildung 17.5**
Dem Bild wird mit einer etwas höheren STÄRKE und geringem RADIUS der letzte Schliff gegeben.

17.4.2 Bilder mit geringer Schärfe

Bei Bildern mit geringer Schärfe, wie unscharfen Scans, sollten Sie eine höhere Stärke (um die 200) und einen etwas größeren Radius (2–4) verwenden. Abhängig vom Motiv sollten Sie auch einen mittleren Schwellenwert (1–5) wählen, da sich hier schnell das Bild vergröbert.

FlatIronBuilding.jpg

▲ **Abbildung 17.6**
Ein recht unscharfer Scan

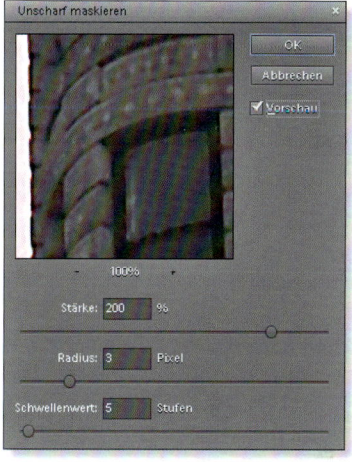

▲ **Abbildung 17.7**
Hier wird mit einer höheren Stärke und einem höheren Radius nachgeholfen. Im Bild treten zwar einige Schärfungsfehler auf, dennoch wirkt das Bild insgesamt besser.

17.4.3 Bilder mit schwachem Kontrast

Bilder mit schwachem Kontrast sind keine »flauen« Bilder, sondern Bilder mit vielen kontrastarmen Flächen. Dazu gehören zum Beispiel Aktfotos oder Porträts, auf denen viel Haut zu sehen ist. Legen Sie bei solchen Bildern ein besonderes Augenmerk auf den Schwellenwert. Meistens werden Sie hier mit Werten bis zu 10 sehr gute Ergebnisse erzielen. Den Radius sollten Sie auch hier nicht zu stark anheben, sondern auf einen Wert von etwa 1 bis 3 einstellen. Auch die Stärke belassen Sie auf einem normalen Wert (80–100). Schärfen Sie kontrastarme Bilder zu stark, so werden einzelne, überdeutlich helle Pixel sichtbar. Bei

Schwellenwert erhöhen

Es ist häufig nicht sinnvoll, den Schwellenwert zu stark zu erhöhen, weil Sie dann nur wieder die Stärke erhöhen müssen, um überhaupt einen Schärfeeffekt zu erkennen. Ein überhöhter Schwellenwert würde nur die zu starken Einstellungen von Stärke und Radius wieder »ausbügeln«.

Porträts würde dies dazu führen, dass die Haut stark »gerunzelt« erscheint.

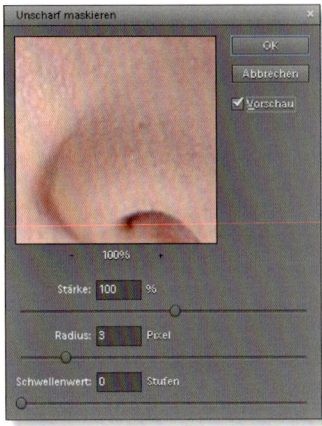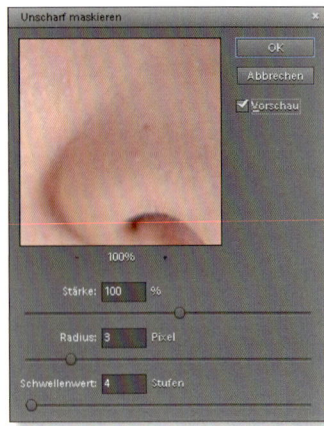

Abbildung 17.8 ▶
Bei diesen Vorschaubildern des USM-Filters erkennen Sie eindeutig den Effekt des SCHWELLEN-WERTS. Im linken Bild wurde auf den SCHWELLENWERT verzichtet – hier wirkt die Haut alt und runzlig. Beim rechten Vorschaubild wurde der SCHWELLENWERT um 4 Stufen erhöht – und schon sieht die Haut wieder glatt und jung aus. Außerdem wurde das Bild auch etwas schärfer.

17.5 Schärfe einstellen

Abbildung 17.9 ▼
Der Dialog SCHÄRFE EINSTELLEN liefert noch mehr Einstellmöglichkeiten als UNSCHARF MASKIEREN. Leider müssen Sie hierbei auf den Schwellenwert verzichten.

Einen weiteren Dialog zum Schärfen von Bildern finden Sie im selben Menü, ÜBERARBEITEN, unter SCHÄRFE EINSTELLEN. Neben den bereits aus UNSCHARF MASKIEREN bekannten Werten wie STÄRKE und RADIUS sehen Sie hier drei weitere Werte, die Sie zum Schärfen verwenden können. Auf den Schwellenwert müssen Sie in diesem Dialog verzichten.

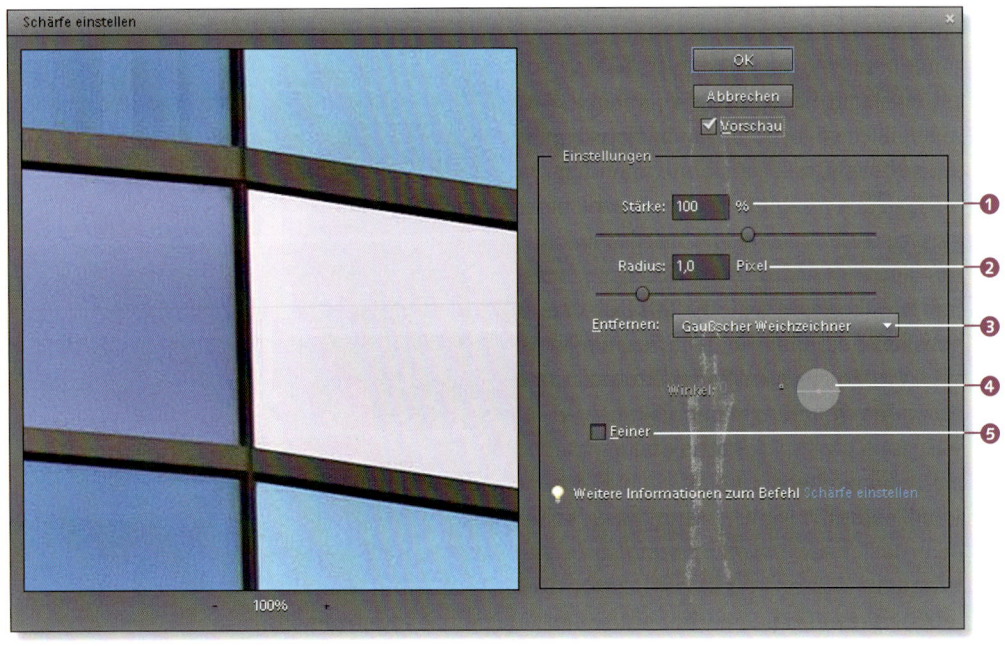

Die Werte STÄRKE ❶ und RADIUS ❷ wurden bereits in Abschnitt 17.4, »Unscharf maskieren«, näher beschrieben, weshalb ich hier nur kurz darauf eingehe. Mit STÄRKE legen Sie auch hier den Grad der Schärfung fest, um den Kontrast zwischen benachbarten Kantenpixeln entweder zu verstärken oder abzuschwächen. Mit RADIUS geben Sie an, wie viele Pixel um die benachbarten Kantenpixel von der Schärfung betroffen sein sollen.

Mit dem nächsten Wert, ENTFERNEN ❸, legen Sie über die Dropdown-Liste den Algorithmus für das Schärfen fest (die interne Berechnung, mit der das Bild bearbeitet werden soll). Zur Auswahl stehen:

▶ GAUSSSCHER WEICHZEICHNER
▶ VERWACKELN
▶ BEWEGUNGSUNSCHÄRFE

Der GAUSSSCHE WEICHZEICHNER ist dieselbe Methode, die auch schon beim UNSCHARF MASKIEREN zum Einsatz kommt. Mit VERWACKELN wird die Struktur mit Kanten und Details etwas feiner nachgeschärft, und mit BEWEGUNGSUNSCHÄRFE reduzieren Sie Unschärfen, die etwa durch Bewegungen der Kamera oder des Motivs während der Aufnahme entstanden sind.

Das Steuerelement WINKEL ❹ wird erst aktiv, wenn Sie bei ENTFERNEN die Methode BEWEGUNGSUNSCHÄRFE ausgewählt haben. Hier legen Sie dann fest, in welcher Richtung Sie die Bewegung der Kamera oder des Motivs ausgleichen wollen. Den gewünschten Wert geben Sie entweder von Hand im Zahlenfeld ein oder indem Sie mit der Maus an den schwarzen Linien des Rädchens drehen.

Ein Häkchen vor der letzten Option, FEINER ❺, schadet nie – es aktiviert eine präzisere Scharfzeichnung, die Unschärfen genauer entfernt. Parallel dazu erhöht sich natürlich die Verarbeitungszeit des Schärfens.

Verwacklungen ausgleichen | Sicher haben Sie die Ausführungen zur Methode BEWEGUNGSUNSCHÄRFE bei ENTFERNEN besonders interessiert gelesen. Die Möglichkeit, Verwacklungen auszugleichen, ist tatsächlich in vielen Fällen sehr hilfreich. Gerade wenn das Licht schwächer wird oder die Bewegungen des Motivs schneller sind und Sie kein Stativ dabeihaben, sind Verwackelungen kaum zu vermeiden. So ein Verreißen der Kamera lässt sich mit SCHÄRFE EINSTELLEN recht gut beheben. Aber erwarten Sie von dieser Methode auch keine Wunder – ein gänzlich verwackeltes Bild können Sie damit auch nicht mehr retten.

 Bahn.jpg

In diesem Beispiel wurde bei der
Methode BEWEGUNGSUNSCHÄRFE
die STÄRKE auf 200, der RADIUS
auf 20 und der WINKEL auf 37°
gesetzt.

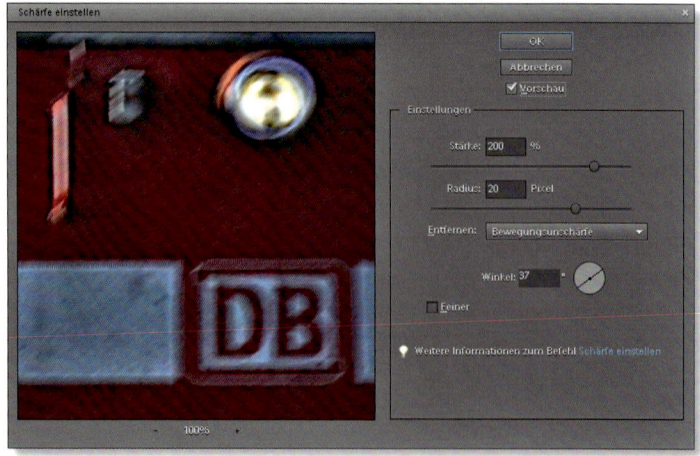

Foto: Jürgen Wolf

▲ **Abbildung 17.11**
Links sehen Sie die Originalfassung und rechts die nachge-
besserte Version, die mit der
Methode BEWEGUNGSUNSCHÄRFE
nachbearbeitet wurde.

17.6 Schärfe-Tricks für Profis

Die folgenden Tricks setzen schon einige Kenntnisse beim Umgang
mit Ebenen voraus und richten sich daher eher an fortgeschrittene Anwender. Wer sich also lieber zuerst in die Ebenentechnik
einarbeiten möchte, schlägt an dieser Stelle im neunten Buchteil
nach. Sie können die folgenden Schritt-für-Schritt-Anleitungen
aber auch einfach einmal nachvollziehen: Klicken Sie einfach mit,
und lernen Sie am Beispiel, wie die Ebenen Ihnen für das Schärfen von Bildern nützlich sein können.

17.6.1 Schärfen mit Hochpass

Zum Schärfen besonders plastischer Bilder mit vielen Kanten bietet sich der Hochpass-Filter an. Der Vorteil dieser Methode ist,
dass durch das Schärfen weniger unerwünschte Artefakte erzeugt
werden.

Schritt für Schritt: Schärfen mit Hochpass

1 **Ebene duplizieren**

Klicken Sie das Bild im Ebenen-Bedienfeld (über FENSTER • EBE-NEN, falls nicht sichtbar) mit der rechten Maustaste an, und wählen Sie im Kontextmenü EBENE DUPLIZIEREN aus. Daraufhin öffnet sich eine Dialogbox, in der Sie den Namen der neuen Ebene eingeben können. Bestätigen Sie die voreingestellten Angaben mit OK. Nun sollten Sie im Ebenen-Bedienfeld eine zweite Ebene als Kopie der Original-Hintergrundebene sehen.

Schloss.jpg

◀ **Abbildung 17.12**
Die Hintergrundebene wird dupliziert.

2 **Hochpass-Filter ausführen**

Wählen Sie im Ebenen-Bedienfeld die gerade kopierte Ebene ❶ mit einem Mausklick an, um sie zu markieren. Rufen Sie als Nächstes den Hochpass-Filter über das Menü FILTER • SONSTIGE FILTER • HOCHPASS auf. Geben Sie für den RADIUS ❷ des Filters »10« ein, und bestätigen Sie die Eingabe mit OK.

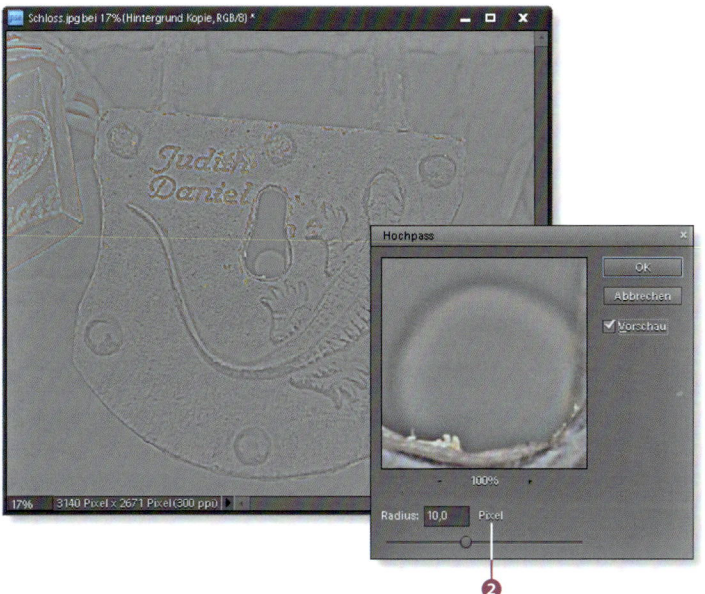

◀▲ **Abbildung 17.13**
Der Hochpass-Filter erhält die Kantendetails im angegebenen RADIUS, in dem eindeutige Farbübergänge vorhanden sind, und unterdrückt den Rest des Bildes.

3 ⬛ Farbe entfernen

Entfernen Sie nun noch auf der kopierten Ebene, auf der Sie den Hochpass-Filter angewendet haben, sämtliche Farben. Dazu wählen Sie ÜBERARBEITEN • FARBE ANPASSEN • FARBE ENTFERNEN oder ⇧+Strg/⌘+U.

4 ⬛ Füllmethode der Ebene ändern

Ändern Sie die Füllmethode ❸ der Ebene entweder auf HARTES LICHT oder WEICHES LICHT. Um den Effekt nun besser zu erkennen, sollten Sie das Bild in die 100%-Ansicht bringen und das Augen-Symbol ❹ im Ebenen-Bedienfeld im Wechsel aktivieren und deaktivieren.

Abbildung 17.14 ▶
Blenden Sie die obere Ebene ein und wieder aus, um den Effekt der Füllmethode zu beurteilen.

Abbildung 17.15 ▼
Links sehen Sie die Originalfassung des Bildes und rechts das Bild, das mit dem Hochpass-Verfahren geschärft wurde.

5 ⬛ Ebenen vereinen

Klicken Sie eine der Ebenen im Ebenen-Bedienfeld mit der rechten Maustaste an, und wählen Sie im Kontextmenü AUF HINTERGRUNDEBENE REDUZIEREN. Fertig ist das Hochpass-Schärfen.

Foto: Stephan Lubahn

17.6.2 Partielle Schärfung

Für Bilder, die nur in Teilen geschärft werden müssen, bietet Photoshop Elements das Scharfzeichner-Werkzeug ▲ an. Leider ist das Werkzeug nicht immer ideal für diesen Zweck, weil es verstärkt Artefakte beim Schärfen erzeugt. Daher sind auch für die partielle Schärfung Ebenen die erste Wahl – in diesem Fall: Ebenenmasken.

Ebenenmasken
Photoshop Elements bietet seit der neunten Version Ebenenmasken an. Mehr zu den »Ebenenmasken« in Photoshop Elements erfahren Sie in Kapitel 29.

Schritt für Schritt: Einzelne Bildbereiche schärfen

1 **Ebene duplizieren**

Klicken Sie das Bild im Ebenen-Bedienfeld (über FENSTER • EBENEN, falls nicht sichtbar) mit der rechten Maustaste an, und wählen Sie im Kontextmenü EBENE DUPLIZIEREN aus. Daraufhin öffnet sich eine Dialogbox, in der Sie den Namen der neuen Ebene eingeben können. Belassen Sie die vorgegebenen Angaben, und bestätigen Sie den Dialog mit OK.

Berlin_U-Bahn.jpg

Jetzt sollten Sie im Ebenen-Bedienfeld eine zweite Ebene als Kopie der Original-Hintergrundebene sehen.

2 **Ebene scharfzeichnen**

Klicken Sie bei der kopierten Ebene das Augen-Symbol ❶ an, damit es verschwindet und diese Ebene nicht mehr angezeigt wird. Wählen Sie die Hintergrundebene ❷ mit der Maus aus, und rufen Sie ÜBERARBEITEN • UNSCHARF MASKIEREN auf. Schärfen Sie die Ebene mit einer STÄRKE von 100 und einem RADIUS von 3. Bestätigen Sie den Dialog mit OK.

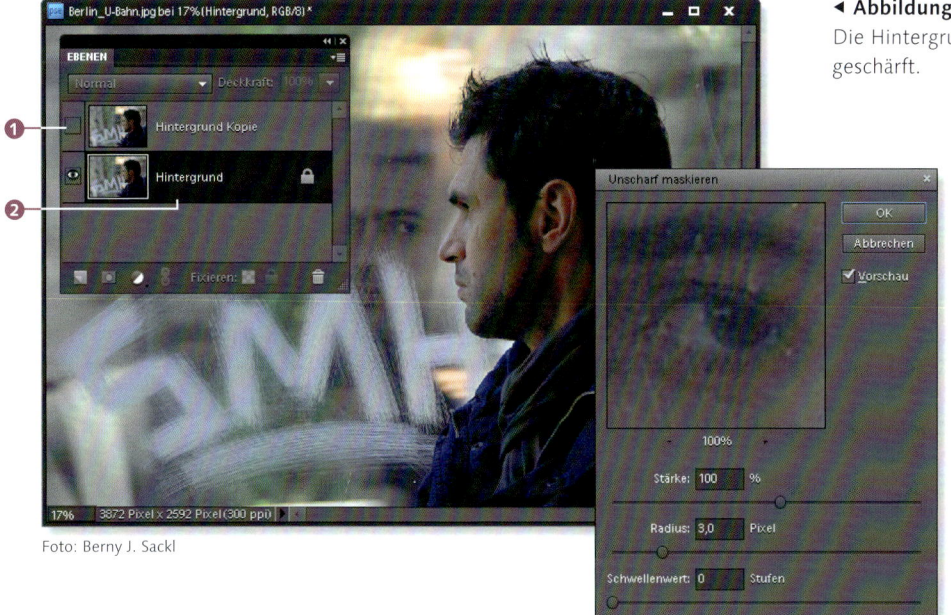

Foto: Berny J. Sackl

◄ **Abbildung 17.16**
Die Hintergrundebene wird geschärft.

Klicken Sie wieder auf das Augen-Symbol **❶**, damit das Auge und die oberste Ebene wieder angezeigt werden. Die geschärfte Ebene wird nun von der darüberliegenden Kopie des Originals verdeckt.

3 Ebenenmaske anlegen

Aktivieren Sie erneut die obere (ungeschärfte) Ebene **❸**, und legen Sie eine Ebenenmaske an, indem Sie auf das kleine Rechteck mit weißem Kreis **❹** klicken. Jetzt finden Sie im Ebenen-Bedienfeld eine weiße Fläche **❺** neben dem Bild vor – die Ebenenmaske.

▲ **Abbildung 17.17**
Hier wurde eine Ebenenmaske angelegt.

4 Schärfe aufpinseln

Wählen Sie die Ebenenmaske (also das weiße Feld **❺**) im Ebenen-Bedienfeld mit einem Mausklick aus. Stellen Sie Schwarz **❽** als Vordergrundfarbe ein, und wählen Sie das Pinsel-Werkzeug B ✏ mit einer weichen **❻** und ausreichend großen Werkzeugspitze. Im Beispiel wurde eine GRÖSSE von 210 Px **❼** verwendet.

Malen Sie mit dem Pinsel-Werkzeug überall dort auf das Bild, wo Sie Bereiche schärfen wollen. Durch die Ebenenmaske und unsere schwarze Vordergrundfarbe wird nun die obere Ebene an diesen Stellen transparent und lässt die Ebene darunter – in unserem Fall also die geschärfte Hintergrundebene – zum Vorschein kommen. Schritt für Schritt werden diese Stellen dadurch scharfgezeichnet, denn die geschärfte Ebene darunter kommt zum Vorschein.

Für detailliertere Bereiche passen Sie die Werkzeugspitze nach Bedarf an und zoomen ins Bild hinein.

Abbildung 17.18 ▼
Mit einer schwarzen Pinselspitze bringen Sie auf der Ebenenmaske die geschärfte Ebene darunter zum Vorschein.

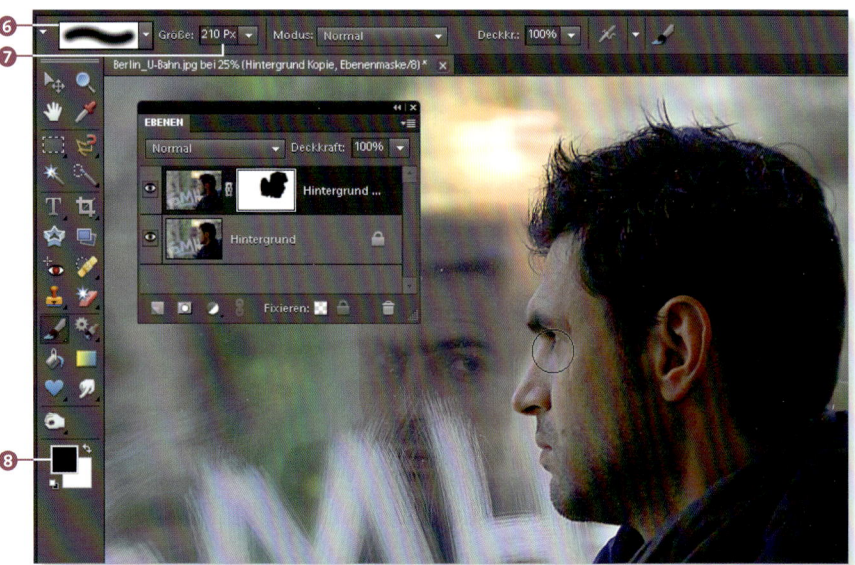

5 **Ebenen vereinen**

Klicken Sie eine der Ebenen im Ebenen-Bedienfeld mit der rechten Maustaste an, und wählen Sie im Kontextmenü AUF HINTERGRUNDEBENE REDUZIEREN. Fertig ist die partielle Schärfung.

▲ **Abbildung 17.19**
In der rechten Abbildung wurde am Gesicht und an dessen Spiegelbild eine partielle Schärfung durchgeführt. ■

17.6.3 Schärfen im Lab-Modus

Photoshop Elements besitzt im Gegensatz zum großen Bruder leider keinen Lab-Modus. Mit diesem Modus können Sie die Helligkeit unabhängig von den Farbinformationen behandeln. Der Modus eignet sich daher sehr gut zum Scharfzeichnen, weil hiermit keine Farbsäume entstehen. Natürlich wird im Grunde auch (nur) der Kontrast erhöht, aber wie Sie sicher schon bemerkt haben, korrelieren Schärfe und Kontrast eng miteinander. Aber auch hier können Sie sich den Lab-Modus über Ebenen selbst erstellen.

Schritt für Schritt: Schärfen im Lab-Modus

1 **Ebene duplizieren**

Öffnen Sie das Bild »Felix.jpg« von der Buch-DVD. Klicken Sie im Ebenen-Bedienfeld (über FENSTER • EBENEN, falls nicht sichtbar) das Bild mit der rechten Maustaste an, und wählen Sie im Kontextmenü EBENE DUPLIZIEREN aus. In der folgenden Dialogbox geben Sie den Namen der neuen Ebene ein. Belassen Sie die eingestellten Angaben, und bestätigen Sie den Dialog mit OK. Nun erscheint im Ebenen-Bedienfeld eine zweite, kopierte Ebene.

 Felix.jpg

Abbildung 17.20 ▶
Zunächst wird die Hintergrundebene dupliziert.

▲ **Abbildung 17.21**
Die Füllmethode LUMINANZ simuliert eine Bearbeitung des Bildes
im Lab-Modus.

2 **Ebenen-Füllmethode einstellen**

Wählen Sie die kopierte Ebene ❷ mit einem Mausklick aus, und
ändern Sie die Füllmethode der Ebene auf LUMINANZ ❶. Probieren Sie ruhig auch die Füllmethoden HARTES LICHT und WEICHES
LICHT aus, wenn LUMINANZ noch nicht zum gewünschten Ergebnis führt.

Dank der Ebenen-Füllmethode LUMINANZ können Sie sich
sicher sein, dass die Schärfung nur auf die Helligkeitskontraste
an den Kanten wirkt. Ohne LUMINANZ würde hier zusätzlich der
Farbkontrast bearbeitet, was zu unerwünschten Effekten führen
könnte, wenn das Bild zum Beispiel Farbrauschen aufweist.

3 **Kontrast steigern**

Wählen Sie ÜBERARBEITEN • FARBE ANPASSEN • FARBKURVEN ANPAS-
SEN, und legen Sie als Stil ❸ KONTRAST ERHÖHEN fest. Schieben
Sie den Lichter-Schieberegler ❹ ein wenig nach rechts und den
Tiefen-Regler ❺ ein wenig nach links. Bestätigen Sie den Dialog
dann mit OK.

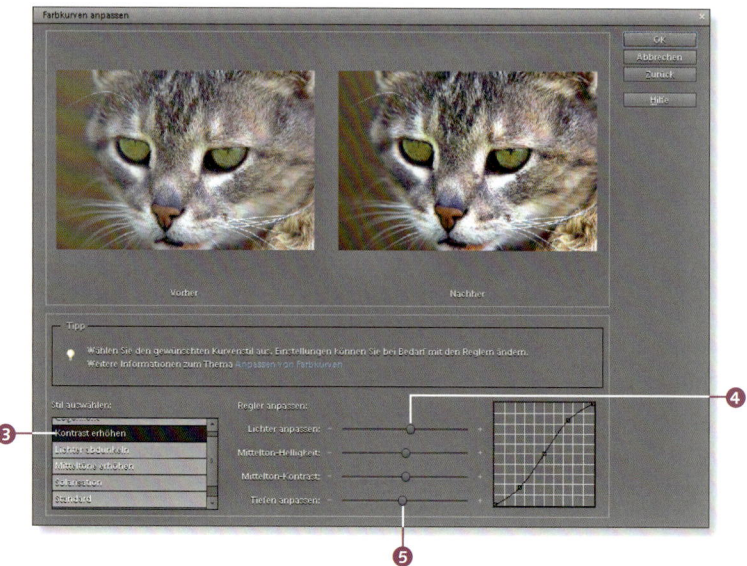

Abbildung 17.22 ▶
Farbkurven einstellen

4 **Ebene scharfzeichnen**

Nun können Sie mit ÜBERARBEITEN • UNSCHARF MASKIEREN die Ebene ❻ mit der Füllmethode LUMINANZ noch nachschärfen. Verwenden Sie zum Schärfen mit UNSCHARF MASKIEREN eine STÄRKE von 100 und einen RADIUS von 1,5. Bestätigen Sie den Dialog mit OK.

▼ **Abbildung 17.23**
Unscharf maskieren

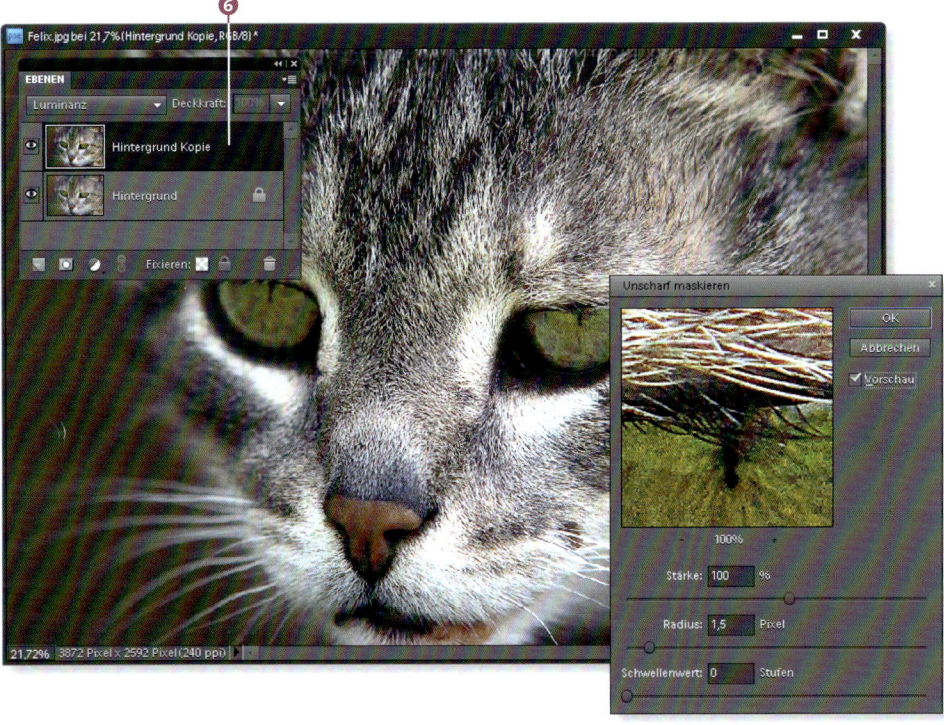

5 **Ebenen vereinen**

Klicken Sie eine der Ebenen im Ebenen-Bedienfeld mit der rechten Maustaste an, und wählen Sie im Kontextmenü AUF HINTERGRUNDEBENE REDUZIEREN. Fertig ist die Schärfung im Lab-, oder besser, Lab-ähnlichem-Modus.

▼ **Abbildung 17.24**
Das Bild rechts wurde im Lab-Modus geschärft.

Foto: Jürgen Wolf

Schärfen ohne Nachschärfen

Mit der TONWERTKORREKTUR heben Sie den Kontrast und somit auch den subjektiven Schärfeeindruck an. Der Vorteil dabei ist, dass keine negativen Effekte auftreten konnen (wie Artefakte, verstärktes Bildrauschen etc.).

17.6.4 Tonwertkorrektur

Die einfachste und oftmals übersehene Methode zur Schärfung von Bildern ist die einfache TONWERTKORREKTUR. Beim folgenden Bild mit den Felsen wurde eine einfache TONWERTKORREKTUR auf den einzelnen Kanälen durchgeführt. Hierbei wurden lediglich die Tiefen und Lichter der Kanäle ROT, GRÜN und BLAU an den Anfang der HISTOGRAMM-Berge verschoben. Den Kontrast weiter verstärken können Sie mit den Mitteltönen (mittlerer Schiebregler) oder dem Dialog HELLIGKEIT/KONTRAST.

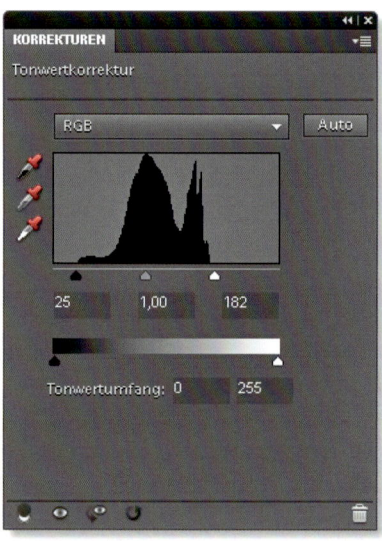

▲ **Abbildung 17.25**
Ein Bild schärfen mit der TONWERTKORREKTUR

Foto: Jürgen Wolf

▲ **Abbildung 17.26**
Das linke Bild ist die Originalfassung. Rechts wurde nur eine einfache TONWERTKORREKTUR durchgeführt. Die Details der Felsen und die Farben treten viel deutlicher und klarer hervor.

17.7 Scharfzeichner-Werkzeug

Das Scharfzeichner-Werkzeug R ▲ dient vorwiegend zum gezielten Nachschärfen einzelner Bildbereiche. Mit dem Werkzeug können Sie auf den Bildebenen arbeiten, die Sie schon vom Pinsel-Werkzeug her kennen. Sie müssen nur mit gedrückter Maustaste die Werkzeugspitze über die Partien des Bildes ziehen, die scharfgezeichnet werden sollen.

Werkzeugoptionen | Die Optionen des Werkzeugs ähneln denen des Pinsel-Werkzeugs. Öffnen Sie das Pinsel-Menü, indem Sie den kleinen Pfeil ganz links anklicken, und wählen Sie die Werkzeugspitze aus. Mit GRÖSSE stellen Sie die Größe der Werkzeugspitze ein. Unter MODUS legen Sie fest, wie die aufgetragene Schärfe mit den vorhandenen Pixeln gemischt werden soll. Ein interessanter Wert, mit dem Sie relativ gute Ergebnisse erzielen können, ist LUMINANZ (siehe auch Abschnitt 17.6.3, »Schärfen im Lab-Modus«). Wie stark geschärft werden soll, bestimmen Sie mit der Option STÄRKE. Je höher dieser Wert, umso stärker wird geschärft. Der Standardwert von 50 % ist allerdings in den meisten Fällen schon zu stark. Wenn Sie das Häkchen vor ALLE EBENEN AUFNEHMEN setzen, so wird das Scharfzeichnen auf alle sichtbaren Ebenen angewendet. Andernfalls wird nur die aktive Ebene scharfgezeichnet.

> **Werkzeug nur bedingt brauchbar**
>
> In der Praxis ist vom Einsatz des **Scharfzeichner-Werkzeugs** im großen Umfang **abzuraten**. Die Gefahr der Überschärfung und Überzeichnung mit diesem Werkzeug ist relativ groß. Verwenden Sie für partielle Schärfungen besser Ebenenmasken (siehe Abschnitt 17.6.2, »Partielle Schärfung«).

▼ **Abbildung 17.27**
Die Optionen des Scharfzeichner-Werkzeugs

18 Bilder weichzeichnen

Beim Weichzeichnen wird das Bild durch Reduktion der Bildschärfe verändert. Neben den Schärfefiltern gehören die Weichzeichner zu den meistverwendeten Filterarten – und auch hier gibt es mehrere Varianten.

18.1 Automatische Weichzeichner

Im Menü FILTER • WEICHZEICHNUNGSFILTER finden Sie mit DURCHSCHNITT, WEICHZEICHNEN und STARK WEICHZEICHNEN drei Filter, die ganz ohne Dialog und Optionen auskommen. Klicken Sie den gewünschten Filter einfach an, um ihn auf das Bild anzuwenden.

18.2 Gaußscher Weichzeichner

Der wohl populärste Weichzeichner ist der Filter GAUSSSCHER WEICHZEICHNER, der ebenfalls im Menü FILTER • WEICHZEICHNUNGSFILTER zu finden ist. Der Name des Filters geht zurück auf Johann Carl Friedrich Gauß und auf die von ihm entdeckte Gaußsche Normalverteilung (eine komplizierte mathematische Berechnung). Der Gaußsche Filter wird gerne verwendet, um bei Bildern eine geringere Schärfentiefe (oder auch »Tiefenschärfe«) zu erzeugen, also weniger Bildteile scharf zu zeigen. Auf diese Weise können Sie den Blick des Betrachters noch stärker auf das Hauptobjekt im Bild lenken.

In der folgenden Anleitung lernen Sie, wie Sie nachträglich bei einem Foto künstlich die Schärfentiefe verringern. Für den Fall, dass Sie dieses Buch chronologisch durcharbeiten, weise ich darauf hin, dass in diesem Beispiel mit Ebenen und Ebenenmasken gearbeitet wird, obwohl diese Themen erst an späterer Stelle behandelt werden (siehe Kapitel 29).

Fotografieren mit Schärfentiefe
Um beim Fotografieren die Schärfentiefe zu steuern, müssen Sie wissen, wie weit die Blende geöffnet sein muss, damit das Hauptmotiv scharf gestellt wird und der Hintergrund allmählich verschwimmt. Nicht immer hat man genügend Zeit, die Kamera entsprechend einzustellen. Und so ist die nachträgliche Bearbeitung mit Photoshop Elements eine gute Alternative.

Schritt für Schritt: Schärfentiefe reduzieren

Huhu.jpg

1 Ebene duplizieren

Laden Sie das Bild »Huhu.jpg« in den Editor. Klicken Sie das Bild im Ebenen-Bedienfeld mit der rechten Maustaste an (über FENSTER • EBENEN), und wählen Sie EBENE DUPLIZIEREN aus. Daraufhin öffnet sich eine Dialogbox, in der Sie den Namen der neuen Ebene eingeben können. Bestätigen Sie den Dialog mit den vorgegebenen Angaben mit OK. Sie finden nun im Ebenen-Bedienfeld eine zweite Ebene als Kopie der Original-Hintergrundebene.

2 Ebene weichzeichnen

Wählen Sie die neu kopierte Ebene aus **1**, und öffnen Sie anschließend den Dialog GAUSSSCHER WEICHZEICHNER über FILTER • WEICHZEICHNUNGSFILTER. Stellen Sie den RADIUS **2** zum Weichzeichnen über den Schieberegler oder über das Zahleneingabefeld auf den Wert 15, und bestätigen Sie mit OK.

Abbildung 18.1 ▼
Die kopierte Ebene wird recht stark weichgezeichnet.

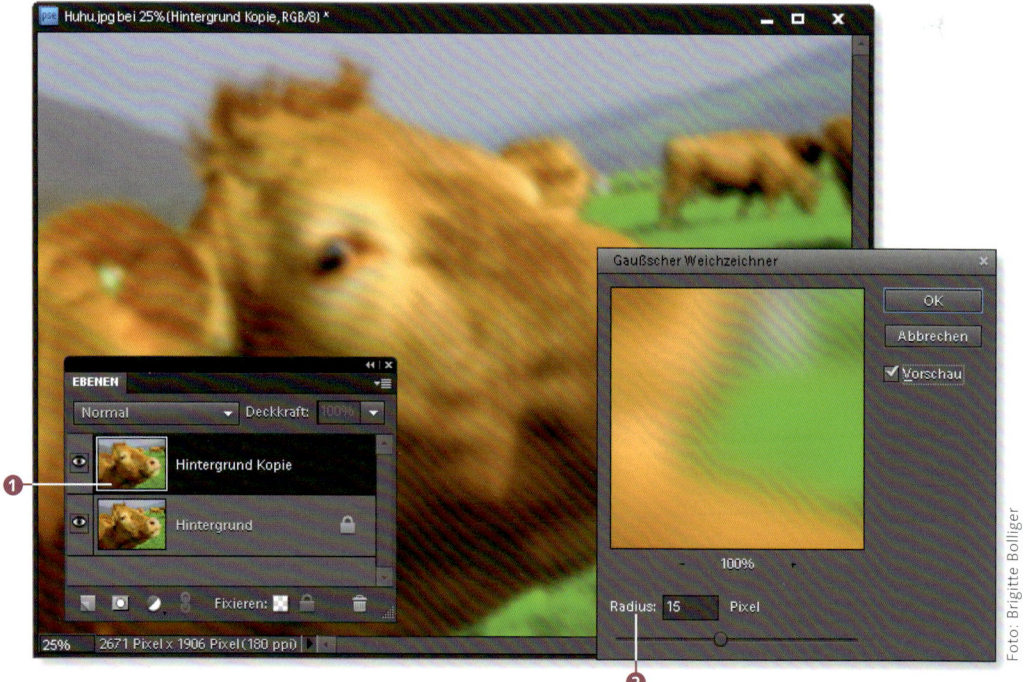

3 Ebenenmaske anlegen

Stellen Sie sicher, dass die obere (weichgezeichnete) Ebene noch aktiviert ist, und legen Sie eine Ebenenmaske an, indem Sie auf das kleine Rechteck mit weißem Kreis **4** klicken. Jetzt finden Sie im Ebenen-Bedienfeld eine weiße Fläche **3** neben dem Bild vor – die Ebenenmaske.

4 Ebene maskieren

Wählen Sie die Ebenenmaske ❸ mit einem Mausklick aus. Stellen Sie mit der Taste ⌨D⌨ Schwarz und Weiß ❼ als Vorder- und Hintergrundfarbe ein. Wählen Sie nun das Pinsel-Werkzeug ⌨B⌨ 🖌 mit einer weichen ❺ und ausreichend großen Werkzeugspitze (im Beispiel wurde eine GRÖSSE von 210 Px ❻ verwendet). Die exakte Größe hängt natürlich von Ihrem Motiv und von der Bildgröße ab. Fahren Sie jetzt mit dem Pinsel um die ganze Kuh herum, und das Original-Hintergrundbild darunter kommt zum Vorschein.

Wenn Sie mit dem Pinsel zu weit über den Rand der Kuh gemalt haben, so bessern Sie dies aus, indem Sie Weiß als Vordergrundfarbe wählen (zum Beispiel mit ⌨X⌨). Wenn Sie erneut ⌨X⌨ drücken, können Sie mit der schwarzen Farbe fortfahren, bis Sie die komplette Kuh in der Ebenenmaske maskiert haben und sie scharf dargestellt wird.

▲ **Abbildung 18.2**
Ebene mit Ebenenmaske

◀ **Abbildung 18.3**
Zeichnen Sie am besten zuerst die Ränder der Kuh nach. Verwenden Sie dann für den Rest eine größere Pinselspitze.

5 Ebenen vereinen

Klicken Sie zuletzt eine der Ebenen im Ebenen-Bedienfeld mit der rechten Maustaste an, und wählen Sie im Kontextmenü AUF HINTERGRUNDEBENE REDUZIEREN. Fertig ist die künstlich verringerte Schärfentiefe.

▼ **Abbildung 18.4**
Links das Bild in der Originalfassung, rechts das Bild mit einer künstlich verringerten Schärfentiefe.

18.3   Selektiver Weichzeichner

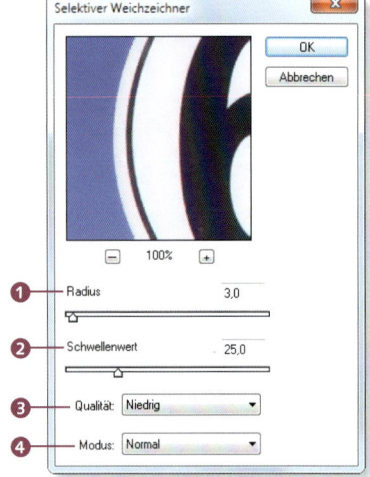

SantaMonica.jpg

▲ **Abbildung 18.5**
Der SELEKTIVE WEICHZEICHNER

Den SELEKTIVEN WEICHZEICHNER finden Sie im Menü FILTER • WEICHZEICHNUNGSFILTER. Dieser Filter eignet sich vor allem für kreative und künstlerische Bildbearbeitungen.

Mit RADIUS ❶ legen Sie die Größe des Bereiches um jeden Pixel fest, der beim Weichzeichnen berücksichtigt werden soll. Der SCHWELLENWERT ❷ bestimmt, wie stark die Farbtonwerte benachbarter Pixel abweichen müssen, damit diese weichgezeichnet werden. Befindet sich die Farbe benachbarter Pixel unter dem angegebenen SCHWELLENWERT, so werden diese nicht mit weichgezeichnet. Es gilt also: Je geringer der SCHWELLENWERT, desto stärker wird weichgezeichnet.

Wie hoch die QUALITÄT der Weichzeichnung werden soll, legen Sie in der gleichnamigen ❸ Dropdown-Liste fest. Hier haben Sie die Wahl zwischen drei Qualitätsstufen. Je höher die Qualität, desto mehr Rechenzeit wird für die Weichzeichnung verbraucht. Entscheidend für das Resultat des SELEKTIVEN WEICHZEICHNERS ist der verwendete MODUS ❹. Mit NORMAL erzielen Sie eine normale Weichzeichnung gemäß den eingestellten Werten. NUR KANTEN wandelt ein Bild in eine Schwarzweißgrafik um. INEINANDERKOPIEREN ist eine Kombination der Modi NORMAL und NUR KANTEN.

Foto: Jürgen Wolf

▲ **Abbildung 18.6**
Das Bild links oben ist die Originalfassung. Rechts oben wurde der Modus NORMAL verwendet. Links unten kam der Modus NUR KANTEN zum Einsatz und rechts unten der Modus INEINANDERKOPIEREN.

18.4 Bewegungsunschärfe

Ebenfalls im Menü FILTER • WEICHZEICHNUNGSFILTER finden Sie BEWEGUNGSUNSCHÄRFE. Der Filter eignet sich nicht nur, um Bewegungsunschärfe aus einem Bild zu nehmen, sondern auch, um diese dem Bild bewusst hinzuzufügen. Durch das Verwischen des Hintergrunds entsteht mehr Dynamik in einem Bild. Allerdings muss dieser Effekt immer auch zum Bildmotiv passen.

 Skifahrer.jpg

Foto: www.be-gfoto.ch

Die Bewegungsschärfe in diesem Bild wurde genauso eingearbeitet wie die geringere Schärfentiefe in der Schritt-für-Schritt-Anleitung »Schärfentiefe reduzieren« (siehe Abschnitt 18.2, »Gaußscher Weichzeichner«); während dort im zweiten Schritt der GAUSSSCHE WEICHZEICHNER auf die Ebene angewendet wurde, kam hier der Filter BEWEGUNGSUNSCHÄRFE zum Einsatz.

Als WINKEL ❺ zum »Mitziehen« wurde 17 verwendet. Hier sollten Sie immer einen Winkel wählen, der etwa der Flug- oder Bewegungsrichtung des Hauptmotivs entspricht. Mit dem Wert DISTANZ ❻ verwischen Sie den Hintergrund. Je höher dieser Wert ist, desto stärker wird der Hintergrund um den angegebenen Winkel verwischt. Im Beispiel führen 30 Pixel zu einem guten Ergebnis.

▲ **Abbildung 18.7**
Das linke Bild ist die Originalfassung. Rechts wurde der Filter BEWEGUNGSUNSCHÄRFE hinzugefügt, wodurch das Bild erheblich mehr Dynamik erhält.

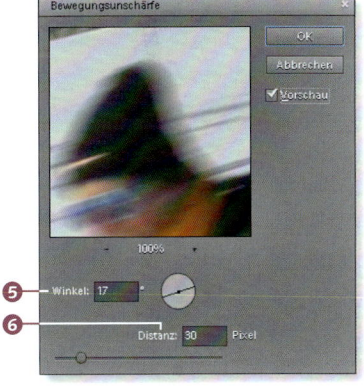

18.5 Radialer Weichzeichner

Der Filter RADIALER WEICHZEICHNER ist auch nur bedingt dazu geeignet, die Schärfe aus dem Bild zu nehmen. Der Filter wird allerdings sehr gerne verwendet, um einem Bild mehr Dynamik und Schwung zu verleihen. Genau genommen lassen sich hiermit verschiedene Kameratechniken künstlich erstellen. Sie rufen diesen Filter ebenfalls über das Menü FILTER • WEICHZEICHNUNGSFILTER • RADIALER WEICHZEICHNER auf.

▲ **Abbildung 18.8**
Die Einstellungen für die Bewegungsunschärfe aus Abbildung 18.7

Wie stark der Filter weichzeichnen soll, geben Sie mit der Option STÄRKE an. Je höher der Wert ist, desto stärker ist der Effekt der ausgewählten METHODE. Hierfür steht Ihnen die Option KREISFÖRMIG zur Verfügung, die eine kreisförmige Bewegungsunschärfe eines sich drehenden Objektes simuliert. Die andere Option, STRAHLENFÖRMIG, erzeugt hingegen den Eindruck, als wäre während der Aufnahme an ein Motiv heran- oder aus einem Motiv herausgezoomt worden. Diesen Effekt könnten Sie selbst beim Fotografieren erzeugen, indem Sie etwas länger belichten und beim Fotografieren (mit einer entsprechenden digitalen Spiegelreflexkamera) den Zoom verstellen.

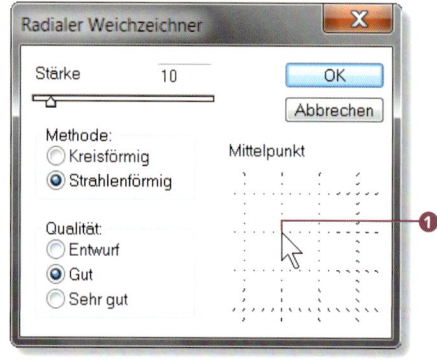

Abbildung 18.9 ▶
Der Filter RADIALER
WEICHZEICHNER

Kanu.jpg

Über den MITTELPUNKT ❶ geben Sie an, wo die Mitte der ausgewählten METHODE ist. Von diesem Punkt aus wird dann der gewählte Effekt ausgeführt. Leider gibt es hierbei keine Vorschaufunktion, sodass Sie ein wenig herumprobieren müssen. Zu guter Letzt können Sie noch die QUALITÄT des auszuführenden Filters einstellen.

Foto: Jürgen Wolf

▲ **Abbildung 18.10**
Das linke Bild ist die Originalfassung. Im rechten Bild wurde die METHODE KREISFÖRMIG mit einer STÄRKE von 2 verwendet.

Wollen Sie nicht, dass das Hauptmotiv mit Radialer Weichzeichner verwischt wird, so können Sie hierbei selbstverständlich auch
auf den Trick mit der Ebenenmaske zurückgreifen, wie Sie dies
bereits in der Schritt-für-Schritt-Anleitung »Schärfentiefe reduzieren« in Abschnitt 18.2, »Gaußscher Weichzeichner«, getan
haben. Während Sie dort im zweiten Arbeitsschritt die Ebene mit
dem Gaußschen Weichzeichner bearbeitet haben, verwenden
Sie hier aber den Radialen Weichzeichner.

▲ **Abbildung 18.11**
Beide Bilder verwenden die Methode Strahlenförmig – links mit
einer Stärke von 10, rechts wurde das Hauptmotiv zuvor mit einer
Ebenenmaske maskiert und somit nicht verwischt.

18.6 Matter machen

Ebenfalls im Menü Filter • Weichzeichnungsfilter finden Sie
einen Eintrag mit dem Filter Matter machen. Dieser Filter versucht dabei, die Kanten im Bild zu erhalten, und eignet sich daher
auch sehr gut, um Bildstörungen wie Rauschen und Körnigkeit zu
entfernen. Neben der Behebung von Bildstörungen dient dieser
Filter in der Praxis aber auch zur Hautbearbeitung für Beauty-
Retusche, um die Haut zu glätten. Und natürlich kann der Filter
auch als das verwendet werden, was Sie am Namen herauslesen
können: um eine glänzende Stelle im Bild matter zu machen.

Mit dem Radius geben Sie an, wie groß der Bereich sein soll,
auf dem das Weichzeichnen ausgeführt werden soll. Mit dem
Schwellenwert stellen Sie ein, wie viel die benachbarten Pixel
abweichen müssen, damit diese ebenfalls weichgezeichnet werden. Ein höherer Schwellenwert bedeutet allerdings auch, dass
die Kanten im Bild verloren gehen können.

▲ **Abbildung 18.12**
Der Filter Matter machen

18.7 Weichzeichner-Werkzeug und Wischfinger

Unterhalb des Scharfzeichner-Werkzeugs ⬚R ▲ finden Sie das Weichzeichner-Werkzeug ⬚R 💧 und den Wischfinger ⬚R 🖐. Wie das Scharfzeichner-Werkzeug sollten Sie auch diese Werkzeuge nur notfalls bei kleinen Reparaturen verwenden. Bei stark geschärften Bildern werden Sie mit diesen Werkzeugen höchstens einen hässlichen Farbenbrei erzeugen.

Mit dem Werkzeug können Sie auf den Bildebenen arbeiten, die Sie vom Pinsel-Werkzeug her kennen. Ziehen Sie einfach die Werkzeugspitze mit gedrückter Maustaste über die Partien des Bildes, die weichgezeichnet werden sollen.

Die vorhandenen Optionen sind dieselben wie schon beim Scharfzeichner-Werkzeug – mit dem Unterschied, dass sie sich auf das Weichzeichnen bzw. Verschmieren beziehen. Der Wischfinger hat noch eine zusätzlich Checkbox FINGERFARBE. Wenn Sie diese aktivieren, verwenden Sie die eingestellte Vordergrundfarbe im Farbwahlbereich zum Verschmieren. Dabei sollten Sie allerdings die STÄRKE reduzieren, da es sonst wie mit dem Pinsel-Werkzeug gemalt wirkt.

Um partielle Bildbereiche weichzuzeichnen, gehen Sie am besten ebenso vor wie in der Schritt-für-Schritt-Anleitung »Schärfentiefe reduzieren« in Abschnitt 18.2, »Gaußscher Weichzeichner«.

Teil VI
Freistellen und Ausrichten

19   Freistellen

Sicherlich haben Sie sich schon manchmal gefragt, wie es Fotografen immer gelingt, bei Aufnahmen den richtigen Blickwinkel
zu erwischen. Gerade wenn es einmal etwas schneller gehen soll,
drückt man eben einfach ab. Häufig gerät dann außer dem Hauptmotiv noch so manches mit auf das Bild, was man dort nicht
haben wollte. Die Kunst besteht dann im richtigen Zuschnitt der
Bilder. Häufig genügt ein kleiner Zuschnitt oder ein geringfügiges
Ausrichten eines Bildes, um aus einem guten ein perfektes Motiv
zu machen. Auch das richtige Seitenverhältnis spielt eine ent-
scheidende Rolle.

Manchmal möchte man auch ein Hauptmotiv von seinem
Hintergrund lösen, um es in einer Fotomontage zu verwenden.
Für solche Projekte bietet Ihnen Photoshop Elements einige
Möglichkeiten. Auch wer Panoramafotos erstellen will, wird in
diesem Buchteil fündig.

Wer Bildmontagen erstellen will, der kommt um das Freistellen von Motiven nicht herum. Um ein Bildmotiv von seinen umgebenden Pixeln zu lösen, gibt es in Photoshop Elements mehrere
Möglichkeiten – nicht alle Methoden sind gleich gut geeignet.

Natürlich können Sie Motive auch mithilfe von **Auswahlen**
freistellen. Da den Auswahlen aber ein eigener Buchteil gewidmet ist, lesen Sie bitte in Teil 7 nach, wie Sie Auswahlen für das
Freistellen von Bildern nutzen.

Schachbrettmuster
In den folgenden Workshops werden Sie des Öfteren ein Schachbrettmuster auf dem Bild sehen, wenn Sie ein Bild freistellen. Dieses Schachbrettmuster ist natürlich nicht mehr Teil des Bildes, sondern stellt den transparenten (durchsichtigen) Bereich dar. Wollen Sie hier die Größe der Quadrate oder die Farbe ändern, können Sie dies über BEARBEITEN/PHOTOSHOP ELEMENTS • VOREINSTELLUNGEN • TRANSPARENZ anpassen.

19.1   Hintergrund-Radiergummi – der schnelle Weg

Der Hintergrund-Radiergummi [E] 🖌 mit seinen Optionen
wurde bereits in Abschnitt 14.2.6 beschrieben. Er eignet sich
besonders zum Freistellen weniger anspruchsvoller Motive mit
kontrastarmem Hintergrund, wie zum Beispiel eines blauen Himmels mit wenigen Wolken.

Schritt für Schritt: Freistellen mit dem Hintergrund-Radiergummi

1 Hintergrund entfernen

 Augustus.jpg, Himmel.jpg

Öffnen Sie zunächst das Bild »Augustus.jpg« im Editor. Wählen Sie den Hintergrund-Radiergummi [E] 🖌 in der Werkzeugleiste sowie eine ausreichend große Werkzeugspitze (im Beispiel wurden 200 Pixel eingestellt). Bei den GRENZEN wurde NICHT AUFEINANDER FOLGEND gewählt, die TOLERANZ wurde auf 30 % gesetzt. Umfahren Sie nun mit der Werkzeugspitze die Statue. Achten Sie darauf, dass Sie mit dem Hotspot (Mittelpunkt) ❶ der Werkzeugspitze nicht auf die Statue geraten.

Abbildung 19.1 ▶
Der Hintergrund-Radiergummi in Aktion

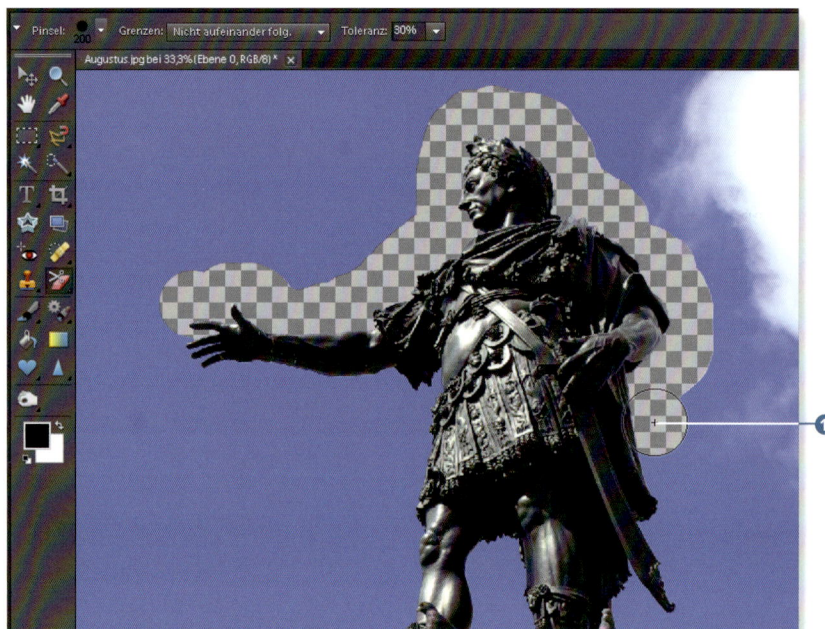

2 Details entfernen

Zoomen Sie nun kräftig mit [Strg]/[⌘]+[+] in das Bild hinein, um auch die Details zu entfernen, die noch nicht vom Hintergrund-Radiergummi erfasst wurden. Achten Sie auch hier immer darauf, mit dem Hotspot ❷ nur auf die zu entfernenden Pixel zu klicken.

3 Hintergrund komplett löschen

Wenn Sie die Pixel um die Statue gelöscht haben, entfernen Sie mit dem normalen Radiergummi [E] 🖌 den Rest des Hintergrundes mit einer großen Werkzeugspitze. Schneiden Sie den Bildausschnitt bei Bedarf noch mit dem Freistellungswerkzeug [C] 🔲 zurecht.

▲ Abbildung 19.2
Bei schwierigen Bereichen sollten Sie näher an das Bild heranzoomen.

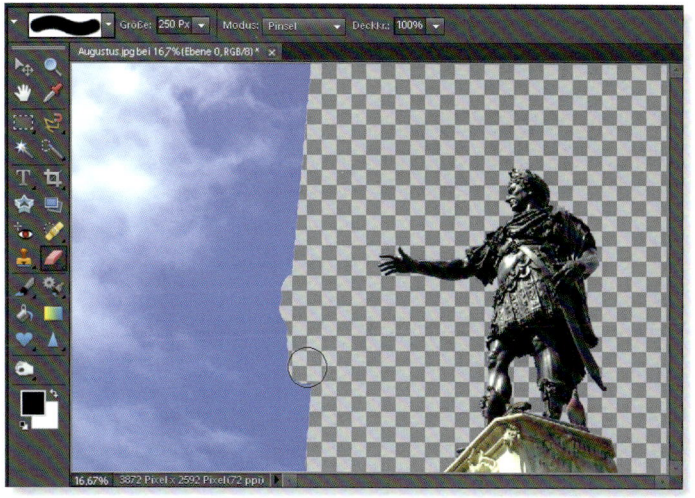

◄ **Abbildung 19.3**
Der Rest des Himmels ist schnell entfernt.

4 In die Zwischenablage kopieren

Die so freigestellte Statue können Sie nun vor einem anderen Hintergrund, etwa einem dramatischeren Himmel, als neue Ebene einfügen. Wählen Sie das komplette Bild mit der freigestellten Statue mit [Strg]/[⌘]+[A] aus, und kopieren Sie es dann mit [Strg]/[⌘]+[C] in die Zwischenablage.

5 Bild als neue Ebene einfügen

Öffnen Sie das Bild »Himmel.jpg« von der DVD, und fügen Sie mit [Strg]/[⌘]+[V] die Statue vor dem Himmel ein. Photoshop Elements erstellt dabei automatisch eine neue Ebene. Verwenden Sie das Verschieben-Werkzeug [V] ![icon], um die freigestellte Statue an die gewünschte Position zu setzen. Im Bild sind nun zwei Ebenen vorhanden, der Himmel und die freigestellte Statue (siehe Ebenen-Bedienfeld über FENSTER • EBENEN).

◄▲ **Abbildung 19.4**
Statue und Himmel wurden in einer Datei zusammengefügt.

6   Lichter abdunkeln

Damit die vom Sonnenlicht stark bestrahlte Statue nicht so »hineingeklebt« wirkt, sollten Sie die Lichter abdunkeln. Aktivieren Sie die Ebene mit der Statue im Ebenen-Bedienfeld. Wählen Sie nun im Menü ÜBERARBEITEN den Punkt BELEUCHTUNG ANPASSEN • TIEFEN/LICHTER, und setzen Sie den Wert von TIEFEN AUFHELLEN auf 0. Erhöhen Sie den Wert von LICHTER ABDUNKELN auf 100% und den Wert MITTELTON-KONTRAST auf +20. Bestätigen Sie den Dialog dann mit OK.

Zuletzt dunkeln Sie noch mit dem Nachbelichter ⓞ 🖤 einige auffällige Lichter ab.

Abbildung 19.5 ▼
Achten Sie bei der Korrektur darauf, dass die Ebene mit der Statue im Bedienfeld markiert ist.

7   Ebenen zusammenfügen

Nun sollten Sie nur noch im Ebenen-Bedienfeld eine der beiden Ebenen mit der rechten Maustaste anklicken und im Kontextmenü SICHTBARE AUF EINE EBENE REDUZIEREN auswählen.

Abbildung 19.6 ▼
Links das Bild in der Originalfassung und rechts die freigestellte Statue mit neuem Hintergrund

Foto: Jürgen Wolf

19.2 Motive freistellen mit der Magischen Extrahierung

Für schwierigere Fälle bietet Photoshop Elements mit der Magischen Extrahierung im Menü BILD (Tastenkombination ⌂+Alt+Strg/⌘+V) ein mächtiges Werkzeug. Mithilfe der Magischen Extrahierung können Sie über einfache farbige Markierungen eine sehr genaue Auswahl zum Freistellen vornehmen. Die Verwendung des Werkzeugs demonstriert die folgende Schritt-für-Schritt-Anleitung.

Schritt für Schritt: Freistellen von schwierigen Motiven

Aus dem folgenden Bild »Indianertanz.jpg« soll der Indianer auf der rechten Seite des Bildes mit dem Werkzeug Magische Extrahierung freigestellt werden.

Indianertanz.jpg und Indianertanz_free.tif

Foto: Jürgen Wolf

◄ **Abbildung 19.7**
Ein Fall für die Magische Extrahierung

1 **Magische Extrahierung aufrufen**

Laden Sie das Bild »Indianertanz.jpg« von der Buch-DVD in den Editor, und wählen Sie im Menü BILD den Punkt MAGISCHE EXTRAHIERUNG, oder nutzen Sie die Tastenkombination ⌂+Alt+Strg/⌘+V.

2 **Vordergrundpinsel**

Standardmäßig sollte der Vordergrundpinsel B ❶ ausgewählt sein. Falls nicht, aktivieren Sie ihn nun. Die Größe des Pinsels stellen Sie über PINSELGRÖSSE ❹ ein, die Farbe über

VORDERGRUNDFARBE ❺. Standardmäßig ist diese Farbe Rot, da aber auch die Kleidung des Indianers viel Rot zeigt, wurde die Farbe über den FARBWÄHLER in Grün geändert, damit die Auszeichnung besser sichtbar ist.

Übermalen Sie den Indianer nun mit dem Vordergrundpinsel. Wenn Sie über die Figur hinausgemalt haben, können Sie diese farbige Markierung jederzeit mit dem Punkt-Radierer E ❷ wieder entfernen.

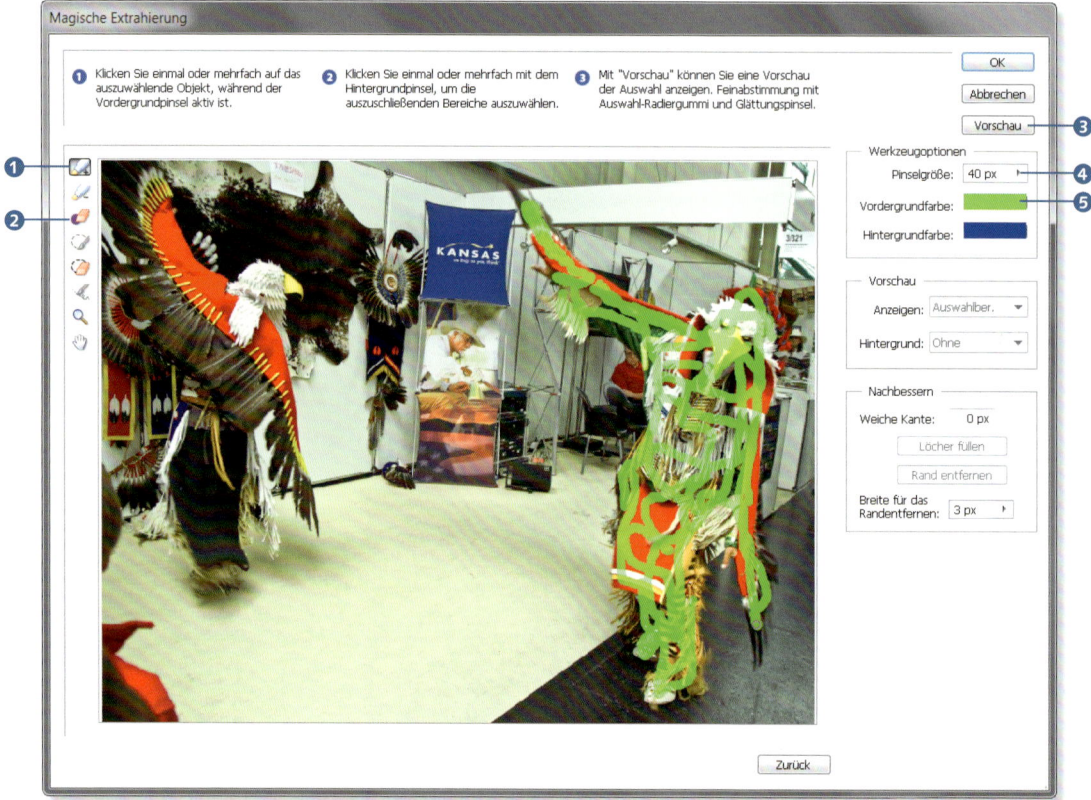

▲ **Abbildung 19.8**
Diese grobe »Bemalung« reicht aus, um den freizustellenden Bereich festzulegen.

3   Hintergrundpinsel

Wählen Sie den Hintergrundpinsel P ❻, und übermalen Sie damit die Bereiche im Bild, die später nicht Bestandteil der Extrahierung sein sollen. Haben Sie aus Versehen in den Bereich des Indianers hineingemalt, können Sie dies auch hier mit dem Punkt-Radierer E ausbessern. Gegebenenfalls ändern Sie auch hierbei die Größe des Pinsels über PINSELGRÖSSE und die Farbe über HINTERGRUNDFARBE ❼.

▲ **Abbildung 19.9**
Legen Sie nun fest, welche Bereiche zum Hintergrund gehören.

4 Vorschau

Klicken Sie für eine erste Überprüfung auf die Schaltfläche VOR-
SCHAU ❸. Im Beispiel kann sich das Zwischenergebnis schon
durchaus sehen lassen. Die Vorschau können Sie auch in anderen Modi verwenden. Sie finden zum Beispiel unter ANZEIGEN ❽
neben dem aktiven Modus AUSWAHLBEREICH auch die Option ORI-
GINALFOTO, die sinnvoll ist, wenn Sie Vorder- und Hintergrund an
manchen Stellen schlecht beurteilen können. Unter HINTERGRUND
❾ stellen Sie den extrahierten Bereich in einer anderen Farbe oder
als Maske dar, was ebenfalls sehr hilfreich sein kann. Am besten
probieren Sie diese Optionen einfach selbst im Beispiel aus.

▼ **Abbildung 19.10**
Die Vorschau offenbart, an welchen Stellen Sie noch nachbessern
müssen.

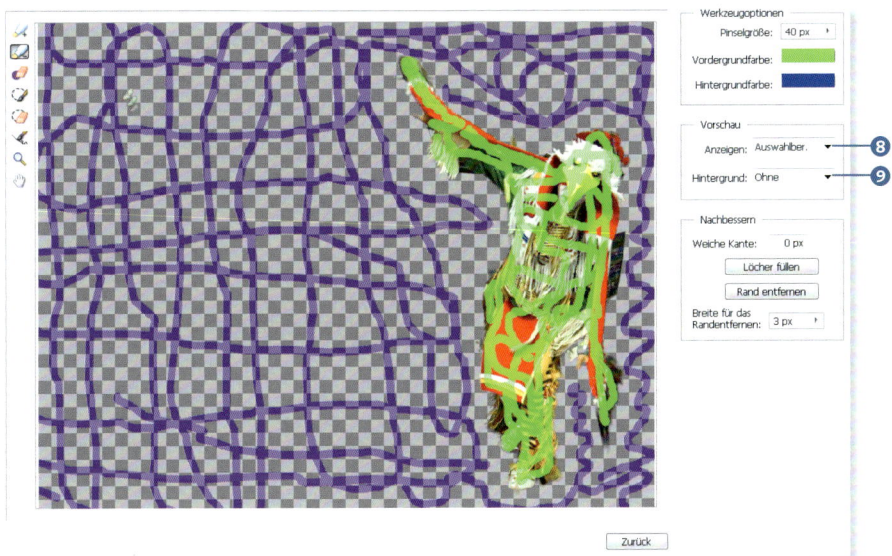

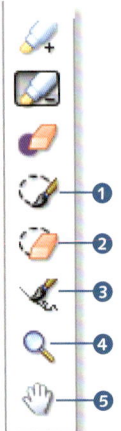

5 **Details ausarbeiten**

Markieren Sie nun weitere Bereiche mit dem Hintergrundpinsel
P, die Sie nicht auf dem Bild haben wollen. Ebenso können Sie
zu viel entfernte Bereiche mit dem Vordergrundpinsel B wieder
hinzufügen oder zu viel hinzugefügte Bereiche mit dem Punkt-
Radiergummi E entfernen. Verkleinern Sie hierbei gegebenenfalls die PINSELGRÖSSE.

Zum Ausarbeiten der Details sollten Sie das Zoom-Werkzeug
Z ❹ zum näheren Hineinzoomen und das Hand-Werkzeug H
❺ zum Verschieben der Bildbereiche verwenden. Alternativ nutzen Sie die Tastenkürzel Strg/⌘+ + und Strg/⌘+ - zum
Hinein- und Herauszoomen. Zum Verschieben des Bildbereichs
halten Sie die Leertaste gedrückt.

Wenn Sie die Auswahl verkleinern wollen, weil sich zum
Beispiel um das Motiv ein ausgefranster Hintergrund befindet,
können Sie dazu das Auswahlverkleinerung-Werkzeug D ❷
verwenden. Das Gegenteil erreichen Sie mit dem Auswahler-
weiterung-Werkzeug A ❶, mit dem Sie eine Auswahl manuell
erweitern (aufpinseln). Wenn die Auswahl zu harte Kanten hat,
können Sie den Glättungspinsel J ❸ verwenden. Im Beispiel
wurde außerdem ein schwarzer Hintergrund verwendet. Klicken
Sie wieder auf die Schaltfläche VORSCHAU, um das Ergebnis der
Detailarbeit zu betrachten.

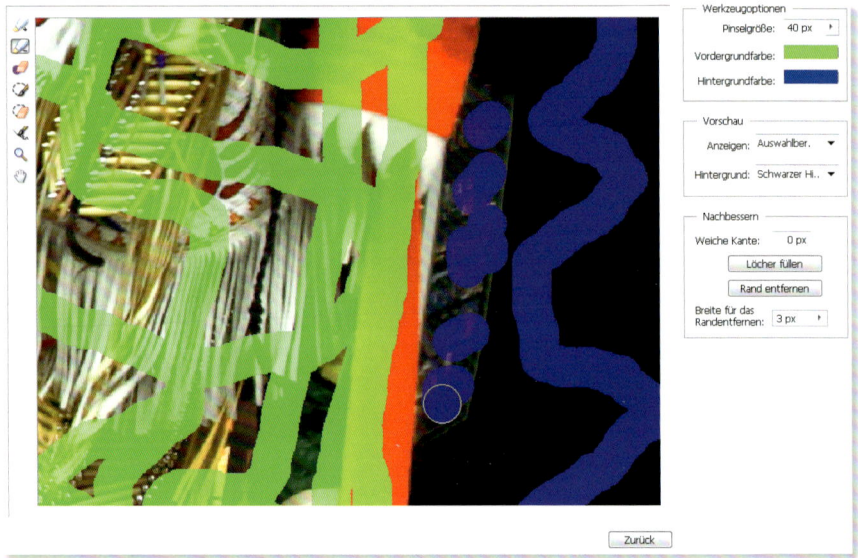

6 **Löcher füllen**

Bilden sich während der Arbeit Löcher im Hauptmotiv ❽, so
müssen Sie diese nicht unbedingt mit dem Vordergrundpinsel

B nachbearbeiten – alternativ klicken Sie auf die Schaltfläche LÖCHER FÜLLEN ⑥. Mit dem Button RAND ENTFERNEN ⑦ löschen Sie Farbränder zwischen Vorder- und Hintergrund. In welchem Umfang Sie diesen Rand entfernen wollen, geben Sie mit BREITE FÜR DAS RANDENTFERNEN an.

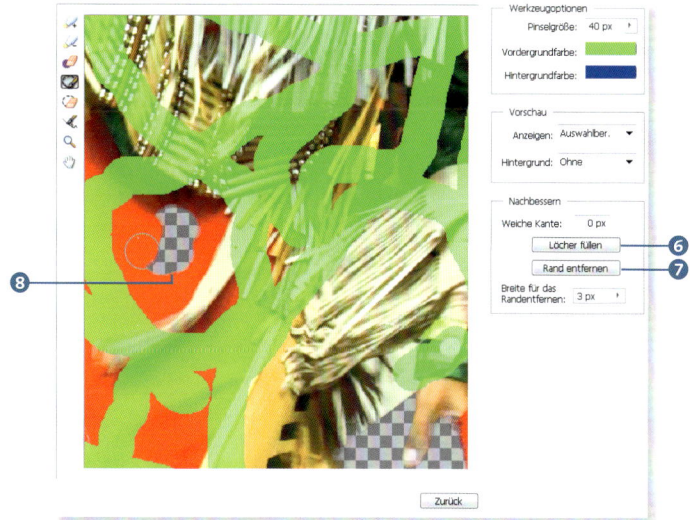

◄ **Abbildung 19.13**
Versehentlich entfernte Bildbereiche stellen Sie entweder mit dem Vordergrundpinsel oder mit der Schaltfläche LÖCHER FÜLLEN wieder her.

▲ **Abbildung 19.14**
Das fertig freigestellte Motiv mit weichen Übergängen an den Kanten

7 Kanten glätten

Oft wird durch zu harte Kanten die Magische Extrahierung im fertigen Bild erkennbar. Wollen Sie an diesen Stellen die Kanten glätten, so können Sie den Glättungspinsel J verwenden. Je höher hierbei der Wert im Eingabefeld WEICHE KANTE ist, desto weichere Auswahlkanten erzeugt der Glättungspinsel.

8 Magische Extrahierung durchführen

Wenn alle Details in der Vorschau stimmig sind, führen Sie die Magische Extrahierung mit einem Klick auf OK durch. Das ausgewählte Motiv wird nun im Dokumentfenster des Editors freigestellt.

Foto: Jürgen Wolf

◄ **Abbildung 19.15**
Hier wurde der Indianer in eine andere und passendere Umgebung (»Desert.jpg«) eingefügt. Dabei wurde ähnlich zu Werke gegangen wie im Workshop »Freistellen mit dem Hintergrund-Radiergummi«. ∎

19.3 Bilder zuschneiden

Freistellungswerkzeug = freistellen?

Vermutlich fragen Sie sich, warum das »Freistellungswerkzeug« im Abschnitt über das Zuschneiden behandelt wird und nicht im vorherigen Abschnitt zum Thema »Freistellen«. Der Grund ist die etwas unglückliche Wahl der Bezeichnung. Unter »Freistellen« versteht man in der Grafikbearbeitung das Herauslösen eines Bildmotivs aus dem Hintergrund. In der englischen Version heißt das entsprechende Werkzeug »Crop«, daher auch das Tastenkürzel Ⓒ. Ein Werkzeugname wie »Zuschneiden«, wie er auch in anderen Bildbearbeitungsprogrammen verwendet wird, wäre hier sinnvoller gewesen.

Mit dem Zuschneiden von Bildern können Sie zunächst die Bildgröße ändern. Darüber hinaus können Sie das Beschneiden für gestalterische Eingriffe nutzen, etwa um störende Hintergrundelemente zu entfernen oder mehr Nähe zu erzeugen.

Der Bildausschnitt ist also entscheidend daran beteiligt, wie ein Bild wirkt, wie das abgebildete Motiv in den Mittelpunkt gestellt oder aus diesem herausgenommen wird. Auf diese Weise steuern Sie mithilfe des Ausschnitts den Blick des Betrachters. Häufig können Sie mit dem richtigen Beschneiden auch Bilder mit vielen störenden Nebenmotiven noch retten.

19.3.1 Das Freistellungswerkzeug

Das Freistellungswerkzeug Ⓒ 🔲 aus der Werkzeugleiste wird verwendet, um einen rechteckigen Bildbereich auszuwählen und aus der Auswahl ein neues Bild zu erzeugen. Die Bildbereiche außerhalb der Kanten werden dabei entfernt.

Den Bildausschnitt können Sie über zwei Wege festlegen. Zum einen können Sie die Optionsleiste verwenden, um die Zahlenwerte für Breite, Höhe und Auflösung des gewünschten Ausschnitts einzugeben. Schneller geht das Aufziehen eines Rahmens mit gedrückter Maustaste.

▲ **Abbildung 19.16**
Über die Optionsleiste des Freistellungswerkzeugs wird die Bildgröße von Hand vorgegeben.

Zum Weiterlesen

Mehr zum Thema »Auflösung« finden Sie in Abschnitt 5.2, »Bildgröße und Auflösung«.

Auflösung neu berechnen

Beachten Sie allerdings: Wenn Sie über Zahlenwerte in der Optionsleiste die Bildgröße und Auflösung verändern, wird das Bild auch neu berechnet. Hierbei müssen Sie mit Schärfeverlusten rechnen.

19.3.2 Bildausschnitt mit Zahlenwerten definieren

Sollten Sie die Werte für das Seitenverhältnis **von Hand** eingeben wollen, so wird für die Werte von Breite und Höhe die Maßeinheit Pixel (Px) verwendet, sofern Sie nichts anderes eingeben. Für Maßeinheiten wie Zentimeter müssen Sie der Zahl ein »cm« folgen lassen, für Millimeter die Angabe »mm«.

Wenn Sie zwischen Breite und Höhe auf das Symbol zum Vertauschen klicken, werden die eingegebenen Werte vertauscht. Neben der Bildgröße können Sie auch die Auflösung ändern. Geben Sie hier keinen Wert ein, bleibt die Auflösung unverändert. Wenn Sie die Werte manuell eingeben, so wird in der Dropdown-Liste Seitenverhältnis der Optionsleiste der Eintrag Eigenes angezeigt.

19.3.3 Bildausschnitte mit der Maus definieren

Die gängigere Methode zum Beschneiden eines Bildes ist die Maus. Stellen Sie einfach den Mauszeiger über das Bild, und ziehen Sie mit gedrückter Maustaste ein Rechteck auf. Größe und Position des Rechtecks können Sie jederzeit nachträglich anpassen.

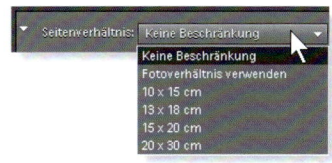

▲ **Abbildung 19.17**
Seitenverhältnis einstellen

Über die Option SEITENVERHÄLTNIS geben Sie an, wie beim Zuschneiden das Verhältnis der Höhe und Breite eingehalten werden soll. Folgende Optionen stehen Ihnen hierbei zur Verfügung:

▶ KEINE BESCHRÄNKUNG: Das Bild kann beliebig in jeder Größe zugeschnitten werden.

▶ FOTOVERHÄLTNIS VERWENDEN: Beim Zuschneiden wird das ursprüngliche Seitenverhältnis des Bildes eingehalten. Wenn Sie hierbei zum Beispiel die Höhe verändern, ändert sich die Breite automatisch im entsprechenden Verhältnis.

▶ Voreingestellte Formate: Hier können Sie das Bild in einem vordefiniertem (Foto-)Format wie zum Beispiel 10 × 15 CM, 13 × 18 CM, 15 × 20 CM oder 20 × 30 CM zuschneiden. Entsprechend dem Format wird auch die Auflösung berechnet.

▲ **Abbildung 19.18**
Ein nützlicher Helfer beim Zuschneiden mit dem Freistellungswerkzeug ist das Informationen-Bedienfeld.

Sehr nützlich beim Zuschneiden eines Bildes ist auch das Informationen-Bedienfeld (FENSTER • INFORMATIONEN), das verschiedene Bildmaße sowie die Größe des Beschnittrechtecks ❶ anzeigt.

Um den auswählten Bildbereich endgültig zuzuschneiden, klicken Sie entweder auf das grüne Häkchen unterhalb des Zuschnittrahmens, oder Sie klicken doppelt mit der Maus in die Auswahl (oder Sie bestätigen mit ⏎). Abbrechen können Sie den Zuschnitt mit dem Stopp-Symbol oder mit Esc.

▲ **Abbildung 19.19**
Zuschnitt bestätigen oder abbrechen

Schritt für Schritt: Bild optimal zuschneiden

Bei dem folgenden Bild wollen wir die Person im Bild noch mehr betonen. Durch einen gezielten Bildausschnitt soll das Gefühl von Nähe verstärkt werden.

Discofever.jpg

1 **Freistellungswerkzeug wählen**

Öffnen Sie das Bild »Discofever.jpg« im Editor. Aktivieren Sie in der Werkzeugpalette das Freistellungswerkzeug C 🔲. Wählen Sie bei SEITENVERHÄLTNIS die Option KEINE BESCHRÄNKUNG ❷ aus, und lassen Sie die Felder für BREITE, HÖHE und AUFLÖSUNG leer.

Foto: Clarissa Schwarz, www.clarissa-schwarz.ch/

Abbildung 19.20 ▶
Mit diesen Einstellungen können
Sie das Bild frei zuschneiden.

Verschieben mit der Tastatur
Sie können die Auswahl auch mit
den Pfeiltasten auf Ihrer Tastatur
verschieben.

2 **Zuschnittrahmen ziehen**

Ziehen Sie mit gedrückter Maustaste im Bild um den Ausschnitt,
den Sie zuschneiden wollen, einen groben Rahmen ab der linken
oberen Zuschnittsecke ❸, und lassen Sie die Maustaste bei der
zukünftigen rechten unteren Ecke ❹ des Zuschnitts wieder los.

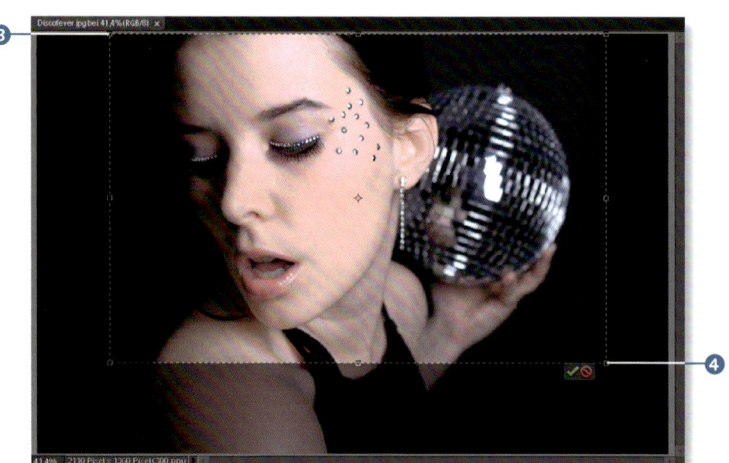

Abbildung 19.21 ▶
An den Griffpunkten lässt sich der
Zuschnittrahmen nachträglich
noch anpassen.

Nach dem Loslassen wird ein Auswahlrechteck als Begrenzungsrahmen mit Griffpunkten an den Ecken und Kanten angezeigt.
An den Griffpunkten können Sie nun die Auswahl mit gedrückt
gehaltener Maustaste noch anpassen. Ebenfalls können Sie den
Zuschnittbereich mit gedrückter Maustaste innerhalb der Auswahl verschieben. Um das Auswahlrechteck zu drehen, ziehen
Sie es außerhalb des Begrenzungsrahmens (der Zeiger wird hier
zum gebogenen Pfeil) mit gedrückt gehaltener Maustaste in die
entsprechende Richtung. Auch ein festes SEITENVERHÄLTNIS können Sie noch nachträglich einstellen.

3 Zuschnitt durchführen

Wenn Sie mit der Auswahl zufrieden sind, führen Sie den Zuschnitt mit ⏎ oder durch einen Klick auf das grüne Häkchen unterhalb der Auswahl durch.

Durch den neuen Ausschnitt wird die Person im Bild deutlich stärker betont und wirkt auch näher. Der Zuschnitt macht das Bild insgesamt ausdrucksstärker.

▼ **Abbildung 19.22**
Links das Bild in der Originalfassung; rechts das Bild nach dem Zuschneiden mit dem Freistellungswerkzeug

19.3.4 Bilder zuschneiden mit dem Assistent

Im ASSISTENT-Modus aus dem Aufgabenbedienfeld BEARBEITEN finden Sie in der Kategorie GRUNDLEGENDE FOTOBEARBEITUNGEN die Funktion FOTO FREISTELLEN, die Sie mit einer Beschreibung durch den ganzen Vorgang mit dem Freistellungswerkzeug führt.

▼ **Abbildung 19.23**
Auch der Assistent bietet eine geführte Funktion zum Freistellen von Bildern.

Foto: Martin Conrad

19.4 Hintergründe strecken: Das Neu-zusammensetzen-Werkzeug

Das Neu-zusammensetzen-Werkzeug ⌨C 🔲 aus der Werkzeugleiste kann dazu verwendet werden, die Größe eines Bildes zu ändern, ohne dass ausgewählte Informationen des Motivs verlorengehen. Zunächst hat es den Anschein, als sei dies nur ein Werkzeug zum Skalieren von Bildern. Aber dieses Werkzeug kann weitaus mehr, als es auf den ersten Blick erkennen lässt.

Skalieren ohne Verzerrung | Anders als beim gewöhnlichen Skalieren, wo alles im Bild verzerrt wird, wenn Sie die Größe ändern, können Sie mit dem Neu-zusammensetzen-Werkzeug bestimmte Bereiche im Bild markieren, um diese ausgewählten Bereiche beim Ändern der Größe zu erhalten. Außerdem haben Sie mit dem Werkzeug die Möglichkeit, bestimmte Bereiche im Bild zu entfernen. Anhand dieser Beschreibung dürfte Ihnen jetzt auch klar sein, warum man bei diesem Werkzeug von »neu zusammensetzen« spricht.

▲ **Abbildung 19.24**
Auf der linken Seite sehen Sie das Originalbild. Das mittlere Bild wurde ganz gewöhnlich skaliert, wodurch die geometrischen Formen auch zusammengestaucht wurden. Das Gleiche wurde mit dem rechten Bild gemacht, nur wurden die geometrischen Formen dieses Mal mit dem Neu-zusammensetzen-Werkzeug geschützt, bevor das Bild skaliert wurde.

Rückgängig machen
Sie können jederzeit einen aufgepinselten oder wegradierten Bereich mit ⌨Strg/⌘+⌨Z rückgängig machen.

Werkzeugoptionen | Mit dem grünen Pinsel ❶ markieren Sie im Bild den Bereich, den Sie beim anschließenden Verändern der Bildgröße schützen wollen. Photoshop Elements versucht dann, diesen Bereich im Bild nicht zu verzerren. Im Bild wird dieser markierte Bereich mit einer transparenten grünen Farbe aufgepinselt. Wollen Sie wieder etwas vom aufgepinselten geschützten Bereich im Bild entfernen, verwenden Sie den grünen Radiergummi ❷ daneben.

Bildbereiche, die Sie beim Verändern der Bildgröße komplett entfernen wollen, markieren Sie mit dem roten Pinsel ❸. Diese Bildbereiche werden im Bild mit einer transparenten roten Farbe angezeigt. Auch hier finden Sie daneben einen roten Radiergummi ❹, mit dem Sie zu viel aufgepinselte Bereiche wieder wegradieren können, damit diese im Bild erhalten bleiben.

▼ **Abbildung 19.25**
Optionen des Neu-zusammensetzen-Werkzeugs

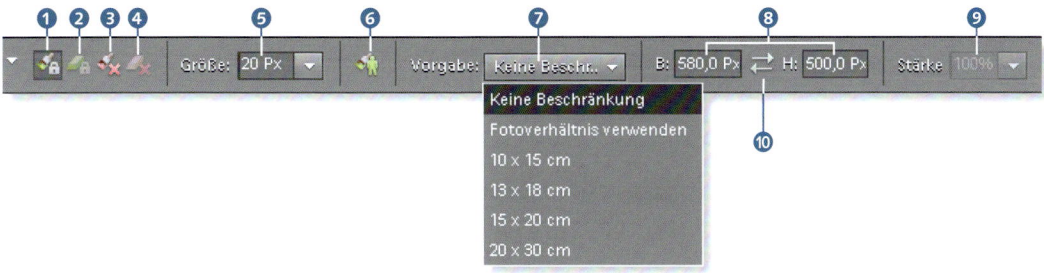

Mit GRÖSSE ❺ stellen Sie Größe der Werkzeugspitze der eben erwähnten Pinsel und des Radiergummis ein. Interessant für Fotos, auf denen Personen abgebildet sind, ist der Pinsel HAUT-TÖNE HERVORHEBEN ❻. Photoshop Elements versucht hierbei, automatisch im Bild alle möglichen Hautfarben zu schützen (grün einzufärben), die es findet. Diese Automatik funktioniert allerdings nur dann zuverlässig, wenn sich im Bild sonst kaum hauttonartige Farben befinden.

Wie schon beim normalen Freistellungswerkzeug können Sie auch hier über VORGABE ❼ das Seitenverhältnis einstellen. Standardmäßig ist auch hier KEINE BESCHRÄNKUNG vorgegeben. Alternativ können Sie auch hier noch das Fotoverhältnis des Bildes beibehalten oder aus voreingestellten Formaten auswählen. Natürlich können Sie die Werte für Breite und Höhe ❽ auch manuell als Zahlenwert (Maßeinheit: Pixel) eingeben. Klicken Sie auf Symbol ❿ zwischen Breite und Höhe, werden die beiden angegebenen Werte miteinander vertauscht.

Mit dem letzten Wert, STÄRKE ❾, stellen Sie den Schwellenwert für die Neuzusammensetzung zur Verzerrungsminimierung ein. Standardmäßig ist hier ein Wert von 100 % vorgegeben. Ein Wert von 0 % entspräche einer gewöhnlichen Skalierung über BILD • SKALIEREN • SKALIEREN.

> **Zum Nachlesen**
>
> Mehr zu den Optionen ❼, ❽ und ❿ finden Sie in Abschnitt 19.3.1, »Das Freistellungswerkzeug«.

Schritt für Schritt: Bild neu zusammensetzen

Bei dem folgenden Bild wollen wir die Breite des Bildes verringern, ohne dass dabei die Dame im Bild verzerrt wird. Eine Person soll außerdem aus dem Bild entfernt werden.

Habana.jpg

1 Neu-zusammensetzen-Werkzeug wählen

Öffnen Sie das Bild »Habana.jpg« im Editor. Wählen Sie in der Werkzeugpalette das Neu-zusammensetzen-Werkzeug [C] ⚙ aus. Stellen Sie bei VORGABE die Option KEINE BESCHRÄNKUNG ❹ ein. Wählen Sie eine passende GRÖSSE ❸ für den Pinsel. Im Beispiel habe ich hier 50 Pixel eingestellt.

2 Bereich zum Erhalten auswählen

Wählen Sie den grünen Pinsel ❶, um einen bestimmten Bereich im Bild zu schützen. Malen Sie mit dem Pinsel im Bild die Frau aus, sodass diese mit einer transparenten grünen Farbe eingefärbt ist. Außerdem habe ich hier zum Schutz den Torbogen im hinteren Teil des Bildes und die Person eingefärbt. Zu viel Eingefärbtes können Sie jederzeit wieder mit dem grünen Radiergummi ❷ entfernen. Für ein genaues Arbeiten ist ein regelmäßiges Ein- und Auszoomen unumgänglich. Ebenso werden Sie die GRÖSSE der Werkzeugspitze öfter anpassen müssen.

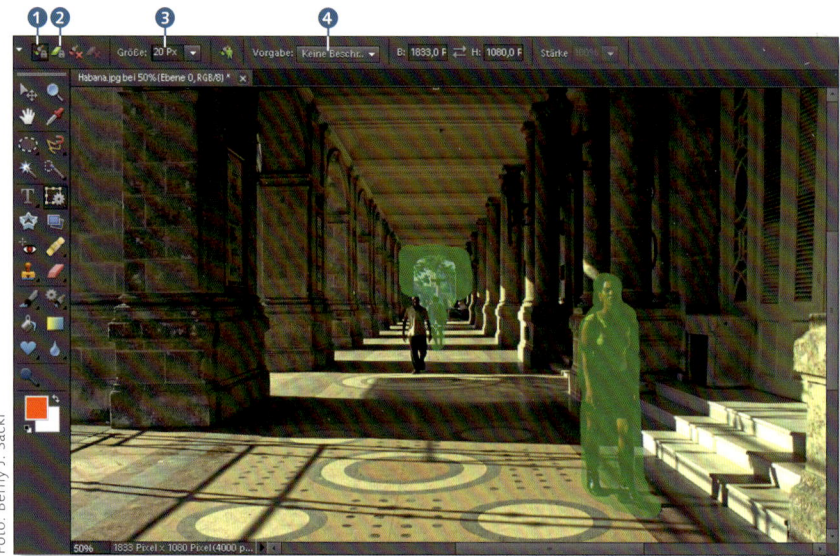

Foto: Berny J. Sackl

▲ **Abbildung 19.26**
Die Frau und der Torbogen wurden als »geschützt« markiert.

3 Bereich zum Entfernen auswählen

Verwenden Sie den roten Pinsel ❺, um die Bereiche im Bild zu markieren, die später bei der Veränderung der Größe entfernt werden sollen. Stellen Sie hier wieder eine passende GRÖSSE für den Pinsel ein (hier waren es 25 Pixel), und malen Sie den Herrn vor dem Torbogen mit transparenter roter Farbe an. Zu viel ausgemalte Bereiche können Sie mit dem roten Radiergummi ❻ wieder entfernen.

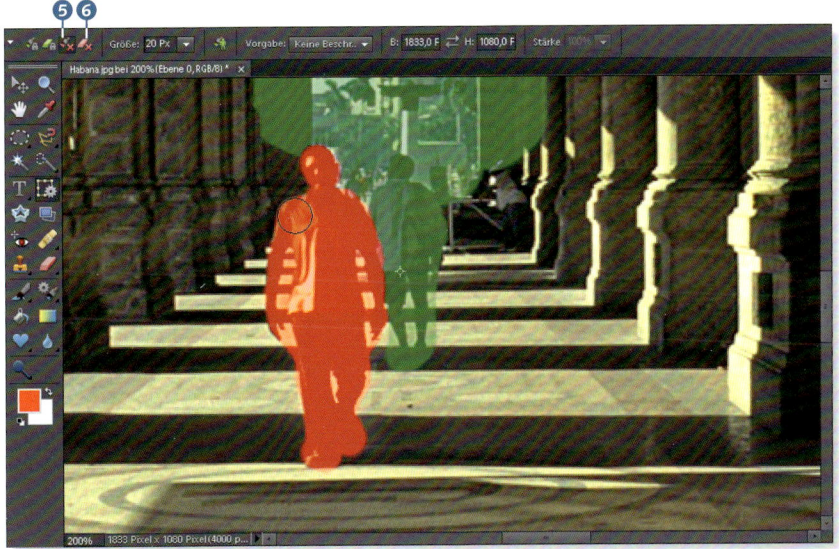

4 Bild neu zusammensetzen

Jetzt können Sie an den Griffen der vier Ecken und Seiten die Größe des Bildes verändern und es neu zusammensetzen. Im Beispiel habe ich den Griff auf der linken Seite ❼ in die Mitte gezogen. Hierbei erkennen Sie jetzt schon sehr gut, dass sich die geschützten Bereiche im Bild nicht ändern und dass der Bereich, den Sie zum Entfernen markiert haben, jetzt verschwunden ist. Sind Sie mit dem Ergebnis zufrieden, brauchen Sie nur noch das grüne Häkchen ❾ oder ⏎ zu betätigen, oder Sie brechen mit dem roten Stopp-Symbol ❿ oder Esc ab. Alternativ geben Sie die gewünschten Größen für die Breite und Höhe manuell über die Werkzeugoptionen ❽ ein.

▲ **Abbildung 19.27**
Der Herr (in Rot) soll anschließend nicht mehr auf dem Bild sein.

▼ **Abbildung 19.28**
Das Bild wird in der Größe reduziert und neu zusammengesetzt.

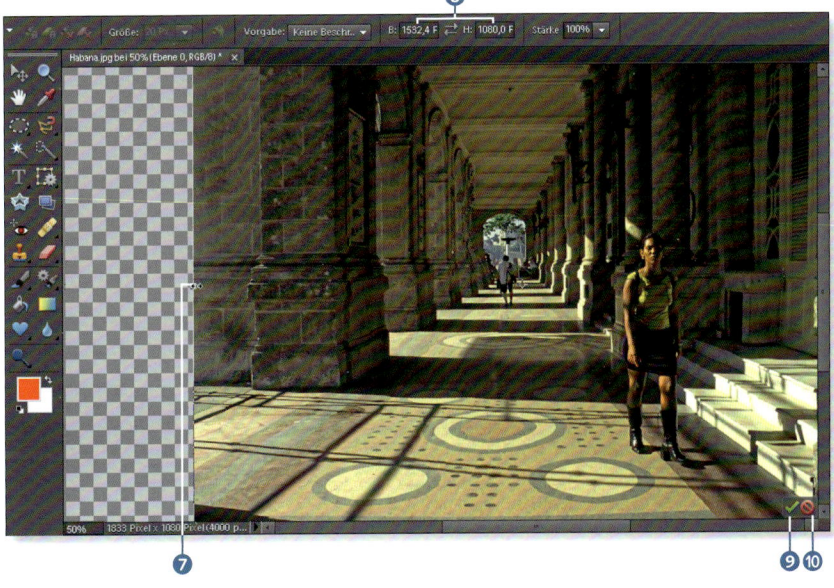

5 Bild zuschneiden

Wählen Sie das Freistellungswerkzeug $\boxed{C}$ ⬚, und schneiden Sie das Bild aus, sodass der transparente Bereich auf der linken Seite entfernt wird.

Abbildung 19.29 ▶
Bild zuschneiden

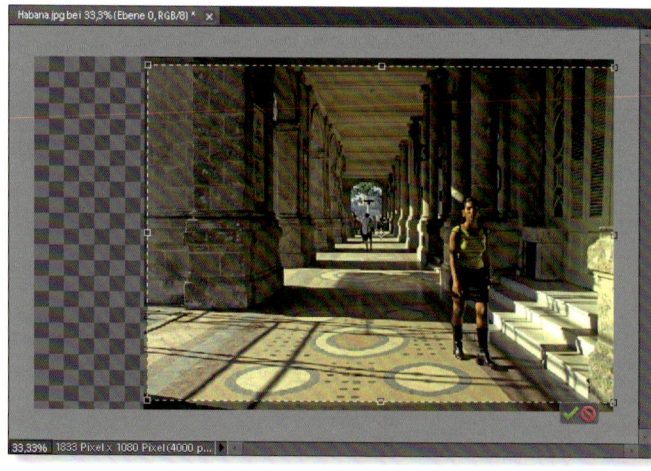

6 Auf Hintergrundebene reduzieren

Zum Schluss müssen Sie nur noch die Ebene mit der rechten Maustaste anklicken und im Kontextmenü AUF HINTERGRUND-EBENE REDUZIEREN auswählen. Unschöne Artefakte, die durch die Größenveränderung entstanden sind, entfernen Sie beispielsweise mit dem Kopierstempel $\boxed{S}$ 📇 und dem Bereichsreparatur-Pinsel $\boxed{J}$ 🖌. Mehr zu diesen Werkzeugen erfahren Sie in den Abschnitten 34.1 und 34.4.

Abbildung 19.30 ▼
Links sehen Sie das Originalbild. Das rechte Bild wurde mit dem Neu-zusammensetzen-Werkzeug verkleinert.

Neu zusammensetzen mit dem Assistent | Da die Arbeit mit dem Neu-zusammensetzen-Werkzeug recht komplex ist, finden Sie diesen Vorgang auch im ASSISTENT-Modus über das

Aufgabenbedienfeld BEARBEITEN in der Kategorie GRUNDLEGENDE
FOTOBEARBEITUNGEN mit FOTO NEU ZUSAMMENSETZEN wieder.

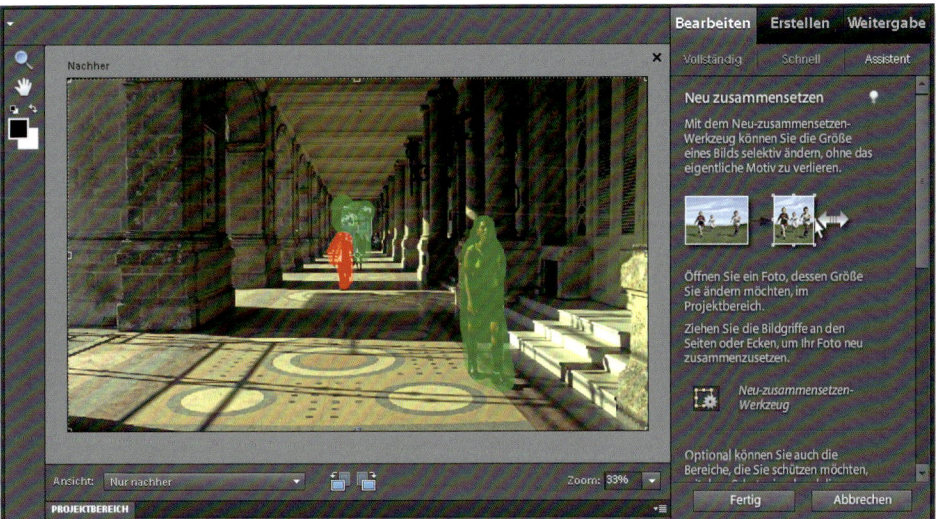

▲ **Abbildung 19.31**
Aufgrund der Komplexität des Neu-zusammensetzen-Werkzeuges ist die
ASSISTENT-Funktion eine hilfreiche Möglichkeit, um auch als Einsteiger
schnell ans Ziel zu gelangen.

20 Bildgröße und Auflösung

Wollen Sie das gesamte Bild vergrößern oder verkleinern, so finden Sie das passende Werkzeug im Menü BILD • SKALIEREN unter BILDGRÖSSE (alternativ mit der Tastenkombination $\boxed{\text{Strg}}$/$\boxed{\text{⌘}}$+$\boxed{\text{Alt}}$+$\boxed{\text{I}}$).

Zum Weiterlesen
Mehr zum Thema »Bildgröße und Auflösung« erfahren Sie in Abschnitt 5.2.

20.1 Der Bildgröße-Dialog

Bildgröße und Auflösung sind mit dem Dialog BILDGRÖSSE zwar schnell geändert, wenn Sie aber nicht genau wissen, was Sie hier tun, wirkt sich diese Änderung schnell negativ auf die Bildqualität aus.

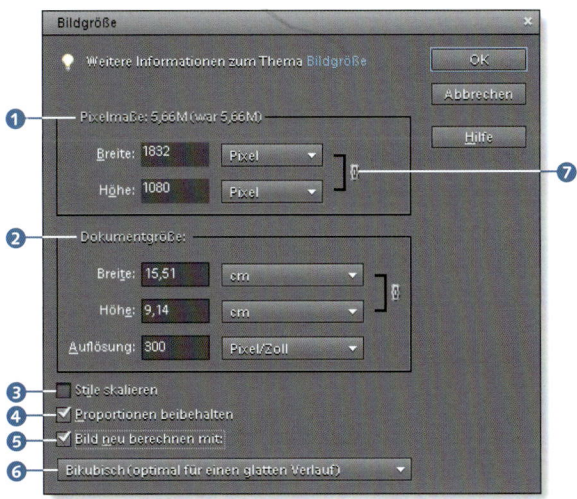

◀ **Abbildung 20.1**
Der Dialog BILDGRÖSSE

20.1.1 Pixelmaße ändern

Um ein Bild neu zu berechnen oder genauer: seine PIXELMASSE ❶ zu ändern (englisch: *resampling*), aktivieren Sie die Checkbox BILD NEU BERECHNEN MIT ❺, und wählen Sie gegebenenfalls eine entsprechende Interpolationsmethode ❻ aus.

Bild neu berechnen

Wenn die Pixelmaße verändert werden, wirkt sich die Neuberechnung nicht nur auf die Anzeigegröße aus, sondern auch auf die Druckausgabe und Bildqualität. Wird die Anzahl der Pixel im Bild reduziert (*downscaling*), so werden zugleich Informationen aus dem Bild entfernt. Analog werden beim Vergrößern eines Bildes (*upscaling*) neue Pixel hinzugefügt. Diese neuen Pixel werden aus den Farbwerten der benachbarten Pixel errechnet. Hierbei verliert das Bild an Schärfe. Grundsätzlich gilt, dass eine Skalierung von 30 % die Qualität eines Bildes drastisch verschlechtert.

Über die Zahlenfelder von Breite und Höhe bei Pixelmasse können Sie die Pixelgröße ändern. Als Maßeinheit verwenden Sie hierbei Pixel oder Prozent. Das Kettensymbol ❼ dahinter bedeutet, dass Sie die Proportionen (Seitenverhältnis) des Bildes nicht verändern können. Sollten Sie Breite und Höhe unabhängig voneinander ändern wollen, etwa um das Bild zu strecken, müssen Sie die Checkbox Proportionen beibehalten ❹ deaktivieren.

Für das Interpolationsverfahren ❻ zum Neuberechnen eines Bildes stehen Ihnen folgende Möglichkeiten zur Verfügung:

▶ Pixelwiederholung (harte Kanten beibehalten): Dieses Verfahren verzichtet auf jede Art der Kantenglättung. Es ist daher weniger präzise und eignet sich eher für Illustrationen mit ungeglätteten Kanten. Außerdem können beim Verzerren oder Skalieren Zacken entstehen, weshalb die Methode **für Fotos ungeeignet** ist.

▶ Bilinear: Dieses Verfahren erzeugt Bilder mittlerer Qualität, findet aber kaum noch Verwendung.

▶ Bikubisch (Glatter/Schärfer): Das Verfahren Bikubisch ist der aktuelle Standard und bietet **die beste Möglichkeit** für die Neuberechnung. Noch bessere Qualitäten erzielen Sie mit den Verfahren Bikubisch glatter (optimal bei Vergrösserung) beim Vergrößern (*upscaling*) von Bildern und mit Bikubisch schärfer (optimal bei Verkleinerungen) bei Verkleinerungen (*downscaling*). Sollte das Bild beim Verkleinern mit Bikubisch schärfer überscharf geraten, probieren Sie die Option Bikubisch (optimal für einen glatten Verlauf) aus.

20.1.2 Dokumentgröße ändern

Wenn es um das Drucken geht, ist nicht die Pixelgröße im Bild entscheidend, sondern die Bildgröße und Auflösung in Zentimeter. Sofern Sie die Auflösung des Bildes ändern wollen, müssen Sie die Werte Breite, Höhe und Auflösung unter Dokumentgrösse ❷ ändern. Aus Abschnitt 5.2, »Bildgröße und Auflösung«, wissen Sie ja mittlerweile, dass die Auflösung nichts mit der Darstellung auf dem Monitor zu tun hat und somit keinen Einfluss auf das Bild hat. Auch hier können Sie die Proportionen des Bildes ungleichmäßig verzerren, wenn Sie die Option Proportionen beibehalten ❹ deaktivieren. Als Maßeinheiten für die Breite und Höhe werden hierzulande gewöhnlich Zentimeter (cm) und für die Auflösung Pixel/Zoll (dasselbe wie Pixel/Inch) verwendet.

Mit der Option Stile skalieren ❸ sorgen Sie bei Bildern mit mehreren Ebenen, die zum Beispiel Ebenenstile wie Schlagschatten verwenden, dafür, dass auch diese Effekte mitwachsen oder -schrumpfen.

Warnung | Zum Schluss muss ich noch eine kleine Warnung hinzufügen. Egal, ob Sie die Bildausgabegröße, die Bildgröße oder die Auflösung ändern oder welche Interpolationsmethode Sie verwenden: Beim Skalieren eines Bildes gehen immer Informationen verloren. Wie Sie bereits wissen, lassen sich einmal verlorene Informationen nicht wiederherstellen. Daher sollten Sie **ein Bild immer nur einmal skalieren**. Wenn Sie mit dem Ergebnis nicht zufrieden sind, machen Sie den Vorgang rückgängig, und fangen Sie von vorn an.

Schritt für Schritt: Bilder strecken

Wenn Sie Bilder skalieren, muss dies nicht unbedingt im proportionalen Verhältnis geschehen. Ein beliebter Effekt ist das ungleichmäßige Skalieren von Breite und Höhe. Damit lassen Sie zum Beispiel Personen oder Gegenstände auf dem Bild schmaler (oder natürlich auch breiter) aussehen, lassen den Horizont weiter wirken oder simulieren eine Weitwinkelaufnahme.

1 Bildanalyse

Das folgende Bild »Colorado_River.jpg« wirkt recht eng. Bei einer solchen Landschaftsaufnahme wünscht man sich einen viel weiteren Winkel. Diesen Eindruck können Sie dem Bild nachträglich verpassen, wenn Sie die Breite des Bildes strecken. Öffnen Sie das Bild im Editor.

Colorado_River.jpg

Foto: Jürgen Wolf

◄ **Abbildung 20.2**
Auf dem Bild wirkt die weite Landschaft sehr schmal.

2 Bild strecken

Öffnen Sie das entsprechende Dialogfenster über den Menüpunkt BILD • SKALIEREN • BILDGRÖSSE oder [Strg]/[⌘]+[Alt]+[I]. Aktivieren Sie zunächst die Checkbox BILD NEU BERECHNEN MIT ❿, und verwenden Sie für die Interpolation BIKUBISCH GLATTER (OPTIMAL BEI VERGRÖSSERUNGEN) ⓫, da Sie ja die Bildausgabe vergrößern wollen. Entfernen Sie das Häkchen von PROPORTIONEN BEI-

BEHALTEN ➒, damit Sie Höhe und Breite unabhängig voneinander verändern können. Schalten Sie die Maßeinheit für Breite und Höhe bei Pixelmasse von Pixel auf Prozent ➑ um. Vergrößern Sie nun die Breite auf 105 % bis 108 %, und bestätigen Sie den Dialog. Ggf. können Sie außerdem die Höhe auf 95 % verringern.

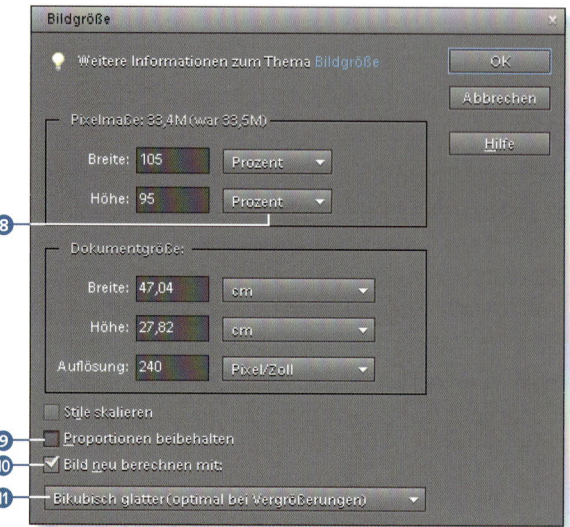

Abbildung 20.3 ▶
Deaktivieren Sie die Option
Proportionen beibehalten.

3   Vorher-Nachher-Vergleich

Wenn Sie jetzt das Vorher-Bild mit dem Nachher-Bild vergleichen, entsteht beim gestreckten Bild in der Tat der Eindruck, als wäre es aus einem anderen Winkel aufgenommen worden. Sie sollten hierbei allerdings immer etwas Fingerspitzengefühl beweisen, damit das Ganze nicht wie gestaucht wirkt. Bei jedem Bild werden Sie außerdem für solche Zwecke andere Werte eingeben müssen. Bei einem Porträt können Sie beispielsweise die Person im Bild durch Strecken in die Höhe schlanker wirken lassen. Nach dem Strecken ist es meist empfehlenswert, das Bild nachzuschärfen (Überarbeiten • Unscharf maskieren).

Abbildung 20.4 ▼
Links sehen Sie das Bild in der Originalfassung und rechts in der gestreckten Version.

20.2 Bildfläche erweitern

Wollen Sie die Bildfläche an einer Seite oder an allen vier Seiten des Bildes vergrößern, finden Sie im Menü unter BILD • SKALIEREN • ARBEITSFLÄCHE (alternativ mit der Tastenkombination ⌈Strg⌋/⌈⌘⌋+⌈Alt⌋+⌈C⌋) einen entsprechenden Dialog. Die so vergrößerte Arbeitsfläche wird dann mit der aktuell ausgewählten Hintergrundfarbe erweitert. Wenn das Bild mehrere Ebenen hat, wird nur die aktuelle Ebene mit der ausgewählten Hintergrundfarbe erweitert. Bei allen anderen Ebenen sind diese Bereiche transparent.

Die Optionen des Dialogs | Innerhalb des oberen Bereichs ❶ finden Sie die Angaben zur aktuellen Größe des Bildes. Darunter im Bereich NEUE GRÖSSE ❷ können Sie in den Zahlenfeldern BREITE und HÖHE die Bildfläche vergrößern. Wenn Sie hierbei die Checkbox RELATIV ❸ aktivieren, wird das Bild um die in BREITE und HÖHE angegebenen Werte vergrößert. Ist die Checkbox deaktiviert, so wird das Bild auf die von Ihnen angegebenen Maße vergrößert. Sind diese Werte geringer als die aktuelle Größe des Bildes, so wird das Bild – nach Anzeige einer Warnung – beschnitten. Dies ist zum Beispiel sinnvoll, wenn Sie ein Bild anhand einer bestimmten Position pixelgenau beschneiden möchten.

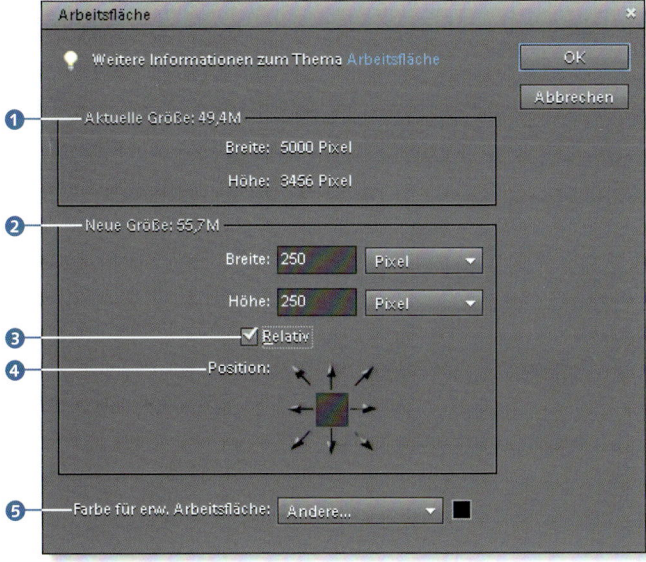

◀ **Abbildung 20.5**
Der Dialog zur Erweiterung der Arbeitsfläche

An welcher Position das Bild erweitert oder beschnitten werden soll, legen Sie unter POSITION ❹ fest. Die Farbe der neuen Bildfläche bestimmen Sie im Dropdown-Menü FARBE FÜR ERW.

ARBEITSFLÄCHE **5**. Allerdings können Sie nur eine Farbe festlegen, wenn das Bild eine Hintergrundebene besitzt. Gibt es bei dem Bild keine Hintergrundebene, so wird die Arbeitsfläche mit Transparenz erweitert.

Sonnenblume.jpg

Einige Beispiele | Im Folgenden gebe ich Ihnen einige Beispiele, wie Sie die Bildfläche erweitern können. Das Originalbild sehen Sie in Abbildung 20.10 auf der gegenüberliegenden Seite.

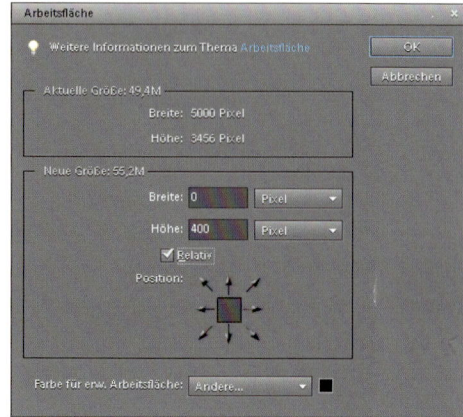

▲ **Abbildung 20.6**
Hier wurde die Arbeitsfläche in der Höhe um insgesamt 400 Pixel erweitert, wodurch ein typischer Filmbalken entsteht. Solche schwarzen Balken heben gerade bei helleren Bildmotiven das Motiv hervor.

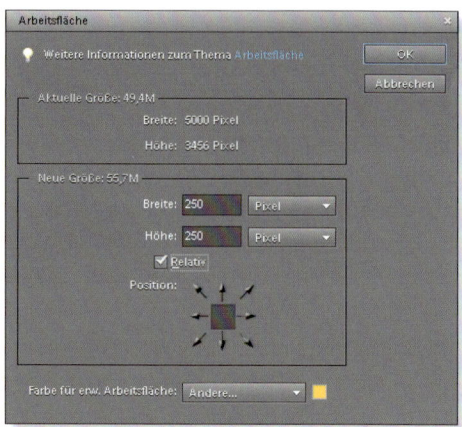

▲ **Abbildung 20.7**
Hier wurde die zusätzliche Arbeitsfläche, je 250 Pixel in Höhe und Breite, in Orange hinzugefügt. So ist ein Bilderrahmen entstanden.

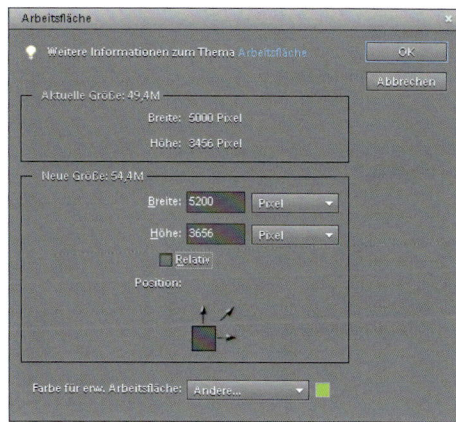

▲ **Abbildung 20.8**
Hier wurde die Arbeitsfläche rechts und oben um jeweils 200 Pixel erweitert. Da nicht die relativen, sondern die absoluten Maße verwendet wurden, müssen diese Pixel zur AKTUELLEN GRÖSSE hinzugerechnet werden.

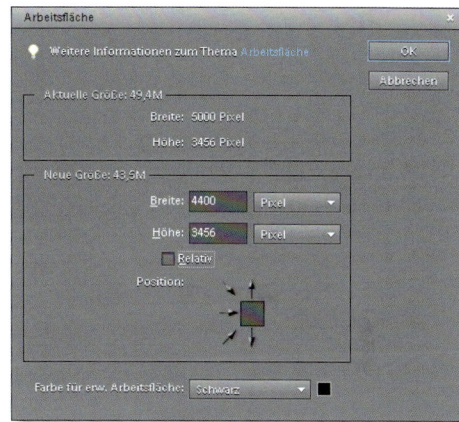

▲ **Abbildung 20.9**
Hier erfolgte ein quadratischer Zuschnitt, indem 600 Pixel von der linken Seite abgeschnitten wurden. Anhand der Pfeilrichtung von POSITION erkennen Sie schnell, ob die Arbeitsfläche mit den Angaben vergrößert oder verkleinert wird.

20.3 Skalieren von Elementen

Neben der Möglichkeit, die Pixelmaße von Bildern über den Dialog BILDGRÖSSE zu skalieren, gibt es eine weitere fortgeschrittene Funktion über den Menüpunkt BILD • SKALIEREN • SKALIEREN. Mit dieser Funktion und den dazugehörigen Optionen in der Werkzeugoptionsleiste skalieren Sie Ebenen, Auswahlen oder Formen.

Foto: Marco Barnebeck

▲ **Abbildung 20.10**
Das Originalbild

Kreuzspinne.jpg

▲ **Abbildung 20.11**
Die Spinne soll durch einen
Lupeneffekt hervorgehoben
werden.

Abbildung 20.12 ▶
Erstellen Sie eine kreisförmige
Auswahl.

Foto: Jürgen Wolf

Schritt für Schritt: Eine Auswahl skalieren

Die folgende Anleitung soll Ihnen ein Gefühl für das Skalieren mit
der gleichnamigen Funktion vermitteln. Im Bild »Kreuzspinne.
jpg« wollen wir die Spinne so skalieren, dass sie wie durch eine
Lupe betrachtet wirkt.

1 Element zum Skalieren auswählen

Öffnen Sie das Bild »Kreuzspinne.jpg« im Editor. Wählen Sie nun
in der Werkzeugpalette die Auswahlellipse ⓜ 🔘, und ziehen Sie
mit gedrückt gehaltener ⇧- und Maustaste eine kreisrunde Auswahl um die Spinne. Wenn die Position der Auswahl nicht ganz
passt, verschieben Sie sie mit gehaltener Maustaste.

2 Auswahl skalieren

Wählen Sie im Menü den Punkt BILD • SKALIEREN • SKALIEREN.
Nun haben Sie zwei Möglichkeiten, die Auswahl zu skalieren:

▶ Ziehen Sie die Griffpunkte an den Ecken mit gedrückter Maustaste. Um dabei das Seitenverhältnis zu erhalten, aktivieren
Sie die Checkbox PROPORTIONEN BEIBEHALTEN, oder halten Sie
beim Ziehen die ⇧-Taste gedrückt.

▶ Die alternative Vorgehensweise wurde im Beispiel gewählt:
Geben Sie in der Optionsleiste einen Prozentwert für die
Breite und/oder die Höhe ein. Wählen Sie zunächst für die
Lage des Referenzpunktes ❶ die Mitte aus. Auf diese Weise
wird der Mittelpunkt des zu skalierenden Elementes in der
Mitte der Auswahl erhalten. Aktivieren Sie PROPORTIONEN
BEIBEHALTEN ❷, und geben Sie den Wert »130 %« entweder
bei B (Breite) oder bei H (Höhe) ein. Der andere Wert wird
automatisch an das Seitenverhältnis angepasst.

◀ **Abbildung 20.13**
Nehmen Sie die Einstellungen in der Optionsleiste des Werkzeugs vor.

Führen Sie nun die Transformation mit ⏎ durch oder indem Sie auf das grüne Häkchen ❸ drücken oder im Begrenzungsrahmen doppelklicken. Haben Sie es sich noch einmal anders überlegt, so brechen Sie den Vorgang entweder über das Stopp-Symbol ❹ oder mit Esc ab.

3 Kontur füllen

Nun sollten die Ränder der Auswahl noch nachgezeichnet werden, um den Effekt einer Lupe zu unterstreichen. Wählen Sie hierzu den Menüpunkt BEARBEITEN • KONTUR FÜLLEN aus. Geben Sie im folgenden Dialog bei der BREITE »30 Px« an, und wählen Sie als FARBE Schwarz aus. Bestätigen Sie den Dialog mit OK. Klicken Sie nun außerhalb der Auswahl in das Bild, um die Auswahl aufzuheben.

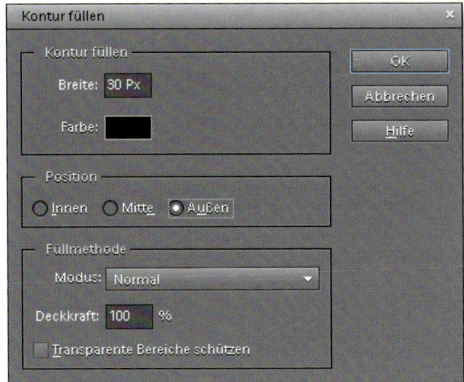

◀ **Abbildung 20.14**
Die Kontur der Auswahl wird gefüllt.

Die hier erstellte »Lupe« ist vielleicht noch nicht die hohe Kunst der Bildbearbeitung, dennoch ist diese Art der Skalierung von

Auswahlen sehr gut geeignet, um einzelne Bildelemente hervorzuheben.

Abbildung 20.15 ▲
Das linke Bild ist die Originalfassung. Die Version rechts zeigt den vergrößerten Bildbereich.

Die Funktion zum Skalieren hat durchaus noch mehr zu bieten und hätte meiner Meinung nach auch einen Platz in der Werkzeugpalette verdient. Standardmäßig ist beim Aufrufen des Werkzeuges die kleine Schaltfläche Skalierung ❷ aktiviert. Neben der Möglichkeit der Skalierung können Sie hier auch noch durch Anwählen der entsprechenden Schaltflächen das Bild drehen ❶ oder neigen ❸.

Abbildung 20.16 ▶
So könnte das Bild in einer finalen Version und mit ein wenig Nacharbeit aussehen.

▲ **Abbildung 20.17**
Die Funktion zur Skalierung bietet über die Optionsleiste weitere Funktionen zum Drehen und Neigen von Bildern.

21 Bilder ausrichten

Natürlich bietet Photoshop Elements auch Funktionen an, um Bilder vertikal oder horizontal neu auszurichten.

21.1 Bilder gerade ausrichten

Mit dem Gerade-ausrichten-Werkzeug ⟦P⟧ 🔲 können Sie Bilder vertikal oder horizontal begradigen oder neu ausrichten. Das Werkzeug lässt sich relativ einfach verwenden: Suchen Sie im Bild eine Linie aus, die gerade sein soll. Klicken Sie nun auf den Anfang ❶ der Linie, und ziehen Sie den Cursor mit gedrückter Maustaste zum Ende der Linie ❷. Die beiden Punkte sind nun auf der Anzeige mit einem grauen Strich verbunden. Wenn Sie die Maustaste loslassen, wird das Bild entlang dieser Linie gedreht, also gerade ausgerichtet.

Senkrecht ausrichten

Um ein Bild in der Senkrechten auszurichten, drehen Sie es zuerst um 90° nach links oder rechts (BILD • DREHEN). Wenden Sie dann das Gerade-ausrichten-Werkzeug auf die Senkrechte (die jetzt vorübergehend eine Waagerechte ist) an. Anschließend drehen Sie das Bild wieder um 90° nach rechts oder links zurück.

GoldenGate.jpg

◀ **Abbildung 21.1**
Die beiden Punkte ❶ und ❷ bestimmen die neue Horizontlinie.

Werkzeugoptionen | Das Gerade-ausrichten-Werkzeug bietet nur zwei Optionen. Über ALLE EBENEN DREHEN ❹ wählen Sie zuerst aus, ob Sie im Fall mehrerer Ebenen beim Ausrichten alle mitdrehen wollen. Nur wenn diese Option aktiviert ist, steht Ihnen auch die zweite Option ARBEITSFLÄCHENOPTIONEN ❸ zur Verfügung.

Abbildung 21.2 ▶
Optionen des Gerade-
ausrichten-Werkzeugs

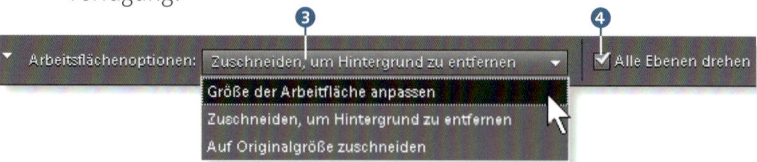

Folgende Optionen können Sie für die ARBEITSFLÄCHENOPTIONEN auswählen:

▶ GRÖSSE DER ARBEITSFLÄCHE ANPASSEN: Die Bildfläche wird so geändert, dass das gedrehte Bild immer vollständig sichtbar ist. Da Ecken beim Drehen gewöhnlich über den Bildbereich reichen, wird das begradigte Bild auch vergrößert. Der ver-größerte Bereich wird mit der eingestellten Hintergrundfarbe gefüllt, wenn das Bild ein normales Hintergrundbild ist. Han-delt es sich um eine Ebene, so ist der vergrößerte Bereich transparent. Mit dieser Option werden also keine Pixel beschnitten.

Abbildung 21.3 ▼
Die Option GRÖSSE DER ARBEITS-
FLÄCHE ANPASSEN

▶ ZUSCHNEIDEN, UM HINTERGRUND ZU ENTFERNEN: Mit dieser Option wird das Bild passend zugeschnitten, und alle lee-ren Hintergrundbereiche, die nach dem Ausrichten entste-hen, werden entfernt. Dabei werden also einige Pixel im Bild beschnitten.

> AUF ORIGINALGRÖSSE ZUSCHNEIDEN: Mit der letzten Option behält die Arbeitsfläche die gleiche Größe wie das Originalbild. Einige Bereiche des begradigten Bildes werden hier beschnitten. Die frei gewordenen Bereiche werden bei einem gewöhnlichen Hintergrundbild mit der eingestellten Hintergrundfarbe gefüllt und bei Ebenen transparent dargestellt.

▲ **Abbildung 21.4**
Bild gerade ausgerichtet mit der Option ZUSCHNEIDEN, UM HINTERGRUND ZU ENTFERNEN

▲ **Abbildung 21.5**
Mit der Option ORIGINALGRÖSSE ausgerichtet

21.2 Automatisch gerade ausrichten

redWall.jpg

Neben der Möglichkeit, Bilder mit dem Werkzeug gerade auszurichten, bietet Photoshop Elements zwei automatische Funktionen für diesen Zweck. Soll das Bild gedreht werden, während die umgebenden Arbeitsflächen erhalten bleiben sollen, wählen Sie den Menüpunkt BILD • DREHEN • BILD GERADE AUSRICHTEN aus.

Soll das Bild automatisch begradigt und passend zugeschnitten werden, so entscheiden Sie sich stattdessen für BILD • DREHEN • BILD GERADE AUSRICHTEN UND FREISTELLEN.

21.3 Weitere Möglichkeiten zum geraden Ausrichten

Auch mit dem Freistellungswerkzeug ⌷C⌷ 🔳 können Sie ein Bild gerade ausrichten. Ziehen Sie zunächst wieder den Rahmen auf. Anschließend gehen Sie mit dem Mauszeiger in den abgedunkelten Bereich außerhalb der Auswahl. In der Nähe einer Ecke verwandelt sich der Mauszeiger in einen gebogenen Doppelpfeil ❶. Nun können Sie mit gedrückter Maustaste den Rahmen drehen.

Foto: Jürgen Wolf

Abbildung 21.6 ▶
Bild ausrichten mit dem Freistellungswerkzeug

Ähnlich funktioniert das Ausrichten auch mit der Funktion BILD • SKALIEREN • SKALIEREN (siehe Abschnitt 20.3), wenn Sie in der Optionsleiste anstatt der Skalierung eine Drehung angeben. Bei dieser Methode wird die Hintergrundebene automatisch in eine normale Ebene umgewandelt.

21.4 Perspektive korrigieren

Früher musste man bei analogen Kameras mit teuren Spezialausrüstungen die Perspektive steuern. Im digitalen Zeitalter ist dies nicht mehr nötig. Selbst Profis bearbeiten ihre Bilder am PC nach und nutzen Werkzeuge, wie Sie sie auch in Photoshop Elements wiederfinden.

21.4.1 Kameraverzerrung korrigieren

Unter FILTER • KAMERAVERZERRUNG KORRIGIEREN erreichen Sie einen Dialog für die Korrektur typischer Verzerrungsprobleme. Mit diesem Dialog beheben Sie typische Bildfehler wie kissen- und tonnenförmige Verzerrungen, Vignettierungen oder perspektivische Verzerrungen.

Kissen- und tonnenförmige Verzerrungen entfernen | Über den Schieberegler oder das Zahleneingabefeld VERZERRUNG ENTFERNEN ❷ korrigieren Sie waagerechte und senkrechte Linien, die zur Bildmitte hin oder von der Bildmitte weg gekrümmt sind. Solche kissen- oder tonnenförmigen Verzerrungen treten besonders bei Zoomobjektiven auf. Häufig fallen solche Verzerrungen gar nicht auf, weil Bildmotive wie Tier- oder Naturaufnahmen selten gerade Linien enthalten. Bei Aufnahmen von Gebäuden stören solche Ausbeulungen allerdings sehr.

Vignettierung entfernen/hinzufügen | Über VIGNETTE ❸ korrigieren Sie Bilder mit abgedunkelten Rändern. Solche Ränder entstehen durch Objektivfehler und falsche Blendeneinstellungen. Allerdings bilden selbst die besten Objektive das Motiv nach außen etwas dunkler ab. Manchmal wählt man auch absichtlich eine »falsche« Blende, etwa um einen unschärferen Hintergrund zu erzielen. Gerade bei Porträtaufnahmen wird man auf solche Stilmittel nicht verzichten wollen.

Mit dem Schieberegler oder Zahleneingabefeld STÄRKE stellen Sie den Grad der Aufhellung oder Abdunklung an den Rändern ein. Mit MITTELPUNKT legen Sie die Breite des Bereiches fest, ab dem sich der Regler STÄRKE auswirkt. Je höher der Wert ist, desto mehr beschränkt er sich auf die Ränder.

Perspektive steuern | Unter PERSPEKTIVE STEUERN ❹ berichtigen Sie fehlerhafte Bildperspektiven. Mit dem Schieberegler VERTIKALE PERSPEKTIVE korrigieren Sie Fehler, die durch eine aufwärts oder abwärts geneigte Kamera entstanden sind. Nach der Korrektur sollten die vertikalen Linien im Bild wieder parallel zum

> **Vignettierung hinzufügen**
>
> Gerne werden Vignettierungen Bildern auch als Stilmittel hinzugefügt (ebenfalls über VIGNETTE ❸).

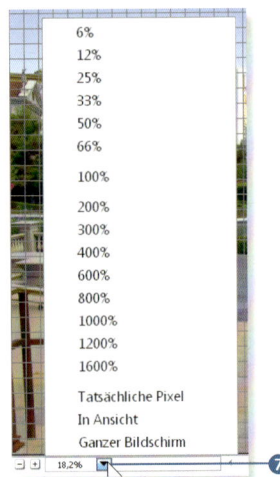

Bildrand ausgerichtet sein. Mit HORIZONTALE PERSPEKTIVE richten Sie entsprechend die horizontalen Linien aus. Mit dem Regler WINKEL können Sie das Bild drehen, um weitere Anpassungen der Perspektive vorzunehmen oder um die Kameraneigung auszugleichen.

Abbildung 21.7 ▼
Der Dialog KAMERAVERZERRUNG KORRIGIEREN

Foto: Jürgen Wolf

▲ **Abbildung 21.8**
Verwenden von verschiedenen Zoomstufen für die Bildansicht

Kantenerweiterung | Über den Schieberegler SKALIEREN ❺ lässt sich das Bild vergrößern oder verkleinern, ohne dass die Pixelmaße verändert werden. Diese Form der Skalierung entfernt leere Bildbereiche, die zum Beispiel durch die Korrektur einer Kissen- oder Tonnenverzerrung oder eine perspektivische Korrektur entstanden sind. Bei einer Vergrößerung wird das Bild beschnitten und auf die ursprünglichen Pixelmaße interpoliert.

Raster einblenden | Aktivieren Sie die Checkbox RASTER EINBLENDEN ❻ unterhalb des Bildes, so wird ein Raster angezeigt. Die Farbe des Rasters bestimmen Sie mit der Option FARBE über einen Farbwähler. Das Raster ist enorm hilfreich, um beim Korrigieren der Perspektive das Bild an die waagerechten und senkrechten Linien anzugleichen.

Bildansicht steuern | Ebenfalls unterhalb des Bildes können Sie über das Plus- und das Minus-Symbol in das Bild herein- oder aus ihm herauszoomen. Alternativ wählen Sie über das kleine Dreieck ❼ vorgegebene Zoomstufen aus oder passen die Bildansicht an die Fenstergröße an.

Werkzeuge | In diesem Dialog finden Sie nur Werkzeuge, die für die Bildansicht benötigt werden. Hierzu zählen das Hand-Werkzeug H zum Verschieben eines vergrößerten Bildausschnitts und das Zoom-Werkzeug Z. Um aus dem Bild herauszuzoomen, halten Sie Alt gedrückt.

Tastenkombinationen
Alternativ nutzen Sie zum Zoomen die Tastenkombinationen Strg/⌘+➕ und Strg/⌘+➖ und für das Hand-Werkzeug die gehaltene Leertaste.

Schritt für Schritt: Perspektive korrigieren

Gerade bei Architekturaufnahmen von hohen Gebäuden oder Türmen wirken Verzeichnungen oder stürzende Linien störend. Verzeichnungen treten besonders bei Zoom-Objektiven häufiger auf. Bei Bildern, die keine markanten Linien aufweisen, fallen Verzeichnungen kaum ins Gewicht.

 Dali.jpg

1 Perspektive ausgleichen

Öffnen Sie das Bild »Dali.jpg« im Editor. Starten Sie FILTER • KAMERAVERZERRUNG KORRIGIEREN, und gleichen Sie zuerst die stürzenden Linien über den Regler VERTIKALE PERSPEKTIVE ❽ aus. Setzen Sie den Wert auf –25. Ändern Sie gegebenenfalls die Rasterfarbe ❾, falls Ihnen die Linien nicht deutlich genug erscheinen.

Foto: Wolfgang Pfriemer (Bangkok)

▲ **Abbildung 21.9**
An den äußeren Türmen fallen die stürzenden Linien besonders auf.

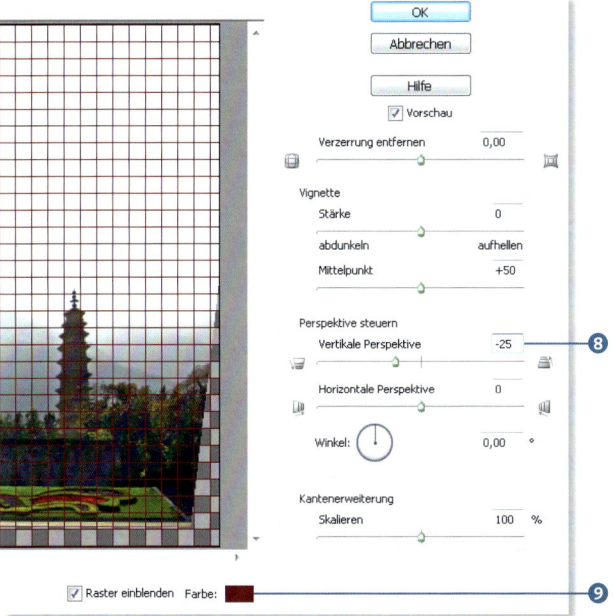

◄ **Abbildung 21.10**
Das Raster hilft bei der Korrektur der senkrechten Linien im Bild.

2 Bild skalieren

Nachdem Sie die Perspektive ein wenig ausgeglichen haben, wird das Bild zunächst oben abgeschnitten. Um diesen Anschnitt wieder rückgängig zu machen, müssen Sie das Bild skalieren.

Verschieben Sie daher den Regler SKALIEREN ❶ auf 92 %, und bestätigen Sie den Dialog mit OK.

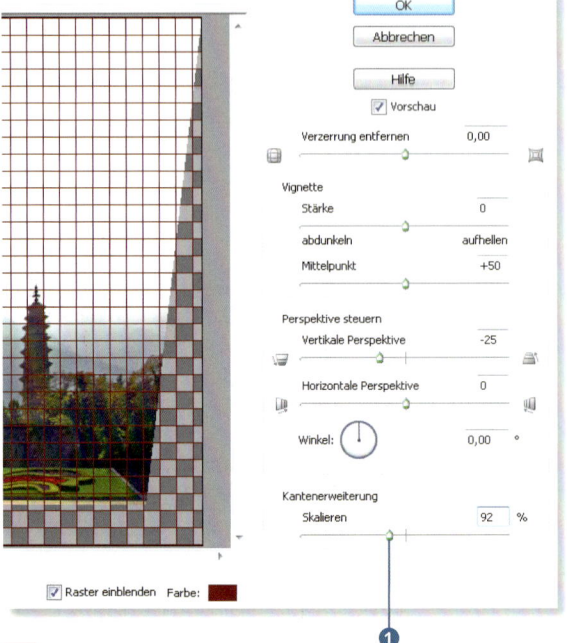

3 Bild zuschneiden

Wählen Sie aus der Werkzeugpalette das Freistellungswerkzeug ⌚ 🔲, und ziehen Sie ein Rechteck um den größtmöglichen rechtwinkligen Ausschnitt ohne transparente Flächen. Bestätigen Sie den Zuschnitt mit ⏎ oder mit dem grünen Häkchen.

Abbildung 21.12 ▶
Schneiden Sie die überflüssigen Bereiche des Bildes einfach weg.

4 Bild schärfen

Da das Bild skaliert wurde, sollten Sie es zuletzt nochmals leicht nachschärfen, um gegebenenfalls verschwundene Bildkanten zurückzuholen. Rufen Sie hierzu ÜBERARBEITEN • UNSCHARF MASKIEREN auf. Wählen Sie einen RADIUS von 1 und eine STÄRKE von 100. Beim SCHWELLENWERT verwenden Sie Stufe 0. Klicken Sie dann auf OK.

5 Vorher-Nachher-Vergleich

Nach der Korrektur der Perspektive sind die ursprünglich zur Mitte gekippten äußeren Türme wieder gerade. Im Vorher-Nachher-Vergleich fällt auf, wie gravierend die Verzerrung des Bildes war.

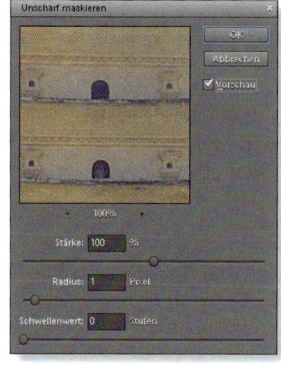

▲ **Abbildung 21.13**
UNSCHARF MASKIEREN

▲ **Abbildung 21.14**
Vorher (links) und nachher (rechts)

Schritt für Schritt: Vignettierung beseitigen

Ist die Blende zu weit offen und der Hintergrund recht hell, bilden häufig auch die besten Objektive den Rand leicht dunkel ab. Hier ist es ebenfalls mit dem Filter KAMERAVERZERRUNG KORRIGIEREN einfach, diese Vignettierung zu entfernen. Alternativ fügen Sie über denselben Weg eine Vignettierung hinzu, um den Blick des Betrachters mehr auf die Mitte zu lenken oder dem Bild eine dunklere Atmosphäre zu verleihen.

Vignette.jpg

1 Raster ausblenden

Öffnen Sie das Bild »Vignette.jpg«, und rufen Sie FILTER • KAMERAVERZERRUNG KORRIGIEREN auf. Um die Vignettierung besser erkennen zu können, sollten Sie das Raster ausblenden ❷. Die Vignettierung an den Rändern ist in diesem Bild deutlich zu sehen.

Foto: Jürgen Wolf

Abbildung 21.15 ▶
An den Rändern ist das Bild viel zu dunkel.

2 Vignettierung entfernen

Die Ecken entfernen Sie über den Schieberegler STÄRKE ❸ im Rahmen VIGNETTE, indem Sie diesen nach rechts ziehen. Würden Sie den Regler nach links ziehen, würden die Ecken (noch) mehr abdunkelt. Im Beispiel wurde der Regler auf +60 gestellt, um die Vignettierung zu beseitigen. Bestätigen Sie den Dialog mit OK.

Abbildung 21.16 ▼
Die Vignettierung wurde entfernt.

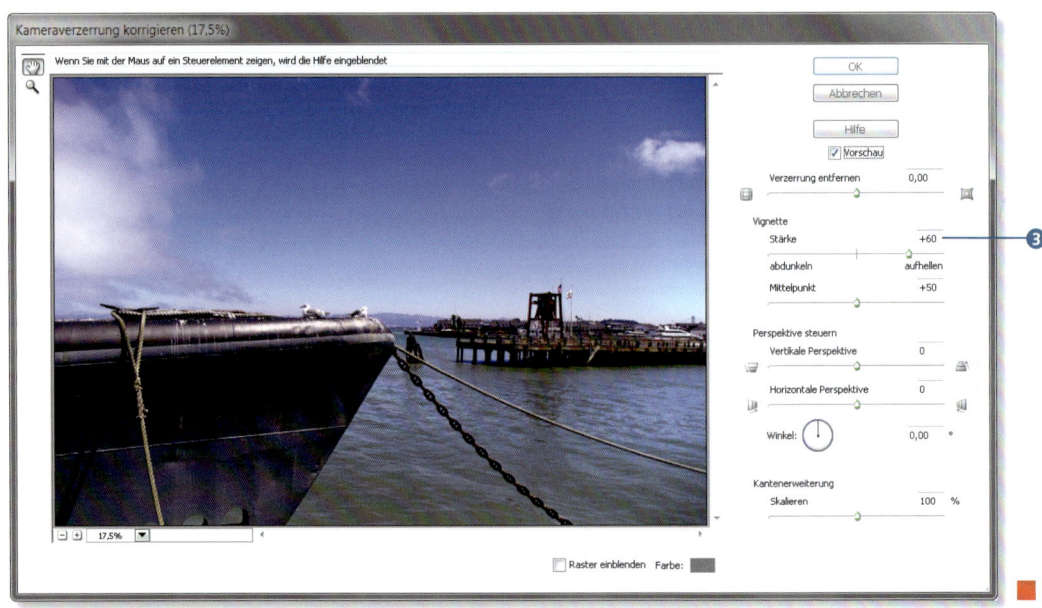

21.4.2 Bild durch Verzerren korrigieren

Eine Korrektur der Perspektive können Sie nicht nur mit dem Dialog KAMERAVERZERRUNG KORRIGIEREN vornehmen. Photoshop

Elements bietet Ihnen im Menü BILD • TRANSFORMIEREN weitere Funktionen an, die teilweise sogar komfortabler sind, weil Sie hier mit der Maus arbeiten können.

Schritt für Schritt: Perspektive durch Verzerren anpassen

1 **Raster einblenden**

Öffnen Sie das Bild »Rathaus.jpg«. Zur besseren Beurteilung sollten Sie das Raster über ANSICHT • RASTER einblenden.

 Rathaus.jpg

2 **Bildansicht anpassen**

Passen Sie nun die Bildansicht für die folgende Bearbeitung an. Sie benötigen ausreichend Platz, um anschließend die Verzerrung der Perspektive durchführen zu können. Im Beispiel wurde das Bild auf eine Zoomstufe von 13 % gestellt, und das Dokumentfenster wurde an den Seiten etwas mehr in die Höhe und Breite gezogen, sodass anschließend genügend Platz für die Transformation zur Verfügung steht.

▼ **Abbildung 21.17**
Zoomen Sie aus dem Bild heraus.

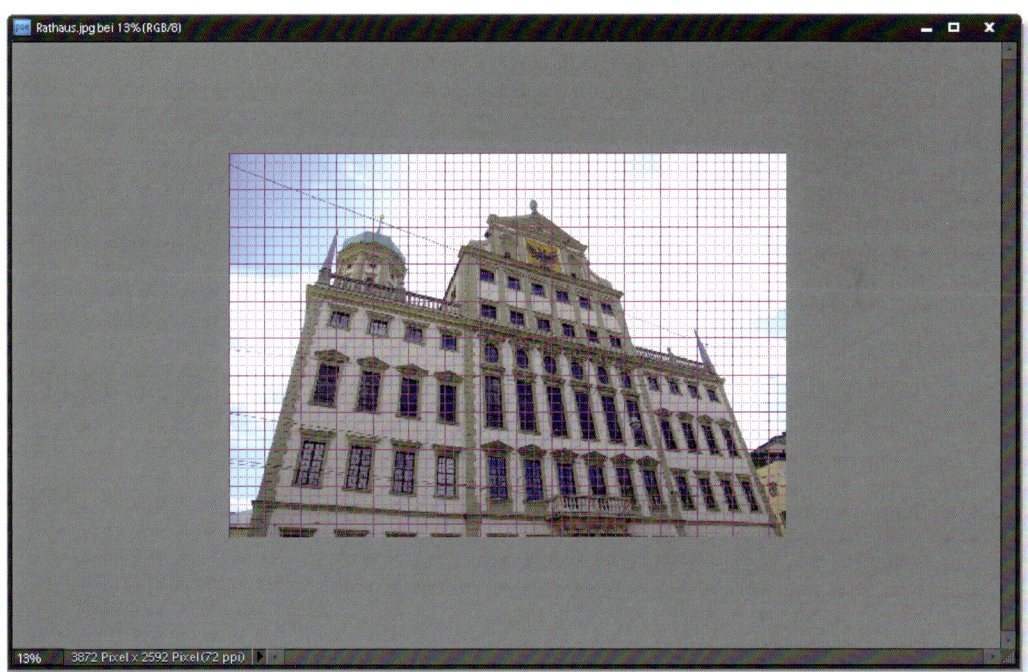

3 **Perspektive verzerren**

Rufen Sie BILD • TRANSFORMIEREN • VERZERREN auf. Beachten Sie hierbei mit einem Blick im Ebenen-Bedienfeld, dass aus dem Hintergrund eine Ebene gemacht wurde. Klicken Sie auf den

Hintergrundebene vs. Ebene
Mehr zu den verschiedenen Ebenen erfahren Sie in Abschnitt 25.2, »Typen von Ebenen«.

Anfasser oben links ❶, und ziehen Sie ihn weiter nach links, bis die senkrechte Kante des Gebäudes parallel zum Raster ist. Ziehen Sie analog den Anfasser rechts oben ❸ nach rechts, bis die senkrechte Kante auf der rechten Seite parallel zum Raster ist. Hierdurch hat sich die linke Kante wieder ein wenig verschoben, sodass Sie sie über den entsprechenden Anfasser ❶ noch einmal anpassen müssen.

Wiederholen Sie diesen Vorgang so oft, bis beide senkrechten Kanten des Gebäudes parallel zum Raster sind. Durch diese Maßnahmen wurde das Bild ein wenig gestaucht. Gleichen Sie dies aus, indem Sie den mittleren oberen Anfasser ❷ etwas nach oben ziehen. Bestätigen Sie dann den Vorgang mit ⏎ oder mit dem grünen Häkchen ❹.

Abbildung 21.18 ▼
Orientieren Sie sich beim Verzerren am eingeblendeten Raster.

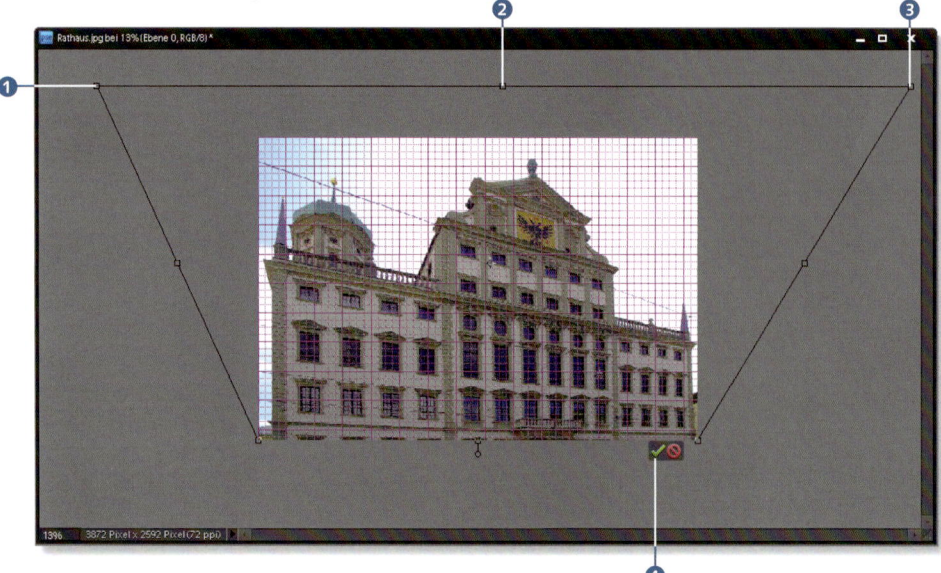

▲ Abbildung 21.19
Unscharf maskieren

4   Alles anzeigen

Um das gesamte gestreckte Bild anzuzeigen, gehen Sie auf Bild • Skalieren • Alles einblenden, und beschneiden Sie das Bild mit dem Freistellungswerkzeug ⎐ 🔳 auf ein rechteckiges Format.

5   Bild schärfen

Durch das Verzerren verlieren häufig die Kanten an Schärfe, was Sie mit Überarbeiten • Unscharf maskieren ausgleichen können. Bei einem Radius von 1 und einer Stärke von 100 % sollte das Bild wieder schärfer werden.

Das Ergebnis mit der Verzerren-Funktion kann sich sehen lassen. Zum Anpassen der Perspektive ist diese Funktion komfortabler als der Weg über den Dialog Kameraverzerrung korrigieren.

21.5 Photomerge

Mit der Funktion PHOTOMERGE fügen Sie mehrere Dateien zu einer zusammen. War Photomerge früher nur auf Panoramabilder spezialisiert, so bietet es inzwischen weitere interessante Möglichkeiten, etwa die Erstellung eines »perfekten« Gruppenbildes aus mehreren Aufnahmen oder die Kombination verschiedener Gesichter.

21.5.1 Panoramabilder erstellen

Die wohl beliebteste Funktion von Photomerge dürfte das Erstellen von Panoramabildern sein. Wenn das Fotomaterial für ein Panorama gut ist, ist das Endergebnis überraschend gut.

Genau genommen verwendet Photomerge eines der Bilder als Quellbild und fügt daran die anderen Ebenen sauber hinzu. An den überlappenden Stellen fügt Photoshop Elements eine Ebenenmaske hinzu, um einen optimalen Übergang zwischen den Ebenen zu erzeugen. Da Elements seit der aktuellen Version auch Ebenenmasken kennt, könnten Sie die verschiedenen Bereiche des Panoramas theoretisch auch noch nach der Photomerge-Funktion bearbeiten.

Fotoaufnahmen für Photomerge | Für ein gutes Panoramabild brauchen Sie zunächst die geeigneten Fotos als Grundlage. Beachten Sie daher bei Aufnahmen, die Sie mit Photomerge verarbeiten wollen, folgende Punkte:

▸ **Verwenden Sie die gleiche Brennweite:** Bei Aufnahmen für Panoramafotos gilt immer: Finger weg vom Zoom!
▸ **Schalten Sie die Belichtungsautomatik aus:** Deaktivieren Sie die Belichtungsautomatik der Kamera. Zwar gleicht

> ▶ **Video-Training**
>
> Auch in Lektion 3.3 wird die Panorama-Funktion vorgestellt.

▲ Abbildung 21.21
Diese Bilder wurden mit einem Stativ als 360°-Panorama aufgenommen.

 Pano1.jpg bis Pano20.jpg

Photomerge unterschiedliche Belichtungen aus, wenn die Unterschiede aber zu stark sind, hat Photomerge Probleme mit der Ausrichtung.

▶ **Verwenden Sie ein Stativ:** Photomerge gleicht zwar leichte Drehungen aus, dies führt beim Zusammenfügen aber leicht zu Fehlern.

▶ **Lassen Sie die Bilder überlappen:** Lassen Sie die einzelnen Bilder um 25–40% überlappen. Je geringer Sie die Überlappung lassen, desto schwieriger wird das Überblenden mit Photomerge.

▶ **Verwenden Sie keine Verzerrungslinse:** Verwenden Sie für die Aufnahmen keine Objektive, die das Motiv stark verzerren (zum Beispiel Fischaugenobjektiv).

▶ **Vermeiden Sie bewegte Objekte:** Schnelle bewegte Objekte sollten nicht mit auf Bilder kommen, die Sie für Panoramen verwenden wollen. Auch windige Tage und schnell ziehende Wolken werden schnell zu einem Problem.

Schritt für Schritt: Ein Panorama erstellen

1 **Photomerge-Panorama aufrufen**

Die Montage mehrerer Bilder zu einem Panorama ist mit Photomerge denkbar einfach. Rufen Sie zunächst den Dialog über DATEI • NEU • PHOTOMERGE-PANORAMA auf.

2 **Dateien auswählen**

Unter VERWENDEN ❷ stellen Sie ein, welche Dateien Sie zum Zusammenfügen verwenden wollen. Wählen Sie DATEIEN, und klicken Sie anschließend auf DURCHSUCHEN ❸. Über den sich öffnenden Dialog zur Dateiauswahl bestimmen Sie nun die Bilder, die Sie zu einem Panorama zusammenfügen möchten. Haben Sie ein Bild zu viel ausgewählt, löschen Sie es mit ENTFERNEN ❹ wieder aus der Liste. Sofern Sie Bilder in Photoshop Elements geöffnet haben, ist auch die Schaltfläche GEÖFFNETE DATEIEN HINZUFÜGEN ❺ aktiv. Unterhalb der Auswahl können Sie neben der Standardeinstellung BILDER INEINANDER ÜBERGEHEN LASSEN ❻ auch automatische Korrekturen zu den einzelnen Bildern wie Vignettierungen oder geometrische Verzerrungen beheben lassen.

3 **Layout festlegen**

Wie die Bilder montiert werden, legen Sie mit LAYOUT ❶ fest. In diesem Beispiel reicht die oberste Option AUTOMATISCH aus.

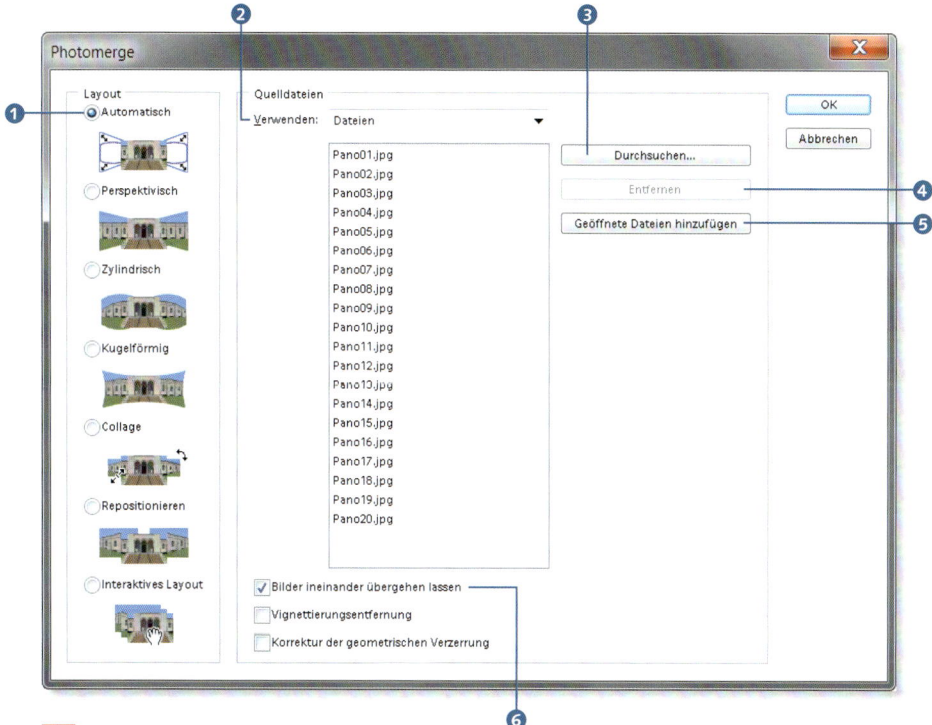

4   Panorama erstellen

Klicken Sie nun auf OK, und es wird eine ziemlich aufwendige Rechenoperation gestartet, die je nach Rechenleistung ein wenig Zeit in Anspruch nimmt.

▲ **Abbildung 21.22**
Bilder für das Panorama hinzufügen

5   Bild zuschneiden

Schließlich müssen Sie das Bild nur noch passend zuschneiden. Verwenden Sie hierzu das Freistellungswerkzeug ⃞C ⃞, und ziehen Sie einen Rahmen, sodass keine transparenten Bildbereiche mehr vorhanden sind. Bestätigen Sie den Zuschnitt mit ⏎ oder mit dem grünen Häkchen.

◀▼ **Abbildung 21.23**
Den Zuschnitt des 360°-Panoramas müssen Sie nach der Zusammenstellung selbst vornehmen.

SF1.jpg bis SF6.jpg

Layouts | Meistens klappt die Panoramaerstellung mit der Option AUTOMATISCH recht gut. Dennoch sollten Sie auch die anderen Optionen kennen, falls Sie mit AUTOMATISCH einmal nicht zum Ziel kommen:

▶ PERSPEKTIVISCH: Hierbei wird versucht, ein möglichst einheitliches Panorama zu erstellen, indem eines der Bilder als Referenzbild (gewöhnlich das mittlere) verwendet wird. Die übrigen Bilder werden anhand dieses Bildes positioniert, gedreht oder gedehnt, sodass bei der fertigen Komposition der überlappende Inhalt über mehrere Ebenen übereinstimmt.

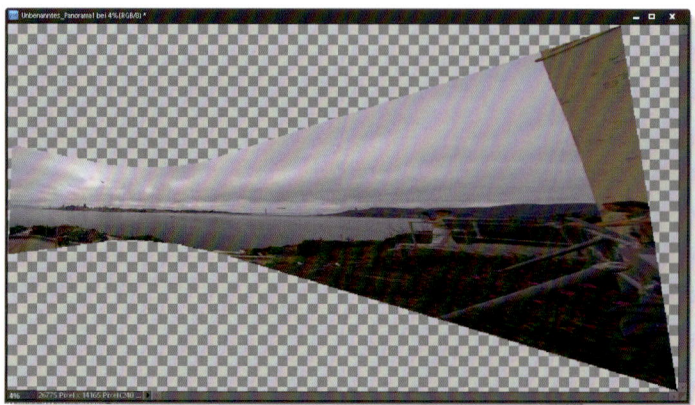

Abbildung 21.24 ▶
Bei der perspektivischen Montage kann es zu starken Verzerrungen kommen. Im vorliegenden Beispiel ist dieses Layout überhaupt nicht geeignet.

▶ ZYLINDRISCH: Dieses Layout arbeitet weniger mit Verzerrungen, sodass hier tendenziell weniger Verzeichnungen auftreten als beim perspektivischem Layout. Auch hier wird ein Referenzbild (gewöhnlich das mittlere) verwendet, an dem die anderen Bilder wie an einem auseinandergeklappten Zylinder angeordnet werden. Das Layout ist besonders für die Erstellung von breiten Panoramabildern geeignet.

Abbildung 21.25 ▶
Mit der Option ZYLINDRISCH werden die Bilder nicht so stark verzerrt.

Neu in der Version 9 sind die Layouts KUGELFÖRMIG und COLLAGE hinzugekommen. Außerdem wurde das Layout REPOSITIONIEREN in der Version 8 noch als NUR NEU POSITIONIEREN bezeichnet.

▶ KUGELFÖRMIG: Hiermit werden die einzelnen Bilder so ausgerichtet, dass man mit diesem Panorama quasi die Innenseite einer Kugel auskleiden könnte.

◀ **Abbildung 21.26**
Hier wurden die einzelnen Bilder
so angeordnet, dass man damit
die Innenseite einer Kugel auskleiden könnte.

▶ COLLAGE: Hiermit werden die einzelnen Ebenen aneinander
ausgerichtet. Überlappende Inhalte werden zueinander transformiert (gedreht oder skaliert) und anhand einer Quellebene
angeordnet.

◀ **Abbildung 21.27**
Das Panorama mit der Option
COLLAGE

▶ REPOSITIONIEREN: Mit diesem Layout werden nur die überlappenden Bereiche angepasst, ohne Änderung der Perspektive
(genauer: Quellebene).

◀ **Abbildung 21.28**
Hier wurden die Bilder nur
repositioniert.

▶ INTERAKTIVES LAYOUT: Mit dieser Option öffnen Sie einen weiteren Dialog, in dem Sie die einzelnen Bilder manuell positionieren können.

Bilder manuell positionieren | Wenn Sie im PHOTOMERGE-Dialog
unter LAYOUT den Punkt INTERAKTIVES LAYOUT gewählt haben,
erscheint ein weiterer Dialog. Gewöhnlich werden die Bilder auch

Interaktive Automatik
Auch beim interaktiven Layout
lässt Photoshop Elements Sie
nicht ganz allein: Mit gedrückter
Maustaste verschobene Bilder
werden bei richtiger Überlappung
automatisch eingerastet.

hier im Arbeitsbereich ❷ vormontiert. Dateien, die Photomerge
nicht zuordnen kann, liegen im Lichtpult ❶.

Ob Sie die Bilder Nur repositionieren (Standardeinstellung)
oder perspektivisch anordnen und verzerren wollen, stellen Sie
über die entsprechenden Radioschaltflächen im Rahmen Einstellungen ❸ ein.

Mit dem Bild-auswählen-Werkzeug Ⓐ können Sie die Bilder
auf der Arbeitsfläche mit gedrückter Maustaste bewegen, vom
Lichtpult zur Arbeitsfläche ziehen und umgekehrt.

▲ **Abbildung 21.29**
Wer von Hand nachbessern will, kann diesen interaktiven Dialog nutzen.

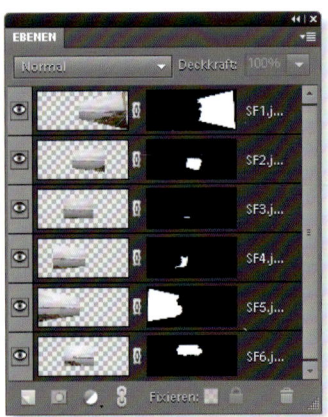

▲ **Abbildung 21.30**
Photomerge arbeitet mit mehreren Ebenen und Masken, um die
überlappenden Bildbereiche zu
montieren.

Das Fluchtpunkt-setzen-Werkzeug Ⓥ steht nur dann zur Verfügung, wenn Sie bei den Einstellungen ❸ Perspektive gewählt
haben. Mit diesem Werkzeug bestimmen Sie das Bild, das den
Fluchtpunkt des Panoramas enthalten soll. Das entsprechende
Bild hat dann einen cyanfarbenen Rahmen. Zum Drehen der einzelnen Bilder nutzen Sie das Werkzeug Bild drehen Ⓡ.

Zum Steuern der Ansicht finden Sie hier auch ein Zoom-
Werkzeug Ⓩ, mit dem Sie in die Ansicht hineinzoomen und
mit gedrückter Alt-Taste wieder aus ihr herauszoomen. Alternativ funktionieren auch hier die Tastenkombinationen Strg/
⌘+＋ und Strg/⌘+－. Zum Verschieben der Ansicht dient
ein Ansicht-verschieben-Werkzeug Ⓗ. Alternativ verschieben
Sie die Ansicht mit gedrückter Leertaste.

Wenn Sie mit dem interaktiven Modus von Photomerge fertig
sind, klicken Sie auf OK. Die einzelnen Bilder werden sodann

in einer Datei mit mehreren Ebenen und Ebenenmasken (siehe Teil 8) angelegt.

21.5.2 Photomerge-Gesichter

Mit der Funktion Photomerge-Gesichter kombinieren Sie Elemente aus verschiedenen Gesichtern zu einem neuen Gesicht. So lassen sich großartige Spaßbilder erstellen.

Schritt für Schritt: Augen austauschen

1 **Bilder öffnen**

Öffnen Sie die Bilder »Gesicht1.jpg« und »Gesicht2.jpg« von der Buch-DVD. Schließen Sie alle anderen Bilder. Klicken Sie die beiden Bilder nacheinander im Projektbereich mit gehaltener Strg/⌘-Taste an, sodass beide markiert sind. Wählen Sie Datei • Neu • Photomerge-Gesichter.

Gesicht1.jpg, Gesicht2.jpg

2 **Basisbild festlegen**

Wählen Sie die Porträtaufnahme des Mannes als Basisbild aus, und ziehen Sie sie aus dem Projektbereich **5** mit gedrückt gehaltener Maustaste in den Rahmen Endergebnis **4**. Das Bild auf der linken Seite im Rahmen Quelle ist das Quellbild, das in das Zielbild Endergebnis montiert werden soll.

▲ **Abbildung 21.31**
Bilder im Projektbereich markieren

3 **Fotos ausrichten**

Aktivieren Sie das Ausrichtungswerkzeug **9**, und wählen Sie in beiden Bildern die drei Ausrichtungspunkte. Hierzu müssen Sie nur die drei Punkte im Quell- und Zielbild an dieselbe Position

▲ **Abbildung 21.32**
Quelle und Endergebnis festlegen

bringen. Punkt eins wurde **in beiden Bildern** über das linke 6, Punkt zwei über das rechte Auge 7 und Punkt 3 über den Mund 8 gesetzt.

Wie Sie die Punkte setzen, bleibt Ihnen überlassen. Wichtig ist nur, dass Sie die korrespondierenden Punkte in den beiden Bildern an derselben Position setzen: Zum Beispiel bestimmen Sie die gewünschten Punkte zunächst im Quellbild, wechseln dann ins Zielbild und setzen dort die korrespondierenden Punkte. Alternativ legen Sie die Punkte einfach abwechselnd im Quell- und im Zielbild fest.

Betätigen Sie nun die Schaltfläche FOTOS AUSRICHTEN 10, und das Quellbild wird am Zielbild ausgerichtet.

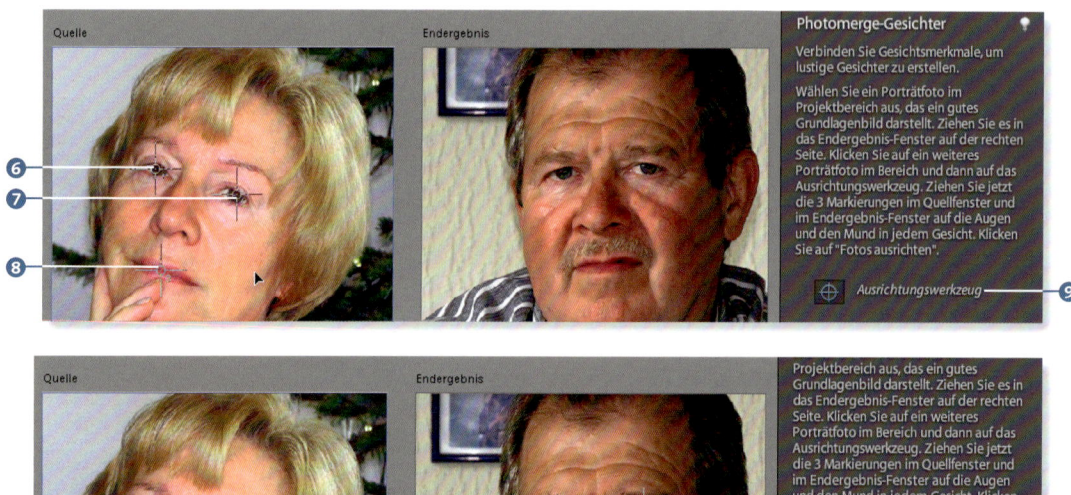

4 Gesichtsbereiche übernehmen

Verwenden Sie nun den Buntstift 12, und malen Sie im Quellbild die Bereiche an, die Sie in das Zielbild montieren wollen. Die Größe der Werkzeugspitze stellen Sie in der Optionsleiste unter GRÖSSE 11 ein. So können Sie noch weitere Inhalte zum Endbild hinzufügen oder gegebenenfalls mit dem Radiergummi 13 wieder entfernen. Als Option für die Anzeige können Sie STRICHE ANZEIGEN auswählen, um die Buntstiftstriche im Quellbild anzuzeigen. Mit REGIONEN ANZEIGEN werden die auswählten Regionen im Endbild angezeigt.

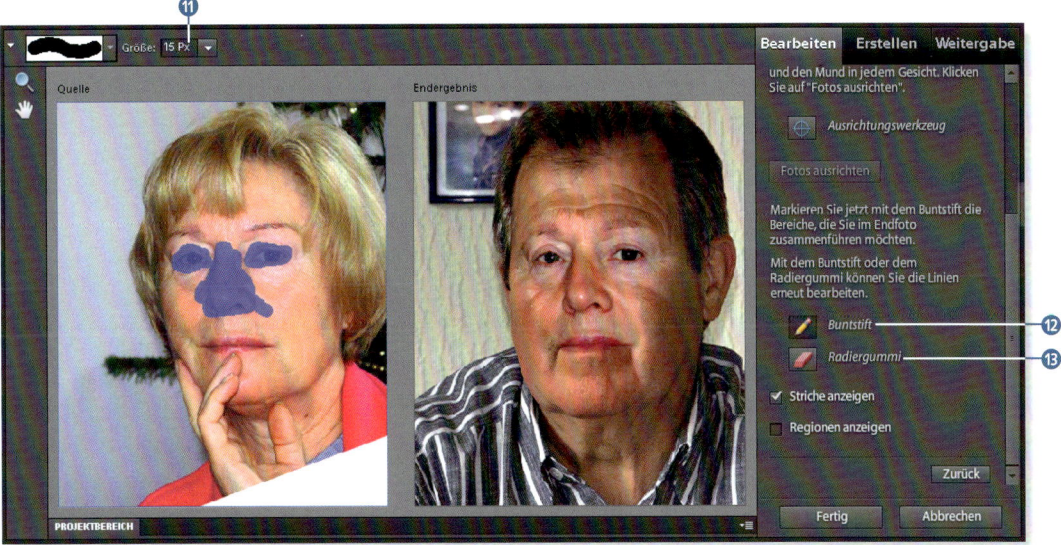

▲ Abbildung 21.34
Markieren Sie im Quellbild die Bereiche, die in das Zielbild übertragen
werden sollen.

5 Gesicht fertigstellen

Wenn die Montage abgeschlossen ist, klicken Sie auf FERTIG, um
das Photomerge-Gesicht fertigzustellen. Mit ZURÜCK können Sie
nochmals von vorn anfangen, mit ABBRECHEN beenden Sie PHO-
TOMERGE-GESICHTER.

▼ Abbildung 21.35
Links oben sehen Sie die Person
mit den »neuen« Augen und dem
neuen Mund. Hier wurden außerdem die zu hellen Stellen mit dem
Nachbelichter-Werkzeug abgedunkelt.

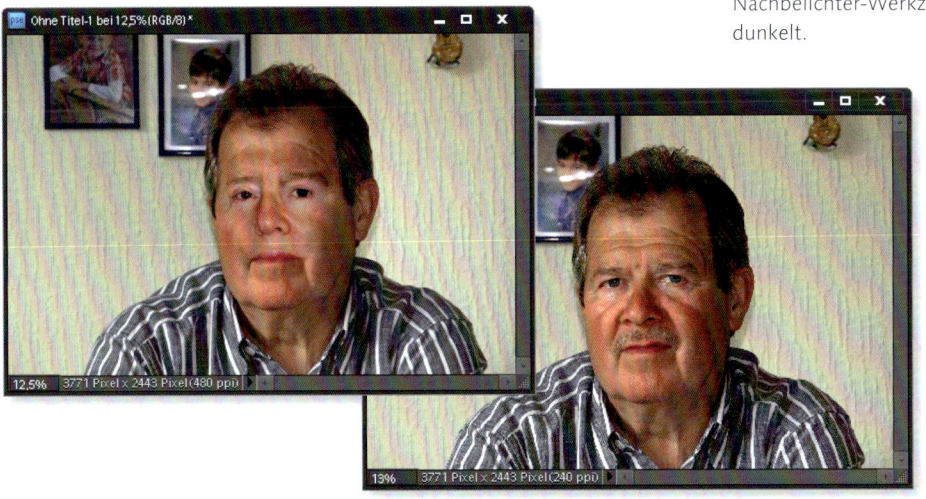

Natürlich spricht hierbei auch nichts gegen ein Spaßbild aus einer
Mischung zwischen verschiedenen Tieren oder einem Menschen
und einem Tier. Werden Sie einfach selbst kreativ.

Foto: Jürgen Wolf

Abbildung 21.36 ▶
Das Spaßbild ist mit PHOTOMERGE-
GESICHTER aus dem Bild
»Gesicht2.tif« und einem Bären-
kopf entstanden.

21.5.3 Photomerge-Gruppenbild

Ähnlich wie PHOTOMERGE-GESICHTER funktioniert die Funktion
PHOTOMERGE-GRUPPENBILD. Mit dieser Funktion erstellen Sie
aus mehreren Gruppenfotos ein perfektes Bild. Häufig kommt es
vor, dass einzelne Personen auf einem Gruppenfoto die Augen
geschlossen haben oder gerade nicht lächeln. Wenn Sie hier eine
ganze Serie von Fotos gemacht haben, können Sie aus mehreren
Fotos das jeweils beste von jeder Person für eine Montage verwenden.

In den folgenden beiden Bildern hat zum Beispiel jeweils eine
Person die Augen geschlossen. Mit PHOTOMERGE-GRUPPENBILD ist
dieser Mangel leicht zu beheben.

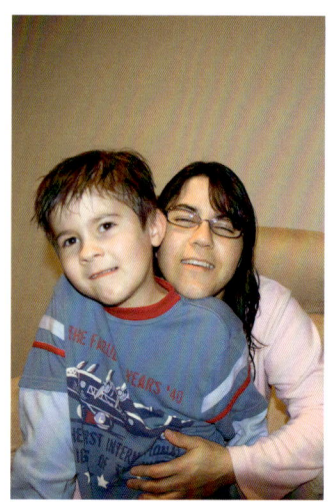

Fotos: Jürgen Wolf

Abbildung 21.37 ▶
Jeweils eine Person hat auf den
Bildern die Augen geschlossen.

Schritt für Schritt: Gruppenbilder optimieren

1 **Photomerge-Gruppenbild aufrufen**

Wählen Sie zunächst die Fotos, die Sie mit PHOTOMERGE-GRUP-
PENBILD bearbeiten wollen, im Organizer aus, oder öffnen Sie

 gruppe1.jpg, gruppe2.jpg

diese Fotos im Editor. Rufen Sie dann DATEI • NEU • PHOTOMERGE-GRUPPENBILD auf.

2 Endergebnis auswählen

Wählen Sie aus dem PROJEKTBEREICH ❷ das beste Gruppenfoto aus, und ziehen Sie es in das Fenster ENDERGEBNIS ❸. Die Fotos für das Fenster QUELLE ❶ legen Sie durch einfaches Anklicken des entsprechenden Bildes im Projektbereich fest. Damit Sie die Bilder zwischen QUELLE und ENDERGEBNIS aus dem Projektbereich nicht verwechseln, sind sie mit einem farbigen Rahmen codiert.

▼ **Abbildung 21.38**
Wählen Sie als ENDERGEBNIS immer das beste Bild.

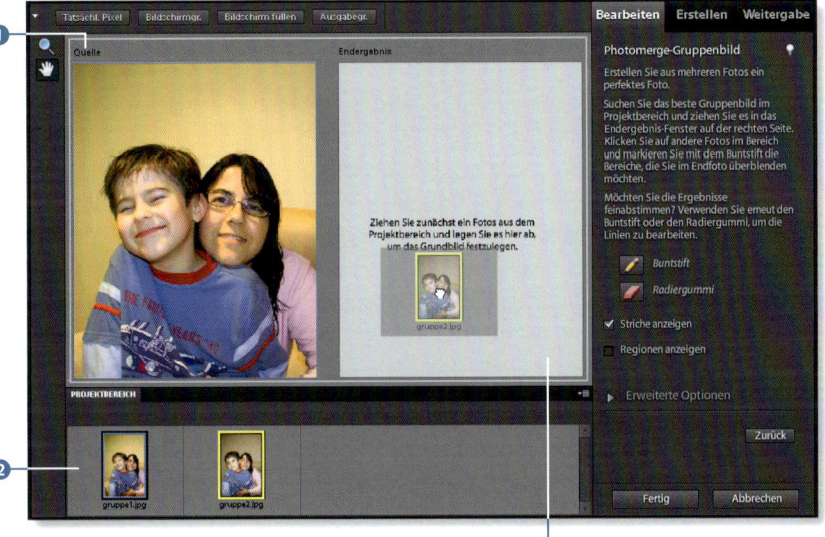

3 »Gute« Bereiche markieren

Wählen Sie nun den Buntstift ❻ aus, und malen Sie im Bereich QUELLE ❹ den Bereich aus, den Sie gerne im Bereich ENDERGEBNIS ❺ sehen würden.

▼ **Abbildung 21.39**
Markieren Sie die Bereiche in der QUELLE, die Sie ins ENDERGEBNIS übertragen möchten.

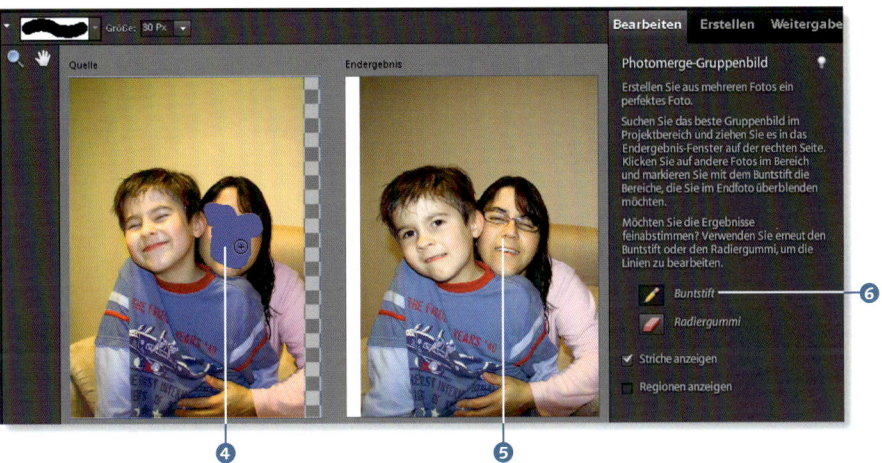

4 Gegebenenfalls weitere Fotos auswählen

Sobald Sie die Maustaste loslassen, erscheint das markierte Gesicht von QUELLE im Bereich ENDERGEBNIS. Haben Sie in der QUELLE zu viel ausgewählt, können Sie jederzeit Inhalte mit dem Radiergummi ❶ entfernen.

Um weitere Gesichter aus anderen Bildern zum Endergebnis hinzuzufügen, klicken Sie einfach im Projektbereich das entsprechende Bild an, sodass es im Bereich QUELLE erscheint. Gehen Sie dann analog zu Schritt 3 vor. Klicken Sie auf die Schaltfläche FERTIG, wenn Sie mit dem Gruppenbild in ENDERGEBNIS zufrieden sind.

Abbildung 21.40 ▶
Mit FERTIG bestätigen Sie den Dialog.

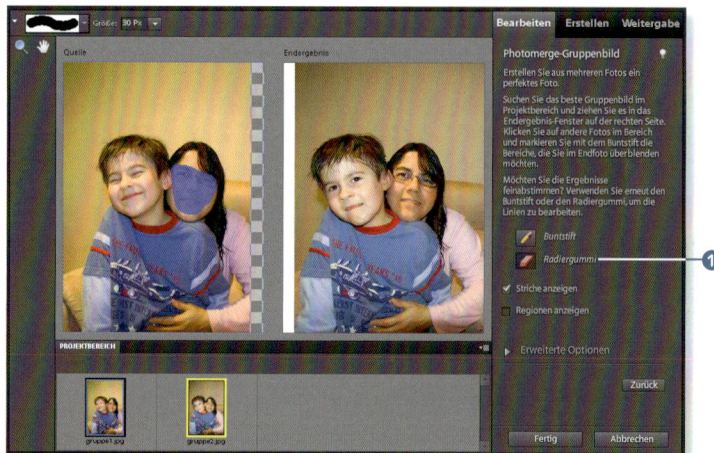

 +  =

▲ **Abbildung 21.41**
Aus zwei nicht ganz perfekten Bildern wurde ein perfektes: Im Endbild haben alle Personen die Augen geöffnet. ▪

Striche und Regionen anzeigen | PHOTOMERGE-GRUPPENBILD bietet einige weitere Optionen: Mit der Checkbox STRICHE ANZEIGEN lassen Sie die Striche, die Sie mit dem Buntstift gemalt haben, im Quellbild anzeigen. Wenn Sie die Checkbox REGIONEN ANZEIGEN aktivieren, werden die ausgewählten Regionen im ENDERGEBNIS dargestellt. Unter ERWEITERTE OPTIONEN finden Sie das Ausrichtungswerkzeug wieder, das wir bereits im vorherigen Abschnitt in Verbindung mit der Funktion PHOTOMERGE-GESICHTER verwendet haben. Mit seiner Hilfe können Sie die Ausrichtung des Bildes anhand von drei Markierungen im Quell- und Endbild platzieren (unter ERWEITERTE OPTIONEN finden Sie noch den Punkt PIXEL ÜBERBLENDEN für denselben Zweck).

Automatische Ausrichtung

PHOTOMERGE-GRUPPENBILD verwendet eine automatische Ausrichtung, die in der Regel recht zuverlässig funktioniert. Daher sollten Sie eine manuelle Ausrichtung nur durchführen, wenn das Ergebnis mit der Automatik nicht gelungen ist.

21.5.4 Photomerge-Szenenbereinigung

Die Funktion SZENENBEREINIGUNG funktioniert ganz ähnlich wie die Funktion GRUPPENBILD. Sie erreichen sie über DATEI • NEU • PHOTOMERGE-SZENENBEREINIGUNG. Mit ihr entfernen Sie zum Beispiel Touristen, die ins Bild geraten sind, oder fügen umgekehrt Personen einer Aufnahme hinzu. Um gute Ergebnisse zu erhalten, benötigen Sie Bilder von derselben Szene (versteht sich), die möglichst im gleichen Winkel aufgenommen wurden.

 Schaukel1.jpg, Schaukel2.jpg

Fotos: Jürgen Wolf

▲ **Abbildung 21.42**
Ein einfaches Beispiel für die Szenenbereinigung: Das Kind soll aus beiden Bildern entfernt werden.

Um ein unerwünschtes Objekt aus einem Bild zu entfernen, zeichnen Sie den zu bereinigenden Bereich im Endbild mit dem Stiftwerkzeug ein.

▲ **Abbildung 21.43**
Hier wurde im ENDERGEBNIS ❷ die Stelle eingezeich-
net, die durch den Bereich aus der QUELLE ❶ ersetzt
werden soll.

▲ **Abbildung 21.44**
Das Ergebnis nach der Szenenbereinigung:
Niemand mehr auf dem Foto!

Der umgekehrte Vorgang funktioniert analog. Wollen Sie einen
Bildbereich vom Quellbild zum Endbild hinzufügen, so brauchen
Sie diesen Bereich nur im Quellbild mit dem Stiftwerkzeug anzu-
malen.

▲ **Abbildung 21.45**
Malen Sie hingegen ein Objekt in QUELLE ❸ mit dem Buntstift aus, so
wird es zum ENDERGEBNIS ❹ hinzugefügt. Hier wurde ein Zwilling ins
Bild eingefügt.

Photomerge-Belichtung | Die Funktion PHOTOMERGE-BELICH-
TUNG wird in Abschnitt 31.4, »Photomerge-Belichtung«, behan-
delt, weil in diesem Teil des Buches auch die damit verbundene
DRI-Technik beschrieben wird.

Teil VII
Auswahlen

22   Einfache Auswahlen erstellen

Auswahlen kommen vorwiegend zum Einsatz, wenn Sie nur einzelne Bildbereiche und nicht das komplette Bild oder ganze Ebenen bearbeiten wollen. Natürlich sind Auswahlen auch bestens zum Freistellen von komplizierten Motiven geeignet.

22.1   Auswahlwerkzeuge im Überblick

Da sich nicht jedes Auswahlwerkzeug für jedes Motiv eignet, bietet Photoshop Elements mehrere solcher Werkzeuge an:

- Auswahlrechteck ▦: Wird für quadratische oder rechteckige Auswahlen verwendet.
- Auswahlellipse ▦: Wird für runde und ovale Auswahlbegrenzungen verwendet.
- Lasso ✐: Wird für frei gezeichnete Auswahlen verwendet.
- Polygon-Lasso ✐: Wird für Auswahlen verwendet, die sich aus mehreren geraden Kanten zusammensetzen.
- Magnetisches Lasso ✐: Wird für Auswahlen verwendet, die sich automatisch an Kanten von Bildbereichen ausrichten, um die Sie das Lasso ziehen.
- Zauberstab ✸: Wählt mit einem einzigen Mausklick bestimmte Pixel im Bild aus, die eine ähnliche Farbe enthalten.
- Schnellauswahl-Werkzeug ✎: Erstellt eine schnelle Auswahl anhand von Farben und Strukturen.
- Auswahlpinsel ✎: Wird zur Kennzeichnung eines Bereiches verwendet, der ausgewählt oder nicht ausgewählt werden soll (Maskenmodus).

Funktionsprinzip von Auswahlen | Das Funktionsprinzip von Auswahlen ist im Grunde immer gleich, egal welchen Befehl oder welches Werkzeug Sie hierzu verwenden. Wenn Sie im Bild eine Auswahl vorgenommen haben, können Sie nur noch die Auswahl bearbeiten. Das restliche Bild ist geschützt. Eine Auswahl erkennen Sie an den »Ameisenlinien« ❶ rund um den ausgewählten Bereich. In der Regel bezieht sich eine Auswahl immer auf die aktive Bildebene.

Eine solche Auswahl können Sie jetzt jederzeit gezielt bearbeiten oder korrigieren. Natürlich können Sie eine Auswahl auch in die Zwischenablage kopieren und als neue Datei einfügen, in ein anderes Bild verschieben oder als Montage auf eine eigene Ebene legen.

Abbildung 22.1 ▶
Die Blume wurde hier als Auswahl vom Hintergrund isoliert.

22.2   Auswahlrechteck und -ellipse

Besonders leicht zu bedienen sind die geometrischen Auswahlwerkzeuge wie das Auswahlrechteck M ▦ und die Auswahlellipse M ▦. Wie Sie den Namen der beiden Auswahlwerkzeuge schon entnehmen können, wählen Sie hiermit quadratische oder rechteckige bzw. runde oder elliptische Bereiche aus.

Es liegt auf der Hand, dass eine geometrische Auswahl eher seltener dazu verwendet wird, ein bestimmtes Bildelement für die Weiterbearbeitung auszuwählen, auch wenn dies in der Praxis natürlich möglich ist. Das Auswahlwerkzeug dient eher als unermüdlicher Helfer für viele andere nützliche Dinge:

▶   **Rahmen erstellen:** Für kreative Zwecke und für die verschiedensten Bildkompositionen erstellen Sie mit den Werkzeugen runde, ovale und eckige Rahmen.

- **Auswahl mit Text und Farbe füllen:** Auch wird das Werkzeug gerne benutzt, um eine Auswahl mit Farbe zu füllen und/oder um Text darauf zu platzieren.
- **Bilder zuschneiden:** Das Zuschneiden von Bildern ist mit den beiden Auswahlwerkzeugen ebenfalls möglich. Wählen Sie einfach den gewünschten rechteckigen, runden oder ovalen Bereich aus, und schneiden Sie ihn mit BILD • FREISTELLEN zu. Der Vorteil dabei ist, dass das Bild nicht neu berechnet werden muss.

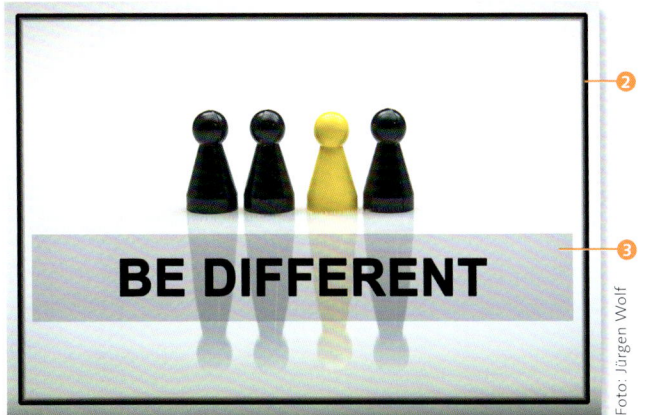

Foto: Jürgen Wolf

◄ **Abbildung 22.2**
Der eckige ❷ und der transparente Rahmen ❸ wurden mit dem Auswahlrechteck erstellt.

22.2.1 Werkzeugoptionen

Mit den ersten vier Icons ❹ legen Sie fest, was mit den Auswahlen passieren soll. Hierbei können Sie die Auswahlbereiche ersetzen, addieren, subtrahieren oder Schnittmengen bilden. Mehr dazu erfahren Sie in Abschnitt 22.2, »Auswahlen kombinieren«.

Wollen Sie die Auswahlbegrenzung weichzeichnen, damit sie mit dem Bereich außerhalb der Kante verschmilzt, geben Sie einen Wert bei WEICHE KANTE ❺ an. Damit können Sie außerdem beim Auswahlrechteck abgerundete Ecken erzeugen.

▼ **Abbildung 22.3**
Die Werkzeugoptionen des Auswahlrechtecks und der Auswahlellipse

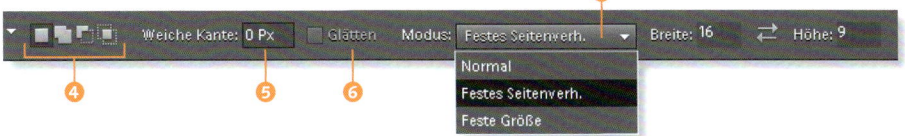

Wenn Sie GLÄTTEN ❻ aktivieren, wird die Auswahlkante geglättet. Diese Option steht nur bei der Auswahlellipse zur Verfügung. Mit dem MODUS ❼ können Sie aus den folgenden drei Optionen auswählen:
- NORMAL: Mit diesem Modus ziehen Sie die Auswahl frei im Bild auf. Dieser Wert ist die Standardeinstellung.

▶ FESTES SEITENVERHÄLTNIS: Wollen Sie eine Auswahl mit bestimmten Proportionen aufziehen, verwenden Sie diesen Modus, und geben Sie das Seitenverhältnis in den Zahlenfeldern BREITE und HÖHE ein. Geben Sie zum Beispiel bei beiden Feldern »1« ein, so wird beim Auswahlrechteck ein Quadrat und bei der Auswahlellipse ein runder Kreis aufgezogen.

▶ FESTE GRÖSSE: Wollen Sie hingegen eine feste Größe in Pixeln (Px) oder Zentimetern (cm) verwenden, so legen Sie dies mit diesem Modus fest. Die Angaben dazu geben Sie in den Zahlenfeldern BREITE und HÖHE ein.

22.2.2 Die Werkzeuge im Einsatz

Auch die Bedienung der geometrischen Auswahlwerkzeuge ist schnell erklärt: Aktivieren Sie zunächst das entsprechende Werkzeug. Wollen Sie einen rechteckigen Bereich auswählen, verwenden Sie das Auswahlrechteck Ⓜ. Für eine runde oder ovale Auswahl nehmen Sie die Auswahlellipse Ⓜ. Legen Sie dann die Optionen fest, und bewegen Sie die Maus in das Bild. Ziehen Sie mit gedrückter Maustaste über den Bereich, den Sie auswählen wollen. Wenn Sie die Maus loslassen, wird die Auswahl mit »Ameisenlinien« angezeigt.

Halten Sie während des Ziehens der Auswahl ⌞⇧⌟ gedrückt, können Sie die Auswahl, abhängig vom gewählten geometrischen Werkzeug, auf ein **Quadrat** oder einen **Kreis** einschränken. Eine Auswahl können Sie auch **verschieben**, indem Sie innerhalb der gezogenen Auswahl die Maus gedrückt halten. Die Auswahl können Sie wieder **aufheben**, indem Sie innerhalb des Dokumentfensters an einer beliebigen Stelle mit der linken Maustaste klicken oder ⌞Esc⌟ (oder ⌞Strg⌟/⌞⌘⌟+⌞D⌟) drücken.

Symbole am Mauszeiger | Bei der Arbeit mit Auswahlen zeigen Ihnen auch die wechselnden Symbole am Mauszeiger an, was Sie tun können. Das erste Symbol ❶ bedeutet, dass Sie sich innerhalb einer Auswahl befinden. Beim zweiten Symbol ❷ wird die Auswahl mit gedrückt gehaltener Maustaste verschoben, und beim letzten Symbol ❸ befindet sich mindestens eine Auswahlkante an der Bildkante. Dabei rastet die Auswahlkante automatisch an der Bildkante ein. Wollen Sie dieses »Einrasten« vermeiden, halten Sie ⌞Strg⌟/⌞⌘⌟ gedrückt.

Wollen Sie eine Auswahl exakt von einem Mittelpunkt aufziehen, an dem sich aktuell der Cursor befindet, so halten Sie ⌞Alt⌟ während des Aufziehens gedrückt. Wollen Sie von diesem Mittelpunkt ein Quadrat oder einen Kreis haben, drücken Sie die Tasten ⌞Alt⌟+⌞⇧⌟.

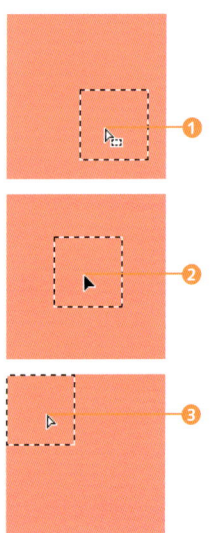

▲ **Abbildung 22.4**
Drei unterschiedliche Symbole am
Mauszeiger einer quadratischen
Auswahl

Vorhaben	Tasten
Werkzeug aufrufen	M
ein Quadrat oder einen Kreis aufziehen	⇧ beim Ziehen gedrückt halten
eine Auswahl vom aktuellen (Mittel-)Punkt aufziehen	Alt beim Ziehen gedrückt halten
ein Quadrat oder einen Kreis vom aktuellen (Mittel-)Punkt aufziehen	Alt + ⇧ beim Ziehen gedrückt halten
Auswahl verschieben	Maustaste innerhalb der Auswahl gedrückt halten
Auswahl noch während des Aufziehens verschieben	Maustaste während des Aufziehens gedrückt halten und die Leertaste drücken
Auswahl aufheben	Mausklick in einen beliebigen Bereich des Dokumentfensters oder Drücken der Taste Esc, nachdem eine Auswahl aufgezogen wurde
aufgezogene Auswahl in Pfeilrichtung bewegen	Pfeiltasten

▲ **Tabelle 22.1**
Tastenbefehle für Auswahlrechteck und Auswahlellipse

22.3 Auswahlbefehle im Menü

Ganz essentiell für Ihre Arbeit mit den Auswahlwerkzeugen ist auch die genaue Kenntnis der speziellen Optionen und Auswahlbefehle. Um Ihnen die verschiedenen Optionen und Befehle zu den Auswahlen näherzubringen, greife ich auf die geometrischen Auswahlwerkzeuge Auswahlrechteck ▦ und Auswahlellipse ▦ zurück. Die Funktionalität dieser Werkzeuge können Sie ohne weiteres auf die übrigen Auswahlwerkzeuge übertragen.

Eine Übersicht zu den allgemeinen Auswahlbefehlen finden Sie im Menü AUSWAHL. Der einzige Auswahlbefehl, der hier vielleicht etwas näher erläutert werden sollte, ist AUSWAHL • AUSWAHL UMKEHREN (⇧+Strg/⌘+I). Damit ist es möglich, eine erstellte Auswahl zu vertauschen (bzw. zu invertieren). So können Sie zum Beispiel jederzeit ganz einfach das Motiv im Bild auswählen und bearbeiten und anschließend die Auswahl umkehren, um alles andere außerhalb des Motivs zu bearbeiten.

Im linken Bild in Abbildung 22.6 wurde ein einfaches Quadrat ❹ zur Bearbeitung ausgewählt. Beim rechten Bild wurde dieselbe Auswahl mit BILD • AUSWAHL UMKEHREN umgekehrt. Somit ist

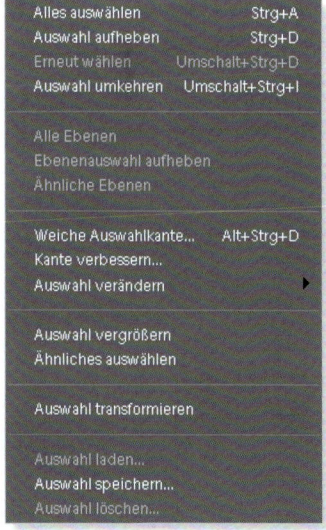

▲ **Abbildung 22.5**
Das Menü AUSWAHL mit sehr vielen Befehlen zum Steuern von Auswahlen

hier die eigentliche Auswahl jetzt alles außerhalb **5** des Quadrates und innerhalb der beiden Ameisenlinien.

Abbildung 22.6 ▶
Auswahl umkehren

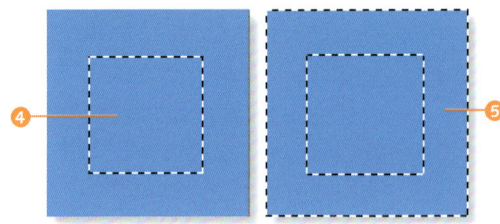

Die wichtigsten Auswahlbefehle liegen als Tastenbefehle für den schnelleren Zugriff vor.

Tabelle 22.2 ▶
Die wichtigsten Tastenbefehle für
Auswahlen im Überblick

Vorhaben	Windows	Mac
das komplette Bild auswählen	`Strg`+`A`	`⌘`+`A`
bestehende Auswahl aufheben	`Strg`+`D`	`⌘`+`D`
zuletzt aufgehobene Auswahl wiederherstellen (erneut auswählen)	`⇧`+`Strg`+`D`	`⇧`+`⌘`+`D`
Auswahl umkehren (invertieren)	`⇧`+`Strg`+`I`	`⇧`+`⌘`+`I`
Ausgewählten Bildbereich löschen. Bei einem normalen Hintergrundbild erhält der gelöschte Bereich die eingestellte Hintergrundfarbe. Auch dies ist also eine indirekte Möglichkeit, eine Auswahl mit der Hintergrundfarbe zu füllen. Bei normalen Ebenen ist dieser gelöschte Bereich transparent.	`Entf`	`←`
ausgewählten Bildbereich mit Vordergrundfarbe füllen	`Alt`+`Entf`	`Alt`+`←`
weiche Auswahlkante hinzufügen	`Strg`+`Alt`+`D`	`⌘`+`Alt`+`D`
Auswahllinie (Ameisenlinien) ein- oder ausblenden	`Strg`+`H`	`⌘`+`H`

22.4　Auswahlen kombinieren

Bei vielen Auswahlwerkzeugen können Sie festlegen, wie sich eine weitere Auswahl zu einem vorhandenen Auswahlbereich verhalten soll. Somit können Sie verschiedene Auswahlbereiche und verschiedene Auswahlwerkzeuge miteinander kombinieren.

Neue Auswahl | Die Standardeinstellung ist mit der ersten Schalt-fläche immer NEUE AUSWAHL. Ist diese Schaltfläche aktiviert, wird, sobald Sie das Auswahlwerkzeug ein zweites Mal ansetzen, die vorher erstellte Auswahl gelöscht und durch die neue ersetzt.

Der Auswahl hinzufügen | Mit dieser Option legen Sie mehrere Auswahlen im Bild an, ohne dass vorhandene Auswahlen ver-schwinden. Dabei können Sie die Auswahlbereiche getrennt oder auch überlappend aufziehen.

Von Auswahl abziehen | Mit der nächsten Schaltfläche, VON AUSWAHL ABZIEHEN, entfernen Sie bei der zweiten Auswahl einen Bereich von der ersten Auswahl. Die neue Auswahl wird hierbei aus der alten Auswahl entfernt.

▲ **Abbildung 22.7**
Mit den vier Schaltflächen ❶ können Sie Auswahlbereiche unterschiedlich kombinieren.

▲ **Abbildung 22.8**
Mit NEUE AUSWAHL wird bei jedem Werkzeugeinsatz eine neue Aus-wahl erzeugt. Zur besseren Über-sicht wurde die Auswahl in den Abbildungen mit dem Füllwerk-zeug K eingefärbt.

▲ **Abbildung 22.9**
Mit DER AUSWAHL HINZUFÜGEN bilden mehrere Auswahlen eine Einheit.

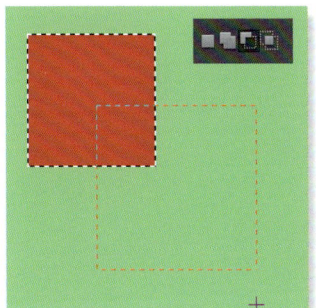

◄ **Abbildung 22.10**
Mit VON AUSWAHL ABZIEHEN wird die neue Auswahl von der vor-handenen Auswahl abgezogen.

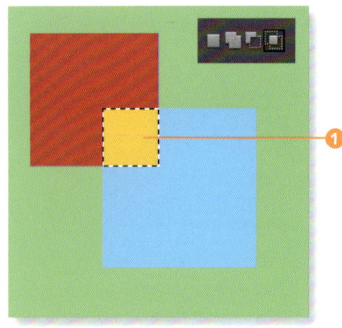

▲ **Abbildung 22.11**
Mit der Option SCHNITTMENGE BILDEN bleiben nur übereinanderliegende Auswahlbereiche ❶ erhalten.

Schnittmenge bilden | Mit dieser Option bilden überlappende Auswahlen eine Schnittmenge.

Tastenbefehle für Auswahloptionen | Sie können die verschiedenen Auswahlkombinationen nicht nur mit den Schaltflächen aktivieren, sondern alternativ auch mit Tastenbefehlen.

Vorhaben	Tasten
eine NEUE AUSWAHL erstellen (und gegebenenfalls eine vorhandene aufheben)	Auswahlwerkzeug normal verwenden
DER AUSWAHL HINZUFÜGEN	⬆ und Auswahlwerkzeug
VON AUSWAHL ABZIEHEN	Alt und Auswahlwerkzeug
SCHNITTMENGE BILDEN	⬆+Alt und Auswahlwerkzeug

▲ **Tabelle 22.3**
Tastenbefehle zum Verändern der Auswahlkombinationen

22.5　Auswahloptionen

22.5.1　Weiche Kante

Standardmäßig verlaufen die Kanten zwischen der Auswahl und dem restlichen Bildbereich hart und scharf. Viele Auswahlwerkzeuge bieten ein Zahlenfeld WEICHE KANTE an, über das Sie einen Pixelwert eingeben können, um eine weich verlaufende Kante zu erzeugen.

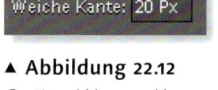

▲ **Abbildung 22.12**
Option WEICHE KANTE

▲ **Abbildung 22.13**
Im Quadrat oben links wurde eine harte Kante mit 0 Pixeln verwendet. Beim Quadrat rechts unten wurden im Zahlenfeld der Werkzeugoption 20 Pixel für eine WEICHE KANTE eingegeben.

Abbildung 22.14 ▶
So wirkt sich eine weiche Kante auf Bilder aus.

Foto: Hanspeter Bolliger

Nachträglich anwenden | Sie können jederzeit nachträglich eine weiche Auswahlkante über AUSWAHL • WEICHE AUSWAHLKANTE oder [Alt]+[Strg]/[⌘]+[D] (Tastenkombination nur für Windows) anwenden. Es öffnet sich dann ein Dialog, wo Sie über eine Pixelanzahl angeben, wie weich die Kanten verlaufen sollen. So können Sie weiche Auswahlkanten auch bei Auswahlwerkzeugen anwenden, die keine weichen Kanten über die Werkzeugoptionen unterstützen, zum Beispiel beim Zauberstab [W].

Beim Mac kann der Kurzbefehl [Alt]+[⌘]+[D] dazu führen, dass anstatt des Dialogs für die WEICHE AUSWAHLKANTE das Dock ein- und ausgeblendet wird. Wollen Sie dies ändern, deaktivieren Sie den Mac-Kurzbefehl über SYSTEMEINSTELLUNGEN • TASTATUR & MAUS • TASTATURKURZBEFEHLE.

◄ **Abbildung 22.15**
Mit diesem Dialog bekommt eine Auswahl eine weiche Auswahlkante.

Kanten sichtbar machen | Bei einer Auswahllinie erkennt man manchmal nicht gleich, ob die Auswahl eine weiche Kante hat oder nicht. Um den eigentlichen Auswahlbereich mitsamt der ursprünglichen harten und der neu hinzugekommenen weichen Kante anzuzeigen, müssen Sie nur das Verschieben-Werkzeug aufrufen [V] und zusätzlich die Begrenzungsrahmen in der Werkzeugoptionsleiste aktivieren.

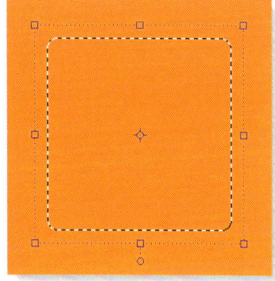

▲ **Abbildung 22.16**
Der harte und der weiche Auswahlbereich werden sichtbar.

22.5.2 Glätten

Viele Auswahlwerkzeuge bieten zudem die Option GLÄTTEN an. Wenn Sie eine Auswahl glätten, werden die Farben zwischen den Auswahlkanten und dem Hintergrund miteinander verrechnet. Dadurch ist der Übergang zwischen der Auswahl und dem dahinter befindlichen Bereich nicht so »hart«. In gewisser Hinsicht lässt sich die Option GLÄTTEN mit der Option WEICHE KANTE vergleichen, nur dass Sie eben beim Glätten den Umfang nicht definieren können.

Dieses Glätten greift überall dort, wo unregelmäßige Kanten bei der Auswahl entstanden sind, indem diese Bereiche mit Rundungen versehen werden. Genauer formuliert: Der Farbübergang zwischen Kantenpixeln und Hintergrundpixeln wird verwischt.

Ein nachträgliches Glätten, wie dies eine WEICHE KANTE erlaubt, ist bei einer vorhandenen Auswahl nicht möglich. Sinnvoll ist diese Option somit bei Auswahlen mit vielen Rundungen.

▲ **Abbildung 22.17**
Die Option GLÄTTEN

22.5.3 Kante verbessern

Einige Auswahlwerkzeuge bieten in der Werkzeugoptionsleiste die Schaltfläche KANTE VERBESSERN. Alternativ steht diese Funktion auch den anderen Auswahlwerkzeugen über das Menü

Glättung für Montagen
Die Glättung wird auch gerne für Fotomontagen verwendet, wenn ein ausgewähltes Objekt freigestellt werden soll. Durch die Glättung fällt das einmontierte Objekt nicht so sehr als Montage auf.

AUSWAHL • KANTE VERBESSERN zur Verfügung. Mit diesem Dialog können Sie eine Auswahl noch feiner nachjustieren.

Abbildung 22.18 ▶
Die Schaltfläche KANTE VERBESSERN zum Aufrufen des gleichnamigen Dialogs

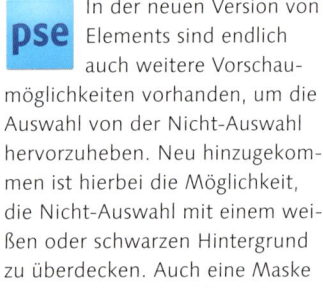

In der neuen Version von Elements sind endlich auch weitere Vorschaumöglichkeiten vorhanden, um die Auswahl von der Nicht-Auswahl hervorzuheben. Neu hinzugekommen ist hierbei die Möglichkeit, die Nicht-Auswahl mit einem weißen oder schwarzen Hintergrund zu überdecken. Auch eine Maske ist neu in der Auswahlvorschau.

Im Dialog KANTE VERBESSERN stehen Ihnen einige Optionen zur Verfügung, um Ihre Auswahl zu verbessern. Mit gesetztem Häkchen vor VORSCHAU können Sie das Ergebnis sofort im Bild betrachten:

1 ABRUNDEN: Aus kantigen und gezackten Linien bei der Auswahl entstehen leicht gerundete Linien.

2 WEICHE KANTE: Diese Funktion entspricht exakt der zuvor beschriebenen Option aus Abschnitt 22.5.1.

3 VERKLEINERN/ERWEITERN: Mit dieser Funktion verkleinern oder erweitern Sie die Auswahlkante.

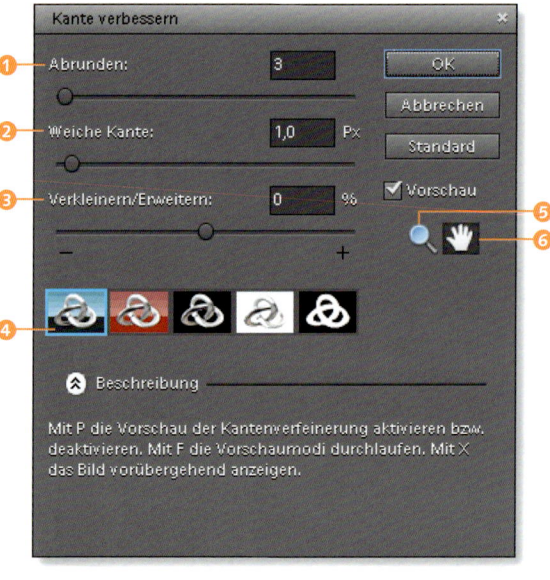

▲ **Abbildung 22.19**
Mit diesem Dialog können Sie die Kanten einer Auswahl verbessern.

Benutzerdefinierte Farbe

Wollen Sie eine benutzerdefinierte Vorschaufarbe der Auswahl verwenden, brauchen Sie nur auf die Schaltfläche mit dem roten Symbol doppelzuklicken. Dann können Sie in einem gesonderten Dialog die Farbe und auch die Deckkraft der Auswahlvorschau ändern.

Mit den fünf kleinen Schaltflächen **4** schalten Sie eine Vorschau mit einer benutzerdefinierten Farbe (Standard: Rot, 50 % Transparenz), schwarzem oder weißem Hintergrund und einer reinen Maskenansicht ein und aus. Mit der Taste [F] können Sie, statt mit einem Mausklick, zwischen den Vorschaumodi hin- und herschalten. Sehr hilfreich ist hier auch, dass Sie bei aktivem Dialog auf das Zoom-Werkzeug **5** [Z] 🔍 und das Hand-Werkzeug **6** [H] 🖐 zurückgreifen können.

▲ Abbildung 22.20
Die Vorschau mit roter Maske ist enorm hilfreich, um ausgewählte Bereiche deutlich von nicht ausgewählten zu trennen. Alles, was rot ist, ist nicht Teil der Auswahl.

▲ Abbildung 22.21
Noch deutlicher – und mein persönlicher Favorit – ist es, den nicht ausgewählten Bereich mit Schwarz oder Weiß auszublenden.

22.5.4 Auswahl verändern

Vier weitere Werkzeuge finden Sie über das Menü AUSWAHL • AUSWAHL VERÄNDERN. Mit diesen können Sie, unabhängig vom verwendeten Auswahlwerkzeug, die Auswahlen nachträglich verändern.

Umrandung | Mit UMRANDUNG erstellen Sie eine weiche und geglättete Auswahlbegrenzung. Wenn Sie die neue Auswahlbegrenzung hinzugefügt haben, sind nur noch die Pixel zwischen den beiden Auswahlbegrenzungen ausgewählt. Sie erstellen damit einen Rahmen mit einer bestimmten Breite.

▲ Abbildung 22.22
Stärke des Rahmens um die aktuelle Auswahl festlegen

Abrunden | Mit ABRUNDEN wird im Umfeld jedes Pixels nach anderen Pixeln gesucht, die im selben Farbbereich liegen. Die gefundenen Pixel werden dann zur Auswahl hinzugefügt. Natürlich lässt sich hiermit auch eine rechteckige oder quadratische Auswahl mit abgerundeten Ecken versehen. Interessanter erscheint diese Funktion aber in Verbindung mit dem Zauberstab, wenn innerhalb der Auswahl einzelne Pixel immer noch nicht ausgewählt wurden.

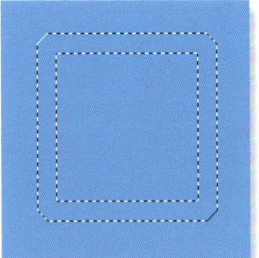

▲ Abbildung 22.23
Aus dem ursprünglich auswählten quadratischen Bereich wurde eine Umrandung gemacht.

Erweitern und Verkleinern | Mit den Befehlen ERWEITERN und VERKLEINERN vergrößern bzw. verkleinern Sie die Größe der Auswahl um einen bestimmten Pixelwert.

22.5.5 »Auswahl vergrößern« und »Ähnliches auswählen«

Der Befehl AUSWAHL VERGRÖSSERN hat nichts mit dem Befehl ERWEITERN zu tun. Mit AUSWAHL VERGRÖSSERN erweitern Sie eine Auswahl auf ähnliche Farbbereiche. Wenn Sie zum Beispiel mit dem Zauberstab eine Auswahl erstellt haben und jetzt den Befehl AUSWAHL • AUSWAHL VERGRÖSSERN aufrufen, werden alle benachbarten Pixel in die Auswahl aufgenommen, die in der Werkzeugoption TOLERANZ des Zauberstabs angegeben sind.

Ähnlich funktioniert auch der Befehl AUSWAHL • ÄHNLICHES AUSWÄHLEN, nur dass hiermit nicht nur die benachbarten Pixel berücksichtigt werden, sondern alle Pixel im gesamten Bild, die im Toleranzbereich liegen. Um die Auswahl Stück für Stück zu erweitern, rufen Sie den Befehl mehrmals auf.

22.5.6 Auswahl transformieren

Wollen Sie eine aktive Auswahl in der Größe anpassen oder die Perspektive ändern (beispielsweise Skalieren, Drehen, Verzerren), dann können Sie den Menübefehl AUSWAHL • AUSWAHL TRANSFORMIEREN aufrufen. Es erscheinen ein Transformationsrahmen um die Auswahl ❷ und eine passende Optionsleiste ❶. Die Auswahl können Sie mithilfe dieses Rahmens oder über die manuelle Eingabe der Optionsleiste ändern. Die Transformation müssen Sie anschließend mit dem Häkchen ❸ (oder ⏎) bestätigen oder mit dem Stopp-Symbol ❹ (oder Esc) abbrechen.

Zum Weiterlesen

Die Transformation einer Auswahl soll an dieser Stelle nicht im Detail beschrieben werden, weil dafür mit Abschnitt 27.1, »Ebenen transformieren«, über die Ebenen bereits ein umfangreicher Abschnitt existiert. Nur eben mit dem Unterschied, dass dort der komplette Inhalt einer Ebene und bei den Auswahlen eben nur der Auswahlrahmen transformiert wird.

Abbildung 22.24 ▶
Hier wird gerade eine rechteckige Auswahl transformiert.

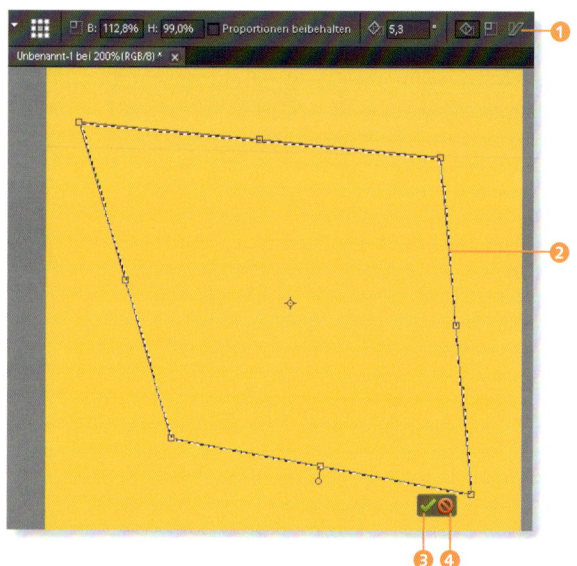

22.6 Auswahlen verwalten

Sie haben mühevoll eine Auswahl erstellt und würden nun gerne mit einem anderen Auswahlwerkzeug ausprobieren, ob es noch genauer geht? Vielleicht brauchen Sie diese Auswahl auch später noch einmal? Zum Glück bietet Photoshop Elements für solche Fälle die Möglichkeit, eine Auswahl zu speichern und wieder zu laden.

22.6.1 Auswahl speichern
Um eine Auswahl zu speichern, rufen Sie AUSWAHL • AUSWAHL SPEICHERN auf, woraufhin sich ein Dialog öffnet. In der Dropdown-Liste AUSWAHL wird der Name der gerade benutzten Auswahldatei angezeigt. Mit NEU speichern Sie eine neue Datei. Den Namen der Datei geben Sie im Texteingabefeld NAME ein. Mit OK wird die Auswahl in einem Alphakanal gesichert. Es ist durchaus möglich, mehrere Auswahlen zu speichern.

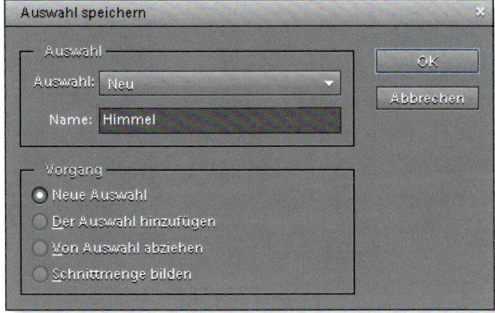

◄ **Abbildung 22.25**
Der Dialog zum Speichern einer Auswahl

22.6.2 Auswahl laden
Laden können Sie Auswahlen jederzeit über das Menü AUSWAHL • AUSWAHL LADEN. In der Dropdown-Liste AUSWAHL klicken Sie den Namen der gespeicherten Auswahl an. Mit der Checkbox UMKEHREN können Sie die Auswahl gleich beim Laden invertieren.

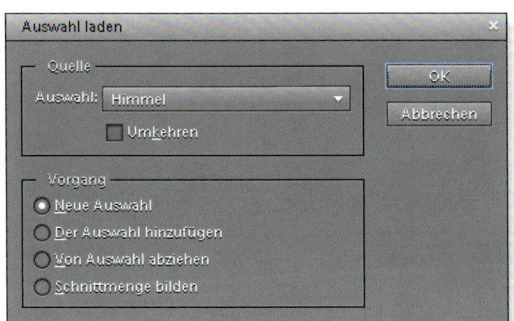

◄ **Abbildung 22.26**
Der Dialog zum Laden einer Auswahl

22.6.3 Auswahl löschen

Die Option AUSWAHL • AUSWAHL LÖSCHEN spricht für sich. Damit entfernen Sie eine Auswahl, die Sie über die Dropdown-Liste auswählen, wieder.

Abbildung 22.27 ▶
Der Dialog zum Löschen einer gespeicherten Auswahl

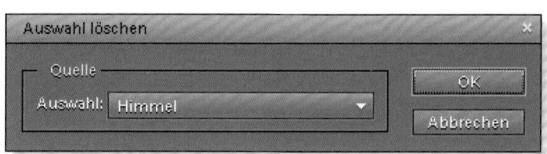

23 Komplexe Auswahlen erstellen

23.1 Die Lasso-Werkzeuge

Bei der Arbeit mit den Lasso-Werkzeugen umzeichnen Sie den Bildbereich, den Sie auswählen wollen, mit der Maus. Photoshop Elements bietet Ihnen zu diesem Werkzeug mit dem Lasso 🔾, dem Magnetischen Lasso 🔾 und dem Polygon-Lasso 🔾 drei Varianten an.

23.1.1 Das einfache Lasso

Das einfache Lasso ⌴ eignet sich zum Erstellen einer frei gezeichneten Auswahl. Das Werkzeug wird beim Freistellen von Objekten verwendet, um zunächst eine grobe Auswahl anzulegen, die nach und nach verfeinert werden soll. Für präzise Auswahlen eignet sich das Werkzeug eher nicht.

▼ **Abbildung 23.1**
Bei diesem Bild wurde zunächst eine grobe Auswahl mit dem Lasso gezogen.

Foto: Stephan Lubahn

Werkzeugoptionen | Die allgemeinen Werkzeugoptionen des gewöhnlichen Lassos haben Sie bereits in Abschnitt 22.2.1 und 22.3 kennengelernt.

Bedienung | Die Verwendung des Lassos ist recht intuitiv: Stellen Sie zunächst die gewünschten Werkzeugoptionen ein. Wenn Sie mit der Maus auf das Bild gehen, verwandelt sich der Mauszeiger in ein Lasso-Symbol. Klicken Sie jetzt auf die Position im Bild, wo die Auswahl beginnen soll. Halten Sie die Maustaste gedrückt, und umfahren Sie mit der Maus das gewünschte Objekt. Hierbei können Sie sich jederzeit an der Auswahllinie (»Ameisenlinie«) orientieren, die beim Zeichnen angezeigt wird. An der Stelle, wo Sie die Maustaste loslassen, werden Startpunkt und Endpunkt mit einer geraden Linie verbunden. Haben Sie die Maustaste aus Versehen losgelassen, können Sie die Auswahl auch nachträglich noch erweitern, indem Sie in der Optionsleiste DER AUSWAHL HINZUFÜGEN einstellen.

Es versteht sich von selbst, dass Sie bei der Auswahl mit dem Lasso ein gutes Händchen für die Maus haben müssen, um eine saubere Auswahl zu ziehen. Außerdem erleichtert Hereinzoomen in das Bild die Arbeit mit dem Lasso erheblich.

Auch bei diesem Werkzeug können Sie nachträglich zur erstellten Auswahl über die Werkzeugoptionen etwas zur Auswahl hinzufügen, von ihr abziehen oder eine Schnittmenge bilden. Alternativ und schneller funktionieren hier auch die Tasten

▶ ⌂, um eine vorhandene Auswahl zu vergrößern,

▶ Alt, um etwas von der Auswahl abzuziehen, und

▶ Alt + ⌂, um eine Schnittmenge zu bilden.

23.1.2 Das Magnetische Lasso

Das Magnetische Lasso ⌴ 🔲 ist so etwas wie ein erweitertes normales Lasso mit Funktionen des Zauberstabs. Im Gegensatz zum normalen Lasso richtet sich das Magnetische Lasso beim Zeichnen einer Auswahlbegrenzung automatisch an den Kanten der Bildbereiche aus, über die es gezogen wird. Daher eignet sich das Magnetische Lasso besonders für schnelle Auswahlen mit möglichst präzisen Auswahlbegrenzungen von Objekten mit komplexen Kanten, die sich von der Umgebung abheben (dunkle Bereiche auf hellem Hintergrund oder umgekehrt).

Foto: Stephan Lubahn

◄ **Abbildung 23.3**
Ein ideales Bild für das Magnetische Lasso: ein helles Motiv mit
dunklem Hintergrund

Werkzeugoptionen | Im Magnetischen Lasso finden Sie neben
den bereits bekannten Optionen, die in Abschnitt 22.2.1
beschrieben wurden, vier weitere Optionen.

▲ **Abbildung 23.4**
Dank vieler Optionen ist das Magnetische Lasso sehr flexibel einsetzbar.

❶ Breite: In diesem Zahlenfeld legen Sie den Bereich der Kantenerkennung fest. Damit erkennt das Werkzeug beim Ziehen
einer Auswahl nur die Kanten, die sich innerhalb der angegebenen Breite des Zeigers befinden. Hierbei können Sie einen
Pixelwert zwischen 1 und 256 eingeben. Bei Bildern, in denen
sich das auszuwählende Objekt deutlich vom Rest des Bildes
abhebt, können Sie einen höheren Wert angeben. Ein höherer Wert hat den Vorteil, dass Sie mit der Maus nicht so knapp
am Objekt herumfahren müssen, damit die gewünschte Kante
ausgewählt wird.

❷ Kontrast: Hiermit legen Sie die Empfindlichkeit des Magnetischen Lassos fest. Bei einem höheren Wert werden nur die
Kanten erkannt, die sich deutlich von der Umgebung abheben. Mit einem niedrigeren Wert werden kontrastärmere
Kanten erkannt, worunter allerdings auch die Genauigkeit der
Auswahl leiden kann. Mögliche Werte reichen hier von 1 %
bis 100 %.

❸ Frequenz: Je höher dieser Wert ist, umso mehr und umso
schneller werden Befestigungspunkte (auch als Ankerpunkte
bezeichnet) gesetzt. Bei geradlinigen Motiven muss die Frequenz nicht so hoch sein wie bei unebenen und kurvigen
Motiven. Hierbei können Sie einen Wert zwischen 0 und 100
eingeben.

Kantenerkennung anzeigen

Wollen Sie den Zeiger des
Magnetischen Lassos nicht als
übliches Lasso-Symbol anzeigen
lassen, brauchen Sie nur die ⬧-
Taste zu drücken. Dadurch wird
die Werkzeugspitze als Kreis
mit der vorgegebenen Breite
(Kantenerkennung) angezeigt,
was eine viel bessere Kontrolle
ermöglicht.

④ ZEICHENSTIFTBREITE: Diese Option ist nur für Besitzer von Grafiktabletts sinnvoll. Ist diese Option aktiviert und verwenden Sie ein Tablett, wirkt sich ein kräftigerer Druck mit dem Stift auf das Tablett auf die BREITE aus.

Bedienung | Die Handhabung des Magnetischen Lassos ist im Grunde ebenso einfach wie die des gewöhnlichen Lassos. Allerdings sollten Sie beim Magnetischen Lasso immer zuerst einen Blick auf die soeben beschriebenen Werkzeugoptionen werfen.

Um mit dem Magnetischen Lasso eine Auswahl aufzuziehen, gehen Sie zunächst mit dem Mauszeiger zum Startpunkt der Auswahl. Um die Auswahl zu starten, klicken Sie einmal, und ziehen Sie dann den Mauszeiger langsam nah (abhängig von der BREITE) an der Kante entlang (ohne die Maustaste gedrückt zu halten), bis Sie wieder am Ausgangspunkt ankommen. Um die Auswahl zu schließen, haben Sie vier Möglichkeiten:

▶ Klicken Sie mit der Maus genau auf den Startpunkt.
▶ Doppelklicken Sie an einer beliebigen Stelle. Photoshop Elements schließt die Auswahl automatisch und versucht, selbsttätig die Kanten auf dem Weg von der letzten Mausposition bis zum Startpunkt zu finden.
▶ Anstelle eines Doppelklicks genügt auch ein Klick mit gehaltener `Strg`/`⌘`-Taste.
▶ Als vierte Möglichkeit steht Ihnen ein Druck auf `↵` zur Verfügung.

Nachkorrektur | Die verschiedenen Befestigungspunkte (bzw. Ankerpunkte) werden bei der Auswahllinie als kleine Quadrate angezeigt. Das zuletzt hinzugefügte Quadrat ist dabei immer gefüllt. Wie viele Quadrate sich bei einer Auswahl befinden, hängt zunächst von der eingestellten Frequenz ab und davon, wie und wo Sie selbst geklickt haben. Diese Quadrate sind wichtig, wenn Sie die Auswahl nachkorrigieren oder verbessern müssen.

▶ Den letzten Ankerpunkt können Sie jeweils durch Drücken von `←` oder `Entf` löschen.
▶ Verläuft eine Linie in die falsche Richtung und wurde noch kein Ankerpunkt gesetzt, gehen Sie einfach mit dem Mauszeiger zum letzten Ankerpunkt zurück.
▶ Arbeitet das Werkzeug nicht genau genug, hilft nur noch das Verringern der BREITE und die Erhöhung der FREQUENZ.
▶ Um noch einmal von vorn zu beginnen und alle Ankerpunkte bzw. Auswahlen zu entfernen, drücken Sie `Esc`.

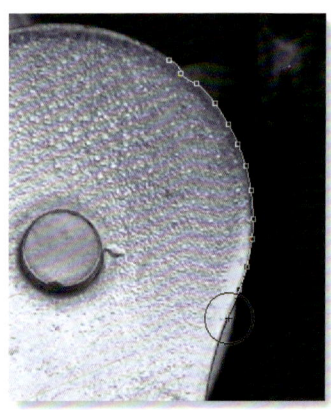

▲ **Abbildung 23.5**
Die Ankerpunkte bei der Verwendung des Magnetischen Lassos. Außerdem wurde die `⇧`-Taste arretiert, um anstelle des Lasso-Symbols die Breite des Erkennungsabstandes anzuzeigen.

◄ **Abbildung 23.6**
Das Ergebnis der Freistellung mit
dem Magnetischen Lasso kann
sich sehen lassen.

Nützliche Tastenkürzel | Ein weiteres besonderes Feature ist die
Möglichkeit, Werkzeugoptionen auch während der Verwendung
des Auswahlwerkzeugs zu verändern. Besonders wichtig erscheinen mir hierbei die Zoomfunktion und die Möglichkeit, die Breite
des Erkennungsabstands anzuzeigen.

◄ **Tabelle 23.1**
Nützliche Tastenbefehle für das
Magnetische-Lasso-Werkzeug

Vorhaben	Windows	Mac
Magnetisches Lasso aufrufen	⸂L⸃	⸂L⸃
ins Bild hineinzoomen	⸂+⸃	⸂+⸃
aus dem Bild herauszoomen	⸂-⸃	⸂-⸃
BREITE verringern	⸂#⸃	–
BREITE erhöhen	⸂⇧⸃+⸂#⸃	–
FREQUENZ erhöhen	–	⸂⇧⸃+⸂#⸃
FREQUENZ verringern	⸂Ü⸃	⸂-⸃
KANTENKONTRAST erhöhen	⸂?⸃	–
kurzzeitiger Wechsel vom Magnetischen Lasso zum normalen Lasso	⸂Alt⸃ und Maustaste gedrückt halten	⸂Alt⸃ und Maustaste gedrückt halten
kurzzeitiger Wechsel vom Magnetischen Lasso zum Polygon-Lasso	⸂Alt⸃ gedrückt halten und mit Klicks Liniensegmente anlegen	⸂Alt⸃ gedrückt halten und mit Klicks Liniensegmente anlegen
BREITE des Erkennungsabstandes anzeigen	⸂⇧⸃-Taste arretieren	⸂⇧⸃-Taste arretieren
Vorgang abbrechen	⸂Esc⸃	⸂Esc⸃
Auswahl schließen	Doppelklicken oder ⸂Strg⸃+Klick	Doppelklicken oder ⸂⌘⸃+Klick

▲ **Abbildung 23.7**
Ein denkbares Objekt für das
Polygon-Lasso

Tabelle 23.2 ▶
Wichtige Tastenbefehle für das
Polygon-Werkzeug

23.1.3 Das Polygon-Lasso

Das Polygon-Lasso ⎣L⎤ 🔶 ist das ideale Auswahlwerkzeug, wenn die Auswahl aus mehreren geraden Linien und unterschiedlichen Winkeln besteht.

Das Bild in Abbildung 23.7 zeigt Ihnen nur eine schematische Darstellung: Die weißen Punkte sind Richtungsänderungen. Diese Punkte müssen Sie anklicken, um die alte Linie mit der neuen Linie zu verankern und um wieder eine andere Richtung einschlagen zu können.

Werkzeugoptionen | Die Werkzeugoptionsleiste des Polygon-Lassos bietet gegenüber den anderen Lassos nichts Neues. Alle Optionen wurden bereits in Abschnitt 22.2.1 beschrieben.

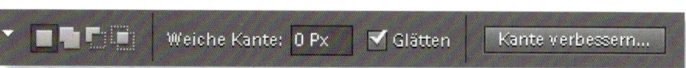

▲ **Abbildung 23.8**
Polygon-Lasso-Optionen – die Schaltfläche KANTE VERBESSERN ist erst aktiviert, wenn Sie den Auswahlbereich geschlossen haben.

Bedienung | Gehen Sie mit der Maus ins Bild, und klicken Sie auf die gewünschte Anfangsposition des ersten geraden Segments, um den ersten Befestigungspunkt zu erstellen. Klicken Sie jetzt erneut an das Ende des geraden Segments, wodurch eine Linie vom Anfangspunkt zum Endpunkt gezogen wird. Klicken Sie so weiter, um weitere Segmente zu erstellen. Den jeweils letzten Befestigungspunkt können Sie mit ⎣Entf⎤/⎣←⎤ löschen.

Um den **Auswahlbereich** zu **schließen**, reicht es aus, wenn Sie wieder am Startpunkt angekommen sind. Alternativ doppelklicken Sie oder drücken die ⎣Strg⎤/⎣⌘⎤-Taste und klicken, um den Auswahlbereich endgültig zu schließen.

Vorhaben	Windows	Mac
Polygon-Lasso auswählen	⎣L⎤	⎣L⎤
Liniensegmente im 45°-Winkel ziehen	⎣⇧⎤	⎣⇧⎤
letzten Befestigungspunkt löschen	⎣Entf⎤	⎣←⎤
Vorgang abbrechen	⎣Esc⎤	⎣Esc⎤
kurzzeitiger Wechsel vom Polygon- zum normalen Lasso	⎣Alt⎤ gedrückt halten	⎣Alt⎤ gedrückt halten
Auswahlbereich schließen	Doppelklick oder ⎣Strg⎤+Klick	Doppelklick oder ⎣⌘⎤+Klick

23.2 Der Zauberstab

Der Zauberstab ⌨W ✴ ist der Auswahlspezialist für Bildbereiche mit unregelmäßigen Formen. Er wählt seine Motive anhand ähnlicher Farben aus.

◄ **Abbildung 23.9**
Ein ideales Bild für den Zauberstab: Die Blumen grenzen sich deutlich von der Umgebung ab.

Werkzeugoptionen | Neben den bereits bekannten Werkzeugoptionen aus Abschnitt 22.2.1 finden Sie hier auch die Option TOLERANZ ❶, die Sie bereits im Zusammenhang mit dem Füllwerkzeug kennengelernt haben. Dieser Parameter ist immer relevant, wenn Farbe im Spiel ist. Mit der TOLERANZ legen Sie fest, wie sensibel das Werkzeug auf Farbunterschiede reagieren soll. Je niedriger dieser Wert ist, umso weniger unterschiedliche Farben werden berücksichtigt. Je höher der Wert ist, umso mehr Farbabweichungen werden bei der Auswahl berücksichtigt.

> **HINWEIS**
>
> Auch der eingestellte AUFNAHMEBEREICH bei der Pipette ⌨I hat einen entscheidenden Einfluss darauf, was alles mit einem Zauberstab-Klick aufgenommen wird. Wechseln Sie daher gegebenenfalls zur Pipette ⌨I, und passen Sie den Aufnahmebereich an. Mehr dazu erfahren Sie in Abschnitt 14.1.4 unter »Fehlerquelle Aufnahmebereich«.

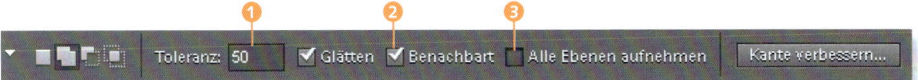

Mit der Option BENACHBART ❷ wird die Auswahl des Zauberstabs gravierend verändert. Diese Option ist standardmäßig aktiviert und bewirkt, dass nur die Farben ausgewählt werden, die im benachbarten Bereich liegen. Deaktivieren Sie diese Option, so werden alle Pixel im Bild auswählt, die im entsprechenden Farbbereich (abhängig von TOLERANZ) liegen.

Durch Aktivieren der Option ALLE EBENEN AUFNEHMEN ❸ beziehen Sie die Farben aus allen Ebenen ein. Ist die Option deaktiviert, werden nur die Farben der aktiven Ebene ausgewählt.

▲ **Abbildung 23.10**
Die Werkzeugoptionen für den Zauberstab

Bedienung | Zwar ist die Bedienung des Zauberstabs zunächst recht einfach, aber bei komplexen Bildern erfordert sie doch ein wenig Fingerspitzengefühl, Erfahrung, Zeit und Geduld.

Schritt für Schritt: Den Zauberstab verwenden

1 **Bereich auswählen**

Flowers_on_a_river_in_Vietnam.jpg

Öffnen Sie das Bild »Flowers_on_a_river_in_Vietnam.jpg« im Editor. Wählen Sie den Zauberstab W ⭑, und stellen Sie bei den Werkzeugoptionen die Option DER AUSWAHL HINZUFÜGEN ❶ ein. Bei der TOLERANZ verwenden Sie einen Wert von 20, und die Optionen GLÄTTEN und BENACHBART bleiben aktiviert. In diesem Beispiel soll der Blumenstrauß vom Hintergrund freigestellt werden. Gehen Sie hierzu mit dem Mauszeiger auf einen Bereich im Hintergrund des Bildes, und klicken Sie hinein.

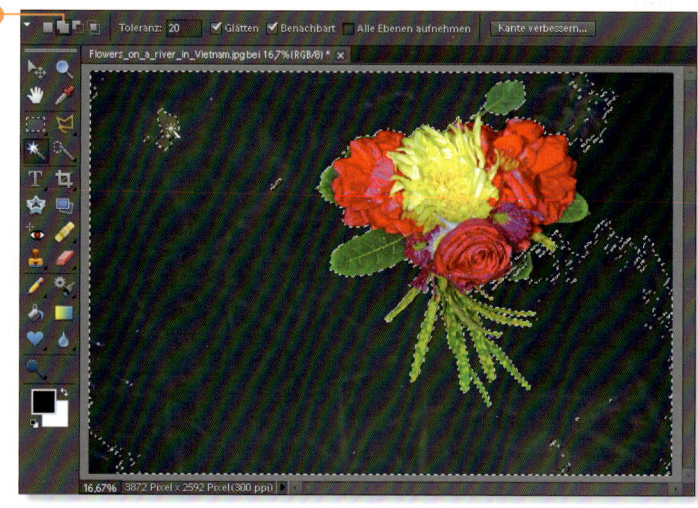

▲ **Abbildung 23.11**
So sieht die Auswahl nach dem ersten Klick in etwa aus.

2 **Weitere Bereiche auswählen**

Wiederholen Sie diesen Vorgang mehrmals mit Bereichen im Hintergrund, die noch nicht ausgewählt wurden. Solange Sie die Option DER AUSWAHL HINZUFÜGEN verwenden, wird die neue Auswahl der vorhandenen hinzugefügt. Ebenfalls sehr wichtig ist die Option BENACHBART.

Sie müssen übrigens nicht Pixel für Pixel mit dem Zauberstab auswählen – gröbere Bereiche können Sie auch mit dem Auswahlpinsel A 🖌 zur aktuellen Auswahl hinzufügen.

◄ **Abbildung 23.12**
Der Auswahl werden Klick
für Klick weitere Bereiche
hinzugefügt.

3   **Quickmask-Modus verwenden**

Leider gibt es in Photoshop Elements keinen echten Quickmask-Modus, bei dem eine temporäre Maske angelegt wird. Bei komplizierten, unregelmäßigen und unklaren Konturen wäre dieser Modus sehr nützlich, weil damit die Auswahl deutlicher sichtbar wird. Invertieren Sie deshalb zunächst die Auswahl mittels Strg/⌘+⇧+I, und klicken Sie dann auf die Schaltfläche KANTE VERBESSERN in der Werkzeugoptionsleiste.

Wählen Sie im Dialog den Punkt BENUTZERDEFINIERTE ÜBER-LAGERUNGSFARBE ❸ aus. Nun ist die Auswahl schon deutlich sichtbarer. Wollen Sie eine andere Überlagerungsfarbe auswählen, müssen Sie nur die Schaltfläche doppelklicken. Wenn Sie näher ins Bild hineinzoomen, können Sie sehen, wo im Bildbereich noch Teile vom Blumenstrauß ausgewählt sind ❷.

◄ **Abbildung 23.13**
Im Dialog KANTE VERBESSERN können Sie die Darstellung der Auswahl verändern und so besser an den Details arbeiten.

4 Details von der Auswahl abziehen

Schließen Sie den Dialog wieder, und kehren Sie die Auswahl wieder mit [Strg]/[⌘]+[⇧]+[I] um, damit Sie weiter an der eigentlichen Auswahl arbeiten können. Nun ist statt des Blumenstraußes wieder der Hintergrund ausgewählt.

Die Auswahl ist allerdings immer noch nicht perfekt: Einige Stellen des Blumenstraußes sind weiterhin ausgewählt. Reduzieren Sie jetzt die TOLERANZ des Zauberstabs auf 5, und wählen Sie die Option VON AUSWAHL ABZIEHEN ❶. Klicken Sie mehrmals in den Bereich ❷ des Blumenstraußes, den Sie aus der Auswahl entfernen wollen. Wenn zu viel abgewählt wurde, machen Sie den Vorgang mit [Strg]/[⌘]+[Z] wieder rückgängig. Reduzieren Sie gegebenenfalls wieder die Toleranz bis auf 1, und zoomen Sie näher in das Bild hinein.

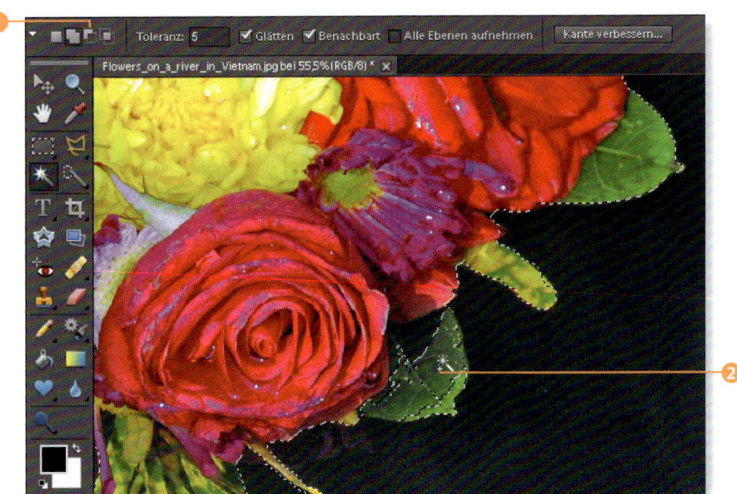

Abbildung 23.14 ▶
Für eine detailliertere Nacharbeit der Auswahl mit dem Zauberstab sollten Sie auf jeden Fall näher in das Bild hineinzoomen.

5 Ab Arbeitsschritt 3 wiederholen

Wiederholen Sie gegebenenfalls den Vorgang ab dem 3. Arbeitsschritt, und überprüfen Sie die Auswahl wieder mit der Überlagerungsfarbe. Entfernen Sie weitere Bereiche von der Auswahl, oder fügen Sie weitere hinzu. Über die Schaltfläche KANTE VERBESSERN in der Werkzeugoptionsleiste des Zauberstabes können Sie zum Schluss noch ein wenig die Details verbessern.

6 Auswahl kopieren

Jetzt können Sie die Auswahl als neues Bild freigestellt verwenden. Invertieren Sie hierzu zunächst die Auswahl mit AUSWAHL • UMKEHREN (oder [Strg]/[⌘]+[⇧]+[I]); schließlich wollen wir ja den Blumenstrauß haben. Kopieren Sie anschließend die Auswahl mit [Strg]/[⌘]+[C] in die Zwischenablage. Mittels DATEI • NEU •

Mit Ebenenmasken freistellen

Alternativ könnten Sie diese Auswahl auch über EBENEN-MASKE • AUSWAHL AUSBLENDEN freistellen. Allerdings fehlen Ihnen hierzu noch die Kenntnisse zu den Ebenenmasken, die erst in Kapitel 29 näher beschrieben werden.

BILD AUS ZWISCHENABLAGE erhalten Sie nun den Blumenstrauß
freigestellt als neues Bild.

▲ **Abbildung 23.15**
Der fertig freigestellte Blumenstrauß kann nun in
anderen Bildern verwendet werden.

▲ **Abbildung 23.16**
Hier wurden die Blumen als Illustration für eine
Glückwunschkarte verwendet. ■

23.3 Das Schnellauswahl-Werkzeug

Das Schnellauswahl-Werkzeug ⒜ ▨ sucht sich seine Auswahl
anhand von Farben und Strukturen eines ausgewählten Bildbereichs. Im Gegensatz zum Zauberstab, der mit dem Schnellauswahl-Werkzeug vergleichbar ist, müssen Sie mit diesem Werkzeug
das Motiv zum Auswählen wie mit einem gewöhnlichen Pinsel-
Werkzeug übermalen. Beim Zauberstab mussten Sie ja klicken
und beim Lasso den Rand umzeichnen. Glücklicherweise müssen
Sie beim Übermalen nicht so exakt vorgehen, da das Schnellauswahl-Werkzeug die Begrenzungen automatisch erstellt.

Werkzeugoptionen | Auch hier finden Sie die Ihnen bereits
bekannten Schaltflächen NEUE AUSWAHL, DER AUSWAHL HINZU-
FÜGEN und VON AUSWAHL ABZIEHEN ❸. Diese sehen hier nur ein
wenig anders aus. Standardmäßig ist immer NEUE AUSWAHL aktiviert:

▶ NEUE AUSWAHL ▨: Die Option wird für die Erstellung einer
   neuen Auswahl verwendet. Bereits vorhandene Auswahlen
   werden dadurch aufgehoben. Beachten Sie allerdings, dass
   diese Option nach der ersten Verwendung automatisch auf
   die Option DER AUSWAHL HINZUFÜGEN springt.

▶ DER AUSWAHL HINZUFÜGEN 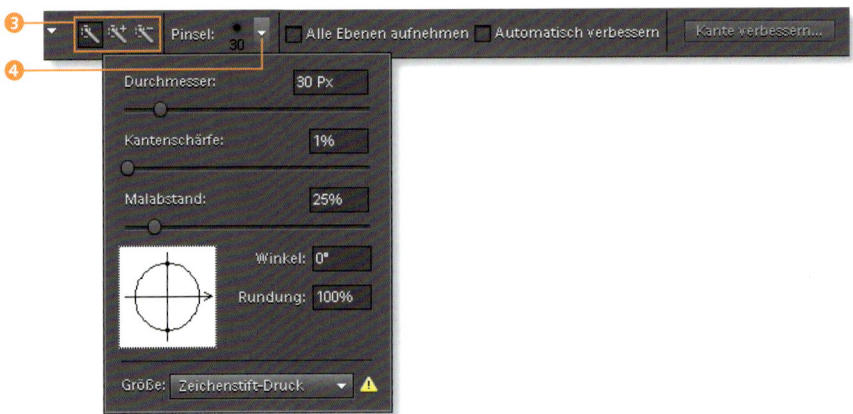: Dient zur Vergrößerung einer bereits erstellten Auswahl. Auf diese Option wird automatisch nach der ersten Verwendung von NEUE AUSWAHL geschaltet.

▶ VON AUSWAHL ABZIEHEN : Mit dieser Option verkleinern Sie eine vorhandene Auswahl. Sie steht folglich erst zur Verfügung, wenn bereits ein Bereich ausgewählt wurde. Alternativ können Sie diese Option auch jederzeit mit gehaltener ⌐Alt⌐-Taste verwenden.

Abbildung 23.17 ▼
Die Werkzeugoptionen des Schnellauswahl-Werkzeugs

Entscheidend für die Wirkung
Was beim Zauberstab die TOLE-RANZ ist, ist für das Schnellaus-wahl-Werkzeug die Einstellung von DURCHMESSER und KANTEN-SCHÄRFE.

Den PINSEL ❹ stellen Sie wie bei einem normalen Malwerk-zeug ein (siehe Abschnitt 14.3, »Pinsel- und Werkzeugspitzen«). Wichtig für den Pinsel des Schnellauswahl-Werkzeugs sind allerdings vorwiegend der DURCHMESSER und die KANTENSCHÄRFE der Werkzeugspitze. Die anderen Werte wie MALABSTAND, WINKEL und RUNDUNG sind für das Schnellauswahl-Werkzeug im Grunde irrelevant. Den Durchmesser des Pinsels verkleinern oder vergrö-ßern Sie mit ⌐#⌐ bzw. mit ⌐⇧⌐+⌐#⌐. Dasselbe erreichen Sie für die Kantenschärfe mit ⌐?⌐ (nur Windows) bzw. ⌐⇧⌐+⌐?⌐ (Windows und Mac).

Wenn sich die Auswahl auf alle vorhandenen Ebenen auswir-ken soll, müssen Sie die Option ALLE EBENEN AUFNEHMEN akti-vieren. Mit AUTOMATISCH VERBESSERN aktivieren Sie eine Weich-zeichnung der Auswahl. Noch präziser steuern Sie die Auswahl über die Schaltfläche KANTE VERBESSERN. Der sich daraufhin öff-nende Dialog wurde bereits in Abschnitt 22.5.3 beschrieben.

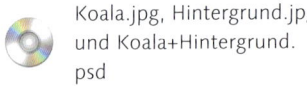

Koala.jpg, Hintergrund.jpg und Koala+Hintergrund. psd

Bedienung | Die Bedienung ist ebenfalls relativ einfach: Gehen Sie mit dem Mauszeiger auf das Motiv, das Sie auswählen wollen, und malen Sie es mit gedrückt gehaltener Maustaste aus. Sobald Sie zu malen beginnen, springt die Option von NEUE AUSWAHL auf DER AUSWAHL HINZUFÜGEN um. Selbstverständlich können

Sie den Bereich auch jederzeit nur durch Anklicken erweitern oder reduzieren.

▲ **Abbildung 23.18**
Das Schnellauswahl-Werkzeug im Einsatz. Das Werkzeug eignet sich nicht nur für einfache Formen, sondern auch zur Auswahl komplexerer Formen. Dank intuitiver und automatischer Bedienung erzielen Sie hiermit in kürzester Zeit recht gute Ergebnisse. Links sehen Sie die Auswahl mit der üblichen Auswahllinie, und rechts wurde zur Verdeutlichung eine Überlagerungsfarbe verwendet.

◄ **Abbildung 23.19**
Hier wurde der zuvor ausgewählte Koala in die Zwischenablage kopiert (BEARBEITEN • KOPIEREN) und an einem anderen und attraktiveren Ort (Hintergrund) eingefügt (BEARBEITEN • EINFÜGEN).

23.4 Der Auswahlpinsel

Der Auswahlpinsel [A] 🖌 befindet sich im selben »Fach« wie das Schnellauswahl-Werkzeug und arbeitet im Grunde auch wie dieses. Auch hier müssen Sie lediglich Ihre Auswahl »aufpinseln«

 Glueck.jpg

– mit dem Unterschied, dass beim Auswahlpinsel die Kanten nicht automatisch aufgespürt werden. Eine mit dem Auswahlpinsel aufgemalte Auswahl entspricht also exakt dem Pinselstrich.

Abbildung 23.20 ▶
Der Auswahlpinsel ist ganz wörtlich eine aufgepinselte Auswahl – ohne Automatismen und sonstige Extras.

Foto: Marco Barnebeck

Pinselgröße ändern

Die Größe der Pinselspitze können Sie hierbei auch mit den Tasten ⃞ und ⃞+⃞ verkleinern bzw. vergrößern.

Die Werkzeugoptionen | Die Standardeinstellung des Werkzeugs ist die Option DER AUSWAHL HINZUFÜGEN ❶. Wenn Sie die Auswahl reduzieren wollen, finden Sie daneben die Schaltfläche VON AUSWAHL ABZIEHEN ❷. In der Popup-Palette ❸ daneben wählen Sie eine der vordefinierten Pinselspitzen aus. Neben dem angebotenen Standardpinsel können Sie hierbei natürlich auch über die entsprechende Dropdown-Liste auf ein ganzes Sortiment von Pinseln zurückgreifen. Mit GRÖSSE ❹ stellen Sie ein, wie groß die Pinselspitze sein soll.

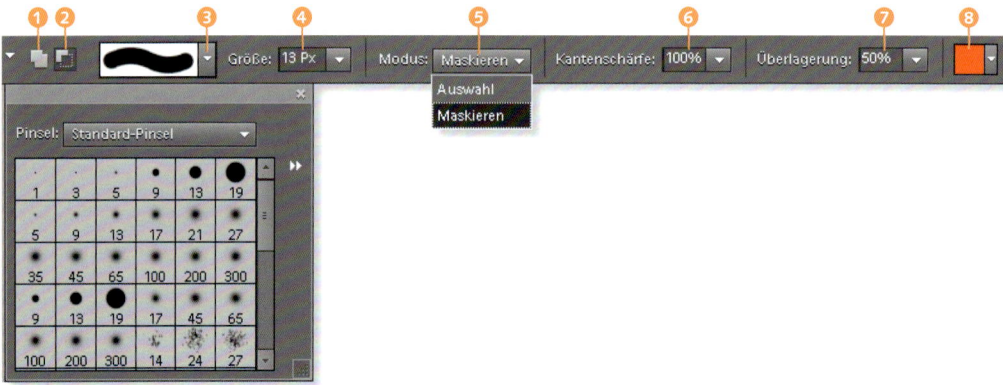

Abbildung 23.21 ▲
Die Werkzeugoptionen des Auswahlpinsels

Die Option MODUS ❺ lassen Sie entweder auf AUSWAHL stehen, um wie gewohnt einen Auswahlbereich mit den Ameisenlinien zu erzeugen, oder Sie stellen mit dem anderen Wert MASKIERUNG die Auswahl auf einen Maskenbereich um. Der maskierte Bereich wird in einer Überlagerungsfarbe angezeigt, die Sie über eine zusätzliche Werkzeugoption ❽ einstellen können. Um Sie jetzt nicht zu verwirren: Der maskierte Bereich ist normalerweise der Bereich, der nicht ausgewählt werden soll. Sie können diesen Modus jederzeit verwenden, um die Auswahl zu verkleinern, und so zwischen den Modi AUSWAHL und MASKIERUNG hin- und herschalten. Wenn Sie den Maskierungsmodus verwenden, finden Sie neben AUSWAHL DER ÜBERLAGERUNGSFARBE auch eine Option ÜBERLAGERUNG ❼, mit der Sie angeben, wie stark die Überlagerungsfarbe sein soll.

Noch nicht erwähnt wurde die Werkzeugoption KANTENSCHÄRFE ❻ zur Einstellung der Kantenschärfe des Pinsels. Je deutlicher der Wert unter 100 % liegt, umso weicher werden die Übergänge zwischen ausgewählten oder maskierten und nicht ausgewählten oder maskierten Bereichen.

Auswahl- und Maskierungsmodus

In der Praxis wird der Auswahlmodus verwendet, um die Auswahl zu vergrößern, und der Maskenmodus, um die Auswahl zu verkleinern. In beiden Modi können Sie mit gehaltener A l t -Taste Bereiche aus der Auswahl oder Maskierung entfernen.

◄ **Abbildung 23.22**
Im Modus MASKIEREN werden die Bereiche, die farbig dargestellt werden, nicht ausgewählt.

24 Wichtige Arbeitstechniken

Bevor wir das Thema Auswahlen abschließen, finden Sie hier noch einige grundlegende und unverzichtbare Arbeitstechniken, die bei allen Arten von Auswahlen nützlich sind.

 Rose.jpg

24.1 Auswahllinie verschieben

Wollen Sie nur die Auswahllinie (Ameisenlinie) ohne den Inhalt verschieben, so haben Sie die folgenden zwei Möglichkeiten (eine für die Tastatur und eine für die Maus):

▶ Um die Auswahllinie Pixel für Pixel zu verschieben, eignen sich die Pfeiltasten der **Tastatur** sehr gut. Jeder Tastendruck verschiebt dabei die Auswahllinien um einen Pixel in die Richtung des jeweils gedrückten Pfeils. Wenn Sie zusätzlich ⇧ gedrückt halten, wird die Auswahl um 10 statt um 1 Pixel verschoben.

▶ Wenn Sie die Auswahllinie mit der **Maus** verschieben wollen, brauchen Sie nur das Auswahlrechteck-Werkzeug zu verwenden und innerhalb des ausgewählten Bereiches mit gedrückt gehaltener Maustaste die Auswahllinie an einen anderen Bereich zu verschieben.

Auswahl aufheben

Wollen Sie eine Auswahl aufheben, können Sie dies entweder mit Esc, Strg/⌘+D oder AUSWAHL • AUSWAHL AUFHEBEN durchführen. Haben Sie aus Versehen eine Auswahl aufgehoben, lassen Sie sie mit Strg/⌘+ ⇧+D wieder anzeigen.

Exakter verschieben

Um das Verschieben mit der Maus auf die Waagerechte, Senkrechte oder im 45°-Winkel einzuschränken, halten Sie während der Bewegung mit der Maus die Taste ⇧ gedrückt.

Foto: Jürgen Wolf

◀ **Abbildung 24.1**
Die verschobene Auswahllinie (hier mittels Auswahlrechteck-Werkzeug)

24.2 Auswahlinhalt verschieben

Auch zum Verschieben des kompletten Inhalts der Auswahl verwenden Sie entweder die Maus oder die Tastatur:

▶ Wechseln Sie zum Verschieben-Werkzeug $\boxed{V}$, und betätigen Sie die Pfeiltasten auf der **Tastatur**, um den ausgewählten Inhalt in die entsprechende Richtung zu verschieben. Standardmäßig wird pro Tastendruck um je einen Pixel in die entsprechende Richtung verschoben. Mit gehaltener $\boxed{\text{⇧}}$-Taste erhöhen Sie diesen Wert auf 10 Pixel.

▶ Bei der Arbeit mit der **Maus** drücken Sie innerhalb der Auswahl $\boxed{\text{Strg}}$/$\boxed{\text{⌘}}$, um den Auswahlinhalt mit gedrückt gehaltener Maustaste zu verschieben. Alternativ können Sie aber auch hier zum Verschieben-Werkzeug wechseln, um den Auswahlinhalt mit gedrückt gehaltener Maustaste zu verschieben. Auch hier verschieben Sie mit gehaltener $\boxed{\text{⇧}}$-Taste den Auswahlinhalt exakt in die Senkrechte, Waagerechte und im 45°-Winkel.

Abbildung 24.2 ▶
Wenn Sie den Inhalt einer Auswahl verschieben, entsteht ein Loch im Bild. Je nachdem, ob Sie mit einer Ebene oder mit einem Hintergrundbild arbeiten, ist der Hintergrund des Loches entweder transparent oder entspricht der eingestellten Hintergrundfarbe.

24.3 Auswahlinhalt löschen

Den ausgewählten Inhalt entfernen Sie schnell mit $\boxed{\text{Entf}}$, $\boxed{\text{←}}$ oder mit dem Befehl BEARBEITEN • LÖSCHEN. Wie das entstehende Loch aussieht, hängt davon ab, ob Sie auf einer Ebene oder einer Hintergrundebene gearbeitet haben. Wie auch schon beim Verschieben erscheint das Loch transparent, wenn eine Ebene verwendet wurde, oder in der eingestellten Hintergrundfarbe, wenn ein Hintergrundbild verwendet wurde.

▲ **Abbildung 24.3**
Hier wurde die Auswahl einer Hintergrundebene gelöscht. Der gelöschte Bereich wird mit der eingestellten Hintergrundfarbe gefüllt (hier Weiß).

▲ **Abbildung 24.4**
In dieser Abbildung wurde die Auswahl einer normalen Ebene gelöscht, wodurch der entfernte Bereich transparent wird.

24.4   Auswahl duplizieren

Um eine Auswahl zu duplizieren, halten Sie die Alt -Taste darüber gedrückt und verschieben das so erstellte Duplikat mit gehaltener Maustaste. Auch hier funktioniert der Trick mit der gehaltenen ⇧ -Taste, um die Bewegung des Verschiebens auf die Senkrechte, Waagerechte oder im 45°-Winkel zu beschränken.

Beachten Sie außerdem, dass bei dieser Methode, eine Auswahl zu duplizieren, keine eigene Ebene angelegt wird, wie dies beim gewöhnlichen Copy & Paste der Fall wäre. Solange Sie die schwebende, duplizierte Auswahl nicht aufheben (zum Beispiel mit Strg /⌘+ D), können Sie sie jederzeit noch verschieben oder löschen.

◀ **Abbildung 24.5**
Eine verschobene Kopie der Auswahl, die keine Ebene ist und die Sie jederzeit noch verschieben oder löschen können, solange die schwebende Auswahl nicht aufgehoben wurde.

24.5 Auf neuer Ebene weiterarbeiten

Wenn Sie eine Auswahl auf eine neue Ebene bringen wollen, um dort mit ihr weiterzuarbeiten, haben Sie zwei Möglichkeiten: Entweder duplizieren Sie die Auswahl, dann liegt der ausgewählte Bereich deckungsgleich auf einer neuen Ebene. Oder Sie schneiden die Auswahl aus und fügen ihren Inhalt auf einer neuen Ebene ein.

Auswahl auf Ebene | Um eine Kopie der aktuellen Auswahl auf einer neuen Ebene einzufügen, haben Sie zwei Möglichkeiten. Beachten Sie, dass sich hierbei in Ihrem Bild zunächst nichts ändert. Die neue Ebene bzw. das Motiv der neuen Ebene liegt deckungsgleich über der Hintergrundebene.

▸ Verwenden Sie den Befehl EBENE • NEU • EBENE DURCH KOPIE oder die Tastenkombination ⌈Strg⌉/⌈⌘⌉+⌈J⌉.

▸ Kopieren Sie die Auswahl mit BEARBEITEN • KOPIEREN oder ⌈Strg⌉/⌈⌘⌉+⌈C⌉, und fügen Sie sie mit BEARBEITEN • EINFÜGEN oder ⌈Strg⌉/⌈⌘⌉+⌈V⌉ in eine neue Ebene ein.

Inhalt einer Auswahl auf eine neue Ebene | Wollen Sie hingegen den Inhalt der Auswahl ausschneiden und in eine neue Ebene einfügen, um so das Motiv und seinen Hintergrund unabhängig voneinander zu bearbeiten, gehen Sie folgendermaßen vor:

▸ Verwenden Sie den Befehl EBENE • NEU • EBENE DURCH AUS-SCHNEIDEN oder ⌈Strg⌉/⌈⌘⌉+⌈⇧⌉+⌈J⌉.

▸ Schneiden Sie die Auswahl mit BEARBEITEN • AUSSCHNEIDEN oder ⌈Strg⌉/⌈⌘⌉+⌈X⌉ aus, und fügen Sie sie mit BEARBEITEN • EINFÜGEN oder ⌈Strg⌉/⌈⌘⌉+⌈V⌉ in eine neue Ebene ein.

▲ **Abbildung 24.6**
Die Auswahl wurde als neue Ebene eingefügt.

▲ **Abbildung 24.7**
Wenn Sie den Inhalt einer Auswahl ausschneiden und in eine neue Ebene einfügen, entsteht wieder das Loch im Hintergrundbild.

Teil VIII
Ebenen

25 Ebenen in Photoshop Elements

In vielen Kapiteln wurden Sie auf diesen Buchteil verwiesen, und Sie können sich daher sicherlich denken, dass dieses Thema sehr wichtig ist. In der Tat sind die Ebenen so etwas wie die Kreuzungen einer stark befahrenen Straße: Erst mit den Ebenen können Sie richtig flexibel und kreativ arbeiten. Ohne Ebenen wäre Ihr Grafik- und Bildbearbeitungsprogramm nur halb so vielseitig.

Das Ebenenprinzip | Zunächst einmal hat jedes Bild, das Sie bearbeiten, mindestens eine Ebene. Stellen Sie sich eine Ebene als eine Folie oder Glasscheibe vor, auf der etwas gezeichnet wird. Auf diese Ebenen können Sie jederzeit weitere Ebenen legen. Durch die Transparenz der Ebenen (abgesehen von der Hintergrundebene) können Sie die darunterliegenden Ebenen ebenfalls sichtbar machen. Dies ist allerdings abhängig von der Deckkraft und Füllmethode der Ebenen. Auch die Reihenfolge der einzelnen Ebenen lässt sich jederzeit verändern und ist ausschlaggebend für das Gesamtbild.

Manipulation.jpg, Manipulation.psd

Foto: Jürgen Wolf

◀ **Abbildung 25.1**
Es fällt in diesem Bild nicht auf, dass hier drei Ebenen verwendet wurden.

Für die Bearbeitung von Bildern mit Ebenen wird das Ebenen-Bedienfeld verwendet. Wird dieses Bedienfeld nicht angezeigt, können Sie es jederzeit über das Menü FENSTER • EBENEN öffnen.

Abbildung 25.2 ▶
Das Bild aus mit seinen Ebenen im Ebenen-Bedienfeld. Das Flugzeug und sein Schatten wurden über Ebenen eingefügt. Zusätzlich wurde das Bild künstlich gealtert.

Das Prinzip und der Aufbau von Ebenen sind immer recht ähnlich. Sie verwenden zunächst ein Hintergrundbild ❷. Auf dieses Hintergrundbild, das im Grunde auch nur eine Ebene ist, legen Sie jetzt weitere Ebenen wie zum Beispiel freigestellte und transparente Bildmotive ❶.

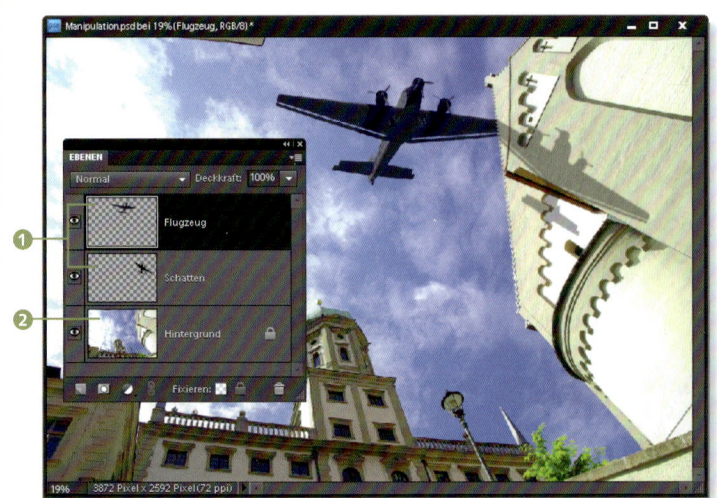

25.1 Transparenz und Deckkraft

25.1.1 Ebenentransparenz

Sicherlich ist Ihnen schon des Öfteren bei Bildern oder im Ebenen-Bedienfeld bei der Miniatur das grau-weiße **Schachbrettmuster** aufgefallen. Dieses Muster symbolisiert die Ebenentransparenz – oder einfacher: den durchsichtigen Teil einer Ebene. Befände sich unterhalb der Ebene eine weitere Ebene, so würde der Inhalt dieser Ebene überdeckt von der oberen Ebene angezeigt.

Abbildung 25.3 ▶
Transparente Flächen des Bildes werden mit einem Schachbrettmuster angezeigt.

Foto: Janine Grab-Bolliger

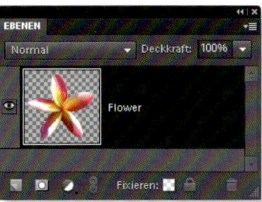

25.1.2 Ebenendeckkraft

Auch die DECKKRAFT ❸ von Ebenen lässt sich über einen Schieberegler reduzieren. Damit lassen Sie zum Beispiel Ebenen unter
anderen Ebenen durchscheinen. Bei der untersten Ebene scheint
so, sofern es keine Hintergrundebene ist, das grau-weiße Schachbrettmuster durch. Mit der DECKKRAFT steuern Sie die Transparenz der Ebene.

◄ **Abbildung 25.4**
Wäre hier die DECKKRAFT nicht
auf 70 % reduziert worden, würde
die Blume von der grünen Ebene
überdeckt und folglich nicht
angezeigt. Auch das Schachbrettmuster der darunterliegenden
Ebene, die Transparenz, ist hier
leicht zu erkennen.

25.2 Typen von Ebenen

Sie wissen bereits, dass alle Bilder in Photoshop Elements aus
mindestens einer Ebene bestehen. Dabei wird zwischen verschiedenen Typen von Ebenen unterschieden, die sich teilweise
in ihrer Verwendung und Bearbeitung unterscheiden.

25.2.1 Hintergrundebenen

Jedes Foto, das Sie in Photoshop Elements öffnen, und jede leere
Datei, die Sie neu anlegen (abgesehen von einem transparenten
Hintergrundinhalt), liegen als Bild in einer Hintergrundebene vor.
Dies zeigt auch schon der Name HINTERGRUND ❹ im Ebenen-
Bedienfeld an.

Jedes Bild kann dabei nur eine Hintergrundebene haben.
Außerdem unterscheidet sich eine Hintergrundebene von anderen Ebenen durch folgende Eigenschaften:

► Hintergrundebenen können im Ebenenstapel nicht verschoben werden und liegen immer ganz unten im Stapel.

► Hintergrundebenen können nicht transparent sein, weil sie
keinen Alphakanal besitzen. Wenn Sie eine Hintergrundebene
radieren oder Teile davon ausschneiden, erscheint immer die

eingestellte Hintergrundfarbe aus dem Farbwahlbereich an diesen Stellen.

▶ Die DECKKRAFT einer Hintergrundebene kann nicht reduziert werden.

Abbildung 25.5 ▶
Der Hintergrund um dem Bilderrahmen wurde ausgewählt …

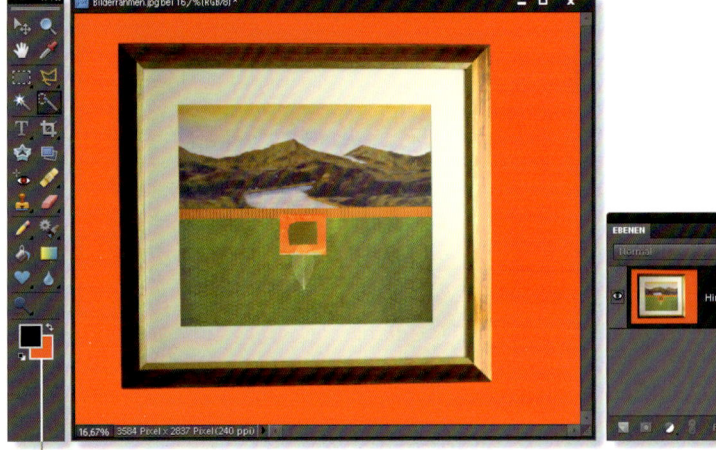

Abbildung 25.6 ▶
… und mit Entf / ← gelöscht. Dadurch wurde der schwarze Hintergrund mit der aktuell eingestellten Hintergrundfarbe ⑤ (hier Rot) gefüllt.

TIPP

Noch einfacher und schneller geht es, wenn Sie die Hintergrundebene im Ebenen-Bedienfeld doppelklicken.

Hintergrundebene in Bildebene umwandeln | Es ist relativ einfach, aus einer Hintergrundebene eine Bildebene zu machen. Hierzu brauchen Sie nur die Hintergrundebene im Ebenen-Bedienfeld mit der rechten Maustaste anzuklicken und im Kontextmenü EBENE AUS HINTERGRUND auszuwählen. Alternativ finden Sie das Kommando über den Menüpunkt EBENE • NEU • EBENE AUS HINTERGRUND. Daraufhin öffnet sich ein neuer Dialog, wo Sie den NAMEN, den MODUS und die DECKKRAFT der neu zu erstellenden Ebene eingeben können.

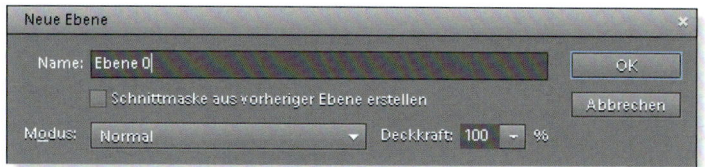

▲ **Abbildung 25.7**
Neue Ebene aus Hintergrund erzeugen

Bildebene in Hintergrundebene umwandeln | Um umgekehrt aus einer Bildebene wieder eine Hintergrundebene zu erstellen, wählen Sie im Menü EBENE • NEU • HINTERGRUND AUS EBENE. Grundsätzlich funktioniert dies auch über das Ebenen-Bedienfeld mit einem Rechtsklick auf die unterste Ebene und Auswahl der Option AUF HINTERGRUNDEBENE REDUZIEREN im Kontextmenü – allerdings nur dann, wenn das Bedienfeld nur eine einzige Ebene enthält. Befinden sich mehrere Ebenen im Bedienfeld, werden mit diesem Befehl alle Ebenen zu einer Hintergrundebene zusammengefügt.

25.2.2 Bildebenen

Wenn von Ebenen die Rede ist, sind meistens die »normalen« Bildebenen gemeint, die in der Praxis auch am häufigsten zum Einsatz kommen. Vor allem um diese Ebenen geht es auch in diesem Abschnitt. Diese Ebenentypen enthalten von Haus aus einen Alphakanal und somit auch Transparenz.

25.2.3 Einstellungsebenen

Mehr als einmal haben Sie bereits Einstellungsebenen in diesem Buch verwendet. Die Einstellungsebenen sind unverzichtbar für die Bildkorrektur. Mit ihrer Hilfe können Sie verschiedene Korrekturen durchprobieren, ohne das Originalbild zu ändern.

25.2.4 Textebenen

Eine Textebene erkennen Sie am großen »T« ❷ im Ebenen-Bedienfeld. Sobald Sie eines der Textwerkzeuge aus der Werkzeugpalette auswählen und in das Bild klicken, legt Photoshop Elements automatisch eine solche Ebene an. Text besteht bei Photoshop Elements aus Vektoren und nicht aus Pixeln. Der Vorteil liegt auf der Hand: Durch die mathematisch definierte Form des Textes lässt sich die Schrift verlustfrei skalieren. Lassen Sie sich also nicht davon abschrecken, wenn bei näherem Hereinzoomen der Text etwas »pixeliger« wirkt. Sobald Sie den Text ausdrucken, stimmt die Schärfe wieder.

Abbildung 25.8 ▲
Photoshop Elements bietet eine Vielzahl von Einstellungsebenen an ❶.

Zum Weiterlesen
Die Einstellungsebenen wurden bereits in Abschnitt 10.4, »Flexibel arbeiten mit Einstellungsebenen«, umfassend beschrieben.

Abbildung 25.9 ▲
Die Textebene ist am großen »T«
in der Ebenenminiatur erkennbar.

25.2.5 Formebenen

Formebenen legen Sie mit den Formwerkzeugen an:

▸ Rechteck-Werkzeug 🔲
▸ Abgerundetes-Rechteck-Werkzeug 🔲
▸ Ellipse-Werkzeug 🔵
▸ Polygon-Werkzeug 🔵
▸ Linienzeichner-Werkzeug ◥
▸ Eigene-Form-Werkzeug 💙

Vektoren und Pixel
Schlagen Sie in Abschnitt 5.1.2,
»Vektorgrafik – die mathematische Grafik«, nach, um mehr über
den Unterschied zwischen Pixeln
und Vektoren zu erfahren.

Formebenen sind wie die Textebenen Ebenen mit mathematischen Vektorinformationen und somit stufenlos und verlustfrei
skalierbar. In der Praxis werden Formebenen für einfache Logos
oder für Schaltflächen auf Webseiten verwendet. Formebenen
lassen sich mit Farben, Mustern oder Verläufen füllen.

Foto: Clarissa Schwarz, www.clarissa-schwarz.ch

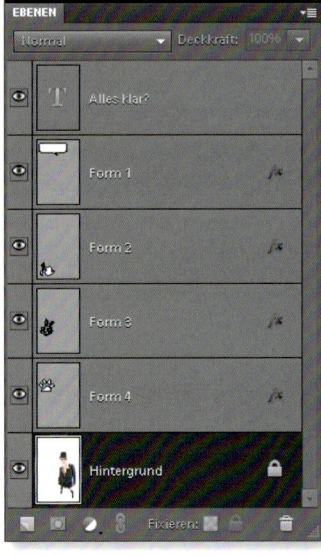

Abbildung 25.10 ▸
Formebenen bestehen aus
Vektorinformationen. Hier wurden gleich mehrere solcher Formen verwendet.

26 Das Ebenen-Bedienfeld

Bevor Sie intensiv mit Ebenentechniken arbeiten können, müssen Sie auf jeden Fall die Befehle und Steuerungsmöglichkeiten der Ebenen kennen. Zwar stehen Ihnen hier auch mit dem Menü EBENE sämtliche Befehle zur Verfügung, aber weitaus komfortabler und schneller für das Arbeiten mit der Ebene ist das Ebenen-Bedienfeld – es ist gleichsam die Hauptsteuerzentrale. Sollten Sie das Ebenen-Bedienfeld geschlossen haben, öffnen Sie es über FENSTER • EBENEN.

Jede Ebene wird im Ebenen-Bedienfeld in einer eigenen Zeile mit einer Miniaturvorschau, dem Namen und gegebenenfalls zusätzlichen Ebeneneigenschaften dargestellt. Zu jeder einzelnen Ebene werden auch die DECKKRAFT und die Füllmethode angezeigt.

Auch funktionsmäßig ist das Ebenen-Bedienfeld stark besetzt. Mit einem Rechtsklick auf eine Ebene öffnet sich ein Kontextmenü mit vielen Ebenenbefehlen. Am oberen Rand finden Sie zudem die wichtigsten Befehle als Schaltflächen, die Sie auch über das Menü EBENE oder mit einem Rechtsklick erreichen.

 Ebenen.psd

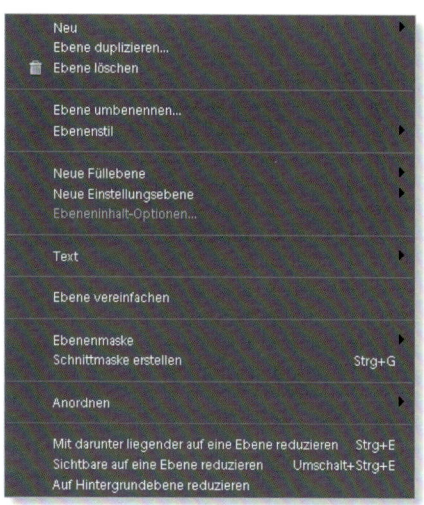

◀ **Abbildung 26.1**
Alle Befehle zu den Ebenen finden Sie im Menü EBENE. Schneller steuern Sie die Ebenen über das Ebenen-Bedienfeld.

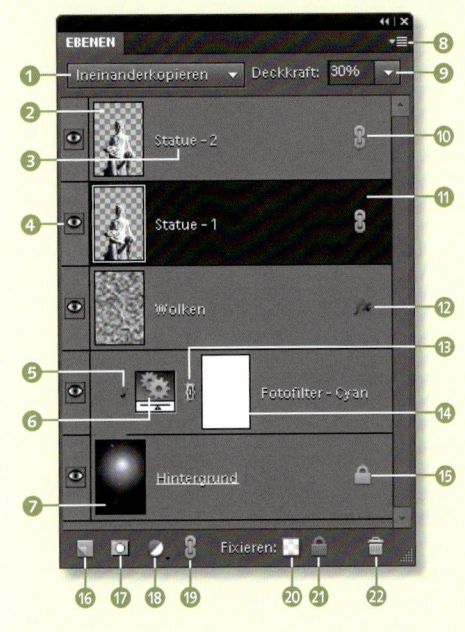

Foto: Marco Barnebeck

▲ **Abbildung 26.2**
Das Ebenen-Bedienfeld

▲ **Abbildung 26.3**
Das Bild zum Ebenen-Bedienfeld

❶ Füllmethode der aktiven Ebene
❷ Ebenenminiatur mit transparentem Objekt
❸ Ebenenname
❹ Sichtbarkeit der Ebene
❺ Ebene mit Schnittmaske
❻ Einstellungsebene
❼ Hintergrundebene
❽ Bedienfeldmenü aufrufen
❾ Deckkraft der Ebenenpixel
❿ Die Ebenen sind verknüpft.
⓫ aktive Ebene (schwarz markiert)

⓬ Ebene mit Ebenenstil
⓭ Verknüpfung zwischen Ebenenmaske und Ebene
⓮ Ebenenmaske
⓯ Ebenenfixierung
⓰ neue Ebene erstellen
⓱ Ebenenmaske hinzufügen
⓲ Einstellungsebene hinzufügen
⓳ Ebenen verknüpfen
⓴ transparente Pixel fixieren
㉑ alles fixieren
㉒ Ebene löschen

26.1 Ebenen auswählen

26.1.1 Aktuell bearbeitete Ebene

Bei Bildern mit vielen Ebenen wird es schnell unübersichtlich, daher müssen Sie immer wissen, welche Ebene im Augenblick aktiv ist. Dies ist besonders wichtig bei der Bearbeitung von Ebenen, weil sich die Arbeiten meistens auf diese aktive Ebene auswirken. Im Ebenen-Bedienfeld erkennen Sie anhand der schwarzen Markierung ❷, welche Ebene bearbeitet wird. Auch die Bildtitelleiste ❶ gibt Auskunft, welche Ebene im Augenblick aktiv ist.

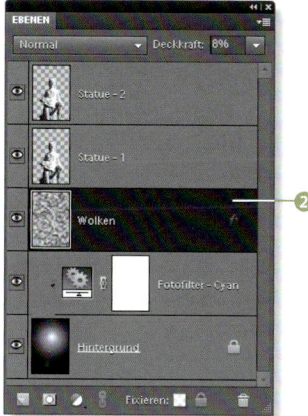

26.1.2 Ebene auswählen

Um eine Ebene auszuwählen, gibt es mehrere Möglichkeiten:

- ▶ Die wohl gängigste Methode dürfte das Auswählen der entsprechenden Ebene im Ebenen-Bedienfeld sein.
- ▶ Mit den Tastenkombinationen [Alt]+[.] und [Alt]+[.] wechseln Sie eine Ebene höher bzw. tiefer.
- ▶ Sie können auch eine Ebene mit dem Verschieben-Werkzeug [V] 🔁 direkt im Bild auswählen. Wenn Sie hierbei die Werkzeugoptionen EBENE AUTOM. WÄHLEN, BEGR.RAHMEN EINBL. und BEIM DARÜBERBEWEGEN MIT MAUS HERVORHEBEN aktiviert haben, brauchen Sie nur noch in das Bild zu klicken, um die Ebene zum Bearbeiten zu aktivieren.

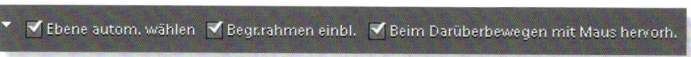

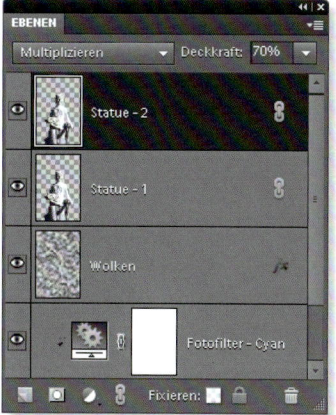

▲ **Abbildung 26.4**
Das Ebenen-Bedienfeld und der Bildtitel geben Auskunft, welche Ebene im Augenblick bearbeitet wird.

◀ **Abbildung 26.5**
Einige Werkzeugoptionen des Verschieben-Werkzeugs, die Ihnen beim Auswählen von Ebenen helfen

◀ **Abbildung 26.6**
Hier wurde die Ebene STATUE - 2 mit dem Verschieben-Werkzeug angewählt. Auf die Ebene STATUE - 1 können Sie mit dem Verschieben-Werkzeug nicht zugreifen, da sie im Ebenen-Bedienfeld nicht angewählt ist.

26.1.3 Mehrere Ebenen auswählen

Manchmal ist es notwendig, mehrere Ebenen auf einmal zu bearbeiten. Damit ist es möglich, verschiedene Arbeitsschritte wie zum Beispiel Verschieben, Transformieren, Ausrichten, oder diverse Effekte auf mehreren Ebenen gleichzeitig durchzuführen. Hierzu bieten sich folgende Optionen an:

▶ Über das Menü AUSWAHL • ALLE EBENEN aktivieren Sie alle Ebenen im Ebenen-Bedienfeld auf einmal. Das Gegenstück zum gleichzeitigen Deaktivieren aller Ebenen ist AUSWAHL • EBENENAUSWAHL AUFHEBEN.

▶ Mit AUSWAHL • ÄHNLICHE EBENEN wählen Sie Ebenen eines bestimmten Typs (siehe Abschnitt 25.2) aus. Wollen Sie zum Beispiel alle Textebenen auswählen, so markieren Sie mindestens eine Textebene, und rufen Sie AUSWAHL • ÄHNLICHE EBENEN auf.

▶ Natürlich funktioniert hierbei auch die Auswahl mit der gedrückt gehaltenen Strg/⌘-Taste im Ebenen-Bedienfeld, wenn Sie beliebige Ebenen auswählen wollen. Um aufeinanderfolgende Ebenen zu aktivieren, können Sie beim Auswählen auch ⇧ gedrückt halten. Klicken Sie zum Beispiel bei gedrückter ⇧-Taste die erste und die letzte Ebene an, haben Sie automatisch auch sämtliche Ebenen dazwischen ausgewählt.

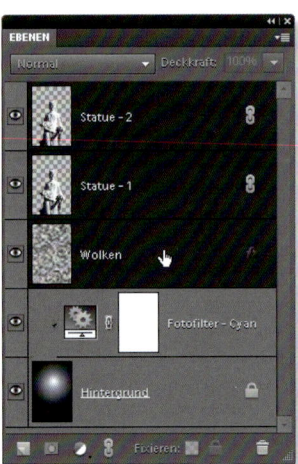 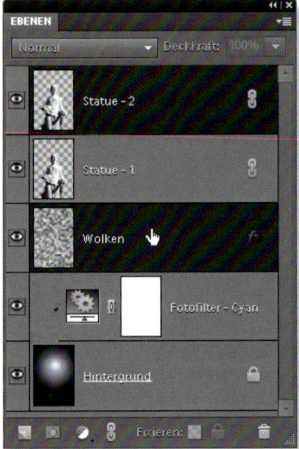

Abbildung 26.7 ▶
Aufeinanderfolgende Ebenen werden mit gehaltener ⇧-Taste ausgewählt.

Abbildung 26.8 ▶▶
Beliebige Ebenen wählen Sie mit gehaltener Strg/⌘-Taste aus.

26.1.4 Sichtbarkeit der Ebenen

Ob eine Ebene sichtbar ist oder nicht, erkennen Sie im Ebenen-Bedienfeld am Augen-Symbol ganz links in der entsprechenden Ebene. Ist das Symbol sichtbar, so ist auch die Ebene sichtbar. Das Augen-Symbol blenden Sie ganz einfach durch Anklicken ein und aus.

Wenn Sie aus der Ebenenkomposition ein Bild in einem bestimmten Dateiformat erstellen wollen, sollten Sie wissen, dass nur die Ebenen verwendet werden, die sichtbar sind. Das Gleiche gilt auch für das Drucken: Ausgeblendete Ebenen werden dabei nicht beachtet.

Mehrere Ebenen ausblenden | Um mehrere Ebenen auf einmal auszublenden, müssen Sie nicht jedes Augen-Symbol einzeln anklicken, sondern haben noch folgende Möglichkeiten:

▶ Fahren Sie mit gedrückter Maustaste die Reihe der Augen-Symbole entlang. Dies gilt sowohl für das Ein- als auch für das Ausblenden.

▶ Klicken Sie mit der rechten Maustaste auf das Augen-Symbol, und wählen Sie im Kontextmenü die entsprechende Option aus. Gewöhnlich werden Sie sich hierbei für ALLE ÜBRIGEN EBENEN EIN-/AUSBLENDEN entscheiden, um alle Ebenen bis auf die aktuelle ein- bzw. auszublenden. Schneller geht dies, wenn Sie mit gehaltener [Alt]-Taste das Augen-Symbol einer Ebene anklicken. Dabei werden ebenfalls alle übrigen Ebenen ein- oder ausgeblendet.

26.2 Ebenen anlegen

Auch um eine neue Ebene anzulegen, stehen Ihnen mehrere Möglichkeiten zur Verfügung:

▶ Die einfachste Methode ist, auf das entsprechende Icon ▨ im Ebenen-Bedienfeld zu klicken. Die neue Ebene wird hierbei oberhalb der aktiven Ebene erstellt und ist transparent. Halten Sie außerdem beim Anklicken des Icons [Alt] gedrückt, wird noch ein Dialog angezeigt, wo Sie den NAMEN, den MODUS und die DECKKRAFT der Ebene eingeben können.

▶ Dasselbe (inklusive Dialogfenster) erreichen Sie auch mit der Tastenkombination [Strg]/[⌘]+[⇧]+[N] oder über den Menüeintrag EBENE • NEU • EBENE.

▶ Wollen Sie die neue Ebene unterhalb der aktiven Ebene anlegen, brauchen Sie nur [Strg]/[⌘] gedrückt zu halten, während Sie das Icon ▨ im Ebenen-Bedienfeld anklicken. Dies funktioniert natürlich auch mit einem zusätzlichen Dialogfenster, wenn Sie [Strg]/[⌘]+[Alt] gedrückt halten.

▲ **Abbildung 26.9**
Mit einem Klick auf das Augen-Symbol ❶ blenden Sie Ebenen aus und ein.

▲ **Abbildung 26.10**
In einem Arbeitsschritt alle Ebenen bis auf eine aus- oder einblenden

Abbildung 26.11 ▶
Der Dialog zum Erstellen einer neuen Ebene

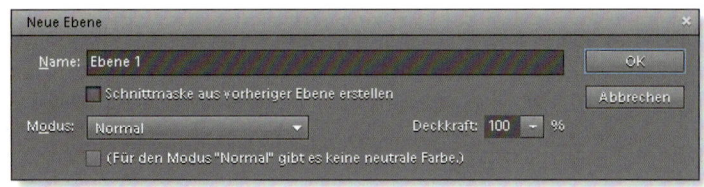

Bild dupliziert, aber nichts passiert

Abgesehen vom Verschieben-Werkzeug ist es normal, wenn das Duplizieren einer Ebene keine Auswirkung auf das Gesamtbild hat (sofern Sie keine Füllmethode bei der Ausgangsebene verwendet haben). Schließlich wird das Duplikat immer an derselben Stelle eingefügt wie die Ausgangsebene.

Abbildung 26.12 ▲
Bei diesem Beispiel wurden zwei Ebenenduplikate von der Statue (STATUE - 1 und STATUE - 2) erstellt, um einen Bildeffekt mit den Ebenenfüllmethoden ❶ zu nutzen.

Abbildung 26.13 ▶
Dialogfenster von EBENE DUPLIZIEREN

Heiligenschein.psd

26.2.1 Neue Ebene durch Duplizieren

Oft benötigen Sie eine Ebene als Kopie, etwa um mit Filtern oder anderen Effekten zu experimentieren, ohne gleich die Originalebene zu ändern. Folgende Möglichkeiten stehen Ihnen zur Verfügung, um neue Bildinhalte durch Duplizieren zu erzeugen:

▶ Ziehen Sie die Ebene, die Sie duplizieren wollen, im Ebenen-Bedienfeld mit gedrückt gehaltener Maustaste auf das Icon ▨, mit dem Sie normalerweise eine neue Ebene anlegen würden, und lassen Sie die Ebene darauf fallen. Nach dem Loslassen der Maustaste erhalten Sie ein Duplikat der Ausgangsebene mit dem Zusatz »Kopie« im Namen.

▶ Klicken Sie mit der rechten Maustaste auf die Ebene, und wählen Sie im Kontextmenü den Punkt EBENE DUPLIZIEREN aus. Dieselbe Option finden Sie auch im Menü unter EBENE • EBENE DUPLIZIEREN. Es erscheint ein Dialogfenster, wo Sie den Namen und die Zieldatei für das Duplikat angeben können. Als Zieldatei können Sie entweder die aktuelle oder eine neue Datei auswählen.

▶ Alternativ können Sie auch das Verschieben-Werkzeug [V] ▸┼ verwenden, um ein Duplikat anzufertigen, indem Sie [Alt] gedrückt halten und die aktive Ebene im Bild mit der Maus oder den Pfeiltasten bewegen.

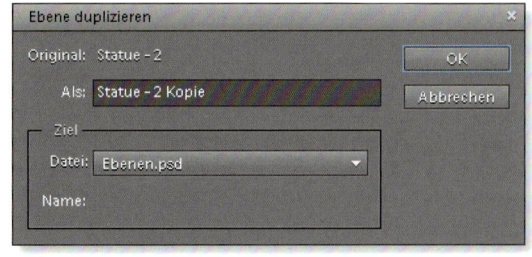

26.2.2 Neue Ebene durch Einkopieren

Eine neue Ebene wird ebenfalls angelegt, wenn Sie eine Ebene per Drag & Drop von einem Bild in ein anderes ziehen oder über [Strg]/[⌘]+[C] kopieren und per [Strg]/[⌘]+[V] einfügen. Hierzu stehen Ihnen zwei Möglichkeiten zur Verfügung:

▶ **Per Drag & Drop:** Um eine Ebene in ein anderes Bild zu kopieren, müssen Sie zunächst einmal beide Bilder öffnen. Dann ist es am einfachsten, wenn Sie den Mauszeiger im Ebenen-Bedienfeld auf die Ebene bewegen ❷, die Sie in das andere Bild kopieren wollen. Halten Sie dabei die linke Maustaste gedrückt, und ziehen Sie die Ebene aus dem Ebenen-Bedienfeld heraus auf das Bild, in das Sie die Ebene kopieren wollen. Lassen Sie die Ebene dort fallen (Maustaste loslassen).

▼ **Abbildung 26.14**
Mit einfachem Drag & Drop lässt sich jederzeit eine Ebene in ein anderes Bild kopieren.

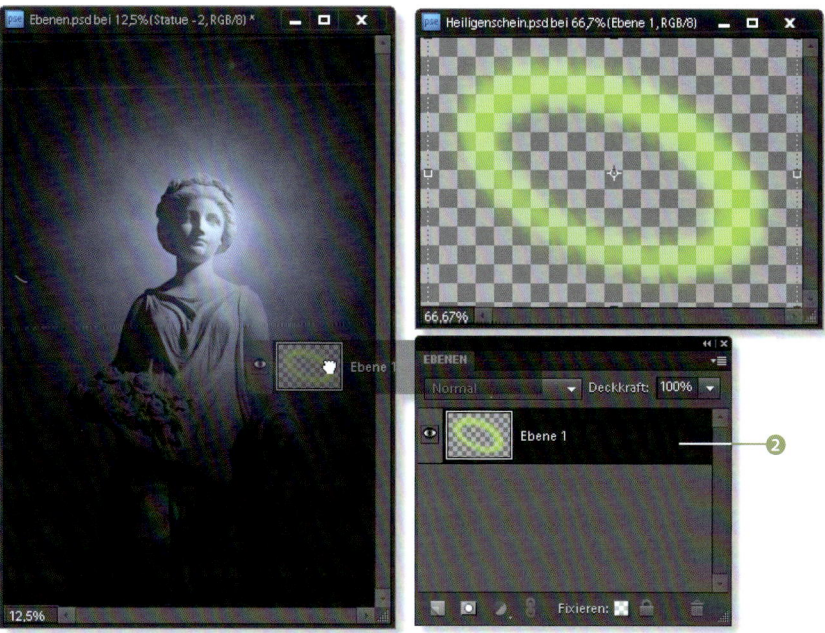

▶ **Kopieren und Einfügen:** Natürlich funktioniert auch hier das klassische Kopieren einer Ebene in die Zwischenablage mit BEARBEITEN • KOPIEREN oder mit dem Tastenkürzel `Strg`/`⌘`+`C` sowie das Einfügen ins andere Bild über BEARBEITEN • EINFÜGEN oder `Strg`/`⌘`+`V`. Der Vorteil dieser Methode ist auch, dass Sie hierbei nicht von Photoshop Elements abhängig sind und jede beliebige Grafik, die Sie zum Beispiel mit dem Webbrowser oder einer anderen Grafikanwendung in die Zwischenablage kopiert haben, als neue Ebene einfügen können.

Kopieren mit dem Verschieben-Werkzeug

Neue Inhalte könnten Sie auch mit dem Verschieben-Werkzeug `V` von einem Dokumentfenster in ein anderes ziehen. Bei komplexen Bildkompositionen erwischt man hierbei allerdings schnell das falsche Objekt.

26.2.3 Ebenen löschen

Mit der Zeit sammeln sich im Ebenen-Bedienfeld die Ebenen, die Sie für Experimente dupliziert haben. Außerdem blähen zu viele unnötige Ebenen die Dateigröße und natürlich auch die Rechenzeit enorm auf. Schwachbrüstige Rechner haben dann schon so ihre Probleme, wenn zusätzlich umfangreiche Operationen durchgeführt werden sollen. Um nicht mehr benötigte Ebenen aus dem Bedienfeld zu löschen, nutzen Sie eine der folgenden Möglichkeiten:

▶ Ziehen Sie die Ebene(n) mit gedrückt gehaltener Maustaste in den Papierkorb unterhalb des Ebenen-Bedienfelds.

▶ Markieren Sie die Ebene(n), und klicken Sie auf das Papierkorb-Icon unterhalb des Ebenen-Bedienfelds.

▶ Markieren Sie die Ebene(n), führen Sie einen Rechtsklick auf dem Ebenen-Bedienfeld aus, und wählen Sie im Kontextmenü EBENE LÖSCHEN aus.

▶ Markieren Sie die Ebene(n), und wählen Sie im Menü EBENE • EBENE LÖSCHEN aus.

▶ Markieren Sie die Ebene(n), und wählen Sie im Bedienfeldmenü EBENE LÖSCHEN aus.

Wie Sie sehen, funktioniert das Löschen immer auch für mehrere Ebenen gleichzeitig. Sehr hilfreich ist auch die Möglichkeit, alle ausgeblendeten Ebenen über das Bedienfeldmenü ❶ und den Eintrag AUSGEBLENDETE EBENEN LÖSCHEN zu entfernen.

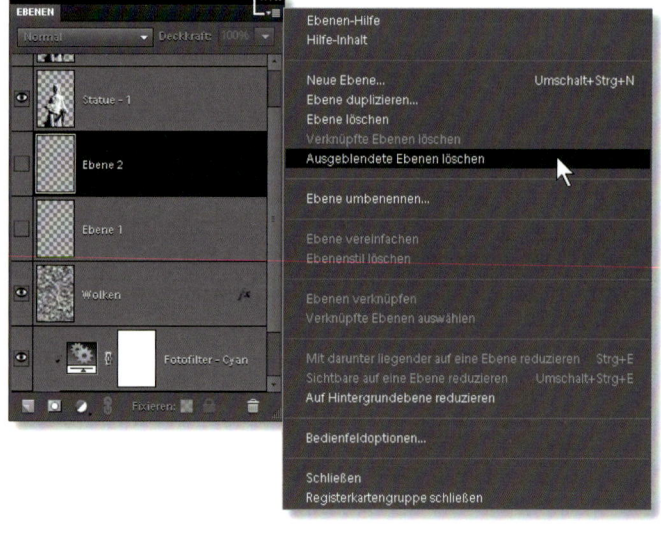

Abbildung 26.15 ▶
Das Bedienfeldmenü bietet ebenfalls viele Möglichkeiten, überflüssige Ebenen zu entfernen.

▲ **Abbildung 26.16**
Zwei Möglichkeiten, eine Ebene zu schützen

26.2.4 Ebenen schützen

Um Ebenen vor ungewollten Veränderungen zu schützen, stehen Ihnen zwei Möglichkeiten zur Verfügung:

▶ TRANSPARENTE PIXEL FIXIEREN ❷: Wenn Sie das Schachbrett-Icon bei einer Ebene verwenden, werden alle transparenten Pixel dieser Ebene vor Übermalen oder Befüllen geschützt.

▶ ALLES FIXIEREN ❸: Das Schloss-Symbol schützt eine Ebene vor jeglicher Art von Veränderung.

26.3 Ebeneninhalte verschieben

Zum Verschieben von Ebeneninhalten muss immer die entsprechende Ebene aktiv und das Verschieben-Werkzeug [V] 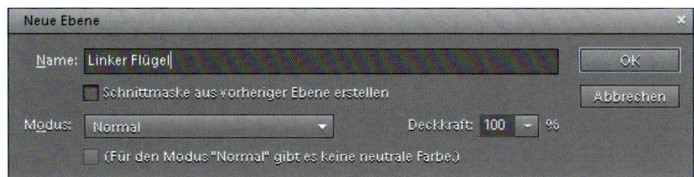 ausgewählt sein. Ist dies gegeben, können Sie die Ebene mit gedrückt gehaltener Maustaste auswählen und verschieben. Mit gedrückt gehaltener [⇧]-Taste beschränken Sie die Verschiebung mit der Maus in 45°-Schritten.

Alternativ verwenden Sie zum Verschieben die Pfeiltasten der Tastatur. Ein Tastendruck verschiebt dabei die Ebene um ein Pixel in Pfeilrichtung. Mit gedrückt gehaltener [⇧]-Taste wird die Ebene hingegen um zehn Pixel pro Tastendruck verschoben. Um das Verschieben mit den Pfeiltasten anwenden zu können, muss natürlich zuvor die Ebene mit der Maus und dem Verschieben-Werkzeug angefasst werden.

26.4 Ebenen verwalten

26.4.1 Ebenen benennen

Wenn Sie eine neue Ebene über EBENE • NEU • EBENE oder [Strg]/[⌘]+[⇧]+[N] erstellen oder duplizieren, können Sie beim Anlegen bzw. Kopieren der Ebene einen Namen vergeben. Nutzen Sie auf jeden Fall die Möglichkeit, individuelle Namen zu vergeben, damit Sie nicht irgendwann den Überblick verlieren. Nicht immer hilft Ihnen die Miniaturvorschau, um den Überblick über Ihre Ebenen zu bewahren.

Leider wird das Dialogfeld zur Namensvergabe nicht angezeigt, wenn Sie das NEU-Icon ▣ im Ebenen-Bedienfeld anklicken. Wollen Sie trotzdem den Namensvergabe-Dialog über das NEU-Icon sehen, halten Sie während des Anklickens [Alt] gedrückt.

Nachträglich benennen | Wenn Sie einen Ebenennamen nachträglich verändern wollen, doppelklicken Sie entweder auf den Text des Ebenentitels und ändern den Namen, oder Sie doppelklicken die Ebene insgesamt und geben den neuen Namen in dem sich öffnenden Dialog ein. Alternativ funktioniert dies auch

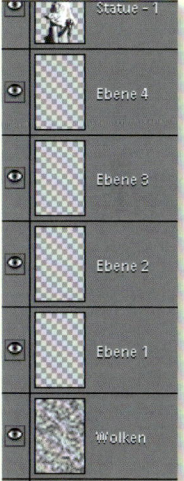

▲ **Abbildung 26.17**
So werden Sie sich schon bald nicht mehr in Ihrer Datei zurechtfinden.

◄ **Abbildung 26.18**
Der Dialog zum Erzeugen einer neuen Ebene ermöglicht Ihnen das Benennen der Ebene.

▲ **Abbildung 26.19**
Direkte Namensänderung im Ebenen-Bedienfeld

per Rechtsklick auf eine Ebene und mit dem Befehl EBENE UMBE-NENNEN im Kontextmenü.

26.4.2 Ebenen verknüpfen

Um Ebenen miteinander zu verknüpfen, müssen mindestens zwei Ebenen im Ebenen-Bedienfeld ausgewählt (markiert) sein. Die Ebenen müssen hierfür allerdings nicht aneinanderliegen. Mit einem Klick auf das Kettensymbol ❸ werden diese Ebenen dann miteinander verknüpft. Mit einer solchen Verknüpfung lassen sich die gleichen Arbeiten (zum Beispiel Transformieren, Drehen) durchführen, die Sie auch mit mehreren gleichzeitig markierten Ebenen ausführen könnten. Die Verknüpfung im Ebenen-Bedienfeld erkennen Sie am Kettensymbol in der Zeile ❶ der entsprechenden Ebene.

Das Loslösen der Verknüpfung erfolgt ähnlich. Hierzu wählen Sie eine der verknüpften Ebenen im Ebenen-Bedienfeld an und klicken wieder auf das Kettensymbol ❸ unterhalb des Ebenen-Bedienfelds.

Wollen Sie den Verbund von Ebenen nur vorübergehend lösen, reicht es auch aus, mit gehaltener ⌂-Taste auf das Kettensymbol der entsprechenden Ebene im Ebenen-Bedienfeld zu klicken. Das Kettensymbol wird dann mit einem roten Kreuz durchgestrichen ❷. Rückgängig machen Sie dies durch erneutes Anklicken des Symbols bei gehaltener ⌂-Taste.

26.4.3 Ebenen anordnen

Besonders wichtig bei der Bearbeitung von Ebenen ist die Reihenfolge im Ebenen-Bedienfeld. Sie entscheidet wesentlich mit, was letztendlich im Gesamtbild angezeigt wird und welche Bildteile von anderen Bildteilen überdeckt werden.

Zum Anordnen der Ebenen nutzen Sie entweder die Maus, das Menü EBENE • ANORDNEN oder die Tastatur:

▶ **Drag & Drop:** Die wohl einfachste und schnellste Möglichkeit, die Reihenfolge der Ebenen zu verändern, bietet das klassische Drag & Drop. Hierzu fassen Sie lediglich eine Ebene mit gedrückt gehaltener Maustaste und ziehen sie an die gewünschte Zeile im Ebenen-Bedienfeld. Dies funktioniert auch mit mehreren markierten Ebenen gleichzeitig.

▶ **Tastatur-Befehle und Menü:** Neben Drag & Drop stehen Ihnen zum Verschieben auch Menü- und Tastaturbefehle zur Verfügung. Um die markierte(n) Ebene(n) im Ebenen-Bedienfeld eine Zeile nach oben oder nach unten zu schieben, verwenden Sie die Befehle EBENE • ANORDNEN • SCHRITT-

▲ **Abbildung 26.20**
Verbundene Ebenen im Ebenen-Bedienfeld

▲ **Abbildung 26.21**
Ebenen lassen sich im Ebenen-Bedienfeld einfach per Drag & Drop verschieben.

WEISE VORWÄRTS (Strg / ⌘ + .) und EBENE • ANORDNEN •
SCHRITTWEISE RÜCKWÄRTS (Strg / ⌘ + ,).

▶ Mit den Befehlen EBENE • ANORDNEN • NACH VORNE BRIN-
GEN (⇧ + Strg / ⌘ + .) und EBENE • ANORDNEN • NACH
HINTEN STELLEN (⇧ + Strg / ⌘ + ,) verschieben Sie die
Ebene(n) ganz nach oben (als aktive) bzw. ganz nach unten
(als unterste) Ebene. Mit EBENE • ANORDNEN • UMKEHREN keh-
ren Sie die Reihenfolge aller aktuell markierten Ebenen um.

▲ **Abbildung 26.22**
Die Befehle im Menü EBENE •
ANORDNEN und ihre Tastenkürzel

26.4.4 Miniaturansicht ändern

Wollen Sie die Darstellung der Miniaturvorschau im Ebenen-
Bedienfeld ändern, so wählen Sie im erweiterten Bedienfeldmenü
den Punkt BEDIENFELDOPTIONEN aus dem Bedienfeldmenü. Die
dargestellten Icons entsprechen exakt der neuen Miniaturgröße,
die Sie mit der Option OHNE auch komplett abschalten können.

26.4.5 Ebenen reduzieren

Je mehr Ebenen ein Bild enthält, umso umfangreicher und
unübersichtlicher wird die Datei. In solchen Fällen ist es möglich,
Ebenen **zusammenzufügen**. Genauer spricht man hierbei vom
Reduzieren. Um Ebenen zu reduzieren, haben Sie wie immer
mehrere Möglichkeiten.

Auf Hintergrundebene reduzieren | Den Befehl AUF HINTER-
GRUNDEBENE REDUZIEREN erreichen Sie entweder über das Menü
EBENE oder über das Kontextmenü, das bei einem rechten Mausklick auf einer Ebene im Ebenen-Bedienfeld angezeigt wird, oder
über das Bedienfeldmenü des Ebenen-Bedienfelds. Mit diesem
Kommando fügen Sie alle vorhandenen und sichtbaren Ebenen
im Ebenen-Bedienfeld zu einer einzigen (Hintergrund-)Ebene
zusammen. Bei nicht sichtbaren Ebenen wird abgefragt, ob Sie
diese zuvor löschen wollen, was Sie mit OK bestätigen müssen,
wenn Sie alle Ebenen vereinen wollen.

▲ **Abbildung 26.23**
Miniaturgröße über die EBENEN-
BEDIENFELDOPTIONEN ändern

Stempeln | Das Stempeln ist dem Befehl AUF HINTERGRUNDE-
BENE REDUZIEREN recht ähnlich, wird aber von Photoshop Elements nirgendwo aufgelistet und auch nicht dokumentiert. Aufrufen können Sie diese Operation daher auch nur über einen
Tastenbefehl: ⇧ + Alt + Strg / ⌘ + E .

Mit dieser Funktion werden alle **sichtbaren** Ebenen im Ebenen-Bedienfeld auf eine Ebene reduziert. Im Gegensatz zum
Befehl AUF HINTERGRUNDEBENE REDUZIEREN handelt es sich hierbei aber um eine neue und zusätzliche Ebene im Stapel. Die
anderen Ausgangsebenen bleiben davon unberührt.

▲ **Abbildung 26.24**
Die oberste Ebene ist eine
»gestempelte« Ebene. Sie wird
wie eine normale Ebene behandelt.

Auf eine Ebene reduziert kopieren | Den Befehl Auf eine Ebene reduziert kopieren rufen Sie entweder über das Menü Bearbeiten oder mit der Tastenkombination Strg/⌘+⇧+C auf. Dabei wird alles, was ausgewählt und sichtbar ist, in die Zwischenablage kopiert. Am schnellsten wählen Sie alles Sichtbare mit Strg/⌘+A aus. Beachten Sie, dass hierbei nicht die einzelnen Ebenen kopiert, sondern alle sichtbaren Ebenen zu einer einzigen (Hintergrund-)Ebene zusammengefügt und dann in die Zwischenablage gelegt werden.

Über Bearbeiten • Einfügen oder Strg/⌘+V fügen Sie diese eine Ebene in ein beliebiges Bild als weitere Ebene ein oder erstellen über Datei • Neu • Bild aus Zwischenablage daraus ein neues Dokument. Die **Zwischenablage** beschränkt sich allerdings nicht allein auf Photoshop Elements. Das in die Zwischenablage kopierte Bild können Sie auch in anderen Programmen wie dem großen Photoshop oder in GIMP (als neues Bild) einfügen.

Sichtbare auf eine Ebene reduzieren | Auch diesen Befehl erreichen Sie entweder über das Menü Ebene, über das Kontextmenü der Ebene oder über das Bedienfeldmenü des Ebenen-Bedienfelds. Schneller führen Sie den Befehl mit Strg/⌘+⇧+E aus. Mit diesem Befehl werden nur die sichtbaren Ebenen reduziert. Sichtbare Ebenen erkennen Sie am Augen-Symbol im Ebenen-Bedienfeld.

Um nur bestimmte Ebenen im Ebenen-Bedienfeld auf eine Ebene zu reduzieren, können Sie diese alternativ auch mit gehaltener Strg/⌘-Taste markieren und den Befehl Auf eine Ebene reduzieren oder Strg/⌘+E ausführen. Befindet sich in Ihrer Auswahl eine Ebene, deren Augen-Symbol deaktiviert wurde, wird diese verworfen.

Verknüpfte Ebenen auf eine Ebene reduzieren | Wenn die aktive Ebene im Ebenen-Bedienfeld eine verknüpfte Ebene ist, können Sie diese Ebenen über das Menü Ebene, das Kontextmenü der Ebene oder das Bedienfeldmenü mit dem Befehl Verknüpfte auf eine Ebene reduzieren zu einer Ebene reduzieren. Alternativ steht Ihnen auch hierzu die Tastenkombination Strg/⌘+E zur Verfügung.

Mit darunterliegender auf eine Ebene reduzieren | Der Befehl Mit darunterliegender auf eine Ebene reduzieren ist auf demselben Weg erreichbar wie der Befehl Sichtbare auf eine Ebene reduzieren und steht Ihnen zur Verfügung, wenn Sie eine Ebene im Ebenen-Bedienfeld markiert haben. Damit fügen Sie die aktuell markierte Ebene mit der darunterliegenden Ebene zusammen. Alternativ verwenden Sie auch hier die Tastenkombination ⌃Strg/⌘+E.

26.4.6 Bilder mit Ebenen speichern

Am Ende der Ebenenkomposition (oder auch zwischendurch) werden Sie die Arbeit sichern wollen. Hierzu haben Sie zwei Möglichkeiten:

Bild mit Ebenen sichern | Wenn Sie die komplette Ebenenkomposition mitsamt den Ebenen sichern wollen (was Sie ganz zu Beginn auch immer tun sollten), dann sind Sie auf zwei Datenformate beschränkt: zum einen das PSD-Format, das auch Photoshop verwendet, und zum anderen das TIFF-Format. Der Nachteil ist natürlich, dass solche Dateien sehr groß sein können und somit für die Weitergabe weniger geeignet sind. Dennoch ist es unerlässlich, die Komposition zu sichern, ehe Sie daraus eine einzige Bilddatei mit einer Hintergrundebene erstellen.

Bild ohne Ebenen sichern | Ganz klar: Für die Weitergabe sind 100-Megabyte-Bilder kaum geeignet. Dennoch empfiehlt es sich, eine Ebenenkomposition immer zuerst mitsamt allen Ebenen in einem geeigneten Format zu sichern, um gegebenenfalls später für Korrekturen oder Verbesserungen wieder Zugriff darauf zu haben.

Dateiformate, die keine Ebenen unterstützen, erkennen Sie im Dialog SPEICHERN UNTER am gelben Warndreieck mit dem Ausrufezeichen ❶ vor der ausgegrauten EBENEN-Checkbox. Bevor ein Bild mit Ebenen in einem Bildformat gespeichert wird, das keine Ebenen unterstützt, wird zuvor automatisch AUF HINTERGRUNDEBENE REDUZIEREN ausgeführt, ehe das Bild als eine (Hintergrund-)Ebene gespeichert wird. Alternativ speichern Sie einfach eine Kopie, dann bleibt Ihnen die (noch ungespeicherte) Originaldatei mit den Ebenen erhalten.

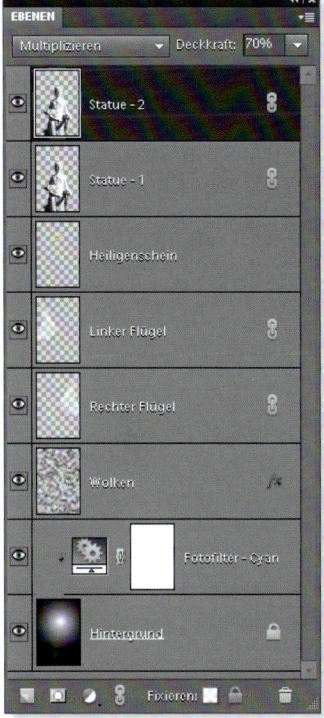

▲ **Abbildung 26.25**
Diese Komposition benötigt im PSD-Format 96 und im TIFF-Format sogar 103 Megabytes.

◄ **Abbildung 26.26**
Das gelbe Warndreieck zeigt an, dass das Dokument mehrere Ebenen enthält, das Dateiformat aber keine Ebenen unterstützt und daher alle Ebenen auf eine reduziert werden.

26.5 Auswahlen aus Ebenenpixeln erstellen

Wenn Sie in einer Ebene alle deckenden Pixel auswählen wollen, klicken Sie einfach mit gehaltener ⎡Strg⎤/⌘-Taste auf die Ebenenminiatur des Ebenen-Bedienfelds. Der Mauszeiger wird hierbei zu einer Hand mit leerem Quadrat ❶. Mit einem einzigen Klick werden jetzt alle deckenden Pixel ausgewählt.

Enthält das Bild auch Pixel mit schwacher Deckkraft, die mit dem ersten Klick nicht ausgewählt wurden, können Sie die Auswahl auch ausweiten, indem Sie ⎡Strg⎤/⌘+⎡⇧⎤ gedrückt halten. Im Quadrat des Mauszeigers finden Sie dann ein Plus-Symbol. Klicken Sie jetzt erneut auf die Ebenenminiatur, so wird die Auswahl ausgeweitet.

Analog verkleinern Sie den Auswahlbereich mit der gehaltenen Tastenkombination ⎡Strg⎤/⌘+⎡Alt⎤ auf der Ebenenminiatur. Auch hierbei ändert sich der Inhalt des Quadrats im Mauszeiger in ein Minus-Symbol.

Abbildung 26.27 ▶
Einfach und effektiv werden mit einem Klick alle deckenden Pixel (sichtbare Bildteile) aus einer Ebene ausgewählt.

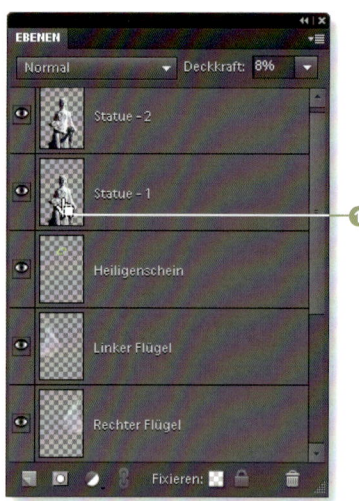

26.6 Einfache Fotomontagen mit Ebenen

Nachdem Sie die Grundlagen zu den Ebenen kennengelernt haben, wird es Zeit für ein oder zwei Workshops, damit Sie auch ein praktisches Gefühl hierfür bekommen. Fotomontagen setzen natürlich voraus, dass Sie den grundlegenden Umgang mit den Werkzeugen von Photoshop Elements und natürlich auch den Auswahlen bereits beherrschen. Folgende Tipps will ich Ihnen außerdem zu einer gelungenen Fotomontage geben:

- **Bilderwahl**: Das Wichtigste für eine gute Montage ist natürlich eine geeignete Bilderwahl. Gerade wenn Sie ein Objekt in ein anderes Bild montieren wollen, sollten Sie ein Objekt wählen, das sich leichter freistellen und wieder einfügen lässt.
- **Lichtverhältnisse**: Das ist meistens das Schwierigste bei einer Montage eines Objektes. Selten herrschen bei beiden Bildern dieselben Lichtverhältnisse. Sind einmontierte Objekte im Vergleich zum Zielbild zu hell oder zu dunkel, wird die Fotomontage schwieriger, weil Sie mit anderen Werkzeugen wie der Tonwertkorrektur, Helligkeit und Kontrast usw. nacharbeiten müssen. Nicht immer lässt sich daher jedes Objekt sauber und unauffällig montieren in ein anderes Zielbild.
- **Planung**: Ganz wichtig ist eine sorgfältige Planung. Zwar können Sie auch mal einfach so hinarbeiten, aber trotzdem sollten Sie einige Dinge wie Schatten, harte oder weiche Übergänge usw. vorher überdenken.
- **Genügend Zeit**: Eine gelungene Fotomontage braucht Zeit. Je mehr Zeit Sie sich nehmen, umso sauberer wird die Arbeit sein. Aufwändigere Montagen lassen sich nun einmal nicht in ein paar Minuten zusammenstellen.

 Video-Training

Ein Beispiel für eine Bild-in-Bild-Montage finden Sie auch in Lektion 2.1 und 2.2 auf der Buch-DVD.

Schritt für Schritt: Objekt in anderes Bild einmontieren

Der Klassiker der Fotomontage ist natürlich, Bildobjekte in andere Bilder zu montieren, ohne dass dies dem Betrachter auffällt. Das Prinzip ist relativ einfach: Man stellt ein Objekt aus einem Bild frei und fügt es als neue Ebenen in (oder auf) einem anderen Bild ein. Jetzt feilt man so lange an dem hinzugefügten Objekt, bis die Montage kaum oder gar nicht mehr auffällt. In diesem Workshop wollen wir das Zebra aus dem Bild »Zebra.jpg« von Afrika in die Wüste von Nevada in das Bild »Nevada.jpg« umziehen lassen.

Zebra.jpg, Nevada.jpg und Zebra+Nevada.psd

Foto: Janine Grab-Bolliger

Foto: Jürgen Wolf

▲ **Abbildung 26.28**
Das Zebra soll …

▲ **Abbildung 26.29**
… nach Nevada ziehen.

1 Objekt auswählen

Laden Sie das Bild »Zebra.jpg« in den Editor. Erstellen Sie jetzt mit einem Auswahlwerkzeug eine Auswahl für das Zebra. Im Beispiel habe ich hierfür das Schnellauswahl-Werkzeug Ⓐ ⬛ verwendet. Über die Werkzeugoptionen DER AUSWAHL HINZUFÜGEN ❶ und VON AUSWAHL SUBTRAHIEREN ❷ und das Anpassen der Pinselgröße ❸ habe ich die Auswahl nach und nach verfeinert. Über die Option KANTE VERBESSERN ❹ habe ich dann das letzte Feintuning für die Auswahl gemacht.

▼ **Abbildung 26.30**
Das Zebra wurde ausgewählt.

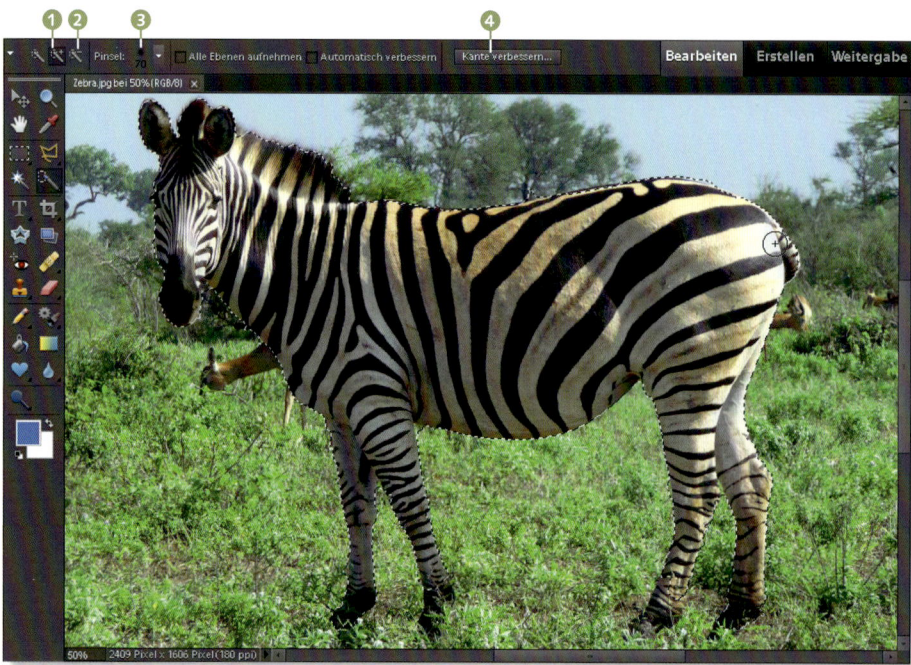

2 Objekt freistellen

Jetzt kopieren Sie entweder die Auswahl oder stellen sie gleich frei. Hier habe ich Letzteres gemacht. Zunächst habe ich aus der Hintergrundebene über EBENE • NEU • EBENE AUS HINTERGRUND eine Ebene gemacht, weil wir hier die Transparenz benötigen. Die Auswahl habe ich dann mit AUSWAHL • AUSWAHL UMKEHREN (Strg/⌘+⇧+I) umgekehrt. Jetzt ist der Bereich um das Zebra ausgewählt, den Sie mit Entf/← löschen können, wodurch nun nur noch das Zebra, umgeben vom transparenten Bereich, vorhanden ist. Die Auswahl können Sie jetzt mit AUSWAHL • AUSWAHL AUFHEBEN oder Strg/⌘+D wieder entfernen. Gegebenenfalls schneiden Sie das Bild mit dem freigestellten Zebra mit dem Freistellungswerkzeug 🔲 noch zu und speichern es als PSD-Datei ab.

◄ **Abbildung 26.31**
Das Zebra ist freigestellt.

3 Objekt in das Zielbild kopieren

Als nächsten Schritt sollten Sie das freigestellte Zebra mit transparentem Hintergrund in das Zielbild kopieren. Öffnen Sie daher das Bild »Nevada.jpg« in den Editor. Aktivieren Sie das Bild mit dem Zebra, ziehen Sie die Ebene aus dem Ebenen-Bedienfeld ➏ in das Zielbild ➎, und lassen Sie sie dort fallen. Jetzt sollte das Zebra schon einmal in Nevada stehen (wenn auch noch etwas unbeholfen). Natürlich können Sie auch andere Wege gehen, um ein Objekt von einem Bild als neue Ebene in ein anderes zu kopieren. Darauf wurde in Abschnitt 26.2.2, »Neue Ebene durch Einkopieren«, eingegangen. Wichtig für diese Vorgehensweise ist, dass die Bilder nicht in Reitern, sondern in einzelnen Fenstern geöffnet wurden.

▼ **Abbildung 26.32**
Das Objekt wird per Drag & Drop als neue Ebene in das Zielbild kopiert.

4 Objektgröße anpassen

Im seltensten Fall dürfte jetzt die Größe des Objektes im Zielbild optimal passen. Im einfachsten Falle können Sie das Verschieben-Werkzeug ✥ verwenden und an den Ecken ❶ die Größe des eingefügten Objekts anpassen (skalieren). In Abschnitt 20.3, »Skalieren von Elementen«, wurde bereits auf das Thema eingegangen. Im Beispiel wurde das Objekt etwas verkleinert.

Abbildung 26.33 ▶
Im Beispiel wurde das Zebra noch etwas skaliert, damit es besser in das Bild passt.

5 Montage vertuschen (1)

An dieser Stelle kommt ein Punkt, der hier etwas verallgemeinert ist, weil er immer vom eingefügten Objekt und dem Zielbild abhängt. Ein allgemeines Rezept für diesen Arbeitsschritt gibt es nicht. Ab hier können Sie alle bereits kennengelernten Mittel und Werkzeuge verwenden, um die Montage zu vertuschen. Dabei kann es sich um mehrere Punkte handeln wie beispielsweise das Anpassen der Lichtverhältnisse mit der TONWERTKORREKTUR oder dem TIEFEN/LICHTER-Dialog. Wollen Sie nur einzelne Bereiche aufhellen oder abdunkeln, können Sie auch zum Abwedler 🔍 oder Nachbelichter ✋ greifen.

Auch Werkzeuge wie Weichzeichner 💧, Scharfzeichner ▲ und Wischfinger 👇 eignen sich für die partielle Vertuschung von zu harten oder (eher selten) zu weichen Kanten. And last but not least dürfen Sie hier auch den Radiergummi 🖊 nicht vergessen. Wirkt das Objekt insgesamt zu hart, können Sie auch mit dem GAUSSSCHEN WEICHZEICHNER etwas die Überschärfe aus dem Bild nehmen.

6 Montage vertuschen (2)

Wieder zurück zu unserem Bild: Damit das Zebra nach dem Einfügen ins Zielbild nicht so in der Luft steht, wurde unten am Ende der Beine ❸ mit dem Radiergummi 🖊 mit einer DECKKRAFT ❷ von 30 % etwas weg- oder anradiert. Jetzt wirkt es auch mehr, als würden die Hufe des Zebras in den Sträuchern verschwinden. Achten Sie im Ebenen-Bedienfeld auch immer darauf, dass Sie das Werkzeug auf der richtigen Ebene ❹ anwenden.

◄ **Abbildung 26.34**
Jetzt steht das Zebra allmählich richtig im Bild.

7 Schatten erstellen

Viele Montagen wirken häufig nicht natürlich, weil keinerlei Schatten verwendet werden. Dabei ist es meist kein großer Aufwand, einen Schatten zu erstellen. Duplizieren Sie daher die Ebene mit dem Zebra beispielsweise mit EBENE • EBENE DUPLIZIEREN. Aktivieren Sie diese Ebenenkopie ❻ im Ebenen-Bedienfeld, und rufen Sie ÜBERARBEITEN • FARBE ANPASSEN • FARBTON/SÄTTIGUNG auf. Ziehen Sie die HELLIGKEIT ❺ ganz nach links, sodass die Ebene komplett schwarz ist, und bestätigen Sie mit OK.

▼ **Abbildung 26.35**
Eine neue Ebene für den Schatten erstellen

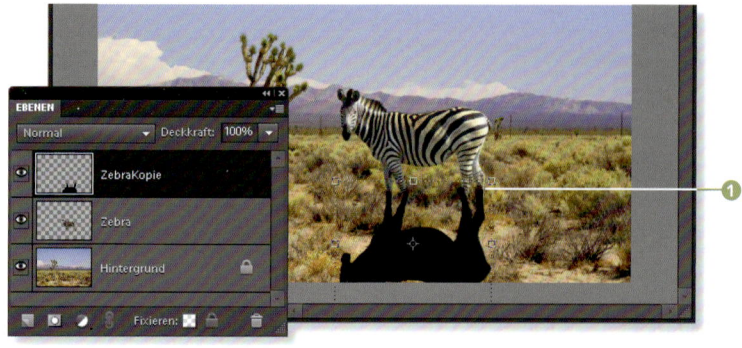

8 Schatten drehen und positionieren

Jetzt müssen Sie den Schatten in die richtige Position bringen. Hierbei sollten Sie in der Umgebung des Bildes nachsehen (wenn möglich), von wo die Sonne oder das Licht den Schatten wirft.

Im Beispiel wird davon ausgegangen, dass die Sonne von rechts (hinten) oben kommt und den Schatten nach links unten (vorn) wirft.

Drehen Sie daher die Ebene über BILD • DREHEN • EBENE 180°, und spiegeln Sie sie dann mit BILD • DREHEN • EBENE HORIZONTAL SPIEGELN.

Mit dem Verschieben-Werkzeug ⊹ positionieren Sie jetzt den Schatten an das andere Ende des Zebras, sodass die Beinposition ❶ des Schattens in etwa mit dem Zebra übereinstimmt.

Abbildung 26.36 ▶
Schatten gedreht und positioniert

9 Schatten transformieren

Nun sollten Sie die Ebene mit dem Schatten ❸ mit BILD • TRANSFORMIEREN • FREI TRANSFORMIEREN oder [Strg]/[⌘]+[T] in die richtige Position drehen, transformieren und skalieren. Auf das Thema »Ebenen transformieren« wird noch gesondert in Abschnitt 27.1 eingegangen. Damit der Schatten nicht so hart wirkt, wurde zusätzlich die DECKKRAFT ❷ auf 70 % reduziert.

Abbildung 26.37 ▶
Schatten in die passende Form gebracht und Winkel transformiert

Schatten weichzeichnen

Zum Schluss können Sie den Schatten über FILTER • WEICHZEICH-
NUNGSFILTER • GAUSSSCHER WEICHZEICHNER soften. Im Beispiel
habe ich hierfür einen RADIUS von 40 Pixeln verwendet.

◄ **Abbildung 26.38**
Zu harte Schatten weichzeichnen

11 **Ebenen zusammenfügen**

Bevor Sie im Ebenen-Bedienfeld die Ebenen zu einer Ebene
zusammenfügen, sollten Sie die Ebenenkomposition als PSD-
Datei speichern, wenn Sie später noch Änderungen daran
machen wollen.

▲ **Abbildung 26.39**
Ebenen zusammenfügen

▲ **Abbildung 26.40**
Das Endergebnis einer einfachen Fotomontage, die sich aber
durchaus sehen lassen kann

Schritt für Schritt: Himmel austauschen

Ebenfalls eine beliebte Frage lautet, wie man einen flauen oder
überstrahlten Himmel austauschen kann. Auch dies ist mithilfe von Ebenen kein großer Aufwand. Vorausgesetzt natürlich

Pier39.jpg, Himmel.jpg

auch hier wieder, Sie sind mit den Werkzeugen von Photoshop Elements bereits vertraut.

Abbildung 26.41 ▶
Bei diesem Bild soll der graue Himmel getauscht werden.

1   **Himmel entfernen**

Laden Sie das Bild »Pier39.jpg« in den Editor. Machen Sie aus der Hintergrundebene eine normale Ebene über EBENE • NEU • EBENE AUS HINTERGRUND (für die Transparenz). Verwenden Sie jetzt ein Auswahlwerkzeug wie den Zauberstab , und wählen Sie den grauen Himmel zum Entfernen mit [Entf]/[←] aus, oder verwenden Sie gleich den Magischen Radiergummi , um den Himmel zu entfernen. Je genauer Sie hierbei arbeiten, umso besser wird das Endergebnis.

Abbildung 26.42 ▶
Der graue Himmel wurde entfernt.

2   **Himmel ins Zielbild kopieren**

Öffnen Sie das Bild »Himmel.jpg«, und ziehen Sie die Hintergrundebene **1** aus dem Ebenen-Bedienfeld mit gedrückt gehaltener

Maustaste über das Bild »Pier39.jpg« ❷, und lassen Sie den Himmel dort fallen.

◄ **Abbildung 26.43**
Neuen Himmel einkopieren

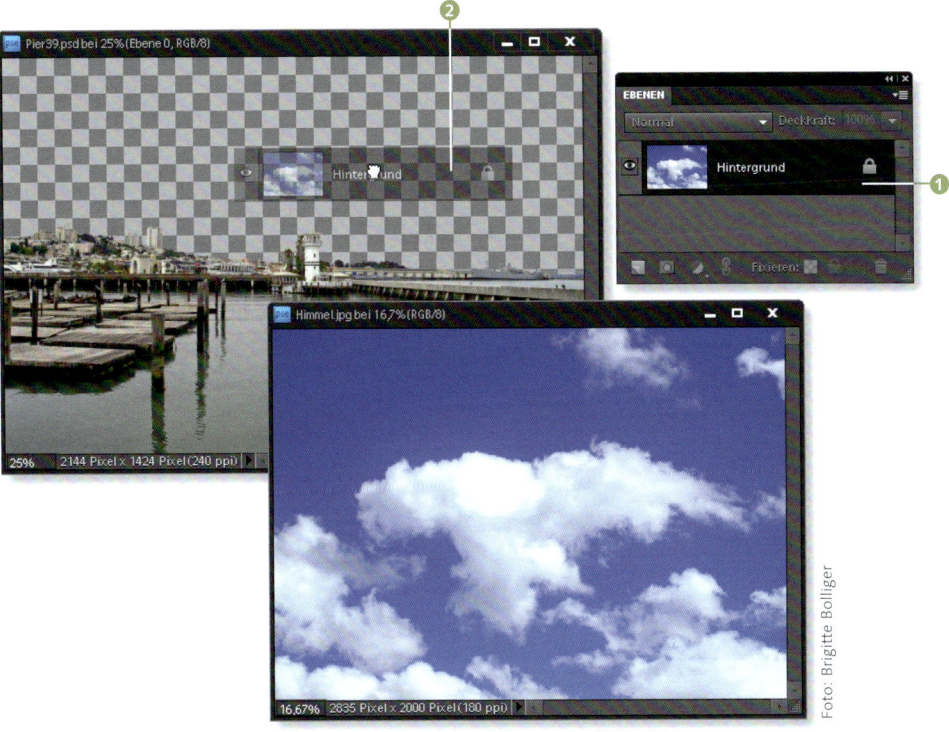

Foto: Brigitte Bolliger

3 **Ebenen anordnen**

Zum Schluss brauchen Sie nur noch die Ebene mit dem Himmel ❹ unter die Ebene ❸ mit dem entfernten Bereich zu schieben, und das Bild hat einen neuen Himmel bekommen.

◄ **Abbildung 26.44**
Nach dem Anordnen der Ebenen: unser Bild mit einem neuen Himmel

27 Mit Ebenen arbeiten

27.1 Ebenen transformieren

Selten passen neue Ebenen, die Sie einfügen oder erstellen, auf Anhieb mit den anderen Ebenen zusammen. Häufig kommen Sie nicht um ein Anpassen der Größe und Perspektive herum.

27.1.1 Frei transformieren

Um eine Ebene zu transformieren, rufen Sie BILD • TRANSFORMIEREN • FREI TRANSFORMIEREN auf oder nutzen das Tastenkürzel [Strg]/[⌘]+[T]. Über das freie Transformieren haben Sie mithilfe der Werkzeugoptionsleiste gleich Zugriff auf alle gebräuchlichen Transformierarten wie Drehen, Skalieren und Neigen.

Um eine Ebene frei zu transformieren, müssen Sie sie zuvor aktivieren. Am besten wählen Sie die Ebene über das Ebenen-Bedienfeld aus. Beachten Sie hierbei auch, wenn Sie eine Hintergrundebene transformieren, dass diese ohne Nachfrage in eine normale Ebene umgewandelt wird. Wichtig ist auch, dass eine Ebene zum Transformieren nicht fixiert sein darf.

coffee.tif

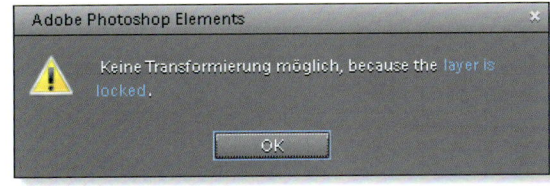

◄▲ Abbildung 27.1
Ebenen, die mit dem Schloss-Symbol ❶ fixiert sind, können nicht transformiert werden. Hier müssen Sie die Fixierung zunächst entfernen. Dass die Fehlermeldung teilweise in Englisch ist, scheint ein kleiner Bug zu sein, der bestimmt mit einen der nächsten Updates behoben wird.

Wollen Sie mehrere Ebenen im Dokument gleichzeitig transformieren, müssen Sie diese zuvor mit dem Kettensymbol ❷ im Ebenen-Bedienfeld verknüpfen.

Wenn Sie das freie Transformieren aufgerufen haben, erscheinen im Dokumentfenster um den Ebeneninhalt der Transformationsrahmen **1** und die passende Optionsleiste. Die Ebene können Sie jetzt entweder mithilfe des Transformationsrahmens und der Maus oder über die Optionsleiste ändern. Um eine Transformation zu bestätigen, klicken Sie entweder das grüne Häkchen **2** oder drücken [←]. Abbrechen können Sie das Transformieren mit dem Stopp-Symbol **3** oder mit [Esc].

Abbildung 27.2 ▶
Transformationsrahmen und Optionsleiste beim freien Transformieren

Transformationsrahmen mit Inhalt verschieben | Sie können den Transformationsrahmen mitsamt Inhalt jederzeit an eine andere Position verschieben. Bewegen Sie hierzu einfach den Mauszeiger in den Transformationsrahmen, und ziehen Sie den Rahmen mit gedrückt gehaltener Maustaste an die gewünschte Position im Bild.

Ebene skalieren | Um die Breite und Höhe der Ebene zu verändern, ziehen Sie an den kleinen Quadraten in den Ecken **6** des Transformationsrahmens. Standardmäßig werden hierbei die Proportionen von Höhe und Breite eingehalten. Dies können Sie allerdings deaktivieren, indem Sie in der Optionsleiste das Häkchen vor PROPORTIONEN BEIBEHALTEN **4** entfernen. Alternativ skalieren Sie Breite und Höhe in der Optionsleiste in den Zahlenfeldern B und H durch die Eingabe der Zahlenwerte. Wollen Sie hingegen nur die Proportionen der Ebene skalieren, ziehen Sie einfach an den mittigen Quadraten **7** des Transformationsrahmens.

Auch der Befehl BILD • SKALIEREN • SKALIEREN führt zum selben Ziel, nur dass hier in der Optionsleiste automatisch das SKALIEREN-Symbol **5** aktiviert ist, das Sie ja auch in der Optionsleiste von FREI TRANSFORMIEREN einschalten können.

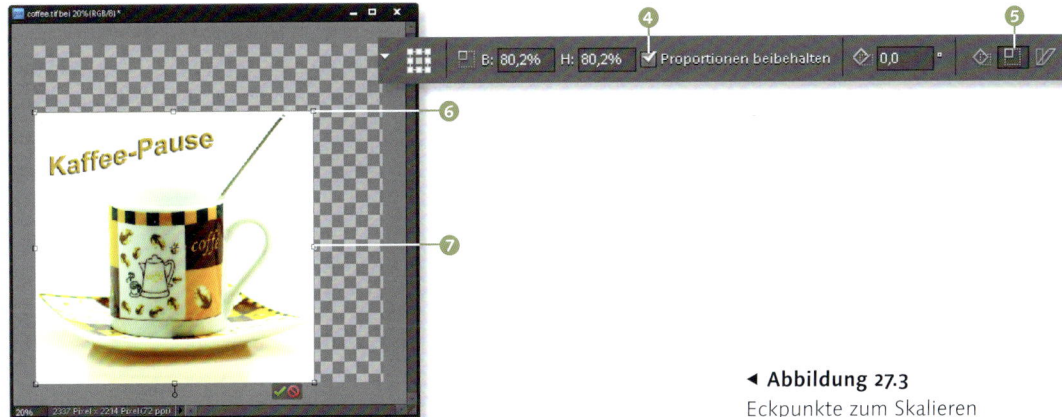

◀ **Abbildung 27.3**
Eckpunkte zum Skalieren

Ebenen drehen | Wollen Sie mit dem Befehl FREI TRANSFORMIEREN das Bild drehen, müssen Sie sich etwas außerhalb des Transformationsrahmens nähern, bis aus dem Mauszeiger ein gebogener Pfeil mit zwei Spitzen ⓫ wird. Alternativ steht Ihnen unterhalb des unteren Quadrats des Transformationsrahmens ein Kreissymbol ⓬ zur Verfügung. Wenn Sie mit dem Mauszeiger darüberfahren, wird der Zeiger zu einem Symbol mit kreisförmig angeordneten Pfeilen. Auch hier können Sie mit gedrückter Maustaste die Ebene(n) drehen, oder Sie geben den Winkel in der Optionsleiste im entsprechenden Zahlenfeld ❾ ein.

Auch den **Drehmittelpunkt** können Sie in der Optionsleiste durch Anklicken festlegen. Das kleine Quadrat, das hier nicht weiß gefüllt ist ❽, ist der Referenzpunkt. Standardmäßig ist dies immer die Mitte des Bildes; in Abbildung 27.4 befindet sich der Drehmittelpunkt jedoch in der rechten unteren Ecke.

Über das DREHEN-Symbol ❿ in der Optionsleiste schränken Sie die Operation von FREI TRANSFORMIEREN auf das Drehen ein.

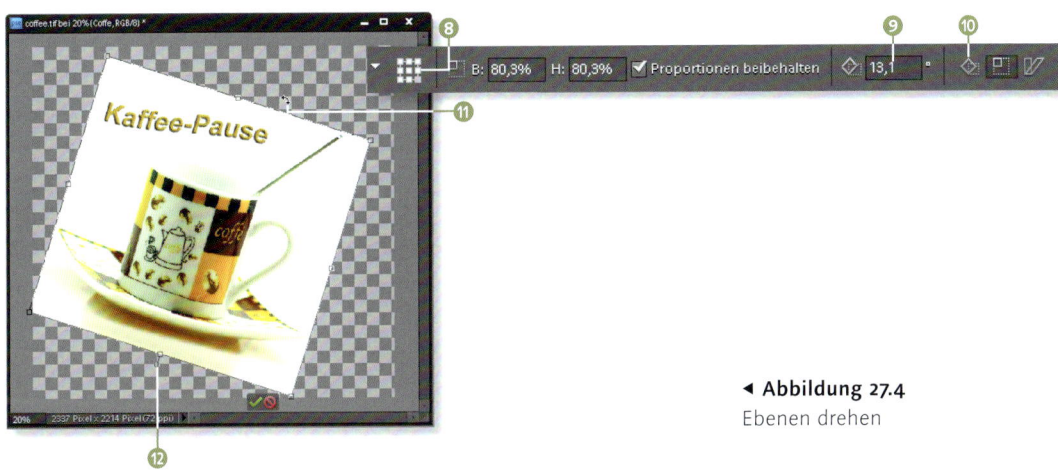

◀ **Abbildung 27.4**
Ebenen drehen

Ebene neigen | Um eine Ebene zu neigen, halten Sie entweder für den Befehl FREI TRANSFORMIEREN die Tasten ⌃Strg⌄/⌘ + ⇧ gedrückt und ziehen mit der Maus an den Seitengriffen des Transformationsrahmens, oder Sie aktivieren das NEIGEN-Icon ❶ in der Optionsleiste. Dasselbe erreichen Sie auch über BILD • TRANSFORMATION • NEIGEN.

▲ **Abbildung 27.5**
Ebenen neigen

27.1.2 Ebenen verzerren

Insgesamt gibt es drei verschiedene Möglichkeiten, eine Ebene zu verzerren. Für alle drei Möglichkeiten benötigen Sie einen Transformationsrahmen, den Sie entweder über den Befehl FREI TRANSFORMIEREN oder ⌃Strg⌄/⌘ + ⊤ oder durch Aktivieren des Verschieben-Werkzeugs 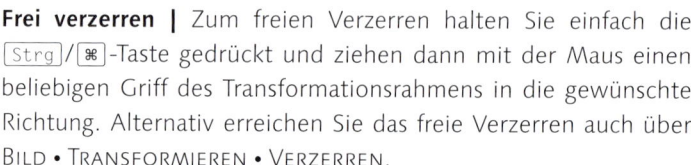 ⊽ erzeugen.

Frei verzerren | Zum freien Verzerren halten Sie einfach die ⌃Strg⌄/⌘-Taste gedrückt und ziehen dann mit der Maus einen beliebigen Griff des Transformationsrahmens in die gewünschte Richtung. Alternativ erreichen Sie das freie Verzerren auch über BILD • TRANSFORMIEREN • VERZERREN.

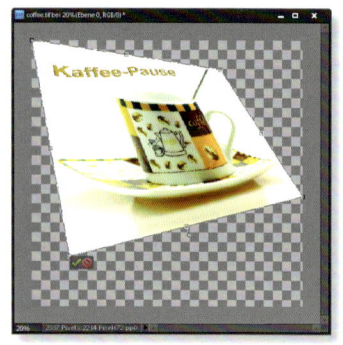

▲ **Abbildung 27.6**
Ebene frei verzerren

Relatives Verzerren zum Mittelpunkt | Auch die Funktion zum Verzerren relativ zum Mittelpunkt ist in Photoshop Elements nirgendwo explizit aufgelistet. Verwenden können Sie diese Funktion nur durch Halten der Tastenkombination ⌃Strg⌄/⌘ + ⌃Alt⌄. Mit den Griffen drehen Sie dann das Bildobjekt um den eingestellten Mittelpunkt. Die Bildobjekte werden dabei wie bei einer dreidimensionalen Drehung um den Mittelpunkt gedreht.

Mithilfe der Optionsleiste, die Sie mit FREI TRANSFORMIEREN oder Strg/⌘+T aufrufen, können Sie den Drehmittelpunkt ändern, der standardmäßig in der Mitte liegt.

Perspektivisches Verzerren | Die perspektivische Verzerrung wird gerne für verzerrte Architekturfotos verwendet, wie Sie bereits in Abschnitt 21.4.2, »Bild durch Verzerren korrigieren«, sehen konnten. Sie rufen diese Art der Verzerrung über die Tastenkombination Strg/⌘+Alt+⇧ auf oder alternativ über das Menü BILD • TRANSFORMIEREN • PERSPEKTIVISCH VERZERREN. Jetzt können Sie das Bild über die Griffe am Transformationsrahmen verzerren.

▲ **Abbildung 27.7**
Relativ zum Mittelpunkt verzerren

◀ **Abbildung 27.8**
Auch solche Spielereien sind mit dem perspektivischen Verzerren möglich.

27.2 Ebenen ausrichten und verteilen

Mehrere Ebenen lassen sich bei Bedarf mithilfe des Verschieben-Werkzeugs ✥ V mühelos verteilen oder sauber aneinander ausrichten. Hierzu finden Sie unterhalb des Popup-Menüs mit AUSR. (Abkürzung für »Ausrichten«) ❷ und VERTEIL. (Abkürzung für »Verteilen«) ❸ die entsprechenden Befehle.

27.2.1 Mehrere Ebenen untereinander ausrichten

Wollen Sie mehrere Ebenen aneinander ausrichten, so müssen mindestens zwei Ebenen markiert oder miteinander verknüpft sein. Außerdem dürfen die Ebenen nicht fixiert sein. Folgende Möglichkeiten stehen Ihnen unter dem Punkt AUSR. zur Verfügung:

▶ OBERE KANTEN: Richtet alle ausgewählten Ebenen an der höchsten Kante aller ausgewählten Ebenen oder an der obersten Auswahlbegrenzung aus.

▲ **Abbildung 27.9**
Befehle zum Ausrichten und Verteilen in der Optionsleiste des Verschieben-Werkzeugs

▲ **Abbildung 27.10**
Ebenen ausrichten

▶ Vertikale Mitten: Richtet alle ausgewählten Ebenen an der vertikalen Mitte aller ausgewählten Ebenen oder an der vertikalen Mitte einer Auswahlbegrenzung aus.

▶ Untere Kanten: Damit werden alle ausgewählten Ebenen an der untersten Kante aller ausgewählten Ebenen oder an der untersten Auswahlbegrenzung ausgerichtet.

▶ Linke Kanten: Richtet alle ausgewählten Ebenen an der linken Kante aller ausgewählten Ebenen oder an der linken Kante einer Auswahlbegrenzung aus.

▶ Horizontale Mitten: Damit werden alle ausgewählten Ebenen an der horizontalen Mitte aller ausgewählten Ebenen oder an der horizontalen mittleren Auswahlbegrenzung ausgerichtet.

▶ Rechte Kanten: Richtet alle ausgewählten Ebenen an der rechten Kante aller ausgewählten Ebenen oder an der rechten Kante einer Auswahlbegrenzung aus.

27.2.2 Ebenen verteilen

Was für das Ausrichten von Ebenen gilt, gilt auch für das Verteilen von Ebenen. Die entsprechenden Befehle werden gleich neben Ausrichten (Ausr.) mit Vert. aufgelistet. Folgende Möglichkeiten stehen Ihnen hierbei zur Verfügung:

▲ **Abbildung 27.11**
Ebenen verteilen

▶ Obere Kanten: Alle ausgewählten Ebenen werden ausgehend von der höchsten Kante der ausgewählten Ebenen verteilt.

▶ Vertikale Mitten: Verteilt die ausgewählten Ebenen ausgehend von der vertikalen Ebenenmitte.

▶ Untere Kanten: Alle ausgewählten Ebenen werden ausgehend von der untersten Kante der ausgewählten Ebenen verteilt.

▶ Linke Kanten: Die ausgewählten Ebenen werden ausgehend von der Kante, die am weitesten links ist, verteilt.

▶ Horizontale Mitten: Alle ausgewählten Ebenen werden ausgehend von der horizontalen Mitte jeder Ebene verteilt.

▶ Rechte Kanten: Hiermit werden die ausgewählten Ebenen ausgehend von der Kante, die am weitesten links ist, verteilt.

Schritt für Schritt: Ebenen ausrichten und verteilen

Um Sie mit den verschiedenen Befehlen vertraut zu machen, zeigt diese Schritt-für-Schritt-Anleitung, wie Sie mehrere Ebenen ausrichten und verteilen.

In Abbildung 27.12 finden Sie drei durchsichtige Tafeln, die auf drei unterschiedlichen Ebenen liegen. Diese Tafeln sollen jetzt sauber ausgerichtet und verteilt werden.

Kuerbiszeit.tif

Foto: Jürgen Wolf

◄ **Abbildung 27.12**
Dieser Unordnung wollen wir zu
Leibe rücken.

1 Ebenen auswählen

Zunächst wählen Sie die Ebenen aus, die Sie ausrichten und verteilen wollen. Öffnen Sie hierzu das Ebenen-Bedienfeld (FENS-
TER • EBENEN), und markieren Sie die entsprechenden Ebenen
im Bedienfeld. Im Beispiel sind dies die Ebenen TAFEL01, TAFEL02
und TAFEL03. Um nicht immer auf dem Ebenen-Bedienfeld nach-
schauen zu müssen, ob alle Ebenen ausgewählt sind, habe ich
diese Ebenen über das Kettensymbol ➊ gleich verknüpft.

2 Verschieben-Werkzeug aufrufen

Rufen Sie als Nächstes das Verschieben-Werkzeug ⊹ V auf. Im
Bild wird jetzt um die drei ausgewählten Ebenen ein Rahmen
angezeigt ➋, den Sie bereits als Transformationsrahmen kennengelernt haben. In der Tat könnten Sie hiermit auch gleich alle
möglichen Transformationen durchführen. Wir benötigen diesen
Rahmen hier allerdings zum Ausrichten und Verteilen der Ebenen.

▲ **Abbildung 27.13**
Die Verknüpfung verhindert ein
versehentliches Deaktivieren einer
der drei Ebenen.

◄ **Abbildung 27.14**
Photoshop Elements zieht einen
Transformationsrahmen um die
drei Ebenen.

3 Ebenen ausrichten

Legen Sie im Optionsmenü unter AUSR. ❶ fest, an welcher Kante die Ebenen ausgerichtet werden sollen. Im Beispiel habe ich mich für LINKE KANTEN entschieden. Um ein Gefühl für das Ausrichten zu bekommen, experimentieren Sie ruhig mit den verschiedenen Ausrichtungen.

Abbildung 27.15 ▶
Linke Kanten ausrichten

4 Ebenen verteilen

Im nächsten Schritt sollen die Ebenen gleichmäßig im Rahmen aufgeteilt werden. Wählen Sie hierzu in der Optionsleiste VER-TEIL. ❷ den Eintrag VERTIKALE MITTEN aus. Jetzt sind die Ebenen auch sauber aufgeteilt.

5 Ebenen positionieren

Da nun alle Ebenen in Reih und Glied sind, können Sie den ganzen Schwung innerhalb des Ebenenrahmens mit gedrückt gehaltener Maustaste an die gewünschte Position verschieben.

6 Text einfügen

Zuletzt will ich Ihnen noch schnell zeigen, wie Sie einen Text innerhalb dieser Tafeln einfügen und mittig ausrichten. Entfernen Sie zunächst die Verknüpfung der drei Ebenen. Wählen Sie das Textwerkzeug T ⊤, und stellen Sie in der Werkzeugleiste eine ausreichend große Schrift ein. Im Beispiel wurde die Schriftart Arial mit 96 Pt verwendet. Als Schriftfarbe wird die ausgewählte Vordergrundfarbe verwendet, hier Weiß.

Wählen Sie im Ebenen-Bedienfeld die Tafel bzw. Ebene aus, in die Sie den Text setzen wollen. Klicken Sie auf dem Bild in diese Tafel, und geben Sie den gewünschten Text ein.

▲ **Abbildung 27.16**
Auch die Position der verknüpften Ebenen kann leicht angepasst werden.

Zum Weiterlesen
Auf das Textwerkzeug wird noch explizit in Teil 11, »Mit Text arbeiten«, eingegangen.

◄ **Abbildung 27.17**
Text eingeben

7 **Ebenen auswählen**

Photoshop Elements hat automatisch über der ersten Tafel eine neue Ebene angelegt. Um nun Tafel und Text aneinander auszurichten, wählen Sie die beiden Ebenen ❸ und ❹ im Ebenen-Bedienfeld aus.

8 **Ebenen ausrichten**

Aktivieren Sie wieder das Verschieben-Werkzeug  V . In der Optionsleiste wählen Sie unter AUSR. ❺ zunächst VERTIKALE MITTEN und anschließend HORIZONTALE MITTEN aus. Jetzt sollte der Text zentriert in der Tafel stehen. Auf die gleiche Weise können Sie jetzt noch weiteren Text zu den anderen Tafeln hinzufügen.

▲ **Abbildung 27.18**
Wählen Sie die neue Textebene und die Ebene TAFEL 01 aus.

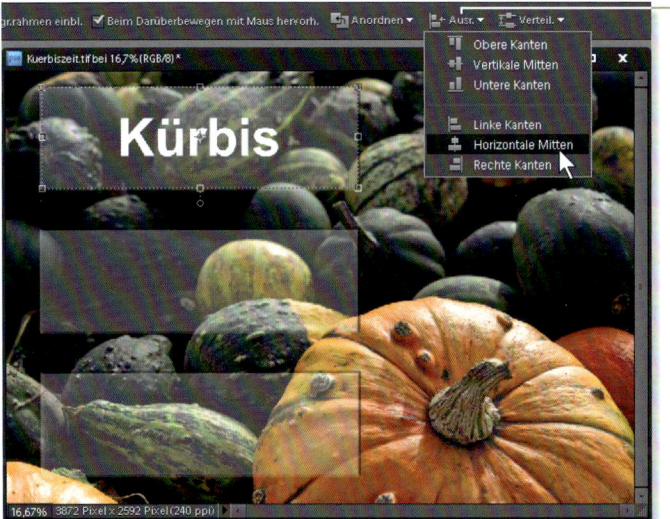

◄ **Abbildung 27.19**
Text und Tafel werden mittig zueinander ausgerichtet.

▲ **Abbildung 27.20**
Das Endergebnis kann sich sehen lassen: eine schön gestaltete Sprachtrainingskarte in deutscher, englischer und spanischer Sprache. ◼

Schnittmaske.tif

9 · Weitere Texte und Ebenen

Sie sehen also, dass es recht einfach ist, Ebenen mithilfe des Verschieben-Werkzeugs und dessen Optionen auszurichten. Zwar ist dies auch mit dem Raster möglich, aber das ist doch ein ziemliche »Frickelei«.

27.3 Schnittmasken

Mit dem Einsatz von Schnittmasken können Sie den Inhalt einer Ebene zum Maskieren einer darüberliegenden Ebene verwenden. Dies ist hilfreich, wenn Sie mehr als zwei Ebenen verwenden und sich eine Ebene nur auf die direkt darunterliegende Ebene beziehen soll.

Ich möchte Ihnen an einem einfachen Beispiel zeigen, wie sich eine Schnittmaske auswirkt. In Abbildung 27.21 wurden zwei gelbe Rosen mit einer Einstellungsebene zunächst in zwei rosafarbene Rosen »umgefärbt«.

Aus der Einstellungsebene FARBTON/SÄTTIGUNG soll jetzt eine Schnittmaske erstellt werden, damit sie sich nur noch auf die darunterliegende Ebene bezieht. Eine Schnittmaske im Ebenen-Bedienfeld erkennen Sie daran, dass die Miniaturvorschau und der Name der Ebene leicht eingerückt sind. Der Name der Grundebene in der Maske ist zudem unterstrichen. Alle über dieser Grundebene liegenden Ebenen werden mit einem Schnittmaskensymbol ❶ angezeigt.

Abbildung 27.21 ▶
Die beiden Rosen liegen auf zwei Ebenen. Die Farbe der Rosen wurde mit einer FARBTON/SÄTTIGUNG-Einstellungsebene umgefärbt.

Abbildung 27.22 ▶
Mithilfe einer Schnittmaske wirkt sich die Einstellungsebene nicht mehr auf das komplette Bild aus, sondern nur noch auf die darunterliegende Ebene.

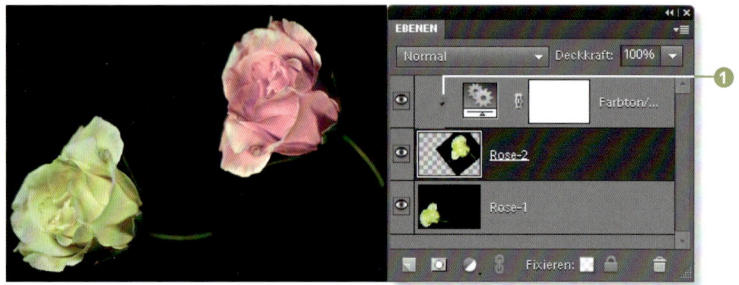

27.3.1 Schnittmasken erzeugen

Folgende Möglichkeiten haben Sie, um eine Schnittmaske zu erzeugen:

▶ Der einfachste und schnellste Weg führt über das Ebenen-Bedienfeld. Setzen Sie hierzu den Mauszeiger genau zwischen zwei Ebenen, halten Sie `Alt` gedrückt, und betätigen Sie die linke Maustaste. Der Mauszeiger ändert sich hierbei in einen Doppelkreis mit Pfeil ❷. Auf demselben Weg können Sie eine vorhandene Schnittmaske wieder auflösen.

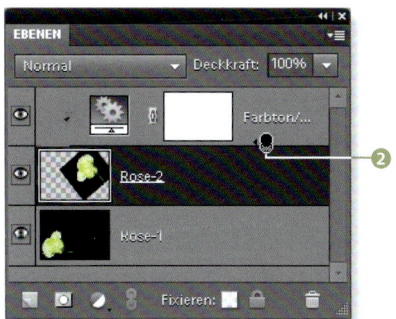

◀ **Abbildung 27.23**
Das Symbol des Mauszeigers zeigt an, dass Sie eine Schnittmaske erzeugen oder (hier) wieder lösen können.

▶ Das Gleiche erzielen Sie auch über das Menü oder mit einer Tastenkombination. Aktivieren Sie die Ebenen, die Sie zur Schnittmaske machen wollen, und wählen Sie im Menü den Punkt EBENE • SCHNITTMASKE ERSTELLEN, oder nutzen Sie die Tastenkombination `Strg`/`⌘`+`G`. Lösen können Sie die Schnittmaske wieder mit EBENE • SCHNITTMASKE ZURÜCKWANDELN oder ebenfalls mit `Strg`/`⌘`+`G`.

▶ Wenn Sie eine Ebene über EBENE • NEU • EBENE oder `Strg`/`⌘`+`⇧`+`N` anlegen, können Sie gleich beim Anlegen im entsprechenden Dialog ein Häkchen vor SCHNITTMASKE AUS VORHERIGER EBENE ERSTELLEN ❸ setzen.

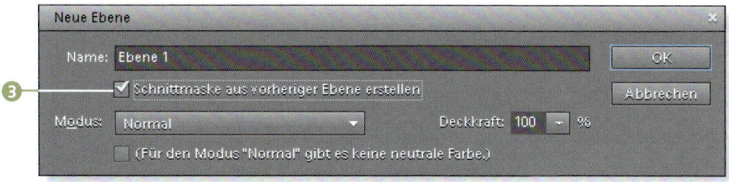

◀ **Abbildung 27.24**
Auch im Dialog NEUE EBENE können Sie diese Ebene gleich als Schnittmaske zur vorherigen Ebene anlegen.

27.3.2 Anwendungsgebiet

In der Praxis werden diese Schnittmasken zum Retuschieren, bei Einstellungsebenen oder bei der Arbeit mit Texten verwendet. So ist es zum Beispiel auch möglich, in einer Schnittmaske mehrere Ebenen zu verwenden. Allerdings müssen diese Ebenen immer in aufeinanderfolgender Reihenfolge vorliegen.

 Greece.tif

Ein gutes Beispiel für eine kreative Textgestaltung zeigt Abbildung 27.25. Die Hintergrundebene ganz unten wurde stark weichgezeichnet, darüber folgt der Text »GREECE«. Anschließend finden Sie eine Hintergrundkopie der untersten Ebene als Schnittmaske vor. Allerdings wurde diese Hintergrundkopie nicht weichgezeichnet. Zur Schnittmaske wurde eine weitere Ebene hinzugefügt (die Nationalflagge von Griechenland), und die DECKKRAFT wurde auf 10 % reduziert, da sonst die Flagge komplett vom scharfen Hintergrundbild überdeckt würde.

Abbildung 27.25 ▶
Kreativer Umgang mit Text und
Bild dank Schnittmasken

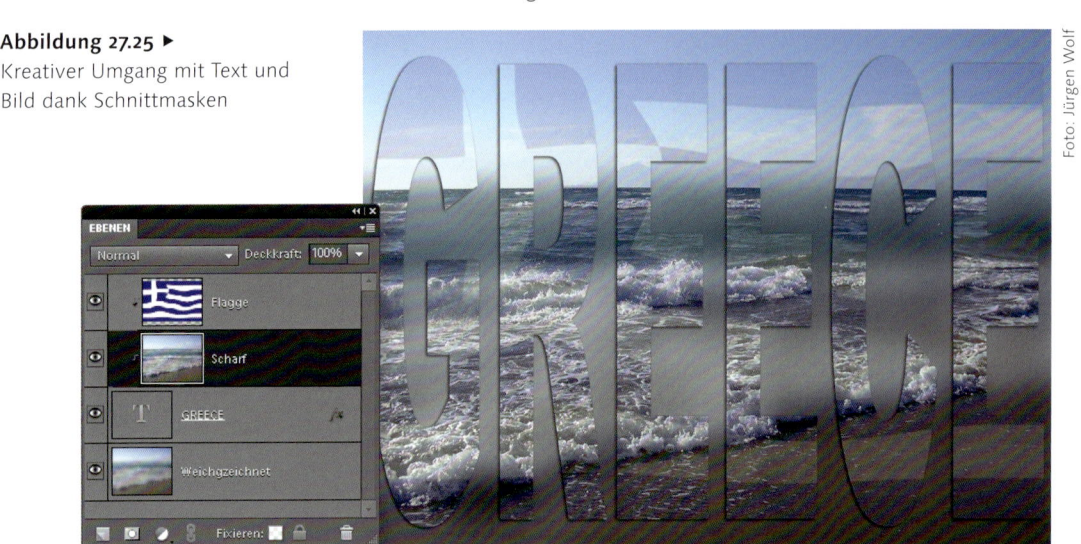

28 Füllmethoden von Ebenen

Bisher haben Sie sich bei der Verwendung von Ebenen ganz auf die richtige Reihenfolge und auf die Ebenenmasken verlassen. Alles, was über einer Ebene liegt, verdeckt einen Teil der unteren Ebene. Zwar konnten Sie mit der DECKKRAFT diesen verdeckten Teil durchscheinen lassen, aber hierbei erlauben die sogenannten Füllmethoden auch unterschiedliche Pixelverrechnungsmethoden.

Wenn Sie die Füllmethode ändern, bezieht sich diese Änderung direkt auf das Verhältnis zweier übereinanderliegender Ebenen – und indirekt auch auf andere übereinandergeschichtete Pixel der Ebenen. In der Praxis wirkt sich eine Veränderung der Füllmethode der oberen Ebene auf die darunterliegende Ebene aus.

Zebra.tif

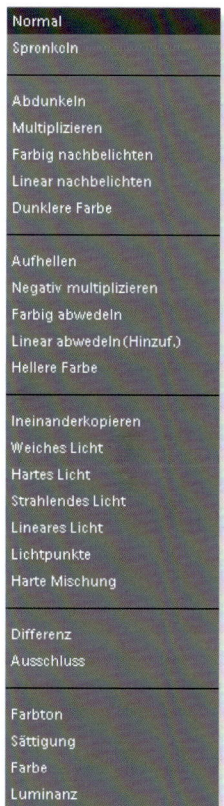

▲ **Abbildung 28.1**
Übersicht aller Füllmethoden aus dem Ebenen-Bedienfeld

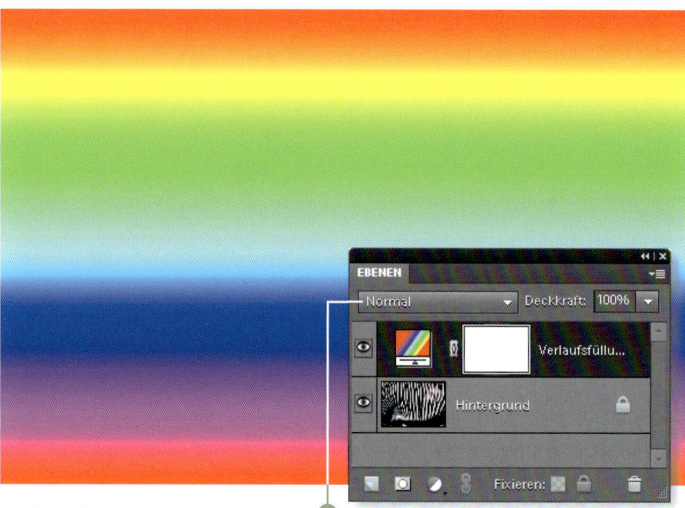

▲ **Abbildung 28.2**
Wenn zwei Ebenen mit der Füllmethode NORMAL ❶ übereinanderliegen, wird immer die untere Ebene von der oberen Ebene verdeckt.

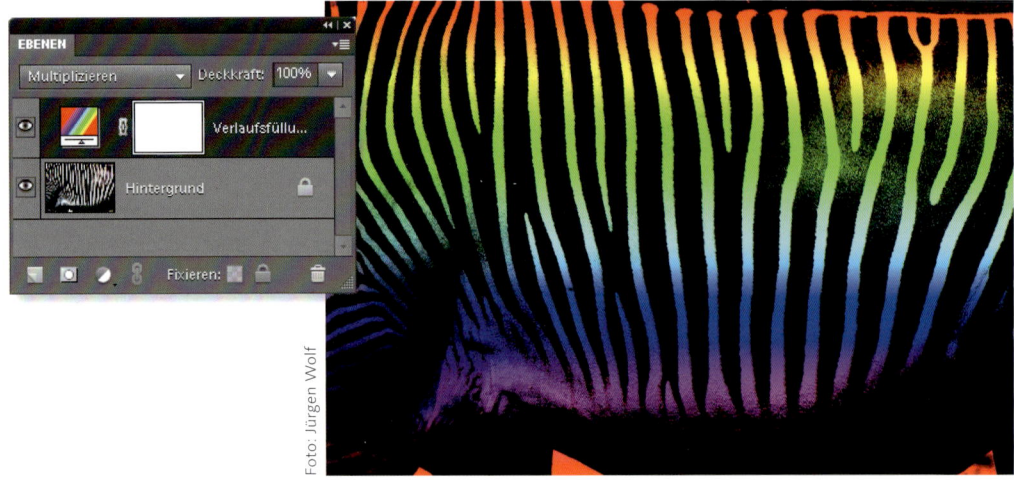

Foto: Jürgen Wolf

▲ **Abbildung 28.3**
Eine Änderung der Füllmethode auf MULTIPLIZIEREN erzeugt einen sehr interessanten Effekt.

Das Mischen von Pixeln ist nicht nur den Ebenen vorbehalten. Auch beim Auftragen von Farbpixeln bieten viele Mal- und Retuschewerkzeuge die hier erwähnten Füllmethoden an – nur dass hier mit **Modus** für die gleichen Berechnungen ein anderer Begriff verwendet wird. Genaueres erfahren Sie in Abschnitt 28.2, »Füllmethoden für Mal- und Retuschewerkzeuge«.

Abbildung 28.4 ▶
Viele Mal- und Retuschewerkzeuge bieten ebenfalls eine Pixelmischung beim Auftragen von Farbpixeln an.

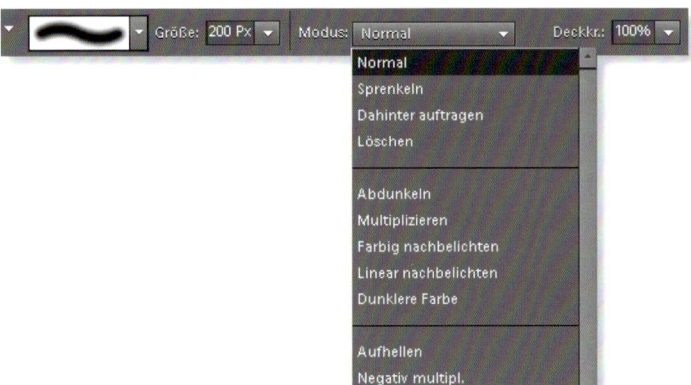

Ob Sie nun die Füllmethoden im Ebenen-Bedienfeld nutzen, oder ob Sie Werkzeuge verwenden – alle arbeiten mit denselben Algorithmen. Bei dieser Berechnung werden immer die darunterliegenden Pixel als Ausgangsfarbe verwendet. Die darüberliegenden Pixel sind hier die Füllfarbe. Beide zusammen werden zu einer Ergebnisfarbe gemischt.

28.1 Füllmethoden im Überblick

Im Folgenden will ich Ihnen zeigen, was bei einer Pixelberechnung einer bestimmten Ebene passiert. Jede Füllmethode veranschauliche ich basierend auf dem folgenden Ausgangsbild mit einem Demonstrationsbild.

Market_Colors.tif

Normal | Die Füllmethode NORMAL ist die Standardeinstellung, wie Sie sie auch bisher in diesem Buch verwendet haben. Bei dieser Methode findet zwischen den übereinanderliegenden Pixeln keine Berechnung statt. In der Regel verdecken hierbei die Pixel der darüberliegenden Ebene die Pixel der darunterliegenden Ebene komplett. Eine Ausnahme gibt es: Wenn Sie die DECKKRAFT der oberen Ebene reduzieren, scheint auch die untere Ebene durch.

▲ **Abbildung 28.5**
Anhand dieser zwei Ebenen sollen die Wirkungen von Füllmethoden demonstriert werden.

▲ **Abbildung 28.6**
Füllmethode NORMAL (100 % DECKKRAFT)

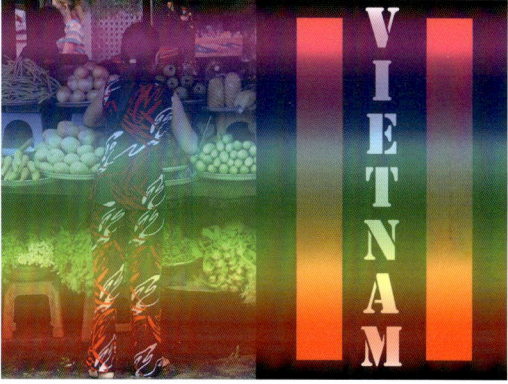

▲ **Abbildung 28.7**
Füllmethode NORMAL (50 % DECKKRAFT)

Sprenkeln | Die Methode SPRENKELN funktioniert nur dann, wenn die Ebene, auf die sie angewendet wird, Transparenz enthält. Bei Ebenen, die keine Transparenz enthalten, wirkt diese Füllmethode wie NORMAL. Je geringer hierbei die DECKKRAFT ist, umso stärker werden Pixel von der unteren Ebene eingestreut. Um den Effekt auch bei einer Ebene anzuwenden, die keine direkte Transparenz enthält, können Sie auch die DECKKRAFT dieser Ebene reduzieren. Sehr gut ist dieser Modus auch in Verbindung mit einem Malwerkzeug mit großer Werkzeugspitze geeignet (zum Beispiel dem Pinsel-Werkzeug B).

▲ **Abbildung 28.8**
Füllmethode SPRENKELN (100 % DECKKRAFT)

▲ **Abbildung 28.9**
Füllmethode SPRENKELN (50 % DECKKRAFT)

Abdunkeln | Beim Effekt ABDUNKELN wählen Sie die dunklere Farbe von der unteren Ebene (Ausgangsfarbe) und der oberen Ebene (Füllfarbe) als Ergebnisfarbe aus. Pixel, die heller als die Füllfarbe sind, werden ersetzt, und Pixel, die dunkler als die Füllfarbe sind, bleiben erhalten. Haben beide Ebenen denselben Inhalt, zeigt diese Füllmethode keine Wirkung.

Multiplizieren | Der Effekt von MULTIPLIZIEREN ist ähnlich wie der von ABDUNKELN, mit dem Unterschied, dass sich beim Multiplizieren das Ergebnis auch dann ändert, wenn beide Ebenen denselben Inhalt haben. Außerdem dunkelt MULTIPLIZIEREN stärker und gleichmäßiger ab als ABDUNKELN. Die Wirkung der Abdunkelung lässt sich außerdem über die DECKKRAFT der oberen Ebene einstellen. Der Name der Funktion rührt daher, dass hier eine Pixel-Multiplikation stattfindet. Pixel in der oberen Ebene, die schwarz sind, ergeben als Ergebnisfarbe immer Schwarz. Beim Multiplizieren mit Weiß findet keine Änderung statt.

▲ **Abbildung 28.10**
Füllmethode Abdunkeln

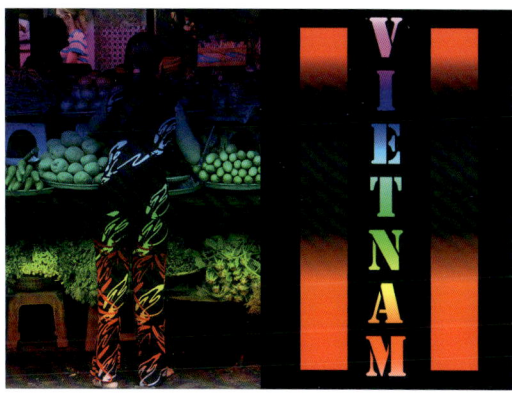

▲ **Abbildung 28.11**
Füllmethode Multiplizieren

Farbig nachbelichten | Mit der Methode Farbig nachbelichten verstärken Sie anhand der Sättigungs- und Helligkeitsinformationen der oberen Ebene (der Füllfarbe) den Kontrast der Ausgangsfarbe (untere Ebene), wodurch das Ergebnis dunkler wirkt. Das Resultat erhält so strahlendere Farben und härtere Kontraste. Eine Füllung mit Weiß hat keine Auswirkung.

Linear nachbelichten | Linear nachbelichten funktioniert ähnlich wie Farbig nachbelichten, nur dass hier der Kontrast der unteren Ebene nicht so stark erhöht wird. Diese Füllmethode reduziert vorwiegend die Helligkeit, wodurch das Ergebnis weniger strahlend wirkt als bei der Methode Farbig Nachbelichten.

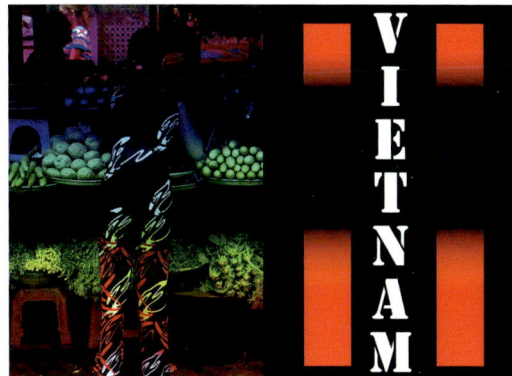

▲ **Abbildung 28.12**
Füllmethode Farbig nachbelichten

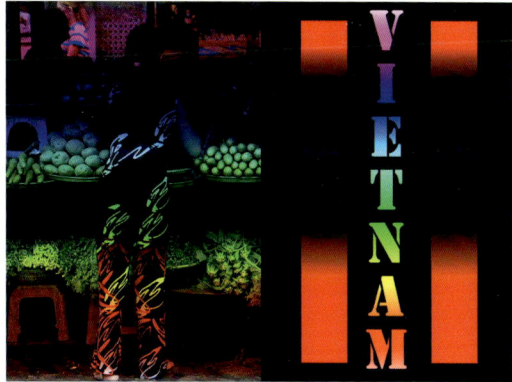

▲ **Abbildung 28.13**
Füllmethode Linear nachbelichten

Dunklere Farbe | Bei der Methode Dunklere Farbe werden die Farben der oberen und der unteren Ebene verglichen, und die Farbe mit dem niedrigeren Wert wird angezeigt. In diesem Fall ist das Endergebnis keine Mischung aus Füll- und Ausgangsfarbe, sondern die jeweils dunklere Farbe einer der Ebenen.

Aufhellen | Die Methode AUFHELLEN bewirkt genau das Gegenteil der Methode ABDUNKELN. Die Helligkeit der oberen Ebene bestimmt, wie stark das Bild aufgehellt wird. Je heller die Farbe, desto stärker die Aufhellung.

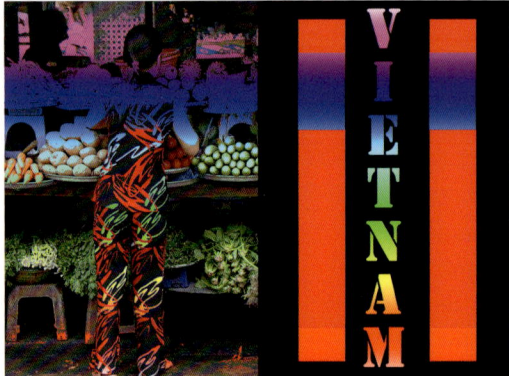

▲ **Abbildung 28.14**
Füllmethode DUNKLERE FARBE

▲ **Abbildung 28.15**
Füllmethode AUFHELLEN

Negativ multiplizieren | Mit NEGATIV MULTIPLIZIEREN werden die umgekehrten Werte der oberen und unteren Ebene multipliziert. In früheren Versionen hieß dieser Befehl daher auch UMGEKEHRT MULTIPLIZIEREN. Das Ergebnis ist immer eine hellere Farbe. Den Effekt kann man mit einem Ausbleichen vergleichen. Beim negativen Multiplizieren mit Weiß entsteht Weiß, beim Multiplizieren mit Schwarz bleibt die Farbe unverändert.

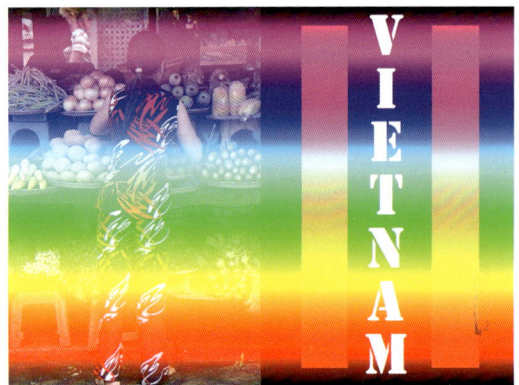

▲ **Abbildung 28.16**
Füllmethode NEGATIV MULTIPLIZIEREN

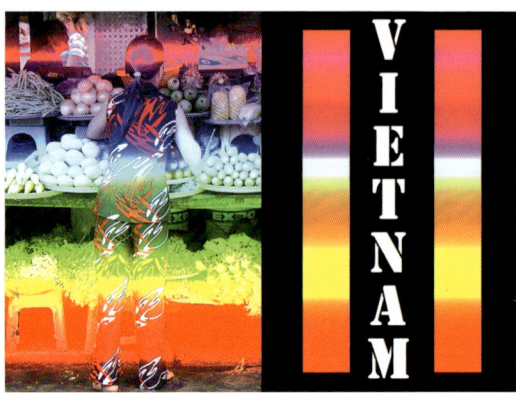

▲ **Abbildung 28.17**
Füllmethode FARBIG ABWEDELN

Farbig abwedeln | Die Füllmethode FARBIG ABWEDELN arbeitet ähnlich wie die Nachbelichter. Bei FARBIG ABWEDELN wird der Kontrast der Ausgangsfarbe (untere Ebene) abgeschwächt. Je heller hierbei die Pixel in der oberen Ebene (Füllfarbe) sind, umso stärker wird der Kontrast abgeschwächt. Ein Füllen mit Schwarz hat keinen Effekt.

Linear abwedeln (Hinzuf.) | Die Füllmethode LINEAR ABWEDELN (HINZUF.) hat im Prinzip dieselbe Wirkung wie FARBIG ABWEDELN, nur dass das Endergebnis insgesamt heller ist. Je heller hierbei die aufgetragenen Pixel der oberen Ebene sind, umso stärker wird die Helligkeit der unteren Pixel erhöht.

Hellere Farbe | Die Füllmethode HELLERE FARBE ist das Gegenstück zur Methode DUNKLERE FARBE, wo die Farbwerte der Füll- und Ausgangsfarbe miteinander verglichen werden. Im Fall der Methode HELLERE FARBE wird jetzt allerdings die Farbe mit dem höheren Wert angezeigt. Auch hier ist das Endergebnis keine Mischung aus Füll- und Ausgangsfarbe, sondern die jeweils hellere Farbe einer der Ebenen.

▲ **Abbildung 28.18**
Füllmethode LINEAR ABWEDELN (HINZUF.)

▲ **Abbildung 28.19**
Füllmethode HELLERE FARBE

Ineinanderkopieren | Die Füllmethode INEINANDERKOPIEREN ist eine Mischung aus MULTIPLIZIEREN und NEGATIV MULTIPLIZIEREN. Farben überlagern die vorhandenen Pixel, wobei Grundfarben der Lichter und Tiefen allerdings erhalten bleiben. Die Ausgangsfarbe wird mit der Füllfarbe gemischt, um die Lichter und Tiefen in der Originalfarbe wiederzugeben.

Weiches Licht | Mit der Methode WEICHES LICHT werden die Farben abhängig von der Füllfarbe abgedunkelt oder aufgehellt.

Die Wirkung entspricht in etwa einem Lichtstrahler mit diffusem Licht. Ist die Füllfarbe der oberen Ebene heller als 50%iges Grau, wird das Bild heller; ist sie dunkler, wird auch das Bild dunkler. Reines Schwarz und Weiß in der Füllfarbe erzeugen sehr deutliche hellere und dunklere Bereiche – aber trotzdem kein reines Schwarz oder Weiß.

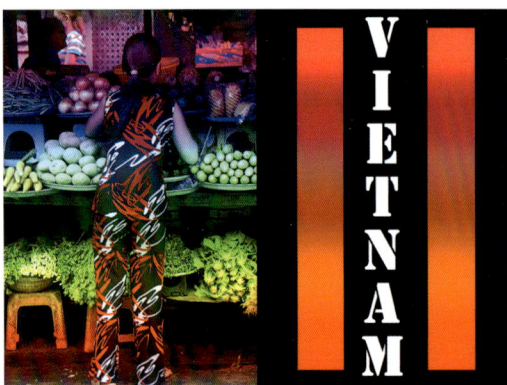

▲ **Abbildung 28.20**
Füllmethode INEINANDERKOPIEREN

▲ **Abbildung 28.21**
Füllmethode WEICHES LICHT

Hartes Licht | Die Füllmethode HARTES LICHT entspricht der zuvor beschriebenen Methode WEICHES LICHT, nur dass die Wirkung der diffusen Lichtquelle noch stärker ist. Diese verstärkte Wirkung wird durch eine Multiplikation oder negative Multiplikation der Farben (abhängig von den Füllfarben) erzielt.

▲ **Abbildung 28.22**
Füllmethode HARTES LICHT

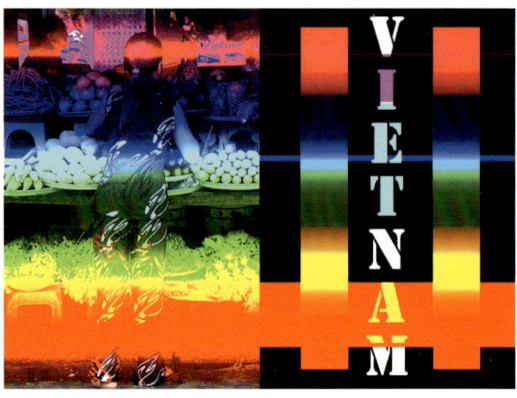

▲ **Abbildung 28.23**
Füllmethode STRAHLENDES LICHT

Strahlendes Licht | Diese Methode belichtet die Farben nach, wedelt sie ab und erhöht oder reduziert je nach Füllfarbe den Kontrast. Ist die Füllfarbe der oberen Ebene heller als 50%iges

Grau, wird das Bild durch die Reduzierung des Kontrastes heller; andernfalls wird der Kontrast erhöht, und das Ergebnis ist dunkler.

Lineares Licht | Die Methode LINEARES LICHT wirkt ähnlich wie STRAHLENDES LICHT und belichtet Farben nach oder wedelt diese ab. Statt auf den Kontrast zielt diese Methode jedoch auf die Helligkeit ab. Ist die Füllfarbe der oberen Ebene heller als 50%iges Grau, wird das Bild durch die Erhöhung der Helligkeit heller; andernfalls wird die Helligkeit reduziert, und das Ergebnis ist insgesamt dunkler.

Lichtpunkte | Abhängig von der Füllfarbe der oberen Ebene werden mit der Methode LICHTPUNKTE die Farben ersetzt. Ist die Füllfarbe heller als 50%iges Grau, werden alle Pixel ersetzt, die dunkler als die Füllfarbe sind. Pixel, die heller als die Füllfarbe sind, bleiben erhalten. Ist die Füllfarbe hingegen dunkler als 50%iges Grau, werden alle Pixel ersetzt, die heller als die Füllfarbe sind. Pixel, die dunkler sind als die Füllfarbe, werden nicht verändert.

▲ **Abbildung 28.24**
Füllmethode LINEARES LICHT

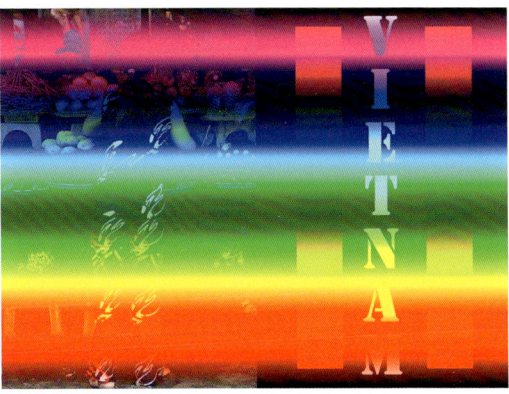

▲ **Abbildung 28.25**
Füllmethode LICHTPUNKTE

Harte Mischung | Die Methode HARTE MISCHUNG reduziert die Farben abhängig von den Grundfarben und den Füllfarben auf Weiß, Schwarz, Rot, Grün, Blau, Gelb, Cyan und Magenta. Das Endergebnis erinnert an das GIF-Format mit maximal 8 Farben.

Differenz | Die Methode DIFFERENZ subtrahiert die Farbe (Ausgangs- und Füllfarbe) mit dem niedrigeren Helligkeitswert von den Farben mit dem höheren Helligkeitswert. Ein Füllen mit Weiß kehrt den Farbwert der darunterliegenden Ebene um. Eine schwarze Füllfarbe hat keine Auswirkungen.

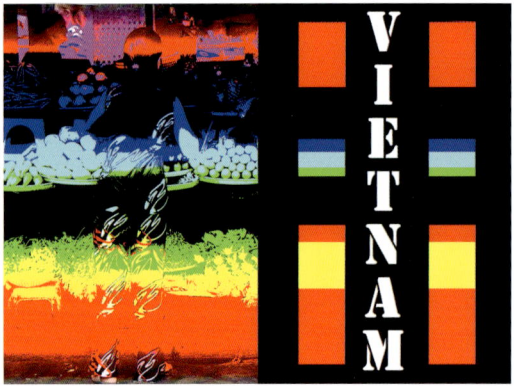

▲ Abbildung 28.26
Füllmethode HARTE MISCHUNG

▲ Abbildung 28.27
Füllmethode DIFFERENZ

Ausschluss | Der Modus AUSSCHLUSS entspricht dem zuvor beschriebenen Modus DIFFERENZ, ist aber etwas weicher und kontrastärmer.

Farbton | Der Modus FARBTON erzeugt eine Ergebnisfarbe aus der Luminanz und der Sättigung der unteren Ebene (Ausgangsfarbe) und dem Farbton der oberen Ebene (Füllfarbe).

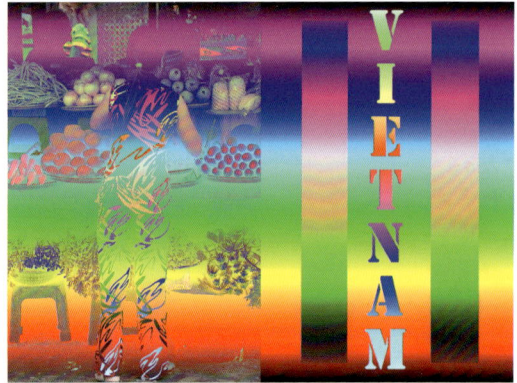

▲ Abbildung 28.28
Füllmethode AUSSCHLUSS

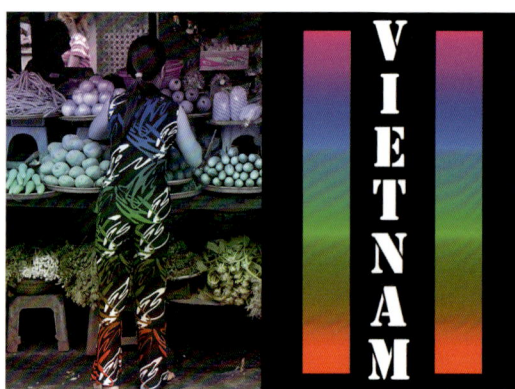

▲ Abbildung 28.29
Füllmethode FARBTON

Sättigung | Mit der Methode SÄTTIGUNG erzeugen Sie eine Ergebnisfarbe mit der Luminanz und dem Farbton der unteren Ebene (Ausgangsfarbe) und der Sättigung der unteren Ebene (Füllebene).

Farbe | FARBE erzeugt eine Ergebnisfarbe mit der Luminanz der unteren Ebene (Ausgangsfarbe) und der Sättigung der oberen Ebene (Füllfarbe).

Luminanz | LUMINANZ erzeugt eine Ergebnisfarbe mit dem Farbton und der Sättigung der unteren Ebene (Ausgangsfarbe) und der Luminanz der oberen Ebene (Füllfarbe). Im Grunde ist dieser Modus eine Umkehrung des Modus FARBE.

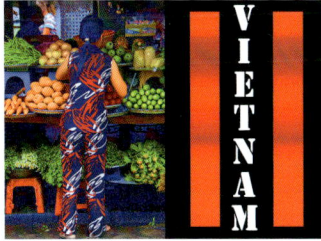
▲ **Abbildung 28.30**
Füllmethode SÄTTIGUNG

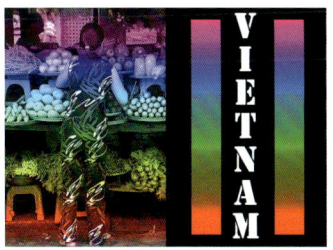
▲ **Abbildung 28.31**
Füllmethode FARBE

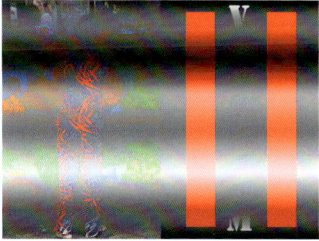
▲ **Abbildung 28.32**
Füllmethode LUMINANZ

28.2 Füllmethoden für Mal- und Retusche-Werkzeuge

Die verschiedenen Modi von den Werkzeugen arbeiten nach demselben Prinzip wie die oben erläuterten Ebenen-Füllmethoden, nur dass für die Anwendung der Werkzeug-Modi lediglich eine Ebene benötigt wird. Die Modi für die Malwerkzeuge wirken sich direkt auf die aktive Ebene aus.

Bei einigen Mal- und Retusche-Werkzeugen finden Sie mit DAHINTER AUFTRAGEN und LÖSCHEN zwei zusätzliche Modi, die hier ebenfalls erläutert werden sollen.

Dahinter auftragen | Den Modus DAHINTER AUFTRAGEN finden Sie beim Pinsel-Werkzeug 🖌, Buntstift ✏, Füllwerkzeug 🪣, Verlaufswerkzeug ▨, Kopierstempel 🔖 und Musterstempel 🔖.

Vergissmeinnicht.tif

Mit diesem Modus wird nur in den transparenten Bereichen des Bildes eine Farbe aufgetragen. Das entspricht dem Effekt, als würden Sie auf der Rückseite einer Klarsichtfolie etwas malen. Natürlich bedeutet dies auch, dass dieser Modus nur dann funktioniert, wenn die Ebene einen transparenten Bereich besitzt (und somit auch keine Hintergrundebene sein darf) und im Ebenen-Bedienfeld die Option TRANSPARENTE PIXEL FIXIEREN deaktiviert ist.

▲ **Abbildung 28.33**
Malen mit dem Pinsel-Werkzeug an den Kanten einer freigestellten Blume im Modus NORMAL ...

▲ **Abbildung 28.34**
... dasselbe nochmals, nur jetzt im Modus DAHINTER AUFTRAGEN. Die Blumen wurden nicht übermalt, obwohl der Pinsel darüber hinausging. Es wird in diesem Modus nur der transparente Hintergrund berücksichtigt.

▲ **Abbildung 28.35**
Der Modus DAHINTER AUFTRAGEN funktioniert natürlich auch mit den anderen Malwerkzeugen (beispielsweise mit dem Verlaufswerkzeug).

Löschen | Den Modus LÖSCHEN finden Sie beim Pinsel-Werkzeug, Buntstift und dem Füllwerkzeug.

Mit diesem Modus wird jedes Pixel bearbeitet und transparent gemacht. Natürlich steht dieser Modus nur dann zur Verfügung, wenn die Ebene keine Hintergrundebene ist und die Option TRANSPARENTE PIXEL FIXIEREN deaktiviert ist. Im Grunde kann dieser Modus mit dem Radiergummi beim Pinsel-Werkzeug und Buntstift verglichen werden, nur dass Sie hierbei die zusätzlichen Funktionen AIRBRUSH und WEITERE PINSELOPTIONEN zu Verfügung haben. Beim Füllwerkzeug ist dieser Modus mit dem Magischen Radiergummi vergleichbar.

28.3 Praxisbeispiele

Abgesehen von kreativen Möglichkeiten bieten die Füllmethoden auch einige interessante Mittel zur Bildkorrektur und Verbesserung. Die folgende einfache Schritt-für-Schritt-Anleitung zeigt Ihnen, wie Sie eine Bildkorrektur oder Verbesserung mit den Füllmethoden über Ebenen vornehmen können.

28.3.1 Bilder über Füllmethode aufhellen oder abdunkeln

Ayers_Rock.jpg

In der folgenden Schritt-für-Schritt-Anleitung erfahren Sie, wie Sie Bilder mithilfe von Ebenenmodi aufhellen oder abdunkeln können.

Schritt für Schritt: Dunkle Bilder per Füllmethode aufhellen

1 Allgemeine Korrekturen vornehmen

Bevor Sie ein Bild mit Ebenen verbessern oder korrigieren, sollten Sie zunächst alle anderen Korrekturen wie Farbkorrekturen usw. durchgeführt haben, weil sich diese Fehler sonst nur noch verstärken. Das folgende Bild »Ayers_Rock.jpg« ist leider ein wenig zu dunkel geworden.

◀ **Abbildung 28.36**
Die Aufnahme ist zu dunkel.

2 Bildebene duplizieren

Erstellen Sie ein Duplikat der Hintergrundebene über ⌨Strg⌨/ ⌨⌘⌨+⌨J⌨.

▲ **Abbildung 28.37**
Hintergrundebene duplizieren

3 Füllmethode und Deckkraft einstellen

Stellen Sie nun die Füllmethode für die obere Ebene ein. Da dieses Bild zu dunkel wirkt, wurde NEGATIV MULTIPLIZIEREN ❶ ausgewählt. Da mit dieser Methode das Bild besonders im Himmelbereich oben rechts fast schon zu stark aufgehellt wird, wurde die DECKKRAFT ❷ auf 60 % heruntergeregelt. Mithilfe der DECKKRAFT können Sie somit den Effekt der Füllmethode feinjustieren.

> **TIPP**
>
> Für zu helle oder zu flaue Bildbereiche eignet sich die Füllmethode MULTIPLIZIEREN sehr gut.

◀ **Abbildung 28.38**
Allein durch die Füllmethode der obersten Ebene wird das Bild heller. ◼

sockstars.tif

28.3.2 Weiße oder schwarze Hintergründe beseitigen ohne Freistellen

Wollen Sie mehrere Bilder mit weißen oder schwarzen Hintergründen übereinanderlegen, ohne gleich die Bilder aufwändig freizustellen, können Sie den Ebenenmodus ABDUNKELN oder MULTIPLIZIEREN für weiße und AUFHELLEN oder NEGATIV MULTIPLIZIEREN für schwarze Hintergründe verwenden.

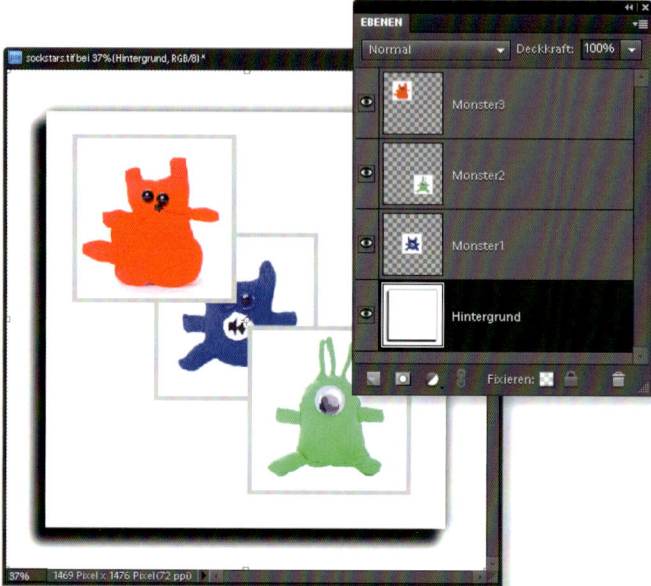

Abbildung 28.39 ▶
Hier wurden drei Ebenen übereinandergelegt. Zur Verdeutlichung wurden hier zusätzlich Kanten an den Rändern hinzugefügt.

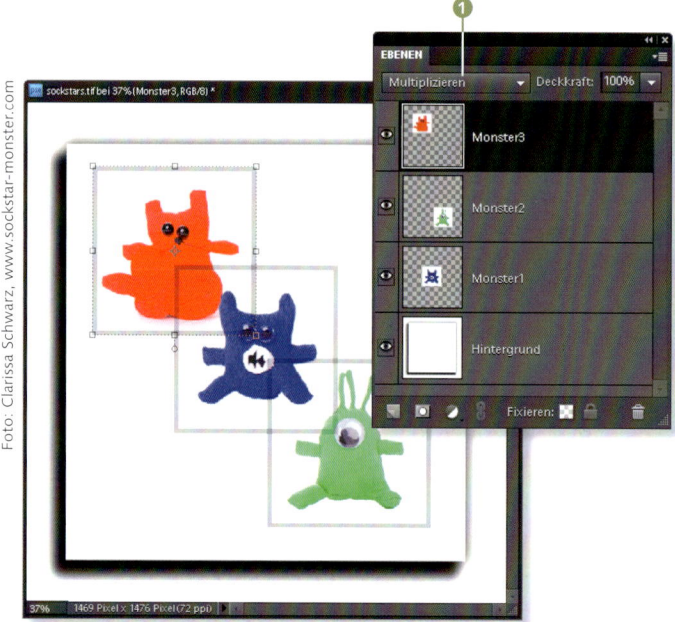

Foto: Clarissa Schwarz, www.sockstar-monster.com

Abbildung 28.40 ▶
Jetzt dasselbe Bild nochmals, nur wurden die oberen beiden Ebenen mit dem Modus MULTIPLIZIEREN ❶ versehen, und die weißen Kanten sind verschwunden. Dieser Trick funktioniert allerdings nur mit weißer und schwarzer Farbe.

29 Ebenenmasken

Neben den Auswahlen sind Ebenenmasken die beste Möglichkeit, um alle Arten von Manipulationen, Fotocollagen und Bildmontagen zu erstellen. Besser noch als bei den Auswahlen können Sie mithilfe der Ebenenmasken einzelne Bildbereiche ein- und ausblenden, ohne die Bilder zu verändern. Das Prinzip der Ebenenmasken ist es also, einen Teil einer Ebene zu verdecken – genauer: zu maskieren – und einen Teil davon sichtbar zu lassen. Das Maskieren von Ebenen darf also gerne als eines der besten Features betrachtet werden, die Photoshop Elements anzubieten hat. Hierzu ein Überblick zu einigen Anwendungsgebiete von Ebenenmasken:

▶ Anders als bei Auswahlen mit weichen Kanten sind Ebenenmasken flexibler und genauer steuerbar. Damit lassen sich beispielsweise sehr schöne sanfte Übergänge zwischen bearbeiten und nicht bearbeiteten Bildbereichen erstellen.

▶ Da sich einzelne Bildobjekte mithilfe von Ebenenmasken wesentlich genauer und komfortabler als zum Beispiel mit Auswahlen maskieren lassen, können Sie mit Ebenenmasken auch wesentlich einfacher diese Bildobjekte freistellen.

▶ Mit Ebenenmasken können Sie Bildbereiche kurzzeitig ausblenden – eine prima Alternative zum Radiergummi oder einem Auswahlwerkzeug, wo Sie die Auswahl mit [Entf] oder Bearbeiten • Löschen löschen müssen.

▶ Werden Bildbereiche mit Ebenenmasken ausgeblendet, können sie jederzeit wiederhergestellt werden. Während beispielsweise mit dem Radierer oder bei einer Auswahl mit Bearbeiten • Löschen das Löschen endgültig ist und die Bildpixel unwiderruflich verloren sind, werden die Pixel bei den Ebenenmasken nicht einmal angefasst und können jederzeit wieder eingeblendet werden.

▶ Bei der Bildmontage können Sie sehr genau und viel effektiver arbeiten. Jederzeit können Sie einzelne Pixel ein- und wieder ausblenden. Sie malen damit die Bildmontage quasi mit

pse Die Ebenenmasken wurden von Adobe in der aktuellsten, neunten Version implementiert. In den Vorgängerversionen konnte man zwar über Trickserei mit den Einstellungsebenen die Ebenenmasken freischalten, aber in der Praxis war dies recht umständlich. Für mich ein echtes Kaufargument für die neunte Version von Photoshop Elements.

Wand.tif und Geier.tif

dem Pinsel auf und können dasselbe auch wieder rückgängig machen.

▶ Neben den Montagen eignen sich Ebenenmasken auch prima, um Bilder ohne großen Aufwand mit interessanten Effekten zu versehen. Einige Beispiele dazu werden Sie noch in diesem Kapitel kennenlernen.

Foto: Jürgen Wolf

▲ **Abbildung 29.1**
Mithilfe von Ebenenmasken lassen sich solche sanften Übergänge zwischen mehreren Ebenen mit einem Handgriff realisieren.

Foto: Jürgen Wolf

▲ **Abbildung 29.2**
Eine schön bemalte Wand …

Foto: Clarissa Schwarz

▲ **Abbildung 29.3**
… oder ein Werbeplakat? Mit den Ebenenmasken können Sie jederzeit hin und her schalten und natürlich (und vor allem) nachträglich wieder ändern.

Voraussetzung für Ebenenmasken
Um eine Ebenenmaske zu einer Ebene hinzufügen, darf diese Ebene weder eine Hintergrund- oder Textebene sein noch eine Ebene, wo die Option ALLES FIXIE-REN aktiv ist.

29.1 Funktionsprinzip von Ebenenmasken

Wenn Sie eine Ebenenmaske zu einer Ebene hinzufügen, besitzt diese Maske die gleiche Größe und Pixeldichte wie die dazugehörende Ebene. Mit solchen Ebenenmasken können Sie Ausschnitte (auch die komplette Ebene) der dazugehörenden Ebene ausblenden oder andere verdeckte Bereiche hinter der Ebene anzeigen. Im Unterschied zu Werkzeugen wie beispielsweise dem Radiergummi ![Radiergummi] [E] werden bei einer Ebenenmaske die Bereiche nur ausgeblendet und nicht gelöscht. Bilderbereiche, die mit der Ebenenmaske entfernt wurden, lassen sich jederzeit wiederherstellen.

Foto Janine Grab-Bolliger

◄ **Abbildung 29.4**
Hier wurden mit dem Radiergummi (und einer speziellen Pinselspitze) Teile der braunen Ebene ❶ wegradiert, sodass der Geier der Ebene darunter ❷ zum Vorschein kam.

◄ **Abbildung 29.5**
Hier wurde nochmals dasselbe gemacht, nur wurde eine Ebenenmaske ❸ für die braune Ebene verwendet. Die Form wurde mit dem Pinsel-Werkzeug (und derselben Pinselspitze) und schwarzer Farbe aufgepinselt.

Das Endergebnis ist bei beiden Bildern dasselbe. Mit dem Radiergummi ![Radiergummi] [E] werden aber direkt die einzelnen Pixel der Ebene bearbeitet. Mit der Ebenenmaske hingegen bleiben die Pixel unangetastet, und Sie können die maskierten Pixel jederzeit wieder einblenden. Wie dies funktioniert, erfahren Sie in den folgenden Abschnitten noch genauer.

Ebenenmasken verständlicher | Ebenenmasken zu verstehen, ist im Grunde nicht schwer. Sie können sich dies vorstellen, als würden Sie mit der Schere eine bestimmte Form aus einem Papier herausschneiden, beispielsweise ein Herz. Nach dem Ausschneiden nehmen Sie diesen Rahmen in einer Herzform und legen ihn über ein Foto, das vor Ihnen liegt. Das Foto wird jetzt von der Herzform eingerahmt. Alles im Herz bleibt sichtbar, und alles außen herum ist überdeckt. Nehmen Sie die Herzform wieder vom Foto weg, kann das Bild wieder komplett betrachtet werden. Anstatt also das Foto komplett in eine Herzform zu schneiden und somit kaputt zu machen, wurde hier nur eine Maske daraufgelegt. Andersherum können Sie natürlich die ausgeschnittene Herzform selbst ebenfalls über das Foto legen, sodass nur noch alles um diese Herzform zu erkennen ist. Solche Schablonen (Masken) auf ein Foto zu verwenden, entspricht den Ebenenmasken. Das Foto selbst zu beschneiden entspricht der Verwendung des Radiergummis ✏.

29.1.1 Graustufenmaske und Alphakanal

Ebenenmasken selbst werden als Graustufenmasken, die auf einem Alphakanal basieren, realisiert, wo Sie jedem einzelnen Pixel der Maske einen Graustufenwert zuordnen. Jedem Pixel können Sie einen Wert von 0 für Schwarz bis 255 für Weiß zuweisen. Ein schwarzes Pixel ist ein komplett transparentes Pixel, und ein weißes Pixel beeinflusst die Ebene überhaupt nicht.

Abbildung 29.6 ▶
Auf der Ebenenmaske wurden hier drei Striche mit dem Pinsel-Werkzeug aufgemalt.

Im Beispiel in Abbildung 29.6 wurde beim ersten Strich links ❶ schwarze Farbe mit dem Wert 0 (Rot, Grün und Blau sind 0) verwendet. Für den mittleren Strich ❷ betrug der Graustufenwert 127 (Rot, Grün und Blau sind 127), und beim letzten Strich ❸ wurde 200 (Rot, Grün und Blau sind 200) verwendet. Je heller die Graustufenfarbe ist, desto geringer scheint die blaue Farbe der unteren Ebene durch. Wo die Maske weiß geblieben ist, sieht man gar nichts mehr von der unteren Ebene.

29.1.2 Maskieren und Demaskieren

Das Prinzip ist also recht einfach: Bemalen Sie die Ebenenmaske mit **schwarzer Farbe**, wird dieser Bereich der Ebene komplett

Demaskieren

Wenn Sie einen bereits maskierten Bereich wieder mit weißer Farbe einfärben, ist er dann wieder demaskiert – sprich, der Bildbereich der aktuellen Ebene ist wieder sichtbar! Sie können also jederzeit den maskierten und unmaskierten Bildbereich nachbearbeiten und müssen nie direkt auf die Pixel der Ebene zugreifen.

ausgeblendet, wodurch der darunterliegende Teil durchscheint. Man spricht dabei von einem **maskierten** Bereich. Alle anderen Stellen, wo die Ebenenmaske weiß und somit das Bild der aktuellen Ebene sichtbar ist, wird als **unmaskierter** Bereich bezeichnet. Und weil Ebenenmasken mit Graustufen realisiert sind, können Sie auch andere Grautöne (1 bis 254) verwenden, sodass je nach Intensität des Grautons weniger oder mehr *durchscheint*. Dadurch lassen sich beispielsweise Bilderkompositionen mit fließenden Übergängen erstellen.

◄ **Abbildung 29.7**
Hier wurde mit einem Pinsel mit weißer Farbe über den maskierten Bereich gemalt, wodurch in diesem Bereich die Ebene mit der Ebenenmaske wieder sichtbar wird.

29.1.3   Ebenenmaske bearbeiten

Die Ebenenmasken lassen sich mit fast allen gängigen Funktionen von Photoshop Elements bearbeiten. Sie können fast alle bekannten Befehle, Werkzeuge oder Filter darauf anwenden. In der Praxis werden Sie wohl am häufigsten das Pinselwerkzeug B ✏ zum Ein- und Ausblenden von Bildbereichen verwenden. Auch das Verlaufswerkzeug G ▨ und das Füllwerkzeug K ◊ lassen sich prima dafür nutzen. Ebenso werden die Werkzeuge oder Filter zum Weichzeichnen und Schärfen oder zur Erhöhung des Kontrastes gerne in Verbindung mit Ebenenmasken eingesetzt. Hier können Sie auch einfach nur noch kreativ sein.

Maske aktivieren | Voraussetzung dafür, dass Sie die Ebenenmaske und nicht die Ebene bearbeiten, ist, dass Sie die Maske der Ebenen aktiviert haben. Hierfür müssen Sie natürlich zunächst die richtige Bildebene ausgewählt haben und dann die Maskenminiatur ❻ anklicken. Ob die Ebenenmaske tatsächlich aktiv ist, können Sie an den folgenden drei Merkmalen feststellen:

▸ Um der Miniaturvorschau der Ebenenmaske finden Sie einen weißen Rahmen ❼ (allerdings schwer zu erkennen).

▸ In der Bildtitelleiste können Sie ebenfalls ablesen, wenn die Ebenenmaske ❺ aktiv ist (EBENENMASKE/8).

▶ Die Farbfelder ❹ in der Werkzeugleiste wechseln sofort zu Schwarz und Weiß, unabhängig davon, welche Farben dort zuvor ausgewählt wurden.

Abbildung 29.8 ▶
Die Merkmale einer aktiven Ebenenmaske

29.2 Befehle und Funktionen

Zum Verwenden von Ebenenmasken bietet Photoshop Elements viele Befehle und Funktionen an. Einige sind über das Untermenü EBENE • EBENENMASKE erreichbar. Weitere wichtige Kommandos lassen sich per rechtem Mausklick direkt auf der Ebenenmaske im Ebenen-Bedienfeld ❽ über das Kontextmenü aufrufen.

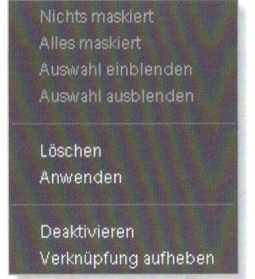

▲ **Abbildung 29.9**
Befehle für die Ebenenmaske über das Untermenü EBENE • EBENENMASKE

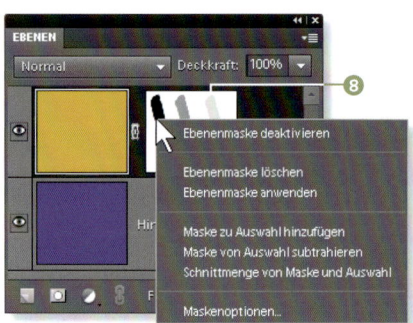

▲ **Abbildung 29.10**
Weitere Befehle lassen sich auch über das Kontextmenü im Ebenen-Bedienfeld auf einer Ebenenmaske aufrufen.

29.2.1 Eine neue Ebenenmaske anlegen

Um eine neue Ebenenmaske zu einer Ebene hinzufügen, gibt es vier verschiedene Möglichkeiten, wovon zwei sofort und die anderen zwei nur in Verbindung mit Auswahlen zur Verfügung stehen. Aller vier Möglichkeiten lassen sich über das Menü EBENE • EBENENMASKE oder über die kleine Schaltfläche ❾ im

Ebenen-Bedienfeld verwenden. Hier stelle ich zunächst die zwei direkten Möglichkeiten und ihre Auswirkung auf die Ebene vor. Die beiden Varianten, die nur in Verbindung mit Auswahlen zur Verfügung stehen, werden in Abschnitt 29.2.6 gezeigt.

Nichts maskiert (Weiße Maske) | Mit EBENE • EBENENMASKE • NICHTS MASKIERT oder einfach nur durch Anklicken der EBENEN-MASKE HINZUFÜGEN-Schaltfläche ❾ im Ebenen-Bedienfeld werden Sie zunächst keine Veränderungen an der aktiven Ebene feststellen. Mit einem Blick im Ebenen-Bedienfeld erkennen Sie hier aber eine weiße Ebenenmaske ❿.

Um diese Ebenenmaske anschließend zu maskieren, malen Sie einfach mit schwarzer Farbe auf dieser Ebenenmaske. Damit werden Bildbereiche hinter der aktiven Ebene sichtbar. Mit unterschiedlichen Grautonwerten (1 bis 254) können Sie auch Transparenz mit unterschiedlichen Stärken verwenden. Wollen Sie den Bereich wieder komplett demaskieren, brauchen Sie lediglich mit weißer Farbe auf der Ebenenmaske zu malen.

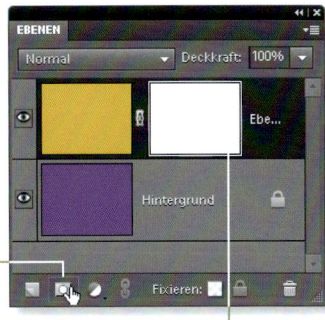

▲ **Abbildung 29.11**
Schaltfläche ❾ zum Anlegen einer Ebenenmaske

◄ **Abbildung 29.12**
Hier wurde die ockerbraune Ebene mit einer Ebenenmaske nach NICHTS MASKIERT initialisiert. Das schwarze Loch in Quadratform wurde mit dem Pinsel-Werkzeug und schwarzer Farbe aufgemalt, wodurch der Geier darunter angezeigt wird.

Alles maskiert (Schwarze Maske) | Mit dem Befehl EBENE • EBENENMASKE • ALLES MASKIEREN erzielen Sie genau das Gegenteil von NICHTS MASKIEREN. Das Gleiche erreichen Sie auch, wenn Sie die entsprechende Schaltfläche ⓬ im Ebenen-Bedienfeld mit gehaltener ⌴Alt⌴-Taste anklicken. Die aktive Ebene verschwindet komplett, weil sie komplett maskiert und somit transparent ist. Mit einem Blick im Ebenen-Bedienfeld erkennen Sie auch den Grund: Sie haben hier zunächst eine komplett schwarze Ebenenmaske ⓭. Um wieder etwas von der aktiven Ebene zu sehen, müssen Sie auf der Ebenenmaske etwas mit weißer Farbe auftragen. Auch hier können Sie mit verschiedenen Grautonwerten

▲ **Abbildung 29.13**
Die schwarze Ebenenmaske wurde hinzugefügt.

(254 bis 1) die Stärke der Transparenz bestimmen. Wollen Sie Bereiche oder die komplette Ebene wieder maskieren, übermalen Sie einfach die Stellen mit schwarzer Farbe.

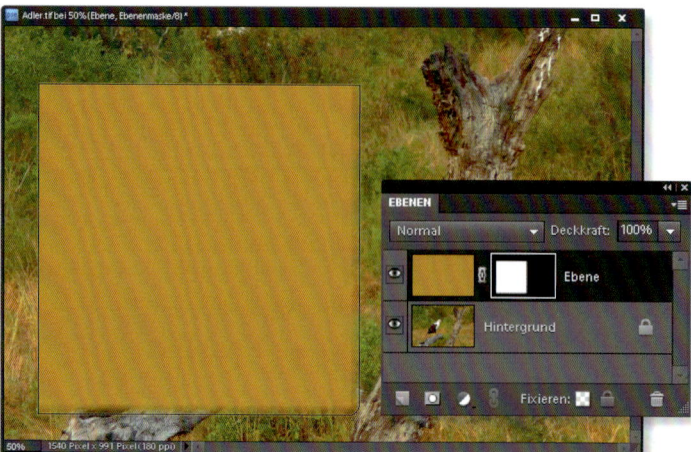

Abbildung 29.14 ▶
Hier wurde die ockerbraune Ebene mit einer Ebenenmaske nach ALLES MASKIERT initialisiert. Das weiße Loch in der Ebenenmaske wurde mit dem Pinsel-Werkzeug mit weißer Farbe auf der Ebenenmaske aufgemalt, wodurch im Bild der Geier verdeckt wurde.

29.2.2 Ebenenmaske anwenden

Um die Ebenenmaske auf die aktive Ebene anzuwenden, also endgültig in das Bild einzurechnen, führen Sie den Befehl EBENE • EBENENMASKE • ANWENDEN aus. Besitzt die aktive Ebene keine Ebenenmaske, ist dieser Befehl ausgegraut. Alternativ klicken Sie mit der rechten Maustaste auf der Ebenenmaske im Ebenen-Bedienfeld klicken und wählen im Kontextmenü den Befehl EBENENMASKE ANWENDEN aus. Beachten Sie aber, dass Sie mit der Anwendung dieses Befehls die Flexibilität, die Ebenenmasken Ihnen bieten, zunichtemachen. Wenden Sie ihn deshalb nur an, wenn Sie mit der Bearbeitung der Maske fertig sind.

Wenn Sie diesen Befehl aufrufen, wird auch die Transparenz, die sich eventuell durch die Ebenenmaske ergeben hat, auf den Alphakanal der aktiven Ebene übertragen.

Abbildung 29.15 ▶
In der linken Miniaturvorschau des Ebenen-Bedienfelds sehen Sie noch die Ebenenmaske ➊. In der rechten Vorschau ➋ wurde diese Ebenenmaske nach dem Aufruf EBENENMASKE ANWENDEN gelöscht und die Transparenz auf den Alphakanal der Ebene übertragen.

29.2.3 Ebenenmaske löschen

Wollen Sie die Ebenenmaske nicht auf die Ebene anwenden, sondern entfernen, erreichen Sie dies über den Befehl EBENE •

EBENENMASKE • LÖSCHEN. Ist dieser Befehl ausgegraut, besitzt die aktive Ebene keine Ebenenmaske. Ebenfalls löschen können Sie die Ebenenmaske über den Ebenen-Bedienfeld, indem Sie mit der rechten Maustaste darauf klicken und im Kontextmenü den Befehl EBENENMASKE LÖSCHEN auswählen.

Schneller löschen
Alternativ können Sie zum Löschen die Miniaturvorschau der Ebenenmaske mit gedrückt gehaltener Maustaste auf das Mülltonnen-Symbol im Ebenen-Bedienfeld fallen lassen. Dabei werden Sie aber nochmals gefragt, ob Sie den Vorgang durchführen oder abbrechen wollen oder die Ebenenmaske auf die Ebene anwenden wollen.

29.2.4 Darstellungsmodi von Ebenenmasken

Um mit Ebenenmasken besser arbeiten zu können, stehen unterschiedliche Darstellungsmodi der Masken zur Verfügung. Gerade bei weichen oder nur teilweise transparenten Bildbereichen sind die Graustufenansicht und die Maskierungsfolie eine unverzichtbare Hilfe. Vor allem bei Auswahllinien können Sie ja nicht erkennen, ob diese weich oder hart ausgewählt wurde. Zusätzlich darf natürlich auch eine Möglichkeit nicht fehlen, jederzeit die Ebenenmaske zu deaktivieren und wieder zu aktivieren.

Graustufenansicht | Klicken Sie die Miniaturvorschau der Ebenenmaske im Ebenen-Bedienfeld mit gehaltener ⌈Alt⌉-Taste an, können Sie die Graustufenansicht der Maske sichtbar machen – sprich, es wird nur noch die reine Ebenenmaske im Bildfenster angezeigt. Mit erneutem Anklicken mit gehaltener ⌈Alt⌉-Taste aktivieren Sie wieder die normale Ansicht. Auch wenn Sie eine andere Ebene auswählen, wird die Graustufenansicht automatisch deaktiviert.

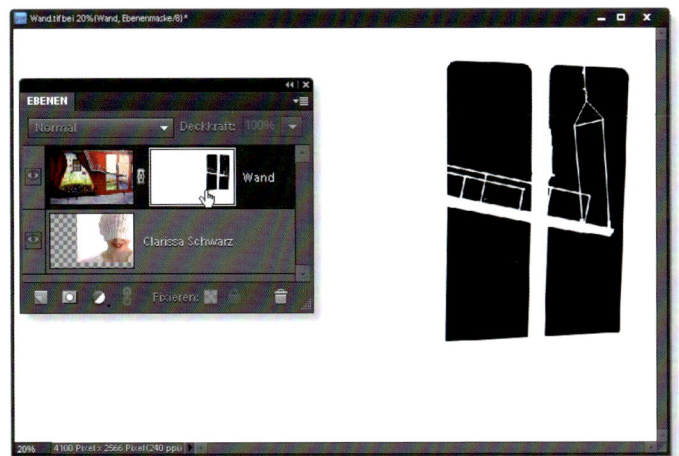

◄ **Abbildung 29.16**
Ideal für detaillierteres Arbeiten ist die reine Ansicht der Ebenenmaske. Natürlich können Sie die Ebenenmaske in dieser Ansicht nach wie vor bearbeiten.

Maskierungsfolie | Die Maskierungsfolie können Sie verwenden, wenn Sie die Miniaturvorschau der Ebenenmaske mit gehaltener ⌈⇧⌉+⌈Alt⌉-Taste anklicken. Die Maskierungsfolie zeigt den maskierten Bildbereich in einer transparenten Farbe (Standard: Rot) an. Natürlich lässt sich auch hiermit die Ebenenmaske weiter bearbeiten. Deaktivieren können Sie die Maskierungsfolie wieder, wenn Sie die Miniaturvorschau der Ebenenmaske erneut mit gehaltenen ⇧+Alt-Tasten anklicken oder wenn Sie eine andere Ebene auswählen.

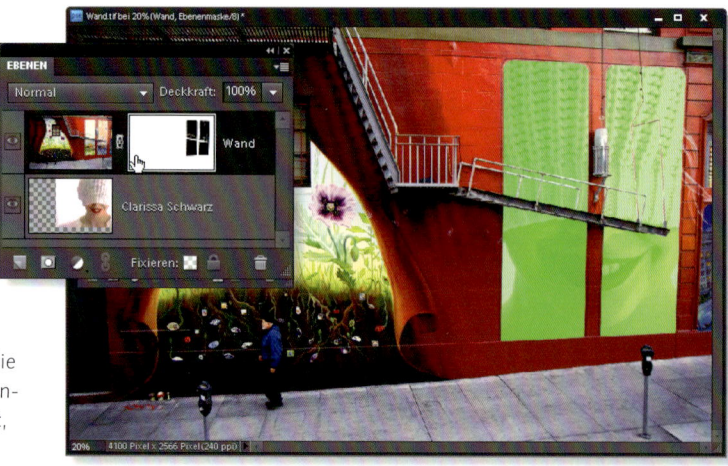

Abbildung 29.17 ▶
Mit der Maskierungsfolie wird die Ebenenmaske in einer transparenten Farbe (standardmäßig in Rot, hier Grün) angezeigt.

Die Farbe und Deckkraft der Maskierungsfolie können Sie natürlich auch ändern (wie in Abbildung 29.17 mit der grünen Farbe geschehen). Hierzu müssen Sie lediglich auf der Ebenenmaske im Ebenen-Bedienfeld mit der rechten Maustaste klicken und im Kontextmenü MASKENOPTIONEN auswählen. Im sich öffnenden Dialog stellen Sie jetzt die FARBE ❶ und die DECKKRAFT ❷ der Maskierungsfolie ein.

Abbildung 29.18 ▶
Die Optionen für die Maskierungsfolie einstellen

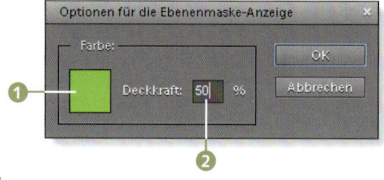

> **Maskierungsfolie ein- und Maske ausblenden**
>
> Wenn Sie bei aktiver Maskierungsfolie die Maske im Ebenen-Bedienfeld mit gehaltener ⇧-Taste ausblenden, bleiben die Bildbereiche, die maskiert wurden, weiterhin sichtbar (sind aber nicht mehr durchsichtig). Das ist etwa nützlich, wenn Sie die Maske nochmals an komplexeren Stellen genauer unter die Lupe nehmen möchten.

Maske ausblenden | Ein extrem wichtiges Feature zur Darstellung von Ebenenmasken fehlt noch, und zwar die Möglichkeit, die Ebenenmaske zu aktivieren und zu deaktivieren, sodass Sie zwischendurch die Ebene ohne Ebenenmaske bearbeiten können. Die Funktion rufen Sie entweder über das Menü EBENE • EBENENMASKE • DEAKTIVIEREN zum Deaktivieren auf oder wenn Sie mit der rechten Maustaste auf der Ebenenmaske im Ebenen-Bedienfeld klicken, über den Kontextmenübefehl EBENENMASKE DEAKTIVIEREN. In der Miniaturvorschau der Ebenenmaske erkennen Sie dies daran, dass die Maske ❸ durchgestrichen wurde.

Wenn die Ebenenmaske deaktiviert ist, können Sie sie ebenfalls wieder über das Menü EBENE • EBENENMASKE • AKTIVIEREN oder über den Kontextmenübefehl EBENENMASKE AKTIVIEREN, den Sie über die Miniaturvorschau der Ebenenmaske via Rechtsklick erreichen, einschalten. Natürlich sind die Funktionen ausgegraut, wenn keine Ebenenmaske vorhanden ist.

Schneller können Sie die Ebenenmaske deaktivieren und wieder aktivieren, wenn Sie mit gehaltener ⬆-Taste in der Miniaturvorschau der Ebenenmaske klicken.

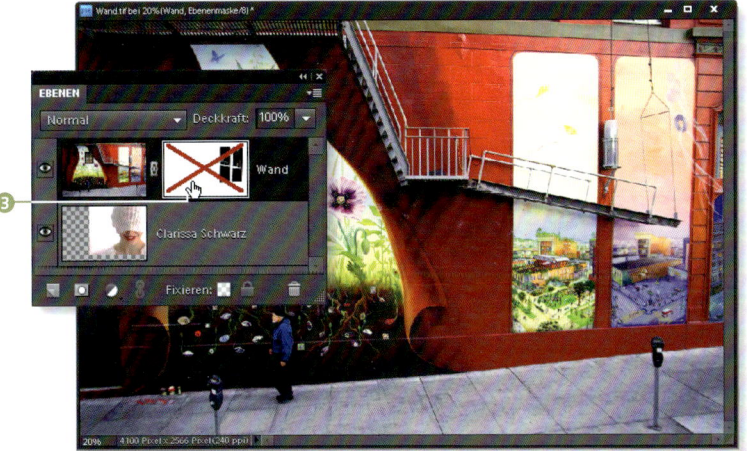

◄ **Abbildung 29.19**
Am roten X ❸ der Ebenenmaske erkennen Sie, dass diese deaktiviert wurde, weshalb hier die eigentliche Ebene ohne die transparenten Bereiche angezeigt wird.

29.2.5 Verbindung von Ebene und Ebenenmaske

Die Ebene und die Maske sind normalerweise fest miteinander verknüpft. Das erkennen Sie am Kettensymbol ❹ zwischen der Ebene und der Maske. Durch diese Verknüpfung können Sie sicher sein, dass, wenn Sie die Ebene verschieben, auch die Ebenenmaske mit verschoben wird. Auch beim Transformieren der Ebene wird die Maske dadurch mit transformiert. Wollen Sie diese Verknüpfung aufheben, klicken Sie auf das Kettensymbol ❹ zwischen der Ebene und der Maske. Jetzt können Sie die Ebenen und Maske unabhängig voneinander verschieben und transformieren. Klicken Sie erneut zwischen den jetzt leeren Bereich ❺ der Ebene und Maske, wird die Verknüpfung wieder aktiviert.

Verknüpfung über das Menü
Alternativ können Sie die Verknüpfung auch über das Menü EBENE • EBENENMASKE aufheben und wiederherstellen, wenn Sie die Ebene mit der Maske im Ebenen-Bedienfeld aktiviert haben.

◄◄ **Abbildung 29.20**
Über das Kettensymbol zwischen der Ebene und der Maske …

◄ **Abbildung 29.21**
… können Sie die Verknüpfung (de-)aktivieren.

29.2.6 Auswahlen und Ebenenmasken

Wie Sie eine Auswahl unter Berücksichtigung von Ebenenmasken verwenden können, erklären die folgenden Abschnitte.

Auswahl einblenden | Über EBENE • EBENENMASKE • AUSWAHL EINBLENDEN wird die aktuelle Auswahl der Ebene eingeblendet (nicht maskiert; deckend) und der nicht ausgewählte Bereich ausgeblendet (maskiert, transparent). Der Befehl ist ausgegraut, wenn es keine Auswahl gibt. Denselben Befehl erreichen Sie auch wieder über die entsprechende Schaltfläche ❷ im Ebenen-Bedienfeld, wenn Sie diese anklicken und eine Auswahl vorhanden ist. Natürlich können Sie nachträglich jederzeit wieder Bildbereiche der Ebene mit weißer Farbe hinmalen oder mit schwarzer Farbe wieder entfernen. Selbstverständlich sind auch wieder transparente Bereiche über die Grautonwerte 1 bis 254 möglich. In der Miniaturvorschau wird die Ebenenmaske in Form der Auswahl angezeigt ❶.

Abbildung 29.22 ▶
Hier wurde die ockerbraune Ebene mit einer Ebenenmaske und einer Auswahl nach AUSWAHL EINBLENDEN initialisiert, wodurch der ausgewählte Bereich eingeblendet wird und den Bereich der Ebene darunter verdeckt.

Alphakanal der Ebene

Dass Photoshop Elements jetzt Ebenenmasken kann, ist sehr erfreulich. Jetzt wünscht man sich eigentlich nur noch eine weitere Funktion, um den Alphakanal einer Ebene zu maskieren oder nicht zu maskieren. Aber das können Sie ja noch mithilfe von Auswahlwerkzeugen wie den Zauberstab und den Befehlen AUSWAHL EINBLENDEN und AUSWAHL AUSBLENDEN selbst übernehmen.

Auswahl ausblenden | Der Befehl EBENE • EBENENMASKE • AUSWAHL AUSBLENDEN ist das Gegenstück zum Befehl AUSWAHL EINBLENDEN. Damit werden praktisch die ausgewählten Bildbereich ausgeblendet (maskiert; transparent) und die nicht ausgewählten Bereiche eingeblendet (nicht maskiert; deckend). Gibt es keine Auswahl, ist der Befehl ausgegraut. Denselben Befehl erreichen Sie auch über die entsprechende Schaltfläche ❹ im Ebenen-Bedienfeld. Hierbei müssen Sie beim Anklicken die Tasten Strg /
⌘ + Alt gedrückt halten. Ansonsten gilt dasselbe wie schon beim Befehl AUSWAHL EINBLENDEN. Auch in der Miniaturvorschau ❸ erkennen Sie in der Ebenenmaske die Form der Auswahl, nur

eben im Gegensatz zum Befehl AUSWAHL EINBLENDEN in einer invertierten Version.

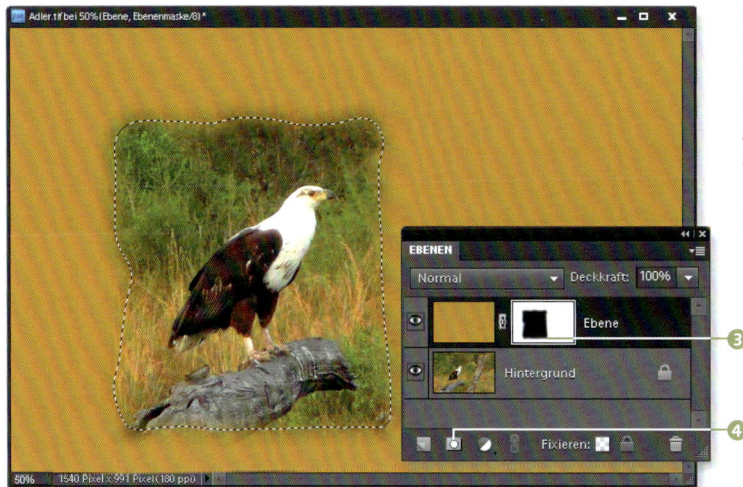

◀ **Abbildung 29.23**
Hier wurde die ockerbraune Ebene mit einer Ebenenmaske und einer Auswahl nach AUSWAHL AUSBLENDEN initialisiert, wodurch der ausgewählte Bereich ausgeblendet und dafür der Bereich unter der Ebene sichtbar wird.

Zusätzlich bietet Photoshop Elements Funktionen an, wo bei Auswahlen, die Sie auf einer Ebene mit Ebenenmaske erstellt haben, die vorhandene Maske berücksichtigt wird. Die einzelnen Funktionen lassen sich allerdings nur über einen rechten Mausklick auf der Ebenenmaske im Ebenen-Bedienfeld mit dem Kontextmenü aufrufen.

Dots.tif

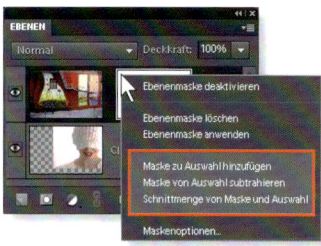

▲ **Abbildung 29.24**
Spezielle Auswahlbefehle für Ebenenmasken

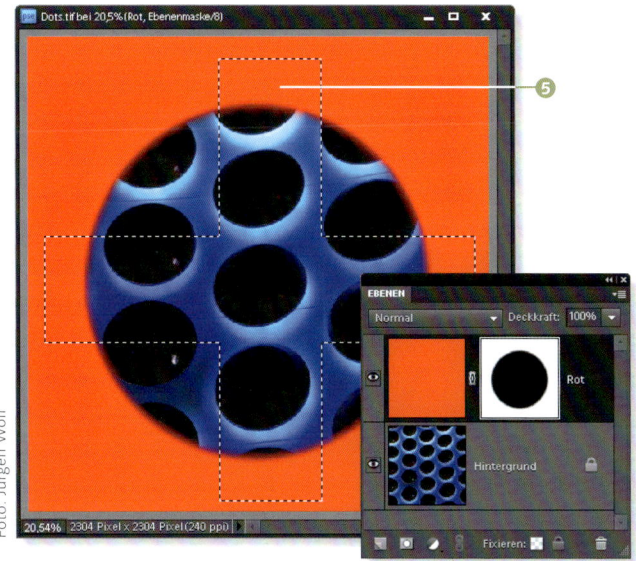

Foto: Jürgen Wolf

◀ **Abbildung 29.25**
Hier wurde auf der roten Ebene mit der Ebenenmaske eine kreuzförmige Auswahl ❺ angelegt, auf die anschließend die Befehle MASKE ZU AUSWAHL HINZUFÜGEN, MASKE VON AUSWAHL SUBTRAHIEREN und SCHNITTMENGE VON MASKE UND AUSWAHL ausgeführt werden können.

Maske zu Auswahl hinzufügen | Mit dem Kommando MASKE ZU AUSWAHL HINZUFÜGEN wird die Ebenenmaske der aktiven

Ebene in eine Auswahl umgewandelt und gegebenenfalls zu einer bereits vorhandenen Auswahl hinzugefügt. Weiße Bereiche der Ebenenmaske werden ausgewählt und schwarze Bereiche nicht. Graue Bereiche erhalten eine weiche Auswahlkante. Die Ebenenmaske selbst wird durch dieses Kommando nicht geändert.

Abbildung 29.26 ▶
Nach dem Aufruf von MASKE ZU AUSWAHL HINZUFÜGEN

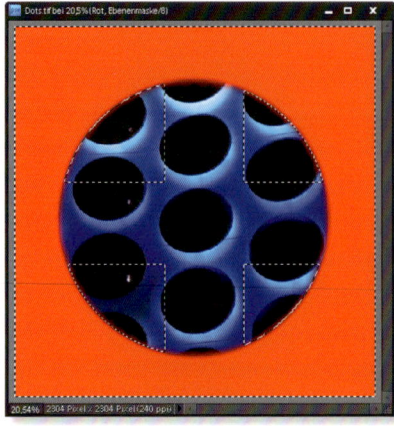

Maske von Auswahl subtrahieren | Der Befehl MASKE VON AUSWAHL SUBTRAHIEREN ist ähnlich wie schon der Befehl MASKE ZU AUSWAHL HINZUFÜGEN. Auch hiermit wandeln Sie die Ebenenmaske der aktiven Ebene in eine Auswahl um. Weiße Bereiche der Maske werden ausgewählt und schwarze nicht. Graue Bereiche erhalten eine weiche Auswahlkante. Allerdings besteht im Gegensatz zur Funktion MASKE ZU AUSWAHL HINZUFÜGEN der Unterschied, dass eine eventuell schon vorhandene Auswahl im Bild davon abgezogen wird. Gerade dies kann allerdings sehr verwirrend sein, weil dann die schwarzen Bildbereiche der Ebenenmaske ausgewählt werden. Die Ebenenmaske selbst wird mit diesem Befehl nicht verändert.

Abbildung 29.27 ▶
Die Auswahl nach dem Befehl MASKE VON AUSWAHL SUBTRAHIEREN

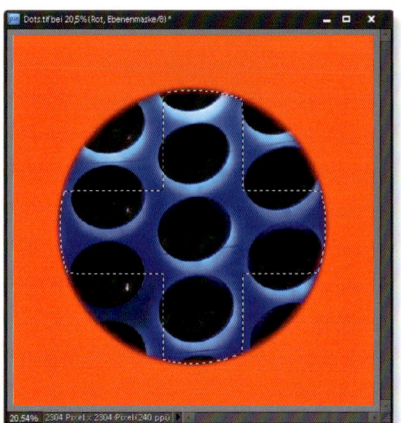

Schnittmenge von Maske und Auswahl | Der letzte Auswahl-
befehl für Ebenenmasken ist SCHNITTMENGE VON MASKE UND
AUSWAHL. Auch hier gilt alles, was bereits bei den anderen beiden Befehlen zuvor beschrieben wurde. Nur besteht bei diesem
Befehl der Unterschied, dass bei einer bereits vorhandenen Auswahl im Bild eine Schnittmenge der neuen Auswahl für diese
Maske gebildet wird.

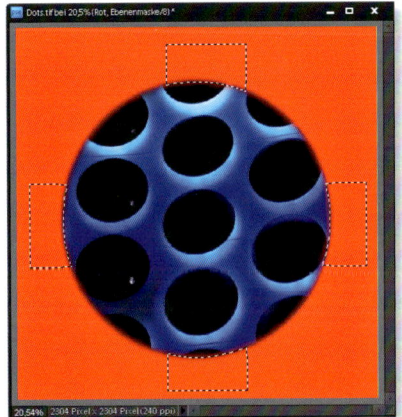

◀ **Abbildung 29.28**
Die Auswahl nach dem Aufruf von
SCHNITTMENGE VON MASKE UND
AUSWAHL

29.3 Fotocollagen und -montagen: Ebenenmasken in der Praxis

Jetzt haben Sie viele Funktionen und Befehle zu den Ebenenmasken kennengelernt. Aber in der Theorie hört sich vieles immer
komplizierter an, als es ist. In diesem Abschnitt werden Sie einige
gängige und kreative Praxisbeispiele dazu kennenlernen.

29.3.1 Bildelemente verschiedener Bilder kombinieren
Ein beliebter Effekt und ideal für die Einführung der Ebenenmasken ist das Erstellen von digitalen Doppelgängern.

Schritt für Schritt: Doppelgänger erzeugen
Um dieses Beispiel zu realisieren, müssen Sie einige Vorbereitun-
gen treffen. Sie sollten eine Kamera an einem festen Standpunkt
anbringen (am besten mithilfe eines Stativs). Von diesem Standpunkt aus machen Sie jetzt mehrere Fotos von derselben Person
oder demselben Objekt an verschiedenen Positionen innerhalb
des Standpunktes. Wichtig hierbei ist immer, dass Sie die Kame-
raposition niemals ändern. Es ist außerdem empfehlenswert, die
Belichtungsautomatik der Kamera abzuschalten, oder – sofern

Szenenbereinigung manuell?

Wer sich hier jetzt an die
Photomerge-Szenenbereinigung
erinnert fühlt, der liegt gar nicht
so falsch. Im Grunde machen Sie
bei der Szenenbereinigung nichts
anderes, nur bekommen Sie
dabei nicht mit, was sich hinter
den Kulissen abspielt.

Franzi1.jpg, Franzi2.jpg
und Franzi3.jpg

möglich – komplett auf Automatikeinstellungen zu verzichten
und manuell zu fotografieren.

Foto: Ingo Jung, www.digital-express-labor.de

Abbildung 29.29 ▶
Aus diesen Einzelbildern sollen
mithilfe von Ebenenmasken mehrere digitale Doppelgänger erstellt
werden.

1 Bilder öffnen und in Ebene kopieren

Öffnen Sie das Bild »Franzi1jpg« und das Bild »Franzi2.jpg« in
den Editor. Aktivieren Sie das Bild »Franzi2.jpg«, und wählen Sie
das komplette Bild mit AUSWAHL • ALLES AUSWÄHLEN oder Strg/
⌘+A aus. Kopieren Sie die Auswahl mit BEARBEITEN • KOPIE-
REN oder Strg/⌘+C in die Zwischenablage. Aktivieren Sie
das Bild »Franzi1.jpg«, und fügen Sie das Bild mittels BEARBEITEN
• EINFÜGEN oder Strg/⌘+V wieder ein. Jetzt sollten Sie im
Ebenen-Bedienfeld ❶ die beiden Bilder pixelgenau übereinanderliegend vorfinden.

Abbildung 29.30 ▶
Zwei Bilder liegen pixelgenau
übereinander.

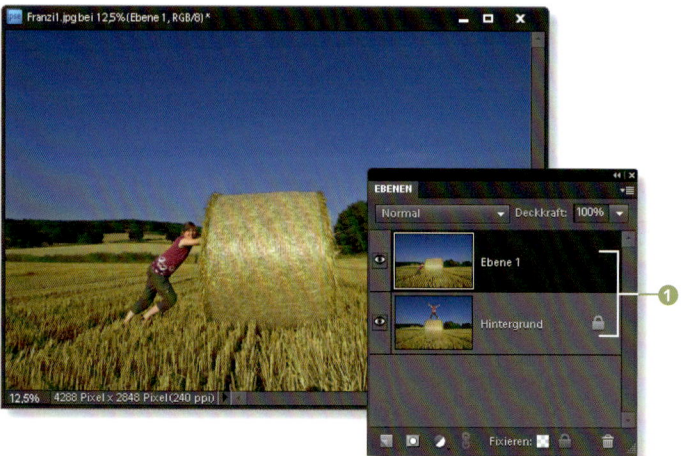

2 Ebenenmaske hinzufügen

Aktivieren Sie im Ebenen-Bedienfeld die obere Ebene ❷, und klicken Sie auf die kleine Schaltfläche EBENENMASKE HINZUFÜGEN ❹,

sodass Sie eine weiße Ebenenmaske ❸ zur aktiven Ebene hinzugefügt haben.

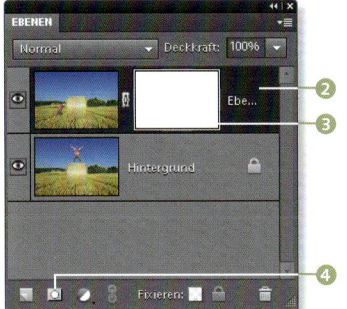

◄ **Abbildung 29.31**
Ebenenmaske für die obere Ebene
anlegen

3   **Doppelgänger maskieren**

Wählen Sie den Pinsel ![icon] mit einer passenden Größe der Pinselspitze. Im Beispiel wurde diese Größe auf 200 Pixel gestellt
❺. Als Vordergrundfarbe ❻ müssen Sie, falls nicht bereits eingestellt, Schwarz verwenden. Aktivieren Sie jetzt die Ebenenmaske
❾, und malen Sie mit dem schwarzen Pinsel um den digitalen
Doppelgänger, der unterhalb der aktuellen Ebene liegt, sodass er
zum Vorschein kommt ❼.

TIPP

Wissen Sie nicht mehr genau,
wo sich die zweite Person in der
unteren Ebene befindet, können
Sie die DECKKRAFT ❽ der Ebene
kurzfristig reduzieren.

◄ **Abbildung 29.32**
Durch das Maskieren scheint die
zweite Person in der unteren
Ebene durch.

4   **Ebenen zusammenfügen**

Markieren Sie die Ebene mit der Ebenenmaske mit der rechten
Maustaste, und wählen Sie im Kontextmenü MIT DARUNTER LIE-
GENDER AUF EINE EBENE REDUZIEREN, oder – schneller – drücken
Sie Strg/⌘+E. Jetzt haben Sie im Ebenen-Bedienfeld eine
einzelne Ebene mit dem digitalen Doppelgänger.

Abbildung 29.33 ▶
Fertig ist das Bild mit dem ersten
Doppelgänger.

5 **Schritte 1 bis 4 wiederholen**

Wollen Sie weitere digitale Doppelgänger zum Bild hinzufügen,
brauchen Sie nur die Arbeitsschritte 1 bis 4 zu wiederholen.
Gegebenenfalls sollten Sie hierbei allerdings die Reihenfolge der
Ebenen austauschen, damit Sie nicht mehr als nur einen Doppelgänger freimaskieren müssen.

Abbildung 29.34 ▶
Das Endergebnis aus drei Bildern
mit drei digitalen Doppelgängern

29.3.2 Bildelemente entfernen

Das eben gezeigte Prinzip mit den digitalen Doppelgängern funktioniert natürlich auch umgekehrt. Wenn Sie sich schon immer
gefragt haben, wie es ein Fotograf geschafft hat, bei Aufnahmen
einer belebten Straße oder Großstadt, die eigentlich nie leer ist,
trotzdem eine Geisterstadt zu machen, dann kann auch hierzu
die Lösung bei den Ebenenmasken liegen. Natürlich setzt auch
dies mehrere Fotos von derselben Position mit denselben Einstellungen (am besten ohne Automatik) mit einem Stativ voraus.
Anstatt eine Maske zu erstellen, wo nichts maskiert ist, können

Sie hier auch eine Maske verwenden, wo alles maskiert ist und Sie die unerwünschten Bildbereiche, die unterhalb der Ebenenmaske liegen, mit weißer Farbe »wegmalen«.

Schritt für Schritt: Ebenenmaske und Ebeneninhalt getrennt voneinander bewegen

In diesem kurzen Workshop erfahren Sie, wie Sie die weiße Ebenenmaske unabhängig von der dazugehörenden Ebene verschieben. Außerdem wird hier auch gleich gezeigt, wie Sie eine Maske mithilfe des Eigene-Form-Werkzeugs  ⓤ erstellen.

Rosen.jpg

1 **Bild laden und Hintergrund erstellen**

Laden Sie das Bild »Rosen.jpg« in den Editor. Machen Sie aus dieser Hintergrundebene auch gleich eine Ebene über EBENE • NEU • EBENE AUS HINTERGRUND. Erstellen Sie jetzt eine neue leere Ebene über die entsprechende Schaltfläche ❷ im Ebenen-Bedienfeld. Füllen Sie diese Ebene mit einem Farbverlauf oder Muster Ihrer Wahl. Im Beispiel habe ich diese Ebene mit dem Verlaufswerkzeug 🟦 ⓖ mit einem Verlauf gefüllt. Schieben Sie jetzt diese Ebene mit gedrückt gehaltener Maustaste im Ebenen-Bedienfeld unter die Ebene mit dem Bild ❶, sodass die Ebene nun vom Bild überdeckt wird.

Kreativ sein

Im Beispiel beschränken wir uns natürlich nur auf die grundlegende Technik, die Ebenenmaske unabhängig von der Ebene zu verschieben. Das Prinzip lässt sich allerdings sehr kreativ und vielseitig einsetzen.

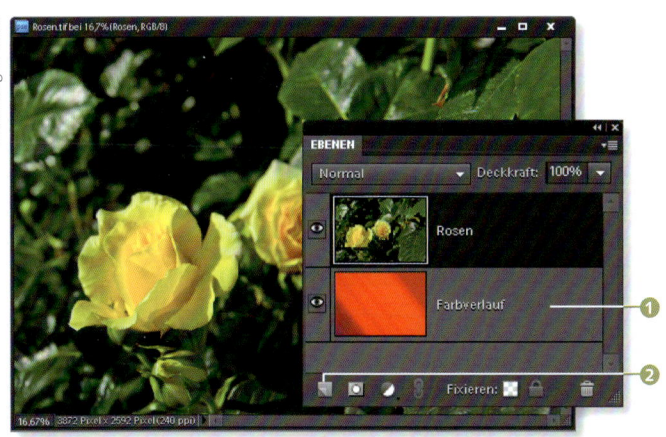

Foto: Jürgen Wolf

◄ **Abbildung 29.35**
Das Bild überdeckt hier eine mit einem Verlauf gefüllte Ebene.

2 **Ebenenmaske hinzufügen**

Wählen Sie die obere Ebene mit dem Bild, und fügen Sie eine vollmaskierte Ebenenmaske hinzu, indem Sie im Ebenen-Bedienfeld die entsprechende Schaltfläche ❹ mit gehaltener ⌐Alt⌐-Taste anklicken. Durch die schwarze Ebenenmaske ❸ wurde das Bild jetzt komplett ausgeblendet, sodass im Bildfenster nur noch die darunterliegende Ebene mit dem Farbverlauf zu sehen ist.

Abbildung 29.36 ▶
Eine vollmaskierte Ebenenmaske
für die Ebene mit dem Bild
anlegen

3 »Guckloch« erstellen

Sie können jetzt entweder mit den Malwerkzeugen wie beispielsweise Pinsel mit weißer Farbe ein Guckloch auf die schwarze Ebenenmaske malen, oder Sie stempeln eine spezielle Form darauf.
Im Beispiel habe ich hierzu das Eigene-Form-Werkzeug 💙 Ⓤ
mit einem Herz ❺ als Form ausgewählt. Mit gedrückt gehaltener
Maustaste ziehen Sie die gewünschte Form im Bildfenster auf. Im
Ebenen-Bedienfeld finden Sie diese Form als neue Ebene ❻ vor.

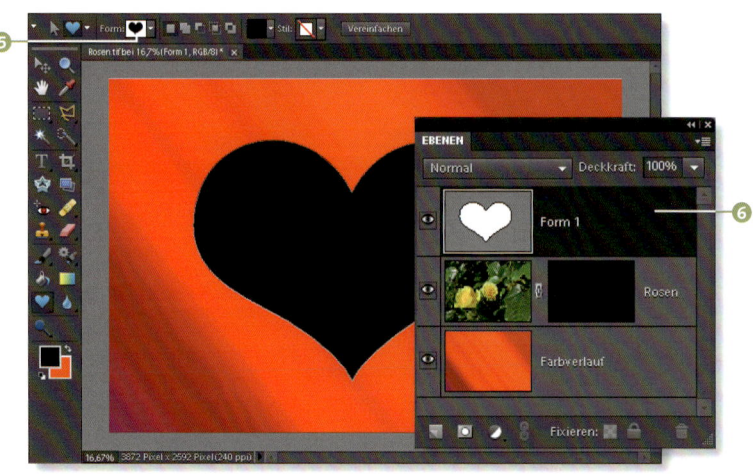

Abbildung 29.37 ▶
Eine Herzform mit dem Eigene-
Form-Werkzeug erstellt

4 »Guckloch« auswählen

Klicken Sie diese Form-Ebene mit der rechten Maustaste an, und
wählen Sie EBENE VEREINFACHEN im Kontextmenü aus. Wählen
Sie den Zauberstab 🪄, und deaktivieren Sie bei den Optionen
das Häkchen vor BENACHBART ❼. Klicken Sie mit dem Werkzeug
auf den Hintergrund ❽ der Ebene mit der Herzform, und dieser
ist komplett ausgewählt.

Verwenden Sie den Befehl Auswahl • Auswahl umkehren oder ⟨⇧⟩+⟨Strg⟩/⟨⌘⟩+⟨I⟩ – jetzt sollte nur noch die Herzform ausgewählt sein. Deaktivieren Sie das Augen-Symbol ❾ der Ebene mit der Form, und aktivieren Sie die Ebenenmaske ❿.

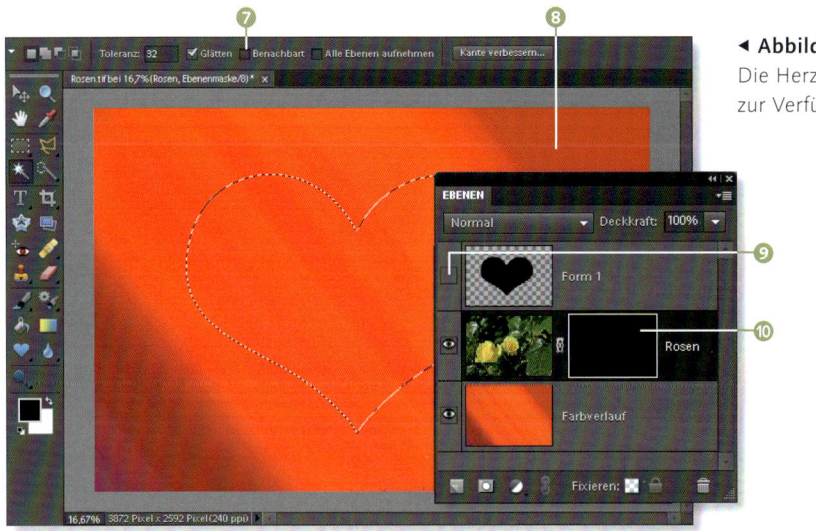

◄ **Abbildung 29.38**
Die Herzform steht als Auswahl zur Verfügung.

5 Guckloch zu Ebenenmaske hinzufügen

Verwenden Sie das Füllwerkzeug 🪣 ⟨K⟩, und wählen Sie eine weiße Vordergrundfarbe. Füllen Sie damit die immer noch ausgewählte Herzform. Jetzt sollten Sie einen Bildausschnitt von Ihrem Foto mit dieser Herzform vor sich haben. In der Ebenenmaske sollten Sie ebenfalls diese Herzform ⓫ erkennen. Entfernen Sie die Auswahl mit Auswahl • Auswahl aufheben.

◄ **Abbildung 29.39**
Jetzt haben Sie eine Ebenenmaske mit Herzform erstellt.

6 **Maskenverknüpfung lösen**

Wollen Sie diese Herzform verschieben, drehen oder skalieren,
müssen Sie die Verknüpfung der Ebenenmaske aufheben, weil
sich sonst alle diese Aktionen auf die Ebene **und** die Ebenenmaske auswirken. Klicken Sie hierzu auf das kleine Kettensymbol
12 zwischen der Ebene und der Ebenenmaske. Wenn Sie jetzt die
Ebenenmaske auswählen und beispielsweise das Verschieben-
Werkzeug ✥ verwenden, können Sie die Position und Größe der
Ebenenmaske unabhängig von der Ebene verändern. Im Beispiel
wurde die Position des Gucklochs etwas verschoben, sodass ein
anderer Ausschnitt des Fotos sichtbar wurde.

Abbildung 29.40 ▶
Die Ebenenmaske wurde unab-
hängig von der dazugehörenden
Ebene verschoben.

Sind Sie mit dem Ergebnis zufrieden, können Sie alle Ebenen auf
eine Hintergrundebene reduzieren. In Abbildung 29.41 sehen Sie
das Beispiel aus dem Workshop mit der Herzform, das mit Text
und weiteren Stilmitteln versehen wurde.

Abbildung 29.41 ▶
Eine einfache Grußkarte

29.3.3 Kreative Rahmen und Effekte

Dass Sie auch alle Werkzeuge, Funktionen und vor allem auch Filter auf die Ebenenmasken anwenden können, macht diese noch

vielseitiger. Häufig ist einem die Vielfältigkeit von Ebenenmasken gar nicht bewusst. Daher hierzu ein Workshop als Anregung, wie Sie beispielsweise Rahmen oder andere kreative Effekte mithilfe von Ebenenmasken und Filtern erstellen können.

Schritt für Schritt: Ein individueller Bilderrahmen mit Ebenenmasken

1 **Bild laden und Hintergrund erstellen**

Laden Sie das Bild »Elvis.jpg« in den Editor. Machen Sie aus dieser Hintergrundebene auch gleich eine Ebene über EBENE • NEU • EBENE AUS HINTERGRUND.

Erstellen Sie eine neue leere Ebene über die entsprechende Schaltfläche **5** im Ebenen-Bedienfeld. Füllen Sie diese Ebene mit einem Farbverlauf oder Muster Ihrer Wahl. In diesem Beispiel wurde allerdings anders vorgegangen: Anstatt manuell eine neue Ebene zu erstellen, wurde einer der Hintergründe verwendet, die Photoshop Elements im Bedienfeldbereich INHALT **1** bereithält. Wählen Sie in der Dropdown-Liste NACH ART **2** aus und daneben HINTERGRÜNDE **3**. Jetzt wird eine ganze Liste der vorhanden Hintergründe angezeigt. Wenn Sie einen verwenden wollen, brauchen Sie einfach darauf doppelzuklicken, und dieser Hintergrund wird automatisch unter **4** das Foto »Elvis.jpg« im Ebenen-Bedienfeld gelegt. Sie können jederzeit durch erneutes Doppelklicken einen anderen Hintergrund auswählen.

Foto: Jürgen Wolf

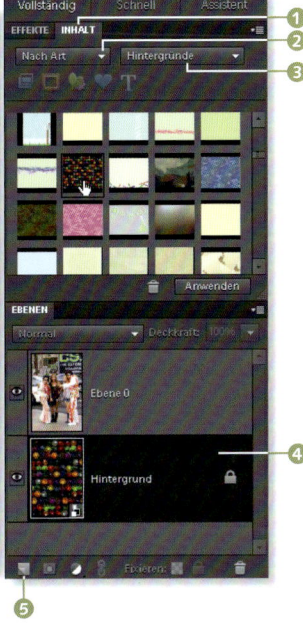

Elvis.jpg

◄ **Abbildung 29.42**
Photoshop Elements bietet mit unzähligen Vorlagen die Qual der Wahl.

▲ Abbildung 29.43
Ein Bilderrahmen im Handumdrehen mithilfe von Ebenenmasken

2 **Ebenenmaske hinzufügen**

Erstellen Sie eine Auswahl auf dem Bild, die das Hauptmotiv irgendwie einrahmt. Achten Sie dabei darauf, dass die Ebene mit dem Bild im Ebenen-Bedienfeld selektiert ist. Im Beispiel habe ich hierzu mit der Auswahlellipse ⬚ [M] eine runde Auswahl um die Personen gezogen. Erstellen Sie jetzt eine Ebenenmaske über das Menü EBENE • EBENENMASKE • AUSWAHL EINBLENDEN. Nun sollten Sie um das Motiv einen runden Rahmen mit dem zuvor erstellten oder ausgewählten Hintergrund sehen.

3 **Ebenenmaske mit Filter bearbeiten**

Jetzt brauchen Sie nur noch die Ebenenmaske im Ebenen-Bedienfeld ❶ auszuwählen und Ihrer Kreativität freien Lauf zu lassen. Sie können hierzu beispielsweise einfach über FILTER • FILTERGALERIE die einzelnen Vorschauen verwenden und auf diese Ebenenmaske anwenden. Natürlich können Sie hier auch weiterhin mit den Werkzeugen oder anderen Befehlen operieren. Denken Sie daran, dass Sie auch jederzeit den Hintergrund wieder ändern können. Auch mit verschiedenen Ebenenmodi, Duplizieren von Ebenen und Ändern der DECKKRAFT lässt sich hierbei noch vieles ausprobieren.

▲ Abbildung 29.44
Zwei einfache Beispiele, die mithilfe von Ebenenmasken, Hintergründen von Photoshop Elements und Effekten innerhalb weniger Minuten erstellt wurden ◼

29.3.4 Text-Bild-Kombinationen

Ebenfalls ein beliebter Effekt und mit Ebenenmasken sehr einfach zu erstellen sind sogenannte Bild-Schrift-Montagen.

Schritt für Schritt: Text aus Bild erstellen

1   Bild mit Text versehen

Öffnen Sie das Bild in den Editor, und aktivieren Sie das Horizontale Textwerkzeug **T** 🔲. Stellen Sie die SCHRIFTFAMILIE ❷ und den SCHRIFTGRAD ❸ ein. Im Beispiel wurde Arial Black mit einer Größe von 290 pt verwendet. Stellen Sie außerdem eine gut sichtbare Farbe ❹ ein. Ziehen Sie mit gedrückt gehaltener Maustaste einen Rahmen für den Text auf, und geben Sie diesen ein. Optional gestalten Sie den Text auch noch über die Schaltfläche VERKRÜMMTEN TEXT ERSTELLEN ❺ etwas. Auf den Dialog wird in Abschnitt 38.2.2, »Text verkrümmen«, eingegangen.

Spiegelungen.jpg

Zum Nachlesen
Die Textwerkzeuge und ihre Verwendung wird erst in Teil 11, »Mit Text arbeiten«, beschrieben.

Foto Jürgen Wolf

▲ **Abbildung 29.45**
Textebene mit einem Text anlegen

2   Ebene vereinfachen

Klicken Sie die Textebene ❻ mit der rechten Maustaste an, und wählen Sie im Kontextmenü EBENE VEREINFACHEN aus. Jetzt erscheint der Text auf einem transparenten Hintergrund.

Abbildung 29.46 ▶
Textebene in eine einfache Ebene
umwandeln

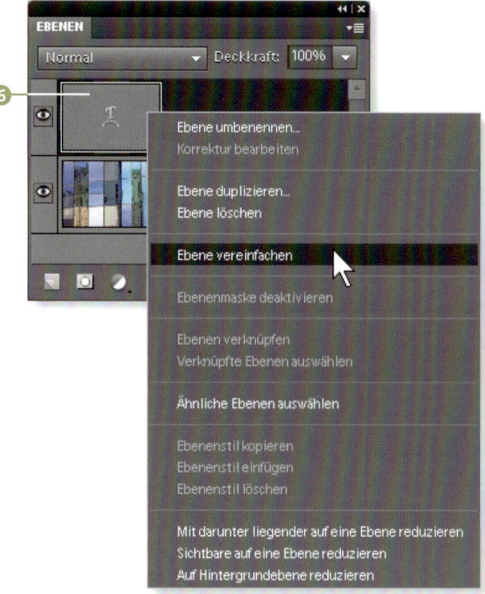

3 Auswahl aus Text erstellen

▼ Abbildung 29.47
Mit nur einem einzigen Klick
wurde der Text ausgewählt.

Wählen Sie den Zauberstab ✳ ❼, und deaktivieren Sie bei den
Optionen das Häkchen vor BENACHBART ❽. Aktivieren Sie die
Ebene ❾ mit dem Text, und klicken Sie mit dem Werkzeug auf
den Text im Dokumentfenster, und dieser ist komplett ausgewählt.

4 **Ebenenmaske erstellen**

Deaktivieren Sie die Sichtbarkeit der Ebene mit dem Text über das Augen-Symbol ❿. Jetzt sollte nur noch die Auswahl des Textes auf dem Bild zu sehen sein. Wählen Sie das Bild im Ebenen-Bedienfeld ⓫ aus, auf dem die Bild-Text-Montage mit einer Ebenenmaske angewendet werden soll. Sollte diese Ebene noch eine Hintergrundebene sein, müssen Sie daraus eine einfache Ebene machen, indem Sie auf diese Hintergrundebene beispielsweise doppelklicken oder im Menü EBENE • NEU • EBENE AUS HINTERGRUND auswählen. Jetzt fügen Sie die Ebenenmaske durch Anklicken der entsprechenden Schaltfläche ⓬ im Ebenen-Bedienfeld hinzu.

◄ **Abbildung 29.48**
Die Ebenenmaske zum Text wurde hinzugefügt.

Als Ergebnis erhalten Sie das in Abbildung 27.49 links angezeigte Bild, wo noch ein weißer Hintergrund hinzugefügt wurde. Natürlich lassen sich hiermit noch wesentlich kreativere Beispiele erstellen, wie in der rechten Abbildung gezeigt wird, wo einfach noch mit duplizierten Ebenen des Bildes darunter und unterschiedlichen Ebenenmodi experimentiert wurde.

▼ **Abbildung 29.49**
Kreativsein erlaubt! Mit wenig Aufwand lässt sich mit dem Text aus dem Bild vieles weiterentwickeln.

29.3.5 Schwarzweiß und Farbe in Kombination

Ein toller Effekt, der sich ebenfalls nur mit Ebenenmasken realisieren lässt, ist der Übergang von Farbe in Schwarzweiß.

 Muh.jpg

Abbildung 29.50 ▲
Ebene duplizieren

Abbildung 29.51 ▼
Die obere Ebene wird in Schwarzweiß konvertiert.

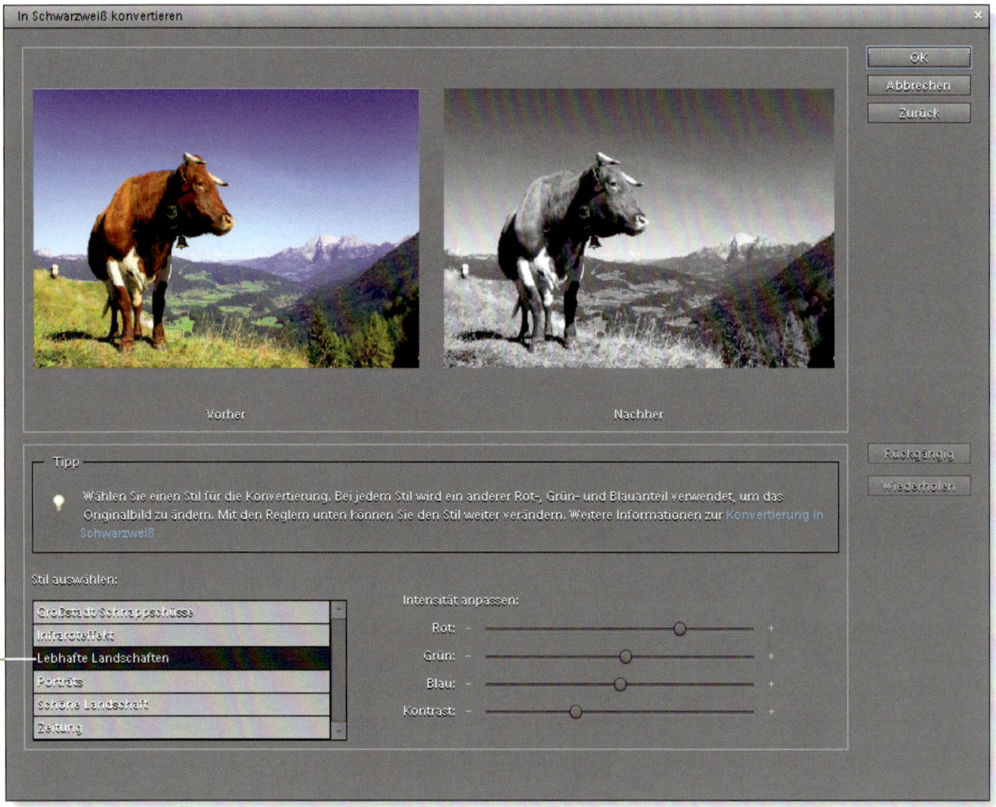

Schritt für Schritt: Bild halb in Farbe und halb in Schwarzweiß

1 Bild öffnen und Ebene duplizieren

Laden Sie das Bild in den Editor, und duplizieren Sie die Ebene über das Menü EBENE • EBENE DUPLIZIEREN. Im Ebenen-Bedienfeld sollten Sie jetzt zweimal dasselbe Bild pixelgenau übereinanderliegen haben.

2 Bild in Schwarzweiß umwandeln

Wählen Sie die obere der beiden Ebenen aus, und wandeln Sie sie mit ÜBERARBEITEN • IN SCHWARZWEISS KONVERTIEREN oder Strg/⌘+Alt+B in ein Schwarzweißbild um. Im Beispiel habe ich den Stil LEBHAFTE LANDSCHAFTEN ❶ ausgewählt und den Dialog mit OK bestätigt.

3 Ebenenmaske hinzufügen

Stellen Sie sicher, dass immer noch die obere der beiden Ebenen ausgewählt ist, und klicken Sie auf die Schaltfläche EBENENMASKE HINZUFÜGEN ❸ im Ebenen-Bedienfeld.

◀ **Abbildung 29.52**
Ebenenmaske zur Ebene mit dem Schwarzweißbild hinzufügen

4 Ebenenmaske mit Verlauf füllen

Aktivieren Sie die Ebenenmaske ❷ Im Ebenen-Bedienfeld, und wählen Sie das Verlaufswerkzeug 🔲 Ⓖ aus. Verwenden Sie als Verlauf ❹ SCHWARZ, WEISS oder VORDER- ZU HINTERGRUNDFARBE. Als Form würde ich LINEARER VERLAUF ❺ empfehlen. Gehen Sie mit dem Werkzeug zum Bildfenster, ziehen Sie mit gedrückt gehaltener Maustaste eine Linie ❻, und lassen Sie die Maustaste los. Je kürzer die Linie, umso kürzer ist der Übergang zwischen Farbe zu Schwarzweiß, und je länger die Linie, umso länger und weicher wird auch der Übergang.

▼ **Abbildung 29.53**
Mit dem Verlaufswerkzeug erzeugen Sie einen Übergang zwischen Schwarzweiß und Farbe.

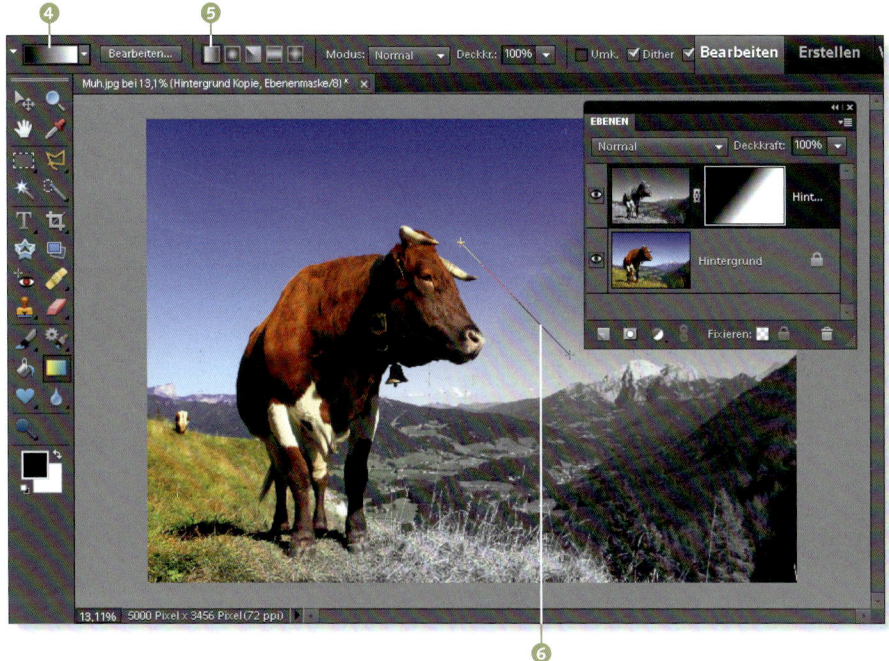

Nachdem Sie die Ebenen zusammengefügt haben, könnte das Ergebnis wie in den folgenden Abbildungen aussehen.

Foto: Marco Barnebeck

▲ **Abbildung 29.54**
Das Ergebnis nach dem Workshop

▲ **Abbildung 29.55**
Hier wurde beim Verlaufswerkzeug die Option
REFLEKTIERTER VERLAUF ausgewählt. ■

29.3.6 Bilder kombinieren – mit sanften Übergängen

Natürlich müssen Sie für Ihre Collagen nicht immer mit Effekten wie der Schwarzweißumwandlung arbeiten. Auch mit einfachen Übergängen lassen sich interessante Ergebnisse erzielen. Interessant ist, dass Sie auch mehrere Bilder kombinieren können.

Grand_Canyon.jpg und
Easy_Rider.jpg

▼ **Abbildung 29.56**
Beide Bilder sollen zu einem weichen Übergang verschmelzen.

Schritt für Schritt: Bildkomposition mit dem Verlaufswerkzeug

Neben der Möglichkeit, komplexe Collagen mit Ebenenkopien zu erstellen, lässt sich dies auch mit zwei übereinanderliegenden Fotos bewerkstelligen.

Fotos: Jürgen Wolf

1 **Bilder öffnen und übereinanderlegen**

Öffnen Sie das Bild »Easy_Rider.jpg« und das Bild »Grand_Canyon.jpg« in den Editor. Aktivieren Sie das Bild »Grand_Canyon.

jpg«, und wählen Sie das komplette Bild mit AUSWAHL • ALLES AUSWÄHLEN oder Strg/⌘+A aus. Kopieren Sie die Auswahl mit BEARBEITEN • KOPIEREN oder Strg/⌘+C in die Zwischenablage. Aktivieren Sie das Bild »Easy_Rider.jpg«, und fügen Sie es »Grand_Canyon.jpg« mittels BEARBEITEN • EINFÜGEN oder Strg/⌘+V ein. Jetzt sollten Sie im Ebenen-Bedienfeld die beiden Bilder pixelgenau übereinanderliegend vorfinden.

2 Ebenenmaske hinzufügen

Wählen Sie die obere ❶ der beiden Ebenen im Ebenen-Bedienfeld, und fügen Sie über die entsprechende Schaltfläche ❷ eine neue Ebenenmaske hinzu.

▲ **Abbildung 29.57**
Beide Bilder liegen pixelgenau übereinander.

3 Ebenenmaske mit Verlauf füllen

Aktivieren Sie gegebenenfalls die Ebenenmaske ❸ im Ebenen-Bedienfeld, und wählen Sie das Verlaufswerkzeug 🔲 G aus. Verwenden Sie als Verlauf ❹ SCHWARZ, WEISS oder VORDER- ZU HINTERGRUNDFARBE. Als Form würde ich LINEARER VERLAUF ❺ empfehlen; Sie können aber gerne mit anderen Formen experimentieren. Gehen Sie jetzt mit dem Werkzeug zum Bildfenster, ziehen Sie mit gedrückt gehaltener Maustaste eine Linie ❻ auf die Ebenenmaske, und lassen Sie die Maustaste los. Je kürzer die Linie, umso kürzer ist der Übergang zwischen den Bildern, und je länger die Linie, umso länger und weicher wird auch der Übergang. Am Ende brauchen Sie nur noch die Ebenen zusammenzufügen.

▲ **Abbildung 29.58**
Ebenenmaske zur oberen Ebene hinzufügen

◄ **Abbildung 29.59**
Das Verlaufswerkzeug im Einsatz, um einen sanften Übergang beider Bilder zu schaffen

Links finden Sie das Beispiel aus dem Workshop, und im rechten Bild wurden noch mehrere Bilder mit dieser Technik zur Komposition hinzugefügt.

Fotos: Jürgen Wolf

▲ **Abbildung 29.60**
Dank Ebenenmasken und ein bisschen Übung sind solche Bildkompositionen mit Photoshop Elements kein Problem mehr. ■

29.3.7 Einfache Fotocollagen ohne Ebenenmasken

Aufgrund vieler Anfragen, wie man schnell und einfach eine Fotocollage erstellt, habe ich diesen Abschnitt gerne in das Buch aufgenommen. Bei den Vorgehensweisen, die viele Leser eingeschlagen haben, musste ich auch feststellen, dass es oft viel komplizierter gemacht wurde, als es eigentlich sein müsste. Photoshop Elements bietet hier von Haus aus tolle Mittel an, bei denen Sie noch nicht einmal mit den Ebenenmasken hantieren müssen. Daher folgt hierzu ein einfacher Workshop zur Anregung. Einzelne Arbeitsschritte können Sie natürlich jederzeit auslassen oder abändern.

Schritt für Schritt: Eine einfache Fotocollage

1 Bilder öffnen und Rahmen hinzufügen

Elefant.jpg, Nilpferd.jpg, Loewe.jpg, Antilope.jpg

Öffnen Sie zunächst die Bilder, aus denen Sie eine Fotocollage erstellen wollen, in den Editor. Um einen Rahmen zum Bild hinzuzufügen, wählen Sie das Aufgabenbedienfeld INHALT aus (FENSTER • INHALT). Wählen Sie hier in der zweiten Dropdownliste RAHMEN ❷ aus, und es werden alle vorhandenen Rahmen aufgelistet. Dem Bild verpassen Sie jetzt einen Rahmen, indem Sie beispielsweise eine der Miniaturenvorschau der Rahmen in der Liste doppelt anklicken.

Photoshop Elements versucht jetzt automatisch, den Rahmen um das Bild anzupassen. Sie können hierbei natürlich nachträg-

lich die Größe des Bildes im Rahmen mit dem Schieberegler ❶
ändern. Die Rahmen können Sie jederzeit wechseln, indem Sie
einen anderen Rahmen in der Liste doppelt anklicken oder per
Drag & Drop auf das Bild fallen lassen. Auch diesen Rahmen können Sie, wenn ausgewählt, nachträglich in Höhe und Breite noch
anpassen.

▼ **Abbildung 29.61**
Rahmen und Bild können Sie über
einen Schieberegler aneinander
anpassen.

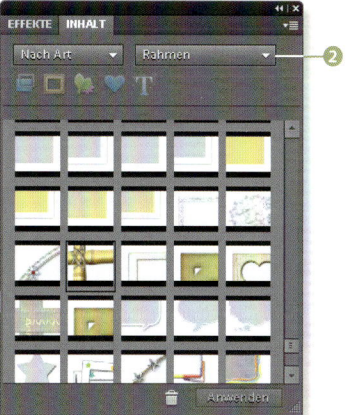

Versehen Sie auch alle anderen Bildern mit einem Rahmen.
Natürlich spricht auch nichts dagegen, dass Sie selbst kreativ wer-
den und einen eigenen Rahmen für die Bilder erstellen (Beispiele
siehe Abschnitt 40.7). Gegebenenfalls müssen Sie die einzelnen
Bilder, wo Sie eben einen Rahmen hinzugefügt haben, noch mit
EBENE • EBENE VEREINFACHEN zusammenführen.

▼ **Abbildung 29.62**
Viele kreative Rahmen sind nur
einen Mausklick im Bedienfeld
INHALT entfernt.

Fotos: Janine Grab-Bolliger

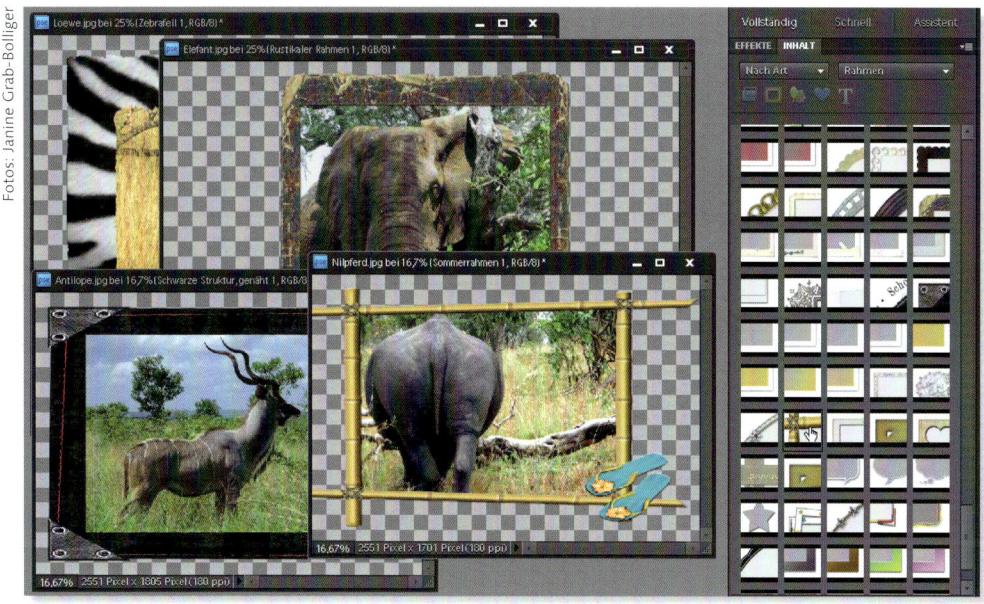

2 | Hintergrundbild erstellen

Im nächsten Schritt benötigen Sie ein Hintergrundbild, auf dem Sie die einzelnen Fotos anschließend einfügen. Hierzu können Sie entweder ein weiteres Foto verwenden oder ein neues Bild anlegen und den Hintergrund selbst gestalten, oder Sie nutzen einen der vorhandenen Hintergründe ❶ aus dem Aufgabenbedienfeld INHALT, wie es in diesem Beispiel gemacht werden soll.

Legen Sie eine neue ausreichend große Datei an, wo unsere Bilder anschließend auch Platz haben. Im Beispiel habe ich hierfür ein Bild mit 8.000 x 6.000 Pixeln erstellt und zum Bild passend die afrikanische Landkarte aus den vorhandenen Hintergründen ausgewählt, indem ich auf dem gewünschten Hintergrund doppelgeklickt habe. Gefällt Ihnen der Hintergrund nicht, können Sie ihn jederzeit durch einen anderen Hintergrund, wie eben beschrieben, austauschen.

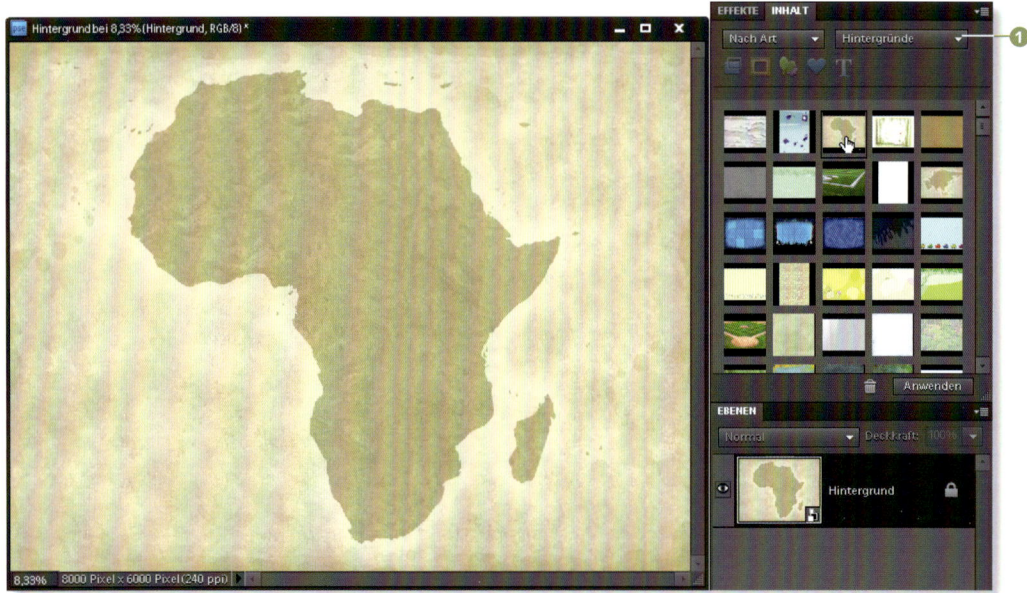

▲ **Abbildung 29.63**
Dies ist das Hintergrundbild für unsere Fotocollage. Auch hier bietet Photoshop Elements viele vordefinierte Hintergründe im Bedienfeld INHALT an.

3 | Bilder einfügen

Wählen Sie nacheinander die einzelnen Bilder für die Collage mit AUSWAHL • ALLES AUSWÄHLEN aus, und kopieren Sie das jeweilige Bild mittels BEARBEITEN • KOPIEREN in die Zwischenablage. Fügen Sie dann das jeweilige Bild mit BEARBEITEN • EINFÜGEN auf dem Hintergrundbild ein ❷.

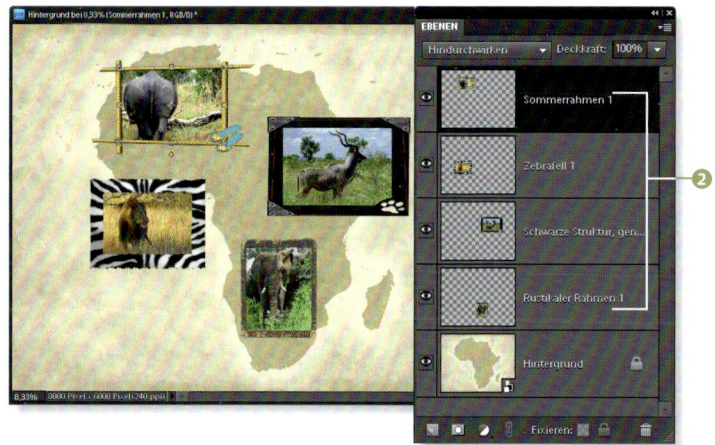

◄ **Abbildung 29.64**
Die einzelnen Bilder wurden auf dem Hintergrund eingefügt. Photoshop Elements legt dabei automatisch neue Ebenen an

4 Bilder ausrichten

Im seltensten Fall werden die einzelnen Bilder in der optimalen Größe und Position vorliegen. Wählen Sie daher das Verschieben-Werkzeug [Symbol] aus, und verschieben, drehen oder skalieren Sie die Bilder auf dieser Hintergrundebene, bis Sie damit zufrieden sind. Es sieht häufig besser aus, wenn die Bilder nicht alle die gleiche Größe und Ausrichtung aufweisen.

Zum Weiterlesen

Die Ebenenstile und -effekte werden in Kapitel 37 behandelt.

5 Ebenenstile verwenden

Über das Aufgabenbedienfeld EFFEKTE ❸ (FENSTER • EFFEKTE) lassen sich einige interessante Ebenenstile wie zum Beispiel ein Schlagschatten für die einzelnen Bilder einrichten. Mit einem Doppelklick auf das fx-Symbol ❹ können Sie diese Effekte meistens jederzeit noch nachträglich etwas anpassen.

▼ **Abbildung 29.65**
Hier wurde ein Schlagschatten zum Bilderahmen hinzugefügt.

▲ **Abbildung 29.66**
Stufenlos skalierbare Grafiken
(oder Texte) zur Gestaltung der
Fotocollage finden Sie ebenfalls
im Bedienfeld INHALT.

6 | **Collage weitergestalten**

Sind Sie jetzt noch nicht zufrieden, gestalten Sie die Fotocollage
weiter. Möglichkeiten dazu gibt es viele. Fügen Sie beispielsweise
Grafiken vom Aufgabenbedienfeld INHALT hinzu. Auch Texte finden Sie über dieses Aufgabenbedienfeld. Natürlich können Sie
auch das Textwerkzeug dazu verwenden. Reicht Ihnen das immer
noch nicht aus, können Sie auch hier noch die Ebenenmasken für
einen weichen Übergang benutzen.

7 | **Speichern und auf eine Ebene reduzieren**

Bevor Sie alle Ebenen über EBENE • AUF HINTERGRUNDEBENE
REDUZIEREN, sollten Sie die komplette Fotocollage zuvor noch im
PSD-Format speichern, um gegebenenfalls später noch Änderun-
gen daran vornehmen zu können.

8 | **Bild skalieren und speichern**

Am Ende sollten Sie das Bild noch über BILD • SKALIEREN • BILD-
GRÖSSE SKALIEREN auf ein vernünftiges Maß reduzieren, ehe Sie
es in einem passenden Dateiformat (beispielsweise JPEG) speichern. Wie Sie Bilder für das Web in welcher Größe und Auflösung weitergeben, wird in Kapitel 39, »Bilder für das Internet«,
beschrieben.

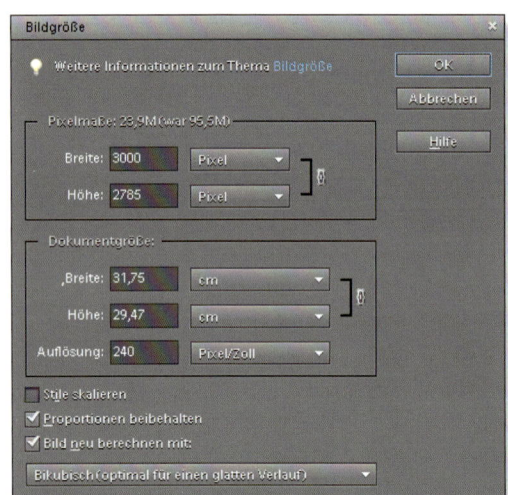

▲ **Abbildung 29.67**
Bild auf ein vernünftiges Maß skalieren

▲ **Abbildung 29.68**
Fertig ist eine einfache Fotocollage. (Die fertige Datei
auf der Buch-DVD heißt »Collage.psd«.) ■

In den folgenden Abbildungen sehen Sie noch einige Anregungen von Fotocollagen, die recht ähnlich wie eben schon beim Workshop gesehen erstellt wurden.

 Langeweile.zip, salat.zip
Bitte entpacken Sie die Dateien, bevor Sie sie in Photoshop Elements öffnen.

 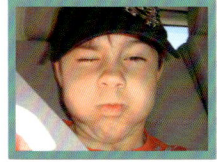 
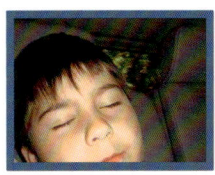  
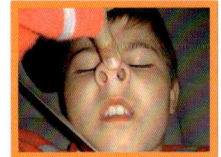  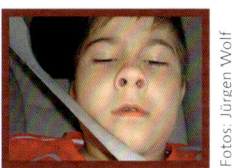

Fotos: Jürgen Wolf

◀ **Abbildung 29.69**
Hier wurden mehrere Bilder gleichmäßig angeordnet. Zunächst wurde ausgehend vom Bild links oben die Arbeitsfläche über BILD • SKALIEREN • ARBEITSFLÄCHE vergrößert, damit jeweils 3 × 3 Bilder auf die Fläche passen. Anschließend wurden die einzelnen Bilder, die zuvor mit einem Rahmen versehen wurden, mithilfe von Hilfslinien sauber eingefügt und ausgerichtet.

Fotos: Brigitte Bolliger

◀ **Abbildung 29.70**
Hier wurde ein einfacher blauer Hintergrund angelegt, auf dem die die einzelnen Bilder in Form von einem T angeordnet wurden. Zusätzlich wurden einzelne Buchstaben mit dem Textwerkzeug hinzugefügt, sodass alle Buchstaben zusammen das Wort »Salat« ergeben. Zum Schluss wurde das Ganze noch mit dezenten Schlagschatten versehen.

Teil IX
RAW und (H)DRI

30   RAW – das digitale Negativ

Adobe liefert Ihnen mit Camera Raw ein kostenloses Plug-in, das Ihnen im Umgang mit Fotos weitere Optionen und Möglichkeiten bietet. Bevor das Plug-in im Folgenden beschrieben wird, möchte ich zuvor erklären, wozu das RAW-Format überhaupt gut ist und welche Vorraussetzungen erforderlich sind, um dieses Format zu verwenden.

30.1   Das RAW-Format

Wollen Sie sich nicht auf die Automatik der Kamera verlassen und das beste Ergebnis aus Ihren Bildern herausholen, so sollten Sie das RAW-Format verwenden. Gerade bei schwierigeren Aufnahmen mit ungünstigen Lichtverhältnissen wie Gegenlicht oder Dunkelheit ist das Ergebnis der Nacharbeit im RAW-Format erheblich besser als mit den üblichen JPEG- oder TIFF-Datenformaten. In der professionellen Fotografie ist das RAW-Format längst Standard.

Das RAW- oder Roh-Format (englisch *raw* = roh) ist ein modellabhängiges Dateiformat von Digitalkameras. Bei diesem Format handelt es sich um die Daten, die der Kamerasensor während der Belichtung aufzeichnet und die fast ohne weitere Komprimierung (anders als zum Beispiel JPEG oder TIFF) und Bearbeitung auf das Speichermedium geschrieben werden. Meistens haben Sie mit diesem Format auch eine höhere Bit-Tiefe (16 statt 8 Bit pro Kanal). Man könnte sagen, dass jedes Pixel des Chips der Kamera seine Daten unverfälscht an die RAW-Datei weitergibt.

Sollte also Ihre Digitalkamera ein solches RAW-Dateiformat zum Speichern der Aufnahme anbieten, so sollten Sie es auf jeden Fall nutzen.

Was macht eigentlich die Kamera? | Sicherlich stellen Sie sich jetzt die Frage, weshalb Sie das RAW-Format bevorzugen sollten.

RAW-Format für alle?
Leider bieten nicht alle digitalen Kameras an, die Aufnahmen im RAW-Format zu speichern. Die digitalen Spiegelreflex- und viele Bridge-Kameras unterstützen in aller Regel die Speicherung im RAW-Format. Bei den Kompaktkameras sieht dies häufig schlechter aus. Hier bieten meist nur die etwas teureren Modelle RAW-Unterstützung an. Achten Sie daher schon vor dem Kauf darauf, und sparen Sie hier nicht am falschen Ende.

Ich gehe davon aus, dass Sie sich schon etwas intensiver mit Ihrer Kamera befasst haben, als nur den Auslöser zu drücken. Bevor Sie ein Bild machen, können Sie viele Einstellungen anpassen, zum Beispiel Weißabgleich, Farbraum oder Schärfe. Andererseits werden diese Einstellungen von der Kameraautomatik durchgeführt. Wenn Sie jetzt den Auslöser betätigen, berechnet die Kamera anhand dieser Einstellungen, wie das Bild anschließend in das JPEG-Format umgerechnet werden soll.

Wurde zum Beispiel für die Farbtemperatur »Tageslicht« als Einstellung verwendet und stellen Sie anschließend fest, dass vielleicht doch eine andere Farbtemperatur besser gewesen wäre, so können Sie dies bei einem JPEG bei der Korrektur nicht mehr so stark und ohne Qualitätseinbußen beeinflussen, wie dies beim RAW-Format möglich gewesen wäre.

All diese Daten werden beim Speichern des RAW-Formats vom Chip nicht bearbeitet und beachtet. Die einzigen Einstellungen, die der Chip beim RAW-Format speichert, sind die Verschlusszeit, die Lichtempfindlichkeit (ISO) und die Blende, mit der Sie fotografiert haben.

30.1.1 Vorteile von RAW gegenüber JPEG

Standardmäßig speichern die meisten Kameras die Bilder im JPEG-Format. Sie haben jetzt bereits erfahren, dass das RAW-Format ein digitales Negativ ist, an dem noch keine Entwicklungsarbeiten vorgenommen wurden, wodurch Sie natürlich auch in der Regel etwas mehr Nacharbeit durchführen müssen. Was aber sind die Hauptvorteile von RAW gegenüber JPEG, und warum sollten Sie den Mehraufwand an Nacharbeit mit dem digitalen Negativ nicht scheuen?

▶ **Bessere Anpassung der Belichtung:** Dies ist ein gewaltiger Vorteil des RAW-Formats. Ist das Bild zu hell oder zu dunkel geraten, stehen Ihnen im RAW-Format mehr Informationen zur Verfügung als im JPEG-Format, um die Belichtung anzupassen. Viele Kameras zeichnen zum Beispiel im RAW-Modus die Helligkeitsinformationen für Rot, Grün und Blau mit 12 Bit pro Kanal auf. JPEG hingegen speichert diese Informationen nur mit 8 Bit pro Kanal. Somit stehen dem RAW-Format 4.096 (2^{12}) Helligkeitsstufen zur Verfügung, während das JPEG-Format dieselben Informationen in 256 (2^8) Helligkeitsstufen packen muss.

▶ **Keine Kompression:** Beim RAW-Format wird auf jede Art von Kompression verzichtet. Bei der JPEG-Kompression werden zwar auch nur die Informationen verworfen, die Sie im Bild auf den ersten Blick nicht sehen können, aber sobald Sie bei der Nachbearbeitung zum Beispiel die Schatten aufhellen wollen, machen sich die bei der Kompression entfernten Informationen bemerkbar. Da das RAW-Format erheblich mehr Informationen enthält als das JPEG-Format, benötigt es häufig auch den vier- bis fünffachen Speicherplatz.

30.1.2 Weitere Vorteile des RAW-Formats

Das Speichern von Rohdaten bietet sowohl für den ambitionierten Profi als auch für den Hobbyfotografen eine Menge interessanter Vorteile:

- ▶ Beim Fotografieren müssen die Parameter der Kamera nicht so streng beachtet werden, weil Sie diese nachträglich mit Photoshop Elements ändern können. Dies dürfte besonders Einsteiger freuen, die ihre ersten Erfahrungen mit einer digitalen Spiegelreflexkamera machen.
- ▶ Sie haben gegebenenfalls Zugriff auf Werte, die Sie in der Kamera (abhängig vom Modell) zuvor nicht ändern konnten.
- ▶ Mit der Zeit und mit zunehmender Erfahrung werden Sie eine viel bessere Bildqualität aus den Rohdaten herausholen, als dies mit dem üblichen JPEG-Format möglich gewesen wäre.
- ▶ Sie ersparen sich viel Zeit und Handarbeit, weil die meisten üblichen Korrekturen schon mit dem RAW-Dialog von Photoshop Elements durchgeführt werden.
- ▶ Sie erhalten mehr Bildinformationen (16 statt 8 Bit je Kanal), weil die Rohdaten alles enthalten, was der Chip aufgenommen hat.

30.1.3 Nachteile des RAW-Formats

Natürlich gibt es auch einige Nachteile bei der Verwendung des RAW-Formats. Allerdings ist es wohl eher Ansichtssache, ob man die folgenden Punkte für gravierende Nachteile hält.

- ▶ Das RAW-Format benötigt, da es mehr Informationen enthält, erheblich mehr Speicherplatz. Zwar ist der genaue Wert abhängig vom Hersteller, aber häufig ist dies vier- bis fünfmal mehr Speicherplatz, als das JPEG-Format benötigt. Das bedeutet natürlich auch, dass weniger Fotos auf die Speicherkarte der Kamera passen. Auch beim Archivieren der Rohdaten auf der Festplatte benötigen Sie mehr Speicher.
- ▶ Aufgrund des erhöhten Bedarfs an Speicherplatz braucht die Kamera auch länger, um das RAW-Bild auf die Speicherkarte zu schreiben. Außerdem erhöht sich die Rechenzeit der Kamera, weil der Bildprozessor häufig auf das JPEG-Format optimiert wurde.

> ► Ein weiteres Problem ist, dass viele Hersteller ihr eigenes Süppchen kochen. Die Bezeichnung »RAW« ist nämlich nur ein Sammelbegriff für unterschiedliche, herstellerabhängige Formate.

30.1.4   Verschiedene RAW-Formate

Thumbnail-Vorschau

Im Organizer können Sie die Bilder im RAW-Format als Vorschaubilder anzeigen lassen. Für den Windows Explorer unter XP, Vista oder Windows 7 müssen Sie einen entsprechenden Codec nachinstallieren.

RAW ist, wie gesagt, kein universelles Format wie JPEG, sondern ein allgemeiner Sammelbegriff für die Kamera-Rohdaten. Diese Kamera-Rohdaten wiederum liegen von Hersteller zu Hersteller mit unterschiedlichen Dateierweiterungen vor (siehe Tabelle 30.1). Die einzelnen RAW-Formate sind nicht miteinander kompatibel. Es ist auch nicht zu 100 % sicher, dass Photoshop Elements alle RAW-Formate unterstützt. Zwar werden alle gängigen Formate unterstützt, aber wenn Sie auf Nummer sicher gehen wollen, sehen Sie unter *www.adobe.com/products/photoshop/cameraraw.html* nach, ob Ihre Kamera dort aufgelistet ist.

Wenn das RAW-Format Ihrer Kamera nicht unterstützt wird, sollten Sie sich bei der Adobe-Webseite (*www.adobe.com/de/downloads*) nach einem Update für eine neuere Version von Camera Raw umsehen.

Dateierweiterung	Hersteller
3FR	Hasselblad
ARW	Sony DSLR-A100
CRW, CR2	Canon
DCR, DCS	Kodak
ERF	Epson
KDC	Kodak Easy Share
MEF	Mamiya
MRW, MDC	Minolta
NEF	Nikon
ORF	Olympus
PEF	Pentax
RAF	Fuji
RAW	Contax
RAW	Panasonic
RAW	Leica
SRF, SR2	Sony
X3F	Sigma

▲ Tabelle 30.1
Herstellerabhängige Dateierweiterung (ohne Garantie auf Vollständigkeit)

DNG-Format | Adobe Systems hat sich in der Zwischenzeit bemüht, mit dem offenen, nicht proprietären Format DNG (»digitales Negativ«) einen RAW-Standard zu etablieren. Ob sich dieses Format durchsetzt, muss sich noch herausstellen, aber immer mehr Kamerahersteller bieten inzwischen zusätzlich zum herstellerabhängigen RAW-Format das DNG-Format an. Sollte Ihre Kamera DNG noch nicht unterstützen, so ist es dennoch mittlerweile möglich, verschiedene RAW-Formate verlustfrei mit dem DNG-Konverter in das DNG-Format umzuwandeln. Dieser Konverter ist bereits in Photoshop Elements integriert. Mehr Informationen dazu finden Sie im Web unter *www.adobe.com/de/products/dng*.

30.2 RAW-Dateien importieren

Auch bei den RAW-Dateien funktioniert das Importieren mit oder ohne den Organizer, wie dies in Abschnitt 8.2, »Import von Kamera oder Kartenleser«, mit dem Foto-Downloader bereits näher beschrieben wurde. Importierte RAW-Dateien werden in der Bilderdatenbank des Organizers einer Vorschau angezeigt.

Sollte der Import der RAW-Dateien nicht gelingen, so kann es sein, dass Photoshop Elements – oder genauer: das Camera-Raw-Plugin – Ihren RAW-Kameratyp nicht unterstützt. Da Adobe die Unterstützung von RAW-Formaten verschiedener Hersteller stetig ausbaut, können Sie auf der Webseite *www.adobe.com/products/photoshop/cameraraw.html* nachsehen, ob es nicht schon ein aktuelleres Plug-in gibt. Die Versionsnummer von Camera Raw fragen Sie über das Menü unter HILFE/PHOTOSHOP ELEMENTS • ÜBER ZUSATZMODUL • CAMERA RAW oder beim Mac über PHOTOSHOP ELEMENTS • ÜBER ZUSATZMODUL • CAMERA RAW ab. Zur Drucklegung des Buches war die Version 6.1.0.250 aktuell.

30.3 Das Camera-Raw-Plugin

Beim ersten Start des Camera-Raw-Plugins könnte der Eindruck entstehen, es handle sich eher schon um eine eigenständige Anwendung.

Im rechten Bereich ❺ finden Sie die eigentlichen Funktionen zur Bearbeitung der RAW-Datei (Anpassung von WEISSABGLEICH, BELICHTUNG, KONTRAST etc.). Die horizontale Leiste ❷ über dem Vorschaubild zeigt einige häufig verwendete Werkzeuge, die Sie zum Teil schon vom Editor her kennen. Unterhalb der Vorschau

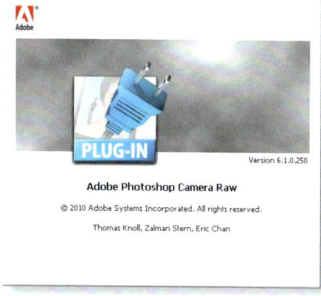

▲ **Abbildung 30.1**
Versionsnummer des Plug-ins ermitteln

Camera Raw bei Photoshop CS5
Wem das RAW-Plugin von Photoshop Elements nicht umfangreich genug erscheint oder wer das eine oder andere vermisst, der findet beim Camera-Raw-Plugin des großen Photoshop CS5 noch mehr Optionen, zum Beispiel Gradationskurven, HSL/Graustufen, Teiltonung, Objektivkorrekturen und Retuschierwerkzeug.

❸ sehen Sie Informationen zum Bild, wie die Ansichtsgröße, den Dateinamen oder die Farbtiefe ❹. In der Titelleiste ❶ finden Sie außerdem den Namen der Kamera, von der das Bild importiert wurde.

Sofern Ihre Kamera kein RAW-Format anbietet, sollten Sie diesen Abschnitt trotzdem durchlesen und mit den RAW-Bildern auf der Buch-DVD ein wenig experimentieren. Sie werden sehen, es lohnt sich.

Abbildung 30.2 ▼
Das Camera-Raw-Dialogfeld

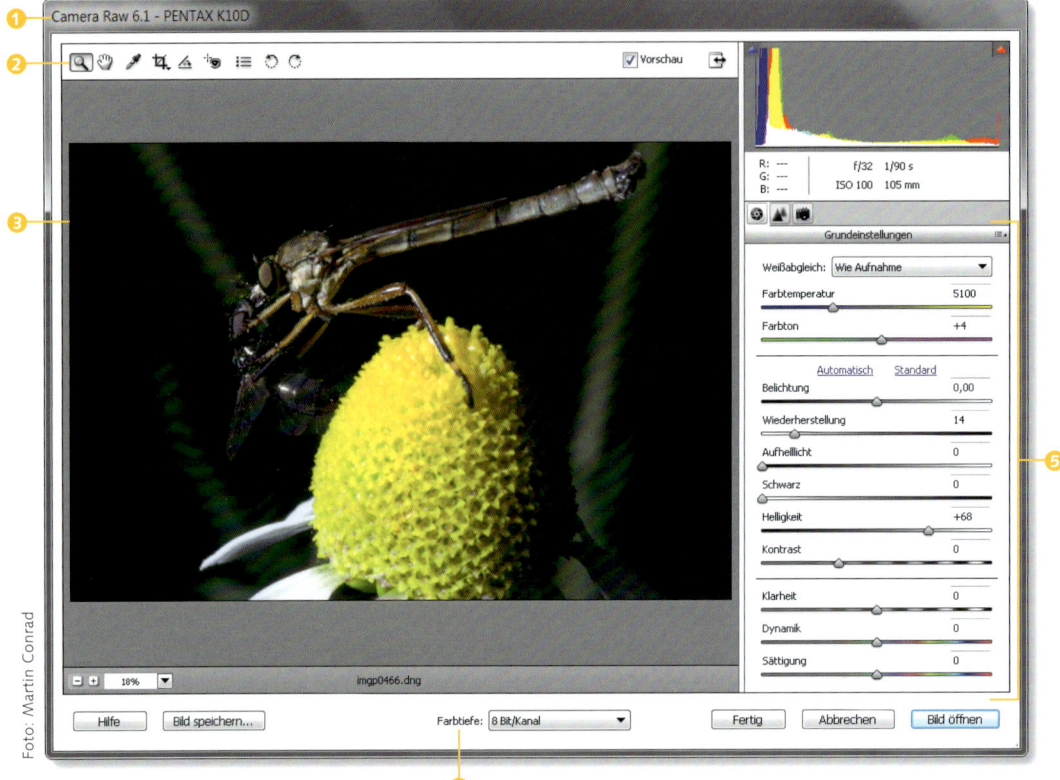

Foto: Martin Conrad

30.3.1 Bilder in Camera Raw öffnen

Um ein Bild im RAW-Format zu öffnen, gibt es mehrere Wege. Leider bietet das Camera-Raw-Plugin selbst keinen Datei-Dialog an, um eine RAW-Datei zu öffnen.

RAW-Datei öffnen über den Editor | Wenn Sie den Editor geöffnet haben, laden Sie die RAW-Datei am einfachsten wie eine gewöhnliche Datei mit ⌷Strg⌷/⌘+⌷0⌷ oder DATEI • ÖFFNEN. Das RAW-Bild wird dann automatisch mit dem Camera-Raw-Plugin geöffnet.

Noch schneller geht es per Drag & Drop vom Windows-Explorer oder Mac-Finder. Hierbei lassen Sie einfach die gewünschte

RAW-Datei mit gedrückter Maustaste aus dem Windows-Explorer in den Editor fallen.

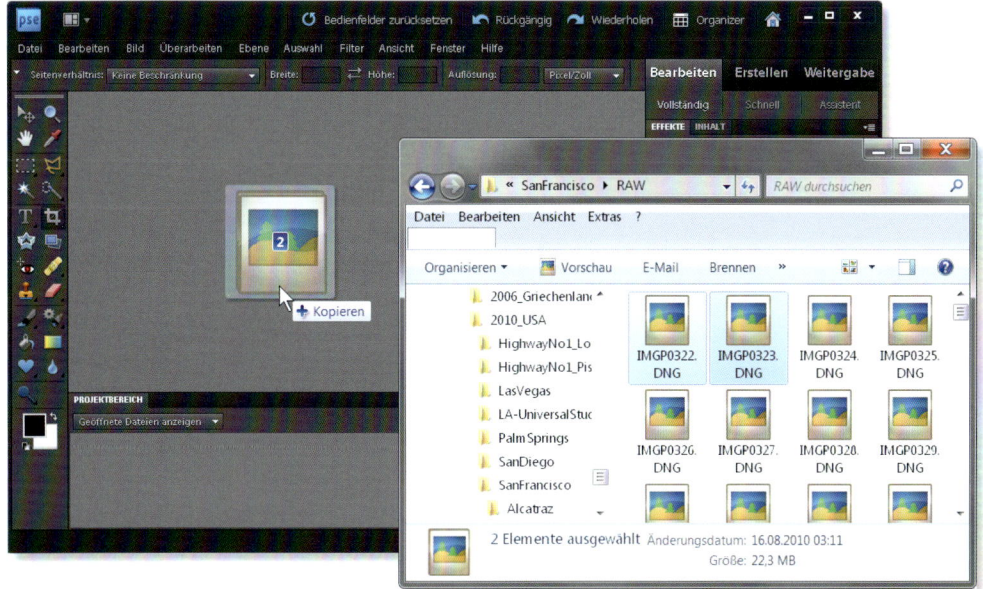

RAW-Datei öffnen über Organizer | Das Öffnen eines RAW-Bildes vom Organizer funktioniert genauso, als ob Sie ein Bild mit dem Editor bearbeiten wollen. Wählen Sie einfach das entsprechende RAW-Bild aus, drücken Sie die rechte Maustaste, und klicken Sie im Kontextmenü auf MIT PHOTOSHOP ELEMENTS BEARBEITEN. Dasselbe erreichen Sie über das kleine Dreieck mit dem Dropdown-Menü neben KORREKTUR ❻ oder mit der Tastenkombination ⌃Strg/⌘+I.

▲ **Abbildung 30.3**
RAW-Datei per Drag & Drop öffnen

◄ **Abbildung 30.4**
Das Öffnen von Bildern im RAW-Format aus dem Organizer funktioniert genauso wie das Öffnen gewöhnlicher Bilder.

RAW-Datei öffnen über Explorer und Finder | Natürlich können Sie ein RAW-Bild auch öffnen, ohne zuvor den Editor oder den Organizer zu starten. Klicken Sie einfach doppelt auf das Icon des RAW-Bildes, und die Datei wird mit dem Camera-Raw-Plugin geöffnet.

Voraussetzung ist natürlich, dass Photoshop Elements die Standardanwendung zum Öffnen von RAW-Dateien ist. Ist dies noch nicht der Fall, klicken Sie das Icon mit der rechten Maustaste an und wählen im Kontextmenü bei ÖFFNEN MIT den Editor aus.

Um RAW-Bilder künftig immer mit Photoshop Elements öffnen zu lassen, klicken Sie eine RAW-Datei im entsprechenden RAW-Format mit der rechten Maustaste an und wählen unter Windows im Kontextmenü EIGENSCHAFTEN. Über den folgenden Dialog finden Sie im Reiter ALLGEMEIN bei ÖFFNEN MIT die Schaltfläche ÄNDERN ❶, um Photoshop Elements als Standardanwendung auszuwählen.

X Ähnlich können Sie dieses ÖFFNEN MIT beim Mac einstellen. Auch hier brauchen Sie nur die Datei mit der rechten Maustaste anzuklicken und im Kontextmenü INFORMATIONEN auszuwählen. Hier finden Sie dann die Option ÖFFNEN MIT, die Sie gegebenenfalls anpassen.

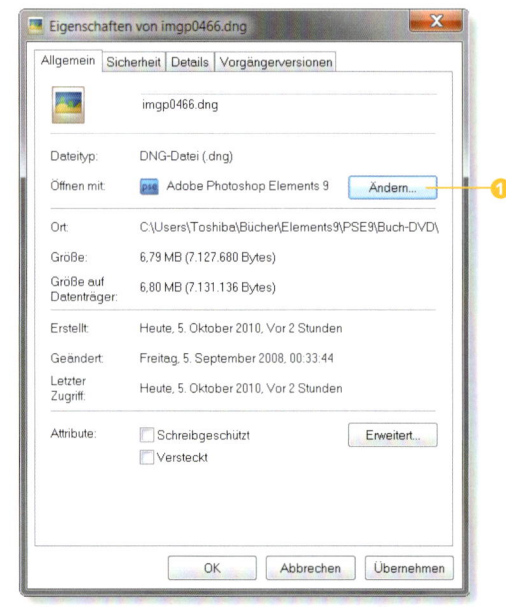

Abbildung 30.5 ▶
Photoshop Elements soll die Standardanwendung für unsere RAW-Bilder sein.

30.3.2 Werkzeuge für die Ansicht

In der Leiste des Camera-Raw-Plugins über dem Bild finden Sie einige Werkzeuge, um die Ansicht der Vorschau anzupassen.

Abbildung 30.6 ▶
Die Werkzeugleiste von Camera Raw

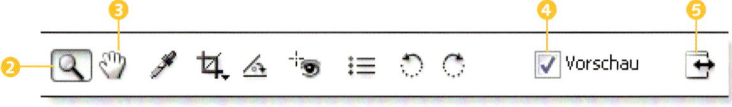

Zoomen mit der Tastatur
Schneller herein- und herauszoomen können Sie mit der Tastatur über [Strg]/[⌘]+[+] bzw. [Strg]/[⌘]+[−].

Mit dem Zoom-Werkzeug [Z] ❷ stellen Sie den Zoomfaktor für die Vorschau auf den nächsthöheren Wert, wenn Sie auf das Bild klicken. Um wieder herauszuzoomen, drücken Sie [Alt], während Sie in das Bild klicken. Wollen Sie das Vorschaubild in Originalgröße (100 %) anzeigen, klicken Sie doppelt auf das Icon des Zoom-Werkzeugs.

Wenn der Zoomfaktor zu groß geworden ist und Sie das Vorschaufenster verschieben wollen, dann steht Ihnen auch hier das Hand-Werkzeug [H] ❸ zur Verfügung. Mit gedrückter Leertaste können Sie das Hand-Werkzeug aus jedem Werkzeug heraus verwenden. Wenn Sie doppelt auf das Icon des Hand-Werkzeugs klicken, wird das Vorschaubild an das Fenster angepasst.

Um die Veränderungen im Vorschaubild zu verfolgen, muss die Live-Vorschau unter VORSCHAU ❹ [P] aktiviert sein. Mit dem Icon daneben ❺ aktivieren Sie den Vollbildmodus; ein erneutes Anklicken schaltet das Fenster wieder in den normalen Bildmodus um. Schneller noch geht dies mit dem Tastenkürzel [F].

Die Zoomstufe der Vorschau können Sie auch links unterhalb des Vorschaubildes mit dem kleinen Plus- und Minus-Symbol oder mit dem kleinen Dreieck anpassen.

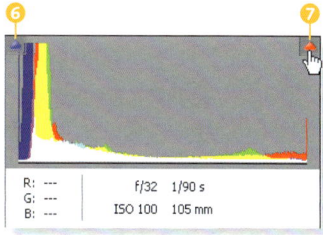

▲ **Abbildung 30.7**
Anpassen der Zoomstufe des Vorschaubildes

30.3.3 Das Histogramm

Um auch bei der Korrektur im RAW-Modus das Bild unter Kontrolle zu haben, gibt es auch im Camera-Raw-Dialog ein Histogramm. Hierbei werden alle drei Farbkanäle (Rot, Grün und Blau) gleichzeitig mit der entsprechenden Farbe angezeigt.

Sehr nützlich sind auch die kleinen Dreiecke ❻ [U] und ❼ [O] oberhalb des Histogramms. Wenn Sie sie anklicken, schalten Sie eine Farbumfang-Warnung ein. Im Vorschaubild werden diese Bereiche dann farbig hervorgehoben, wenn ein Zeichnungsverlust droht. Alle zu dunklen Stellen (Tiefen) im Bild werden mit dem linken kleinen Dreieck aktiviert und im Bild mit blauer Farbe hervorgehoben. Die zu hellen Bereiche im Bild werden mit dem rechten kleinen Dreieck aktiviert und im Bild in roter Farbe hervorgehoben.

Histogramm
Das Histogramm wurde in Abschnitt 11.1 näher beschrieben.

▲ **Abbildung 30.8**
Das Histogramm des Camera-Raw-Dialogs. Leuchtet eines dieser Dreiecke farbig, droht ein Tonwertverlust im entsprechenden Bereich.

◄ **Abbildung 30.9**
Die blauen und roten Stellen sind bei der Korrektur am empfindlichsten für einen Datenverlust.

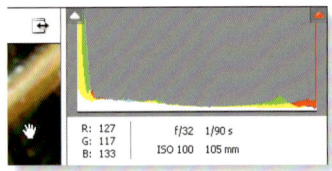

▲ Abbildung 30.10
Weitere Daten wie RGB-Werte
oder Kameraeinstellungen finden
Sie unterhalb des Histogramms.

Wenn Sie das Zoom-Werkzeug $\boxed{Z}$, das Hand-Werkzeug $\boxed{H}$ oder das Weißabgleich-Werkzeug $\boxed{I}$ über das Vorschaubild bewegen, werden außerdem die RGB-Werte unterhalb des Histogramms angezeigt. Daneben finden Sie die Kameraeinstellungen wie die Blende, Belichtung, ISO-Einstellung und Brennweite.

30.3.4 Dateiausgabe-Option (Farbtiefe)

Unterhalb des Vorschaubildes wird die Farbtiefe des Bildes angezeigt. Genauer handelt es sich hierbei um die Dateiausgabe-Option, mit der Sie angeben, mit welcher Farbtiefe die Datei geöffnet und bearbeitet werden soll.

Es ist auch möglich, das Bild mit 16 Bit je Kanal an den Editor weiterzugeben. Allerdings steht Ihnen dann nur noch eine beschränkte Auswahl an Funktionen für die Weiterarbeit im Editor zur Verfügung.

▲ Abbildung 30.11
Mit welcher Farbtiefe soll die
Datei geöffnet werden?

30.3.5 Verwenden von bisherigen Bildeinstellungen

Wenn Sie mit Camera Raw eine ganze Serie von Bildern bearbeiten müssen, die unter ähnlichen Bedingungen erstellt wurden, ist es sinnvoll, auf bereits erstellte Einstellungen zurückzugreifen, um nicht jedes Mal sämtliche Optionen neu durchzuarbeiten. Des Weiteren haben Sie den Vorteil, dass die Bilder bei Verwendung gleicher Einstellungen einen einheitlichen Look erhalten. Um auf frühere Einstellungen zurückzugreifen, finden Sie an der rechten äußeren Seite ein kleines Seitenmenü.

Abbildung 30.12 ▶
Hier können Sie frühere Einstellungen verwalten.

Die Einstellung, vor der sich das Häkchen befindet, ist die im Augenblick aktive Einstellung. Die verschiedenen Optionen haben folgende Bedeutungen:

▶ BILDEINSTELLUNGEN: Damit setzen Sie bereits durchgeführte Änderungen am Bild wieder zurück.

▶ CAMERA RAW-STANDARDS: Der Camera-Raw-Standard wirkt sich standardmäßig auf alle Bilder aus, weshalb Sie hier auch eigene Einstellungen als Standard festlegen können, die Sie immer beim Öffnen eines Bildes verwenden wollen. Um eine neue Einstellung als Standardeinstellung zu verwenden (also als Camera-Raw-Standard), wählen Sie den Punkt NEUE

Camera Raw-Standards speichern im selben Menü aus. Um den ursprünglichen Camera-Raw-Standard wiederherzustellen, verwenden Sie Camera Raw-Standards zurücksetzen.

▸ Vorherige Konvertierung: Mit der Option Vorherige Konvertierung rufen Sie die zuletzt gemachte Einstellung erneut auf, unabhängig davon, ob diese gespeichert wurde oder nicht.

▸ Benutzerdefinierte Einstellungen: Diese Einstellung wird aktiv, sobald Sie einen der Werte bei den Korrekturen verändern. Er zeigt also lediglich an, dass Sie die Standards verändert haben.

30.3.6 Camera-Raw-Voreinstellungen

Wenn Sie eine RAW-Datei bearbeiten, werden die Änderungen niemals auf das Original angewendet. Die RAW-Datei wird niemals überschrieben, es wird immer mit einer Kopie gearbeitet. Wenn Sie zum Beispiel eine RAW-Datei bearbeitet haben und diese Datei erneut öffnen, bleiben die ursprünglichen Einstellungen erhalten, die Sie an der RAW-Datei vorgenommen haben. Diese Voreinstellungen werden in einem gesonderten Dokument gesichert.

Über den Dialog Camera Raw-Voreinstellungen geben Sie den Ort und die Art der Speicherung an. Diesen Dialog können Sie auch mit dem Icon ≣ oder mit [Strg]/[⌘]+[K] öffnen.

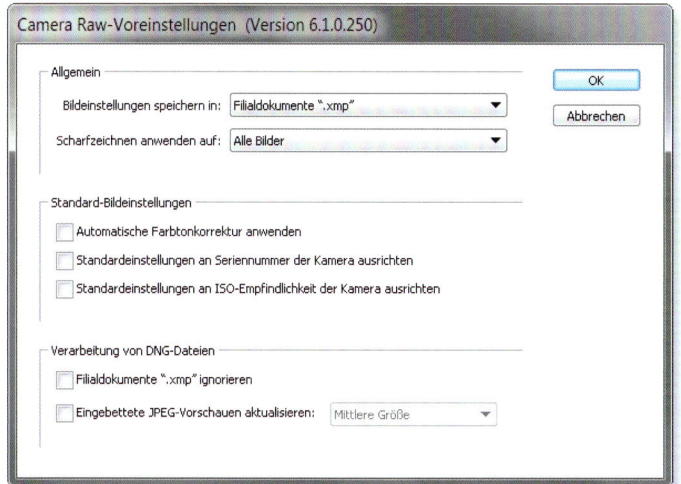

◂ Abbildung 30.13
Hier legen Sie fest, wo und wie die durchgeführten Änderungen der Rohdaten gespeichert werden.

Im Rahmen Allgemein wählen Sie aus, ob Sie die Einstellungen in einem **Filialdokument** (mit der Endung »*.xmp«) speichern wollen, das sich im selben Verzeichnis wie das RAW-Bild befindet, oder in der **Camera-Raw-Datenbank**, die in einem

Filialdokument

Beim DNG-Format werden die Änderungsinformationen, genauer: das Filialdokument, direkt in der Datei eingebettet, weshalb Sie hier auch die Option Filialdokument ".xmp" ignorieren auswählen können.

Benutzerverzeichnis liegt, zum Beispiel unter [LAUFWERK:]\DOKU-
MENTE UND EINSTELLUNGEN\[BENUTZERNAME]\ANWENDUNGSDA-
TEN\ADOBE\CAMERA RAW; am Mac unter [BENUTZERNAME]/LIB-
RARY/PREFERENCES.

Im Rahmen STANDARD-BILDEINSTELLUNGEN geben Sie an, wel-
che Korrekturen standardmäßig auf ein RAW-Bild angewendet
werden sollen. Bei VERARBEITUNG VON DNG-DATEIEN legen Sie
fest, wie bei solchen Dateien vorgegangen werden soll.

30.3.7 Grundeinstellungen – Bildkorrekturen

Nachdem Sie sich ein wenig mit der Benutzeroberfläche und
den Steuerelementen von Camera Raw vertraut gemacht haben,
können Sie nun damit beginnen, ein RAW-Bild Ihren Bedürfnis-
sen anzupassen. Die wichtigsten Einstellungen finden Sie hier-
bei über den Reiter GRUNDEINSTELLUNGEN. Abgesehen von der
Dropdown-Liste WEISSABGLEICH können Sie alle Werte mit dem
Schieberegler oder alternativ als Zahleneingabe im Eingabefeld
verändern.

Aufgeteilt sind diese Grundeinstellungen in die Bereiche
Weißabgleich ❶, Tonwertanpassung ❷ und Farbsättigung ❸. Es
empfiehlt sich, diese Reihenfolge – wie schon bei der üblichen
Bildkorrektur – beim Überarbeiten einzuhalten.

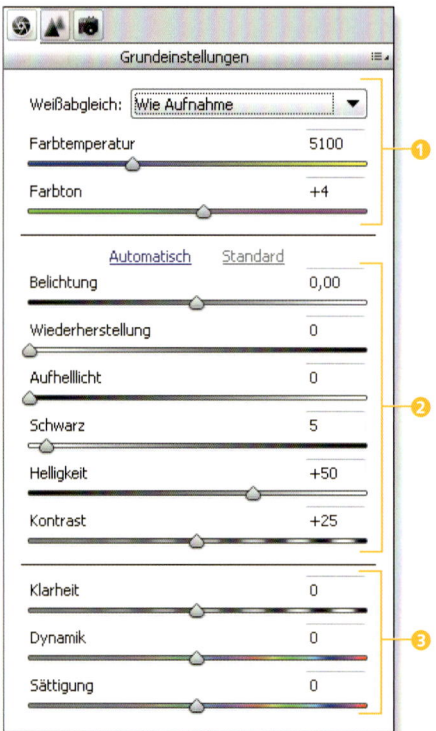

Abbildung 30.14 ▶
Über den Reiter GRUNDEINSTELLUN-
GEN finden Sie fast alle wichtigen
Einstellungen für Ihre RAW-Bilder.

Weißabgleich | Mit dem Weißabgleich stellen Sie die Farbtemperatur des Bildes ein. Ein falsch eingestellter Weißabgleich der Kamera kann zu einem **Farbstich im Bild** führen. Camera Raw bietet Ihnen drei Steuerelemente, um einen Farbstich zu korrigieren oder die Stimmung des Bildes zu verändern.

In der Dropdown-Liste WEISSABGLEICH stellen Sie die Farbbalance des Bildes zu den Lichtverhältnissen ein, unter denen das Bild aufgenommen wurde. In manchen Fällen lässt sich über die Dropdown-Liste mit den vordefinierten Weißabgleichoptionen ein besseres Ergebnis erzielen. Meistens ist es allerdings für einen detaillierteren Weißabgleich empfehlenswerter, den Vorgang mit den Schiebereglern FARBTEMPERATUR und FARBTON manuell durchzuführen.

Mit dem Schieberegler FARBTEMPERATUR passen Sie den Weißabgleich anhand einer eigenen Farbtemperatur an. Die Farbtemperatur wird hierbei in Grad Kelvin (°K) gemessen. Je höher der Wert ist, desto blauer wird die Lichtfarbe, je geringer er ist, desto rötlicher wird das Licht.

Um hier keine Missverständnisse aufkommen zu lassen: Der Schieberegler FARBTEMPERATUR regelt nicht direkt die Lichttemperatur, sondern gibt an, welche Lichtart in einem Bild als neutral dargestellt werden soll. Daher wird hier das Bild umso rötlicher bzw. wärmer, wenn Sie den Wert erhöhen, und umso blauer bzw. kälter, wenn Sie den Wert reduzieren.

Wer hier eigene Farbtemperaturen festlegen will, der sollte sich zumindest ein wenig mit Temperaturen verschiedener Lichtquellen und Beleuchtungssituationen auskennen. In Tabelle 30.2 finden Sie eine Liste mit den Farbtemperaturen gängiger Lichtquellen.

Temperatur	Lichtquelle
1.500 °K – 1.950 °K	Kerzenlicht
2.600 °K	Glühlampe (40 W)
2.800 °K	Glühlampe (100 W)
3.000 °K	Leuchtstoffröhre (Warmweiß)
3.200 °K	Halogenstrahler
3.400 °K	Sonne vor dem Untergang
4.000 °K	Leuchtstoffröhre (Kaltweiß)
5.500 °K	Blitzlicht
5.600 °K	Tageslicht
7.000 °K	bedeckter Himmel
8.000 °K – 11.000 °K	blauer Himmel

Weißabgleich von der Kamera verwenden

Bei einigen Kameras kann Camera Raw die Weißabgleicheinstellung der Kamera lesen. Daher finden Sie die entsprechende Weißabgleicheinstellung unter der Option WIE AUFNAHME wieder. Wenn die Weißabgleicheinstellung der Kamera nicht gelesen werden kann, hat die Option WIE AUFNAHME denselben Effekt wie AUTOMATISCH.

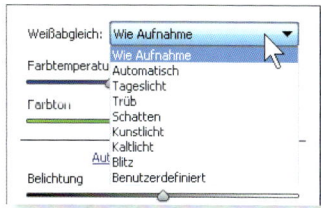

▲ **Abbildung 30.15**
Über die Dropdown-Liste WEISS-ABGLEICH lassen sich vordefinierte Optionen verwenden.

Weißabgleich-Werkzeug

Um den Weißabgleich schnell zu korrigieren, können Sie auch das Weißabgleich-Werkzeug ⬚ aus der Werkzeugleiste von Camera Raw verwenden. Klicken Sie mit dem Werkzeug im Vorschaubild einen Bereich an, der neutral grau oder weiß sein sollte. Dadurch werden die Regler FARBTEMPERATUR und FARBTON (und somit der Weißabgleich) automatisch angepasst.

◄ **Tabelle 30.2**
Temperaturen für gängige Lichtquellen. Alle Angaben sind ungefähre Richtwerte.

In Abbildung 30.16 sehen Sie dreimal dasselbe Bild mit jeweils unterschiedlichen Farbtemperaturen. Im ersten Bild wurden 3.900 °K verwendet. Dieses Bild wirkt, als wäre es zur Mittagszeit aufgenommen. Beim nächsten Bild wurde die Farbtemperatur auf 4.500 °K erhöht, und es entsteht der Eindruck, dass das Bild morgens aufgenommen wurde. Im letzten Bild wurden 6.200 °K verwendet, was dem Bild eine abendliche Stimmung verleiht.

Weissabgleich.DNG

Foto: Jürgen Wolf

▲ **Abbildung 30.16**
Diese Bilder zeigen, dass der Weißabgleich stark zur Stimmung des Bildes beträgt.

Mit dem zweiten Schieberegler, FARBTON, können Sie den Weißabgleich noch ein wenig optimieren, um einen grünen oder magentafarbenen Farbstich gegebenenfalls auszugleichen. Schieben Sie den Regler nach links, so erhöhen Sie den Grünanteil und reduzieren gleichzeitig den Magenta-Anteil. Verschieben Sie den Regler nach rechts, so wird der Magenta-Anteil erhöht und der Grünanteil reduziert.

Tonwertanpassung | Mit den nächsten sechs Schiebereglern passen Sie die Tonwerte des Bildes an. Wenn Sie hierbei den unterstrichenen Text AUTOMATISCH anklicken, können Sie diese Einstellungen von Camera Raw auch automatisch durchführen lassen. Meistens ist das Resultat dabei aber weniger gut als bei der manuellen Anpassung über die Schieberegler. Testen können Sie die Automatik trotzdem, um zu sehen, was die Automatik mit den Tonwerten machen würde. Rückgängig machen Sie die Automatik wieder durch einen Klick auf den unterstrichenen Text STANDARD daneben.

▸ BELICHTUNG: Damit legen Sie fest, wie hell oder wie dunkel die Lichter und Tiefen des Bildes sind, Sie passen also die Helligkeit oder Dunkelheit des Bildes an. Schieben Sie den Regler nach links, um das Bild abzudunkeln, und nach rechts, um es

	Automatisch	Standard	
Belichtung			0,00
Wiederherstellung			0
Aufhelllicht			0
Schwarz			5
Helligkeit			+50
Kontrast			+25

▲ **Abbildung 30.17**
Schieberegler zur Anpassung der Tonwerte

aufzuhellen. Eine interessante Option beim Ziehen des Reglers ist das Einblenden aktuell veränderter Bereiche, in denen die Lichter beschnitten werden. Halten Sie für diese Anzeige `Alt` gedrückt, während Sie am Regler ziehen.

▶ WIEDERHERSTELLUNG: Diese Option versucht, aus überstrahlten Lichtern wieder Details herauszuholen. Dabei wird auf Informationen zurückgegriffen, die nur in einem oder zwei Farbkanälen vorliegen. Pixel, bei denen nicht alle drei Farbkanäle vorhanden sind, werden gewöhnlich automatisch auf Weiß beschnitten. Aber diese Informationen bleiben im RAW-Bild erhalten, weshalb Sie mit dieser Option recht häufig Erfolg haben dürften. Die Option wirkt nur auf helle Bildbereiche und lässt die dunklen Bereiche unangetastet.

▶ AUFHELLLICHT: Sind im Bild unterbelichtete Bereiche vorhanden, so ist dies die Option der Wahl. Sie versucht, Details aus den Tiefen wiederherzustellen. Im Grunde ist diese Option das Gegenstück zur WIEDERHERSTELLUNG. Nur sucht AUFHELLLICHT Informationen aus einem oder zwei Farbkanälen, die auf Schwarz beschnitten wurden. Sie wirkt nur auf dunkle Bildbereiche und lässt die hellen Bereiche unangetastet.

▶ SCHWARZ: Mit dieser Option erhöhen Sie die schwarzen Tonwerte im Bild. Durch das Anheben von Schwarz verstärkt sich häufig auch der Kontrast im Bild. Die Option wirkt vorwiegend in den Tiefen; Mitteltöne und Lichter sind von dieser Option eher nicht betroffen. Auch hier haben Sie beim Ziehen des Reglers die Option, mit gehaltener `Alt`-Taste die veränderten Bildbereiche einzublenden.

▶ HELLIGKEIT: Mit diesem Regler passen Sie die Gesamthelligkeit des Bildes an. Den Regler sollten Sie allerdings erst verwenden, nachdem Sie die weißen und schwarzen Bereiche im Bild mit den Reglern BELICHTUNG und SCHWARZ justiert haben.

▶ KONTRAST: Die Mitteltöne im Bild werden auch mit Camera Raw mit der entsprechenden Option angepasst. Den Kontrast sollten Sie allerdings erst anpassen, wenn Sie BELICHTUNG, SCHWARZ und HELLIGKEIT eingestellt haben.

Farbsättigung | Beim Editor waren Sie beim Anpassen der Farbsättigung auf die Sättigung beschränkt. Im Rohformat stehen Ihnen hierzu gleich drei Regler zur Verfügung, um die Farben im Bild zu verbessern.

▶ KLARHEIT: Mit dieser Option verbessern Sie die Klarheit der Bildkonturen und stellen so die Bildschärfe wieder her, die bei der Tonwertanpassung teilweise verlorengeht. Um die Bild-

Belichtung und Blendenstufen

Die Schrittgröße der Werte von BELICHTUNG entspricht den realen Blendeneinstellungen. Eine Änderung von zum Beispiel +2,00 entspricht einer Vergrößerung der Blende um zwei Blendenstufen.

Tiefen/Lichter

Die Verwendung der Optionen WIEDERHERSTELLUNG und AUFHELLLICHT lässt sich beim Editor mit dem Dialog TIEFEN/LICHTER vergleichen.

Schwarzpunkt-Regler

Das Anpassen der Option SCHWARZ entspricht dem Schwarzpunkt-Regler bei der Tonwertkorrektur im Editor.

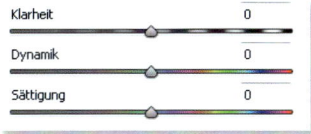

▲ **Abbildung 30.18**
Schieberegler, die sich auf die Sättigung der Farben auswirken

schärfe auch gut beurteilen zu können, sollten Sie die Ansicht des Vorschaubildes unbedingt auf 100 % einstellen.

▶ Dynamik: Diese Option wirkt sich ähnlich wie Sättigung aus, allerdings nicht auf alle Bildfarben gleich, sondern nur auf Farben mit einer etwas geringeren Sättigung. Damit vermeiden Sie zum Beispiel bei Porträts die Übersättigung der Hautfarbe. Auch alte und ausgeblichene Farben lassen sich mit dieser Option simulieren.

▶ Sättigung: Mit dieser Option erhöhen (nach rechts ziehen) oder reduzieren (nach links ziehen) Sie die allgemeine Farbsättigung. Ziehen Sie den Regler komplett nach links, erhalten Sie ein Schwarzweißbild.

30.3.8 Schärfen und Rauschreduzierung

Über den zweiten Reiter, Details, passen Sie die **Bildschärfe** an und reduzieren das **Bildrauschen**, was gerade bei kompakten Digitalkameras sehr wichtig ist. (Die Ausprägung dieser Fehler hängt auch von der Sensorgröße ab.) Im unteren Teil erhalten Sie auch gleich einen Hinweis, wenn das Bild nicht mindestens in Originalgröße (100 %) angezeigt wird. Diese Größe benötigen Sie, um die Auswirkungen der Anpassungen auf das Bild zu beurteilen.

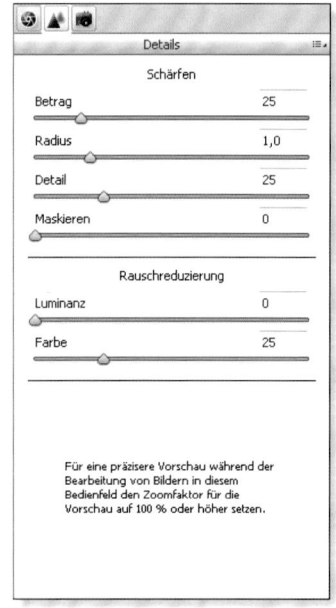

▲ **Abbildung 30.19**
Mehrere Optionen zum Schärfen und zur Rauschunterdrückung

Schärfen | Mit den Reglern unter Schärfen passen Sie die Bildkanten an. Die Variante der Schärfenanpassung entspricht in etwa dem Photoshop-Elements-Filter Unscharf maskieren.

▶ Betrag: Dieser Wert entspricht etwa dem Wert Stärke von Unscharf maskieren. Damit werden die Kanten geschärft, indem bei der Anpassung des angegebenen Wertes der Kontrast zu den benachbarten Pixeln erhöht wird. Mit einem Wert von 0 deaktivieren Sie das Schärfen. Ansonsten führt in der Praxis meistens ein etwas niedrigerer Wert zu einem reineren Bild.

▶ Radius: Dieser Wert hat dieselbe Wirkung wie der gleichnamige Wert von Unscharf maskieren. Er gibt an, wie viele Pixel im Umfeld des zu schärfenden Bereichs in der Kontrasterhöhung berücksichtigt werden sollen. Ein zu hoher Wert wirkt unnatürlich und macht das Bild häufig kaputt.

▶ Detail: Hiermit bestimmen Sie, wie viele Hochfrequenzdaten im Bild nachgeschärft werden sollen und wie stark Sie die Kanten hervorheben möchten. Hohe Werte verstärken die gesamte Bildstruktur, niedrigere Werte eher versteckte Konturen.

▶ MASKIEREN: Damit steuern Sie eine Maske um die Kanten. Das Bild wird gleichmäßig geschärft, wenn der Wert auf 0 steht. Je höher Sie den Wert einstellen, umso mehr wird neben den kräftigeren Kanten geschärft.

Wenn Sie sich jetzt fragen, ob Sie ein RAW-Bild nachschärfen sollen, so kann ich dies eindeutig mit einem Ja beantworten – allein schon, weil jedes Bild, das mit einer Digitalkamera aufgenommen wird, immer eine gewisse Unschärfe aufweist. Jedoch trifft die Regel, dass man erst zum Schluss schärfen sollte, hier nicht zu. Ein Vorschärfen mit Camera Raw ist immer von Vorteil. Natürlich gilt auch hier: Wenn Sie das Ergebnis der Schärfung betrachten wollen, müssen Sie das Bild mindestens in 100%iger Ansicht anzeigen lassen. Beachten Sie allerdings, dass mit der Schärfung im RAW-Format gegebenenfalls auch das Farbrauschen verstärkt werden könnte (abhängig von der Bildquelle).

Welche Werte Sie zum Schärfen verwenden, hängt natürlich zunächst einmal vom konkreten Anwendungsfall ab. Gute Ergebnisse erzielen Sie auf jeden Fall mit den voreingestellten Werten (BETRAG = 25, RADIUS = 1,0, DETAIL = 25 und MASKIEREN = 0). Reicht Ihnen die Schärfe noch nicht aus, erhöhen Sie den Regler BETRAG. Die besten Ergebnisse erreichen Sie mit einem Wert von 25 bis 50. Je höher Sie hierbei den Wert schieben, umso mehr unschöne Details wie beispielsweise chromatische Aberrationen, Farb- und Luminanzrauschen kommen zum Vorschein.

Rauschreduzierung | Zur Reduzierung von Bildrauschen finden Sie auf der Registerkarte DETAILS zwei Schieberegler. Beim Bildrauschen unterscheidet man zwischen **Luminanzrauschen** (auch Graustufenrauschen genannt), das das Bild körnig wirken lässt, und **Chromrauschen** (Farbrauschen), das sich in farbigen Artefakten im Bild äußert. Um hier die Auswirkungen beurteilen zu können, sollten Sie die Vorschau-Ansicht auf mindestens 100 % stellen. In der Praxis würde ich hier sogar 200–300% empfehlen, um gerade die Auswirkungen des LUMINANZ-Reglers besser erkennen zu können.

▶ LUMINANZ: Mit Verschieben des Schiebereglers nach rechts reduzieren Sie das Graustufenrauschen.

▶ FARBE: Das Chrom- oder Farbrauschen reduzieren Sie mit diesem Schieberegler.

30.3.9 Kamerakalibrierung
Camera Raw verwendet für jedes unterstützte Kameramodell ein Profil zur Verarbeitung von RAW-Bildern. Solche Profile werden

Ursachen für das Bildrauschen
Die häufigsten Ursachen für das Bildrauschen sind zu hoch eingestellte ISO-Empfindlichkeiten oder weniger hochwertige Kompaktkameras.

mit unterschiedlichen Licht- und Weißabgleichbedingungen erstellt. Wenn Sie den Weißabgleich in der Kamera einstellen, verwendet Camera Raw dieses Profil, um die Farbinformationen zu extrapolieren. Im Grunde werden Sie diesen Wert ohnehin nie verändern, aber der Vollständigkeit halber möchte ich ihn doch kurz erläutern.

Wollen Sie nicht die neutralen Farben Ihrer Kamera verwenden, so finden Sie auf der Registerkarte KAMERAKALIBRIERUNG von Camera Raw bereitgestellte Profile. Hier können Sie auch gleich feststellen, ob Camera Raw ein eigenes Profil verwendet oder das in der Datei eingebettete Profil. Abhängig von der Kamera und den zur Verfügung stehenden Profilen, können unter NAME auch nur die Option ADOBE STANDARD (immer vorhanden) und die Option EINGEBETTET aufgelistet werden, wodurch das in der Datei eingebettete Profil verwendet wird.

Je höher die Versionsnummer von **ACR** ist, desto neuer und optimierter ist das vorliegende Kameraprofil für die jeweilige Kamera. Verwenden Sie die Option EINGEBETTET, so wird das in der Datei eingebettete Profil benutzt.

▲ **Abbildung 30.20**
Verwenden von verschiedenen Kameraprofilen

30.3.10 Werkzeuge zur Retusche und Reparatur

Neben den allgemeinen Korrekturen finden Sie in Camera Raw nützliche und häufig verwendete Werkzeuge, etwa zum Ausrichten und Beschneiden von Bildern.

Abbildung 30.21 ▶
Die Werkzeuge von Camera Raw

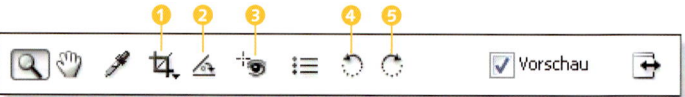

Wenn Sie den Bildausschnitt etwas reduzieren wollen, um zum Beispiel mehr Nähe zu erzeugen, hilft Ihnen das Freistellungswerkzeug C ❶. Ist dann das Bild noch schief, können Sie das Gerade-ausrichten-Werkzeug A ❷ anwenden. Mit dem Rote-Augen-Korrektur-Werkzeug E ❸ korrigieren Sie rote Augen im RAW-Format. Das Werkzeug funktioniert wie das gleichnamige Pendant in Photoshop Elements. Auch das Drehen um 90° gegen den Uhrzeigersinn L ❹ und im Uhrzeigersinn R ❺ finden Sie in der Werkzeugpalette wieder.

Freistellen und Ausrichten

Das Thema »Freistellen und Ausrichten« ist ebenfalls ein wichtiger Arbeitsschritt bei der Bildbearbeitung, weshalb Sie hierzu mehr in Teil 6 erfahren.

Freistellen und Ausrichten | Wenn Sie ein Bild freistellen und/ oder ausrichten, wird ein grauer Rahmen um die Bildvorschau gelegt. Mit den Anfassern an den Ecken und Seiten können Sie noch Feineinstellungen daran vornehmen. Die Korrektur wird erst beim Öffnen des Bildes im Editor durchgeführt. Wollen Sie die Freistellungen wieder entfernen, führen Sie einfach einen Rechtsklick im Vorschaubild in Camera Raw aus, und wählen Sie im Kontextmenü FREISTELLUNG LÖSCHEN.

Harmony.DNG

◄ **Abbildung 30.22**
Eine Freistellung kann in Camera Raw vorbereitet werden.

Foto: Jürgen Wolf

30.3.11 Bild speichern oder im Editor öffnen

Wenn Sie mit den Korrekturen der RAW-Datei mit Camera Raw fertig sind, stehen Ihnen mehrere Möglichkeiten zur Verfügung, um Ihre Arbeiten abzuschließen.

▼ **Abbildung 30.23**
Möglichkeiten, den Camera-Raw-Dialog zu verlassen

| Hilfe | Bild speichern... | Farbtiefe: 8 Bit/Kanal ▼ | Fertig | Abbrechen | Bild öffnen |

»Bild speichern« als DNG-Datei | Über die Schaltfläche BILD SPEICHERN rufen Sie einen Speichern-Dialog auf, in dem Sie die RAW-Datei nach dem Entwickeln in 48 Bit Farbtiefe (16 Bit je Kanal) mit einem neuen Dateinamen und gegebenenfalls auch in einem anderen Verzeichnis im Adobe-eigenen RAW-Dateiformat DNG speichern können, um das Bild in voller Qualität zu bewahren.

Wo Sie die RAW-Datei speichern, geben Sie mit den Optionen im Bereich ZIEL ❻ an; den Namen der Datei legen Sie im Rahmen DATEIBENENNUNG ❼ fest. Als Dateierweiterung können Sie nur die Groß- oder Kleinschreibung von »DNG« auswählen (die Angaben zum Ziel und Dateinamen werden vermutlich niemandem mehr Kopfzerbrechen bereiten).

Innerhalb des Rahmens FORMAT: DIGITAL-NEGATIV ❽ können Sie die KOMPATIBILITÄT der DNG-Datei einstellen, falls Sie wollen, dass dieselben Einstellungen auch mit einer älteren Camera-Raw-Version gelten. Hierbei haben Sie auch mit BENUTZERDEFINIERT eine Möglichkeit, selbst Hand an der Kompatibilität anzulegen.

Original überschreiben

Sie müssen sich keine Sorgen machen, dass Sie aus Versehen eine Original-RAW-Datei überschreiben. Dies ist mit Camera Raw nicht möglich.

Speichern ohne Dialog

Wenn Sie `Alt` gedrückt halten, verschwinden bei der Schaltfläche BILD SPEICHERN die drei Punkte am Ende. Dies bedeutet, dass ohne einen weiteren Dialog sofort gespeichert wird. Gespeichert werden dann die zuletzt gesetzten Werte und Optionen des jeweiligen Dialogs. Keine Sorge – eine Original-RAW-Datei wird niemals überschrieben. Wenn nicht anders vorgegeben, wird einfach beim Dateinamen eine Nummer hinzugefügt und gegebenenfalls hochgezählt.

Wenn Sie BENUTZERDEFINIERT auswählen, erscheint ein weiterer Dialog (siehe Abbildung 30.25), wo Sie über eine Dropdown-Liste die DNG-Version manuell einstellen können. Wollen Sie, dass das digitale Negativ beim Speichern nicht komprimiert wird, müssen Sie das Häkchen vor NICHT KOMPRIMIERT setzen. Ist diese Option aktiviert, wird eine verlustlose Komprimierung verwendet, was sinnvoll ist, wenn Sie Speicherplatz sparen wollen. Die Option LINEAR (MOSAIKFREI) speichert das Bild in einem interpolierten (mosaikfreien) Format. Das Bild kann dann auch in anderen Programmen geöffnet werden, die nicht über ein Profil der Digitalkamera verfügen, mit der das Bild aufgenommen wurde. In der Regel können Sie diese Option deaktiviert lassen.

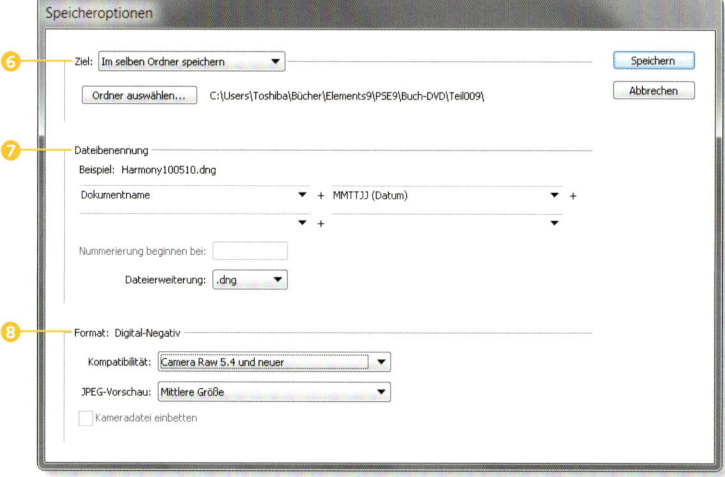

Abbildung 30.24 ▶
Speicheroptionen für das Sichern einer RAW-Datei im Adobe-eigenen DNG-Format

▲ **Abbildung 30.25**
Benutzerdefinierte DNG-Kompatibilität

Mit der Option KAMERADATEI EINBETTEN wird die Original-RAW-Datei in die DNG-Datei eingebettet. Damit steigt zwar der Dateiumfang, aber so können Sie später jederzeit die Originaldatei wiederherstellen. Wollen Sie für andere Anwendungen ein Vorschaubild generieren, um auch in diesen Anwendungen sehen zu können, um welches Bild es sich handelt, so integrieren Sie eine solche Vorschau mit der Option JPEG-VORSCHAU.

Bild im Editor öffnen | Der häufigste Vorgang, wenn Sie mit den Einstellungen in Camera Raw fertig sind, dürfte das Öffnen des Bildes im Editor sein. Hierzu klicken Sie einfach auf die entsprechende Schaltfläche BILD ÖFFNEN. Der Camera-Raw-Dialog wird dann geschlossen und das Bild im Editor geöffnet.

Bild als JPEG oder ähnlich speichern | Um ein Bild letztendlich tatsächlich in ein gängiges Format wie JPEG oder TIFF zur

Weitergabe zu speichern, müssen Sie es mit der Schaltfläche BILD ÖFFNEN in den Editor laden. Aus Camera Raw heraus ist es nicht möglich, Bilder in ein typisches Format zur Weitergabe zu speichern. Wurde die RAW-Datei im Editor geöffnet, handelt es sich immer noch um eine RAW-Datei. Diese können Sie jetzt mit dem üblichen Befehl DATEI • SPEICHERN UNTER oder [Strg]/[⌘]+[⇧]+[S] in ein gängiges Format wie beispielsweise JPEG oder TIFF speichern. Wie Sie Bilder speichern, wurde bereits in Abschnitt 2.4 näher beschrieben, und auf die einzelnen Dateiformate wurde in Abschnitt 5.5 eingegangen.

Bit-Tiefe beachten | Dabei entscheidet die Bit-Tiefe, die Sie in Camera Raw eingestellt haben, mit welchen Funktionen Sie im Editor weiterarbeiten oder in welchem Format Sie das Bild nach der Bearbeitung speichern können.

Wenn Sie hier 8 Bit Farbtiefe pro Kanal verwenden, können Sie wie gewohnt mit dem Bild weiterarbeiten. Sollten Sie aber 16 Bit Farbtiefe pro Kanal benutzt haben, stehen Ihnen nicht mehr alle Funktionen von Photoshop Elements zur Verfügung, denn viele dieser Funktionen unterstützen keine 16 Bit pro Kanal. Auch wenn Sie ein Bild mit 16 Bit pro Kanal abspeichern wollen, stehen Ihnen nicht alle Dateiformate zur Verfügung, sondern nur die, die eben 16 Bit unterstützen. Hier würden sich zum Beispiel hochwertige Formate wie TIFF, PNG oder JPEG2000 anbieten.

Kopie öffnen

Wenn Sie [Alt] gedrückt halten, wird aus der Schaltfläche BILD ÖFFNEN die Schaltfläche KOPIE ÖFFNEN. Wenn Sie diese Schaltfläche verwenden, wird das Bild geöffnet, ohne dass die Metadaten aktualisiert werden. Mit BILD ÖFFNEN werden dagegen die Metadaten des RAW-Bildes gespeichert, sodass Sie beim nächsten Öffnen des RAW-Bildes mit Camera Raw dieselben Einstellungen vorfinden, mit denen Sie das Bild zuletzt bearbeitet haben. Mit KOPIE ÖFFNEN wird das Bild beim erneuten Öffnen mit den Standardeinstellungen des Camera-Raw-Standards geöffnet.

◄ **Abbildung 30.26**
Falls Sie unsicher sind, ob Sie das Bild mit 8 Bit oder 16 Bit pro Farbkanal geöffnet haben, hilft ein schneller Blick in die Titelleiste ❶ (hier: (RGB/16)) oder unterhalb des Dokumentfensters über DOKUMENTPROFIL ❷.

»Fertig« und »Abbrechen« | Mit der Schaltfläche FERTIG schließen Sie den Camera-Raw-Dialog und speichern die vorgenommenen

Einstellungen – ohne den Editor zu öffnen. Beim nächsten Öffnen des RAW-Bildes stehen Ihnen diese Einstellungen gleich wieder zur Verfügung. Die Schaltfläche ABBRECHEN hingegen beendet den Camera-Raw-Dialog, ohne dass irgendwelche Einstellungen gespeichert werden.

30.3.12 Workshops zu Camera Raw

Zugegeben, das Kapitel war bisher ein wenig theoretisch angelegt. Dies war allerdings unerlässlich, wenn Sie wirklich die einzelnen Optionen von Camera Raw verstehen und den vollen Umfang des RAW-Formats verwenden wollen. Zum Schluss finden Sie noch einige Schritt-für-Schritt-Anleitungen zum Camera-Raw-Plugin.

Bildbearbeitung mit Camera Raw | Dieser Workshop beschreibt den üblichen Vorgang, ein RAW-Bild zu bearbeiten und im Editor zur Weiterarbeit zu öffnen. Natürlich gilt hierbei auch, dass es hierzu kein allgemeines Rezept gibt. Neben dem Motiv, dem vorhandenen Licht und somit noch vorhandenen Informationen ist auch eine gewisse Erfahrung (vor allem im Umgang mit dem Histogramm) nötig, um mit Camera Raw bessere Ergebnisse zu erzielen als ohne das RAW-Format. Daher gilt auch hier: Übung macht den Meister.

Persönlicher Geschmack

Beachten Sie bitte, dass bei der Verarbeitung von RAW-Dateien auch ein wenig der persönliche Geschmack mitwirkt. Der eine liebt es heller, der andere dunkler, oder er mag vielleicht mehr Farbe. In diesen Fragen können Sie Ihrer Kreativität (fast) freien Lauf lassen.

Schritt für Schritt: Bildbearbeitung mit Camera Raw durchführen

Mit den folgenden Schritten will ich Ihnen demonstrieren, wie die typischen Bearbeitungsvorgänge bei einer RAW-Datei mit Camera Raw ablaufen.

Canyon_River.DNG

Abbildung 30.27 ▶
RAW-Bilder wirken oft dunkel oder gar trübe. Bedenken Sie immer, dass diese Bilder nicht von der Kamera »schöngerechnet« wurden. Der Vorteil von dunklen Bildern ist allerdings, dass sich hier im RAW-Modus noch vieles herausholen lässt. Bei überbelichteten Bildern, auch im RAW-Modus, sieht dies schon schlechter aus.

Foto: Jürgen Wolf

1 Farbtemperatur anpassen

Öffnen Sie das Bild »Canyon_River.DNG« mit Camera Raw. Beim Betrachten der Farbtemperatur wirkt das Bild mit der Voreinstellung von 4.400° etwas kühl. Setzen Sie daher den Weißpunkt über den Schieberegler FARBTEMPERATUR auf 5.100° Kelvin. Den Wert von FARBTON wurde leicht auf +4 erhöht. Jetzt wirkt die Umgebung wärmer, und das Bild ist insgesamt etwas stimmiger.

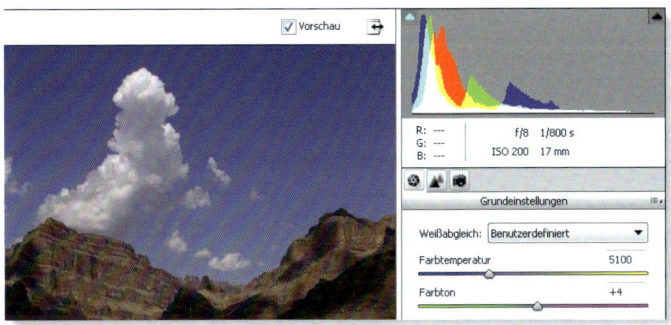

◄ **Abbildung 30.28**
Farbtemperatur erhöhen

2 Tiefen kontrollieren

Klicken Sie auf das linke Dreieck ❶ im Histogramm, um die Tiefen anzeigen zu lassen. Bei allen Bereichen, die im Bild blau leuchten, besteht die Gefahr von Zeichnungsverlusten. Im vorliegenden Bild sind diese Verluste allerdings eher minimal. Ähnlich können Sie auch mit dem anderen Dreieck auf der rechten Seite des Histogramms mit den Lichtern vorgehen. In diesem Bild sind aber offensichtlich keine Probleme bei den Lichtern zu erwarten.

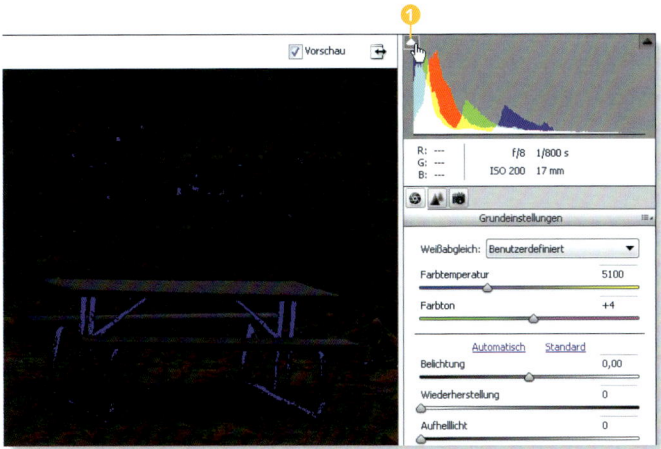

◄ **Abbildung 30.29**
In den blau markierten Bereichen droht ein Tonwertverlust.

3 Tonwerte anpassen

Das Bild ist in manchen Bereichen zu dunkel, weil es mit der falschen Belichtung eingestellt wurde. Zum Glück haben wir im

RAW-Format fotografiert, sodass die Korrektur hier kein Problem darstellt. Erhöhen Sie zunächst die BELICHTUNG auf +1,00 und das AUFHELLLICHT auf +40. Damit der KONTRAST nicht auf der Strecke bleibt, heben Sie diesen Wert auf +50 an. Im Beispiel wurde versucht, ein möglichst glockenförmiges Histogramm zu erzielen.

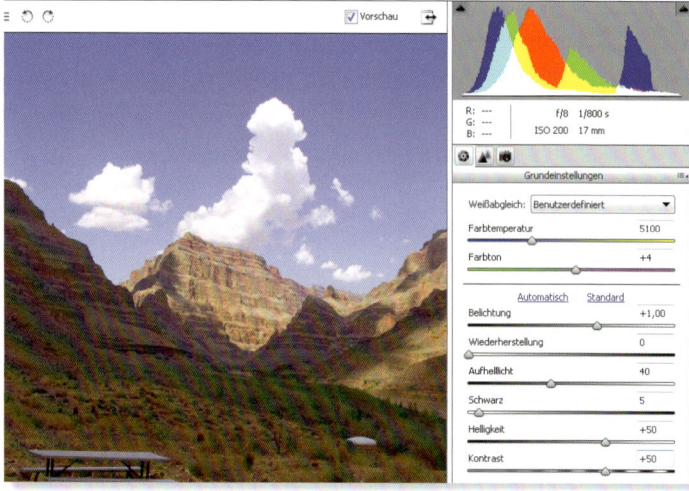

Abbildung 30.30 ▸
Tonwertanpassung vornehmen

Abbildung 30.31 ▸
Farbsättigung einstellen

4   Sättigung anpassen

Jetzt kommen wir zur farblichen Umsetzung des RAW-Bildes. Im Beispiel soll die rötliche Tönung des Bildes stärker betont werden, um die Abendstimmung der Aufnahme hervorzuheben. Erhöhen Sie daher die KLARHEIT auf +10 und die DYNAMIK auf +25.

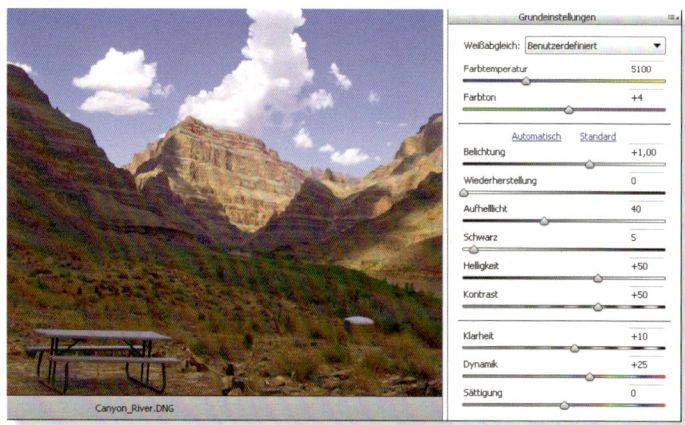

5   Rauschen reduzieren

Wechseln Sie auf den Reiter DETAILS ❶. Stellen Sie die Bildgröße auf 100 % ein. Setzen Sie die Einstellungen bei der RAUSCHREDUZIERUNG für LUMINANZ auf den Wert 25. Da das Foto mit ISO 200 aufgenommen wurde, ist das Bildrauschen zwar nicht so stark, aber gerade beim blauen Himmel tun sich schnell solche Bildstörungen auf.

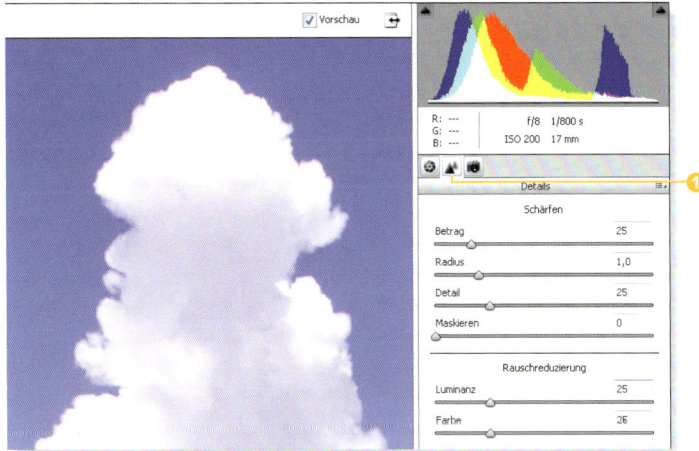

◄ **Abbildung 30.32**
Auch minimales Bildrauschen lässt sich hier noch verbessern.

6 **Bild in Editor öffnen**

Wenn Sie mit der Camera-Raw-Bearbeitung fertig sind, öffnen Sie das Bild zur weiteren Bearbeitung im Editor. Klicken Sie hierzu auf die Schaltfläche BILD ÖFFNEN im Camera-Raw-Dialog.

7 **Bild speichern**

Auch wenn es vielleicht klar sein sollte: Das Bild, das Sie im Editor geöffnet haben, ist immer noch im DNG-Format und muss natürlich noch in ein gängiges Bildformat gespeichert werden. Hierbei hängt es natürlich davon ab, was Sie mit dem Bild vorhaben. In der Praxis dürfte wohl meistens eine Speicherung im JPEG-Format in Frage kommen. Die Beschreibung der wichtigsten Dateiformate finden Sie in Abschnitt 5.5, »Wichtige Dateiformate für Bilder«.

▼ **Abbildung 30.33**
Das Bild links ist die unbearbeitete RAW-Fassung. Das Bild rechts ist die Version nach der RAW-Behandlung mit Camera Raw. Das Bild ist jetzt bereit für die weitere Bearbeitung im Editor von Photoshop Elements.

Mehrere RAW-Bilder im Stapel konvertieren | Der zweite Workshop dieses Kapitels soll Ihnen zeigen, wie Sie mehrere RAW-Dateien in einem Rutsch (Stapelverarbeitung) konvertieren, indem Sie die Camera-Raw-Standardeinstellung verwenden. Dies ist zum Beispiel sinnvoll bei einer Serie von Bildern, die alle mit einer ähnlichen Voraussetzung (Belichtung etc.) fotografiert wurden.

Schritt für Schritt: Mehrere RAW-Bilder auf einmal konvertieren (Stapelverarbeitung)

1 Dateien kopieren

Ordner RAW-Kanu

Kopieren Sie den Ordner RAW-Kanu von der Buch-DVD auf die Festplatte Ihres Rechners. Wechseln Sie in das Verzeichnis, in das Sie den Ordner kopiert haben.

2 RAW-Einstellung festlegen

Abbildung 30.34 ▼
Ich entscheide mich für die Einstellungen aus dieser Abbildung.

Öffnen Sie zunächst eines der Bilder aus dem Ordner RAW-Kanu, und führen Sie eine übliche RAW-Korrektur durch, bis Ihnen das Bild optimal eingestellt erscheint.

3 Einstellungen speichern

Klicken Sie auf das kleine Symbol ❶ zum Ändern der Einstellungen, und wählen Sie im sich öffnenden Seitenmenü den Punkt NEUE CAMERA-RAW-STANDARDS SPEICHERN aus. Sie brauchen sich übrigens keine Sorgen zu machen, dass Sie hiermit die eigentlichen Standards komplett überschreiben. Diese können Sie jederzeit wieder mit Camera-Raw-Standards zurücksetzen wiederherstellen.

4   Camera Raw beenden

Über die Schaltfläche Abbrechen beenden Sie anschließend den Camera-Raw-Dialog.

5   Formatkonvertierung

Öffnen Sie jetzt, falls noch nicht geschehen, den Editor, und wählen Sie den Punkt Datei • Mehrere Dateien verarbeiten aus. Es öffnet sich ein Dialog, in dem Sie über die Schaltfläche Durchsuchen ❷ von Quelle den Pfad zum Ordner RAW-Kanu auf Ihrer Festlatte angeben (nicht auf der Buch-DVD!). Mit Ziel ❸ bestimmen Sie, wo anschließend die konvertierten Dateien gespeichert werden. Im Bereich Dateibenennung ❹ können Sie Namen für die konvertierten Dateien vergeben. Wenn Sie wollen, legen Sie innerhalb des Bereichs Bildgrösse ❺ auch die Ausgabegröße und die Pixelgröße fest. Unter Dateityp ❻ stellen Sie ein, in welchem Datenformat die RAW-Dateien gespeichert werden sollen. Setzen Sie das Häkchen vor Dateien konvertieren in, und verwenden Sie JPEG Hohe Qualität.

▲ **Abbildung 30.35**
Hier können Sie verschiedene Voreinstellungen sichern und wieder aufrufen, mit denen ein neu geöffnetes Bild angepasst werden soll.

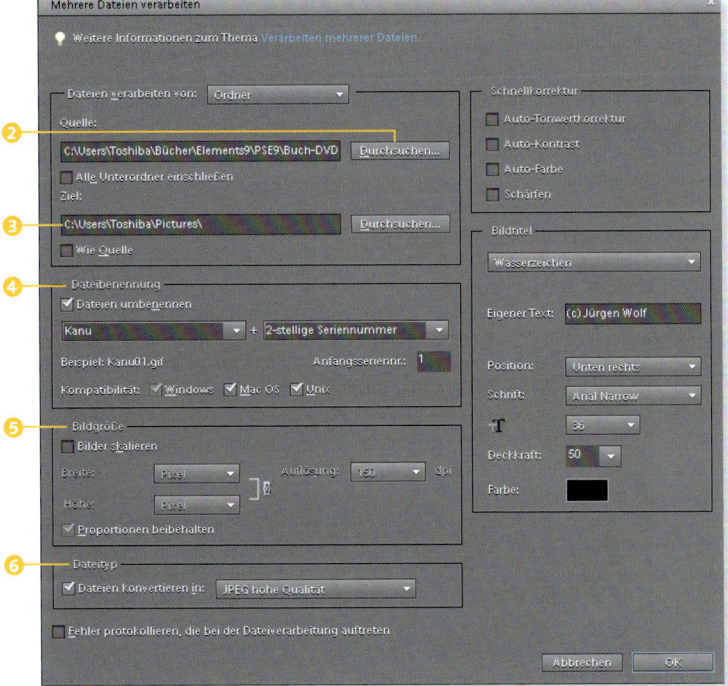

◄ **Abbildung 30.36**
Stapelverarbeitung im Editor

6 Dateien verarbeiten

Klicken Sie jetzt auf OK, und Photoshop Elements konvertiert alle im Zielordner befindlichen RAW-Dateien anhand der zuvor festgelegten RAW-Einstellungen, ohne dass Sie sich um etwas kümmern müssen. Die konvertierten RAW-Bilder werden im angegebenen Zielordner (im Beispiel als JPEG-Bilder) abgespeichert. Natürlich bleiben auch hierbei wieder die Original-RAW-Dateien unangetastet.

Abbildung 30.37 ▶
Die Bearbeitung kann eine Weile dauern.

RAW-Bearbeitung mehrerer Bilder | Der letzte Workshop in diesem Kapitel zeigt Ihnen, wie Sie mit Camera Raw bei mehreren Dateien gleichzeitig die Einstellungen ändern.

Schritt für Schritt: Mehrere RAW-Dateien auf einmal mit Camera Raw bearbeiten

Ordner AlamoSquare

Es gibt noch eine zweite Möglichkeit, mehrere RAW-Bilder auf einmal in Camera Raw zu bearbeiten. Diesen Weg habe ich Ihnen bei der Einführung zum Camera-Raw-Dialog noch vorenthalten. Sollten Sie keine RAW-Bilder zur Verfügung haben, so verwenden Sie einfach die Bilder aus dem Ordner AlamoSquare von der Buch-DVD.

1 Dateien laden

Öffnen Sie zunächst mit dem Windows Explorer (oder beim Mac mit dem Finder-Fenster) das Verzeichnis, wo sich die RAW-Dateien befinden (beispielsweise AlamoSquare). Markieren Sie die Bilder, und klicken Sie mit der rechten Maustaste darauf. Im Kontextmenü wählen Sie jetzt Öffnen bzw. Öffnen mit (und Photoshop Elements Editor). Die Voraussetzung, dass dies funktioniert, ist natürlich, dass Sie den Öffnen mit-Dialog eingerichtet haben, wie dies in Abschnitt 30.3.1 unter »RAW-Datei öffnen über Explorer und Finder« gezeigt wurde.

Alternativ ziehen Sie die markierten Bilder einfach per Drag & Drop aus dem Explorer-Fenster (bzw. Finder-Fenster) in das Photoshop-Elements-Fenster und lassen sie fallen.

Ebenso können Sie natürlich auch mehrere im Organizer importierte Bilder markieren und wie gewöhnliche Bilddateien mit dem Editor öffnen.

2 Bilder in Camera Raw auswählen

Jetzt zeigt sich der Camera-Raw-Dialog mit einem neuen Steuerelement, das alle im Organizer ausgewählten Bilder in der linken Seitenleiste ❷ darstellt. Um alle Bilder auf einmal zu bearbeiten, klicken Sie auf die Schaltfläche ALLES AUSWÄHLEN ❶. Wollen Sie nicht alle, sondern nur einzelne RAW-Bilder bearbeiten, so wählen Sie diese wie gewohnt mit gehaltener [Strg]/[⌘]-Taste aus.

▼ Abbildung 30.38
Wählen Sie alle Bilder aus, damit sich die Einstellungen auf alle geöffneten Dateien auswirken.

Fotos: Jürgen Wolf

3 RAW-Einstellungen durchführen

Wenn Sie jetzt die RAW-Einstellungen über die Schieberegler wie WEISSABGLEICH und SÄTTIGUNG anpassen, wirken sich diese Einstellungen auf alle Bilder aus. Beachten Sie dabei Folgendes: Falls Sie ein RAW-Bild freistellen oder ausrichten wollen und alle Bilder ausgewählt sind, wirkt sich diese Operation auch auf alle Bilder aus. Wollen Sie einzelne Bilder mit den RAW-Einstellungen feinjustieren, brauchen Sie nur das jeweilige Bild oder die Bilder auszuwählen. Die zuvor getroffenen Einstellungen bleiben erhalten.

Bilder, die verändert wurden, erkennen Sie am kleinen Symbol eines Schiebereglers ❺ rechts unten in den Vorschaubildern. Bilder, die freigestellt oder ausgerichtet wurden, haben links unten ein entsprechendes Symbol ❻. Außerdem finden Sie in der Werkzeugleiste ein Mülleimer-Symbol ❸, mit dem Sie misslungene Bilder zum Löschen markieren können, was in der Bildervorschau auf der linken Seite mit einem roten X ❹ angezeigt wird.

> **Bilder löschen**
>
> Beachten Sie: Wenn Sie bei einem markierten Bild das Mülleimer-Symbol ❸ in der Werkzeugleiste anklicken, so wird dieses Bild in den Papierkorb Ihres Betriebssystems geschoben. Erst beim nächsten Leeren des Papierkorbs wird die Datei (fast) unwiderruflich gelöscht.

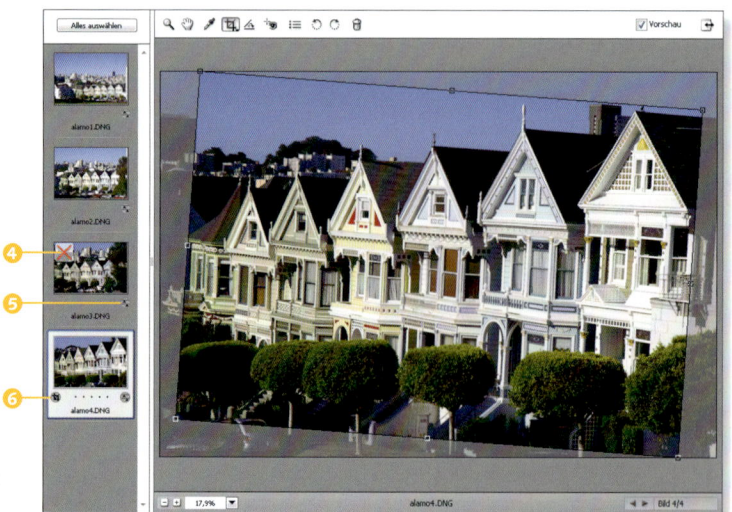

Abbildung 30.39 ▶
Zahlreiche Icons und Werkzeuge helfen Ihnen dabei, den Überblick zu bewahren.

4 Bild(er) öffnen oder speichern

Wollen Sie jetzt alle Bilder auf einmal über die Schaltfläche Bild(er) speichern als DNG-Datei speichern oder mit der Schaltfläche Bild(er) öffnen im Editor öffnen, müssen Sie wieder alle Bilder in der Seitenleiste über die Schaltfläche Alles auswählen selektieren. Andernfalls werden nur die Bilder gespeichert bzw. geöffnet, die aktuell ausgewählt sind.

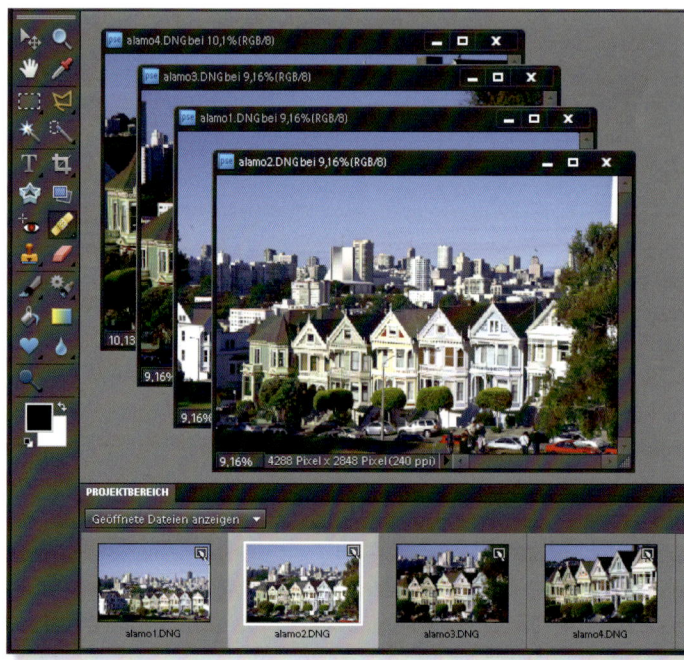

Abbildung 30.40 ▶
In Camera Raw bearbeitete Bilder in den Editor geladen

31   DRI-Technik

31.1   Was ist DRI?

Die Abkürzung DRI steht für »Dynamic Range Increase«. Bei dieser Technik werden von ein und demselben Motiv mehrere Bilder mit unterschiedlichen Belichtungszeiten aufeinandergelegt. Aus jeder Ebene wird hierbei der problematische Bereich (meistens der überstrahlte bzw. überbelichtete Bereich) entfernt, bis zuletzt ein ausgeglichen belichtetes Bild mit einem wesentlich besseren Dynamikumfang übrig bleibt. Aktuell werden derzeit mit **Exposure Blending** und **HDR** zwei Methoden verwendet. Der Begriff DRI kann also durchaus für beide Methoden benutzt werden.

Exposure Blending | Mit Ebenen und Masken werden für das Exposure Blending Bilder mit verschiedenen Belichtungszeiten übereinandergelegt, um die Bilder miteinander zu kombinieren. Dabei wird darauf geachtet, dass über- und unterbelichtete Bildbereiche aus dem Bild entfernt werden, sodass das Bild am Ende mehr Details erhält. Für das Exposure Blending kann jedes Bildbearbeitungsprogramm verwendet werden, das mit Ebenen und Transparenz umgehen kann.

HDR(I) | Neben der DRI-Technik gibt es auch die Technik mit der Abkürzung HDRI für »High Dynamic Range Image«. Um hier niemanden zu verwirren: Die Bezeichnung HDRI-Bild ist eigentlich nicht ganz korrekt, weil das I in der Abkürzung bereits für »Bild« (englisch *image*) steht. In der Praxis spricht man daher eher von HDR-Bildern.

Der Unterschied zwischen der HDRI-Technik und der gleich vorgestellten DRI-Technik liegt darin, dass echte HDR-Bilder nicht im LDR-Format (kurz für »Low Dynamic Range«) mit 8 Bit pro Farbkanal vorliegen, sondern eben im HDR-Format mit 16 oder idealerweise 32 Bit pro Farbkanal.

HDR nicht mit Photoshop Elements

Dass Photoshop Elements kein echtes HDR beherrscht, liegt auch daran, dass eben nur 8 Bit pro Farbkanal unterstützt werden. Echtes HDR bleibt somit dem großen Photoshop vorbehalten.

Echte HDR-Bilder können aus diesem Grund nicht in einem beliebigen Datenformat gespeichert werden – anders als DRI-Bilder. Für echte HDR-Bilder können Sie zum Beispiel kein JPEG mit 8 Bit pro Farbkanal verwenden, sondern müssen auf TIFF in der 32-Bit-Variante zurückgreifen.

Ein weiteres Manko der echten HDR-Bilder ist, dass sie eigentlich mit normalen Monitoren (und natürlich auch bei einem Papierausdruck) zurzeit noch nicht richtig dargestellt werden können. Durchschnittliche Monitore (LDR-Medium) können einen solch hohen Kontrastumfang gar nicht darstellen und reduzieren diese HDR-Bilder letztendlich doch nur wieder auf LDR-Bilder.

Um das automatische Konvertieren von HDR- zu LDR-Bildern nicht vom Ausgabegerät abhängig zu machen, gibt es noch eine weitere Technik namens **Tonemapping** (Dynamikkompression), mit der Sie den Kontrastumfang eines Bildes kontrolliert reduzieren.

Auch wenn Sie auf dem Bildschirm eigentlich nur LDR-Fotos betrachten können – die Ergebnisse mit dieser Technik sind wirklich beachtlich.

Nur Exposure Blending ...

Ich will hier gar nichts schönreden: Da Photoshop Elements keine HDR-Funktionalität anbietet, ist die hier vorgestellte (manuelle) Exposure-Blending-Technik die einzige Variante, eine DRI-Technik mit Photoshop Elements zu verwenden. Dennoch ist dieses Kapitel nützlich, weil die echte HDR-Technik ähnlich funktioniert.

31.2 Bilder für DRI erstellen

Bevor ich Sie mit der DRI-Technik vertraut mache, möchte ich noch kurz beschreiben, wie Sie Bilder für die DRI-Technik erstellen.

Kamera | Die wichtigste Bedingung ist zunächst, dass Ihre **Kamera** eine manuelle Einstellung der Belichtungszeit unterstützt. Wie die Kamera diese längere Belichtung durchführt, hängt vom Hersteller der Kamera ab. Im einfachsten Fall reicht es aus, den Auslöser der Kamera so lange gedrückt zu halten, wie Sie vorhaben, ein Motiv zu belichten (auch als Bulb-Funktion bekannt). Bessere Kameras bieten hierbei schon an, die Belichtungszeit manuell einzustellen oder eine ganze Belichtungsreihe zu erstellen.

Kabel-Fernauslöser

Ein (Kabel-)Fernauslöser erleichtert Ihnen die Arbeit, und Sie müssen nicht dauerhaft den Finger auf dem Auslöser halten.

Standort | Des Weiteren benötigen Sie für die Belichtungsaufnahmen einen **festen Standpunkt** – hier eignet sich am besten ein Stativ. Egal, was Sie als Stativ verwenden, die Kameraposition sollte sich während der Belichtungsreihe nicht mehr ändern, weil dies die anschließende Montage erheblich erschwert.

Anzahl der Bilder | Wie viele Bilder Sie erstellen, hängt vom Motiv, vom vorhanden Licht und natürlich auch von der persönlichen

Erfahrung ab. In der Praxis werden meist zwischen drei und sechs Bilder erstellt. Die Belichtungsdauer hängt ebenfalls vom Motiv, von der Kameraeinstellung und natürlich vom Umgebungslicht (Tageszeit) ab. Ich erstelle für solche Zwecke immer mehrere Aufnahmen mit gängigen Belichtungszeiten wie beispielsweise $\frac{1}{60}$, $\frac{1}{16}$, $\frac{1}{4}$ und 1 Sekunde (bei Nachtaufnahmen natürlich länger). Lieber mache ich einige Aufnahmen zu viel, als Arbeit und Zeit umsonst zu investieren.

Kameraeinstellungen | Auch bei den Kameraeinstellungen lässt sich relativ schwer sagen, mit welcher Einstellung Sie die besten Ergebnisse erzielen. In der Praxis empfiehlt es sich zum Beispiel, eine **höhere Blendenzahl** zu verwenden, um eine bessere Schärfentiefe zu erzielen. Allerdings bedeutet eine höhere Blendenzahl wiederum, dass Sie länger belichten müssen, weil dabei ja weniger Licht auf den Sensor fällt. Wenn Sie die Werte aber erst einmal eingestellt haben, sollten Sie sie während der Aufnahmen mit verschiedenen Belichtungszeiten nicht mehr verändern. Hier ist es auch ratsam, nach dem ersten Scharfstellen den Autofokus zu deaktivieren, damit auch von Aufnahme zu Aufnahme immer dieselben Bedingungen herrschen.

DRI mit nur einer Aufnahme | Wenn Sie Bilder im RAW-Format fotografieren, können Sie die DRI-Technik Exposure Blending auch mit nur einer Aufnahme durchführen. Hierzu müssen Sie lediglich mehrmals dasselbe Bild mit Camera Raw öffnen und mit unterschiedlichen Belichtungsstufen (über den Regler Belichtung) in verschiedenen Bilddateien speichern. Am Ende haben Sie vom selben Bild mehrere Versionen mit unterschiedlichen Helligkeits- und Belichtungsstufen, die Sie dann im Editor mit Ebenenmasken überblenden können.

Tipp: Nachtaufnahmen | Nachtaufnahmen sind in der Fotografie schon eine Disziplin für sich. Wohlgemerkt, ich spreche hier nicht von Bildern, die mit Blitzlichteinsatz oder Dauerlichtquellen aufgenommen wurden, sondern von Aufnahmen, die mit einer langen Belichtungszeit erstellt wurden.

Wer sich schon einmal an der Langzeitbelichtung versucht hat, der musste wohl ernüchtert feststellen, dass bei zu langer Belichtung die Lichter im Bild total überstrahlt sind, während bei zu kurzer Belichtung kaum Zeichnungen zu erkennen sind. Dieses Problem haben Sie übrigens nicht, wenn Sie Nachtaufnahmen machen, bei denen ein gleichmäßiges Licht vorhanden ist. Hier erreichen Sie häufig mit einer Belichtungszeit von 10 bis

---

ISO-Wert

Wenn Sie die Belichtungszeit verkürzen wollen/müssen, können Sie auch den ISO-Wert in der Kamera erhöhen. Allerdings bewirkt ein erhöhter ISO-Wert meistens auch ein verstärktes Bildrauschen. Gerade bei Kompaktkameras fällt das Bildrauschen bei höheren ISO-Werten deutlich auf.

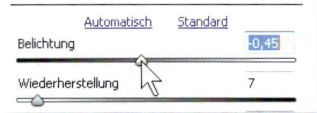

▲ **Abbildung 31.1**
Über Camera Raw und den BELICHTUNG-Regler können Sie die DRI-Technik auch mit nur einer Aufnahme durchführen.

30 Sekunden überzeugende Ergebnisse, die kaum nachbearbeitet werden müssen. Befinden sich allerdings im Bild sehr helle und sehr dunkle Bereiche, ist die DRI-Technik (in unserem Fall: Exposure Blending) ideal, um das Problem zu beheben.

Das linke Foto in Abbildung 31.2 wurde mit einer relativ langen Belichtungszeit erstellt, wodurch die Lichter vollkommen überstrahlt sind und man die einzelnen Glühbirnen nicht mehr sehen kann. Die gleichen Lichter im mittleren Bild wurden erheblich kürzer belichtet, allerdings erkennt man in diesem Bild – abgesehen von den Lichtern und auch Glühbirnen – keine Details mehr. Im Bild rechts wurden mithilfe des *Exposure Blendings* die über- und unterbelichteten Bildbereiche entfernt, wodurch mehr Details auf dem Bild zu sehen sind. Natürlich wurde dieses Endergebnis mit mehr als nur den beiden Bildern erstellt (genau genommen mit fünf Bildern, die Sie auf der Buch-DVD wiederfinden).

Paris1.jpg, Paris2.jpg, Paris3.jpg, Paris4.jpg, Paris5.jpg

 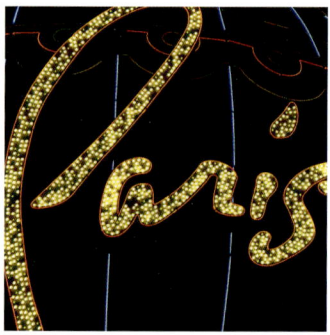 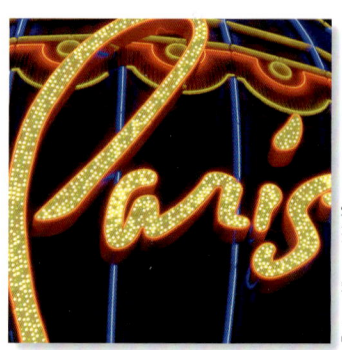

Fotos: Jürgen Wolf

▲ **Abbildung 31.2**
Gerade bei extrem schlechten Lichtbedingungen (wie Nachtaufnahmen) und einer Belichtungsreihe mit unter- und überbelichteten Bildern sind DRI-Techniken, wie hier das Exposure Blending, ein tolle Sache.

31.3 DRI in der Praxis

Um die Technik hinter DRI zu verstehen, zeigt hier eine Schritt-für-Schritt-Anleitung die manuelle DRI-Bearbeitung.

Schritt für Schritt: Manuelle DRI-Montage

Casino1.jpg, Casino2.jpg, Casino3.jpg, Casino4.jpg, Casino5.jpg und Casino_DRI.psd

1 **Bilder öffnen**
Öffnen Sie zuerst alle JPG-Bilder (»Casino1.jpg«, »Casino2.jpg«, »Casino3.jpg«, »Casino4.jpg« und »Casino5.jpg«) in Photoshop

Elements, und stellen Sie für eine bessere Übersicht die Fenster-
ansicht mit FENSTER • BILDER • NEBENEINANDER um, sodass Sie alle
Bilder gleichzeitig sehen.

Fotos: Jürgen Wolf

◄ **Abbildung 31.3**
Diese fünf Aufnahmen sollen zu
einer einzigen zusammengefasst
werden.

2 Bilder in Ebenen kopieren

Wählen Sie das Verschieben-Werkzeug ⬚ V aus. Klicken Sie in
das Bild »Casino2.jpg«, halten Sie ⬚ und die linke Maustaste
gedrückt, und ziehen Sie das Bild auf »Casino1.jpg«. Wiederholen
Sie diesen Schritt mit den Bildern »Casino3.jpg«, »Casino4.jpg«
und »Casion5.jpg«, sodass sich jetzt im Bild »Casino1.jpg« fünf
Ebenen (siehe Ebenen-Bedienfeld in Abbildung 31.4) befinden.

Schließen Sie die Dokumentfenster von »Casino2.jpg«,
»Casino3.jpg«, »Casino4.jpg« und »Casino5.jpg«. Besonders
wichtig in diesem Fall ist auch die Reihenfolge im Ebenen-
Bedienfeld: Das Bild mit der längsten Belichtungszeit muss ganz
oben stehen, die kürzeren Belichtungszeiten in absteigender Reihenfolge darunter; ganz unten befindet sich also das Bild mit der
kürzesten Belichtungszeit.

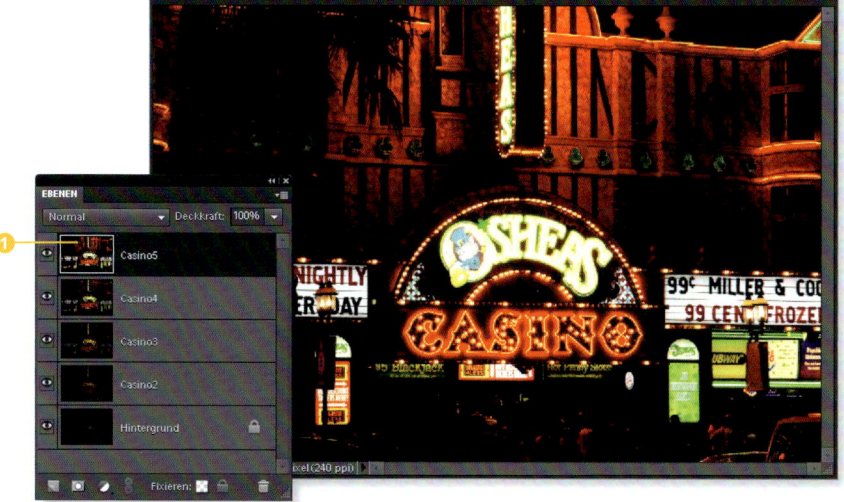

◄ **Abbildung 31.4**
So sollten Datei und
Ebenen-Bedienfeld
jetzt aufgebaut sein.

3 Problematische Bereiche auswählen

Wählen Sie im Ebenen-Bedienfeld die oberste Ebene ❶ mit der längsten Belichtungszeit. Aktivieren Sie als Werkzeug den Zauberstab ✳ W. Entscheidend für die DRI-Montage ist der Wert TOLERANZ ❷ in der Werkzeugleiste des Zauberstabs. Dieser Wert (0 bis 255) hängt natürlich auch vom Motiv ab. Im Beispiel wurde für die oberste Ebene 180 für den berücksichtigten Farbbereich verwendet. Deaktivieren Sie außerdem die Optionen BENACHBART und ALLE EBENEN AUFNEHMEN. Die Option GLÄTTEN hingegen lassen Sie aktiv. Zoomen Sie gegebenenfalls etwas näher in das Bild hinein, und wählen Sie mit dem Zauberstab den hellsten Punkt im Bild aus, wodurch die hellsten Bereiche inklusive der TOLERANZ ausgewählt werden.

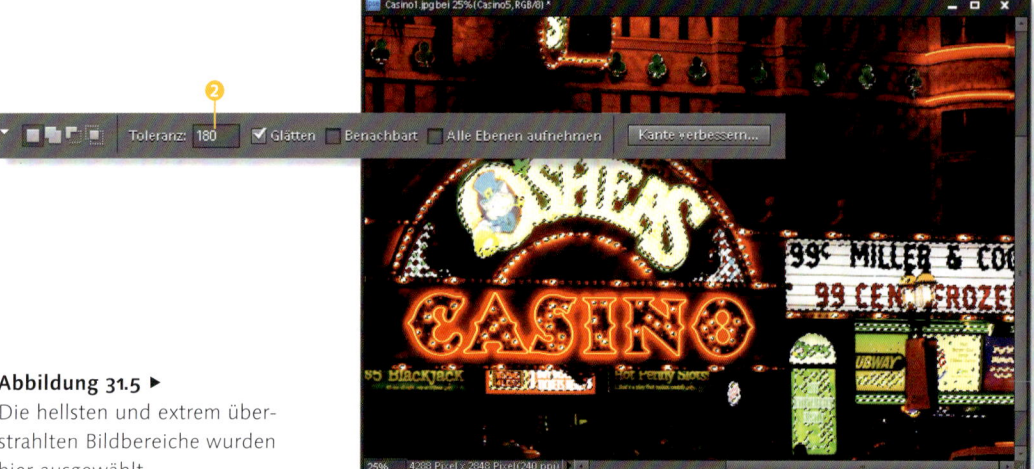

Abbildung 31.5 ▶
Die hellsten und extrem überstrahlten Bildbereiche wurden hier ausgewählt.

4 Weiche Auswahlkante

Um harte Kanten zu vermeiden, soll die Auswahlkante noch weichgezeichnet werden. Wählen Sie hierzu AUSWAHL • WEICHE AUSWAHLKANTE oder Alt+Strg/⌘+D, und verwenden Sie einen RADIUS von 5 Pixeln. Natürlich hängt auch dieser Wert der weichen Auswahlkante – wie schon die TOLERANZ – vom Bildmotiv ab.

▲ **Abbildung 31.6**
Damit die Übergänge weich auslaufen, stellen Sie eine
WEICHE AUSWAHLKANTE ein.

5 Auswahl ausblenden mit Ebenenmaske

Mit dem Befehl Ebene • Ebenenmaske • Auswahl ausblenden können Sie diesen überstrahlten Bereich mithilfe einer Ebenenmaske ausblenden. Im Ebenen-Bedienfeld finden Sie jetzt zu dieser Ebene eine Ebenenmaske ❸, wo die hellsten (überstrahlten) Bereiche der aktiven Ebene ausgeblendet wurden. Wenn Sie die Sichtbarkeit der anderen darunterliegenden Ebenen über das Augen-Symbol deaktivieren, sehen Sie den ausgeblendeten Bereich in Transparenz ❹ im Bild. Da Sie außerdem Ebenenmasken verwenden, können Sie diesen Bereich ja nach wie vor nacharbeiten.

▼ **Abbildung 31.7**
Hier wurden die zu hellen und grell überstrahlten Bildbereiche der obersten Ebene mithilfe einer Ebenenmaske ausgeblendet.

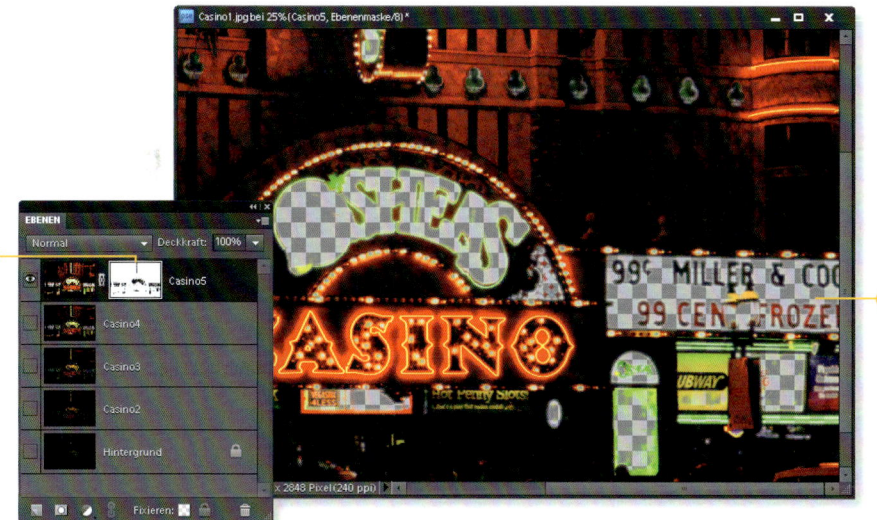

6 Arbeitsschritte 3 bis 5 wiederholen

Wiederholen Sie die Arbeitsschritte 3 bis 5 mit zwei weiteren darunterliegenden Ebenen (hier »Casino4«, »Casino3« und »Casino2«). Wichtig: Reduzieren Sie diesmal aber jeweils die Toleranz für den Zauberstab in der Werkzeugleiste. Da die weniger lang belichteten Bilder nicht mehr so extrem überstrahlte Lichter enthalten, wählen Sie mit der reduzierten Toleranz in den darunterliegenden Ebenen nur die zu hellen Bildbereiche aus und entfernen diese. Zusätzlich erhalten Sie so einen harmonischeren Lichtübergang von einer zur anderen Ebene. Daher gilt hierbei auch: Je mehr Fotos mit unterschiedlichen Belichtungszeiten Sie erstellt haben, desto besser kann das Endergebnis aussehen.

Im Beispiel habe ich für die Ebene »Casino4« eine Toleranz von 120, bei »Casino3« eine Toleranz von 80 und für die Ebene »Casino2« eine Toleranz von 60 verwendet.

7 Feintuning der Ebenenmasken

Wo wir schon Ebenenmasken für die DRI-Technik verwenden, können Sie so jetzt jederzeit ausgeblendete Bereiche mit dem Pinsel-Werkzeug ![icon] und weißer Farbe auf der Ebenenmaske wieder hinzufügen, wie im Beispiel mit dem weißen Reklameschild ❶ gemacht wird. Hier wurde außerdem die Graustufenansicht der Ebenenmaske aktiviert. Die Ebenenmasken wurden ausführlich in Kapitel 29 beschrieben, wohin Sie bei Bedarf auch zurückblättern können.

Abbildung 31.8 ▶
Nacharbeiten einzelner Bildbereiche ist Dank den Ebenenmasken kein Problem.

8 Auf Hintergrundebene reduzieren

Wenn Sie mit dem Ergebnis zufrieden sind, brauchen Sie nur noch über EBENE • AUF HINTERGRUNDEBENE REDUZIEREN alles zu einer Einheit zu reduzieren.

Abbildung 31.9 ▶
Hier sehen Sie das Ergebnis nach der DRI-Montage.

Abschließend lässt sich feststellen, dass die angegebenen Werte nur für das Beispiel geeignet sind. Bei Ihrer eigenen DRI-Montage werden Sie also nicht um das Austesten verschiedener Werte herumkommen. Besonders wichtig sind hierbei der TOLERANZ-Wert des Zauberstabs ✹ und die WEICHE AUSWAHLKANTE. Je öfter Sie aber DRI-Montagen selbst erstellen, desto schneller werden Sie ein Gefühl für die richtigen Einstellungen bekommen. Auch der geübte Umgang mit den Ebenenmasken ist für eine manuelle DRI-Montage unerlässlich.

31.4   Photomerge-Belichtung

Mit der Funktion PHOTOMERGE-BELICHTUNG erstellen Sie aus einer Belichtungsreihe mit gleichen Motiven ein gut belichtetes Foto. Im Grunde handelt es sich also um dasselbe Prinzip, wie im Abschnitt zuvor mit der DRI-Technik beschrieben wurde – nur eben als komfortable Automatik.

▲ **Abbildung 31.10**
Zum Vergleich sehen Sie hier auf der linken Seite die manuelle DRI-Montage aus dem Workshop zuvor, und auf der rechten Seite wurde die DRI-Montage von PHOTOMERGE-BELICHTUNG erstellt.

Bei dem Casino-Beispiel mit der Nachtaufnahme erzielen Sie dank den Ebenenmasken und der Nacharbeit, die damit möglich ist, ein besseres Ergebnis als mit PHOTOMERGE-BELICHTUNG von Elements. Dies gilt allerdings nicht für alle Beispiele. Gerade bei Aufnahmen am Tag mit viel Licht, wie im gleich folgenden Workshop verwendet und gezeigt wird, werden Sie mit der manuellen DRI-Technik nicht sehr weit kommen und kaum ein brauchbares Ergebnis erzielen. Daher ist es immer gut, beide Wege (manuell und PHOTOMERGE-BELICHTUNG) auszuprobieren.

Schritt für Schritt: Automatische DRI-Montage

1 Bilder öffnen

 Flugzeug1.jpg,
Flugzeug2.jpg,
Flugzeug3.jpg,
Flugzeug4.jpg und
Flugzeug5.jpg

Öffnen Sie zunächst die Bilder »Flugzeug1.jpg«, »Flugzeug2.jpg«, »Flugzeug3.jpg«, »Flugzeug4.jpg« und »Flugzeug5.jpg« in Photoshop Elements.

Abbildung 31.11 ▶
Diese vier Aufnahmen einer Belichtungsreihe sollen zu einem guten Foto zusammengesetzt werden.

2 Photomerge-Belichtung aufrufen

Schließen Sie alle anderen Bilder, und wählen Sie im Projektbereich alle Bilder der Belichtungsreihe mit gedrückt gehaltener Strg/⌘-Taste aus, sodass diese markiert sind. Rufen Sie DATEI • NEU • PHOTOMERGE-BELICHTUNG auf.

▲ **Abbildung 31.12**
PHOTOMERGE-BELICHTUNG

3 Bilder auswählen

Alle abgehakten Bilder im Projektbereich ❷ werden jetzt für die Belichtungsreihe verwendet und als fertiges Bild unter ENDER-GEBNIS ❶ angezeigt. Entfernen Sie hier ein Häkchen vor einem Bild im Projektbereich, wird dieses im ENDERGEBNIS nicht mehr berücksichtigt. So können Sie sehr komfortabel testen, ob das Ergebnis der Belichtungsreihe mit oder ohne ein bestimmtes Bild besser aussieht oder nicht.

4 Selektives Überblenden

Auf der rechten Seite wählen Sie unter dem Reiter AUTOMATISCH ❸ aus, ob Sie die Bilder einfach ❹ oder selektiv ❺ überblenden wollen. Beim einfachen Überblenden verwenden Sie nur die Automatik, während Sie beim selektiven Überblenden das Ergebnis noch etwas genauer einstellen können. Daher sollten Sie die Option SELEKTIVES ÜBERBLENDEN ❺ auswählen. Jetzt haben Sie drei weitere Regler vor sich, mit denen Sie das Endergebnis noch präziser justieren können.

5 Lichterdetails anpassen

Mit dem Regler MASKIERUNGSDETAILS ❻ schwächen Sie die Lichterdetails mehr ab oder heben sie hervor. Wohlgemerkt ist hier nicht die Rede von Lichtern, wie Sie dies von der Tonwertkorrektur her kennen. Je weiter Sie den Regler nach rechts ziehen, umso mehr Details werden bei den Lichtern angezeigt. Je weiter Sie den Regler nach links ziehen, umso heller strahlen die Lichter. In diesem Fall habe ich den Wert auf –50 gestellt.

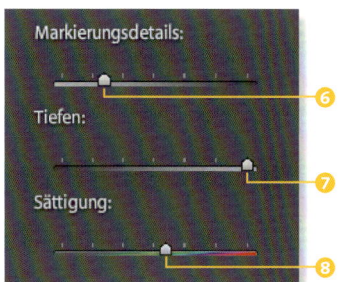

◄ **Abbildung 31.13**
Feinjustieren der Überblendung

6 Tiefen und Sättigung einstellen

Mit den Regler TIEFEN ❼ können Sie ebendiese verdunkeln oder aufhellen. Im Beispiel habe ich den Wert auf +90 abgedunkelt. Der Regler SÄTTIGUNG ❽ ändert die Intensität der Farbe und des Farbtons. Im Beispiel habe ich die SÄTTIGUNG leicht um +10 erhöht. Sind Sie mit dem Ergebnis zufrieden, betätigen Sie die Schaltfläche FERTIG, und das Ergebnisbild wird erstellt.

Abbildung 31.14 ▶
Hier das fertige Bild, das aus der
PHOTOMERGE-BELICHTUNG gene-
riert wurde, mit allen Vorzügen
aus den fünf Bildern der »guten«
Bildbereiche in einem Bild vereint

Erwähnt werden sollte hier auch die Möglichkeit, die Belichtungsreihe manuell durchzuführen, indem Sie die belichteten Bereiche
mit einem Auswahlwerkzeug aufpinseln. Das manuelle Werkzeug
bietet auch eine Möglichkeit an, die Transparenz einzustellen, um
die Pinselstriche nicht zu stark im Endfoto zu sehen. Und wenn
das Bild nicht richtig ausgerichtet ist, beheben Sie dies mit dem
Ausrichtungswerkzeug (siehe Abschnitt 21.5.2, »Photomerge-
Gesichter«).

Abbildung 31.15 ▼
Auch manuell lässt sich ein Bild
aus einer Belichtungsreihe
erstellen.

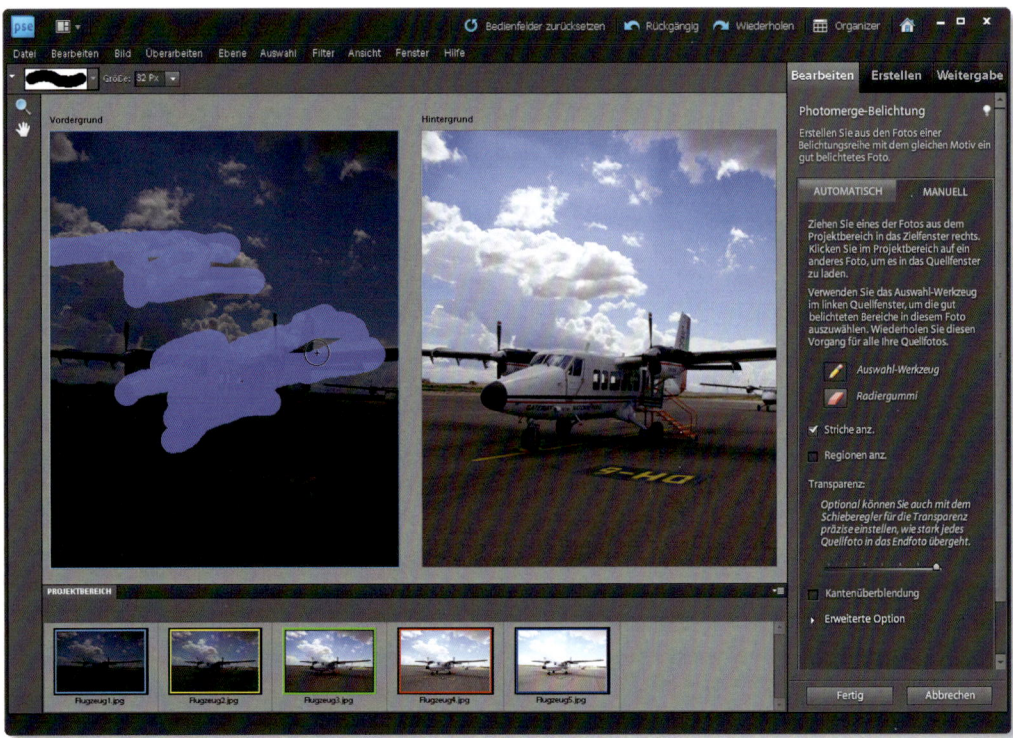

Teil X
Reparieren und Retuschieren

32 Hinweise zur Retusche

Bei der Retusche handelt es sich um das Entfernen von Bildstörungen wie Rauschen, Kratzer, Staub oder unerwünschten Bilddetails. Für solche Detailarbeiten bietet Photoshop Elements interessante Filter und Werkzeuge.

Vielleicht halten Sie Retuschen für reine Spielerei oder gar für eine Verschleierung der Wirklichkeit – echte Fotografen brauchen keine Retusche? Nein, das stimmt natürlich nicht. Mittlerweile greift jeder professionelle Fotograf gelegentlich zur Retusche, um Bilder ins rechte Licht zu rücken oder Kleinigkeiten auszubessern. Oder wie finden Sie es, wenn Sie um die halbe Welt reisen, ein tolles Foto machen und zu Hause feststellen, dass sich ein unerwünschter Gegenstand im Bild befindet? Bevor wir in die Praxis einsteigen, möchte ich noch zwei wichtige Hinweise geben, die Sie vor dem Retuschieren unbedingt beachten sollten.

▸ **Übliche Bildkorrekturen abschließen:**
  Bevor Sie mit der Retusche anfangen, sollten Sie alle üblichen Bildkorrekturen wie Tonwertkorrektur, Helligkeit und Kontrast, Farbstiche entfernen usw. abgeschlossen haben.

▸ **Duplikate verwenden:**
  Wichtig: Verwenden Sie für die Retusche grundsätzlich ein Duplikat, damit Sie das Original bei einer misslungenen Retusche wieder zur Hand haben.

33 Bildstörungen

Da man Bilder auf dem Monitor selten mit 100%iger Auflösung betrachtet, fallen viele Störungen zunächst gar nicht auf. Erst bei näherer Betrachtung bemerkt man dann Störungen wie Bildrauschen, Staub oder starke Kompressionsspuren, die beim Abspeichern von Bildern im JPEG-Format auftreten. Leider ist es nicht immer möglich, solche Störungen komplett zu beheben, aber eine Verbesserung lässt sich häufig allemal erzielen.

Bildrauschen

Beim Rauschen treten im Bild dort, wo die Fläche eigentlich einfarbig sein sollte (etwa beim Himmel), Helligkeitsunterschiede oder Farbmuster auf. Wenn ein Bild verrauscht ist, leidet häufig auch seine Schärfe.

Foto: Berny J. Sackl

▲ **Abbildung 33.1**
Bei dieser stimmungsvollen Aufnahme des Fernsehturms fällt das Bildrauschen erst bei genauerer Betrachtung des Himmels auf.

Foto: Jürgen Wolf

▲ **Abbildung 33.2**
Die quadratischen Artefakte sind durch eine zu starke JPEG-Kompression entstanden.

33.1 Rauschen entfernen – die Automatik

Zur Behebung leichter Schäden können Sie im Menü die Option FILTER • RAUSCHFILTER • RAUSCHEN ENTFERNEN verwenden. Diesen Filter können Sie allerdings nicht steuern. Er versucht, Kanten und Bildbereiche zu ermitteln, wo deutliche Farbveränderungen auftreten. Bis auf die Kanten wird diese Auswahl dann durch Weichzeichnen entrauscht, sodass die Details erhalten bleiben.

33.2 Staub und Kratzer

Mehr Steuerungsmöglichkeiten bietet Ihnen der Filter unter FILTER • RAUSCHFILTER • STAUB UND KRATZER. Er reduziert optische Störungen aufgrund stark unähnlicher benachbarter Pixel. Die beiden Parameter RADIUS und SCHWELLENWERT kennen Sie ja bereits von den Scharf- und Weichzeichnen-Filtern (siehe Teil 5).

Mit RADIUS ❶ bestimmen Sie hier, wie groß der Bereich ist, in dem der Filter nach unähnlichen Pixeln suchen soll. Natürlich bedeutet ein höherer RADIUS auch eine stärkere Unschärfe für das Bild. Obwohl Sie hier theoretisch ziemlich hohe Werte verwenden können, werden Sie in der Praxis eher mit niedrigeren Werten arbeiten.

Mit dem SCHWELLENWERT ❷ geben Sie vor, wie weit die Helligkeits- und Farbwerte voneinander abweichen müssen, damit der Filter auf sie angewendet wird.

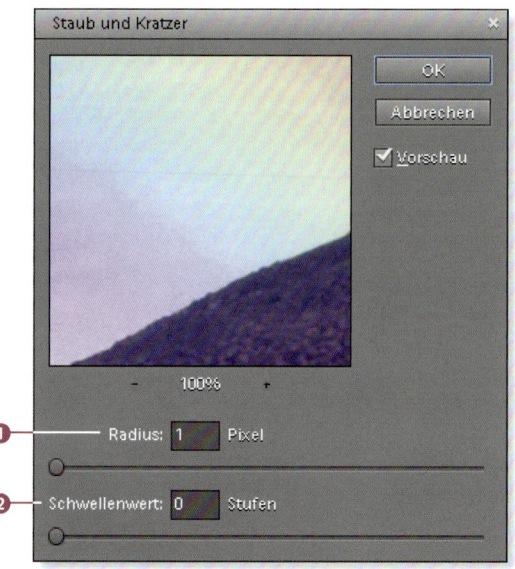

Abbildung 33.3 ▶
Bei Bildern mit sehr kleinen, detaillierten Motiven ist dieser Filter weniger geeignet, da der Schärfeverlust häufig zu groß ist.

33.3 Rauschen reduzieren

Den wohl besten Filter mit den meisten Einstellungsmöglichkeiten finden Sie im Menü unter FILTER • RAUSCHFILTER • RAUSCHEN REDUZIEREN. Dieser Filter verringert Luminanzrauschen und Farbstörungen. Solche Bildstörungen treten zum Beispiel auf, wenn Sie zu wenig Licht beim Fotografieren haben. Auch JPEG-Artefakte, die beim Speichern in niedriger JPEG-Qualität erzeugt werden, lassen sich hiermit reduzieren.

Mit dem Regler STÄRKE ❸ regeln Sie den Grad des Luminanzrauschens. Um feine Bilddetails und Kanten zu erhalten, nutzen Sie den Regler DETAILS ERHALTEN ❹. Je höher hierbei der Wert ist, desto mehr Details bleiben erhalten. Allerdings reduziert ein höherer Wert auch die Wirkung der Rauschunterdrückung von STÄRKE. Um eine chromatische Rauschunterdrückung auszugleichen, verwenden Sie den Regler FARBRAUSCHEN REDUZIEREN ❺. Die Option JPEG-STÖRUNG ENTFERNEN ❻ können Sie jederzeit aktivieren, wenn das Bild quadratische JPEG-Artefakte enthält, die bei einer zu starken JPEG-Kompression typischerweise entstehen.

▼ **Abbildung 33.4**
Der Dialog RAUSCHEN REDUZIEREN dürfte wohl die besten Wahl sein, um Bildstörungen wie Luminanzrauschen, chromatisches Rauschen und JPEG-Artefakte zu reduzieren.

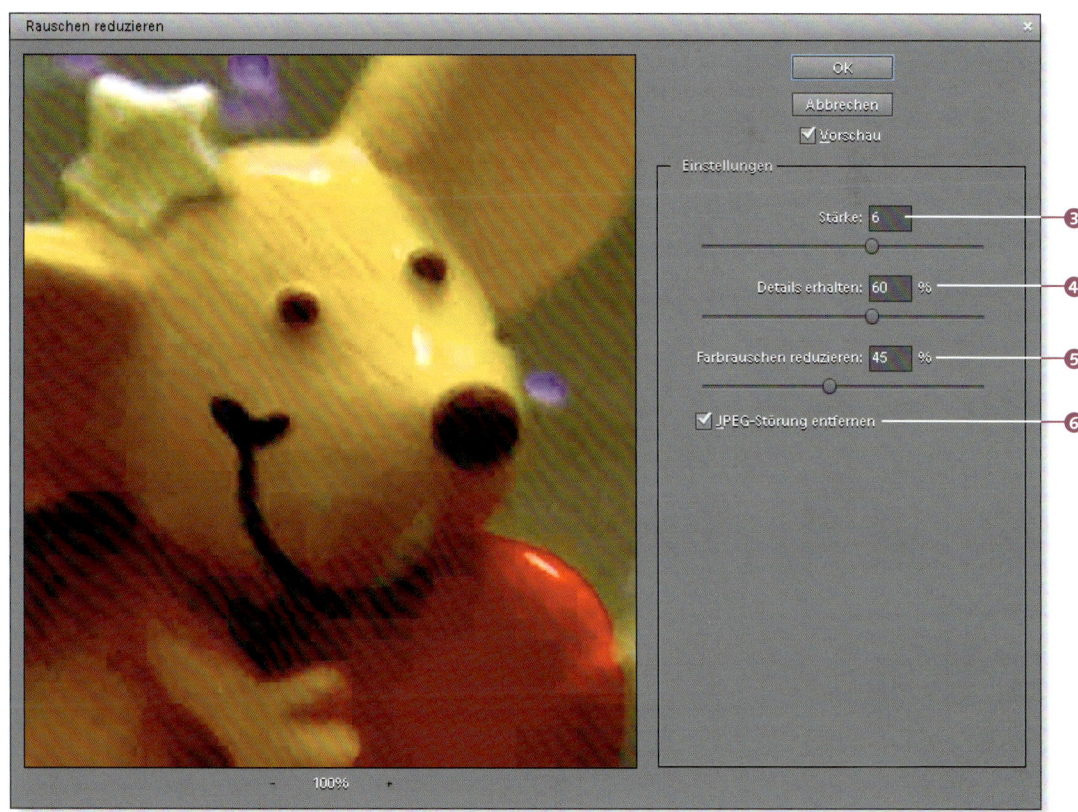

33.4 Helligkeit interpolieren

Mit FILTER • RAUSCHFILTER • HELLIGKEIT INTERPOLIEREN reduzieren Sie Bildstörungen in einer Ebene durch das Anpassen der Helligkeitswerte benachbarter Pixel. Dabei sucht der Filter nach Pixeln mit einer ähnlichen Helligkeit. Pixel, die sich von benachbarten Pixeln stark unterscheiden, werden verworfen und durch ein anderes Pixel mit einem durchschnittlichen Helligkeitswert der untersuchten Pixel ersetzt.

Mit RADIUS bestimmen Sie, wie groß der Bereich ist, in dem der Filter nach Pixeln mit ähnlichen Helligkeitswerten suchen soll. Ein höherer RADIUS bedeutet auch hier eine stärkere Unschärfe für das Bild, sodass auch hier nur niedrigere Werte zu brauchbaren Ergebnissen führen.

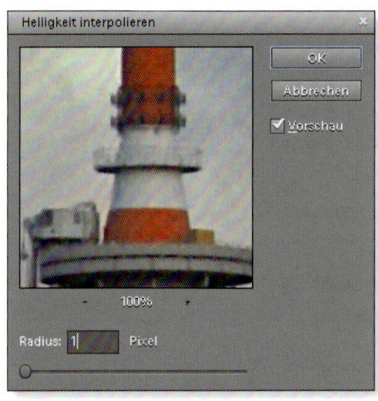

Abbildung 33.5 ▶
Der Filter HELLIGKEIT INTERPOLIEREN hat sich schon in vielen Fällen beim Entfernen von Bildrauschen bewährt.

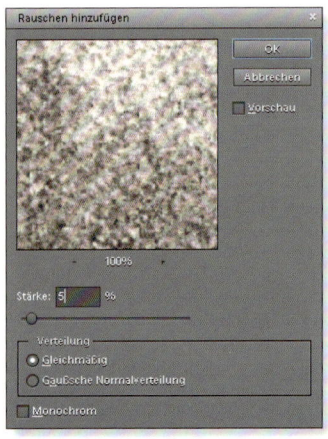

▲ **Abbildung 33.6**
Auch das Hinzufügen von Bildstörungen ist problemlos möglich.

33.5 Rauschen hinzufügen

Neben der Möglichkeit, Störungen zu entfernen, gibt es natürlich auch die Option, Störungen gezielt hinzuzufügen – über FILTER • RAUSCHFILTER • RAUSCHEN HINZUFÜGEN. Damit erzeugen Sie einen Effekt, wie er sonst entsteht, wenn Sie Bilder mit einem hochempfindlichen Film aufnehmen. Natürlich eignet sich dieser Filter auch für kreative Zwecke, zum Beispiel um bei einem retuschierten Bild die Manipulationen zu vertuschen.

Mit dem Wert STÄRKE stellen Sie ein, wie stark das Bildrauschen werden soll. Die Art der Verteilung bestimmen Sie über die Radioschaltflächen GLEICHMÄSSIG (für eine feinere Verteilung) und GAUSSSCHE NORMALVERTEILUNG (für ein gesprenkelteres Aussehen). Mit MONOCHROM wird der Filter nur auf die vorhandenen Tonwerte im Bild angewendet. Die Farben bleiben hierbei unverändert.

◄ **Abbildung 33.7**
Ein einfaches Kreativbeispiel,
wozu Bildstörungen auch gut sein
können

33.6 Matter machen

Der Filter MATTER MACHEN, den Sie über das Menü FILTER •
WEICHZEICHNUNGSFILTER aufrufen, gehört eigentlich zu den
Weichzeichenfilter, lässt sich aber auch bestens dazu verwenden,
Rauschen und Körnigkeit im Bild zu reduzieren. Im Gegensatz zu
vielen anderen Filtern bleiben bei diesem die Kanten erhalten.
Mit dem Regler RADIUS ❶ stellen Sie den Bereich ein, der weichgezeichnet werden soll, und mit dem SCHWELLENWERT ❷, wie
viel sich der Farbtonwert des benachbarten Pixels unterscheiden
darf, damit dieser ebenfalls weichgezeichnet wird. Pixel unterhalb dieses Schwellenwertes werden nicht weichgezeichnet.

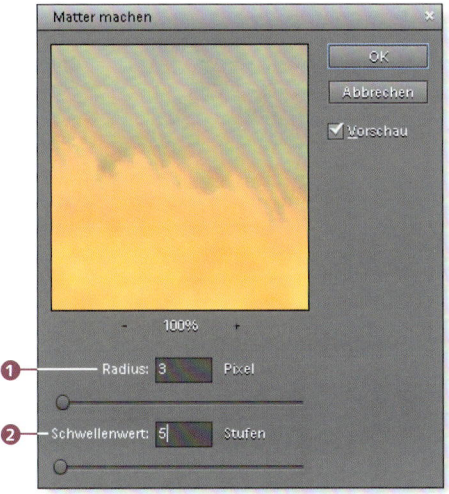

◄ **Abbildung 33.8**
Der Filter MATTER MACHEN ist
eigentlich ein Weichzeichnungsfilter, aber da bei diesem Filter die
Kanten erhalten bleiben, eignet er
sich auch bestens, um Bildstörungen wie Rauschen oder Körnigkeit
zu beheben.

34 Retuschewerkzeuge

34.1 Retusche mit dem Kopierstempel

Mit dem Kopierstempel malen Sie aufgenommene Bildbereiche an eine andere Stelle im Bild oder sogar in ein anderes geöffnetes Dokumentfenster. In der Praxis wird dieses Werkzeug meistens verwendet, um Objekte zu duplizieren, Fehler in einem Bild zu entfernen oder Objekte in einem Foto zu überdecken.

In Photoshop Elements finden Sie diesen Stempel gleich in zweifacher Ausführung: als Kopierstempel 🖼 Ⓢ und als Musterstempel 🖼 Ⓢ. Während der Kopierstempel recht häufig zum Einsatz kommt, wird der Musterstempel eher seltener benötigt.

 Am_Fluss.jpg

Foto: Jürgen Wolf

▲ **Abbildung 34.1**
Das Bild vor der Retusche

▲ **Abbildung 34.2**
Das Bild nach der Retusche: Das Mädchen auf dem Bild wurde mit dem Kopierstempel weggestempelt.

Werkzeugoptionen | Wie gewohnt können Sie auch beim Kopierstempel zunächst die Werkzeugspitze aus einer Liste vordefinierter Pinsel auswählen. Wenn Sie hierbei auf den Pfeil neben der Pinseldarstellung klicken ❶, sehen Sie eine Auswahl mit Pinselminiaturen. Noch mehr Pinselspitzen finden Sie über das Popup-Menü PINSEL. Über GRÖSSE ❷ legen Sie die Pinselgröße in Pixeln fest, indem Sie entweder den Popup-Regler ziehen oder einen numerischen Wert im Textfeld eingeben.

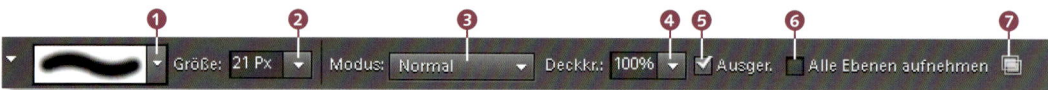

Mit Modus ❸ bestimmen Sie, wie die aufgetragenen Pixel an die vorhandenen Pixel angepasst werden. Hier gilt dasselbe wie für die Füllmethoden von Ebenen (siehe Kapitel 28, »Füllmethoden von Ebenen«). Mit dem (Standard-)Modus Normal werden die neuen Pixel einfach über die vorhandenen gelegt. Wie stark die aufgetragenen Farben zu sehen sind, legen Sie mit Deckkraft ❹ fest. Je niedriger dieser Wert ist, desto deutlicher sind die Pixel unter der aufgetragenen Farbe erkennbar.

Die nächste Option, Ausgerichtet ❺, hebt sich von den üblichen Standard-Werkzeugoptionen ab. Ist diese Option **aktiviert**, so enthält bei mehrmaligem Stempeln nur der erste Stempeldruck den Original-Aufnahmepunkt. Für jeden weiteren Stempeldruck verschiebt sich der Aufnahmepunkt entsprechend. Dies ist zum Beispiel sinnvoll, um unerwünschte Motive aus dem Bild zu entfernen. Ist diese Option hingegen **deaktiviert**, wird der Aufnahmebereich bei jedem erneuten Ansetzen des Stempels vom Original-Anfangspunkt ausgehend aufgestempelt. Der Aufnahmepunkt »wandert« also nicht mit, wie es bei der aktivierten Option der Fall ist. Auf diese Weise lassen sich zum Beispiel mehrere Kopien im selben oder in einem anderen Bild einfügen.

Wollen Sie die Pixel aus allen sichtbaren Ebenen aufnehmen, dann sollten Sie die Option Alle Ebenen aufnehmen ❻ aktivieren. Soll nur die aktive Ebene berücksichtigt werden, lassen Sie diese Option deaktiviert.

Ganz hinten finden Sie eine weitere Option: ein kleines Icon ❼, mit dem Sie eine Kopieüberlagerung anzeigen lassen können. Diese Option hat keinen Einfluss auf die Wirkung des Werkzeuges, sondern nur auf die Anzeige. Damit sehen Sie, wenn Sie die Option Überlagerung anzeigen ❽ aktivieren, ein teiltransparentes Bild des zu klonenden Bereichs. Wie stark der transparente Bildbereich eingeblendet werden soll, geben Sie mit Deckkraft an. Mit Beschränkt ❾ reduzieren Sie die Überlagerung auf die aktuelle Position des Pinsels. Mit Automatisch ausblenden wird der transparente Bildbereich immer während des Stempelns ausgeblendet. Umkehren zeigt den transparenten Bereich in Form eines digitalen Negativs an, was der Sichtbarkeit meistens zugutekommt.

TIPP

Die transparente Kopieüberlagerung können Sie auch ohne die Option Überlagerung anzeigen ❽ verwenden, indem Sie Alt + ⇧ gedrückt halten. Wenn Sie die Tasten wieder loslassen, verschwindet auch die transparente Überlagerung wieder.

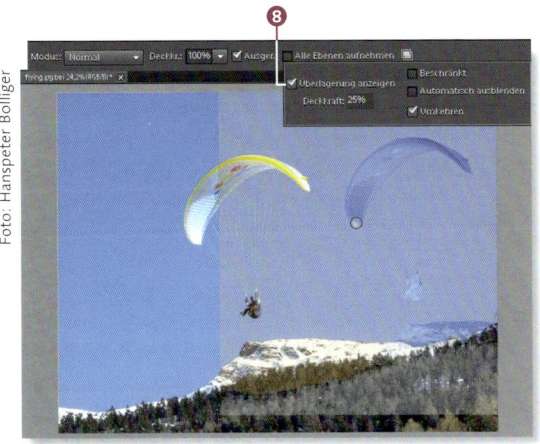

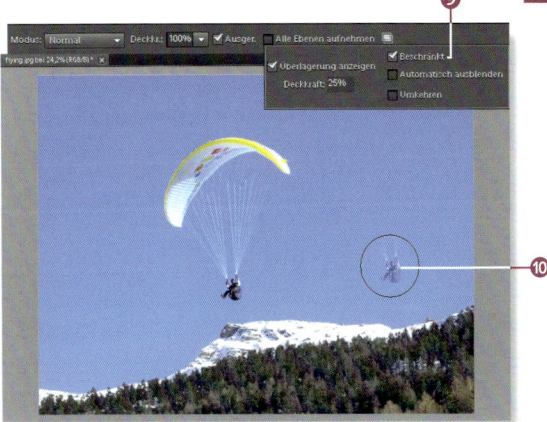

▲ **Abbildung 34.4**
Die zu stempelnde Position wird als transparente Überlagerung angezeigt.

▲ **Abbildung 34.5**
Ebenfalls sehr nützlich ist die Option BESCHRÄNKT ❾, mit der die transparente Überlagerung nur an der Position ❿ des Pinsels angezeigt wird.

Bedienung | Die Bedienung ist recht einfach: Aktivieren Sie den Kopierstempel, und stellen Sie die Werkzeugoptionen ein. Wählen Sie nun im Bild die Pixel zur Reparatur oder zum Klonen aus, indem Sie [Alt] gedrückt halten und gleichzeitig auf die entsprechende Bildpartie mit der linken Maustaste klicken. Klicken Sie nun (ohne [Alt]) auf die reparaturbedürftige Stelle im Bild, womit Sie den soeben aufgenommenen Bereich an diese Stelle kopieren. Dieser Vorgang wird als »Stempeln« bezeichnet.

Den Ursprungsbereich zum Klonen bzw. Retuschieren drücken Sie nun entweder mit mehreren Klicks dem Bild auf oder malen ihn mit gehaltener linker Maustaste auf. Bei größeren Bereichen ist Aufmalen besser geeignet und bei kleineren Bereichen eher das Aufdrücken (oder auch »Auftupfen«). Bei sehr detaillierten Bildern müssen Sie öfter einen neuen Bildbereich aufnehmen.

Stempeln mit Ebenen
Führen Sie das Stempeln oder Klonen am besten auf einer eigenen, transparenten Ebene durch. So können Sie den geklonten Bereich noch nachträglich anpassen oder Korrekturen vornehmen (zum Beispiel Kanten und Übergänge mit einem weichen Radiergummi bearbeiten).

Schritt für Schritt: Bildmotiv mit dem Kopierstempel klonen
Das Bild mit dem Gleitschirmflieger soll nun geklont werden, damit Sie ein Gefühl für den Kopierstempel bekommen.

 flying.jpg

1 Kopierstempel aktivieren und einstellen
Aktivieren Sie den Kopierstempel 🏷 [S], und wählen Sie eine beliebige Werkzeugspitze aus. Am besten sind hierzu weiche Pinsel geeignet. Stellen Sie die GRÖSSE der Pinselspitze auf 200 Pixel. Alle anderen Optionen können Sie belassen. Die Option AUSGE-RICHTET (hier AUSGER.) sollte ebenfalls aktiviert sein.

2 Transparente Ebene anlegen

Erstellen Sie eine neue transparente Ebene über das kleine Icon
❶ im Ebenen-Bedienfeld. Normalerweise ist für das Klonen keine
neue Ebene nötig, aber in diesem Fall können Sie mit der Ebene
das geklonte Motiv besser angleichen, zum Beispiel gegebenenfalls nachträglich die Helligkeit des Himmels anpassen.

3 Pixel aufnehmen

Um nun den Gleitschirmflieger zu stempeln bzw. zu klonen, wählen Sie die Position in der Hintergrundebene aus, die Sie repro-
duzieren möchten. Halten Sie hierbei [Alt] gedrückt, und klicken
Sie mit der linken Maustaste in den gewünschten Bildbereich ❷.

▲ Abbildung 34.6
Legen Sie eine neue Ebene an.

Abbildung 34.7 ▶
Nehmen Sie Pixel vom Gleitschirmflieger auf.

Damit Sie beim Klonen anschließend nicht den Paraglider übermalen, sollten Sie die transparenten Überlagerungen mit der
Option ÜBERLAGERUNG ANZEIGEN einblenden. Aktivieren Sie die
transparente Ebene, und fahren Sie nun mit dem Mauszeiger
nach rechts, bis sich die transparente Überlagerung nicht mehr
mit dem Original überschneidet.

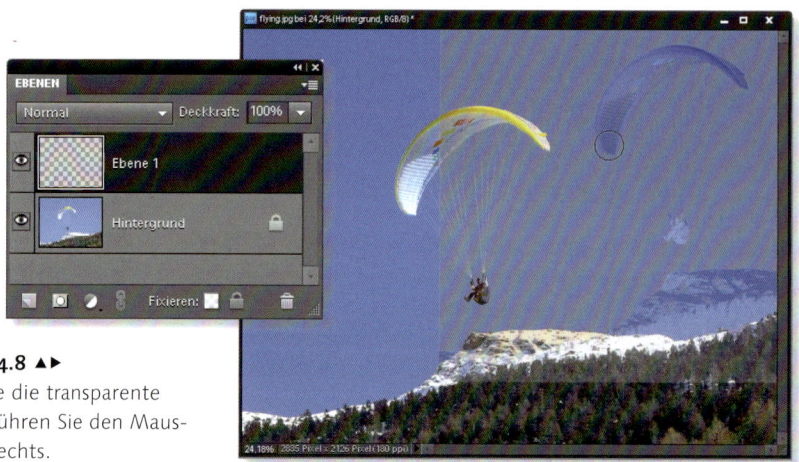

Abbildung 34.8 ▲▶
Aktivieren Sie die transparente
Ebene, und führen Sie den Maus-
zeiger nach rechts.

4 Pixel klonen

Malen Sie mit gedrückt gehaltener Maustaste den Gleitschirmflieger in der transparenten Überlagerung aus. Zur Kontrolle finden Sie auch ein kleines Kreuz ❹ am Originalmotiv, das die von
der Pinselspitze aktuell geklonte Position ❸ anzeigt.

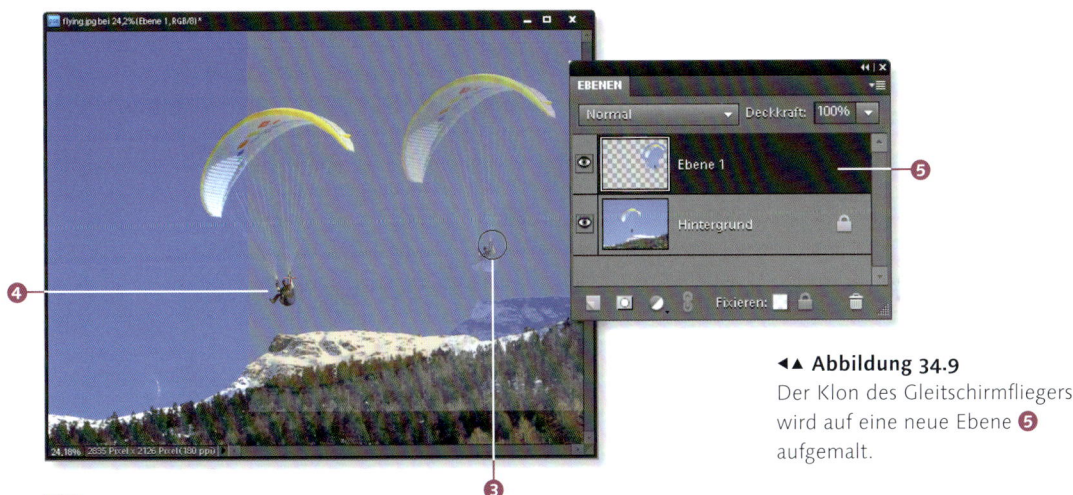

◄▲ **Abbildung 34.9**
Der Klon des Gleitschirmfliegers
wird auf eine neue Ebene ❺
aufgemalt.

5 Geklonten Bereich nacharbeiten

Nicht immer lässt sich der geklonte Bereich so einfach wie in diesem Beispiel aufpinseln. Oft stimmen beispielsweise die Lichtverhältnisse des geklonten Bereiches nicht überein. Das ist auch der
Grund, warum hier eine neue Ebene verwendet wurde. Hierauf
können Sie jederzeit das geklonte Motiv nachbearbeiten. Im Beispiel ist keine Nacharbeit mehr nötig. Reduzieren Sie zum Schluss
die Ebenen auf die Hintergrundebene.

◄ **Abbildung 34.10**
Das fertige Bild mit dem geklonten Gleitschirmflieger ▪

Stacheldraht.jpg

Abbildung 34.11 ▶
Bei diesem Foto soll der Stacheldrahtzaun weggestempelt
werden.

▲ Abbildung 34.12
Erzeugen Sie eine transparente
Ebene.

Schritt für Schritt: Unerwünschte Bildteile mit dem Kopierstempel entfernen

Dass sich der Kopierstempel nicht nur zum Klonen, sondern auch für die professionelle Retusche verwenden lässt, wurde bereits erwähnt. Diese Schritt-für-Schritt-Anleitung zeigt Ihnen, wie Sie mit dem Kopierstempel retuschieren.

Foto: Jürgen Wolf

1 Neue transparente Ebene anlegen

Öffnen Sie das Bild »Stacheldraht.jpg«, und erzeugen Sie im Ebenen-Bedienfeld eine neue transparente Ebene, indem Sie das entsprechende Icon ❶ anklicken. Auch hier müssen Sie nicht zwangsläufig eine zusätzliche Ebene anlegen, um die Korrektur darauf vorzunehmen, Sie könnten die Korrektur auch direkt auf dem Hintergrundbild durchführen.

2 Kopierstempel wählen

Wählen Sie den Kopierstempel 🔧 ⓢ, und verwenden Sie eine weiche Pinselspitze. Stellen Sie die Größe der Pinselspitze auf circa 100 Pixel ein. Alle anderen Optionen belassen Sie wieder. Die Option AUSGERICHTET (hier mit AUSGER.) sollte aktiviert sein.

▲ Abbildung 34.13
Werkzeugoptionen für den
Kopierstempel

3 Pixel für das Pferd aufnehmen

Im Folgenden soll der Stacheldraht beim Pferd im Bild wegge-stempelt werden. Wählen Sie hierzu mit gedrückt gehaltener ⌥ Alt -Taste per Mausklick einen geeigneten Bildbereich ❷ aus, mit dem Sie den Stacheldraht ersetzen wollen. Ich empfehle Ihnen, einen Bereich zu wählen, der in unmittelbarer Nähe (dar-über oder darunter) liegt. Achten Sie darauf, dass Sie die Auswahl in der Hintergrundebene vornehmen.

◄ **Abbildung 34.14**
Nehmen Sie mit dem Kopierstempel Pixel aus dem gewünschten Bildbereich auf.

4 **Stacheldrahtzaun wegstempeln**

Aktivieren Sie die transparente Ebene ❸, und zoomen Sie mit Strg/⌘+[+] näher an den Stacheldrahtzaun heran. Stempeln Sie entweder mit einzelnen linken Mausklicks oder durch Ziehen mit der Maus bei gedrückt gehaltener linker Maustaste den Stacheldraht weg.

◄ **Abbildung 34.15**
Stempeln Sie den Stacheldrahtzaun weg.

5 **Arbeitsschritt 3 und 4 wiederholen**

Die Arbeitsschritte 3 und 4 führen Sie jetzt mit allen anderen Objekten und Bereichen wie dem Esel, den Bäumen, der Wiese usw. durch. An vielen Stellen dürfte die Retusche etwas schwieriger sein als in anderen Bereichen. Voraussetzung für eine gute Retusche ist hierbei stets eine gute Auswahl. Häufig werden Sie für detaillierte Bereiche mehrmals eine neue Auswahl treffen müssen. Gerade detailreiche Bereiche erfordern viel Fingerspitzengefühl. Hierbei ist dann häufig eine harte und etwas kleinere

Werkzeugspitze sinnvoll. Auch ein ständiges Ein- und Auszoomen mit ⌃Strg⌄/⌘+⌃+⌄ bzw. ⌃Strg⌄/⌘+⌃-⌄ ist unerlässlich für eine saubere Retusche. Am Ende habe ich beispielsweise eine Pinselspitze mit 5 Pixeln verwendet. Auch ein vorübergehendes Abschalten der Werkzeugoption AUSGERICHTET kann recht nützlich sein. Achten Sie darauf, dass Sie die Auswahl in der Hintergrundebene vornehmen.

Abbildung 34.16 ▼
Links das Bild im Originalzustand und rechts nach dem Wegstempeln des Stacheldrahtzauns

Wie Sie sehen, erfordert das Wegstempeln von unterwünschten Bildmotiven sehr viel Geduld und Zeit. Vielleicht haben Sie auch inzwischen die Verwendung einer zusätzlichen Ebene zu schätzen gelernt.

Über Bildgrenzen hinaus | Das Klonen von Bildmotiven ist nicht nur auf Ebenen beschränkt, sondern ist auch über die Bildgrenzen hinaus möglich. So können Sie in gewohnter Weise einen bestimmten Pixelbereich in einem Dokumentfenster aufnehmen und ihn in einem anderen Dokumentfenster reproduzieren.

Abbildung 34.17 ▶
Stempeln funktioniert auch über die Dateigrenze hinaus.

Fotos: dieblen.de

Sinnvoll eingesetzt lassen sich mit dem Kopierstempel interessante Fotomontagen erstellen. Der bereits bekannte Gleitschirmflieger (aus Abschnitt 34.1) wurde hier zunächst in eine neue transparente Ebene hineingestempelt. Anschließend wurde der unpassende blaue Hintergrund wegradiert bzw. mit dem Zauberstab ausgewählt und entfernt.

▲ **Abbildung 34.18**
Das ursprüngliche Bild ohne den Gleitschirmflieger

◄ **Abbildung 34.19**
Unser Gleitschirmflieger wurde hier in eine andere Landschaft montiert.

34.2 Musterstempel

Der Musterstempel ![icon] ⌷S trägt keinen zuvor ausgewählten Bildbereich auf ein Bild auf, sondern ein voreingestelltes Muster. Dieses Muster wählen Sie über die Werkzeugoptionsleiste aus, die, abgesehen von der Auswahl des Musters und der Option IMPRESSIONISTISCH, exakt dem übergeordneten Kopierstempel ![icon] entspricht und somit keiner weiteren Erläuterung bedarf.

▲ **Abbildung 34.20**
Der Hintergrund wurde hier mit dem Musterstempel »aufgemalt«. Da es sich hierbei um einen Kindergeburtstag handelt, passen die knalligen Farben ganz gut dazu. Ansonsten ist der Musterstempel eher für kreative Arbeiten geeignet.

▲ **Abbildung 34.21**
Dieser Bilderrahmen wurde ebenfalls mit dem Musterstempel aufgemalt.

34.3 Retusche mit dem Reparatur-Pinsel

Zum Weiterlesen

Was es mit den Werten der Pinselspitze auf sich hat, wurde bereits in Abschnitt 14.3, »Pinsel- und Werkzeugspitzen«, beschrieben.

Anders als die Stempel im Abschnitt zuvor tragen der Bereichsreparatur-Pinsel 🖌 J und der Reparatur-Pinsel 🖌 J keine zuvor ausgewählten Pixel an anderer Stelle auf, sondern sie vermischen Pixel. Zwar funktionieren diese Werkzeuge ähnlich wie die Stempel, aber die Wirkung der Reparatur-Pinsel ist weniger drastisch. Diese Werkzeuge eignen sich daher besonders für schwierige Stellen im Bild mit vielen Details oder differenzierten Lichtern und Schatten. Auch für die Retusche von Gesichtern sind die Reparatur-Pinsel besser geeignet als der Stempel, weil sich hiermit einfach sanftere Übergänge »aufmalen« lassen.

Werkzeugoptionen | Beim Reparatur-Pinsel können Sie die Werkzeugspitze über das Popup-Menü ❶ etwas freier definieren als beim Stempel. Neben den Optionen DURCHMESSER und KANTENSCHÄRFE können Sie hier auch den MALABSTAND, den WINKEL und die RUNDUNG einstellen.

Mit dem MODUS ❷ legen Sie fest, wie die Quelle und das Muster an die vorhandenen Pixel angeglichen werden sollen – hierzu gibt es allerdings weniger Möglichkeiten als beim Stempel. Auch ein neuer Modus, ERSETZEN, ist hier aufgelistet. Diesen Modus sollten Sie verwenden, wenn das Bild Störungen oder Körnungen (Filmkorn) enthält. Benutzen Sie diesen Modus auch, wenn Sie Störungen und Strukturen an den Kanten des Malstrichs erhalten möchten.

Mit den Radioschaltflächen von QUELLE ❸ legen Sie fest, ob Sie zur Reparatur einen aufgenommenen Bereich (AUFGENOMMEN) aus dem Bild oder ein MUSTER verwenden wollen. Im letzteren Fall wird das Popup-Menü daneben ❹ mit MUSTER aktiviert.

Abbildung 34.22 ▼
Die Werkzeugoptionen des Reparatur-Pinsels

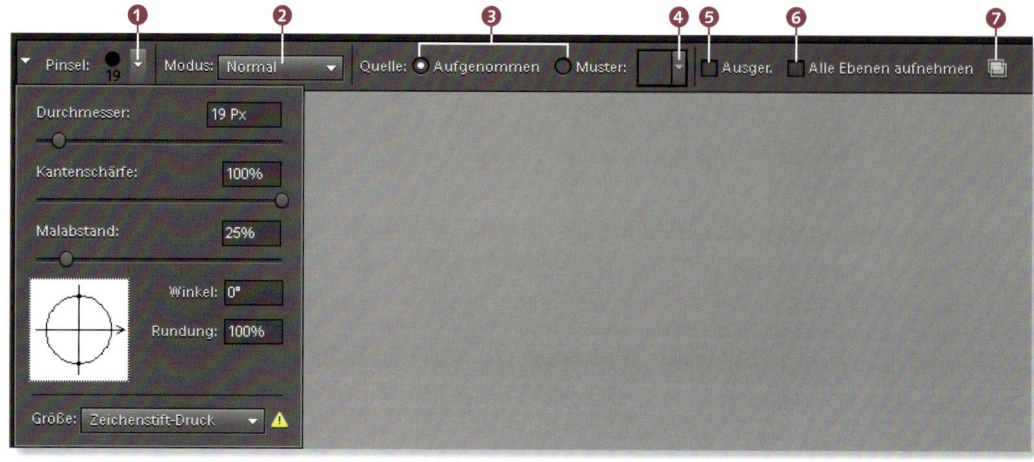

Wie beim Stempel gibt es auch hier die Option AUSGERICHTET ❺. Wird sie aktiviert, werden Pixel dauerhaft aufgenommen, und der Aufnahmepunkt geht auch beim Loslassen der Maustaste nicht verloren. Ist diese Option deaktiviert, werden bei jedem erneuten Ansetzen des Werkzeugs wieder die am Aufnahmepunkt aufgenommenen Pixel verwendet.

Wollen Sie die Pixel aus allen sichtbaren Ebenen aufnehmen, so aktivieren Sie die Option ALLE EBENEN AUFNEHMEN ❻. Soll nur die aktive Ebene berücksichtigt werden, lassen Sie diese Option deaktiviert.

Auch hier finden Sie, wie beim Stempel, ganz hinten noch ein kleines Icon ❼, mit dem Sie die Kopieüberlagerung anzeigen lassen können (siehe hierzu im Detail Abschnitt 34.1 unter »Werkzeugoptionen«).

Bedienung | Der Reparatur-Pinsel wird ähnlich wie der Stempel verwendet. Wählen Sie den Reparatur-Pinsel aus, und stellen Sie die Werkzeugoptionen ein. Nehmen Sie nun mit einem linken Mausklick und gleichzeitig gehaltener ⌈Alt⌋-Taste den Bereich im Bild auf, mit dem Sie die fehlerhafte Stelle ausbessern wollen. Bewegen Sie anschließend den Mauszeiger an die Position, die Sie wegretuschieren wollen, und malen Sie diese Stelle mit Klicken oder Darüberfahren mit gedrückt gehaltener Maustaste aus. Ob Sie besser »tupfen« oder »malen«, hängt auch von der Größe des zu retuschierenden Bereichs ab.

▼ **Abbildung 34.23**
Im linken Bild wird der Aufnahmebereich ausgewählt. Im mittleren Bild wird mit dem Reparatur-Pinsel retuschiert. Erst wenn Sie die Maustaste loslassen, vermischt sich der neu aufgetragene mit dem darunterliegenden Bereich, wie das rechte Bild zeigt.

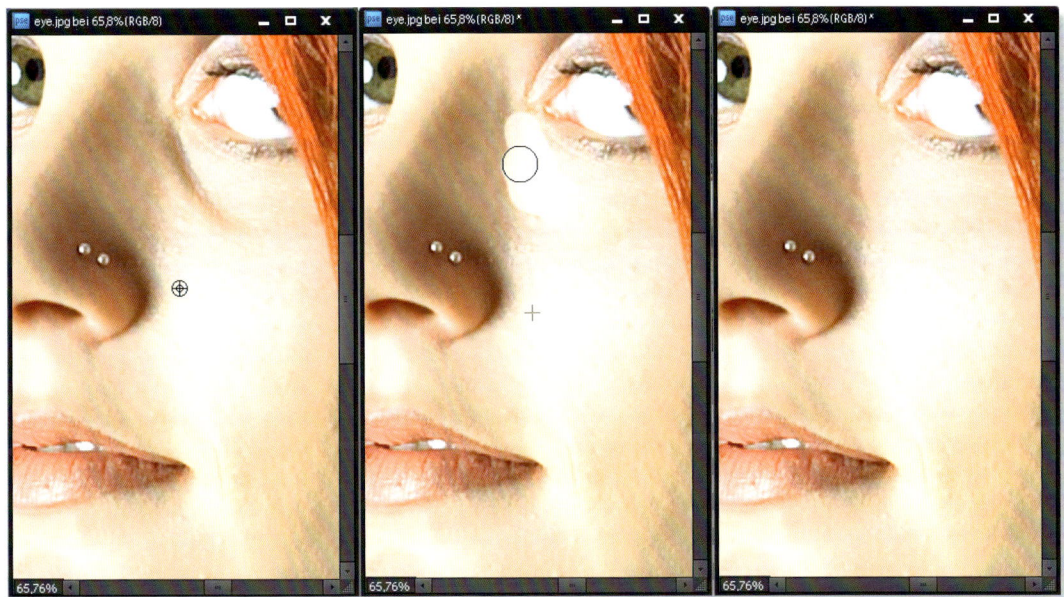

Foto: Ingo Jung, www.digital-express-labor.de

Beim Aufmalen mit gedrückt gehaltener Maustaste hat es zunächst den Anschein, als würden Sie den Kopierstempel verwenden. Sobald Sie allerdings die Maustaste loslassen, vermischt sich dieser »aufgemalte« Bereich mit den darunterliegenden Pixeln.

Schritt für Schritt: Unerwünschte Objekte mit dem Reparatur-Pinsel aus dem Bild entfernen

Hualapai.jpg

In Abbildung 34.24 sehen Sie eine alte Hualapai-Hütte (ein Indianerstamm am Colorado River). Was in diesem Bild allerdings stört, ist das Schild vor der Hütte und der Weg rechts unten im Bild. Beide Elemente wollen wir nun eliminieren.

Foto: Jürgen Wolf

Abbildung 34.24 ▶
Das Schild und der Weg stören das Gesamtbild.

1 **Reparatur-Pinsel auswählen und einstellen**

Wählen Sie zunächst den Reparatur-Pinsel 🖊 J aus, und stellen Sie den Pinsel ein. Im Beispiel habe ich für den Pinsel einen DURCHMESSER von 60 Pixeln mit einer KANTENSCHÄRFE von 100 % verwendet. Der MALABSTAND wurde auf 10 % reduziert. Alle anderen Werte können Sie belassen. Die Option AUSGERICHTET (AUSGER.) sollte ebenfalls deaktiviert sein.

Abbildung 34.25 ▶
Die Einstellungen für den Reparatur-Pinsel

2 Schild wegretuschieren

Nun soll das Schild wegretuschiert werden. Wählen Sie zunächst einen passenden Bereich knapp neben dem Schild aus, und klicken Sie mit der linken Maustaste und gleichzeitig gehaltener [Alt]-Taste auf diesen Bereich. Entweder tupfen oder ziehen Sie mit gedrückt gehaltener Maustaste das Schild weg. Im Beispiel habe ich die Bereiche an den Schildbeinen mit einem einzigen Pinselstrich weggemalt. Das Schild selbst habe ich dann mit mehreren neuen Bereichen weggetupft. Sind Sie mit dem Ergebnis nicht zufrieden, können Sie den Vorgang jederzeit wieder mit [Strg]/[⌘]+[Z] rückgängig machen. Häufig will es beim ersten Mal nicht klappen, wie man es sich vorstellt. Hier sind ebenfalls wieder viel Fingerspitzengefühl, Übung und ausreichend Zeit erforderlich.

Licht und Schatten

Das A und O einer erfolgreichen und möglichst unauffälligen Retusche mit dem Reparatur-Pinsel ist, wie schon beim Kopierstempel, der ideale Aufnahmebereich. Beachten Sie beim Retuschieren auch immer Licht und Schatten im Bild: Helle Pixel können nicht einfach mit dunklen Pixeln retuschiert werden.

▲ **Abbildung 34.26**
Tupfen oder malen Sie das Schild mit einzelnen Mausklicks weg.

3 Retusche verfeinern

Falls die Reparatur einzelner Bereiche nicht ganz gelungen sein sollte, schafft vielleicht ein anderer Aufnahmebereich Abhilfe. Bei Bereichen mit weicheren Kanten sollten Sie außerdem für die Pinselspitze eine 75%ige Kantenschärfe einstellen. Auch den Durchmesser der Pinselspitze müssen Sie hierbei regelmäßig anpassen. Beachten Sie auch, dass Sie beim Retuschieren stark in ein Bild hineinzoomen und Details erkennen, die der Betrachter des Bildes im Normalfall kaum wahrnimmt.

Abbildung 34.27 ▲
Bei normaler Betrachtung fällt die Retusche des Schildes kaum auf.

Abbildung 34.28 ▼
Das Endergebnis nach vielen kleineren und größeren Stempelvorgängen und Bereichsreparaturen

4 **Weg wegretuschieren bzw. -stempeln**

Ähnlich wie das Schild können Sie auch den Weg recht unten auf dem Bild retuschieren. Nicht immer ist es allerdings so einfach wie in diesem Beispiel. Manchmal ist sehr viel Kleinarbeit nötig. Bei einigen Bereichen können Sie auch den Kopierstempel [S] einsetzen. Unschöne Übergänge, die wiederum beim Wegstempeln entstanden sind, lassen sich wieder mit dem Reparatur-Pinsel [J] retuschieren. Ein Mix aus beiden Werkzeugen führt in der Regel zum besten Ergebnis.

Schritt für Schritt: Hautunreinheiten auf Porträts korrigieren

Ein unverzichtbares Thema der Bildbearbeitung ist das Korrigieren von Porträts. Da die Bearbeitung von Porträts so beliebt ist, baue ich dieses Beispiel noch weiter aus.

 Anja.jpg

1 Reparatur-Pinsel auswählen und einstellen

Wählen Sie den Reparatur-Pinsel  J aus, und stellen Sie die Pinselspitze ein. Im Beispiel wurde für den Pinsel ein DURCHMESSER von 50 Pixeln mit einer KANTENSCHÄRFE von 75 % verwendet. Der MALABSTAND wurde auf 10 % reduziert. Alle anderen Werte können Sie wie voreingestellt belassen. Die Option AUSGERICHTET (AUSGER.) wurde hier allerdings **deaktiviert**.

Foto: Marcus Kamp (www.marcuskamp.com)

▲ **Abbildung 34.29**
Das Ausgangsbild, an dem noch einige typische Korrekturen vorgenommen werden sollen

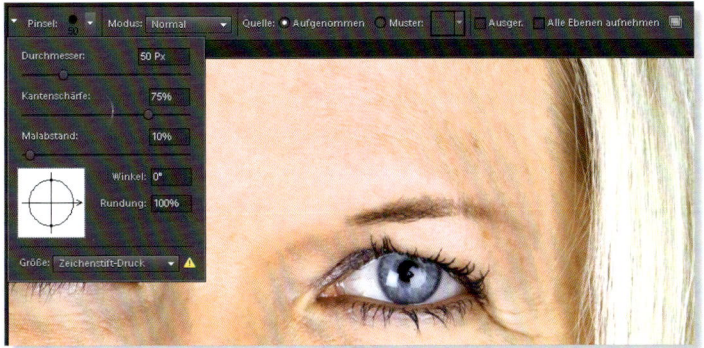

◄ **Abbildung 34.30**
Die Einstellungen für den Reparatur-Pinsel

2 Anfangspunkt auswählen

Zoomen Sie etwas näher in das Bild hinein, und wählen Sie einen sauberen Hautbereich aus, indem Sie die Stelle bei gedrückter Alt-Taste anklicken ❶. Diesen Bereich wollen wir anschließend für die Korrektur von Hautunreinheiten (Hautirritationen, Pickel, Muttermale etc.) verwenden.

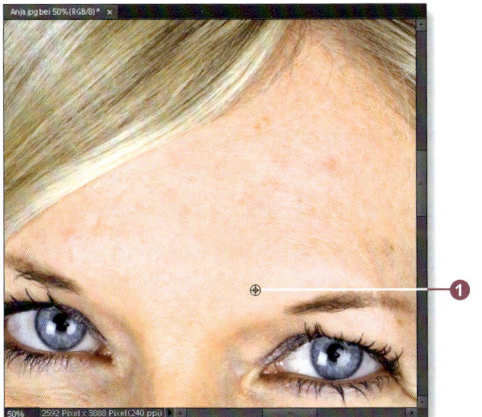

◄ **Abbildung 34.31**
Wählen Sie einen sauberen Hautbereich aus.

3   Hautunreinheiten entfernen

Gehen Sie mit dem Mauszeiger an die Positionen im Bild, wo Sie Hautunreinheiten, Irritationen, Muttermale, Pickel usw. entfernen wollen. Klicken (tupfen) Sie diese Stellen (zum Beispiel ❶) einfach mit der linken Maustaste weg. Bei Bedarf wählen Sie einen anderen Anfangspunkt aus – im Beispiel war dies allerdings nicht nötig.

Abbildung 34.32 ▶
Tupfen Sie unreine Stellen auf der Haut weg.

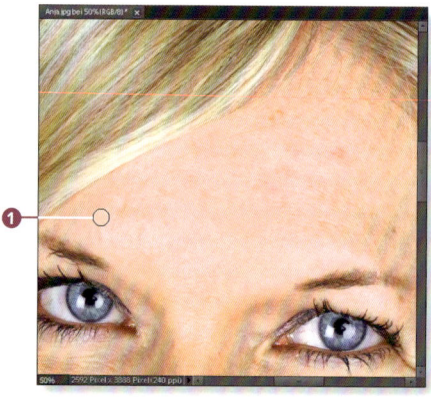

Bei der Beseitigung von Hautunreinheiten sollten Sie es allerdings nicht übertreiben, damit das Resultat noch natürlich wirkt. Was Sie entfernen, bleibt letztlich Ihnen überlassen und hängt natürlich auch maßgeblich vom Foto selbst ab. Ob Sie zum Beispiel Muttermale oder Sommersprossen auf dem Bild belassen wollen, entscheiden Sie selbst. Im Beispiel mussten Sie nicht allzu viel retuschieren, weil die Dame auf dem Foto bereits sehr schön geschminkt war.

▼ **Abbildung 34.33**
Das Porträt nach dem ersten Retusche-Vorgang, der sämtliche Hautunreinheiten entfernt hat – links das Original, rechts das überarbeitete Bild

34.4 Bereichsreparatur-Pinsel

Der Bereichsreparatur-Pinsel 🖊 J funktioniert ähnlich wie der Reparatur-Pinsel, nur müssen Sie hier den Aufnahmepunkt nicht selbst festlegen. Dies erledigt das Werkzeug automatisch. Gegenüber dem Reparatur-Pinsel ermöglicht der Bereichsreparatur-Pinsel ein schnelleres Arbeiten – allerdings auf Kosten einer geringeren Kontrolle über das Werkzeug. Bei Bildern, die nicht allzu viele Details besitzen, ist dieses halbautomatische Werkzeug jedoch bestens geeignet.

Werkzeugoptionen | Zunächst wählen Sie bei den Optionen eine vordefinierte Pinselspitze ❷ aus und stellen deren GRÖSSE ❸ ein. Mit den Radioschaltflächen neben TYP ❹ haben Sie Einfluss darauf, welche Pixel bei der Reparatur herangezogen werden sollen:

▶ Verwenden Sie hier NÄHERUNGSWERT, so werden die Pixel um die Kanten des Auswahlbereichs herum für die Korrektur innerhalb des Auswahlbereichs verwendet.

▶ Mit STRUKTUR ERSTELLEN hingegen werden alle Pixel innerhalb des Auswahlbereichs verwendet, um eine Struktur für die Bereichskorrekturen zu erstellen.

▶ Die Option INHALTSSENSITIV überprüft die umliegenden Pixel, um eine Auswahl möglichst nahtlos zu füllen, ohne dabei die wichtigen Details wie Licht oder Schatten zu ignorieren. In Abschnitt 34.4.2, »Inhaltssensitive Retusche«, zeigen ein paar Beispiele, was die neue Option leistet.

Sollen Bildänderungen auf alle Bildebenen angewendet werden, so aktivieren Sie die Option ALLE EBENEN AUFNEHMEN ❺.

> **pse** Die Option INHALTSSENSI-TIV ist neu in der Version 9 von Photoshop Elements hinzugekommen und stellt eine neue Möglichkeit dar, Bildbereiche mit einem Pinsel »wegzumalen«.

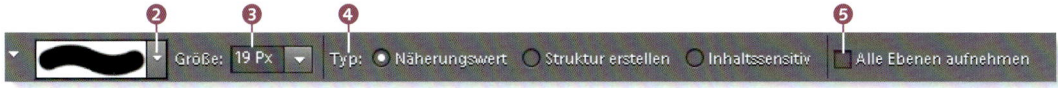

▲ **Abbildung 34.34**
Werkzeugoptionen des Bereichsreparatur-Pinsels

34.4.1 Porträtretusche mit dem Bereichsreparatur-Pinsel

Wie Sie Hautunreinheiten mit dem Reparatur-Pinsel entfernen, haben Sie ja bereits im vorangegangenen Abschnitt gelesen. Der Bereichsreparatur-Pinsel bietet hier aber weitere Möglichkeiten, die ich Ihnen in diesem Abschnitt vorstellen möchte. Natürlich möchte ich auch die finale Retusche von Augen und Haut nicht außen vor lassen.

Anja2.jpg

Schritt für Schritt: Fältchen entfernen

Nun soll unser Porträt aus dem vorherigen Abschnitt weiter bearbeitet werden. Hierzu habe ich Ihnen die überarbeitete Version (»Anja2.jpg«) auf die Buch-DVD gelegt. Die Fältchen am Hals und um die Augen wollen wir wegretuschieren.

1   **Fältchen am Hals entfernen**

Wählen Sie den Bereichsreparatur-Pinsel ✏ J. Stellen Sie eine harte, ausreichend große Werkzeugzeugspitze ein. Im Beispiel wurden 65 Pixel verwendet. Der Typ sollte hier NÄHERUNGSWERT oder INHALTSSENSITIV sein. Gegebenfalls probieren Sie bei Misslingen mit einer der Optionen einfach die andere aus. Tupfen oder malen Sie mit dem Werkzeug am Hals die Fältchen weg. Einen Aufnahmebereich benötigen Sie bei diesem Werkzeug nicht.

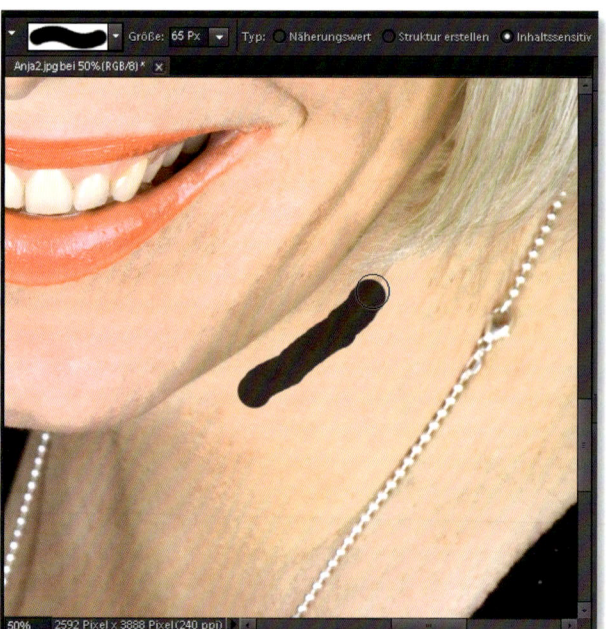

Abbildung 34.35 ▶
Malen Sie die Fältchen am Hals weg.

2   **Fältchen um die Augen entfernen**

Machen Sie dasselbe bei den Fältchen an den Augen. Sollten Sie hier mit dem Bereichsreparatur-Pinsel-Werkzeug und der Option NÄHERUNGSWERT oder INHALTSSENSITIV an die Grenzen stoßen, indem das Werkzeug nicht nur »Haut« findet und aufmalt, können Sie stattdessen auch den Reparatur-Pinsel ✏ J verwenden. Der Vorteil am Reparatur-Pinsel ist, dass Sie sich den »sauberen« Hautbereich selbst aussuchen können. Ich bin allerdings in diesem Beispiel mit dem Bereichsreparatur-Pinsel-Werkzeug ausgekommen.

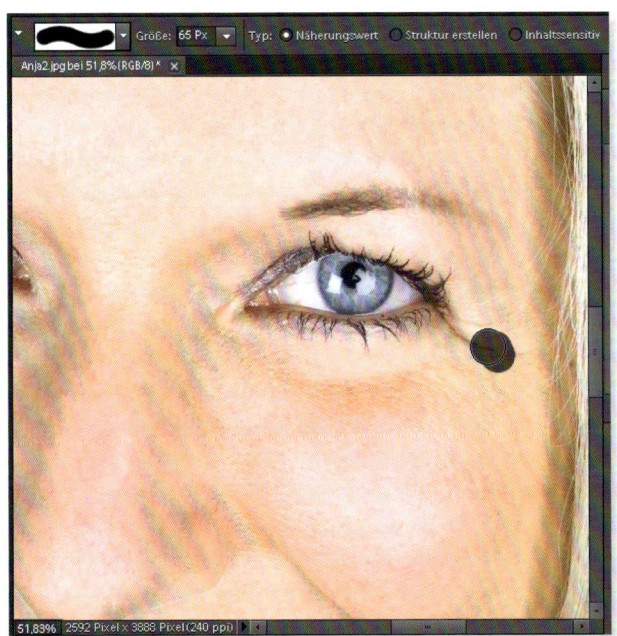

◄ **Abbildung 34.36**
Entfernen Sie Schritt für Schritt
die Fältchen um die Augen.

Die Retusche ist zwar nun im Vergleich zum Ursprungsbild schon
etwas ausgeprägter, die Natürlichkeit der Aufnahme bleibt aber
noch erhalten.

▼ **Abbildung 34.37**
Im zweiten Akt der Porträtretusche wurden einige Fältchen entfernt. Das linke Bild zeigt den
Zustand vor der Retusche, das
rechte zeigt den Zustand danach.
Ob es die Werbung wohl auch so
macht?!

Schritt für Schritt: Retusche rund um die Augen

Gibt es da nicht diese teuren Cremes gegen dunkle Augenrän-
der? Das Geld können wir uns sparen! Auch für eine intensivere
Augenfarbe brauchen wir nicht unbedingt farbige Kontaktlinsen.
Da wir einmal bei den Augen sind, wollen wir in diesem Beispiel

 Anja3.jpg

auch noch die Iris aufklaren. Verwenden Sie für diesen Workshop die Datei »Anja3.jpg« von der Buch-DVD, die alle Änderungen der vorherigen Workshops enthält.

1 Dunkle Augenränder retuschieren

Wählen Sie den Pinsel B aus, und verwenden Sie bei den Werkzeugeinstellungen eine weiche Spitze. Im Beispiel habe ich eine GRÖSSE von 100 Pixeln benutzt. Stellen Sie im Farbwahlbereich Weiß als Vordergrundfarbe ein. Alternativ können Sie auch mit der Pipette eine Hautfarbe statt einer weißen Farbe als Vordergrundfarbe auswählen. Dann wirkt der Effekt nicht so stark. Erzeugen Sie nun im Ebenen-Bedienfeld über das entsprechende Icon ❶ eine neue transparente Ebene, und malen Sie darauf mit dem Pinsel die dunklen Augenränder aus.

Abbildung 34.38 ▲ ▶
Malen Sie mit einem weichen Pinsel die dunklen Augenränder aus.

2 Füllmethoden und Deckkraft ändern

Ändern Sie im Ebenen-Bedienfeld die Füllmethode ❷ der transparenten Ebene, auf der Sie die dunklen Augenränder übermalt haben, auf WEICHES LICHT. Reduzieren Sie die DECKKRAFT ❸ auf 60 %. Wenn Sie mit dem Ergebnis zufrieden sind, können Sie die Ebenen auf eine Ebene reduzieren.

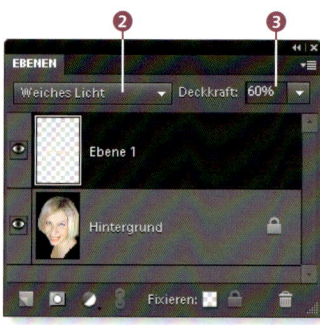

Abbildung 34.39 ▲ ▶
Wählen Sie die Füllmethode WEICHES LICHT, und reduzieren Sie die DECKKRAFT.

3 Augenweiß auswählen

Verwenden Sie das Schnellauswahl-Werkzeug 🖌️ A, und wählen Sie mit einem kleineren Pinsel (hier 20 Pixel) das Augenweiß aus. Vergessen Sie nicht, auch das Weiß des anderen Auges zu markieren.

4 Sättigung reduzieren und Helligkeit erhöhen

Rufen Sie den Menüpunkt ÜBERARBEITEN • FARBE ANPASSEN • FARBTON/SÄTTIGUNG ANPASSEN auf, oder drücken Sie Strg/⌘+U. Alternativ können Sie natürlich auch die Einstellungsebene FARBTON/SÄTTIGUNG verwenden. Reduzieren Sie den Regler der SÄTTIGUNG ❹ auf –100, und erhöhen Sie die HELLIGKEIT ❺ auf 20.

▲ **Abbildung 34.40**
Das Schnellauswahl-Werkzeug im Einsatz

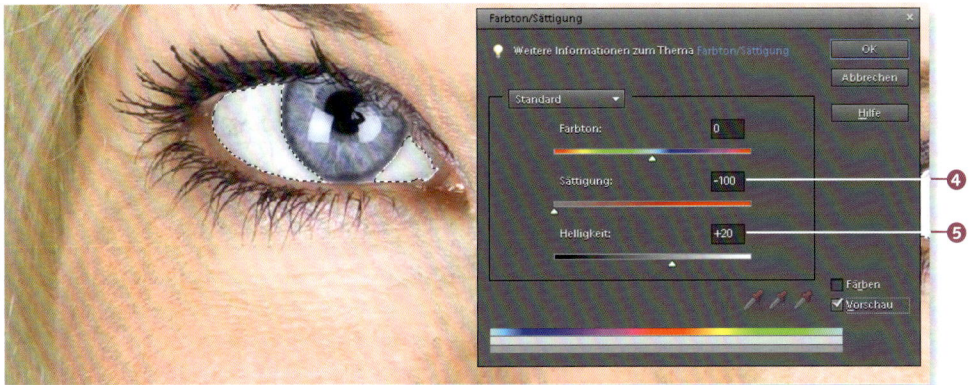

5 Iris und Pupille auswählen

Verwenden Sie nun die Auswahlellipse 🔲 M, und ziehen Sie mit gehaltener ⇧-Taste einen großzügigen Kreis um Iris und Pupille eines Auges. Ein näheres Einzoomen vereinfacht die Sache.

▲ **Abbildung 34.41**
Reduzieren Sie die SÄTTIGUNG, und erhöhen Sie die HELLIGKEIT wie hier gezeigt.

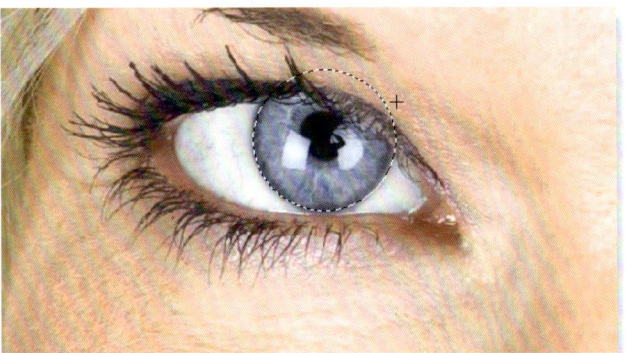

◄ **Abbildung 34.42**
Ziehen Sie eine Auswahlellipse.

6 Von Auswahl abziehen

Da hier nur Iris und Pupille ausgewählt sein sollen, müssen Sie den Rest der Auswahl mit gehaltener Alt-Taste und einer weiteren Auswahl mit der Auswahlellipse von der aktuellen Auswahl abziehen.

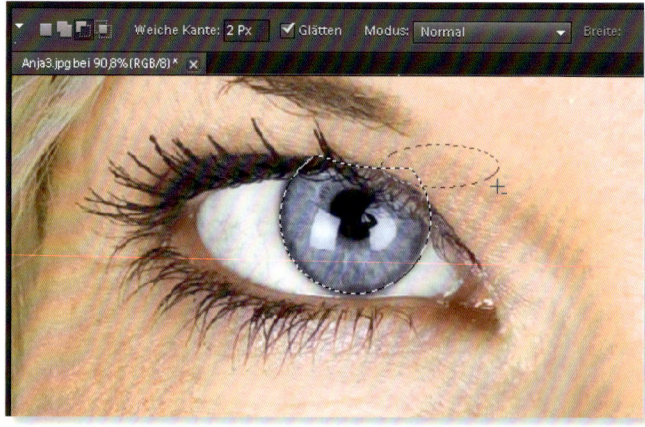

7 Augenfarbe ändern

Wählen Sie den Menüpunkt ÜBERARBEITEN • FARBE ANPASSEN • FARBTON/SÄTTIGUNG ANPASSEN, oder drücken Sie [Strg]/[⌘]+[U]. Mit dem Regler FARBTON ❶ verändern Sie nun die Augenfarbe. Im Beispiel wurde außerdem die SÄTTIGUNG und HELLIGKEIT ❷ um –10 reduziert, damit die neue Augenfarbe etwas realistischer wirkt. Wiederholen Sie die letzten beiden Arbeitsschritte für das andere Auge.

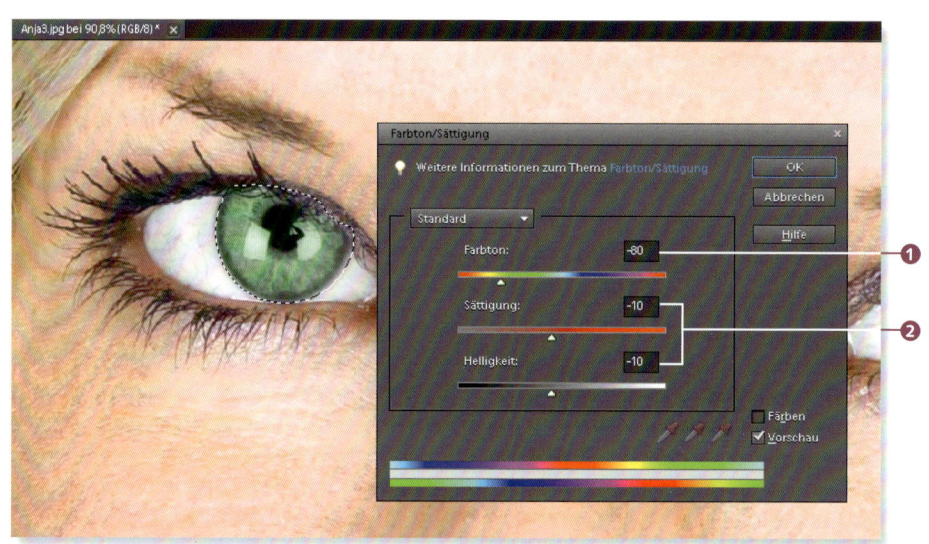

Nun wird die Retusche zunehmend intensiver – abgesehen von der geänderten Augenfarbe, die eher eine Spielerei ist, wurde die Natürlichkeit des Porträts aber bewahrt.

▲ **Abbildung 34.45**
Das Porträt nach weiteren Retuschearbeiten rund um den Augenbereich
– links sehen Sie noch einmal die Originalaufnahme und rechts das Porträt nach den bisherigen Retuschen. ▪

Schritt für Schritt: Digitales Make-up

Einen letzten und besonders beliebten Porträt-Workshop habe
ich noch für Sie – das Bearbeiten der Haut (ein nachträgliches
Make-up, wenn Sie so wollen), das nicht zu verwechseln ist mit
der Korrektur von Hautunreinheiten. Verwenden Sie hierzu ein
letztes Mal das bereits bekannte Porträt von Anja, diesmal die
Datei »Anja4.jpg«, von der Buch-DVD.

Anja4.jpg

1 **Einstellungsebene »Farbton/Sättigung« anlegen**

Legen Sie über das Ebenen-Bedienfeld eine neue Einstellungsebene FARBTON/SÄTTIGUNG **4** an. Verwenden Sie dann dass Füllwerkzeug ![icon], und stellen Sie eine schwarze Vordergrundfarbe
ein. Wählen Sie anschließend im Ebenen-Bedienfeld die (noch
weiße) Ebenenmaske **3** von FARBTON/SÄTTIGUNG aus, und füllen
Sie diese Ebene mit dem Füllwerkzeug mit schwarzer Farbe aus
(wie in Abbildung 34.46 bereits zu sehen), indem Sie mit dem
Füllwerkzeug auf das Bild gehen und die linke Maustaste klicken.

2 **Farbton ändern**

Wählen Sie nochmals die Einstellungsebene FARBTON/SÄTTIGUNG
im Ebenen-Bedienfeld aus, und ändern Sie über den Dialog KOR-
REKTUR (FENSTER • KORREKTUREN) den FARBTON **5** auf einen beliebigen Wert. Da wir die Ebenenmaske schwarz eingefärbt haben,
ändert sich hier zunächst auf dem Bild selbst noch nichts.

▲ **Abbildung 34.46**
Einstellungsebene FARBTON/SÄTTI-
GUNG anlegen

Abbildung 34.47 ▶
Farbton der Einstellungsebene
ändern

3 Augen-Make-up aufmalen

Aktivieren Sie wieder die schwarze Ebenenmaske ❻ im Ebenen-Bedienfeld, und wählen Sie den Pinsel 🖌 als Werkzeug aus. Verwenden Sie eine weiche Pinselspitze mit einer Größe von 70 Pixeln. Reduzieren Sie die DECKKRAFT auf 80 %. Stellen Sie außerdem eine weiße Vordergrundfarbe ❽ ein. Malen Sie jetzt mit dem Pinsel über den Augen ein Make-up auf ❼. Zum Vorschein kommt die Farbe der Einstellungsebene.

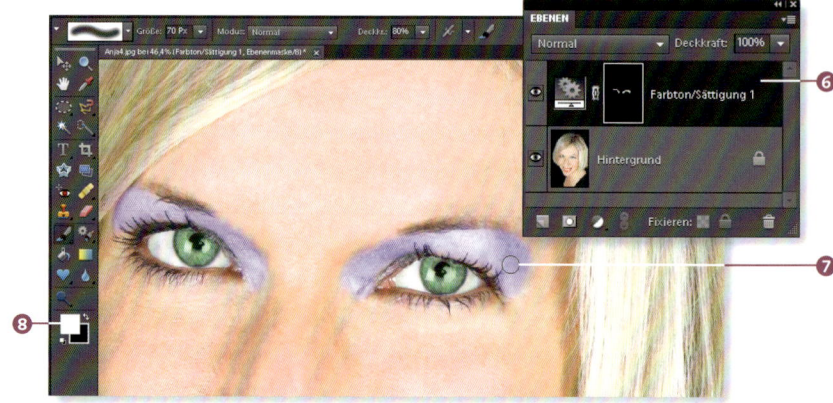

Abbildung 34.48 ▶
Augen-Make-up aufpinseln

4 Augen-Make-up anpassen

Über den Regler FARBTON ❾ (FENSTER • KORREKTUREN) der Einstellungsebene können Sie die Farbe des Augen-Make-ups nachträglich ändern. Damit das Make-up außerdem nicht so kräftig aufgetragen wirkt, zeichnen Sie auf Wunsch die Einstellungsebene noch mit FILTER • WEICHZEICHNUNGSFILTER • GAUSSSCHER WEICHZEICHNER weich. Sind Sie zufrieden, können Sie die Datei auf eine Ebene reduzieren.

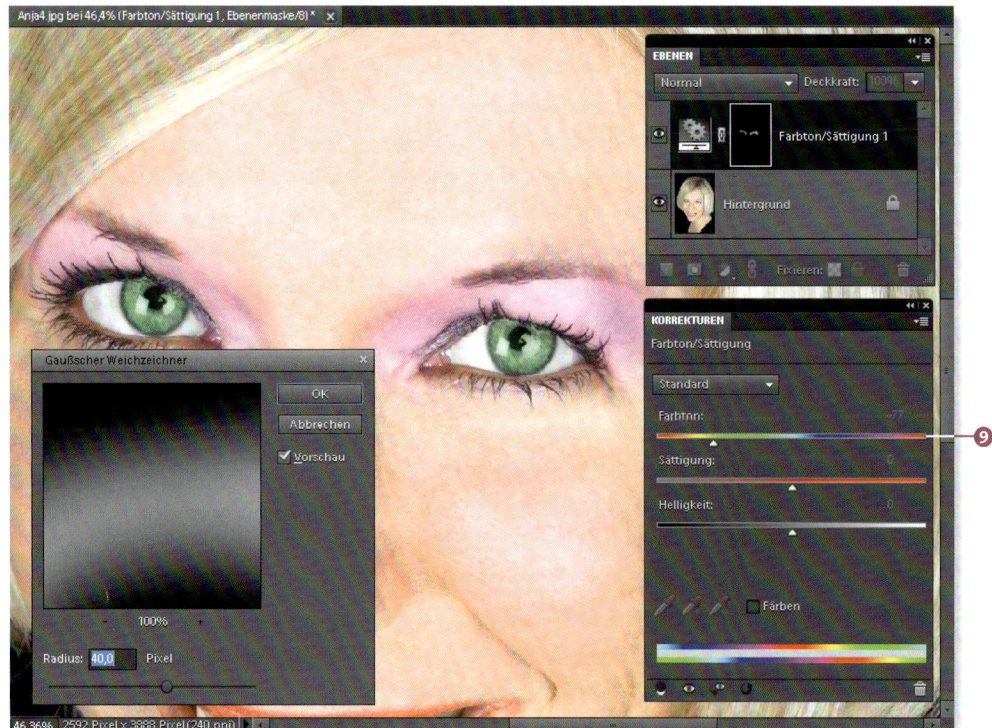

5 Neue graue Ebene anlegen

Legen Sie über das Ebenen-Bedienfeld mit der entsprechenden Schaltfläche ⓫ eine neue Ebene an, und füllen Sie diese Ebene mit dem Füllwerkzeug 🪣 mit einer neutralen grauen Farbe (Rot, Grün und Blau haben hierbei denselben Wert, im Beispiel habe ich den Wert 127 verwendet), die Sie zuvor noch als aktive Vordergrundfarbe einstellen müssen. Stellen Sie jetzt den Modus der Ebene auf INEINANDERKOPIEREN ⓾.

6 Gesichtsform betonen

Jetzt haben Sie die Grundlagen und können die Schatten und Lichter der Gesichtsform betonen. Verwenden Sie den Pinsel 🖌 mit einer weichen Pinselspitze. Die Größe können sie zunächst auf 200 Pixel stellen, sollten diese aber immer an den gegebenen Bereichen entsprechend anpassen. Reduzieren Sie die DECKKRAFT auf 10 %. Wählen Sie die graue Ebene im Ebenen-Bedienfeld aus. Mit einer schwarzen Vordergrundfarbe malen Sie jetzt die Schatten ins Bild. Hierbei verwenden Sie gewöhnlich die Gesichtsbereiche, die Sie betonen wollen (beispielsweise die Wangen, Mund, Augen). Mit weißer Vordergrundfarbe malen Sie die Lichter in das Bild. In der Beauty-Retusche sind das gewöhnlich die Bereiche, die Sie absoften (oder zur Porzellanhaut machen) wollen.

▲ **Abbildung 34.49**
Farbe des Augen-Make-ups anpassen

▲ **Abbildung 34.50**
Neue Ebene für die Beauty-Retusche

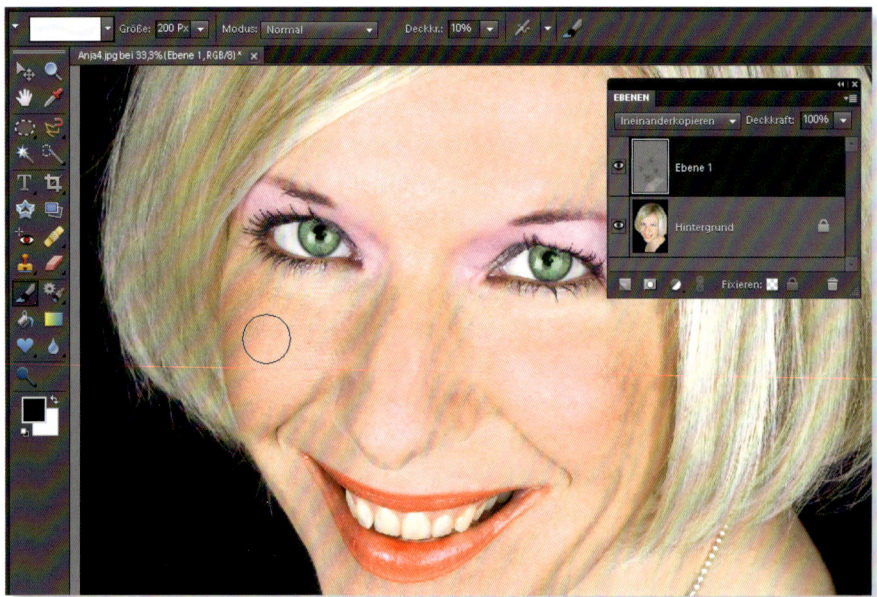

Abbildung 34.51 ▲
Mit Lichter und Schatten das
Gesicht betonen

7 Make-up analysieren

Um die Gesichtsbetonung etwas genauer zu betrachten, können
Sie jederzeit das Augen-Symbol der Hintergrundbildes **❶** im Ebenen-Bedienfeld entfernen. Im Beispiel sehen Sie außerdem, dass
Sie nicht so exakt arbeiten müssen. Wenn Sie mit dem Ergebnis
zufrieden sind, machen Sie die Ebenen wieder sichtbar und fügen
sie zu einer Ebene zusammen. Den Effekt des Make-ups können
Sie jederzeit verstärken, indem Sie beispielsweise die graue Ebene
duplizieren und zum Beispiel WEICHES LICHT als Ebenenmodus
einstellen. Ebenso können Sie mit der DECKKRAFT der Ebene(n),
aber auch des Pinsel-Werkzeugs experimentieren.

Abbildung 34.52 ▶
Unser Make-up ohne das
Hintergrundbild

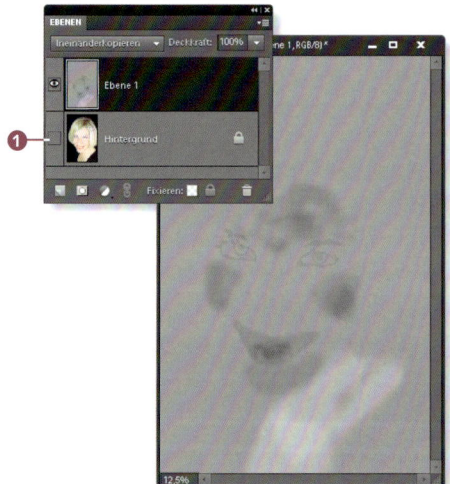

◀ **Abbildung 34.53**
Noch ein letztes Vorher-nachher-Bild: Links wurde die Haut noch nicht behandelt, rechts wurde ihr ein neues virtuelles dezentes Make-up verliehen. Auch das Gesicht wurde hierbei besser betont. ■

34.4.2 Inhaltssensitive Retusche

Photoshop Elements 9 wurde zum Bereichsreparatur-Pinsel ![✎] J die Option INHALTSSENSITIV ❷ hinzugefügt.

Kabel.jpg, Palme.jpg, Schild.jpg, Person.jpg, Laterne.jpg

◀ **Abbildung 34.54**
Neue Möglichkeiten mit der Option INHALTSSENSITIV

Die Möglichkeit, störende Objekte einfach so aus dem Bild zu malen, hört sich natürlich sehr vielversprechend an. Allerdings sollten Sie von dieser neuen Option keine Zaubereien erwarten. Ein erfolgreiches Verwenden der Option hängt natürlich immer davon ab, was und wo etwas weggemalt werden soll. Die besten Erfolgsaussichten haben Sie, wenn die Umgebung möglichst einheitlich ist und der wegzumalende Bereich deutlich kleiner ist als der noch vorhandene Bereich im Bild. Hierzu einige gelungene und misslungene Beispiele aus der Praxis, die absichtlich nicht mehr nachbearbeitet wurden.

> **Vor- und Nacharbeiten**
>
> Häufig ist das Ergebnis am Anfang noch nicht perfekt. Allerdings erledigt die Option INHALTSSENSITIV häufig einen Löwenanteil der Arbeit, störende Objekte zu entfernen, und es sollte anschließend kein Problem mehr sein, den Rest manuell nachzubearbeiten. Manchmal reicht es auch aus, mehrmals mit der Option INHALTSSENSITIV über den Bereich zu malen.

Foto: Jürgen Wolf

◀ **Abbildung 34.55**
Links sehen Sie das unbehandelte Bild. Im rechten Bild wurden die Kabel, die über das Bild verliefen, mit dem Bereichsreparatur-Pinsel und der Option INHALTSSENSITIV mit einem Strich fast perfekt entfernt.

Foto: Jürgen Wolf

TIPP

Die besten Ergebnisse mit der Option INHALTSSENSITIV erzielen Sie, wenn Sie möglichst genau das zu entfernende Objekt in einem Zug ausmalen. Sie sollten nur ganz leicht über das Objekt hinausmalen.

▲ **Abbildung 34.56**

In diesem Beispiel wurde versucht, die Palme und den kleinen Wagen im linken Bild mit dem Bereichsreparatur-Pinsel und der Option INHALTS-SENSITIV wegzumalen. Das Ergebnis im rechten Bild sieht nicht sehr gelungen aus. Während der Himmel kein Problem war, scheiterte das Werkzeug aufgrund zu vieler Details unterhalb des Himmels.

Abbildung 34.57 ▶

Links sehen Sie im Bild zwei störende Schilder. Im rechten Bild wurden die Schilder schon recht gut bei der ersten Anwendung des Bereichsreparatur-Pinsels und der Option INHALTSSENSITIV entfernt. Zwar ist hier noch ein wenig Nacharbeit nötig, aber da die Umgebung um das Schild eine einfache Struktur aufweist, leistet das Werkzeug recht gute Arbeit.

Foto: Jürgen Wolf

Abbildung 34.58 ▶

Da die Details um die zu entfernende Person sehr gering sind, arbeitet das Werkzeug in diesem Beispiel fast perfekt.

Foto: Jürgen Wolf

▲ **Abbildung 34.59**
Im linken Bild sehen Sie das Original mit einer störenden Laterne. Zu meiner Überraschung hat das Werkzeug die Laterne erstaunlich gut entfernt. Zwar sind hier noch mehrere Nacharbeiten nötig, aber das Endergebnis ist besser, als ich es erwartet hätte.

34.5 Verflüssigen-Filter

Wenn Sie bei einem Bild Bereiche verkrümmen, verzerren, verschieben, vergrößern oder verkleinern wollen, dann sollten Sie sich den Filter VERFLÜSSIGEN ansehen. Sie finden ihn im Menü FILTER • VERZERRUNGSFILTER • VERFLÜSSIGEN. Sanft eingesetzt, können Sie so einer Person mit neutralem Gesichtsausdruck ein Lächeln aufsetzen. Dieser Filter eignet sich aber auch gut für allerhand spaßige Effekte.

 GuckstDu.jpg

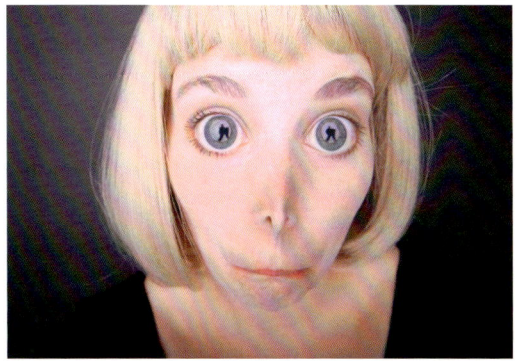

Die einzelnen Funktionen in der linken Icon-Leiste ❶ des VERFLÜSSIGEN-Filters werden im Folgenden kurz beschrieben:

▶ **Verkrümmen-Werkzeug** 〔🖉〕 – verschiebt die Pixel durch Ziehen mit gedrückt gehaltener Maustaste in eine Richtung.

▶ **Turbulenz-Werkzeug** 〔≋〕 – verwirbelt die Pixel, sodass Effekte wie Feuer, Wolken oder Wellen entstehen.

▲ **Abbildung 34.60**
Was guckst Du? Für den einen ist der VERFLÜSSIGEN-Filter eine Spielerei, andere verwenden ihn, um Motive im Bild zu modellieren. Im rechten Bild wurden Augen und Augenbrauen vergrößert, Nase und Mund dagegen verkleinert.

- ▶ **Strudel-Werkzeug (im Uhrzeigersinn)** ⟳ – Die Pixel unter dem Pinsel werden im Uhrzeigersinn gedreht, wenn Sie ins Bild klicken oder den Mauszeiger über das Bild ziehen.

- ▶ **Strudel-Werkzeug (gegen Uhrzeigersinn)** ↺ – Die Pixel unter dem Pinsel werden gegen den Uhrzeigersinn gedreht, wenn Sie ins Bild klicken oder den Mauszeiger über das Bild ziehen.

- ▶ **Zusammenziehen-Werkzeug** ❈ – Mit diesem Werkzeug verkleinern Sie Objekte unter dem Pinsel durch Anklicken.

- ▶ **Aufblasen-Werkzeug** ⊕ – Mit diesem Werkzeug vergrößern Sie Motive unter dem Pinsel durch Anklicken.

- ▶ **Pixel-verschieben-Werkzeug** ▦ – Verschiebt die Pixel senkrecht zur Malrichtung nach links. Eine Rechtsverschiebung erreichen Sie mit gedrückter Alt-Taste.

- ▶ **Reflexionswerkzeug** ⧉ – Kopiert die Pixel in den Malbereich. Beim Ziehen des Cursors wird der Bereich senkrecht zur Richtung des Pinsels (links oder unterhalb vom Pinsel) gespiegelt. Mit gehaltener Alt-Taste spiegeln Sie den entgegengesetzten Bereich (etwa um eine Wasserspiegelung zu zeichnen).

- ▶ **Rekonstruktionswerkzeug** ✓ – Mit diesem Werkzeug machen Sie Änderungen rückgängig.

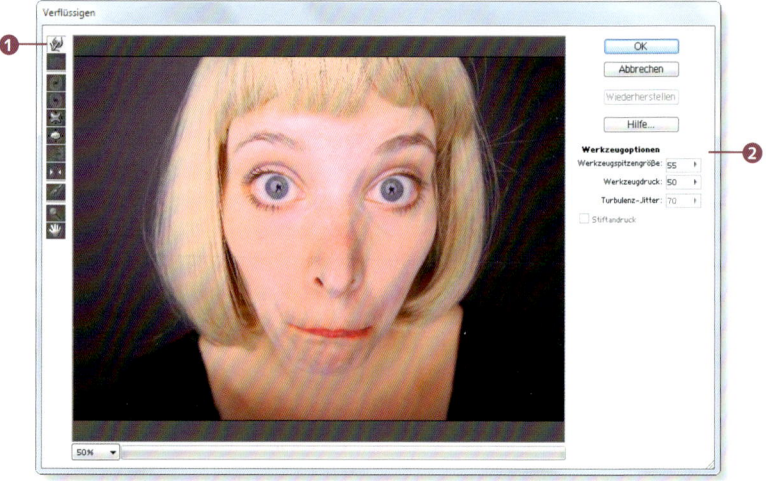

Abbildung 34.61 ▶
Der VERFLÜSSIGEN-Filter

Auf der rechten Seite ❷ des VERFLÜSSIGEN-Filters verändern Sie die WERKZEUGSPITZENGRÖSSE (1 bis 600) und den WERKZEUG-DRUCK (1 bis 100) des Pinsels. Jeder höher dieser Druck ist, desto stärker wirken sich die Werkzeuge auf die Veränderungen aus. Wenn Sie ein Grafiktablett verwenden, legen Sie den Druck über den STIFTANDRUCK fest.

35 Eingescannte Bilder nachbearbeiten

Lagern Sie vielleicht auch noch kartonweise analoge Fotos auf dem Dachboden oder im Keller? Vielleicht ist es an der Zeit, diese Bilder endlich zu digitalisieren und zu archivieren. Mit Photoshop Elements haben Sie alles, was Sie dazu brauchen. Das Archivieren mit dem Organizer wurde ja bereits in Teil 2 beschrieben. In diesem Kapitel möchte ich Ihnen zeigen, wie Sie die Bilder einscannen und wie Sie aus den Scans anschließend das Beste herausholen.

35.1 Bilder einscannen

Voraussetzung zum Scannen | Da Photoshop Elements kein eigenes Programm zum Scannen mitliefert, müssen Sie zunächst das Scan-Programm installiert haben, das Ihrem Scanner beigelegt wurde. Photoshop Elements stellt hierbei nur eine Verbindung zum Scanner über die TWAIN-Schnittstelle her, die wiederum das Scan-Programm aufruft. Beim Scannen unter Windows ohne eine Scanner-Software können Sie auch die WIA-Schnittstelle von Windows zum Scannen verwenden. Mehr dazu wurde bereits in Abschnitt 8.3, »Import vom Scanner«, beschrieben.

Verbindung zum Scanner
Dass eine Verbindung zu einem vorhandenen Scanner bestehen muss, versteht sich wohl.

Auflösung für das Scannen | Das Thema Auflösung wurde bereits in Abschnitt 5.2, »Bildgröße und Auflösung«, behandelt. Trotzdem soll hier nochmals kurz darauf eingegangen werden, weil diesbezüglich oft Verwirrung herrscht.

Zunächst müssen Sie entscheiden, wofür Sie die eingescannten Bilder verwenden wollen. Wenn Sie die Bilder nur auf dem Bildschirm anzeigen wollen, genügt eine niedrigere Auflösung von 72 bis 96 dpi. Alles, was darüber hinausgeht, kann vom Monitor ohnehin nicht mehr angezeigt werden. Allerdings schaden mehr Pixel auch nicht; sie führen lediglich zu einem höheren Datenvolumen.

Sofern Sie allerdings vorhaben, dass Bild zu drucken, müssen Sie auch die Auflösung zum Scannen erhöhen. Hierbei ist es entscheidend, ob Sie das Bild im Verhältnis 1:1 oder vergrößert drucken wollen. In der Praxis ist eine Auflösung von **300 dpi** für gewöhnliche 10×15cm-Bilder fast immer zum Drucken geeignet. Soll das Bild vergrößert ausgedruckt werden, müssen Sie die Auflösung ebenfalls erhöhen. Für einen Tintenstrahlposterdruck mit 150 dpi sollten Sie das Bild schon mit 600 dpi einscannen.

Schritt für Schritt: Bild einscannen und ausrichten

1 **Scan-Programm starten**

Um ein Bild einzuscannen, müssen Sie zunächst über Photoshop Elements das Scan-Programm aufrufen. Das mit dem Scanner gelieferte Programm wird von Hersteller zu Hersteller ein wenig unterschiedlich aussehen. Sie starten das Programm über den Menüpunkt DATEI • IMPORTIEREN. Neben TWAIN gibt es für Windows mittlerweile mit WIA eine betriebssystemeigene Technologie für den Bildimport zwischen Scanner und Grafikprogramm. Im Beispiel habe ich WIA CANON MP600 ausgewählt (beim Mac stand mir hierfür nur MP600 zur Verfügung).

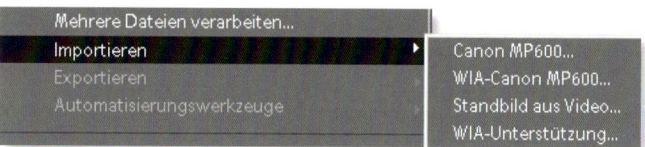

▲ **Abbildung 35.1**
Starten Sie das gewünschte Scan-Programm.

2 **Bildvorschau und Qualität einstellen**

Klicken Sie zunächst auf VORSCHAU ❷, um das Bild mithilfe eines Rahmens ❶ schon vorab richtig freizustellen. Abhängig vom geplanten Einsatz des Bildes müssen Sie nun die Auflösung festlegen und bestimmen, ob das Bild in Farbe, Graustufen oder Schwarzweiß eingescannt werden soll. Im Beispiel habe ich die AUFLÖSUNG 300 dpi ❹ und ein FARBBILD ❺ verwendet. Wo Sie diesen Wert einstellen, hängt von der Software ab, die auf Ihrem Rechner installiert ist. Klicken Sie anschließend auf SCANNEN ❸.

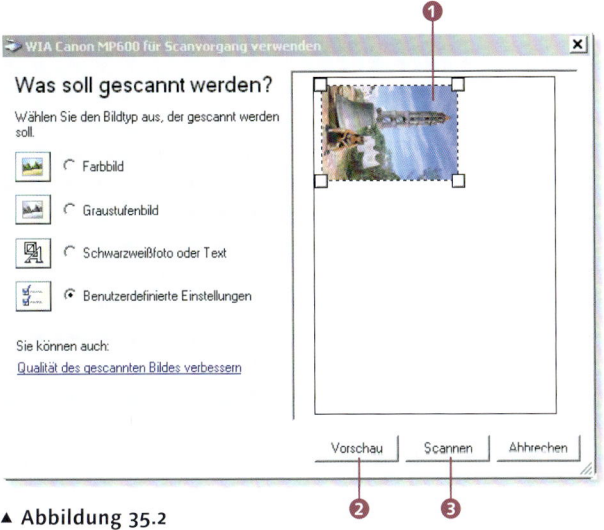

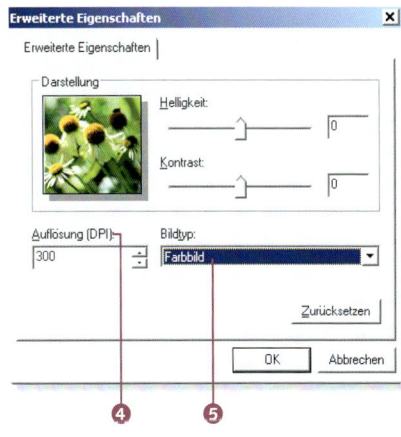

▲ Abbildung 35.2
Die Einstellungen vor dem Scannen (in der Abbildung wird die
WIA-Schnittstelle zum Scannen verwendet)

3   Nach dem Scannen

Nach dem Scan-Vorgang sollte das Bild in einem neuen Dokumentfenster in Photoshop Elements geöffnet sein.

◀ Abbildung 35.3
Das gescannte Bild öffnet sich in
einem neuen Dokumentfenster.

4   Bild drehen, ausrichten und zuschneiden

Im Beispiel müssen wir das Bild erst mit BILD • DREHEN • 90° NACH
LINKS in die richtige Richtung drehen. Sollte das Bild schief eingescannt sein, richten Sie es mit dem Gerade-ausrichten-Werkzeug
[P] aus. In diesem Fall war das nicht nötig. Zum Schluss musste
hier noch mit dem Freistellungswerkzeug [C] der weiße Rand
oben und rechts weggeschnitten werden.

▲ Abbildung 35.4
Das fertig gedrehte und
zugeschnittene Bild

Cuba.jpg

35.1.1 Bildqualität des Scans verbessern

Häufig sind eingescannte Bilder flau, farblos und etwas unscharf. Im folgenden Workshop sollen diese Schwächen beseitigt werden. Als Beispiel verwenden wir das zuvor eingescannte Bild, das Sie wiederum auf der Buch-DVD finden.

Schritt für Schritt: Scannerschwächen ausgleichen

Einstellungsebene
Natürlich können Sie hierbei auch die Einstellungsebene TONWERTKORREKTUR verwenden.

1 Tonwertkorrektur

Wenn Sie die TONWERTKORREKTUR über ÜBERARBEITEN • BELEUCHTUNG ANPASSEN oder Strg/⌘+L öffnen, erkennen Sie am Histogramm gleich, warum das Bild so flau wirkt: Es hat keinerlei Höhen oder Tiefen. Daher wollen wir im Folgenden Kanal für Kanal korrigieren. Wählen Sie zunächst den roten Kanal ❶ aus, und ziehen Sie den schwarzen Anfasser ❷ nach rechts an den Anfang der Histogramm-Hügellandschaft. Den weißen Anfasser ❸ schieben Sie analog nach links an den Anfang der Hügellandschaft. Stellen Sie den blauen und den grünen Kanal ❶ ebenso ein.

Abbildung 35.5 ▲▶
Positionieren Sie die Anfasser wie im Dialog gezeigt.

2 Bild schärfen

Gescannte Bilder weisen häufig nicht nur einen Grauschleier auf, sondern lassen oft auch eine gewisse Schärfe vermissen. Auch hier wollen wir mit ÜBERARBEITEN • UNSCHARF MASKIEREN nachhelfen. Verwenden Sie eine STÄRKE von 250 % und einen RADIUS von 1,0. Bestätigen Sie den Dialog dann mit OK.

3 Bildrauschen entfernen

Viele Scanner lesen das Bild mit einem relativ starken Rauschen ein. Das Bildrauschen wird natürlich durch das Schärfen zuvor noch ein wenig verstärkt. Mit FILTER • RAUSCHFILTER • RAUSCHEN REDUZIEREN rücken wir diesem Problem zu Leibe. Hier müssen Sie selbst ein wenig herumprobieren. Im Beispiel habe ich für STÄRKE einen Wert von 9 verwendet, für DETAILS ERHALTEN den Wert 10 % und für FARBSTÖRUNG REDUZIEREN den Wert 45 %.

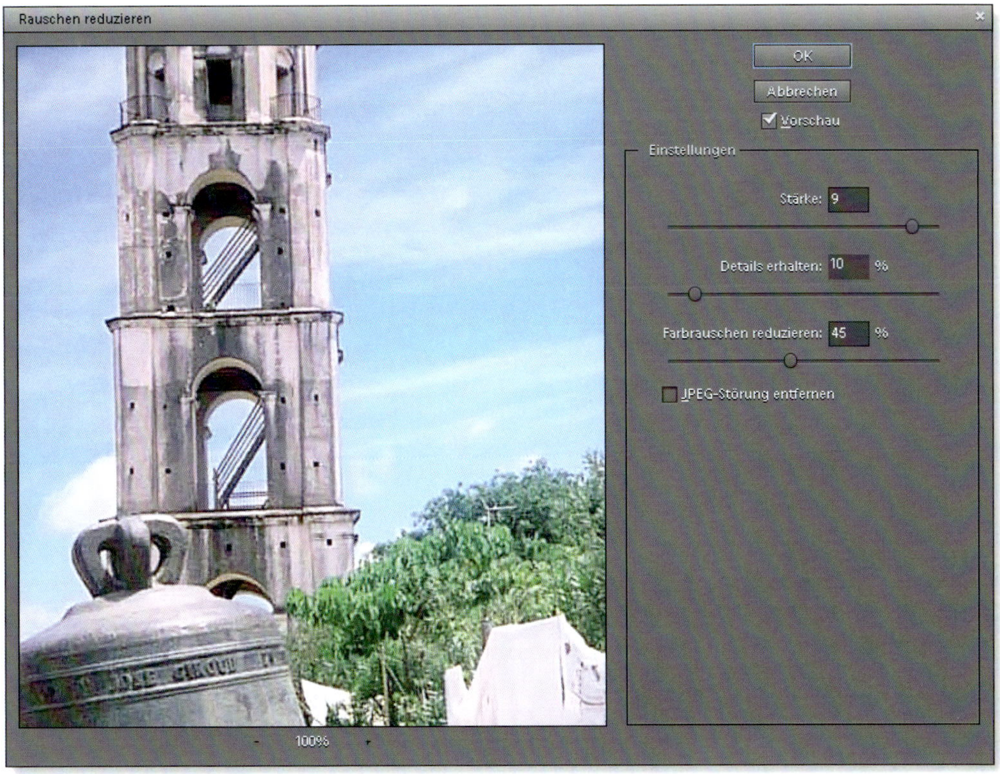

▲ **Abbildung 35.6**
Einstellungen für die Schärfe

▲ **Abbildung 35.7**
Die Einstellungen im Rauschfilter

4 Staub entfernen

Zwar wurde der Staub bereits zuvor mit dem Filter RAUSCHEN REDUZIEREN teilweise entfernt, aber größere Flecken, die zum Beispiel auf dem Foto oder auf dem Scanner waren, sind gegen diesen Filter immun. Verwenden Sie den Bereichsreparatur-Pinsel

✏️ J mit einer weichen, kleinen Werkzeugspitze, um den Staub
und unerwünschte Flecken wegzutupfen. Bei schwierigeren und
größeren Flächen müssen Sie möglicherweise den Reparatur-Pinsel ✏️ J in einem zuvor ausgewählten Bereich verwenden.

▲ **Abbildung 35.9**
Entfernen Sie Flecken und Staub
mit dem Bereichsreparatur-Pinsel.

5 **Mitteltöne verbessern**

Sehr wichtig für die Kontrastwirkung sind auch die Mitteltöne,
weshalb wir auch diese ein wenig verbessern wollen. Wählen Sie
hierzu ÜBERARBEITEN • BELEUCHTUNG ANPASSEN • TIEFEN/LICHTER,
und schieben Sie nur den Regler für MITTELTON-KONTRAST auf
+15 %. Bestätigen Sie den Dialog dann wieder mit OK.

Abbildung 35.10 ▶
Einstellungen im Dialog
TIEFEN/LICHTER

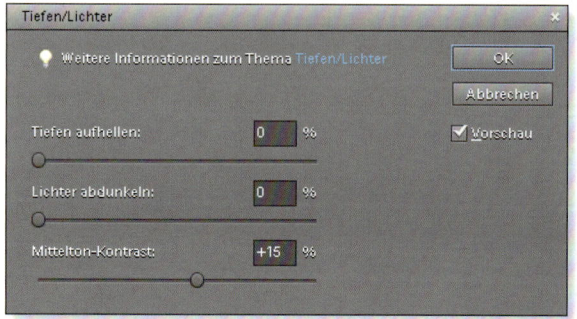

6   Analyse

Beim direkten Vergleich der Vorher-nachher-Abbildungen fällt der Unterschied relativ deutlich auf. Allerdings hängt ein solches Ergebnis auch vom Scanner ab. Da ich aber davon ausgehe, dass der Großteil der Leserschaft einen Otto-Normalverbraucher-Scanner und kein High-End-Gerät verwendet, dürfte dieser Workshop für die meisten relevant sein.

◀ **Abbildung 35.11**
Links das Bild nach dem Einscannen und rechts nach der Überarbeitung: Das Endergebnis weist deutlich frischere Farben, mehr Schärfe und einen viel besseren Kontrast auf. ▪

35.1.2   Mehrere Scans aufteilen

Sollten Sie wirklich vorhaben, Ihren Bilderbestand zu digitalisieren, so brauchen Sie nicht Bild für Bild einzuscannen. Schneller geht es, wenn Sie mehrere Bilder auf den Scanner legen und diese anschließend zuschneiden (lassen). Häufig ist es gar nicht anders möglich, mehrere Bilder auf einmal zu scannen – etwa wenn Bilder fest in einem Album kleben. Photoshop Elements bietet Ihnen für solche Fälle eine gute Automatik an, die recht zuverlässig arbeitet.

 moreScans.jpg

◀ **Abbildung 35.12**
Einige alte Fotos wurden hier aus einem Familienalbum eingescannt.

① Scans aufteilen

Drehen Sie gegebenenfalls zunächst den Scan in die richtige Richtung. Anschließend genügt ein Aufruf von BILD • GESCANNTE FOTOS TEILEN, und Photoshop zerlegt die Fotos selbstständig in vier neue Dateien.

Abbildung 35.13 ▶
Der Scan wurde in sechs einzelne Fotos geteilt.

② Freistellen und speichern

Im Beispiel wurden alle vier Bilder ordentlich zugeschnitten. Nur ein älteres Bild mit ausgefranstem Rahmen, wie er früher verwendet wurde, können Sie noch nachträglich mit dem Freistellungswerkzeug ⬚ Ⓒ zuschneiden. Speichern Sie die Bilder anschließend ab.

Abbildung 35.14 ▶
Ein einzelnes Foto nach dem Zuschneiden

Teil XI
Mit Text arbeiten

36 Grundlagen zur Texterstellung

Um einen Text zu erstellen oder zu bearbeiten, können Sie das Horizontale Textwerkzeug **T** oder das Vertikale Textwerkzeug aus der Werkzeugpalette verwenden. Jeder Text, den Sie hiermit eingeben, wird auf einer neuen Textebene platziert. Hierbei haben Sie die Möglichkeit, einen einzeiligen Text (auch als **Punkttext** bezeichnet) oder einen mehrzeiligen **Absatztext** zu erstellen.

Zum Welterlesen
Mehr zu den Ebenen bzw. in diesem Fall Textebenen wurde bereits in Abschnitt 25.2.4, »Textebenen«, beschrieben.

36.1 Einzeiliger Text (Punkttext)

Um einen einzeiligen Punkttext zu erstellen, wählen Sie einfach das Horizontale Textwerkzeug **T** in der Werkzeugpalette aus. Gehen Sie dann mit dem Mauszeiger auf das Bild, wodurch der Mauszeiger zu einem bestimmten Symbol ❶ wird, das anzeigt, dass Sie hier einen Text eingeben können. Dieses Symbol wird auch **Einfügemarke** genannt.

Vertikales Textwerkzeug
Natürlich funktioniert Selbiges auch mit dem Vertikalen Textwerkzeug, allerdings verläuft hierbei die einzeilige Textrichtung von oben nach unten.

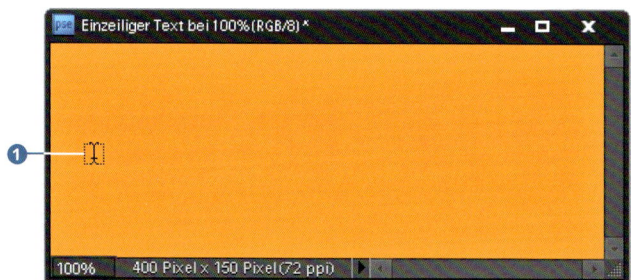

◄ **Abbildung 36.1**
Die Einfügemarke ❶ symbolisiert, dass Sie hier einen Text eingeben können.

Text eingeben | Wenn Sie jetzt in das Bild klicken, erscheint ein blinkender Textcursor, den Sie sicher von der Textverarbeitung her kennen. Jetzt können Sie mit der Tastatur einen Text eingeben. Der Text bleibt so lange in der Zeile, bis Sie mit ⏎ einen manuellen Zeilenumbruch durchführen. In der Praxis sollten Sie allerdings einen mehrzeiligen Text mit einem Absatztext erstellen.

⏎ vs. Enter
Beachten Sie bitte, dass hier Enter auf dem Ziffernblock Ihrer Tastatur nicht dieselbe Funktion wie ⏎ hat. Beim Textwerkzeug bestätigen Sie mit Enter die Texteingabe und fügen mit ⏎ einen Zeilenumbruch ein.

Unterhalb des Textes in Abbildung 36.2 finden Sie eine Grundlinie ❶, die sich für ein genaues Positionieren auf einer Linie eignet. Der Text selbst wird in der eingestellten Vordergrundfarbe geschrieben. Die Schrift legen Sie in der Werkzeugoptionsleiste fest. Die Textebene ❷ mit dem Icon »T« wird automatisch angelegt.

Abbildung 36.2 ▼
Ein Text und das dazugehörige Ebenen-Bedienfeld

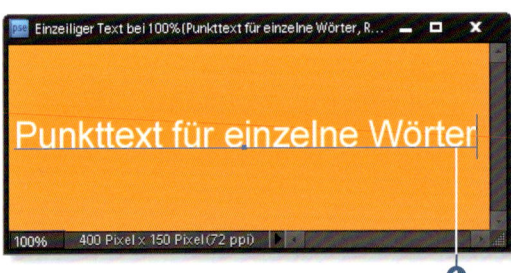
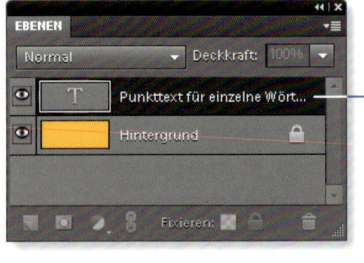

Absatztext: Eingabe bestätigen
Das hier Beschriebene zur Bestätigung oder zum Abbruch der Eingabe gilt auch für den mehrzeiligen Absatztext.

Eingabe bestätigen oder abbrechen | Sind Sie mit der Texteingabe fertig, müssen Sie diese nur noch bestätigen. Dafür nutzen Sie entweder das grüne Häkchen in der Werkzeugoptionsleiste, die `Enter`-Taste im Ziffernblock oder, falls Sie keinen Ziffernblock haben, die Tastenkombination `Strg`/`⌘`+`↵`. Auch gilt die Eingabe als bestätigt, wenn Sie das Werkzeug wechseln. Die Eingabe abbrechen hingegen können Sie mit dem Stopp-Symbol in der Werkzeugoptionsleiste oder mit `Esc`. Wenn Sie die Texteingabe abbrechen, wird automatisch auch die dazugehörende Textebene gelöscht.

36.2 Mehrzeiliger Text (Absatztext)

Copy & Paste

Natürlich können Sie auch, wie bei einem Texteditor üblich, einen Text, den Sie von einer anderen Anwendung in die Zwischenablage kopiert haben, in den Absatztext einfügen. Damit dies funktioniert, muss aber der Textcursor blinken, womit das Textwerkzeug seine Bereitschaft zur Eingabe signalisiert.

Bei umfangreicheren Texten bewirken Sie entweder mit `↵` einen Zeilenumbruch, oder Sie verwenden einen Absatztext. Der Vorteil eines solchen Absatztextes ist, dass Sie vor dem Eingeben des Textes festlegen können, welcher Bereich als Textfeld dienen soll. Aktivieren Sie hierzu wieder das Horizontale (oder Vertikale) Textwerkzeug, und gehen Sie mit dem Mauszeiger ins Bild. Klicken Sie jetzt die linke Maustaste, halten Sie diese gedrückt, und ziehen Sie einen Rahmen in diagonaler Richtung auf. Wenn Sie die Maustaste loslassen, finden Sie links oben wieder den blinkenden Textcursor und können mit der Eingabe des Textes über die Tastatur beginnen. Die Texteingabe selbst bestätigen Sie wieder genauso, wie bereits zuvor zum Punkttext beschrieben wurde. Der Zeilenumbruch wird automatisch am Rand des Rahmens durchgeführt. Alternativ können Sie natürlich auch wieder manuell einen Zeilenumbruch mit `↵` einfügen.

▲ **Abbildung 36.3**
Mit dem Aufziehen des Rahmens legen Sie die Größe des Absatztextes fest.

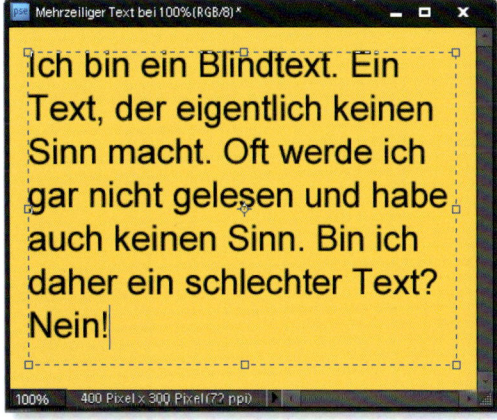

▲ **Abbildung 36.4**
Über die kleinen Symbole an den Seiten und Ecken können Sie den Rahmen nachträglich in der Größe verändern.

Größe des Textrahmens einstellen | Wollen Sie einen exakt quadratischen Absatztext aufziehen, halten Sie während des Aufziehens des Rahmens die ⌂-Taste gedrückt. Möchten Sie hingegen einen Absatztext pixelgenau platzieren, halten Sie die Alt-Taste gedrückt, und klicken Sie mit aktivem Textwerkzeug ins Bild. Daraufhin wird ein Zahleneingabefeld geöffnet, in dem Sie die exakte BREITE und HÖHE des Absatztextes in Pixel eingeben können.

Sofern Sie mehr Text eingeben, als in den aufgezogenen Rahmen für den Absatztext passt, wird das Symbol zum Verändern der Größe rechts unten als Plus-Symbol ❸ angezeigt. Dieses macht darauf aufmerksam, dass hier noch mehr Text vorhanden ist, der aber nicht angezeigt werden kann.

Größe des Textrahmens verändern | Um den Rahmen des Absatztextes nachträglich zu ändern, klicken Sie einfach in der richtigen Textebene den Text mit dem Textwerkzeug an, und schon wird der Rahmen wieder angezeigt. Über die Symbole an den Ecken und Seiten des Textbegrenzungsrahmens können Sie den Text jetzt mit gedrückter Maustaste vergrößern oder verkleinern. Der Zeiger wird, wenn er exakt auf einem Symbole steht, zu einem doppelten Pfeil. Halten Sie während des Ziehens ⌂ gedrückt, werden die ursprünglichen Proportionen bei der Größenänderung eingehalten. Beachten Sie außerdem, dass bei einer Änderung der Rahmengröße auch der Zeilenumbruch erneuert wird.

Textrahmen drehen | Um den Textrahmen mit dem Textwerkzeug zu drehen, platzieren Sie den Mauszeiger knapp außerhalb des

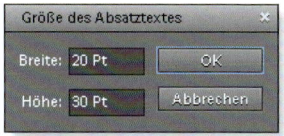

▲ **Abbildung 36.5**
Die Größe des Absatzrahmens können Sie auch exakt eingeben.

▲ **Abbildung 36.6**
Es wurde mehr Text eingegeben, als im Rahmen des Absatztextes angezeigt werden kann.

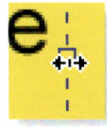

▲ **Abbildung 36.7**
Wird dieser Doppelpfeil angezeigt, können Sie die Größe des Rahmens verändern.

Rahmens, bis der Mauszeiger zu einem gebogenen Doppelpfeil ❶ wird. Jetzt können Sie mit gedrückt gehaltener Maustaste den Textrahmen drehen. Drücken Sie während des Drehens zusätzlich die ⬦-Taste, beschränken Sie die Drehung auf 15°-Schritte.

Abbildung 36.8 ▶
Der Textrahmen lässt sich mit dem Textwerkzeug auch drehen.

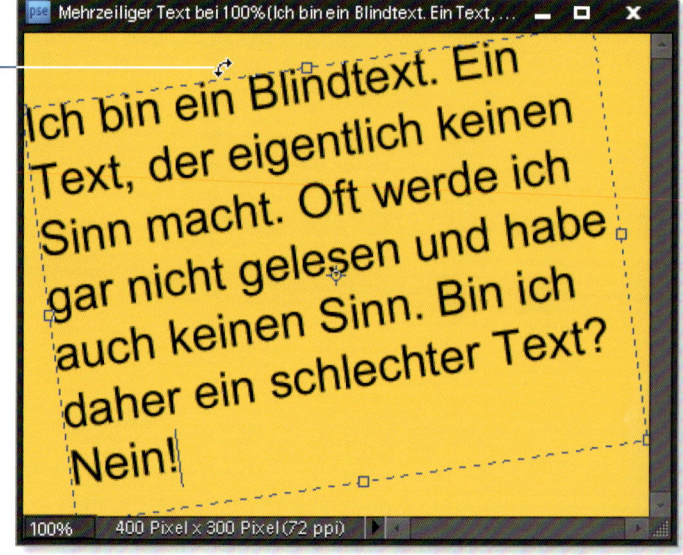

▲ **Abbildung 36.9**
Das Symbol zeigt an, dass der Textrahmen verschoben werden kann.

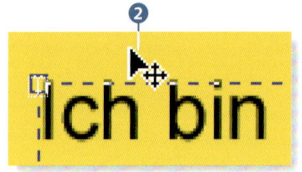

Textrahmen verschieben | Wollen Sie den Textrahmen mit dem Textwerkzeug verschieben, müssen Sie ebenfalls erst die entsprechende Textebene anklicken, damit der Textrahmen angezeigt wird. Gehen Sie mit dem Mauszeiger außerhalb des Rahmens, bis der Mauscursor wie das Verschieben-Werkzeug ❷ aussieht. Jetzt verschieben Sie mit gedrückt gehaltener Maustaste den Rahmen. Alternativ können Sie den Text auch verschieben, wenn Sie sich mit dem Mauszeiger innerhalb des Textrahmens befinden und die Strg/⌘-Taste gedrückt halten.

Textebene transformieren | Natürlich funktioniert auch hier eine komplette Ebenentransformation mit Strg/⌘+T oder über den Menüpfad BILD • TRANSFORMIEREN • FREI TRANSFORMIEREN, um beispielsweise eine Textebene zu neigen. Dasselbe erreichen Sie aber ebenfalls mit dem Verschieben-Werkzeug ⊹ V. Diese Transformation lässt sich auch auf einen Punkttext anwenden.

Allerdings sollten Sie immer bedenken, dass eine Ebenentransformation auch die Gefahr birgt, dass der Text verzerrt wird und Zeilenumbrüche nicht erneuert werden. Daher sei Ihnen zunächst empfohlen, immer erst alle Möglichkeiten des Textwerkzeugs auszuschöpfen, bevor Sie auf die Ebenentransformation zurückgreifen.

Zum Nachlesen
Das Thema »Transformation von Ebenen« wurde in Abschnitt 27.1, »Ebenen transformieren«, näher behandelt.

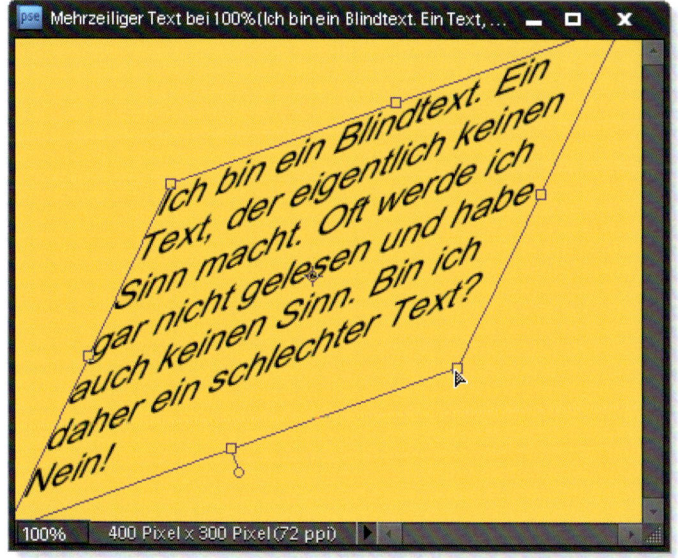

◄ **Abbildung 36.10**
Der Text wurde mit einer Ebenentransformation geneigt.

36.3 Text editieren

Den Text können Sie jederzeit nachträglich editieren, indem Sie
die Textebene aktivieren und mit dem Textwerkzeug innerhalb
des Textes klicken. Hierbei sollte gleich wieder der blinkende
Textcursor erscheinen, mit dem Sie Text wie bei einem gewöhnlichen Texteditor einfügen oder löschen können.

36.3.1 Text gestalten

Ob Sie einen Punkttext oder einen Absatztext verwenden wollen,
in der Werkzeugoptionsleiste der Textwerkzeuge können Sie die
wichtigsten Formatierungen für die Schrift einstellen. Die Schrift
können Sie vor der Texteingabe oder auch nachträglich formatieren. Egal, welches Textwerkzeug Sie verwenden, alle haben dieselben Optionen:

❶ Schriftart
❷ Schriftschnitt
❸ Schriftgrad
❹ Schriftglättung
❺ Formatierung
❻ Textausrichtung

❼ Zeilenabstand
❽ Textfarbe
❾ Text verkrümmen
❿ Textausrichtung
⓫ Ebenenstil

▼ **Abbildung 36.11**
Werkzeugoptionen für
Textwerkzeuge

▲ Abbildung 36.12
Aktuelle Bearbeitung bestätigen
oder abbrechen

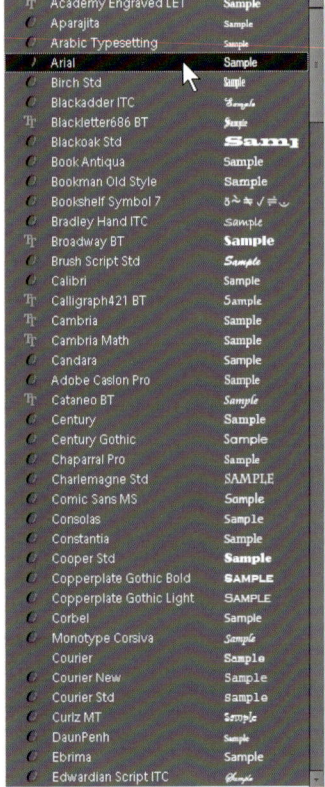

▲ Abbildung 36.13
Neben dem Namen der Schrift-
familie finden Sie hier auch eine
Schriftenvorschau.

Faux-Schrift verwenden

Faux-Schriften sollten Sie nur
dann verwenden, wenn eine bestimmte Schriftfamilie keine weiteren Stile zur Verfügung stellt.

Wenn Sie einen Text mit dem Textwerkzeug bearbeiten oder
bearbeitet haben, erscheinen in der Werkzeugoptionsleiste
außerdem die Schaltflächen mit dem roten Stopp-Symbol und
dem grünen Häkchen, mit denen Sie die zuletzt gemachte Bearbeitung bestätigen (mit dem Häkchen) oder abbrechen (mit dem
Stopp-Symbol). Das Gleiche erreichen Sie ja auch über die Tastatur mit Enter bzw. Esc.

Schriftfamilie auswählen | Im ersten Dropdown-Feld ❶ wäh-
len Sie die Schriftart aus. Aufgelistet werden nur die Schriftarten,
die auf dem Rechner installiert sind, und die unterscheiden sich
von Rechner zu Rechner. Neben der Scrollleiste können Sie zum
Navigieren durch die Schriften das Mausrad oder die Tasten ↑
und ↓ verwenden sowie den Anfangsbuchstaben oder den
ganzen Namen der Schriftart eintippen. Vor der aktuell aktiven
Schriftart ist ein Häkchen gesetzt.

Schriftschnitt einstellen | Bei der Auswahl der Schriftfamilie
können Sie den Schriftschnitt ❷ unabhängig von der Schriftart
auswählen. Der Schriftschnitt ist eine weitere Variante einer
Schriftfamilie wie beispielsweise »Standard«, »Fett« oder »Kursiv«. Die Anzahl der vorhandenen Schriftschnitte kann bei jeder
Schrift unterschiedlich sein.

Fehlt ein gewünschter Schriftschnitt für eine bestimmte
Schriftart, können Sie die **Faux-Versionen** von Kursiv- oder Fett-
schnitt verwenden. Eine Faux-Schrift ist eine vom Computer
generierte Version einer Schrift. Benutzen Sie die Schaltflächen
in der Werkzeugoptionsleiste zur Auswahl der Faux-Schrift, oder
klicken Sie einen Punkt- oder Absatztext mit der rechten Maustaste an, und wählen Sie im Kontextmenü Faux-Fett oder Faux-
Kursiv aus.

Schriftgrad | Wie groß die Schrift geschrieben werden soll, stellen
Sie mit dem Schriftgrad ❸ ein. Der Wert bezieht sich immer auf
die Höhe der Großbuchstaben und ist standardmäßig auf Punkt
(Pt) eingestellt, die typische Größe für Schriften in der Typografie. Über das Menü Bearbeiten/Photoshop Elements • Voreinstellungen • Einheiten & Lineale verändern Sie bei Bedarf die
Maßeinheit für den Text. Neben der Maßeinheit »Punkt« stehen
Ihnen »Pixel« und »Millimeter« zur Verfügung. Die Einheit »Pixel«
ist beispielsweise bestens geeignet, wenn Sie etwas für das Web
gestalten, weil in diesem Bereich alles in Pixel angegeben wird.

Es gibt zusätzlich einige Tastenkombinationen, mit denen
Sie den Schriftgrad eines ausgewählten Textes vergrößern oder

verkleinern können. Mit `Strg`/⌘+⬆+`Λ` verkleinern Sie den ausgewählten Text um zwei Schriftgrade (abhängig von der einge-stellten Maßeinheit), und mit `Strg`/⌘+⬆+`W` vergrößern Sie ihn um zwei Schriftgrade. Verwenden Sie zu diesen Tastenkombi-nationen zusätzlich `Alt`, verringern bzw. erhöhen Sie den Text gleich um je 10 Schriftgrade.

Um innerhalb eines Textes einzelne Wörter oder Buchstaben in einer anderen Schriftgröße zu setzen, markieren Sie die ent-sprechenden Textteile mit dem Textwerkzeug und ändern dann in der Optionsleiste die Schriftgröße.

Schriftgröße ist relativ …
Beachten Sie, dass die Größen-angabe der Schrift oft nur eine grobe Orientierung darstellt. Häufig unterscheiden sich trotz gleicher Schriftgrade und Schrift-schnitte die Wirkung und Lauf-weite von Schriftfamilien erheblich voneinander.

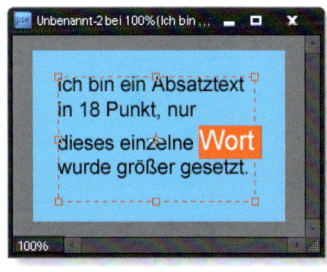

▲ **Abbildung 36.14**
Unterschiedliche Schriftgrößen vergeben

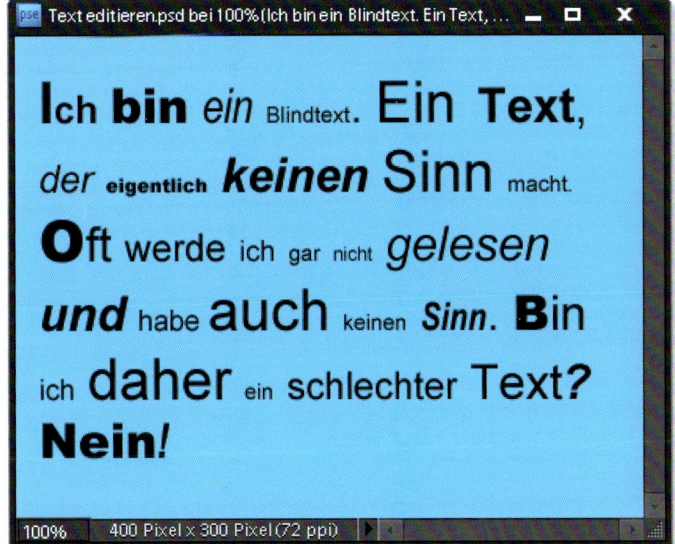

▲ **Abbildung 36.15**
Verschiedene Schriftgrößen und -schnitte lassen sich auch auf einzelne Wörter oder einzelne Zeichen anwenden.

Schrift glätten | Über die Schaltfläche mit den Symbolen »A« ❹ aktivieren und deaktivieren Sie die Glättung von Schriften. Ist diese Schaltfläche gedrückt, so ist die Schriftglättung aktiv, was der Standardeinstellung entspricht. Die Glättung der Schrift kön-nen Sie auch über das Menü EBENE • TEXT ein- und ausschalten; die Textebene muss natürlich zuvor aktiviert worden sein. Das Gleiche erreichen Sie mit einem rechten Mausklick auf den Text innerhalb des Bildes oder auf die Textebene im Ebenen-Bedien-feld.

▲ **Abbildung 36.16**
Schriftglättung aktivieren

Vielleicht stellt sich Ihnen zunächst die Frage, wozu Sie einen Text überhaupt glätten sollten. Die Notwendigkeit dafür ergibt sich dadurch, wie im Computer ein Text bzw. ein Zeichen aufge-baut ist. Ganz nah betrachtet erkennen Sie »Treppchen« an den

Buchstaben, da ein Pixel nicht rund, sondern rechteckig ist. Mithilfe der Glättung (Fachbegriff: **Anti-Aliasing**) wird diese harte Treppenbildung vermieden. Der einzelne Buchstabe wird an den Kanten weichgezeichnet.

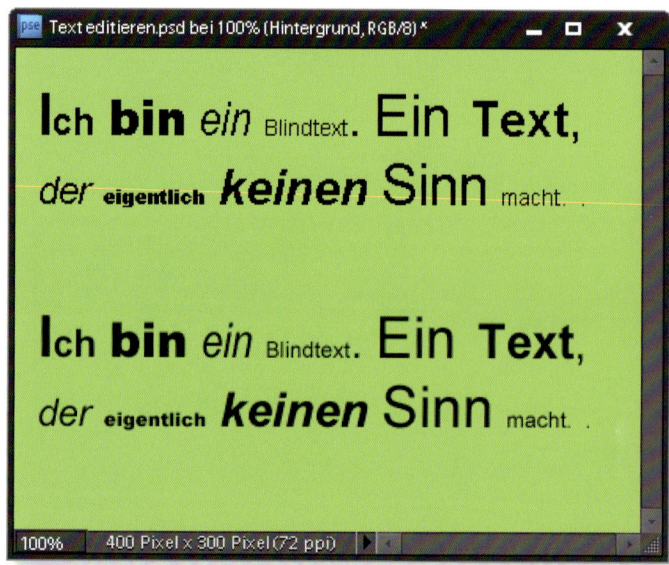

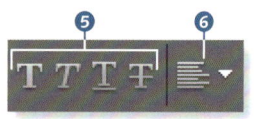

▲ **Abbildung 36.18**
Formatieren und ausrichten

Schriftschnitt II | Mit den vier folgenden Schaltflächen ❺ können Sie weitere Formatierungen an der Schrift vornehmen. Neben den beiden erwähnten Faux-Schriftschnitten finden Sie hier auch Schaltflächen, mit denen Sie den Text unter- bzw. durchstreichen.

Text ausrichten | Die in dem Popup-Menü ❻ aufgelisteten Icons kennen Sie sicherlich auch aus verschiedenen Textverarbeitungsprogrammen. Es stehen Ihnen eine linksbündige, eine zentrierte und eine rechtsbündige Ausrichtung des Textes zur Verfügung. Alternativ richten Sie den Text, wenn er aktiviert ist, mit den Tastenkombinationen ⌃Strg/⌘+⇧+ L links, mit ⌃Strg/⌘ +⇧+ R rechts und mit ⌃Strg/⌘+⇧+ C zentriert aus.

Zeilenabstand einstellen | Den Zeilenabstand vergrößern oder verkleinern Sie entweder über den Schieberegler, der sich auf dem Symbol ❼ befindet, oder über das Popup-Menü. Standardmäßig ist hier AUTO voreingestellt.

Textfarbe auswählen | Auch die Textfarbe ❽ können Sie vor oder nach der Texteingabe ändern. Das Farbmenü in der Werkzeugoptionsleiste listet die Farbfelder (siehe Abschnitt 14.1.3, »Das Farbfelder-Bedienfeld«) auf, aus denen Sie eine Farbe auswählen können. Alternativ stellen Sie über den FARBWÄHLER eine benutzerdefinierte Farbe für die Schrift ein, indem Sie auf die Farbe in der Werkzeugoptionsleiste doppelklicken.

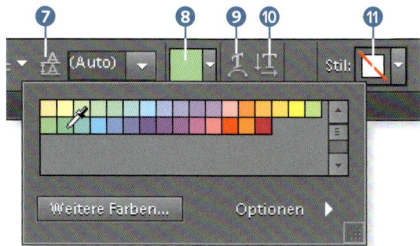

◄ **Abbildung 36.19**
Die Farbe für den Text auswählen. Mit der Schaltfläche WEITERE FARBEN können Sie eine eigene Farbe mit dem FARBWÄHLER einstellen.

Verkrümmten Text erstellen | Über die Verkrümmen-Schaltfläche ❾ verzerren Sie den Text in vielfältige Formen. Die Verkrümmung wird auf alle Zeichen einer Textebene angewandt. Auf einzelne Zeichen oder Wörter lässt sich diese Aktion jedoch nicht beschränken. Auch können Sie Texte mit dem Attribut FAUX-FETT nicht verkrümmen.

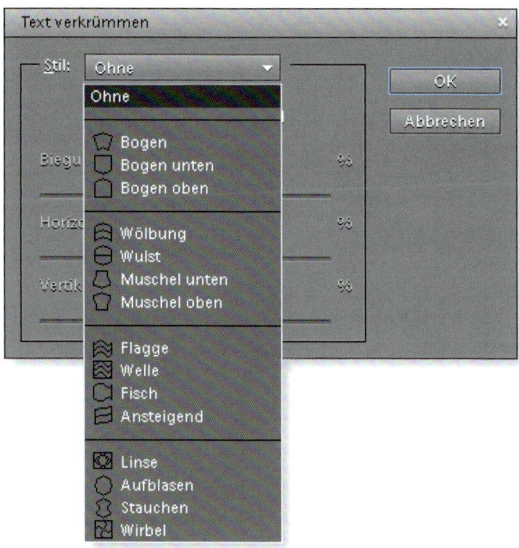

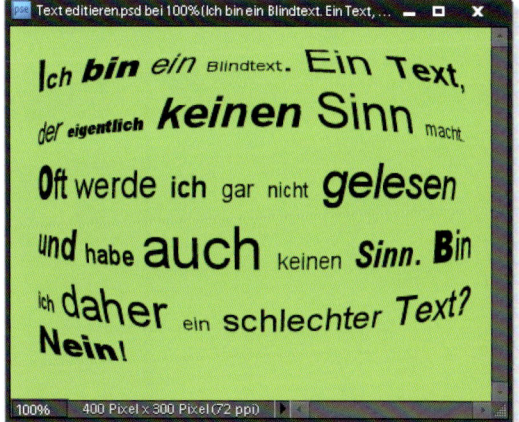

▲ **Abbildung 36.20**
Verschiedene Möglichkeiten, den Text zu verzerren. Alle Stile lassen sich zusätzlich mit den Schiebereglern BIEGUNG, HORIZONTALE VERZERRUNG und VERTIKALE VERZERRUNG anpassen.

▲ **Abbildung 36.21**
Der Text wurde mit dem LINSE-Stil verzerrt. Die Verkrümmung kann jederzeit geändert oder wieder entfernt werden.

Textausrichtung ändern | Mit der letzten Schaltfläche ❿ wechseln Sie die Textausrichtung von horizontal nach vertikal und umgekehrt. Auch hier lässt sich nur die Textausrichtung der kompletten Textebene und nicht von einzelnen Zeichen ändern.

Abbildung 36.22 ▶
Vertikale Textausrichtung

Ebenenstil hinzufügen | Hier können Sie dem Text einen Ebenenstil ⓫ hinzufügen. Diese Stile sind nicht nur auf Textebenen beschränkt, sondern sie finden sich auch im Bedienfeld EFFEKTE wieder. Interessant für den Text sind Stile wie abgeflachte Kanten oder Schatten.

Zum Weiterlesen
Die Ebenenstile werden gesondert in Kapitel 37, »Ebenenstile«, beschrieben.

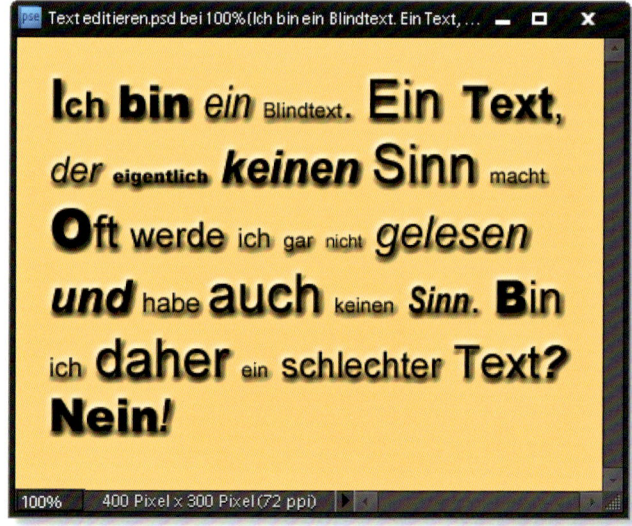

Abbildung 36.23 ▶
Hier wurde ein einfacher Reliefstil und ein Schatten auf den Text angewandt.

36.3.2 Teile eines Textes bearbeiten

Im vorigen Abschnitt zu den Optionen der Textwerkzeuge haben Sie gelesen, dass Sie mit einigen Einstellungen den kompletten Text und mit anderen Optionen wiederum einzelne Textinhalte verändern können.

Einzelne Zeichen ändern | Wenn Sie einzelne Zeichen ändern wollen, müssen Sie diese wie in der Textverarbeitung üblich markieren. Hierzu aktivieren Sie im Bild den Textrahmen, sodass der blinkende Textcursor zu sehen ist. Jetzt können Sie die gewünschten Zeichen mit gedrückt gehaltener Maustaste markieren und so den Text über die Werkzeugoptionen ändern.

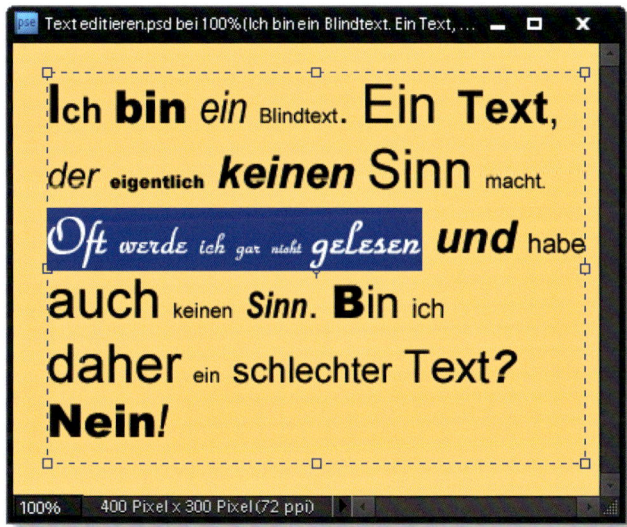

◄ **Abbildung 36.24**
Die Zeichen des markierten Textes können jetzt unabhängig von den anderen Zeichen verändert werden. Ausgenommen hiervon sind jedoch die Ebenenstile, das Verkrümmen von Text und das Ändern der Textausrichtung. Diese Optionen wirken sich immer auf die komplette Ebene aus.

Menü »Bearbeiten«
Befinden Sie sich im Editiermodus mit dem Textwerkzeug, stehen Ihnen die Befehle zum Ausschneiden, Kopieren, Einfügen, Löschen auch im Menü BEARBEITEN zur Verfügung und beziehen sich hierbei auf den Text und nicht mehr auf das Bild.

Kompletten Text verändern | Um den kompletten Text zu verändern, doppelklicken Sie im Ebenen-Bedienfeld auf die Ebenenminiatur mit dem »T«. Dadurch wird automatisch der komplette Text dieser Ebene ausgewählt und kann bearbeitet werden.

Kopieren, Ausschneiden, Einfügen und Löschen | Wenn Sie einen Text editieren und mit der rechten Maustaste anklicken, erscheint ein Kontextmenü, wo Sie einen markierten Text in die Zwischenablage KOPIEREN, AUSSCHNEIDEN oder von dort EINFÜGEN können. Natürlich funktioniert die Zwischenablage systemweit. Haben Sie beispielsweise einen Text aus dem Webbrowser in die Zwischenablage kopiert, können Sie diesen Text in Photoshop Elements wieder einfügen. Alternativ stehen Ihnen diese Befehle auch als Tastenkürzel [Strg]/[⌘]+[C] für Kopieren, [Strg]/[⌘]+[X] für Ausschneiden und [Strg]/[⌘]+[V] für das Einfügen zur Verfügung. Auch LÖSCHEN können Sie einen markierten Text über das Kontextmenü. Schneller sind Sie allerdings mit [Entf]/[←]. Wollen Sie den kompletten Text markieren, verwenden Sie im Kontextmenü ALLES AUSWÄHLEN (oder [Strg]/[⌘]+[A]).

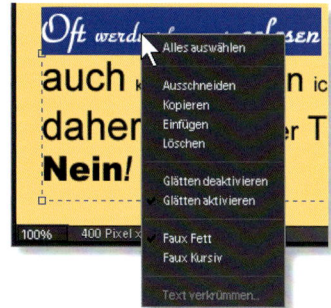

▲ **Abbildung 36.25**
Mit einem rechten Mausklick stehen Ihnen beim Editieren weitere Befehle zur Verfügung.

Strand.jpg

36.3.3   Textmaskierungswerkzeug

Das Horizontale  und das Vertikale Textmaskierungswerkzeug werden verwendet, um eine Auswahl zu erstellen, die die Form eines Textes hat. Hiermit lassen sich interessante Texteffekte erstellen, indem Sie den Text vom Hintergrund befreien und in ein neues Bild einfügen. Eine so erstellte Textmaskierung können Sie wie eine gewöhnliche Auswahl behandeln. Haben Sie allerdings einmal eine Auswahl aus der Textmaskierung erstellt, können Sie nicht mehr auf die Werkzeugoptionen der Textwerkzeuge zurückgreifen.

▲ **Abbildung 36.26**
Während der Eingabe eines Textes mit den Textmaskierungswerkzeugen wird der nicht ausgewählte Bereich wie mit einer roten Folie überdeckt (Quickmask) angezeigt.

▲ **Abbildung 36.27**
Sobald Sie die Eingabe bestätigen, erscheinen die Auswahllinien um den Text. Jetzt kann der Text bzw. die Form des Textes nicht mehr verändert werden. Sie können diesen Text jetzt kopieren, ausschneiden oder den Hintergrund entfernen und den Text als neue Ebene in anderen Bildern verwenden. Sie können mit dem Text einfach alles machen, was Sie eben mit einer Auswahl auch machen können.

Foto: Jürgen Wolf

▲ **Abbildung 36.28**
Das Endergebnis mit einem Schlagschatten …

▲ **Abbildung 36.29**
… oder eine kreative Spielerei innerhalb des Bildes.

36.3.4 Textebene in eine Ebene umwandeln

Viele Filter lassen sich nicht auf Textebenen im normalen Zustand anwenden. Auch Ebenenstile werden bei einigen Filtern nicht beachtet. Um dieses Problem zu beheben, müssen Sie die Textebene in eine »normale« Ebene umwandeln. Am einfachsten geht dies, indem Sie die Ebene im Ebenen-Bedienfeld mit der rechten Maustaste anklicken und im Kontextmenü EBENE VEREINFACHEN auswählen. Dasselbe Kommando finden Sie auch im Menü EBENE.

Alternativ schlägt Photoshop Elements diese Konvertierung auch mit einer Dialogbox vor, wenn Sie einen Filter verwenden, der nicht auf eine Textebene anwendbar ist. Beachten Sie allerdings, dass Sie, wenn Sie eine Textebene erst einmal in eine gewöhnliche Ebene konvertiert haben, den Text nicht mehr mit dem Textwerkzeug bearbeiten können. Hier ist es sinnvoll, zuvor noch eine Kopie der Textebene zu erstellen und diese dann über das Augen-Symbol auszublenden.

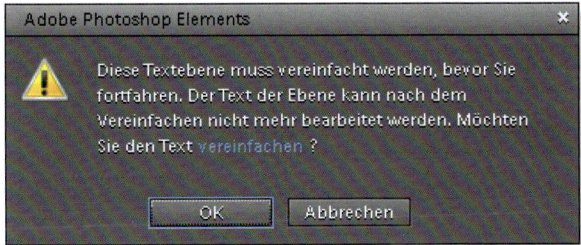

◄ **Abbildung 36.30**
So lautet der Hinweis, dass aus der Textebene eine normale Ebene gemacht werden muss, um einen Filter anzuwenden.

37 Ebenenstile und -effekte

Oftmals können Sie mit vorgefertigten Ebenenstilen mit einem Mausklick den Text grafisch aufwerten und einen richtigen Blickfang daraus machen, beispielsweise wenn Sie Schriftzüge für Logos erstellen. Hier soll aber nicht der Eindruck entstehen, dass Ebenenstile nur auf Textebenen anwendbar sind. Ebenenstile lassen sich unter bestimmten Voraussetzungen auch auf jede beliebige Ebene anwenden.

Die wichtigste Voraussetzung, um Ebenenstile auf eine Bild- oder Textebene anzuwenden, ist, dass die Ebene neben deckenden auch transparente Pixel enthält. Gerade der transparente Bereich wird für die Berechnungen der Ebenenstile verwendet.

Bei Textebenen müssen Sie sich hierzu keine Gedanken machen, weil diese die Voraussetzung der teilweisen Transparenz immer erfüllen. Bei Bildobjekten hingegen müssen Sie selbst für Transparenz sorgen. Die Hintergrundebene kommt dafür nicht in Frage. Diese muss in eine reguläre Ebene umgewandelt werden, und die Transparenz müssen Sie erzeugen.

Zum Weiterlesen
Mehr zum Thema »Transparenz« finden Sie in Abschnitt 25.1.1, »Ebenentransparenz«.

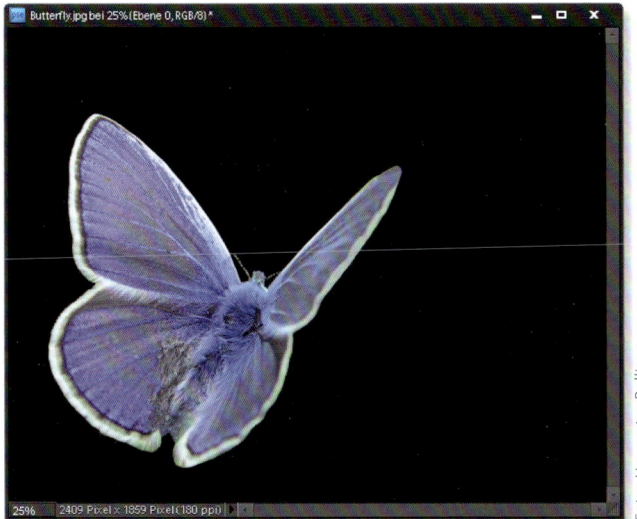

Foto: Hanspeter Bolliger

◄ ▲ **Abbildung 37.1**
Weil dieses Bild keine Transparenz enthält, wird der Effekt nicht angezeigt. Dass diese Ebene aber einen Ebeneneffekt enthält, erkennen Sie am »fx«-Symbol **1** im Ebenen-Bedienfeld.

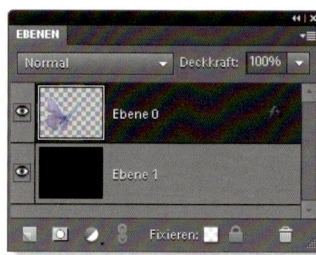

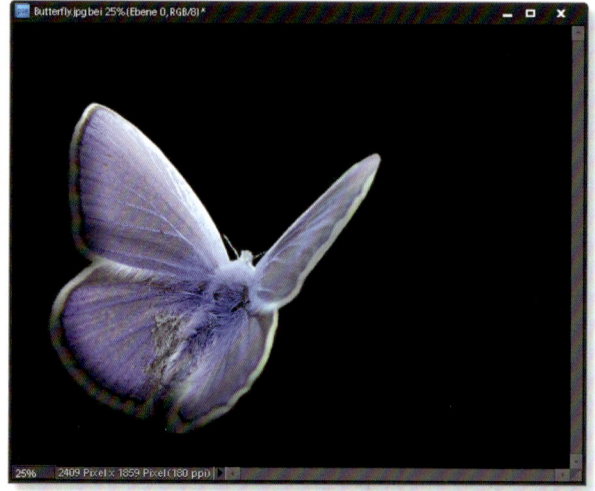

Abbildung 37.2 ▲ ▶
Erst wenn das Objekt freigestellt
und der Hintergrund transparent
ist, wird der ausgewählte Effekt,
in diesem Fall eine ABGEFLACHTE
KANTE, sichtbar.

37.1 Vordefinierte Ebenenstile

Es stehen Ihnen zwei Möglichkeiten zur Verfügung, einer Ebene
einen Effekt zuzuweisen.

Ebenenstil über das Textwerkzeug | Eine Möglichkeit haben Sie
bereits kurz bei der Beschreibung der Optionsleiste der Textwerkzeuge kennengelernt. Sie müssen lediglich den Text eingeben, die
Textebene aktivieren und in der Werkzeugoptionsleiste über das
Popup-Menü STIL ❶ einen Ebenenstil auswählen, indem Sie das
entsprechende Icon ❷ anklicken. Alternativ können Sie über ein
seitliches Menü ❸ weitere Gruppen von Ebeneneffekten und
-stilen auswählen und verwenden. Allerdings hat dieser Weg den
Nachteil, dass er nur auf Textebenen beschränkt ist.

Abbildung 37.3 ▼
Sie können Ebenenstile und
-effekte über die Werkzeugoptionsleiste des Textwerkzeuges
einstellen.

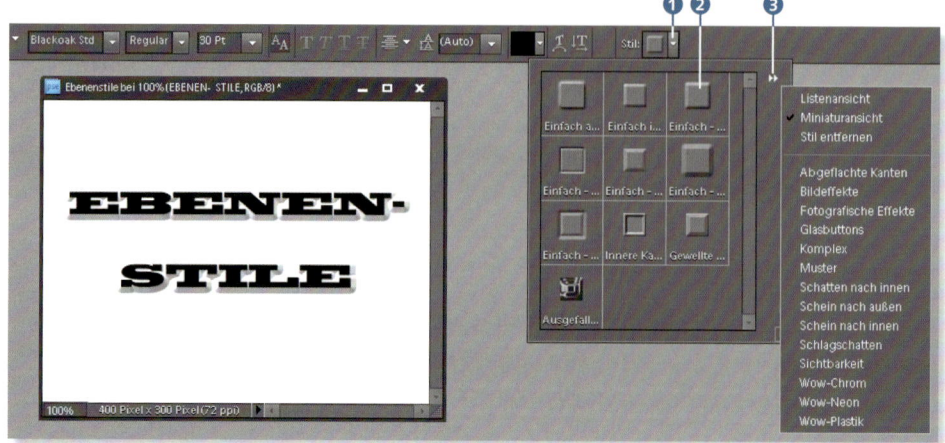

Ebenenstile über das Effekte-Bedienfeld | Der zweite Weg steht für alle Arten von Ebenen mit Transparenz zur Verfügung und führt über das Effekte-Bedienfeld, das Sie über Fenster • Effekte aufrufen.

Wählen Sie hierbei die Ebene aus, auf die Sie einen Ebenenstil anwenden möchten. Klicken Sie anschließend im Effekte-Bedienfeld auf das Icon Ebenenstile ❹, und wählen Sie einen Stil aus, indem Sie darauf doppelklicken oder ganz unten im Effekte-Bedienfeld auf die Schaltfläche Anwenden ❻ klicken. Alternativ ziehen Sie einen Stil mit gedrückter Maustaste auf die Ebene und lassen ihn fallen. Über das Dropdown-Listenfeld ❺ können Sie weitere Gruppen von Ebenenstilen auflisten und gegebenenfalls verwenden.

◄▲ **Abbildung 37.4**
Ebenenstile lassen sich über das Effekte-Bedienfeld für alle Arten von transparenten Ebenen anwenden.

Ebenenstil entfernen | Wenn Ihnen ein Ebenenstil nicht gefällt, können Sie ihn unmittelbar nach dem Zuweisen mit `Strg`/ `⌘`+`Z` wieder entfernen. Liegt das Hinzufügen eines Ebenenstils schon einige Arbeitsschritte zurück, löschen Sie ihn mit einem rechten Mausklick auf die Ebene mit dem Ebenenstil oder einem rechten Mausklick auf das »fx«-Symbol über das Kontextmenü mit Ebenenstil löschen. Dasselbe Kommando finden Sie bei aktivierter Ebene im Menü unter Ebene • Ebenenstil.

Abbildung 37.5 ▶
Per Rechtsklick auf das
»fx«-Symbol erreichen Sie das
Kontextmenü.

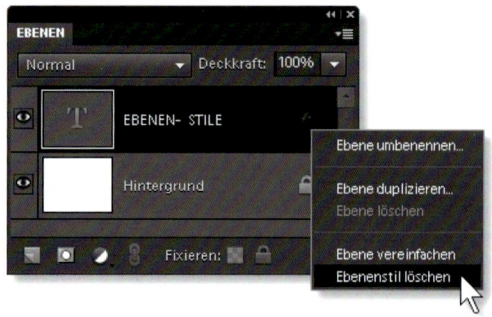

37.2 Benutzerdefinierte Ebenenstile

Wenn Sie für eine Ebene eine Stileinstellung gewählt haben, können Sie diese nachträglich bearbeiten und ändern. Um die Effekte zu modifizieren, doppelklicken Sie einfach im Ebenen-Bedienfeld auf das »fx«-Symbol, woraufhin sich ein Dialogfeld öffnet, mit dem Sie die Stileinstellungen und -attribute ändern können.

Abbildung 37.6 ▶
Das Dialogfeld, in dem Sie den
aktuell verwendeten Ebenenstil
ändern.

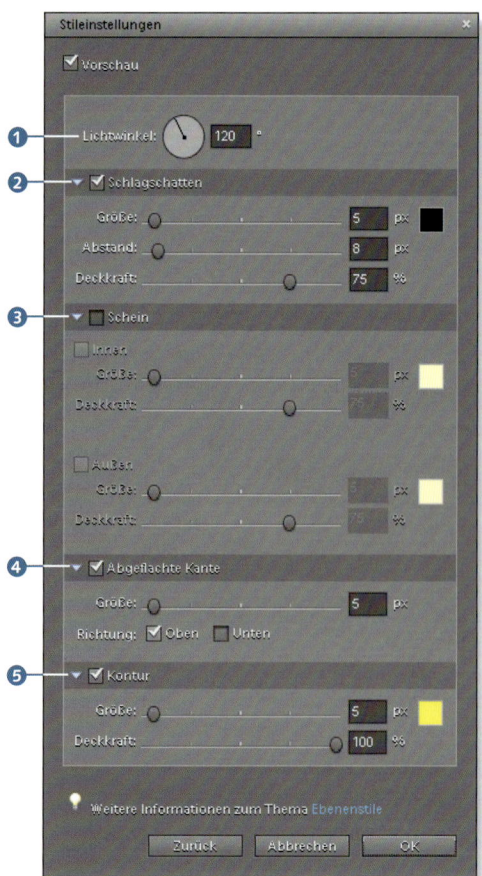

Folgende Stileinstellungen und -attribute können Sie im Dialogfeld anpassen:

① LICHTWINKEL: Mit diesem Regler stellen Sie den LICHTWINKEL ein, der auf die Ebene angewendet wird.

② SCHLAGSCHATTEN: Die Schieberegler bestimmen die GRÖSSE, den ABSTAND und die DECKKRAFT des Schlagschattens ein.

③ SCHEIN: Hier regulieren Sie die GRÖSSE und DECKKRAFT des Scheins, der von der Außen- bzw. Innenkante des Ebeneninhaltes ausstrahlt.

④ ABGEFLACHTE KANTE: Hier stellen Sie die GRÖSSE und RICHTUNG der abgeflachten Kante entlang der Innenkante des Ebeneninhaltes ein.

⑤ KONTUR: Hiermit legen Sie die GRÖSSE (Stärke) und DECKKRAFT des Strichs fest.

Schritt für Schritt: Ebeneneffekt verändern

1 **Ebenenstil hinzufügen**

Legen Sie zunächst eine neue Datei mit einer Hintergrundfarbe Ihrer Wahl an. Schreiben Sie dann einen Text, und fügen Sie einen beliebigen Ebenenstil hinzu. Im Beispiel wurde ein Ebeneneffekt aus der Gruppe ABGEFLACHTE KANTE verwendet.

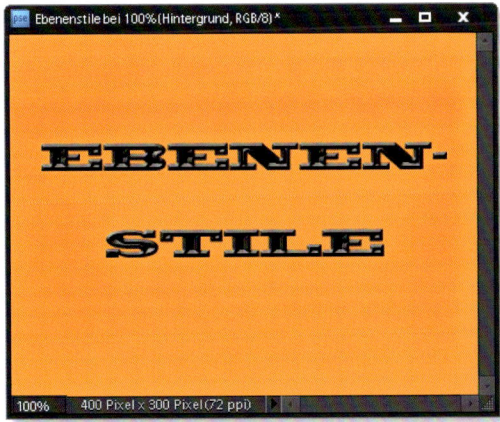

◄ **Abbildung 37.7**
Der Effekt ABGEFLACHTE KANTE erzeugt einen 3D-Look.

2 **Ebenenstil zurücksetzen**

Klicken Sie im Ebenen-Bedienfeld das »fx«-Symbol ⑥ doppelt, und der Dialog für die STILEINSTELLUNGEN wird geöffnet. Bei diesem Ebenenstil wurden nur die Attribute ABGEFLACHTE KANTE ⑧ und LICHTWINKEL ⑦ verwendet. Wenn Sie hier das Häkchen vor ABGEFLACHTE KANTE entfernen, haben Sie alle Stile der Ebene entfernt, und der Text besitzt keinerlei Effekte mehr. (Natürlich

müssen Sie den Ebenenstil nicht unbedingt komplett zurücksetzen. Sie könnten den verwendeten Stil auch einfach entsprechend Ihren Wünschen modifizieren.)

Abbildung 37.8 ▼ ►
Ebenenstile lassen sich natürlich
auch wieder entfernen.

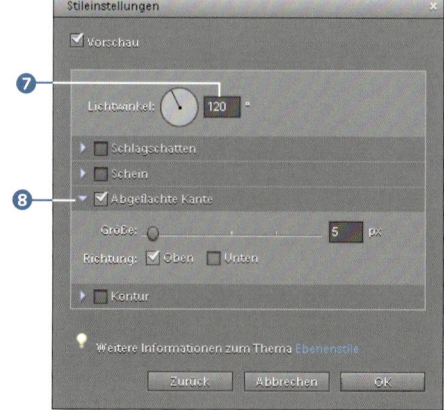

3   Ebenenstil modifizieren

Jetzt da der Dialog keinerlei Einstellungen mehr enthält, können Sie nach Herzenslust experimentieren. Entscheiden Sie
zunächst, was Sie machen möchten. Wollen Sie beispielsweise
einen SCHLAGSCHATTEN ⑪ hinzufügen, setzen Sie dort ein Häkchen, und schon stehen Ihnen alle Optionen zur Verfügung, um
GRÖSSE, ABSTAND und die DECKKRAFT des Schattens einzustellen.
Das Ergebnis der Veränderungen können Sie in der Textebene
nachverfolgen, wenn im Dialog ein Häkchen vor VORSCHAU ⑨
gesetzt ist. Den Winkel des Schattens stellen Sie über LICHTWIN-
KEL ⑩ ein.

Abbildung 37.9 ▼ ►
Auch eine nachträgliche Veränderung ist möglich.

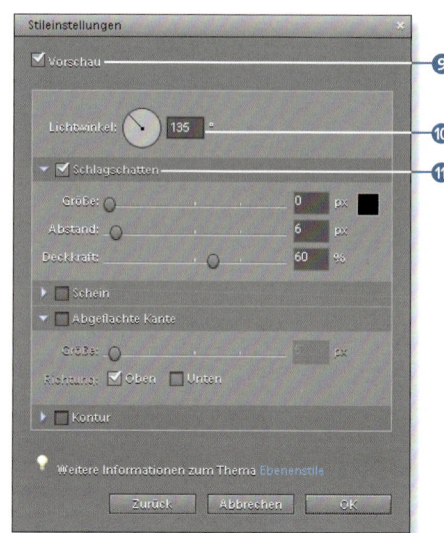

Ebenenstile kombinieren

Sie sind nicht auf einen Stil beschränkt, sondern können alle Möglichkeiten des Dialogs ausschöpfen. Hierzu setzen Sie ein Häkchen vor den gewünschten Stil und verändern die Werte. Im Beispiel wurden zusätzlich ABGEFLACHTE KANTE ❶❷ und KONTUR ❶❸ hinzugefügt und die Werte nach Belieben angepasst. Farben wählen Sie aus, indem Sie auf das entsprechende Feld ❶❹ im Dialog doppelklicken, woraufhin ein FARBWÄHLER erscheint. Sind Sie mit dem Ergebnis zufrieden, bestätigen Sie den Dialog mit OK.

Füllmethoden ändern

Interessante Effekte erzielen Sie zusätzlich, indem Sie die Füllmethode der Textebene ändern. Die Füllmethode INEINANDERKOPIEREN beispielsweise blendet den Text zum Teil komplett aus, sodass nur noch der Effekt erhalten bleibt.

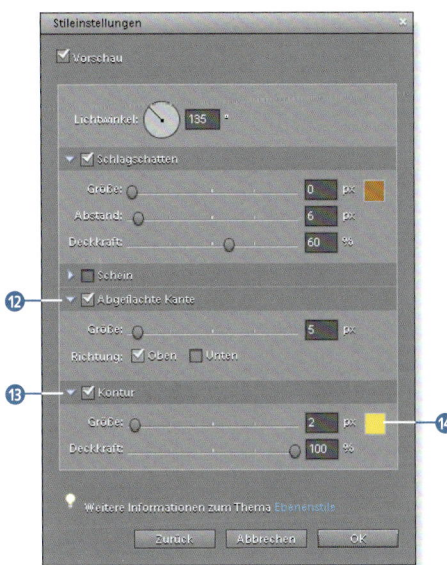
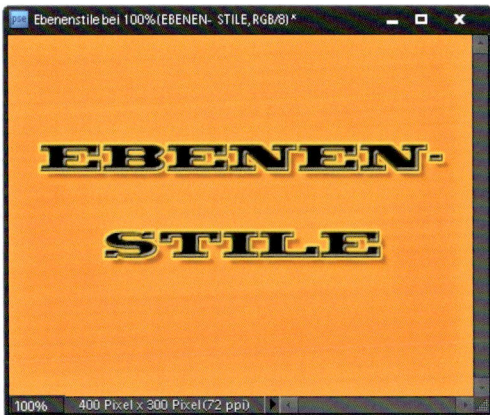

▲ **Abbildung 37.10**
Durch die Kombination verschiedener Stile können Sie interessante Effekte erzeugen.

38 Praktische Typografietechniken

Nachdem Sie in diesem Teil schon sehr viel zum Thema Text und Typografie mit Photoshop Elements erfahren haben, möchte ich Ihnen in diesem Kapitel noch ein paar praktische Beispiele als Anregung mitgeben.

38.1 Text-Bild-Effekte

Ein beliebter Typografie-Effekt ist es, aus einem Bild eine Schrift zu erstellen und diese Schrift in einem anderen Bild zu verwenden. Dies erreichen Sie über das Textmaskierungswerkzeug und Copy & Paste. Noch einfacher und genauer geht es aber mit einer Schnittmaske. Der Vorteil daran ist, dass Sie jederzeit nachträglich den Text oder gar das Bild, in dem der Text angezeigt wird, ändern können. Mit dem Textmaskierungswerkzeug erstellen Sie hingegen eine endgültige Auswahl, die dann nicht mehr veränderbar ist.

Schritt für Schritt: Schrift mit einem Bild füllen

1 Text eingeben

Öffnen Sie das Bild »Kuerbis01.jpg«. Verwenden Sie jetzt das Horizontale Textwerkzeug **T** T. Stellen Sie eine für das Bild geeignete Schriftgröße (hier 160 Pt) sowie eine etwas dickere Schrift ein. Im Beispiel wurde die Schrift »Cooper Std« verwendet. »Arial Bold« wäre eine gute Alternative. Schreiben Sie jetzt den Text Ihrer Wahl in das Bild.

Kuerbis01.jpg, Kuerbis02.jpg

▼ **Abbildung 38.1**
Optionen des Textwerkzeugs einstellen

Abbildung 38.2 ▶
Geben Sie einen Text ein.

2   Bildebene hinzufügen

Öffnen Sie das Bild »Kuerbis02.jpg«. Markieren Sie das komplette Bild mit Strg/⌘+A, und kopieren Sie es mit Strg/⌘+C in die Zwischenablage. Aktivieren Sie wieder das Bild »Kuerbis01. jpg«, und fügen Sie dort das Bild aus der Zwischenablage mit Strg/⌘+V als neue Ebene ein, sodass sich jetzt drei Ebenen im Ebenen-Bedienfeld befinden.

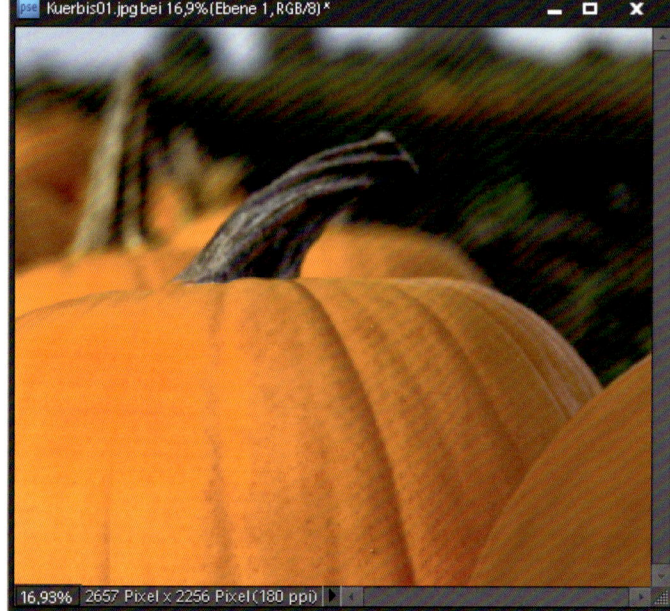

Abbildung 38.3 ▲ ▶
So sollte Ihre Datei nun aufgebaut sein.

3 | Ebenen gruppieren und verschieben

Gehen Sie im Ebenen-Bedienfeld mit dem Mauszeiger zwischen die Textebene und die eben eingefügte Ebene, und halten Sie die ⟨Alt⟩-Taste gedrückt, sodass das Symbol mit den zwei überlagerten Kreisen ❶ angezeigt wird. Klicken Sie dann die linke Maustaste. Jetzt erscheint der Bildinhalt von »Kuerbis02.jpg« nur dort, wo die Schrift ist.

Aktivieren Sie die oberste Ebene, und halten Sie ⟨Strg⟩/⌘ gedrückt. Wenn Sie jetzt mit dem Mauszeiger im Bild auf den Text gehen, können Sie die Ebene von »Kuerbis02.jpg« so verschieben, bis Ihnen der Ausschnitt, der durch die Schrift sichtbar wird, gefällt.

◀ ▲ **Abbildung 38.4**
Durch die Gruppierung der Ebenen wird der Text mit der oberen Ebene gefüllt.

4 | Ebenenstil hinzufügen

Aktivieren Sie die Textebene und das Horizontale Textwerkzeug, und fügen Sie über die Werkzeugoptionsleiste bei STIL einen Ebenenstil nach Wahl hinzu. Alternativ weisen Sie einen Ebenenstil über das Effekte-Bedienfeld zu.

Gegebenenfalls modifizieren Sie den Ebenenstil anschließend noch über einen Doppelklick auf das »fx«-Symbol im Ebenen-Bedienfeld. Auch den Text können Sie nach wie vor mit der Werkzeugoptionsleiste des Textwerkzeugs ändern. Wenn Sie zufrieden sind, können Sie alle sichtbaren Ebenen mit ⟨Strg⟩/⌘+⟨⇧⟩+⟨E⟩ auf eine Ebene reduzieren.

Abbildung 38.5 ▶
Die fertige Datei, wo der Text
zusätzlich verkrümmt wurde.

RED.jpg

Schritt für Schritt: Text in ein Foto montieren

Ebenfalls sehr beliebt ist es, einen Text so in ein Foto zu montieren, als sei er ein fester Bestandteil des Motivs.

1 **Text setzen**

Verwenden Sie das Horizontale Textwerkzeug **T** ⊤. Stellen Sie eine für das Bild geeignete Schriftgröße (hier 360 Pt) sowie eine geeignete, etwas dickere Schrift ein. Im Beispiel wurde die Schrift »Broadway BT« verwendet. Als Farbe habe ich Rot gewählt. Schreiben Sie nun den Text Ihrer Wahl in das Bild. Im Beispiel wurde außerdem der Zeilenabstand auf 500 Pt gestellt.

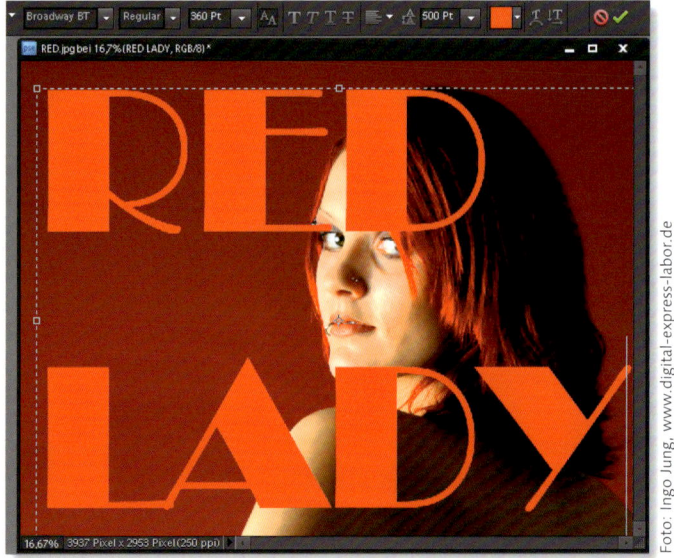

Abbildung 38.6 ▶
Der Text liegt nun in einer eigenen Ebene über dem Foto.

2 Ebenenstil hinzufügen

Aktivieren Sie die Textebene im Ebenen-Bedienfeld, und wählen Sie einen Ebenenstil aus. Im Beispiel habe ich mich für einen einfachen Stil aus der Gruppe ABGEFLACHTE KANTE entschieden. Den Ebenenstil weisen Sie entweder über die Werkzeugoptionsleiste des Textwerkzeugs oder über das Effekte-Bedienfeld zu.

◄▲ **Abbildung 38.7**
Durch den Ebenenstil wirkt die Schrift plastischer.

3 Textebene in normale Ebene umwandeln

Wenn Sie die Formatierung des Textes abgeschlossen haben, müssen Sie die Textebene in eine normale Ebene konvertieren, um den nächsten Schritt durchführen zu können. Klicken Sie hierzu die Textebene mit der rechten Maustaste an, und wählen Sie im Kontextmenü EBENE VEREINFACHEN aus.

4 Textteile wegradieren

Aktivieren Sie die Ebene mit dem Text. Wählen Sie den Radiergummi ▨ [E] aus der Werkzeugpalette, und radieren Sie dort den Text weg, wo Sie möchten, dass das Motiv in den Vordergrund und der Text in den Hintergrund gestellt wird. Die Größe der Werkzeugspitze werden Sie hierbei der Situation anpassen müssen. Auch ein etwas näheres Hineinzoomen mit [Strg]/[⌘]+[+] hilft, um möglichst exakt zu radieren. Vorübergehend können Sie auch die DECKKRAFT ❶ der Ebene mit dem Text reduzieren, um zu erkennen, was oder ob sich etwas hinter den Buchstaben befindet.

Weiche Übergänge

Wenn die Kanten vom Radieren zu hart werden, sollten Sie entweder eine weiche Pinselspitze verwenden oder mit dem Werkzeug Weichzeichner ▨ [R] die Stellen weichzeichnen.

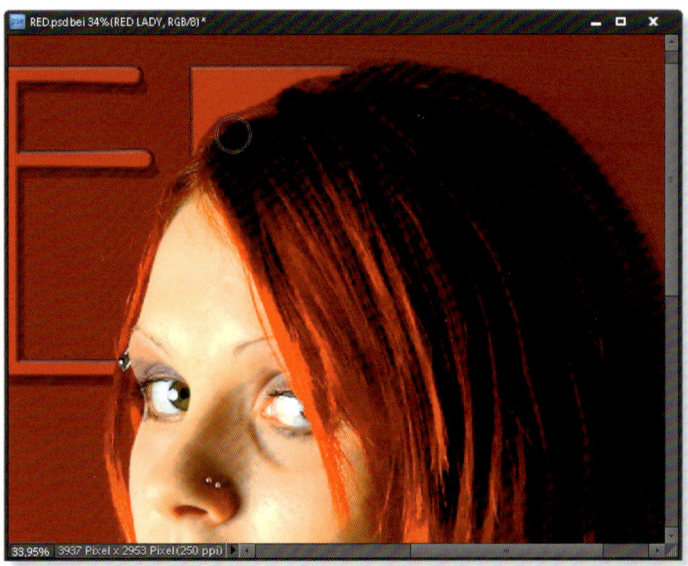

Abbildung 38.8 ◄►
Die Schrift wird wegradiert, damit
die Montage realistisch wirkt.

5 **Ebenen zusammenfügen**

Schließlich müssen Sie nur noch alle Ebenen beispielsweise mit
⌈Strg⌉/⌈⌘⌉+⌈⇧⌉+⌈E⌉ auf eine reduzieren und das Bild abspeichern.

▲ **Abbildung 38.9**
Selbst mit so einfachen Mitteln
wie dem Textwerkzeug und dem
Radierer lassen sich schon ganz
ansehnliche Ergebnisse erzielen.

38.2 Text auf Formen bringen

Eine Frage, die mir schon mehr als einmal gestellt wurde, ist,
wie man einen Text mit dem Textwerkzeug in eine bestimmte
Form bringt. Häufig wollten die Leser beispielsweise einen Text
im Kreis schreiben. Dazu muss ich allerdings zunächst sagen, dass
Photoshop Elements diese Funktion nicht direkt unterstützt. Wie
es aber trotzdem geht, erfahren Sie auf den folgenden Seiten.

38.2.1 Text auf Pfaden mit Photoshop Elements?

Dass es mit Photoshop Elements nicht so einfach ist, einen Text auf bestimmten Formen zu schreiben, liegt daran, dass das »kleine« Photoshop keine Pfade kennt. Denn erst mit solchen Pfaden, wie sie standardmäßig beim großen Photoshop CS5 implementiert sind, wird es möglich, einen Text ganz komfortabel auf den richtigen »Pfad« zu bringen.

38.2.2 Text verkrümmen

Einfache Krümmungen können Sie mit dem Textwerkzeug T ⊤ in der Optionsleiste über die Verkrümmungs-Schaltfläche ⊥ erstellen (siehe Abschnitt 36.3.1, »Text gestalten«). Allerdings mit dem Nachteil, dass Sie auf die vorgegebenen Stile ❸ beschränkt sind. Alternativ rufen Sie den Dialog über das Menü EBENE • TEXT • TEXT VERKRÜMMEN oder mit einem rechten Mausklick auf der Textebene über das Kontextmenü auf.

Um den Textverkrümmungsdialog auf einen Text anzuwenden, muss der Text bereits geschrieben und die Textebene im Ebenen-Bedienfeld aktiv sein. Das Tolle an dem Werkzeug ist auch, dass Sie den Dialog jederzeit erneut aufrufen können, um weitere Krümmungen des Texts vorzunehmen oder die Krümmung zu modifizieren. Klicken Sie dazu einfach mit aktiviertem Textwerkzeug in den Text und anschließend auf das Text-verkrümmen-Icon in der Optionsleiste. Wollen Sie die Verkrümmung wieder entfernen, wählen Sie im Dialogfenster den STIL ❸ OHNE aus.

Im Ebenen-Bedienfeld wird eine Ebene mit verkrümmtem Text auch mit einem entsprechenden Symbol ❷ angezeigt.

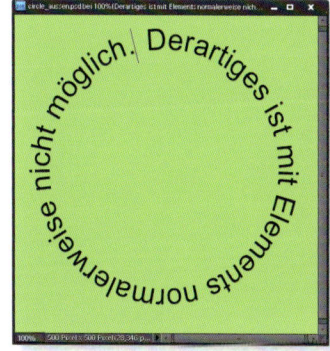

▲ **Abbildung 38.10**
Standardmäßig lässt sich mit Photoshop Elements (noch) nicht so komfortabel ein Text im Kreis schreiben.

Funktionen von Photoshop CS5
Das kleine Photoshop Elements enthält viele Funktionen vom großen Photoshop CS5 meist nur »versteckt«. In Abschnitt 38.2.3, »Text im Kreis schreiben«, erfahren Sie, wie Sie eine mit dem großen Photoshop CS5 erstellte Vorlage mit Pfaden verwenden können.

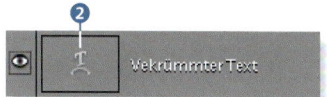

▲ **Abbildung 38.11**
Das Symbol eines verkrümmten Textes im Ebenen-Bedienfeld

◄ **Abbildung 38.12**
Für einfache Teilkreise, Wellen oder Wölbungen reicht die Verkrümmen-Schaltfläche des Textwerkzeugs aus.

38.2.3 Text im Kreis schreiben

Einen Text im Kreis zu schreiben ist mit Photoshop Elements allein kaum mit einer zufriedenstellenden Lösung machbar, da, wie bereits erwähnt, Photoshop Elements keine Pfade direkt selbst erstellen kann. Wollen Sie es dennoch versuchen, sollten Sie folgende Schritte ausprobieren:

1. Text erstellen
2. Text um 180° drehen (BILD • DREHEN • 180°)
3. Filter POLARKOORDINATEN aufrufen (FILTER • VERZERRUNGSFILTER • POLARKOORDINATEN)

Der Nachteil dieser Methode ist, dass die Textebene für die Anwendung des Filters POLARKOORDINATEN vereinfacht werden musste: Der Text ist nicht mehr editierbar, und Ihr Ergebnis verschlechtert sich, sobald der Text noch einmal skaliert oder verzerrt werden muss.

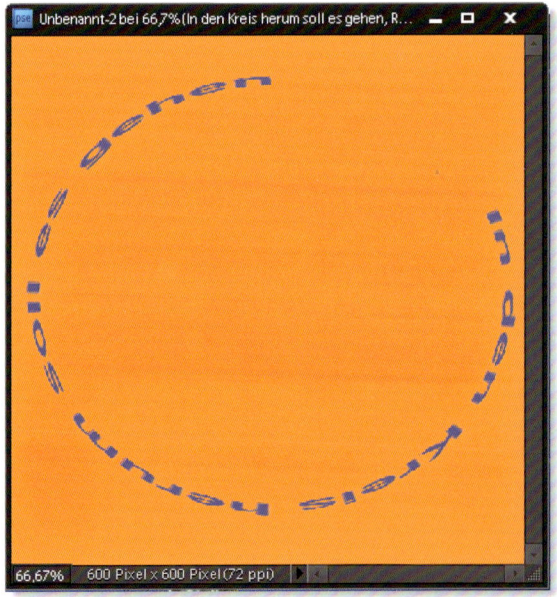

Abbildung 38.13 ▶
Nur eine Notlösung: Dieser kreisrunde Text wurde mit dem Filter POLARKOORDINATEN erstellt.

Es wurde bereits erwähnt, dass Photoshop Elements viel von seinem großen Bruder Photoshop CS5 geerbt hat und somit das meiste zumindest auch kennt. Daher habe ich Ihnen auf die Buch-DVD einige nützliche Vorlagen gelegt, mit denen Sie Ihren Text auf den richtigen »Pfad« bzw. in Form bekommen. Alle Vorlagen habe ich dabei für Sie mit Pfaden erstellt. Zwar kann Photoshop Elements keine Pfade selbst anlegen, aber die Software kann sie verwenden, wenn sie mit Photoshop CS5 erstellt wurden.

In der folgenden Schritt-für-Schritt-Anleitung will ich Ihnen zeigen, wie Sie diese Vorlagen für Ihre Bilder verwenden können. Als Beispiel benutze ich hierfür einen kreisrunden Text, weil das wohl am häufigsten verwendet wird.

Schritt für Schritt: Einen kreisrunden Text mit Photoshop-CS5-Vorlage verwenden

1 Dateien öffnen

Öffnen Sie zunächst das Bild »Kleiner_Planet.jpg« und die Vorlage mit der Textebene »circle_aussen.psd«.

»Kleiner_Planet.jpg«; Ordner TEXT2PATH mit Vorlagen, hier der Vorlage »circle_aussen.psd«

Foto: Jürgen Wolf

▲ **Abbildung 38.14**
Das Bild für den Text (links) und die Textebene mit Pfad, die mit dem »großen« Photoshop erstellt wurde (rechts)

2 Textebene ins Bild kopieren

Ziehen Sie mit dem Verschieben-Werkzeug ![icon] ⓥ und mit gedrückt gehaltener Maustaste die Textebene »circle_aussen. psd« ins Dokumentfenster »Kleiner_Planet.jpg«, und lassen Sie sie dort fallen. Jetzt finden Sie im Dokumentfenster »Kleiner_Planet.jpg« den einkopierten Text ❶ und im Ebenen-Bedienfeld eine neue Textebene ❷.

Ebenen kopieren

Mehr zum Kopieren von Ebenen entnehmen Sie bitte Abschnitt 26.2.2, »Neue Ebene durch Einkopieren«.

Abbildung 38.15 ▶
Jetzt befindet sich die Textebene
mit dem Pfad auf unserem
Zielbild.

3 Textebene verschieben und skalieren

Schieben Sie mit dem Verschieben-Werkzeug ⊹ $\boxed{V}$ die Textebene an die Position, wo Sie den Text später gerne hätten. Skalieren Sie als Nächstes mit gedrückt gehaltener $\boxed{Alt}$- und linker Maustaste an den Griffpunkten ❸ den Text auf die gewünschte Größe, und bestätigen Sie den Vorgang mit $\boxed{↵}$ oder dem grünen Häkchen.

Abbildung 38.16 ▶
Die Position und Größe der Textebene anpassen

4 Text editieren

Im nächsten Schritt sollten Sie das Textwerkzeug $\boxed{T}$ $\boxed{T}$ aktivieren. Klicken Sie mit dem Textwerkzeug innerhalb der Textebene, sodass der Cursor zum Editieren des Textes angezeigt wird. Entfernen Sie jetzt hier zunächst den Text, und geben Sie anschließend den von Ihnen gewünschten Text ein.

Text editieren

Wie Sie den Text editieren und
gestalten, lesen Sie in Abschnitt
36.3, »Text editieren«. Alles dort
Beschriebene gilt auch für dieses
Beispiel.

◄ **Abbildung 38.17**
Eingabe des Textes

5 Text gestalten

Jetzt können Sie den Text beliebig über die Werkzeugoptionsleiste des Textwerkzeugs 🇹 🇹 gestalten. Im Beispiel habe ich
die Schrift »Cooper Std« mit 38 Pt in weißer Farbe verwendet.
Zusätzlich habe ich einen vordefinierten Ebenenstil und einen
Schlagschatten für den Text zugewiesen. Falls der geschriebene
Text nicht mehr richtig im Kreis angezeigt wird, können Sie jederzeit die Schriftgröße ändern oder den Text skalieren, transformieren oder drehen. Die Textebene steht Ihnen so lange zum
Editieren zur Verfügung, bis Sie sie auf eine Hintergrundebene
vereinen.

▼ **Abbildung 38.18**
Text über die Optionsleiste
gestalten

◄ **Abbildung 38.19**
Das fertige Bild mit einem kreisrunden Text ■

Noch mehr »Formen«

Die Flexibilität und Vielseitigkeit der Vorlagen wird hierbei noch erhöht, weil Sie alle Vorlagen auch noch transformieren können, ohne dass die Editierbarkeit der Textebene verlorengeht.

Text um andere Formen schreiben | Damit Sie auch für andere Fälle gerüstet sind, habe ich Ihnen auf der Buch-DVD insgesamt 17 weitere Vorlagen mit verschiedenen geometrischen Formen vorbereitet, mit denen Sie einen Text auf eine bestimmte Form bringen. Hierbei können Sie immer so vorgehen, wie in der Schritt-für-Schritt-Anleitung gezeigt wurde. Neben runden Vorlagen wie Kreis und Ellipse habe ich Ihnen auch eckige Formen (Vier-, Fünf- und Sechseck) in verschiedenen Größen oder Spiralen erstellt.

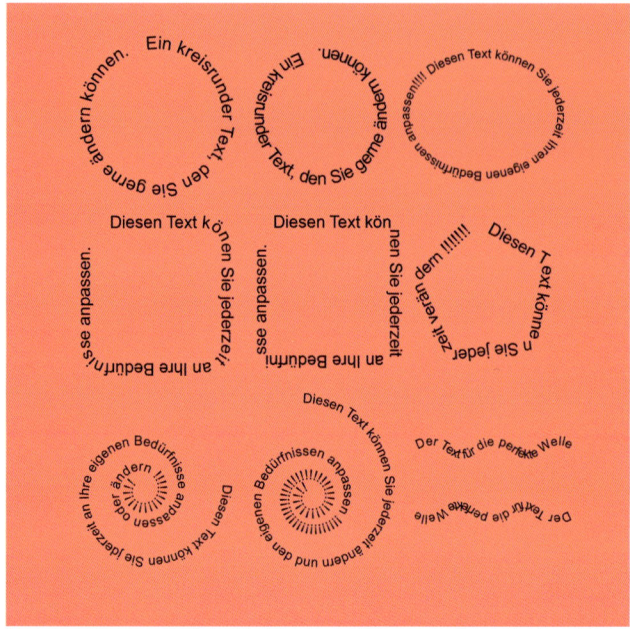

Abbildung 38.20 ▶
Ausschnitt weiterer Vorlagen, die ich auf der Buch-DVD im Ordner TEXT2PATH für Sie vorbereitet habe. Sollten Sie hierbei irgendeine Form vermissen, so können Sie sich gerne bei mir melden.

Vertikaler Text | Wenn Sie möchten, richten Sie mit dem Textwerkzeug **T** ⊤ in der Optionsleiste über der Schaltfläche TEXTAUSRICHTUNG ÄNDERN die Buchstaben vertikal zum Pfad aus. In manchen Fällen führt dies zu einer besseren Lesbarkeit des Textes.

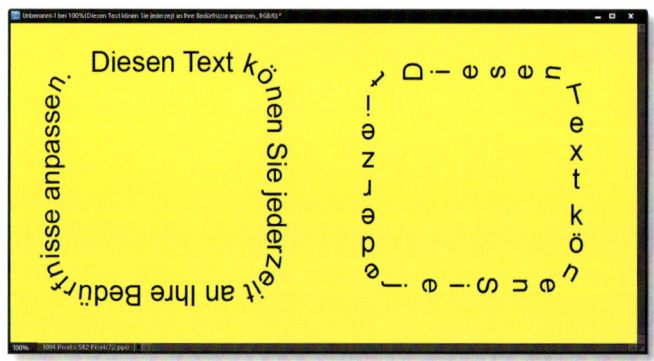

Abbildung 38.21 ▶
Beim Text rechts wurde, im Gegensatz zum Text links, die Ausrichtung auf vertikal geändert.

Teil XII
Präsentieren und Weitergeben

39 Bilder für das Internet

Verschiedene Gründe sprechen dafür, Bilder eigens für das Internet anzupassen – allen voran die **Reduzierung der Datenmengen**, die über das Netz gehen. Diesen und weitere Gründe möchte ich im Folgenden erläutern.

Präsentieren der Bilder im Web | Sie haben eine Website und möchten Ihre Bilder präsentieren? In diesem Fall wäre es wenig sinnvoll, wenn Sie die Bilder mit 4.000 × 3.000 Pixeln unkomprimiert mit einer Dateigröße von 3 bis 4 Megabyte hochladen und anzeigen. Eine hohe Auflösung bringt für die Bildschirmanzeige recht wenig, weil die meisten Monitore ohnehin eine geringere Pixelauflösung haben. Standardwerte von Monitoren sind hier zum Beispiel 1.024 × 768 oder 1.280 × 800 Pixel. Somit werden die Bilder zumeist schon vom Webbrowser (herunter-)skaliert angezeigt.

 Antik.jpg

Foto: Ingo Jung, www.digital-express-labor.de

▲ **Abbildung 39.1**
Die Titelleiste des Webbrowsers zeigt schon an, dass dieses Bild um 23 % skaliert wurde, um es überhaupt vollständig darstellen zu können.

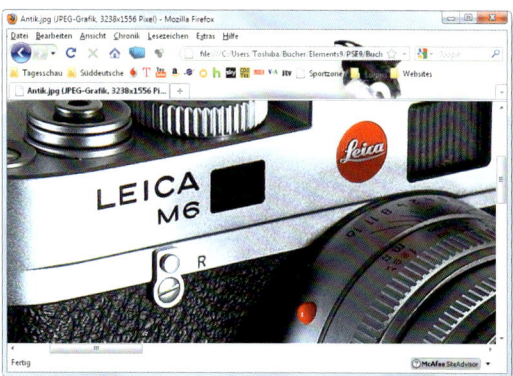

▲ **Abbildung 39.2**
Hätte der Webbrowser das Bild nicht skaliert, so bekäme der Betrachter nur einen Bildausschnitt zu sehen.

Das nächste Ärgernis ist das Datenaufkommen, das bei diesem Bild circa 1,9 Megabyte beträgt. Der Internetnutzer muss also einige Zeit warten, bis das Bild komplett geladen ist. Wie lange genau, hängt natürlich auch von der verfügbaren Internetgeschwindigkeit ab. Bei einer langsamen Verbindung drückt der Betrachter dann schon einmal genervt den ABBRECHEN-Button des Webbrowsers, noch ehe das Bild erscheint.

Sofern Sie für Ihre Webseite den Dienst eines Webhosts beanspruchen, steht Ihnen häufig kein unbegrenztes Datenaufkommen (auch als **Traffic** bezeichnet) zur Verfügung. Bei sehr vielen Zugriffen auf die Bilder summiert sich so schnell ein enormes Datenvolumen, und Sie erhalten eine unerfreuliche Nachzahlungsforderung von Ihrem Host.

Versenden als E-Mail-Anhang | Was für die Präsentation im Internet beschrieben wurde, gilt ebenso für das Versenden von Bildern als E-Mail-Anhang. Auch hier sollten Sie die Datengröße im Auge behalten und gewisse Limits einhalten. Bedenken Sie, dass manche Provider Postfächer mit maximal 10 Megabytes anbieten, die Sie durch die Zusendung von E-Mails mit mehreren unkomprimierten Bildern im Anhang schnell überfüllen.

39.1 Bildgröße anpassen

Zum Weiterlesen
Das Thema Skalieren wurde bereits in Abschnitt 5.2, »Bildgröße und Auflösung«, behandelt.

Der erste Schritt sollte immer das Anpassen der Bildgröße sein. Wählen Sie hierzu den Menüpunkt BILD • SKALIEREN • BILDGRÖSSE aus, oder betätigen Sie die Tastenkombination ⌥ Alt +⌃ Strg / ⌘ + I .

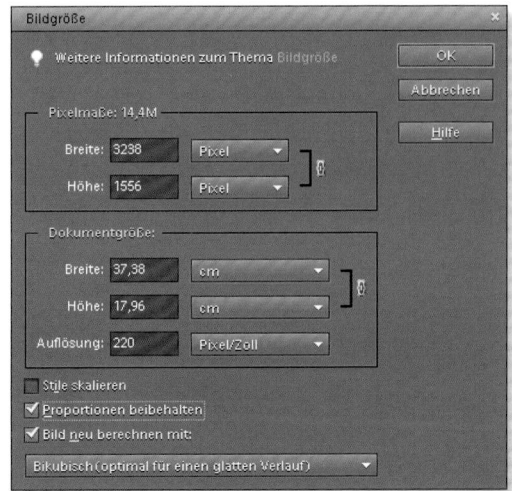

Abbildung 39.3 ▶
Anpassen der Auflösung und der Pixelmaße

Da Sie das Bild für das Internet verwenden, können Sie zunächst die Pixelmaße ändern. Hier müssen Sie abwägen, in welcher Größe das Bild dargestellt werden soll. Bei einem E-Mail-Anhang müssen Sie sich hierbei keine allzu großen Gedanken machen. Soll das Bild aber auf einer Webseite angezeigt werden, so müssen Sie die durchschnittlichen Auflösungen von Bildschirmen berücksichtigen. Andererseits ist es auch nicht unbedingt sinnvoll, das Bild exakt in der Bildschirmauflösung anzuzeigen, da kaum jemand den Webbrowser in der Vollbildansicht geöffnet hält. Eine allgemeingültige Empfehlung ist hier leider nicht möglich.

Abhängig von der Bildgröße können Sie durch das Skalieren schon einiges an Dateigröße einsparen. In diesem Beispiel habe ich zum Beispiel das Bild auf 800 × 600 Pixel skaliert und dabei die Datei auf gut ein Viertel ihrer ursprünglichen Größe reduziert.

Auch das Thema Auflösung wird im Folgenden noch einmal zur Sprache kommen (siehe hierzu ausführlich Abschnitt 5.2). In der Regel genügen 72 oder 96 dpi für die Darstellung auf dem Bildschirm.

Bild nachschärfen | Wenn Sie das Bild verkleinert haben, sollte in der Regel der letzte Schritt ein Nachschärfen des Bildes sein, weil das Bild beim Verkleinern immer etwas an Schärfe verliert. Hierbei sollten Sie stets ÜBERARBEITEN • UNSCHARF MASKIEREN verwenden und keine automatischen Funktionen.

39.2   Bilder für das Web speichern

Um Bilder für das Web zu speichern, kommen eigentlich nur die komprimierten Formate JPEG, PNG oder GIF in Frage. In der Praxis kommt vorwiegend JPEG zum Einsatz.

Über DATEI • SPEICHERN UNTER oder mit ⌂+Strg/⌘+S rufen Sie den SPEICHERN UNTER-Dialog auf, wo Sie den Dateinamen, den Speicherort und insbesondere das Datenformat festlegen. Wählen Sie hier das JPEG- PNG-, oder GIF-Format. Wenn Sie auf SPEICHERN klicken, können Sie die JPEG-OPTIONEN einstellen. Die Auswirkungen der vorgenommenen Einstellungen erkennen Sie am besten, wenn Sie tiefer in das Bild hineinzoomen (auf 100 % bzw. 1 : 1).

Bei den JPEG-OPTIONEN können Sie unter BILD-OPTIONEN ❶ die Kompression entweder über den Schieberegler, das Zahlenfeld oder das Dropdown-Menü bestimmen. Alle drei Werte erfüllen dieselbe Funktion. Je niedriger Sie hier die QUALITÄT

Arbeitsschritt Skalieren

Beachten Sie bitte, dass beim Skalieren auch Bilddaten beschädigt werden. Daher sollten Sie ein Foto nur ein einziges Mal skalieren. Jeder weitere Skalierungsvorgang würde das Bild zu stark beeinträchtigen. Auch beim Workflow der Bildbearbeitung sollten Sie das Skalieren erst durchführen, wenn alle anderen größeren Arbeiten am Bild abgeschlossen sind.

Wollen Sie außerdem eine Schrift wie einen Grußtext oder einen Copyright-Vermerk ins Bild einfügen, so sollten Sie dies nach dem Skalieren tun, da die Schrift sonst schnell zu klein und zu pixelig wird.

Zum Weiterlesen
Zu den gängigen Datenformaten siehe ausführlich Abschnitt 5.5, »Wichtige Dateiformate für Bilder«.

Abbildung 39.4 ▼
Eine solch starke Komprimierung
für JPEG-Bilder ist nicht empfehlenswert und wird hier nur zur
Demonstration verwendet.

einstellen, desto mehr verringert sich die Dateigröße, die ebenfalls unter dem Häkchen ❷ von VORSCHAU angezeigt wird. Allerdings treten bei allzu starker Kompression unerwünschte Artefakte im Bild auf. Für eine passable Qualität sollten Sie den Wert
8 (bzw. HOCH) bei QUALITÄT niemals unterschreiten.

Unterhalb der BILD-OPTIONEN können Sie die FORMAT-OPTIONEN
❸ einstellen. Die einzelnen Optionen haben jeweils die folgenden Effekte:

▸ BASELINE (STANDARD): Dies ist die Standardeinstellung. Sie
   erzeugt eine größere Datei als BASELINE OPTIMIERT.

▸ BASELINE OPTIMIERT: Im Gegensatz zu BASELINE (STANDARD)
   wird eine zusätzliche Glättung eingesetzt, sodass das Bild
   weichgezeichnet wird. Der Vorteil, der durch diese Glättung
   entsteht, ist eine weiter reduzierte Dateigröße.

▸ MEHRERE DURCHGÄNGE: Mit dieser Option verringern Sie die
   Dateigröße gegenüber den BASELINE-Versionen nochmals ein
   wenig. Während des Ladevorgangs auf Webseiten erscheint
   das Bild hierbei zunächst in einer schlechteren Qualität. Mit
   zunehmender Ladezeit erscheint auch das Bild in einer immer
   besseren Darstellungsqualität. Mit DURCHGÄNGE geben Sie
   die Zwischenschritte bis zum vollständigen Laden des Bildes
   an. Je höher die Zahl der Zwischenschritte, desto stärker wird
   die Datei reduziert.

39.3 Für Web speichern –
Die All-in-one-Lösung

Wer es gerne komfortabler und schneller hat, dem bietet Photoshop Elements eine interessante Komplettlösung an. Diese Lösung rufen Sie über Datei • Für Web speichern oder mit der Tastenkombination [Alt]+[⇧]+[Strg]/[⌘]+[S] auf.

Schritt für Schritt: Bilder für das Web speichern

1 **Farbraum anpassen**

Wenn Sie das Bild öffnen, stellen Sie zunächst sicher, dass dieses Bild nicht im Adobe-RGB-Farbraum vorliegt. Viele Webbrowser können diesen Farbraum nämlich nicht richtig darstellen. Um das Farbprofil zu überprüfen und gegebenenfalls zu konvertieren, gehen Sie im Menü auf Bild • Farbprofil konvertieren • In sRGB-Profil konvertieren. Ist dieses Kommando ausgegraut, so liegt das Bild bereits im richtigen Farbmodus vor.

 boats.jpg

Foto: Berny J. Sackl

◄ **Abbildung 39.5**
Unser Bild, das wir zur Speicherung für das Web vorbereiten

2 **Dialog öffnen**

Wählen Sie Datei • Für Web speichern, oder drücken Sie [Alt]+[⇧]+[Strg]/[⌘]+[S]. Jetzt sehen Sie das Bild in zwei Ansichten. Links befindet sich das Originalbild, rechts wird der Nachher-Zustand angezeigt, den Sie noch nachträglich optimieren können. Alle Optimierungen, die Sie durchführen, wirken sich auf die Vorschau im rechten Bild aus, sodass Sie jederzeit die optimierte Version mit dem Original vergleichen können. Über das Zoom-Werkzeug ❺ [Z] können Sie tiefer in das Bild zoomen und dieses mit dem Hand-Werkzeug ❹ [H] zum gewünschten Bereich schieben. Der aktuelle Zoomfaktor wird unten links in

Abbildung 39.6 ▼
Die Vorher-nachher-Ansicht im
Dialog FÜR WEB SPEICHERN

der Dropdown-Liste ❼ angezeigt, wo Sie ihn gegebenenfalls auch
ändern können. Die aktuelle Größe der Datei ❻ sehen Sie jeweils
unterhalb der Bildvorschau.

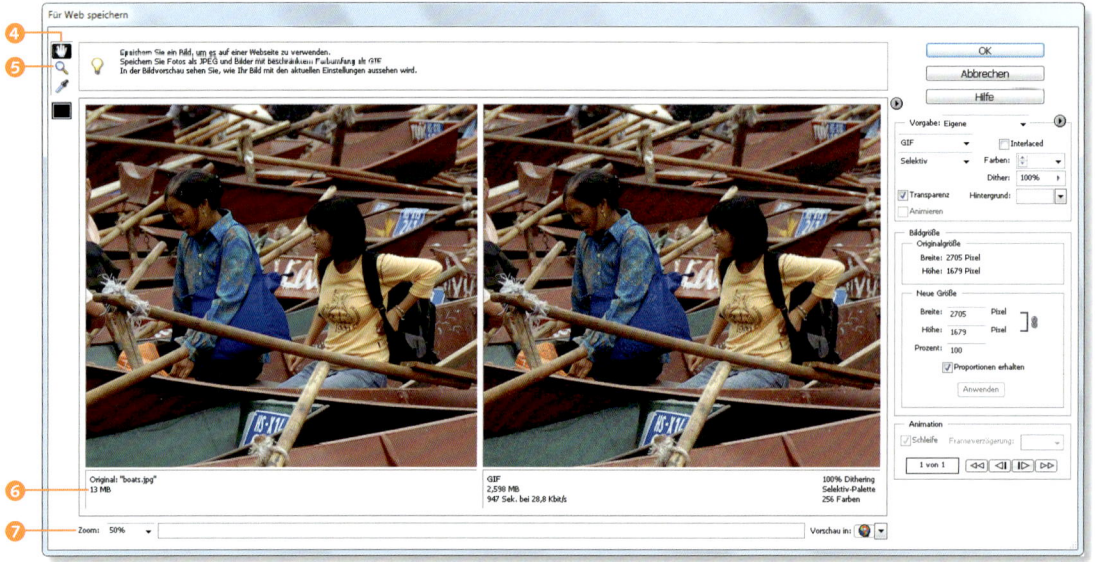

3 Bildqualität und Format einstellen

Im nächsten Schritt können Sie das Datenformat und die Qualität
einstellen. Für das Web empfiehlt es sich, das Datenformat ❽ auf
JPEG zu stellen. Alternativ wählen Sie GIF oder PNG als Dateiformat für das Web. Die Einstellung der Qualität müssen Sie selbst
abschätzen. Zoomen Sie hierzu am besten auf 100 % in das Bild
hinein, und vergleichen Sie die Versionen. Reduzieren Sie dabei
die Qualität so lange, wie keine gravierenden Verschlechterungen
zu erkennen sind. Im Beispiel habe ich den Schieberegler von
QUALITÄT ❾ bis auf den Wert 52 heruntergezogen. Das Häkchen
vor ICC-PROFIL ❿ können Sie ebenfalls entfernen, da diese Werte
bei einem Browser nicht wichtig sind. Nun wäre das Bild schon
von 13 Megabytes (MB) auf ca. 800 Kilobytes (KB) reduziert; für
das Web ist dies allerdings immer noch zu groß.

Abbildung 39.7 ▶
Einstellen von Format und
Bildqualität

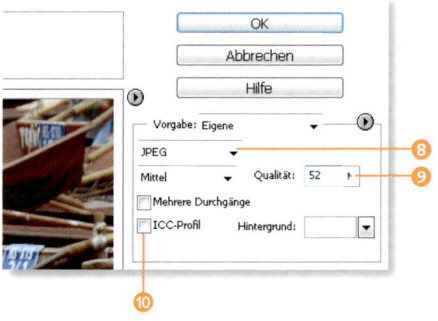

4 **Bildgröße anpassen**

Stellen Sie die Bildgröße für die Anzeige am Bildschirm ein. Im Beispiel habe ich eine BREITE ⑫ von 800 Pixeln gewählt. Da das Häkchen vor PROPORTIONEN ERHALTEN ⑭ gesetzt ist, wird automatisch die HÖHE entsprechend angepasst. Alternativ skalieren Sie das Bild prozentual ⑬. Klicken Sie auf ANWENDEN ⑮, und die Vorschau wird aktualisiert. Das Bild hat jetzt nur noch circa 122 Kilobytes (= 0,12 Megabytes) ⑪ und sollte somit absolut webtauglich sein. Der Wert unterhalb der Nachher-Vorschau gibt an, wie viele Sekunden zum Laden des Bildes bei einer Übertragungsgeschwindigkeit von 28,8 Kbit/s benötigt werden. Dieser Wert ist ein wenig überholt, da er noch von der Geschwindigkeit eines analogen Modems ausgeht. Zuletzt bestätigen Sie mit OK, und es öffnet sich ein SPEICHERN UNTER-Dialog, in dem Sie den Dateinamen und das Verzeichnis zum Speichern festlegen.

Vorschau in

Unterhalb des Dialogs finden Sie die Dropdown-Liste VORSCHAU IN ⑯, wo Sie unter anderem einen Webbrowser einrichten können, in dem Sie das Nachher-Ergebnis in einer Vorschau anzeigen lassen möchten. Den Browser müssen Sie hier noch extra über LISTE BEARBEITEN auswählen.

▼ **Abbildung 39.8**
Bildgröße anpassen

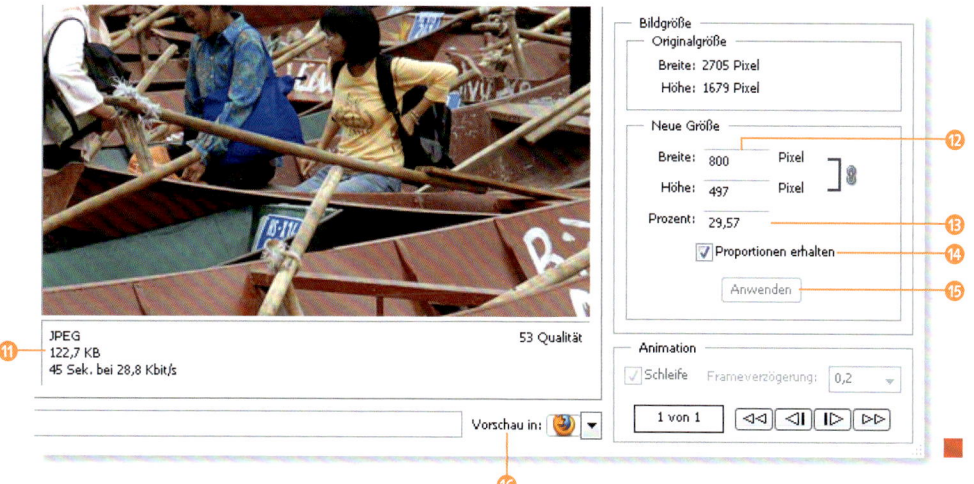

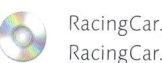

39.4 Animierte Bilder

Es ist auch möglich, mit Photoshop Elements animierte Bilder im GIF-Format zu erzeugen. Solche Bilder werden zum Beispiel gerne für Werbebanner oder Logos verwendet. Animierte Bildfolgen können Sie relativ einfach über Ebenen erstellen. Jede Ebene wird dabei als ein »Frame« bezeichnet. Natürlich müssen Sie beim Stapeln der Ebenen auf die richtige Reihenfolge achten. Der Editor kompiliert dann auf Wunsch die Ebenen zu einer animierten GIF-Datei.

Leider ist es seit der Version 9 von Photoshop Elements **nicht** mehr möglich, GIF-Dateien mit den einzelnen Frames (also für jeden Frame eine Ebene) zu öffnen. Das ist sehr schade, weil man

RacingCar.jpg und
RacingCar.gif

so auch die selbsterstellten GIF-Animationen nicht mehr nachträglich bearbeiten kann und deswegen auf eine andere Software (beispielsweise das kostenlose GIMP) für Nacharbeiten an einem bereits erstellten animierten GIF zurückgreifen muss. In der Vorgängerversion war das noch möglich. Auf der anderen Seite wurde das Speichern im GIF-Format erheblich optimiert, indem der Datenumfang erheblich reduziert wurde. Das hebt den zuvor erwähnten Nachteil wieder auf.

Abbildung 39.9 ▶
Dieser Hinweisdialog erscheint, wenn Sie mit Photoshop Elements eine animierte GIF-Datei öffnen, in der mehrere Frames (Ebenen) enthalten sind.

Eigene Animationen erstellen | Bevor Sie eine Animation aus mehreren einzelnen Ebenen erstellen, sollten Sie sich überlegen, was Sie genau tun wollen und wie Sie am besten vorgehen. Im Folgenden führe ich Ihnen die Erstellung einer einfachen GIF-Animation vor.

Schritt für Schritt: GIF-Animation erstellen

1   **Bildgröße anpassen**

Legen Sie zunächst die Größe der Animation fest. Hierzu müssen Sie zunächst das Bild, mit dem Sie arbeiten wollen, entsprechend skalieren. Im Beispiel habe ich das Ausgangsbild »RacingCar.jpg« über BILD • SKALIEREN • BILDGRÖSSE auf 400 × 263 Pixel skaliert.

Abbildung 39.10 ▶
Legen Sie die Bildgröße der Animation fest.

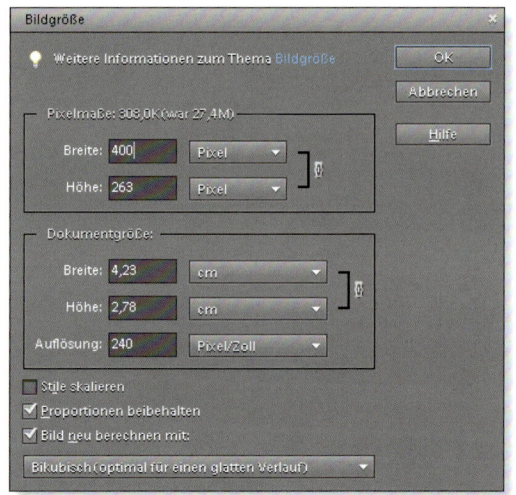

2 Ebene duplizieren und Autolichter markieren

Nun wollen wir den zweiten Frame erstellen. Duplizieren Sie hierfür zunächst die Hintergrundebene. Aktivieren Sie dann die neue Ebene ❶ (oder in diesem Fall den zweiten Frame). Markieren Sie mit dem Schnellauswahl-Werkzeug ✎ Ⓐ die Lichter des Autos. Gehen Sie auf ÜBERARBEITEN • BELEUCHTUNG ANPASSEN • HELLIGKEIT/KONTRAST, und ziehen Sie den Regler für HELLIGKEIT ❷ ganz nach rechts auf den Wert 150. Drücken Sie dann auf OK. Nun hat es den Anschein, als würde der Fahrer die Lichthupe betätigen. Damit die Auswahlkanten nicht zu hart wirken, können Sie zuvor noch mit ⒶⓁⓉ+Ⓢⓣⓡⓖ/⌘+Ⓓ eine weiche Auswahlkante einstellen.

▼ **Abbildung 39.11**
Passen Sie die Lichter des Autos mit dem Schnellauswahl-Werkzeug an.

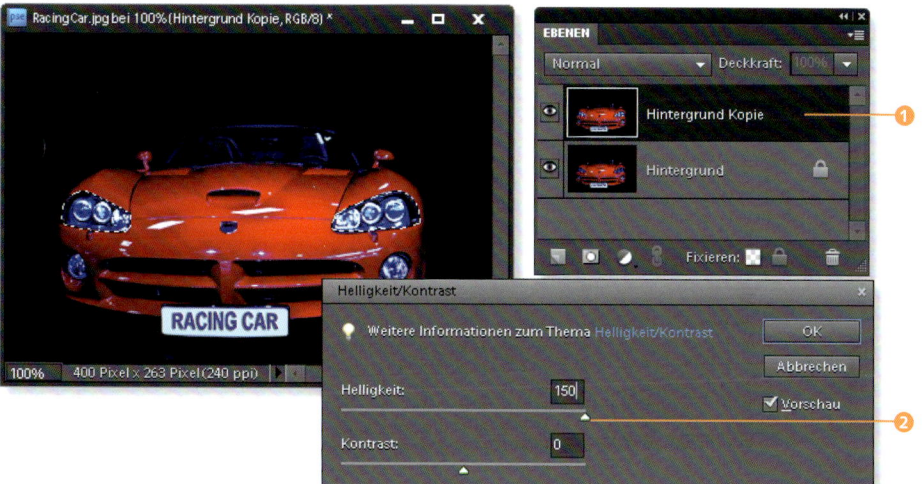

3 Ebenen duplizieren

Markieren Sie nun im Ebenen-Bedienfeld beide Ebenen, und führen Sie einen Rechtsklick aus. Wählen Sie im Kontextmenü den Punkt EBENEN DUPLIZIEREN. Den folgenden Dialog bestätigen Sie mit OK. Wiederholen Sie den Vorgang, sodass am Ende insgesamt sechs Ebenen auf dem Ebenen-Bedienfeld liegen – immer im Wechsel eine Ebene mit dem Original-Hintergrund und eine mit der erstellten »Lichthupe«. Um die Übersicht zu behalten, sollten Sie die Ebenen aussagekräftig benennen.

4 Text einfügen

Duplizieren Sie wiederum eine Ebene ohne »Lichthupe«, und schieben Sie die Kopie im Ebenen-Bedienfeld ❸ ganz nach oben. Verwenden Sie nun das Textwerkzeug Ⓣ Ⓣ, und fügen Sie einen Text Ihrer Wahl in die oberste Ebene ein. Stellen Sie die Formatierung und einen Ebenenstil (im Beispiel wurde eine ABGEFLACHTE

▲ **Abbildung 39.12**
Duplizieren Sie die Ebenen mehrmals.

Zum Nachlesen
Mehr zum Textwerkzeug erfahren
Sie ab Teil 11 und zu den Ebenen-
stilen in Kapitel 37.

KANTE verwendet) über die Werkzeugoptionsleiste vom Textwerkzeug ein. Vereinfachen Sie die Textebene noch nicht.

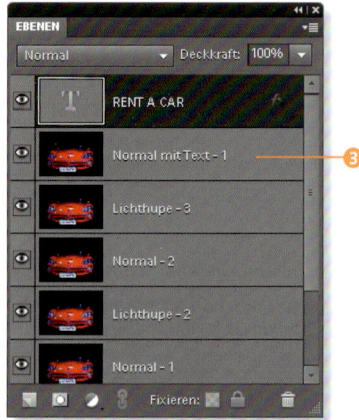

Abbildung 39.13 ▶
Fügen Sie den Text ein.

5 Ebenen duplizieren

Duplizieren Sie nochmals eine Ebene mit »Lichthupe«, und schieben Sie die Kopie im Ebenen-Bedienfeld ganz nach oben. Duplizieren Sie auch die soeben erstellte Textebene, und schieben Sie
die neue Ebene abermals im Ebenen-Bedienfeld ganz nach oben.
Da das Auto im Bild eine Lichthupe zeigt, soll auch der Text einen
Lichteffekt bekommen. Doppelklicken Sie hierfür das »fx«-Sym-
bol ❹ mit dem Ebenenstil. Aktivieren Sie in der Effektbox den
Stil SCHEIN ❺ und die darin enthaltene Option AUSSEN ❻. Auf
Wunsch verändern Sie auch die Werte der Regler.

Abbildung 39.14 ▼ ▶
Duplizieren Sie nochmals eine
Ebene, und verändern Sie die
Werte der Regler.

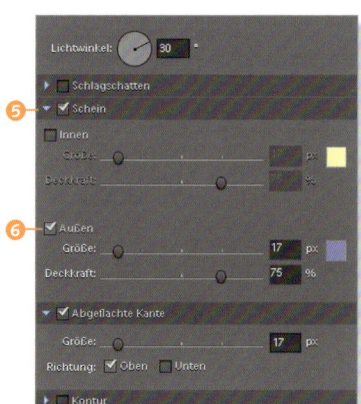

6 Textebene vereinfachen und reduzieren

Markieren Sie beide Textebenen in der Ebenen-Palette, rufen Sie
mit der rechten Maustaste das Kontextmenü auf, und wählen
Sie dort EBENE VEREINFACHEN. Wählen Sie dann jede Textebene

einzeln aus, und reduzieren Sie sie mit ⌈Strg⌉/⌈⌘⌉+⌈E⌉ auf die darunterliegende Ebene. Gegebenenfalls kopieren Sie nun die Ebenen mit dem Text nochmals, sodass Sie auch hier mehrere Lichthupen mit dem Text erzeugen.

7 Animiertes GIF erzeugen

Wählen Sie über DATEI • FÜR WEB SPEICHERN oder mit ⌈Alt⌉+⌈⇧⌉+⌈Strg⌉/⌈⌘⌉+⌈S⌉ den entsprechenden Dialog. Stellen Sie als Dateiformat ❼ GIF ein. Setzen Sie außerdem ein Häkchen vor ANIMIEREN ❽, sodass der zuvor ausgegraute Animationsrahmen ❾ aktiviert wird. Setzen Sie ein weiteres Häkchen vor SCHLEIFE ⓬, wenn Sie Ihre GIF-Animation in einer Endlosschleife abspielen wollen – andernfalls wird die Animation nur einmal abgespielt. Wie schnell die Animation abläuft, legen Sie mit FRAMEVERZÖGE-RUNG ❿ fest. Je niedriger dieser Wert ist, desto schneller wird die Animation abgespielt. Darunter finden Sie eine Art Storyboard, wo Sie Bild für Bild durchgehen und einzeln bearbeiten können. Natürlich ist diese Bearbeitung nur noch auf Bildqualität und -größe beschränkt. Über VORSCHAU IN ⓫ können Sie einen Webbrowser auswählen (muss einmalig eingerichtet werden), in dem Sie Ihre GIF-Animation in einer Vorschau betrachten können.

▲ **Abbildung 39.15**
Erzeugen Sie mehrere Lichthupen mit dem Text.

Speichern der einzelnen Frames (Ebenen)

Beachten Sie, dass Sie nachträglich das gespeicherte Bild im GIF-Format mit Photoshop Elements nicht mehr bearbeiten können. Da Elements die einzelnen Frames nicht mehr Ebene für Ebene komplett als Einzelbild speichert und Optimierungen daran vornimmt (genauer: die Ebenen kombiniert), empfehle ich Ihnen, die Animation zuvor als TIFF- oder PSD-Datei zu sichern, wenn Sie später Änderungen daran vornehmen wollen.

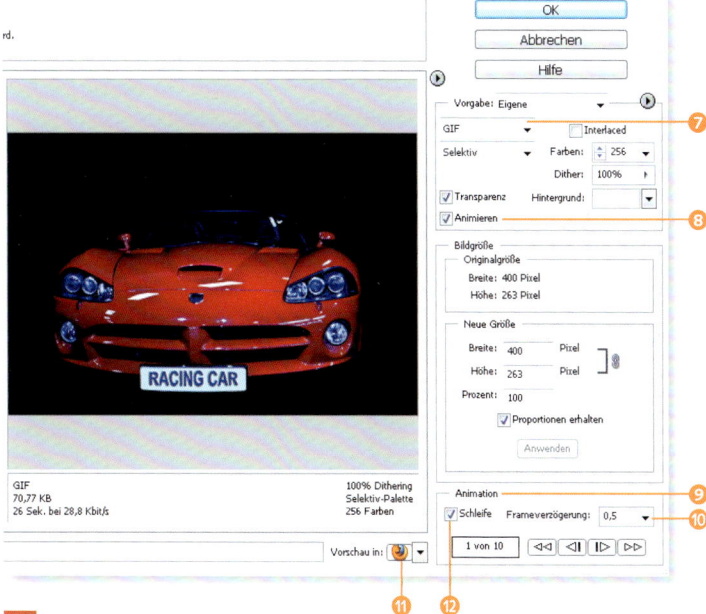

◀ **Abbildung 39.16**
Bereiten Sie die GIF-Datei für die Vorschau vor.

8 Animation abspeichern

Sind Sie mit dem Ergebnis zufrieden, speichern Sie die GIF-Animation mit einem Klick auf den OK-Button ab. Es öffnet sich ein Speichern-Dialog, in dem Sie den Dateinamen und das

Verzeichnis zum Speichern festlegen. Nun können Sie die GIF-Animation auf Ihrer Webseite verwenden oder im Webbrowser betrachten. Sie finden das animierte Bild auch auf der Buch-DVD wieder.

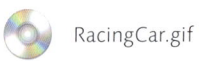 RacingCar.gif

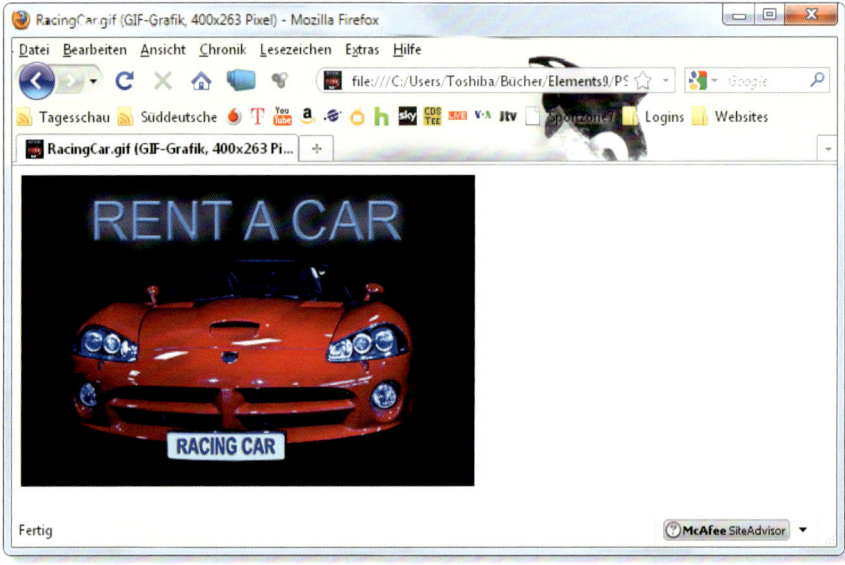

▲ **Abbildung 39.17**
Die GIF-Animation im Webbrowser ■

39.5 Online-Album erstellen

Galerie online stellen
Falls Sie Ihre Galerie wirklich online stellen wollen und nicht wissen, wie Sie das machen sollen, können Sie sich gerne bei mir melden – ich berate Sie gerne (kostenlos, versteht sich). Eine E-Mail an *wolf@pronix.de* genügt.

Wenn Sie Ihre Bilder einem breiten Publikum zugänglich machen wollen, können Sie mit Photoshop Elements eine Online-Galerie erstellen. Hierbei sind keinerlei Kenntnisse zur Erstellung von Webseiten nötig. Photoshop Elements nimmt Ihnen sämtliche Arbeiten ab – Sie müssen lediglich die Bilder und ein Layout auswählen (und gegebenenfalls noch einen Text hinzufügen). Auch hochladen müssen Sie Ihre Seite noch selbst. Natürlich können Sie die Online-Galerie auch auf eine CD/DVD brennen und von diesem Medium offline vorführen.

Es sollte außerdem erwähnt werden, dass die meisten Galerien voraussetzen, dass der Betrachter den Adobe Flash Player auf seinem Rechner installiert hat. Auf ein Plug-in für den Browser kann man heute eigentlich kaum noch verzichten, weil viele Webseiten darauf zurückgreifen. In der Regel ist das Plug-in bereits installiert; falls nicht, wird meist automatisch danach gesucht. Den Adobe Flash Player erhalten Sie kostenlos von der Webseite *www.adobe.com/de/products/flashplayer*.

Schritt für Schritt: Eine eigene Webseite mit Fotogalerie erstellen

1 Organizer starten

Starten Sie den Organizer, und wählen Sie über das Aufgabenbedienfeld WEITERGABE ❶ die Schaltfläche ONLINE-ALBUM ❷ aus. Diese Schaltflächen finden Sie auch im Editor – allerdings ruft der Editor wiederum nur den Organizer auf.

2 Weitergabe auswählen

Als Nächstes müssen Sie sich entscheiden, ob Sie ein bereits bestehendes Album (siehe Abschnitt 9.2, »Neue Alben erstellen«) verwenden oder ein neues erstellen möchten. Im Beispiel wollen wir ein neues Album anlegen. Wählen Sie daher NEUES ALBUM ERSTELLEN ❸ aus. Anschließend müssen Sie festlegen, wie Sie das Album weitergeben.

Über die Radio-Buttons unter WEITERGEBEN AN ❹ finden Sie nun drei Möglichkeiten zur Weitergabe des Online-Albums. PHOTOSHOP SHOWCASE ist ein kostenloser Service von Adobe, mit dem Sie die Online-Galerie auf einer kostenlosen Webseite veröffentlichen. Allerdings müssen Sie sich dafür zuvor registrieren. Alternativ brennen Sie das Online-Album mit der Option AUF CD/DVD EXPORTIEREN auf das entsprechende Medium (bei Mac OS X steht diese Option nicht zur Verfügung). Die letzte Möglichkeit, AUF FESTPLATTE EXPORTIEREN, dürfte zunächst für die meisten Leser die erste Wahl sein. Hierbei können Sie jederzeit mit dem fertigen Album eine der vorherigen Möglichkeiten nachträglich durchführen.

Für unser Beispiel wählen Sie daher bitte AUF FESTPLATTE EXPORTIEREN aus. Wenn Sie sich für eine Form der Weitergabe entschieden haben, klicken Sie auf WEITER, und folgen Sie den Anweisungen auf dem Bildschirm.

In der neunten Version von Photoshop Elements wurde auf die Option AUF EINEN FTP-SERVER EXPORTIEREN verzichtet, mit der Sie das Online-Album direkt auf ihren Webspace via FTP hochladen konnten, wenn Sie einen solchen Account bei einem Webhoster gemietet hatten.

Damit Sie auch als Mac-Anwender die Daten auf eine CD/DVD bekommen, müssen Sie lediglich das exportierte Verzeichnis auf der Festplatte als Daten auf eine CD oder DVD brennen.

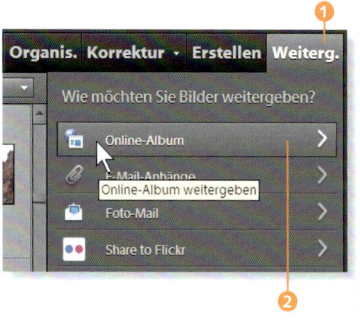

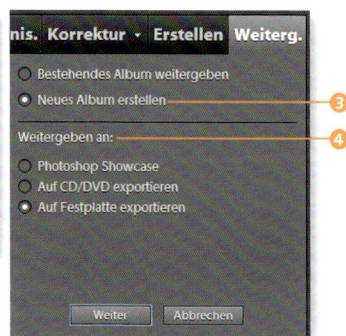

◄◄ **Abbildung 39.18**
Die Auswahlmöglichkeiten bei der Weitergabe von Bildern

◄ **Abbildung 39.19**
Es stehen Ihnen mehrere Möglichkeiten zur Weitergabe zur Verfügung.

Album und Albumkategorie

Ausführliche Erläuterungen zum Thema Albumkategorie und Album finden Sie in Abschnitt 9.2, »Neue Alben erstellen«.

Abbildung 39.20 ▼

Wählen Sie Bilder für die Weitergabe aus.

3 Bilder auswählen

Nun erscheint auf der rechten Seite ein Bereich ALBUMDETAILS, wo Sie aus der Miniaturvorschau der linken Seite des Organizers Bilder mit gedrückter Maustaste herüberziehen können. Alternativ markieren Sie mehrere Bilder mit gehaltener ⎡Strg⎤/ ⌘-Taste in der Miniaturvorschau und fügen sie dann über einen Klick auf das grüne Plus-Symbol ❹ hinzu. Wollen Sie ein Bild aus dem Online-Album entfernen, markieren Sie es einfach und klicken das rote Minus-Symbol daneben ❺ an. Sortieren Sie die Bilder durch einfaches Drag & Drop. Zusätzlich können Sie diese Bilder gleich zu einer ALBUMKATEGORIE ❶ hinzufügen und einen ALBUMNAMEN ❷ über den gleichnamigen Menüpunkt vergeben. Das Vergeben eines Albumnamens ist obligatorisch. Wenn Sie mit der Auswahl der Bilder fertig sind, klicken Sie auf den Reiter WEITERGABE ❸.

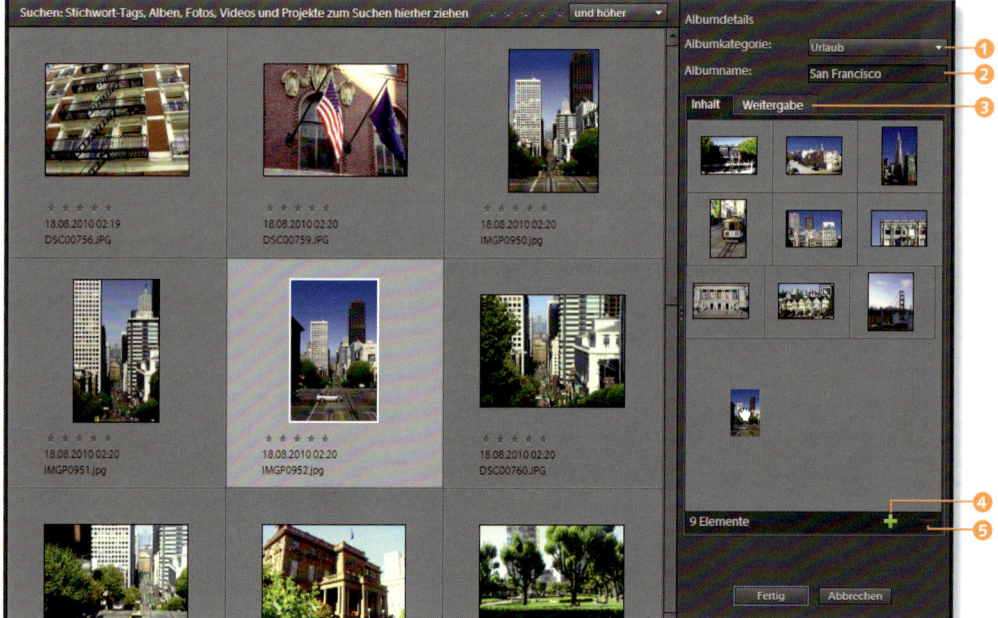

4 Vorlage ändern

Im nächsten Bildschirm sehen Sie links im Organizer eine echte Vorschau der Online-Galerie, wie sie auch in Ihrem Browser angezeigt wird. Dieses Online-Album stellt allerdings nur eines von vielen vorhandenen Alben dar. Erheblich mehr Alben verbergen sich hinter dem Dropdown-Menü VORLAGE AUSWÄHLEN ❻, das wir nun anklicken wollen. Am besten wählen Sie hier gleich ALLES EINBLENDEN aus, damit Sie einen Überblick über die enorme Fülle von Vorlagen erhalten. Wollen Sie eine Vorlage in der Vorschau testen, doppelklicken Sie die gewünschte Miniatur ❼ der Vorlage. Viele Vorlagen bieten außerdem weitere Optionen an, wie das Auswählen von Farbe oder Mustern. Am besten testen Sie einfach einmal die vorhandenen Vorlagen aus. Das Angebot an verschiedenen Vorlagen ist mittlerweile sehr umfangreich, sodass für jeden etwas dabei sein dürfte.

▼ **Abbildung 39.21**
Ein Blick in das Album

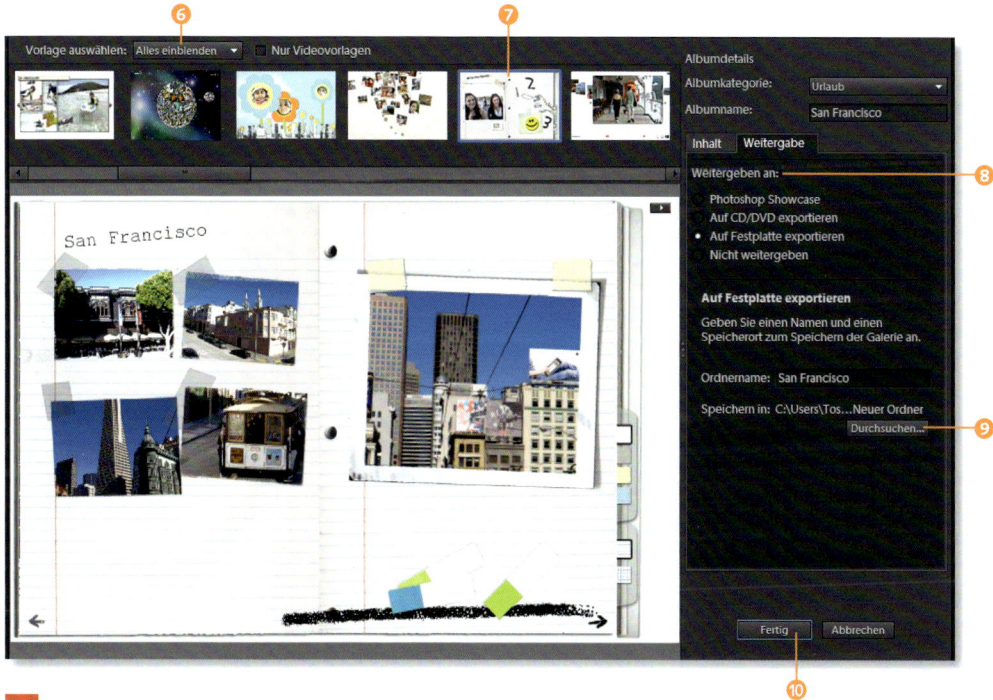

5 Online-Album fertigstellen

Auf der rechten Seite finden Sie wieder denselben Bildschirm wie am Anfang der Funktion ONLINE-ALBUM – nun aber mit weiteren Einstellungen. Über die Radioschaltflächen unter WEITERGEBEN AN ❽ sehen Sie erneut die Möglichkeiten zur Weitergabe des Online-Albums. Wenn Sie die Option NICHT WEITERGEBEN auswählen, wird kein Online-Album erstellt, sondern es wird nur ein neues Album mit dem Albumnamen und den ausgewählten Bildern angelegt und hinzugefügt. Auch den ALBUMNAMEN können Sie hier nochmals ändern. Wichtiger aber ist der Speicherort, wo Sie das Album sichern. Den Pfad wählen Sie mit der Schaltfläche DURCHSUCHEN ❾ aus. Klicken Sie auf die Schaltfläche FERTIG ❿, und das Online-Album wird gespeichert.

6 Online-Album betrachten

Je nachdem, wie Sie Ihr Online-Album weitergegeben haben, können Sie es nun von CD/DVD oder im Web über einen

content/fotos/Teil012/
Online-Album/
San Francisco/index.html

Webbrowser betrachten. Natürlich habe ich Ihnen das Beispiel-album auch auf die Buch-DVD pressen lassen. Alternativ finden Sie diese Galerie zum Testen auf der Webseite *http://pronix.de/ SanFrancisco/* wieder. Startet das Online-Album von CD/DVD nicht selbst, so können Sie es auch manuell im Webbrowser öffnen. Dazu rufen Sie entweder DATEI • ÖFFNEN im Webbrowser auf, oder Sie doppelklicken im Ordner, in dem sich das Album befindet, auf die Datei »index.html«.

Abbildung 39.22 ▶
Die fertige Online-Galerie im Webbrowser

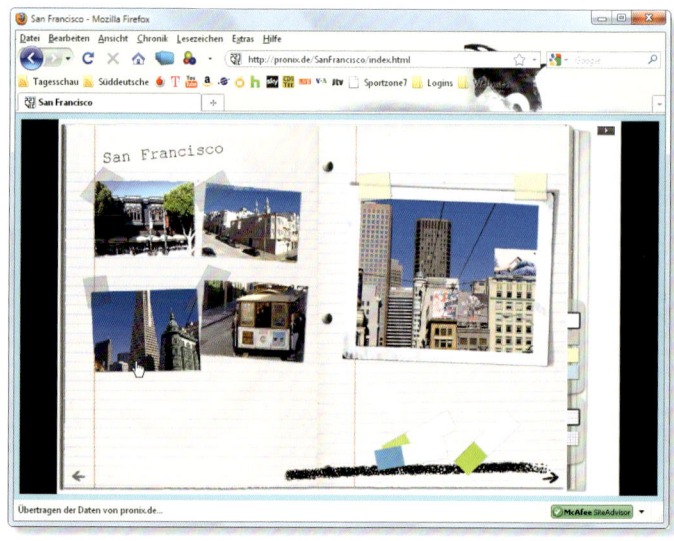

Dienst etwas veraltet

Dass ich hier nicht mehr zu Photoshop Showcase schreibe, liegt auch daran, dass der Dienst wohl eher etwas wie eine Testplattform ist. Viele Galerien wurden einfach zum Test hochgeladen. Und eine alte Werbung zu Photoshop Elements 5 auf der Webseite wirkt auch nicht unbedingt sehr modern. Wer aber keinen eigenen Platz im Web hat und seine Galerie online sehen will, der kann diesen Dienst ohne Bedenken verwenden.

Photoshop Showcase | Wenn Sie die Online-Galerie in das Photoshop Showcase hochladen wollen, müssen Sie sich zuvor bei diesem Dienst registrieren. Dies können Sie entweder über den sich öffnenden Dialog oder über die Webseite *http:///www.photoshopshowcase.com* machen. Zum Einloggen in Ihr Konto benötigen Sie anschließend immer die E-Mail-Adresse und das Passwort. Anschließend müssen Sie nur noch den Anweisungen auf dem Bildschirm folgen, ob Sie die Galerie nur einzelnen Personen oder allen zur Verfügung stellen. Nach dem Hochladen finden Sie Ihre Galerie dann auf *www.photoshopshowcase.com* wieder, wo Sie sich auch mit der E-Mail-Adresse und dem Passwort einloggen und Ihre Galerien überblicken können.

Mit Kodak Easyshare Gallery weitergeben | Ähnlich wie bei Photoshop Showcase können Sie auch über das Aufgabenbedienfeld WEITERGABE mit der Funktion MIT KODAK EASYSHARE GALLERY WEITERGEBEN ❶ eine Online-Gallery erstellen.

◀ **Abbildung 39.23**
Kodak Easyshare lässt sich über
den Reiter Weitergabe aufrufen.

Nach einer Anmeldung können Sie künftig jederzeit weitere Bilder in Ihre Online-Gallery hochladen. Die offizielle Adresse im Internet dazu lautet *http://adobe.kodakgallery.de*, wo Sie sich mit ihren Zugangsdaten natürlich auch einloggen können. Das Tolle an diesem Dienst ist, dass Sie sich jederzeit Abzüge von einem oder mehreren Bildern bestellen können. Besonders interessant (und bequem) ist auch die Möglichkeit, ganze Fotobücher, Fotocollagen, Tassen, Poster, Schlüsselanhänger und noch viele Fotogeschenke mehr damit bedrucken zu lassen.

Abzüge bestellen
Die Funktion, schneller Abzüge von einem bestimmten Bild zu bestellen, finden Sie im Organizer wie auch im Editor über das Menü Datei • Abzüge bestellen • Abzüge von Kodak bestellen oder über das Aufgabenbedienfeld Erstellen unter Fotoabzüge.

◀ **Abbildung 39.24**
Neben Online-Galerien bietet der Kodak-Dienst tolle Dienste wie das Erstellen von Fotos, Fotobüchern usw. an.

Share to Facebook, Share to Flickr | Natürlich bietet Elements, wie es sich für ein modernes Programm gehört, auch eine Möglichkeit, Bilder auf Facebook oder Flickr hochzuladen. Vorraussetzung dafür sind selbstverständlich, dass Sie über ein entsprechendes Konto bei den entsprechenden Diensten (*www.facebook.com* oder *www.flickr.com*) verfügen. Beide Funktionen rufen Sie ebenfalls über das Aufgabenbedienfeld Weitergabe mit Share to Facebook und Share to Flickr auf.

Egal, welchen der beiden Dienste Sie verwenden wollen, Sie müssen Photoshop Elements zunächst noch autorisieren, bevor

Online-Communitys

Facebook ist eines der größten sozialen Netzwerke, wo sich Millionen von Anwendern austauschen oder alte Bekannte wiederfinden. Flickr hingegen ist ein recht ähnliches Netzwerk, nur dass sich dieser Dienst eher auf digitale Bilder und Videos spezialisiert hat.

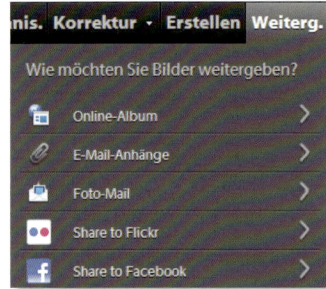

▲ **Abbildung 39.25**
Mit Facebook und Flickr werden auch bekanntere Dienste zum Hochladen von Fotos unterstützt.

Sie Bilder hochladen dürfen. Hierbei öffnet sich in beiden Fällen ein gesonderter Dialog (leider in englischer Sprache), in dem Sie die Schaltfläche AUTHORIZE anklicken müssen. Daraufhin sollte sich die Webseite mit dem Login zum entsprechenden Dienst öffnen, wo Sie nach dem Einloggen Photoshop Elements erlauben, dass es Bilder hochladen darf. Wenn Sie Photoshop Elements online bei den Diensten autorisiert und das Browser-Fenster wieder geschlossen haben, brauchen Sie nur noch in einem weiteren Dialogfenster von Photoshop Elements die Schaltfläche COMPLETE AUTHORIZATION anzuklicken.

Jetzt können Sie künftig über die Schaltflächen SHARE TO FACEBOOK oder SHARE TO FLICKR Ihre Bilder (besser Alben) über den Organizer hochladen. Einziger Wermutstropfen: Diese Upload-Funktionen wurden nicht in die deutsche Sprache übersetzt. Das wirft noch ein etwas uneinheitliches Bild auf die Funktionen. Hochgeladen wird gewöhnlich immer das aktive Album (beim Facebook-Dialog können Sie auch ein anderes Album wählen).

▲ **Abbildung 39.26**
Upload-Funktion von Photoshop Elements zu Flickr.com

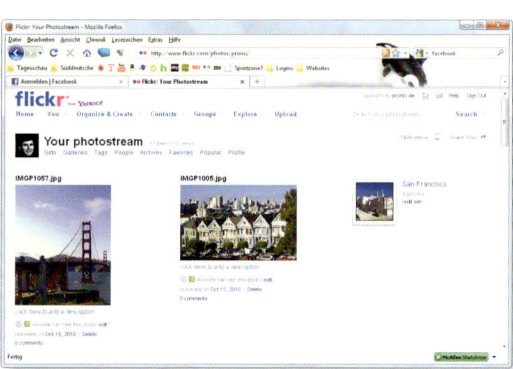

▲ **Abbildung 39.27**
Nach erfolgreichem Upload auf Flickr.com

39.6 Fotos per E-Mail verschicken

Ein interessantes Feature ist das Versenden von Fotos per E-Mail über Photoshop Elements. Auf den ersten Blick erscheint diese Funktion vielleicht etwas überflüssig, doch auf den zweiten Blick ist sie eine feine Sache: Anstatt sich im gigantischen Fotoarchiv mühsam die Bilder herauszusuchen, die Sie versenden wollen, wählen Sie die Bilder ganz komfortabel aus dem Editor oder von der Vorschau des Organizers aus.

39.6.1 Voreinstellungen für den E-Mail-Versand

Bevor Sie allerdings Fotos per E-Mail aus der Anwendung heraus versenden können, müssen Sie diese Funktionalität noch einrichten. Nehmen Sie die entsprechenden Einstellungen im Organizer über das Menü Bearbeiten/Adobe Elements 9 Organizer • Voreinstellungen • Weitergeben vor.

▼ **Abbildung 39.28**
Einstellungen zum Versenden einer E-Mail mit Fotos aus Photoshop Elements (Windows)

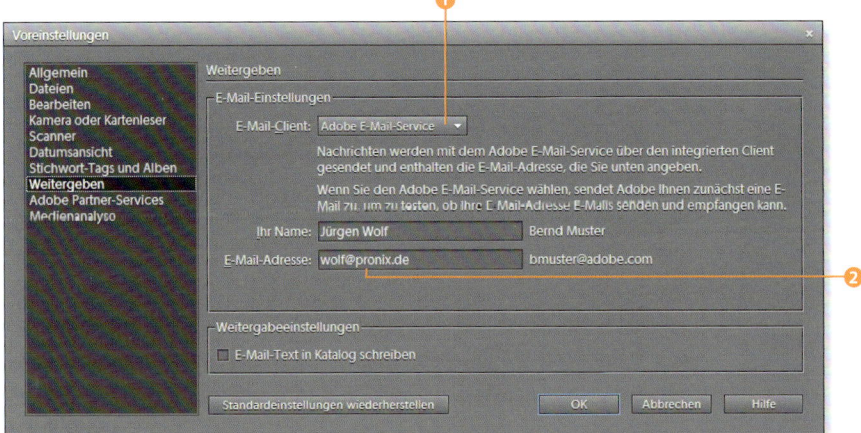

Bei der Dropdown-Liste E-Mail-Client ❶ wählen Sie das E-Mail-Programm aus, das Sie bisher verwendet haben. Wird Ihr E-Mail-Programm hier nicht aufgelistet, können Sie auch den Adobe E-Mail-Service benutzen. Ich konnte zum Beispiel mein bevorzugtes E-Mail-Programm Thunderbird nicht dazu überreden, hier mitzumachen. Geben Sie auf jeden Fall unter E-Mail-Adresse ❷ Ihre gültige Adresse an. Bestätigen Sie die neuen Einstellungen mit OK.

X Bei der Mac-Version können Sie nur den E-Mail-Client auswählen und leider nicht den Adobe E-Mail-Service verwenden. Damit es also auch hier mit dem E-Mail-Versand klappt, muss der ausgewählte E-Mail-Client auf dem System korrekt eingerichtet sein.

Schritt für Schritt: Fotos per E-Mail versenden

1 Versandart auswählen

Starten Sie den Organizer. Über Weitergabe ❸ wählen Sie aus, ob Sie Ihre E-Mail als E-Mail-Anhänge ❹ oder als Foto-Mail ❺ verschicken wollen.

Dieselben Schaltflächen finden Sie übrigens auch im Editor. Von dort können Sie zum Beispiel ein soeben im Editor bearbeitetes Foto versenden. Allerdings wird über den Editor ebenfalls zuerst der Organizer gestartet.

Der Unterschied zwischen einer Foto-Mail und einem E-Mail-Anhang besteht darin, dass Sie bei einer Foto-Mail zusätzlich ein Briefpapier und Layout einstellen können. Dies setzt allerdings voraus, dass auch der Empfänger HTML-Mails

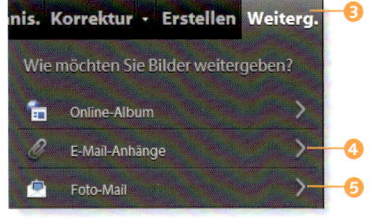

▲ **Abbildung 39.29**
Weitergabemöglichkeiten für Fotos

aktiviert hat. Bei beiden Varianten haben Sie die Möglichkeit, die Größe und Qualität der Fotos zu reduzieren. Im Beispiel wählen wir den Punkt E-Mail-Anhänge.

2 Fotos und Qualität auswählen

Wählen Sie auf der linken Seite, in der Organizer-Bildervorschau, die Bilder für den E-Mail-Anhang aus, und ziehen Sie diese in das kleine Vorschaufenster Elemente ❸ auf der rechten Seite. Sie können auch mehrere Bilder in der Organizer-Vorschau mit [Strg]/[⌘] markieren und mit dem grünen Plus-Symbol ❶ zum E-Mail-Anhang hinzufügen. Zum Entfernen von Anhängen benutzen Sie wieder das Minus-Symbol ❷ daneben.

Unterhalb der Miniaturansicht der E-Mail-Anhänge können Sie die Bilder noch automatisch konvertieren lassen. Die Option Fotos in JPEGs konvertieren ❹ ist selbsterklärend. Handelt es sich bei den Bildern bereits um JPEG-Dateien, ist diese Option ausgegraut. Darunter wählen Sie über Maximale Fotogrösse ❺ die maximale Bildgröße aus einer vordefinierten Auswahl. Natürlich ist es auch möglich, die Bilder in der Originalgröße zu belassen. Mit Qualität ❻ stellen Sie die JPEG-Kompression ein. Dieser Regler ist allerdings nur dann vorhanden, wenn Sie auch die Checkbox Fotos in JPEGs konvertieren aktiviert haben. Darunter finden Sie Informationen über die geschätzte Größe des Bildes. Klicken Sie auf Weiter, wenn Sie mit den Eingaben fertig sind.

JPEG-Kompression

Der Effekt der JPEG-Kompression wurde bereits in Abschnitt 39.2, »Bilder für das Web speichern«, im Zusammenhang mit dem Dialog JPEG-Optionen beschrieben.

Abbildung 39.30 ▶
Wählen Sie die Fotos und die gewünschte Qualität aus.

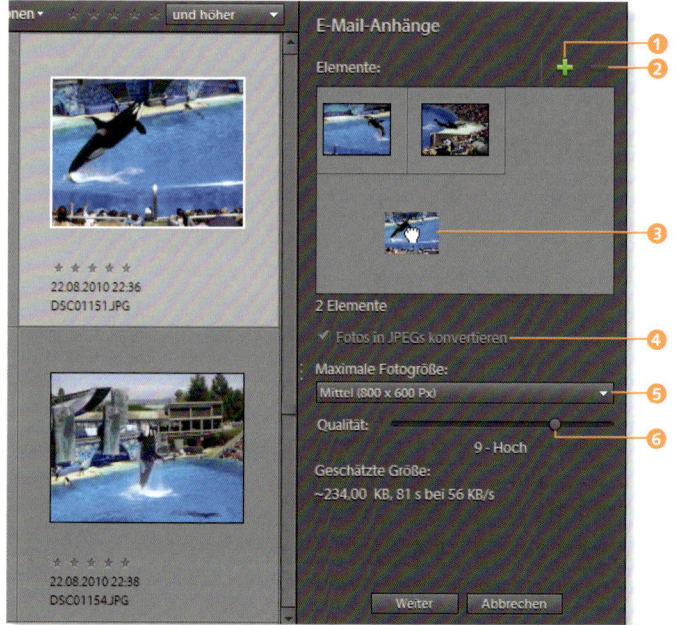

3 Empfänger und Nachricht eingeben

Im nächsten Bildschirm müssen Sie unter NACHRICHT ❽ nur noch die Mitteilung eingeben und den oder die EMPFÄNGER AUSWÄHLEN. Beim ersten Start dürfte dieses Feld noch leer sein. Neue Kontaktadressen können Sie über das Kontaktsymbol ❾ eingeben oder importieren (wenn Sie zum Beispiel Outlook verwenden). Auch hier können Sie jederzeit noch über das Plus- und das Minus-Symbol ❼ über der Bildervorschau des Organizers Bilder hinzufügen oder entfernen.

Klicken Sie auf WEITER, wenn Sie fertig sind. Wenn Sie zuvor den Punkt FOTO-MAIL gewählt hätten, könnten Sie nun noch das Briefpapier und ein Layout auswählen.

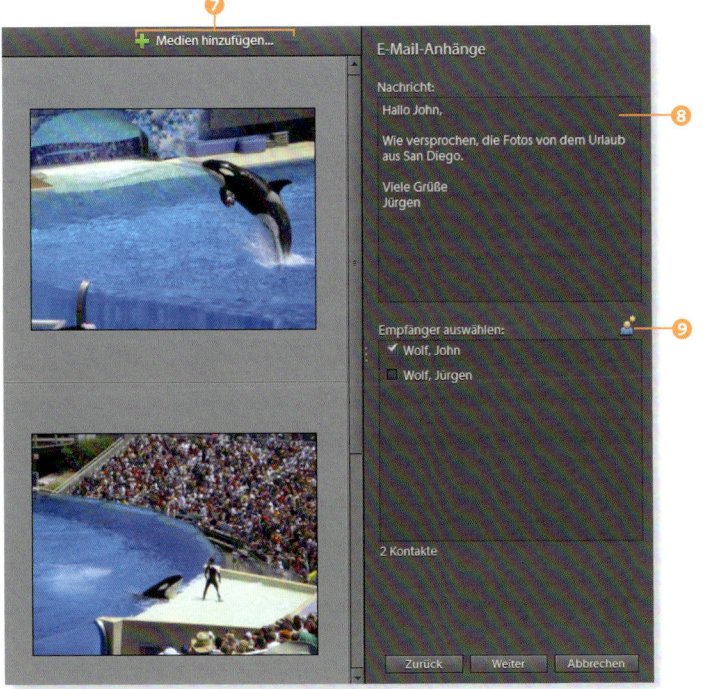

◄ **Abbildung 39.31**
Wählen Sie einen Empfänger für Ihre Nachricht aus.

4 Adobe E-Mail-Service aktivieren

Sofern Sie den Adobe E-Mail-Service verwenden wollen, müssen Sie im folgenden Fenster Ihre E-Mail-Adresse angeben und die Schaltfläche E-MAIL ERNEUT SENDEN ❿ klicken, um die Gültigkeit der E-Mail-Adresse zu überprüfen. Nun heißt es eine Weile warten, bevor Sie eine E-Mail mit dem Verifizierungscode erhalten, den Sie in der Zeile PRÜFUNG DES ABSENDERS ⓫ eintragen. Die E-Mail müssen Sie mit Ihrem Standard-E-Mail-Programm abholen. Dieser Vorgang muss nur einmal ausgeführt werden.

Bei der Mac-Version wird hier jetzt der Standard-E-Mail-Client, den Sie über ADOBE ELEMENTS 9 ORGANIZER • VOREINSTELLUNGEN • WEITERGEBEN ausgewählt haben, mit den ausgewählten Fotos als Anhang geöffnet.

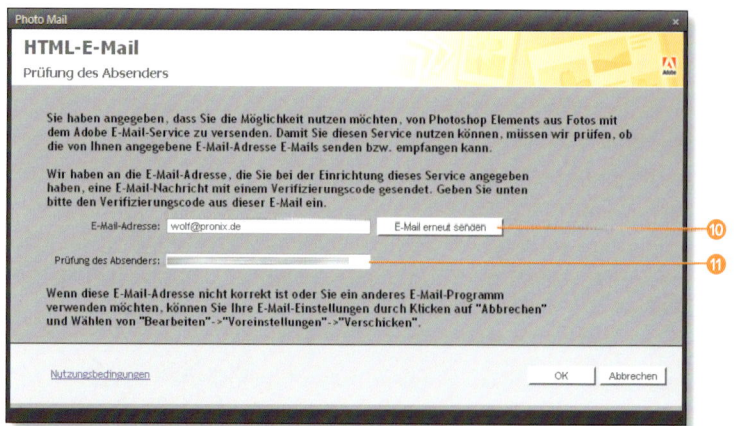

Abbildung 39.32 ▶
Der Dialog zum Aktivieren des
Adobe E-Mail-Service

5 **E-Mail versenden**

Schließlich öffnet sich das von Ihnen voreingestellte E-Mail-Programm. Hier klicken Sie auf SENDEN. Haben Sie den Adobe E-Mail-Service verwendet, erscheint ein kleiner Adobe-eigener E-Mail-Client, der für das Versenden von Fotos im Hausgebrauch völlig ausreicht.

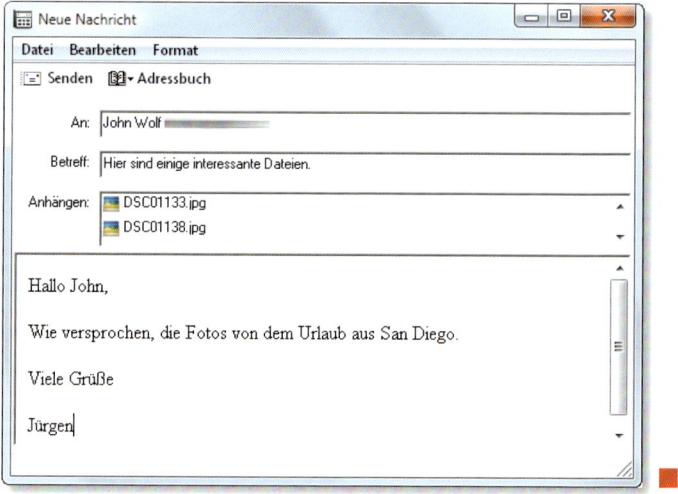

Abbildung 39.33 ▶
Der E-Mail-Client von Adobe

39.6.2 Bilder als PDF-Diashow versenden

Anstelle einer ganzen Serie von einzelnen Bildern können Sie auf die soeben beschriebene Weise auch mehrere Bilder in einer PDF-Diashow als E-Mail-Anhang versenden. Rufen Sie zu diesem Zweck den Menüpunkt WEITERGABE • MEHR OPTIONEN • PDF-DIASHOW auf. Ab hier verläuft der Vorgang ebenso wie soeben für die Option E-MAIL-ANHÄNGE beschrieben – nur dass Sie diesmal noch einen Namen für die PDF-Datei eingeben müssen.

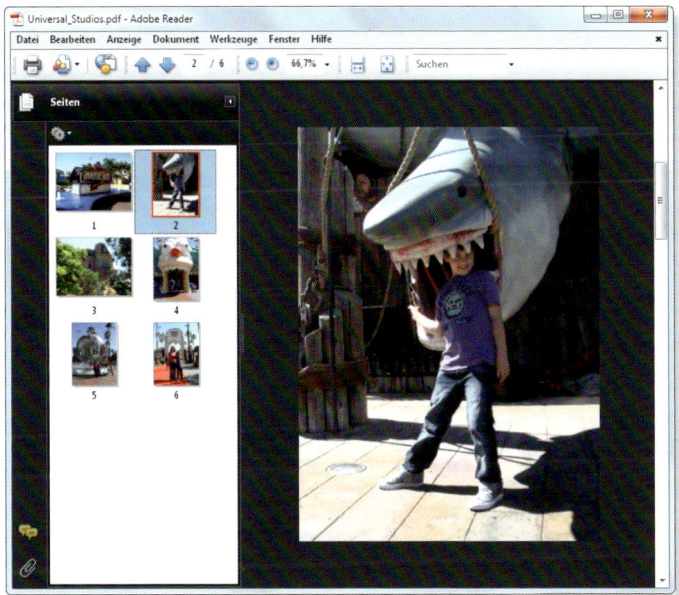

▲ **Abbildung 39.34**
Auch als PDF-Dokument für den Adobe Acrobat Reader können Sie
Bilder als Diashow »verpacken« und versenden.

39.7 Import/Export von PDF-Dokumenten

Neben dem Versenden einer PDF-Diashow ist es mit Photoshop
Elements auch möglich, PDF-Dateien in den Editor zu importieren und natürlich wieder als PDF-Datei zu speichern.

39.7.1 PDF-Dokument importieren

Wollen Sie eine PDF-Datei importieren, können Sie wie gewöhnlich den Weg über DATEI • ÖFFNEN oder ⌜Strg⌟/⌜⌘⌟+⌜O⌟ gehen.
Haben Sie ein PDF-Dokument geöffnet, erscheint ein Dialog PDF
IMPORTIEREN. In diesem Dialog sehen Sie eine Vorschau ❷ der
Seite(n) und/oder Bilder. Hierbei entscheiden Sie über die beiden
Optionen SEITEN und BILDER ❶, ob Sie im Editor anschließend die
komplette Seite (mit Text und Grafiken) oder nur die Bilder aus
dem PDF-Dokument importieren wollen. Die Größe der Miniaturvorschau können Sie unterhalb über MINIATURGRÖSSE ❸ einstellen.

Über NAME ❹ lassen Sie entweder den vorgegeben Namen
des PDF-Dokumentes stehen oder vergeben einen eigenen.
Beim Importieren kann es passieren, dass beim Rastern des Bildes unregelmäßige Kanten auftreten. Diese können Sie mit der
Option GLÄTTEN ❺ minimieren.

PDF-Dokument

PDF (kurz für Portable Docu-
ment Format) ist ein weitverbrei-
tetes und plattformunabhängiges
Format für Vektor- und Bitmap-
daten, das von Adobe entwickelt
und veröffentlicht wurde. PDF
ist auch das Format für Adobe
Acrobat (Reader).

Mehr auswählen
Mehrere Seiten oder Bilder können Sie auf einmal importieren,
wenn Sie während des Auswäh-
lens in der Miniaturvorschau die
⌜Strg⌟/⌜⌘⌟-Taste gedrückt halten.

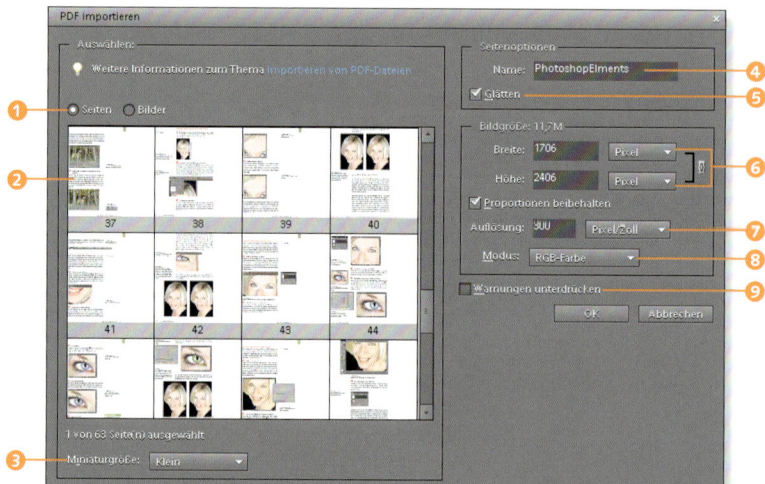

Abbildung 39.35 ▶
Der Dialog hilft Ihnen beim
Importieren von PDF-Dateien.

Wenn Sie nur die Bilder importieren, können Sie die Bildgröße,
Auflösung und den Modus nicht ändern. Importieren Sie hingegen die ganze Seite, können Sie die Bildgröße ❻, AUFLÖSUNG ❼
und den Farbmodus ❽ ändern. Eventuell auftretende Warnungen können Sie mit der Option WARNUNGEN UNTERDRÜCKEN ❾
ignorieren.

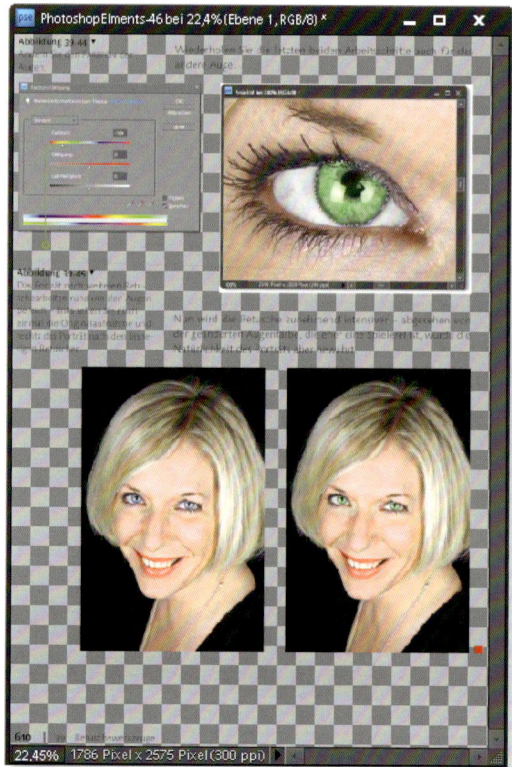

Abbildung 39.36 ▶
Hier wurde eine komplette Seite
aus dem vorliegenden Buch, das
im PDF-Format vorlag, in den
Editor importiert. Der weiße Hintergrund wird hier zu einer transparenten Fläche.

39.7.2 PDF-Dokument speichern

Ein Bild können Sie jederzeit als PDF-Dokument über Datei • Speichern unter speichern, wenn Sie beim Format ❿ Photoshop PDF auswählen. Im sich öffnenden Dialog Adobe-PDF speichern bestimmen Sie bei den Optionen die Komprimierung ⓫ (JPEG, ZIP oder Ohne) und die Bildqualität ⓬. Die Bildqualität ist nur relevant bei einer JPEG-Komprimierung. Setzen Sie außerdem ein Häkchen vor PDF nach dem Speichern anzeigen ⓭, wird das gespeicherte PDF-Dokument mit dem Standard-PDF-Programm (meistens wohl der Adobe Reader) geöffnet.

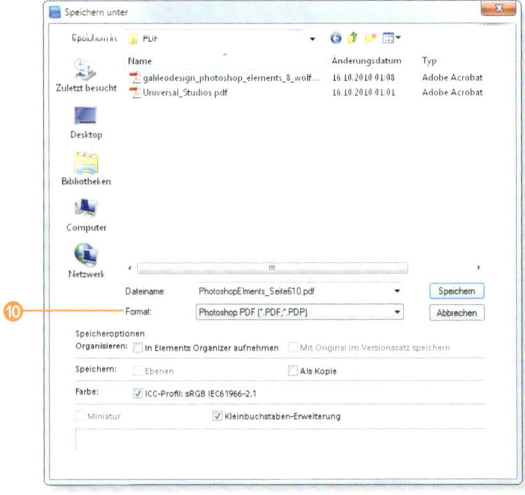

▲ **Abbildung 39.37**
Bild als PDF-Format speichern ❿ über den Speichern unter-Dialog

▲ **Abbildung 39.38**
Der sich öffnende Dialog hilft bei der Komprimierung und der Bestimmung der Bildqualität bei der Speicherung im PDF-Format.

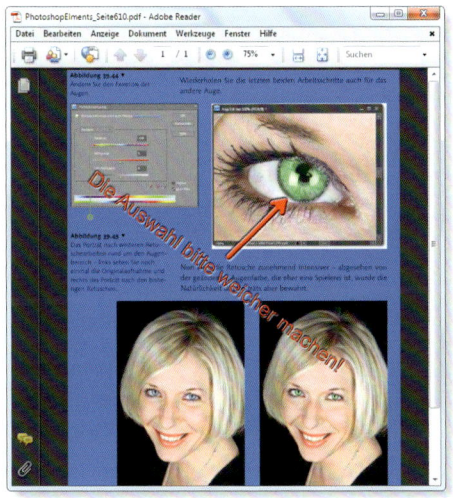

◀ **Abbildung 39.39**
Das ist die in Abschnitt 39.7.1 importierte PDF-Seite. Dabei wurde der Hintergrund blau gefärbt, eine Anmerkung (für den Autor ;-)) mit dem Textwerkzeug hinzugefügt und als PDF-Dokument exportiert.

39.8 Der IPTC-Standard

NewsML

Mittlerweile gibt es mit NewsML
schon wieder ein neues Aus-
tauschformat, das möglicherweise
künftig IPTC-NAA ablöst.

Der IPTC-Standard (genauer: IPTC-NAA) ist ein international
anerkannter Standard, der es erlaubt, verschiedene Informationen (vor allem auch Hinweise zu den Bildrechten) direkt in der
Bilddatei (z. B. in TIFF- oder JPEG-Dateien) zu speichern. Diese
Art der Metaspeicherung wurde aber nicht nur für Bilddateien
entwickelt, sondern wird auch bei sonstigen Grafiken, Text sowie
Audio- und Video-Dateien verwendet. Sie sollten Ihre Metadaten
unbedingt mit diesem Standard speichern, wenn Sie Ihre Bilder
online auf einer Foto-Community (beispielsweise *flickr.com*) oder
in eine Bilderdatenbank hochladen. Bei Photoshop Elements
können Sie diese Informationen zu einem geöffneten Bild über
das Menü DATEI • DATEIINFORMATIONEN nachlesen oder editieren.
Hier finden Sie auch gleich alle anderen Arten von vorhandenen
Metadaten wie die Kameradaten, Aufnahmedatum usw.

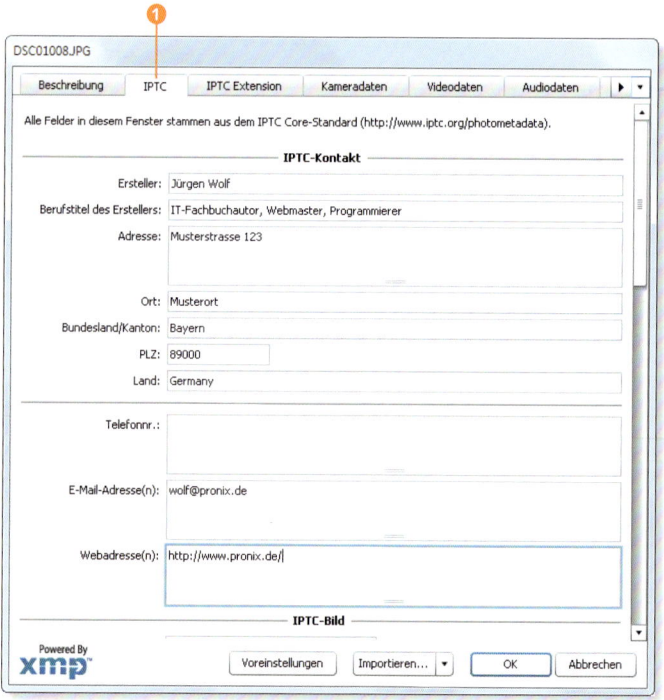

Abbildung 39.40 ▶
Über den Reiter IPTC ❶ können
Sie verschiedene Informationen
wie Hinweise zu den Bildrechten,
Angaben zum Autor/Fotograf usw.
nachlesen oder selbst editieren.

Beachten Sie hierbei auch, dass Sie, wenn Sie diese IPTC-Daten
editieren, das Bild anschließend auch speichern müssen, damit
diese Textinformationen dauerhaft in der Bilddatei abgelegt werden. Mehr Informationen zum IPTC-NAA-Standard finden Sie bei
Wikipedia unter der Adresse *http://de.wikipedia.org/wiki/IPTC-
NAA-Standard*.

40 Drucken

Bevor Sie ein Bild ausdrucken, sollten Sie seine Auflösung über-prüfen. Das Thema Auflösung wurde zwar bereits in Abschnitt 5.2, »Bildgröße und Auflösung«, ausführlich behandelt, soll aber für den Druck noch einmal aufgegriffen werden. Anschließend werden die verschiedenen Druckbefehle und -optionen von Pho-toshop Elements genauer beschrieben.

40.1 Auflösung überprüfen

Überprüfen Sie vor dem Drucken immer zuerst die Auflösung des Bildes. Gerade bei Daten von der Kamera sind zwar die Abmes-sungen des Bildes recht hoch, die Auflösung ist aber meistens recht gering. Bilder mit einer Auflösung von 72 dpi oder 96 dpi sind für den Druck eher ungeeignet – wohlgemerkt, hier ist die Rede vom Fotodruck. Die Angabe der Auflösung finden Sie gewöhnlich unterhalb des Dokumentfensters beim Editor, wenn der Eintrag DOKUMENTMASSE aktiviert ist.

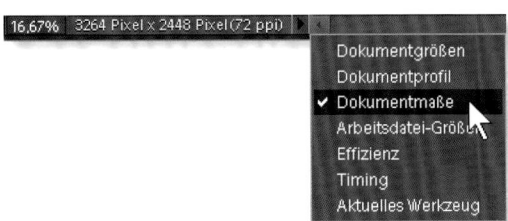

◄ **Abbildung 40.1**
Die Informationen zur Auflösung lassen Sie zum Beispiel in der Statusleiste unterhalb des Doku-mentfensters anzeigen.

Entscheidend für den Ausdruck ist auch, welche Größe Sie für Ihre Datei verwenden wollen, ob Sie zum Beispiel das Bild in Originalgröße ausdrucken wollen. Gewöhnlich erreichen Sie mit einer Auflösung von **150 dpi** sehr gute Ergebnisse. Bei konven-tionellen Tintenstrahldruckern, wie sie zumeist im Heimbereich eingesetzt werden, erzielen Sie mit **220 dpi** häufig das beste Resultat. Eine Auflösung von **300 dpi** erbringt bei den meisten

Standarddruckern keine besseren Ergebnisse mehr und ist eher für den professionellen Druck geeignet (zum Beispiel dieses Buches).

Auflösung und Bildgröße ändern | Wie Sie die Änderungen an Auflösung und Bildgröße vornehmen, wurde bereits in Abschnitt 5.2, »Bildgröße und Auflösung«, beschrieben. Den entsprechenden Dialog rufen Sie über BILD • SKALIEREN • BILDGRÖSSE oder mit der Tastenkombination [Alt]+[Strg]/[⌘]+[I] auf.

Abbildung 40.2 ▶
Der Dialog zum Festlegen der Größe und der Auflösung für den Druck. Wichtig ist hierbei, dass die Option BILD NEU BERECHNEN MIT ❶ aktiviert ist.

Bildgröße

Weitere Informationen zum Thema Bildgröße

OK
Abbrechen
Hilfe

Pixelmaße: 213,4M (war 22,9M)

Breite: 9974   Pixel

Höhe: 7480   Pixel

Dokumentgröße:

Breite: 115,15   cm

Höhe: 86,36   cm

Auflösung: 220   Pixel/Zoll

☐ Stile skalieren
☑ Proportionen beibehalten
❶ ☑ Bild neu berechnen mit:

Bikubisch (optimal für einen glatten Verlauf)

Zum Nachlesen
Mehr über das Neuberechnen eines Bildes erfahren Sie in Abschnitt 20.1.1, »Pixelmaße ändern«.

Beachten Sie, dass eine Erhöhung der Auflösung auch Einfluss auf die Qualität des Bildes hat, weil durch eine Vergrößerung Pixel zum Bild hinzugefügt werden, wo vorher keine waren. Auf den ersten Blick fällt dies zwar nicht auf, aber bei besonders harten Kanten und starkem Hineinzoomen erkennen Sie dies etwas besser.

Abbildung 40.3 ▶
Zweimal dasselbe Bild. Das linke Bild wurde mit 72 dpi erstellt. Im Bild rechts wurde die Auflösung auf 600 dpi erhöht. Das Hinzufügen der Pixel geschieht hierbei durch einen Mittelwert aus den vorhandenen Pixeln. In diesem Fall ergibt sich aus weißen und schwarzen Pixeln ein neutrales Grau.

Qualitätsverlust gering halten | Um den Qualitätsverlust beim Erhöhen der Auflösung möglichst gering zu halten, gibt es einen einfachen Trick: Anstatt den Wert der Auflösung in einem Schritt zu erhöhen (etwa von 72 dpi auf 150 dpi), sollten Sie die Auflösung in 10er- oder 15er-Schritten anheben, bis der gewünschte Wert erreicht ist. Außerdem sollten Sie bei der Option BILD NEU BERECHNEN MIT den Wert BIKUBISCH (OPTIMAL FÜR EINEN GLATTEN VERLAUF) verwenden. Zugegeben, der Aufwand ist hierbei größer, wird aber durch ein besseres Ergebnis gerechtfertigt.

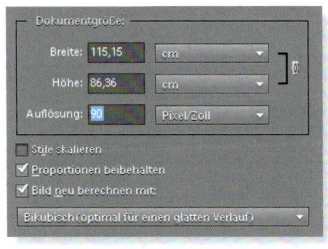

▲ **Abbildung 40.4**
Die schrittweise Erhöhung der Auflösung und die Neuberechnung des Bildes mit BIKUBISCH GLATTER vermindert Qualitätsverluste.

40.2 Die Druckerbefehle

Alle Befehle zum Drucken rufen Sie im Editor auf beiden Betriebssystemen (also Windows und Mac) über das Menü DATEI • DRUCKEN oder mit dem Tastenkürzel $\boxed{\text{Strg}}$/$\boxed{\text{⌘}}$+$\boxed{\text{P}}$ auf. Aber auch aus dem Organizer heraus ist das Drucken ohne Probleme möglich, dort müssen Sie nur mit einer kleinen Einschränkung leben, die in Abschnitt 40.2.2, »Drucken aus dem Organizer«, erläutert wird.

40.2.1 Drucken aus dem Editor
Der sich darauf öffnende Dialog enthält alle Kommandos zum Drucken, die Adobe Photoshop Elements anbietet.

Der Dialog bietet vielfältige Möglichkeiten, den Druck zu steuern. Im Folgenden werden die Optionen der Reihe nach vorgestellt:

▶ DRUCKER AUSWÄHLEN: Wenn Sie mehrere Drucker auf Ihrem Rechner installiert haben, wählen Sie hier den Drucker aus, den Sie jeweils verwenden möchten. Ansonsten wird der Drucker benutzt, der im System als Standarddrucker eingestellt ist.

▶ DRUCKEREINSTELLUNGEN (nur Windows): Hier ändern Sie reine Drucker-Einstellungen wie Papiertyp, Druckqualität, Papierfach, Papierformat usw. Im Grunde handelt es sich dabei nur um einen ähnlichen Dialog, wie Sie ihn vielleicht auch schon vom Betriebssystem her kennen, wenn Sie die Eigenschaften eines Druckers aufrufen und ändern.

▶ PAPIERFORMAT: Hier geben Sie die Größe des Papiers an, auf dem gedruckt werden soll. Standardmäßig ist dieser Wert auf A4 eingestellt.

▶ ABZUGSART AUSWÄHLEN (nur Windows): Diese Option dürfte für Sie interessant sein, wenn Sie mehrere Abzüge von einem oder unterschiedlichen Bildern auf eine Seite drucken wollen.

Bei der Mac-Version finden Sie im Menü DATEI noch die Drucker-Befehle KONTAKTABZUG II (Tastenkürzel: $\boxed{\text{Alt}}$+$\boxed{\text{⌘}}$+$\boxed{\text{P}}$) und BILDPAKET. Die beiden Befehle sind bei der Windows-Version nur im Drucken-Dialog über ABZUGSART AUSWÄHLEN erreichbar. Windows ruft hierbei den Organizer auf, um diese Befehle auszuführen.

▶ DRUCKFORMAT AUSWÄHLEN: Hier stellen Sie die Ausgabegröße ein, mit der das Bild auf eine Seite gedruckt werden soll. Die Werte reichen von der Originalgröße über übliche Fotoformate bis hin zu einem benutzerdefinierten Wert. Die entsprechende Ausgabegröße können Sie links in der Druckvorschau betrachten. Wollen Sie die Maßangaben (Zoll oder cm/mm) ändern, rufen Sie unter BEARBEITEN/PHOTOSHOP ELEMENTS • VOREINSTELLUNGEN • EINHEITEN & LINEALE im Dropdown-Menü AUSGABEGRÖSSEN auf.

▶ ZUSCHNEIDEN: Setzen Sie ein Häkchen vor diese Option, wird das Foto auf das voreingestellte Format zugeschnitten, das Sie unter DRUCKFORMAT AUSWÄHLEN eingestellt haben. Das ist beispielsweise recht nützlich, wenn Sie ein Bild auf ein Fotopapier mit einer vorgegebenen Größe drucken wollen.

▶ DRUCK [N] KOPIEN PRO SEITE: Geben Sie hier an, wie viele Abzüge von dem Bild gedruckt werden sollen.

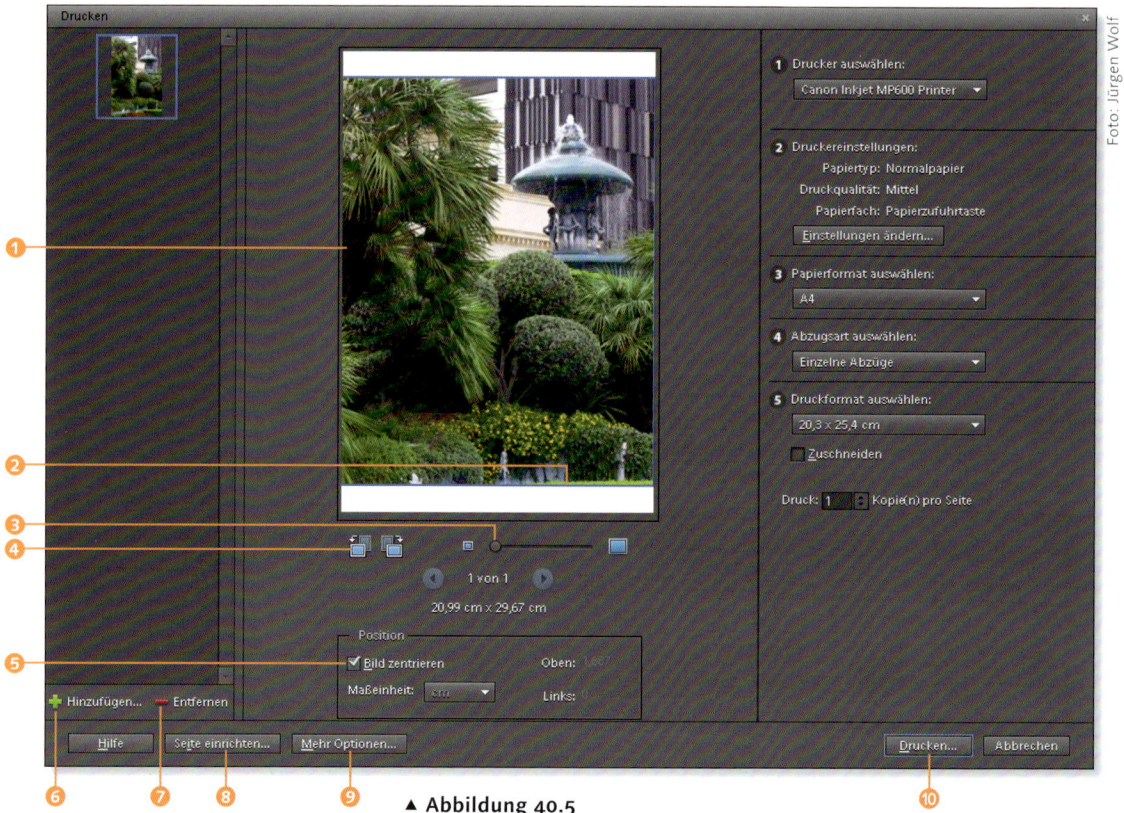

▲ **Abbildung 40.5**
Das Dialogfenster zum Drucken im Editor (Windows)

Unterhalb der Druckvorschau ❶ finden Sie Funktionen, um die Bildausrichtung noch um 90° nach links oder rechts zu drehen ❹.

Mit dem Regler daneben ❸ skalieren Sie das Bild. Ist das Häkchen vor BILD ZENTRIEREN ❺ gesetzt, lässt sich die Position des Bildes nicht mehr verschieben. Deaktivieren Sie dieses Häkchen, können Sie die Position mit den beiden Feldern daneben anhand der linken oberen Ecke in der eingestellten MASSEINHEIT ausrichten. Alternativ verschieben Sie das Bild mit gedrückt gehaltener Maustaste am blauen Rahmen ❷. Achtung: Wenn Sie mit gedrückt gehaltener Maustaste *auf* dem Bild sind, wird der Mauszeiger zur Hand, und das Bild wird innerhalb des Rahmens verschoben.

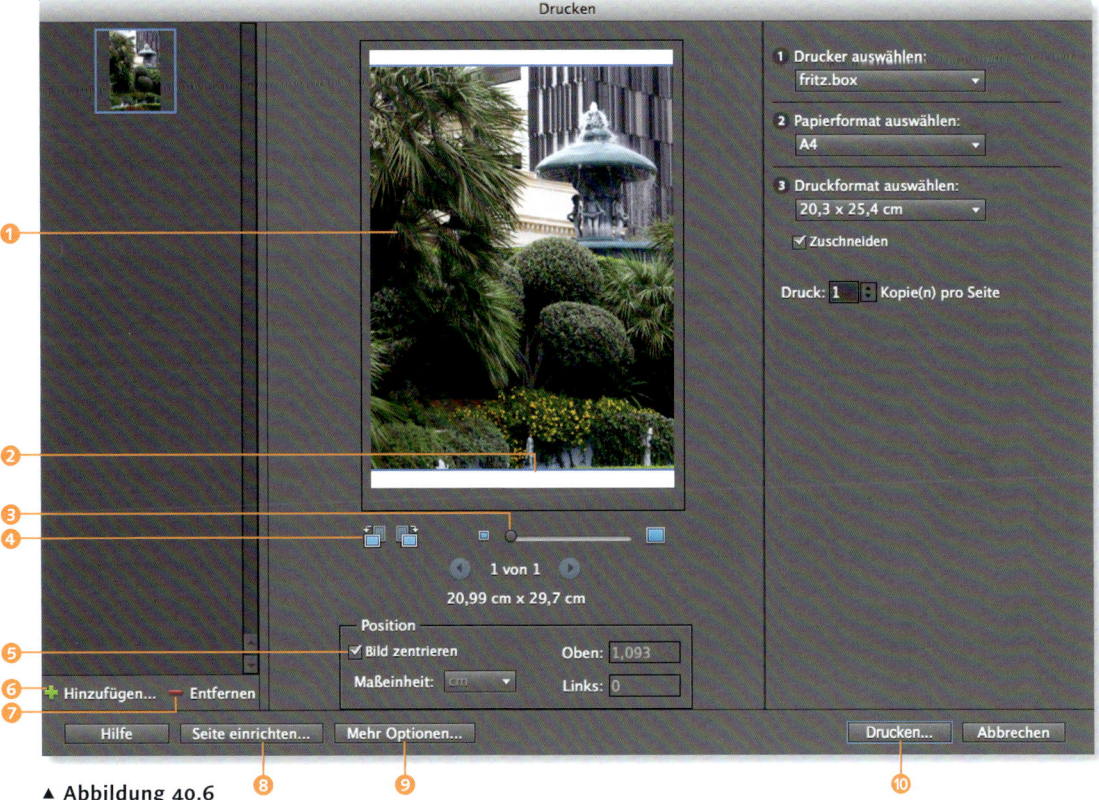

▲ **Abbildung 40.6**
Das Dialogfenster zum Drucken im Editor (Mac)

Weitere Bilder fügen Sie über das grüne Plus-Symbol ❻ hinzu oder entfernen sie über das Minus-Symbol ❼. Über die Schaltfläche SEITE EINRICHTEN ❽ rufen Sie den systemeigenen Dialog des Betriebssystems (siehe Abbildung 40.7) zum Einrichten einer Seite auf. Noch mehr Optionen für den Druck erreichen Sie über die Schaltfläche MEHR OPTIONEN ❾ (siehe Abbildung 40.8). Mit DRUCKEN ❿ starten Sie den Druckvorgang.

Abbildung 40.7 ▶
Der Windows-eigene Dialog zum
Einrichten einer Seite

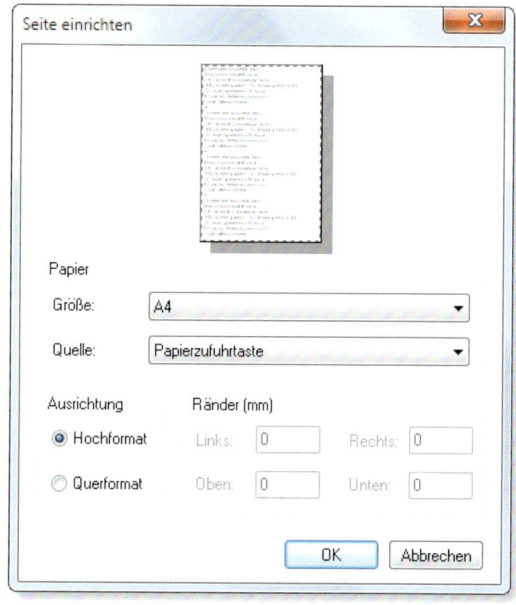

Mehr Optionen | Wenn Sie im Drucken-Dialog auf die Schaltflä-che MEHR OPTIONEN ❾ klicken, erreichen Sie einige zusätzliche interessante Einstellmöglichkeiten.

Abbildung 40.8 ▼
Noch mehr Druckoptionen

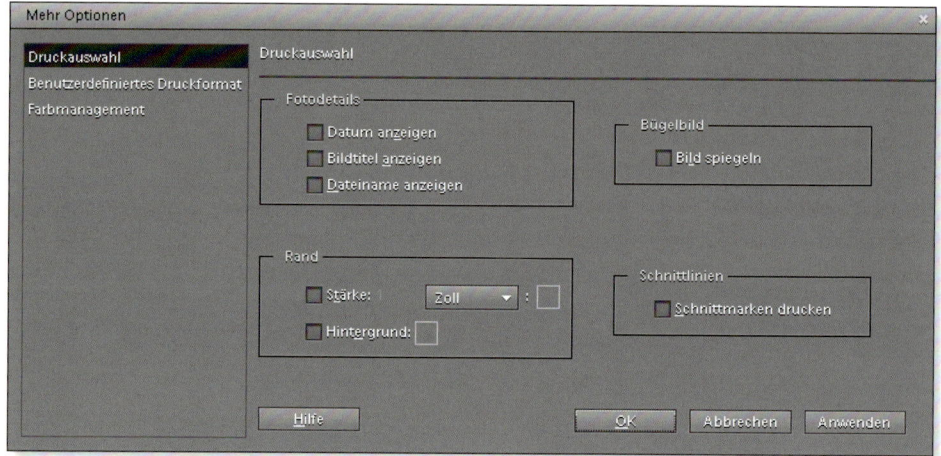

▶ DRUCKAUSWAHL: Hier entscheiden Sie, ob der DATEINAME und/oder ein BILDTITEL als Überschrift ausgedruckt werden sollen. Auch einen RAND um das Bild können Sie mit einer bestimmten Farbe und STÄRKE ausgeben. Den restlichen Bereich um den Rahmen herum färben Sie mit HINTERGRUND ein. Mit SCHNITTMARKEN DRUCKEN werden Hilfslinien auf alle vier Kanten des Fotos gedruckt, die anzeigen, an welchen Stellen das Foto zugeschnitten werden soll. Mit BILD SPIEGELN

Bildtitel
Den Bildtitel können Sie über die allgemeinen Eigenschaften eines Bildes (siehe Abschnitt 9.6, »Bild-eigenschaften und Metadaten«) eingeben.

wird das Bild horizontal gespiegelt ausgedruckt. Dies ist beispielsweise sinnvoll, wenn Sie ein T-Shirt bedrucken wollen.

▶ BENUTZERDEFINIERTES DRUCKFORMAT: Hier können Sie das Bild auf die Papiergröße skalieren, wenn Sie die Checkbox AUF MEDIENGRÖSSE SKALIEREN aktivieren. Ansonsten können Sie über HÖHE und BREITE ein benutzerdefiniertes Maß eingeben. Das Ergebnis können Sie wie gewohnt in der Druckvorschau betrachten, wenn Sie auf die Schaltfläche ANWENDEN klicken.

▶ FARBMANAGEMENT: Mit dem Farbmanagement wird über BILDFARBRAUM das Farbprofil des Bildes angezeigt.

Zum Weiterlesen
Mehr zum Thema Farbmanagement und Farbprofile lesen Sie in Anhang B.

40.2.2 Drucken aus dem Organizer

Wenn Sie den Druckbefehl DATEI • DRUCKEN oder [Strg]/[⌘]+[P] aus dem Organizer heraus aufrufen, öffnet sich ein ähnlich umfangreicher Dialog wie im Editor. Das Einzige, worauf Sie hier verzichten müssen, ist die freie Positionierung über die Option BILD ZENTRIEREN (siehe ❺ in Abbildung 40.5 und 40.6).

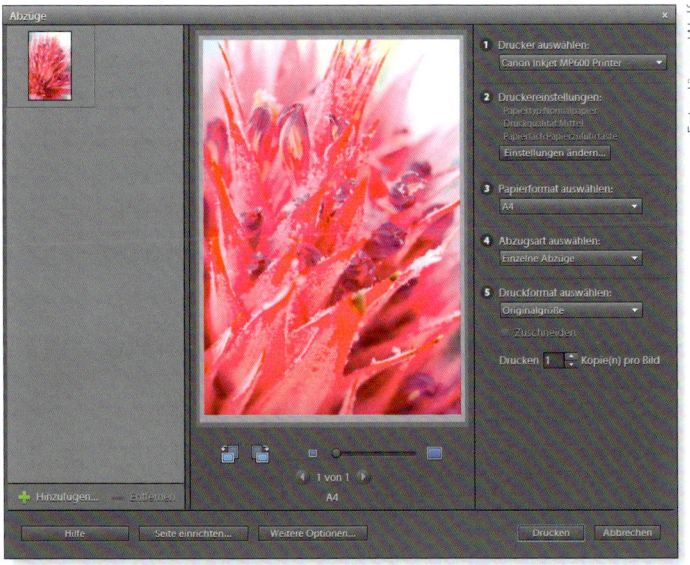

Foto: Jürgen Wolf

◀ **Abbildung 40.9**
Die Einstellungen für den Druck aus dem Organizer heraus

40.2.3 Ein Bild mehrmals auf eine Seite drucken: Bildpaket

Wenn Sie ein Bild mehrmals auf eine Seite drucken wollen, müssen Sie am Mac und unter Windows unterschiedlich vorgehen.

Windows | Um von einem Bild gleich mehrere Abzüge auf einer Seite auszudrucken, verwenden Sie bei ABZUGSART AUSWÄHLEN ❶ die Option BILDPAKET und bestimmen dann bei LAYOUT AUSWÄHLEN ❷ ein entsprechendes Layout. Jetzt müssen Sie nur noch ein Häkchen vor SEITE MIT ERSTEM FOTO FÜLLEN ❸ setzen.

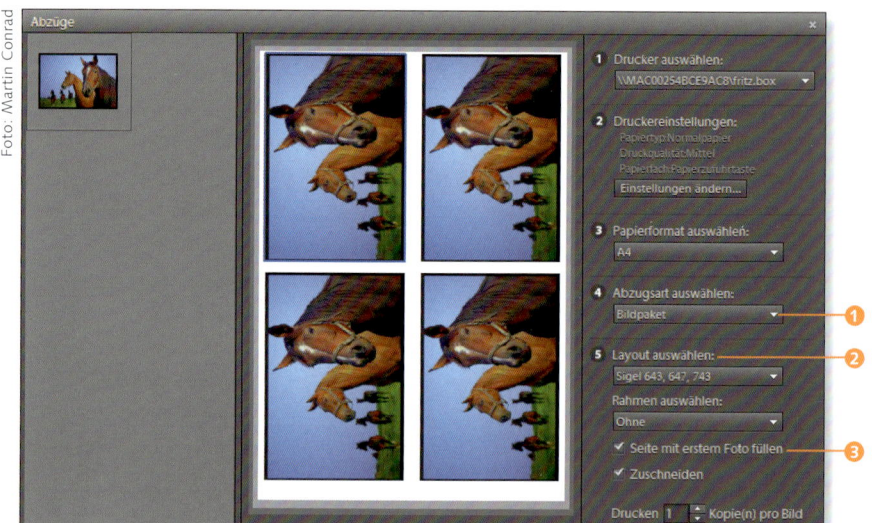

Abbildung 40.10 ▶
Natürlich lassen sich auch mehrere Abzüge vom selben Bild auf eine Seite drucken.

Mac | Wollen Sie beim Mac mehrere Abzüge von einem Bild ausdrucken, rufen Sie aus dem Editor von Photoshop Elements das Menü DATEI • BILDPAKET auf. Im sich öffnenden Dialog BILD-PAKET müssen Sie nur das SEITENFORMAT ❹ einrichten und aus LAYOUT ❺ ein vordefiniertes auswählen. Sollten Sie kein passendes SEITENFORMAT oder LAYOUT vorfinden, dann bietet Ihnen die Schaltfläche LAYOUT BEARBEITEN ❻ eine Möglichkeit, das aktuell ausgewählte Bildpaket-Layout zu bearbeiten.

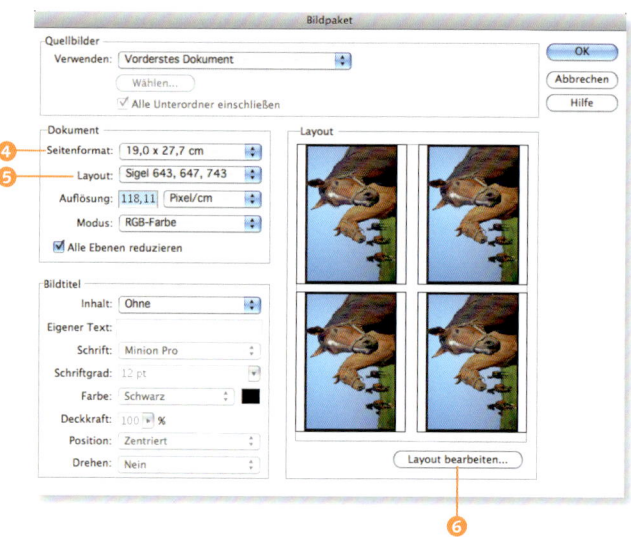

Abbildung 40.11 ▶
Der Dialog zum Drucken von Bildpaketen beim Mac

40.2.4 Mehrere Bilder drucken

Auch das Drucken mehrerer Bilder funktioniert am Mac und unter Windows etwas unterschiedlich. Worauf Sie achten müssen, erfahren Sie in diesem Abschnitt.

Windows | Um mehrere verschiedene Bilder zu drucken, markieren Sie im Medienbrowser des Organizers mehrere Bilder und starten den Drucken-Dialog über ⎡Strg⎤+⎡P⎤. Weitere Bilder können Sie jederzeit nachträglich über das grüne Plus-Symbol ❽ hinzufügen, und über das rote Minus-Symbol ❼ entfernen Sie Bilder.

Wollen Sie mehrere Bilder pro Seite ausdrucken, müssen Sie die Bildgröße wieder für den Druck anpassen. Verwenden Sie dazu bei Abzugsart auswählen ❾ den Wert Bildpaket, und wählen Sie anschließend das gewünschte Layout ❿ aus. Das Häkchen vor Seite mit erstem Foto füllen ⓫ sollte natürlich jetzt deaktiviert sein.

Fotoabzüge

Dieselbe Funktion erreichen Sie auch über das Aufgabenbedienfeld Erstellen unter Fotoabzüge • Bildpaket drucken sowohl unter Windows als auch auf dem Mac.

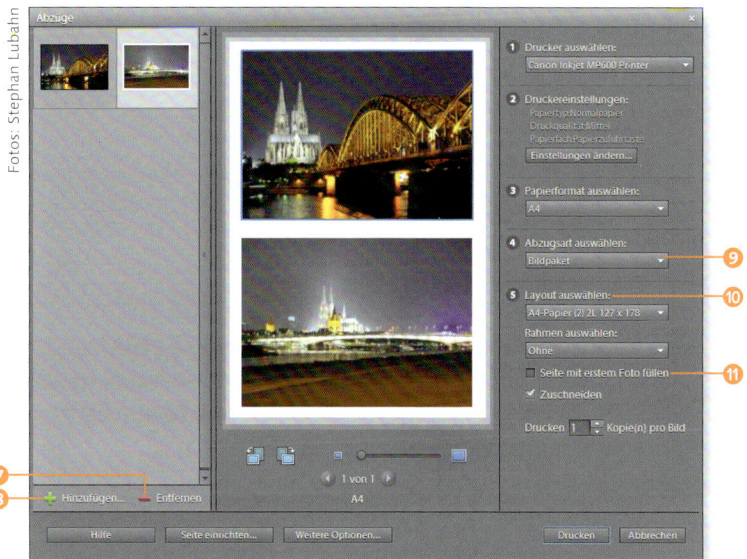

◀ **Abbildung 40.12**
Auch mehrere Bilder lassen sich gleichzeitig zum Drucken einrichten.

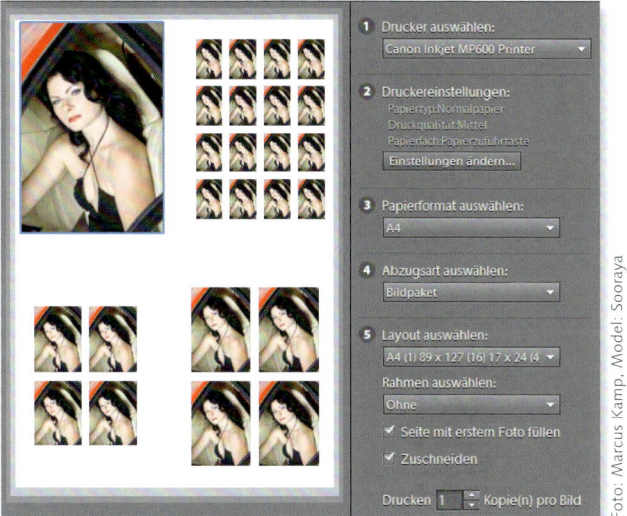

◀ **Abbildung 40.13**
Passfotos und Miniaturen lassen sich mit der Abzugsart Bildpaket und dem entsprechenden Layout ebenfalls einstellen.

Mac | Auch am Mac ist es ein Kinderspiel, mehrere unterschiedliche Bilder auf eine Seite zu drucken. Wählen Sie im Menü des Editors DATEI • BILDPAKET aus. Hier finden Sie unter QUELLBILDER eine Dropdown-Liste VERWENDEN **❶**, die standardmäßig auf VORDERSTES DOKUMENT eingestellt ist. Hier wählen Sie entweder mit der Option DATEI mehrere Bilder aus einem Ordner aus, indem Sie in der Layout-Vorschau **❹** auf ein entsprechendes leeres Feld klicken, oder Sie nutzen die Option GEÖFFNETE DATEIEN; dann werden alle im Editor geöffneten Dateien verwendet. Natürlich müssen Sie auch hier wieder das SEITENFORMAT **❷** und vor allem auch das LAYOUT **❸** auswählen. Erst das LAYOUT bestimmt, welche und wie viele Bilder auf ein Blatt gedruckt werden. Wenn kein passendes Layout vorhanden ist, können Sie sich jederzeit eines über LAYOUT BEARBEITEN **❺** erstellen.

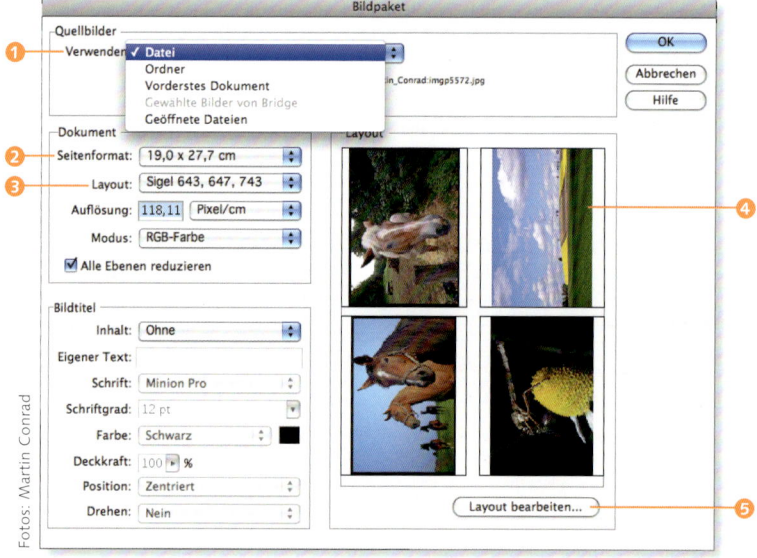

▲ **Abbildung 40.14**
Auch mehrere unterschiedliche Bilder sind mit dem Mac kein Problem.

40.2.5 Kontaktabzug

Fotoabzüge
Ebenfalls einen Kontaktabzug drucken können Sie über das Aufgabenbedienfeld ERSTELLEN unter FOTOABZÜGE • KONTAKTABZUG DRUCKEN.

Im Organizer finden Sie bei ABZUGSART AUSWÄHLEN die Option KONTAKTABZUG. Selbige erreichen Sie am Mac im Editor über DATEI • KONTAKTABZUG II (oder [Alt]+[⌘]+[P]). Ein Kontaktabzug ist ein ganzer Satz von Miniaturansichten von Bildern, die sich beispielsweise in einem Ordner befinden. Einen solchen Abzug können Sie etwa erstellen, wenn Sie Ihre Bilder als Referenz ausdrucken lassen wollen.

40.3 Visitenkarten erstellen

Zum Thema Drucken gehört unbedingt der Bereich Visitenkarten. Eine Visitenkarte zu erstellen ist im Grunde kein Kunststück. Sie müssen auf die Größe der Visitenkarte achten und darauf, beim Drucken die richtigen »Hebel« zu bedienen. Selbst wenn Sie gar nicht vorhaben, eigene Visitenkarten zu drucken, könnte dieser Workshop interessant für Sie sein, denn es werden einige Möglichkeiten beim Drucken beschrieben, die bislang noch nicht erwähnt wurden.

Schritt für Schritt: Visitenkarten erstellen

1 **Dokument anlegen**

Legen Sie zunächst im Editor ein neues Dokument mit Strg/
⌘+N an. Hierbei sollten Sie die Größenangaben für eine Standard-Visitenkarte verwenden. Wollen Sie für diesen Zweck ein spezielles Druckerpapier benutzen, so passen Sie die Größe entsprechend an. Eine typische Standardgröße wäre 91 mm HÖHE und 55 mm BREITE.

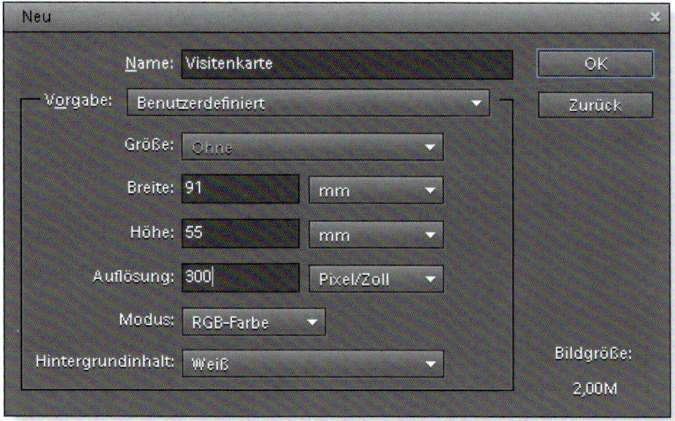

◄ **Abbildung 40.15**
Legen Sie ein neues Dokument an.

2 **Text eingeben**

Wählen Sie als Nächstes das Textwerkzeug **T** T aus. Verwenden Sie als Schriftart »Arial« und eine etwas kleinere Schriftgröße. Im Beispiel habe ich 8 Pt benutzt. Geben Sie nun alle Daten ein, die auf Ihrer Visitenkarte stehen sollen (Name, Adresse, Beruf etc.).

Abbildung 40.16 ▶
Geben Sie Ihren Text ein.

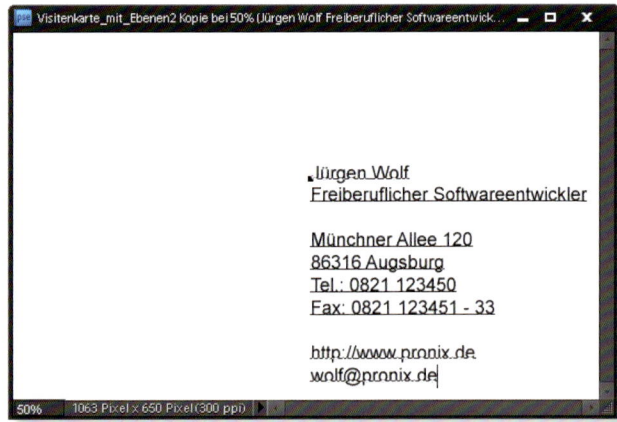

Zum Nachlesen

Das Textwerkzeug wurde ausführlich in Teil 11, »Arbeiten mit Text«, beschrieben.

3 | Text formatieren

Wenn Sie die Eingaben erledigt haben, formatieren Sie den Text, indem Sie wie bei einem Texteditor einzelne Zeilen markieren und andere Schriftgrößen oder gegebenenfalls auch andere Schriftarten verwenden. Das Formatieren des Textes nach der Eingabe hat den Vorteil, dass Sie den Überblick über den Umfang des Textes behalten. Im Beispiel habe ich mich für den kompletten Text für die Schriftart »Cambria« entschieden. Die Schriftgröße des Namens habe ich auf 12 Pt mit fetter Schrift erhöht und die Berufsbezeichnung auf die Schriftgröße 6 Pt reduziert. All diese Einstellungen sind natürlich eine Frage des persönlichen Geschmacks und Stils. Verschieben Sie die Textebene zuletzt noch dorthin, wo Sie sie gerne haben wollen.

Abbildung 40.17 ▶
Der formatierte Text

TIPP für Grafiken

Sind Sie auf der Suche nach Grafiken für die Visitenkarte, sollten Sie sich auch einmal im Aufgabenbedienfeld INHALT (FENSTER • INHALT) umsehen. Photoshop Element bietet hier eine Menge stufenlos skalierbare Grafiken wie beispielsweise Zierstreifen, Banner und Logos an, die sich sehr gut für Visitenkarten eignen. Auch Hintergründe finden Sie über dieses Aufgabenbedienfeld.

4 | Layout erzeugen

Im nächsten Schritt werden Sie das Layout erzeugen. Dabei sind Ihrer Kreativität keine Grenzen gesetzt – erlaubt ist alles, was gefällt. Sie können auch ein Bild einfügen, das Sie gegebenenfalls skalieren müssen. Auch verschiedene Muster, Füllungen oder Verläufe würden sich hier anbieten. Im Beispiel habe ich die Hintergrundebene aktiviert und neben dem Namen und der Berufsbezeichnung eine rechteckige Auswahl mit grüner Farbe gefüllt. Dasselbe habe ich oberhalb der Karte mit schwarzer Farbe getan. Anschließend habe ich einen Text mit Binärzahlen eingefügt. Auch ein kleines Bild, einen Computer, habe ich zusätzlich platziert. Es spricht auch nichts dagegen, den Hintergrund insgesamt mit einem Bild zu gestalten und die Deckkraft zu reduzieren.

▼ **Abbildung 40.18**
So könnte das Layout für eine individuelle Visitenkarte aussehen.

5   **Ebenen vereinen und Bild speichern**

Zum Schluss sollten Sie alle Ebenen auf eine reduzieren und das Bild speichern. Sie finden die abgebildete Visitenkarte natürlich auch wieder auf der Buch-DVD. ■

Visitenkarte_mit_Ebenen.tif

Schritt für Schritt: Visitenkarten drucken (Windows)

1   **Druckauftrag erstellen**

Wählen Sie DATEI • DRUCKEN oder ⌨Strg+⌨P. Verwenden Sie bei ABZUGSART AUSWÄHLEN ❶ den Modus BILDPAKET. Sollten Sie den Drucken-Dialog aus dem Editor gestartet haben, erfolgen jetzt der Hinweis, dass diese Funktion nur im Organizer von Photoshop Elements zur Verfügung steht, und die Frage, ob Sie diesen gleich starten wollen. Bei LAYOUT AUSWÄHLEN ❷ wählen Sie nun A4-PAPIER (10) VISITENKARTE 55 × 91. Um gleich einen kompletten Bogen mit Visitenkarten auszudrucken, aktivieren Sie noch die Option SEITE MIT ERSTEM FOTO FÜLLEN ❸. Starten Sie den Druckauftrag mit einem Klick auf DRUCKEN.

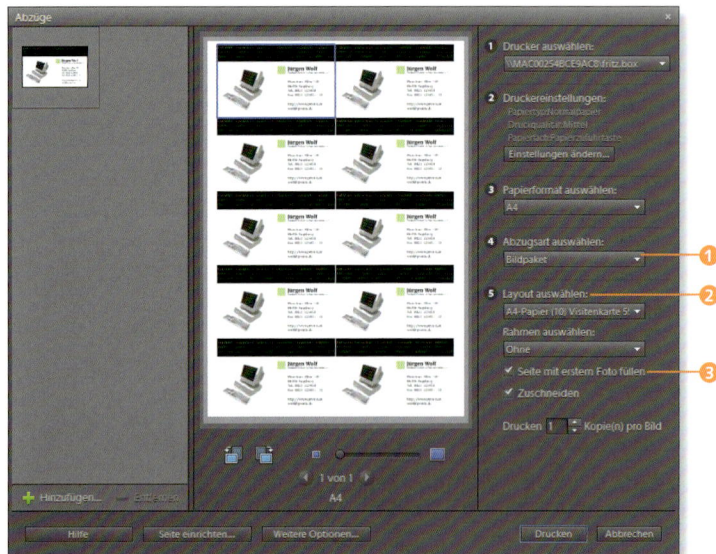

Abbildung 40.19 ▶
Einstellungen für den
Druckauftrag

2   Drucken verschiedener Visitenkarten

Sie können auch verschiedene Visitenkarten auf einer Seite ausdrucken. Fügen Sie zunächst eine weitere Visitenkarte über das
grüne Plus-Symbol ❻ hinzu. Ein weiteres Muster dazu finden Sie
ebenfalls auf der Buch-DVD.

Entfernen Sie das Häkchen vor SEITE MIT ERSTEM FOTO FÜLLEN
❼, und ziehen Sie die Bildsymbole von der linken Seite ❹ einfach
in die Druckvorschau in der Mitte ❺ auf eine freie Position. Ein
grüner Rahmen zeigt an, wo das Bild landet. So können Sie die
Bilder beliebig positionieren.

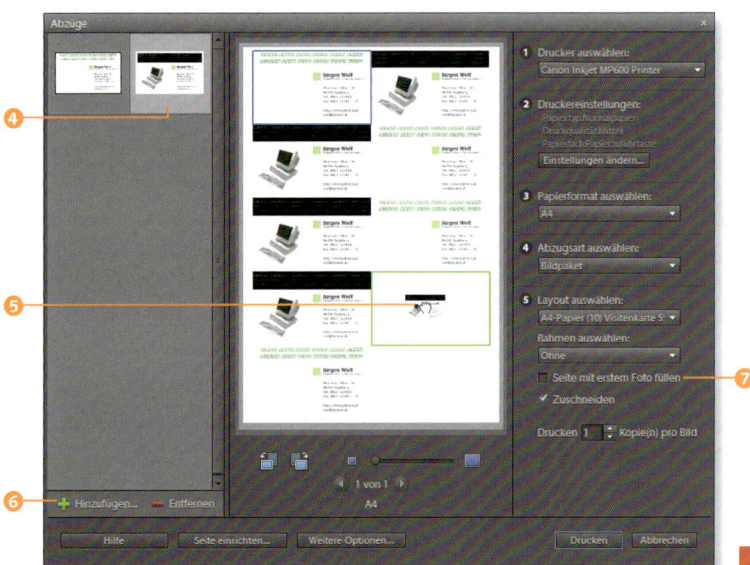

Abbildung 40.20 ▶
So drucken Sie verschiedene Visitenkarten aus.

Visitenkarten drucken mit dem Mac | Natürlich können Sie auch bei der Mac-Version die Visitenkarten ausdrucken. Wählen Sie hierzu im Menü des Editors DATEI • BILDPAKET aus und bei der Dropdown-Liste VERWENDEN ❽ die Option DATEI. Im SEITENFORMAT ❾ müssen Sie die Größe des Papiers angeben, auf dem die Visitenkarten gedruckt werden sollen. Wählen Sie beim LAYOUT ❿ A4-PAPIER (10) VISITENKARTE 55 × 91 aus. Über die leeren Felder der Layout-Vorschau ⓫ fügen Sie durch Anklicken die Visitenkarte(n) ein.

Layout nicht vorhanden

Sollten Sie das entsprechende LAYOUT zum SEITENFORMAT nicht finden, wählen Sie einfach ein anderes Seitenformat aus, wo das Layout vorhanden ist. Klicken Sie anschließend auf die Schaltfläche LAYOUT BEARBEITEN ⓬, passen Sie hier das Seitenformat an (gewöhnlich 21 × 29,7 cm für A4), und speichern Sie das neue Layout ab.

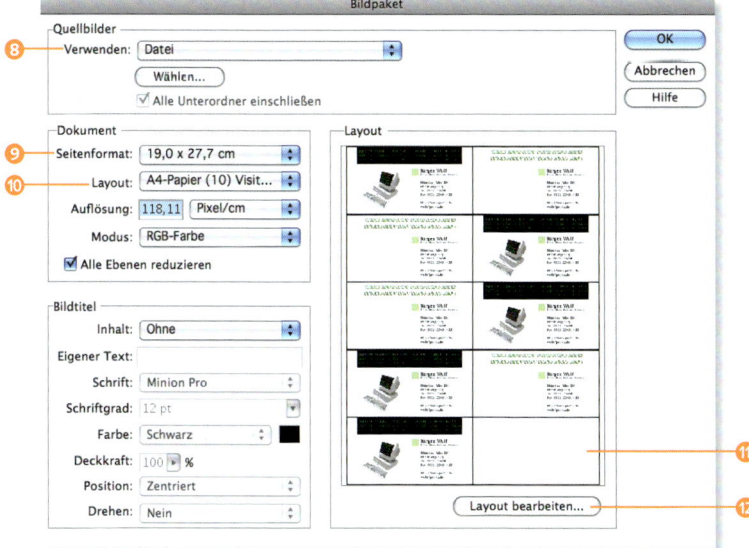

▲ **Abbildung 40.21**
Drucken über den BILDPAKET-Dialog beim Mac

40.4 Etiketten und Hüllen für CDs und DVDs

Wenn Sie Ihre Diashows oder Online-Galerien auf CD/DVD brennen, könnten Sie ja eigentlich auch gleich noch die passenden CD-Etiketten und -Hüllen dazu erstellen.

40.4.1 CD-/DVD-Etiketten erstellen

Die folgende Schritt-für-Schritt-Anleitung zeigt Ihnen, wie Sie vorgehen, wenn Sie Etiketten für selbstgebrannte CDs und DVDs erstellen möchten.

Schritt für Schritt: CD-/DVD-Etiketten erstellen

1 CD-/DVD-Etikett starten

Wählen Sie zuerst ERSTELLEN • MEHR OPTIONEN • CD-/DVD-ETI-KETT. Als Erstes folgt ein Dialog, in dem Sie eigentlich nur auswählen können, ob Sie das CD-/DVD-Etikett gleich mit ausgewählten Bildern ❶ füllen wollen. Sind Sie sich noch nicht sicher oder haben Sie keine Bilder ausgewählt, können Sie diese Option auch zunächst noch deaktivieren. Bilder lassen sich jederzeit nachträglich hinzufügen. Klicken Sie auf die Schaltfläche OK.

▲ Abbildung 40.22
Starten Sie ein Etiketten-Projekt.

2 Layout auswählen

Gehen Sie auf den Reiter LAYOUTS ❷, und wählen Sie aus, wie viele Fotos Sie hinzufügen wollen, indem Sie einfach auf einer der Miniaturen ❸ doppelklicken. In der Vorschau erkennen Sie diese Bereiche an den grauen Flächen ❹. Sie können diese grauen Flächen jederzeit mit dem Verschieben-Werkzeug ⬚ V nachträglich ändern (verschieben, drehen, skalieren, transformieren). Genauso können Sie einzelne graue Flächen mit dem Verschieben-Werkzeug auswählen und mit Entf oder ← löschen.

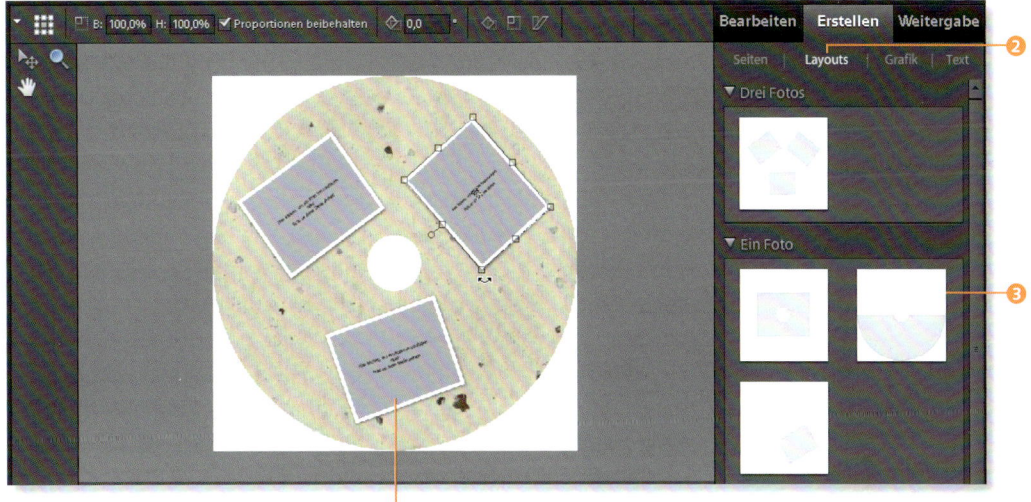

3 Fotos hinzufügen

Jetzt haben Sie mehrere Möglichkeiten, die Bilder zu den grauen Flächen hinzuzufügen. Entweder ziehen Sie das Bild aus dem PROJEKTBEREICH ❽ und lassen es auf der grauen Fläche fallen. Sind keine Bilder im Projektbereich geöffnet, können Sie auch auf den Text ❼ der grauen Fläche klicken, und es öffnet sich ein Dialog, wo Sie ein Bild zum Einfügen auswählen. Die Bildergröße können Sie jederzeit im Rahmen anpassen, indem Sie auf das Bild doppelklicken. Daraufhin öffnen sich ein Schieberegler ❺ und ein Rahmen ❻ um das Bild, über die Sie das Bild anpassen können. Den Rahmen selbst können Sie ebenfalls jederzeit mit dem Verschieben-Werkzeug ▚ V nachträglich ändern. Wiederholen Sie den Vorgang bei den anderen grauen Flächen.

Ohne Fotos

Natürlich müssen Sie keine Fotos zum Etikett hinzufügen. Wenn Sie die grauen Flächen mit dem Verschieben-Werkzeug ausgewählt und Entf oder ← gedrückt haben, können Sie den Workshop auch ohne eingefügte Fotos weitermachen.

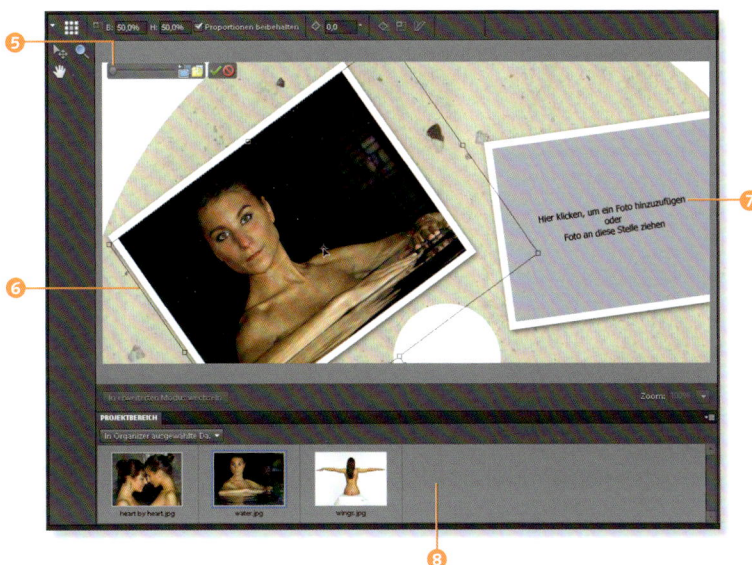

◀ Abbildung 40.24
So fügen Sie Bildmaterial hinzu.

4 Etikett gestalten

Im nächsten Schritt wählen Sie den Reiter GRAFIK ❶. Hier wählen Sie per Doppelklick oder durch Ziehen und Fallenlassen den Hintergrund der CD/DVD aus. Ebenso können Sie die Rahmen der einzelnen Fotos ändern, indem Sie das Foto auswählen und einen Rahmen doppelklicken. Auch Grafiken lassen sich, wie im Beispiel die Rosen, hinzufügen.

Abbildung 40.25 ▼
Fügen Sie den Hintergrund, Rahmen und Grafiken hinzu.

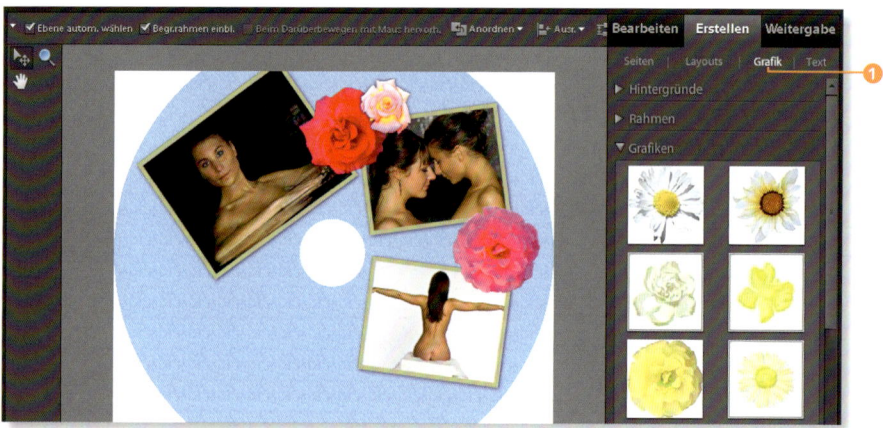

Zum Nachlesen
Alles rund um die Textwerkzeuge können Sie in Teil 11 nachlesen.

5 Text hinzufügen

Gehen Sie zum Reiter TEXT ❷. Über EINSTELLUNGEN ❸ geben Sie Schriftart, STIL, GRÖSSE, AUSRICHTUNG und FARBE vor. Klicken Sie auf das Plus-Symbol ❹, und um den Text einzugeben. Den Text können Sie jederzeit nachträglich ändern, indem Sie diesen mit dem Verschieben-Werkzeug ➤ Ⓥ auswählen und die EINSTELLUNGEN ändern. Alternativ wählen Sie den Text aus und weisen einen der vordefinierten STILE ❺ per Doppelklick zu.

Abbildung 40.26 ▼
Fügen Sie einen Text hinzu.

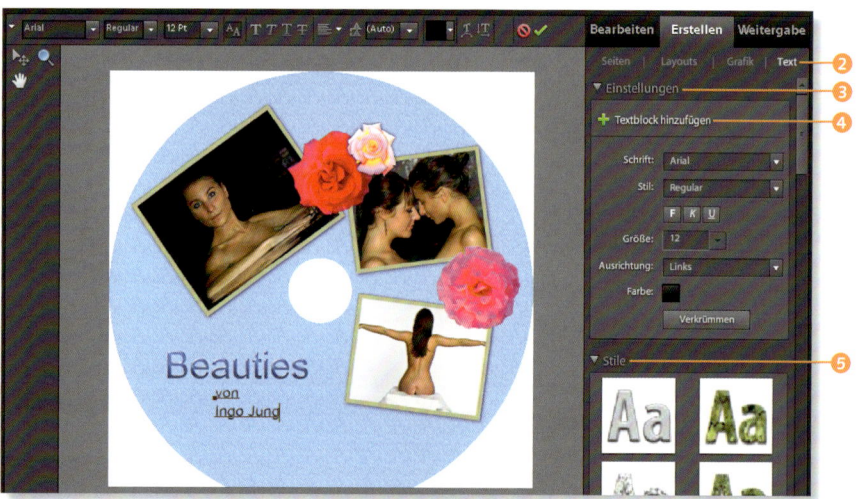

6   Noch mehr Optionen

Reichen Ihnen die Einstellungsmöglichkeiten nicht aus und benötigen Sie zusätzlich Filter, die Ebenenstile, noch mehr Grafiken,
Rahmen oder Hintergründe, und genügen Ihnen die Werkzeuge
in diesem Modus nicht, klicken Sie die Schaltfläche IN ERWEITER-
TEN MODUS WECHSELN an. Natürlich finden Sie im erweiterten
Modus auch das Ebenen-Bedienfeld wieder, um auch auf die einzelnen Ebenen zuzugreifen. Erneutes Anklicken dieser Schaltfläche 6 bringt Sie wieder zurück zum einfachen Modus.

▼ **Abbildung 40.27**
Wollen Sie selbst noch etwas
mehr in die Bearbeitung der Etiketten eingreifen, können Sie den
erweiterten Modus aktivieren.

7   Datei drucken

Zum Schluss sollten Sie den Entwurf als PSD-Datei speichern,
wenn Sie das Bild später weiterbearbeiten wollen, und über die
Schaltfläche DRUCKEN 7, den Menüpunkt DATEI • DRUCKEN oder
mit Strg/⌘+P ausdrucken.

Foto: Ingo Jung/www.digital-express-labor.de

◄ **Abbildung 40.28**
Das fertige CD-/DVD-Etikett ▪

Smart-Objekt-Miniatur | Wenn Sie beim vorherigen Workshop das Ebenen-Bedienfeld im erweiterten Modus betrachtet haben, dürfte Ihnen in der Hintergrundebene das kleine Symbol ❶, eine Smart-Objekt-Miniatur, aufgefallen sein. Smart-Objekte sind Behälter (Container), die Bilddaten von Raster- oder Vektorbildern (zum Beispiel Photoshop- oder Illustrator-Dateien) enthalten. Mit Smart-Objekten bleibt der Quellinhalt des Bildes mit allen ursprünglichen Eigenschaften erhalten, was ein zerstörungsfreies Bearbeiten dieser Ebene ermöglicht.

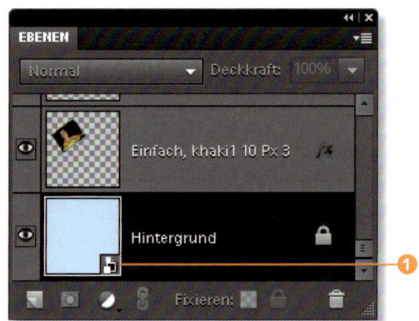

Abbildung 40.29 ▸
Eine Smart-Objekt-Miniatur ❶ im Ebenen-Bedienfeld

40.4.2 CD-/DVD-Hüllen erstellen

Einen Workshop zum Erstellen von CD-/DVD-Hüllen spare ich mir an dieser Stelle, da der Vorgang weitgehend identisch ist mit dem Erstellen von CD-/DVD-Etiketten. Die Funktionen hierzu finden Sie im Organizer oder im Editor über Erstellen • Mehr Optionen • CD-Hülle bzw. Erstellen • Mehr Optionen • DVD-Hülle. Bei einem CD- bzw. DVD-Etikett war die Größe noch egal, da diese für beide Medien identisch ist. CD-Hüllen und DVD-Hüllen sind allerdings unterschiedlich groß, folglich gibt es zwei Funktionen, die aber in jeder anderen Hinsicht analog sind.

▲ **Abbildung 40.30**
Auch das Erstellen von CD- und DVD-Hüllen finden Sie unter Erstellen • Mehr Optionen.

40.5 Einen Bildband erstellen

Sehr schön ist auch die Funktion zum Erstellen von Bildbänden und Fotobüchern. Hierzu müssen Sie gewöhnlich nur die Bilder und das Layout auswählen – Photoshop Elements erledigt alles Weitere für Sie. Um jetzt aber die Euphorie etwas zu bremsen, muss hier hinzugefügt werden, dass es immer noch nicht so einfach ist, über Photoshop Elements (hierzulande) ein echtes Fotobuch von einer Druckerei ohne größeres Hinterfragen zu beziehen (was es einem als Autor nicht immer leicht macht). Sofern Sie also ein echtes Fotobuch drucken lassen wollen, sollten Sie den Text am Ende des Workshops lesen.

Schritt für Schritt: Einen Bildband erstellen

1 Bildband erstellen

Die Funktion rufen Sie sowohl aus dem Editor als auch aus dem Organizer über ERSTELLEN • BILDBAND ❷ auf.

Bildband.pdf,
Bildband.pse

◄ **Abbildung 40.31**
Die Option BILDBAND

2 Größe und Thema auswählen

Als Erstes müssen Sie die Größe ❸ auswählen, die der Bildband haben soll. Als Nächstes bestimmen Sie die Seitenzahl ❼. Bei THEMEN ❹ wählen Sie das gewünschte Thema für das Fotobuch aus. In der VORSCHAU ❺ sehen Sie dann, wie das Thema als Fotobuch aussehen könnte. Wollen Sie das Fotobuch gleich mit geöffneten Bildern füllen, müssen Sie die entsprechende Option ❻ aktivieren. Im Beispiel wurde diese Option deaktiviert. Mit einem Klick auf die Schaltfläche OK wird das Fotobuch erzeugt.

▼ **Abbildung 40.32**
Wählen Sie die Größe, das Thema und die Seitenzahl aus.

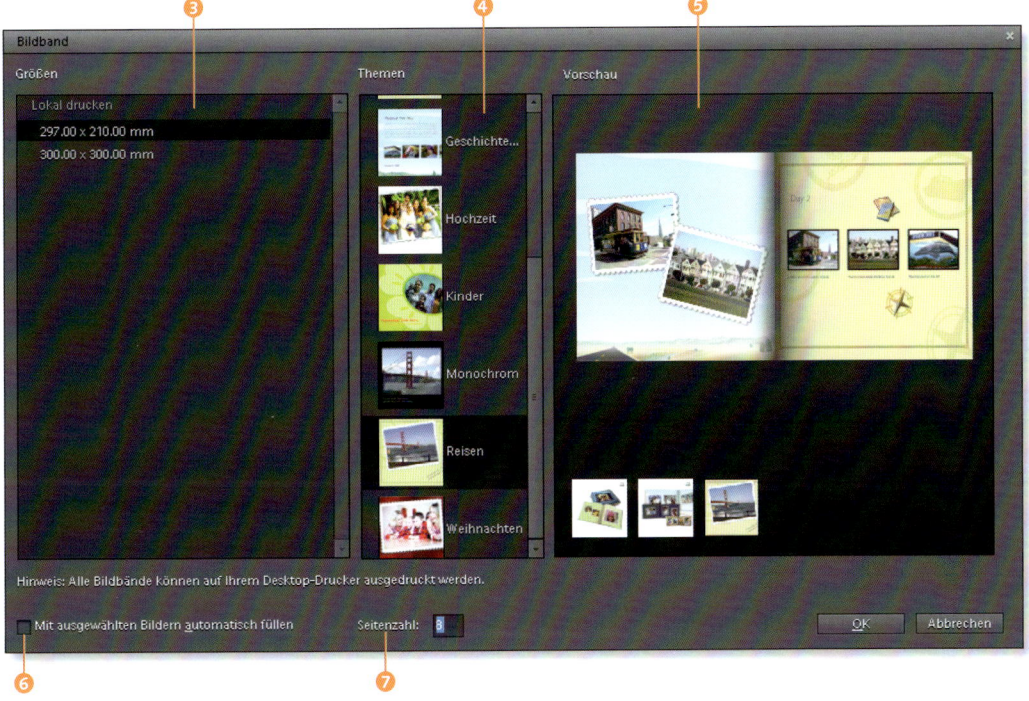

3 **Bilder hinzufügen**

Bevor Sie sich in den Details verstricken, sollten Sie Bilder zum Fotoalbum, genauer zu den grauen Flächen, hinzufügen. Durch die einzelnen Seiten blättern Sie entweder unterhalb ❷ des Bildbandes oder über den Reiter SEITEN ❹, indem Sie die entsprechende Seite auswählen.

Sollten Sie am Ende noch mehr Seiten für das Fotobuch benötigen, können Sie diese jederzeit über das Plus-Symbol hinzufügen oder zu viel erstellte Seiten über das Minus-Symbol ❺ entfernen.

Bilder fügen Sie hinzu, indem Sie ein Bild aus dem PROJEKT-BEREICH ❸ ziehen und auf der grauen Fläche fallen lassen. Sind keine Bilder im Projektbereich geöffnet, können Sie auch auf den Text ❻ der grauen Fläche klicken, und es öffnet sich ein Dialog, wo Sie ein Bild zum Einfügen auswählen. Die Bildergröße passen Sie im Rahmen an, indem Sie auf das Bild doppelklicken. Daraufhin öffnen sich ein Schieberegler ❶ und Rahmen, wo Sie das Bild im Rahmen anpassen können. Den Rahmen selbst können Sie ebenfalls jederzeit mit dem Verschieben-Werkzeug ⊕ Ⓥ nachträglich ändern. Wiederholen Sie den Vorgang bei den anderen grauen Flächen.

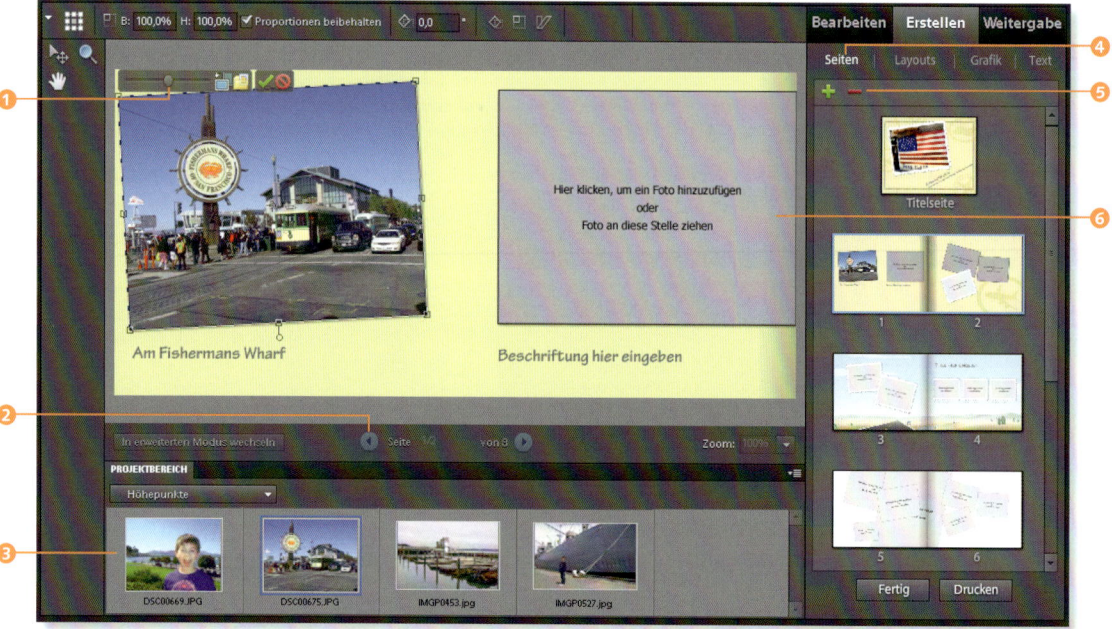

▲ **Abbildung 40.33**
Fügen Sie Ihrem Bildband Fotos hinzu.

4 Layout ändern

Sind Ihnen auf manchen Seiten zu viele oder zu wenige Bilder, können Sie das Layout über den entsprechenden Reiter ❼ ändern. Am besten ziehen Sie das gewünschte Layout per Drag & Drop auf die Seite. Bei einem Doppelklick auf ein Layout werden beide angezeigte Doppelseiten mit dem gewählten Layout vorbelegt.

▼ **Abbildung 40.34**
Layout der einzelnen Seiten anpassen

5 Grafik hinzufügen/ändern

Über den Reiter GRAFIK ❽ können Sie zur aktuelle Seite einen neuen Hintergrund, für die einzelnen Bilder einen neuen Rahmen und zur Verzierung einige Grafiken per Drag & Drop hinzufügen oder ändern.

▲ **Abbildung 40.35**
Verzieren Sie auf Wunsch die Seiten Ihres Bildbandes noch weiter.

6 **Text eingeben/anpassen**

Über den Reiter TEXT ① können Sie jetzt neuen Text zu den Bildern hinzufügen oder bereits vorhandenen Text von der Vorlage ändern. Einen bereits vorhandenen Text wählen Sie einfach aus, um ihn zu editieren.

▲ **Abbildung 40.36**
Text für den Bildband anpassen

7 **Mehr Optionen**

Reichen Ihnen auch hier die Einstellungsmöglichkeiten nicht aus und benötigen Sie zusätzlich Filter, die Ebenenstile, noch mehr Grafiken, Rahmen und Hintergründe, und genügen Ihnen auch die Werkzeuge in diesem Modus nicht, klicken Sie die Schaltfläche IN ERWEITERTEN MODUS WECHSELN an. Natürlich finden Sie im erweiterten Modus auch das Ebenen-Bedienfeld wieder, um auf die einzelnen Ebenen zuzugreifen. Erneutes Anklicken dieser Schaltfläche bringt Sie wieder zurück zum einfachen Modus.

8 **Bildband drucken**

An dieser Stelle wird es jetzt etwas kniffliger. Speichern Sie daher zunächst die Kreation über DATEI • SPEICHERN UNTER im PSE-Format, um sie nachbearbeiten zu können, und dann als PDF-Datei, um das Fotoalbum zu einer Druckerei weitergeben zu können. Wollen Sie den Bildband auf den lokalen Drucker ausgeben, brauchen Sie nur auf die Schaltfläche DRUCKEN zu klicken und können die einzelnen Seiten über verschiedene Druckoptionen problemlos ausdrucken.

▲ Abbildung 40.37
Druckeinstellungen für den Bildband

Bildband drucken lassen | Das Drucken von Fotobüchern über Photoshop Elements über einen dafür spezialisierten Anbieter ist leider immer noch nicht einfach. Dass es auch anders geht, beweist der nordamerikanische Dienst von Adobe Photoshop Elements, wo der Anwender mit Kodak und Shutterfly.com gleich zwei Möglichkeiten hat, ein Fotobuch aus seinem Projekt drucken zu lassen. Zwar lassen sich diese Dienste im Windows-Organizer über BEARBEITEN • VOREINSTELLUNGEN • ADOBE PARTNER-SERVICES über STANDORT ebenfalls aktivieren und verwenden, aber leider sind diese Angebote auf den nordamerikanischen Markt zugeschnitten (obgleich der [teure] Versand auch nach Deutschland zu funktionieren scheint). Einen Dienst speziell für Deutschland, Österreich und die Schweiz würden wir uns also auch sehr wünschen.

Um also, abgesehen vom heimischen Drucker, die Fotobücher drucken zu lassen, müssen Sie sich nach einem Anbieter umsehen, der auch einen PDF-Druckservice anbietet. Und das ist nicht so leicht zu finden. Die großen Anbieter bieten hierfür gewöhnlich eine eigene Software an, um Fotobücher zu erstellen. Haben Sie dann einen PDF-Druckservice für Fotobücher gefunden, müssen Sie auch noch bestimmte Vorgaben beachten, die Sie beim Service selbst erst einmal hinterfragen müssen. Neben der Größe, die das Dokument haben darf/soll (wo Sie mit Elements schon wieder beschränkt sind), sind häufig noch Dinge zu beachten wie:

▶ Seitenzahl: Jeder Service hat aus technischen Gründen eine minimale Seitenanzahl.

▶ Bildauflösung: Meistens sollten die Bilder in der Endgröße eine Auflösung von mindestens 300 dpi haben.

▶ Schriften: Schriften müssen im PDF-Dokument eingebettet sein, um sie korrekt auszudrucken (sollte bei Elements automatisch geschehen).

▶ Das Farbprofil vom PDF-Druckservice muss eingebettet werden.

▶ Beschnitt: Für den Beschnitt muss häufig noch ein Rand von 3 bis 10 mm eingehalten werden.

Sicherlich gibt es den einen oder anderen PDF-Druckservice, der Ihnen dabei behilflich ist, aus dem PDF ein Fotobuch zu machen. Allerdings sollten Sie hierbei dann auch den Kostenfaktor im Auge behalten. Viele Leser werden wohl ohnehin vor den vielen technischen Details zurückschrecken und Ihre Fotobücher doch lieber wieder mit der herstellereigenen Software der Druckdienste erstellen.

PSE-Dateien als PSD-Datei öffnen | Wenn Sie das PSE-Format, das Photoshop Elements bei vielen Projekten unter ERSTELLEN als Speicherformat verwendet, in ein beliebiges anderes Format (beispielsweise JPEG) speichern wollen, öffnen Sie einfach aus dem gleichnamigen Ordner, der mit der PSE-Datei angelegt wird, die PSD-Datei.

Haben Sie zum Beispiel eine Datei »Grusskarte.pse«, finden Sie hierzu im selben Verzeichnis ein Verzeichnis mit dem Namen GRUSSKARTE, in dem sich die Datei »Grusskarte.psd« befindet. Bei einem Bildband finden Sie hierfür mehrere PSD-Dateien (für jede [Doppel-]Seite eine PSD-Datei). Reduzieren Sie die Ebenen im Ebenen-Bedienfeld auf eine Hintergrundebene, können Sie die im PSE-Format abgelegten Dokumente auch als JPEG oder ähnlich zur Weitergabe speichern.

40.6 Noch mehr Möglichkeiten zur Weitergabe

Es ist schon beachtlich, was Photoshop Elements alles für die Weitergabe und das Erstellen von Bildern anbietet. Auf jede kleine Einzelheit einzugehen, wäre aber wenig sinnvoll. Die einzelnen Themen sind häufig sehr ähnlich, sodass man vieles wiederholen müsste. Dennoch sollen die übrigen Möglichkeiten im Folgenden noch kurz vorgestellt werden.

40.6.1 Post- und Grußkarten erstellen

Selbsterstellte Grußkarten mit eigenen Fotos wirken einfach viel persönlicher und sind mit der Option GRUSSKARTE auch im Handumdrehen angefertigt. Diese Option erreichen Sie über ERSTELLEN • GRUSSKARTE sowohl vom Organizer als auch vom Editor aus. Wählen Sie einfach ein Thema und ein Layout aus, fügen Sie das gewünschte Foto (oder die Fotos) ein, und drucken Sie die Karte dann auf einem geeigneten Karton oder Papier aus.

 Grusskarte.jpg und Grusskarte.psd

Fotos: Jürgen Wolf

◀ **Abbildung 40.38**
Solche einfachen Grußkarten sind im Handumdrehen erstellt. Gegebenenfalls müssen Sie das Seitenverhältnis für den Druck noch anpassen. Dies können Sie bereits im Drucken-Dialog von Photoshop Elements vornehmen.

40.6.2 Fotokalender erstellen

Mit der FOTOKALENDER-Funktion erstellen Sie aus verschiedenen vorhandenen Vorlagen einen Jahreskalender. Abhängig vom gewählten Layout können Sie zu jedem Monat noch Bilder, Grafiken und Text hinzufügen. Es ist auch möglich, über den erweiterten Modus die einzelnen Kalendertage einzeln zu bearbeiten (um beispielsweise Feiertage, Geburtstage, usw. anders zu gestalten oder beschriften). Im Organizer wie auch im Editor finden Sie diese Funktion im Bedienfeld ERSTELLEN unter FOTOKALENDER.

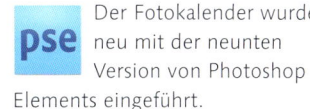 Der Fotokalender wurde neu mit der neunten Version von Photoshop Elements eingeführt.

Abbildung 40.39 ▶
Auch ein Fotokalender zum Ausdrucken lässt sich im Handumdrehen zusammenklicken.

40.6.3 Fotocollage zusammenstellen

Collage.jpg

Bei der Technik der Fotocollage werden mehrere Bilder oder Bild-
fragmente kunstvoll zu einem neuen Bild zusammengefügt. Die
entsprechende Funktion erreichen Sie bei Photoshop Elements
sowohl im Editor als auch im Organizer im Menü unter ERSTELLEN
• FOTOCOLLAGE.

Abbildung 40.40 ▶
Eine einfache Fotocollage

40.6.4 CD/DVD brennen

Unter WEITERGABE • MEHR OPTIONEN • CD/DVD finden Sie eine einfache Brennfunktion, um Ihre Bilder, die Sie im Editor geöffnet haben, auf eine CD oder DVD zu brennen. Wenn Sie diese Brennfunktion verwenden, werden die Bilder einfach als Daten auf die CD oder DVD gebrannt. Eine direkte Sortierung ist hierbei zunächst nicht möglich, auch dann nicht, wenn Sie Ihre Bilder in einem Album sortiert haben.

Die auf die CD gebrannten Bilder werden gewöhnlich nach Namen sortiert und so in der Regel auf anderen Systemen auch wieder aufgelistet und angezeigt. Wollen Sie, dass die Bilder auf der Daten-CD/-DVD auch sortiert ausgegeben werden, müssten Sie sie mit entsprechenden Namen umbenennen (beispielsweise »00001.jpg«, »00002.jpg«, »00003.jpg« usw.).

40.7 Bilderrahmen erstellen

Wenn Sie ein Bild präsentieren oder weitergeben möchten, können Sie hierfür auch noch einen schönen Rahmen erstellen. Natürlich bietet Photoshop Elements wieder einige vorgefertigte Lösungen an. Einige sind recht kitschig, andere sehen aber sehr passabel aus. Finden Sie keinen passenden Rahmen unter den Bordmitteln, erstellen Sie einen Rahmen einfach selbst.

40.7.1 Bilderrahmen von Photoshop Elements verwenden
Zunächst sollen Effekte und Funktionen zum Erstellen von Bilderrahmen in Photoshop Elements beschrieben werden.

Rahmen von Fotoeffekten | Die ersten drei Rahmen finden Sie im Effekte-Bedienfeld (FENSTER • EFFEKTE), wenn Sie das Icon FOTOEFFEKTE ❶ und in der Dropdown-Liste RAHMEN ❷ auswählen. Folgende Rahmen stehen Ihnen hier zur Verfügung:

▶ SCHLAGSCHATTENRAHMEN: Dieser Rahmen erweitert das Bild um einen Rand mit der eingestellten Hintergrundfarbe. Das Bild wird dabei auf dem Rahmen zentriert und wirft einen Schatten auf das dahinterliegende Blatt.

▶ TEXTFELD: Es wird ein transparentes Rechteck in das Bild eingefügt, das Sie mit dem Textwerkzeug beschriften können.

▶ VERTIEFTER RAHMEN: Setzt ein Passepartout in das Bild. Da sich hiermit der Ausschnitt des Bildes nicht festlegen lässt, eignet sich dieser Rahmen eher selten.

 Bela.jpg

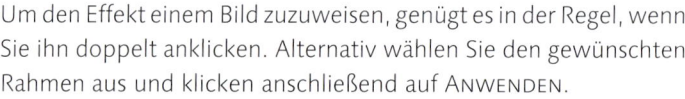

Um den Effekt einem Bild zuzuweisen, genügt es in der Regel, wenn
Sie ihn doppelt anklicken. Alternativ wählen Sie den gewünschten
Rahmen aus und klicken anschließend auf ANWENDEN.

Foto: Marcus Kamp (www.marcuskamp.com)

Zum Nachlesen
Die Ebenenstile und ihre Anwendung wurden bereits in Kapitel
37, »Ebenenstile«, ausführlich beschrieben. Den Ebenen wurde mit
Teil 8 ein eigener Buchteil gewidmet.

Rahmen mit Ebenenstilen | Selbstverständlich können Sie auch
Ebenenstile aus dem Bedienfeld EFFEKTE für Rahmen verwenden,
wenn Sie das entsprechende Icon ❸ angeklickt haben. Über die
Dropdown-Liste ❹ können Sie sich dann verschiedene Ebenen-
stile auflisten lassen. Natürlich lassen sich nicht alle aufgelisteten
Ebenenstile für einen Rahmen verwenden.

Um einen Ebenenstil als Bilderrahmen zu verwenden, muss die
Ebene zunächst als solche vorliegen (und nicht als Hintergrundebene). Ist dies nicht der Fall, erscheint bei Verwendung eines

Ebenenstils ein Dialog, über den Sie eine Hintergrundebene in eine Ebene konvertieren können (dieses Thema gehört zu den Grundlagen der Ebenen und wird im Detail in Abschnitt 25.2.1 beschrieben).

◄ **Abbildung 40.44**
Um einen Ebenenstil als Rahmen auf ein Hintergrundbild anzuwenden, muss dieses zuvor in eine Ebene umgewandelt werden.

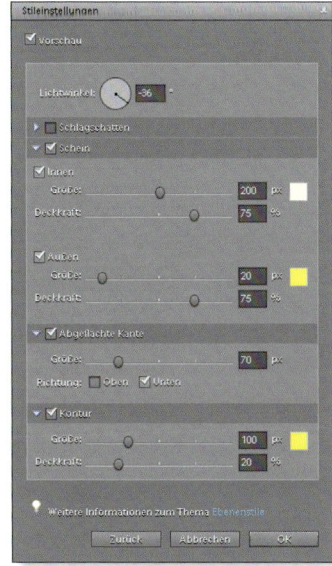

◄ **Abbildung 40.45**
Hier wurde der Rahmen des Porträt-Fotos mit einem Ebenenstil aus ABGEFLACHTE KANTEN erstellt, wobei der Stil nachträglich mit einem Doppelklick auf das »fx«-Symbol im Ebenen-Bedienfeld angepasst wurde.

Rahmen aus dem Bedienfeld »Inhalt« | Eine beeindruckende Auswahl verschiedener Rahmen finden Sie im Bedienfeld INHALT, das Sie über das Menü FENSTER • INHALT aufrufen. Wenn Sie im Dropdown-Menü ❺ ALLES EINBLENDEN wählen und darunter nur das Icon NACH RAHMEN FILTERN ❻ aktivieren, werden alle vorhandenen Rahmen als Miniaturvorschau angezeigt.

Die Rahmen können Sie auf drei unterschiedliche Arten zu einem Foto hinzufügen: Klicken Sie entweder in der Miniaturvorschau doppelt auf den gewünschten Rahmen, oder wählen Sie einen Rahmen aus, und klicken Sie auf ANWENDEN. Oder Sie ziehen ganz einfach per Drag & Drop einen Rahmen aus der Miniaturvorschau auf das Foto.

Anschließend können Sie die Größe des Bildes über einen Schieberegler ❼ noch nachträglich anpassen. Weitere Funktiona-

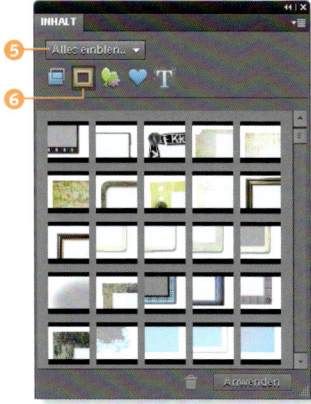

▲ **Abbildung 40.46**
Eine große Anzahl von Rahmen und Vignetten finden Sie im Bedienfeld INHALT.

Abbildung 40.47 ▶
Die Transformierung von Rahmen und Bild funktioniert auch prozentgenau über die Optionsleiste.

Abbildung 40.48 ▶
Mit der transparenten Leiste passen Sie das Bild nachträglich noch an.

The_Old_Yellow_Girl.jpg

litäten, die Sie nachträglich ausführen können (auch über einen Doppelklick auf den Rahmen im Bild), sind das Drehen des Bildes ❽ oder die Platzierung eines anderen Fotos ❾ innerhalb des Rahmens.

Alternativ stehen Ihnen auch hierbei alle Befehle zur Transformierung des Bildes in der Optionsleiste zur Verfügung. Schneller können Sie das Foto im Rahmen automatisch positionieren oder anpassen, indem Sie auf das Bild mit der rechten Maustaste klicken und im Kontextmenü RAHMEN AN FOTO ANPASSEN auswählen. Leider funktioniert dies nicht mit allen Rahmen perfekt.

40.7.2 Eigene Bilderrahmen entwerfen

Um eigene Rahmen zu erstellen, bietet Photoshop Elements viele kreative Möglichkeiten. Die Vielfalt der denkbaren Techniken würde den Rahmen dieses Buchs sprengen, daher gehe ich hier nur auf einen besonders beliebten Effekt ein.

Arbeitsfläche verändern | Der wohl einfachste und sehr beliebte Bilderrahmen lässt sich mit BILD • SKALIEREN • ARBEITSFLÄCHE erstellen.

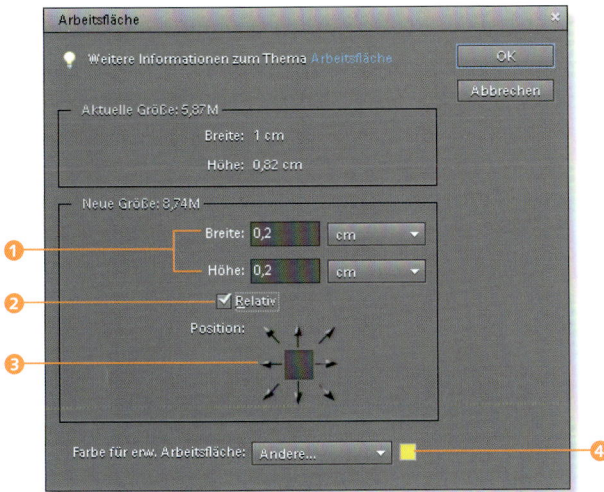

◄ **Abbildung 40.49**
Der Dialog Arbeitsfläche ist bestens für einen Passepartout-Rahmen geeignet.

Mithilfe des Dialogs Arbeitsfläche lässt sich die Arbeitsfläche des Bildes um die angegebene Breite und Höhe ❶ in die Richtungen erweitern, die mit Position ❸ angegeben werden. Die Checkbox Relativ ❷ sollten Sie deaktivieren, wenn Sie absolute Werte eingeben wollen. Mit der Farbe ❹ der Arbeitsfläche legen Sie die Farbe des künftigen Rahmens fest.

Foto: Berry J. Sackl

◄ **Abbildung 40.50**
Bei diesem Rahmen wurde zuerst die Arbeitsfläche um einen weißen Rahmen erweitert. Anschließend wurde eine weitere Farbe für die Umrahmung verwendet, passend zur Kleidung der Dame. Zusätzlich wurde der Effekt Schlagschattenrahmen benutzt.

41 Präsentation am Bildschirm

41.1 Diashow erstellen (nur Windows)

Ein weiteres Highlight von Adobe Photoshop Elements ist die Erstellung einer wirklich professionellen Diashow mit Musik. Eine so erzeugte Diashow können Sie auf eine Video-CD brennen und mit einem handelsüblichen DVD-Player am Fernsehbildschirm abspielen lassen. Natürlich können Sie die Diashow auch einfach nur am heimischen Rechner anzeigen oder per E-Mail versenden.

X Mac-Anwender gucken hier zunächst ein wenig in die Röhre, weil die Diashow-Funktion nur den Windows-Anwendern zu Verfügung steht. Allerdings haben die Mac-Anwender meistens mit iPhoto und vor allem iMovie eine mehr als gleichwertige Alternative.

Schritt für Schritt: Diashow erstellen

1 Dateien öffnen

Eine Diashow erstellen Sie entweder über den Organizer oder über den Editor. Wenn Sie eine Diashow über den Editor starten wollen, müssen Sie zuvor alle Bilder mit DATEI • ÖFFNEN oder mit `Strg`+`O` in den Editor laden.

Bilder in einem Album organisieren
Mehr zum Thema Album (und Albumkategorien) können Sie in Abschnitt 9.2, »Neue Alben erstellen«, nachlesen.

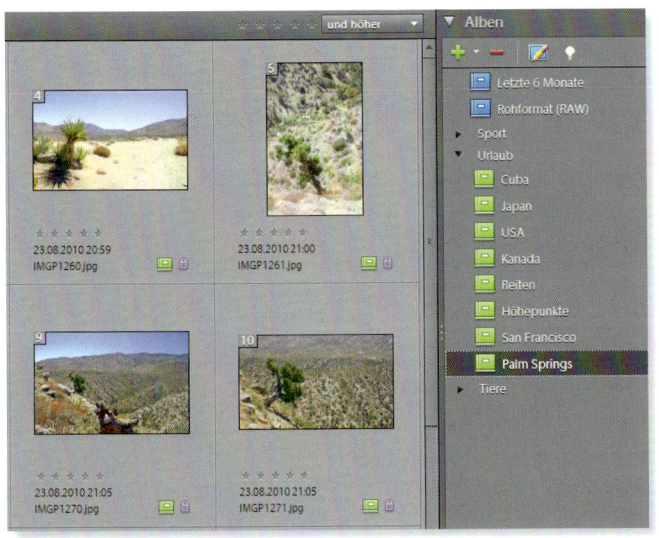

◀ **Abbildung 41.1**
Hier soll das Album PALM SPRINGS für die Diashow verwendet werden.

Verwenden Sie hingegen den Organizer, so ist es sinnvoll, wenn Sie die Bilder, die Sie für die Diashow verwenden wollen, bereits zuvor in einem Album organisiert haben. Aktivieren Sie das entsprechende Album, sodass nur noch die Bilder für die Diashow im Bilderbrowser des Organizers zu sehen sind – ein weiterer guter Grund, die eigenen Bilder regelmäßig zu organisieren.

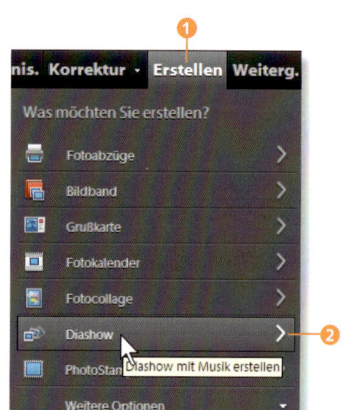

▲ **Abbildung 41.2**
Die Option DIASHOW

2   Dialog für Diashow aufrufen

Egal, ob Sie nun die Diashow über den Editor oder den Organizer ausführen, in jedem Fall rufen Sie den Dialog über ERSTELLEN ❶ und dann mit der Schaltfläche DIASHOW ❷ auf.

3   Voreinstellungen vornehmen

Zunächst erscheint ein Dialog, in dem Sie diverse Voreinstellungen treffen können, etwa wie lange ein Bild angezeigt werden soll (STATISCHE DAUER) oder wie die Übergänge durchgeführt werden und wie lange sie dauern sollen. Die meisten Optionen hier erklären sich selbst. Alle Einstellungen können Sie nachträglich noch ändern. Klicken Sie auf OK, wenn Sie alle Voreinstellungen vorgenommen haben.

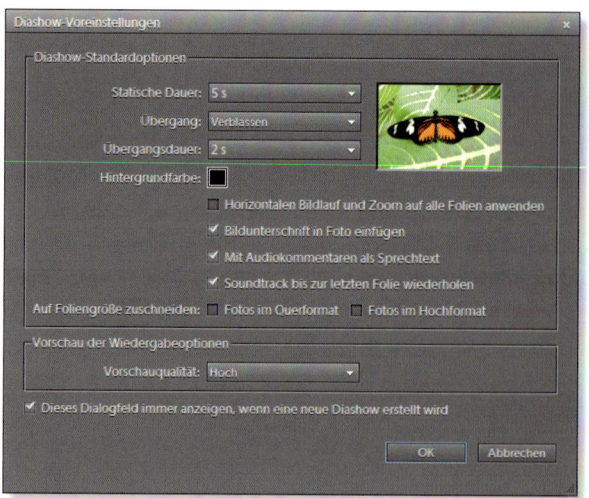

Abbildung 41.3 ▶
Voreinstellungen für die Diashow

4   Der Diashow-Editor

Nun öffnet sich der Diashow-Editor auf dem Bildschirm mit relativ vielen Funktionen. Wer schon einmal mit einem Videoschnittprogramm gearbeitet hat, dem dürfte ein solcher Editor nicht ganz so fremd und überladen erscheinen. Wenn Sie das Erstellen einer Diashow zum Beispiel aus dem Editor ohne ausgewählte Bilder gestartet haben, so erscheinen die untere Leiste ❺ und die Vorschau ❸ grau. Stattdessen finden Sie in der Leiste ❺ den Text

HIER KLICKEN, UM IHRER DIASHOW FOTOS HINZUZUFÜGEN. Diese Aufforderung könnten Sie befolgen, im vorliegenden Beispiel ist es aber nicht nötig.

▼ **Abbildung 41.4**
Die Fotos im Diashow-Editor

5 Reihenfolge anpassen

Klicken Sie auf SCHNELL NEU ORDNEN ❹ zwischen der Vorschau und der Miniaturvorschau, um die Reihenfolge der Bilder bei Bedarf per Drag & Drop anzuordnen. Klicken Sie anschließend auf ZURÜCK ❻. Nun haben Sie wieder den kompletten Diashow-Editor vor sich.

▼ **Abbildung 41.5**
Hier lässt sich die Reihenfolge Ihrer Fotos bequem anpassen.

6   Vorschau abspielen

Um sich schon einmal ein Bild von der Diashow zu machen, können Sie über die Play-Taste ❷ die Vorschau abspielen lassen. Alternativ sehen Sie sich diese Vorschau über die Schaltfläche VOLLBILDVORSCHAU ❶ im Vollbildmodus an.

Abbildung 41.6 ▶
Spielen Sie die Diashow ab.

7   Anzeigedauer bearbeiten

Die Anzeigedauer der einzelnen Bilder können Sie direkt unter der Miniaturvorschau ändern, indem Sie auf die voreingestellte Zeit klicken ❸. Im sich öffnenden Kontextmenü wählen Sie dann eine Zeit aus oder geben eine eigene Zeit ein.

Abbildung 41.7 ▶
Verändern Sie die Anzeigedauer
ganz nach Belieben.

8   Übergänge bearbeiten

Ähnlich wie die Anzeigedauer können Sie auch die einzelnen Übergänge ändern, indem Sie auf den kleinen Pfeil ❺ neben dem Icon in der Leiste unten klicken. Im Kontextmenü wählen Sie dann einen anderen Übergang aus. Alternativ ändern Sie die Übergänge, indem Sie einen unerwünschten auswählen und im Bedienfeldbereich EIGENSCHAFTEN einen neuen ÜBERGANG ❹ festlegen. Neben der Dauer des Übergangs können Sie hier bei einigen Übergängen noch zusätzliche Einstellungen anpassen. Sollten Sie den Bedienfeldbereich geschlossen haben, können Sie ihn jederzeit wieder über ANSICHT • BEDIENFELDBEREICH anzeigen lassen.

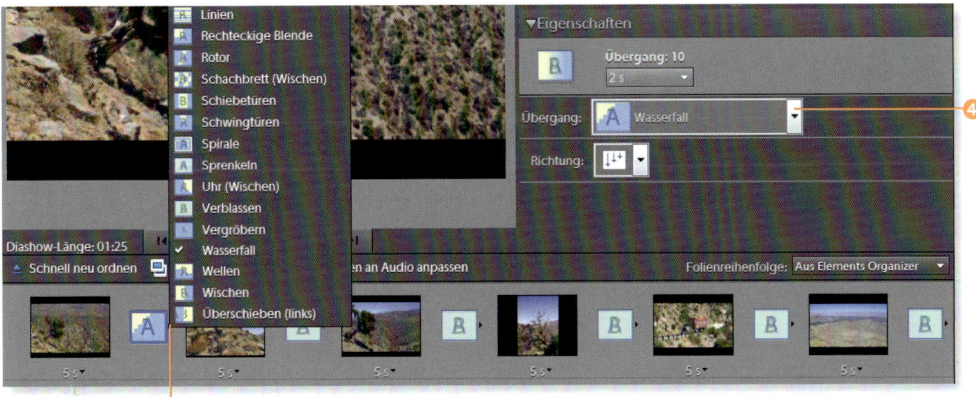

▲ **Abbildung 41.8**
Probieren Sie verschiedene
Übergänge aus.

9 Bildlauf anpassen

Wenn Sie ein einzelnes Bild in der Leiste unten anklicken, kön-
nen Sie im Bedienfeld die Eigenschaften des Bildlaufs anpassen.
Hierzu müssen Sie im Bedienfeld gegebenenfalls die Checkbox
HORIZONTALEN BILDLAUF UND ZOOM AKTIVIEREN ⓺ ankreuzen.
Mit diesem Effekt wirkt das Bild weniger statisch, wenn es von
oben nach unten oder von unten nach oben usw. bewegt wird.

Wie der Bildlauf durchgeführt wird, stellen Sie nach Wunsch
von Hand ein, indem Sie zunächst auf die Miniaturvorschau
ANFANG ⓼ klicken und im Vorschaubild den grünen Rahmen
anpassen. Anschließend klicken Sie auf die Miniaturvorschau
ENDE ⓻ mit dem roten Rahmen und stellen den entsprechenden Rahmen im Vorschaubild ein. Damit erfolgt ein Bildlauf vom
eingestellten ANFANG bis zum einstellten ENDE. In der Miniaturvorschau wird dieser Bildlauf mit dem grünen und roten Rahmen
angezeigt.

▲ **Abbildung 41.9**
In diesem Dialog können Sie auch den Bildlauf anpassen. Hier
sehen Sie mit dem grünen Rahmen den Anfang des Bildlaufs …

▲ **Abbildung 41.10**
… und hier mit dem roten Rahmen das Ende
des Bildlaufs.

10 Folie hinzufügen

Wenn Sie nun eine Titelfolie einfügen wollen, klicken Sie auf die Schaltfläche LEERE FOLIE HINZUFÜGEN ❶. Im Bedienfeld EIGEN-SCHAFTEN können Sie hierbei die Farbe der Folie bestimmen und die Dauer ihrer Anzeige. Da die Folie hier als Titelfolie dienen soll, schieben Sie sie mit gedrückt gehaltener Maustaste in der Bildleiste an den Anfang.

11 Text hinzufügen

Aktivieren Sie die soeben erzeuge Folie, und drücken Sie die Schaltfläche TEXT HINZUFÜGEN ❷. In dem sich öffnenden kleinen Dialogfenster ❸ geben Sie den Text für die Folienbeschriftung ein und bestätigen mit OK. Es spricht übrigens nichts dagegen, auch Text zum Bild hinzuzufügen.

Abbildung 41.11 ▼
Ein Text macht aus Ihrer Diashow eine gelungene Präsentation.

12 Text formatieren

Wenn Sie den Text eingegeben haben, können Sie ihn im Vor-schaufenster anklicken, um ihn dann im Bedienfeld EIGENSCHAF-TEN zu formatieren. Wenn Sie wollen, ziehen Sie über das Bedien-feld EXTRAS Objekte auf die Folie, was selbstverständlich auch mit den Fotos möglich ist.

▲ **Abbildung 41.12**
Formatieren Sie den Text.

13 Musik hinzufügen

Auf Wunsch gestalten Sie zum Schluss die ganze Diashow noch mit einer Musikuntermalung. Klicken Sie zu diesem Zweck einfach unterhalb der Titelleiste auf HIER KLICKEN, UM DER DIASHOW AUDIO HINZUZUFÜGEN, und wählen Sie eine Musikdatei aus.

14 Sprachtext hinzufügen

Wenn Sie einen gesprochenen Text zu einem Bild hinzufügen wollen, klicken Sie auf das Bild oder die Folie und dann im Bedienfeld EXTRAS auf das Mikrofon ❹. Falls Ihr PC über ein Mikrofon verfügt, können Sie an Ort und Stelle einen Audiokommentar zu jedem Bild sprechen. Stimmen Sie hierbei die Länge des Audiokommentars auf die Anzeigedauer des Bildes ab.

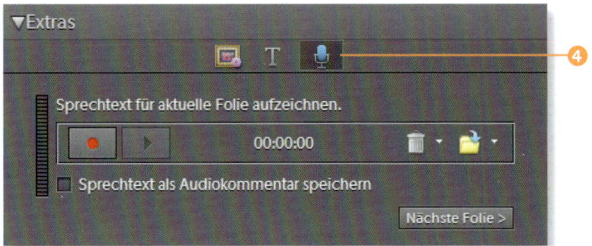

◀ **Abbildung 41.13**
Fügen Sie Ihrer Diashow zuletzt einen Sprachtext hinzu.

15 Projekt speichern

Nun sollten Sie das Projekt mit ⌈Strg⌉+⌈S⌉ oder über DATEI • DIASHOW-PROJEKT SPEICHERN noch sichern, sodass Sie jederzeit später Änderungen daran vornehmen können.

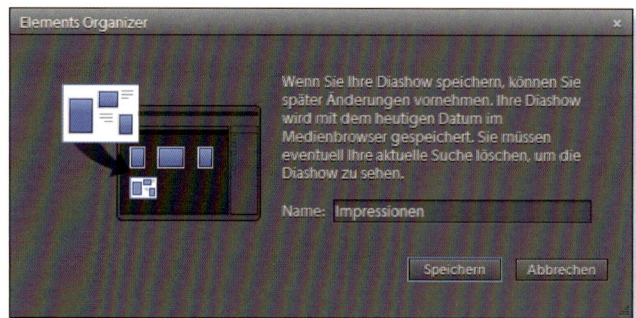

Abbildung 41.14 ▶
Speichern Sie Ihr Projekt.

Impressionen.wmv

16 **Diashow ausgeben**

Abschließend können Sie über DATEI • DIASHOW AUSGEBEN die Diashow auf einem Medium Ihrer Wahl ausgeben. Hierbei wählen Sie den Punkt ALS DATEI SPEICHERN aus, wo Sie entweder eine Filmdatei (»*.wmv«) oder eine PDF-Datei erzeugen können. Hier können Sie auch gleich die Foliengröße einstellen. Wollen Sie die Datei per E-Mail versenden, so empfehle ich Ihnen, eine kleine Größe zu wählen. Eine weitere Möglichkeit ist die Option AUF DATENTRÄGER BRENNEN. Hiermit erstellen Sie eine Video-CD, die sich auf fast jedem handelsüblichen DVD-Player wiedergeben lässt. Wenn Premiere Elements installiert ist, so wird auch die Übergabe der Diashow an das Schnittprogramm angeboten.

Abbildung 41.15 ▶
Wählen Sie ein Medium aus, mit dem Sie Ihre Diashow präsentieren möchten.

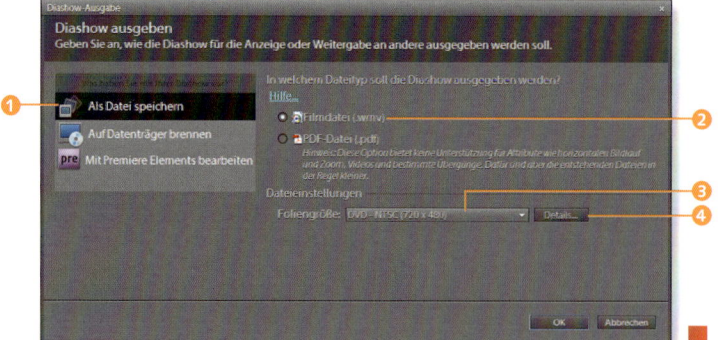

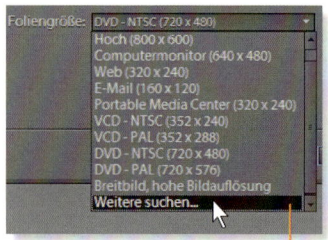

▲ **Abbildung 41.16**
Neue Foliengröße suchen

Tipp: Breitbildformat und/oder HD-Auflösung | Im letzten Arbeitsschritt des vorangegangenen Workshops können Sie in der Dialogbox DIASHOW-AUSGABE, wenn Sie die Diashow ALS DATEI SPEICHERN ❶ und eine FILMDATEI (.WMV) ❷ daraus erstellen, über die FOLIENGRÖSSE ❸ die Auflösung und Qualität der WMV-Datei einstellen. Leider sind hier nur ältere Monitor- und SD-Einstellungen aufgelistet. In der heutigen Zeit, wo das 16:9-Format und HD langsam zum guten Standard gehören, würde man sich diese Optionen auch von einer Diashow wünschen.

Und tatsächlich bietet Photoshop Elements selbst diese Optionen an. Leider sind sie etwas versteckt und umständlicher erreichbar – aber vorhanden. Wählen Sie hierfür einfach in der Dropdown-Liste FOLIENGRÖSSE ganz unten den Eintrag WEITERE SUCHEN ❺. Das Profil finden Sie im Programmverzeichnis des Organizers: C:\PROGRAMME\ADOBE\ELEMENTS 9 ORGANIZER\ASSETS\LOCALE\ DE_DE\TV_PROFILES (anstatt PROGRAMME kann das Verzeichnis bei einem 64-Bit-System auch PROGRAM FILES (X86) lauten).

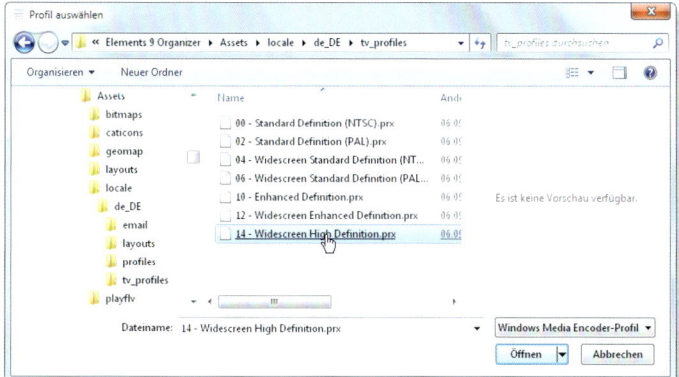

◄ **Abbildung 41.17**
Die Dateien der Begierde, um HD-Diashows zu erstellen

Hier finden Sie jetzt verschiedene Profile für HD und/oder Wide-screen (16 : 9) mit der Endung ».prx« wie beispielsweise »14 – Widescreen High Definition.prx« (für 16 : 9 und HD). HD ist allerdings hier noch auf 1.280 × 720 beschränkt. Klicken Sie jetzt auf DETAILS ❹ im Dialog DIASHOW-AUSGABE, können Sie sich eine Beschreibung zur neu ausgewählten WMV-Einstellung anzeigen lassen.

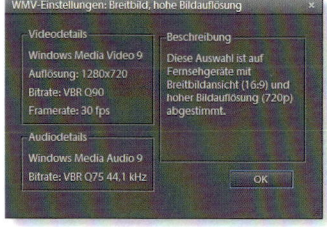

▲ **Abbildung 41.18**
Beschreibung der Videodetails

Video-CD/-DVD mit Menü erstellen | Für den Fall, dass Sie aus der erstellten Diashow eine Video-CD (VCD) erstellen wollen, finden Sie die entsprechende Funktionalität über ERSTELLEN • MEHR OPTIONEN • VCD MIT MENÜ.

41.2 Daumenkino erstellen (nur Windows)

Wenn Sie von einem bewegten Objekt eine ganz Serie von Fotos geschossen haben, so können Sie daraus ein Daumenkino erstel-len. Bei einem Daumenkino blättert man eine Serie von Bildern durch, die sich jeweils nur geringfügig voneinander unterschei-den, wobei der Eindruck eines animierten Filmes entsteht.

Die Funktion DAUMEN-KINO ist, wie schon die Funktion DIASHOW, nicht in der Mac-Version implementiert.

Schritt für Schritt: Ein Daumenkino erstellen

1 Daumenkino aufrufen

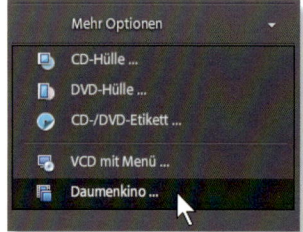

Fahne01.jpg, Fahne02.jpg,
Fahne03.jpg, Fahne04.jpg,
Fahne05.jpg

Wählen Sie die Bilder, die Sie für das Daumenkino verwenden wollen, im Organizer aus, oder öffnen Sie alle Bilder im Editor. Haben Sie die Fotos ausgewählt oder geöffnet, so finden Sie die entsprechende Funktion über ERSTELLEN • MEHR OPTIONEN • DAUMENKINO.

2 Einstellungen vornehmen

▲ **Abbildung 41.19**
Rufen Sie die Option DAUMEN-KINO auf.

Über GESCHWINDIGKEIT ❶ stellen Sie die Anzahl der Bilder pro Sekunde (fps= »frames per second«) ein, mit der das Daumenkino angezeigt werden soll. Im Beispiel sind drei Bilder pro Sekunde ausreichend. Die Option REIHENFOLGE UMKEHREN ❷ versteht sich von selbst. Über die Play-Taste ❸ lassen Sie das Daumenkino testweise laufen. Aktivieren Sie die Checkbox VOR-SCHAU (SCHLEIFE) ❹, so wird das Daumenkino (in der Vorschau) in einer Endlosschleife abgespielt.

▲ **Abbildung 41.20**
Passen Sie die Wiedergabeeinstellungen an.

3 Daumenkino ausgeben

Flattern.wmv

Um das Ergebnis zu speichern, sollten Sie zuvor noch bei den AUSGABEEINSTELLUNGEN die FILMGRÖSSE festlegen. Mit der Schaltfläche AUSGABE wählen Sie den Dateinamen und das Verzeichnis, in dem Sie die WMV-Datei ablegen wollen. ■

Anhang

A   Voreinstellungen im Überblick

Editor und Organizer bieten einige Optionen an, mit denen Sie das Verhalten und einige Einstellungen der Software ändern können. Dieser Anhang liefert Ihnen einen kurzen Überblick dazu.

A.1   Voreinstellungen im Editor

Über das Untermenü BEARBEITEN • VOREINSTELLUNGEN oder $\boxed{\text{Strg}}+\boxed{\text{K}}$ unter Windows bzw. PHOTOSHOP ELEMENTS • VOREIN-STELLUNGEN oder $\boxed{\text{⌘}}+\boxed{\text{K}}$ beim Mac können Sie Photoshop Elements den eigenen Bedürfnissen anpassen.

A.1.1   Allgemein

Im Bereich ALLGEMEIN ❶ finden Sie verschiedene gemischte Einstellungen zum Editor wieder.

Über die Dropdown-Liste FARBAUSWAHL ❹ können Sie entscheiden, ob Sie als Farbwähler den Dialog von ADOBE (Standardeinstellung) oder den Dialog des entsprechenden Betriebssystems (WINDOWS oder APPLE) verwenden wollen.

In der Dropdown-Liste SCHRITT ZURÜCK/VORWÄRTS ❸ können Sie die Tastenkombination zum Rückgängigmachen und Wiederholen von Befehlen ändern. Neben der Standardeinstellung $\boxed{\text{Strg}}+\boxed{\text{Z}}/\boxed{\text{⌘}}+\boxed{\text{Z}}$ bzw. $\boxed{\text{Strg}}+\boxed{\text{Y}}/\boxed{\text{⌘}}+\boxed{\text{Y}}$ finden Sie zwei weitere Tastenkombinationen für diese Befehle zur Auswahl.

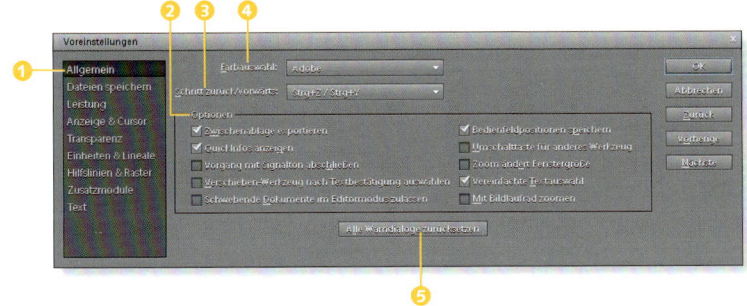

◄ **Abbildung A.1**
Verschiedene Einstellungen finden Sie unter ALLGEMEIN.

Unter Optionen ❷ finden Sie verschiedene Checkboxen, wo Sie diverse Funktion (de-)aktivieren können. Wenn vor einer Checkbox ein Häkchen gesetzt wurde, ist diese Option aktiviert. Kein Häkchen davor bedeutet, dass diese Option nicht aktiv ist. Hier die Beschreibung der einzelnen Optionen:

▶ Zwischenablage exportieren: Wollen Sie Grafiken, die Sie im Editor in die Zwischenablage kopiert haben, auch für die Zwischenablage von anderen Anwendungen zur Verfügung stellen, muss diese Option aktiviert sein. Vorausgesetzt natürlich, die andere Anwendung unterstützt die Einfügung von Grafiken aus der Zwischenablage. Standardmäßig ist diese Funktion aktiviert.

▶ QuickInfos anzeigen: Wollen Sie die QuickInfos für einzelne Werkzeuge und Einstellungen einblenden lassen, wenn Sie mit dem Mauscursor darüber stehen bleiben, muss diese Option aktiviert sein, was standardmäßig auch der Fall ist.

▶ Vorgang mit Signalton abschliessen: Aktivieren Sie diese Option, werden aufwändige Arbeitsvorgänge, die länger als 8 Sekunden benötigen, mit einem Signalton beendet. Standardmäßig ist diese Funktion deaktiviert.

▶ Verschieben-Werkzeug nach Textbestätigung auswählen: Wenn diese Option aktiviert ist, wird gleich nach der Verwendung des Textwerkzeuges das Verschieben-Werkzeug 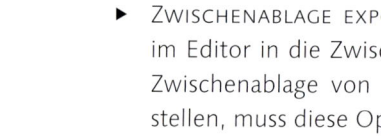 aktiviert, was ja häufig der nächste Schritt ist, wenn man seinen Text eingegeben hat. Standardmäßig ist diese Option allerdings deaktiviert.

▶ Schwebende Dokumente im Editormodus zulassen: Ist diese Option aktiviert, können die einzelnen Dokumente als frei schwebende Fenster auf dem Bildschirm auch über den Rand des Programms (beispielsweise auf einen zweiten Monitor) herausziehen. Wollen Sie hingegen immer nur ein Bild innerhalb des Editors sehen und bearbeiten, dann darf diese Option nicht aktiviert sein. Über ⌃Strg/⌘+↹, die Register der Dokumente oder unten im Projektbereich wechseln Sie dann zwischen den einzelnen Dokumenten.

▶ Bedienfeldpositionen speichern: Wenn Sie die Position und Anordnung der Bedienfelder Ihren persönlichen Bedürfnissen anpasst haben und künftig nach jedem Neustart denselben Zustand der Bedienfelder vor sich haben wollen wie nach dem Beenden des Editors, muss diese Option aktiviert sein. Ist diese Option nicht aktiviert, wird die Standardeinstellung für die einzelnen Positionen der Bedienfelder geladen. Dasselbe (die Standardeinstellung) erreichen Sie auch über Fenster • Bedienfelder zurücksetzen.

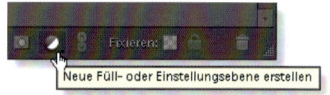

▲ **Abbildung A.2**
QuickInfos können nützliche Informationen enthalten, werden aber von manchen Anwendern als störend empfunden.

- UMSCHALTTASTE FÜR ANDERES WERKZEUG: Ist diese Option aktiv, müssen Sie die ⬆-Taste gedrückt halten, wenn Sie zu einem Werkzeug in derselben Werkzeuggruppe wechseln wollen. Wenn Sie praktisch die einzelnen Radiergummi-Werkzeuge wechseln wollen, genügt nicht mehr nur das Drücken von E, um ein anderes Radiergummi-Werkzeug zu aktivieren, sondern Sie müssen zusätzlich die ⬆-Taste halten.

- ZOOM ÄNDERT FENSTERGRÖSSE: Wenn diese Option aktiv ist, wird die Fenstergröße automatisch beim Vergrößern und Verkleinern angepasst. Diese Option ist sehr nützlich, wenn Sie ein freischwebendes Dokumentenfenster verwenden. Standardmäßig ist diese Option nicht aktiviert, womit die Fenstergröße unabhängig von der Zoomstufe gleich bleibt.

- VEREINFACHTE TEXTAUSWAHL: Ist dies Option aktiv, lässt sich der Text zum erneuten Editieren einfacher durch das Anklicken auswählen. Wenn die Option nicht aktiv ist, passiert es schnell, dass man eine weitere Textebene anlegt, obwohl man eigentlich nur den vorhandenen Text nachträglich editieren wollte.

- MIT BILDLAUFRAD ZOOMEN: Wenn Sie diese Option aktivieren, können Sie mithilfe eines Mausrades in das Bild herein- oder aus ihm herauszoomen, wenn sich der Mauscursor über dem Bild befindet. Standardmäßig ist diese Option deaktiviert.

Bei manchen Warnmeldungen oder Aufforderungen können Sie eine Checkbox NICHT MEHR ANZEIGEN aktivieren, womit die Warnmeldung künftig nicht mehr angezeigt wird. Beschleicht Sie jetzt allerdings ein ungutes Gefühl dabei, können Sie über die Schaltfläche ALLE WARNDIALOGE ZURÜCKSETZEN ❺ alle Meldungen wieder aktivieren.

A.1.2 Dateien speichern

Im Bereich DATEIEN SPEICHERN ❻ finden Sie verschiedene Einstellungen, die das Speichern von Dateien betreffen.

▼ **Abbildung A.3**
Verschiedene Einstellungen, die das Speichern von Dateien betreffen, bietet der Bereich DATEIEN SPEICHERN.

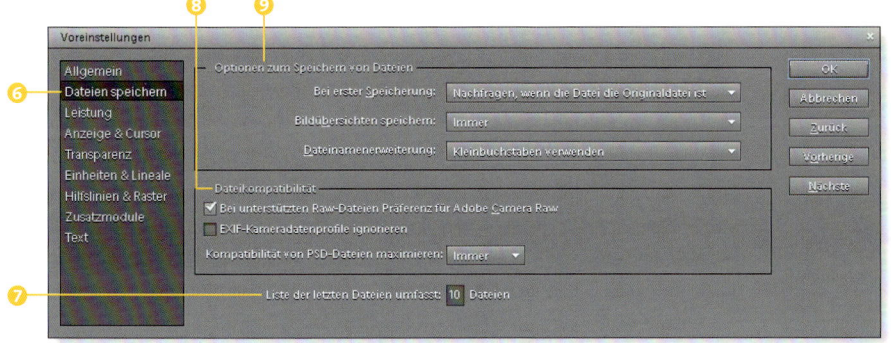

Bei OPTIONEN ZUM SPEICHERN VON DATEIEN ❾ stehen Ihnen Dropdown-Listen für folgende Einstellungen zur Verfügung:

▶ BEI ERSTER SPEICHERUNG: Damit stellen Sie ein, wie die Datei beim ersten Speichern über DATEI • SPEICHERN oder ⌈Strg⌉/ ⌈⌘⌉+⌈S⌉ gesichert werden soll. Standardmäßig ist hier NACH-FRAGEN, WENN DIE DATEI DIE ORIGINALDATEI IST eingestellt, womit beim ersten Speichern der SPEICHERN UNTER-Dialog zum Speichern verwendet wird. Bei allen folgenden Speicher-vorgängen wird allerdings die jeweils vorherige Version über-schrieben. Öffnen Sie hingegen nur eine Kopie, wird sofort die vorherige Version ohne dem SPEICHERN UNTER-Dialog überschrieben.

Wollen Sie sowohl bei einer Kopie als auch beim Original, dass immer der SPEICHER UNTER-Dialog beim ersten Speichern aufgerufen wird, müssen Sie die Option IMMER BESTÄTIGEN auswählen. Mit der letzten Option AKTUELLE DATEI ÜBER-SCHREIBEN wird niemals der SPEICHERN UNTER-Dialog ange-zeigt und sofort die Datei überschrieben (was nicht unbedingt zu empfehlen ist).

▶ BILDÜBERSICHTEN SPEICHERN: Hiermit wählen Sie aus, wann und ob Miniaturen und Vorschauen des Bildes mitgespeichert werden sollen. Standardmäßig ist hierbei IMMER eingestellt. Die anderen beiden Optionen, NIE und BEIM SPEICHERN WÄH-LEN, sprechen ebenfalls für sich. Beim **Mac** finden Sie hier weitere Optionen, welche Bildübersichten gespeichert wer-den sollen (auch diese Angaben sprechen für sich).

▶ DATEINAMENERWEITERUNG: Damit legen Sie fest, ob die Datei-endung für das Grafikformat in Großbuchstaben (beispiels-weise »bild.JPG«) oder Kleinbuchstaben (beispielsweise »bild. jpg«) gespeichert werden soll. Ich empfehle, es standardmä-ßig immer auf Kleinbuchstaben zu belassen. Beim Mac lau-tet diese Option KLEINBUCHSTABEN VERWENDEN und ist als Checkbox implementiert.

▶ DATEINAMENERWEITERUNG ANHÄNGEN: Diese Option ist nur beim Mac enthalten. Damit geben Sie vor, ob die Dateina-menserweiterung beim Speichern angehängt wird. Die Optio-nen sind IMMER (Standard), NIE und BEIM SPEICHERN WÄHLEN.

Im Rahmen von DATEIKOMPATIBILITÄT ❽ finden Sie drei weitere Einstellungen, die sich auf die Kompatibilität beim Speichern von Grafikdateien beziehen. Folgende Einstellungen stehen Ihnen hierbei zu Verfügung:

▶ BEI UNTERSTÜTZTEN RAW-DATEIEN PRÄFERENZ FÜR ADOBE CAMERA RAW: Ist standardmäßig aktiviert und stellt sicher, dass alle Rohdateien (RAW-Format) mit Adobe Camera Raw und nicht mit einer anderen Anwendung geöffnet werden. Deaktivieren Sie diese Option nur, wenn Sie in dem Plug-in-Ordner eine andere Anwendung dafür haben.

▶ EXIF-KAMERADATENPROFILE IGNORIEREN: Wenn Sie diese Option aktivieren, wird das Farbprofil der Kamera verworfen und das Bild stattdessen in dem im Editor verwendeten Farbprofil gespeichert. Standardmäßig ist diese Option deaktiviert.

▶ KOMPATIBILITÄT VON PSD-DATEIEN MAXIMIEREN: Mit dieser Einstellung sorgen Sie dafür, dass ein als PSD-Datei gespeichertes Bild mit beispielsweise Ebenen auch mit anderen Anwendungen (oder gar künftigen Photoshop-Elements-Versionen) geöffnet werden kann, indem Sie diese Option auf IMMER (Standardeinstellung) stellen. Die anderen beiden Optionen, NIE und FRAGEN, sprechen wieder für sich. Natürlich benötigen diese Kompatibilitäts-Informationen auch mehr Datenspeicher als ohne (ca. 10–15 %).

Ganz unten legen Sie über LISTE DER LETZTEN DATEIEN UMFASST ❼ die Anzahl der Dateien fest, die im Untermenü DATEI • ZULETZT BEARBEITETE DATEI ÖFFNEN aufgelistet werden. Maximal können Sie hier den Wert 30 eingeben.

A.1.3 Leistung

Echtes Feintuning auf die optimale Rechenpower abgestimmt ermöglicht Ihnen der Bereich LEISTUNG ❶.

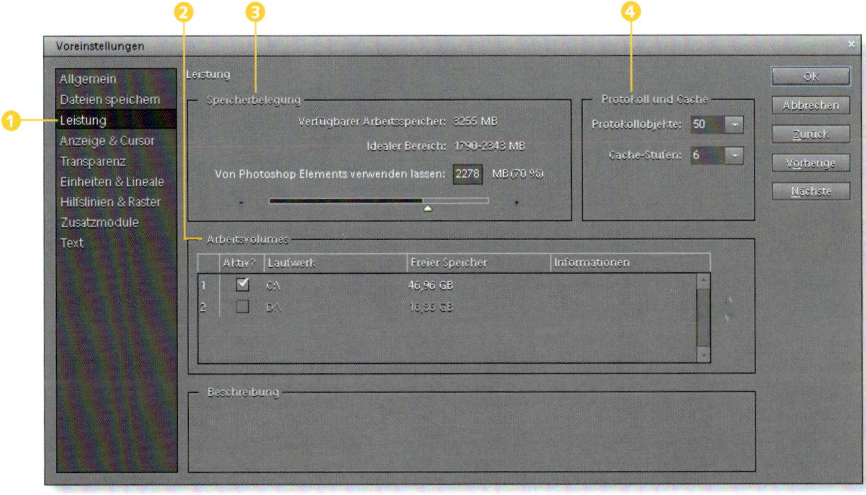

Über die SPEICHERBELEGUNG ❸ legen Sie fest, wie viel Arbeitsspeicher Photoshop Elements zur Bildbearbeitung erhalten soll.

Bei der digitalen Bildbearbeitung kann man hiervon gar nicht genug haben. In der Praxis hat sich der Standardwert von 70 % bestens bewährt. Beachten Sie, wenn Sie noch mehr Speicher vergeben, dass neben anderen Anwendungen auch das Betriebssystem etwas Arbeitsspeicher benötigt.

Reicht der Arbeitsspeicher nicht mehr aus, werden die Daten auf die erheblich langsamere Festplatte ausgelagert. Über ARBEITSVOLUMES ❷ können Sie, falls mehre Platten vorhanden sind, die Festplatte zum Auslagern über ein Häkchen aktivieren. **Tipp:** Verwenden Sie am besten eine Platte, auf der nicht das Betriebssystem installiert ist (das ebenfalls gerne auslagert), und benutzen Sie auf gar keinen Fall externe USB-Festplatten (viel zu langsam).

Über PROTOKOLL UND CACHE ❹ stellen Sie ein, wie viele Arbeitsschritte Sie rückgängig machen können. Mit PROTOKOLLOBJEKTE legen Sie die Anzahl der Schritte fest, die standardmäßig mit 50 Schritten recht knapp bemessen ist. Ein höherer Wert benötigt allerdings auch wieder mehr Arbeitsspeicher. Maximal ist in Wert von bis zu 1.000 Schritten möglich. In der Praxis würde ich 100 bis 200 Schritte empfehlen. Diese Änderungen sind allerdings erst nach einem Neustart aktiv.

A.1.4 Anzeige & Cursor

Über ANZEIGE & CURSOR ❺ stellen Sie die Darstellung verschiedener Werkzeuge ein.

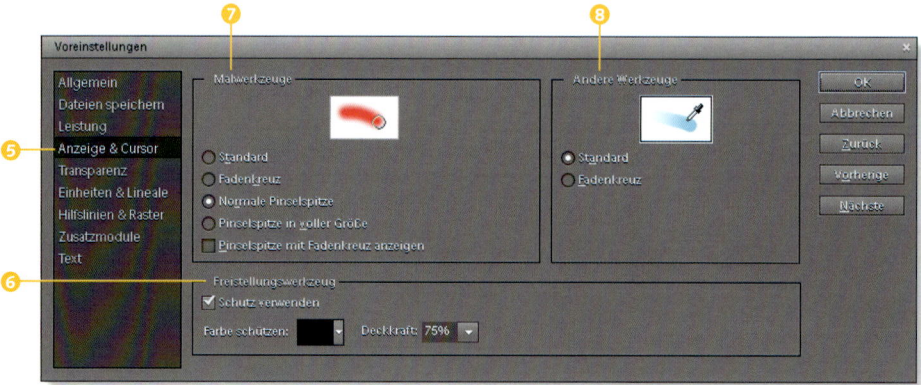

| A Voreinstellungen im Überblick

Abbildung A.5 ▲
Die Darstellung einiger Werkzeuge beeinflussen Sie über ANZEIGE & CURSOR.

Über MALWERKZEUGE ❼ ändern Sie Anzeige der verschiedenen Malwerkzeuge ändern. Mit STANDARD werden beim Malen kleine Symbolzeiger verwendet, die dem Werkzeug entsprechen. Mit FADENKREUZ wird nur ein solcher angezeigt. Mit NORMALE PINSELSPITZE wird eine um 50 % verkleinerte Pinselspitze und mit PINSELSPITZE IN VOLLER GRÖSSE eine Spitze mit voller Größe angezeigt. Zusätzlich können Sie bei den letzten beiden Optionen in der Mitte ein Fadenkreuz anzeigen lassen, indem Sie die Check-box Pinselspitze mit Fadenkreuz anzeigen aktivieren.

Bei Andere Werkzeuge ❽ stellen Sie die Darstellung für alle anderen Nicht-Malwerkzeuge ein. Mit Standard wird auch hier ein Symbolzeiger des entsprechenden Werkzeuges verwendet. Alternativ verwenden Sie hier ebenfalls nur ein Fadenkreuz.

Unter Freistellungswerkzeug ❻ legen Sie die Farbe und Deckkraft des dunkleren Bereiches fest, der nach der Bestäti-gung des Werkzeuges entfernt wird. Wenn Sie das Häkchen vor Schutz verwenden deaktivieren, schalten Sie diesen dunklen Bereich komplett aus.

A.1.5 Transparenz

Über Transparenz ❾ konfigurieren Sie die Größe des quadra-tischen Hintergrundmusters der Transparenz und die Raster-farbe.

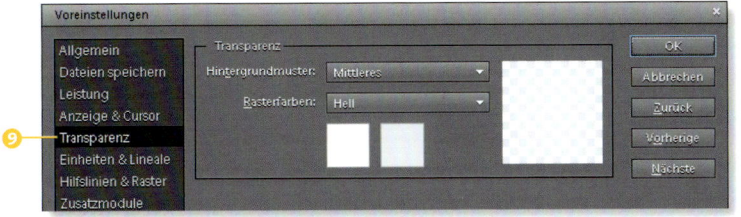

◄ **Abbildung A.6**
Die Darstellung der Transparenz stellen Sie im gleichnamigen Bereich ein.

A.1.6 Einheiten & Lineale

Unter Einheiten & Lineale ❿ legen Sie verschiedene Maßeinhei-ten für Photoshop Elements fest.

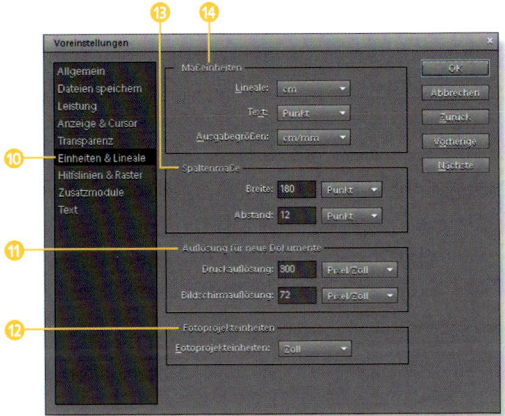

◄ **Abbildung A.7**
Maße und Maßeinheiten können Sie über Einheiten & Lineale voreinstellen.

Folgende Einstellungen finden Sie innerhalb von Masseinheiten ⓮:

▶ Lineale: Damit bestimmen Sie die Maßeinheit für die Lineale (Ansicht • Lineale) ein. Neben dem Standardwert Zentimeter (cm) können Sie hierbei aus Pixel (ideal für das Web), Zoll, Millimeter (mm), Punkt, Pica und Prozent wählen.

▶ Text: Hier legen Sie die Maßeinheit fest, die für das Textwerkzeug **T** verwendet werden soll. Neben der Standardeinstellung Punkt finden Sie hier Pixel (für das Web) und Millimeter (mm) vor.

▶ Ausgabegrössen: Dabei stellen Sie die Maßeinheit für die Ausgabengröße ein. Neben der Standardeinstellung Zentimeter/Millimeter (cm/mm) können Sie hierbei auch Zoll auswählen.

Die nächsten beiden Werte, Breite und Abstand innerhalb von Spaltenmasse ⑬, sind nur dann interessant, wenn Sie die Grafik oder das Bild in einem Satzprogramm wie InDesign, QuarkXPress oder ähnlich weiterverwenden wollen. Mit den beiden Optionen geben Sie die geplante Breite und den gewünschten Abstand der Spalten an.

Im Bereich Auflösung für neue Dokumente ⑪ bestimmen Sie mit Bildschirmauflösung, welche Monitorauflösung als Grundlage für die Anzeige der Ausgabegröße (beispielsweise beim Zoom-Werkzeug) verwendet werden soll. Gewöhnlich wird als Standardwert 72 dpi (Pixel/Zoll) empfohlen, wer aber den genaueren Wert kennt, sollte diesen hier eintragen.

Unter Fotoprojekteinheiten ⑫ legen Sie die Maßeinheit für Fotoprojekte wie Bildband, Grusskarte, Fotokalender, Fotocollage usw. aus dem Bedienfeld Erstellen fest.

A.1.7 Hilfslinien & Raster

Über Hilfslinien & Raster ❶ stellen Sie genau diese beiden Dinge ein. Bei Hilfslinien ❸ können Sie die Farbe und Art der Hilfslinien (Ansicht • Hilfslinien oder Strg/⌘+L) bestimmen. Dasselbe gilt für das Raster ❷ (Ansicht • Raster), wo Sie die Farbe, die Art, den Abstand und die Unterteilungen vorgeben können.

Abbildung A.8 ▼
Unter Hilfslinien & Raster passen Sie die Hilfslinien und Raster den persönlichen Bedürfnissen an.

A.1.8 Zusatzmodule

ZUSATZMODULE sind im Grunde nichts anders als Plug-ins, die Sie im Plug-ins-Unterordner von Photoshop Elements installiert haben. Über ZUSÄTZLICHER ZUSATZMODULORDNER haben die Möglichkeit, einen weiteren Ordner mit Plug-ins anzugeben, wo Photoshop Elements nach Plug-ins beim Laden suchen soll. Hierzu brauchen Sie lediglich die Checkbox zu aktivieren und einen Ordner zu wählen, in dem sich die Plug-ins befinden.

A.1.9 Text

Über TEXT ➍ können Sie die folgenden Textoptionen (de-)aktivieren:

▶ TYPOGRAFISCHE ANFÜHRUNGSZEICHEN VERWENDEN: Ist diese Option aktiviert, werden während der Texteingaben die Zeichen ' und " durch die typografischen Anführungszeichen (‚' und „") ersetzt.

▶ ASIATISCHE TEXTOPTIONEN EINBLENDEN: Aktivieren Sie diese Option, werden bei den Werkzeugoptionen ➎ auch Optionen für asiatische Schriftarten angezeigt.

▲ **Abbildung A.9**
Asiatische Textoptionen sind eingeblendet.

▶ SCHUTZ FÜR FEHLENDE GLYPHEN AKTIVIEREN: Wenn Sie ein PSD-Dokument öffnen, das Schriftarten verwendet, die nicht auf Ihrem System installiert sind, wird eine Warnmeldung ausgegeben und eine andere Schriftart verwendet. Durch aktiven Glyphenschutz wählt Photoshop Elements automatisch eine Schriftart aus, sodass nach Möglichkeit falsche und unleserliche Zeichen vermieden werden.

▶ SCHRIFTNAMEN AUF ENGLISCH ANZEIGEN: Zeigt den Namen nicht-lateinischer Schriftarten in lateinischer Schrift an. So ist beispielsweise sichergestellt, dass asiatische Schriftnamen auf Englisch angezeigt werden.

▶ GRÖSSE DER SCHRIFTVORSCHAU: Über diese Dropdown-Liste stellen Sie die Größe der Schriftvorschau in den Werkzeugoptionen der Textwerkzeuge ein.

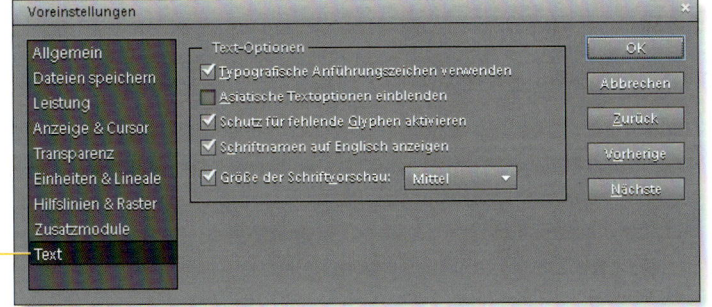

◀ **Abbildung A.10**
Verschiedene Optionen für das Textwerkzeug

A.1.10   Alle Einstellungen zurücksetzen

Haben Sie bei den Einstellungen etwas verändert und wissen jetzt nicht mehr, wie Sie das rückgängig machen können, gibt es nur die Möglichkeit, alle gemachten Einstellungen wieder zu löschen und somit den Standardzustand wiederherzustellen. Dies geht, indem Sie beim Starten (über den Startbildschirm) des Editors `Strg`/`⌘`+`⇧`+`Alt` gedrückt halten. Daraufhin erfolgt ein Dialog, den Sie mit JA bestätigen müssen, wenn Sie alle Einstellungen löschen und somit den Standard wiederherstellen wollen.

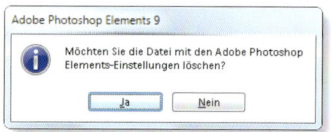

▲ **Abbildung A.11**
Notfalls können Sie die Optionen von Elements wieder zurücksetzen.

A.2   Voreinstellungen im Organizer

Wie auch den Editor können Sie den Organizer über das Untermenü BEARBEITEN • VOREINSTELLUNGEN oder `Strg`+`K` unter Windows bzw. PHOTOSHOP ELEMENTS 9 ORGANIZER • VOREINSTELLUNGEN oder `⌘`+`K` beim Mac den persönlichen Bedürfnissen anpassen.

A.2.1   Allgemein

Über ALLGEMEIN ❶ lassen sich die allgemeinen ANZEIGEOPTIONEN ändern.

Abbildung A.12 ▼
Unter ALLGEMEIN stellen Sie unterschiedliche Anzeigeoptionen des Organizer ein.

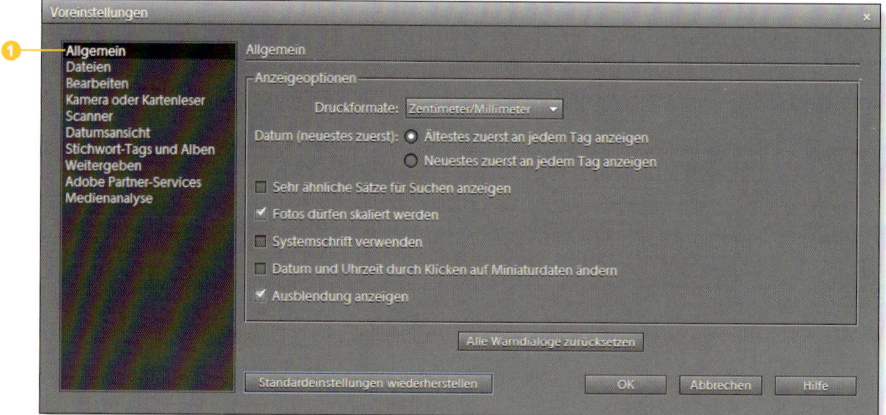

- ▸ DRUCKFORMATE: Damit stellen Sie die Maßeinheit für den Drucken-Dialog (DATEI • DRUCKEN oder `Strg`+`P`) auf Zoll oder Zentimeter/Millimeter ein. Diese Option steht nur für Windows-Nutzer zur Verfügung.
- ▸ DATUM (NEUESTES ZUERST): Hiermit legen Sie fest, wie die Bilder sortiert werden, die am selben Tag fotografiert wurden (nach der Uhrzeit). Die beiden Radio-Buttons sprechen für sich.

- SEHR ÄHNLICHE SÄTZE FÜR SUCHE ANZEIGEN: Zeigt ganze oder teilweise zutreffende Ergebnisse in Suchfeld SUCHEN an.
- FOTOS DÜRFEN SKALIERT WERDEN: Damit stellen Sie ein, dass Fotos auf 100 % skaliert dargestellt werden dürfen.
- SYSTEMSCHRIFT VERWENDEN: Damit verwendet der Organizer die aktuelle Systemschrift anstatt, wie standardmäßig der Fall, die für die Anwendung vorgegebene Schrift. Diese Option wird erst beim nächsten Neustart vom Organizer aktiv und steht nur für Windows-Nutzer zur Verfügung.
- DATUM UND UHRZEIT DURCH KLICKEN AUF MINIATURDATEN ÄNDERN: Aktivieren Sie diese Option, können Sie durch das Anklicken des Datums in der Miniaturvorschau des Medien-browsers das Datum und die Uhrzeit ändern.
- AUSBLENDUNG ANZEIGEN: Damit werden die im Medienbrow-ser ausgeblendeten Dateien angezeigt.

Bei manchen Warnmeldungen oder Aufforderungen können Sie eine Checkbox NICHT MEHR ANZEIGEN aktivieren, womit die Warnmeldung künftig nicht mehr angezeigt wird. Beschleicht Sie jetzt allerdings ein ungutes Gefühl dabei, können Sie über die Schaltfläche ALLE WARNDIALOGE ZURÜCKSETZEN alle Meldungen wieder aktivieren.

A.2.2 Dateien

Über DATEIEN ❷ finden Sie verschiedene Optionen, wie Dateien im Organizer behandelt werden sollen.

▼ Abbildung A.13
Wie der Organizer mit den Dateien umgehen soll, können Sie unter DATEIEN ändern.

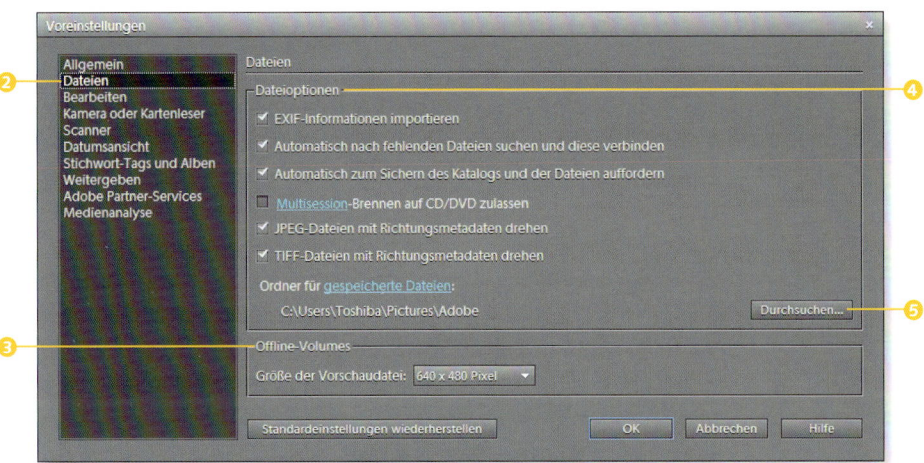

Innerhalb von DATEIOPTIONEN ❹ finden Sie folgende Einstellungen:
- EXIF-INFORMATIONEN IMPORTIEREN: Hier können Sie die EXIF-Informationen aus einer Datei importieren oder nicht, wenn

welche vorhanden sind. Wenn Sie diese Option deaktivieren, werden die EXIF-Informationen allerdings nicht entfernt, sondern nur blockiert. Standardmäßig ist diese Funktion immer aktiviert.

▶ AUTOMATISCH NACH FEHLENDEN DATEIEN SUCHEN UND DIESE VERBINDEN: Fehlende Dateien werden im Medienbrowser mit einem Fragezeichen in der Miniaturvorschau versehen. Wählen Sie die fehlende Datei aus, beginnt ein Suchdialog automatisch mit der Suche (Standardeinstellung). Deaktivieren Sie diese Option, können Sie manuell nach der fehlenden Datei suchen.

▶ AUTOMATISCH ZUM SICHERN DES KATALOGS UND DER DATEIEN AUFFORDERN: Wenn diese Option aktiviert ist (Standardeinstellung), werden Sie nach einer gewissen Anzahl erfasster Fotos aufgefordert, ein Backup der Katalogdatei zu erstellen.

▶ MULTISESSION-BRENNEN AUF CD/DVD ZULASSEN: Damit aktivieren Sie Multisession-Brennen auf CD oder DVD. So können Sie mehrmals hintereinander Daten auf eine CD oder DVD brennen. Ohne diese Option kann eine CD oder DVD nur einmal gebrannt werden, und der noch nicht verwendete Speicherplatz geht verloren. Standardmäßig ist diese Option, die nur unter Windows zur Verfügung steht, deaktiviert.

▶ JPEG-DATEIEN MIT RICHTUNGSMETADATEN DREHEN: Wollen Sie, dass die Miniaturen von JPEG-Dateien im Medienbrowser entsprechend der Richtungsmetadaten (falls vorhanden) gedreht werden, sollte diese Option aktiv (Standard) sein. Deaktivieren Sie diese Option, wird die Datei zwar nicht entsprechend der Metadaten gedreht, aber die Miniaturauflösung hat eine höhere Auflösung.

▶ TIFF-DATEIEN MIT RICHTUNGSMETADATEN DREHEN: Wie der Punkt zuvor, nur bezieht sich diese Option auf TIFF-Dateien.

▶ ORDNER FÜR GESPEICHERTE DATEIEN: Hier finden Sie den Standardordner, in dem der Organizer seine Projekte und andere Dateien speichert. Klicken Sie auf die Schaltfläche DURCHSUCHEN ❺, wenn Sie den Pfad ändern wollen.

Über OFFLINE-VOLUMES ❸ stellen Sie die GRÖSSE DER VORSCHAUBILDER ein, die der Organizer beim Offline-Speichern für Mediendateien verwenden darf. Standardeinstellung ist hier 640 × 480 Pixel.

Beim Mac finden Sie hier zusätzlich eine Option MEDIEN-CACHE, wo Sie ein Verzeichnis angeben können, in dem der Organizer die Vorschauen zwischenspeichert, um schneller darauf zugreifen zu können.

A.2.3 Bearbeiten

Über BEARBEITEN ❻ wählen Sie aus, welche weiteren Optionen und Funktionen Ihnen über den Organizer zur Verfügung stehen.

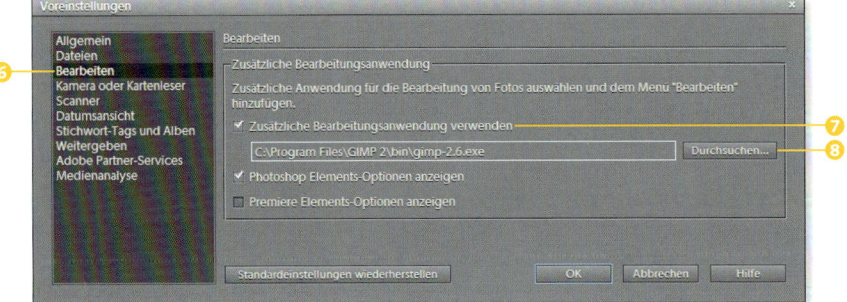

▲ **Abbildung A.14**
Hier werden die Anwendungen aufgelistet, mit denen die Bilder unter anderem über das Menü BEARBEITEN aufgerufen und weiterverarbeitet werden können.

Standardmäßig finden Sie hier natürlich den Editor mit PHOTO-SHOP ELEMENTS-OPTIONEN ANZEIGEN vor. Ebenfalls standardmäßig aktiviert sind die Optionen von Premiere Elements. Die ist allerdings natürlich nur dann sinnvoll, wenn Sie Premiere Elements auf dem Rechner installiert haben. Häufig gibt es Photoshop Elements und Premiere Elements als Bundle zu kaufen. Premiere Elements ist das filmorientierte Gegenstück zu Photoshop Elements für den Videoschnitt. Die Funktionen von Photoshop und/oder Premiere Elements finden Sie beim Organizer dann in den Bedienfeldern KORREKTUR, ERSTELLEN und WEITERGEBEN. Wenn Sie nicht im Besitz von Premiere Elements sind, sollten Sie die Option PREMIERE ELEMENTS-OPTIONEN VERWENDEN deaktivieren, weil Sie sonst viele Funktionen im Organizer haben, die keinen Nutzen haben.

Des Weiteren können Sie über ZUSÄTZLICHE BEARBEITUNGSAN-WENDUNG VERWENDEN ❼ eine weitere Anwendung zur Bearbeitung von Fotos auswählen. Über die Schaltfläche DURCHSUCHEN ❽ legen Sie die Anwendung fest, die Sie dann im Bedienfeld KOR-REKTUR unter WEITERE OPTIONEN aufrufen.

A.2.4 Kamera oder Kartenleser

Über KAMERA ODER KARTENLESER ❶ stellen Sie die Ladeoptionen für den Foto-Downloader ein, wenn eine Kamera oder ein Kartenlesegerät mit Fotos angeschlossen wird. Des Weiteren können Sie hier voreinstellen, was beim Importieren mit den Fotos passieren soll.

▲ **Abbildung A.15**
Im Organizer markierte Bilder können auch mit einem externen Programm (hier mit GIMP 2) als Kopie bearbeitet werden. Dabei legt der Organizer automatisch einen Versionssatz für diese Datei an.

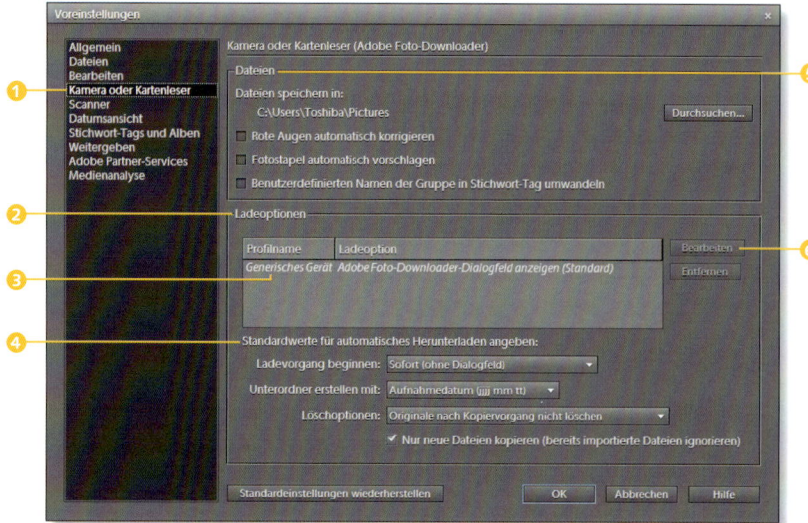

Abbildung A.16 ►
Voreinstellungen für den
Foto-Downloader

Über DATEIEN ⑤ konfigurieren Sie, was mit den Dateien beim Importieren gemacht werden soll. Alle Optionen und noch einige mehr können Sie allerdings auch nachträglich im Foto-Downloader-Dialog ändern. Folgende Voreinstellungen sind hier möglich:

► DATEIEN SPEICHERN IN: Hier finden Sie den Speicherort, wo der Foto-Downloader die Dateien nach dem Import speichert. Standardmäßig ist dies das Bilder-Verzeichnis auf dem System, aber über die Schaltfläche DURCHSUCHEN können Sie diesen Pfad auch ändern.

► ROTE AUGEN AUTOMATISCH KORRIGIEREN: Ist diese Option aktiv, wird versucht, rote Augen beim Import automatisch zu beheben. Standardmäßig ist diese Option deaktiviert, und ich empfehle Ihnen auch, sie nicht zu verwenden und die roten Augen mit dem entsprechenden Werkzeug manuell zu beheben.

► FOTOSTAPEL AUTOMATISCH VORSCHLAGEN: Mit aktiver Option veranlassen Sie den Organizer beim Import, Fotostapel automatisch vorzuschlagen. Auch diese Option ist standardmäßig nicht aktiv, und ich empfehle hier ebenfalls, diesen Vorgang anschließend manuell durchzuführen.

► BENUTZERDEFINIERTEN NAMEN DER GRUPPE IN STICHWORT-TAG UMWANDELN: Damit können Sie veranlassen, dass Bilder mit benutzerdefinierten Namen (beispielsweise »Blume.jpg«) auch gleich als Stichwort-Tag (»Blume«) verwendet werden dürfen.

Unterhalb von LADEOPTIONEN ② geben Sie dann die entsprechenden Voreinstellungen dafür an. Die Rahmen LADEOPTIONEN steht am **Mac** nicht zur Verfügung. In der folgenden Liste können Sie einstellen, wie der Foto-Downloader beim Einstecken einer Kamera oder eines entsprechenden Speichermediums angezeigt wird (STANDARD, ERWEITERT oder gar nicht, indem die Bilder gleich automatisch importiert werden). Über die Schaltfläche BEARBEITEN ⑥ oder einen Doppelklick auf den Eintrag ③ können Sie die Einstellung ändern.

Für den Fall, dass Sie einen vollständig automatischen Import eingestellt haben, finden Sie hinter STANDARDWERTE FÜR AUTOMATISCHES HERUNTERLADEN ANGEBEN ④ einige Einstellungen dafür:

▶ LADEVORGANG BEGINNEN: Hier können Sie eine Verzögerung des Ladevorgangs einstellen, um gegebenenfalls noch reagieren zu können.

▶ UNTERORDNER ERSTELLEN MIT: Hier geben Sie den Namen für die Unterordner vor, in denen die Bilder importiert werden sollen.

▶ LÖSCHOPTIONEN: Hier stellen Sie ein, ob die Bilder nach dem Import von der Kamera oder dem Speichermedium gelöscht werden sollen oder nicht. Zu dieser Option finden Sie noch eine Checkbox, wo Sie vorgeben können, dass nur neue Dateien kopiert und bereits importierte Dateien ignoriert werden sollen.

A.2.5   Scanner (nur Windows)

Über SCANNER ⑦ finden Sie Einstellungen, mit welchem Scanner Sie die Bilder in welcher Qualität und in welchem Format speichern lassen. Neben der Möglichkeit, auch gleich rote Augen zu korrigieren, können Sie unter DATEIEN ⑧ auch noch den Pfad voreinstellen, wo die gescannten Bilder gespeichert werden sollen. Über die Schaltfläche DURCHSUCHEN ⑨ lässt sich dieser Pfad ändern. Alle Angaben lassen sich allerdings auch noch nachträglich im Dialog FOTOS VON SCANNER LADEN ändern.

▼ **Abbildung A.17**
Voreinstellungen für das Einscannen von Bildern mit einem Scanner

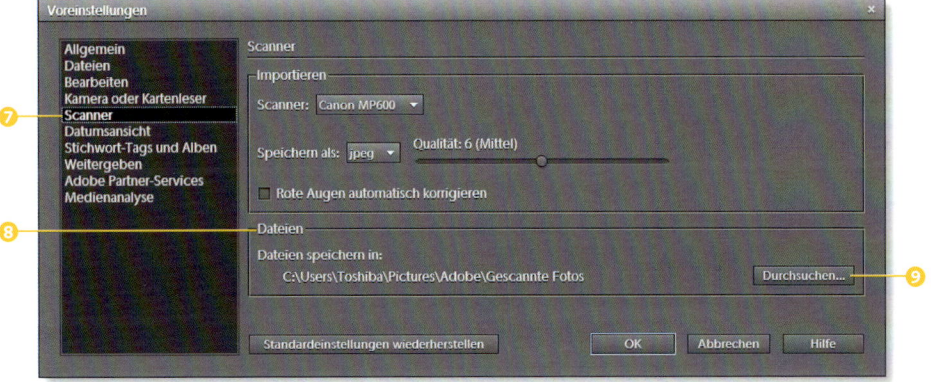

A.2.6 Datumsansicht

Die Einstellungen in DATUMSANSICHT beziehen Sie auf die Anzeige in der Datumsansicht im Organizer, die Sie über ANZEIGEN • DATUMSANSICHT oder [Strg]/[⌘]+[Alt]+[D] aktivieren. Hierbei können Sie vorhandene FEIERTAGE (de-)aktivieren, womit diese im Kalender hervorgehoben werden, oder eigene EREIGNISSE zur Datumsansicht hinzufügen. Ebenfalls einstellen können Sie, dass der Montag als erster Tag in der Woche angezeigt wird.

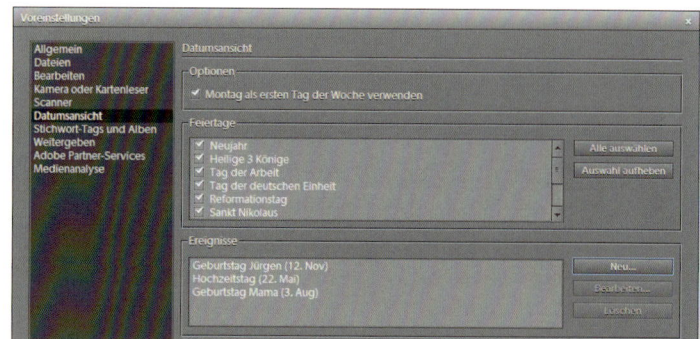

Abbildung A.18 ►
Feiertage oder andere Ereignisse verwalten Sie bei DATUMSANSICHT.

A.2.7 Stichwort-Tags und Alben

Über STICHWORT-TAGS UND ALBEN ❶ bestimmen Sie unter MANUELLE SORTIEROPTION AKTIVIEREN ❸, ob Sie Kategorien, Unterkategorien, Stichwort-Tags, Albumkategorien und Alben manuell sortieren oder automatisch alphabetisch sortieren lassen wollen. Unter STICHWORT-TAG-ANZEIGE ❷ können Sie außerdem festlegen, ob der Stichwort-Tag-Name nur mit einem farbigen Etikett oder auch mit einer Miniaturvorschau angezeigt werden darf.

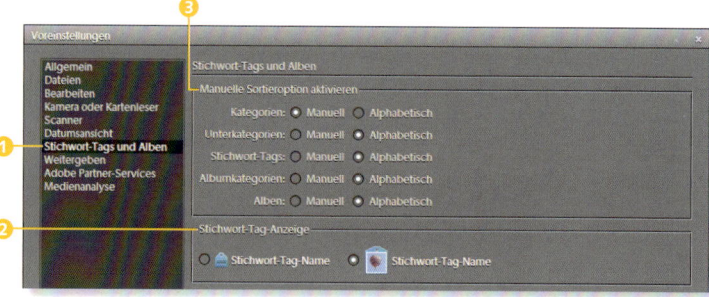

Abbildung A.19 ►
Über STICHWORT-TAGS UND ALBEN stellen Sie die deren Sortieroptionen ein.

A.2.8 Weitergeben

Unter WEITERGEBEN konfigurieren Sie Ihre E-Mail-Einstellungen wie den E-Mail-Client, Ihren Namen und Ihre E-Mail-Adresse, womit Sie Bilder aus dem Organizer heraus versenden können. Zusätzlich können Sie die geschriebene HTML-Foto-Mail auch noch in den Katalog speichern. Wenn Sie den Adobe

E-Mail-Service verwenden, müssen Sie zuvor den Service noch bestätigen, damit Adobe sichergehen kann, dass es sich auch tatsächlich um Ihre E-Mail-Adresse handelt.

Am **Mac** kann der E-Mail-Service von Adobe nicht verwendet werden, und daher gibt es hier nur die Auswahl des E-Mail-Clients.

▼ **Abbildung A.20**
Das Versenden von Bildern per E-Mail richten Sie unter WEITERGEBEN ein.

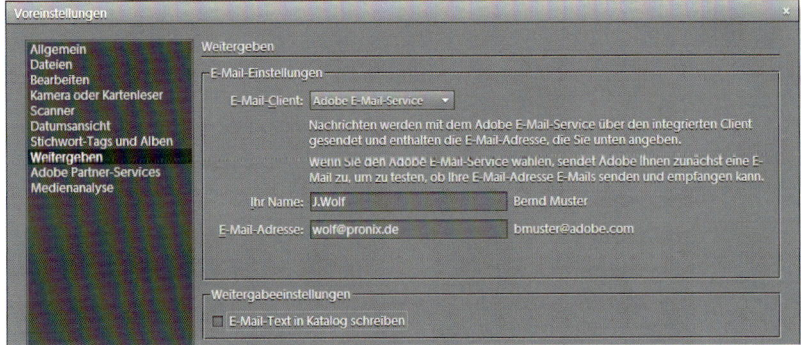

A.2.9 Adobe Partner-Services

Über ADOBE PARTNER-SERVICES ❹ können Sie Bilder und Projekte an Online-Dienstanbieter verschicken. Viele dieser Anbieter (wie Facebook, Flickr, Kodak Easy Share Gallery etc.) finden Sie im Bedienfeld WEITERGABE. Unter NACH DIENSTEN SUCHEN ❼ geben Sie vor, ob diese Dienste automatisch erneuert werden sollen oder ob nach neuen Diensten gesucht werden soll. Sie können sich auch per E-Mail benachrichtigen lassen, ob es neue Dienste von Adobe oder Drittanbietern gibt.

Da manche Dienste nicht in Deutschland verfügbar sind, können Sie den STANDORT ❺ ändern und so auf Dienste aus anderen Ländern zugreifen. Am **Mac** ist das leider nicht möglich. Unter EINSTELLUNGEN ❻ können Sie sämtliche gespeicherte Kontoinformationen sowohl online als auch offline löschen.

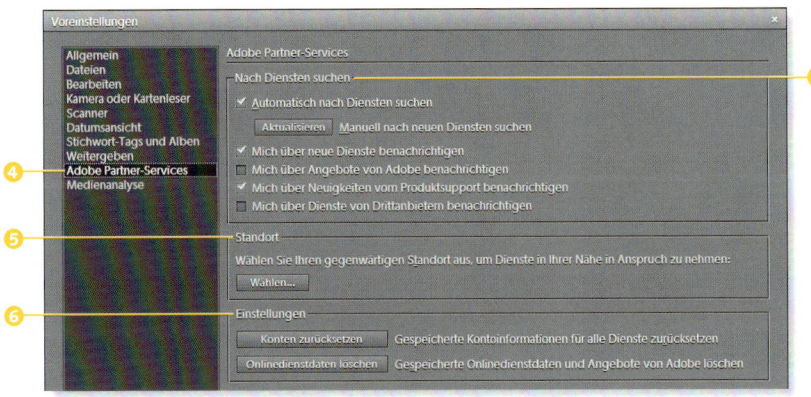

◀ **Abbildung A.21**
Verschieden Dienste können über ADOBE PARTNER-SERVICE eingestellt werden.

A.2.10 Medienanalyse

Da der Organizer automatisch die Medien analysieren kann, finden Sie unter MEDIENANALYSE ❶ die Einstellungen dazu. Bei OPTIONEN FÜR PERSONENKENNUNG ❸ können Sie die automatische Gesichtserkennung, die standardmäßig aktiviert ist, deaktivieren.

Unter OPTIONEN FÜR AUTOMATISCHE ANALYSE ❷ finden Sie dann dazu entsprechende Einstellungen. Standardmäßig ist die automatische Analyse über MEDIEN FÜR SMART-TAGS AUTOMATISCH ANALYSIEREN deaktiviert. Dies hat den Grund, dass sich viele Anwender in der Vorgängerversion beschwert haben, dass der Organizer beim ersten Start nach der Installation ziemlich langsam war. Bedenken Sie bitte, dass eine automatische Analyse nach der Installation den kompletten Bildbestand analysiert und dies eine ziemliche Zeit in Anspruch nehmen kann. Wurden die Daten erst einmal automatisch analysiert, werden künftig nur noch die neuen Bilder analysiert. Wollen Sie also die automatische Analyse nach dem ersten Start verwenden, sollten Sie diese vielleicht beim ersten Mal über Nacht laufen lassen. Was analysiert werden sollen, filtern Sie über Checkboxen aus. Auch wann analysiert werden soll, können Sie einstellen.

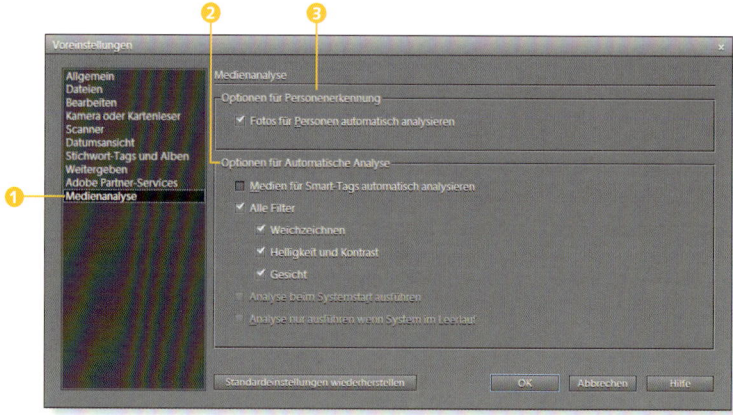

Abbildung A.22 ▶
Automatische Analysen (de-)aktivieren Sie über MEDIENANALYSE.

A.2.11 Standardeinstellung wiederherstellen

Wollen Sie die Standardeinstellungen des Organizers wiederherstellen, finden Sie hierzu im Dialog VOREINSTELLUNGEN ganz unten die Schaltfläche STANDARDEINSTELLUNGEN WIEDERHERSTELLEN.

Abbildung A.23 ▶
Im Notfall lässt sich über diese Schaltfläche alles wieder auf den Ursprungszustand stellen.

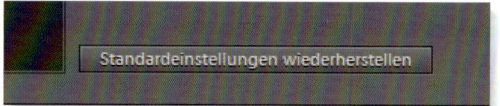

A.3 Verzeichnisse für Plug-ins, Pinsel & Co.

An dieser Stelle sollen kurz die verschiedenen Verzeichnisse von Windows und Mac zu den Plug-ins, Pinseln usw. erwähnt werden. Diese sind nötig, wenn Sie Photoshop Elements um diese Dinge erweitern wollen.

Grundlegend müssen Sie hier zwischen dem Benutzerverzeichnis, das hier als *<benutzer>* geschrieben wird, und dem Programmverzeichnis unterscheiden. Das Benutzerverzeichnis ist gewöhnlich das Verzeichnis des angemeldeten Benutzers auf dem System. Das Programmverzeichnis ist das Verzeichnis, wo die Software installiert ist.

Windows-Benutzerverzeichnis | Das Benutzerverzeichnis unter Windows (Vista und 7), wo Photoshop Elements nach Dingen wie Pinsel, Farbfelder, Verläufe oder Muster sucht, lautet:

[LAUFWERK]:\<BENUTZER>\APPDATA\ROAMING\ADOBE\PHOTOSHOP ELEMENTS\9.0\PRESETS\

Der Ordner APPDATA ist vermutlich ein ausgeblendeter oder versteckter Ordner und muss erst über EXTRAS • ORDNEROPTIONEN im Reiter ANSICHT über die entsprechende Option eingeblendet werden.

Windows-Programmverzeichnis | Das Programmverzeichnis unter Windows (32-Bit) zu den Pinseln, Farbfeldern, Verläufen, Mustern usw. lautet gewöhnlich:

[LAUFWERK]:\PROGRAMME\ADOBE\PHOTOSHOP ELEMENTS 9\PRESETS\

Auf einen 64-Bit-System heißt das Verzeichnis für 32-Bit-Programme (was Photoshop Elements 9 leider ist) häufig PROGRAM FILES (X86) statt PROGRAMME. Daher lautet der Pfad hier gewöhnlich:

[LAUFWERK]:\PROGRAM FILES (X86)\ADOBE\PHOTOSHOP ELEMENTS 9\ PRESETS\

Mac-Benutzerverzeichnis | Das Benutzerverzeichnis auf einem Mac-System zu Dingen wie Pinsel, Farbfeldern, Muster oder Verläufen lautet:

/USERS/<BENUTZER>/LIBRARY/APPLICATION SUPPORT/ADOBE/ADOBE PHOTOSHOP ELEMENTS 9/PRESETS/

> **Vorgaben-Manager**
>
> Pinsel, Farbfelder, Verläufe und Muster sollten Sie zwar mit dem Vorgabe-Manager (BEARBEITEN • VORGABEN-MANAGER) verwalten, aber aufgrund vieler Nachfragen, wo sich auf dem System das entsprechende Verzeichnis befindet, habe ich diesen Anhang mit ins Buch genommen.

Mac-Programmverzeichnis | Das Programmverzeichnis auf dem Mac lautet hingegen:
PROGRAMME/PHOTOSHOP ELEMENTS 9/PRESETS/

Alle zusammen | Egal, auf welchem System und ob es sich jetzt um das Benutzer- oder Programmverzeichnis handelt, alle wichtigen Verzeichnisse, wo Sie Photoshop Elements um weitere Pinsel, Farbfelder, Muster, Verläufe und noch einiges mehr erweitern können, liegen unterhalb des PRESETS-Verzeichnisses. Da die Verzeichnisse allerdings in englischer Sprache gehalten sind, erhalten Sie hier kurz einen Überblick zu den gängigen Verzeichnisnamen und deren deutscher Bedeutung.

Tabelle A.1 ▶
Die gängigen Verzeichnisnamen von Photoshop Elements

Verzeichnisname	Endung	Beschreibung
BRUSHES	ABR	Darin werden die Pinsel gespeichert.
COLOR SWATCHES	ACO	Hierbei handelt es sich um den Ordner mit den Farbfeldern.
GRADIENTS	GRD	Darin sind die Farbverläufe enthalten.
PATTERNS	PAT	Verzeichnis für die Muster

Plugin-Verzeichnis | Zwar bietet Photoshop Elements auch hier eine Möglichkeit an, über BEARBEITEN/PHOTOSHOP ELEMENTS • VOREINSTELLUNGEN • ZUSATZMODULE ein eigenes Plugin-Verzeichnis einzurichten, aber viele Anwender suchen auch hierfür lieber nach dem Programmverzeichnis.

▶ Dieses finden Sie unter Windows (32-Bit) in:
[LAUFWERK]:\PROGRAMME\ADOBE\PHOTOSHOP ELEMENTS 9\PLUG-INS

▶ Oder bei einem 64-Bit-Windows unter:
[LAUFWERK]:\PROGRAM FILES (X86)\ADOBE\PHOTOSHOP ELEMENTS 9\PLUG-INS

▶ Haben Sie ein Plug-in für den Mac, dann finden Sie dort das Programmverzeichnis dazu unter:
PROGRAMME/PHOTOSHOP ELEMENTS 9/PLUG-INS

B Farbmanagement und Farbprofile

Das »Farbmanagement« ist häufig ein recht ungemütliches und gerne vernachlässigtes Thema. Wenn Sie sich allerdings ernsthaft mit der Bildbearbeitung befassen und nichts dem Zufall überlassen wollen, sollten Sie sich auf jeden Fall damit auseinandersetzen. Letztendlich kommt jeder, der an einem PC oder Mac arbeitet, direkt oder indirekt mit diesem Thema in Berührung. Natürlich dürfen Sie sich von diesem Anhang kein Kompendium dazu erwarten. Nach dem Lesen dieses Anhangs wissen Sie aber mindestens, was es mit dem Farbmanagement und den Farbprofilen auf sich hat und wozu diese gut sind.

Das Leben ohne Farbmanagement | Wenn Sie zum Beispiel ein Foto mit einer Digitalkamera fotografiert oder mit dem Scanner eingescannt und auf dem Rechner mit Photoshop Elements bearbeitet haben, können Sie sich nicht darauf verlassen, dass das Bild auf einem anderen Monitor oder Drucker mit denselben Farben wiedergegeben wird. So kann es sein, dass Ihr Bild einen Farbstich hat, den Sie auf Ihrem Monitor aber gar nicht erkennen können. Es kann aber auch vorkommen, dass die Farben beim Ausdruck des Bildes weniger oder unnatürlich stark gesättigt sind, obwohl dies auf dem Bildschirm ganz normal ausgehen hat.

In Abbildung B.1 sehen Sie einen solchen Fall (*worst case* = der schlechteste Fall). Das Ursprungsbild ❶ wurde mit einem Scanner eingescannt und wirkt anschließend farblos und trist ❷. Kein Problem, nach der Bearbeitung in Photoshop Elements haben wir dem Bild seine Farbe zurückgegeben ❸. Der anschließende Ausdruck ❹ wirkt allerdings alles andere als farbenfroh und ist deutlich zu hell. Zugegeben, dieses Beispiel ist etwas extrem dargestellt, aber es soll verdeutlichen, was passieren kann, wenn kein Farbmanagement verwendet wird. Mithilfe des Farbmanagements stellen Sie also sicher, dass ein Bild, das von einem Eingabegerät (Kamera, Scanner) eingelesen oder erstellt wird, genauso oder möglichst farbengetreu auf dem Ausgabegerät (Drucker, Bildschirm) wiedergegeben wird.

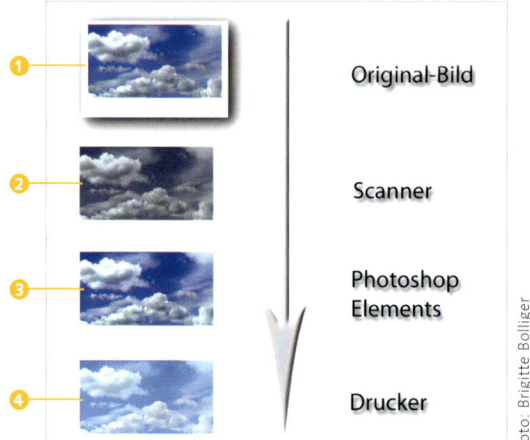

Abbildung B.1 ▶
Ohne Farbmanagement kann es bei den verschiedenen Ein- und Ausgabegeräten zu unterschiedlichen Farbabbildungen kommen, obwohl immer dasselbe Bild verwendet wurde.

B.1   ICC-Farbprofile – Vermittler zwischen den Geräten

Da bei der digitalen Verarbeitung von Bildern viele verschiedene Geräte zum Einsatz kommen können, bedeutet dies auch, dass viele verschiedene Farbeigenschaften verwendet werden. Daher wird als Vermittler zwischen diesen Geräten und den Bildern ein genormter Datensatz benötigt, der den Farbraum der einzelnen Geräte beschreibt. Ein solcher Datensatz wird als **ICC-Profil** (oder einfach nur **Farbprofil**) bezeichnet.

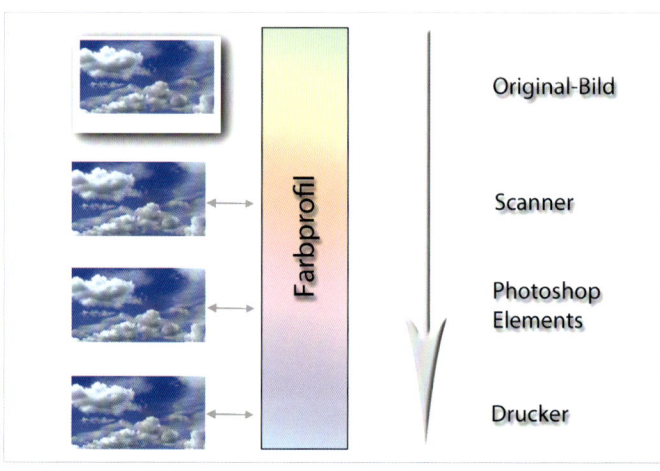

Abbildung B.2 ▶
Einen möglichst einheitlichen Farbraum zwischen den Geräten können Sie nur über ein Farbprofil erstellen. Das Profil beschreibt die Farbcharakteristik zwischen den Geräten. Die Abbildung ist natürlich nur vereinfacht dargestellt, weil nicht jedes Gerät dasselbe Farbprofil verwendet.

Ein Farbprofil können Sie vereinfacht als eine Farbtabelle (genauer: Look-up-Table; kurz LUT) mit einer speziellen Farbcharakteristik betrachten, die zur Umwandlung von geräteabhängigen Farbbeschreibungen (Geräteprofile) zu einem geräteunabhängigen Austausch-Farbraum verwendet wird. Zusätzlich können Sie mithilfe des Farbprofils die Farbdarstellung eines Gerätes auf einem anderen Gerät annähernd ähnlich einstellen. Vereinfacht ausgedrückt, können Sie mit dem richtigen Farbprofil erreichen, dass die Farben eines Bildes auf dem Monitor fast identisch auf einem Drucker ausgegeben werden (eine 100%ige Übereinstimmung gibt es nicht).

Hierbei gibt es drei verschiedene Profiltypen, zwischen den man unterscheiden muss:

▶ Input-Profil (Eingabeprofil): Das Profil wird für Scanner und Digitalkameras verwendet.

▶ Work-Profil (auch Arbeitsprofil oder Monitorprofil genannt): Das Profil wird für sämtliche Bildschirme verwendet.

▶ Output-Profil (Ausgabeprofil): Das Profil wird für Drucker oder Druckerpressen verwendet.

Wenn Sie ein Foto auf einem Drucker ausdrucken wollen und das Farbmanagement-System findet im Bild einen orangefarbenen Pixelwert mit R=255, G=127, B=0, sieht das Farbmanagement-System in der Farbtabelle des ICC-Profils für den Drucker nach, ordnet den Wert 255, 127, 0 zu und sendet diesen Wert für das Pixel an den Drucker. Existiert im ICC-Farbprofil kein solch exakter Farbwert, wird dieser interpoliert. Sprich, findet der Drucker hier nur einen Wert von 255, 131, 0 und war der Wert des Fotos 255, 127, 0, wird aus diesen beiden Werten ein Mittelwert mit 255, 129, 0 gebildet.

Spätestens an dieser Stelle dürfte Ihnen auch klar werden, dass eine möglichst vereinheitlichte Farbdarstellung nur dann funktioniert, wenn die Farbwerte der Geräte bekannt sind. Sie müssen also für die Geräte eine Kalibrierung und Profilierung (ein Profil erstellen) durchführen.

Kalibrierung und Profilerstellung von Bildschirmen | Wenn es Ihnen wirklich ernst mit der farbgetreuen Darstellung der Geräte ist, kommen Sie nicht um die Anschaffung von neuer Hardware, eines Kalibrierungs-Werkzeugs (auch Farbmessgerät oder Kolorimeter genannt), herum.

Hierzu installieren Sie eine zum Kalibrierungswerkzeug gehörende Software auf dem Rechner und verbinden anschließend das Messgerät mit dem zu kalibrierenden Rechner (meistens über

CIE-Lab

Das CIE-Lab-Farbmodell ist ein geräteunabhängiges, aber standardisiertes Farbmodell, das als Richtlinie im Farbmanagement verwendet wird.

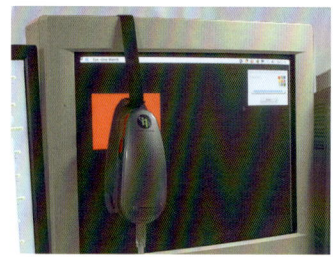

▲ Abbildung B.3
Ein Kolorimeter (hier von Eye
One) misst die Farben des Bild-
schirms.

Regelmäßig kalibrieren

Auch die Scannerkalibrierung
müssen Sie in regelmäßigen Abständen durchführen. Es reicht
auch hier nicht aus, einmalig für
immer eine Kalibrierung durchzuführen.

Drucker kalibrieren mit Scanner
Um ein Profil für einen Drucker zu
erstellen, müssen Sie nicht unbedingt ein Spektralfotometer kaufen, sondern können mithilfe der
Software SilverFast (*www.silver-
fast.com*) zunächst ein Test-Target
ausdrucken und mit einem Scanner wieder einlesen. Hiermit wird
praktisch der Scanner zum Erstellen eines Profils für den Drucker
verwendet.

dem USB-Anschluss). Das Kalibrierungsgerät hängen Sie jetzt an
den Bildschirm. Während der Kalibrierung zeigt die Kalibrierungs-
Software verschiedene einzelne RGB-Farben auf dem Bildschirm
an, deren genauer RGB-Wert der Software natürlich bekannt ist.
Das Kalibrierungsgerät wiederum liefert den CIE-Lab-Wert der
angezeigten RGB-Farbe an die Software zurück. Nach der Kalibrierung kann jeder RGB-Farbe ein CIE-Lab-Wert zugeordnet und
somit ein Monitor-Profil erstellt werden.

Eine Kalibrierung und erneute Profilierung des Bildschirms
sollte in regelmäßigen Abständen durchgeführt werden, weil sich
die Darstellungsqualität mit der Zeit ändert.

Kalibrierung und Profilerstellung von Scannern | Für die Pro-
filerstellung von Scannern kommt eine kleine Vorlage mit Refe-
renzfarbfeldern zum Einsatz, die als IT-8-Target bezeichnet wird.
Diese Vorlage ist in verschiedenen Größen erhältlich und muss
mithilfe einer speziellen Scan-Software, die die Farbwerte der
IT-8-Target-Vorlage kennt, eingescannt werden. Diese Scan-
Software misst jetzt den tatsächlichen Wert der Farben nach
und vergleicht diesen Wert mit den Referenzfarbwerten auf dem
IT-8-Target. Anhand dieser Differenzen zwischen dem tatsächlich
gemessenen Wert und dem IT-8-Target erstellt die Scan-Software
dann das ICC-Profil für den Scanner.

Kalibrierung und Profilerstellung von Digitalkameras | Es ist
auch möglich, eine Digitalkamera zu kalibrieren und ein Profil
dafür zu erstellen (zumindest bei den teureren Modellen). Das
Prinzip ist im Grunde recht ähnlich wie bei einem Scanner: Sie
fotografieren ein spezielles Target mit Farbfeldern ab, laden das
Bild mit einer speziellen Software, und die fotografierten Farb-
werte werden mit den Referenzfarbwerten verglichen. Aus der
Differenz erstellt die Software dann ein ICC-Profil. Eine spezielle
Software hierzu finden Sie unter *www.silverfast.com* mit Silver-
Fast DCPro.

Kalibrierung und Profilerstellung von Druckern | Die Kalibrie-
rung und anschließende Profilierung von Druckern ähnelt der
Bildschirmkalibrierung. Bei der Druckerkalibrierung drucken
Sie mithilfe einer Kalibrierungs-Software eine Testseite (ein
sogenanntes Test-Target) mit einzelnen Farbfeldern aus. Diese
Testseite ist im Grunde einem IT-8-Target wie bei der Scanner-
Kalibrierung recht ähnlich. Mit einem speziellen Kalibrierungs-
gerät (genauer: einem Spektralfotometer) wiederum werden die
Farben der ausgedruckten Testseite ausgemessen und über den

USB-Anschluss an den Rechner mit der Kalibrierungs-Software geschickt. Je mehr Farbfelder hierbei ausgedruckt und gemessen werden, umso exakter wird das ICC-Profil für den Drucker. In der Praxis bedeutet dies natürlich auch, dass eine umfangreiche Druckerkalibrierung erheblich mehr Zeit in Anspruch nimmt als eine Monitor- oder Scanner-Kalibrierung.

Softwarebasierte Kalibrierung | Es gibt natürlich auch die Möglichkeit, eine softwarebasierte Kalibrierung über das Betriebssystem durchzuführen. Allerdings sollten Sie dabei immer bedenken, dass Sie die Kalibrierung nach Augenmaß durchführen. In der Praxis ist dies häufig immer noch bessere, als gar keine Kalibrierung zu verwenden.

Standard-Farbprofil: sRGB | Das häufig anzutreffende Profil mit dem kleinsten Farbraum ist der sRGB-Farbraum. Wird dieses Profil verwendet, dürften Sie am wenigsten Probleme haben, wenn ein Bild auch auf anderen Bildschirmen angezeigt wird. Jeder Monitor verfügt mindestens über den sRGB-Farbraum, und für Bilder, die Sie im **Internet** veröffentlichen, ist sRGB völlig ausreichend. Zwar beherrschen viele Webbrowser mittlerweile auch schon den Umgang mit Farbprofilen, aber Sie sollten doch bedenken, dass sich ein Otto Normalanwender kaum mit dem Thema Farbprofile im Allgemeinen auseinandersetzen will und somit den Browser auch mit den Standardeinstellungen verwenden wird.

Auch Digitalkameras bieten sRGB häufig neben anderen Profilen mit an. Für den etwas fortgeschritteneren Bereich ist sRGB allerdings zu wenig. Sie sollten immer bedenken, dass die heutigen Fotodrucker erheblich mehr Farben als sRGB darstellen können. Auch die Monitore, die heute anzutreffen sind, sind mit dem sRGB-Farbraum absolut unterfordert.

Das etwas bessere Profil: Adobe RGB (1998) | Dieser Farbraum umfasst erheblich mehr Farben als sRGB und liefert häufig auch viel sattere Farben. Außerdem wird der Farbraum von Adobe als Druckvorstufe empfohlen, weil sich hiermit die Cyan- und Magentafarbtöne (für den CYMK-Druck) viel besser abbilden lassen. Adobe RGB (1998) enthält aber auch den kompletten sRGB-Farbraum. Mittlerweile bieten immer mehr günstigere Monitore dieser Farbraum mit an. Zwar wird dieser noch nicht 100 % damit dargestellt, aber die Ergebnisse sind deutlich besser als mit sRGB. Photoshop Elements unterstützt das Profil natürlich von Haus aus.

> **Warnung**
>
> An dieser Stelle möchte ich noch eine Warnung aussprechen. Wenn Sie nicht wirklich wissen, was Sie tun, sollten Sie den sRGB-Farbraum belassen, weil bei falscher Anwendung natürlich auch die Farben danach komplett falsch angezeigt werden.

Adobe RGB (1998) im Web?
Wollen Sie die Bilder im Farbraum Adobe RGB (1998) hingegen im Web veröffentlichen, sollten Sie etwas vorsichtig sein, weil auf dem Großteil der Rechner im Web nun einmal sRGB eingestellt ist. Für die Weitergabe im Web sollten Sie also nach wie vor das sRGB-Farbprofil verwenden.

Das Profil für die Profis: ProPhoto RGB | ProPhoto RGB bietet einen noch größeren Farbraum als Adobe RGB (1998) und wird besonders gerne von Fotografen verwendet. Allerdings sollten Sie bedenken, dass dieses Profil nur mit 16 Bit Farbtiefe pro Kanal arbeitet. Somit fällt dieses Profil für das Web oder JPEG-Foto völlig aus. Eine Reduzierung der Farbtiefe auf 8 Bit hinterlässt ein nicht akzeptables Ergebnis. Photoshop Elements kann außerdem noch gar nicht mit 16 Bit Farbtiefe umgehen. Allerdings ist ProPhoto RGB ein zukunftweisendes Farbprofil, das sich irgendwann auch in bezahlbarer Hardware verwenden lassen könnte.

Für die Druckvorstufe: ECI-RGB | Der ECI-RGB-Farbraum wird von ECI (European Color Initiative) als Farbraum für die professionelle Bildbearbeitung empfohlen und deckt zudem alle Druckfarben ab. Ein entsprechendes ICC-Profil für Photoshop Elements (und natürlich andere Bildbearbeitungsprogramme) und für die Einstellung des Monitors können Sie sich von der Webseite *www. eci.org* herunterladen.

B.2 Farbmanagement mit Photoshop Elements

Nachdem Sie jetzt die Grundlagen zu den Farbprofilen kennengelernt haben, werden Sie sich sicherlich fragen, wie sich das Farbmanagement von Photoshop Elements hier dazwischen einfügt. Zur Beruhigung gleich vorneweg: Beim kleinen Photoshop Elements müssen Sie hier keine komplexen Dinge einstellen, und es ist alles so einfach wie möglich gehalten.

B.2.1 Farbmanagement einrichten

Einrichten können Sie das Farbmanagement mit Photoshop Elements über den Menübefehl BEARBEITEN • FARBEINSTELLUNGEN oder Strg/⌘+⇧+K. Im sich jetzt öffnenden Dialog wählen Sie eine der folgenden Farbmanagementoptionen aus.

▶ OHNE FARBMANAGEMENT: Öffnen Sie ein Bild mit dieser eingestellten Option, wird das eingebettete Profil entfernt. Während der Bearbeitung im Editor wird das Monitorprofil als Farbraum verwendet. Beim Speichern wird zwar kein Profil zugeordnet, aber Sie können zumindest beim SPEICHERN UNTER-Dialog beim ICC-PROFIL das Profil des Monitors auswählen.

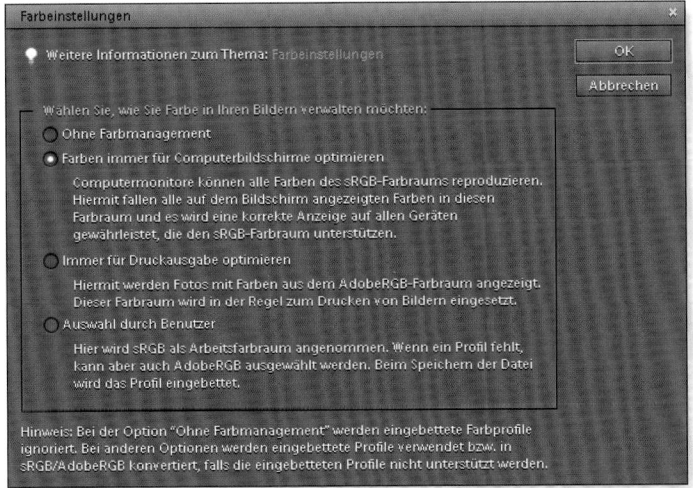

◀ **Abbildung B.4**
Der einfach gehaltene Dialog zum Farbmanagement mit Photoshop Elements

▲ **Abbildung B.5**
Das ICC-Profil des Monitors mitspeichern

▲ **Abbildung B.6**
Der Spezialist für die Computerbildschirme: der sRGB-Farbraum

▶ FARBEN IMMER FÜR COMPUTERBILDSCHIRME OPTIMIEREN: Hierbei wird sRGB als Arbeitsfarbraum verwendet, wenn Photoshop Elements das eingebettete Profil nicht unterstützt. Ansonsten wird das eingebettete Profil verwendet. sRGB wird auch verwendet, wenn eine Datei beim Öffnen gar kein Farbprofil enthält. Auch beim SPEICHERN UNTER-Dialog kann dann bei der Option ICC-PROFIL das eingebettete Profil verwendet werden oder, wenn es nicht unterstützt wird, das sRGB-Profil.

▶ IMMER FÜR DRUCKAUSGABE OPTIMIEREN: Hierbei wird Adobe RGB als Arbeitsfarbraum verwendet. Das eingebettete Profil bleibt erhalten und kann auch beim SPEICHERN UNTER-Dialog wieder bei der Option ICC-PROFIL zugewiesen werden. Enthält die Datei beim Öffnen gar kein Farbprofil, wird automatisch Adobe RGB zugewiesen.

▶ AUSWAHL DURCH BENUTZER: Beim Öffnen von Dateien ohne ein Profil können Sie über einen Dialog zwischen kein Farbmanagement, sRGB oder Adobe RGB wählen. Das entsprechende Profil steht Ihnen dann auch beim SPEICHERN UNTER-Dialog unter dem ICC-PROFIL zum Mitspeichern zur Verfügung. Hat die Datei jedoch ein eingebettetes Profil, wird dieses verwendet, wenn es von Photoshop Elements unterstützt wird.

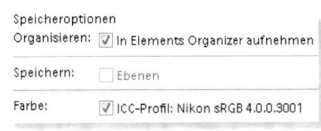

▲ **Abbildung B.7**
Bestens für die Druckausgabe geeignet ist das Adobe-RGB-Profil.

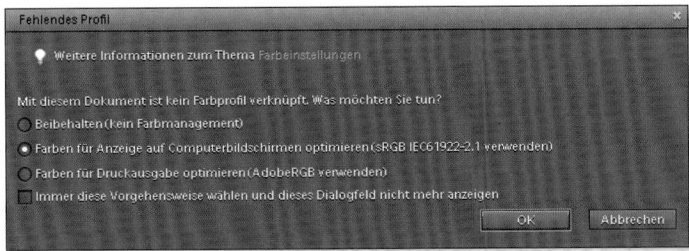

▲ **Abbildung B.8**
Hier war im Bild bereits ein eingebettetes Profil enthalten.

◀ **Abbildung B.9**
Öffnen Sie ein Bild ohne Farbprofil, können Sie mit der Option AUSWAHL DURCH BENUTZER selbst entscheiden, was Sie damit machen wollen.

B.2.2 Konvertieren des Farbprofils

Wenn Sie ein Bild öffnen, weist Photoshop Elements das Farbprofil auf Grundlage der Einstellung des zuvor beschriebenen Dialogs FARBEINSTELLUNGEN zu. In der Praxis dürften Sie daher eher selten das Farbprofil verändern wollen. Wenn Sie trotzdem das Farbprofil anpassen möchten – was Sie allerdings nur dann tun sollten, wenn Sie sich im Klaren darüber sind, was Sie tun –, dann finden Sie über das Untermenü BILD • FARBPROFIL KONVERTIEREN folgende drei Befehle dazu:

▶ PROFIL ENTFERNEN: Damit entfernen Sie das Profil komplett, sodass die Datei keinem Farbenprofil und somit keinem Farbmanagement mehr unterliegt. Beim SPEICHERN UNTER-Dialog können Sie trotzdem optional noch über ICC-PROFIL im sRGB-Farbraum speichern.

▶ IN sRGB-PROFIL KONVERTIEREN: Damit betten Sie das sRGB-Profil in die Datei ein. Liegt das Bild in einem anderen Profil vor, wird es in das sRGB-Profil konvertiert. Ist bereits ein sRGB-Profil in der Datei eingebettet, dann ist dieser Befehl ausgegraut.

▶ IN ADOBE RGB-PROFIL KONVERTIEREN: Hiermit betten Sie das Adobe-RGB-Profil in die Datei ein. Ist in der Datei ein anderes Profil eingebettet, wird es in das Adobe-RGB-Profil konvertiert. Auch hier gilt: Ist der Befehl ausgegraut, liegt die Datei bereits im Adobe-RGB-Profil vor.

Abbildung B.10 ▶
Manuelle Konvertierung des
Farbprofils

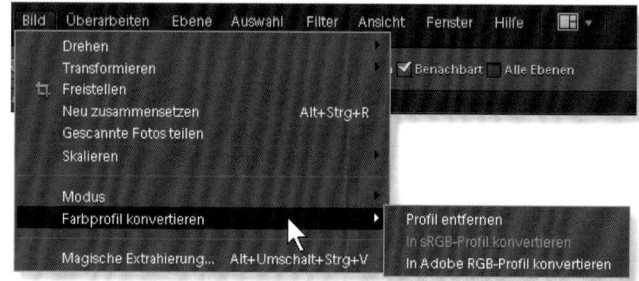

C   Zusatzmodule und Plug-ins

Natürlich ist es auch möglich, Photoshop Elements mit weiteren Zusatzmodul-Filtern nachzurüsten, die entweder von Adobe oder von anderen Softwareentwicklern stammen. In der Regel werden solche Filter im Menü FILTER angezeigt, sofern der Entwickler des Moduls keine anderen Vorgaben gemacht hat. Zusatzmodule sind im Grunde weitere Software-Programme, die Zusatzfunktionen für Photoshop Elements bieten.

Abhängig vom Hersteller des Zusatzmoduls bieten diese Module entweder eine Installationsroutine an, oder Sie müssen das Modul selbst in das Plugin-Verzeichnis kopieren. Viele Module sind kommerzieller Natur und häufig nur 30 Tage lang kostenlos ausführbar; es gibt aber auch kostenlose Freeware.

Einen Überblick zu vielen Webseiten im Internet, wo Sie Photoshop Elements mit unzähligen Plug-ins nachrüsten können, finden Sie auf der Buch-DVD.

Gradationskurve nachrüsten (nur Windows) | Die Hauptkritik von Photoshop CS-Anwendern an Photoshop Elements ist meist, dass es hier keine Gradationskurve gibt und man stattdessen auf die TONWERTKORREKTUR zurückgreifen muss. Die Gradationskurve ist viel präziser als das Werkzeug TONWERTKORREKTUR und bietet weit mehr Optionen. Dies ist aber kein Problem, da Sie eine solche Gradationskurve nachrüsten können. Besser noch: Unser Zusatzmodul unterstützt sogar den Lab-Modus.

Schritt für Schritt: Modul »Gradationskurve« ohne Installationsroutine installieren

1 Installieren

Laden Sie sich gegebenenfalls die neueste Version des Moduls von der Webseite *http://free.pages.at/easyfilter/smartcurve.html* herunter. Entpacken Sie die im ZIP-Paket enthaltenen Dateien in

---

Photoshop-Module

Gute Nachrichten auch, was Photoshop-Module betrifft: Viele im Web vorhandene Module lassen sich auch im kleinen Photoshop verwenden.

Support

Es versteht sich, dass Sie bei der Verwendung von Zusatzmodulen mögliche Fragen an den Hersteller und nicht an Adobe richten sollten.

 index.html/Weblinks

X   Um es kurz und schmerzlos zu machen: Mac-User sehen in puncto kostenloser Plug-ins meistens in die Röhre. Viele Plug-ins werden gar nicht erst für den Mac entwickelt, und wenn, dann sind sie häufig nicht mehr mit der aktuellen Mac-Version von Photoshop Elements kompatibel.

X   Sollten Sie dennoch einmal ein Plug-in finden, lautet das Verzeichnis zu den Plug-ins am Mac PRO-GRAMME/ADOBE PHOTOSHOP ELEMENTS 9/PLUG-INS.

das Plugins-Verzeichnis von Adobe Photoshop Elements. In meinem Fall ist dies C:\Programme\Adobe\Photoshop Elements 9\Plug-Ins. Anstelle eines fixen Verzeichnisses können Sie auch den Menüpunkt Bearbeiten • Voreinstellungen • Zusatzmodule wählen, ein Häkchen vor Zusätzlicher Zusatzmodulordner setzen und den Ordner auswählen, in dem sich das Zusatzmodul befindet.

2 Photoshop Elements neu starten und Filter starten

Um das neue Zusatzmodul zu verwenden, müssen Sie Photoshop Elements, falls es noch aktiv ist, gegebenenfalls neu starten. Anschließend können Sie den neuen Filter über Filter • easy.Filter • SmartCurve aufrufen.

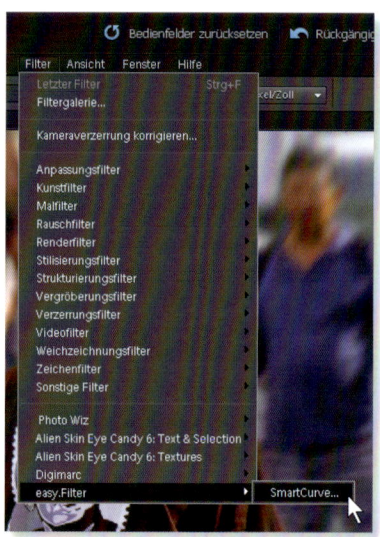

Abbildung C.1 ▶
Über dieses Menü erreichen Sie den neuen Filter.

3 Gradationskurve (Grundlagen)

Natürlich lasse ich Sie an dieser Stelle nicht im Regen stehen, sondern gebe im Folgenden noch eine kleine Einführung zur Gradationskurve. Zunächst müssen Sie immer den Farbkanal ❷ auswählen, auf den sich die folgenden Einstellungen beziehen sollen. Dies kennen Sie bereits aus der Tonwertkorrektur. Ein besonderes Feature, das das Plug-in noch wertvoller macht, ist die Möglichkeit, neben RGB auch ein anderes Farbmodell ❸ zu verwenden. Das Hauptinstrument für die Bildkorrektur ist die Kurve ❶, die zunächst noch eine gerade Linie ist. Gefällt Ihnen ein Ergebnis nicht, können Sie jederzeit mit der Option Rücksetzen ❹ die Kurve wieder zurücksetzen. Zur Kontrolle steht Ihnen hierbei auch immer das Histogramm ❺ mit allen Farbkanälen zur Verfügung.

Zum Nachlesen

Das Werkzeug Tonwertkorrektur wurde in Abschnitt 11.3, »Die Tonwertkorrektur«, beschrieben. Mehr zum Histogramm erfahren Sie in Abschnitt 11.2, »Histogramme richtig analysieren«.

▲ Abbildung C.2
Der SMARTCURVE-Filter im Einsatz

4　Beispiele

　Change.jpg

Anhand der folgenden Abbildungen möchte ich Ihnen als Beispiele einige gängige Kurveneinstellungen aufzeigen.

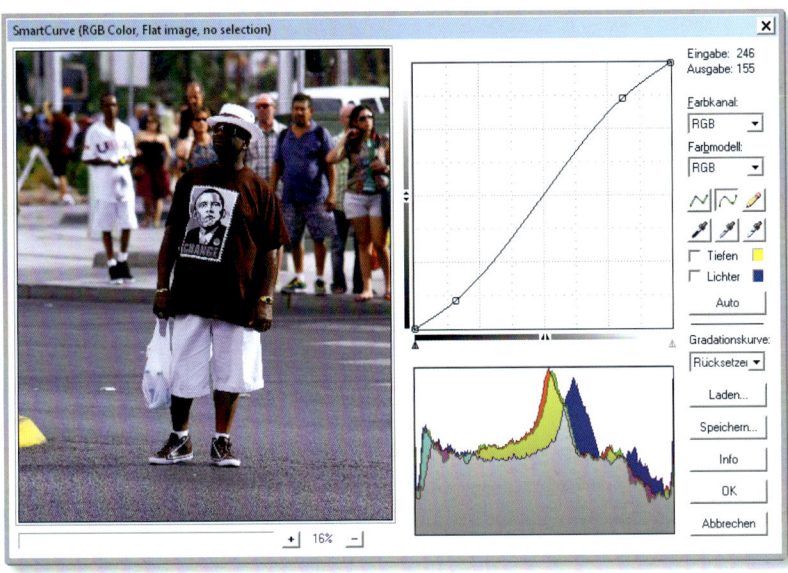

▲ Abbildung C.3
Eine S-Kurve erhöht in der Regel die Kontraste, weil die Höhen und Tiefen im Bild verstärkt werden. Das Bild wirkt weniger flau. Nicht immer
muss die S-Kurve so stark wie hier ausgeführt werden.

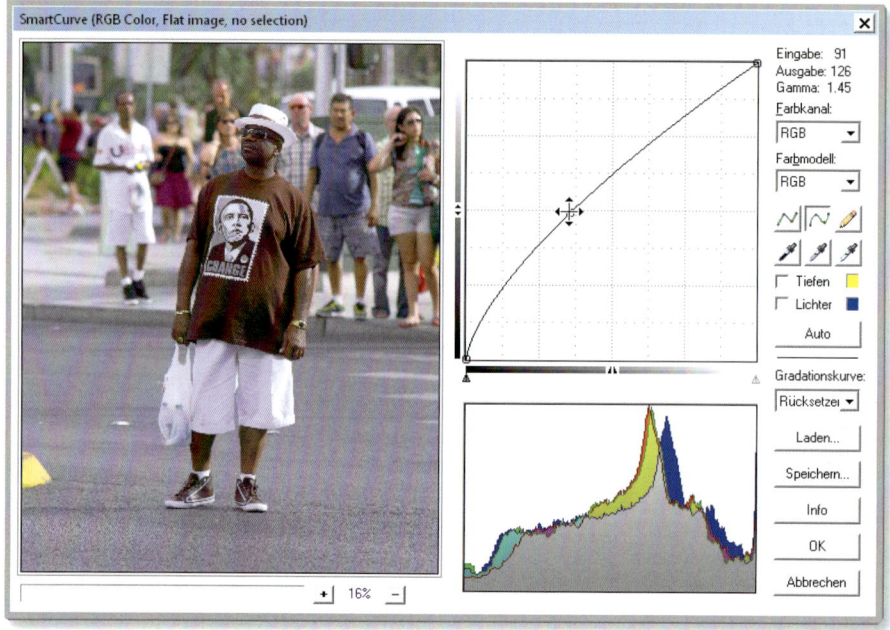

▲ **Abbildung C.4**
Wenn Sie den Regler in der Mitte nach unten ziehen, dunkeln Sie das
Bild ab. Ziehen Sie ihn nach oben, so wird das Bild aufgehellt.

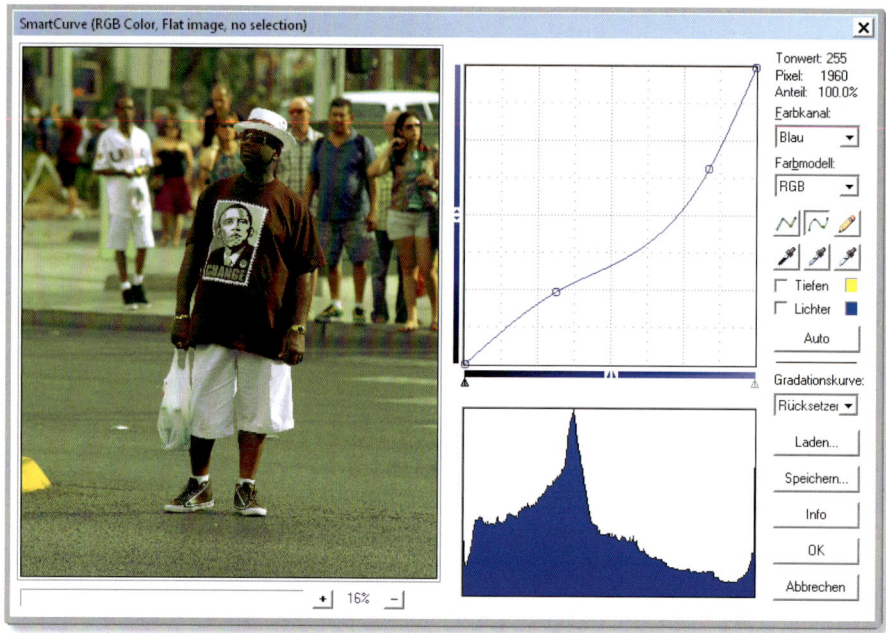

▲ **Abbildung C.5**
Wählen Sie einen einzelnen Farbkanal, um einen Farbstich zu beheben.
Im Beispiel ist zwar kein direkter Blaustich vorhanden, trotzdem wurden
hier die blauen Höhen einmal gesenkt, um die Wirkung zu demonstrieren: Das Bild wirkt nicht mehr so kalt.

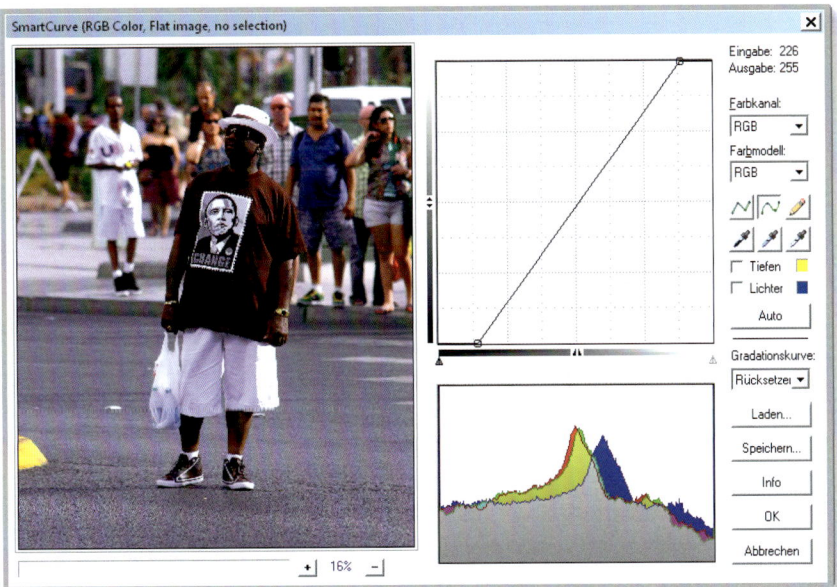

▲ **Abbildung C.6**
Hier wurden die Höhen auf Weiß und die Tiefen auf Schwarz verschoben, wodurch die Kontraste noch deutlicher hervortreten.

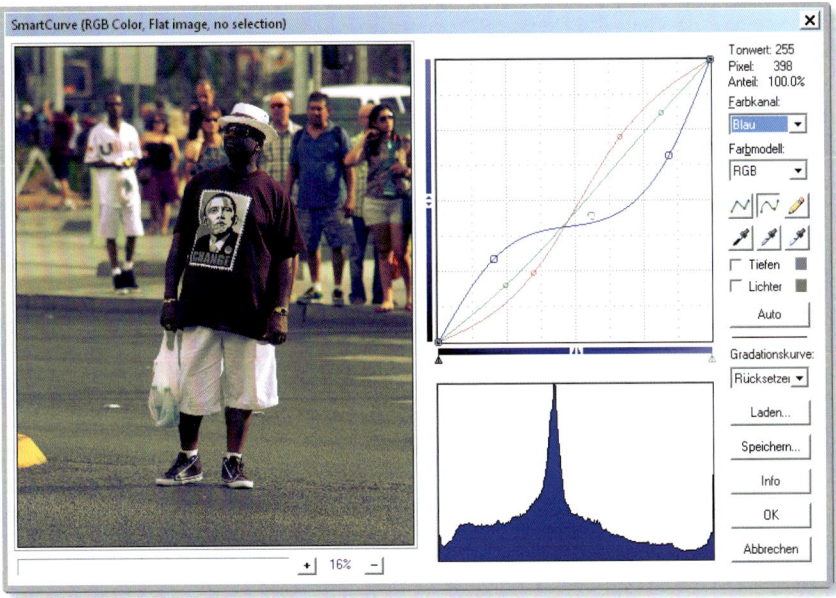

▲ **Abbildung C.7**
Hier wurde eine Cross-Entwicklung simuliert, indem der rote Kanal durch eine starke und der grüne durch eine schwache S-Kurve verändert wurde. Der blaue Kanal hingegen wurde zu einer umgekehrten S-Kurve geformt.

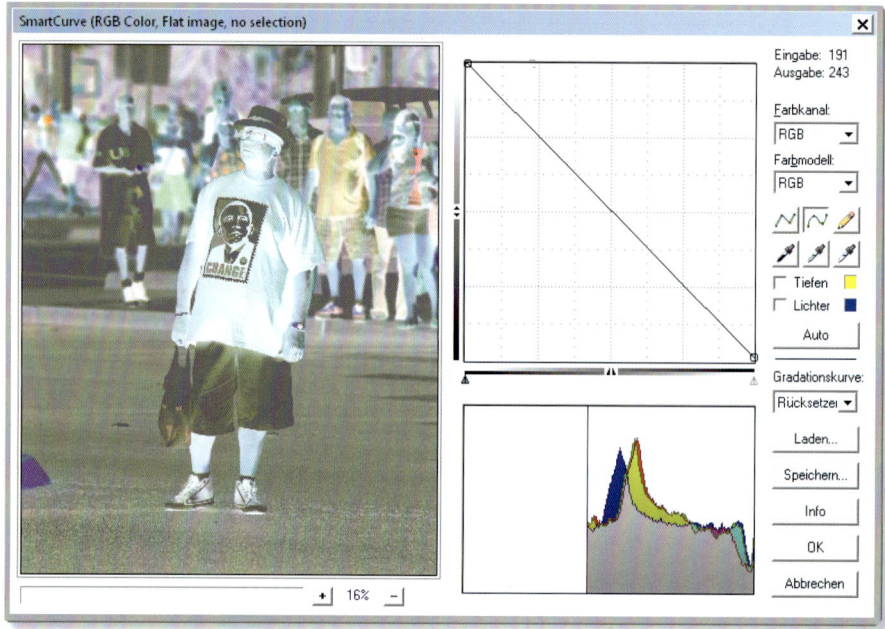

▲ **Abbildung C.8**
Hier wurde die Kurve total gekippt, wodurch die ehemals hellen Tonwerte dunkel und die dunklen Tonwerte jetzt hell sind. Dadurch entsteht
ein digitales Negativ.

D   Tastenkürzel im Editor

D.1   Windows- und Mac-Tastatur

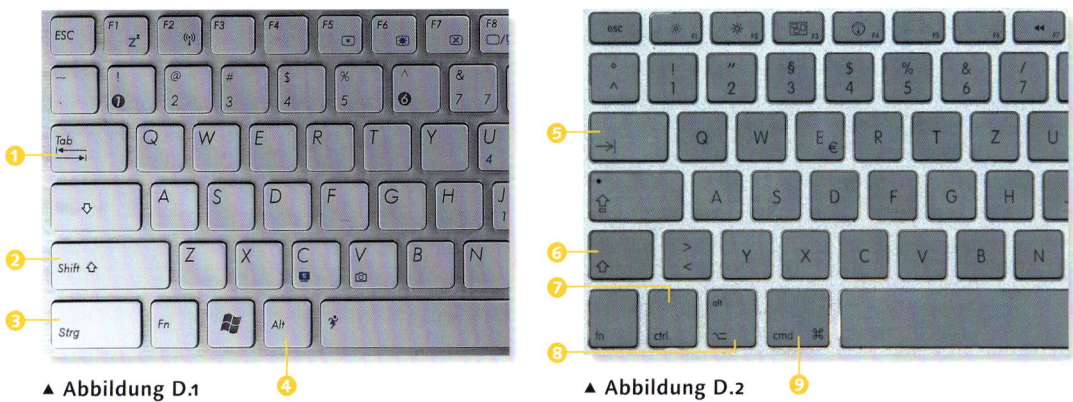

▲ **Abbildung D.1**
Teil einer aktuellen Windows-PC-Tastatur

▲ **Abbildung D.2**
Teil einer aktuellen Mac-Tastatur

Beschreibung	Windows	Mac
Steuerungs- oder Befehlstaste	`Strg` oder `Ctrl` ❸	`⌘` oder `cmd` ❾
Alt-Taste	`Alt` ❹	`Alt` ❽
Umschalttaste	`⇧` ❷	`⇧` ❻
Tabulator	`⇥` ❶	`⇥` ❺
rechte Maustaste		`Ctrl` ❼
entfernen/löschen	`Entf`	`⌘`+`←`

◀ **Tabelle D.1**
Die entsprechenden Gegenstücke der Tasten zwischen Windows und Mac

D.2   Werkzeuge (alphabetisch)

Werkzeug	Symbol	Tastenkürzel
Abgerundetes-Rechteck-Werkzeug		`U`
Abwedler		`O`

◀ **Tabelle D.2**
Alle Werkzeuge des Editors

Werkzeug	Symbol	Tastenkürzel
Ausstecher		Q
Auswahlellipse		M
Auswahlpinsel		A
Auswahlrechteck		M
Bereichsreparatur-Pinsel		J
Buntstift		N
Detail-Smartpinsel-Werkzeug		F
Eigene-Form-Werkzeug		U
Ellipse-Werkzeug		U
Farbe-ersetzen-Werkzeug		B
Formauswahl-Werkzeug		U
Freistellungswerkzeug		C
Füllwerkzeug		K
Gerade-ausrichten-Werkzeug		P
Hand-Werkzeug		H
Hintergrund-Radiergummi		E
Horizontales Textmaskierungswerkzeug		T
Horizontales Textwerkzeug		T
Impressionisten-Pinsel		B
Kopierstempel		S
Lasso		L
Linienzeichner		U
Magischer Radiergummi		E
Magnetisches Lasso		L
Musterstempel		S
Nachbelichter		O
Neu-zusammensetzen-Werkzeug		C
Pinsel		B
Pipette		I
Polygon-Lasso		L

Werkzeug	Symbol	Tastenkürzel
Polygon-Werkzeug		U
Radiergummi		E
Rechteck-Werkzeug		U
Reparatur-Pinsel		J
Rote-Augen-entfernen-Werkzeug		Y
Scharfzeichner		R
Schnellauswahl-Werkzeug		A
Schwamm		U
Smartpinsel-Werkzeug		F
Verlaufswerkzeug		G
Verschieben-Werkzeug		V
Vertikales Textmaskierungswerkzeug		T
Vertikales Textwerkzeug		T
Weichzeichner		R
Wischfinger		R
Zauberstab		W
Zoom-Werkzeug		Z
Zugeordnete ausgeblendete Werkzeuge durchlaufen		Alt + auf Werkzeug klicken

◄ **Tabelle D.2**
Alle Werkzeuge des Editors
(Forts.)

D.3   Datei

Kommando	Windows	Mac
Alle schließen	Alt + Strg + W	Alt + ⌘ + W
Beenden	Strg + Q	⌘ + Q
Für Web speichern	Alt + ⇧ + Strg + S	Alt + ⇧ + ⌘ + S
Neu	Strg + N	⌘ + N
Öffnen	Strg + O	⌘ + O
Öffnen als	Strg + Alt + O	–
Schließen	Strg + W	⌘ + W
Speichern	Strg + S	⌘ + S

◄ **Tabelle D.3**
Tastenkürzel für den Umgang
mit Dateien

Tabelle D.3 ▶
Tastenkürzel für den Umgang mit
Dateien (Forts.)

Kommando	Windows	Mac
Speichern unter	⇧ + Strg + S	⇧ + ⌘ + S
Menü DATEI	Alt + D	–

D.4 Drucken

Tabelle D.4 ▶
Tastenkürzel für schnelleres
Drucken

Kommando	Windows	Mac
Drucken	Strg + P	⌘ + P
Kontaktabzug II	–	Alt + ⌘ + P

D.5 Bearbeiten

Tabelle D.5 ▶
Tastenkürzel zum Bearbeiten von
Dateien

Kommando	Windows	Mac
Auf eine Ebene reduziert kopieren	⇧ + Strg + C	⇧ + ⌘ + C
Ausschneiden	Strg + X	⌘ + X
Einfügen	Strg + V	⌘ + V
Farbeinstellungen	⇧ + Strg + K	⇧ + ⌘ + K
In Auswahl einfügen	⇧ + Strg + V	⇧ + ⌘ + V
Kopieren	Strg + C	⌘ + C
Leere Seite hinzufügen	Alt + Strg + G	Alt + ⌘ + G
Rückgängig	Strg + Z	⌘ + Z
Seite mit aktuellem Layout hinzufügen	Alt + ⇧ + Strg + G	Alt + ⇧ + ⌘ + G
Voreinstellungen (Allgemein)	Strg + K	⌘ + K
Wiederholen	Strg + Y	⌘ + Y
Zurück zur letzten Version	⇧ + Strg + A	⇧ + ⌘ + A
Menü BEARBEITEN	Alt + B	Alt + B

D.6 Bildkorrekturen

Kommando	Windows	Mac
Bildgröße	`Alt`+`Strg`+`I`	`Alt`+`⌘`+`I`
Frei Transformieren	`Strg`+`T`	`⌘`+`T`
Magische Extrahierung	`Alt`+`⇧`+`Strg`+`V`	`Alt`+`⇧`+`⌘`+`V`
Tonwertkorrektur	`Strg`+`L`	`⌘`+`L`
Intelligente Auto-Korrektur	`Alt`+`Strg`+`M`	`Alt`+`⌘`+`M`
Auto-Tonwertkorrektur	`⇧`+`Strg`+`L`	`⇧`+`⌘`+`L`
Auto-Kontrast	`Alt`+`⇧`+`Strg`+`L`	`Alt`+`⇧`+`⌘`+`L`
Auto-Farbkorrektur	`⇧`+`Strg`+`B`	`⇧`+`⌘`+`B`
Rote Augen automatisch korrigieren	`Strg`+`R`	`⌘`+`R`
Intelligente Korrektur anpassen	`⇧`+`Strg`+`M`	`⇧`+`⌘`+`M`
Farbton/Sättigung anpassen	`Strg`+`U`	`⌘`+`U`
Tonwertkorrektur	`Strg`+`L`	`⌘`+`L`

◄ **Tabelle D.6**
Bildkorrekturen aus dem Menü ÜBERARBEITEN

D.7 Transformieren

Kommando	`Strg`/`⌘`+`T` und dann ...	
	Windows	**Mac**
Transformieren vom Mittelpunkt aus	... `Alt` gedrückt halten	... `Alt` gedrückt halten
Neigen	... `Strg`+`⇧` gedrückt halten	... `⌘`+`⇧` gedrückt halten
Verzerren	... `Strg` gedrückt halten	... `⌘` gedrückt halten
Verzerren vom Mittelpunkt	... `Alt`+`Strg` gedrückt halten	... `Alt`+`⌘` gedrückt halten
Perspektivisch verzerren	... `Alt`+`⇧`+`Strg` gedrückt halten	... `Alt`+`⇧`+`⌘` gedrückt halten
Transformationen anwenden	... `↵` drücken	... `↵` drücken
Transformation abbrechen	... `Esc` bzw. `Strg`+`.` drücken	... `Esc` bzw. `⌘`+`.` drücken

◄ **Tabelle D.7**
Tastenkürzel für das Transformieren von Ebenen und Auswahlen

D.8 Schwarzweiß

Tabelle D.8 ▶
Schwarzweißbilder erstellen

Kommando	Windows	Mac
Farbe entfernen	⇧ + Strg + U	⇧ + ⌘ + U
In Schwarzweiß konvertieren	Alt + Strg + B	Alt + ⌘ + B

D.9 Auswahlen

Tabelle D.9 ▶
Tastenkürzel für die Arbeit mit Auswahlen

Kommando	Windows	Mac
Bestehende Auswahl aufheben	Strg + D, Esc	⌘ + D, Esc
Das komplette Bild auswählen	Strg + A	⌘ + A
Weiche Auswahlkante hinzufügen	Strg + Alt + D	⌘ + Alt + D
Zuletzt aufgehobene Auswahl wiederherstellen (erneut wählen)	⇧ + Strg + D	⇧ + ⌘ + D
Auswahl umkehren (invertieren)	⇧ + Strg + I	⇧ + ⌘ + I
Auswahllinie ein- und ausblenden	Strg + H	⌘ + H
Auswahlrechteck oder Auswahlellipse aufrufen	M	M
Aufgezogene Auswahl in die entsprechende Pfeilrichtung bewegen	←, →, ↑, ↓	←, →, ↑, ↓
Ausgewählten Bildbereich löschen. Bei einem normalen Hintergrundbild wird der Bereich mit der Hintergrundfarbe gefüllt.	Entf	←
Ausgewählten Bildbereich mit Vordergrundfarbe füllen	Alt + Entf	Alt + ←
Der Auswahl hinzufügen	⇧ und Auswahlwerkzeug benutzen	⇧ und Auswahlwerkzeug benutzen
Einen Kreis von der Mitte aufziehen	Alt + ⇧ + Auswahlellipse	Alt + ⇧ + Auswahlellipse

Kommando	Windows	Mac
Ein Quadrat von der Mitte aufziehen	`Alt`+`⇧`+ Auswahlrechteck	`Alt`+`⇧`+ Auswahlrechteck
Eine Auswahl von der Mitte aufziehen	`Alt`	`Alt`
Exakten Kreis aufziehen	`⇧`+Auswahlellipse	`⇧`+Auswahlellipse
Exaktes Quadrat aufziehen	`⇧`+Auswahlrechteck	`⇧`+Auswahlrechteck
Schnittmenge mit Auswahl bilden	`⇧`+`Alt` und Auswahlwerkzeug benutzen	`⇧`+`Alt` und Auswahlwerkzeug benutzen
Von Auswahl abziehen (subtrahieren)	`Alt` und Auswahlwerkzeug benutzen	`Alt` und Auswahlwerkzeug benutzen
Auswahlinhalt ausschneiden und verschieben auf derselben Ebene	Verschieben-Werkzeug ⊕ und Maus oder Pfeiltasten	Verschieben-Werkzeug ⊕ und Maus oder Pfeiltasten
Auswahlinhalt duplizieren und verschieben auf derselben Ebene	Verschieben-Werkzeug ⊕ + `Alt` und Maus oder Pfeiltasten	Verschieben-Werkzeug ⊕ + `Alt` und Maus oder Pfeiltasten
Auswahlinhalt **ausschneiden** und auf einer neuen Ebene einfügen	`⇧`+`Strg`+`J`	`⇧`+`⌘`+`J`
Auswahlinhalt **kopieren** und auf einer neuen Ebene einfügen	`Strg`+`J`	`⌘`+`J`
Zwischenablage in eine Auswahl einfügen	`⇧`+`Strg`+`V`	`⇧`+`⌘`+`V`
Menü AUSWAHL	`Alt`+`A`	–

◀ **Tabelle D.9**
Tastenkürzel für die Arbeit mit Auswahlen (Forts.)

D.10 Bildlauf

Kommando	Windows	Mac
Hand-Werkzeug	`H`	`H`
Hand-Werkzeug kurzfristig aufrufen	`Leertaste`	`Leertaste`
Bildausschnitt hochschieben	`Bild↑`	`Bild↑`
Bildausschnitt langsamer hochschieben	`⇧`+`Bild↑`	`⇧`+`Bild↑`

◀ **Tabelle D.10**
Tastenkürzel zur Steuerung der Ansicht

Tabelle D.10 ▶
Tastenkürzel zur Steuerung der
Ansicht (Forts.)

Kommando	Windows	Mac
Bildausschnitt herunterschieben	`Bild ↓`	`Bild ↓`
Bildausschnitt langsamer herunterschieben	`⇧`+`Bild ↓`	`⇧`+`Bild ↓`
Bildausschnitt nach links schieben	`Strg`+`Bild ↑`	`⌘`+`Bild ↑`
Bildausschnitt nach rechts schieben	`Strg`+`Bild ↓`	`⌘`+`Bild ↓`
Wenn keine Auswahl vorhanden ist, wird der Bildausschnitt ganz langsam in die Pfeilrichtung geschoben.	`←`, `→`, `↑`, `↓`	`←`, `→`, `↑`, `↓`
Bildausschnitt zur linken oberen Ecke verschieben	`Pos1`	`Home`
Bildausschnitt zur rechten unteren Ecke verschieben	`Ende`	`Ende`
Navigator-Fenster ein- und ausblenden	`F12`	`F12`

D.11 Ebenen

Tabelle D.11 ▶
Tastenkürzel für den Umgang mit
Ebenen

Erstellen	Windows	Mac
Neue Ebene mit Dialogfeld	`⇧`+`Strg`+`N`	`⇧`+`⌘`+`N`
Neue Ebene ohne Dialogfeld	Schaltfläche NEUE EBENE ERSTELLEN 🔳 anklicken	Schaltfläche NEUE EBENE ERSTELLEN 🔳 anklicken
Neue Ebene mit Dialogfeld	`Alt`+Schaltfläche NEUE EBENE ERSTELLEN 🔳 anklicken	`Alt`+Schaltfläche NEUE EBENE ERSTELLEN 🔳 anklicken
Neue Ebene ohne Dialogfeld unterhalb der Zielebene	`Strg`+Schaltfläche NEUE EBENE ERSTELLEN 🔳 anklicken	`⌘`+Schaltfläche NEUE EBENE ERSTELLEN 🔳 anklicken
Ebene umbenennen	Ebenennamen doppelklicken	Ebenennamen doppelklicken
Ebene umbenennen mit Dialog	`Alt`+Ebene doppelklicken	`Alt`+Ebene doppelklicken

Aktivieren	Windows	Mac
Ebene darüber auswählen	`Alt`+`.`	`Alt`+`.`
Ebene darunter auswählen	`Alt`+`.`	`Alt`+`.`
Mehrere benachbarte Ebenen auswählen	`⇧`+linke Maustaste	`⇧`+linke Maustaste
Mehrere nicht benachbarte Ebenen auswählen	`Strg`+linke Maustaste	`⌘`+linke Maustaste

Anordnen	Windows	Mac
Ebene eine Zeile nach oben schieben	`Strg`+`.`	`⌘`+`.`
Ebene eine Zeile nach unten schieben	`Strg`+`.`	`⌘`+`.`
Ebene ganz nach oben schieben	`⇧`+`Strg`+`.`	`⇧`+`⌘`+`.`
Ebene ganz nach unten schieben	`⇧`+`Strg`+`.`	`⇧`+`⌘`+`.`

Reduzieren (zusammenfügen)	Windows	Mac
Mit darunter liegender auf eine Ebene reduzieren	`Strg`+`E`	`⌘`+`E`
Alle sichtbaren Ebenen auf eine Ebene reduzieren	`⇧`+`Strg`+`E`	`⇧`+`⌘`+`E`
Alle sichtbaren Ebenen auf eine neue Ebene »stempeln«	`⇧`+`Alt`+`Strg`+`E`	`⇧`+`Alt`+`⌘`+`E`

Auswahlen	Windows	Mac
Nicht-transparente Pixel auswählen	`Strg`+Ebenenminiatur anklicken	`⌘`+Ebenenminiatur anklicken

Ebenen ein- und ausblenden	Windows	Mac
Alle anderen Ebenen ein- oder ausblenden	`Alt`+Augensymbol anklicken	`Alt`+Augensymbol anklicken
Diese Ebene ein- bzw. ausblenden oder Alle übrigen Ebenen ein- bzw. ausblenden	rechter Mausklick auf das Augensymbol	rechter Mausklick auf das Augensymbol

Schnittmasken	Windows	Mac
Schnittmaske erstellen/ zurückwandeln	`Strg`+`G`	`⌘`+`G`

Tabelle D.11 ▶
Tastenkürzel für den Umgang mit
Ebenen (Forts.)

Sonstiges	Windows	Mac
Menü EBENE	`Alt`+`E`	`Alt`+`E`
Ebenen-Bedienfeld ein- und ausblenden	`F11`	`F11`
Ebenenstil bearbeiten	»fx«-Symbol doppel-klicken	»fx«-Symbol doppel-klicken

D.12 Ebenenmasken

Tabelle D.12 ▶
Tastenkürzel im Umgang mit
Ebenenmasken

Kommando	Windows	Mac
Neue Ebenenmaske anlegen (nichts maskieren)	Schaltfläche EBENEN-MASKE HINZUFÜGEN 🔘 anklicken	Schaltfläche EBENEN-MASKE HINZUFÜGEN 🔘 anklicken
Neue Ebenenmaske anlegen (alles maskieren)	`Alt`+Schaltfläche EBENENMASKE HINZU-FÜGEN 🔘 anklicken	`Alt`+Schaltfläche EBENENMASKE HINZU-FÜGEN 🔘 anklicken
Ebenenmaske ein- oder ausblenden	`⇧`+Mausklick auf die Miniatur der Ebenenmaske	`⇧`+Mausklick auf die Miniatur der Ebenenmaske
Graustufenansicht ein- oder ausblenden	`Alt`+Mausklick auf die Miniatur der Ebenenmaske	`Alt`+Mausklick auf die Miniatur der Ebenenmaske
Maskierungsfolie ein- oder ausblenden	`⇧`+`Alt`+Mausklick auf die Miniatur der Ebenenmaske	`⇧`+`Alt`+Mausklick auf die Miniatur der Ebenenmaske

D.13 Ebenenfüllmethoden

Tabelle D.13 ▶
Die Ebenenfüllmethoden lassen
sich nur per Tastatur aufrufen,
wenn das Ebenen-Bedienfeld
zuvor aus dem Bedienfeldbereich
losgelöst wurde.

Füllmethode	Windows und Mac
Normal	`⇧`+`Alt`+`N`
Sprenkeln	`⇧`+`Alt`+`I`
Abdunkeln	`⇧`+`Alt`+`K`
Multiplizieren	`⇧`+`Alt`+`M`
Farbig nachbelichten	`⇧`+`Alt`+`B`
Linear nachbelichten	`⇧`+`Alt`+`A`
Aufhellen	`⇧`+`Alt`+`G`
Negativ multiplizieren	`⇧`+`Alt`+`S`
Farbig abwedeln	`⇧`+`Alt`+`D`

Füllmethode	Windows und Mac
Linear abwedeln	⇧ + Alt + W
Hellere Farbe	–
Ineinanderkopieren	⇧ + Alt + O
Weiches Licht	⇧ + Alt + F
Hartes Licht	⇧ + Alt + H
Strahlendes Licht	⇧ + Alt + V
Lineares Licht	⇧ + Alt + J
Lichtpunkte	⇧ + Alt + Z
Harte Mischung	⇧ + Alt + L
Differenz	⇧ + Alt + E
Ausschluss	⇧ + Alt + X
Farbton	⇧ + Alt + U
Sättigung	⇧ + Alt + T
Farbe	⇧ + Alt + C
Luminanz	⇧ + Alt + Y
Füllmethoden nach unten durchlaufen	⇧ + Alt + +
Füllmethoden nach oben durchlaufen	⇧ + Alt + -

◄ **Tabelle D.13**
Die Ebenenfüllmethoden lassen sich nur per Tastatur aufrufen, wenn das Ebenen-Bedienfeld zuvor aus dem Bedienfeldbereich losgelöst wurde. (Forts.)

D.14 Fenster (Editor)

Kommando	Windows	Mac
Ebenen-Bedienfeld	F11	F11
Hilfe von Photoshop-Elements aufrufen	F1	⇧ + ⌘ + ?
Histogramm-Bedienfeld	F9	F9
Informationen-Bedienfeld	F8	F8
Inhalt-Bedienfeld	F7	F7
Navigator-Bedienfeld	F12	F12
Rückgängig-Protokoll	F10	F10
Alle Bedienfelder ein-/ausblenden	⇥	⇥

◄ **Tabelle D.14**
Die Bedienfelder ein- und ausblenden

D.15 Filter

Tabelle D.15 ▶

Filter per Tastatur aufrufen

Kommando	Windows	Mac
Letzten Filter erneut anwenden	`Strg`+`F`	`⌘`+`F`
Letzten Filter-Dialog erneut anzeigen	`Alt`+`Strg`+`F`	`Alt`+`⌘`+`F`
Magische Extrahierung	`Alt`+`⇧`+`Strg`+`V`	`Alt`+`⇧`+`⌘`+`V`
In Schwarzweiß konvertieren	`Alt`+`Strg`+`B`	`Alt`+`⌘`+`B`
Menü FILTER	`Alt`+`F`	`Alt`+`F`

D.16 Farben auswählen

Tabelle D.16 ▶

Tastenkürzel für die Arbeit mit Farben

Farbwahlbereich	Windows	Mac
Standardfarben Schwarz und Weiß für Vorder- und Hintergrund einstellen	`D`	`D`
Vorder- und Hintergrundfarbe tauschen	`X`	`X`
Farbfelder-Bedienfeld	**Windows**	**Mac**
Neues Farbfeld aus der Vordergrundfarbe erstellen und ans Ende des Bedienfelds hinzufügen	An das Ende (leeren Bereich) des Bedienfelds klicken	An das Ende (leeren Bereich) des Bedienfelds klicken
Farbe als Vordergrundfarbe einstellen	Farbfeld anklicken	Farbfeld anklicken
Farbe als Hintergrundfarbe einstellen	`Strg` + Farbfeld anklicken	`⌘` + Farbfeld anklicken
Farbe aus dem Farbfeld löschen	`Alt` + Farbfeld anklicken	`Alt` + Farbfeld anklicken
Pipette	**Windows**	**Mac**
Pipette aufrufen	`I`	`I`
Farbe als Vordergrundfarbe setzen	ins Bild klicken	ins Bild klicken
Farbe als Hintergrundfarbe setzen	`Alt` + ins Bild klicken	`Alt` + ins Bild klicken

Pipette	Windows	Mac
Schnell vom Malwerk-zeug zum Pipette-Werkzeug wechseln und Vorderg,rundfarbe setzen	beliebiges Malwerk-zeug + `Alt` + ins Bild klicken	beliebiges Malwerk-zeug + `Alt` + ins Bild klicken

D.17 Malen und Malwerkzeuge

Kommando	Windows	Mac
Punkte durch eine gerade Linie verbinden	`⇧` + Start- und End-punkte der Linie ankli-cken	`⇧` + Start- und End-punkte der Linie ankli-cken
Waagerechte oder senkrechte Linie erzeu-gen	`⇧` + Malen	`⇧` + Malen
Fadenkreuz als Werk-zeugspitze	`⇧`	`⇧`
Werkzeug- oder Pin-selspitze vergrößern	`⇧` + `#`	`⇧` + `#`
Werkzeug- oder Pin-selspitze verkleinern	`#`	`#`
Auf Hand-Werkzeug umstellen	`Leertaste`	`Leertaste`
Auf Pipette umstellen	`Alt`	`Alt`
Auf Zoom-Werkzeug umstellen	`Strg` + `Leertaste`	`⌘` + `Leertaste`
Vorherigen Pinsel	`,`	`,`
Nächster Pinsel	`.`	`.`
Erster Pinsel	`⇧` + `,`	`⇧` + `,`
Letzter Pinsel	`⇧` + `.`	`⇧` + `.`

D.18 Text

Kommando	Windows	Mac
Text zentrieren (oben bzw. vertikal)	`⇧` + `Strg` + `C`	`⇧` + `⌘` + `C`
Text linksbündig (bzw. oben) ausrichten	`⇧` + `Strg` + `L`	`⇧` + `⌘` + `L`

Tabelle D.18 ▶

Tastenkürzel für den Umgang mit Text (Forts.)

Kommando	Windows	Mac
Text rechtsbündig (bzw. unten) ausrichten	⇧+Strg+R	⇧+⌘+R
Absatz im Blocksatz ausrichten	⇧+Strg+F	⇧+⌘+F
Absatz im Blocksatz ausrichten, letzte Zeile linksbündig	⇧+Strg+J	⇧+⌘+J
Schriftgrad des ausgewählten Textes um 2 Schriftgrade reduzieren	⇧+Strg+A	⇧+⌘+A
Schriftgrad des ausgewählten Textes um 2 Schriftgrade erhöhen	⇧+Strg+W	⇧+⌘+W
Schriftgrad des ausgewählten Textes um 10 Schriftgrade reduzieren	Alt+⇧+Strg+A	Alt+⇧+⌘+A
Schriftgrad des ausgewählten Textes um 10 Schriftgrade erhöhen	Alt+⇧+Strg+W	Alt+⇧+⌘+W
Wort, Zeile oder Absatz auswählen	doppelt, dreifach oder vierfach klicken	doppelt, dreifach oder vierfach klicken
Fette Schrift ein-/ausschalten (bold)	⇧+Strg+B	⇧+⌘+B
Kursive Schrift ein-/ausschalten (italic)	⇧+Strg+I	⇧+⌘+I
Unterstreichen ein-/ausschalten	⇧+Strg+U	⇧+⌘+U

D.19 Zoom

Tabelle D.19 ▶

Tastenkürzel für die Steuerung der Ansicht über den Zoom

Kommando	Windows	Mac
Zoom-Werkzeug aufrufen	Z gedrückt halten	Z gedrückt halten
Zoom-Werkzeug auf Verkleinern umstellen	Alt	Alt
Bildansicht vergrößern	Strg+[+]	⌘+[+]
Bildansicht verkleinern	Strg+[-]	⌘+[-]
Bildansicht auf 100 %	Alt+Strg+0	Alt+⌘+0
Bildansicht auf maximal mögliche Bildschirmgröße	Strg+0	⌘+0

Kommando	Windows	Mac
Zoomwerkzeug kurzfristig aus anderen Werkzeugen aufrufen und Bildansicht vergrößern	`Strg`+`Leertaste`	`⌘`+`Leertaste`
Zoomwerkzeug kurzfristig aus anderen Werkzeugen aufrufen und Bildansicht verkleinern	`Alt`+`Strg`+`Leertaste`	`Alt`+`⌘`+`Leertaste`
Navigator-Bedienfeld	`F12`	`F12`
Menü ANSICHT	`Alt`+`N`	`Alt`+`N`

◄ **Tabelle D.19**
Tastenkürzel für die Steuerung der Ansicht über den Zoom (Forts.)

D.20 Weitere nützliche Tastenkombinationen

Kommando	Windows	Mac
Geöffnete Dokumente (siehe Projektbereich) vorwärts durchlaufen und in den Vordergrund stellen	`Strg`+`⇥`	`⌘`+`⇥`
Geöffnete Dokumente (siehe Projektbereich) rückwärts durchlaufen und in den Vordergrund stellen	`⇧`+`Strg`+`⇥`	`⇧`+`⌘`+`⇥`

◄ **Tabelle D.20**
Navigation in Dokumenten

E   Tastenkürzel im Organizer

E.1   Datei

Kommando	Windows	Mac
Als neue Datei(en) exportieren	`Strg`+`E`	–
Auf Wechseldatenträger kopieren/verschieben (Katalog)	`⇧`+`Strg`+`O`	`⇧`+`⌘`+`O`
Aus Dateien und Ordnern (Fotos und Videos laden)	`⇧`+`Strg`+`G`	`⇧`+`⌘`+`G`
Aus Kamera oder Kartenleser (Fotos und Videos laden)	`Strg`+`G`	`⌘`+`G`
Beenden	`Strg`+`Q`	`⌘`+`Q`
Duplizieren	`⇧`+`Strg`+`D`	`⇧`+`⌘`+`D`
Katalog auf CD, DVD oder Festplatte sichern	`Strg`+`B`	`⌘`+`B`
Katalog(-manager)	`⇧`+`Strg`+`C`	`⇧`+`⌘`+`C`
Umbenennen	`⇧`+`Strg`+`N`	`⇧`+`⌘`+`N`
Verschieben	`⇧`+`Strg`+`V`	`⇧`+`⌘`+`V`
Vom Scanner (Fotos und Videos laden)	`Strg`+`U`	–
Menü DATEI	`Alt`+`D`	–

◄ **Tabelle E.1**
Menü DATEI

E.2   Fotos bearbeiten

Kommando	Windows	Mac
Alles auswählen	`Strg`+`A`	`⌘`+`A`
Als Hintergrundbild verwenden	`⇧`+`Strg`+`W`	–
Aus Katalog löschen	`Entf`	`←`
Auswahl aufheben	`⇧`+`Strg`+`A`	`⇧`+`⌘`+`A`
Bildtitel hinzufügen	`⇧`+`Strg`+`T`	`⇧`+`⌘`+`T`

◄ **Tabelle E.2**
Menü BEARBEITEN

Tabelle E.2 ▶
Menü BEARBEITEN (Forts.)

Kommando	Windows	Mac
Datum und Uhrzeit ändern	`Strg`+`J`	`⌘`+`J`
Farbeinstellungsdialog öffnen	`Alt`+`Strg`+`G`	`Alt`+`⌘`+`G`
Kopieren	`Strg`+`C`	`⌘`+`C`
Miniatur aktualisieren	`⇧`+`Strg`+`U`	`⇧`+`⌘`+`U`
Miniaturgröße vergrößern	`Strg`+`+`	`⌘`+`+`
Miniaturgröße verkleinern	`Strg`+`-`	`⌘`+`-`
Rückgängig	`Strg`+`Z`	`⌘`+`Z`
Voreinstellungen (Allgemein)	`Strg`+`K`	`⌘`+`K`
Wiederholen	`Strg`+`Y`	`⌘`+`Y`
In Editor bearbeiten (vollständige Bearbeitung)	`Strg`+`I`	`⌘`+`I`
Eigenschaften-Bedienfeld anzeigen	`Alt`+`↵`	`Alt`+`↵`
Menü BEARBEITEN	`Alt`+`B`	–

E.3 Bildkorrektur

Tabelle E.3 ▶
Möglichkeiten zur Bildkorrektur
im Organizer

Kommando	Windows	Mac
Intelligente Auto-Korrektur	`Alt`+`Strg`+`M`	`Alt`+`⌘`+`M`
Rote Augen automatisch korrigieren	`Strg`+`R`	`⌘`+`R`
Um 90° nach links drehen	`Strg`+`←`	`⌘`+`←`
Um 90° nach rechts drehen	`Strg`+`→`	`⌘`+`→`

E.4 Navigieren im Medienbrowser

Tabelle E.4 ▶
Den Überblick im Medienbrowser
behalten

Kommando	Windows und Mac
Bildauswahl nach oben, unten, links, rechts verschieben	`↑`, `↓`, `←`, `→`
Mehrere aufeinanderfolgende Bilder auswählen	`⇧`+`↑`/`↓`/`←`/`→`
Verschiebt die Ansicht um alle sichtbaren Bilder nach unten, ohne die Auswahl zu ändern.	`Bild↓`
Verschiebt die Ansicht um alle sichtbaren Bilder nach oben, ohne die Auswahl zu ändern.	`Bild↑`
Wählt das erste Element in der Ansicht aus und verschiebt auch den Bildlauf an diese Stelle.	`Pos1`

Kommando	Windows und Mac
Wählt das letzte Element in der Ansicht aus und verschiebt auch den Bildlauf an diese Stelle.	`Ende`
Miniatur der Auswahl in voller Größe anzeigen	`↵`

◄ **Tabelle E.4**
Den Überblick im Medienbrowser
behalten (Forts.)

E.5   Fotos anzeigen

Kommando	Windows	Mac
Vollbildansicht	`F11`	`⌘`+`F11`
Vergleichsansicht	`F12`	`⌘`+`F12`
Vollbild- oder Vergleichsansicht beenden	`ESC`	`ESC`
Details ein-/ausblenden	`Strg`+`D`	`⌘`+`D`
Zeitleiste ein-/ausblenden	`Strg`+`L`	`⌘`+`L`
Ausgewählte Fotos stapeln	`Alt`+`Strg`+`S`	`Alt`+`⌘`+`S`
Fotos im Stapel anzeigen	`Alt`+`Strg`+`R`	`Alt`+`⌘`+`R`
Stapel schließen	`Alt`+`⇧`+`Strg`+`R`	`Alt`+`⇧`+`⌘`+`R`
Fotobrowser aktualisieren	`F5`	`F5`

◄ **Tabelle E.5**
Tastenkürzel für die Anzeige im
Medienbrowser

E.6   Fotos suchen

Kommando	Windows	Mac
Datumsbereich festlegen	`Alt`+`Strg`+`F`	`Alt`+`⌘`+`F`
Datumsbereich löschen	`⇧`+`Strg`+`F`	`⇧`+`⌘`+`F`
Bildtitel oder Anmerkung suchen	`⇧`+`Strg`+`J`	`⇧`+`⌘`+`J`
Dateiname suchen	`⇧`+`Strg`+`K`	`⇧`+`⌘`+`K`
Alle Versionssätze anzeigen	`Alt`+`Strg`+`V`	`Alt`+`⌘`+`V`
Alle Stapel anzeigen	`Alt`+`⇧`+`Strg`+`S`	`Alt`+`⇧`+`⌘`+`S`
Elemente mit unbekanntem Datum/Uhrzeit anzeigen	`⇧`+`Strg`+`X`	`⇧`+`⌘`+`X`
Elemente ohne Tags suchen	`⇧`+`Strg`+`Q`	`⇧`+`⌘`+`Q`
Medientyp: Foto	`Alt`+`1`	`Alt`+`1`
Medientyp: Video	`Alt`+`2`	`Alt`+`2`
Medientyp: Audio	`Alt`+`3`	`Alt`+`3`
Medientyp: Projekt	`Alt`+`4`	`Alt`+`4`
Medientyp: PDF	`Alt`+`5`	`Alt`+`5`
Medientyp: Element mit Audio-kommentaren	`Alt`+`6`	`Alt`+`6`

◄ **Tabelle E.6**
Gezielt nach Medien suchen

F   Die DVD zum Buch

Den Inhalt der beiliegenden DVD-ROM erschließen Sie sich am besten, indem Sie das HTML-Dokument »index.html« per Doppelklick in Ihrem Standardbrowser öffnen. Es verschafft Ihnen einen Überblick über die Inhalte der DVD und listet einige Links zu interessanten Internetseiten über Adobe Photoshop Elements auf.

Alternativ können Sie auch in das Verzeichnis CONTENT wechseln und von dort über die drei Ordner FOTOS, SOFTWARE und PLUGIN auf die Inhalte zugreifen. Die Video-Lektionen finden Sie auf der ersten Ebene der Buch-DVD, die beiden Ordner CSS und GRAFIK können Sie ignorieren, sie dienen lediglich der Funktionalität der Webseite.

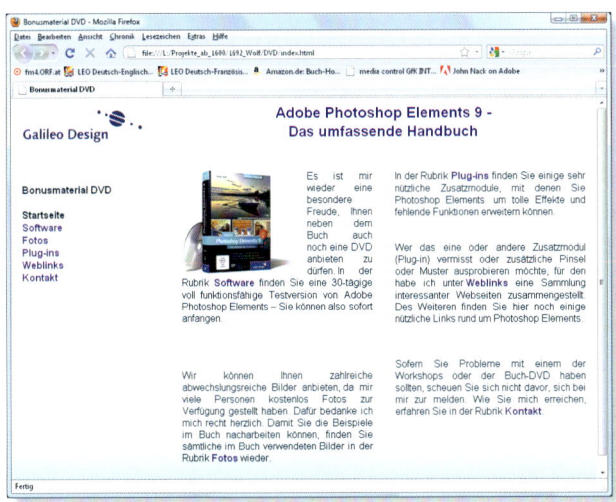

◄ **Abbildung F.1**
Von der Startseite »index.html« aus haben Sie Zugriff auf die Inhalte der DVD.

F.1   Ordner: content/fotos

Die Bilder, die u. a. in den Schritt-für-Schritt-Anleitungen verwendet werden, finden Sie alle, sortiert nach den einzelnen Buch-Teilen, in den entsprechenden Unterordnern wieder. Um die Bearbeitung der Bilder am eigenen Rechner nachzuverfolgen, müssen Sie einfach die jeweilige Datei von der Buch-DVD in Photoshop Elements öffnen.

F.2   Ordner: content/software

Hier finden Sie im Unterordner PS9 eine 30-Tage-Testversion von Adobe Photoshop Elements 9 für Windows und Mac. Kopieren Sie sich einfach den entsprechenden Ordner PS9 • WINDOWS oder PS9 • MAC auf Ihre Festplatte, und starten Sie dann von dort die Installation.

F.3   Ordner: content/plugin

In diesem Ordner finden Sie nützliche Plug-ins für Adobe Photoshop Elements 9. Da es einige Plug-ins nicht mehr rechtzeitig auf die DVD geschafft haben, finden Sie über die HTML-Navigation (»index.html« öffnen) in der Rubrik »Plug-ins« die genauen Bezugsquellen.

F.4   Ordner: Video-Lektionen

▶ Video-Training

Dieses Icon in der Randspalte des Buchs weist auf eine Video-Lektion hin.

Auf der Buch-DVD finden Sie folgende Video-Lektionen, die dem Video-Training »Photoshop Elements 9 für digitale Fotografie« von Eduard de Kruijf (ISBN 978-3-8362-1701-9) entnommen wurden und auf die Inhalte des Buchs abgestimmt sind. Im Buch wird an den entsprechenden Stellen auf die passende Video-Lektion hingewiesen.

Um das Training zu starten, gehen Sie auf der Buch-DVD in den Ordner VIDEO-LEKTIONEN und klicken dort als Windows-Benutzer die Datei »start.exe« auf der obersten Ebene an (als Mac-Anwender die Datei »start.app«). Alle anderen Dateien können Sie ignorieren. Das Video-Training startet, und Sie finden sich auf der Oberfläche wieder. Sie finden folgende Filme:

Kapitel 1: Fotos editieren wie ein Profi
1.1 Brillanz für flaue Bilder (03:11 Min.)
1.2 Über- und Unterbelichtung (06:51 Min.)
1.3 Auf den Punkt schärfen (09:21 Min.)
1.4 Farbstich und Weißabgleich (05:58 Min.)

Kapitel 2: Digitale Fotomontagen

2.1 Eine erste Fotomontage (07:16 Min.)

2.2 Ebenen für Fortgeschrittene (11:38 Min.)

Kapitel 3: Eindrucksvolle Naturbilder

3.1 Traumhaft blauer Himmel (04:28 Min.)

3.2 Perfekte Sonnenuntergänge (08:05 Min.)

3.3 Panoramabilder erstellen (09:54 Min.)

F.5   Ordner: Zusatzmaterial

In diesem Ordner haben wir einige Zusatzinfos für Sie versammelt, denn Photoshop Elements bietet noch weitere spannende Funktionen. Die PDFs können Sie sich ausdrucken oder direkt am Bildschirm lesen.

Sie finden eine PDF-Datei zu den Filtern von Photoshop Elements, außerdem können Sie sich in einer zweiten PDF-Datei über die Fotoeffekte im Effekte-Bedienfeld informieren. Nutzen Sie beide Funktionen für kreative Effekte oder als Baustein in einer Fotocollage.

Für alle Mac-Anweder, die noch mit Photoshop Elements 8 arbeiten, haben wir außerdem drei komplette Kapitel zu Adobe Bridge CS4 aus der Vorauflage dieses Buchs beigelegt. Dort erfahren Sie, wie Sie Ihre Bilder richtig verwalten und das Programm im Zusammenspiel mit Photoshop Elements einsetzen.

Index

8-Bit-Farbtiefe 110, 284
16-Bit-Farbtiefe 110, 584
72 ppi 108

A

Abbildungsgröße 73
Abgerundetes-Rechteck-Werkzeug
  484
Absolute Auflösung 103
Abwedler 46, 246
  Anwendung 247
  Optionen 247
Abzüge bestellen 719
Action Player 139
Adobe E-Mail Service 723
AdobeRGB (1998) 799
Airbrush-Werkzeug 291
Album
  Bilder zuordnen 191
  erstellen 190
  Foto löschen 193
  importieren 194
  löschen 194
Albumkategorie 191
Alles fixieren 492
Alphakanal, Ebenenmaske 538
Altmodisches Foto 341
Ameisenlinien 444
Animiertes Bild 709
Ankerpunkt 460
Anti-Aliasing 674
Anwendungsleiste 51
Anwendungsrahmen 51
Arbeitsfläche
  Dialog 409
  Farbe ändern 85
  vergrößern 409
Arbeitsschritt 97
  rückgängig machen 97
  wiederherstellen 97
Assistent 58
  Altmodisches Foto 341
  Beleuchtung und Belichtung 254
  Farbkorrektur 271
  Farbverfremdung 354
  Foto freistellen 397
  Foto neu zusammensetzen 402
  Schnellkorrektur 138

Audiokommentar 184, 213
Aufgabenbedienfeld 57
  Assistent 58
  Erstellen 154
  Korrektur 154
  Organizer 153
  Schnell 57
  Vollständig 57
  Weitergabe 155
Auf Hintergrundebene reduzieren
  495
Auflösung 103
  absolute 103
  beim Scannen 657
  Bildschirm 107
  Fotodruck 106
  für den Druck 104, 729
  Internet 107
  relative 103
  Tintenstrahldrucker 106
Augen
  Augenfarbe ändern 648
  retuschieren 645
Ausrichten
  am Raster 92
  an Hilfslinien 95
  Ebene 513
  Text 674
Ausstecher 45
Auswahl 443
  abrunden 453
  Ähnliches auswählen 454
  Arbeitstechniken 473
  aufheben 446, 473
  auf neue Ebene 476
  ausblenden 444, 546
  aus Ebenenpixeln erstellen 498
  Befehle 447
  duplizieren 475
  einblenden 546
  Einrasten vermeiden 446
  erweitern 454
  füllen 316
  glätten 451
  hinzufügen 449
  Inhalt löschen 474
  Kantenerkennung 459
  Kante verbessern 451

  kombinieren 448
  Kontrast 459
  laden 455
  löschen 456
  Menü 447
  nicht sichtbar 444
  Optionen 447
  Rahmen erstellen 453
  skalieren 412
  speichern 455
  Tastenkürzel 448
  transformieren 454
  umkehren 447
  Umrandung 453
  verändern 453
  vergrößern 454
  verkleinern 454
  verschieben 446, 473
  verwalten 455
  weiche Kante 450
Auswahlbereich 448
  abziehen 449
  hinzufügen 449
  neue Auswahl 449
  Schnittmenge 450
  Tastenkürzel 450
Auswahlellipse 44, 444
  Bedienung 446
  Optionen 445
Auswahlen kombinieren 448
Auswahlinhalt
  löschen 474
  verschieben 474
Auswahllinie
  verschieben 473
Auswahlpinsel 44, 469
  Optionen 470
Auswahlrechteck 44, 444
  Bedienung 446
  Optionen 445
Auswahlwerkzeug 44
  Anwendungsgebiet 444
Auswahlwerkzeuge 443
Auto-Kontrast 275
Automatische Farbkorrektur 271
Auto-Tonwertkorrektur 244

B

Backup 171
Bedienfeld 49, 50
  andocken 50
  aufrufen 51
  ausblenden 50
  Ebenen 52, 485
  Effekte 52
  Farbfelder 52, 284
  Favoriten 53
  gruppieren 54
  Histogramm 53
  Informationen 53, 87, 91
  Inhalt 53
  Korrekturen 225
  loslösen 49
  minimieren 54
  Navigator 53, 78, 79
  Projektbereich 54
  Registerkartengruppe 54
  Rückgängig-Protokoll 54, 98
  sortieren 50
  Übersicht 52
  zu Symbol verkleinern 56
Bedienfeldbereich skalieren 49
Beleuchtung
  korrigieren 125
Belichtung
  Bildbereiche aufhellen 277
  Tiefen/Lichter 276
Bereichsreparatur-Pinsel 45, 643
  Bedienung 644
  inhaltssensitiv 653
  Optionen 643
Bewegungsunschärfe
  entfernen 363
  erzeugen 379
Bewertungsstern 152
  Filter 189
Bild
  abdunkeln 238
  animiertes 709
  anlegen 68
  Ansicht verändern 74
  Audiokommentar 213
  aufhellen 238
  aufhellen (Füllmethode) 533
  Auflösung bestimmen 103
  aus dem Web öffnen 65
  ausrichten 415
  aus Zwischenablage 68

automatisch gerade ausrichten 418
begradigen 415
bewerten 189
drehen 134, 177
duplizieren 70
Eigenschaften betrachten 213
gerade ausrichten 415
Größe ändern 405
im Web 703
klonen 634
Metadaten betrachten 213
Modus 111
neu berechnen mit 405
öffnen 65
organisieren 147
per E-Mail versenden 720
schärfen 357
schließen 83
schwarzweißes 327
skalieren 411
speichern 69
suchen 214
tonen 343
überbelichtetes 249
unterbelichtetes 249
zu dunkles 238
zu flaues 235
zu helles 238
zuschneiden 394
Bildausschnitt 73
  ändern 394
Bildband erstellen 748
Bildbestand sichern 172
Bildebene 483
Bilderrahmen 410, 557, 566, 757, 759
  entwerfen 760
Bildfläche erweitern 409
Bildgröße
  ändern 394
  Dialogfenster 103, 405, 704, 730
  Dokumentgröße ändern 406
  Internet 705
  Pixelmaße ändern 405
Bildkorrektur
  Automatik 119
  Camera Raw 586
  Einstellungsebene 223
  Grundlagen 221
  Histogramm 227
  Schnellkorrektur 119

Tonwertkorrektur 233
Bildmodus 110
  ändern 114
  Bitmap 114
  CMYK 115
  Graustufen 113
  indizierte Farbe 112
  RGB-Farbe 111
Bildpaket (Mac) 731, 736
Bildpaket (Windows) 735
Bildrauschen 621
  RAW 590
  Ursache 591
Bildschirmfoto 67
Bild-Schrift-Montage 559
Bildstörung 621
Bildtitel 213
Bild tonen
  Farbton/Sättigung 344
  Fotofilter 344
  Tontrennung 347
  Tonwertkorrektur 345
  Verlaufsumsetzung 346
Bild zuschneiden
  Fotoverhältnis 395
  Freistellungswerkzeug 394
  Seitenverhältnis 395
Bit 110
Bitmap 101, 114
  erzeugen 336
Blauer Himmel 300
Blaustich 240
Blocksatz 674
Brennen 757
Brushes (Verzeichnis) 794
Buntstift 294
  Einsatzgebiet 294
  Optionen 294
Button 62

C

Camera Raw 575, 579
  16 Bit 584
  Aufhelllicht 589
  Belichtung 588
  Bildansicht 582
  Bildeinstellungen speichern 584
  Bild im Editor öffnen 594
  Bildkorrekturen 586
  Bild öffnen 580
  Bild speichern 593
  Bit-Tiefe 595

Dynamik 590
Farbsättigung einstellen 589
Farbtemperatur 587
Farbtiefe 584
Grundeinstellungen 586
Helligkeit 589
Histogramm 583
Kamerakalibrierung 591
Klarheit 589
Kontrast 589
Kopie öffnen 595
mehrere Bilder bearbeiten 602
Rauschreduzierung 591
Sättigung 590
Schärfen 590
Schwarz 589
Schwarzweißbild 598
Stapelverarbeitung 600, 602
Tonwertanpassung 588
Voreinstellungen 585
Weißabgleich 587
Werkzeuge 592
Wiederherstellung 589
CD/DVD brennen 757
CD-/DVD-Etikett 743
CD-/DVD-Hülle 743, 748
Checkbox 63
Chromrauschen, RAW 591
CIE-Lab 797
CMYK 115
Collage 562, 566
Color Key 329
Color Swatches (Verzeichnis) 794
Copyright-Symbol 312

D

Datei
duplizieren 70
fehlende 162
mehrere verarbeiten 601
neu anlegen 68
öffnen 65
schließen 83
speichern 69
Speicherort 58
Dateiformat
EPS 102
GIF 118, 709
JPEG 117
mit Ebenen 226, 480, 497
PDF 725
PNG 118

PSD 117
RAW 575
TIFF 117
Dateigröße 213
Dateiinformationen, IPTC 728
Dateiname
anzeigen 151
suchen 215
Datenkompression 115
verlustbehaftete 116
verlustfreie 115
Datumsansicht 175
Anmerkung hinzufügen 176
Daumenkino (Windows) 771
Deckkraft 481
Demaskieren 538
Detail-Smartpinsel-Werkzeug 46,
298, 304
Bedienung 305
Diashow (Organizer) 182
Diashow (Windows) 763
Digitales Negativ → DNG-Format
Dither 320
DNG-Format 579
DNG-Konverter 579
Dokumentfenster 66, 80
Bilder anordnen 84
in Registerkarten 83
maximieren 83
minimieren 82
schließen 83
schwebendes 81
Dokumentgröße
ändern 406
Doppelgänger erzeugen 549
Doppelpfeil 63
dpi 103
Drehen
Ebene 511
gerade ausrichten 418
Drehmittelpunkt 511
DRI 605, 607
Aufnahmetipps 606
Praxis 608
Technik 605
Dropdown-Liste 62
Drucken 729
Auflösung 105, 729
aus dem Editor 731
aus dem Organizer 735
Befehl 731
Bildgröße-Dialog 730

Dialogfenster 731
Druckerbefehle 731
ein Bild mehrmals 735
mehrere Bilder (Mac) 738
mehrere Bilder (Windows) 736
Passfotos 737
Visitenkarten 739
Druckerbefehle 731
DVD brennen 757
DVD-Hülle 748

E

Ebene
aktive 486
aktivieren 488
aktuelle 486
alles fixieren 492
anlegen 489
anordnen 494
aus Auswahl 476
ausblenden 489
ausgeblendete löschen 492
ausrichten 513
auswählen 487, 488
Bedienfeld 485
benennen 493
Bildebene 483
Dateiformat 497
Deckkraft 481
drehen 511
duplizieren 490
durch Kopie 476
Ebeneneffekt 685
einkopieren 490
Einstellungsebene 483
erzeugen 489
Formebene 484
füllen 315
Füllmethode 521
Hintergrund 481
Inhalt verschieben 493
löschen 491
markieren 488
mehrere ausblenden 489
mehrere ausrichten 513
mehrere auswählen 488
mehrere verteilen 513
Miniaturansicht 495
neigen 512
reduzieren 495, 496
Reihenfolge ändern 494
Schloss-Symbol 492

Ebene (Forts.)
Schnittmaske erstellen 518, 519
Schnittmaske zurückwandeln 519
schützen 492
Sichtbarkeit 488
skalieren 510
speichern 480, 497
Text 670
Textebene 483
Textebene konvertieren 679
transformieren 509
transparente Pixel fixieren 492
Transparenz 480
Typen 481
umbenennen 493
vereinfachen 679
verknüpfen 494
Verknüpfung aufheben 494
verteilen 514
verzerren 512
zusammenfügen 495
Ebenen-Bedienfeld 479, 485
Ebenendeckkraft 481
Ebeneninhalt verschieben 493
Ebenenmaske 535
alles maskiert 541
Alphakanal 538
anlegen 540
anwenden 542
ausblenden 544
Auswahl ausblenden 546
Auswahl einblenden 546, 558
bearbeiten 539
Darstellungsmodus 543
demaskieren 538
Elemente entfernen 553
Formwerkzeuge 554
Graustufenansicht 543
Graustufenmasken 538
in der Praxis 549
löschen 542
maskieren 538
Maskierungsfolie 543
nichts maskiert 541
Rahmen erstellen 556
Verknüpfung 545
Ebenenpixel 498
Ebenenreihenfolge ändern 494
Ebenenstil 681
ändern 683
anpassen 685
benutzerdefinierter 684

Effekte-Bedienfeld 683
entfernen 683
hinzufügen 685
kombinieren 687
modifizieren 686
Text 676
verwenden 681
Ebenentransparenz 480
ECI-RGB 800
Editor
Arbeitsoberfläche 35
Bilder vergleichen 86
Mac-Besonderheiten 51
Menüleiste 37
Schnell 57
Vollständig 57
Effekt 681
gealtertes Foto 260
modifizieren 684
Text-Bild-Kombination 689
vordefinierter 682
Eigene-Form-Werkzeug 484
Einstellungsebene 222, 483
mehrere verwenden 225
Ellipse-Werkzeug 484
E-Mail-Anhang 704, 721
E-Mail, Foto versenden 720
Erstellen
Bildband 748
CD-/DVD-Etikett 743
CD-Hülle 748
Daumenkino 771
Diashow (Windows) 763
DVD-Hülle 748
Fotocollage 756
Fotokalender 755
Grußkarte 755
Exif-Kameradaten 214
Exposure Blending 605

F

Facebook 719
Farbe
auswählen 282
Auswahl füllen 316
einstellen 47, 281
entfernen 328
ersetzen 266
Farbfelder 284
Fläche füllen 314
Hintergrundfarbe 281
Sättigung 282

schwarzweiß 328
speichern 284
teilweise entfernen 329
umkehren 348
Verlauf erstellen 318, 320, 321
Vordergrundfarbe 281
websichere 284
Farbe auswählen
Farbfelder 284
Farbfelder-Bedienfeld 284
Farbwähler 282
HSB-System 282
Pipette 287
RGB-Farbsystem 283
Farbe-ersetzen-Werkzeug 292
Bedienung 292
Optionen 293
Farbe für Hautton anpassen 269
Farbeinstellungen 800
Farbfeld
Bedienfeld 284
Bedienfeld-Menü 286
Farbe auswählen 285
Farbe hinzufügen 285
Farbe löschen 285
laden 286
speichern 286
Speicherort 287
verwalten 285
Vorgaben-Manager 285
Farbkorrektur 255
automatische 271
Farbe auswechseln 266
Farbe ersetzen 266
Farbstich entfernen 261
Farbton anpassen 262
Farbvariationen 258
Farbwert messen 255
Hautton anpassen 269
Sättigung anpassen 262
Farbkurve anpassen 245
Farbmanagement 735, 795
mit Photoshop Elements 800
Farbmischung bestimmen 256
Farbmodell 108
CMYK 109
RGB 108
Farbprofil 795
erstellen 797
konvertieren 802
Farbraum im Internet 707
Farbrauschen, RAW 591

Farbstich 233, 239, 240, 258
   entfernen (Dialog) 261
   ermitteln 256
Farbtemperatur, Lichtquelle 587
Farbtiefe 110
   8 Bit 110
   16 Bit 110
Farbton anpassen 262
Farbton/Sättigung
   Dialog 262
   färben 344
Farbvariationen 258
   Bild verfremden 260
   Farbstich entfernen 258
Farbverfremdung 260, 343
Farbverlauf 318
   Deckkraftunterbrechung 323
   Farbe hinzufügen 321
   Farbunterbrechung 321
   Optionen 319
   speichern 323
   Transparenz einstellen 323
Farbverschiebung 263
Farbwahlbereich 281
Farbwähler 282
Farbwert messen 255
Faux-Schrift 672
Fenster
   Dokument 81
   schwebendes 80, 81
Filialdokument 585
Filter
   Hochpass 365
   Kameraverzerrung korrigieren
     419
   Polarkoordinaten 696
   Verflüssigen 655
   Weichzeichnungsfilter 375
Fläche füllen 314
Flickr 719
Formebene 484
   vereinfachen 554
Formwerkzeug 46
Foto
   aus Album entfernen 193
   bewerten 189
   drehen 177
   fehlendes 162
   importieren 157
   laden 157
   löschen 161

   neu zusammensetzen 403
   stapeln 177
   suchen 162, 203, 214
   vergleichen 185
   versenden 720
Fotoabzüge 737, 738
Fotobuch erstellen 748
Fotocollage 549, 562, 566, 756
Foto-Downloader 163
   manuell starten 163
   RAW 579
   Voreinstellungen 163
Fotofilter 344
Fotogalerie 715
Fotokalender 755
Foto-Mail 721
Fotomontage 498, 549
Fotos laden
   Datenträger durchsuchen 169
   iPhoto-Alben 169
   mit dem Foto-Downloader 163
   Organizer 157
   Probleme 158
   Unterordner laden 158
   vom Kartenleser 164
   vom PC 157
   vom Scanner 166
   von Kamera 163
Fotostapel 179
   automatisch vorschlagen 179
   beim Importieren 158
Fotos vergleichen 185
Freistellen 385
   Hintergrund-Radiergummi 385
   Magische Extrahierung 389
Freistellungswerkzeug 44, 394
   Bedienung 394
   Optionen 394
Frei transformieren 509
Füllmethode 521
   Abdunkeln 524
   Aufhellen 526
   Ausschluss 530
   Bildkorrektur 533
   Differenz 529
   Dunklere Farbe 525
   Farbe 531
   Farbig abwedeln 527
   Farbig nachbelichten 525
   Farbton 530
   Harte Mischung 529

   Hartes Licht 528
   Hellere Farbe 527
   Ineinanderkopieren 527
   Lichtpunkte 529
   Linear abwedeln (Hinzuf.) 527
   Lineares Licht 529
   Linear nachbelichten 525
   Löschen 532
   Luminanz 531
   Multiplizieren 522, 524
   Negativ multiplizieren 526
   Normal 521, 523
   Sättigung 530
   Sprenkeln 524
   Strahlendes Licht 528
   Überblick 523
   Weiches Licht 527
Füllwerkzeug 314
   Bedienung 314
   Ebene füllen 315
   Muster verwalten 317
   Optionen 314
Für Web speichern 707

G

Gammaregler 238
Gaußscher Weichzeichner 363,
   375
Gerade ausrichten 415
   automatisch 418
Gerade-ausrichten-Werkzeug 45,
   415
   Optionen 415
Gescannte Fotos teilen 664
GIF 118, 709
   Datei mit mehreren Ebenen 709
Gradationskurve 245
   nachrüsten 803
Gradients (Verzeichnis) 794
Grafiktablett 289
   Auswahl erstellen 460
   Pinsel-Optionen 291
Graubalance 255
Grauschleier 231
Graustufen 113
Graustufenbild, Tonwertkorrektur
   243
Graustufenmaske 538
Graustufen-Modus 329
Grußkarte 755

H

Halo-Effekt 358
Hand-Werkzeug 43, 76
   Optionen 77
   Tastenkürzel 78
Haut bräunen 269
Hautton
   anpassen 269
HDR 605
Helligkeit/Kontrast
   Dialog 273
Helligkeit korrigieren 273
Hilfslinie 92
   einblenden 94
   erstellen 93
   Farbe ändern 93
   löschen 95
   positionieren 93
   speichern 95
Himmel austauschen 386, 387, 505
Hintergrund
   austauschen 386
   strecken 398, 407
Hintergrundebene 481
   umwandeln 482
Hintergrundfarbe 47
Hintergrundmusik (Vollbildansicht) 184
Hintergrund-Radiergummi 295
   Bedienung 296
   Optionen 295
   zum Freistellen 385
Histogramm 227
   analysieren 229
   ausbalanciertes 232
   Camera Raw 583
   dunkles Bild 230
   durchlöchertes 237
   helles Bild 230
   ideales 232
   kontrastarmes Bild 231
   Tonwert 228
   Tonwertspreizung 227
Hochpass-Filter 364
Horizontales Textwerkzeug 667
Horizont begradigen 415
Hotspot 295
HSB-System 282

I

ICC-Farbprofil 796
ICC-Profil
   AdobeRGB (1998) 799
   ECI-RGB 800
   ProPhoto RGB 800
   sRGB 797, 799
Importieren 157
   Probleme 158
   RAW-Datei 579
   Unterordner 158
Impressionisten-Pinsel 291
Inch 103
Indizierte Farbe 112
Informationen-Bedienfeld 87
   Optionen 88
In Organizer aufnehmen 69
In Schwarzweiß konvertieren 332
Intelligentes Tag → Smart-Tag
Internet 703
iPhoto-Alben importieren 169
IPTC 728
IT-8-Target 798

J

JPEG 117
JPEG-Artefakte 623
JPEG-Kompression 621

K

Kacheleffekt 318
Kalibrierung 797
Kameraverzerrung
   Kantenerweiterung 420
   korrigieren 419, 423
   Perspektive steuern 419
   Vignette 419
Kante verbessern 451
Katalog
   konvertieren 170
   manuell suchen 171
   sichern 171
   verwalten 170
   wiederherstellen 174
Katalogmanager 170
Klonen 629
Kodak Easyshare Gallery 718
Kolorieren 334
Kompression 115
Kontaktabzug 738

Kontaktabzug II (Mac) 731, 738
Kontaktliste 150
Kontrast
   korrigieren 274
Kontur füllen 316, 413
Konvertierung in Bitmap 339
Kopierstempel 627
   Bedienung 629
   Optionen 627
   über die Dateigrenze 634
   Unerwünschtes entfernen 632
Korrekturen-Bedienfeld 225
Korrektur, Helligkeit und Kontrast 273
Kreative Bearbeitungen 140

L

Lab-Modus 369
Lasso-Werkzeug 44, 457
   Bedienung 458
   Magnetisches 458
   Optionen 458
   Polygon 462
Leere Datei 68
   Dialog 68
Lichter 227
   abdunkeln 277
Lineal 89
   Maßeinheit 90
   Ursprungspunkt ändern 90
Linie, gepunktete 306
Linienzeichner-Werkzeug 484
Lomo-Effekt 140
lpcm 103
lpi 103
Luminanzrauschen 623
   RAW 591
Lupe 43, 74

M

Magische Extrahierung 389
Magischer Radiergummi 297
   Bedienung 297
   Optionen 297
Magnetisches Lasso 458
   Bedienung 460
   Nachkorrektur 460
   Optionen 459
   Tastenkürzel 461
Malabstand 306

Malen
   Freihandzeichnung 289
   gerade Linie 290
   horizontale Linie 290
   vertikale Linie 290
Malwerkzeuge 46, 289
Maßeinheit 90
Matter machen 381
Medienbrowser 151
   Datumsansicht 175
Menü 37
   Ansicht (Editor) 40
   Ansicht (Organizer) 151
   ausgegraut 37
   Auswahl (Editor) 39
   Bearbeiten (Editor) 38
   Bearbeiten (Organizer) 149
   Bild (Editor) 38
   Datei (Editor) 37
   Datei (Organizer) 149
   Ebene (Editor) 39
   Fenster (Editor) 40
   Fenster (Organizer) 151
   Filter (Editor) 40
   Hilfe (Editor) 40
   Hilfe (Organizer) 151
   Suchen (Organizer) 150
   Überarbeiten (Editor) 38
Messen, Winkel und Strecken 90
Metadaten 213
   anwenden 166
Mitteltöne 227
Modus
   Dahinter auftragen 531
   Graustufen 329
Montage
   DRI-Bild 608, 614
   Panorama 428
Muster
   aus Filter 318
   erstellen 318
   Füllwerkzeug 314
   verwalten 317
Musterstempel 635
   Muster verwalten 317

N

Nachbelichter 46, 246
   Anwendung 247
   Optionen 247
Nachtaufnahme 607
Navigator-Bedienfeld 53, 78

Neigen, Ebene 512
Neues Fenster für … 86
Neu-zusammensetzen-Werkzeug 398

O

Objekt
   duplizieren 627, 629
   entfernen 627, 638
Offline-Datei 158
Öffnen 65
   Dialog 65
   Drag & Drop 67
   mehrere Dateien 65
   RAW-Datei 580
   Tastenkürzel 72
Öffnen als 67
Online-Album 714
Optionsleiste 48
   Werkzeug 48
Ordner überwachen 160
Organisieren
   Bild 147
Organizer
   Alben 153
   Album erstellen 190
   Albumkategorie betrachten 193
   Albumkategorie exportieren 194
   Albumkategorie importieren 194
   Album löschen 194
   Album verwalten 193
   Arbeitsoberfläche 147
   automatische Analyse 209
   Backup erstellen 172
   Bildeigenschaften betrachten 213
   Bild in Editor bearbeiten 156
   Datumsansicht 175
   Diashow abspielen 183, 184
   Erstellen (Aufgabenbedienfeld) 154
   fehlende Datei 162
   Foto drehen 177
   Foto löschen 161
   Fotos laden 157
   Fotos stapeln 177
   Foto suchen 214
   gelöschtes Foto wiederherstellen 162
   Katalogbestand sichern 172
   Korrektur (Aufgabenbedienfeld) 154
   löschen rückgängig machen 162

   Medienbrowser 151
   Menü 149
   Metadaten betrachten 213
   Miniaturgröße der Bilder 151
   nach Personen suchen 204
   Oberfläche 148
   Ordner überwachen 160
   Organisieren (Aufgabenbedienfeld) 153
   RAW 579
   scannen 166
   Smart-Album anlegen 195
   Smart-Album löschen 198
   Smart-Tags 208
   Stapel erzeugen 179
   Stapel verwalten 180
   starten 147
   Statusleiste 155
   Stichwort-Tag 153
   Stichwort-Tag erzeugen 202
   Stichwort-Tag exportieren 203
   Stichwort-Tag importieren 203
   Stichwort-Tag verwenden 198
   Stichwort-Tag-Wolke 207
   über Editor aufrufen 147
   Vergleichsansicht 185
   Versionssatz erzeugen 177, 180
   Versionssatz verwalten 180
   Vollbildansicht 182
   Weitergabe (Aufgabenbedienfeld) 155
   zum Editor 156
Out-of-Bounds 140

P

Palette → Bedienfeld
Panorama 427
   Layout 430
   manuell 431
Patterns (Verzeichnis) 794
PDF-Diashow 724
PDF-Dokument
   exportieren 727
   importieren 725
Perfektes Portrait 143
Personenerkennung 204
Personensuche 204
Perspektive
   Kameraverzerrung korrigieren 419
   korrigieren 419
Perspektivisches Verzerren 513

Pfad 695
Photomerge 427
  Belichtung 613
  Gesicht 433
  Gruppenbild 436
  Panorama 427
  Szenenbereinigung 439
Photomerge-Stil-Übereinstimmung
  348
Photoshop Showcase 718
Pinsel-Werkzeug 46, 289
  Bedienung 289
  eigenen Pinsel erstellen 310
  Freihandzeichnung 289
  gerade Linie 290
  horizontale Linie 290
  laden 307
  Linien verbinden 290
  löschen 309
  Optionen 290
  speichern 309
  umbenennen 309
  vertikale Linie 290
  Vorgaben-Manager 309
  Wasserzeichen 312
Pinseldarstellung ändern 307
Pinselspitze 305
  Darstellung 307
  einstellen 306
  laden 307
  Schnellauswahl-Werkzeug einstel-
    len 306
  verwalten 307
Pipette 43, 287
  Aufnahmebereich 256, 288
  Bedienung 288
  Optionen 288
  Tastenkürzel 289
Pixelgrafik 101
Pixelmaße ändern 405
Plug-in 803
  Camera-Raw 579
Plug-in-Verzeichnis 794
PNG 118
Polarkoordinaten 696
Polygon-Lasso 462
  Bedienung 462
  Optionen 462
Polygon-Werkzeug 484
Pop-Art 144
Porträt
  Augen bearbeiten 645

  Augen retuschieren 645
  Falten entfernen 644
  Retusche 644
  retuschieren 641
  Smartpinsel-Werkzeug 304
Porträtretusche 643
Postkarte → Grußkarte
ppi 103
Profilierung 797
Projektbereich 60
PSD 117
PSE-Datei 754
Punkttext 667

Q

QuickInfo 41
Quickmask-Modus 465

R

Radialer Weichzeichner 379
Radiergummi 45, 294
  Bedienung 294
  Optionen 295
Rahmen 410, 444, 759
  Bildteile heraustreten lassen 141
  entwerfen 760
  erstellen 316
  hinzufügen 566
  mit Ebenenmasken erstellen 556
Raster 91
  anpassen 92
Rastergrafik 101
Rastern 102
Rauschen 621
  reduzieren 623
Rauschfilter
  Helligkeit interpolieren 624
  Rauschen entfernen 622
  Rauschen hinzufügen 624
  Rauschen reduzieren 623
  Staub und Kratzer 622
RAW 575
  DNG-Format 579
  Formate 578
  importieren 579
  Nachteile 577
  Vorteile 576
RAW-Datei
  importieren 579
  mehrere bearbeiten 602
  mehrere konvertieren 600

  öffnen 580
Rechteck-Werkzeug 484
Reduzieren
  auf eine Ebene reduziert kopieren
    496
  auf Hintergrundebene 495
  mit darunterliegender 496
  sichtbare auf eine Ebene 496
Registerkarte 81, 83
Registerkartengruppe 54
Relative Auflösung 103
Reparatur-Pinsel 45, 636
  Bedienung 637
  Optionen 636
Retusche 619
  digitales Make-up 649
  inhaltssensitiv 653
  Porträt 641, 644, 645, 649
Retuschewerkzeuge 45, 627
RGB-Farbe-Bildmodus 111
Rote Augen korrigieren 131
Rote-Augen-entfernen-Werkzeug
  45
Rückgängig machen 97
  Dialogbox 100
Rückgängig-Protokoll 54, 98
  leeren 99

S

Sanfte Übergänge 562
Sättigung 282
  anpassen 262
  erhöhen 251
Scannen 166, 657
  Auflösung 168, 657
  automatisch zuschneiden 663
  Bildqualität verbessern 660
  Fotos teilen 664
  interpoliert 168
  mehrere Bilder 663
  Modus 169
  zuschneiden 663
Schaltfläche 62
Schärfe einstellen 362
Schärfen 357
  Ansicht einstellen 359
  detailliertes Bild 360
  Fehler 358
  im Lab-Modus 369
  mehrfaches 359
  mit Hochpass 364
  mit Tonwertkorrektur 372

partielle Schärfung 366
richtig beurteilen 358
Schärfe einstellen 362
schwacher Kontrast 361
Tricks 364
unscharfes Bild 361
Unscharf maskieren 359
Schärfentiefe 375
Scharfzeichner 45
Scharfzeichner-Werkzeug 373
Optionen 373
Schieberegler 62
Schnellauswahl-Werkzeug 44, 467
Bedienung 468
Optionen 467
Werkzeugspitze einstellen 306
Schnellkorrektur 119, 120
Ansicht 121
Bedienfeld 123
Beleuchtung 125
Bildbereiche korrigieren 136
Bild drehen 134
Bild freistellen 134
Darstellungsgröße 123
Farbe 127
intelligente Korrektur 129
mit Assistent 138
rote Augen korrigieren 131
Sättigung 127
Unschärfe 129
Schnittmaske 518
entfernen 519
erzeugen 519
Schriftart 672
Schriftfamilie 672
Schriftglättung 673
Schriftgrad 672
Schriftschnitt 672
Schwamm 46, 249
Optionen 249
Schwarzpunkt ermitteln 340
Schwarzpunktregler 236
Schwarzweiß
Farbe entfernen 328
Graustufen-Modus 329
Schwarzweißbild 327
Camera Raw 598
einfärben 334
erstellen 328
Schwarzweißkonvertierung 332
eigene Vorgaben 333
Schwellenwert 338, 340

beim Schärfen 360
beim Weichzeichnen 378
Screenshot 67
Selektiver Weichzeichner 378
Sepiatonung 343
Sichtbarkeit, Ebene 488
Skalieren 411
Arbeitsfläche 409
Auswahl 412
Bild für das Web 703
Bildgröße 405
Ebene 510
Element 411
ohne Verzerrung 398
unproportional 407
Smart-Album
anlegen 195
löschen 198
Suchkriterien 195
Smart-Objekt 748
Smartpinsel 46, 298
Blauer Himmel 300
Hoher Kontrast 301
Korrektur verwerfen 303
Optionen 298
Wolkenkontrast 301
Smart-Tag 208
Speichern 69
als Kopie 70
Datenformate 71
Ebenen 70
für das Web 707
in Elements Organizer aufnehmen 69
mit Ebenen 497
mit Original im Versionssatz speichern 70
Tastenkürzel 72
Tipps 71
Speichern unter 69
Dialog 69
für das Web 705
Speicherung, unkomprimierte 115
Spiegelung 144
sRGB 797, 799
Stapelverarbeitung 601
RAW-Bilder 600
Startbildschirm aufrufen 54
Statusleiste 42, 59
Information 59, 60
Organizer 155
Staub und Kratzer 622

Steuerelement 62
Checkbox 63
Doppelpfeil 63
Dropdown-Liste 62
Schaltfläche 62
Schieberegler 62
Texteingabefeld 63
Steuerelementbedienfeld →
Optionsleiste
Stichwort-Tag 198
erstellen 202
importieren 203
Unterkategorie 198
zuweisen 202
Stichwort-Tag-Wolke 207
Strecke ermitteln 90
Strichzeichnung in Bitmap
umwandeln 336
Stürzende Linien 421
Suchen, Dateiname 215
Symbol 56

T

Tabelle, Bilder anordnen 85
Tastenkürzel
im Editor 809
im Organizer 825
Werkzeug 42
Text
Absatztext 668
Anti-Aliasing 674
auf Pfad 695, 697
aus Bild erstellen 559
ausrichten 674, 675
bearbeiten 676
Ebene 670
Ebenenstil 676, 682
editieren 671
Eingabe abbrechen 668
Eingabe bestätigen 668
eingeben 667
einzeiliger 667
Farbe 674
Faux-Schrift 672
formatieren 671
gestalten 671
glätten 673
im Kreis schreiben 696
in Ebene konvertieren 679
mehrzeiliger 668
mit Bild füllen 689
Optionen 672

Text (Forts.)
  Punkttext 667
  Rahmen 669
  Schriftfamilie 672
  Schriftgrad einstellen 672
  Schriftgröße 672
  Schriftschnitt 672
  transformieren 670
  verkrümmen 675, 695
  verschieben 670
  Zeilenabstand 674
  Zeilenumbruch einfügen 667
Text-Bild-Effekt 689
Text-Bild-Kombination 559
Textebene 483
  konvertieren in Ebene 679
Texteingabefeld 63
Textmaskierungswerkzeug 678
Textrahmen 669
  ändern 669
  drehen 669
  verschieben 670
Textwerkzeug 44
  Optionen 672
Tiefen 227
  aufhellen 277
Tiefen/Lichter
  Dialog 276
  korrigieren 227
Tiefenschärfe → Schärfentiefe
TIFF 117
Titelleiste 58
Tonemapping 606
Tontrennung 347
Tonwert
  korrigieren 233
  spreizen 227
Tonwertbereich 227
Tonwertkorrektur 233
  automatische 244
  Bild aufhellen oder abdunkeln
    238
  Bild tonen 345
  Dialog 233
  Graustufenbild 243
  Kanal 233
  Kontrast verbessern 235
  schärfen 372
  Tonwertspreizungsregler 234
  Tonwertumfang 234

Tonwertumfang reduzieren 243
Tonwertspreizung 234, 238
Tonwertumfang 243, 250
Tonwertverteilung 227
Toolbox → Werkzeugpalette
Transformationsrahmen 510
Transformieren 425
  drehen 511
  Ebene 509
  neigen 512
  Textebene 670
  verzerren 512
Transparente Pixel fixieren 492
Transparenz 480
TWAIN 167
Typografietechniken 689

U

Überbelichtung 249
Umkehren 348
Unscharf maskieren 359
Unterbelichtung 249
  aufhellen 252
USM → Unscharf maskieren

V

VCD mit Menü 771
Vektorgrafik 102
  EPS 102
Verflüssigen-Filter 655
Vergleichsansicht, Organizer 185
Verlaufsumsetzung 346
Verlaufswerkzeug 318
  Bedienung 318
  Optionen 319
Verschieben-Werkzeug 43
  ausrichten 513
  verteilen 514
Versionssatz 177
  erzeugen 180
Verteilen, Ebene 514
Vertikales Textwerkzeug 667
Verwacklung ausgleichen 363
Verzerren
  Ebene 512
  Perspektive anpassen 425
  perspektivisches 513
Verzerrung korrigieren 419
Verzerrungsfilter
  Verflüssigen 655
Vignettierung 419, 423

Visitenkarte
  drucken (Mac) 743
  drucken (Windows) 741
  erstellen 739
Vollbildansicht 74
  Aktionsmenü 186
  Organizer 182
  steuern 182
Vordergrundfarbe 47
Voreinstellungen 775
  Editor 775
  Organizer 784
Voreinstellungen (Editor)
  Allgemein 775
  Anzeige & Cursor 780
  Dateien speichern 777
  Einheiten & Lineale 781
  Hilfslinien & Raster 782
  Leistung 779
  Text 783
  Transparenz 781
  zurücksetzen 784
  Zusatzmodule 783
Voreinstellungen (Organizer)
  Adobe Partner-Services 791
  Allgemein 784
  Bearbeiten 787
  Dateien 785
  Datumsansicht 790
  Kamera oder Kartenleser 787
  Scanner 789
  Stichwort-Tags und Alben 790
  Weitergeben 790
  zurücksetzen 792
Vorgaben-Manager
  Muster 317
  Pinsel 309

W

Websichere Farben 284
Weiche Auswahlkante 451
Weiche Kante 450
  nachträglich anwenden 451
Weichzeichnen 375
  automatisch 375
  Bewegungsunschärfe 379
  Gaußscher Weichzeichner 375
  Matter machen 381
  Radialer Weichzeichner 379
  Selektiver Weichzeichner 378

Weichzeichner-Werkzeug 45, 382
Weichzeichnungsfilter
    Bewegungsunschärfe 379
    Gaußscher Weichzeichner 375
    Matter machen 625
    Radialer Weichzeichner 379
    Selektiver Weichzeichner 378
Weißabgleich 587
Weißabgleich-Werkzeug 587
Weißpunkt
    ermitteln 340
Weißpunktregler 236
Weitergabe
    E-Mail-Anhang 721
    Foto-Mail 721
    Online-Album 714
    PDF-Diashow 724
Werkzeug
    Abwedler 246
    ausgeblendetes 42
    Auswahlellipse 444
    Auswahlpinsel 469
    Auswahlrechteck 444
    Bereichsreparatur-Pinsel 643
    Buntstift 294
    Detail-Smartpinsel-Werkzeug
        298
    Farbe-ersetzen-Werkzeug 292
    Freistellungswerkzeug 394
    Füllwerkzeug 314
    Gerade-ausrichten-Werkzeug 415
    Hand 76
    Hilfe 41
    Hintergrund-Radiergummi 295

    Impressionisten-Pinsel 291
    Kopierstempel 627
    Lasso 457
    Magischer Radiergummi 297
    Magnetisches Lasso 458
    Musterstempel 635
    Nachbelichter 246
    Optionsleiste 48
    Pinsel 289
    Pipette 287
    Polygon-Lasso 462
    Radiergummi 294
    Reparatur-Pinsel 636
    Scharfzeichner-Werkzeug 373
    Schnellauswahl-Werkzeug 467
    Schwamm 249
    Smartpinsel-Werkzeug 298
    Tastenkürzel 42, 47, 48
    Textmaskierungswerkzeug 678
    Textwerkzeug 667
    Verlaufswerkzeug 318
    verwenden 42
    Weichzeichner-Werkzeug 382
    Wischfinger 382
    Zauberstab 463
    Zoom 74
Werkzeugleiste →
    Werkzeugpalette
Werkzeugpalette 41
    abdocken 41
    andocken 41
    ausgeblendetes Werkzeug 42
    QuickInfo 41
    Werkzeugübersicht 43
    Werkzeug verwenden 42

Werkzeugspitze → Pinselspitze
Wert eingeben 62
Wiederherstellen
    früheren Bildzustand 99
    zuletzt gespeicherte Version 98
Wiederholen 97
Winkel ermitteln 90
Wischfinger 45, 382

X

XML 194

Z

Zauberstab 44, 463
    Bedienung 464
    benachbart 463
    Optionen 463
    Toleranz 463
Zeichenwerkzeug 46
Zeichnungsverlust 230
Zeilenabstand 674
Zoll 103
Zoom 74
Zoomstufe 73
Zoom-Werkzeug 43, 74
    Anwendung 75
    Optionen 74
    Tastenkürzel 75
Zuletzt bearbeitete Datei öffnen
    67
Zurück zur letzten Version 98
Zusatzmodul 804
    nachinstallieren 803
Zwischenablage 67, 496

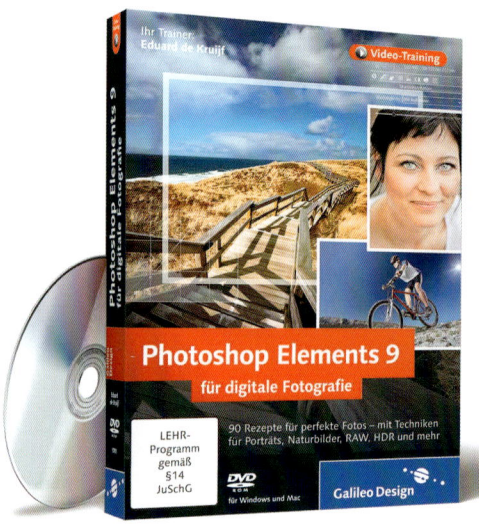

Der visuelle Einstieg in die Naturfotografie

Natur spektakulär in Szene setzen

Lernen am Bild: Licht, Gestaltung, Aufnahmedaten

Motivierende Bildideen zum Nachfotografieren

Sandra Bartocha, Markus Botzek

Die Fotoschule in Bildern. Naturfotografie

Das Praxisbuch für Naturmotive

Dieses Buch ist mehr als ein Bildband, es ist pure Fotopraxis: Hier sehen Sie nicht nur viele inspirierende Bilder, sondern Sie erfahren auch gleich, wie die Fotografen zu dem gezeigten Ergebnis gekommen sind, und wie Sie selbst die Bilder nachfotografieren können. Seite für Seite finden Sie dazu alle Aufnahmedaten, die Aufnahme- und Lichtsituation oder auch die Beschreibung der besonderen Bildidee. So lernen Sie nach und nach alle Aspekte der vielseitigen Naturfotografie kennen; der ideale Einstieg ins Genre – Bild für Bild.

270 S., 2010, komplett in Farbe, mit DVD, 29,90 Euro
ISBN 978-3-8362-1456-8

>> **www.galileodesign.de/2195**

Menschen, Städte, Landschaften gekonnt in Szene setzen

Reisevorbereitung, Ausrüstung und Präsentation

Motive sehen: Inspiration für bessere Bilder

Inkl. Geotagging, Unterwasserfotografie und mobiler Datensicherung

Peter Schickert

Digitale Fotopraxis Reisefotografie

Das Praxisbuch für das Fotografieren unterwegs

Sie fotografieren gerne auf Reisen und suchen Anregungen für neue Techniken und Motive? Dann begleiten Sie den Reisefotografen Peter Schickert auf seinen Reisen durch die ganze Welt – von den Metropolen der Welt bis hin zu einsamen Traumstränden und Wüstenlandschaften. Zahlreiche Praxistipps zur benötigten Ausrüstung, dem Fotografieren vor Ort und der Bildgestaltung helfen Ihnen, Ihre nächste Reise auch unter fotografischen Gesichtspunkten erfolgreich zu planen und durchzuführen.

377 S., 2011, komplett in Farbe, 39,90 Euro
ISBN 978-3-8362-1549-7

>> **www.galileodesign.de/2323**

Der Name Galileo Press geht auf den italienischen Mathematiker und Philosophen Galileo Galilei (1564–1642) zurück. Er gilt als Gründungsfigur der neuzeitlichen Wissenschaft und wurde berühmt als Verfechter des modernen, heliozentrischen Weltbilds. Legendär ist sein Ausspruch *Eppur si muove* (Und sie bewegt sich doch). Das Emblem von Galileo Press ist der Jupiter, umkreist von den vier Galileischen Monden. Galilei entdeckte die nach ihm benannten Monde 1610.

Lektorat Katharina Geißler
Korrektorat Petra Biedermann
Herstellung Steffi Ehrentraut
Einbandgestaltung Klasse 3b, Hamburg
Coverfoto Fotolia.com: Manfred Karisch 14208330, Leonid Tit 13083256, Klaus Eppele 8377992, phil 1718105
Satz SatzPro, Krefeld
Druck Himmer AG, Augsburg

Dieses Buch wurde gesetzt aus der Linotype Syntax (9 pt/13 pt) in Adobe InDesign CS4. Gedruckt wurde es auf mattgestrichenem Bilderdruckpapier (135 g/m^2).

Gerne stehen wir Ihnen mit Rat und Tat zur Seite:
katharina.geissler@galileo-press.de
bei Fragen und Anmerkungen zum Inhalt des Buches

service@galileo-press.de
für versandkostenfreie Bestellungen und Reklamationen

julia.bruch@galileo-press.de
für Rezensions- und Schulungsexemplare

Bibliografische Information der Deutschen Nationalbibliothek
Die Deutsche Nationalbibliothek verzeichnet diese Publikation in der Deutschen Nationalbibliografie; detaillierte bibliografische Daten sind im Internet über *http://dnb.d-nb.de* abrufbar.

ISBN 978-3-8362-1692-0

© Galileo Press, Bonn 2011
1. Auflage 2011, 1., korrigierter Nachdruck 2011

In unserem Webshop finden Sie unser aktuelles
Programm mit ausführlichen Informationen,
umfassenden Leseproben, kostenlosen Video-Lektionen –
und dazu die Möglichkeit der Volltextsuche in allen Büchern.

www.galileodesign.de

Galileo Design

Know-how für Kreative.